보완대체의사소통

David R. Beukelman · Pat Mirenda 공저
박현주 역

학지사

역/자/서/문

번역 작업이 한 권의 책을 저술하는 것만큼이나 어렵고 고단한 길임을 익히 알고 있기에 또다시 이 책을 번역하기로 마음먹기까지 망설임이 적지 않았습니다. 그럼에도 불구하고 방대한 양의 이 책을 다시 번역하게 된 이유는 '보완대체의사소통' 영역을 처음 접했을 당시 느꼈던 그때의 기쁨과 각오가 새삼 떠올랐기 때문입니다. 특히 2000년대 초 미국 AAC 콘퍼런스에서 뇌성마비 할아버지인 밥 윌리엄스 등 여러 AAC 의존자들이 능숙하게 의사소통하는 모습을 보고 경험했던 충격과 감동은 다시금 저를 지탱해 준 큰 힘이 되었습니다.

'보완대체의사소통이 도대체 무엇이냐' 는 질문을 숱하게 받았던 때가 엊그제 같은데, 최근 국내 보완대체의사소통 분야의 발전 속도는 놀라울 정도입니다. 많은 연구자와 전문가들이 생겨나면서 2013년에는 '한국보완대체의사소통학회' 가 결성되었고, 지난해에는 학술지 「보완대체의사소통연구」가 한국연구재단의 등재후보학술지로 선정되었습니다. 보완대체의사소통을 주제로 한 석·박사 학위논문 또한 눈에 띄게 증가하고 있고, 임상 현장에는 로우테크놀로지에서 하이테크놀로지까지 다양한 수준의 프로그램들이 개발되어 보급되고 있습니다. 이러한 상황은 중도 의사소통장애인을 위한 중재의 활성화뿐 아니라 이들의 의사소통 능력에 대한 전반적인 인식 개선에도 크게 기여하고 있습니다. 이 과정에 수많은 사람과 단체의 기여와 협력이 있었음을 강조하지 않을 수 없습니다.

이번 『보완대체의사소통』 제4판은 이전 판에 비해 한 개 장이 줄어든 총 18장으로 구성되어 있습니다. 저자는 AAC 팀 구성과 관련된 부분을 빼는 대신 보완대체의사소통의 본질적인 부분에 좀 더 집중하고자 노력했다는 생각이 듭니다. 무엇보다 테크놀로지의 발전에 걸맞게 최신 IT 기술들을 활용한 관련 정보들이 크게 보강된 점이 눈에 띕니다. 독자들은 이 책을 통해 보완대체의사소통에 대한 이해뿐 아니라 의사소통이 무엇인지, 또 의사소통이 과연 인간에게 어떤 의미를 지니는지를 보다 분명하게 이해할 수 있게 될 것입니다. 특히 선천적인 장애부터 후천적인 장애에 이르기까지 전 생애에 걸쳐 다양하게 발생할 수 있는 의사소통장애와 이들 장애인을 위한 중재 및 치료 전략들을 구체적으로 접할 수 있어 현장 전문가들의 식견을 넓히고 역량을 강화하는 데 많은 도움이 될 것으로 판단됩니다. 이 책을 읽기 시작한 독자들은 부디 마지막 장까지 꼭 정독해 주실 것을 권합니다. 책의 분량이 많아 힘든 작업일 수도 있겠지만 완독의 과정을 통해 보완대체의사소통 분야가 왜 인간의 존엄성을 존중하는 영역인지를 느끼실 수 있을 것입니다.

『보완대체의사소통』 제3판 번역서를 출간한 뒤 자녀 교육에 큰 힘이 되었다는 장애아동 부모와 특수교사로서 혹은 언어치료사로서 무엇을 해야 할지 알게 되었다는 현장 전문가들, 그리고 공부하면서 이 번역서를 읽고 또 읽었다는 해외 유학생에 이르기까지 많은 분들의 격려를 받았습니다. 특히 멀리 제주와 울산 등 지역에서까지 올라와 상담을 요청하셨던 부모님들의 마음을 결코 잊을 수 없습니다. 진심으로 감사하다는 인사와 함께 저 자신에게도 학문을 지탱해 가는 큰 힘이 되고 있다는 점을 이 자리를 빌려 말씀드립니다. 제4판 번역서를 내놓으면서 다시금 이전의 두려움이 앞서는 게 사실입니다. 저자의 의도를 우리말로 정확히 전달하는 게 얼마나 어려운 일인지를 다시 한번 절감하면서 번역상의 오류가 있다면 너그러이 양해해 주실 것을 간곡히 부탁드립니다.

북아현동 시절 처음 뵈었던 때부터 지금까지 한결같은 넉넉함으로 물심양면 지원해 주시는 학지사의 김진환 사장님, 오랫동안 기다려 주셔서 진심으로 감사드립니다. 늘어지는 원고에도 인내해 주시고 꼼꼼한 교정과 편집을 담당해 주신 민구, 이세희 편집자님 고맙습니다. 마지막으로 함께 일하며 서로에게 큰 힘이 되고 있는 동료 안서지 교수님, 이주연 교수님께도 감사하다는 말씀 전하고 싶습니다.

　모쪼록 한평생 '엄마', '아빠' 라는 말 한마디 듣기를 간절히 바라는 어느 부모님과 의사소통장애인들 그리고 의사소통 과학 및 장애를 공부하고 탐구하는 학생과 연구자들, 어려운 여건 속에서도 교육과 치료에 매진하고 있는 수많은 교사와 치료사들 모두에게 이 책이 조금이나마 보탬이 되기를 바라는 마음 간절합니다.

가천대학교 교정에서

박현주

저/자/서/문

이전 판과 마찬가지로, 『보완대체의사소통』(제4판)은 말, 제스처, 글쓰기 등 자연스러운 방식으로 자신의 일상적 의사소통 요구를 충족시킬 수 없는 사람들의 의사소통 옵션에 대해 더 배우고자 하는 현장 전문가, 미래 전문가가 될 학생 및 그 밖의 사람들을 위한 개론서다. 중도 의사소통장애는 모든 연령대에서 다양한 질환이나 질병, 증후군 등에 의해 발생하기 때문에, 많은 사람이 보완대체의사소통(AAC) 접근법에 관심을 갖는다. 이 책의 형식과 내용 및 구성은 보완대체의사소통 분야의 몇 가지 특징에 따른다.

첫째, AAC는 복합적인 의사소통 요구(CCN)를 지닌 사람과 그 가족은 물론, 컴퓨터 프로그래머, 교사, 공학자, 언어학자, 작업치료사, 물리치료사, 심리학자, 언어치료사 및 그 밖의 많은 전문가가 참여하는 다학문적(multidisciplinary) 분야다. 우리는 다양한 분야에서 얻은 정보를 직접 인용하고, 필요할 경우엔 추가적인 자료를 독자에게 제공함으로써 전문가들의 다양한 견해와 기여를 충분히 반영하고자 노력하였다.

둘째, AAC 분야는 지난 60년간 많은 나라에서 발전해 왔다. 예를 들면, 2011년 국제보완대체의사소통학회(International Society for Augmentative and Alternative Communication)에 소속되어 있는 회원의 국적만도 62개국이 넘는다. 비록 저자 모두 북아메리카 출신이기는 하지만, 우리는 이 책에 전 세계의 AAC 의존자, 연구자, 임상가 등이 제공한 정보를 포함시킴으로써 국제적인 견해를 전달하고자 노력하였다. 그러나 안타깝게도 이 책이 개론서인 관계로 단지 제한된 나라의 정보만이 명시적으로 인용될 수 있었다. 따라서 우리는 이 책의 자료가 주로 북아메리카에서 나온 것임을 미리 밝혀 두며, 다른 나라의 AAC 동료들이 여러 나라에서 행한 노력들을 좀 더 포괄적으로 담아내지 못한 우리의 무능을 이해해 줄 것으로 믿는다.

셋째, AAC 중재는 전자적(즉, 디지털) 체계와 비전자적 체계를 모두 포함한다. AAC 테크놀로지는 매우 급속히 변하고 있다. 즉, 기존 제품은 지속적으로 개선되고 있으며 새로운 제품 또한 끊임없이 생산되고 있다. 책자에 소개되는 제품 정보들도 금세 진부해지기 십상이다. 따라서 우리는 독자들이 네브래스카대학교 링컨 캠퍼스의 바클리 AAC 센터가 운영하는 웹 사이트(http://aac.unl.edu)를 참고하기 바란다. 이 사이트는 AAC 분야 제조사와 출판사의 웹 사이트들을 연결해 주며, 정보 또한 주기적으로 갱신된다. 또한 이 책에서 언급한 제품과 서비스를 제공하는 회사와 단체에 관해 좀 더 자세한 정보를 원하는 독자들은 자료와 웹 사이트 목록을 참고하기 바란다.

넷째, AAC 분야는 일반적인 세 정보 영역을 통합한다. 첫 번째 영역은 메시지, 상징, 대체접근, 평가 및 중재계획 등 AAC 과정과 관련되어 있다. 두 번째 영역은 AAC 서비스를 필요로 하는 중도 발달장애인을 위해 개발되어 온 절차들을 기술한다. 세 번째 영역은 나이 들어 장애를 입은 후천성 장애인들에 초점이 맞춰져 있다. 이들 영역을 모두 망라하기 위해, 우리는 이 책을 세 부분으로 나누어 다루었다.

제1부는 독자들에게 AAC 과정을 소개하기 위한 7개의 장으로 구성되어 있다. 제1장에서는 AAC에 대한 일반적인 설명과 복합적인 의사소통 요구(CCN)를 지닌 사람들을 소개한다. 우리는 종종 CCN을 지닌 사람들의 말을 직접 인용하여 AAC 체계를 사용해 의사소통을 하는 것이 어떤 것인지를 알리고자 하였다. 제2장에서는 AAC에 의존하는 사람들이 자주 사용함으로써 그들의 체계에 저장되는 메시지 유형을 검토하였다. 제3장에서는 메시지를 나타내기 위해 자주 사용하는 도구상징체계와 비도구 상징 체계를 제시하고, 메시지 부호화와 속도 향상 전략들을 소개하였다. 제4장에서는 운동, 언어, 인지 등 다양한 장애 유형에 맞춰 고안된 대체접근 수단을 다루고 있다. 제5장에서는 AAC 중재에 관여하는 사람들과 그들 각자가 담당하는 역할, 그리고 AAC 평가 모델 및 그 단계들을 집중적으로 다루고 있다. 또한 평가와 중재 계획을 위한 참여 모델(Participation Model)을 소개하고 있는

데, 이 모델은 이 책의 나머지 모든 장에서 활용된다. 제6장은 CCN을 지닌 사람의 의사소통, 언어, 운동, 문해 및 감각 능력을 평가하기 위한 구체적인 전략들을 소개한다. 마지막으로 제7장은 근거 기반 실제와 기능적 성과 측정의 중요성을 강조하면서, 기회와 접근 장벽을 다루기 위한 AAC 중재 원리들을 고려한다.

　제2부에서는 발달장애인을 대상으로 한 AAC 중재를 6개의 장으로 나누어 고찰하였다. 제8장은 뇌성마비, 지적장애, 자폐범주성장애, 농맹 중복장애 및 아동기 말 실행증 등 발달장애 유형에 따른 AAC 관심사를 다룬다. 제9장은 비상징적 의사소통자와 의사소통을 위해 상징을 사용하기 시작한 사람들의 접근 장벽을 해소하고 의사소통 참여를 강화하기 위해 활용할 수 있는 다양한 전략들을 소개한다. 제10장에서는 CCN을 지닌 사람의 언어 발달에 대해 우리가 알아야 할 것과 언어 학습 및 발달을 어떻게 지원할 것인가에 대한 방법들을 요약하고 있다. 제11장에서는 의사소통 능력, 특히 언어와 사회성 영역에 요구되는 기술을 가르치기 위한 전략들을 다룬다. 라이트 박사와 맥노튼 박사가 쓴 제12장에서는 CCN을 지닌 사람의 문해 학습에 영향을 미치는 요인, 발생적 문해 촉진을 위한 전략, 관습적 문해 기술과 고급 문해 기술을 가르치기 위한 중재의 핵심 요소 등을 집중적으로 다룬다. 제13장에서는 CCN을 지닌 학생의 통합교육에 대한 생각과 계획을 위한 지침을 일반적인 성취 전략들에 따라 제시하고 있다.

　이 책의 마지막 5개 장을 차지하는 제3부는 후천성 의사소통장애인에 초점을 두고 있다. 볼 박사와 함께 쓴 제14장에서는 근위축성 측색경화증, 다발성 경화증, 파킨슨병, 뇌간 뇌졸중 등을 포함한 후천성 지체장애 성인의 AAC 중재를 고찰하였다. 개릿 박사와 래스커 박사가 쓴 제15장에서는 중도 실어증 환자에 대한 기능적 분류체계를 기술하고 관련 중재 전략과 기법들을 제시하였다. 핸슨 박사와 함께 쓴 제16장에서는 원발성 진행성 실어증과 치매 등 퇴행성 언어·인지장애인을 위한 AAC 전략을 소개하였다. 페이거 박사와 함께 쓴 제17장에서는 외상성 뇌손상 환자의 인지 수준에 따른 AAC 평가와 중재 기법을 다루었다. 마지막으로 제18장에서는 집중치료실과 급성환자치료실에 입원 중인 사람들을 위한 AAC 중재를 고찰하였다. 이 장은 특히 호흡 문제로 의사소통을 할 수 없는 사람들에게 관심을 갖는다.

이 책을 개정하면서, 우리는 우리가 AAC 분야에서 자신의 경험을 기록해 온 사람들에게 크게 의존하고 있음을 실감하였다. 'AAC 이야기'를 전하기 위해, 우리는 전문가의 연구 논문, 학술서적, 매뉴얼 등과 같은 전통적인 기록을 인용할 것을 기대하였다. 그러나 우리는 우리 또한 잡지, 비디오, 웹 사이트 및 그 밖의 대중적인 자료들에 기록된 AAC 의존자의 견해를 광범위하게 활용했음을 깨달았다. 우리는 AAC 분야의 역사적인 기록을 포함하고 있는 신문, 회보, 책, 비디오, 잡지, 웹 사이트, 저널 등을 지원한 발행인, 편집자, 단체, 제조사 및 기관들에도 감사함을 전하고 싶다. 그 자료들이 없었다면, 우리는 이 책을 엮을 수 없었을 것이다. 우리는 또한 네브래스카대학교 링컨 캠퍼스에서 이루어진 AAC 연구를 수년간 지원한 바클리 트러스트(Barkley Trust)의 공헌에 감사를 표하고 싶다. 이 책을 개정하는 동안, 뷰켈먼 박사 또한 마돈나 재활병원의 재활과학 및 공학 연구소에서 수석연구원으로 일하였다. 폴 브룩스 출판사의 아스트리드 주커만(Astrid Zuckerman)과 수전 힐스(Susan Hills) 그리고 린다 울프(Linda Wolf)의 격려와 지원에도 감사드린다.

이전 판과 마찬가지로, 이번 판을 출간하면서 우리 두 저자는 각자의 전문성과 기술 영역에 맞는 과제들을 나누어 완성하면서 함께 작업하였다. 우리는 각자 맡은 영역을 완전히 공유하였기에 초판을 출간할 당시 저자의 순서를 정하기 어려웠다. 그래서 이후 판에서 저자의 순서를 바꾸고자 계획하였다. 그러나 제4판으로서 이 책이 갖는 위상에 대한 혼선을 피하기 위해 우리는 이번 판에서도 저자의 순서를 바꾸지 않았다.

차/례

■ 역자 서문 3
■ 저자 서문 7

Part I 보완대체의사소통 소개

Chapter 01 — **보완대체의사소통(AAC) 과정 19**

AAC란 무엇인가 21

누가 AAC에 의존하는가 21

AAC 전략에 대한 의존은 무엇을 의미하는가 22

의사소통적 상호작용의 목적 27

보조 테크놀로지는 해결책의 일부일 뿐이다 31

미래를 위한 준비 35

개관 37

Chapter 02 — **메시지 관리: 어휘, 스몰토크 및 내러티브 39**

AAC 메시지 선택에 영향을 주는 요인 41

대화 메시지 44

의사소통 방식과 상황에 따른 어휘 요구 50

의사소통 능력에 따른 어휘 요구 54

어휘 자료 60

어휘 유지 66

Chapter **03** ── **상징과 속도 향상 69**

상징에 대한 개관 70

상징 이해의 발달 71

비도구적 상징: 제스처와 발성 77

비도구적 상징: 수화 체계 82

도구적 상징: 유형 상징 89

도구적 상징: 그림 상징 92

도구적 상징: 철자 및 철자 상징 99

연합상징 체계 101

속도 향상 기법 103

Chapter **04** ── **대체 접근 121**

선택 세트 124

선택 기법 135

피드백 146

메시지 출력과 입력 148

Chapter **05** ── **평가 원리 159**

AAC 중재에 관여하는 사람들 159

AAC 서비스 제공을 위한 팀 구성 163

AAC 평가 모델 167

평가의 단계 169

참여 형태와 요구 파악 173

기회 장벽 177

접근 장벽 180

Chapter **06** ── **특정 능력 평가 199**

능력 평가 접근법 개관 199

평가 영역 203

능력 평가의 목적과 양 270

Chapter **07** ── **의사결정, 중재 및 사정의 원리 273**

　기회 장벽 중재 273

　현재와 미래를 위한 중재 계획 및 이행 277

　중재 성과의 측정 및 평가 287

　추후 관리 290

Part II 발달장애인을 위한 AAC 중재

Chapter **08** ── **발달장애인을 위한 AAC 관련 이슈 295**

　뇌성마비 296

　지적장애 302

　자폐범주성장애 307

　농맹 313

　아동기 말 실행증 318

Chapter **09** ── **초기 의사소통자를 위한 참여와 의사소통 지원 327**

　참여 모델과 초기 의사소통자 330

　CCN을 지닌 어린 아동 대상의 기회 장벽 해결과 참여 증진 331

　CCN을 지닌 학령기 아동 대상의 기회 장벽 해결과 참여 증진 339

　CCN을 지닌 청소년과 성인의 기회 장벽 해결과 참여 증진 343

　결론 345

　비상징적 의사소통에 대한 촉진자 반응 훈련 347

　비상징적 의사소통에 대한 반응 및 확장 전략 350

　상징적 의사소통 소개하기: 시각 스케줄과 '토킹 스위치' 기법 361

Chapter **10** ── **언어 발달과 중재: 문제점, 지원 및 교수 접근 369**

　AAC 의존자의 언어 발달 370

　언어 학습과 발달 지원하기 377

　교수 접근법 389

Chapter **11** —— **언어적 · 사회적 능력 지원을 위한 교수 403**

의미론적 발달 지원하기 405

구문론적 발달 지원하기 408

문법형태소 사용 지원하기 411

화용언어 발달 지원하기 412

Chapter **12** —— **복합적인 의사소통 요구를 지닌 사람들의 문해 중재 445**

문해 학습에 영향을 미치는 요인 447

발생적 문해 기술 촉진하기 452

관습적 문해 기술을 가르치기 위한 중재의 핵심 요소 462

기본적인 관습적 문해 기술 가르치기: 읽기와 쓰기 학습 472

진전된 문해 기술 가르치기 488

문해 지원을 위한 보조 기술 498

요약 501

Chapter **13** —— **복합적인 의사소통 요구를 지닌 학생들의 교육 통합 505**

완전통합교육이란 무엇인가 506

유아원에서 학교로의 전이 509

참여 모델: 학급 전체에 대한 조정 계획 512

참여 모델: 학생 중심의 조정 계획 522

Part III 후천성 장애인을 위한 AAC 중재

Chapter **14** —— **후천성 지체장애를 지닌 성인 539**

근위축성 측색경화증 540

다발성 경화증 552

길랭–바레 증후군 558

파킨슨병 560

뇌간 뇌졸중 566

결론 572

Chapter **15** — **중도 실어증과 말 실행증을 지닌 성인 575**

실어증 대상 AAC 중재 577

평가 616

중재 이슈 629

Chapter **16** — **퇴행성 인지 · 언어장애를 지닌 성인 633**

원발성 진행성 실어증 633

치매 638

헌팅턴병 649

Chapter **17** — **외상성 뇌손상을 지닌 사람들 653**

출현율과 병인 654

말과 관련된 자연스러운 능력 중재 661

AAC 수용과 사용 패턴 663

접근 평가 및 중재 664

Chapter **18** — **집중, 급성 및 장기 치료 환경에서의 AAC 673**

급성치료 환경에서 나타나는 의사소통장애의 원인 677

급성치료 환경에서 AAC 서비스 제공하기 680

AAC 중재 모델 684

■ 참고문헌 695

■ 자료와 웹 사이트 목록 757

■ 찾아보기 765

Part I

보완대체의사소통 소개

Chapter **01** 보완대체의사소통(AAC) 과정

Chapter **02** 메시지 관리: 어휘, 스몰토크 및 내러티브

Chapter **03** 상징과 속도 향상

Chapter **04** 대체 접근

Chapter **05** 평가 원리

Chapter **06** 특정 능력 평가

Chapter **07** 의사결정, 중재 및 사정의 원리

Chapter **01**

보완대체의사소통(AAC) 과정

무언의 침묵은 결코 금이 아니다. 우리 모두는 단지 하나의 방식이 아니라 가능한 한 다양한 방식으로 서로 의사소통을 하며 관계를 맺어야 한다. 이는 인간의 기본적인 욕구이자 권리다. 더 나아가 이는 인간이 갖는 가장 근원적인 힘이다(Bob Williams, 2000, p. 248).

마이클 윌리엄스(Michael Williams)는 평생 보완대체의사소통(Augmentative and Alternative Communication, 이하 AAC) 전략에 의존해 왔다. 그와 그의 의사소통 전략들에 대해 더 알고 싶다면, 그의 웹캐스트 걸어온 길, 가야 할 길: 참호 속 외침(How Far We've Come, How Far We've Got to Go: Tales from the Trenches)(Williams, 2006)을 찾아봐라.

이 책을 읽는 여러분은 대부분 별다른 노력 없이 효율적으로 의사소통을 하기 때문에 얼굴을 맞대거나 전화로, 이메일로, 문자로 또는 소셜 미디어 등으로 타인과 상호작용할 때 의사소통 자체에 대해 거의 신경 쓰지 않을 것이다. 아마도 여러분은 이

제 그 과정이 거의 자동적이어서 말을 배우기 위해 쏟았던 어릴 적 노력들을 기억하지 못할 것이다. 여러분은 자신을 표현할 때 메시지를 구성하고 소리를 내서 그저 "말을 할 뿐이다." 그러나 힘들이지 않는 의사소통이 모든 사람들에게 주어지는 선택권은 아니다(Beukelman & Ray, 2010). 왜냐하면 일부 사람들은 말을 통해 일상적인 자신의 의사소통 요구를 충족시킬 수 없기 때문이다. 효과적인 의사소통은 학습과 발달, 자기 관리, 사회 참여, 교육 및 취직 등에 필수적인 요소다. 또한 다음과 같이 『효과적인 의사소통, 문화적 역량 및 환자와 가족 중심 치료 증진: 병원을 위한 로드맵 (Advancing Effective Communication, Cultural Competence, and Patient-and-Familiy-Centered Care: A Roadmap for Hospitals)』이라는 제목으로 의료기관 평가위원회 (Joint Commission)의 성명서에 언급된 것처럼, 효과적인 의사소통은 의료 서비스를 위해서도 필수적이다.

> 효과적인 의사소통은 이제 환자의 권리를 넘어 양질의 치료와 환자 안전의 필수적인 요소로 받아들여지고 있다[5, 6] …… 효과적인 의사소통을 통해 환자와 의료 서비스 제공자는 정보 교환의 의미를 제대로 공유하게 되고, 환자는 입원에서 퇴원까지 자신에게 제공되는 의료 서비스에 적극적으로 참여할 뿐 아니라 각자 서로의 책무성을 이해하게 된다(2010, p. 1).

이 책을 저술한 목적은 AAC에 의존하는 사람들과 이들이 의사소통 요구를 충족시키기 위해 이용하는 AAC 지원들, 그리고 이들을 돕는 사람들이 누구인가를 여러분에게 소개하기 위함이다. 대략 인구의 1.3%, 즉 4백만 명 정도의 미국인이 자신의 말만으로는 일상적인 의사소통 요구를 충족시키지 못하고 있다. 말 이외의 다른 의사소통 지원을 받지 못하면, 모든 생활 영역—교육, 의료, 고용, 가족, 지역사회—에서 이들의 의사소통과 참여는 크게 제한을 받게 된다. AAC 전략의 개발은 복합적인 의사소통 요구를 지닌 사람들의 의사소통을 증진시킬 수 있는 크나큰 잠재력을 제공한다. 그러나 많은 사람들에게서 이러한 잠재력은 충분히 실현되지 못했다. AAC 의존자를 지원하는 사람들에게는 절실한 요구가 존재한다. 즉, AAC 의존자와 그 가족 및 양육자를 돕는 것뿐 아니라 다양한 분야에서 유능한 AAC 관련자들을 지속적으로 개발할 필요가 있다는 것이다. 이러한 관련자에는 새로운 기술을 고안하는 사람, 교사, 언어치료사, 물리치료사, 작업치료사, 재활공학자, AAC 중재 서비스를 제공하는 기술자, 공공 정책 수립과 기금을 조성하는 사람, AAC의 사용과 수용패턴을 기록하고 AAC 전략이 사용될 때 이루어지는 의사소통의 처리 과정을 조사하는 연구자 등이 포함된다.

AAC란 무엇인가

미국 언어청각협회(American Speech-Language-Hearing Association: ASHA)의 AAC 특별분과 12(Special Interest Division 12: Augmentative and Alternative Communication)는 AAC를 다음과 같이 정의하였다.

> AAC는 연구, 임상 및 교육적 실제 영역을 일컫는다. AAC는 구어와 문어 의사소통 방식을 포함하여 말과 언어의 표현 및/또는 이해에 심각한 장애를 지닌 사람들의 일시적 또는 영구적 손상, 활동 한계, 참여 제한 등을 연구하고, 필요할 경우 이를 보완하는 시도들을 말한다(2005, p. 1).

AAC 중재 서비스와 테크놀로지는 2010년 이루어진 의료개혁에 의해 자활(habilitation)과 재활(rehabilitation) 서비스 및 테크놀로지의 일부분이 되었다. 자활은 발달장애인, 즉 선천성 장애인을 대상으로 능력을 발달시키도록 돕는 중재 전략과 테크놀로지를 의미한다. 반면 재활은 후천성 장애인으로 하여금 능력을 재획득하도록 돕는 중재 전략과 테크놀로지를 의미한다.

누가 AAC에 의존하는가

AAC 의존자의 특별한 전형은 존재하지 않는다. 연령, 사회경제적 지위, 인종, 민족에 상관없이 누구나 AAC 의존자가 될 수 있다. 이들의 유일한 공통점은 말하기 및/또는 쓰기를 위해 적합한 형태의 지원이 필요하다는 것이다. 왜냐하면 이들의 제스처, 말 및/또는 글을 통한 의사소통이 자신들의 의사소통 요구를 모두 충족시키기에는 일시적으로나 영구적으로 불충분하기 때문이다. 설령 이들이 제한적으로 말을 할 수 있다 해도 그것만으로는 이들의 다양한 의사소통 요구를 충족시키지 못한다.

사람은 누구나 다양한 선천적, 후천적 건강 상태로 인해 적절한 지원이 없으면 말을 하거나 글을 쓸 수 없는 장애를 갖게 될 수 있다. 중도 의사소통장애를 일으키는 가장 일반적인 선천적 원인은 지적장애, 뇌성마비, 자폐, 발달성 말 실행증 등이다. AAC 지원을 필요로 하는 가장 흔한 후천적 질환에는 근위축성 측색경화증, 다발성 경화증, 외상성 뇌손상, 뇌졸중 등이 포함된다(이들 각 장애와 관련된 출현율과 인구통계학적 정보는 제2부와 제3부 참조).

중도 말 및/또는 쓰기 장애인의 출현율 수치는 조사된 나라와 대상자의 연령, 장애 유형에 따라 매우 다양하다. 캐나다에서 2001년에 실시된 참여와 활동 제한 조사 (Participation and Activity Limitation Survey: PALS) 자료에 따르면, 4세 이상의 캐나다인 중 대략 31만 8천 명이 말을 하거나 자신을 이해시키는 데 어려움을 갖고 있는 것으로 나타났다(Cossette & Duclos, 2003). 이는 4세 이상의 총인구 중 대략 1.5%를 의미한다. 캐나다 연구와 유사한 수치는 영국의 엔더비와 필립(Enderby & Philipp, 1986)의 연구에서 제시되었는데, 영국인 80만 명(전체 인구의 1.4%)이 직계가족 외에는 어느 누구에게도 자신의 말을 이해시키지 못하는 중도 의사소통장애를 지닌 것으로 조사되었다. 그러나 인구 4백만 명 이상이 거주하는 호주 빅토리아 지방에 대한 조사에서는 의사소통을 위해 적절히 말을 할 수 없는 사람이 불과 5천 명 정도인 것으로 나타났다. 이는 인구의 0.12%에 해당하는 수치다(Bloomberg & Johnson, 1990).

중도 의사소통장애의 출현율은 연령에 따라 크게 다르다. 블랙스톤(Blackstone, 1990)은 여러 연구 결과에 기초해 전 세계 학령기 인구의 0.2∼0.6%가 중도 말장애를 갖는다고 제시하였다. 또한 캐나다의 한 연구에 의하면 45∼54세 인구에서 0.8%였던 출현율이 85세 이상에서는 4.2%로 크게 높아지는 것으로 나타났다(Hirdes, Ellis-Hale, & Pearson Hirdes, 1993).

AAC 전략에 대한 의존은 무엇을 의미하는가

AAC 의존자들의 이야기와 경험은 인구통계학적 수치보다 더 적절하고 흥미로울 것이다. 〈표 1-1〉은 AAC 의존자들의 글과 강연을 포함하고 있는 자료인데, 이는 일인칭 시점의 형태를 띠고 있다. 이들 자료와 그 외 이야기들을 통해 우리는 말이나 글

표 1-1 AAC 의존자들이 기술한 일인칭 시점의 이야기들

Brown, C. (1954). *My left foot.* London: Secker & Warburg.

Fried-Oken, M., & Bersani, H. A., Jr. (Eds.). (2000). *Speaking up and spelling it out: Personal essays on augmentative and alternative communication.* Baltimore: Paul H. Brookes Publishing Co.

Fried-Oken, M., Howard, J., & Stewart, S. (1991). Feedback on AAC intervention from adults who are temporarily unable to speak. *Augmentative and Alternative Communication, 7,* 43-50.

Mirenda, P., & Bopp, K. (2003). "Playing the game": Strategic competence in AAC. In J. C. Light, D. R. Beukelman, & J. Reichle (Eds.), *Communicative competence for individuals who use AAC: From research to effective practice* (pp. 402-437). Baltimore: Paul H. Brookes Publishing Co.

Nolan, C. (1987). *Under the eye of the clock.* New York: St. Martin's Press.

Williams, M., & Krezman, C. (Eds.). (2000). *Beneath the surface: Creative expression of augmented communicators.* Toronto: International Society for Augmentative and Alternative Communication.

로 의사소통을 할 수 없다는 것과 그로 인해 AAC에 의존한다는 것이 어떠한 것인지를 느낄 수 있다. 뇌성마비를 지닌 젊은이인 릭 크리치(Rick Creech)는 말을 하지 못하는 상황을 다음과 같이 적나라하게 묘사하고 있다.

> 만약, 당신이 말을 할 수 없다는 것이 어떤 것인지를 알고 싶다면 방법이 하나 있다. 파티에 가서 말을 하지 마라. 말을 못하는 것처럼 행동하라. 원한다면 손을 쓰되 종이와 연필은 사용하지 마라. 말을 못하는 사람들에게 종이와 연필이 항상 가까이 있는 것은 아니다. 당신은 다음과 같은 것을 알게 될 것이다. 사람들이 말을 하고 있다. 뒤에서, 옆에서, 주변에서, 위쪽에서, 아래쪽에서, 도처에서. 심지어 당신을 향해서도 말을 한다. 그러나 당신과는 결코 대화를 나누지 않는다. 당신은 철저히 무시당하며 결국 스스로를 하나의 가구처럼 느끼게 될 것이다(Musselwhite & St. Louis, 1988, p. 104).

수년간 AAC에 의존해 온 짐 프렌티스(Jim Prentice)는 다음과 같이 적고 있다.

> AAC는 타인과 친밀하고 만족스러운 관계를 맺고 진전시킬 수 있는 능력을 제공한다. 명료하게 말할 수 있는 능력을 거부당한 사람은 사회적으로, 지적으로 또는 정서적으로 고립된 삶을 살도록 선고받은 것이다(Prentice, 2000, p. 213).

AAC 초기, 왼쪽 발가락에 분필을 끼우고 글씨를 써서 처음으로 의사소통을 했던 크리스티 브라운(Christy Brown)은 자신이 첫 글자를 썼던 그날의 순간을 다음과 같이 회고하였다.

나는 'A'라는 글자를 그렸다. 내 앞의 마룻바닥에 그 글자가 놓여 있었다. 나는 고개를 들어 잠시 어머니의 얼굴을 바라보았다, 어머니의 뺨에 흐르는 눈물. 나는 결국 해낸 것이다! 그것은 시작이었다. 이는 내 마음에 표현의 기회 자체를 각인시켜 주었다. 발가락 사이에 끼운 부러진 노란 분필 조각으로 마룻바닥에 휘갈겨 쓴 그 한 글자는 새로운 세계로 나가는 나의 길이자, 정신적 자유를 향한 나의 열쇠였다(Brown, 1954, p. 17).

재니스 스테헬리(Janice Staehely)는 일방적인 의사소통이 갖는 한계를 다음과 같이 설득력 있게 묘사하였다.

어느 날 라디오를 듣고 있는데, '삶은 춤이다'라는 노래가 흘러나왔다. 그 노랫말은 내게 매우 의미심장하게 들렸다. 사람들이 움직이지 않는다면 춤이 춤일 수 없듯이, 언어 또한 사람들이 되받아 주기 전까지는 의사소통이 될 수 없다. 의사소통은 쌍방적 교환이어야 한다(Staehely, 2000, p. 3).

의사소통은 사람들 간 상호작용뿐 아니라 각자에게 중요한 활동들에의 참여를 또한 가능케 한다. 거스 에스트렐라(Gus Estrella)와 재니스 스테헬리는 AAC 의존 능력이 자신의 가족관계에 미친 영향을 다음과 같이 적고 있다.

그렇다면 중증 말장애를 지닌 사람들에게 보완 의사소통 테크놀로지는 얼마나 중요할까? 그리고 당사자와 가족, 친구들은 언제 그것의 중요성을 보다 분명하게 느낄까? 이는 사람마다 다르고 인생의 다양한 시기에 발생할 것이다. 내 경험에 비추어 보면 나는 여러 시점에서 그 중요성을 깨달았다. 그중 분명한 한 시기는 아버지와 내가 전에는 할 수 없었던 대화를 통해 뭔가를 공유하기 시작했을 때였다. 우리는 야구, 특히 LA 다저스 팀에 대해 이야기했다. 그리고 누가 농구와 애리조나 와일드캐츠 팀을 잊을 수 있겠는가? 우리는 결국 다른 아버지와 아들들이 처음부터 해 왔던 그런 부자지간의 대화를 나누고 있었던 것이다(Estrella, 2000, p. 40).

새로운 목소리를 갖게 되면서 내 세상이 열리기 시작했다. 처음에 나는 조심스럽게 'AAC 도구' 사용법을 배워 나갔다. 타인과의 의사소통이 느는 것을 보면서 'AAC 도구'에 대한 가족들의 회의론도 금세 사라졌다. 정원을 돌보며 나와 대화를 지속할 수 있다는 사실에 언니가 그토록 기뻐했던 순간을 나는 결코 잊지 못할 것이다 (Staehely, 2000, p. 3).

AAC 테크놀로지는 또한 직계가족이나 주변 사람을 넘어선 사회적 네트워크를 형성하도록 해 준다. 다음 세 사람은 사회적 네트워크와 사회적 역할을 확장시키기 위해 자신의 AAC 도구를 어떻게 사용했는지를 보여 준다.

새 컴퓨터를 갖게 되었을 때 나는 인터넷과 이메일을 설치하였다. 그리고 나의 세상은 하룻밤 사이에 달라졌다! 당시 나는 지역 장애서비스자문위원회에 깊숙이 관여하고 있었지만, 말장애로 인해 담당자들은 내 말을 이해하는 데 어려움을 겪었다. 그러나 내가 이메일을 하게 되면서 더 이상 아무 문제가 없었다. 내 의견이 필요할 경우 그들은 내게 이메일을 보내면 되었고, 곧바로 나의 답변이 전달되었다(Price, 2000, p. 114).

요즘에 나는 직장이나 모임에서뿐 아니라 전화상으로도 의사소통을 하기 위해 내 'AAC 도구'를 사용한다. 집에서는 주로 얼굴 표정이나 문자 신호 또는 컴퓨터에 워드를 쳐서 띄우는 방식으로 의사소통을 한다. 사람들이 나와 내 의사소통 방법을 알게 되면 대부분은 나를 이해하는 데 문제가 없다. 일부 사람은 다른 사람보다 더 빨리 이를 깨닫는다. 이메일은 나의 주된 의사소통 방법이다. 내게는 전화 대신 이메일만을 사용해 관계를 유지하는 사람들이 많다. 따라서 나의 가장 효과적인 의사소통 방법은 이메일이라고 할 수 있다(Cardona, 2000, p. 244).

웬디(Wendy)는 방문객을 맞았을 때 나타난 레온(Leon)의 변화를 기억하였다. "어떤 사람들에게는 말을 할 수 없는 사람을 방문하는 것이 매우 어려울 것이다…… 그러나 레온은 자신의 도구를 사용해 끝까지 의사소통을 했다. 그가 의사소통을 할 수 있었기 때문에 친구들이 자주 찾아왔다"(McKelvey, Evans, Kawai, & Beukelman, 2012).

다틸로와 동료들(Dattilo et al., 2008; Dattilo, Benedek-Wood, & McLeod, 2010)은 AAC에 의존하는 성인들의 여가와 레크리에이션 활동을 자세히 기록하였다. AAC에 의존하는 사람들은 여가 활동이 자신들의 신체 및 정신 건강을 증진시켰으며, 사회적 네트워크와 독립성을 강화했을 뿐 아니라, 타인에게 AAC와 장애에 대해 알릴 수 있는 방법들을 제공해 주었다고 보고하였다. 연구자들은 이들이 여가 활동을 추구하는 과정에서 마주치게 되는 장벽들을 또한 기록하였다.

비록, 복합적인 의사소통 요구를 지닌 사람들이 직장을 갖는다는 것은 머나먼 목표일 수 있지만, AAC 전략은 이들이 고용시장에 진입하거나 지속적으로 머물 수 있도록 도움을 줄 수 있다. 발달장애를 지닌 데이비드 채플(David Chapple)과 후천성 장애를 지닌 노벨상 수상 경력의 과학자 스티븐 호킹(Stephen Hawking)은 고용에 대한 통찰을 제공해 준다.

> AAC 덕택에 나는 그토록 원했던 소프트웨어 엔지니어라는 직업을 얻게 되었다. 비록 내가 직장을 얻어 경쟁력 있게 일할 수 있는 뛰어난 컴퓨터 기술을 지니고는 있었지만, AAC는 면접, 프로그래밍 작업, 동료들과의 관계 유지 등 직장에서 필요한 여러 요소들을 해결하는 데 도움이 되었다. 면접에서, 나는 내게 주어진 질문들에 신속하고 재치 있게 반응할 수 있었다. 음성출력 의사소통 도구(voice output communication aid: VOCA)를 이용해 나는 일련의 아이콘 밑에 프로그래밍 명령어를 저장하여 단지 몇 초 안에 프로그래밍 라인을 입력할 수 있다. 또한 AAC를 통해 유머 감각과 기술적인 아이디어를 동료들에게 표현할 수도 있다(Chapple, 2000, p. 155).

> 컴퓨터가 없으면 나는 의사소통을 할 수 없다. 컴퓨터는 나에게 일과 연구를 지속할 수 있는 수단을 제공해 준다. 컴퓨터는 또한 나의 가족 및 친구들과 연락을 유지할 수 있게 해 준다. 나는 모바일 테크놀로지(mobile technology)를 이용해 언제든지 이메일을 하고 전화를 걸 수 있다. 문제가 생겼을 때 혼자 힘으로 전화를 걸 수 있게 해 준다는 점에서 이 기술은 나의 안전과 안위를 위해 매우 중요하다(Steven Hawking, 2003).

초기 AAC는 사람들 간의 사회적 상호작용을 돕는 데 있어서 긴요한 것으로 간주되었다. 그러나 드라이터, 맥노튼, 케이브스, 브라이언 및 윌리엄스(DeRuyter, McNaughton, Caves, Bryen, & Williams, 2007, p. 268)는 미래의 상황을 다음과 같이 묘사하였다.

이메일, 휴대전화, 디지털 음악, 전자상거래, 디지털 사진, 전자책 등에 자유롭게 접근하려면 디지털 독립성이 요구된다. 이것들은 모두 21세기에 기본적인 의사소통 활동일 뿐 아니라 학교, 직장 및 지역사회에 완전히 참여하기 위해서도 필요하다. 우리는 사람들이 AAC 테크놀로지를 통해 오늘날의 정보 사회에 더욱더 활발히 참여할 수 있도록 보장해야만 한다.

인공호흡기를 사용하는 ALS 환자 올린다 올슨(Olinda Olson)은 자신이 사용하는 눈 추적(eye-tracking) AAC 테크놀로지에 대해 설명하였다. 그녀는 가족 및 직원들과의 대면 상호작용, 인터넷 접속, 이메일 주고받기 등을 위해 AAC 테크놀로지를 사용하는데, 이를 통해 그녀는 신변 처리 및 의료적 처치를 관리하고 먼 곳에 살고 있는 자녀들과도 소통을 한다. 그녀는 자신의 웹캐스트를 통해 다음과 같이 말하고 있다.

> 이것은 응시 컴퓨터[AAC 테크놀로지]입니다. 저는 가족이나 친구들과 소통하기 위해 이것을 사용합니다…… 책이나 성경을 읽을 때 사용하기도 합니다. [그녀는 AAC 체계를 사용해 간호사 호출 라이트를 어떻게 켜는지 직접 보여 주었다]…… 저는 이 응시 컴퓨터를 좋아합니다. 제 자식들과 계속 연락할 수 있는 수단이기 때문입니다 (Fager & Beukelman, 2009, slide 42).

이 장을 쓰면서, 우리는 그녀의 며느리가 임신했음을 알리는 이메일을 그녀의 AAC 팀에게 보냈다. 그녀의 아들 부부는 천 마일이 넘는 먼 거리에 살고 있다. 그래서 그녀는 자신의 AAC 테크놀로지에 통합되어 있는 영상 통화 애플리케이션인 스카이프(Skype)를 최근에 처음 사용하였다. 그녀는 손자가 태어나면 곧바로 스카이프를 통해 자신의 첫 손자를 '만날' 준비가 되어 있다(Susan Fager, 경험담, 2010년 10월).

의사소통적 상호작용의 목적

AAC 중재의 궁극적인 목적은 의사소통 문제에 대한 기술적인(technological) 해결책을 찾고자 하는 것이 아니다. 오히려 의사소통장애인이 다양한 상호작용에 효율적이고 효과적으로 관여하고 원하는 활동에 참여할 수 있도록 하려는 데 있다. AAC를 활용한 상호작용 연구들을 광범위하게 고찰한 라이트(Light, 1988)는 의사소통적 상호작용을 충족시키는 네 가지 의제(agendas) 또는 목적을 ① 요구 및 바람 표현(communication of needs/wants), ② 정보 전달(information transfer), ③ 사회적 친밀감(social closeness), ④ 사회적 에티켓(social etiquette, 〈표 1-2〉 참조)으로 파악하였다. 우리는 라이트(Light)의 항목에 '자신과 소통하거나 내적인 대화를 나누고자 하는(to communicate with oneself or conduct an internal dialogue)' 다섯 번째 목적을 추가하고자 한다.

〈표 1-2〉에서 볼 수 있는 바와 같이, 개인이 요구 및 바람을 표현하는 목적은 특정 행위를 수행하도록 듣는 사람의 행동을 조정하기 위한 것이다. 예를 들면, 도움을 요청하거나 식당에서 음식을 주문하는 것 등이 이에 속한다. 이 경우에는 메시지의 내용이 중요하며, 어휘는 비교적 예측 가능할 뿐 아니라, 메시지 산출의 정확성과 속도가 특히 중요하다. 수많은 의사소통 체계에 요구와 바람을 표현하는 어휘가 주로 포함되어 있는 이유는 이러한 메시지에 내재되어 있는 높은 예측성과 실제성 때문일 것이다. 사실 AAC 체계 의존자들이 이러한 메시지를 찾는 데 얼마나 동기부여가 되어 있는지 또는 이들 메시지가 얼마나 적절한지에 상관없이, 의사소통책이나 의사소통판들은 거의 대부분 이러한 어휘로 구성되어 있음을 볼 수 있다.

상호작용의 두 번째 영역인 정보 전달은 행동 규제라기보다는 정보 공유에 그 목적이 있기 때문에 좀 더 복잡하고 어려운 메시지가 필요하다. 이러한 상호작용의 예로는 선생님과 주말에 있었던 이야기를 나누는 아동, 다가오는 졸업파티에 대해 친구와 이야기를 나누는 청소년, 구직 면접에서 질문에 답하는 성인 등을 들 수 있다. 요구 및 바람 영역과 마찬가지로 메시지의 내용은 매우 중요하다. 그러나 정보 전달 메시지는 광범위한 주제에 대해 대화를 나누도록 화자를 돕는(예측 가능한 것이라기보다는) 새로운 단어와 문장으로 이루어지는 경향이 있다. 이 경우에도 메시지 산출의 정확성과 속도는 매우 중요하다.

사회적 친밀감과 관련된 의사소통은 요구 및 바람의 표현이나 정보 전달의 경우와 상당히 다르다. 이러한 상호작용의 목적은 인간관계를 맺거나 유지 또는 발전시키는 것과 관련이 있다. 따라서 메시지의 내용보다는 상호작용 자체가 더 중요하다. 이러한 방식의 상호작용의 예로는 급우들에게 농담을 하는 아동, 농구 경기에서 자신의 팀을 응원하는 10대, 최근 어머니가 돌아가신 친구를 위로하는 여성 등을 들 수 있다. 이러한 상호작용에서는 상호작용을 통해 성취되는 결속감과 친밀함 등의 감정이 의사소통자의 독립성, 메시지의 속도, 정확성 및 내용보다 더 중요하다.

　〈표 1-2〉에 제시된 네 번째 상호작용 유형인 사회적 에티켓의 목적은 종종 간단하고 예측 가능한 어휘를 사용하는 상호작용을 통해 공손함 등의 사회적 관습을 따르기 위한 것이다. 사회적 에티켓을 수행하는 사람들의 예로는 할머니에게 '제발요'와 '감사합니다'를 말하는 아이, 자신을 돌봐 준 사람에게 고마움을 표현하는 성인 등을 들 수 있다. 이러한 의사소통 유형의 메시지는 속도, 정확성, 의사소통적 독립성 모두를 성공의 중요한 요인으로 보기 때문에 요구 및 바람을 표현하는 메시지와 유사하다.

표 1-2 다양한 사회적 목적을 달성하기 위한 상호작용의 특성

특성	상호작용의 사회적 목적			
	요구 및 바람 표현	정보 전달	사회적 친밀감	사회적 에티켓
상호작용의 목적	요구 및 바람의 충족을 위한 수단으로 타인의 행동 조정	정보 공유	인간관계의 형성, 유지 및 발전	공손함의 사회적 관습 따르기
상호작용의 초점	원하는 사물이나 행위	정보	대인 관계	사회적 관습
상호작용의 지속성	제한적임 상호작용 시작 시에 강조됨	지속적일 수 있음 상호작용 전개 시에 강조됨	지속적일 수 있음 상호작용 유지 시에 강조됨	제한적임 지정된 순서 충족 시에 강조됨
의사소통의 내용	중요함	중요함	중요하지 않음	중요하지 않음
의사소통의 예측 가능성	매우 예측 가능	예측 불가능	어느 정도 예측 가능	매우 예측 가능
의사소통의 범위	제한적임	광범위함	광범위함	매우 제한적임
의사소통의 속도	중요함	중요함	중요하지 않음	중요함
의사소통의 단절 허용	거의 허용 안 됨	거의 허용 안 됨	어느 정도 허용됨	거의 허용 안 됨
참여자의 수	주로 두 명	두 명, 소집단 또는 대집단	주로 두 명 또는 소집단	두 명, 소집단 또는 대집단
의사소통자의 독립성	중요함	중요함	중요하지 않음	중요함
의사소통 상대	친숙하거나 낯선 사람	친숙하거나 낯선 사람	주로 친숙한 사람	친숙하거나 낯선 사람

출처: Light, J. (1988). Interaction individuals using augmentative and alternative communication systems: State of the art and future directions. *Augmentative and Alternative Communication*, 4, 76. 허락하에 게재함

상호작용의 다섯 번째 유형은 자신과 소통하거나 내적인 대화를 나누는 것이다. 대부분의 사람은 계획적인 생활을 위해 목록을 만들거나 달력에 정보를 기입하는 방식으로 활동 스케줄을 잡는다. 또한 다이어리나 자신을 돌아볼 수 있는 일기장, 앞으로의 계획을 적어 놓은 목록, 개인적인 추억을 담은 기록 등을 갖고 있다.

AAC 의존자의 관점에서 본 의사소통 능력(communicative competence)은 개인의 관심, 상황 및 재량에 따라 상호작용의 네 범주 모두에서 메시지를 효과적이고 효율적으로 전달하는 능력과 관련이 있다. 의사소통 상대들의 보고에 따르면, 유능한 의사소통자로 여겨지는 AAC 의존자들은 일련의 부가적인 기술들을 또한 지니고 있다. 라이트(Light, 1988), 라이트와 빙어(Light & Binger, 1998)는 유능한 의사소통자라면 다음과 같은 것을 할 수 있어야 한다고 제시하였다.

- 의사소통 상대에게 긍정적인 자아상(self-image) 보여 주기
- 타인에게 관심을 보이고 상호작용 유도하기
- 적극적으로 참여하고 동등한 방식으로 말차례 주고받기
- 적절한 언급, 상대 중심 질문, 공유된 화제 찾기 등으로 의사소통 상대에게 반응하기
- 소개 전략(예: "안녕하세요? 제 이름은 고든입니다. 저는 의사소통을 위해 이 도구를 사용합니다. 말하고자 하는 것은 해당 그림을 지적하여 표현할 것입니다."라고 쓰인 카드)을 통해 상대가 AAC 체계에 편안해지도록 유도하기. 유머와 예측 가능하고 분명한 비언어적 신호 또한 이러한 목적을 달성하는 데 도움을 줄 수 있다.

AAC 팀은 의사소통 상대마다 의사소통 능력과 관련된 여러 전략의 중요성을 다르게 인식할 수 있다는 사실을 알아야 한다. 예를 들어, 라이트, 빙어, 베일리 및 밀러(Light, Binger, Bailey, & Millar, 1997)는 연구 과정에서 AAC에 대한 경험이 없는 성인과 이전에 AAC를 경험한 전문가 모두 대화가 이루어지는 동안 AAC 의존자가 보여 주는 비언어적 피드백이 의사소통 능력의 인식 정도에 긍정적인 영향을 준다고 판단함을 발견하였다. 반면에 이전에 AAC를 경험한 적이 없는 청소년에게서는 이러한 요인이 중요한 것으로 나타나지 않았다. 따라서 모든 AAC 중재는 ① 관련 청자들이 의사소통 능력을 위해 중요하다고 여기는 기술을 찾아내고, ② 의사소통 능력을 최대한 발휘할 수 있도록 도움을 줄 수 있는 전략 교수를 포함해야 한다. 이러한 전략은

제11장에 자세히 기술되어 있다.

보조 테크놀로지는 해결책의 일부일 뿐이다

　　AAC에 의존하는 사람들의 경험담을 들어보면 하나같이 고무적이다. 분명히 의사소통 보조 테크놀로지(assistive technology)는 사람들의 삶을 바꿀 수 있다. 그러나 AAC 테크놀로지는 결코 마법이 아니다. 피아노만으로 피아니스트가 될 수 없고, 농구공 하나만으로 운동선수가 될 수 없다. 마찬가지로 AAC 도구 하나만으로 유능하고 숙련된 의사소통자가 될 수는 없다(Beukelman, 1991). AAC 의존자는 AAC 무경험자에서 시작해 적절한 지원과 교수, 연습, 격려 등을 통해 유능한 AAC 숙련가로 변모해 간다. 따라서 AAC에 의존하는 사람들이 AAC 전략에 능숙해질 수 있도록 AAC 옵션이 시기적절하게 제공되어야 한다.

　　라이트와 동료들(Light, 1989b; Light, Arnold, & Clark, 2003; Light, Roberts, Dimarco, & Greiner, 1998)은 AAC 의존자를 위한 의사소통 능력의 구성요소를 자세히 기술하였다. 이들이 파악한 네 가지 구성요소는 언어적 능력, 조작적 능력, 사회적 능력, 전략적 능력 등이다.

언어적 능력

　　언어적 능력(linguistic competence)은 자신의 모국어에 대한 수용언어 및 표현언어 기술을 말한다. 이는 또한 AAC 체계에 사용되는 선화(line drawing), 낱말, 신호 및 그밖의 언어적 부호에 대한 지식을 포함한다. 마찬가지로 중요한 것 중 하나는 AAC 의존자들이 메시지를 수용하기 위해서는 의사소통 상대가 표현하는 구어를 배워야만 한다는 것이다. 이중언어 사용자의 경우에는 주류 사회의 언어뿐 아니라 자신의 가족이 지닌 모국어를 배워야 한다는 의미일 수 있다(Light, 1989b). 후천성 장애를 지닌 사람들은 습득해야 할 특정 AAC와 관련된 과제 외에 대부분의 과제를 배울 필요가 없을 것이다. 그러나 선천성 장애를 지닌 사람들은 이러한 모든 기술을 자신이 지니고 있는 신체적, 감각적 또는 인지적 제약 속에서 배워야만 한다.

　　부모, 의사소통 전문가, 친구 및 기타 촉진자(facilitators)는 AAC 의존자가 이러한 과제를 숙달하도록 돕는 데 주요한 역할을 수행할 수 있다. 우선, 촉진자는 자연스러운 상황에서 표현언어(자연적이든 보완적이든)를 연습할 수 있는 지속적인 기회를 제공할 수 있다(Romski & Sevcik, 1996). 어떤 경우 이는 보완적인 상징 체계나 부호를 배우도록 돕는 단순한 과제일 수 있다. 반면 일반화의 문제를 특징적으로 보이는 대상자의 경우라면, 충분한 연습 기회를 제공할 수 있도록 촉진자 스스로가 그 상징 체계를 배울 수도 있다(예: 수화; Loeding, Zangari, & Lloyd, 1990; Spragale & Micucci, 1990). 촉진자가 AAC 디스플레이에 사용되는 상징이나 부호뿐 아니라 공동체와 가족이 사용하는 언어를 이용해 입력보완 모델(augmented input model)을 제공하는 것 또한 중요하다. 수용언어 입력 전략에는 도구를 사용하는 언어자극 조끼나 판(Goossens', 1989), 음악과 함께 사용하는 상징 노래 스트립(strips; Musselwhite & St. Louis, 1988), 촉진자와 AAC 의존자의 디스플레이 공유(Romski & Sevcik, 1996), 수화를 통한 키워드 입력(부가적인 전략들을 위해서는 Blackston, Cassatt-James, & Bruskin, 1988 참조) 등이 포함된다. AAC 체계와 관련된 언어 능력 고취 전략은 제11장에서 더 자세히 논의된다. 블록버거와 서턴(Blockberger & Sutton, 2003)은 AAC 의존자의 언어 능력 발달과 관련된 연구의 요약본을 발표한 바 있다.

조작적 능력

조작적 능력(operational competence)은 AAC 체계를 정확하고 효율적으로 조작하는 데 필요한 기계적인 기술을 말한다. AAC 의존자와 그를 지원하는 사람이 가장 필요로 하는 것은 AAC 체계가 소개되면 가능한 한 빨리 조작 능력을 습득하는 것이다. 이는 도구나 체계의 조작과 유지 측면의 교수를 요하는 부분이다(자세한 내용을 위해서는 Lee & Thomas, 1990 참조). 그러나 AAC 의존자는 이러한 교수의 주된 수용자가 아니기 때문에 촉진자가 조작 능력을 위한 많은 부분의 책임을 떠맡을 수 있다. 이러한 촉진자 역할은 부모와 배우자를 비롯한 가족; 교육, 주거 및 직업 담당 직원; 친구; 기타 AAC 의존자의 의사소통 복지에 관련 있거나 책임이 있는 사람들이 담당할 수 있다. 학교에서는 직원이 바뀌거나 교직원의 전근에 상관없이 보조를 맞출 수 있도록 학년마다 새로운 촉진자를 훈련시킬 수 있다. 예를 들면, 유치원 때부터 동일한 언어치료사 및 보조치료사와 함께했던 한 4학년 학생의 경우도 이 학생을 위한 AAC 체계의 조작적 측면을 담당하기 위해 총 16명이 훈련을 받았다(Beukelman, 1991). 특히, 이러한 상황이 필요한 이유는, ① 도구에 들어가는 어휘를 지속적으로 개선하고, ② 필요할 경우 오버레이나 다른 디스플레이들을 구성하며, ③ 고장, 파손 또는 기타 문제가 발생하지 않도록 도구를 관리하고, ④ 필요한 경우 도구를 수리하며, ⑤ 앞으로의 요구에 맞게 그 체계를 수정하고, ⑥ 매일 도구를 사용하거나 작동시킬 수 있도록 보장하기 위해서다. 일반적으로 도구를 사용하지 않거나 로우 테크놀로지 도구를 사용할 경우에는 조작적 능력이 덜 필요하다. 이것이 바로 유능한 촉진자가 가까이 없을 경우 로우 테크놀로지 도구를 선호하게 되는 이유 중 하나다.

사회적 능력

사회적 능력(social competence)은 의사소통적 상호작용을 시작, 유지, 진전, 종료하는 사회적 상호작용 기술을 말한다. Light(1989b)에 의해 파악된 네 가지 영역 중 AAC 분야의 연구에서 가장 초점이 되어 온 것이 바로 이 사회적 능력이다(예: Kraat, 1985; Light, 1988). 사회적 능력은 AAC 의존자들이 의사소통의 사회언어학적 또는 사회관계적 측면에서 지식, 판단 및 기술을 갖거나, '언제 말하고 언제 말하지 않아야 할지, 무엇에 대해, 누구와, 언제, 어디서, 어떤 방식으로 말해야 할지에 대한 판단능력'을 지닐 것을 요구한다(Hymes, 1972, p. 277). 예를 들면, 사회언어학적 기술은 ① 대화를 시작하고, 유지, 종료하는 능력, ② 차례를 주고받는 능력, ③ 다양한 의사소통 기능(예: 요구하기, 거부하기)을 사용하는 능력, ④ 일관되고 응집성 있게 다양한 상호작용에 참여하는 능력 등을 포함한다. 또 라이트(Light, 1988)가 제시한 AAC 의존자들이 배워야 할 중요한 사회관계적 기술에는 ① 긍정적인 자아상, ② 타인에 대한 관심과 의사소통하고자 하는 욕구, ③ 적극적인 대화 참여, ④ 상대에게 반응 보이기, ⑤ 상대를 편안하게 하는 능력 등이 포함된다.

AAC 의존자와 촉진자가 자연스러운 상황에서 사회적 능력과 관련된 기술을 연습할 수 있는 기회를 갖는 것은 매우 중요하다. 따라서 다양한 배경과 체계 요구를 지닌 AAC 의존자를 위해 수많은 촉진자 훈련 요강과 접근법이 개발되어 왔다(예: Blackston et al., 1988; Culp & Carlisle, 1988; Light & Binger, 1998; Light, Dattilo, English, Gutierrez, & Hartz, 1992; Light, McNaughton, & Parnes, 1986; MacDonald & Gillette, 1986; McNaughton & Light, 1989; Pepper & Weitzman, 2004; Reichle, York, & Sigafoos, 1991; Siegel-Causey & Guess, 1989). 양적, 질적으로 축적된 이러한 노력은

AAC 의존자와 촉진자 모두에게 사회적 능력 및 기술을 폭넓게 훈련하는 것이 얼마나 중요한가를 보여 준다.

사회적 능력과 관련된 정보, 훈련, 지원 노력 등은 종종 구체적인 하나 이상의 훈련을 필요로 한다. 이는 특히 사회적인 모임에서만 AAC 의존자를 만나는 사람들과 직접 일해야 하는 AAC 팀에게 중요하다. 예를 들면, 친구와 동료들은 어떻게 하면 AAC 체계의 요구에 맞추어 상호작용을 조정할 수 있는지에 관한 정보를 필요로 할 것이다(예: 메시지를 구성할 수 있는 충분한 시간 제공하기). AAC 팀은 로우 테크놀로지 디스플레이를 사용하는 사람과 어떻게 상호작용하는지를 설명해야 할 경우도 있다(예: 피드백 제공을 위해 AAC 의존자가 제공한 메시지를 그대로 되풀이해 주기). 전교생을 모아 놓고 간단한 교육을 하는 것도 AAC 체계를 이해하도록 하는 데 도움이 될 수 있는데, 많은 경우 AAC 의존자가 이러한 교육에 직접 참여하거나 사용법을 보여 줄 수 있다. 무슨 내용이든, 얼마나 간단하든 이와 같은 의사소통 상대 중재는 광범위한 촉진자 훈련만큼 중요하다.

전략적 능력

전략적 능력(strategic competence)은 AAC 의존자가 AAC 사용과 관련된 기능적 한계를 극복하기 위해 사용하는 보완 전략과 관련이 있다. 여기에는 AAC에 익숙하지 않은 사람들과 의사소통하기, 의사소통 단절 해결하기, 느린 말 속도 보완하기 등이 포함된다. 사용자 입장에서 보면 가장 유연성 있는 AAC 체계조차 상호작용을 위해 사용할 경우 한계가 있기 때문에, AAC 의존자는 그 한계 내에서 효과적으로 의사소통할 수 있는 지식, 판단력, 기술 등을 필요로 한다(Light, 1989b, p. 141). 전략적 능력 교수는 의사소통이 단절되었을 때 사용할 수 있는 다양한 적응 전략 또는 대처 전략을 가르치는 것이다. 예를 들면, AAC 의존자는 '말을 끝낼 때까지 제발 기다려 주시겠어요?'라는 메시지를 전달하거나 '아니에요. 제 뜻은 그게 아니에요.'를 뜻하는 제스처를 사용하도록 배울 수 있다. 이는 촉진자와 AAC 의존자 모두에게 도움이 될 수 있는 훈련의 또 다른 영역이다. 일례로, 많은 경우 AAC 의존자는 의사소통 상대가 짐작을 통해 메시지 구성에 동참해 줄 때 의사소통의 효율성이 늘어나는 데 대해 고마워하는데, 이러한 상황이 이루어지기 위해서는 촉진자나 AAC 의존자 본인이 먼저 어떻게 하면 상대방이 자신의 메시지를 더 정확하게 짐작할 수 있는지를 유도해야만 한다. 미렌다와 보프(Mirenda & Bopp, 2003)는 AAC 분야의 전략적 능력과 관련된 연구의 요약본을 발표하였다.

적절한 평가, 중재 및 멘토링(mentoring)이 이루어질 수 있기 위해서는 핵심적인 AAC 관계자들이 AAC에 정통해야만 한다. 이들이 적절히 자격을 갖추고 AAC 실제에 요구되는 규준과 지침을 잘 숙지하고 이행할 것으로 기대되지만(ASHA, 2004, 2005), 불행하게도 이러한 기대가 항상 실현되는 것은 아니다. 그러나 미래에 대한 고무적인 현상들은 존재한다. 첫째, AAC에 대한 현재의 연구가 AAC 중재의 과정과 결과 모두에 관심을 두고 있다는 점이다(Schlosser, 2003b). 특히, 최근에 강조되고 있는 AAC 분야의 근거 기반 실제(evidence-based practice)는 앞으로 개발될 AAC 실제를 위한 지침이 참고할 수 있는 정보를 크게 증가시킬 것이다. 이러한 지침은 적절한 AAC 중재가 어떤 것인지를 분명히 제시함으로써 AAC 서비스 제공자가 바람직한 중재를 이행하도록 이끌 것이다. 실제를 위한 지침 개발은 일정 시기에 현장이 지니고 있는 최선의 정보에 기초를 두고 이루어지는 진화적인 과정이다. 둘째, AAC 의존자가 더욱 유능한 의사소통자가 될 수 있도록 이들을 멘토링(또는 코칭)하는 것이 필요하다는 인식이 지배적이다. AAC 의존자는 AAC 비의존자에 둘러싸여 있을 때 능숙한 의사소통자가 되어야 하는 위압적인 상황에 직면한다. 다시 말하면, 이들은 단지 일반 사람처럼 할 수 없기 때문에 부모, 가족, 친구 등을 관찰하고 그들로부터 배워야 한다는 것이다. AAC 중재 전문가들은 주로 AAC 테크놀로지를 처음 접하는 사람들만을 코칭하고 멘토링하는 경향이 있다. 불행히도 이러한 멘토링의 질과 유용성은 매우 다양하다. 현재 전문가와 초보 AAC 의존자 간 멘토-프로테제(mentor-protégé) 관계를 지원하기 위한 몇몇 노력들이 기술되어 있는 상태다(Cohen & Light, 2000; Light, McNaughton, Krezman, Williams, & Gulens, 2000).

미래를 위한 준비

2010년 말, 나는 한 AAC 연구 모임에 참여한 적이 있었다. 그 모임에는 앞에서 언급한 마이클 윌리엄스도 참가하고 있었다. 어느 날 아침, 나는 마이클이 우리가 머물던 호텔에서 아침 식사를 하고 있는 것을 보았다. 그는 투숙객들이 아침 뷔페를 먹기 위해 줄을 서야 하는 위치에서 매우 가까운 식탁에 자리를 잡고 있었다. 그 주말에,

우리는 지역에서 개최한 댄스, 수영 및 축구 경기에 참여한 중학생(및 그 가족들)과 호텔을 나누어 쓰고 있었다. 나는 마이클이 아침 식사를 하기 위해 줄을 서 있는 그들에게 다가가는 것을 보았다. 멀리에서도 나는 마이클과 학생들이 멋진 시간—잡담과 웃음소리가 끊이지 않았다—을 갖고 있음을 알 수 있었다. 그는 거의 한 시간 동안 학생들을 상대하고 있었다. 나는 학생들이 자신의 가족 및 친구들과 식사를 하기 위해 자리를 찾아 앉을 때에도 그들을 관찰하였다. 그 날 아침 그들의 주된 화제는 '컴퓨터'를 사용해 자신들에게 말을 걸었던 마이클에 대한 것이었다. 나는 금세 마이클이 몇 달 전 AAC에 의존하는 다른 사람들에게 다음과 같은 글을 썼음을 깨달았다. "당신이 집을 나서고, 거리를 거닐거나 타인의 눈을 사로잡고, 물건을 사거나 공놀이에 참여하며, 아이들에게 인사를 할 때마다, 당신은 세상이 보완 의사소통자에게 갖는 기대들을 크게 변화시키고 있는 것이다"(Williams, Krezman, & McNaughton, 2008, p. 203).

AAC에 의존하는 사람들의 노력 외에도, AAC에 대한 노력의 성공 여부는 유능한 관련 전문가들을 어떻게 준비시키고 키우느냐에 달려 있다. 뷰켈먼, 볼 및 페이거(Beukelman, Ball, & Fager, 2008)는 다양한 이해관계자의 역할을 명확히 한 틀을 제공하였다(제5장 참조). AAC 분야에 대한 능력을 갖춘 졸업생을 배출하기 위한 대학의 역량 또한 계속 강화되고 있다. 그러나 일부 대학은 장애인을 지원하기 위한 전문가들을 양성하고는 있지만 AAC에 대한 체계적인 훈련을 거의 또는 전혀 제공하지 않고 있다. 이 책은 특수교사, 물리치료사, 작업치료사, 재활공학자 및 언어치료사를 양성하는 대학들이 학생들을 대상으로 보조 테크놀로지와 AAC를 가르칠 것이라는 바람에서 쓰였다.

앞에서 제시한 전문가 외에도 AAC와 관련 있는 기술 개발자, 연구자, 중재자 및 공공정책 지지자들의 능력을 적절히 유지시키기 위해 이들을 지속적으로 교육해야 한다. AAC 의존자들은 연령, 원인, 지역, 상황 등에 관계없이 다양할 뿐 아니라 지속적인 지원을 필요로 하기 때문에 유능한 AAC 요원들이 절실히 요구된다. 복합적인 의사소통 요구를 지닌 사람을 지원하기 위해 AAC에 대한 능력과 전문성을 갖추도록 독자들을 이끌고자 하는 것이 이 책을 출판한 목적이다.

개관

　　이 책은 네브래스카대학교 링컨 캠퍼스에서 AAC 관련 과목들을 함께 가르치며 얻은 우리의 공통적인 경험과 각자의 개인적인 경험을 모두 반영하여 엮은 것이다. 우리는 다양한 학문 분야에서 일하는 사람들이 이 책을 통해 AAC를 접하게 될 것임을 알고 있다. 따라서 우리는 제1부에서 AAC 분야의 특징적인 개념과 전략 및 기법에 관한 정보를 제공한다. 제2부에서는 초기 의사소통자, 언어 학습, 문해 그리고 학교 통합을 위한 비상징적 전략과 상징적 전략에 중점을 둠으로써 발달장애인의 AAC 요구에 초점을 맞춘다. 제3부에서는 이전에 말과 글을 사용했지만 상해나 질병 또는 질환으로 인해 AAC가 필요하게 된 사람들을 다룬다.

📑 학습문제

1-1. 어떤 유형의 사람들이 AAC 지원 대상이 되는가?

1-2. 이번 장에서는 다섯 가지 의사소통 목적을 설명하였다. 이들 각각의 의사소통 목적과 관련된 개인적, 사회적, 의사소통적 역할에는 어떤 것들이 있는가?

1-3. AAC의 관점에서 언어적 능력은 무엇을 뜻하는가?

1-4. 전략적 능력과 사회적 능력은 어떻게 다른가?

1-5. 조작적 능력의 구성요소는 무엇인가?

1-6. 의사소통장애를 지닌 한 아동의 부모가 당신에게 AAC를 사용해 의사소통을 한다는 것이 어떤 것인지를 묻는다면, 당신은 이번 장과 이번 장에서 우리가 소개한 웹캐스트를 통해 배운 내용을 토대로 어떻게 답할 것인가?

Chapter **02**

메시지 관리: 어휘, 스몰토크 및 내러티브

대면 상호작용, 글 또는 소셜 미디어를 통한 의사소통을 지원하기 위해 낱말과 부호 및 메시지를 구성하고, 저장하며, 재생하는 것이 바로 메시지 관리다. AAC에 의존하는 사람들은 다양한 능력을 지니고 있으며 메시지 구성에 대한 선호도 또한 매우 다르다. 어떤 사람은 한 글자씩 철자하는 전략을 사용해 메시지를 구성한다. 철자하기 기술을 지닌 사람들의 경우, 이러한 전략을 사용하면 그들이 원하는 모든 메시지를 구성할 수 있다. 반면에 어떤 사람들은 자신의 AAC 도구가 예측해 주거나 미리 저장되어 있는 핵심어휘 목록에서 낱말들을 선택함으로써 한 글자씩 철자하는 전략들을 보완한다. 대부분의 AAC 테크놀로지는 한 낱말씩 메시지를 구성할 수 있도록 지원하는 언어 모델을 포함하고 있다. AAC에 의존하는 일부 사람들은 제조사에 의해 저장되어 있거나 도구 속에 개별적으로 프로그램화되어 있는 전체 메시지나 부분 메시지를 사용해 의사소통을 하기도 한다.

AAC 테크놀로지가 계산, 저장 및 디스플레이 면에서 더 큰 용량을 지닌 것으로 설계됨에 따라 메시지 세트(낱말, 구절 및 문장)는 제조사나 소프트웨어 개발자들에 의해 테크놀로지 속에 미리 프로그래밍되어 출시되는 경우가 늘고 있다. 그들은 다양한 연령과 삶의 단계에서 AAC에 의존하는 사람들이 공통적으로 사용할 것이라 생각되는 메시지 유형들을 가정하고 그러한 작업을 수행한다. 미리 저장된 어휘와 메시지는 AAC 촉진자(AAC 의존자의 의사소통을 지원하는 사람)의 업무량을 줄여 주기 때문에 매력적인 측면이 있다. 미리 저장된 메시지 외에도, 일부 도구는 다른 도구들에 비해 좀 더 개별적인 메시지 구성을 가능하게 해 준다. 또한 제조사에 의해 AAC 도구에 내장되는 언어의 내용도 점점 더 광범위하고 복잡해져 가고 있다. 어떤 메시지는 한 문화권에서 일상적으로 산출되는 반면 어떤 메시지는 개인적이고 특별한 경우도 있다. 이 장에서, 우리는 일반 화자뿐 아니라 AAC 의존자의 의사소통 패턴에서 나온 AAC 전략과 도구들의 메시지 관리와 관련된 지식 기반을 검토한다. 메시지 관련 내용은, 다양한 의사소통 환경에서의 아동, 청소년 및 성인의 의사소통 지원에 주력하면서, 이 책 전체를 통해 제공된다. AAC 도구에 포함되어 있는 언어 내용이 개인의 문화적, 사회적, 의료적 요구에 부합하는지를 결정하기 위해, AAC 의존자와 이들을 돕는 사람은 그 내용을 신중히 검토해야 한다.

AAC는 타인과의 상호작용을 위해 일상적인 의사소통 요구에 부응할 만큼 말을 잘할 수 없는 사람들을 돕고자 한다. 따라서 AAC의 주된 목적은 ① 대화 중 메시지 교환, ② 가정, 학교, 직장 및 여가 활동 중에 이루어지는 의사소통 참여, ③ 모국어 학습, ④ 사회적 역할(예: 친구, 학생, 배우자, 조언자, 종업원) 취득 및 유지, ⑤ 개인적 요구 충족, ⑥ 개인위생 및 건강관리 안내를 위한 정확한 의사소통 등 다양한 영역에서의 기회와 능력을 제공하고자 하는 것이다. 따라서 우리는 이러한 맥락과 역할 속에서 AAC의 메시지 선택에 영향을 주는 요인을 소개하고자 이 장을 계획하였다. AAC 메시지의 선택과정은 다양한 요인의 영향을 받기 때문에, 이 장은 구체적인 중재를 다루는 제8장~제18장에 포함된 정보들을 보충하기 위한 개관이라 할 수 있다.

바클리 AAC 센터의 웹 사이트는 모든 연령대 사람들의 의사소통을 지원하기 위해 광범위한 어휘와 메시지 자료들을 제공하고 있다.

AAC 메시지 선택에 영향을 주는 요인

낱말 선택과 메시지 구성이 대다수 일반인들에게는 매우 효율적인 과정이기 때문에 그들 중 대부분은 자신이 사용할 낱말이나 구절, 이야기 등에 대한 사전 고려 없이 의사소통에 참여한다. 물론, 우리는 메시지를 계획하는 경우도 있고 결혼 신청, 구직 면접, 법정 출두, 연설, 계약서 작성 등과 같이 특정한 메시지를 미리 연습하는 경우도 있다. 그러나 말과 글을 사용하는 의사소통에서는 메시지 선택이 너무나 자동적이어서 대다수 AAC 전문가들조차 말이나 글쓰기 행동에 앞서 어휘 항목을 미리 선택해 본 경험이 거의 없을 것이다. 말더듬, 음성장애, 조음장애, 구개파열 등 의사소통장애인을 규칙적으로 만나는 전문가들도 대화나 글을 통한 의사소통을 돕기 위해 메시지를 미리 선택할 필요성을 거의 느끼지 못한다.

> 2005년에 나는 다양한 상황에서 효과적으로 의사소통할 수 있도록 나의 친한 친구인 톰(Tom)을 도운 적이 있다. 그는 ALS를 지녔으며 AAC 도구를 사용하고 있었다. 월요일 저녁마다 톰과 그의 아내는 자신들이 마련한 '톰과의 시간'을 위해 한 식당을 빌려 자신들의 사회적·전문적 네트워크에 속한 사람들을 초대하였다. 그들은 누가 참석할 것인지, 평상시처럼 25~30명의 손님들이 방문할 것인지, 혹은 톰의 생일에 참석했던 200여 명의 사람들이 나타날 것인지 전혀 알 수 없었다. 당연히 우리는 톰의 AAC 도구에 일상적인 '스몰토크' 메시지를 입력해 놓았다. 매주 우리는 이 행사를 돕기 위해 톰이 사용할 것 같은 메시지를 예측해서 그의 AAC 도구에 미리 깔아 놓았다. 예를 들면, 참석할 가능성이 있는 사람들의 건강, 가족 또는 사적인 이야기에 대한 언급, 개인적인 뉴스, 농담, 그 주에 했던 생각들, 뉴스에 보도된 사건과 스포츠에 대한 논평 등의 메시지가 포함되었다. 톰은 한 글자씩 철자하거나 낱말 예측 기능을 사용해 새로운 메시지를 또한 구성하였다. 그러나 북적거리는 손님들로 인해 복잡하고 새로운 메시지들을 준비할 시간이 많지 않았다(Beukelman, 2005; Rutz, 2005).

메시지 선택에 대한 대다수 AAC 촉진자의 경험 부족 외에도, 여러 요인들이 의사소통자가 사용하는 메시지 유형에 영향을 미친다. 연령, 성별, 사회적 역할, 질병 등의 차이는 일반 화자와 AAC 의존자 모두에게 큰 영향을 준다. 아이들은 성인과 다른 메시지를 사용한다. 나이가 많은 성인일수록 젊은이들과는 다른 주제와 스몰토크를 사용한다. 남자와 여자의 화제 또한 다른 경향이 있다. 개인 위생 및 의료적 처치 요구가 많은 사람은 그렇지 않은 사람에 비해 다양한 화제를 다룬다. AAC 의존자와 촉진자의 연령, 성별, 출신 배경 등이 서로 다를 경우 메시지 선택은 더욱더 복잡해진다.

메시지 사용의 일반적인 차이와 더불어 개인차 또한 메시지의 요구와 선호도에 영향을 준다. 주거환경은 의사소통 방식에 영향을 미친다. 가정에서의 의사소통은 요양원, 지역사회 주거시설, 학교, 병원 등에서의 의사소통과 다르다. 장애 유형이나 질병 또한 보호자, 의료진, 교사 및 가족과의 상호작용에 영향을 준다. AAC 체계에 내장된 메시지는 가족 구성원, 거리, 가게, 반려동물 등의 이름과 관심 사항에 관련된 개인차를 반영해야만 한다. 결국 삶에서의 경험 차이로 인해 개인마다 다른 이야깃거리를 간직하게 된다.

사고나 질병 등으로 인해 비장애인에서 만성적인 장애인으로 처지가 바뀌는 것은 진화적인 여정(evolutionary journey)이다(Beukelman, Garrett, & Yorkston, 2007). 이를 경험하는 사람들은 인식, 상실감, 적응 및 자아 회복의 단계를 거치면서 각 단계마다 특별한 어휘들을 필요로 한다. 그러나 이에 대해 알려진 정보는 여전히 빈약할 뿐 아니라 AAC 체계에도 거의 반영되어 있지 않다. 만성적인 장애를 갖게 된 사람들은 자신의 여정에 대해 다른 사람들을 가르치고 멘토 역할을 하게 되는 경우가 흔하다. 이러한 상황에서는 대다수 AAC 체계에 주로 내장되어 있는 것과는 다른 특별한 어휘들이 필요하다.

다행히 일평생 장애를 지니고 살아야 하는 사람들의 미래는 이들이 한때 처했던 것만큼 제한적이지 않다. 이들은 더 많은 자유와 가능성을 갖게 되었다(McNaughton & Beukelman, 2010). 한때 이들은 가정이나 시설에서 격리된 삶을 살았다. 따라서 이들의 의사소통 요구는 꽤 제한적이고 예측 가능하였다. 그러나 1970년대 이래, 장애를 지닌 사람들의 사회적 참여는 극적으로 증가하였다. 장애인들이 교육, 사회, 종교, 여가, 자원봉사 및 직업 현장에 더욱더 성공적으로 참여하게 됨에 따라 이들의 의사소통 요구 또한 극적으로 달라졌다(McNaughton, Light, & Arnold, 2002). 당연히 전자 의사소통 옵션의 증가는 이들의 의사소통 요구를 지속적으로 변화시키며 확장시키는 데 한몫을 하고 있다.

불행히도 AAC에 의존하는 사람들이 다양한 상황과 환경에 더욱더 빈번히 참여함에 따라 범죄와 학대를 경험할 위험성 또한 증가하였다. 브라이언, 케리 및 프랜츠 (Bryen, Carey, & Frantz, 2003)는 AAC에 의존하며 자신의 조사에 참여한 사람들(18~ 39세) 중 거의 절반 정도가 사기를 당한 적이 있다고 보고하였다. 이러한 결과는 법률 이나 상담을 목적으로 어려움을 보고할 수 있는 어휘가 필요함을 지지한다. 3년 동안 AAC 의존자들을 대상으로 연구를 수행한 컬리어, 맥기-리치먼드, 오데트 및 파인 (Collier, McGhie-Richmond, Odette, & Pyne, 2006)에 의하면, 연구에 참여한 대다수 사람들은 성적 학대를 포함한 학대를 경험했으며, 학대에 대한 정보뿐 아니라 학대 와 관련된 인간관계의 문제에 대처하고 법률 서비스에 접근하도록 도움을 주는 지원 이 부족했음을 토로하였다고 한다. 브라이언(Bryen, 2008)은 AAC 의존자와 AAC 전 문가들에게 성인의 여섯 가지 사회적 맥락—대학생활, 성, 범죄 보고, 개인 도우미 관리, 의료 서비스, 교통 —과 관련된 의사소통 지원을 위해 필요할 것 같은 어휘를 추천해 달라고 요청하였다. 연구 결과에 따르면, 참여자들에 의해 추천된 어휘 중 평 균 55%만이 이용 가능한 AAC 상징 세트들에 포함되어 있는 것으로 나타났다.

　기술의 변화 또한 중도 의사소통장애인의 의사소통 패턴에 큰 영향을 미쳐왔다. AAC 분야의 발달 초기에는 AAC 체계의 메모리와 디스플레이 용량이 매우 제한적이 어서 이들 도구는 상대적으로 적은 메시지 세트만을 저장할 수 있었다. 그러나 새로 운 전자 공학적 설계와 저렴한 컴퓨터 메모리로 인해 전자 의사소통 도구의 저장과 처리 용량이 극적으로 증가하였다. 이제 수많은 도구의 메시지 저장 용량은 거의 무 제한적이다. 따라서 최근 AAC 도구는 초기 체계들이 처리할 수 없었던 스몰토크 (small talk), 스크립트(scripts) 및 이야기와 관련된 것들을 포함하여 거의 무제한적인 메시지를 포함할 수 있게 되었다. 또한 역동적 디스플레이 장치(즉, 사용자가 책 페이 지를 넘치는 것처럼 바꿀 수 있고, 이용 가능한 메시지 선택사항을 표시하기 위해 불빛을 사 용하는 컴퓨터 스크린)의 출현으로 AAC 촉진자와 제조사들은 사용자의 기억 능력에 의존해야만 하는 전략에서 벗어나 거대한 메시지 풀(pool)을 구성하는 상징들을 제 공할 수 있게 되었다(제3장 참조). 마지막으로 최근의 AAC 도구에서 이용 가능한 음 성 산출 옵션들을 살펴보면 다양한 사회적 맥락에서 AAC를 사용하기에 충분할 만큼 음성의 질이 명료하고 자연스럽다. 이러한 기술적 진보로 인해, 친구뿐 아니라 낯선 사람들과 또는 일대일뿐 아니라 대집단이나 소집단 속에서 의사소통하고자 하는 AAC 의존자들은 적절한 메시지 세트를 이용할 수 있게 되었다.

21세기에 들어서면서 스튜어트, 래스커 및 뷰켈먼(Stuart, Lasker, & Beukelman, 2000, pp. 25-26)은 메시지 관리와 관련해 다음과 같이 말하였다.

AAC 도구의 메시지 관리에 대한 '최선의' 방식과 관련된 논쟁이 지속되고 있다…… 낱말 중심 메시지 구성과 구절 중심 메시지 구성의 상대적 이점에 대한 논의는 계속 되풀이되는 주제. 낱말 중심 전략을 지지하는 사람들은 이 접근이 구절 중심 접근에 비해 생성적인 유연성이 있음을 강조한다. 반면에 구절 중심 전략을 지지하는 사람들은 이 접근이 낱말 중심 접근에 비해 의사소통의 속도와 타이밍을 향상시킨다고 주장한다. AAC 도구 설계자들은 다양한 메시지 관리 전략을 활용하는 상품들을 개발함으로써 이러한 논쟁에 응해 왔다…… 그러나 불행히도 이러한 논쟁의 초점은 AAC 의존자의 참여에 영향을 미치는 구체적인 사항들에 반응하여 메시지 관리 전략을 조정하는 접근법보다는 AAC 도구를 설계하기 위한 '최선의' 방법이 무엇인가로 모아진다.

그런데 이러한 논점이 변화되었다. 이제 대부분의 하이테크 AAC 도구들은 다양한 메시지 관리 전략을 지원한다. 따라서 AAC에 의존하는 사람들은 의사소통 상황에 따라 자신이 선호하는 전략을 선택할 수 있다.

대화 메시지

대부분의 대화는 다소 예측 가능한 구조를 갖는다. 사람들은 주로 스몰토크를 동반한 인사로 대화를 시작한다. 대화에 따라 어떤 대화는 정보 공유의 단계로 진전되지만 그렇지 않은 경우도 있다. 정보 공유는 이야기(즉, 내러티브), 절차적 기술, 내용 중심 대화 등 다양한 형태를 취할 수 있다. 대부분의 대화는 맺음말과 끝인사로 끝난다. AAC 의존자의 대화를 돕는 데 필요한 메시지를 제공하려면, 이러한 대화의 윤곽을 염두에 두고 메시지를 선택하고 구성하는 것이 유용하다.

인사말

인사말(greetings)은 사회적 상호작용을 시작하는 데 있어서 필수적이다. 인사말은 주로 특정한 정보를 전달하지 않는 다소 일반적인 것일 수 있다. 이는 누군가가 나타낮음을 알았다는 신호이고, 친해지고자 하는 화자의 의도를 전달하며, 종종 대화를 시작하기 위한 시도를 포함한다. 그러나 인사말의 명백한 단순성에도 불구하고, AAC 팀은 적절한 인사말을 선택할 때 대상자의 문화적 배경이나 사회적 지위 또는 연령 등을 인식해야만 한다. 이러한 인식은 일반적으로 인사말이 사용되는 격식의 정도로 전달된다. 주로 나이가 적은 사람들은 나이가 많거나 지위가 높은 사람들(예: 사장님, 선생님)에게 극단적으로 비공식적이거나 친근한 메시지로 인사하지 않는다. 그러나 몇몇 북아메리카의 중류층 문화에서는 개인적 관계(예: '야, 덩치!')나 친한 친구 또는 동료에게 약간의 불경(예: '야 임마, 잘 있었냐?')을 포함할 수 있는 비공식적인 메시지의 사용이 허용되는 편이다. 비록 인사말 사용의 구체적인 관습은 문화에 따라 다를 수 있지만, 이러한 메시지 유형의 다양성에 대한 요구는 항상 존재한다. 따라서 AAC 의존자가 사회적 관습을 인식하고 있음을 보여 줄 수 있도록 이들을 위해 선택된 인사말 메시지에는 문화적으로 민감한 것들이 다양하게 포함되어 있어야 한다. 다양한 메시지의 이용 가능성은 동일한 인사말을 지나치게 사용하지 않도록 해 주는 이점 또한 존재한다.

이번 주에 당신이 다른 사람들에게 어떻게 인사를 하는지 주의를 기울여 보라. 당신이 인사말을 얼마나 다양하게 사용하는지에 주목하라. 당신이 사용하는 사회적 규칙을 분석해 보라. 또한 주변 사람들을 주의 깊게 살펴보고 "어머, 안녕하세요!" "안녕!" "이것 참 오랜만입니다!" "안녕하십니까!" "잘 지냈니?" 등과 같은 인사말을 들으며 그러한 인사를 나누는 사람들의 연령과 친숙성 및 성별에 관심을 가져보라.

스몰토크

스몰토크(small talk)는 대화를 시작하고 유지하기 위해 사용하는 대화상의 교환 유형 중 하나다. 스몰토크 스크립트는 사회적 상황에서 상호작용을 시도할 때 필요할 수 있는 사회적 참여 메시지와 참여에서 벗어나기 위한 메시지의 점진적 순서를 제공한다. 어떤 대화는 칵테일파티나 규모가 큰 사교 모임에서 이루어지는 것과 같은 스몰토크 단계를 결코 벗어나지 않을 것이다. 그러나 스몰토크는 종종 인사말 단계에서 정보 공유 단계로 가기 위한 전이 단계로 사용되는데, 특히 의사소통 상대가 서로를 잘 모르거나 공유하고 있는 정보가 많지 않을 때 사용되는 경향이 있다.

> AAC에 의존하는 성인들은 자신들이 어려움을 겪는 사회적 상황들을 자주 언급한다.
> 다음은 우리가 수년간 수집해 온 말들이다.
> "아내와 함께하는 저녁 만찬은 나를 몹시 지치게 한다. 먹고, 말하고, 웃고, 거기에 스몰토크까지, 대처할 것이 너무 많아 힘들다."
> "내 약혼녀는 내가 스몰토크에 관한 것들을 배우지 않으면 다시는 나와 함께 파티에 가지 않을 것이라고 말했다."
> "나는 45세가 될 때까지 스몰토크를 배우는 데 별 관심이 없었다. 나는 그것이 전적으로 시간 낭비라고 생각했다. 왜 내가 내용도 없는 말들을 하기 위해 그렇게 노력해야 하는가? 그런데 그것은 틀린 생각이었다."

스몰토크의 유형 중 AAC 의존자들에게 특히 효과적인 것이 하나 있다. 우리는 그것을 일반적 스몰토크(generic small talk)라고 하는데, 특별히 공유된 정보를 언급하는 것이 아니기 때문에 다양한 대화 상대에게 사용할 수 있다. 〈표 2-1〉은 일반적 스몰토크와 구체적 스몰토크(specific small talk)의 예를 보여 준다.

장애가 없는 다양한 연령대의 화자가 사용하는 일반적 스몰토크의 빈도와 유형을 결정하기 위한 노력으로, 네브래스카대학교 링컨 캠퍼스의 몇몇 연구자 집단은 휴대용 음성 인식 녹음기를 사용하여 일상적인 대화를 녹음하였다. 그 결과 가정과 유아원에서 표현된 아동(3~5세)의 발화 중 거의 절반가량이 일반적 스몰토크로 나타났다. 젊은이(20~30세)의 경우에는 모든 발화의 39%가 일반적 스몰토크였다(Ball, Marvin, Beukelman, Lasker, & Rupp, 1997; King, Spoeneman, Stuart, & Beukelman, 1995; Lasker, Ball, Bringewatt, Stuart, & Marvin, 1996). 노인의 경우에는 젊은이에 비해 스몰토크를 다소 덜 사용하는 것으로 나타났다. 65~74세 노인의 발화 중 31%, 75~85세 노인의 발화 중 26%가 스몰토크였다. 이러한 결과는 모든 연령대 사람들의 일상적인 의사소통에서 스몰토크가 광범위한 역할을 담당하고 있음을 확증해 주는 것이다. 따라서 통합된 사회적 환경에서 상호작용을 하려면 스몰토크를 배우고 이를 사용할 수 있는 능력이 필수적이다.

스몰토크에 사용되는 메시지는 연령대에 따라 다소 다르다. AAC에 의존하는 사람들은 자세한 자료 목록과 기타 자원을 통해 자신이 선호하는 메시지를 선택할 수 있는 기회를 가져야 한다. 스몰토크 사용 패턴에 대한 자세한 정보는 바클리 AAC 센터의 웹 사이트에서 얻을 수 있다.

내레이션: 스토리텔링과 퍼블릭 스피킹

성인들에게 있어서 스토리텔링(storytelling)은 다소 일반적인 의사소통 형태다. 특히 노인의 경우 동료와 사회적 친밀감을 형성하고 즐기며 정보를 제공하는 데 이야기를 활용한다. 스토리텔링은 말을 할 수 없는 성인에게도 여전히 중요한 의사소통 형태다. 스토리텔링은 가족보다도 아는 사람이나 친구들과 사회적 시간을 점점 더 많이 보내기 시작하는 노인들에게 특히 중요하다. 이들은 배우자를 잃고 은퇴시설이나 요양시설로 옮겨가게 되면서 동년배 노인들과 사회적으로 접촉할 필요성이 증가하게 되는데, 스토리텔링은 이를 해결할 수 있는 하나의 수단이다.

쉥크(Schank, 1990)는 자신의 저서 『이야기하라: 실제적 기억과 인위적 기억에 대한 새로운 주시(Tell Me a Story: A New Look at Real and Artificial Memory)』에서 이야기의 구성, 수정 및 저장에 대해 자세히 논의하였다. 그는 사람들이 다양한 자원에서 얻은 이야기를 활용한다고 지적하였다. 일인칭 이야기(first-person stories)는 화자가 개인적으로 경험한 것들이다. 이인칭 이야기(second-person stories)는 화자가 듣거나 읽은 것을 통해 타인에게서 얻은 것들이다. 자료의 출처를 믿을 수 있는 한 이인칭 이야기를 하는 것이 허용된다. 공식적 이야기(official stories)는 현상을 설명하거나 수업

표 2-1 일반적 스몰토크와 구체적 스몰토크의 예

일반적 스몰토크	구체적 스몰토크
자네 가족 잘 있지?	자네 부인 잘 있지?
무슨 일이야?	뭐하고 있어?
정말 아름다워!	정말 아름다운 꽃이야!
멋진 이야기군!	멋진 휴가 이야기군!
그녀는 훌륭해.	그녀는 훌륭한 선생님이야.

7

을 위해 활용되는 것들로 가족, 학교, 종교집단에서 흔하게 사용된다. 마지막으로 공상적 이야기(fantasy stories)는 꾸며 낸 것들이다. 마빈(Marvin)과 동료들이 학령 전 일반 아동이 사용하는 의사소통 패턴을 연구한 결과에 따르면, 평균적으로 가정에서 말하는 것 중 9%, 유아원에서 나눈 대화 중 11%가 공상적인 이야기 유형이었다(Marvin, Beukelman, & Bilyeu, 1994).

전자공학적 AAC 도구의 메모리 용량이 커지고 합성음성의 명료도(intelligibility)가 증가함에 따라 AAC 체계로 스토리텔링을 하는 것이 점점 더 실제적이게 되었다. AAC에 의존하는 많은 사람들이 자신의 이야기를 구성하여 AAC 체계에 입력해놓고 있다. 또한 AAC 촉진자는 이들이 스토리텔링 유형의 의사소통에 참여할 수 있도록 AAC 체계에 이야기들을 담아놓도록 도움으로써 중요한 역할을 담당한다. 먼저, 촉진자는 AAC 의존자가 자신의 AAC 체계에 포함하기를 원하는 이야기를 이해해야 한다. 그러한 이야기들을 이해하는 것은 스토리텔링이 당사자의 경험(예: 일인칭 이야기를 통해), 흥미(예: 이인칭 이야기를 통해), 소속(예: 공식적 이야기를 통해) 등을 반영하여 개별화되어야 하기 때문에 매우 중요하다. 다음으로, 촉진자는 이야기를 부분(주로 문장 길이)으로 나누어 AAC 도구에 프로그램화하도록 도울 수 있다. 프로그램화가 되어 있으면 전체 이야기를 전달하기 위해 순차적으로 한 번에 한 문장씩 음성을 출력할 수 있다. 마지막으로, 촉진자는 이야기하기를 연습해 볼 수 있는 기회를 제공해야 한다. AAC 체계에 포함된 이야기의 수가 많을 경우, AAC 촉진자는 AAC 의존자가 그 이야기를 효율적으로 재생할 수 있도록 각각의 이야기를 대표하는 주제, 중요 인물 및 주요 사건에 따라 색인을 넣어 의존자를 도와야 한다. 물론 촉진자는 이야기를 저장하고 재생하기 위해 비전자적 AAC 전략을 사용할 수도 있다. 뇌졸중으로 실

많은 사람들이 대중 앞에서 말을 할 때 AAC 테크놀로지를 사용한다. AAC-RERC (Rehabilitation Engineering Research Center, 재활공학연구센터) 웹 사이트에서 찾을 수 있는 좋은 사례들로는 자신의 AAC 사용 과정을 이야기한 마이클 윌리엄스의 **걸어온 길, 가야 할 길: 참호 속 외침**(How Far We've Come, How Far We've Got to Go: Tales from the Trenches), 공학자와 연구자들 앞에서 발표를 한 콜린 포르트너프(Colin Portnuff)의 **AAC: 사용자의 견해**(AAC: A User's Persgpective), 베스 앤 루시아니(Beth Anne Luciani)의 대학생활에 대한 토론, **AAC와 대학생활: 하면 된다!**(AAC and College Lift: Just Do It!) 등을 꼽을 수 있다.

어증을 겪게 된 한 남성의 예를 들면, 그는 대화 상대가 읽어야 하는 이야기의 줄을 지적하면서, 한 번에 한 부분씩 자신의 의사소통책을 보도록 상대를 안내함으로써 자신이 어떻게 로더릭(Roderick)이라는 특별한 이름을 갖게 되었는지에 대해 이야기를 하였다(제4장 의사소통책에 대한 논의 참조). 또한 글자로 쓰인 이야기를 포함하고 있는 선화 상징들을 순차적으로 배열하여 이야기하는 사람들도 있다.

절차적 기술

절차적 기술(procedural descriptions)은 과정이나 절차에 대한 자세한 정보를 제공한다. 주로 ① 세부 사항이 많고, ② 순차적으로 관련된 정보를 포함하며, ③ 시기적절하고 효율적인 의사소통을 필요로 한다. 처음으로 당신 집을 찾아오는 사람에게 어떻게 운전해서 와야 할지 가르쳐 주거나, 좋아하는 케이크를 만드는 당신의 비법을 누군가에게 설명해 주는 것을 예로 들 수 있다. 장애를 지닌 사람들은 개인적인 보살핌과 그 밖의 특정한 요구에 필요한 절차를 가족이나 간병인에게 알릴 필요가 있다. 일반적으로 이러한 절차적 기술은 개인에 따라 다를 수 있다. 또한 복잡한 의료적 처치나 보호가 필요한 사람들은 자신이 선호하는 처치나 돌봄 방식을 의료진이나 간병인에게 알려야 하기 때문에 이 기술이 특히 중요할 수 있다. 콜리어와 셀프(Collier & Self, 2010)는 AAC 의존자와 도우미 간 의사소통의 효과성을 방해하는 장벽들과 그에 대한 해결책을 제시하였다. 기억해야 할 것은 이들의 의사소통 요구가 의료적 처치나 돌봄에 국한된 절차적 기술에만 머물지 않는다는 점이다. 이들 또한 자신을 돌보는 사람들과 사회적 관계를 유지하고 정보를 공유해야 한다.

내용 중심 대화

내용 중심 대화(content-specific conversations)는 정보 주고받기를 포함한다. 전형적으로 이들 대화는 내용이 짜여 있지 않으며 포함된 어휘들 또한 의사소통 상대, 주제, 상황 등 여러 요인에 따라 달라진다. 이러한 유형의 대화에 성공적으로 참여하려면, 주로 독창적이고 참신한 메시지를 만들어 낼 수 있어야 한다. AAC에 의존하는 대부분의 사람들은 한 글자씩 또는 한 단어씩 메시지를 구성하여 이를 해결한다. 반면에 특정 내용과 관련된 의사소통을 지원하기 위해 어휘와 메시지 세트들이 개발되어 왔다. 예를 들면, 브라이언(Bryen, 2008)은 사회적 역할 수행을 돕기 위한 어휘들을 제공하였다(템플대학교 장애연구소 웹 사이트의 AAC 어휘 부분 참조). 또한 발란딘과 이아코노(Balandin & Iacono, 1999)는 직장에서 휴식 시간에 이루어지는 대화 내용을 기록하기도 하였다.

맺음말과 끝인사

대부분의 의사소통자는 상호작용을 끝내기 원하거나 의도하는 신호로 맺음말을 한 다음 끝인사로 대화를 마친다. 대화에 주로 사용되는 맺음말은 '이야기를 나눠서 즐거웠어요', '다음에 또 이야기해요', '이제 가야겠네요', '해야 할 일이 있어서요', '아이들이 기다려요', '전화가 왔네요' 등이다. '안녕', '잘 가', '잘 있어', '나중에 봐' 등은 북아메리카에서 주로 사용되는 끝인사다.

바클리 AAC 센터의 웹 사이트에서는 다양한 연령대의 사람들이 사용하는 맺음말과 끝인사에 대한 광범위한 정보를 제공하고 있다.

의사소통 방식과 상황에 따른 어휘 요구

우리가 주고받는 말은 의사소통 상황과 방식에 크게 영향을 받는다. 예를 들면, 우리는 강의, 업무상 회의 또는 전문가 집단에서 공식적인 보고를 할 때보다 친구들과 대화를 할 때 구어체를 더 사용하고 별 생각 없이 말하는 경향이 있다. 또한 성인이 어린아이에게 말을 할 경우에는 다른 성인에게 말할 때와는 다른 낱말과 문법구조를 사용한다. 더욱이 문어 의사소통은 구어 의사소통과 다르다. 소셜 미디어(social media)를 사용한 대화는 대면 의사소통이나 전통적인 문어 의사소통과는 크게 다르다. 축약과 기호가 흔히 사용된다. 메시지 길이 또한 짧아지는데, 이는 특히 문자 메시지를 주고받을 때 두드러진다. AAC 팀은 AAC 체계에 포함될 어휘 항목을 선택할 때 이러한 어휘 사용 패턴의 차이에 대해 잘 알고 있어야 한다.

구어 및 문어 의사소통

말하기와 글쓰기는 다르면서도 대등한 의사소통 방식으로 보이지만 이 둘 간에는 즉각적으로 드러나지 않을 수 있는 차이들이 존재한다(Barritt & Kroll, 1978). 일반적으로 구어 의사소통은 문어 의사소통에 비해 좀 더 개인적인 언급과 일, 이인칭 대명사(예: 나, 너, 우리)를 많이 사용한다. 같은 말이 자주 반복되는 경향이 있기 때문에, 글에 비해 어휘 다양성이 더 적다. 또한 말은 글에 비해 더 짧은 생각 단위, 단음절의 친숙한 낱말, 종속적인 생각 등을 더 많이 포함하는 경향이 있다.

교실에서의 구어와 문어를 비교 연구한 맥기니스(McGinnis, 1991)는 일반 학급에 다니는 34명의 3학년 학생들을 통해 얻은 구어와 문어 샘플에서 1,000개의 낱말을 수집하였다. 그녀는 학생들의 문어 어휘가 구어 어휘에 비해 더 다양함을 발견하였다. 예를 들면, 어휘 다양도(type-to-token ratio: TTR, 전체 낱말 수를 다른 낱말 수로 나누어 계산)는 문어 샘플(TTR＝0.46)보다 구어 샘플(TTR＝0.30)에서 더 낮았다. 이러한 결과는 더 적은 구어 낱말이 전체 언어 샘플의 더 많은 비율을 대표할 수 있기에 아이들이 문어에 비해 구어에서 더 많은 낱말을 반복했음을 보여 준다.

학교에서의 말과 가정에서의 말

어휘 사용은 또한 의사소통 상황에 따라 다르다. 예를 들면, '학교에서의 말'은 '가정에서의 말'과 상당히 다를 수 있다. 아이들은 즉각적인 요구 충족과 익숙한 의사소통 상대와의 사회적 친밀감 성취와 같은 동일한 목적을 위해 가정에서 사용하는 언어를 학교에서는 사용하지 않는다. 대신에 학교에서는 실제적인 이론을 형성하고, 행위와 상황에 대한 이해를 공유하며, 지식을 얻기 위해 상대적으로 덜 친숙한 성인들과 주로 이야기를 나눈다(Westby, 1985). 이를 통해 아이들은 "공유된 가정(함축적 의미)의 기대에서 벗어나 명확하게 어휘화된 의도(명시적 의미)를 판단해 나가야 한다"(Westby, 1985, p. 187).

아동이나 성인을 대상으로 가정과 학교에서의 어휘 사용 패턴을 자세히 검토한 연구는 거의 없다. 하나의 예외가 마빈과 그 동료들(Marvin et al., 1994)의 연구인데, 이들은 다섯 명의 일반 유아원 아동을 대상으로 가정과 유아원에서 이들이 하는 말을 녹음하였다. 이들 아동이 산출한 낱말의 대략 1/3은 유아원에서만 사용되었고, 가정에서만 사용된 낱말이 1/3, 나머지 두 상황에서 공통적으로 사용된 낱말 또한 1/3을 차지하였다. 뷰켈먼, 존스 및 로언(Beukelman, Jones, & Rowan, 1989)은 일반 유아원에서 여섯 명의 아동(3~4세)이 산출한 말을 수집하고 개별 아동에 따라 각각 3,000개의 낱말을 분석하였다. 그 결과 100개의 낱말이 아동들이 유아원에서 산출한 낱말의 60%를 설명하는 것으로 나타났다. 또한 관련 연구에서 프라이드-오켄과 모어(Fried-Oken & More, 1992)는 발달수준과 환경에 따른 언어 자료에 기초하여 학령전기 아동들을 위한 핵심어휘 목록을 제시하였다.

구체적인 학교 환경의 차이 또한 교실에서 주고받는 아동들의 말에 크게 영향을 줄 수 있다. 여러 과목에서 나타나는 초등학교와 중·고등학교의 교과과정 내용은 학생들로 하여금 매일 또는 주마다 달라지는 어휘 항목에의 접근을 요구한다. 예를 들어, 한 학생의 과학 단원이 식물에서 행성으로, 선사시대 동물로, 나아가 암석으로 바뀌는 경우, 교실에서 성공적으로 의사소통할 수 있는 정도는 적절한 어휘의 이용 가능성에 크게 의존할 것이다. 학생의 대화를 돕기 위해 고안된 상대적으로 고정되어 있고 예측 가능한 어휘 세트는 빈번하게 달라지는 교과과정에 따른 의사소통 요구를 충족시키는 데 유용하다고 볼 수 없다(학교 상황에서의 의사소통 패턴에 대한 좀 더 자세한 논의는 제13장 참조).

연령 변인

연구보고서에 따르면 연령, 성별, 문화(예: 인종) 등의 차이가 상호작용에서 개인이 사용하는 주제와 어휘 낱말에 영향을 줄 수 있다고 한다. 예를 들면, 연구자들은 최소한 두 가지 견해에서 노인들의 의사소통 패턴을 고찰하였다. 하나의 견해는 이들이 더 늙어감에 따라 경험하는 언어손상을 기술하기 위해 노인과 젊은이 간의 언어 차이를 연구하고 기록하는 것이다. 이러한 견해를 취하는 연구들은 나이가 들어감에 따라 적절한 명사를 더 적게 산출하고, 일반적인 명사를 더 많이 산출하며, 좀 더 모호한 참조를 보이는 경향이 있음을 제안한다. 또한 명사와 구문구조의 어휘 다양성이 감소한다(Kemper, 1988; Kynette & Kemper, 1986; Ulatowska, Cannito, Hayashi, & Fleming, 1985). 굿글래스(Goodglass, 1980)는 개인의 능동적인 표현 어휘의 크기가 70대에 현저하게 감소된다고 보고하였다.

또 다른 견해는 인간의 인지 발달 모형 차원에서 노화를 바라보는 것으로, 노인의 수행을 정당한 발달의 적응 단계로 간주한다(Mergler & Goldstein, 1983). 이러한 견해에서 보면 노인들은 '말하기(telling)'라는 과제, 즉 정보 공유를 위해 자신들의 의사소통 상호작용을 조절하는 것으로 보인다. 노인들은 '말하는 사람(tellers)'인 자신의 역할 속에서 현재에 의미를 부여할 자원으로 과거를 연관 짓는다(Boden & Bielby, 1983). 예를 들면, 스튜어트, 밴더후프 및 뷰켈먼(Stuart, Vanderhoof, & Beukelman, 1993)은 63세에서 79세에 속하는 다섯 명의 여자 노인을 대상으로 이들이 대화 중 산출한 주제를 검토하였다. 그 결과 나이가 적을수록 좀 더 '현재 중심의' 언급과 가족의 삶과 관련된 주제를 표현하였다. 반면에 나이가 많은 노인일수록 나이가 적은 노인에 비해 가족 외의 사회적 네트워크를 더 많이 언급하였다.

　　발란딘과 이아코노(Balandin & Iacono, 1998a, 1998b)는 점심식사 중에 대화를 나누는 호주 직장인들의 어휘를 조사하였다. 톤싱과 앨런트(Tonsing & Alant, 2002)는 남아프리카 일터에서 언급되는 사회적 대화의 주제를 기록하였다. 이들 저자는 두 연구 간에 중복되는 점이 비교적 많다고 보고하였다.

성별 변인

　　수많은 연구자들이 언어와 낱말 사용에 미치는 성별(gender)의 영향을 보고해 왔다. 일례로 남자와 여자는 말을 다르게 사용하는 경향이 있다는 것이다. 남자는 여자에 비해 대명사를 적게 쓰고 형용사와 특별한 부사 및 전치사를 더 많이 사용한다. 여자는 남자에 비해 조동사와 부정적 진술을 더 많이 사용한다(Gleser, Gottschalk, & John, 1959; Poole, 1979). 또한 남자는 여자보다 다양한 주제에 대해 이야기하는 것으로 보인다. 글레서와 동료들(Gleser et al., 1959)은 남자에 비해 여자가 동기, 감정, 정서 및 자신에 대해 더 많이 언급하는 것을 발견하였다. 남자는 여자에 비해 시간, 공간, 양, 파괴적인 행위 등을 더 자주 언급하는 경향이 있다.

　　스튜어트(Stuart, 1991, pp. 43-44)는 '남자의 말(male talk)'과 '여자의 말(female talk)'에서 나타나는 차이를 검토한 여러 연구자들의 결과를 다음과 같이 요약하였다.

　　이들 연구는 스페인의 어느 마을에서, 영국의 전통적인 노동자 계급 가족과 아프리카 쿵(Kung) 부시맨을 대상으로, 뉴욕 시 거리와 오하이오 주 콜럼버스 및 런던의 거리에서 이루어진 대화들 속에서, 매사추세츠 주 서머빌 소재의 전화회사에 근무하는 여성들과 뉴욕의 육체 노동자 부부들 및 미국의 징병제도에 반대하는 시위에 참여한 사람들 속에서 수행되었다. 연구 결과는 상당히 유사하여 다음과 같이 종합적으로 보고될 수 있다. 여자들의 화제는 사람(자신, 다른 여자, 남자), 사생활과 대인 관계의 문제들(나이, 생활방식, 삶의 난관들), 주부로서의 요구, 책, 음식, 옷, 장식에 관한 것들이었다. 남자들의 화제는 일(땅, 수확, 날씨, 동물, 가격, 사업, 돈, 임금, 기계류, 목공일), 법적인 문제, 세금, 군대경험, 스포츠나 오락(야구, 오토바이, 항해, 사냥, 등산, 닭싸움)에 관한 것들이었다.

성별과 연령이 다른 AAC 의존자들의 어휘 사용 패턴에 대한 정보는 매우 적다. 그러나 이와 관련된 정보가 유용하기 때문에 AAC 전문가들은 이들 요인과 그 밖의 다른 요인(예: 문화적 차이)이 어떻게 어휘 선택과정에 영향을 미치는가에 민감할 수밖에 없다. 또래친구들은 개인의 특정 어휘 요구를 알려 줄 수 있는 좋은 정보원이 될 수 있다. 따라서 AAC 팀은 적절한 어휘 선택을 위한 자원으로 이들의 통찰력을 이용해야 한다.

바클리 AAC 센터의 웹 사이트에서 제공하는 요약 목록은 개별화된 어휘 목록을 개발할 수 있도록 해 주는 훌륭한 자료다.

의사소통 능력에 따른 어휘 요구

AAC 팀이 어휘를 선택할 때 고려해야 하는 또 다른 중요한 요인 중 하나는 AAC 체계 의존자의 전반적인 의사소통 능력이다. 지금부터 우리는 세 유형, 즉 ① 어린 아동을 포함하여 아직 읽기와 쓰기를 배우지 않은 문자언어 습득 이전(preliterate)의 사람들, ② 장애로 인해 읽고 쓰는 능력을 잃었거나 배울 수 없는 문맹(nonliterate)의 사람들, ③ 문자언어를 습득한(literate) 사람들에 대해 논의한다.

그들(AAC 체계를 사용하는 사람들)은 자발적으로 자신의 어휘집을 조성할 수 없기에, 자신이 자발적으로 선택한 것이 아닌 누군가에 의해 선택된 어휘나 미리 선택되어 있는 어휘를 가지고 조작해야만 한다(Carlson, 1981, p. 140).

문자언어 습득 이전의 사람들을 위한 어휘 선택

문자언어 습득 이전의 사람들은 읽기와 쓰기 기술이 발달되어 있지 않다. 이들은 주로 어린 아동이지만 문자언어를 습득하는 데 필요한 교육을 받아 보지 못한 청소년이나 성인도 포함될 수 있다. 따라서 이들의 AAC 체계는 제3장에서 논의되는 하나 이상의 상징이나 부호로 어휘 항목을 나타내게 된다. 일반적으로 이들을 위한 어휘 요구는 필수적인 메시지를 주고받기 위해 필요한 어휘와 이들의 언어기술을 발달시키기 위해 필요한 어휘의 다음 두 가지 범주로 나눌 수 있다.

적용어휘

밴더하이덴과 켈소(Vanderheiden & Kelso, 1987)는 의사소통에 필수적인 메시지들을 적용어휘(coverage vocabulary)라고 언급하였다. 이들 어휘는 개인의 기본적인 의사소통 요구를 충족시키기 위해 필요한 메시지를 포함하기 때문이다. 문자언어를 습득하지 못한 사람들은 한 글자씩 필요한 메시지를 철자로 표현할 수 없기 때문에, AAC 팀은 해당 메시지를 얼마나 자주 사용할 것인지에 상관없이 이들이 필요로 할 수 있는 메시지를 최대한 많이 포함시키도록 배려해야 한다. 예를 들어, 어떤 사람이 '저는 호흡 문제가 있습니다(I am having trouble breathing).' 라는 메시지를 거의 사용하지 않을지라도, 이 메시지가 사용될 가능성이 있다면 적용어휘에 포함되어 있어야 한다.

적용어휘는 개개인의 의사소통 요구에 따라 다르다. 앞서 언급했듯이 이러한 요구는 개인의 연령과 의사소통 상황에 따라 변할 수 있다. 예를 들면, 생일파티에서 요구되는 적용어휘는 물리치료 시간에 필요한 적용어휘와는 매우 다를 것이다. 문자언어 습득 이전의 사람을 위한 적용어휘는 이들의 환경과 의사소통 요구에 대한 주의 깊은 분석을 통해 선택된다(자세한 과정은 이장 후반부에서 논의된다).

문자언어 습득 이전의 사람들을 위한 적용어휘는 주로 해당 낱말이 필요할 때 이용할 수 있도록 상황(환경이나 활동)에 따라 구성된다. 따라서 AAC 팀은 먹기, 입기, 목욕하기, 특정 게임하기, 특별한 학교활동 참여하기 등의 상황에서 개인이 필요로 하는 어휘가 포함되도록 별개의 활동 디스플레이들을 설계할 것이다. 팀 구성원이나 촉진자들은 필요할 경우 언제든지 사용할 수 있도록 부엌, 욕실 또는 교실의 특정 영역 등, 활동이 이루어지는 환경에 이들 활동판을 전략적으로 배치할 것이다. 또 다른 경우, 적절한 활동판이 특정 의사소통 상황에서 이용될 수 있도록 휴대용 케이스나 노트에 활동 디스플레이를 넣어 둘 수도 있다(활동판 전략은 제8장, 제10장, 제11장에서 자세히 논의된다). 적용어휘에 대한 두 개의 훌륭한 자료는 후천성 질환을 지닌 성인들(Beukelman, Garret, & Yorkston, 2007)과 급성치료실 환자들(Hurtig & Downey, 2009)을 위한 의사소통판들이다. 이들 자료는 CD-ROM상으로 이용할 수 있다. AAC 팀은 개개인의 상황에 따라 '주제'나 '수준'을 맞추어 전자공학적 말산출도구(electronic speech-generation device: SGD)에 어휘 항목들을 프로그램화할 수 있다.

발달어휘

AAC 체계의 어휘 세트에는 사용자가 아직 모르는 낱말과 '기능적' 목적이 아닌 언어/어휘의 성장을 촉진하는 낱말들 또한 포함될 것이다. 언어 성장은 지속적인 과정이기 때문에 최소한 일부 발달어휘(developmental vocabulary) 낱말은 다양한 연령대 사람들에게 제공되어야 한다(Romski & Sevcik, 1996). 예를 들어, 문자언어 습득 이전의 아동이 서커스와 같은 어떤 사건을 처음으로 경험하려 한다면, AAC 팀은 이 아동이 이전에 전혀 사용해 본 적이 없을지라도 의사소통 디스플레이에 새로운 상황과 결합된 어휘 항목들을 포함시킬 것이다. 그러면 서커스를 보는 동안 아동의 부모나 친구는 광대(clown), 사자(lion), 우스운(funny), 무서운(scary) 등의 서커스와 관련된 다양한 어휘 항목들을 지적할 수 있을 것이다. 일반 아동들이 여러 번 반복해서 들음으로써 새로운 낱말을 배우는 것처럼, 이러한 과정은 아동이 노출을 통하여 언어를 발달시키고 새로운 어휘를 학습할 수 있는 기회가 된다.

연령에 상관없이 초기 의사소통자를 위한 발달어휘 항목에는 다양한 언어 구조 및 조합의 사용을 촉진할 수 있는 낱말이나 메시지들이 포함되어야 한다. 예를 들면, 초기 의사소통자들은 지속을 의미하는 더(more), 부정을 의미하는 아니(no), 위치를 나타내는 저기(there)와 같은 낱말에 접근해야 한다. AAC 팀은 낱말 조합[안 먹어(no eat), 더 많은 차(more car)]를 지원할 수 있는 다양한 명사, 동사, 형용사 등을 어휘 항목에 포함시킬 것이다. 개인의 언어 능력이 증가하게 되면 팀 구성원은 두서너 낱말이나 그 이상의 낱말 조합을 촉진할 수 있는 어휘를 선택해야 한다. 라헤이와 블룸

(Lahey & Bloom, 1977)은 적어도 다음과 같은 의미 범주의 낱말을 발달어휘에 포함시켜야 한다고 제안하였다.

- 명사(예: 사람, 장소, 사물)
- 관계어(예: 큰, 적은)
- 일반 동사(예: 하다, 되다)
- 특정 동사(예: 먹다, 마시다, 자다)
- 감정 표현(예: 행복한, 무서운)
- 승인과 부정(예: 예, 아니요, 싫어요)
- 재현과 비지속(예: 더, 없다)
- 이후에 인칭대명사로 표현할 수 있는 사람 이름. 처음에는 대상-행위자 관계 (예: '내가 원해' 대신에 '철수가 원해')뿐 아니라 소유대명사 대신에 고유명사가 먼저 사용될 수 있다(예: '그의 차' 대신에 '철수의 차').
- 먼저 단일 형용사(예: 뜨거운, 더러운)가 사용되고 다음에 그와 정반대의 형용사 (예: 차가운, 깨끗한)가 사용된다. 처음에는 안＋형용사가 그와 정반대의 형용사를 표현하기 위해 사용될 수 있다(예: 안＋뜨거＝차가워).
- 색깔
- 전치사

바나지, 디칼로 및 스트릭클린(Banajee, Dicarlo, & Stricklin, 2003)은 50명의 걸음마기 유아를 대상으로 이들이 유아원에서 사용하는 핵심어휘를 조사하였다. 그 결과 모든 아동이 아홉 개의 낱말(I, no, yes/yeah, want, it, that, my, you, more)을 공통적으로 사용하는 것으로 나타났다. 또한 이들 아동이 주로 사용하는 낱말들에는 mine, the, is, on, in, here, out, off, a, go, who, some, help 및 all, done/finished 등이 포함되었다. 이러한 낱말들은 요구하기, 주장하기, 부정하기 등의 화용 기능을 담당하였다. 핵심어휘 목록에 명사는 포함되지 않았다. 레스콜라, 앨리 및 크리스틴(Rescorla, Alley, & Christine, 2001)은 걸음마기 유아들의 어휘 목록에 들어 있는 낱말의 사용 빈도를 조사하였으며 이를 자신들의 논문 부록에 제시하였다.

문맹의 사람들을 위한 어휘 선택

읽고 쓸 수 없는 사람들은 한 글자씩 자신의 메시지를 구성할 만큼 철자를 모를 수 있으며 자발적인 철자기술을 발달시키거나 재습득할 것으로 기대되지 않는다. 이들 중 대부분은 기억할 수 있는 기능적 일견단어(sight words) 외에는 읽을 수도 없다. 이들을 위한 어휘 선택과정은 주로 일상적인 다양한 환경에서의 지속적인 의사소통 요구를 충족시키는 데 목표를 둔다. 그럼에도 불구하고 이들을 위해 선택된 메시지들은 문자 습득 이전의 사람들을 위해 선택된 메시지들과는 여러 면에서 다를 수 있다.

첫째, 문자를 모르는 사람들을 위해 선택된 메시지들은 발달적 견해라기보다는 기능적 견해에서 대부분 선택된다. 한 낱말이나 좀 더 흔하게는 전체 메시지가 개별적인 의사소통 요구를 충족시키기 위해 선택된다. 이들 메시지는 제3장에서 논의되는 것처럼 하나 이상의 상징 형태로 표현된다. 둘째, 이들을 위해 선택된 적용어휘의 경우 연령 및 성별 적절성(age and gender appropriate)이 매우 중요하다. 이들 중 많은 사람들, 특히 지적장애나 그 밖의 발달장애인은 청소년이나 성인일 것이다. 따라서 유아나 어린 아동에게 적절한 낱말과 메시지가 이들을 위해 선택되지 않도록 특히 주의해야 한다. 예를 들면, 행복한 얼굴에 대한 상징은 어린 아동의 경우 '행복한(happy)'이지만 청소년의 경우에는 '멋진(awesome)'의 뜻으로 해석될 수 있다. 청소년의 디스플레이에서는 '멋지다' 또는 '힘내라'는 뜻으로 '엄지손가락을 치켜 올리는(thumb up)' 상징이 사용될 수 있을 것이다.

문자를 모르는 사람들의 AAC 체계 내에 적어도 약간의 발달어휘를 포함시키는 것 또한 적절하다. 예를 들면, 개인의 삶에서 부딪히는 새로운 환경이나 참여의 기회가 생길 때마다 새로운 메시지가 첨가되어야만 한다. 그러나 이 경우에 발달어휘가 갖는 목적은 복잡한 구문 형태 사용을 중진시키는 것이라기보다는 의사소통할 수 있는 낱말과 개념을 확장시키고자 하는 것이다. 다시 말하면 이들에게는 연령에 적절한 여러 맥락들 속에서 이루어지는 효율적이고 기능적인 의사소통이 무엇보다 중요하다.

문자언어를 습득한 사람들을 위한 어휘 선택

읽고 철자할 수 있는 사람들은 다양한 메시지 조합을 선택할 수 있다. 이들은 일단 저장이 되어 있으면 적절한 AAC 도구를 이용하여 한 글자씩, 한 낱말씩 메시지를 구성하고 완전한 메시지로 재생할 수 있다. 개인의 의사소통 요구에 근거하여 AAC 팀은 빠르게 재생되도록 타이밍 강화와 관련된 것, 메시지 촉진과 관련된 것, 피로 감소와 관련된 것 등 세 유형의 메시지를 마련할 수 있다.

타이밍 강화

어떤 메시지가 적절하려면 주의 깊은 타이밍이 필요하다. 문자언어를 습득한 사람이 메시지를 철자로 표현할 수 있는 능력이 있다 할지라도, 해당 메시지가 신속하게 전달되지 않으면 그 의미가 상실될 것이다. 예를 들어, '휠체어를 앞으로 밀기 전에 제 다리를 올려 주세요.' 라는 메시지가 적시에 전달되지 않으면, 당사자가 메시지를 구성하는 동안 휠체어는 벌써 움직이고 있을 것이다. 따라서 타이밍이 중요한 메시지들은 대부분 전체적으로 저장되고 재생된다. 이러한 메시지의 예를 더 들면 '잠시만 기다려 주세요. 아직 끝나지 않았어요.', '가시기 전에 이것 좀 도와주시겠습니까?', '우리 언제 다시 만날까요?' 등이 포함된다. 타이밍 강화(timing enhancement)와 관련된 메시지를 찾아내는 데 가장 적절한 정보원은 AAC에 의존하는 사람과 그 촉진자들이다.

메시지 촉진

타이밍 강화와 더불어, AAC 팀은 종종 전반적인 의사소통 속도를 향상시킬 수 있는 어휘 항목들을 선택한다. 밴더하이덴과 켈소(Vanderheiden & Kelso, 1987)는 자주 사용되면서도 길어서, 재생을 위한 입력 전략을 통해 자판 치는 횟수를 줄여 주는 낱말이나 메시지를 촉진어휘(acceleration vocabulary)라고 소개하였다(메시지 입력과 의사소통의 속도 향상에 대한 자세한 논의는 제3장 참조). 따라서 AAC 팀은 특별한 아이디어를 주고받을 수 있도록 하기 위함이 아니라 의사소통의 속도를 높일 수 있는 낱말이나 메시지를 촉진어휘 세트에 포함시킨다.

피로 감소

AAC 팀이 문자언어를 습득한 사람들을 위해 주로 선택하는 세 번째 어휘 유형은 피로를 줄일 수 있는 어휘들이다. 촉진어휘를 구성하는 낱말과 구절들이 피로 감소를 위해 입력되는 낱말이나 구절들과 동일한 경우가 많다. 그러나 특별한 상황에서 피로를 줄이기 위한 어휘 선택은 다른 종류의 어휘를 선택할 때와는 다소 다른 접근을 필요로 한다. 예를 들면, 어떤 사람들에게는 피로가 점증적인 문제다. 이른 아침에는 그날 오후나 저녁 때보다 신체를 효율적으로 움직여 AAC 체계를 사용할 수 있을 것이다. 이러한 경우 AAC 팀은 피로 수준이 가장 높을 때(예: 저녁) 개인이 필요로 하는 의사소통 요구를 처리할 수 있도록 피로를 줄이는 어휘 항목을 선택해야 한다. 이 방법은 당사자가 피곤할 때 낱말들을 철자로 써야 하는 수고를 피할 수 있게 해 준다. 가장 피곤할 때의 의사소통 패턴을 분석하면 피로를 줄이는 데 가장 도움이 될 수 있는 낱말과 메시지들을 선택할 수 있을 것이다.

소셜 미디어

지난 몇 년 동안 이메일, 문자 주고받기, 트위터 등의 소셜 미디어와 페이스북 (Facebook), 구글플러스(Google+), 마이스페이스(MySpace)와 같은 소셜 네트워크의 이용 가능성은 전 세계의 의사소통 옵션들을 바꾸어 놓았다. AAC에 의존하는 사람들 중에는 이미 소셜 미디어를 사용하는 사람들이 있다. 의사소통 지원을 위한 모바일 기술의 사용 증가로 인해, 의심할 여지 없이 앞으로 몇 년 동안은 AAC 의존자들을 위한 소셜 미디어 옵션들이 크게 증가할 것이다. 소셜 미디어에 사용되는 의사소통 관습들은 대면 의사소통과 크게 다르다. 즉, 작은 화면이나 키보드 상에서 자판을 두드리는 횟수를 줄이기 위해 축약과 기호, 문법적으로 불완전한 메시지, 한정된 구두점 등을 광범위하게 사용한다. AAC 의존자들에게 있어서 소셜 미디어의 활용은 '자신을 세상과 연결할 수 있는 통로'가 되지만 메시지를 구성하고, 저장하며, 재생하기 위한 새로운 관습들을 배워야 하는 숙제를 또한 남긴다.

AAC-RERC의 백서 **모바일 기기와 의사소통 앱**(Mobile Devices and Communication Apps)은 의사소통 지원을 위한 모바일 기술의 활용을 논의한다.

어휘 자료

특정 상황에서 필요로 하는 모든 어휘 항목을 선택해 줄 수 있는 충분한 지식과 경험을 갖춘 사람은 드물다. 오히려 다양한 수단을 활용하여 이러한 어휘 정보를 얻는 것이 필요하다. 지금부터 AAC 팀이 어휘를 선택할 때 주로 사용하는 자료를 요약하고 특정 자료가 특히 유용한 상황을 제시하고자 한다.

핵심어휘

핵심어휘(core vocabulary)는 여러 사람들에 의해 자주 사용되는 낱말과 메시지를 말한다. 많은 사람들의 어휘 사용 패턴을 평가한 실증적 연구나 중재 보고서들은 일반적으로 핵심어휘 항목을 제공한다. AAC 팀은 특정인을 위한 핵심어휘 파악을 위해 주로 다음과 같은 세 가지 자료, 즉 ① AAC 체계를 통해 성공적으로 의사소통하는 사람들의 어휘 사용 패턴에 기초한 낱말 목록, ② 특정인의 어휘 사용 패턴에 기초한 낱말 목록, ③ 유사한 상황에서 일반인이 사용하는 말과 글 수행에 기초한 낱말 목록 등을 활용해 왔다.

AAC를 통해 의사소통하는 사람들의 어휘 사용 패턴

핵심어휘 목록을 개발할 때에는 특히 조작적으로나 사회적으로 AAC 체계를 능숙하게 다루는 사람들의 의사소통 수행에 주목하게 된다. 연구자들은 많은 시간에 걸쳐 이들의 의사소통 샘플을 수집하여 어휘 사용 패턴을 분석해 왔다. 이 분야의 최초 연구는 캐논 의사소통기(Canon Communicators)를 사용하는 다섯 명의 장애 젊은이들을 대상으로 14일간 이들이 산출한 낱말을 모두 검토한 것이다(Beukelman, Yorkston, Poblete, & Naranjo, 1984). 다섯 명이 산출한 낱말들로 구성된 종합목록(composite list)을 통해 연구자들은 가장 빈번하게 출현하는 500개의 낱말을 파악하였다(바클리 AAC 웹 사이트의 어휘 자료실 참조). 그 결과 이들이 주고받은 낱말의 대략 80%가 500개의 가장 빈번하게 출현하는 낱말들이었다.

'우리가 말하는 것을 보라: 성인 AAC 의존자를 위한 상황별 어휘(See What We Say: Situational Vocabulary for Adults Who Use Augmentative and Alternative Communication)' 라는 요강(Collier, 2000)은 15명의 성인 AAC 의존자들로부터 얻은 정보로 개발되었다. 이 요강은 개인위생, 서비스 제공자 면접하기, 자신의 AAC 체계 설명하기, 착석, 교통수단, 변호, 은행업무, 재정관리, 외식, 전화사용, 학회 참석, 성문제, 죽음과 사별 등 다양한 상황에서 요구되는 어휘 항목들을 제공한다.

이후 연구에서 요크스톤, 스미스 및 뷰켈먼(Yorkston, Smith, & Beukelman, 1990)은 의사소통이 이루어지는 동안 10명의 AAC 전략 사용자들이 산출한 어휘 항목을 공표된 어휘 자료에서 선택한 6개의 종합어휘 목록들과 비교하였다. 이들 10명 모두는 자신의 메시지를 표현하기 위해 철자하기를 사용하였다. 연구 결과, 참여자들은 여러 공표된 목록에 포함된 낱말 중 27~60%를 실제 사용한 것으로 나타났다.

핸슨과 선드하이머(Hanson & Sundheimer, 2009)는 전화통화가 AAC 의존자들에게 매우 어려운 의사소통 형태임을 확인하였다. 이들은 자신들의 프로젝트에서 통화를 지속하도록 유도하는 메시지, 즉 "잠시만 기다려 주세요. 저는 컴퓨터를 사용해 말을 하고 있습니다(PLEASE WAIT, I'M USING A COMPUTER TO TALK)"와 지연(delay)이 통화 성공에 미치는 영향을 조사하였다. 지연 유무와 메시지 유무에 따른 통화 조건은 무작위로 배정하였다. 전체적으로 76%의 통화가 실패한 것으로 파악되었다. 통화에 성공한 대부분의 경우는 메시지가 제공되고 지연이 없는 조건에서 나타났다.

> 콜린 포르트너프(Colin Portnuff)는 자신의 AAC-RERC 웹캐스트 '보완대체의사소통: 사용자의 견해(AAC: A User's Perspective)'를 통해 전화 통화와 대면 상호작용을 위한 자신의 전략들을 설명하였다.

특정인의 어휘 사용 패턴

AAC 체계 의존자의 과거 의사소통 수행을 분석해 얻은 낱말 목록은 종합목록에 비해 훨씬 더 효율적인 어휘 자료다(Yorkston et al., 1990). 왜냐하면 개인의 과거 수행 분석은 미래 수행에 대한 가장 좋은 예측 인자이기 때문이다. 과거에는 개개인의 낱말 목록을 개발하기 위해 당사자의 의사소통 샘플을 얻고 분석하기가 쉽지 않았다. 그러나 최근에는 수행 측정과 분석 기술들이 AAC 도구에 포함되어 있어서 보다 용이하게 개인의 어휘 사용 패턴을 모니터할 수 있게 되었다. 사생활과 관련된 민감한 문제가 있기 때문에, 이와 같은 방식으로 수행을 모니터하고자 할 경우에는 AAC 테크놀로지를 사용하는 당사자가 참여해야 한다(Blackstone, Williams, & Joyce, 2002). 이와 관련된 더 많은 정보를 위해서는 제3장을 참조하라.

일반인의 어휘 사용 패턴

일반인의 어휘 사용 패턴에 대해서는 많은 연구가 진행되어 왔다. 이들 연구를 통해 개발된 종합어휘 목록들은 핵심어휘 정보에 대한 풍부한 자료를 제공한다는 점에서 개인의 어휘 목록을 개발하는 데 유용할 수 있다. 그러나 이전에 언급한 것처럼 요크스턴과 동료들(Yorkston et al., 1990)에 따르면, 종합어휘 목록은 개인이 필요로 하는 전체 낱말 중 단지 일부만을 포함하고 있기 때문에 개별 AAC 의존자들의 어휘 선택이 매우 복잡해질 수 있다고 한다. 이들은 AAC 활용에 미치는 핵심어휘의 역할에 대한 견해를 다음과 같이 요약하였다.

> 우리의 연구 결과는 '표준 낱말 목록들(standard word lists)'이 AAC 체계에 포함될 가능성이 있는 낱말들을 고를 수 있는 훌륭한 자료 중 하나임을 보여 준다. AAC 도구의 메모리에 표준 낱말 목록을 포함시키는 것은 보완 의사소통자와 그들의 촉진자에게 엄청난 시간을 절약하게 한다. 그러나 이들 표준 목록을 세심하게 고려하지 않고 가르쳐서는 안 된다. AAC 도구를 사용자에 맞게 개별화할 경우에는 표준 어휘 목록에서 불필요하거나 '대가가 큰(costly)' 낱말들을 소거하기 위한 체계적인 전략들이 필요하다(1990, p. 223).

부수어휘

개인이 필요로 하는 구체적인 낱말과 메시지들을 **부수어휘**(fringe vocabulary)라고 한다. 사람, 장소, 활동 등의 구체적인 이름과 선호하는 표현들을 예로 들 수 있다. 이러한 낱말은 AAC 체계에 포함된 어휘의 개별화와 핵심어휘 목록에 나타나지 않는 아이디어 및 메시지의 표현을 가능하게 한다. 부수어휘 항목은 그 속성상 AAC 의존자 자신이나 이들과 이들의 의사소통 상황을 잘 알고 있는 정보 제공자들에 의해 추천되어야 할 것이다. 물론 가장 중요한 정보 제공자는 AAC 체계에 의존할 본인 자신이다. 자신의 어휘와 메시지 요구에 대한 정보 제공자의 역할을 수행하는 AAC 의존자의 능력은 연령, 인지 및 언어 능력, 촉진자의 지원 수준 등 다양한 요인에 따라 달라질 수 있다.

부수어휘의 한 유형은 AAC 의존자의 취미와 관련이 있다. 대면 상호작용과 전자메일 등을 통해 자신의 취미를 개발하고 유지하며 타인과 그것에 대해 이야기할 기회를 더 많이 가질 수 있다. 취미―반려동물 기르기, 그림 그리기, 정원 가꾸기, 스포츠, 정치, 종교, 변호, 음악, 공예 및 투자―는 구체적인 관련 어휘들을 필요로 한다. 이러한 주제에 대해 효과적으로 의사소통하려면 관련 어휘가 자신의 AAC 체계에 들어 있어야 한다. 루오, 히긴보텀 및 레셔(Luo, Higginbotham, & Lesher, 2007)는 자신들이 수행한 웹크롤러(Webcrawler) 프로젝트를 소개하였다. 이 프로젝트는 AAC 테크놀로지에 활용할 수 있는 적절한 화젯거리를 인터넷에서 얻기 위한 전략들을 포함하고 있다. 이러한 어휘들은 특정 주제나 최근 사건들과 관련이 있을 것이다.

정보 제공자

임상 현장에서는 한두 명의 AAC 팀 구성원―주로 전문가들― 이 여러 정보 제공자와 상의를 거치지 않은 채 부수어휘 항목들을 선택하는 경향이 있다. 요크스턴과 동료들(Yorkston et al., 1988)은 두 유형의 정보 제공자들에게 AAC 의존자를 위한 어휘를 선택하도록 요구한 후 그 결과를 분석하였다. 연구 결과에 의하면 두 정보 제공자들에 의해 선택된 상위 100개의 부수어휘 중 단지 절반 정도만이 동일한 것으로 나타났다. 따라서 AAC 팀이 최선의 부수어휘 목록을 얻기 위해서는 다양한 정보 제공자와 상의해야 한다. 가장 명확한 정보 제공자는 배우자, 부모, 형제, 교사 및 그 밖의 보호자들이다. 고용주, 직장 동료, 또래 및 친구 등의 정보 제공자 또한 가치 있는 어휘를 제공한다. 물론 가능하다면 언제든지 AAC 의존자 본인이 어휘에 포함될 낱말과 메시지를 직접 제안하고 유용한 정보 제공자를 찾아내야 한다.

어휘 선택에 영향을 미치는 정보 제공자의 수행이나 역할을 검토한 연구는 드물다. 모로, 뷰켈먼, 미렌다 및 요크스턴(Morrow, Beukelman, Mirenda, & Yorkston, 1993)은 어휘 선택에 주로 참여하는 세 유형의 정보 제공자, 즉 부모, 언어치료사, 교사에 대해 조사하였다. 그 결과 이들 정보 제공자 모두가 아동 참여자를 위한 종합어휘 구성에 중요한 부수어휘를 제공하였으며, 이들 중 어느 누구도 어휘 선택과정에서 제외될 수 없음을 보여 주었다. 특히 연구에 참여한 여섯 명 아동 중 세 명의 어머니가 부수어휘의 선택에 가장 많은 공헌을 한 것으로 나타났다. 나머지 세 아동의 경우에는 언어치료사들이 가장 적절한 부수어휘를 제공한 것으로 나타났다. 교사에 의해 제공된 낱말들은 비록 그 수는 적었지만 교실 참여를 위해서는 특히 중요한 것이었다. 팰런, 라이트 및 페이지(Fallon, Light, & Paige, 2001)는 어휘 선택 질문지를 만들어 현장 검증을 하였는데, 해당 질문지는 이들의 논문 부록에 제시되어 있다.

어휘 선택 과정

부수어휘의 선택 방법과 관련된 연구는 거의 이루어지지 않았지만, 그 과정을 안내해 주는 몇 가지 중요한 제안들은 존재한다. 머슬화이트와 세인트루이스(Musselwhite & St. Louis, 1988)에 의하면 초기 어휘 항목들은 대상자가 흥미 있어 하는 것으로, 자주 사용될 수 있고, 다양한 의미적 개념과 화용적 기능을 내포하고 있으며, 학습의 용이성을 위해 '지금-여기(now and here)'를 반영하고, 이후 낱말 조합에 사용될 가능성이 있으며, 산출이나 해석이 용이한 것이어야 한다. 또한 AAC 분야에서는 팰런, 라이트 및 페이지(Fallon, Light, & Paige, 2001)가 개발한 설문지 외에 환경 목록(environmental inventories), 생태학적 목록(ecological inventories), 의사소통 일지(communication diaries) 및 점검표(checklists) 등 이들 준거의 달성을 촉진하기 위한 여러 방법들이 사용되어 왔다.

환경 또는 생태학적 목록(environmental or ecological inventories)　어휘 개별화를 위해, 일부 연구자들은 대상자의 활동 참여와 관찰 방식을 기록하기 위해 AAC팀이 사용할 수 있는 환경 또는 생태학적 목록을 제시하였다(Carlson, 1981; Mirenda, 1985; Reichle, York, & Sigafoos, 1991). 칼슨(Carlson)은 "활동에 대한 관찰과 참여를 구분함으로써 경험에 대한 (촉진자)의 인식보다는 (대상자)의 실제 경험에서 더 나은 정보를 얻을 수 있다."(1981, p. 142)고 강조하였다. 환경 목록을 개발하는 동안, AAC 팀은 빈번하게 이루어지는 활동 속에서 장애 학생과 또래 일반 학생이 사용하는 어휘를 관찰하고 기록한다. AAC 팀은 이러한 과정을 통해 얻은 어휘 항목 풀(pool)에서 AAC를 사용하는 학생이 처리할 수 있는 가장 중요한 낱말들을 추려 내어 목록을 작성하게 된다.

> 부모의 어휘 일지(vocaulary diaries)는 전문가의 관찰을 보완할 수 있는 귀중한 자료다. 나는 발음이나 문법에 대한 정보를 얻기 위해 일지에 의존하는 것이 불가능함을 안다. 그런데 대다수 부모는 하루 동안 아동이 사용한 낱말들의 목록 작성법을 배우는 데 별 어려움을 보이지 않는다(Crystal, 1987, p. 41).

의사소통 일지와 점검표(communication diaries and checklists)　어휘 일지는 다양한 상황에서 필요로 했던 낱말이나 구절을 기록한 것이다. 의사소통 일지는 주로 하루 종일 필요했던 어휘를 종이에 기록하는 정보 제공자에 의해 관리된다. '맥아더-베이츠 의사소통 발달목록: 낱말과 문장(MacArthur-Bates Communicative Development Inventory: Words and Sentences)'(Fenson et al., 2007)과 같이 잘 구성된 어휘 점검표 또한 어휘 선택을 위한 간편한 방법으로 유용할 수 있다. 왜냐하면 이들 점검표는 정보 제공자에게 어떤 어휘를 선택할 것인지에 대한 아이디어를 제공해 주기 때문이다. 모로와 동료들(Morrow et al., 1993)은 의사소통 일지와 환경 목록(Carlson, 1981 이후), 어휘 점검표 사용(Bristow & Fristoe, 1984) 등에 대한 정보 제공자들의 반응을 조사하였다. 그 결과 부모, 교사 및 언어치료사 모두 사용 면에서는 의사소통 일지와 환경 목록을 이용한 방법이 훨씬 더 쉽지만 만족도 면에서는 어휘 점검표 사용이 조금 더 낫다고 평정하였다.

AAC 테크놀로지와 언어 모델

제조업자들에 의해 미리 프로그램화된 메시지 내용을 포함하고 있는 AAC 테크놀로지가 갈수록 늘고 있다. 도구를 사용할 것으로 기대되는 사람들의 연령과 언어 능력에 기초하여 서로 다른 언어 모델들이 개발되어 왔다. 전형적으로, 이들 메시지 체계는 이 장에서 다루는 범위를 넘어선 다양한 어휘와 메시지들을 포함하고 있다.

어휘 유지

이 장에서는 초기 어휘 선택과정의 다양한 측면이 논의되었다. 어휘 선택은 지속적인 어휘 유지(maintenance) 과정을 수반한다. 어떤 낱말과 구절은 자주 사용되기 때문에 AAC 의존자들과 촉진자들이 어렵지 않게 이를 ACC 체계 내에 남겨 두기로 결정할 수 있다. 반면 어떤 낱말과 구절은 처음부터 부적절하게 선택되었거나 그 유용성이 다하였다는 이유로 별로 사용되지 않을 수 있다. 후자의 경우는 어떤 교과의 학습 단원 같은 특정 상황이나 추수감사절 같은 이벤트를 위해 선택된 어휘 항목들이 해당될 수 있다. 특정 상황을 위해 선택된 어휘 항목이 필요 없다고 판단될 경우, 보다 중요한 낱말을 저장하기 위한 공간을 확보하고 이전에 선택된 수많은 어휘 항목을 모두 훑어야 하는 개개인의 인지적 부담을 줄이기 위해 어휘집에서 제거해야 한다.

📖 학습문제

2-1. AAC 중재의 주요 목적은 무엇인가?

2-2. AAC에 의존하는 사람들은 몇 가지 다른 방식으로 자신이 필요로 하는 메시지를 처리한다. 한 낱말씩 메시지를 구성하는 방식은 한 글자씩 철자하여 메시지를 구성하는 방식과 어떻게 다른가?

2-3. AAC에 의존하는 사람들의 몇 퍼센트가 범죄나 학대를 경험하는가?

2-4. AAC 체계를 어떻게 설계하면 범죄나 학대가 일어나는 순간에 또한 이후 법률이나 상담 활동이 이루어지는 동안에 이를 처리할 수 있을까?

2-5. 대화에서 인사말, 스몰토크, 정보공유 및 맺음말 단계는 서로 어떻게 다른가?

2-6. AAC에 의존하는 사람들을 위한 어휘와 메시지 선택은 문자언어의 습득 수준에 따라 어떻게 다른가?

2-7. AAC 체계에서 핵심어휘와 부수어휘는 어떤 차이가 있는가?

2-8. 한 글자씩 철자하여 메시지를 구성할 수 있는 사람이 자신의 AAC 도구에 전체 메시지를 저장하여 인출하기도 하는 이유는 무엇인가?

2-9. AAC에 의존하는 사람들을 위한 메시지 선택 과정에서 정보 제공자들이 담당하는 역할은 무엇인가?

Chapter **03**

상징과 속도 향상

> 아침식사를 하기 위해 식탁에 앉아서 나는 조간신문을 읽는다. 신문에는 국가 예산
> 이 어떻게 쓰일 것인가에 대한 그래프와 지역에 따른 날씨를 알려 주기 위한 지도, 야
> 구 구단별 순위표, 정원용 의자 조립도, 오지와 오지 사람들의 사진, 정치인에 대한
> 편집자의 생각을 표현한 캐리커처 등이 인쇄되어 있다⋯⋯ 내 앞쪽 벽에는 달력과 시
> 계가 걸려 있다. 텔레비전이나 컴퓨터를 켜기도 전에 나는 이 모든 것들과 다른 더 많
> 은 것들을 볼 수 있다(Ittelson, 1996, p. 171).

아이텔슨(Ittelson)이 아침 식사를 하면서 마주한 여러 시각 매체에 대한 설명은 우
리가 하루 종일 상징들에 둘러싸여 있음을 상기시켜 준다. 어떤 상징은 시간(예: 달력
이나 시계)과 같은 개념을, 어떤 상징은 아이디어(예: 그래프나 캐리커처)를, 또 다른 어
떤 상징은 사물, 행위, 감정, 지시 등을 나타낸다. 많은 경우, 상징은 사람들 간에 메
시지를 전달하는 데 사용된다. 실제로 상징이 없다면 우리는 글쓰기를 통한 의사소
통이나 공감, 온정, 승인 등을 전달하는 비언어적 메시지를 전할 수 없을 것이다. 노
란 아치(역주: 맥도널드 햄버거 로고)가 존재하지 않을 것이며, 미키마우스 귀도 없을
것이다. 상표도 없고, 경고 신호도 없으며, 신문도 없고, 교과서도 없을 것이다. 제스

처, 몸짓언어, 글자 및 기타 상징을 통해 메시지를 전하는 능력이 없으면 의사소통은 우리가 지금 알고 있는 것과는 엄청나게 다른 — 그리고 훨씬 덜 풍부한 — 경험일 것이다.

> 창조적이고 유연한 상징의 사용만큼 인간을 다른 종과 구분할 수 있는 것은 없다 (DeLoache, Pierroutsakos, & Troseth, 1997, p. 38).

AAC가 지닌 힘은 메시지 전달을 위해 사용하는 말 이외의 상징과 신호들이 광범위하다는 점에 있다. 특히, 글을 읽거나 쓸 수 없는 사람들의 경우에는 대체방식을 통해 메시지와 개념을 나타내는 능력이 의사소통의 관건이다. 상징의 중요성을 인식함에 따라 사용과 학습이 용이한 포괄적인 상징 체계를 조사하고 개발하고자 하는 수많은 연구와 임상적 노력들이 이루어져 왔다. 이 장에서는 가장 흔하게 사용되는 상징 유형들을 검토하고 다양한 사람을 대상으로 한 이들 상징의 유용성을 논의한다.

상징에 대한 개관

상징과 상징의 다양한 형태를 기술하기 위해 수많은 정의와 분류 체계가 사용되어 왔다(Fuller, Lloyd, & Schlosser, 1992). 기본적으로 상징(symbol)은 "다른 어떤 것(something else)을 나타내거나 뜻하는 것"(Vanderheiden & Yoder, 1986, p. 15)을 말한다. 이 '다른 어떤 것'을 우리는 지시 대상(referent)이라고 한다.

상징은 사실성(realism), 도상성(iconicity), 모호성(ambiguity), 복잡성(complexity), 전경과 배경 차이(figure-ground differential), 지각적 현저성(perceptual distinctness), 수용 가능성(acceptability), 효율성(efficacy), 색깔(color) 및 크기(size) 등 다양한 특성으로 기술될 수 있다(Fuller, Lloyd, & Stratton, 1997; Schlosser, 2003e; Schlosser & Sigafoos, 2002; Wilkinson & Jagaroo, 2004). 이러한 특성 중에서 도상성은 연구자와 임상가들에게 가장 주목을 받아 왔다. 도상성이라는 용어는 "사람들이 상징과 그 지시 대상에 대해 품고 있는 어떤 연상"(Schlosser, 2003e, p. 350)을 의미한다. 도상성은 하나의 연속체(continuum)로 언급될 수 있는데, 이러한 연속체의 한 극단은 투명

(transparent) 상징들이 차지한다. 투명 상징은 "지시 대상이 없어도 그 상징의 의미를 추측할 수 있을 정도로 지시 대상의 형태, 움직임, 기능 등이 예상되는 것들이다"(Fuller & Llyod, 1991, p. 217). 다른 한 극단은 **불투명**(opaque) 상징들이 차지한다. 불투명 상징은 "그 의미가 제시될 경우에도 상징과 지시 대상 간의 관계가 이해되지 않는 것들이다"(Fuller & Llyod, 1991, p. 217). 예를 들면, 구두의 컬러 사진은 투명한 반면 구두(shoe)라는 글자는 불투명하다. 또한 양 극단 사이에는 **반투명**(translucent) 상징들이 존재한다. 반투명 상징은 "지시 대상의 의미가 명확할 수도 있고 불명확할 수도 있다. 그러나 일단 그 의미가 제공되면 상징과 지시 대상 간의 관계가 이해될 수 있는 것들이다"(Fuller & Llyod, 1991, p. 217). 예를 들면, 북아메리카에서 주로 사용되는 '멈춰(Stop)!'라는 제스처는 종종 곤란한 표정과 함께 편 손이나 손가락으로 목을 가로질러 재빨리 움직이는 것을 포함한다. 사람들은 '목을 자르는' 이러한 제스처가 할리우드 영화산업 현장에서는 '컷'(cut, 또한 '멈춰'를 의미하는)을 표현하는 것임을 이해해야 한다. 반투명 상징들은 종종 상징과 그 지시 대상 간의 지각된 관계 정도를 수적으로 평가하여 정의된다(Lloyd & Blischak, 1992).

상징은 산출을 위한 어떤 장치, 즉 외적인 지원 형태를 필요로 하는 **도구적인**(aided) 것과 외적인 산출 장치를 필요로 하지 않는 **비도구적인**(unaided) 것으로 나눌 수 있다(Lloyd & Fuller, 1986). 도구적 상징은 실물과 흑백 선화를 포함하며, 비도구적 상징은 얼굴 표정, 수화, 말과 발성 등을 포함한다. 또한 일부 상징 세트들은 도구적 요소와 비도구적 요소를 결합하여 사용한다. 우리는 이들 상징을 복합 상징 세트(combined symbol sets)라고 하는데, 마카톤 어휘(Makaton Vocabulary; Grove & Walker, 1990)를 예로 들 수 있다.

상징 이해의 발달

앞에서 언급한 것처럼 어떤 상징의 의미는 개인의 동기, 신경학적 상태, 발달 연령, 감각 능력, 인지 기술, 의사소통 및 언어 능력, 세상 경험 등 다양한 요인에 달려 있다(Mineo Mollica, 2003). 예를 들면, 도상성과 상징의 학습은 적어도 어느 정도는 "문화적, 시대적, 특히 경험적으로 구속되는 것으로 보인다"(Brown, 1977, p. 29). 던햄(Dunham, 1989)에 의하면, 일반 성인들이 쉽게 '추측할 수 있는(guessable)' 것으로 여기는 수화(manual signs)의 의미를 지적장애를 지닌 성인들은 쉽게 추측하지 못했다고 한다. 이들 두 집단의 문화와 경험의 배경 차이가 연구 결과에 영향을 준 것으로 보인다. 또한 롬스키와 세빅(Romski & Sevcik, 1996, 2005)은 종단연구를 통해 구어에 대한 이해 능력이 상징 학습 과정에 결정적인 역할을 한다고 제안하였다. 중도 지적장애 젊은이들을 대상으로 한 연구에서 이들 연구자는 특정 지시 대상의 의미를 이해하는 사람들이 그렇지 않은 사람들에 비해 그 지시 대상에 대한 추상적인 상징들을 좀 더 쉽게 배우는 것을 발견하였다.

> 과거에 우리는 도상성이 초기 상징 학습자들에게 도움이 될 뿐 아니라 도상적 상징의 학습에는 임의적 상징과는 다른 처리 과정들이 기저를 이룬다고 생각했다. 그러나 꼭 그런 것 같지는 않다. 의사소통 상징의 도상성은 광범위한 임의적 상징과 도상적 상징들을 그 지시 대상과 매핑해야 하는 아주 어린 아동들의 경우에는 이점을 제공하지 않는 것으로 보인다(Stephenson, 2009a, p. 196).

발달연령은 상징 이해—특히 그림 상징—에 영향을 미치는 또 다른 요인이다. 나미와 동료들(Namy, 2001; Namy, Campbell, & Tomasello, 2004)은 전형적으로 발달하는 어린 아동들의 상징 발달을 검토하였다. 그 결과 도상성 정도는 18개월의 어린 아동들의 의미 이해 촉진에는 도움이 되지 않았으나 26개월 아동들에게는 도움이 되는 것으로 나타났다. 이러한 결과는 '그림 능력(pictorial competence)'—그림을 지각하고 해석하며 이해하고 의사소통을 위해 사용하는 능력—이 출생 후 초기 몇 년 동안에 점차적으로 발달한다(DeLoache, Pierroutsakos, & Uttal, 2003, p. 114)는 일반 아동 대상의 연구 결과들과 일치한다. 일반 아동은 출생 후 2년경까지는 그림을 움켜쥐려고 하면서 사물인 양 반응한다. 즉, 아동들은 그림을 그 지시 대상과 동일한 것으로 지각한다(DeLoache, Pierroutsakos, & Troseth, 1997; Rochat & Callaghan, 2005). 아동들은 생후 3년경에 이르러서야 ① 그림은 그 자체로 이차원적 사물이며(즉, 이중 표상, dual representation), ② 그림은 사물이나 개념을 나타낼 수 있을 뿐 아니라(즉, 그림이 하나의 상징이다), ③ 지시 대상은 다양한 방식(예: 컬러 사진, 흑백 선화)을 통해 상징적으로 묘사될 수 있음을 이해하기 시작한다. 다양한 상징 유형을 이해하고 사용하는 능력은 생후 5세 시기까지 지속적으로 발달한다. 또한 이 시기 아동들은 조잡하게 그려진 상징과 정교하게 그려진 상징들을 아동과 성인 중 누가 그렸는지를 알아맞힐 수 있다(Rochat & Callaghan, 2005).

> 어떤 상징과 그 지시 대상 간의 관계가 성인이나 나이 많은 아동들에게 아무리 투명
> 하다 할지라도 어린 아동들이 마찬가지로 그 관계를 금세 알 것이라고 결코 단정할
> 수 없다(DeLoache, Miler, & Rosengren, 1997, p. 312).

당연히 그림 능력은 모든 상징과 그 지시 대상들에 대해 동일하게 출현하지 않는데, 이는 아동이 3세가 넘어도 마찬가지다. 어떤 언어 개념들은 다른 개념들에 비해 좀 더 쉽게 상징화된다. 비서, 알란트 및 하티(Visser, Alant, & Harty, 2008)에 의하면 4세 일반 아동의 대략 25%가 슬픈(sad), 화난(angry), 무서운/두려운(scared/afraid)의 감정을 나타내는 선화를 인식하는 데 어려움을 보인 반면 행복한(happy)을 나타내는 선화에는 별 어려움을 보이지 않았다고 한다. 일반적으로 명사(예: 사람, 사물, 장소)는 동사(예: 오다, 가다, 원하다), 기술어(예: 큰, 더, 없다) 및 wh-의문사(예: 누구, 무엇)에 비해 상대적으로 표상하기가 더 쉽다(Bloomberg, Karlan, & Lloyd, 1990; Lund, Millar, Herman, Hinds, & Light, 1998; Mizuko, 1987; Worah, 2008).

이와 관련해, 라이트(Light)와 동료들은 4~7세 일반아동을 대상으로 '없다', '누구'와 같은 추상적 언어 개념을 그림으로 그려 보도록 요청하였다(Lund et al., 1998; Light, Worah, et al., 2008). 연구 결과, 아동들의 그림은 시중에서 구입할 수 있는 AAC 상징 세트와는 매우 달랐다. 예를 들면, 아동들의 그림은 종종 그 개념에 대한 일반적인 묘사라기보다는 그 개념이 사용된 상황에 내재된 개념을 포함하였다. 따라서 '누구'라는 낱말의 그림에는 멀리 떨어져 있는 세 번째 사람이 그려져 있으면서 동시에 더 큰 사람과 함께 서 있는 작은 사람이 전형적으로 포함되었다. 그림을 설명하도록 했을 때, 아동들은 자신이 모르는 누군가(세 번째 사람)를 가리키며 "이게 누구야?"라고 물으면서 부모(큰 사람)와 함께 서 있는 작은 아이가 자기라고 말하였다. 이는 일부 AAC 상징 세트의 한가운데 물음표가 있는 사람 얼굴 모양의 테두리를 하고 있는 '누구'라는 그림 상징과는 대조적이다. 후속연구에서, 우라(Worah, 2008)는 '없다' '크다' '오다' '먹다' '더' '열다' '위' '원하다' '무엇' '누구' 등에 대한 발달적으로 적절한 상징(Developmentally Appropriate Symbols: DAS) 세트를 고안하기 위해 룬드 등(Lund et al., 1998)의 연구와 라이트, 우라 등(Light, Worah, et al., 2008)의 연구에 실린 아동들의 그림을 활용하였다([그림 3-1] 참조).

요약하면, 도상성뿐 아니라 "그림에 대한 일반적인 경험, 관련된 지시 대상의 이름에 대한 이해, 상징을 사용하는 사람의 의도에 대한 이해"(Stephenson, 2009a, p. 194)또한 상징 학습에 영향을 미치는 것으로 보인다(Schlosser & Sigafos, 2002). 또한 초코바처럼 먹고 싶은 항목일 경우에는 매우 추상적인 상징일지라도 물과 같이 추측하기는 쉽지만 별로 원하지 않는 항목을 나타내는 상징보다 배우기 쉬울 것이다. 음성 출력의 이용가능성(Koul & Schlosser, 2004; Schlosser, Belfiore, Nigam, Blischak, & Hetzroni, 1995)과 교수 전략(Mineo Mollica, 2003; Stephenson, 2009a) 등의 교수 요인 또한 초기 상징 학습과 일반화에 영향을 미친다. 마지막으로, 우라(Worah, 2008)에 의하면 추상적인 언어 개념을 묘사하는 상징의 의미를 파악하고 이해하는 아동의 능력은 다음과 같은 요인들의 영향을 받을 수 있다고 한다.

- 구체성(concreteness): 분명하게 묘사된 사람 및/또는 관찰 가능한 활동을 포함하고 있는 상징을 이해하기가 더 쉽다(Light, Worah, et al., 2008; Lund et al., 1998).
- 친숙성(familiarity): 아동이 자주 접하고 봐 온 사람, 사물 및/또는 활동을 묘사한 상징을 식별하기가 더 쉽다(Callaghan, 1999; Light, Worah, et al., 2008; Lund et al., 1998).
- 맥락(context): 해당 맥락에서의 활동을 묘사한 상징이 학습 부담을 줄여줄 수 있다(Drager, Light, Speltz, Fallon, & Jeffries, 2003; Light, Worah, et al., 2008; Lund et al., 1998).
- 전체성(wholeness): 완전한 사람이나 사물을 묘사하는 상징이 신체 부위나 구성 요소를 묘사하는 상징보다 식별하기가 더 쉽다(Light, Worah, et al., 2008; Lund et al., 1998).
- 색깔(color): 대비나 세부사항을 강조하기 위해 밝은 색깔을 사용한 상징은 변별하기가 더 쉬울 뿐 아니라 아동의 관심을 더 끌어낼 수 있다(Light & Drager, 2002; Stephenson, 2007; Wilkinson, Carlin, & Jagaroo, 2006; Wilkinson & Jagaroo, 2004).
- 초점(focus): 캐릭터나 사물의 크기나 위치로 관련 특성을 강조하는 상징이 주의를 끌기 위해 화살표나 그 밖의 표시를 사용하는 상징보다 인식하기가 더 쉬울 수 있다(Blockberger & Sutton, 2003).

발달적으로 적절한 상징(DAS)	그림 의사소통 상징(PCS)
오다 	오다 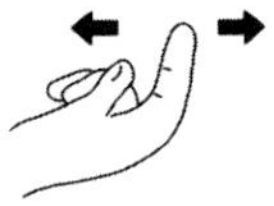
누구 	누구 
더 	더 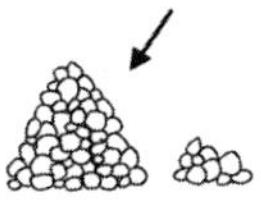
원하다 	원하다 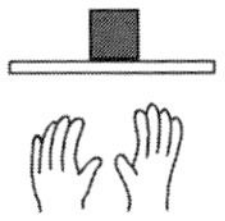
크다 	크다 
위 	위 

[그림 3-1] 발달적으로 적절한 상징(DAS)과 그림 의사소통 상징(PCS)의 예

출처: Worah, S. (2008). *The effects of redesigning the representations of early emerging concepts of identification and preference: A comparison of two approaches for representing vocabulary in augmentative and alternative communication (AAC) systems for young children.* Doctoral dissertation, Pennsylvania State University.

　이러한 요인들(예: 구체성, 친숙성, 맥락)은 상황, 장소, 경험 등을 묘사하기 위해 그림을 활용하는 시각적 장면 디스플레이(visual scene displays: VSDs)를 통해 다루어질 수 있다. 다양한 맥락에서 관련된 사람이나 사물들을 묘사하는 분명한 이미지(디지털 그림, 컬러 사진 등), 자연스러운 환경, 해당 장면을 대표할 수 있는 어떤 행위 등을 활용해 개별화된 VSD를 만들어 낼 수 있다. 시각적 장면 디스플레이를 말산출도구로 제시할 경우, 언어개념은 활성화되었을 때 관련 메시지를 말소리로 들려줄 수 있도록 해당 그림의 '핫스팟(hot spot)'에 배치한다. [그림 3-2]는 '간지럼 태우기' 활동을

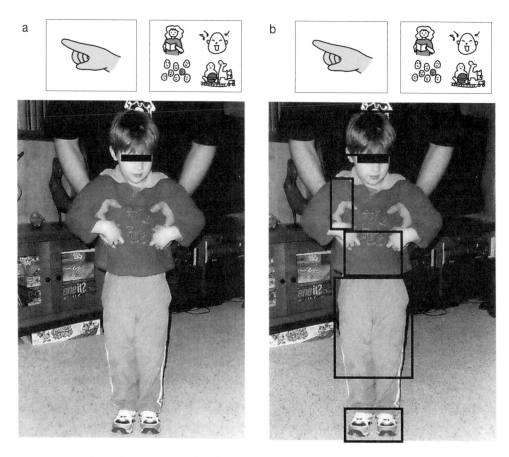

[그림 3-2] '간지럼 태우기' 활동을 위한 시각적 장면 디스플레이의 예

아동의 AAC 체계에서는 이미지가 컬러로 제시됨. a) 아동이 바라보는 디스플레이, b) 아동이 간지럼 태우기를 원하는 부위를 선택할 수 있도록 윤곽선으로 표현한 핫스팟을 지닌 디스플레이(아동에게는 이러한 윤곽선들이 보이지 않음)

출처: Drager, K., Light, J., & Finke, E. (2009). Using AAC technologies to build social interaction in young children with autism spectrum disorders. In P. Mirenda & T. Iacono (Eds.), *Autism spectrum disorders and AAC* (pp. 247-278). Baltimore: Paul H. Brookes Publishing Co.

하면서 자폐아동에게 사용한 사진의 예다. 이 사진은 원래 컬러 사진이었다. [그림 3-2a]는 아동이 바라본 것을 보여 주고 있으며 [그림 3-2b]는 선택되었을 때 구어 메시지(예: 배, 다리)를 산출해 주는 여러 신체 부위와 관련된 핫스팟을 보여 준다. VSD에 대한 자세한 설명은 제6장을 참조하라.

유럽에서는 손짓과 그래픽 형태의 모든 종류를 포함하는 말 이외의 언어적 형식을 뜻하는 일반적인 용어로 **상징**(symbol)이 아닌 **신호**(sign)를 사용한다(von Tetzchner & Jensen, 1996, p. 10).

비도구적 상징: 제스처와 발성

그녀의 눈과 뺨과 입술에 언어가 있다. 아니, 그녀의 발이 말하고 있다. 그녀의 음란
한 영혼은 몸속에 있는 모든 관절과 몸속에서 일어나는 모든 자극을 주시하고 있다
(Shakespeare, Troilus and Cressida, 제4막, 제5장).

비언어적 행동은 언어적 행동을 반복, 부정, 대치, 보완, 강조 또는 조정할 수 있다
(Knapp, 1980). 비언어적 행동은 제스처(gestures), 발성(vocalizations) 및 기타 준언어
적(paralinguistic) 요소, 신체적 특성(예: 체형, 체취, 구취), 공간학(proxemics, 예: 자리
배열, 개인의 공간 요구 정도), 인공물(artifacts, 예: 의상, 향수, 화장품), 인상과 상호작용
에 영향을 줄 수 있는 환경 요인(예: 방이 깔끔한지 또는 엉망인지의 문제가 다른 사람들
이 그곳에 살고 있는 사람과 상호작용하는 방식에 영향을 줄 것이다)을 포함한다. 이러한
비언어적 행동 모두가 중요한 요소지만, 그중에서도 가장 대표적인 의사소통 형식은
제스처와 발성일 것이다. 따라서 이에 대해 더 자세히 논의하고자 한다.

생후 20개월에 에이미(Amy)는 자신에게 반응을 보일 것 같은 사람에게 다가가 관심
을 집중시키더니 한 손으로는 상대방을 가리키고 다른 한 손으로는 원하는 사물을 가
리키면서 '(방 안에 있는 어른 중 한 명에게) 그거(물컵) 주세요' 라는 메시지를 표현하
였다. 의사소통 채널이 열린 것이다(Adamson & Dunbar, 1991, p. 279, 기관절개
술을 받은 아동의 의사소통을 설명하며).

제스처

제스처 행동은 대소 근육을 이용한 신체 동작, 표정, 눈 움직임, 자세 등을 포함한
다. 오래전에 에크먼과 프리센(Ekman & Friesen, 1969)은 의사소통과 적응의 목적에
따라 이들 행동을 분류하는 체계를 개발하였다. 이 체계에 따르면 엠블럼(emblems)
은 몇 개의 낱말이나 구절로 해석되거나 정의될 수 있으며, 메시지 전달을 위해 말을
필요로 하지 않고 사용될 수 있는 제스처 행동이다. 같은 문화권에 속하는 사람들 사
이에서는 이들 엠블럼의 의미에 대한 일치도가 일반적으로 높다. 예를 들면, 북아메
리카에서는 머리를 흔드는 것은 일반적으로 "아니요(no)" 의 엠블럼으로 이해되는 반

면, 머리를 끄덕이는 것은 "예(yes)"를 의미하는 엠블럼으로 이해된다. 엠블럼은 팬터마임과 같이 몸 전체를 사용할 수도 있지만, 사람들은 주로 손을 사용하여 표현한다. 구어의 경우처럼 엠블럼은 상황에 따라 다르게 해석될 수 있다. 일례로 코를 찡그리는 것은 상황에 따라 "싫다" 또는 "아휴, 냄새!" 등을 뜻할 수 있다.

어떤 엠블럼에 대한 이해는 개인의 인지 및 언어 능력에 달려 있다. 예컨대, 심각한 인지, 의사소통 및 운동 장애를 일으키는 유전적 장애인 앤젤먼 증후군(Angelman syndrome)을 지닌 사람들은 종종 의사소통을 위한 자신들만의(즉, '자연스러운') 제스처 엠블럼조차도 사용하는 데 어려움을 겪는다(Jolleff & Ryan, 1993). 이러한 딜레마에 응하여 칼큘레이터(Calculator, 2002)는 10명의 앤젤먼 증후군 아동 가족을 대상으로 아동의 제스처 사용을 격려하도록 가르치는 데 성공하였다. 이때 사용하도록 격려된 제스처들은 아동의 레퍼토리에 들어는 있지만 의사소통을 위해 활용되지 않는 것들이었다. 그는 이러한 제스처들을 "자연스러운 강화 제스처(enhanced natural gestures)"라고 언급하였다.

> 루스(Ruth)는 눈, 얼굴표정, 끙끙거리기, 한숨 및 그 밖의 소리들을 통해 의사를 전달하며, 대화를 전개하고자 할 경우 자신의 낱말판에서 두세 낱말/메시지/단문/단서들을 선택한다. 가장 기본적인 의미에서 봤을 때 루스의 의사소통은 순수시(pure poetry)다(Steve Kaplan의 '그렇다고 말하기 위해 나는 눈을 치켜 올린다'(I Raise My Eyes to Say Yes)를 공동 저술한 동료의 의사소통 기술을 묘사, Sienkiewicz-Mercer & Kaplan, 1989, p. xii-xiii).

예시적 표시(illustrators)는 말에 동반되는 것으로서 말한 것을 예를 들어 설명하는 비구어적 행동이다(Knapp, 1980). 예시적 표시의 기능으로는 ① 낱말이나 구절 강조(예: "앉으세요."라고 말하면서 의자 하나를 분명하게 가리킴), ② 지시 대상이나 공간적 관계 묘사(예: "여기 있던 이만한 것 못 봤어요?"라고 말하면서 두 손을 양쪽으로 어림해서 벌림), ③ 사건의 속도 묘사(예: "눈 깜짝할 사이에 끝났어."라고 말하면서 재빨리 엄지와 검지 손가락을 맞부딪쳐 딱 소리를 냄), ④ 낱말이나 구절의 반복 또는 대치를 통한 예시(예: "내 연필 어딨지?"라고 말하면서 쓰는 흉내를 냄) 등을 들 수 있다. 냅(Knapp, 1980)에 따르면, 사람들은 엠블럼에 비해 예시적 표시를 덜 의도적이며 덜 계획적으로 사용한다고 한다. 또한 말하는 사람이 흥분했을 때, 듣는 사람이 자신의 말에 관심을 갖지 않거나 메시지를 이해하지 못했을 때, 또는 상호작용이 일반적으로 어려울 때 더 자주 사용된다고 한다.

감정 표시(affect displays)는 정서적 상태를 나타내는 표정이나 몸짓을 말한다. 감정 표시는 더 모호하고 덜 양식화되며 덜 의도적이라는 점에서 엠블럼과 다르다(Knapp, 1980). 사실 감정 표시는 동반된 구어적 진술과 상반되는 경우가 많다. 의사소통 상대에게는 분명할 수 있는 이들 모호한 제스처를 실제로 표현하는 당사자는 크게 인식하지 못할 수도 있다. 이들 감정 표시의 제스처가 갖는 상황 적절성은 연령, 성별, 역할 지위 등 특정한 사회적 규칙의 지배를 받는다. 그러나 행복, 놀라움, 공포, 슬픔, 분노, 혐오 또는 모욕 등을 전달하는 감정 표시들은 모든 문화권에서 볼 수 있을 것이다(Ekman & Friesen, 1969).

> 머리를 가로젓거나 두 팔로 엑스(X)자를 그리면서 "전적으로 동의해요."라고 말하는 것은 자신의 말과 상반되는 감정 표시의 예다.

조정적 표시(regulators)는 두 사람 이상의 대화에서 말하기와 듣기를 유지하고 조정할 때 사용되는 비구어적 행동이다. 조정적 표시는 상호작용을 시작하거나 종료하기, 화자로 하여금 지속, 반복, 정교화, 서두르기 또는 뭔가 더 재미있는 것에 대해 말하라는 의미 전달하기, 청자에게 말할 기회 제공하기 등의 기능을 담당할 것이다(Ekman & Friesen, 1969). 엠블럼과 마찬가지로 조정적 표시는 문화적으로 구속되는 경향이 있다(Hetzroni & Harris, 1996). 북아메리카에서 머리를 끄덕이거나 눈짓을 하는 것은 대부분의 사람에게 있어서 차례 주고받기(turn-taking)의 기능을 하는 가장 흔한 조정적 표시다. 예를 들면, 어떤 사람이 상호작용을 마치기 원할 경우 눈맞춤이 현저하게 줄어드는 반면, 눈을 크게 뜨고 응시하면서 고개를 끄덕이는 것은 화자로 하여금 말을 계속하라는 의미일 수 있다. 예시적 표시와 마찬가지로 조정적 표시는 타인의 상호작용을 보면서 배우게 되는 것으로 생각되기는 하지만, 예시적 표시와는 달리 대부분 무의식적으로 표현된다. 그렇지만 우리는 상호작용을 하는 동안 사람들이 보여 주는 이러한 행동을 대부분 알아차린다.

제스처의 마지막 범주인 적응적 표시(adaptors)는 개인이 혼자 있을 때 주로 사용하는 학습된 행동이다. 적응적 표시는 의도적으로 사용되지 않는다. 그럼에도 불구하고 이는 정서적 반응, 특히 일종의 불안감과 결합된 반응을 표현하는 구어적 상호작용에 의해 촉발될 수 있다(Knapp, 1980). 적응적 표시는 자기(self) 중심, 사물(object) 중심, 변화(alter) 중심의 세 유형으로 나눌 수 있다. 자기 중심 적응적 표시(self-adaptors)는 자신의 신체를 잡거나 문지르거나 긁거나 꼬집는 행동을 말한다. 사람들은 종종 의식적인 노력이나 의사소통을 위한 특별한 의도 없이 자기 중심 적응적 표시를 사용하는데, 이러한 행동에는 타인에 의한 외적 피드백이 거의 주어지지 않는다. 사실 타인은 이러한 표현을 거의 기대하지 않는다. 스트레스를 받을 때 자신의 코를 문지르거나 슬픔을 느낄 때 눈가 주변을 훔치는 행위는 자기 중심 적응적 표시의 예다. 사물 중심 적응적 표시(object adaptors)는 사물 조작과 관련이 있으며 주로 인생의 후반기에 학습되는데, 이와 관련된 사회적 낙인 효과(social stigma)는 심하지 않다. 종종 이러한 제스처를 사용하는 사람들은 제스처를 인식하고 그것을 통해 메시지를 전하고자 할 것이다. 불안할 때 담배를 피우는 대신 연필을 씹는 것은 사물 중심 적응적 표시의 한 예다. 변화 중심 적응적 표시(alter adaptors)는 주고받기나 해로운 것으로부터 자신을 보호하는 것과 같이 대인 관계의 경험과 더불어 삶의 초기에 학습되는 것으로 여겨진다. 에크먼(Ekman, 1976)은 적응 가능성에 따라 이들 행동을 구분하였다. 예를 들면, 신체적으로 학대를 받아 온 아이는 갑작스러운 성인의 접근에 대한 보호 동작으로 자신의 얼굴을 두 손으로 가리거나 몸을 움츠리는 반응을 보일 수 있다. 삶의 후반기에는 이러한 변화 중심 적응적 표시가 낯선 사람이 접근하면 몸 쪽으로 손을 살짝 움직이면서 한 발짝 뒤로 물러서는 행동으로 나타날 수 있다. 이는 자기 보호적인 초기 행동의 변형이다.

> 다음은 문화에 따른 비언어적 의사소통의 차이를 인정하는 AAC 평가 시 제기되는 몇 가지 질문들이다.
> - 상대방의 말을 듣고 있는 동안 눈을 맞추어야만 하는가? 말을 할 때는? 어린아이의 경우에는? 성인의 경우에는? 눈맞춤(또는 눈맞춤 회피)이 사회적 중요성을 갖는가? 즉, 공경의 표시인가? 무례의 표시인가? 불성실의 표현인가?
> - 접촉이나 손잡기가 사회적 규범인가? 성별의 차이가 존재하는가? 개인적 공간과 관련된 사회적 규범은 무엇인가? 특별한 신체 부위를 드러내는 것은 어떤가?
> - 듣는 이들에게 침묵이 요구되는가? 공부를 할 때는 침묵해야 하는가? 침묵이 공경의 표시인가? 관심의 부족을 의미하는가? 웃음이 의사소통의 책략인가?
> - 제스처가 수용되는가? 제스처가 의미하는 바는 무엇인가?

- 어떤 형태의 비언어적 단서들이 의사소통에 사용되는가? 의사소통의 시작과 종료를 위해서
  는 어떤 단서가 사용되는가? 말차례 주고받기는 연속적인 것인가, 아니면 병행적인 것인
  가?(Blackstone, 1993; Hetzroni & Harris, 1996)

발성과 말

말을 하는 데 어려움을 갖는 사람들도 의사소통적인 발성(vocalization)을 종종 산
출한다. 이러한 예에는 재채기, 기침, 딸꾹질, 코골기 등의 무의식적인 소리들부터
한숨, 웃음, 울음, 신음, 고함, 트림 등의 의식적인 발성이 모두 포함될 수 있다. 이러
한 발성은 종종 신체적, 정서적 상태를 표현해 준다. 어떤 사람들은 "예"의 뜻으로
"어허(uh huh)" "아니요"의 뜻으로 "어어(uh uh)"와 같이 말을 대신하는 발성을 산
출할 수 있다. 이러한 발성들은 특이한 것일 수 있으며, 개인의 발성 레퍼토리에 익
숙한 사람들의 해석을 요할 수도 있다.

의사소통 상대들은 또한 의사소통이나 메시지 디스플레이의 전체나 일부로써 발
성과 말(speech)을 사용할 수 있을 것이다. 예를 들면, 도구 사용 여부에 상관없이 청
각적 스캐닝(auditory scanning)은 말을 이해하는 복합적인 의사소통 요구(complex
communication needs: CCNs)를 지닌 사람들과 중도 시각장애를 지닌 사람들에게 특
히 적절할 수 있다(Kovach & Kenyon, 2003). 뷰켈먼, 요크스턴과 다우든(Beukelman,
Yorkston, & Dowden, 1985)은 자동차 사고로 인해 외상성 뇌손상을 갖게 된 한 젊은
이의 청각적 스캐닝 사용을 기술하였다. 뇌손상으로 인해 그는 말을 할 수 없었으며
앞을 볼 수도 없었다. 그는 알파벳 묶음(chunk)에 상응하는 숫자들(예: 1 = abcdef,
2 = ghijkl)을 열거하여 자신의 상대와 의사소통을 하였다. 대화 상대가 그가 원하는
묶음의 숫자를 들려주면 그는 예정된 동작을 취해 숫자를 선택하였다. 숫자가 선택되
면 상대는 그가 원하는 문자를 신호할 때까지 묶음에 들어 있는 개별 문자를 들려주기
시작한다. 이러한 고된 과정은 그가 전체 메시지를 철자로 표현할 때까지 지속된다.
유사하게 셰인과 코헨(Shane & Cohen, 1981)은 의사소통 상대가 질문을 하고 AAC 의
존자가 '예' 또는 '아니요'로 대답하는 '스무고개(20 questions)' 과정을 기술하였다.
많은 음성 출력 도구와 소프트웨어 프로그램들이 이러한 기술을 활용하는데, 이때 선
택 항목은 디지털화된 말이나 합성된 말로 제시된다(Blackstone, 1994 참조).

"토니(Toni)는 한 낱말을 표현할 수 있다. 그녀는 '예'라고 말하기 위해 손을 들 수 있다. 케리(Kerry)가 "엄마, 주스 좀 주세요."라고 말하면 곧바로 토니는 큰 소란을 일으킬 것이다. 그러면 나는 토니에게 주스가 먹고 싶은지 물을 것이고, 그녀는 자신의 손을 들 것이다. 두세 달 전 우리가 저녁식사를 마칠 즈음에 케리가 "스파게티 좀 더 주세요."라고 말했다. 케리가 그 말을 하자마자 남편과 나 사이에 앉아 있던 토니가 큰 소란을 일으켰다. 내가 "스파게티 더 먹고 싶니?"라고 물었더니 그녀가 자신의 손을 쭉 뻗는 것이었다. 이제 토니는 학교 버스에서 내릴 때(또는 휠체어에서 내릴 때)나 내가 찻잔을 들어 올릴 때 소란을 떨곤 한다. 이러한 행동은 그녀가 음료수를 원하는지 물어달라고 당신에게 보내는 신호다. 토니는 자신의 목적을 성취하기 위한 방법들을 찾아가고 있는 것이다(양녀 토니의 의사소통을 묘사한 어느 어머니의 말, Biklen, 1992, p. 56).

비도구적 상징: 수화 체계

수화 체계(manual sign systems)는 대부분 청각장애인을 위해 고안되고 사용되어 왔지만, 들을 수 있는 중도 의사소통장애인들 또한 이를 사용해 왔다. 단독으로 또는 말과 함께 사용되었던 수화는 1990년 이전에는 미국(Matas, Mathy-Laikko, Beukellman, & Legresley, 1985), 영국(Kiernan, 1983; Kiernan, Reid, & Jones, 1982), 호주(Iacono & Parsons, 1986) 등지에서 자폐나 인지장애로 진단된 사람들에게 주로 사용되던 보완 의사소통 형태다. 이 접근은 또한 말 실행증(apraxia of speech) 아동의 중재에서도 사용되어 왔다(Cumley & Swanson, 1999). 그러나 학습한 수화나 구조를 자발적으로 사용하는 경우가 드물다고 주장하는 보고서들이 많을 뿐 아니라 지적장애인을 대상으로 한 통제된 실험 연구 또한 그 성과에 대해 엇갈린 결과들을 보고해 왔다(Bryen & Joyce, 1985; Goldstein, 2002).

수화 체계의 효과성에 대한 연구 결과들의 이견에도 불구하고, 수화는 복합적인 의사소통 요구를 지닌 사람들에게 계속 유용할 것으로 보인다. 로이드와 칼란(Lloyd & Karlan, 1984)은 수화 접근법이 말만을 사용하는 접근법의 적절한 대안이 될 수 있는 이유를 다음 여섯 가지로 제시하였다. ① 수화와 말이 결합될 경우 언어 입력이 단순해지고 제시 속도는 느려진다(Wilbur & Peterson, 1998). ② 말에 대한 신체적 요구와 심리적 부담이 줄고 점차적 접근(gradual approximations) 형성과 신체적 도움을 제공하는 중재자의 능력이 강화됨으로써 표현 반응이 촉진된다. ③ 기능성이 제한된 어휘일지라도 개인의 관심을 유지하면서 가르칠 수 있다. ④ 수화는 청각적 단기기억과 처리 요구를 최소화하면서 단순화된 언어 입력을 가능하게 한다. ⑤ 말방식보다 시간적 · 참조적 이점을 갖는 시각적 방식을 사용하기 때문에 자극에 대한 처리가 촉진된다. ⑥ 말로 표현되는 낱말에 비해 그 지시 대상과 시각적으로 더 유사하기 때문에 수화는 말이나 상징적 표상보다 더 큰 이점을 갖는다.

사용을 위한 고려사항

앞에서 언급한 것처럼 수화를 사용하는 언어들은 무한한 메시지를 부호화할 수 있다. 또한 몸짓언어를 동반하여 의미의 미묘한 차이를 첨가할 수 있다. 수화의 효과적인 사용과 관련된 고려사항 중에는 다음에서 간략히 논의되는 것처럼 이해 가능성(intelligibility), 동작 복잡성과 기타 고려사항, 수화와 말 또는 그 밖의 AAC 기법의 결합 등이 포함된다.

이해 가능성

버스, 상점, 여가시설 또는 기타 지역사회 환경에서 마주치게 되는 일반인들은 미국 수어(ASL)나 영어 수화(Signed English)의 대다수 손짓들을 이해할 수 없을 것이다(Lloyd & Karlan, 1984). 이러한 염려는 식당에서 음식을 주문하기 위해 수화와 그림 의사소통 상징(Picture Communication Symbols: PCS)을 사용하도록 배운 두 명의 자폐학생에 대한 연구에서 입증되었다(Rotholz, Berkowitz, & Burberry, 1989). 이 연구에 참여한 카운터 직원은 교사의 도움을 받지 않을 경우 학생들이 사용한 수화를 대부분 이해하지 못했다. 반면에 학생이 의사소통책에 있는 PCS를 사용하여 요구할 경우 학생이 원하는 바를 80~100% 이해할 수 있었다. 비록 연구에서 도출된 결론이 임시적이기는 하지만, 이 연구는 수화 체계를 모르는 일반인에게 이를 사용할 경우 이해 가능성이 제한적임을 분명하게 보여 주었다. 이 연구는 또한 다중방식 체계(예: 수화와 그림 의사소통책을 함께 사용)가 필요할 수 있음을 제안하였다.

도상성

앞에서 언급한 것처럼 도상성이 높은 수화가 배우기도 쉽고 이해하기도 쉬움을 보여 주는 연구들이 있다(Konstantareas, Oxman, & Webster, 1978; Kozleski, 1991b). 그렇지만 도상성은 수화 습득에 영향을 미치는 단일 요인은 아니다(DePaul & Yoder, 1986). 그럼에도 불구하고 초기 의사소통자들을 대상으로 단일의 기능적 수화를 가르치고자 하는 촉진자들은 도상성과 이를 통한 학습 가능성을 최대화하기 위해 몇 가지 다른 수화 체계(예: ASL, 영어 수화)에서 개별적인 어휘 항목들을 선택하는 것이 유리함을 알 것이다. 물론, 수화를 하나의 언어 체계로 가르치는 경우라면 여러 체계에서 수화를 선택해 사용하는 것은 현명하지 않다.

동작 복잡성과 기타 고려사항

수화 습득에 관한 연구들을 보면, 농(deaf) 부모를 둔 유아들이 처음으로 습득하는 수화는 일반적으로 다음과 같은 것들임을 알 수 있다. 즉, ① 양손의 접촉을 필요로 하는 것(Bonvillian & Siedlecki, 1998), ② 신호자의 몸 앞이나 턱, 입, 이마 또는 몸통을 배경으로 '중간 지점(neutral space)'에서 표현되는 것(Bonvillian & Siedlecki, 1996), ③ 숫자 5(다섯 손가락을 쫙 펴는), 알파벳 G(검지 지적하기), A(주먹), B(펼친 손바닥) 등과 같이 하나의 단순한 지문자 형태를 필요로 하는 것(Bonvillian & Siedlecki, 1998), ④ 양방향의 움직임을 요하는 것(예: 앞과 뒤, 위와 아래; Bonvillian & Siedlecki, 1998) 등이 해당된다. 일반 아동들이 이러한 특성을 지닌 수화를 가장 먼저 습득하고 가장 정확하게 표현하기 때문에, 우리는 이러한 수화들이 배우기에 '가장 쉬울' 것이라고 짐작한다.

또한 도허티(Doherty, 1985)에 따르면 같은 환경이나 시간대에는 다른 수화를 가르치는 것이 이상적이라고 한다. 일례로 점심시간에 학교 식당에서 '먹다'와 '마시다'의 수화를 함께 가르치는 것은 좋은 생각이 아닐 수 있다. 왜냐하면 이들 수화는 운동적으로나 개념적으로 유사하기 때문이다. 마지막으로 언급해야 할 가장 중요한 점은 중재를 위해 선택되어야 할 수화들은 사용자의 동기를 유발하면서도 기능적이어야 한다는 것이다. 기능성과 학습 가능성은 양립하지 않을 수 있기 때문에, 초기 교수 동안에는 이러한 요구사항을 모두 만족시키는 수화를 선택하는 것이 만만치 않은 과제다(Luftig, 1984).

수화와 말 또는 그 밖의 AAC 기법의 결합

수많은 실험연구 결과들에 의하면, 수화와 말을 결합한 중재가 이들 중 하나의 방식만을 사용한 중재보다 산출 및/또는 이해 기술의 습득 면에서 더 효과적이라고 한다(예: Barrera, Lobato-Barrera, & Sulzer-Azaroff, 1980; Brady & Smouse, 1978). 이러한 접근법은 동시적 또는 총체적 의사소통(total communication)이라 불리는데, 주로 전보식 또는 핵심 낱말 접근법 형태로 수화를 사용한다(Bonvillian & Nelson, 1978; Casey, 1978; Konstantareas, 1984; Schaeffer, 1980). 그러나 일부 사람들은 두 방식이 결합될 때 말보다는 수화에 좀 더 주의를 기울이는 경향이 있음을 인식해야 한다(Carr, Binkoff, Kologinsky, & Eddy, 1978). 게다가 총체적 의사소통의 유용성은 중재 시 대상자가 일반화된 모방 능력을 습득하였는지의 여부에 달려 있을 수 있음을 제안하는 연구 또한 존재한다(Carr & Dores, 1981; Carr, Pridal, & Dores, 1984).

말, 수화 또는 그 밖의 AAC 기법들을 결합한 중재 또한 일부 사람들에게 유용할 수 있다. 예를 들면, 이아코노와 동료들이 행한 일련의 연구에서는 두 낱말 조합의 사용을 가르칠 때 수화와 음성 출력 도구의 선화 상징을 결합한 중재가 수화만을 이용한 중재에 비해 더 이로운 것으로 나타난다(Iacono & Duncum, 1995; Iacono, Mirenda, & Beukelman, 1993; Iacono & Waring, 1996). 더욱이 어떤 상징 체계가 좋은지 분명하지 않을 경우 다중방식 체계를 사용하면 '모든 것을 망라하는(covering all the bases)' 이점이 있다(Reichle, York, & Sigafoos, 1991). 마지막으로 말 실행증 아동과 같은 일부 대상자에게는 다중방식 AAC 체계가 좋은 선택일 수 있다(Cumley & Swanson, 1999).

'수화와 다운증후군'(Let's Sign and Down Syndrome; Smith & Uttley, 2008)은 아동의 언어 및 의사소통 발달을 돕기 위해 부모와 그 밖의 사람들로 하여금 수화 사용법을 배우게 할 목적으로 영국에서 출판된 책이다. 이 책은 인터넷 서점 데프북스(DeafBooks)를 통해 구할 수 있다.

수화만을 사용하든 다른 기법과 결합하여 사용하든, 그 적절성을 판단할 때 참고할 수 있는 분명하고 실증적으로 타당한 지침은 아직까지 존재하지 않는다. 그러나 웬트(Wendt, 2009, p. 93)는 최소한 자폐범주성장애인들의 경우, "수화와 제스처에

대한 연구들을 찾아보면, 상징습득과 산출뿐 아니라 말 이해 및 산출과 같은 기타 성과들에서도 강한 중재 효과성이 나타난다고 한다." 게다가 입수 가능한 근거에 의하면, 수화는 말하고자 하는 개인의 동기를 저하시키는 것이 아니라 오히려 강화하는 것으로 보인다(Millar, Light, & Schlosser, 2006).

수화 체계의 유형

수화 체계는 실제로 다음과 같은 세 가지 주요 유형을 말한다. 첫째, 그 나라의 구어(spoken language)를 대신하는 체계, 둘째, 구어와 유사한 체계(예: 영어식 수화(manually coded English), 셋째, 구어를 전달하는 다른 수단과 상호작용하거나 이를 보완하는 체계(예: 지문자, fingerspelling). 지금부터 우리는 북아메리카에서 주로 사용되는 수화 체계들을 특히 AAC 중재에 적용할 수 있는가와 관련하여 고찰하고자 한다.

전국 수어

대다수 나라에서 전국 수어(National Sign Language)는 농 사회에 의해 사용되면서 발전해 왔다. 미국과 캐나다 대부분 지방의 농 사회에서는 대면 상호작용을 위해 미국 수어(American Sign Language: ASL)가 사용된다. 캐나다 퀘벡 지방의 농인들은 이와는 매우 다른 체계인 퀘백 수어(Langue des Signed Québécoises: LSQ)를 사용한다.

ASL은 영어뿐 아니라 다른 나라의 수어와도 전혀 관련이 없다. 마찬가지로 중국, 프랑스, 영국, 일본, 노르웨이, 스웨덴과 그 외 많은 나라의 농 사회는 각자 그들 나름의 언어를 지니고 있다. 그러나 미국 내 청각장애 교사 중 소수만이 학생들에게

ASL 비디오 사전과 활용 가이드(ASL Video Dictionary and Inflection Guide)는 미국 농 기술 연구소(National Technical Institute for the Deaf)를 통해 얻을 수 있다. 2천7백 개의 ASL과 영어 대역어를 제공하고 있으며, 2천 개의 수화는 의미의 변화를 보여 주기 위해 해당 수화가 어떻게 달라지는지를 묘사해 주는 650개의 문장 중 적어도 하나와 연결되어 있다. 모든 수화는 고화질의 영상으로 실제 농 수화자에 의해 시연된다. 유사하게, 크라운 수어번역기(Krown Sign Language Translator)는 휴대용 단말기(PDA) 크기의 도구로 글자를 타자하면 접속할 수 있는 3,500개 이상의 수화 동영상을 포함하고 있다. 이 도구는 크라운제조사(Krown Manufacturing, Inc.)를 통해 입수할 수 있다.

ASL을 사용하는 것으로 나타난다. 따라서 ASL은 농 사회의 두드러진 언어임에도 불구하고 교육적인 언어는 아니다(Hoffmeister, 1990). ASL은 영어의 어순을 따르지 않으며 비슷하지도 않기 때문에 말과 동시에 사용되지 않는다.

영어식 수화

북아메리카에서는 영어의 어순과 구문 및 문법에 맞게 표현되는 여러 수화 체계가 청각장애와 그 밖의 의사소통장애인들을 교육할 목적으로 개발되어 왔다. 우리는 이들 체계를 농 사회에서 흔히 사용되는 영어식 수화(manually coded English: MCE)라는 용어를 사용해 언급할 것이다(Stedt & Moores, 1990).

북아메리카, 영국, 호주 및 뉴질랜드에서 가장 많이 사용되는 MCE 체계는 콘택트사인[ContactSign, 때때로 피진(Pidgin) 영어 수화로 불림]으로 지역 농사회의 수어와 영어를 혼합한 것이다. 콘택트사인은 아마도 들을 수 있는 사람들이 사용할 경우에는 'ASL 같은 영어', 청각장애인이 사용할 경우에는 '영어 같은 ASL'로 묘사하는 것이 아마도 가장 적절할 것이다(Woodward, 1990). 콘택트사인은 주로 말이나 영어 단어를 입 모양만으로 표현하는 방법을 결합하는 총체적 의사소통을 이용하는 청각장애 학생들을 교육할 때 광범위하게 사용된다.

콘택트사인은 숙련된 농 수화자와 일반인 수화자들 간 상호작용을 통해 여러 버전이 개발되어 왔다. 그중 가장 많이 사용되는 것은 개념적으로 정확한 영어식 수화(Conceptually Accurate Signed English)인데, 영문법 어순에 따라 ASL 수화나 지화 등을 결합한 것이다. 또 다른 버전은 핵심 낱말 수화(key-word signing: KWS; Grove & Walker, 1990; Windsor & Fristoe, 1989)인데, 기본적인 명사 및 동사, 전치사, 형용사

미국 수어 손 모양 사전(The American Sign Language Handshape Dictionary)은 40개의 기본적인 손 모양으로 표현된 1,900개 이상의 ASL 수화로 구성되어 있으며 자세한 설명과 DVD가 포함되어 있다(Tennant & Gluszak Brown, 2010). 최신 수화(Signs of the Times; Shroyer, 2011)는 단원마다 명확한 그림, 단어와 동의어, 어휘가 사용되는 맥락을 보여 주기 위한 문장, 수화 사용을 강화하기 위한 연습 문장 등이 포함되어 있다. 단원에 딸린 영어 주석은 총 3,500개로, 이를 표현해 주는 1,300개의 ASL 수화가 책에 수록되어 있다. 이들 두 책은 모두 갤로뎃 대학교 출판사(Gallaudet University Press)에서 입수할 수 있다.

및 부사와 같이 문장에서 중요한 낱말 수화를 구어와 동시에 사용한다. 따라서 "가서 컵을 가져다가 탁자 위에 놓아라(Go get the cup and put it on the table)."의 메시지는 전체 문장을 말하면서 갖다(get), 컵(cup), 놓다(put), 위(on), 탁자(table)의 수화로 표현될 수 있다.

또 다른 MCE 체계로는 영어 수화(Signed English, Bornstein, 1990)와 완전영어 수화(Signing Exact English; Gustason & Zawolkow, 1993)를 예로 들 수 있다. 영어 수화는 자폐아동을 대상으로 성공적으로 사용되었음을 보고한 최초의 수화 체계이다(Creedon, 1973). 완전영어 수화는 영어 수화보다 운동상으로나 언어적으로 더 복잡해서 청각장애가 아닌 이유로 CCN을 갖게 된 사람들에게는 덜 유용할 것이다. 북아메리카에서는 이들 두 체계 모두 널리 사용되지 않는다.

부모, 교사 및 그 밖의 사람들을 위한 논문, 이야기책, DVD, 도해사전, 플래시카드, 노래, 포스터 및 웹 등 완전영어 수화(SEE) 지원 자료들은 농아 발달(Advancement of Deaf Children) SEE 센터와 현대수화출판사(Modern Signs Press)를 통해 구할 수 있다.

촉각 수화

촉각 수화(tactile signing)는 맹이 되기 전에 수화에 대한 지식을 습득한 농맹인이 주로 사용한다(Reed, Delhorne, Durlach, & Fischer, 1990). 이 방법은 농맹인이 수화자의 우세한 손 위에 자신의 한 손이나 두 손을 올려놓고 소극적으로 그 움직임을 추적하는 것이다. 따라서 수화의 다양한 형태적 속성이 농맹인에 의해 촉각적으로 이해되며, 이에 대한 반응은 전통적인 수화를 사용하여 표현된다. 촉각 수화는 ASL이나 MCE 체계와 결합해 사용할 수 있다. 연구자들에 의하면 경험이 있는 사람들의 경우 대략 초당 1.5개의 수화를 촉각적으로 이해할 수 있다고 한다. 이는 초당 2.5개의 수화를 시각적으로 이해하는 일반인의 수화처리 비율에 비추어 볼 때 크게 뒤지지 않는 수준이다(Bellugi & Fischer, 1972; Reed, Delhorne, Durlach, & Fischer, 1995).

우리는 의사소통이 재미있는 것임을 이해하도록 아동을 도울 수 있는 다양한 방법들을 찾아내야 한다. 의사소통은 단지 말뿐이 아니라 제스처를 사용해서, 그림을 사용해서, 접촉이나 알파벳 또는 포인팅을 사용해서, 기본적으로 더 쉬운 방법을 사용해서 아동 자신이 필요한 것들을 실현시키도록 이끌 수 있다(인도 출신 AAC 전문가의 말, Srinivasan, Mathew, & Lloyd, 2011, p. 204).

도구적 상징: 유형 상징

롤런드와 슈바이거트(Rowland & Schweigert, 1989, 2000a)는 영구적이고, 간단한 움직임으로 조작할 수 있으며, 촉각을 통해 구분할 수 있을 뿐 아니라 도상성이 높은 2~3차원의 도구적 상징을 지칭하기 위해 유형 상징(tangible symbol)이라는 용어를 만들어 냈다. 그러나 우리는 유형의 속성들(예: 형태, 촉감, 견고성)에 따라 구분될 수 있는 상징을 지칭하는 좀 더 제한적인 의미로 이 용어를 사용하고자 한다. 따라서 우리는 이 범주에 2차원적인(즉, 그림으로 나타낸) 상징들을 포함시키지 않는다. 일반적으로 유형 상징은 시각장애나 이중감각장애 및 중도 인지장애인들이 주로 사용하지만 그 밖의 장애인들에게도 적절할 수 있다(예: 시각장애 아동의 초기 의사소통 상징; Chen, 1999참조). 이 장에서는 실제 사물, 축소형 사물, 부분 사물, 인위적으로 연관되고 촉감이 부여된 상징 등을 논의한다.

실제 사물

실제 사물(real objects) 상징은 그 지시 대상과 동일 또는 유사하거나 연관될 수 있는 것들이다. 예를 들면, 이를 닦아요(brush your teeth)와 동일한 상징은 자신의 칫솔과 똑같은 색깔과 모양의 칫솔일 수 있다. 유사한 상징은 색깔과 모양이 다른 칫솔인 반면, 연관된 상징은 치약 튜브나 치실 용기 등일 수 있다. 연관된 상징의 또 다른 예로는 조리대 청소하기를 나타내는 스펀지나 유아원의 음악시간을 나타내는 녹음기를 들 수 있다. 연관된 상징에는 또한 영화표 중 돌려받은 부분이나 패스트푸드점의 햄버거 포장지 등과 같은 활동 후 남은 자투리들이 포함될 수 있다.

지적장애를 지닌 많은 사람들은 동일한 사물 상징과 동일하지 않은, 즉 유사한 사물 상징을 비슷한 정확도로 일치시킬 수 있다(Mirenda & Locke, 1989). 이는 두 유형의 사물 상징 모두가 그 지시 대상에 대한 인식 가능성에 동일한 영향력을 지닐 수 있음을 제안하는 것이다. 그러나 초기 의사소통자에게 이러한 가정을 적용할 경우에는 특히 주의할 필요가 있다. 또한 시각장애인들을 대상으로 이들이 사용할 실제 사물을 고를 때에는 개개인의 감각 입력과 관련된 요구를 고려하는 것이 중요하다. 롤런드와 슈바이거트(Rowland & Schweigert, 1989, 1990, 2000b)는 시각장애와 이중감각장애를 지닌 사람들이 실제 사물 상징을 성공적으로 사용한 많은 예를 보고하였다.

축소형 사물

축소형 사물(miniature objects)은 상황에 따라 실제 사물보다 더 실제적일 수 있으나 효과성을 최대화하기 위해서는 신중하게 선택해야 한다(Vanderheiden & Lloyd, 1986). 일례로 지적장애 학생들은 그 지시 대상보다 훨씬 작은 축소형 사물을 2차원적인 상징 유형보다 더 어려워할 수 있다(Mineo Mollica, 2003; Mirenda & Locke, 1989). 그럼에도 불구하고, 이러한 축소형 사물들은 뇌성마비(Landman & Schaeffler, 1986)와 이중 감각장애(Rowland & Schweigert, 1989, 2000b), 그리고 다양한 지적, 감각 및 운동 장애(Rowland & Schweigert, 2000b)를 지닌 사람들에게 성공적으로 사용되어 왔다.

볼 수 없는 사람들을 대상으로 축소형 사물을 사용할 때에는 크기와 더불어 촉감의 유사성을 고려하는 것 또한 매우 중요하다. 시각장애인들은 크기, 형태, 촉감 등에 따라 사물을 구분하기 때문에 축소형 플라스틱 변기와 실제 변기의 관계를 인식하지 못할 수 있다. 이러한 경우에는 변기와 연관된 실제 사물(예: 조금 남은 두루마리 화장지)을 화장실 상징으로 선택하는 것이 더 적절할 것이다.

> 시각장애인들은 손가락과 손으로 '본다'고 할 수 있다. 따라서 이들이 사용하는 유형 상징들은 그 지시 대상과 촉감이 유사하거나 관련된 것이어야 한다. 예를 들면, 이중감각장애 여성인 캐서린(Catherine)은 말을 탈 때마다 가죽으로 만든 반장갑(즉, 손가락 끝이 모두 나오는 장갑)을 낀다. 그녀는 말 타기 스케줄에 대한 유형 상징으로 집에서 그 장갑을 사용한다. 왜냐하면 그 장갑은 말 타기 활동(냄새도 마찬가지!)을 상기시켜 주기 때문이다.

부분 사물

어떤 상황에서는, 특히 그 지시 대상이 큰 경우 부분 사물(partial objects)이 유용한 상징일 수 있다. 예를 들면, 창문을 닦는 스프레이 세제 용기의 뚜껑 부분이 직업 영역의 창문 청소하기를 나타내기 위해 사용될 수 있다. 또한 그 지시 대상과 동일한 크기와 형태를 갖는 열성형(thermoform) 상징과 같이 '한두 가지 공유된 특성을 갖는 상징들'이 이 범주에 포함된다(Rowland & Schweigert, 1989, p. 229). 촉감의 유사성이 축소형 사물로 담보될 수 없다면 부분 사물의 활용이 적절한 대안일 수 있다.

인위적으로 연관되고 촉감이 부여된 상징

유형 상징은 그 지시 대상과 촉각적으로 연관될 수 있는 형태와 질감을 선택하여 고안될 수 있다. 예를 들면, 나무로 만든 사과가 식당 문에 붙어 있는 환경이라면 그와 비슷하게 생긴 사과가 점심시간을 나타내기 위해 사용될 수 있다(Rowland & Schweigert, 1989, 2000a). 인위적 상징의 하위 유형인 촉감 상징은 논리적으로나 임의적으로 그 지시 대상과 연관된다. 예를 들면, 대부분의 수영복은 스판덱스 소재로 만들어지기 때문에 스판덱스 옷감 조각은 수영복을 나타내는 논리적으로 연관된 촉감 상징이 될 수 있다. 반면에 좋아하는 간식을 나타내기 위해 사각 벨벳 조각이 임의적으로 선택될 수도 있다. 몇몇 실험연구와 사례연구는 자폐(Lund & Troha, 2008)나 심한 지적장애(Locke & Mirenda, 1988; Mathy-Laikko et al., 1989; Murray-Branch, Udvari-Solner, & Bailey, 1991; Turnell & Carter, 1994)와 더불어 하나 이상의 감각장애를 지닌 사람들이 촉감 상징을 성공적으로 사용하였음을 보여 준다.

유형 상징과 관련된 교수자료와 DVD는 디자인 투 런(Design to Learn)사를 통해 입수할 수 있다. 자폐인 대상의 유형 상징 사용을 위한 매뉴얼(Vicker, 1996)은 인디애나 자폐자료센터(Indiana Resource Center for Autism)를 통해 구할 수 있다. 유형 상징 단서(Tangible Symbol Cues) 세트는 골진 카드 위에 사물을 붙여놓은 것으로 어댑티브 디자인사(Adaptive Design Association, Inc.)를 통해 이용할 수 있다. 마지막으로 유형 상징을 제안하는 안내책자는 텍사스 농맹장애학교(Texas School for the Blind and Visually Impaired)를 통해 얻을 수 있다.

도구적 상징: 그림 상징

사진, 선화 및 추상적 상징을 포함한 많은 형태의 이차원적 상징들이 다양한 개념을 나타내기 위해 사용될 수 있다. 우리는 이러한 상징들이 지닌 상대적인 도상성과 이들 상징을 성공적으로 사용해 온 사람들에 근거하여 북아메리카에서 주로 사용되는 그림 상징 유형들을 검토하고자 한다.

사진

사물, 동사, 사람, 장소, 활동 등을 나타내기 위해 양질의 컬러나 흑백 사진이 사용될 수 있다. 사진은 카메라로 찍거나 카탈로그, 잡지, 쿠폰, 상표, 광고 전단지 등을 통해 얻을 수 있다(Mirenda, 1985). 한 실험연구에 의하면 지적장애인들은 흑백 사진보다 컬러 사진을 그 지시 대상과 더 정확하게 일치시켰다고 한다(Mirenda & Locke, 1989). 또 다른 연구에서는 지적장애인들이 선화보다는 흑백 사진을 그 지시 대상과 더 정확하게 일치시킨 것으로 나타났다(Sevcik & Romski, 1986). 딕슨(Dixon, 1981)에 따르면, 중도 장애학생들은 컬러 사진 속에 있는 사물을 잘라내어 사용했을 때, 실물과 그 사진을 더 잘 연관 짓는다고 한다. 또한 라이클과 동료들(Reichle et al., 1991)은 사진이 제시되는 상황에 따라 그것을 인식하는 개인의 능력이 달라질 수 있음을 제안하였다. 일례로 물을 주는 사진은 식물 사진 옆에 제시될 경우 더 잘 인식될 것이다.

디지털 사진이나 인쇄된 양질의 컬러 또는 흑백 사진 세트들은 다이나복스 메이어존슨사(DynaVox Mayer-Johnson), 실버라이닝 멀티미디어사(Silver Lining Multimedia, Inc,, 스피치마크 출판사(Speechmark Publishing) 등을 통해 입수할 수 있다.

선화 상징

복합적인 의사소통 요구를 지닌 사람들의 의사소통 및/또는 문해 발달을 지원하기 위해 북아메리카와 기타 지역에서 수많은 선화 상징(line-drawing symbols) 세트들이 개발되었다. 이번 절에서는 북아메리카에서 주로 사용되는 선화 상징 세트들(PCS, Widgit Symbols, Pictograms, and Blissymbols)을 논의할 것이다. 이들 세트는 [그림 3-3]에 예시되어 있다.

그림 의사소통 상징

그림 의사소통 상징(picture communication symbols: PCS)은 세계적으로 가장 많이 사용되는 선화 상징 체계다. PCS는 낱말, 구절 및 광범위한 주제를 다룬 개념들을 나

지시 대상	PCS	위짓 상징	픽토그램 상징	블리스심벌
주다				
먹다				
생각하다				
어디				
친구				
휠체어				
텔레비전				
어제				
슬프다				

[그림 3-3] PCS, 위짓 상징, 픽토그램 및 블리스심벌의 예

출처: DynaVox Mayer-Johnson LLC; www.widgit.com; http://www.pictogram.se.; www.blissymbolics.org

타내는 18,000개 이상의 그림들로 구성되어 있다. 보드메이커(Boardmaker)라는 소프트웨어 프로그램의 윈도우즈와 매킨토시 버전을 통해 흑백 또는 컬러 PCS로 구성된 의사소통 디스플레이들을 44개 언어로 제공받을 수 있다. 수많은 동사(즉, 행위 낱말) PCS가 애니메이션화되어 있으며 다양한 자료 형식으로 이용 가능하다. 최근 연구에 의하면 일부 아동들은 애니메이션화된 PCS를 더 정확하게 인식할 수 있는데, 특히 애니메이션이 더 현실적일수록 정확성이 증가했다고 한다(Mineo, Peischl, & Pennington, 2008; Jagaroo & Wilkinson, 2008). 또 다른 연구들은 같은 색깔의 PCS 상징들을 모아놓는 것이 학령 전 아동이나 다운증후군 같은 지적장애 아동들의 정확한 선택을 촉진시킬 수 있음을 제안한다(Wilkinson et al., 2006; Wilkinson, Carlin, & Thistle, 2008).

당연히, 사람들은 구체적인 명사(예: '사과')에 대한 PCS를 추상적인 명사(예: '방향')에 대한 PCS보다 더 쉽게 배우는 것으로 보이는데, 이는 적어도 뇌성마비 아동들에게 해당되는 사항이다(Hochstein, McDaniel, Nettleton, & Neufeld, 2003). 게다가 PCS는 블리스심벌(Blissymbols)보다 더 투명하고 더 쉽게 학습되는 것으로 나타난다. 이러한 결과는 지적장애 유무와 상관없이 영어를 주요 언어로 사용하는 사람들(Bloomberg et al., 1990; Huer, 2000; Mirenda & Locke, 1989; Mizuko, 1987; Mizuko & Reichle, 1989)과 모국어가 중국어나 멕시코계 스페인어인 사람들(Huer, 2000)에게 해당된다. 그러나 이러한 결과는 PCS의 도상성이 문화권이 다른 사람들에게 동일함을 의미하는 것은 아니다(Nigam, 2003). 일례로 남아프리카에서 수행된 두 연구 결과에 의하면, 아프리카어를 사용하는 6세 일반 아동과 줄루어를 사용하는 10세 일반 아동의 PCS 식별 정확성은 매우 낮게 나타난다(Basson & Alant, 2005; Haupt & Alant, 2002). 이러한 결과는 CCN을 지닌 사람들과 그 가족의 문화적-언어적 배경이 PCS나 그 밖의 상징을 사용할 때 중요하게 고려해야 할 요인임을 상기시킨다.

PCS와 관련 상품들에 대한 다양한 카탈로그는 다이나복스 메이어 존슨사를 통해 얻을 수 있다. 또한 PCS 인사말 카드, 머그잔, 티셔츠 및 기타 상품들은 기빙 그리팅스(Giving Greetings)로부터 입수할 수 있다.

위짓 상징

위짓 상징(widgit Symbols) 세트는 미국과 영국에서 지난 25년간 지속적으로 개발되어 왔으며, 지금은 4만 단어 이상의 영어 어휘를 담당하는 1만 천 개 이상의 상징으로 구성되어 있다. 위짓 상징은 기준 및 관습을 따르도록 설계되어 있으며 의사소통과 문해를 지원하기 위해 사용될 수 있다([그림 3-3] 참조).

위짓 상징을 활용하는 문해 소프트웨어 상품들은 영국에 있는 위짓 소프트웨어(Widgit Software)사를 통해 입수 가능하다. 북아메리카에서는 다이나복스 메이어존슨사가 9천 개 이상의 PCS와 8천 개 이상의 위짓 상징들을 포함하고 있는 말하는 워드 프로세서, 커뮤니케이트: 심라이터(Communicate: SymWriter) 외에 다양한 위짓 소프트웨어 상품들을 보급한다. 애플의 아이패드, 아이폰 및 아이팟의 탭 투 토크(Tap To Talk, Assistyx LLC)와 신 앤드 허드(Scene and Heard, TBox Apps)와 같은 앱들 또한 위짓 상징들을 사용한다.

픽토그램 상징

픽토그램 상징(pictogram symbols)은 캐나다에서 개발되었으며, 전경과 배경 구분의 어려움을 줄이기 위해 고안된 1,500개의 흑백 상징들로 구성되어 있다(Maharaj, 1980). 픽토그램 상징은 PCS보다는 반투명성이 낮은 반면, 블리스심벌보다는 반투명성이 높은 것으로 나타났다(Bloomberg et al., 1990). 레온하트와 마하라지(Leonhart & Maharaj, 1979)는 중도에서 최중도에 이르는 지적장애 성인들이 블리스심벌보다 픽토그램 상징을 더 빨리 배웠다고 보고하였다. 최근 연구에 의하면, 학령기 지적장애 아동들은 행위 낱말에 대한 픽토그램을 애니메이션으로 제공했을 때 고정된 상징보다 더 쉽게 인식했다고 한다(Fujisawa, Inoue, Yamana, & Hayashi, 2011)([그림 3-3] 참조).

픽토그램은 15개 언어로 사용 가능하며 스칸디나비아와 기타 북유럽 국가들(예: 아이슬란드, 라트비아, 리투아니아)에서 널리 사용된다. 2005년에 일본 경제산업성(Ministry of Economy and Industry)에서는 대중들이 사용할 수 있도록 픽토그램을 채택하였다(Fujisawa et al., 2011). 상징은 픽토그램 웹 사이트를 통해 이용할 수 있다.

블리스심벌

블리스심벌(blissymbolics)의 역사는 복잡하면서도 흥미롭다(자세한 설명은 Kates & McNaughton, 1975 참조). 일반적으로, 이 체계는 국제적인 문어 의사소통을 위한 보조언어로 개발되었다. 이 체계는 대략 100개 정도의 기본적인 상징으로 구성되어 있으며, 단일로 사용하거나 상징들을 결합해 메시지를 표현할 수 있다(Silverman, 1995). 최근의 체계는 4,500개 이상의 상징들로 구성되어 있다. 새로운 상징은 블리스심벌 의사소통 인터내셔널(Blissymbolics Communication International: BCI)에 가입되어 있는 국제위원단에 의해 주기적으로 추가된다. 블리스심벌은 33개국 이상에서 사용되고 있으며 15개국 이상의 언어로 번역되었다. 많은 연구들이 블리스심벌은 다른 선화 상징에 비해 투명성이 낮으며 배우기 어렵고 기억하기도 어려움을 보여 준다(Bloomberg et al., 1990; Huer, 2000; Hurlbut, Iwata, & Green, 1982; Mirenda & Locke, 1989; Mizuko, 1987)([그림 3-3] 참조).

블리스온라인(BlissOnline)은 영국과 스웨덴에서 회원 가입제로 운영되는 사이트다. 이 사이트는 BCI가 인정한 블리스심벌 데이터베이스와 간단한 블리스심벌 차트를 만들 수 있는 도구를 제공한다. 더 많은 정보는 BCI를 통해 얻을 수 있다.

기타 그림 체계

비록 상대적인 도상성과 학습 가능성에 대한 연구는 이루어지지 않았지만, 또 다른 일부 표상 상징 체계들이 북아메리카와 그 밖의 지역에서 널리 사용되고 있다.

그림문자 의사소통 자료   그림문자 의사소통 자료(Pictographic Communication Resources: PCRs, [그림 3-4] 참조)는 실어증 및 후천성 의사소통장애 성인들과 의사소통하는 건강 관련 전문가 및 대화 상대(예: 가족)를 돕기 위해 개발되었다. 이들 자료는 실어증을 설명하고 장애를 지닌 성인과 간호사, 사회사업가, 물리치료사, 작업치료사, 내과의사, 상담가, 성직자 및 가족 간의 상호작용을 촉진하기 위해 고안된 성인 중심 상징들을 포함하고 있다. PCRs는 토론토에 있는 실어증 연구소(Aphasia Institute)에서 구할 수 있다.

구스 의사소통 상징　구스 의사소통 상징(Gus Communication Symbols, [그림 3-5] 참조)은 기본적인 어휘 낱말뿐 아니라 오락, 스포츠, 시사 문제, 정치 및 그 밖의 일반적인 주제를 나타내는 5,500개 이상의 컬러 선화 상징들로 구성되어 있다. 아동뿐 아니라 청소년 및 성인에게도 매력적이도록 고안되었으며, 구스 의사소통 도구 주식회사(Gus Communication Devices, Inc.)의 오버보드(Overboard)라는 소프트웨어를 통해 이용할 수 있다.

픽스 포 펙스　픽스 포 펙스(Pics for PECS, [그림 3-5] 참조)는 아동뿐 아니라 청소년과 성인을 위한 어휘 낱말(예: 요가, 전동스쿠터)을 포함하고 있는 2,800개의 컬러 이미지 세트다. 이 세트는 피라미드 교육 컨설턴트(Pyramid Educational Consultants)를 통해 8개국에서 시디롬으로 이용할 수 있다.

심벌스틱스　심벌스틱스(Symbolstix, [그림 3-5] 참조)는 '자세를 통해' 표현되는 활기 넘치는 봉선화(stick figures, 머리 부분은 원, 사지와 체구는 선으로 나타낸 사람 그림-역자 주)로 활동과 사람을 묘사하는 12,000개 이상의 컬러 선화 상징을 포함하고 있다. 심벌스틱스는 아이패드, 아이팟 및 아이폰으로 사용된 최초의 의사소통 앱 프롤로큐오투고(Proloquo2Go)에서 사용하는 상징이다. 심벌스틱스는 심벌스틱스 온라인(Symbolstix Online)에 회원가입을 하면 이용할 수 있다.

이매진 상징　이매진 상징 세트(The Imagine Symbol Set, [그림 3-5] 참조)는 감정, 구

[그림 3-4] 그림문자 의사소통 자료집에 포함된 상징의 예

출처: Aphasia Institute, Toronto, Ontario, Canada; 허락하에 게재함

지시 대상	구스 의사소통 상징	픽스 포 펙스	심벌스틱스	이매진 상징
주다				
먹다				
생각하다				
어디				
친구				
휠체어				
텔레비전				
어제				
슬프다				

[그림 3-5] 구스 의사소통 상징, 픽스 포 펙스, 심벌스틱스, 이매진 상징의 예

픽스포펙스 이미지는 피라미드 교육 컨설턴트사(Pyramid Educational Consultants, Inc)의 웹 사이트(www.pecs.com)에서 찾을 수 있음. 허락하에 게재함

절, 동사, 컴퓨터 장치 등 15개 범주에 3,600개의 사실적인 컬러 삽화를 포함하고 있다. 이 상징은 성인들을 대상으로 고안되었으며 어테인먼트사(Attainment Company)에서 DVD로 구입할 수 있다.

도구적 상징: 철자 및 철자 상징

전통적인 철자는 특정 언어 체계를 전사하기 위해 사용하는 문자들(예: 영문자, 한자)을 말한다. AAC 체계에서 철자(orthography)는 단일 문자나 낱말, 음절(예: 접두사, 접미사), 주로 결합되는 문자 연속(예: ty, ck, th), 구절이나 문장 등의 형태로 사용되어 왔다. 철자 상징(orthographic symbol)이라는 용어는 점자(braille)나 지문자(fingerspelling) 등과 같이 전통적인 철자를 나타내는 도구 사용 기법을 지칭한다. 이들 상징은 메시지 축약(abbreviation)을 위해 문자를 사용하는 철자 부호(orthographic codes)와는 다르다. 철자 부호는 이 장 후반부에서 다시 논의된다.

점자

점자(braille)는 시각장애나 이중 감각장애인들이 사용하는 읽기와 쓰기를 위한 촉각 상징 체계다. 점자는 세 개의 점들이 두 수직 열을 이루는데, 하나의 낱 칸에 여섯 개의 도드라진 점들이 배열된 결합으로 구성된다([그림 3-6] 참조). 점은 위부터 아래로 왼쪽 점이 1~3번, 오른쪽 점이 4~6번에 해당한다. 점자는 문자, 낱말의 일부 또는 전체 낱말을 나타낸다. 각각의 점자는 여섯 개의 점으로 이루어진 낱 칸 내에서 규격화된 방식에 따라 표기된다.

점자를 쓰는 방법에는 두 가지가 있다. 하나는 개별 문자와 점자 낱 칸이 일대일로 대응되는 것이다. '알파벳 점자(alphabetic braille)' 또는 '완전형 점자(uncontracted braille)'라 부르는 이 방법은 모든 낱말이 철자로 표현된다. 다른 하나는 전체 낱말이나 문자 결합(예: -er, ch, -ation)을 나타내는 특별한 상징들(축약형으로 불리는)을 사용하는 것이다. '축약형 점자(contracted braille)'라 부르는 이 방법은 대부분의 교과서와 일반 서적에 사용된다. 캐나다와 미국의 점자 전사를 위한 공식적인 법칙은 『영어 점자-미국판(English Braille-American Edition)』(Braille Authority of North America, 2002)에서 찾아볼 수 있다. 인쇄가 가능한 것은 모두 점자로 표현할 수 있다. 점자 부호의 업데이트는 북아메리카 점자 관리 위원회(Braille Authority of North America)가 담당하고 있으며 최신 규칙은 웹 사이트에서 찾을 수 있다(Holbrook, D'Andrea, & Sanford, 2011 참조).

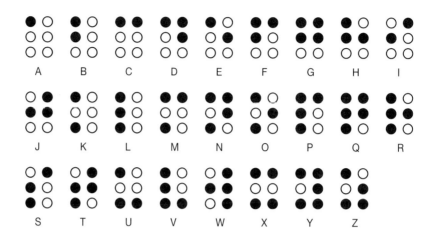

[그림 3-6] 통일된 점자 알파벳

* 검정색 동그라미는 양각된 점을 나타냄

10년 넘게, 영어 사용 국가들은 일반적인 영어 문학뿐 아니라 수학, 컴퓨터공학, 그 밖의 과학 및 공학 분야에 대한 표기법을 제공하는 단일의 통일된 영어 점자(Unified English Braille: UEB)를 개발하기 위해 국제적인 노력을 기울여 왔다. 2004년 4월, 국제영어점자위원회(International Council on English Braille)는 UEB가 완성되었음을 선언하였으며, 2006년에 발표된 UEB는 영어 점자에 대한 국제적인 표준 표기법이 되었다. 호주, 캐나다, 뉴질랜드, 나이지리아, 남아프리카 공화국 등이 이 점자를 채택했으며, 미국과 영국 또한 그 채택 여부를 고려하고 있다.

지문자(시·촉각)

ASL과 같은 수어 체계는 전통적인 수화가 없는 낱말들(즉, 고유명사)을 철자로 표현하기 위해 단일 알파벳 문자를 나타내는 지문자를 사용한다([그림 3-7] 참조). AAC에 의존하는 사람들의 문해 교수에 대한 관심은 수어의 이러한 특성에 대한 관심을 또한 이끌어 냈다. 왜냐하면 이러한 특성은 초기 수준의 독자들로 하여금 읽기와 쓰기에 필요한 음운 부호를 배우도록 돕는 잠재력을 지니고 있기 때문이다(Angermeier, Schooley, Harasymowycz, & Schlosser, 2010). 지문자로 표현된 많은 문자들이 그래픽 문자 짝과 시각적으로 유사하기 때문에 최소한 초기 교수 동안에는 이 둘을 짝지음으로써 문자와 소리의 결합 학습을 강화할 수 있다(Koehler, Lloud, & Swanson, 1994).

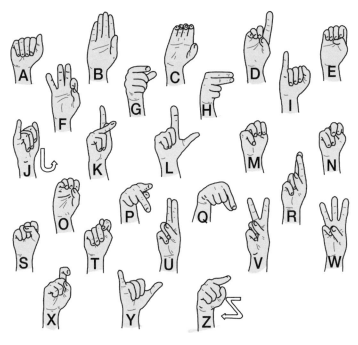

[그림 3-7] ASL 지문자

출처: William Vicars, www.lifeprint.com; 허락하에 게재함

또한 지문자의 촉각적 수용(tactile fingerspelling)은 읽고 쓰기를 할 수 있는 이중 감각장애인에 의해 주로 사용된다. 정보 수용자는 개별 문자를 신호하는 사람의 손 위에 자신의 손을 갖다 댐으로써 지문자를 통해 전달된 정보를 이해한다(Jensema, 1982; Mathy-Laikko, Ratcliff, Villarruel, & Yoder, 1987). 연구에 의하면, 숙련된 농맹인은 대략 초당 2음절의 속도(보통 말 속도의 대략 절반 정도)로 이루어지는 의사소통에서 지문자로 제시되는 대화 문장의 핵심 낱말을 촉각을 통해 80% 정도 정확히 수용할 수 있다고 한다(Reed et al., 1990).

연합상징 체계(도구적 상징과 비도구적 상징의 결합)

1980년대 북아메리카에서는 수화와 그래픽 상징을 통합하여 사용하는 공식적인 상징 체계가 대중화되었으며, 말을 못하는 사람들이 이를 사용해 왔다. 일반적으로, 이러한 체계를 사용하는 이유는 단일 AAC 기법이 효과가 있다면 더 많은 기법을 사용하는 것이 더 나을 것이라는 가정 때문이다. 이러한 연합 체계는 상징이 하나의 표준 중재 패키지에 모두 통합되어 있다는 점에서 다중방식을 사용하는 개별화된 의사소통 체계들(예: Hooper, Connell, & Flett, 1987)과는 다르다. 현재 AAC 분야에서 가장 널리 사용되는 연합상징 체계는 마카톤 어휘(Makaton Vocabulary)다.

마카톤 어휘

마카톤 어휘는 의사소통, 언어 및 문해 기술을 가르치기 위해 사용하는 구조화된 다중방식 접근의 언어 프로그램이다. 다양한 의사소통 및 학습장애 아동과 성인을 위해 고안된 마카톤은 영국에서 널리 사용된다. 이 접근은 말, 수화 및 문자 상징들을 결합한다. 핵심어휘는 8단계로 조직된 대략 450개의 개념들로 이루어져 있다. 예를 들면, 1단계는 즉각적인 요구를 충족시키며 기본적인 상호작용을 할 수 있는 개념들로 구성되어 있는 반면, 5단계는 감정과 태도뿐 아니라 일반 지역사회에서 사용할 수 있는 낱말들로 구성되어 있다. 또한 수화와 기타 상징들로 이루어진 대략 7,000여 개의 개념들을 포함하고 있는 광범위한 자료 어휘가 존재한다.

자선단체인 마카톤 채리티(Makaton Charity: MC)는 전 세계 마카톤 어휘의 사용과 개발을 감독한다. MC는 그 나라 농 사회에서 사용하는 수어와 마카톤 어휘가 일치할 것을 요구한다. 따라서 영국에서는 영국 수어(British Sign Language: BSL)가 사용되는 반면, 미국에서는 미국 수어(ASL)의 수화들이 선택된다. MC는 마카톤을 통해 문해 기술 발달을 도모하는 정보를 포함하여, 영국의 국가교육과정(British National Curriculum)의 주요 핵심 과목과 관련된 마카톤 수화와 상징들로 구성된 모음집을 출판하였다.

마카톤 어휘 프로그램은 뉴질랜드, 호주, 캐나다, 미국, 프랑스, 독일, 스페인, 포르투갈, 스위스, 노르웨이, 몰타공화국, 그리스, 터키, 쿠웨이트 및 걸프만 지역 국가들, 이집트, 스리랑카, 파키스탄, 인도, 네팔, 홍콩, 일본, 일부 아프리카 국가들을 포함한 50개국 이상에서 사용할 수 있도록 수정되어 왔다. MC는 다양한 마카톤 자료와 훈련용 자료들을 배부하고 있으며 영국과 그 밖의 나라에서 이루어지는 훈련 코스들을 조직하기도 한다.

속도 향상 기법

일반인의 대화 중 말 속도는 분당 150낱말에서 250낱말로 다양하다(Goldman-Eisler, 1986). 이러한 말 속도로 인해 우리는 동시에 구성되고 발화되는 것처럼 보이는 광범위한 메시지를 효율적으로 주고받을 수 있다. 모든 화자가 자신의 대화 순서를 놓치지 않고 다른 누군가가 발언권을 요구하기 전에 자신의 메시지를 전달하는 의사소통에서 효율성이 갖는 중요성을 인식하려면, 수다스럽고 활기찬 친구들의 모임 속에서 이루어지는 상호작용을 살펴보아야만 한다.

일반 화자들은 효율적으로 의사소통하는 것 외에도 특정 상황에 걸맞은 메시지를 구성한다. 구두로 이루어지는 상호작용에서는 메시지의 의미 중 많은 부분이 그 메시지가 제시되는 상황과 타이밍에 따라 결정될 것이다. 예를 들면, 우리는 직장에서 복도를 지나칠 때 친구나 동료에게 자주 인사말을 웅얼거린다. 이는 그렇게 대충 발음된 메시지들이 이해될 수 있는 상황이기 때문이다. 반면 친구들과 스포츠 중계를 보고 있는데 그중 하나가 갑자기 "저건 말도 안 돼!"라고 말했다고 하자. 이 말을 친구들이 듣고 공감하려면 어떤 선수가 공을 헛잡은 후 3분 이내에 시기적절한 방식으로 말이 들려져야만 한다.

불행히도, 의사소통을 위해 상징을 사용하는 많은 AAC 의존자들은 의사소통의 비효율성과 메시지 타이밍의 제한으로 인해 의사소통에서 어려움을 겪는다. AAC와 관련된 의사소통 속도는 일반인들의 말 속도에 비해 15배에서 25배 정도 느리다. 분명히 이렇듯 느린 의사소통 속도는 특히나 빠른 속도로 정보를 교환하는 데 익숙한 일반인과 의사소통하는 상황에서 이들의 상호작용을 크게 방해할 것이다(McNaughton & Bryen, 2007).

도구를 사용하는 AAC 체계 의존자의 의사소통 속도가 느려지는 요인 중 하나는 이들이 대부분 자신의 의사소통 디스플레이에서 한 번에 한 항목씩 구성 요소들(예: 그림이나 그 밖의 상징들, 알파벳, 낱말)을 선택하여 메시지를 작성한다는 데 있다. 명백히 이는 상당한 시간과 노력을 필요로 한다. 의사소통 속도를 향상시키기 위해 종종 활용되는 전략 중 하나는 AAC 체계에 완전한 낱말이나 구절 또는 문장을 저장하고, 저장된 메시지에 특정 부호를 지정해 놓는 것이다. 그렇게 되면 사람들은 단일 부호만으로 전체 메시지를 전달할 수 있다.

메시지 전달 속도(즉, 빠르거나 느린)와 메시지 특성이 말산출도구(SGDs)를 사용하는 사람들을 대하는 상인의 태도에 미치는 영향을 조사한 연구들이 있다. 메시지 특성은 '반복적인 정보', '과도한 정보', '불충분한 정보', '부분적인 정보' 등으로 구성되었다. 연구 결과, 모든 경우에서 빠른 메시지가 느린 메시지보다 더 우호적이며, 신속하고, 성공적인 반응을 이끄는 것으로 나타났다. 반복적인 메시지가 나머지 세 메시지에 비해 더 선호되는 것으로 나타났다(Hoag, Bedrosian, & McCoy, 2009).

AAC 팀은 다양한 부호화 및 재생 전략들을 개발하여 사용해 왔다. '부호화(encoding)'라는 용어는 원하는 메시지를 지정하는 신호 제공기법을 말한다(Vanderheiden & Lloyd, 1986). 어떤 부호가 제시되는가는 개인의 능력에 따라 개별적으로 결정된다. 기억에 기초한 부호를 사용할 것인지, 디스플레이 기반의 부호를 사용할 것인지 또한 개별적인 결정사항이다. 기억에 기초한 부호는 뛰어난 장기기억력을 지닌 사람에게 적절한 반면, 디스플레이 기반의 부호(즉, 시각적인 디스플레이 또는 메뉴 위에 제시되거나 큰 소리로 암송해 줌으로써 선택할 수 있게 해 주는 부호)는 양호한 시력이나 청각적 변별기술을 필요로 한다.

눈 지적(eye pointing)을 사용할 수 있는 디스플레이 중심 디스플레이는 [그림 3-8]에 제시되어 있다. 이 그림에서 CCN을 지닌 사람은 5와 2를 차례로 바라본다. 그러

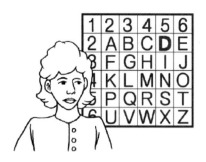

[그림 3-8] 눈 지적을 사용하는 디스플레이 기반의 숫자 부호화

면 대화 상대자는 자신의 차트를 이용하여 D를 나타내는 해당 메시지를 해독한다. 계속해서 CCN을 지닌 사람은 메시지를 철자로 표현하거나 다른 문자를 더 지적하여 알파벳 부호를 전달한다. 의사소통 속도는 AAC에 의존해 의사소통하는 사람과 대화 상대가 얼마나 효율적으로 디스플레이상의 부호나 메시지를 시각적으로 찾아낼 수 있는가에 달려 있다.

낱말 부호

몇 가지 유형의 부호가 하나의 낱말을 나타내기 위해 사용된다. 이들 유형에는 다음에서 기술되는 문자, 숫자 및 수문자(alphanumeric) 기법 등이 포함된다.

문자 부호
전형적으로 두 유형의 문자 부호가 단일 낱말을 나타내기 위해 사용된다. '절단형 부호(truncation codes)'는 처음 몇 문자만을 남겨 두고 낱말을 축약하는 것이다(예: HAMB＝hamburger, COMM＝communication). 반면에 '단축형 부호(contraction codes)'는 가장 두드러지는 문자만을 포함한다(예: HMBGR＝hamburger, COMUNCTN＝communication). 절단형 부호가 주로 더 적은 수의 문자를 갖기 때문에 구성이 쉬운 반면, 단축형 부호는 좀 더 융통성이 있다는 장점이 있다. 두 유형의 부호 모두 개인의 기억이나 디스플레이에 의존하여 활용할 수 있다.

수문자 부호
수문자 부호는 낱말을 표현하기 위해 문자와 숫자를 모두 이용하는 것이다. 예를 들면, COMM 1은 communicate, COMM 2는 communication, COMM 3은 community를 뜻할 수 있다. 이러한 예에서 볼 수 있듯이, 이 접근의 장점은 같은 문자가 숫자만을 달리하여 낱말 간에 반복적으로 사용될 수 있다는 것이다.

문자 범주 부호
낱말을 지정하기 위해 문자 범주가 사용될 때, 처음 문자는 상위 범주를 나타내고 두 번째 문자는 특정 단어의 첫 문자인 경우가 대부분이다. 예를 들면, F가 fruit이고 D가 drinks라면 FA는 사과(apple)를 의미하고, FB는 바나나(banana), DC는 커피

(coffee), DM은 우유(milk) 등을 의미한다. 이러한 부호화 기술은 사용자의 능력에 따라 기억에 의존하거나 디스플레이 기반의 체계로 사용될 수 있다.

숫자 부호화

숫자 부호만으로 낱말이나 메시지를 나타낼 수도 있다. 일례로 개인의 운동 능력 제한에 의해 의사소통 디스플레이가 상당히 작아야만 할 경우에는 숫자 부호가 사용될 수 있다. 이러한 경우에는 작은 선택 세트의 항목이 낱말이나 메시지를 구성하기 위해 다양한 방식으로 결합되는 것이 유리하다. 일반적으로 부호와 그에 해당하는 낱말 간의 관계는 완전히 임의적이다. 따라서 13이 어제(Yesterday)의 부호이거나 24가 안녕하세요(Hello)의 부호일 수 있다. 숫자 부호화를 사용하는 대부분의 체계는 부호를 디스플레이해 주며, CCN을 지닌 사람이나 대화 상대가 회상이나 해석을 위해 자신의 기억에 의존하지 않도록 선택 부분인 차트나 메뉴 위에 관련 낱말이나 메시지를 보여 준다. 이러한 옵션을 이용할 수 없다면 부호를 기억하기 위해 광범위한 학습과 교수가 필요할 것이다.

모스 부호

모스 부호(morse code)는 문자와 구두점 및 숫자를 나타내기 위해 일련의 점과 대시(dash)를 사용하는 국제적인 체계다([그림 3-9] 참조). 이 부호가 AAC에 적용될 경우에는 점과 대시가 마이크로 스위치를 경유하여 도구나 알고리즘을 통해 문자와 숫자로 번역된다.

북아메리카에서는 모스 부호 에뮬레이터(emulator)를 이지키즈(E Z Keys)(Words+, Inc.)를 포함한 수많은 의사소통 도구와 소프트웨어 제품에서 이용할 수 있다. 또한 다시 유에스비(Darci USB)(WesTest Engineering Corp.)와 같은 장치를 사용하여 컴퓨터 접근도 가능하다.

학습 가능성에 대한 연구

낱말을 나타내기 위해 사용된 다섯 가지 부호화 전략에 대한 일반 성인의 학습 곡선이 초기 AAC 연구에서 고찰되었다(Beukelman & Yorkston, 1984). 다섯 가지 전략은 ① 임의적인 숫자 부호, ② 알파벳 순서로 조직된 숫자 부호(이 부호는 알파벳 순서에 기초하여 연속적인 숫자들이 낱말에 할당된다), ③ 기억에 기초한 수문자 부호, ④ 차트 기반의 수문자 부호, ⑤ 문자 범주 부호다. 읽고 쓰기가 가능한 10명의 일반 성인이 연구에 참여(조건당 2명씩)하였으며, 이들에게 10회기 동안 200개의 부호와 관련 낱말이 소개되었다. 연구 결과, 참여자들은 논리적 패턴에 따라 낱말을 집단으로 구분 짓는 부호화 접근을 사용할 때 가장 정확하게 수행하였으며, 해당 부호를 가장 빨리 기억해 냈다. 여기서 말하는 논리적 패턴은 수문자, 알파벳 순서로 조직된 숫자, 문자 범주 및 차트 기반의 부호들이다. 연구 결과, 참여자들은 임의적인 숫자 부호를 사용할 때 가장 낮은 수행력을 보였다. 임의적인 숫자 부호와 기억에 기초한 수문자 부호의 학습 곡선은 다른 세 부호화 전략들의 학습 곡선이 보여 주는 것만큼 시간 경

A	· _		V	··· _
B	_ ···		W	· _ _
C	_ · _ ·		X	_ ·· _
D	_ ··		Y	_ · _ _
E	·		Z	_ _ ··
F	·· _ ·		1	· _ _ _ _
G	_ _ ·		2	·· _ _ _
H	····		3	··· _ _
I	··		4	···· _
J	· _ _ _		5	·····
K	_ · _		6	_ ····
L	· _ ··		7	_ _ ···
M	_ _		8	_ _ _ ··
N	_ ·		9	_ _ _ _ ·
O	_ _ _		0	_ _ _ _ _
P	· _ _ ·		period	_ · _ · _ ·
Q	_ _ · _		comma	_ _ ·· _ _
R	· _ ·		?	·· _ _ ··
S	···		error	·······
T	_		wait	· _ ···
U	·· _		end	· _ · _ ·

[그림 3-9] 모스 부호

과에 따른 향상을 보여 주지 못하였다.

또한 ① 절단형 부호, ② 단축형 부호, ③ 임의적 문자 부호의 세 가지 단일 낱말 부호화 기술이 고찰되었다(Angelo, 1987). 이 연구에는 66명의 일반인이 참여했으며, 열 번의 시도 동안 20개의 낱말을 배우도록 계획되었다. 연구 결과, 참여자들은 절단형 부호를 가장 정확하게 기억했으며, 그다음으로 단축형 부호를, 마지막으로 임의적 문자 부호를 기억하였다.

CCN을 지닌 사람들을 대상으로 모스 부호에 대한 학습 가능성을 고찰한 연구는 드물다. 그러나 예외적으로 분당 25~30낱말 속도로 모스 부호를 사용하여 쓰기를 하는 척수 손상 남자에 대한 사례연구를 찾아볼 수 있다. 그는 2주 만에 불기와 빨기(sip-and-puff) 스위치를 사용하여 기본적인 모스 부호 표현법을 배웠으며, 대략 2개월이 되자 이 체계를 사용하는 데 능숙해졌다(Beukelman, Yorkston, & Dowden, 1985). 셰이와 루오(Hsieh & Luo, 1999) 또한 영어를 2학년 수준(타이완 기준)으로 읽을 수 있는 14세 뇌성마비 타이완 학생의 모스 부호 학습에 대해 기술하였다. 이 학생은 4주 동안 대략 90%의 정확도로 영어 낱말을 타자할 수 있었다. 2008년과 2009년, 타이완의 연구자들은 2개월의 훈련을 받은 뇌성마비 또는 척수손상 청소년과 성인들이 인터넷과 전화를 통한 의사소통을 위해 모스 부호를 성공적으로 사용했다고 보고하였다(Yang, Huang, Chuang, & Yang, 2008; Yang, Cheng, Chuang, & Yang, 2009). 이러한 결과는 모스 부호에 능숙해지려면 1~2개월 동안 지속적으로 사용하는 것이 필요함을 보여 준다.

메시지 부호

낱말 부호화에 사용되는 많은 전략이 메시지를 위해서도 사용될 수 있다. 지금부터 우리는 다양한 메시지 부호화 옵션과 사용자의 학습 요구와 관련된 연구에 대해 논의한다.

문자 부호화

메시지 부호화를 위한 알파벳 문자들이 다양한 AAC 체계에서 사용된다. 이들 부호는 주로 기억에 기초를 두며 각각의 부호와 그 지시 대상을 기억하는 데 도움이 되는 다양한 전략들을 통합한다. '두드러진 문자 부호화(salient letter encoding)'에서는 메시지에 포함된 두드러진 내용어(content words)의 첫 글자가 부호 구성에 사용된다.

예를 들면, 문 좀 열어 주시겠어요(Please open the door for me)라는 메시지는 주요 낱말인 문을 열다(open door)의 첫 글자 OD로 부호화될 수 있다. 이 기법에서는 부호와 메시지의 맞춤법을 논리적으로 연결시키고자 한다. 두드러진 문자 부호화에 요구되는 능력과 관련하여 자세히 연구된 바는 없지만, 전통적인 맞춤법과 적어도 낱말의 첫 글자를 철자하는 능력이 필요하다는 것은 어느 정도 당연한 것으로 보인다. 또한 이 기법은 가장 두드러지는 항목의 일반적인 어순에 따라 부호가 결정될 경우 정확한 구문 형태로 메시지를 기억할 수 있는 사람들에게 아마도 가장 효과적일 것이다.

메시지를 위해 '문자 범주 부호화(letter-category encoding)'가 사용될 경우 부호의 첫 글자는 메시지를 범주화하는 조직적 구조에 따라 결정된다. 예를 들면, 안녕하세요, 잘 지내셨어요?(Hello, how are you?), 만나서 반갑습니다(It's nice to see you), 나중에 봅시다(See you later), 이제 가봐야겠습니다(Good-bye for now) 등의 메시지는 인사말(greetings)이라는 범주로 분류할 수 있다. 따라서 이들 메시지를 위한 부호의 첫 글자는 그 범주를 나타내는 문자 G일 수 있다. 부호의 두 번째 문자는 그 범주 내의 명시자(specifier)일 수 있는데, 이는 메시지의 특정 내용에 기초할 수 있다. 따라서 안녕하세요, 잘 지내셨어요?(Hello, how are you?)라는 메시지는 GH(hello의 h)일 수 있으며, 오늘 다시 만나서 반갑습니다(It's nice to see you)라는 메시지는 GN(nice의 n)으로 부호화할 수 있다.

수문자 부호화

수문자 메시지 부호화는 문자와 숫자를 모두 활용한다. 일반적으로 부호의 문자 부분은 인사말(greetings)의 G, 교통수단(transportation)의 T, 음식(food)의 F와 같이 메시지의 범주를 나타낸다. 숫자는 그 범주에 포함된 개별 메시지를 명시하기 위해 임의적으로 사용된다. 따라서 G1은 안녕하세요, 잘 지내셨어요?(Hello, how are you?), G2는 참 오랜만이네요(I haven't seen you in a long time!) 등을 나타낼 수 있다. 일반적으로 이러한 유형의 부호가 사용될 때는 기억에 기초한 전략과 차트에 기반한 전략을 결합하는 것이 바람직하다.

숫자 부호화

앞에서 언급한 대로 숫자 부호는 낱말뿐 아니라 메시지를 나타내기 위해 사용될 수 있다. 메시지에 사용될 경우에는 종종 부호를 범주별로 조직하기 위해 특정한 체계를 적용한다. 일례로 에드거(Edgar)는 첫 번째 숫자에 따라 조직된 다수의 숫자 부호 레퍼토리를 사용하는 중복장애 남성이다. 그가 사용하는 3으로 시작하는 부호는 바람과 요구에 관한 것이고, 6으로 시작하는 부호는 사람에 관한 것이다. 또한 8로 시작하는 부호는 드물게 사용되는데, 이는 사용된 부호가 네 글자로 이루어진 낱말이거나 비꼬는 말들이기 때문이다. 대화 상대의 도움을 받는 청각적 스캐닝을 사용하여 크리스는 커피 한 잔 주세요(Get me a cup of coffee, 326), 엄마에게 전화해서 저랑 통화 좀 하자고 전해 주실래요(Can you phone my mom and tell her to get in touch with me?, 611), 입 닥쳐(Eat my socks!, 825)와 같은 메시지를 전하기 위해 길게는 3개의 숫자까지 선택한다. 크리스는 수년 동안 900개가 넘는 부호를 기억해 왔다. 하지만 그의 의사소통 상대는 메시지를 해석하기 위해 부호책을 찾아보아야 한다. 참조할 수 있는 부호책이 없을 경우, 이러한 체계는 분명히 사용자의 양호한 기억력을 필요로 할 것이다.

도상적 부호화

베이커(Baker, 1982, 1986)는 의미적 압축(semantic compaction) 또는 민스피크(Minspeak)라 부르는 도상적 부호화 기법(iconic encoding technique)을 제안하였다. 이 체계에서는 이러한 기법을 통합하기 위해 만들어진 SGDs 중 하나에 낱말, 구절 또는 문장 메시지를 저장하기 위한 일련의 아이콘들(즉, 그림 상징들)이 결합된다. 이러한 부호화에 사용되는 아이콘들은 풍부한 의미적 결합에 대비하여 신중하게 선택된다.

도상적 부호화를 사용할 경우 사과 아이콘은 음식, 과일, 간식, 빨간색 및 둥글다의 의미와 결합될 수 있다. 해 아이콘은 날씨, 노란색, 뜨겁다, 여름 및 정오 등의 개념을 나타내기 위해 사용될 수 있다. 시계 아이콘은 시간, 숫자 및 일일 스케줄 등을 나타낼 수 있다. 이러한 세 개의 아이콘을 사용하여 구성할 수 있는 부호의 몇 가지 예가 [그림 3-10]에 나와 있다. 그림에서 볼 수 있듯이, 바비큐 먹자(Let's have a barbecue)라는 메시지는 사과 아이콘(음식)과 해 아이콘(여름)으로 부호화할 수 있다. 또는 사과 아이콘이 시계 아이콘과 결합되어 간식 먹을 시간이다(It's time to have a snack)를 부호화할 수 있다. 또한 해 아이콘이 시계 아이콘과 결합될 경우에는 일광욕할 시간이다(It's time to catch some rays!)를 뜻할 수 있다. 이러한 아이콘의 연속과 해당 메시지들은 CCN을 지닌 사람이 메시지를 합성된 말로 산출하기 위해 활성화하는 SGD에 저장된다. 도상적 부호화를 사용할 때에는 재생을 촉진하기 위해 활동, 주제, 장소 또는 기

사과 아이콘   = 음식, 과일, 빨간색, 둥글다 등

해 아이콘   = 날씨, 노란색, 뜨겁다, 여름, 정오 등

시계 아이콘   = 시간, 숫자, 일일 스케줄 등

부호와 의미 부여의 근거

= 바비큐 먹자. (여름에 먹는 음식)

= 간식 먹자. (과일-간식-시간)

= 이 음식 좀 데워 주세요. (뜨거운 음식)

= 일광욕할 시간이다. (해가 떠 있는 시간)

= 일기예보가 몇 시에 있지요? (날씨를 알려 주는 시간)

= 몇 시에 식사할까요? (음식 먹는 시간)

[그림 3-10] 도상적 부호의 예

출처: 그림 의사소통 상징(PCS), DynaVox Mayer-Johnson LLC.의 허락하에 게재함

타 범주에 따라 메시지를 의미적으로 조직할 수 있다. SGD에서 이용할 수 있는 아이콘 예측 불빛들이 재생을 촉진하는 것처럼, 의미적인 아이콘의 결합도 메시지 재생을 돕는다(Beck, Thompson, & Clay, 2000).

유니티(Unity)는 민스피크 애플리케이션 프로그램(Minspeak Application Program: MAP)으로 대다수 영어 사용 국가들에서 널리 사용되고 있다. 영어 외에도 다양한 언어(예: 독일어, 스페인어, 네덜란드어, 프랑스어, 덴마크어, 스웨덴어)로 이용할 수 있다. 민스피크, 의미적 압축, MAP 등에 대한 더 많은 정보는 민스피크 웹 사이트에서 찾을 수 있다.

색깔 부호화
메시지를 부호화하기 위해 색깔들이 활용되어 왔는데, 주로 숫자나 상징 같은 명시자(specifiers)와 결합하여 사용된다. 특히 색깔 부호화(color encoding)는 눈 지적을 사용하는 의사소통 체계의 메시지를 구성하기 위해 사용되어 왔다(Goossens' & Crain, 1986a, 1986b, 1987). 특정 알파벳 문자를 포함하고 있으며, 정해진 위치에 놓여 있는 여덟 가지 색깔의 네모로 구성된 응시(eye-gaze) 디스플레이를 상상해 보라([그림 3-11] 참조). 이 디스플레이를 사용하는 사람은 대화 상대용 해설집에 나와 있는 다양한 메시지에 해당하는 일련의 색깔과 문자 부호를 지니고 있을 것이다. 예를 들면, 음악 틀어 주세요(Turn on the music)라는 메시지는 파란색 M, 발 좀 긁어 주세요(Can you scratch my foot?)라는 메시지는 초록색 F로 상징화될 수 있다. 최초의 메시지 선택을 위해 AAC 의사소통자는 디스플레이의 파란 네모를 먼저 본 다음 눈을 다시 문자 M으로 옮길 것이다. 그러면 의사소통 상대는 해설집에 있는 파란색 M에 해당하는 메시지를 찾아 요구된 행동을 수행할 것이다.

색깔 부호화는 의사소통책이나 전자 디스플레이 같은 다른 접근기법과 함께 흔히 사용된다. 예를 들면, 사람과 관련된 모든 상징은 바탕이 노란색일 수 있으며, 음식 관련 상징은 초록색, 동사 상징은 파란색일 수 있다. 그러나 이러한 실제는 2009년 2~5세 일반아동을 대상으로 이루어진 한 연구에 의해 의문이 제기되었다. 컬러 바

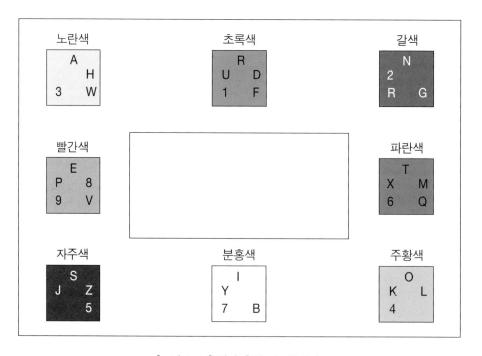

[그림 3-11] 컬러 응시 디스플레이

탕에 배열된 흑백 선화 상징이 흰 바탕에 배열된 컬러 선화 상징보다 인식 속도가 더 느리게 나타난 것이다(Thistle & Wilkinson, 2009). 이 연구는 배경으로 색깔을 사용하는 일반적인 실제는 일부 아동들의 상징 학습을 방해할 수 있음을 제안하였다.

학습 가능성에 대한 연구

아동과 성인 모두를 대상으로 다양한 시간의 훈련을 제공한 후 메시지 부호화 기술의 학습 가능성을 비교한 연구들이 수행되어 왔다. 일반적으로 관련 연구들은 다음과 같은 결과를 제시하고 있다. ① 훈련 양에 상관없이 수행 정확도는 문자 부호와 두드러진 문자 부호에서 가장 높고 도상적 부호에서 가장 낮았다(Light & Lindsay, 1992; Light, Lindsay, Siegel, & Parnes, 1990), ② 부호화 기법과 상관없이, 구체적인 메시지(예: 명사나 간단한 요구)가 추상적인 메시지(예: 동사나 "난 동의하지 않아요" 와 같은 일반적인 메시지)보다 배우기 더 쉬웠다(Beck & Fritz, 1998; Light, Drager, McCarthy, et al., 2004), ③ 개인적인 부호(즉, 연구자나 치료사가 아닌 CCN을 지닌 사람 자신이 선택한 부호)는 그렇지 않은 부호에 비해 명백한 학습 이점을 보이지 않았다(Light & Lindsay, 1992), ④ 일부 사람들에게는 긴 도상적 부호가 짧은 도상적 부호에 비해 배우기가 더 어려운 것으로 나타났다(Beck & Fritz, 1998).

도상적 부호화와 관련된 학습 이슈들은 특히 광범위하다. 라이트, 드래거, 맥카시와 동료들(Light, Drager, McCarthy, & colleagues, 2004)은 자신들의 연구에서 발견된 도상적 부호화에 대한 학습 속도와 관련하여 1,000개의 어휘를 학습할 경우, 4세 아동들은 1,000번, 5세 아동들은 400~500번 정도의 학습 회기를 필요로 한다는 사실을 알게 되었다. 그렇다고 해서 도상적 부호화가 유용한 기술이 아니라는 것은 아니다. 다만, 습득의 초기 단계에서는 특히 학습시간과 사용자의 인지적 부담이 상당히 요구된다는 것이다. AAC 팀은 특정 부호화 기술을 누구에게, 언제 사용해야 할지를 결정할 때 이러한 이슈들을 인식하고 신중을 기해야 한다.

문자, 낱말 및 메시지 예측

부호화 전략 외에 의사소통의 속도를 향상시키기 위해 메시지 예측(message prediction)을 또한 이용할 수 있다. 예측은 이미 구성된 메시지 부분에 기초하여 CCN

을 지닌 사람에게 제공되는 옵션이 달라지는 역동적인 메시지 재생 과정이다. 예측 알고리즘은 단일 문자, 낱말, 구·문장의 세 가지 수준 중 하나 이상으로 드러난다.

단일 문자 예측

철자, 즉 문자 상징으로 제시될 수 있는 거의 모든 언어에서 알파벳의 개별 문자들이 모두 동일한 발생 가능성을 갖는 것은 아니다. 어떤 문자는 다른 문자에 비해 더 자주 눈에 띈다. 예를 들면, 영어에서는 e, t, a, o, i, n, s, r, h가 가장 자주 눈에 띄며, z, q, u, x, k, c는 눈에 가장 덜 띈다[〈행운의 수레바퀴(Wheel of Fortune)〉라는 TV 프로그램을 자주 보는 사람은 잘 알 것이다.]. 더욱이 철자 언어(orthographic language)는 낱말 내 문자의 발생 가능성이 이전 문자에 의해 영향을 받도록 구성되어 있다. 영어에서 가장 분명한 예로는 q 문자 뒤에 거의 항상 따라오는 u를 들 수 있다. 어떤 문자 결합은 다른 결합에 비해 더 자주 눈에 띈다. 예를 들면, ch-, -ed, tr-, str-과 -tion은 영어에서 빈번한 문자 결합인 반면, sz, jq, wx는 결합될 확률이 거의 없다.

어떤 문자가 활성화되면 다음에 올 수 있는 문자들의 메뉴가 역동적인 디스플레이 위에 제시될 수 있도록, 일부 전자적 AAC 문자 예측 체계들은 이러한 문자 결합의 발생 가능성에 의존한다. 전체적인 문자 디스플레이는 온전히 유지하면서도 도구의 상단이나 하단에 문자 예측을 위한 부가적이고 역동적인 열이 제시된다. 또 다른 문자 예측기법은 각각의 키가 몇 개의 문자와 결합되는(예: 2=abc, 3=def) 요즘 전화기에서 사용하는 것과 같은 '모호한 키보드(ambiguous keyboard)'의 사용이다. 각 키의 가능한 문자 중에서 사용자가 실제로 의도한 문자를 컴퓨터가 예측할 수 있도록 비중의성 알고리즘(disambiguation algorithm)이 사용된다(Judge & Landeryou, 2007). 이 분야의 연구는 아홉 개의 키 배치를 통해 키보드 배열이 최대한으로 활용된다면 키스트로크(keystroke)의 효율성이 91%까지 성취될 수 있음을 보여 준다(Lesher, Moulton, & Higginbotham, 1998a; Arnott & Javed, 1992; Levine, Goodenough-Trepagnier, Getschow, & Minneman, 1987). 단일 스위치 스캐닝의 경우, 문자 예측과 함께 최적의 배열을 활용하면 단순한 알파벳 매트릭스에 비해 대략 37~53% 정도의 스위치 절약을 가져올 수 있다. 이는 결국 텍스트 산출 속도의 실질적인 향상을 가져 온다(Lesher, Mouton, & Higginbotham, 1998b). 이 중요한 분야의 연구는 AAC-RERC (Rehabilitation Engineering Research Center-Augmentative and Alternative Communication)를 통해 지속되고 있다.

낱말 예측

낱말 수준에서 이루어질 수 있는 기본적인 예측 전략은 낱말 예측, 낱말 패턴 예측, 언어학적 예측 등을 들 수 있다. 지금부터 이들 세 유형의 전략을 논의한다.

가장 단순한 형태의 전자적 '낱말 예측(word prediction)'은 사용자가 키를 두드리면 그에 대한 반응으로 가장 그럴듯한 일련의 낱말들(예: 사용 빈도수에 따라 가중치가 부여된 낱말)을 제시해 주는 컴퓨터 프로그램이다. 예를 들면, 역동적 메뉴 디스플레이의 전형적인 낱말 예측체계가 [그림 3-12]에 제시되어 있다. 낱말은 메뉴나 화면의 우측 상단의 창에 제시된다. 컴퓨터 프로그램을 통해 메뉴에 제시되는 특정 낱말은 사용자가 선택한 문자에 따라 결정된다. 예를 들어, 사용자가 'l'이라는 문자를 치면 가장 자주 사용되는 여섯 개의 낱말들이 메뉴에 나타날 것이다. 선택 낱말이 항목에 없을 경우 사용자가 다음 문자(예: e)를 치면 가장 자주 사용되는 여섯 개의 'le'로 시작하는

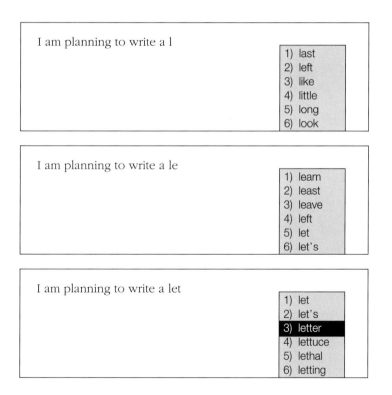

[그림 3-12] 낱말 예측이 가능한 역동적 메뉴 디스플레이(낱말 letter 선택의 예)

a) 문자를 타자했을 때 화면은 해당 문자(예: l)로 시작하는 6개의 가장 흔한 낱말을 보여 준다. b) 문자 e를 첨가했을 때 화면은 le로 시작하는 6개의 가장 흔한 낱말을 보여 주는 것으로 바뀐다. c) 문자 t를 덧붙였을 때 화면은 let로 시작하는 6개의 가장 흔한 낱말을 보여 주는 것으로 바뀐다. 낱말 letter를 선택하려면 숫자 3을 타자한다.

낱말이 메뉴에 제시될 것이다. 이러한 과정은 원하는 낱말이 메뉴에 나타날 때까지 계속된다. 만일 원하는 낱말이 나타나면, 화면에 구성되어 있는 문장 속에 그 낱말을 끼워 넣기 위해 관련된 숫자 부호(이 경우에서는 숫자 3)를 치면 된다. 따라서 이러한 낱말 예측 형태는 역동적 디스플레이를 갖는 숫자 부호화 기법으로 생각될 수 있다. 이 예에서, 사용자는 예측을 사용해 세 번의 키스트로크(keystrokes)를 줄이게 된다.

낱말 예측 소프트웨어에 포함된 상징이나 메시지는 몇 가지 다른 방식으로 선택할 수 있다. 어떤 소프트웨어는 제조업자가 결정한 메시지들이 이미 선택되어 있는 반면에 특정 낱말을 메뉴에 기입할 수 있도록 해 주는 제품들도 있다. 또 다른 프로그램들은 사용자의 의사소통 수행을 모니터하고 낱말 사용의 빈도수에 기초하여 메뉴 내용을 새롭게 고쳐 주기도 한다. 이러한 여러 옵션을 한 제품에서 모두 이용할 수 있는 경우도 있다.

일부 AAC 체계 중에는 대화에서 사용될 것 같은 '낱말 조합 패턴(patterns of word combinations)'에 기초하여 낱말을 예측해 준다. 예를 들면, 영어에서 자주 사용되는 a, an, the와 같은 관사들은 전치사구(예: on the bed, under a tree)의 전치사 다음에 올 것이다. AAC 체계 설계자들은 이러한 낱말 패턴 정보를 예측 알고리즘으로 전환시킨다. 이러한 체계는 한 번의 선택으로 각 낱말이 따라올 가능성이 있는 낱말들의 메뉴를 사용자에게 제공해 준다. 따라서 타자한 낱말에 의존하는 것(낱말 예측에서와 같이)이 아니라 텍스트의 낱말 패턴에 따라 예측된 낱말이 제공된다. 사용자는 예측된 낱말이 수용 가능한지(예: 스페이스바를 쳐서), 아니면 수용 가능하지 않은지(예: 원하는 낱말의 다음 문자를 타자해서)만을 지시하면 된다.

예측 전략을 개선하기 위해 일부 설계자들은 한 언어의 구문 조직에 대한 광범위한 정보를 담고 있는 언어학적 예측 알고리즘을 AAC 체계에 포함시켜 왔다. 이 체계의 사용자에게 제공되는 예측은 해당 언어의 문법 규칙에 근거한 것이다. 예를 들면, 어떤 사람이 문장의 주어로 3인칭 단수명사(예: Chris, mom)를 선택한다면 주어와 수가 일치된 동사들(예: is, likes, is going)만이 옵션으로 제시될 것이다. 만약 사용자가 관사(예: a, an, the)를 선택한다면 관사 다음에 동사가 올 가능성은 없기 때문에 이 체계는 다음 낱말로 동사보다는 명사를 예측해 줄 것이다. 분명히 언어학적 예측을 지원하는 알고리즘은 복잡하다. 그러나 이러한 메시지 강화 형태는 컴퓨터 처리 비용의 감소로 인해 점점 더 유용해지고 있다. 이러한 예측 유형은 의사소통 속도를 향상시킬 뿐 아니라 언어장애나 학습장애인의 문법 수행을 또한 증진시킬 수 있다.

문자 및/또는 낱말 예측은 위빅스리(WiVik 3) 스크린용 키보드, 이코투(ECO2), 뱅가드 플러스(Vanguard Plus)(Prentke Romich Company); 이지키즈(E Z Keys)와 세이잇샘(Say-it! SAM) 소프트웨어(Words+, Inc.); 스피치프로(SpeechPRO) 소프트웨어(Gus Communication Devices, Inc.); 알로라(Allora: ZYGO-USA); 라이트라이터(Lightwriter: Toby Churchill Ltd.); 브이(V), 브이맥스(Vmax), 아이맥스(EyeMax), 다이나라이트(DynaWrite)(DynaVox)와 같은 수많은 AAC 제품들에서 이용할 수 있다.

구 · 문장 예측

단일 낱말보다 더 긴 언어 단위를 예측하기 위해 정교한 알고리즘을 통합한 컴퓨터 프로그램을 개발하기 위해 몇몇 연구 팀이 협력하였다. 스코틀랜드의 애버테이(Abertay) 대학교와 던디(Dundee) 대학팀(File & Todman, 2002; Todman & Alm, 2003)의 연구는 토크보드(TALK Boards; DynaVox Mayer-Johnson)의 개발로 이어졌다. 토크보드는 700개 이상의 구절 중심 의사소통 디스플레이 세트로서, 읽고 쓸 수 있는 AAC 의존자들의 사회적 대화 참여를 돕기 위해 개별화될 수 있다. 근위축성 측색경화증 환자(Todman & Lewins, 1996)와 뇌성마비인들(File & Todman, 2002; Todman, 2000; Todman, Rankin, & File, 1999)을 대상으로 한 토크(TALK) 연구들은 토크 소프트웨어를 사용하면 분당 42~64개 낱말의 의사소통 속도가 성취될 수 있음을 보여주었다. 이는 대화를 하면서 구절을 구성하는 것보다 3~6배 더 빠른 속도다. 한편, 뉴욕 주립대학교의 버팔로 캠퍼스와 엔키두 리서치사의 연구자들은 발화 중심 의사소통 소프트웨어인 프레임토커(Frametalker)를 개발하였다. 이 소프트웨어는 상호작용이 순서적으로 진행되고 예측하기 쉬운 구조화된 상황에서의 의사소통을 지원하기 위해 고안되었다(Higginbotham & Wilkins, 2006). 시중에서 구입할 수 있는 낱말수준의 예측 소프트웨어 프로그램에 비해 프레임토커를 사용해 성취할 수 있는 키스트로크의 절약이 훨씬 큰 것으로 나타난다(Higginbotham, Moulton, Lesher, Wilkins, & Cornish, 2000).

영국과 미국의 이들 연구 팀은 사회적 대화 및 구조화된 대화를 위한 낱말과 구절수준의 예측 특성을 통합한 콘택트(Contact)라는 하이브리드 의사소통 체계를 개발하기 위해 합류하였다(Todman, Alm, Higginbotham, & File, 2008). 이러한 협력은 결국 사회적 의사소통과 업무상의 의사소통을 지원하기 위해 사용할 수 있는 다수의 발화 중심 도구들(utterance-based devices: USDs)의 개발을 이끌었다. USDs는 복합적인 의사소통 요구를 지닌 사람들을 교육, 고용 및 사회적 상황에 참여시키기 위해 문자 및/또는 낱말 예측뿐 아니라 도상적 부호화 같은 다른 속도 향상 기법들과 결합해 사용할 수 있다.

대화에 사용할 수 있는 700개 이상의 토크보드 세트는 보드메이커(Boardmaker)와 스피킹 다이나미컬리 프로(Speaking Dynamically Pro) 소프트웨어로 사용할 수 있으며 다이나복스 메이어 존슨사(DynaVox Mayer Johnson)를 통해 구입할 수 있다. 다이나복스 익스프레스(DynaVox Xpress)는 수백 개의 미리 구성된 구절, 짧은 대화 메시지[예: yeah나 really? 같은 퀵파이어(Quickfires)], 한 낱말씩 새로운 문장을 구성할 필요 없이 의도와 의미의 차이를 가능하게 하는 '슬롯(Slots)'이라 불리는 문장 삽입어(예: 'I feel sad'라는 문장에서, sad라는 낱말은 감정을 나타내는 다른 낱말로 쉽게 대치될 수 있는 슬롯이다) 등의 USD 설계 특성을 통합하고 있다. USD 요소들은 다이나복스 브이(DynaVox V)와 브이맥스(Vmax)에도 포함되어 있다(J. Higginbotham, 2010년 5월 6일).

예측 연구

수많은 인간 관련 요인이 다양한 속도 향상 전략에 영향을 주기 때문에, 이들 전략이 실제적으로 의사소통을 향상시키는 정도는 하나의 요인만을 검토한 연구들이 제시하는 것만큼 크지 않을 수 있다. 앞에서 언급한 대로, 부호화와 예측에 관련된 인간 요인은 또한 시각적 모니터링과 운동 조절 간의 상호작용에 따라 다양하다. 일례로, 쾨스터와 러빈(Koester & Levine, 1996)은 여섯 명의 경부 척수손상(SCI) 환자들을 대상으로 한 연구에서 낱말 예측을 통한 키스트로크의 절약 이점은 일반적으로 각각의 선택을 위해 들이는 키스트로크를 위한 노력에 의해 상쇄되거나 더 줄어들기도 하는 것을 발견하였다. 이들 피험자는 한 글자씩 타자할 때보다 예측 체계를 이용한 선택에서 50~70% 더 느린 수행을 보였다. 여분의 시간 중 많은 부분이 메뉴 검색에 할애되었는데, 이는 참여자들 모두 글자만 사용하는 전략보다 낱말 예측 전략이 더 어렵다고 평가한 이유일 수 있다.

이러한 이슈들의 복잡성에도 불구하고 부호화와 예측 전략을 통해 얻는 속도와 타이밍 향상은 잠재적으로 매우 중요하며 실질적인 상호작용의 증진을 가져올 수 있다는 데에는 의심의 여지가 없다. 이러한 이슈의 복잡성을 인식한 연구자들은 속도 향상 전략의 효과성을 평가할 때 고려해야 할 몇 가지 요인들을 다음과 같이 제시하였다.

- 의사소통 과제 자체의 특성과 목적(Higginbotham, Bisantz, Sunm, Adams, & Yik, 2009)
- AAC 체계 내에서 이용 가능한 어휘 및/또는 부호의 맥락 적절성과 접근 용이성 정도(Higginbotham et al., 2009; Venkatagiri, 1993).
- 어떤 선택이나 행위가 필요한지를 결정하는 데 드는 인지적 처리 시간(Light & Lindsay, 1992)
- 검색시간(즉, 예측 메뉴에서 문자, 낱말 또는 구절의 위치를 찾아내는 데 걸리는 시간의 양; Koester & Levine, 1998)
- 키 누르는 시간(즉, 키나 스위치를 활성화하는 데 걸리는 시간(Koester & Levine, 1998; Venkatagiri, 1999)
- 운동 행동 지표(즉, 메시지 산출을 위해 필요한 키스트로크의 수(Rosen & Goodenough-Trepagnier, 1981; Venkatagiri, 1993)
- 메시지 산출시간(즉, 메시지를 산출하는 데 걸리는 시간(Rosen & Goodenough-Trepagnier, 1981; Venkatagiri, 1993)

AAC에 의존하는 사람과 그 촉진자는 연구에 기초한 많은 도움 없이도 이용 가능한 전략들의 상대적인 이점과 단점을 따져봐야 한다. 현재 관련 연구자들은 CCN을 지닌 사람들의 부담을 최소화하는 혁신적인 전략들을 개발하고자 노력하고 있으며 다양한 인간 관련 요인의 상호작용을 분명히 파악하기 위해 메시지 부호화와 예측 연구를 지속하고 있다.

📑 학습문제

3-1. 비도구적 상징을 정의하고, 네 가지 예를 들어라.

3-2. 도구적 상징을 정의하고, 네 가지 예를 들어라.

3-3. 도상성은 무엇이며 상징 학습에 어떤 영향을 미치는가?

3-4. 도상성 외에 상징 학습에 영향을 미치는 네 가지 요인은 무엇이며, 그 요인들은 상징 학습에 어떤 영향을 미치는가?

3-5. 북아메리카에서 AAC에 의존하는 사람들이 현재 사용하고 있는 수화 체계에는 어떤 것들이 있으며, 각각의 장단점은 무엇인가?

3-6. 그림 의사소통 상징(PCS), 픽토그램 상징 및 블리스심벌의 상대적 학습 가능성을 제시하는 연구에는 어떤 것이 있는가?

3-7. 낱말 부호는 무엇이며 그 부호의 학습 가능성과 관련해 알려진 정보에는 어떤 것이 있는가? 낱말 부호의 세 가지 예를 들어라.

3-8. 메시지 부호는 무엇이며 그 부호의 학습 가능성과 관련해 알려진 정보에는 어떤 것이 있는가? 메시지 부호의 세 가지 예를 들어라.

3-9. 예측은 무엇이며, 속도 향상을 위해 어떻게 활용될 수 있는가?

3-10. 어떤 요인들이 속도 향상 기법의 효과성에 영향을 미치는가?

Chapter **04**

대체 접근

워싱턴 주 에드먼드 시의 한 중학교에서 나는 대체 접근에 대한 중요한 경험을 했다. 중도 무정위성 뇌성마비(athetoid cerebral palsy)를 지닌 크리스(Kris)는 그곳 학생이었는데, 수업이 끝나고 자신의 어머니와 이야기를 나누고 있었다. 그 둘은 서로 마주 보고 있었고, 나는 교실 한편에서 그들을 바라보고 있었다. 대화가 이루어지는 내내 크리스의 어머니는 딸의 얼굴을 유심히 바라보면서 조용히 말을 하였다. 크리스는 전혀 말을 하지 않았다. 그러나 잠시 후 나는 그녀가 활발히 대화에 참여하고 있음을 깨달았다. 그녀의 어머니는 딸의 얼굴을 '읽고' 있었다. 이들은 주말에 집에서 완성해야 할 숙제에 대해 의견을 나누고 있었다. 나는 이 둘이 자신의 의견을 덧붙이거나 약간의 논쟁을 하면서 기여하는 진정한 대화를 보고 있었던 것이다.

호기심이 생긴 나는 크리스 어머니의 뒤쪽으로 다가갔고, 그곳에서 문자와 낱말 그리고 결국에는 메시지로 해석될 수 있는 일련의 매우 빠른 크리스의 눈 움직임을 관찰할 수 있었다. 내가 크리스와 그녀의 어머니를 더 잘 알게 되자, 이들은 자신들이 사용하는 부호의 특성을 설명해 주었다. 크리스가 어머니의 발을 쳐다보는 것은 F를 의미하였다. 그녀가 자기 어머니의 팔꿈치를 쳐다보는 것은 L을 뜻하였다. 그리고 그녀가 어머니의 코를 쳐다보는 것은 N을 나타내는 것이다. 설명을 듣고 보니, 이들의 방법이 상당히 논리적으로 보였다. 계속해서 이들은 크리스가 자신의 눈을 치켜 들고 약간 왼쪽을 바라보았던 예전의 그때를 내게 말해 주었다. 그녀는 당시 '거실의 노란 커튼'을 의미하는 Y자를 신호하고 있었는데, 그곳이 바로 크리스와 그녀의 아 버지가 눈 부호를 개발해 낸 장소였다. 크리스는 일부 낱말을 완전하게 철자할 수 있 음에도 불구하고, 그녀와 그녀의 어머니는 메시지 구성에 적극적으로 협력하고 있었 다. 크리스가 철자를 제시하면 그녀의 어머니는 크리스가 시작한 철자를 토대로 낱 말이나 구절을 예측한다. 크리스는 고개를 살짝 끄덕여 예측한 철자가 맞았음을 표 시하거나 고개를 좌우로 살짝 흔들어 예측한 철자가 틀렸음을 알린다. 크리스의 어 머니는 그녀가 첫 글자를 제시하지 않아도 메시지에 포함될 낱말을 예측하기도 한 다. 크리스는 이러한 예측이 맞는지 틀렸는지를 판단한다. 메시지는 눈 지적(eye pointing)과 낱말 예측 외에도 얼굴 표정과 강조를 위해 때때로 사용되는 발성을 통 해 강화된다. 우리는 흔히 의사소통이란 메시지 제공자(말하는 이)와 메시지 수용자 (듣는 이)의 역할 담당이라고 생각하는데, AAC 지원을 받는 의사소통은 이와 유사 하면서도 두 사람이 메시지 구성에 좀 더 적극적으로 참여하는 '이중주(duet)'에 가 깝다고 할 수 있다.

어느 순간, 나는 그녀의 체계를 사용해 크리스와 의사소통을 하고자 시도하였다. 그 러나 비록 그 체계가 기술적으로 비용이 들지 않음에도 불구하고, 의사소통 상대의 입 장에서는 상당한 학습과 능력이 필요함을 금세 알 수 있었다. 내가 크리스의 효과적인 상대가 되도록 훈련을 받고 연습을 한 것이 아니었기 때문에 그녀의 어머니와 언어치 료사는 참을성 있게 통역을 해 주었다. 크리스와 나는 영어라는 같은 언어를 쓰고 있 었다. 그녀는 한 글자씩 철자하여 의사소통을 했는데, 이것은 내가 매일 사용하는 것 과 똑같은 전략이었다. 나는 그녀가 철자로 표현한 낱말들을 알았다. 그러나 나는 그 녀가 그렇게도 효율적으로 사용하는 대체 접근 형태(눈 지적)에 능숙하지 않았고, 메 시지 구성에 공동으로 참여할 만큼 그녀와 그녀의 세계에 대해 알지 못했다. 이후 수 년에 걸쳐 크리스는 자신의 전자 AAC 의사소통 도구와 컴퓨터를 효율적으로 조절할 수 있도록 다른 대체 접근법들을 배웠다(D. Beukelman, 경험담, 2004년 2월).

말을 하는 우리는 어린 나이에 구어 의사소통 기술을 배웠다. 성인이 된 우리에게 이러한 기술과 처리는 너무 자동적이어서 이를 거의 인식하거나 이해하지 못한다. 구어를 문어의 형태로 바꾸기 시작할 때에야 겨우 우리가 상대적으로 적은 요소를 결합하거나 재결합함으로써 메시지를 부호화한다는 사실을 깨닫기 시작한다. 영어 의 경우, 읽고 쓸 수 있는 사람들은 26개의 알파벳을 결합하거나 재결합하여 자신이 원하는 것을 대부분 글로 쓸 수 있다. 쓰기를 배우는 아동의 과제는 26개의 알파벳 세트에서 자신이 원하는 적절한 문자를 선택하여, 정확성과 이해 가능성 및 미학성의 특정 기준에 맞게 선택한 문자들을 구성하는 것이다. 마찬가지로 말을 하는 사람들은 대략 45개의 음을 조합하여 구어의 모든 낱말을 말할 수 있다. 말을 배우는 데 어려움을 갖는 사람들은 특히 낱말이 소리로 구성되어 있으며, 특정 소리를 정확하게 말하려면 특별한 주의가 요구됨을 알아야 한다.

의사소통은 메시지를 표현하기 위해 단일로 또는 결합하여 사용되는 하나 이상의 상징 선택에 기초를 둔다. 말의 경우, 사람들은 특별한 소리를 결합하여 메시지를 산출한다. 쓰기의 경우에는 철자 상징(즉, 문자)의 형태를 만들고 이를 체계적인 순서로 배열한다. 전통적인 수단을 통해 말이나 쓰기를 할 수 없는 사람들은 의사소통을 위한 대체 전략을 필요로 한다. 대체 접근법의 학습 과제는 자연언어의 편성을 먼저 고려할 때 이해가 더 쉽다. 복합적인 의사소통 요구를 지닌 사람들의 경우, 대체 접근법의 학습에는 사용 가능성이 있는 상대적으로 적은 규모의 메시지나 부호 세트에서 필요한 메시지나 부호를 선택하는 과정이 포함된다. 메시지나 부호가 선택되면 다양한 메시지를 의사소통할 수 있는 방식으로 이를 단독으로 또는 결합하여 활용하게 된다. 분명히 이러한 방식을 사용하는 사람들은 듣는 사람이 이해할 수 있는 방식으로 메시지를 제시해야만 한다.

과거에는 복합적인 의사소통 요구를 지닌 사람들이 헤드스틱(headstick)이나 특별한 키가드(keyguard)를 사용하여 타자기와 같은 일반적인 의사소통 도구를 조작하였다. 따라서 이러한 도구를 사용할 수 없는 사람들은 중재자들에 의해 전자적 의사소통 방법을 사용하기에 부적절한 대상으로 간주되었다. 그러나 일반적인 도구를 사용할 수 없는 사람들을 위한 대체 접근 옵션이 1970년대에 시작되어 지금까지 내려오면서 극적으로 확대되었다. 이 책이 출판되기도 전에 시대에 뒤떨어지는 일이 없도록 하면서도 새로운 기술의 쇄도를 적절히 망라할 수 있기 위해, 우리는 특정 접근 기술이나 특성을 대표하는 의사소통 도구의 제한된 예만을 독자에게 제공하고자 한다. 따라서 이 장에서 언급된 제품들이 그 자체가 예시하는 개념의 유일한 예이거나 가장 좋은 예를 뜻하는 것은 결코 아니다. 우리의 의도 또한 가장 최근의 기술을 광범위하게 개관하고자 하는 데 있는 것이 아니다. 이 책의 끝 부분에 있는 자료 목록에는 주요 의사소통 도구 제조업체와 공급자의 이름과 주소가 포함되어 있다. 또한 바클리 AAC 센터의 웹 사이트에는 AAC 분야와 관련된 대다수 제조업체의 사이트가 연결되어 있다. 독자들은 시중에서 구입할 수 있는 거의 모든 AAC 옵션들의 특성을 비교한 AAC TechConnect 웹 사이트를 또한 참고할 수 있다.

선택 세트

　AAC 체계의 '선택 세트(selection set)'는 AAC 의존자들이 한꺼번에 이용할 수 있는 모든 메시지, 상징 및 부호를 시각적, 청각적 또는 촉각적으로 제시해 주는 것을 말한다(제3장 참조). 대부분의 AAC 기법은 선택 세트의 항목을 보여 주는 시각적 디스플레이를 활용한다. 예를 들면, 전자 AAC 기술은 종종 손으로 쓰는 데 어려움을 갖는 사람들에게 사용된다. 이러한 컴퓨터 장치의 디스플레이들은 선택 세트를 구성하는 한정된 상징 세트를 포함한다. 일례로 일반 컴퓨터 키보드의 상징에는 개별 알파벳 문자, 구두점, 숫자 그리고 엔터(enter), 컨트롤(control), 탭(tab), 리턴(return)과 같은 통제 명령어 등이 포함되어 있다. 일부 사람들은 그림 상징이나 부호로 구성된 시각적 디스플레이를 사용한다. 시각장애로 인해 이러한 디스플레이 사용이 부적절할 경우에는 선택 세트를 청각적 또는 촉각적으로 제시해 줄 수 있다. 청각적 디스플레이는 대부분 구두로 제공되는 낱말이나 메시지를 통해 선택 세트가 제시된다. 촉각적 디스플레이는 선택 세트의 항목들이 실제 사물이나 부분 사물, 질감, 형태 또는 도드라진 점(점자) 등을 활용한 촉각적 표상으로 구성된다.

　선택 세트의 항목들은 다양한 방식을 통해 결정된다. 일반 컴퓨터 키보드의 경우에는 제조업체가 상징들(수, 문자, 구두점, 명령어)을 특정 위치에 지정한다. 다양한 상징의 의미와 사용법을 배우는 것이 AAC 의존자들의 과업이다. 그러나 상징과 부호는 사용자가 이해해서 효율적으로 이용할 수 있는 방식으로 관련 메시지들이 제시될 수 있도록, 도구나 앱 개발자에 의해 미리 프로그램화되거나 사용자에 따라 개별적으로 선택된다.

　2008년에, 우리는 AAC 테크놀로지에 의존하는 근위축성 측색 경화증(ALS)을 지닌 한 남성의 의사소통을 도운 적이 있다. 그는 다가오는 올림픽 게임에 특히 관심을 갖고 있었다. 그 이유인즉슨 그가 스포츠 광이었을 뿐 아니라 더 중요하게는 그와 그의 아내가 배구 국가대표팀 선수인 한 여성과 매우 친했기 때문이었다. 몇 달 전, 이 여자 선수는 그에게 경의를 표하는 의미로 올림픽 위원회에 자신의 셔츠 번호를 18에서 12로 바꿔달라고 요청하였다. 왜냐하면 그가 운동을 할 때 늘 12번을 달고 뛰었기 때문이다.

올림픽이 열리는 동안 그와 그의 아내는 친구들을 집에 초대해 텔레비전으로 경기를 시청하고자 하였다. 그날 저녁 행사를 준비하면서, 그는 의사소통에 도움이 될 수 있도록 자신의 AAC 도구를 프로그램화하였다. 그는 여러 이유로 특정 메시지들을 선택하였다. 어떤 메시지는 필요할 경우 즉시 전달되어야 한다. 예를 들면, '멋진 경기야(What a great play)!'와 같은 메시지는 빠른 속도로 진행되고 있는 배구 경기에서 타이밍에 맞게 산출되어야만 의미가 있을 것이다. 만일 그가 한 글자씩 메시지를 철자한다면, 그는 그러한 타이밍 요구에 부응하지 못할 것이고, 그렇게 되면 그 메시지—해당 코멘트가 어울리는 경기 장면이 한참 지난 뒤에야 완성된—는 의미가 없을 것이다. 그는 또한 자주 사용될 것 같고 힘을 낭비하지 않으면서도 제때에 인출될 필요가 있는 구절들(인사말, 언급, 질문)을 포함시키기로 결정하였다. 이러한 메시지의 예를 들면 '안녕하세요(Hi)', '와주셔서 감사합니다(Thanks for coming)', '그것에 대해 어떻게 생각하셨어요?(What did you think of that?)', '제 생각에는 ~일에 경기를 다시 할 것 같은데요(I think that they will play again on ____)', '뭐 좀 드시겠어요? 또는 뭐 좀 마실래요?(Would you like something to eat or drink?)', '다음에 또 만나요(See you later)' 등이다. 그는 친구들과 대화를 나누기 위해 농담, 뉴스, 특별한 생각 등을 담은 페이지도 준비하였다. 의사소통 속도 향상을 위해 가족, 친구 및 운동선수의 이름들도 프로그램화하였다. 마지막으로, 한 글자씩 또는 한 낱말씩 새로운 메시지를 구성할 수 있도록 알파벳과 낱말예측 기능도 이용할 수 있게 하였다. 물론, 선택 세트에 포함될 메시지를 고르는 데에는 그와 촉진자들의 협동적인 노력이 필요했다. 늘 그렇듯이, 디스플레이의 메시지에 대한 상징화와 부호화는 그의 선호도뿐 아니라 언어 및 학습 능력에 기초하여 결정되었다.

선택 세트 디스플레이의 유형

선택 세트의 디스플레이는 AAC 적용에 사용된 기법과 도구에 달려 있다. 일반적으로 디스플레이는 고정 디스플레이, 역동적 디스플레이 및 혼성 디스플레이의 세 가지 주요 유형 중 하나에 속하며, 네 번째 유형인 시각적 장면 디스플레이가 사용되기도 한다.

고정 디스플레이

상징과 항목들이 특정 위치에 '고정되어 있는' 디스플레이를 말할 때 우리는 '고 정 디스플레이(fixed display)'라는 용어를 사용한다. 고정 디스플레이(또는 정적 디스 플레이, Hochstein, McDaniel, Nettleton, & Neufeld, 2003)는 디지털 음성을 산출하는 도구에서도 사용되지만, 로우 테크놀로지 의사소통판에서 주로 사용된다. 고정 디스 플레이에 포함될 수 있는 상징의 수는 제한적이며 개인의 시각과 촉각, 인지, 운동 등의 능력에 따라 달라진다. 종종 AAC 의존자들은 자신이 필요로 하는 모든 어휘 항 목을 수용하기 위해 많은 수의 고정 디스플레이를 사용한다. 예를 들어, 어떤 사람이 올림픽 경기에서 다가오는 휴일에 대한 계획으로 화제를 바꾸고자 한다면, 그는 스 포츠 상징을 지닌 디스플레이에서 여행과 가족 어휘 항목을 지닌 디스플레이로 바꾸 어야 할 것이다.

여러 개의 고정 디스플레이를 사용하는 데서 오는 분명한 제한점(예: 휴대의 어려 움, 비효율성)으로 인해, 중재자들은 하나의 고정 디스플레이에 포함될 수 있는 상징 의 제한성을 보완하고자 무척 애를 써왔다. 이러한 보완기술 중 하나는 여러 디스플 레이를 수준별로 구성하는 것이다. 일례로 페이지마다 주제별로 상징이 배열된 의 사소통책은 여러 수준을 지닌 고정 디스플레이에 해당한다(이 경우 페이지마다 수준이 다르다). 시청각적 선택 세트를 포함하고 있는 수많은 말산출도구 또한 설계와 조작 에서 수준들을 통합하고 있다. 또 다른 보완기술은 하나의 고정 디스플레이상에서 하나, 둘, 셋 또는 그 이상의 항목(상징)을 결합하여 다수의 메시지를 구성할 수 있도 록 해 주는 다양한 부호화 전략들이다. 이러한 방식으로 메시지를 부호화하면, 개인 이 의사소통할 수 있는 메시지의 수는 분명히 디스플레이상의 항목 수를 크게 능가 할 것이다(제3장 참조). AAC 제품을 판매하는 대다수 회사들은 고정 디스플레이를 제공한다. 이들 옵션을 검토하고자 하는 독자들은 참고문헌 뒤에 있는 자료 목록 부 분을 참고하라.

역동적 디스플레이

전자적으로 시각적 상징을 제시해 주는 컴퓨터 장면 디스플레이를 언급할 때 우리 는 '역동적 디스플레이(dynamic display)'라는 용어를 사용한다. 이러한 유형의 디스 플레이는 활성화될 경우 자동적으로 화면 위 선택 세트가 프로그램화되어 있는 새로 운 상징 세트로 변하게 된다. 한 예로 어떤 사람이 역동적 디스플레이에 접근하면 그는 배구, 농담, 신변처리, 뉴스, 가족 등 여러 대화 주제에 관련된 상징을 보여 주는 화면을 맨 먼저 볼 수 있을 것이다. 배구라는 상징을 접촉함으로써 그는 배구 관련 메시지를 보여 주는 화면을 활성화할 수 있다. 배구 경기 도중 휴식시간이 생길 경우 적절한 상징을 접촉해서 초기 화면으로 돌아간 후 새 주제(예: 농담, 신변처리)를 선택하면, 그는 관련 어휘를 지닌 새로운 화면에 접근할 수 있다. 다양한 상업용 AAC 제품들이 역동적 디스플레이를 제공한다. [그림 4-1]은 역동적 화면 디스플레이가 어떻게 작동하는지를 보여 준다.

혼성 디스플레이

선택 세트의 어떤 항목들이 활성화될 수 있는지를 사용자에게 알려 주는 지시기 불빛처럼 역동적 요소를 지닌 전자 고정 디스플레이를 언급할 때 우리는 '혼성 디스플레이(hybrid display)'라는 용어를 사용한다. 일련의 아이콘 중에서 첫 아이콘이 활성화되면 디스플레이 화면 위의 지시기들이 다음에 선택될 수 있는 각각의 아이콘 옆을 밝혀 준다. 이들 옵션 중 하나가 선택되고 나면, 순서상 다음에 올 수 있는 아이콘을 지시하기 위해 불빛이 변한다. AAC 전문가들은 특히 의사소통을 위해 수많은 아이콘을 사용하는 사람들의 기억을 돕기 위한 도구로 이 기술을 고안하였다. 지금까지 이러한 이슈를 검토한 연구는 일반 대학생을 대상으로 한 경우가 유일한데, 이 연구에서 참여자들은 아이콘 지시기 불빛이 사용되지 않았을 때보다 지시기 불빛이 사용되었을 때 유의하게 더 많은 부호를 기억해 냈다(Beck, Thompson, & Clay, 2000).

또한 알파벳 문자와 낱말 예측 특성을 지니고 있는 디스플레이도 혼성 디스플레이로 볼 수 있다. 전형적으로 알파벳 문자 디스플레이는 고정된 상태를 유지한다. 그러나 AAC 도구에 적용된 언어 모델에 따라 메시지 구성에 필요한 낱말(주로 4~8낱말)이 예측될 때 개별 키스트로크에 의해 낱말 예측 버튼의 내용이 바뀌게 된다. [그림 4-2]는 메시지가 구성될 때 낱말 예측 버튼이 어떻게 변하는지를 보여 준다.

시각적 장면 디스플레이

'시각적 장면 디스플레이(visual scene displays: VSD)'는 상황, 장소, 경험 등을 묘사하거나 나타내 주는 그림, 사진 혹은 가상 환경 등을 말한다. 사람, 행위, 사물 등의 개별 요소가 시각적 장면에 나타난다(Blackstone, 2004). 예를 들면, 생일파티 사진에는 사람, 음식, 선물 등 모든 것이 한 장면에 나타난다. 손님과 제공된 음식 이름 등

a

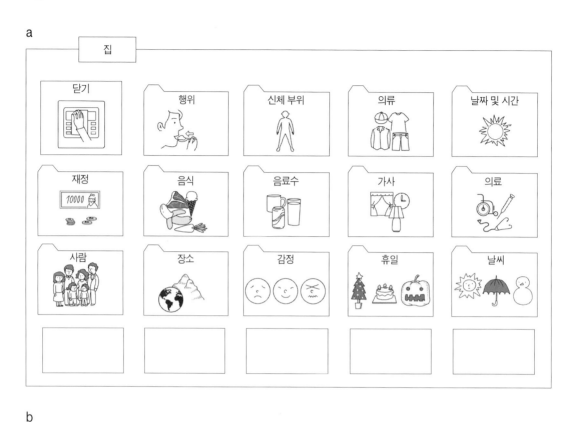

b

[그림 4-1] 다이나복스 브이맥스(DynaVox Vmax)를 사용한 역동적 디스플레이 화면의 예

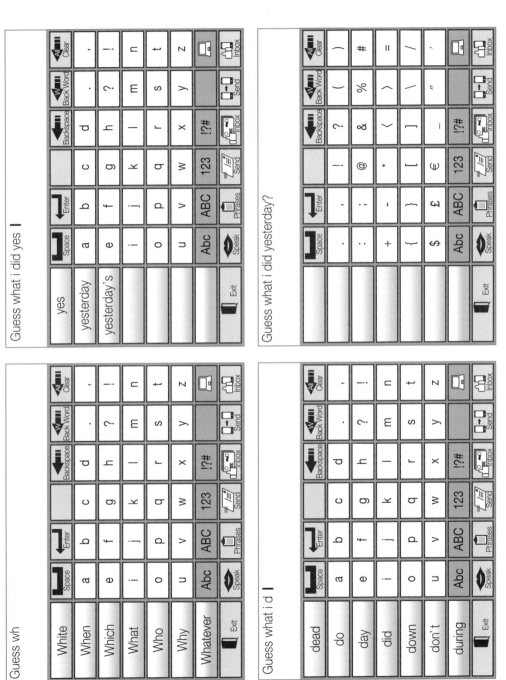

[그림 4-2] 낱말 예측 기능을 지닌 알파벳 키보드

PCS, DynaVox Mayer-Johnson LLC의 허락하에 게재함

의 메시지는 사진을 통해 접근할 수 있다. 생일파티의 주인공과 가족에 대한 더 많은 정보를 포함하고 있는 부가적인 디스플레이들에도 접근이 가능하다. VSD는 주로 역동적 디스플레이 기술을 사용하지만 그 개념은 고정 디스플레이에 적용될 수 있으며, 혼성 디스플레이로도 실행될 수 있다. [그림 4-3]은 휴가와 관련된 일련의 사진으로 구성된 VSD의 혼성 버전을 보여 준다. 다양한 상황에서 실제 활동을 하는 모습과 어떤 활동을 하는지 추측할 수 있는 확대가족의 사진을 볼 수 있다. 이들 사진은 사람과 사물을 보여 주는 것뿐 아니라 대화를 이끌고 도울 수 있는 화제 관련 정보도 제공해 준다. 디스플레이의 상단과 하단 및 맨 우측에 위치한 소형 사진들은 음식, 쇼핑, 신변처리, 지도, 확대가족 등 기타 의사소통 주제를 나타내는 장면들이다. 많은 VSD 앱들을 보면 사진은 고정되어 있고 변하지 않는다. 따라서 사용자는 다양한 주제에 접근하기 위해 디스플레이를 사용할 수 있다.

 VSD는 AAC 테크놀로지에 널리 활용되는 격자(grid) 디스플레이와는 상당히 다르다. 시각적 장면은 통일성 있고 통합된 시각적 이미지 내에 일련의 요소들(사람, 행위, 사물)을 보여 주는 반면, 격자 또는 매트릭스 디스플레이는 줄과 칸으로 구성된 개별

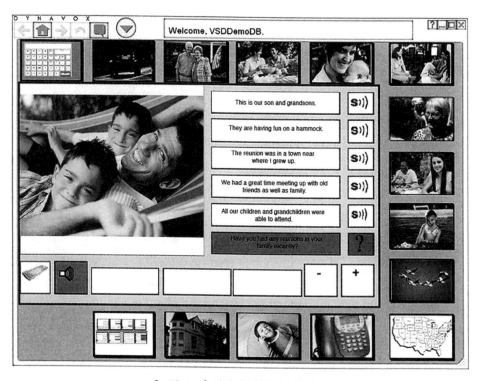

[그림 4-3] 시각적 장면 디스플레이

칸에 요소들을 배열한다. 격자의 요소들은 서로 관련이 있을 수도 있고 없을 수도 있다. 현재 발달장애 아동, 중복장애 젊은이, 실어증 성인을 대상으로 한 VSD 연구와 개발 작업이 진행 중이다.

선택 세트 디스플레이의 물리적 특성

메시지가 선택되고(제2장 참조), 다양한 항목에 대한 상징화나 부호화 전략들(제3장 참조)이 파악되고 나면, 사용된 디스플레이의 유형에 관계없이 선택 세트의 디스플레이에 대한 여러 물리적 특성이 고려되어야 한다. 중재 결정은 AAC 의존자의 인지, 언어, 감각 및 운동 능력과 AAC 기법의 특성에 부합하여 이루어져야 한다.

항목 수

디스플레이가 시각적, 청각적 또는 촉각적 측면 중 어디에 기초를 두든, 선택 세트의 실제적인 항목 수는 여러 요인과 조화를 이루어야 한다. 가장 중요한 요인은 개인이 필요로 하는 메시지, 상징, 부호 및 명령어의 수다. 문자나 부호가 아닌 다른 상징들이 주로 사용될 경우에는 메시지와 상징 간에 일대일 대응이 되기 때문에 선택 세트의 크기가 메시지 수에 따라 증가한다. 따라서 500개의 메시지를 표현하기 위해서는 500개의 상징이 필요한 경우가 대부분이다. VSD가 사용될 경우에는 하나 이상의 메시지가 하나의 그림이나 사진에 통합될 수 있기는 하지만, 다양한 상황이나 주제를 나타내기 위해서는 여전히 다수의 사진이 필요하다. 반면에 부호화 전략이 사용되면 선택 세트의 항목 수는 사용된 부호의 수에 따라 크게 감소할 수 있다. 따라서 많은 수의 부호가 사용되면 적은 수의 부호가 사용될 때보다 더 적은 항목들이 디스플레이에 포함될 것이다. 각각의 항목이 다양한 방식으로 사용되어 수많은 부호를 구성할 수 있기 때문이다. 예를 들면, 26개의 알파벳 문자 각각을 나머지 25개의 문자와 결합시켜 수백 개의 두 문자 부호를 구성할 수 있다.

크기

중재 팀은 선택 세트를 결정할 때 크기와 관련하여 두 가지 이슈를 고려해야 한다. 즉, 개별 항목 크기와 전체적인 디스플레이의 크기가 그것이다. 시각적 디스플레이에서 디스플레이의 상징이나 메시지의 실제 크기는 개인의 시력, 사용된 운동 접근 기술, 상징 유형 및 제시될 항목의 수에 따라 결정된다. 대부분의 경우에는 시력이 개별 항목의 크기를 결정한다. 시각과 관련된 요인은 제6장에서 더 자세히 논의될 것이다. 경우에 따라 정확하고 효율적인 선택을 하기 위해서는 항목들이 충분히 커야 하기에 운동 조절이 결정적인 변수가 되는 사람들도 있다.

또한 시각적 디스플레이의 전체적인 크기는 제시되어야 할 항목의 수, 개별 항목의 크기, 항목 간 거리, 장비와 휴대 가능성 요인 그리고 AAC 의존자의 신체적 능력 간 절충을 필요로 한다. 예를 들면, 개인이 어떤 체계를 휴대해야 한다면 디스플레이의 형태와 무게를 감당할 수 있고 피로감을 느끼지 않아야 하기에, 디스플레이의 정확한 크기는 사용자의 신체적 능력에 따라 결정될 것이다. 만일 AAC 의존자가 휠체어를 이용한다면 디스플레이가 너무 커서 시야를 방해하는 일이 있어서는 안 될 것이다. AAC 의존자가 손가락 지적이나 머리 또는 눈 추적을 통해 항목들을 선택한다면, 전체적인 디스플레이의 크기는 사용자의 운동 범위에 따라 조정되어야만 한다. 그렇지 않으면 접근이 불가능한 항목들이 생길 수 있기 때문이다.

AAC 테크놀로지의 물리적인 크기는 매우 다양하다. 과거 수년 동안 점점 더 많은 AAC 옵션들이 모바일용으로 개발되었다. 원래 이러한 테크롤로지는 의사소통, 게임, 달력, 음악, 광역 위치 추적 앱 등을 지원하기 위해 설계되었던 것으로, AAC 요구를 지닌 수많은 사람들에게 매력적으로 다가왔다. 왜냐하면 모바일 테크놀로지는 작고, 가벼울 뿐 아니라 일반인들 대다수가 사용하는 '전형적인' 것이기 때문이다. 그러나 이 테크놀로지는 AAC 요구를 지닌 일부 사람들에게는 기능적인 반면, 다른 일부 사람들에게는 그 크기가 너무 작을 수 있다.

청각적 디스플레이의 크기는 그 구조를 이해할 수 있는 사용자의 능력과 기억력에 따라 결정된다. 많은 항목을 지닌 청각적 디스플레이가 사용될 때, 사용자는 충분히 기다리면 결국 특정 항목이 제시될 것(즉, 들을 수 있을 것)임을 기억해야 한다. 전자적 청각 스캐너도 다단계 디스플레이(multilevel displays)를 이용할 수 없다면 사용자는 디스플레이의 구성에 사용된 범주구조를 기억할 수 있어야 한다. 예를 들면, 메시지가 주제별(예: 음식, 음료, 장소, 사람)로 구성되어 있다면, 사용자는 콜라(Coke)가 음료(drink) 범주에 들어 있고, 쇼핑몰(shopping mall)이 장소(palces) 범주에 저장되어 있음을 기억해야 한다. 만일 디스플레이가 두 수준 이상을 포함한다면, 이러한 범주구조가 더 복잡해지기 때문에 콜라는 음료의 하위 범주인 **탄산음료**(soda pop)의 메시지일 수 있다.

촉각적 디스플레이의 경우, 선택 세트의 크기는 AAC 의존자의 촉각적 재인 능력에 달려 있다. 점자 사용자와 같은 일부 사람은 촉각적으로 제시된 옵션을 인식하는데 거의 정보를 필요로 하지 않는 반면, 인지나 촉각 능력이 부족한 사람은 좀 더 큰 촉감 상징이나 실제 사물을 필요로 할 것이다.

항목 간 간격과 배치

시각적 또는 촉각적 선택 디스플레이의 항목 간 간격과 배치는 주로 개인의 시각과 운동 조절력에 따라 결정된다. 예를 들면, 어떤 사람은 항목들이 넓은 간격으로 떨어져 있고 넓은 공간 속에 있을 때 디스플레이의 항목을 더 잘 변별한다. 또 어떤 사람은 의사소통판의 나머지 부분과 대조가 되도록 항목들을 둘러싼 공간이 색으로 구분되어 있을 때 더 나은 수행을 보인다. 반면에 시야 단절(field cuts)이나 맹점(blind spots)을 지니고 있어서 자신의 시각적 능력에 부합하도록 불규칙적인 공간 배치를 필요로 하는 사람들도 있다. 평가를 하는 사람은 개개인에 맞게 이와 같은 결정을 해야 한다(제6장, 제7장 참조).

개인의 운동 조절 프로파일 또한 공간 배치에 영향을 준다. AAC 체계에 의존하는 많은 지체장애인들은 어느 한 손에 비해 다른 한 손의 조절력이 양호할 수 있다. 예를 들면, [그림 4-4]는 주로 사용되는 항목들이 운동 조절력이 양호한 오른손에 최대

[그림 4-4] 자주 사용되는 항목들이 대부분 사용자의 우세한 손에 닿도록
디스플레이된 의사소통판

[그림 4-5] 헤드스틱 사용을 조정할 수 있도록 설계된 의사소통판 디스플레이

한 접근할 수 있도록 제시되어 있는 의사소통판을 보여 준다. 이 의사소통판의 경우에는 또한 사용자가 더 나은 운동 조절력을 갖는 영역(의사소통판의 오른쪽 측면)의 항목 크기가 운동 조절력이 저하된 영역(의사소통판의 왼쪽 측면)의 항목 크기보다 더 작다.

　[그림 4-5]는 의사소통판 디스플레이의 또 다른 예인 곡선형 배열(curved array)을 보여 준다. 이러한 배치는 헤드스틱을 사용하는 사람들의 운동 조절력을 도와주기 위해 설계되었다. 항목들을 아치형으로 배치하면 디스플레이의 항목 도달에 요구되는 머리와 목의 전후 움직임이 정사각형이나 직사각형의 디스플레이 항목 도달에 요구되는 움직임의 양에 비해 최소화된다. 머리 추적과 눈 추적 전략을 이용할 수 있으면, AAC 테크놀로지에 접근하기 위한 헤드스틱 사용은 감소할 것이다. 그러나 일부 AAC 의존자들은 이러한 방법을 계속 사용한다.

디스플레이 정위

　'정위(orientation)'는 바닥 면과 관련된 디스플레이의 위치를 말한다. 시각이나 촉각을 이용하는 디스플레이의 정위는 개인의 자세, 시각 및 운동의 조절 능력에 따라 결정된다. 사용자가 디스플레이 항목을 지적하는 직접선택 디스플레이에서는 시각 능력과 운동 능력이 가장 중요하다. 만약 스캐닝 접근이 사용된다면, 이 기법에서 요구하는 스위치 작동과 관련하여 시각 및 자세 요인이 가장 중요하기에 이들 요인이 정위 결정에 영향을 줄 것이다. 이들 이슈는 이 장 후반부에서 자세히 다루어질 것이다.

바닥 면과 수평을 이루는 탁자나 휠체어에 부착된 시·촉각적 디스플레이는 근력의 약화, 떨림 또는 관련 없는 움직임들이 나타날 경우 이를 안정시킬 뿐 아니라 팔과 손을 상당히 지지해 준다. 이러한 디스플레이 정위에서는 사용자가 디스플레이를 보고 사용하는 동안 직립자세(혼자서 또는 보조 장비의 도움을 받아)를 유지해야 한다. 반면에 바닥 면과 $30°\sim45°$로 놓인 디스플레이는 많은 지체장애인들에게 절충적 위치를 제공한다. 이러한 각도의 정위는 수평적 디스플레이에 요구되는 목의 구부림 없이 어느 정도 손과 팔을 지지해 주고 안정시키면서 디스플레이를 분명하게 볼 수 있도록 해 준다. 근력 약화나 부적절한 움직임으로 인해 매우 제한된 운동 조절력만을 지닌 사람들은 이러한 방식으로 정위된 디스플레이의 사용에 어려움을 겪을 수 있다. 이들을 위해서는 경사진 디스플레이에 접근할 수 있도록 팔과 손을 올려 줄 수 있는 이동 팔 지지대(mobile arm supports)가 사용될 수 있다. 마지막으로 광선이나 광학 포인터(optical pointers)를 결합하여 사용하는 디스플레이는 사용자의 시각, 운동 조절 또는 자세에 따라 각도가 달라지지만 주로 바닥 면과 $45°\sim90°$로 놓이게 된다. 디스플레이가 $45°\sim90°$로 놓일 때는 휠체어를 조작하거나 수업 자료를 보는 것과 같이 다른 사람이나 활동에 대한 사용자의 시야를 방해하지 않도록 주의해야 한다. 머리 추적이나 눈 추적 전략에 의존하는 사람들의 경우, 디스플레이는 주로 $90°$에 가까운 각도를 유지한다.

선택 기법

'선택 기법(selection techniques)'이라는 용어는 AAC 체계 의존자가 선택 세트에서 항목을 선택하거나 식별하는 방식을 말한다. AAC 테크놀로지를 이용하는 사람들은 '직접 선택(direct selection)'과 '스캐닝(scanning)'의 두 가지 주요 항목 선택 접근법을 활용할 수 있다.

직접 선택

'직접 선택' 기법은 AAC 의존자가 선택 세트에서 원하는 항목을 직접 가리키는 것이다. 우리 대부분은 직접 선택의 여러 유형을 경험한 적이 있다. 타자를 칠 때 우리는 키를 누름으로써 컴퓨터 키보드나 타자기의 어떤 항목을 직접 선택하거나 활성화할 수 있다. 한 손가락을 사용하여 자판을 두드리는(독수리 타법-역자 주) 사람조차도 자신이 원하는 어떤 키든 선택할 수 있는 옵션을 갖는다. 또한 우리 대부분은 자연스러운 말과 제스처를 사용해 왔으며, 많은 사람이 수화를 사용하거나 사용하는 것을 보아 왔다. 이러한 방식은 우리가 특정 메시지를 전달하기 위해 광범위한 옵션에서 제스처나 수화를 직접 선택할 수 있기 때문에 직접 선택 기법에 해당한다.

직접 선택 방법

손가락으로 지적하거나 터치하는 직접 선택은 가장 흔한 방법이다. 어떤 사람들은 항목 선택을 위해 광학 포인터, 광선 포인터, 머리 추적기, 눈 추적기 등을 이용한다. 또는 응시(이 장 맨 앞에 제시된 크리스의 이야기 참조)나 말 인식 기법(Fager, Beukelman, Jakobs, & Hossum, 2010)을 사용하기도 한다. 지금부터 우리는 직접 선택 방법들을 간단히 살펴보고자 한다.

신체적 접촉　많은 비전자적 AAC 옵션을 이용하여 사람들은 압력이나 누르기보다는 신체적 접촉(physical contact)으로 항목을 선택한다. 예를 들면, 어떤 사람은 의사소통판(또는 책)을 사용하면서 항목을 터치해 선택 세트에서 항목들을 찾아낼 것이다. 이 경우에는 전자적 활성화가 포함되지 않기 때문에 압력이 필요하지 않다. 새로운 모바일 테크놀로지와 아이패드와 같은 태블릿 컴퓨터는 특정한 지속 시간이나 제스처 움직임을 통한 터치로 활성화된다.

신체적 압력이나 누르기　사람들은 키나 터치 감지 표면을 누름으로써 수많은 AAC 도구들을 활성화할 수 있다. 일반적인 키보드는 전자레인지와 AAC 도구의 터치패드(touch pad, 즉 막 스위치[membrane switch])와 같은 활성화 방식을 필요로 한다. 활성화를 위해 누르기가 요구되는 도구의 경우, 사용자는 주로 손가락이나 발가락 등 몸의 일부나 헤드스틱 또는 손과 팔에 부착된 부목 등 몸에 접착된 도구를 가지고 이를 수행할 것이다. 한 번 눌러서 한 항목만이 활성화되도록 하기 위해, 몸의 일부나 보조기구(예: 헤드스틱)를 움직일 때 이들을 충분히 조절할 수 있어야 한다. 촉진자들은 사용자의 정확한 활성화 강화를 위해 다양한 압력 역치를 사용하여 압력 감지 키와 터치패드를 누르도록 도울 수 있다.

지적하기(비접촉) AAC 옵션을 선택할 때 항상 신체적 접촉이 필요한 것은 아니다. 예컨대, 눈 지적(eye pointing), 눈 추적(eye tracking) 또는 응시(eye gazing)에서 사용자는 의사소통 상대가 자신의 시선을 파악하여 선택된 항목을 확인하기에 충분할 만큼 길게 선택 세트의 한 항목을 바라본다. 지체장애로 인해 말을 할 수 없는 많은 사람들이 비교적 눈은 정확하게 움직일 수 있기 때문에 눈 지적을 사용한다. 또한 눈 지적은 신체적으로 요구량이 많은 옵션의 활용을 막는 빈약한 자세, 만성피로 또는 진행성 질환을 갖고 있는 사람들과 다른 의사소통 기술을 아직 배우지 못한 어린 아동들에 의해서도 종종 사용된다. 일부 비전자적 응시 의사소통 기법은 상당히 발전하였으며 복잡한 부호화 전략을 통합하고 있다(Goossens' & Crain, 1987). [그림 4-6]과 [그림 4-7]은 눈 연결(eye linking) 디스플레이와 응시 의사소통 조끼를 각각 보여 준다.

AAC 전략을 사용하는 사람들은 몇 가지 방식(예: 헤드밴드, 안경 또는 모자; [그림 4-8] 참조)으로 머리에 부착되거나 손에 쥐어진 광학, 광선(또는 레이저) 발생 도구를 사용하여 접촉하지 않고도 항목들을 지적할 수 있다. 이 기술은 하이테크와 로우테크 AAC 옵션 모두에서 사용할 수 있다. 예를 들면, 의사소통판을 사용하는 사람들은 원하는 항목에 광선 빔을 향하게 해서 자신의 선택을 알릴 수 있다. 또한 광학 또는 광선 지적을 통해 전자적 AAC 체계를 활성화할 수 있다. 이러한 기법을 전자적으로 통합한 체계들은 광선 빔이나 광학 센서의 위치를 모니터하고, 그 빔이나 센서가 일정 시간 동안 특정 위치에 머물러 있으면 그 항목을 선택한다. 이러한 기법 사용에 요구되는 두 가지 주요한 운동 근육적 요구는 원하는 항목에 광선 빔을 향하게 하는 능력

다수의 눈 추적 테크놀로지가 AAC 테크놀로지 접근을 위해 개발되어 왔다. 아이맥스(EyeMax; DynaVox), 이코포인트(ECOpoint; Prentke Romich Compnay), 마이 토비(My Tobii; Tobii ATI) 및 아이테크(EyeTech)의 시선 추적 장치들과 퀵 글란스(Quick Glance) 소프트웨어(Eye Tech Digital Systems) 등을 예로 들 수 있다. 일반적으로 이러한 제품들은 눈 움직임에 반응하는 커서 조절을 제공한다. AAC-RERC(Rehabilitation Engineering Research Center on Communication Enhancement) 웹캐스트 '최소한의 움직임만이 가능한 사람들의 의사소통 지원하기(Supporting Communication of Individuals with Minimal Movement)'는 눈 추적 AAC 테크놀로지 사용을 시범해 준다. 부가적인 정보는 참고문헌 뒤에 있는 자료목록의 웹 사이트들을 참고하라.

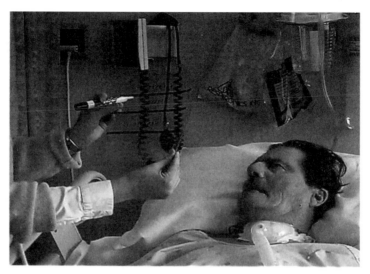

[그림 4-6] 눈 연결 디스플레이

[그림 4-7] 응시 조끼

PCS, DynaVox Mayer-Johnson LLC의 허락하
에 게재함

과 설정된 시간만큼 그러한 지시를 유지하는 능력이다. 광선 포인터나 광학 센서가 주로 머리에 부착되기에, 사용자들이 이들 옵션을 정확하고 효율적으로 사용하기 위해서는 극단적인 떨림이나 무관한 움직임 없이 머리를 조절할 수 있어야만 한다.

　사람들은 또한 직접적인 신체적 접촉 대신에 음파탐지기나 적외선 기술로 선택을 할 수 있다. 컴퓨터 화면 디스플레이 근처에 부착된 수신 장치는 인간의 감각으로는 감지할 수 없는 소리나 적외선 신호를 발생시킬 수 있다. AAC 의존자는 미세한 머리의 움직임만으로도 화면의 상징들에 닿게 되는 이마나 안경에 부착된 센서[주로 '머리 추적기(head tracker)로 불림]'를 착용한다. 이러한 움직임은 선택 세트의 항목을 지시하는 컴퓨터 화면의 커서를 조절한다. 음파탐지기나 적외선 체계에서 요구되는 운동 조절력은 광선을 이용한 지적이나 광학 체계에 요구되는 것과 유사하다.

헤드마우스 익스트림(HeadMouse Extreme, Origin Instruments), 스마트 네이브(SmartNav, NaturalPoint), 애큐포인트(AccuPoint, Invotek, Inc) 등은 머리 움직임으로 조절되는 직접 선택을 위한 음파 또는 적외선 테크놀로지의 예다. 피츠제럴드, 스포사토, 폴리타노, 헤틀링 및 오닐(Fitzgerald, Sposato, Politano, Hetling, & O'Neill, 2009)은 세 가지 밝기 조건에서 머리로 조절되는 세 가지 마우스 에뮬레이터의 수행을 비교하였다. 그 결과 일반적으로는 밝기 조건에 상관없이 각각의 마우스 에뮬레이터는 모두 일관된 수행을 보였다. 그러나 밝기 조건 중 하나에서 수행 정확도에 차이가 나타났다.

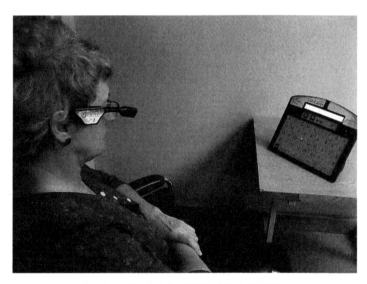

[그림 4-8] 머리에 부착된 레이저 포인터

ZYGO-USA에서 판매하는 GEWA 레이저 포인터
출처: http://www.zygo-usa.com

말 인식   과거에는 말은 할 수 있지만 쓰기나 통상적인 컴퓨터 키보드를 조절할 수 없는 사람들(예: 척수손상)이 주로 음성 인식(voice recognition) 전략을 활용하였다. AAC 분야의 연구자와 개발자들은 경도에서 중도의 왜곡을 보이기는 하지만 지속적으로 말을 산출할 수 있는 사람들의 대체 접근 선택 방식으로 음성 인식을 활용하는 데 초점을 두어 왔다. 이 책이 쓰일 당시 말장애를 지닌 사람들 대상의 말 인식(speech recognition) 전략은 연구의 관심을 상당히 받고 있었다. 그러나 AAC 테크놀로지에 의존하는 사람들을 지원하기 위해 통상적으로 수용되는 상태에까지는 이르지 못하였다(Fager et al., 2010). 따라서 우리는 이 책에서 말 인식 전략을 논의하지 않기로 한다.

직접 선택 활성화 전략

직접 선택 기법을 사용하는 사람이 전자 디스플레이에서 어떤 항목을 선택하려면, 그는 AAC 테크놀로지가 그 항목을 인식하고 유용한 출력 상태로 변환시킬 수 있도록 해당 항목을 활성화해야 한다. AAC 의존자들은 많은 경우에 제한된 운농 조절력을 지니고 있어 대체 활성화 전략을 사용하게 된다. 예를 들면, 일부 사람들은 디스플레이에 손가락이 끌려 자신이 원하지 않는 항목을 활성화하는 경우가 많아서 선택 디스플레이의 입력 키를 단독으로 누를 수가 없다. 다음과 같은 몇 가지 전자 옵션을 통해 이러한 문제들을 보완할 수 있다.

시간이 설정된 활성화   직접 선택을 가능하게 하는 대부분의 전자 AAC 테크놀로지들은 시간이 설정된 활성화(timed activation) 방식을 제공한다. 이러한 전략은 AAC 의존자가 일정 방식(예: 신체적 접촉, 광선이나 레이저 빔 발사, 응시)으로 디스플레이의 항목을 식별한 다음, 그 도구가 선택 항목을 인식하도록 미리 결정되어 있는 시간 동안 접촉(또는 그 위치에 머무르기)을 유지하도록 요구한다. 시간이 설정된 활성화는 사용자로 하여금 마주치는 항목을 활성화하지 않고도 디스플레이 표면 위에서 자신의 손가락, 헤드스틱, 광선, 커서 등을 움직일 수 있도록 해 준다. '머무는 시간(dwell time)'의 길이는 사용자의 능력과 상황에 따라 다를 수 있다. 이 전략의 분명한 장점은 부주의에 의한 활성화와 사용자에게 요구되는 운동 조절의 부담을 줄여 주는 데 있다.

해제 활성화   해제 활성화(release activation)는 전자 AAC 테크놀로지에서 이용할 수 있는 또 다른 활성화 전략이다. AAC 의존자들은 몸의 일부나 부목과 같은 보조도구의 도움을 받아 직접적인 신체 접촉으로 디스플레이를 조절할 수 있을 경우에 해제 활성화 전략을 사용할 수 있다. 예를 들면, 이 전략은 사용자가 디스플레이에 손가락을 갖다 대고 원하는 항목에 도달할 때까지 접촉을 유지해야 한다. 사용자가 디스플레이와 직접적인 접촉을 유지하는 동안에는 선택이 이루어지지 않기 때문에 디스플레이상 어디에서든지 자신의 손가락을 움직일 수 있다. 항목을 선택하려면 사용자는 자신이 원하는 디스플레이의 어떤 이미지(상징)에서 접촉을 해제하면 된다. 접촉시간은 개인의 능력과 요구에 따라 조정될 수 있다. 이 전략의 장점은 사용자로 하여금 손의 안정성을 유지하면서 디스플레이를 사용하도록 해 주며, 너무 느리거나 비효율적으로 움직여서 시간이 설정된 활성화 전략으로는 이득을 얻을 수 없는 사용자의 오류를 최소화한다는 데 있다.

여과 또는 평균화된 활성화 어떤 AAC 의존자들은 디스플레이의 일반적인 영역은 선택할 수 있으나 특정 항목을 선택하기 위해 요구되는 접촉을 안정적으로 충분히 유지하는 데 어려움을 겪는다. 다시 말해, 선택능력이 제한적이어서 적은 활성화 시간만으로는 항목을 충분히 다룰 수가 없다. 이들은 종종 머리에 부착된 광선이나 광학 포인터 등을 사용할 수는 있지만 선택에 필요한 만큼의 머리 움직임을 정확히 조절할 수 없는 사용자들이다. 여과 또는 평균화된 활성화(filtered or averaged activation) 전략을 제공하는 테크놀로지는 포인터가 각 항목에 머문 시간의 양을 감지함으로써 특정 항목과 동떨어진 간단한 움직임을 '허용'(즉, 무시)한다. 도구는 금세 축적된 정보를 평균화하고 광선이나 광학 포인터가 가장 오래 지적한 항목을 활성화한다. 촉진자들은 이러한 체계를 개별화하기 위해 활성화 이전에 소요된 시간의 양을 설정해 놓을 수 있다.

AAC가 필요한 사람을 위해 접근 방법을 결정할 때에는, 접근 특성과 사용할 사람의 능력을 일치시킬 수 있도록 신중을 기해야 한다. 모바일 테크놀로지용 일부 AAC 앱들은 위에서 논의한 접근 옵션들을 제공하기도 한다.

스캐닝

AAC 테크놀로지를 필요로 하는 사람 중에는 선택 세트에서 항목을 직접 선택할 수 없는 경우가 있다. 이러한 무능력의 원인은 다양하지만, 가장 일반적인 이유는 운동 조절력 부족이다. 이 경우에는 선택 세트의 항목이 촉진자(즉, 훈련된 의사소통 상대)나 미리 구성된 전자 테크놀로지에 의해 제시될 수 있다. 사용자는 촉진자나 전자도구가 선택 항목에 도달하기 위해 관련 없는 항목을 지나칠 때 이를 무시하고 기다려야 한다. 원하는 항목이 나타났을 경우, 사용자는 그것을 어떤 방식으로든 알려야 한다. 이러한 유형의 항목 선택을 '스캐닝(scanning)'이라고 한다. 전형적으로, AAC 도구에 포함된 스캐닝 접근에 의존하는 사람들은 스위치 활성화로 원하는 항목을 받아들인다. 뷰켈먼, 개릿 및 요크스턴(Beukelman, Garrett, & Yorkston, 2007, 서식 4.3 참조)은 다양한 스위치를 기술하고 설명하였다.

2010년, 볼(Ball)과 동료들은 AAC에 의존하는 사람들이 10년 전에 비해 스캐닝 접근을 훨씬 덜 선택하는 반면, 머리추적이나 눈추적 접근 전략을 훨씬 더 많이 선택한다는 인상을 받았다고 언급하였다. AAC 디스플레이를 스캐닝하는 데 대한 인지적 부담이 크고 그로 인한 학습 요구 또한 상당하다. 그럼에도 불구하고 우리는 지금부터 스캐닝 선택에 대한 여러 측면들을 논의하고자 한다.

스캐닝 형태

선택 세트의 항목을 어떤 형태로 제시할 것인가 하는 점은 스캐닝의 중요한 특성 중 하나다. AAC 의존자의 의도와 촉진자의 행위나 도구가 부합되도록 하기 위해서는 선택 세트의 항목들이 체계적으로 또한 예측 가능한 방식으로 식별되어야 한다. 스캐닝과 관련된 선택 세트의 주요한 세 가지 형태는 원형, 선형 및 집단-항목형 기법이다.

원형 스캐닝   원형 스캐닝(circular scanning)은 전자 도구들이 선택 세트의 항목을 제시하기 위해 사용하는 가장 단순한 형태다([그림 4-9] 참조). 사용자가 스캐너를 멈추고 원하는 항목을 선택할 때까지 도구 자체가 원형 안에 있는 개별 항목을 제시해 주며 자동으로 한 번에 한 항목씩 훑어 준다. 스캐너는 주로 시계의 초침처럼 쭉 훑고 지나가거나 선택 세트의 각 항목에 다가가면 개별적으로 발광하는 형태를 취한다. 원형 스캐닝은 시각적으로 부담이 되지만 인지적으로는 배우기가 비교적 쉽기 때문에 아동이나 AAC에 의존하여 의사소통을 시작하는 사람들에게 주로 처음 소개된다. 혼과 존스(Horn & Jones, 1996)는 원형 스캐닝과 관련된 4세 아동에 대한 사례 보고서를 발표하였다. 이들 연구자는 스캐닝이 더 적절한 옵션이라는 평가 정보에도 불구하고, 이 아동에게는 헤드라이트 지적을 통한 직접 선택이 스캐닝에 비해 더 쉬움을 발견하였다.

선형 스캐닝   시각적인 선형 스캐닝(linear scanning)에서는 항목이 선택될 때까지 첫째 줄의 각 항목, 둘째 줄의 각 항목, 그다음 줄의 각 항목으로 커서나 화살표가 이동하게 된다. [그림 4-10]은 세 줄에 걸쳐 선택 세트 항목이 배열되어 있는 시각 디스플레이를 보여 준다. 청각 디스플레이에서는 선택이 이루어질 때까지 합성된 말이나 촉진자를 통해 사용자에게 선택 세트의 항목이 한 번에 한 항목씩 들려진다. 예를 들

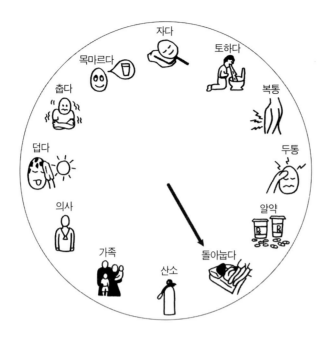

[그림 4-9] 집중치료실 환자의 원형 스캐닝 디스플레이

면, 촉진자는 AAC 의존자가 예라고 말할 때까지 '오늘 어떤 셔츠 입고 싶어요?', '빨간 셔츠?', '파란 셔츠?', '줄무늬 셔츠?', '보라와 초록이 섞여 있는 셔츠?'와 같이 물을 것이다. 선형 스캐닝은 원형 스캐닝에 비해 요구는 많지만 간단하면서도 배우기가 더 쉽다. 그럼에도 불구하고, 항목이 특정 순서로 한 번에 하나씩 제시되기 때문에 선택 세트가 많은 항목을 포함할 경우에는 비효율적일 수 있다.

라이트(Light, 1993)는 5세의 중도 중복 지체장애아동에게 자동적인 선형 스캐닝을 가르치고자 발달에 기초한 교수 프로토콜을 적용한 사례연구를 발표하였다. 이전에

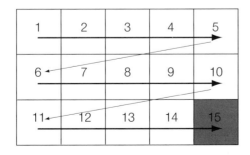

[그림 4-10] 세 줄 상징의 선형 스캐닝 디스플레이

아동은 운동 조절에 주로 초점을 둔 교수를 통해 스캐닝 기술을 배우는 데 실패하였다. 스캐닝과 관련된 수행 결과를 분석해 보면 자동적인 선형 스캐닝에 요구되는 과제는 커서를 목표 상징에 관련시키고 스위치를 선택과정에 관련시키는 협응이 필요함을 알 수 있다. 따라서 이 아동에게 과제에 대한 부분적 표상(스위치를 선택과정과 관련짓기)에서 벗어나 스캐닝 기법 사용에 대한 표상으로 진전을 시켰더니 교수 효과가 나타났다.

　집단-항목형 스캐닝　　AAC 테크놀로지 설계자들은 스캐닝의 효율성을 높이기 위한 노력으로 수많은 집단-항목형 스캐닝(group-item scanning) 접근법을 개발하였다. 집단-항목형 스캐닝은 마지막 선택이 이루어질 때까지 항목들로 이루어진 집단을 찾아낸 다음 점차적으로 옵션을 제거하는 것이다. 예를 들면, 소리를 통한 집단-항목형 스캐닝에서는 도구나 촉진자가 '음식 항목을 원하세요?', '음료 항목을 원하세요?', '개인위생 항목을 원하세요?'와 같은 질문을 할 수 있다. 특정 집단이 선택되면 도구나 촉진자는 해당 집단에 포함된 옵션의 목록을 또다시 열거해 준다. 예를 들어, 사용자가 음료 항목을 선택하였다면 촉진자는 선택이 이루어질 때까지 '물?', '탄산음료?', '차?', '맥주?' 등으로 물을 수 있다. 이러한 과정은 촉진자가 처음에 음식 항목의 목록을 모두 스캐닝해 준 다음 선택이 이루어질 때까지 음료 항목을 다시 스캐닝해 주는 것보다 더 효율적일 것이다.

　가장 일반적인 시각적 집단-항목형 전략은 줄-칸형 스캐닝(row-column scanning)이다([그림 4-11] 참조). 시각적 디스플레이의 각각의 줄은 하나의 집단이다. 사용자가 목표 항목을 포함한 줄을 선택할 때까지 각각의 줄이 전자적으로 두드러지게 된다. 해당 줄이 선택되고 나면, 원하는 특정 항목에서 스캐닝이 멈춰질 때까지 그 줄에 포

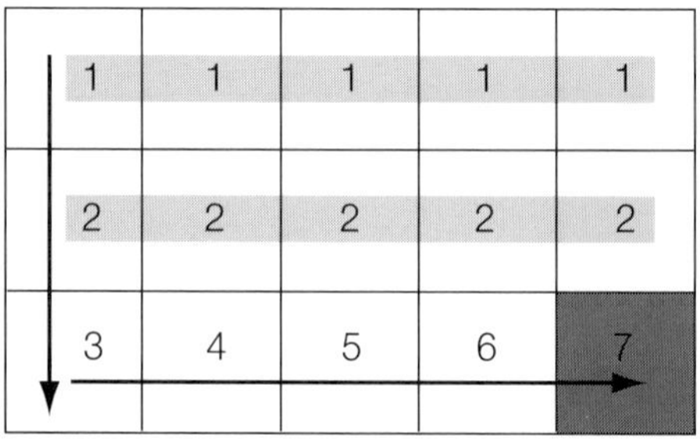

[그림 4-11] 줄-칸형 스캐닝 디스플레이

함된 개별 항목들이 한 번에 하나씩 두드러지게 된다.

　줄-칸형 스캐닝의 다양한 변형도 존재한다. 효율성을 증가시키기 위해 선택 세트에 많은 항목을 포함하는 정교한 AAC 테크놀로지는 종종 집단-줄-칸형 스캐닝을 사용하는데, 이는 줄-칸형 스캐닝의 흔한 변형이다. 집단-줄-칸형 스캐닝은 세 가지 선택을 필요로 한다. 먼저, 전체 디스플레이가 두세 집단을 두드러지게 해 준다. 사용자가 어느 한 집단을 식별하면(예: 화면의 상단에 있는 집단) 그 집단의 각 줄이 스캐닝된다. 사용자가 어느 한 줄을 선택하면 스캐닝 형태는 해당 줄의 각 항목을 두드러지게 하는 것으로 바뀌게 된다. 마지막으로 사용자는 그 줄에서 자신이 원하는 항목을 찾아내면 된다.

스캐닝의 타이밍과 속도

　스캐닝의 형태뿐 아니라 속도와 타이밍도 개인의 신체적, 시각적, 인지적 능력 등에 따라 개별화되어야 한다. 비전자 스캐닝이 사용될 경우, 촉진자는 사용자의 요구에 따라 느리거나 빠르게 의사소통 디스플레이(예: 알파벳 또는 의사소통판)의 항목을 들려주거나 지적해 줄 수 있다. 촉진자는 주로 개인의 반응 패턴을 관찰하여 스캐닝의 속도를 조절할 수 있다. 그러나 전자 도구가 사용될 경우에는 촉진자가 스캐닝 과정에 참여하지 않기 때문에 스캐닝의 속도는 사용자에 맞게 개별화되어야 한다. 대부분의 전자 AAC 테크놀로지는 개별 사용자의 요구에 맞도록 충분한 스캐닝 속도 옵션들을 제공한다.

선택 조절 기법

　청각 스캐닝이나 전자 시각 스캐닝을 사용하는 사람들은 도구 자체가 디스플레이 항목을 체계적으로 스캐닝해 주는 동안 원하는 항목을 선택할 수 있어야 한다. 일반적으로 유도적(역) 스캐닝, 자동적(일반적 또는 중단) 스캐닝, 단계적 스캐닝의 세 가지 선택 조절기법이 사용된다.

　유도적(역) 스캐닝　　유도적 스캐닝(directed scanning)에서는, 사용자가 마이크로 스위치를 활성화(즉, 누름)할 때 지시기나 커서가 움직이기 시작한다. 스위치가 활성화되는 한 지시기는 미리 설정된 스캐닝 형태(예: 원형, 선형, 줄-칸형)에 따라 움직인다. 스위치를 놓으면 선택이 이루어진다. 유도적 스캐닝은 주로 스위치 활성화에 어려움을 보이지만, 일단 활성화가 이루어지면 이를 유지하고 스위치를 정확하게 떼어 놓을 수 있는 사람들에게 특히 유용하다.

자동적(일반적 또는 중단) 스캐닝   자동적 스캐닝(automatic scanning)에서는 사전에 설정된 형태(예: 원형, 선형, 줄-칸형)에 따라 지시기나 커서가 자동적으로 계속 움직인다. 선택을 하려면 원하는 집단이나 항목에 지시기를 멈출 수 있도록 스위치를 활성화해야 한다. 이러한 스캐닝 형태는 스위치를 정확하게 활성화할 수 있으나 활성화를 유지하거나 스위치 누르기를 멈추는 데 어려움을 갖는 사람들에게 특히 유용하다. 또한 이러한 스캐닝 형태는 디스플레이를 소리로 제시할 때에도 사용된다. 예를 들면, 사용자가 보기 원하는 영화 제목을 선택할 때까지 촉진자가 영화 제목을 계속 말해 주는 경우가 이에 해당된다.

단계적 스캐닝   단계적 스캐닝(step scanning)에서는 스위치의 활성화를 위해 지시기나 커서가 사전에 설정된 선택 형태에 따라 한 번에 한 단계(즉, 한 집단이나 항목)씩 움직인다. 다시 말하면, 커서의 움직임과 스위치 활성화 간에는 일대일 대응관계가 성립한다. 특정 항목을 선택하기 위해 사용자는 일정 시간 동안 스위치의 활성화를 멈추거나 제시된 항목의 선택을 나타내는 두 번째 스위치를 활성화하면 된다. 단계적 스캐닝은 운동 조절이나 인지 능력의 제한이 심한 사람들 혹은 전자 스캐닝 조작을 처음 배우는 사람들이 종종 사용한다. 단계적 스캐닝은 반복적이고 빈번한 스위치 활성화를 필요로 하기 때문에 복잡한 AAC 테크놀로지에 활용될 경우 사용자는 자주 피로감을 느끼게 된다.

피드백

의사소통 체계가 제공하는 피드백(feedback)의 두 가지 주요한 목적은 ① AAC 의존자에게 선택 디스플레이에서 특정 항목이 선택되었음을 알리고(활성화 피드백), ② AAC 의존자에게 구성되었거나 선택된 메시지 정보를 제공하기(메시지 피드백) 위함이다. 어떤 의사소통 도구들은 피드백을 전혀 제공하지 않고, 어떤 도구들은 앞에서 언급한 피드백 중 어느 하나만을 제공하기도 하며, 두 가지 피드백을 모두 제공하는 도구들도 있다. 피드백은 시각적, 청각적, 촉각적 또는 자기 수용적 형태일 수 있다.

활성화 피드백

리와 토머스(Lee & Thomas)는 활성화 피드백(activation feedback)을 "입력장치가 활성화되자마자 사용자에게 되돌아오는 정보"라고 정의하였다(1990, p. 255). 이 피드백은 활성화가 이루어졌음을 사용자에게 알려 주기는 하지만, 어떤 상징이나 메시지가 선택되었는지에 대한 정보를 제공하지 않는다는 점에서 메시지 피드백과 다르다. 일반적으로 테크놀로지를 조작하는 사람에게는 유용한 정보지만, 의사소통 상대에게는 아무런 정보를 제공해 주지 않는다는 점에서 출력(output)과 다르다.

활성화 피드백은 사용자가 능력을 지니고 있는 감각 양식으로 제공되어야 한다. 청각적 활성화 피드백은 전자 의사소통 도구에 의해 산출되는 '삑' 소리나 '찰칵' 소리 또는 기타의 소리로 제공된다. 비전자 디스플레이들은 청각적 활성화 피드백을 제공하지 않는다. 반면에 전자 의사소통 도구의 시각적 활성화 피드백은 스위치가 활성화된 후 불이 들어오거나, 후면 발광 디스플레이 위에 어떤 영역이나 상징이 갑자기 나타나는 것으로 제공될 수 있다. 비전자 디스플레이에 의한 시각적 활성화 피드백은 도구와 접촉한 사용자의 신체 부위를 바라보는 것으로 이루어질 수 있다. 또한 전자 도구나 비전자 도구의 촉감 상징 표면과의 접촉은 촉각적 활성화 피드백을 제공해 준다. 마지막으로, 자기 수용적 활성화 피드백은 압력 역치가 초과되었을 때 움직이는 저항 표면(즉, 스위치나 키)에 압력을 가했을 때 얻어진다. 수화나 제스처를 사용하는 사람들 또한 공간 속에서 자신의 손이 차지하는 위치와 손의 움직임을 통해 자기 수용적이고 운동 감각적인 피드백을 얻는다.

메시지 피드백

메시지 피드백(message feedback)은 상징이나 메시지가 구성되고 난 후 그에 대한 정보를 제공해 주는 것이다. 활성화 피드백과 달리 메시지 피드백은 부차적으로 중요한 요인이지만 의사소통 상대에게는 유용할 수 있다. 예를 들면, 타자되는 각 문자들을 합성된 음성으로 되풀이해 주는 키보드로 의사소통할 경우에 들리는 음성적 되풀이는 사용자에게 메시지 피드백을 제공하는 것이다. 이러한 음성적 되풀이는 또한 의사소통 상대들이 그것을 듣고 또 들은 것을 선택한다면 출력으로 소용될 수 있다. 물론 이것이 음성적 되풀이의 주된 목적은 아니다. 마찬가지로 대부분의 역동적 디스플레이 도구들은 연속적으로 상징이 활성화되는 화면 디스플레이 형식을 통해 AAC 테크놀로지를 사용하는 사람에게 메시지 피드백을 제공한다.

활성화 피드백처럼 메시지 피드백도 청각적, 시각적, 촉각적 또는 자기 수용적 방식으로 제공될 수 있다. 청각적 메시지 피드백의 경우, 전자 도구에서는 키의 반향(예: 철자 상징을 사용할 경우 말 합성기가 활성화된 각 알파벳 문자를 알려 주는)이나 낱말·구절 반향(예: 말 합성기가 산출된 메시지에 포함된 개별 낱말이나 구절을 말해 주는)의 형태로 제공될 수 있다. (도구 사용 여부와 상관없이) 비전자 디스플레이에서는 산출되거나 선택된 문자, 낱말 또는 구절을 의사소통 상대가 다시 들려줌으로써 청각적 메시지 피드백(때때로 대화 상대의 재청자화, partner reauditorization로 불림; Bedrosian, Hoag, Calculator, & Molineux, 1992)을 제공한다.

시각적 메시지 피드백은 선택된 문자, 낱말 또는 구절들이 컴퓨터 화면에 디스플레이 되는 것과 같이 전자 도구로 제시될 수 있다. 수많은 의사소통 도구와 소프트웨어 제품들이 선택된 상징들을 연속적으로 화면에 제시해 주는 메시지 피드백을 제공한다. 일반적으로 비전자 의사소통 도구의 시각적 메시지 피드백은 활성화 피드백과 동일하다. 즉, 사용자가 자신이 산출한 상징을 바라보는 것이다. 시각장애인들이 사용하는 쓰기 도구 외에 AAC 앱들은 촉각적 메시지 피드백과 자기 수용적 메시지 피드백을 제공하지 않는다.

메시지 출력과 입력

우리 모두와 마찬가지로 AAC에 의존하는 사람들도 의사소통이 이루어지는 동안 메시지의 제공자이면서 또한 수용자다. 지금부터 사용되는 '메시지 출력(message output)'이라는 용어는 사람들이 자신의 대화 상대에게 전하는 정보를 의미한다. 이러한 메시지 출력방식의 예로는 합성된 말, 인쇄물, 제스처, 수화, 비전자 도구 상징 등을 들 수 있다. 반대로 '메시지 입력(message input)'이라는 용어는 사람들이 다른 사람들로부터 받는 정보를 말한다. 메시지 입력은 쓰이거나 인쇄된 자료(예: 문자, 메모) 또는 수화의 형태를 띠기도 하지만 주로 말, 제스처, 발성(대다수 대화 상대들이 장애를 지니지 않은 것으로 가정하면서) 등의 형태를 취한다(제15장, 제16장 참조).

앞서 논의되었던 피드백과 메시지의 입력 및 출력을 구분하는 것은 중요하다. 피드백은 메시지 구성이 끝나고 제공되기보다는 주로 메시지가 구성되는 동안 제공되는 것이다. 선택되고 있는 항목을 알려 주며 경우에 따라 선택된 항목에 대한 정보를 제공하기도 한다.

사람에 따라 받는 메시지의 입력방식이 보낸 메시지의 출력방식만큼 중요한 중재의 관심사일 수 있다. 그 예로 뷰켈먼과 개릿에 따르면, "실어증 성인의 청각적 수용 문제의 발생률(incidence)이 높기에"(Beukelman & Garrett, 1988, p. 119) 이들은 말뿐만 아니라 제스처, 그림 또는 쓰기 형태의 입력 보완을 필요로 할 수 있다고 한다. 인지, 감각, 언어처리 등의 장애를 지닌 사람들(예: 지적장애, 외상성 뇌손상) 또한 입력 보완 기법을 필요로 하거나 이를 통해 도움을 얻을 수 있다. 지금부터 AAC 앱들에서 사용하는 메시지 입력과 출력의 주요 유형을 일반적인 특성과 요구되는 학습 및 수행 능력 차원에서 살펴보고자 한다.

합성음성

합성음성 테크놀로지는 지속적으로 발전하고 있다. 한때 로봇 말처럼 거의 알아들을 수 없는 영어를 산출하는 도구 사용 외에 선택의 여지가 없었던 사람들이 이제는 수십 개 언어로 된 자연스러운 남자, 여자 또는 아동 목소리를 선택할 수 있게 되었다. 이 책은 이들 새로운 음성의 명료성이나 수용 가능성에 대한 최소한의 정보만을 제공한다. 이들 음성의 특성에 대해 알고자 하는 독자는 연구 보고서들을 살펴보는 것이 좋을 것이다. 제품을 판매하는 회사들은 제품의 샘플을 웹 사이트로 제공한다. 지금부터 우리는 합성음성(synthesized speech)의 주요 유형에 대해 기술할 것이다.

음성 테크놀로지에 대한 연구는 Augmentative and Alternative Communication, Assistive Technology, International Journal of Speech Technology 등의 학술지에서 찾을 수 있다.

합성음성의 유형

텍스트 음성 변환   AAC 도구에서 합성된 음성을 산출하는 데 사용되는 흔한 방법은 텍스트를 음성으로 바꿔 주는 것이다. 일반적으로 이 접근은 세 단계의 처리 과정을 거친다. 먼저, AAC 도구에 입력되거나 메모리에서 재생된 텍스트(낱말이나 문장)가 음소(phonemes)와 이음(allophones)으로 변형된다. 다음으로 AAC 도구는 해당 텍스트의 음성적 표상과 일치하는 디지털 음성 신호를 생성하기 위해 저장된 음성 자료를 활용한다. 마지막으로 AAC 도구는 그 디지털 신호를 듣는 사람이 해석하고 이해할 수 있는 아날로그 음성 파형으로 전환시킨다.

규칙에 따라 생성된 음성은 발음, 예외 발음, 말소리의 억양, 강세 등의 규칙을 나타내는 유연한 수학적 알고리즘을 수반한다. 일반적인 텍스트 음성 변환(text-to-speech) 앱들에서 알고리즘은 텍스트의 음성적 표상을 반영하는 말소리들을 산출한다. 도구는 디지털 형식의 음성 자체를 저장하는 것이 아니라 규칙에 근거한 알고리즘을 통해 각각의 발화를 위한 음성을 생성한다. 이러한 앱들에서 사용하는 알고리즘에 대한 자세한 논의는 이 책의 범위를 벗어난다(자세한 정보는 Venkatagiri & Ramabadran, 1995를 참조하라).

텍스트 음성 변환의 두 번째 유형은 음성 산출을 위해 다이폰에 기초한 전략(diphone-based strategies)을 사용하는 것이다. 다이폰은 일반인에 의해 녹음된 매개 낱말(carrier words)들에서 발췌되기 때문에, 결과적으로 산출되는 음성은 전통적인 텍스트 변환 음성보다 더 자연스러울 것으로 기대된다. 새로운 다이폰 음성이 정기적으로 소개되고 있으나, 이러한 발달을 추적하는 것은 이 책의 범위를 벗어나는 것이다.

말을 잃기 전에 자신의 목소리를 녹음한 후 그 샘플을 사용하는 음성합성 모델을 만듦으로써 텍스트 음성 변환을 통한 말소리를 개별화하는 데 대한 관심이 늘고 있다. 이러한 방식을 사용하면, 음성합성기에서 산출되는 음성이 자신의 목소리와 비슷할 것이다. 이러한 전략이 AAC 테크놀로지에서 흔하게 될지 아닐지는 두고 봐야 한다.

디지털 음성   파형 부호화(waveform coding)라고도 불리는 디지털 음성(digitalized speech)은 AAC 테크놀로지에서 사용되는 전자 음성의 또 다른 유형이다. 이 방법은 주로 녹음되고 저장되어 재생되는 자연스러운 말소리로 구성된다. 디지털 음성에서 음성 출력의 역할에 관심이 있는 사람들을 위해, 2003년에 발행된 「보완대체의사소통 학회지」 3월호는 훌륭한 요약 논문들(Blischak, Lombardino, & Dyson, 2003; Koul, 2003; Schepis & Reid, 2003; Schlosser, 2003d)을 수록하였다.

는 자연스러운 말이 마이크로 녹음되어 일련의 필터와 디지털-아날로그 변환기를 통해 전달된다(Cohen & Palin, 1986). 이러한 음성이 재생되면 원래 입력된 말과 비슷한 모사가 된다. 디지털 음성은 낱말이나 메시지 형태로 저장되고 한 낱말이나 메시지로 재생되어야 한다. 따라서 텍스트를 음성으로 전환하기 위해 사용될 수는 없다.

디지털 음성의 명료도와 관련된 연구는 많지 않다. 말을 녹음한 것이기 때문에 디지털 음성의 명료도는 말 명료도에 뒤지지 않을 것이라 가정되어 왔다. 그러나 실제로 연구자와 임상가들은 항상 그런 것이 아님을 알고 있다. 이러한 명료도의 차이는 디지털-아날로그 변환기의 질, 재생 기제, 특정 체계에서 더 나은 음성을 산출하는 그 밖의 다른 요소들로 인해 나타날 수 있다. 그러나 이러한 평가는 앞으로 이루어질 비교연구들을 기대해 봐야 하는 상황이다.

합성음성의 장점과 단점

명료한 합성음성이 갖는 주된 장점은 다음과 같다. 첫째, 출력에 대한 판단이 구어에 대한 이해능력만을 요구하기 때문에 의사소통에서 대화 상대가 갖는 부담을 크게 줄일 수 있다. 둘째, 의사소통 상대에게 비교적 친숙하고 당황스럽지 않은 방식으로 정보를 제공해 준다. 셋째, (구어를 이해하는 한) 문어를 모르는 대화 상대 및 시각장애인과도 의사소통이 가능하다. 넷째, AAC 의존자가 몇 가지 다른 방식들로 상대방의 주의를 끌지 않아도 메시지를 전할 수 있다. 다섯째, 원거리 의사소통이 가능하다. 전화를 통한 의사소통 또한 합성음성의 사용으로 강화될 수 있다. 일례로 드래거, 휴스태드와 게이블(Drager, Hustad, & Gable, 2004)은 일반인들이 45세 뇌성마비 여인의 말(85%의 명료도를 보인)보다 오디오 스피커와 전화로 들리는 합성음성을 더 잘 이해했다고 보고하였다.

양질의 합성음성 출력이 갖는 장점을 구체적으로 설명하자면, 30명으로 구성된 일반 유치원 교실에 통합된 중도 장애소년인 아마드(Ahmad)를 예로 들 수 있다. 그는 수용언어 기술이 제한적이었으며 말을 못했다. 그가 만일 수화와 같은 비도구적 상징이나 의사소통판과 같은 로우테크 도구를 사용한다면, 선생님과 친구들은 그 체계에 포함된 상징을 사용하고 이해하는 법을 배워야만 할 것이다. 또한 아마드가 의사소통판을 사용한다면, 그가 메시지를 전할 때 의사소통 상대는 디스플레이의 상징을 볼 수 있도록 가까이에 있어야만 할 것이다. 자 이제, 아마드가 디스플레이의 상징을 터치할 경우 양질의 합성음성이 출력되는 AAC 도구를 사용한다고 상상해 보라. 그의 선생님과 친구들은 출력에 대한 수용과 이해에 요구되는 학습 부담이 크게 줄어들 것이고, 그가 도구의 볼륨을 충분히 조절할 수만 있다면 교실 어디에서든 의사소통을 할 수 있을 것이다.

음성 산출은 몇 가지 단점을 또한 지니고 있다. 합성음성이나 디지털 음성이 매우 명료할 때조차도 소음 환경 속에 있는 청각장애인이나 모국어 화자가 아닌 경우에는 이를 듣고 이해하는 데 어려움을 겪을 것이다. AAC 팀은 개개인에 따라 어떤 음성 산출 옵션이 가장 적절한가를 결정하기에 앞서 이러한 제한점들을 개별적으로 고려해야 한다. 일반적으로, 특정 옵션의 제한점은 구입을 추천하는 마지막 결정이 이루어지기에 앞서 해당 도구를 시용해 보는 동안 드러난다. 다행스러운 것은 합성음성의 명료도와 질이 계속 나아지고 있다는 점이다.

시각적 출력

합성음성의 질이 향상됨에 따라, AAC 분야에서 주된 출력방법이었던 시각적 출력(visual output)은 보조적인 것으로 변해 가고 있다. 일반적으로 시각적 출력은 청자가 합성된 말이나 자연스러운 말을 이해하지 못할 경우 메시지를 명료하게 하는 데 도움이 된다. AAC 도구가 컴퓨터 출력 화면을 갖고 있다면 청자는 명료화나 메시지 재구성을 자주 요구하지 않을 것이다(Higginbotham, 1989). 시각적 출력은 청각장애인, AAC 의존자 및 사용자의 체계에 익숙하지 않은 사람 또는 합성음성이 불분명한 시끄러운 환경에서 의사소통하는 사람들에게 특히 중요하다. 또한 AAC를 사용하는 많은 사람들은 일반 사람들이 하는 것과 같은 방식—편지 쓰기, 숙제 완성, 메모 남기기, 목록 만들기, 일기 쓰기—으로 시각적 출력을 활용한다.

AAC 팀은 종종 상징 세트, 접근방식 및 부호화 기법 등을 선택하기 위해 전자 도구들이 부차적으로 제공하는 시각 디스플레이의 유형을 고려해 왔다. 그러나 많은 선택들이 이용 가능하게 되고 고정된 AAC 컴퓨터 디스플레이들이 학교와 직업 환경에서 점점 더 일반적이게 됨에 따라, 시각 디스플레이의 선택에 관한 정보는 도구 선택과 더욱 밀접한 관련을 갖게 되었다. 그러나 AAC 도구에 사용되는 시각 테크놀로지에 대한 자세한 논의는 이 책의 범위를 벗어난다(시각 화면에 대한 논의는 Cook & Polgar, 2008 참조).

인쇄 출력

프린터는 종이 위에 영구적인 '인쇄물(hard copy)'을 제공해 주는 것으로 의사소통 도구의 일부이거나 부속품일 수 있다. 많은 의사소통 도구가 일반 프린터와 연결되거나 휴대용 소형 프린터와 접속될 수 있다. 프린터는 다양한 용지와 폰트로 전면(full-page), 확장된 종렬(wide-column), 띠 형태(strip) 등의 출력을 가능하게 해 준다. 몇몇 소프트웨어와 하드웨어의 결합 또한 비철자 상징(nonorthographic symbols)으로 이루어진 메시지를 출력할 수 있게 해 준다. 한 예로 매킨토시 컴퓨터는 보드메이커(Boardmaker)와 스피킹 다이내미컬리 프로(Speaking Dynamically Pro, Mayer-Johnson, Inc.) 같은 소프트웨어 프로그램을 사용하여 PCS 상징들을 보여 주고 인쇄할 수 있으며, 블리스심벌은 스토리블리스(StoryBliss)와 엑세스블리스(AccessBliss) 같은 프로그램을 사용하여 인쇄할 수 있다(McNaughton, 1990a, 1990b).

컴퓨터 화면 메시지

컴퓨터가 산출하는 메시지는 피드백과 출력용으로 AAC 테크놀로지에서 널리 사용된다. 이러한 테크놀로지는 철자 상징과 특별한 목적으로 개발된 상징들을 모두 처리할 수 있다. 다양한 테크놀로지 덕분에 컴퓨터가 산출하는 상징들이 화면에 나타날 수 있게 되었다(자세한 정보는 Cook & Polgar, 2008 참조).

비도구적 상징

제스처와 수화 같은 비전자 출력 형태는 대화에 참여한 화자와 청자 모두의 기억력을 필요로 한다. 영구적인 디스플레이가 이용 가능하지 않기 때문에 제스처나 수화는 모두 화자의 기억에서 산출되고 청자의 기억에서 처리되어야 한다. 기억손상을 지닌 사람들(예: TBI)이나 오래 지속되지 않는 정보를 처리하는 데 문제를 지닌 사람들(예: 자폐; Mirenda, 2003b)에게는 이러한 과제가 매우 어려울 것이다. 많은 연구자와 임상가들은 기억장애를 지닌 사람들을 위한 해결책으로 영구적인 디스플레이를 겸비한 도구 체계의 사용을 장려해 왔다.

비도구적 상징의 출력에 대한 또 다른 주요 관심 사항 중 하나는 상징을 이해하는 사람들이 상대적으로 적다는 점이다. 예를 들면, 일반인은 ASL의 10~30%, 아메린드(Amer-Ind) 제스처의 50~60%만을 추측할 수 있다(Daniloff, Lloyd, & Fristoe, 1983; Doherty, Daniloff, & Lloyd, 1985). 따라서 누군가가 낯선 사람들에게 비도구적 상징만을 산출한다면, 그들은 대부분 통역해 줄 사람을 필요로 할 것이다. 결국, 도구적 상징과 비도구적 상징을 통합한 다중방식 체계가 이러한 딜레마를 해결하는 데 도움이 된다.

도구적 상징

도구적 상징을 사용하는 비전자 AAC 도구에서는 의사소통 상대가 상징 세트 자체와 직접적으로 상호작용하게 된다. AAC 의존자가 선택지의 상징을 식별하면, 대화 상대는 메시지를 구성하고 종종 피드백으로 그것들을 큰소리로 말해 준다. 낯선(즉 반투명 또는 불투명) 상징들이 의사소통 체계의 메시지 구성에 사용될 때면 그 메시지를 이해해야 할 의사소통 상대들은 어색함을 느낄 것이다. 잠재적으로 문제가 되는 도구적 상징에는 임의적으로 의미가 부여된 촉감 상징, 제3장에서 논의한 선화 세트에서 뽑은 그림 상징, 블리스심벌, 철자 상징, 추상적 단어 문자, 점자 및 모스 부호 같은 기타 상징들이 포함된다. 따라서 도구적 상징 출력의 이해 가능성을 최대화하기 위해, AAC 팀은 읽고 쓸 수 있는 의사소통 상대에게 도구적 상징 메시지에 대한 해석 글을 동시에 제공해 주는 체계를 자주 선택한다. 반면에 읽고 쓸 줄 모르는 의사소통 상대와의 상호작용을 촉진해야 하는 경우, AAC 팀은 합성음성 출력이 가능한 다중방식 AAC 체계를 선택할 것이다.

비전자 AAC 옵션이 제공하는 출력의 또 다른 문제는 디스플레이에 대한 의사소통 상대의 주의집중과 관련이 있다. 책, 판 또는 그 밖의 로우테크 디스플레이를 이용하여 의사소통할 경우, 사람들은 먼저 의사소통 상대의 주목을 끌어야 한다. 주의 요청을 받은 의사소통 상대는 메시지 상징을 보여 주는 판, 책, 도구 등을 보기 위해 AAC 의존자를 향해 다가가거나 몸을 돌려야 한다. 마지막으로 의사소통 상대는 메시지 출력을 보기에 충분한 감각을 지니고 있어야 한다. 그러나 이들 요구사항 중에는 충족이 어렵거나 불가능한 상황이 많다. 시각장애를 지닌 상대와 상호작용하는 경우,

붐비거나 불빛이 희미한 환경 또는 이동이 제한된 장소(예: 교실, 공장, 극장, 미식축구 경기장)에서 이루어지는 상호작용 등을 예로 들 수 있다. 이러한 상황을 해결할 수 있는 최선책은 AAC 팀이 다중방식의 개별화된 의사소통 체계의 일부로 음성이나 인쇄 출력 등을 제공하는 것이다.

> 지금까지는 의사소통 '입력'의 역할과 잠재적 영향이 중재접근에서 충분히 활용되지 않았다. 따라서 AAC 체계 교환에서 상대방의 의사소통 '입력'이 갖는 영향력에 연구의 초점이 맞춰져야 한다(Romski & Sevcik, 1988b, p. 89).

시각적 입력

시각적 입력(visual input)의 이용 가능성은 일부 사람들의 수용언어에 대한 이해를 촉진하는 것으로 보인다. 일례로 자폐범주성장애인들은 구체적인 시공간적(visuospatial) 정보를 말이나 수화와 같은 일시적이거나 시순차적(visuotemporal) 정보보다 더 쉽게 처리하는 것으로 알려져 있다(Biklen, 1990; Mirenda & Schuler, 1989). 또한 시각적 입력 모델을 제공하는 것은 롬스키와 세빅(Romski & Sevcik, 1996, 추가적인 정보를 위해서는 제12장 참조)의 연구에서 예증된 것처럼 의사소통 능력, 언어 능력, 문해 기술 등을 강화하는 것으로 보인다. 앞으로 제15장에서 논의하겠지만 일부 실어증 환자에게는 입력 보완이 유익할 수 있다.

비도구적 상징

제스처와 수화 등은 장비(예: 책, 보드, 컴퓨터)를 필요로 하지 않기에 편리한 입력 형태일 뿐 아니라 전자 도구와 같은 스위치로 조작될 필요가 없어서 항상 이용할 수 있다. 발달장애인의 교사와 가족은 총체적(또는 동시적) 의사소통의 패러다임 하에서 수화와 수화에 해당하는 구어를 동시에 말해 주는 입력방식을 종종 사용한다(Carr, 1982). 몇몇 증거에 의하면, 총체적 의사소통을 사용하는 의사소통 상대는 말만을 사용할 때보다 말과 수화의 속도를 더 느리게 하고 더 많은 휴지(pauses)를 삽입한다고 한다(Wilbur & Peterson, 1998; Windsor & Fristoe, 1989, 1991). 이러한 측면은 자폐와 그 밖의 발달장애인들이 이 접근을 사용할 때 보이는 표현언어와 수용언어에서의 증진을 적어도 부분적으로는 설명해 줄 수 있을 것이다(Kiernan, 1983). 반면 이러한 경우에는 의사소통 상대가 제공하는 입력의 유형과 양이 주요한 고려사항이 된다. 수화 입력이 모든(또는 대부분) 구어 낱말에 동반되어야 하는가, 아니면 의사소통 상대들이 전보식이나 핵심 낱말 접근을 선택해야 하는가? 총체적 의사소통 접근을 하루 종일 사용해야 하는가, 아니면 계획된 교수 동안에만 사용해야 하는가? 불행히도 이러한 주요 질문에 답을 제공하는 연구가 없기 때문에 임상가들은 이들 영역에서 개별적인 결정을 내릴 때 최선의 판단을 해야만 한다.

도구적 상징

의사소통 상대는 AAC 의존자에게 여러 유형의 도구적 상징을 사용하여 입력을 제공할 수 있다. 일례로 촉진자는 수용성 실어증 환자의 메시지 이해를 돕기 위해 말을 하는 동안 간단한 그림을 그려 주거나 문자와 낱말을 써 줄 수 있다(제15장 참조). 도구적 상징을 활용하는 두 가지 가장 두드러진 입력방법은 보조언어자극(aided language stimulation; Elder & Goossens', 1994; Goossens', Crain, & Elder, 1992)과 보완언어체계(System for Augmented Language; Romski & Sevcik, 1996)다. 이 두 방법에서는 촉진자가 총체적 의사소통에서 사용하는 것과 같은 동일한 방식으로 말을 하는 동안 핵심 상징을 지적해 준다. 이를 위해 촉진자는 전달에 유용한 필수적인 상징을 지녀야만 하며, 이들 상징을 적절히 제공하기 위한 환경을 구성해야 한다. 보조언어자극의 경우 촉진자는 필요한 상징들로 구성된 활동판을 미리 준비해서 필요할 때 사용할 수 있어야 한다(Goossens', 1989). 불행히도, 시간이 지남에 따라 말과 언어 발달에 긍정적인 영향을 줄 수 있다는 연구 근거에도 불구하고, 도구적 상징 입력의 기호논리학적인 부담으로 인해 촉진자들은 이 기법을 광범위하게 사용하지 못한다(Romski & Sevcik, 1996, 이들 기법에 대한 추가적인 정보는 제12장 참조).

📄 학습문제

4-1. 고정형 디스플레이와 역동적 디스플레이는 어떻게 다른가?

4-2. 격자형 디스플레이와 시각적 장면 디스플레이는 어떻게 다른가?

4-3. 직접 선택 접근에서, '드웰(dwell)'이라는 말은 무슨 뜻인가? 또한 AAC 의존자가 드웰링(dwelling)을 적절히 활용하려면 어떤 능력을 지니고 있어야 하는가?

4-4. 해제 활성화 전략은 어떤 유형의 사람들에게 추천되는가?

4-5. 합성 음성과 디지털 음성의 차이는 무엇인가?

4-6. 피드백과 출력은 어떻게 다른가?

4-7. 직접 선택을 할 수 없는 심한 지체장애아동의 부모가 직접 선택과 자동 스캐닝의 차이를 알고 싶어 한다. 당신은 이 부모에게 뭐라고 말할 것인가?

4-8. 의사소통에 대한 메시지 제공자-수용자 모델과 메시지 공동 구성 모델의 차이는 무엇인가?

4-9. 도구를 사용하는 AAC 전략과 도구를 사용하지 않는 AAC 전략의 유사점과 차이점은 무엇인가?

Chapter **05**

평가 원리

AAC 중재가 추구하는 광의의 목적은 ① 중재 대상자로 하여금 자신이 지닌 현재의 의사소통 요구를 충족시키도록 돕고, ② 미래의 의사소통 요구를 충족시킬 수 있도록 준비시키고자 하는 데 있다. AAC 평가는 복합적인 의사소통 요구(CCN)를 지닌 사람들과 이들을 돕는 사람들이 ① 현재 의사소통의 적절성, ② 현재와 미래의 의사소통 요구, ③ 가장 적절할 것 같은 AAC 기법, ④ 이러한 기법 사용과 관련된 교수 제공 방법, ⑤ 성과 평가 방법 등을 잘 알고 적절한 의사 결정을 할 수 있도록 정보를 모으고 분석하는 과정이다. 이 장에서는 AAC 평가의 일반적인 원리와 절차를 제시한다(AAC 체계 선택과 관련된 특정 능력 평가에 대한 정보는 제7장 참조).

AAC 중재에 관여하는 사람들

CCN을 지닌 사람에게 서비스를 제공하는 AAC 팀은 중재 결정 과정을 이끌고 의사소통을 지원하는 사람들로 구성된다. 전형적으로 CCN을 지닌 당사자, 가족 및/또

표 5-1 AAC 중재 관여자의 역할

관여자	역할
CCN을 지닌 당사자	의사소통 요구, 개인 위생 및 의료적 처치에 대한 결정, 삶의 선택 및 목표, 사회적 관계, AAC 체계 및 중재와 관련된 본인의 정보 제공
AAC 촉진자	CCN을 지닌 사람에게 일상적인 도움 제공, 다중방식 중재 이행 지원, 낯선 의사소통 상대 지원, AAC 테크놀로지 유지, 로우테크놀로지 자료 준비, 자신의 도구에 필요한 낱말과 메시지를 선택하고 프로그래밍하도록 CCN을 지닌 사람 돕기, AAC 전문가 및 도구 개발자와 협력하기
AAC 발견자	CCN을 지닌 사람 찾아내기, CCN을 지닌 사람에게 적절한 최신 의사소통 옵션 알아내기, 예비 의사결정자 교육시키기, AAC 평가를 위한 의사결정 과정 조직하기, 적절한 AAC 중재 제공자에게 의뢰하기, (필요할 경우) AAC 처방 명료화하기
일반 임상 실무자 또는 교사	다중방식 중재 이행하기, 발달적/보완적 중재에 로우테크 AAC 자료 통합하기, 적절한 로우테크 AAC 옵션 이행하기, 흔히 사용되는 하이테크 AAC 옵션 이행하기, 개별 AAC 중재의 효과 모니터하기, AAC 촉진자 교육하기 및 지원하기, 의사소통 상대 교육하기
AAC 전문 실무자	다중방식 중재 이행하기, 발달적/보완적 중재에 로우테크 AAC 자료 통합하기, 적절한 로우테크 AAC 옵션 이행하기, 복잡하거나 특수한 하이테크 AAC 옵션 이행하기, 개별 AAC 중재의 효과 모니터하기, 중재 테크놀로지 기금 마련하기, AAC 촉진자 교육 및 지원하기, 일반 임상 실무자 지원하기, 의사소통 상대 교육하기, AAC 촉진자에게 지속적인 교육 제공하기, 테크놀로지 전이 지원을 위해 협력하기, AAC 연구 지원을 위해 협력하기, AAC 전문가 조직 및 활동 지원하기, 법률과 정책 관련 소송절차에 전문가로 나서 증언하기
AAC 전문가	프로그램 수준이나 기관 수준에서 AAC 서비스를 촉진하거나 유지 및 강화하기, 예비 AAC 발견자/전문 실무자/전문가에 대한 교육 제공하기, AAC 발견자에 대한 지속적인 교육 제공하기, 일반 임상 실무자/AAC 전문 실무자/ AAC 전문가에 대한 지속적인 교육 제공하기, AAC 정책 개발하기, AAC 연구 수행하기, 테크놀로지 전이 지원을 위해 협력하기, AAC 교육 자료 준비하기, AAC 전문가 조직을 관리하거나 지도부에 참여하기

출처: Beukelman, D., Ball, L., & Fager, S. (2008). An AAC personnel framework: Adults with acquired complex communication needs. *Augmentative and Alternative Communication*, 24, 255-267. 허락하에 게재함

는 보호자, 여러 전문가 등이 포함된다. 우리는 〈표 5-1〉에 요약된 것처럼, 긍정적인 중재 결과를 이끄는 데 있어서 중요한 역할을 하는 사람들을 모두 고려하면서 이 장을 시작하고자 한다(Beukelman, Ball, & Fager, 2008; Beukelman & Ray, 2010).

CCN을 지닌 당사자

AAC에 의존하는 사람들은 항상 팀의 핵심 구성원이다. 이들의 역할은 성숙, 능력 회복, 능력 감소 등에 따라 달라질 수 있다. 가능한 한, 이들은 AAC 체계 및 중재와

관련된 사항들을 포함하여 개인위생 및 의료적 처치, 삶의 선택 및 목표, 사회적 관계, 지원 옵션 등의 결정과정에 참여해야 한다.

AAC 촉진자

이 장에서(그리고 이 책 전반을 통해), 우리는 다양한 방식으로 AAC 체계의 유지 및/또는 CCN을 지닌 사람이 그 체계를 효과적으로 사용하도록 돕는 데 책임이 있다고 생각되는 가족, 친구, 전문가 및 자주 의사소통하는 상대를 '촉진자(facilitator)'라고 한다(Beueklman et al., 2008). 촉진자는 의사소통 상대를 코치하고, 메시지를 함께 구성하며, 통역을 하거나 의사소통 단절을 해결함으로써 친숙하지 않거나 낯선 의사소통 상대와의 상호작용을 지원한다. 또한 촉진자는 AAC 장비가 적절히 작동하는지를 점검하고 필요할 경우에는 CCN을 지닌 사람이 AAC 도구를 위한 메시지를 선택하고 프로그램을 짜도록 돕는다. 중요한 점은 촉진자의 역할은 CCN을 지닌 당사자를 대신해 의사소통하는 것이 아니라 가능한 한 스스로 의사소통할 수 있도록 돕는 데 있음을 기억하는 것이다(Beukelman & Ray, 2010).

2007년에서 2008년에, ACCPC(Augmentative Communication Community Partnerships Canada)는 CCN을 지닌 AAC 의존자의 촉진자로 활동할 '의사소통 보조인(communication assistants)' 훈련 프로젝트를 개발하고 평가하였다. 결과에 의하면, 훈련된 의사소통 보조인 제공은 참여자의 의사소통 능력과 지역사회 참여 및 자존감, 임파워먼트, 자율성, 프라이버시 등을 유의하게 증가시키는 것으로 나타났다(Collier, McGhie-Richmond, & Self, 2010).

AAC 발견자

AAC 발견자(finders)는 충족되지 않은 의사소통 요구를 지닌 아동, 청소년 및 성인들을 찾아내고 AAC 중재를 권고하는 사람을 말한다. 일반적으로 AAC 전문가나 실무자는 아니지만, 이들은 CCN을 지닌 사람에게 도움이 될 수 있는 AAC 전략들을 알고 있어야 한다. 발견자의 역할을 충족시킬 수 있는 사람들로는 가정의, 소아과의사, 심리학자, 간호사, 언어치료사, 사회사업가, 재활전문의, 교사 등이다. 이들은 흔히 제때에 적절한 AAC 서비스를 찾도록 가족들을 준비시킨다. 일부 AAC 발견자는 의학적 진단 증명, 의사소통 요구 확정, 적절한 처방전이나 중재 계획안에 서명하기 등으로 AAC 테크놀로지 구입이나 중재 서비스를 위한 비용 지원서 작성을 돕기도 한다.

일반 임상 실무자 및 교사

일반적인 임상 실무자는 언어치료사, 작업치료사, 교사, 예비 교사, 교육계나 의료계 또는 노인 거주 시설 종사자 등이다. 이들은 일상적인 업무로 다양한 임상 및 교육 서비스를 제공한다. 이들은 AAC에 대해 전문적으로 훈련을 받은 것은 아니지만 AAC 전문가와 협력하여 서비스 및 중재를 돕고 이행한다. 전형적으로, 이들은 로우 테크놀로지 AAC 옵션을 잘 알고 있으며 특정 상황(예: 재활센터나 장기 입원 시설)이나 자신들이 주로 접하게 되는 사람들(예: 실어증 환자)에게 사용되는 AAC 전략들에 대한 조작적 능력을 지니고 있다. 또한 촉진자와 그 밖의 의사소통 상대(예: 같은 반 친구, 그룹홈에 새로 들어온 직원) 지원에 참여하는 경우도 흔하다.

> 'AAC 전문 실무자' 들은 해마다 센터를 나와 아들의 새 선생님들을 만나 이야기하거나 자신들이 해 온 일들을 설명하였다. …… 또한 센터의 누군가와 선생님들의 의사소통을 감독할 수 있도록 문을 열어두었다(뇌성마비 청년 카슨의 어머니, Lund & Light, 2007, p. 330).

AAC 전문 실무자

AAC 전문 실무자는 CCN을 지닌 사람들에게 직접적인 AAC 중재 서비스를 규칙적으로 제공한다. 이들은 다른 사람을 대상으로 AAC에 대해 가르치고 교육한다. 또한 일반 실무자들이 자문 없이는 제공할 수 없는 특별하거나 복합적인 AAC 중재를 고안하고 이행한다. 경우에 따라, 일반 임상 실무자나 그 밖의 전문 실무자들에게 지속적인 교육을 제공하거나, AAC와 관련된 연구에 참여하거나, 또는 대학 프로그램에 소속된 예비 전문가들을 교육하는 것과 같이 AAC 전문가들이 주로 담당하는 일을 하기도 한다.

AAC 전문가

AAC 전문가는 이 분야에 대한 지식, 기술, 정책 및 서비스의 기초를 다지는 데 치중하는 연구자, 대학 교수, 정책 입안자, 석사 학위를 소지한 전문 실무자, 행정관리자 등을 말한다. 이들은 프로그램 수준이나 기관 수준에서 AAC 서비스를 촉진하고, 유지하며 강화하는 책임을 맡는다. 정기적으로 예비 전문가 코스 및/또는 지속적인 교육 프로그램이나 워크숍을 운영한다. 이들은 또한 전문가 집단의 지도부에서 일을 하며 AAC와 관련된 법률과 정책 소송에 참여하여 전문가로서 증언을 하기도 한다.

AAC 서비스 제공을 위한 팀 구성

AAC 분야는 AAC에 의존하는 사람과 그 가족, 전문가, 연구자, 개발자 및 제조업체들로 이루어진 거대한 국제적 공동체 맥락에서 발전해 왔으며, 또한 계속 발전하고 있다(AAC 분야의 자세한 연혁은 Zangari, Lloyd, & Vicker, 1994 참조). AAC 서비스를 전달하는 모델은 나라마다 다르지만, '사람들로 하여금 자신의 능력을 최대한으로 발휘하여 의사소통할 수 있도록 한다.'는 목적은 동일하다. AAC에 영향을 미치는 정책, 법률, 조직 등은 지속적으로 변하지만, 복합적인 의사소통 요구를 지닌 사람과 그 가족을 포함한 팀원의 노력은 변함없이 평가와 중재 과정에서 가장 중요한 것으로 간주된다. 팀 접근은 AAC 중재의 성공에 매우 중요하기 때문에 이번 절에서는 AAC팀 구성의 몇 가지 특성들을 소개하고자 한다. 중재와 관련된 팀 구성에 대한 자세한 논의에 관심이 있는 독자는, AAC 중재에 관여하는 팀과 가족의 협력을 지원하기 위한 전략들을 기술한, 로빈슨과 솔로몬 라이스(Robinson & Solomon-Rice, 2009)의 글을 참조할 수 있다.

팀 개발

왜 팀이라는 구조 안에서 일을 해야 하는가? 전문가들이 각자의 분야에서 '자신의 일을 하고' 정보 공유를 위해 가끔 만나서 회의를 하는 것이 더 쉽지 않을까? 대답은 '그렇다'이다. 전문가들에게는 이것이 더 쉬울 것이다. 그러나 AAC에 의존하는 사람과 그 가족들에게는 그렇지 않을 것이다. 사회적 관계 형성, 교육, 지역사회 활동, 고용 및 자원봉사 등에 성공적으로 참여하기 위해서는 효과적인 의사소통이 필수적이다. 따라서 팀에는 AAC에 의존하는 당사자, 가족, AAC 전문 실무자뿐 아니라 CCN을 지닌 사람이 관여하고 있는 활동과 상황에서 AAC 사용을 지원할 수 있는 전문가와 촉진자들이 모두 포함되어야 한다. 대상자가 가정에서 유아원으로, 학교로, 중등과정 이후 교육으로, 고용이나 자원봉사로, 보호 주거 시설이나 독립적인 주거 환경 등으로 옮아감에 따라 팀의 인적 구성은 그에 맞게 달라져야 한다(McNaughton & Beukelman, 2010).

중재가 시작될 때부터 CCN을 지닌 사람과 그 밖의 중요한 사람들이 AAC 팀원으로 참여하는 것은 필수적이다. 더욱이 AAC 팀은 광범위한 정보에 근거하여 여러 가지 기본적인 중재 결정을 해야만 한다. 예를 들면, 팀은 대상자가 현재 사용하고 있는 의사소통 전략의 조작적, 언어적, 사회적, 전략적 능력뿐 아니라 인지, 언어, 감각 및 운동 능력에 대한 정보를 필요로 한다. 또한 대상자가 처한 현재와 미래의 의사소통 상황을 알아야 하며, 그가 이용할 수 있는 지원 체계에 대해서도 알아야 한다. 중재 팀은 중재 대상자, 가족 또는 보호자 및 옹호자들의 선호도를 찾아내어 그것을 존중해야만 한다. 개별 AAC 전문가들이 이 모든 측면을 혼자서 평가하고 중재할 수는 없다. 따라서 적절한 AAC 서비스를 제공하기 위해서는 전문가로 이루어진 팀에 참여하는 것이 필요하다. AAC에 임할 때는 '백지장도 맞들면 낫다'는 속담을 기억하는 것이 맞다. 즉, 협력적인 노력은 중재 성공에 필수적인 것이다(Utley & Rapport, 2002).

> 초기에, 조시(Josh)와 관련된 사람들은 내과의사부터 학교 직원까지 대략 40명에 이르렀으나 그들은 서로 대화를 하지 않았다.…… 훌륭한 식견과 문제해결 기술들은 넘쳐났으나 전문가의 이데올로기와 함께 일하는 법을 알지 못하는 사람들로 인해 전체적인 과정은 체계가 없었다(뇌성마비 청년 조시의 어머니, Lund & Light, 2007, p. 328).

팀 멤버십과 참여

누가 AAC 중재팀에 참여해야 하는가에 대해서는 신중한 결정이 내려져야 한다. 어떤 팀이 구성되더라도 다음 세 가지 질문은 꼭 제기되어야 한다.

1. 최선의 의사결정을 위해 팀이 필요로 하는 전문가는 누구인가? 팀 멤버십과 관련하여 '다다익선'이 통용되던 시절은 이미 오래전에 지났다. 효율성을 위해 기금, 시간 또는 그 밖의 제약 요소를 경제적으로 다루어야만 하는 경우가 많다. 그러나 작은 팀일수록 더 효과적일 수도 있다. 이러한 이슈를 다룬 문헌을 보면 4~6명으로 구성된 팀이 효과적인 의사소통을 지원하면서도 관점의 다양성을 보장하는 데 이상적이라고 한다(Johnson & Johnson, 1987). 그러나 어느 시기든지 팀 멤버십은 소비자의 요구에 따라 달라질 수 있다. 예를 들면, AAC 체계나 도구를 선정하기 위한 초기 평가 동안에는 이슈가 분명하다면 한두 명의 팀원만으로도 충분할 수 있다. 이후에 팀은 특정 운동, 감각 또는 그 밖의 관심사항에 대한 자문을 구하기 위해 관련 전문가를 팀원으로 초빙할 수 있다. CCN을 지닌 사람과 즉각적이고 직접적인 관계가 있는 사람들만으로 이루어진 소규모 '핵심 팀(core team)'과, 필요할 때 다른 전문가를 영입하는 '확장 팀(expanded team)'의 결합을 활용하는 이러한 개념은 팀의 효과성(effectiveness)과 효율성(efficiency)을 모두 강화할 것으로 보인다(Swengel & Marquette, 1997; Thousand & Villa, 2000).

2. 의사결정에 영향을 받는 사람은 누구인가? 거의 모든 경우에서 이러한 질문에 대한 답은 명쾌하다. 바로 CCN을 지닌 사람과 그 가족이다. 역설적이게도 이들은 종종 AAC 평가와 중재 과정에 거의 참여하지 못하거나 그 의견이 배제되는 경우가 흔하다(McNaughton, Rackensperger, Benedek-Wood, Williams, & Light, 2008). 결과적으로 팀의 전문가가 중요한 것으로 파악한 목적이 소비자가 원하는 결과와 크게 다를 수 있다. 70년 이상 AAC에 의존해 온 뇌성마비 남성 마이클 윌리엄스의 "어쨌거나 그것은 누구의 결과입니까?"(1995, p. 1)라는 질문을 상기할 필요가 있다.

3. 누가 참여에 관심을 보이는가? 이 질문은 팀으로 하여금 명백한 답변 그 이상을 생각하도록 해 준다. 모든 공동체에는 특정한 문제를 해결하도록 도움을 제공하거나 자신의 전문성을 제공하는 데 관심을 갖는 사람들이 있다. 일례로 우리는 자신의 딸아이가 다니는 초등학교에서 비공식적인 '테크놀로지 자문가(technology consultant)'로 활약하고 있는 한 고등학교 컴퓨터 과학 교사를 알고 있다. 그는

자문가 자격으로 지체장애 학생들의 컴퓨터 접근을 개선시키는 간단한 개조법을 제안해 오고 있다. 비록 특별한 경우이기는 하지만, 그의 팀원 자격은 학생들의 성공적인 테크놀로지 사용에 결정적으로 중요한 요인이 되었다. 팀 멤버십에 대해 넓게 생각하는 것은 종종 더 큰 공동체를 향한 '다리를 만드는' 기회를 열어 줄 것이다.

우리 모두는 각자 실생활에서 많은 것을 보아 왔고 크게 전문화되어 있을 필요가 없기에 부모만이 아닌, 이 분야 사람만이 아닌, 다양한 삶의 길을 걸어온 사람들이 모여 창의적인 집단적 사고를 해야 한다. 누군가는 우리가 알지 못하는 것들을 이미 이용하고 있고, 각자 자신이 속한 좁은 분야에서 뭔가 특별한 것들을 알고 있기에 우리는 이것들을 모아서 자료 풀을 만들 수 있다(인도 출신의 AAC 전문 실무자, Srinivasan, Mathew, & Lloyd, 2011, p. 241).

CCN을 지닌 사람이 교육, 직업 또는 주거 환경과 관련된 변화를 겪을 때, 팀은 예상되는 변화를 다룰 수 있는 전문가를 포함시켜야 한다(NcNaughton & Beukelman, 2010). 전이를 계획하는 동안 팀 멤버십은 확장되어야 하며, AAC에 의존하는 사람과 그 가족을 '토큰'이 아닌 진정한 구성원으로 포함시켜야 한다. 만일 평가와 중재 계획의 전 과정에 이들을 처음부터 참여시키지 않는다면 몇 가지 부정적인 결과가 나타날 수 있다. 첫째, 팀은 이후 중재를 이행할 때 필요한 정보가 부족할 것이다. 둘째, CCN을 지닌 사람과 그 가족들은 자신들의 정보 제공이나 동의 없이 다른 팀원들에 의해 형성된 중재의 '소유권'을 떠맡을 수 없을 것이다. 셋째, 만일 가족의 참여가 허락되지 않는다면 평가나 중재의 질에 상관없이 AAC 서비스를 제공하는 기관에 대한 불신이 자랄 수 있다. 넷째, 팀의 역동성과 상호작용 스타일이 형성될 때 이들이 배제된다면 팀원으로 참여해 배울 수 있는 기회를 잃을 수 있다.

또한 핵심 전문가, 특히 CCN을 지닌 사람이 속해 있는 환경을 관리하는 사람들이 팀에서 배제되거나 소외된다면 부정적인 결과가 나타날 것이다. 예를 들면, 일반교사 및/또는 특수교사는 주로 아동의 교육 환경을 관리하고, 언어치료사는 의사소통-대화 환경을 관리하며, 고용주들은 작업환경을, 가족이나 주거시설 직원들은 생활환경을 관리할 것이다. 이들 중 한 명 이상은 AAC 팀의 결정 사항에 영향을 받게 될 것이다. 따라서 이들의 참여는 팀 결정을 이행하는 데 따른 협력 부족이나 실패와 같은 이후 문제점들을 예방하는 데 있어서 절대적으로 중요하다. 초기 AAC 팀이 소집되고 나면, 팀원은 개인의 의사소통 요구와 참여 목표, 참여 장벽 및 능력에 대한 평가를 진행할 수 있다.

AAC 평가 모델

AAC 평가 과정을 이끌기 위해 그동안 여러 모델이 개발되어 왔다. 그중에는 적정후보자 모델(더 이상 최선의 실제로 여기지 않으며 사용되어서도 안 되는 것이지만 이 모델이 갖는 역사적 중요성 때문에 포함시켰음)과 이 책에서 기초로 삼고 있는 참여 모델이 포함되어 있다. 우리는 이번 절에서 두 모델을 간략하게 기술한다.

적정후보자 모델

AAC 평가의 주된 목적은 어떤 사람이 AAC 지원을 필요로 하는지 그 여부를 결정하는 것이다. 말을 통한 일상적 의사소통 요구를 충족시킬 수 없는 모든 사람이 AAC 중재를 필요로 할 것이기에 이 일이 쉬운 일로 보일 수 있다. 그러나 1970년대와 1980년대에 AAC 서비스의 '적정후보자(candidacy)' 또는 '자격(eligibility)'을 둘러싸고 상당한 논쟁이 일었다. 어떤 경우에는 사람들이 AAC 서비스를 받기에 '너무 ~한 것(too something)'으로 간주되었다. 예를 들면, 너무 어리거나 너무 나이가 많거나 너무 인지적으로(또는 운동적으로, 언어적으로) 장애가 심하다는 등의 이유로 서비스 대상에서 제외되었다. 역설적이게도, 일부 사람들은 특히 말과 관련하여 '너무 많은(too many)' 능력을 지닌 것으로 생각되어 AAC 서비스 대상에서 제외되기도 하였다. 일례로 발달적 말 실행증 아동은 말 능력이 향상될 것이라는 희망과 AAC 체계를 사용할 경우 자연스러운 화자가 되기 위해 필요한 노력을 하지 않을 것이라는 우려로 인해 AAC 지원이 종종 금지되었다. 이와 마찬가지로, 실어증과 외상성 뇌손상을 지닌 사람들의 경우 말을 회복하기 어려울 것이라는 점이 분명해질 때—때때로 손상 후 수개월 혹은 수년이 걸리기도 함—까지 AAC 중재 대상이 되지 못했다. 결과적으로, 이들은 심한 의사소통 제한과 그 밖의 장애를 지닌 채 살아가기 위해 자신의 삶을 재구조화하고자 노력하는 바로 그 시기에 자신의 바람, 요구, 선호도 및 감정 등을 전할 수 있는 능력을 박탈당한 것이다.

또 다른 경우는, '준비가 안 된(not ready for)' 준거의 사용이었다. 이는 일반 아동의 의사소통과 언어 발달을 검토한 연구의 오도된 판단으로 인해 나타난 현상이었다(이에 대한 반박은 Kangas & Lloyd, 1988; Reichle & Karlan, 1985; Romski & Sevcik, 1988a 참조). 흔히 지적장애, 자폐범주성장애, 선천성 농맹, 중복장애 등으로 인해 CCN을 지닌 사람들은 AAC를 적용하기에 '준비가 안 된' 것으로 간주되었다. 이러한 생각이 너무나 지배적이어서, 교육 당국의 서비스 전달 지침은 중재자가 AAC의 적임자를 판단하기에 앞서 특정 수준의 인지나 언어 수행력을 요구하도록 강제하였다. 따라서 '준비가 되도록(become ready)' 하기 위해, 이들에게는 부족한 '선수기술(prerequisite)'을 가르치고자 고안된 다양한 활동에의 참여가 기대되었다. 수건 밑에 감춰진 장난감을 찾음으로써 사물의 영속성을 배우거나, 시선을 따라 움직이는 장난감을 쫓아가는 시각적 추적 배우기와 같은 이러한 대부분의 활동은 기능적이지도 않고 연령에 비추어 부적절한 경우도 많아 촉진하고자 의도한 '준비성(readiness)'을 키우는 데 실패하는 경우가 잦았다.

마지막으로, 공식적인 검사 결과 인지 수준과 언어·의사소통 기능 수준의 불일치양이 '불충분(insufficient)'한 것으로 나타나 많은 사람이 AAC 서비스에서 제외되었다. 왜냐하면 이들은 AAC 지원으로 고쳐질 수 없는 특별한 의학적 질환이나 진단명(예: 알츠하이머 치매, 헌팅턴병, 레트증후군 등의 퇴행성 장애)을 갖고 있거나, 이전에 제공받은 의사소통 서비스에서 이득을 얻지 못하였기 때문이다. 보험 규정과 관련하여 교육, 직업 및 의학적 필요성이 제한적이라는 판단, 적절히 훈련된 요원 부족, 기금이나 그 밖의 자원 부족 등의 외적인 요인—하나의 요인 또는 이들 요인 간의 결합으로—또한 AAC 서비스 접근을 제한하였다.

이러한 실제에 반응하여, 중도장애인의 의사소통 요구를 위한 상하 양원 합동위원회(National Joint Committee for the Communication Needs of Persons with Severe Disabilities: NJC)는 2003년에 의사소통 서비스와 지원 자격에 대한 입장을 표명하였다. 강조된 내용은 다음과 같다.

> 제공될 서비스의 유형, 양 및 기간, 중재 환경, 서비스 전달 모델 등에 대한 결정은 개인의 의사소통 요구와 선호도에 근거해야 한다. 선험적 준거에 기초한 적격성 결정은 개인의 요구를 고려하지 않기에 권고된 실제 원리들을 위반한다. 선험적 준거

는 다음 사항들을 포함하며, 이에 국한되지 않는다. a) 인지 기능과 의사소통 기능의 불일치, b) 생활연령, c) 진단명, d) 선수기술로 알려진 인지 또는 기타 기술의 부재, e) 이전에 제공된 의사소통 서비스와 지원의 비효과성, f) 교육, 직업 및/또는 의료의 필요성에 대한 제한적 해석, g) 적절히 훈련된 인력 부족, h) 자금이나 그 밖의 자원 부족(NJC, 2003a, 2003b; 전문 내용과 지원 자료는 NJC 웹 사이트 참조).

이러한 입장 표명과 옹호 노력들에 힘입어, 적정후보자 모델은 이제 대다수 국가에서 더 이상 사용되지 않는다.

참여 모델

ASHA는 2004년 기술 보고서에서, AAC 평가 및 중재를 이행하기 위한 틀로 참여 모델(participation model)을 승인하였다. 참여 모델은 AAC와 관련된 의사결정과 중재를 안내하고자 로젠버그와 뷰켈먼(Rosenberg & Beukelman, 1987)이 기술했던 개념을 확장한 뷰켈먼과 미렌다(Beukelman & Mirenda, 1988)에 의해 최초로 제시되었다. 수년에 걸쳐, 이 모델을 실행에 옮긴 연구에 기초하여 일부 연구자들은 이 모델에 대해 소소한 수정을 제안하였다(Light, Roberts, Dimarco, & Greiner, 1998; Schlosser et al., 2000). 이러한 과정을 거쳐 수정된 참여 모델은 [그림 5-1]과 같다. 이 모델은 CCN을 지닌 사람과 생활연령이 같은 일반 또래의 기능적인 참여에 기초하여 AAC 평가를 수행하고 중재를 계획할 수 있도록 하는 체계적인 과정을 보여 준다. 이는 쿡과 폴가(Cook & Polgar, 2008)가 제안한 인간활동 보조 테크놀로지(Human Activity Assistive Technology: HAAT) 모델과 유사하다. HAAT 모델에서 중재자는 보조 테크놀로지에 의존하는 사람과 완성되어야 할 활동 및 활동이 수행되는 상황의 상호작용을 고려한다.

평가의 단계

AAC 중재는 이를 필요로 하는 사람들이 주로 만성적인 장애로 인해 말을 못하거나 글을 쓸 수 없기 때문에 지속적이고 장기적인 과정인 경우가 많다. 이들의 의사소

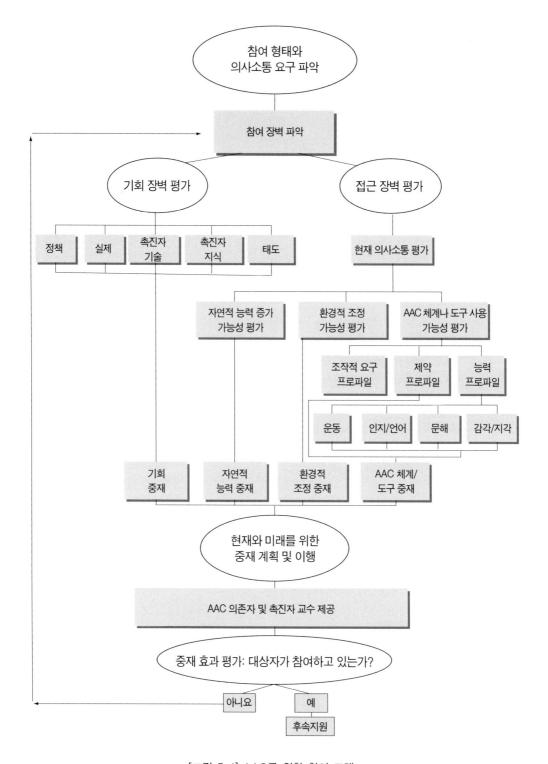

[그림 5-1] AAC를 위한 참여 모델

통 문제는 심한 신체, 인지, 언어 및 감각 등의 장애에 의해 지속되는 경향이 있다. 또한 나이가 들거나 성숙함에 따라 이들의 의사소통 요구와 능력이 변하는 경우도 많다. 어떤 사람은 기회 증가에 힘입어 더 넓은 세계를 경험하는 반면, 어떤 사람은 나이가 들거나 장애가 심해져서 참여 기회를 더 잃게 된다. 따라서 AAC 평가와 중재는 주로 역동적인 과정이다. 일반적으로 AAC 평가와 중재는 다음 4단계로 구성된다.

1단계: AAC 평가 의뢰

이용 가능한 자원에 따라 짧을 수도 길수도 있는 이 단계에서 CCN을 지닌 사람이나 AAC 발견자(더 흔하다; 앞 절 설명을 참조하라)가 AAC 평가를 의뢰하게 된다. 이 단계에서 발견자는 몇 가지 중요한 역할을 하게 된다. ① 이들은 복합적인 의사소통 요구를 지닌 사람과 AAC 중재가 적절한 해결책인지를 알아낸다. ② AAC를 사용할 사람과 그 가족들이 적절한 자원을 얻기 위한 의뢰를 하도록 돕는다. ③ 의학적 진단이 필요함을 증명하거나 권고된 서비스 처방전에 사인을 함으로써 AAC 자금 지원 신청서 작성을 돕는다. 비록 이들의 역할은 단기적이거나 단편적인 경우가 흔하지만, 이들은 AAC 평가 과정에서 핵심적인 역할을 하며 자신의 책무성을 다하기 위해 충분한 정보를 필요로 한다.

2단계: 현재를 위한 초기 평가 및 중재

이 단계에서 AAC 팀은 의뢰가 되고난 후 가능한 한 신속하게 상호작용과 의사소통을 지원하기 위한 노력이 시작될 수 있도록 대상자의 현재 의사소통 요구와 신체, 인지, 언어, 감각 등의 능력을 평가한다. 따라서 이 단계의 목적은 현재의 요구와 능력에 부합하는 초기 중재를 계획하기 위한 정보를 얻는 데 있다. 초기 AAC 중재는 전형적으로 CCN을 지닌 사람과 친숙한 AAC 촉진자 간 의사소통을 돕는 데 초점을 둔다. AAC 중재는 대상자가 AAC 체계의 조작법을 배우고, AAC 팀이 추가적인 정보를 모음에 따라 시간이 갈수록 더 개선되는 지속적인 과정이다.

> 모두가 같은 경로에서 작업할 수 있도록 향후 방향에 대해 알고, 그에 맞춰 계획을 하며, 학교에서도 같은 일을 할 수 있도록 하려면, 우리 모두는 그녀가 지금 무엇을 필

요로 하는지, 어떻게 나아질 것인지, 앞으로 무엇을 필요로 할 것 같은지 등을 자세히 검토해야 한다(AAC에 의존하고 있는 한 아동의 부모, Goldbart & Marshall, 2004, p. 202).

3단계: 미래를 위한 자세한 평가

미래를 위한 평가의 목적은 CCN을 지닌 사람이 친숙한 사람들을 벗어나 다양한 환경에서 의사소통하는 데 도움이 될 수 있는 탄탄한 의사소통 체계를 개발하기 위함이다. 이러한 환경은 개인의 생활방식을 반영하며 학교, 직장, (독립적인, 지원을 받는, 은퇴자를 위한) 주거시설 및 여가환경 등을 포함한다. 이러한 환경은 각 환경의 참여 요구에 부합하는 특별한 의사소통뿐 아니라 기본적인 대화를 필요로 한다. 예를 들면, 교실에 있는 아동은 교육뿐 아니라 사회적 참여를 가능케 하는 체계를 지녀야 한다. 마찬가지로, 직장에 다니는 성인은 글을 쓰고, 전화로 이야기하는 것뿐 아니라 쉬는 시간에 동료와 대화하는 것을 또한 필요로 할 수 있다. 노인의 경우에는 오랫동안 가족과 살았던 가정을 떠나 은퇴시설이나 보호시설로의 전이를 예상할 수 있을 것이다. 따라서 이 단계에서는 개인의 현재 참여 패턴에 대한 주의 깊은 평가와 더불어, 앞으로의 참여에 부응할 수 있는 AAC 체계를 가다듬기 위한 평가가 이루어져야 한다. 따라서 이 단계에서는 교사, 의사소통 보조인(Collier et al., 2010), 개인 도우미, 직업이나 거주 시설 직원 등의 AAC 촉진자들 또한 참여를 해야 할 것이다(Beukelman et al., 2008).

4단계: 추후 평가

일반적으로 추후 평가(follow-up assessment)는 개인의 변화하는 능력과 생활방식에 부응하는 포괄적인 AAC 체계를 유지하는 것과 관련이 있다. 이 단계의 평가는 교체와 수선이 필요한지를 살펴보기 위해 의사소통 장비를 주기적으로 점검하고, 새로운 의사소통 상대와 촉진자의 요구 및 능력을 평가하며, 대상자의 능력이 달라졌는지를 재평가하는 것 등이 포함된다. 생활방식과 능력이 상대적으로 안정된 사람들의 경우 추후 평가는 비주기적으로 가끔씩 이루어질 수 있다. 반면에 퇴행성 질환을 지닌 사람의 추후 평가는 중재 계획의 주된 부분일 수 있다.

참여 형태와 요구 파악

　이 장의 나머지 부분은 [그림 5-1]에 제시된 참여 모델의 흐름도(flowchart)를 따른다. 모델의 가장 윗부분은 같은 연령의 일반 또래에게 요구되는 참여 조건을 참고하여 대상자의 참여 형태와 의사소통 요구를 기술하는 과정을 보여 준다. 이번 절에서는 그 과정을 설명한다.

참여 목록표 작성

　참여 형태의 평가는 참여 목록표(participation inventory, [그림 5-2] 참조) 작성에서 시작된다. 참여 목록표는 CCN을 지닌 사람이 가정, 학교, 직장 및 기타 환경에 참여할 때 규칙적으로 이루어지는 활동 각각에 대해서 완성될 수 있다. 활동 목록표와 더불어 CCN을 지닌 사람이 의사소통할 것 같은 사람들을 파악하는 것 또한 도움이 된다. 사회적 네트워크(Social Networks) 구조를 기술한 블랙스톤과 헌트 버그(Blackston & Hunt Berg, 2003a, 2003b)는 개인의 사회적 네트워크를 구성할 수 있는 다섯 개의 '의사소통 상대 동심원(circles of communication partners)'을 기록하기 위한 평가 도구를 제안했는데, 그 다섯 범주는 가족 및 배우자, 친구, 지인, 대가를 지불하는 전문가, 낯선 사람 등이다. 우리는 사회적 네트워크 접근을 제9장에서 좀 더 자세히 다룰 것이다.

　분명히, 개인이 참여하는 활동과 의사소통 상대는 사회적, 직업적, 교육적 요인 등에 따라 다를 것이다. 어떤 경우든 이 단계에서는 참여 목록표로 평가할 환경과 활동에 대한 의견 일치가 팀 내에서 이루어져야 한다. 왜냐하면 이 목록표는 이후 평가 과정과 중재 프로그램에 영향을 줄 것이기 때문이다. 더욱이 대상자의 삶에서 가장 중요한 활동이 무엇인가에 대한 팀의 합의가 이루어지지 않으면, AAC 중재의 효과와 원하는 결과가 성취되었는지를 결정하기가 어려울 것이다.

또래의 참여 형태 파악

　특정 활동을 위한 참여 목록표 작성의 첫 단계는 성공적인 활동 완수에 필요한 주요 단계들을 기록함으로써 또래들이 어떻게 그 활동에 참여하는지를 파악하는 것이

대상자 성명: _____

상황 및 활동: _____

날짜: _____

활동 목표: _____

작성자: _____

활동목표 달성 단계	독립 수준 (P:CCN)				기회 장벽				접근 장벽			
	독립 수준	초기 지원 후 독립 수준	언어적 지원 필요	신체적 지원 필요	정책	실제	지식	기술	신체/운동	인지	문해	시각/청각
1.												
2.												
3.												
4.												
5.												
6.												
7.												

[그림 5-2] 참여 목록표

P: 또래(peer), CCN: CCN을 지닌 사람

출처: Blackstien-Adler (2003).

다. 이때 팀은 같은 성별의 같은 연령대 사람을 모델로 선택해야 하며, 이들의 참여 또한 주어진 상황에서의 바람직한 수행을 대표하는 것이어야 한다. 팀의 구성원이 분석하고자 하는 활동 속에서 또래의 참여를 관찰하고 기록할 경우에는, 또래 수행을 기초로 다음 준거에 따라 참여 형태를 관찰하고 그것을 참여 목록표([그림 5-2]의 '독립 수준' 부분)에 기록하게 된다.

- 독립 수준: 일반 또래는 다른 사람의 도움 없이 목표 활동에 참여할 수 있다.
- 초기 지원 후 독립 수준: 활동 구성을 위한 도움이 제공되면(예: 학교에서 학생이 사용할 미술 재료가 갖춰져 있거나 공학 보고서 작성을 위한 원자료(raw data)가 보고 서 작성자를 위해 제공되는 경우), 일반 또래는 다른 사람의 도움 없이 목표 활동에 참여할 수 있다.
- 언어적, 신체적 지원 필요: 일반 또래는 구어나 신체적 촉진 또는 교수가 제공되 면(예: 고용된 사람이 새로운 장비의 조작법을 배울 때 이를 가르치는 사람이 언어적 촉 진을 제공하거나, 아동이 활동을 하는 동안 부모나 교사가 신체적 도움을 제공하는 경 우), 활동을 완성할 수 있다.

활동 완수에 필요한 주요 단계를 정확하게 결정하는 것은 AAC 평가 과정에서 중 요한 단계 중 하나다. CCN을 지닌 사람 및/또는 교사, 동료 직원, 보호자, 가족 등은 어떤 활동에 대해 비현실적인 목표를 설정할 수 있다. 일례로 한 중학교 사회 교사는 중도 뇌성마비를 지닌 학생이 자신의 수업에 참여하여 매 수업시간에 할당된 읽기 자료를 논의할 수 있도록 준비되어야 한다고 우리에게 말한 적이 있다. 그런데 교실 에서의 또래 참여 형태를 평가해 보면, 또래 학생들도 매일 이루어지는 읽기 자료 논 의에 준비되어 있는 경우가 거의 없는 것으로 나타났다. 사실 논의에 참여할 준비가 전혀 되어 있지 않은 학생들도 있었다. 만일 AAC 팀이 이 교사의 기준을 앞으로 성 취해야 할 목표로 받아들인다면 CCN을 지닌 학생에게 그것은 극단적으로 높은 기대 가 될 것이다. 다행히도 팀의 일원이었던 이 교사는 일반 또래 학생의 참여분석 결과 를 확인한 후 대상 학생에 대한 자신의 기대를 바꾸는 데 동의하였다.

CCN을 지닌 사람의 참여 효과성 평가
AAC 팀 구성원들은 활동 완수를 위해 또래가 필요로 하는 중요한 단계를 파악할 때, 또래 참여의 기준 설정에 사용했던 동일한 준거를 바탕으로 CCN을 지닌 사람의 실제 참여 형태를 평가하고 기록할 수 있다. CCN을 지닌 사람이 또래와 비슷한 수준으로 어떤 단계에 참여할 수 있다면, 그 상황에서는 둘 간의 참여 차이가 존재하지 않을 것이다. 그러나 다른 단계에서는 둘의 참여 수준 간에 불일치가 나타날 수 있다. 이는 [그림 5-2]의 '독립 수준' 부분에 제시될 수 있다.

참여 장벽 파악

참여 모델에 따르면, 기회 관련 장벽과 접근 관련 장벽이라는 두 가지 장벽 유형이 참여를 방해할 수 있다. 기회 장벽(opportunity barriers)은 CCN을 지닌 당사자를 제외한 다른 사람에 의해 강제되는 것으로, AAC 체계나 중재 제공만으로는 단순히 해결될 수 없는 장벽을 말한다. 어떤 사람이 적절한 AAC 체계를 갖고 있어도, 자신을 둘러싼 사람들의 태도에 의해 원하는 수준의 참여를 할 수 없는 경우가 있는데, 이러한 경우가 기회 장벽에 해당한다. 접근 장벽(access barriers)은 개인의 능력이나 의사소통 체계의 제한으로 인해 주로 나타난다. 예를 들면, 접근 장벽은 개인의 AAC 도구가 어떤 활동에 필요한 어휘를 저장할 만큼 충분한 용량을 갖고 있지 않을 때 발생할 수 있다. 각각의 장벽을 효과적으로 평가하고 중재할 수 있는 전략을 마련하기 위해, 참여 장벽의 근원을 파악하는 데 목적을 둔 평가가 필요하다. 다음 절에서는 기회 장벽과 접근 장벽의 평가와 관련된 구체적인 이슈들을 좀 더 자세히 기술하고자 한다.

> 내 아들은 학교에 입학하면서 많은 기회를 잃었다…… 교사들은 AAC에 대해 전혀 알지 못했고, 알고자 하지도 않았다. 학교에서 도구를 사용하는 데 대한 기대도, 격려도 또한 허용마저도 되지 않을 합당한 이유가 전혀 없었다. 내 아들은 학교에서 수많은 기회를 잃었다(Barbara, 20세 뇌성마비 남성의 어머니, McNaughton et al., 2008, p. 49).

기회 장벽

[그림 5-2]에 제시되어 있는 참여 목록표는 기회 장벽의 네 가지 유형, 즉 정책, 실제, 지식 및 기술 장벽을 기록할 수 있는 칸을 제공한다. 우리는 지금부터 이들 각각의 장벽을 간략히 논의하고자 한다.

정책 장벽

정책 장벽(policy barriers)은 CCN을 지닌 사람의 상황을 좌우하는 법률이나 규정으로 인해 나타난다. 학교, 직장, 거주시설, 병원, 재활센터, 요양원 등에는 주로 그 시설의 관리 규약을 담은 문서에 관련 정책이 요약되어 있다. 가정과 같은 비공식적인 환경에서는 정책이 문서화되지는 않지만, 의사결정자(예: 부모, 보호자)에 의해 정해진 사항들이 존재한다.

수많은 정책이 참여 장벽으로 작용할 수 있다. 예를 들면, 학교와 교육청에 따라 장애학생을 일반 학급이나 일반 아동과 분리할 것을 촉진하는 정책을 갖고 있는 경우가 여전히 많다. 이와 같은 경우, 정책으로 인해 장애학생은 일반 교실에 배정되지도, 교육청에서 주관하는 교육과정에 참여하지도, 또는 또래 친구와의 정기적인 의사소통을 주고받지도 못할 것이다. 더욱이 분리정책을 채택하고 있는 수많은 교육청이 이러한 교육 프로그램을 '지역단위센터(cluster sites)'나 특수학교를 통해서만 제공하기 때문에, 학생들은 멀리 떨어져 있는 시설까지 버스를 타고 다녀야만 한다. 따라서 이들 장애학생이 학교에 있는 동안 또래들과 접촉할 수 있는 기회가 줄어들 뿐 아니라 이웃에 있는 친구를 사귈 기회도 크게 감소하게 된다. 이러한 문제가 복합되면 CCN을 지닌 학생들에게 주어질 수 있는 의사소통 기회는 크게 줄어든다. 유사한 상황이 보호 작업장, 분리된 그룹홈이나 거주시설 또는 기타 '장애인 전용(disabled-only)' 환경에서도 발생할 수 있다.

또 다른 예는 복잡하고 값비싼 장비를 갖추고 있는 응급 의료 환경이나 집중치료실(ICUs) 등에 존재하는 '제한적 사용(limited-use)' 정책이다. 이들 장비의 기계적 방해나 전자파 등의 간섭을 막기 위해, 일부 병원은 환자가 휴대할 수 있는 도구에 대해 엄격한 정책을 운영한다. 이 경우 전자 AAC 도구를 지닌 사람은 정책에 의한 기회 장벽에 부딪힐 수 있다. AAC를 사용하는 성인들에게 서비스를 제공하는 시설이나 요양원에서도 비슷한 상황이 발생할 수 있다.

실제 장벽

정책 장벽이 법률이나 규정 절차에 의한 것이라면, 실제 장벽(practice barriers)은 가정, 학교 또는 직장에서 이루어지고 있는 일반적인 절차나 관습을 말한다. 해당 시설의 직원은 존속되어 온 실제를 공식적인 정책으로 생각할 수도 있는데, 시설의 정책을 살펴보면 그렇지 않은 경우가 많다. 일례로 많은 학교가 교육청의 기금으로 마련한 AAC 도구를 학교 안에서만 사용하도록 제한하고 있다. 우리는 그러한 정책이 존재하지 않음에도 불구하고 가족에게 CCN을 지닌 학생이 자신의 AAC 도구를 집으로 가져가서는 안 되며, 그것이 '교육청의 정책'이라고 말하는 교사나 행정직원을 보기도 한다. 전문적인 실제 또한 참여 기회를 제한할 수 있다. 예를 들면, 1990년대까지 일부 언어치료사는 자신이 말 문제를 지닌 사람을 돕도록 훈련을 받았기 때문에, 말을 할 수 없는 사람을 가르치는 것은 부적절하다고 믿고 그들과 함께 일하지 않았다. 일부 시설에 남아 있을 수도 있지만, 이제 언어치료사들은 그러한 실제를 수용하지 않는다.

> 나를 제외한 어느 누구도 [내 아들]이 수화를 배우도록 돕지 않았고, 수화를 알고 있는 보조교사를 고용한 6학년이 될 때까지 도움이라곤 거의 찾아볼 수 없었다. 중학생이 될 때까지 아이의 삶에 AAC를 통합하지 않는 것은 슬픈 일이며 CCN을 지닌 아동들의 적응을 더 어렵게 만드는 것이기도 하다(Rosie, 17세 뇌성마비 청년의 어머니, McNaughton et al., 2008, p. 49).

지식 장벽

지식 장벽(knowledge barriers)은 결과적으로 참여의 기회를 제한하는 촉진자나 다른 누군가의 정보 부족을 일컫는다. AAC 중재 옵션, 테크놀로지, 교수 전략 등에 대한 지식 부족은 종종 CCN을 지닌 사람의 효과적인 참여에 엄청난 장벽이 된다. 중재팀의 구성원 측이 원인인 지식 장벽은 AAC 중재가 이루어지는 전 과정의 어느 시점에서든 존재할 수 있다. 평가의 목적 중 하나는 사전에 이러한 장벽을 파악하는 것으로, 이를 통해 장벽을 최소화하거나 제거할 수 있는 정보를 얻을 수 있다.

기술 장벽

기술 장벽(skill barriers)은 광범위한 지식에도 불구하고 촉진자들이 AAC 기법이나 전략을 실제로 이행하는 데 어려움을 지닐 때 발생한다. 일례로 우리는 누구나 좋은 아이디어로 가득했던 주말의 강의, 회의 또는 워크숍에 참석했다가 월요일 아침 새로 습득한 지식을 실제로 현장에서 이행하려 할 때 어려움을 겪어 본 적이 있을 것이다. 누군가를 유능한 의사소통자가 되도록 돕기 위해서는 종종 많은 기계 관련 기술과 상호작용 기술이 필요하다. 기술 부족을 파악하고 이들 장벽을 낮추기 위한 중재를 고안하려면, AAC 중재에 관여하는 사람들의 '실무(hands-on)' 기술 수준을 평가하는 것이 중요하다.

태도 장벽

다섯 번째 장벽 유형은 개인의 태도와 신념이 참여의 장벽이 되는 경우다. 우리는 AAC 팀원 중 한 사람 이상에게서 태도 장벽(attitude barriers)이 나타날 경우 이를 공개적으로 확인하는 것은 도움이 되지 않을 것이기에 [그림 5-2]에 제시된 참여 목록표에 태도 장벽을 포함시키지 않았다. 누군가에게 암시적으로나 명시적으로 "당신의 태도는 문제가 있어요!"라고 말하는 것은 문제를 해결하는 것이 아닐 수 있다. 그럼에도 불구하고 다양한 이유로 발생할 수 있으며, 다양한 방식으로 증명될 수 있는 태도 장벽을 인식하는 것은 중요하다. 부모, 친척, 동료, 감독자, 전문가, 또래 및 일반인 모두 부정적이거나 제한적인 태도를 취할 수 있다.

우리는 한 대학교 교수가 AAC에 의존하는 학생이 자신의 과목을 수강하려 하자 이를 불허하려 했던 상황을 경험한 적이 있다. 이 대학의 정책은 분명했다. 즉, 대학에 입학한 장애학생은 모든 과목을 수강할 수 있다는 것이다. 이러한 정책을 따르는 대학의 실제도 마찬가지여서, 접근이 더 용이한 장소로 강의실을 옮기는 과정을 의미하는 경우에도 적용되었다. 또한 이 대학의 장애지원센터는 강좌에 등록한 학생을 가르치는 교수와 학생 모두를 돕는 데 필요한 지식과 기술을 갖춘 직원이 상주하고 있었다. 그럼에도 불구하고, 장애학생에 대한 교수 한 사람의 태도가 장벽을 만들어 낸 상황이 된 것이다. 당연히 이 교수는 대학의 정책과 실제에 맞서 자신의 태도를 유지할 수 없었고, 학생은 원하는 강의를 (지원을 받으며) 들을 수 있게 되었다.

때때로 태도 장벽은 상당히 노골적이다. 그러나 대부분의 사람은 그러한 견해가 사회적으로 수용되지 않음을 알고 있기 때문에 미묘하고 교활한 태도 장벽을 보이는 경우가 많다. 태도 장벽에 의해 나타나는 흔한 결과는 팀원 중 한 명 이상이 CCN을 지닌 사람에 대해 낮은 기대를 하는 것인데, 이는 결과적으로 참여 기회를 제한한다. 태도 장벽에 대해 자세히 논의하는 것은 이 책의 범위를 벗어나는 것이다. 그러나 평가를 수행하는 사람은 CCN을 지닌 사람이 같은 연령의 일반 또래와 함께 활동에 참여하는 것을 막을 수 있는 제한적인 태도들에 민감해야 한다.

AAC에 의존하는 사람들이 점점 더 나은 초등, 중등 및 그 이상의 교육 기회를 얻고 있지만, 고용 기회는 여전히 심각하게 제한되어 있다. 일례로, 미국 장애인법은 1990년에 통과됐지만 AAC에 의존하는 사람들은 여전히 직업을 구할 때 처음 면접 단계에서 자동적으로 제외된다. AAC에 의존하는 두 명의 뇌성마비 남성은 다음과 같이 언급하였다…… "실질적인 장벽은…… 말장애인을 대하는…… 사람들의 변하지 않고 시대에 뒤떨어진 태도다…… 사람들은 나를 볼 때 나 자신을 보지 않는다. 그들은 단지 휠체어에 앉아 있는 사람을 볼 뿐이다"(McNaughton, Light, & Arnold, 2002, p. 66).

접근 장벽

참여 모델([그림 5-1] 참조)에서 접근 장벽은 사회나 지원 체계의 제한이 아닌 AAC 의존자의 능력, 태도 및 자원 제한과 관련이 있다. 많은 형태의 접근 장벽이 개인의 참여를 방해할 수 있다. 이 책에서는 주로 의사소통과 관련된 접근 장벽이 중요시되지만, 접근 장벽은 이동성 부족, 사물 조작과 처리의 어려움, 인지적 기능과 의사결정 문제, 읽고 쓰기 결함, 감각-지각 손상(즉, 시각장애나 청각장애) 등과도 관련될 수 있다. [그림 5-2]에 제시되어 있는 참여 목록표에는 AAC 팀이 참여에 영향을 줄 것으로 보이는 접근 장벽의 유형에 대한 일반적인 인상을 기록할 수 있는 칸들이 포함되어 있다. 그러나 개인이 지닌 의사소통 능력의 특성과 정도를 파악하는 것은 특히 중요하다. 개인의 현재 의사소통, 말 사용 및/또는 말 사용 능력 증가의 잠재성, 환경 조정의 잠재성 등을 모두 평가해야 한다.

현재의 의사소통 평가

인간은 누구나 어떤 방식으로든 의사소통한다는 점을 기억하는 것이 중요하다. 따라서 의사소통 접근을 평가하는 첫 단계는 개인의 현재 의사소통 체계의 효과성과 특징을 파악하는 것이다. 일반적으로 현재 의사소통에 대한 평가는 조작적 측면과 사회적 측면이라는 의사소통 능력의 두 측면에 초점을 둔다. 예를 들면, 어떤 아동은 응시 기법을 지속적으로 사용하지 못할 수 있고, 실어증을 지닌 어떤 성인은 보통 펜이나 연필로는 메시지를 쓰지 못할 수 있다. 또한 어떤 사람은 특정 기법에 대한 조작적 능력은 갖고 있으나 사회적 능력은 갖고 있지 않을 수도 있다. 예를 들면, 전자 의사소통 도구를 조작할 수는 있지만 의사소통을 위해 그 도구를 전혀 사용하지 않을 수 있다. 따라서 현재의 의사소통 체계를 평가할 경우에는 현재 사용하고 있는 각 기법에 대한 개인의 조작적 능력과 사회적 능력을 검토하는 것이 필요하다. [그림 5-3]에 제시되어 있는 평가표를 활용하여 그러한 측면을 살펴볼 수 있다. 또한 AAC 팀이 개인의 현재 의사소통 형태와 기능을 파악할 때 활용할 수 있는 훌륭한 관찰 및 면담 도구가 많이 있다. 〈표 5-2〉에는 주로 초기 의사소통자(예: 발달장애를 지닌 사람들)를 중심으로 현재 의사소통 행동을 평가하기 위해 다양한 환경에서 사용할 수 있는 몇 가지 도구들이 요약되어 있다. 뷰켈먼, 개릿 및 요크스턴(2007)은 급성 또는 만성 질환을 지닌 성인에게 사용할 수 있는 다수의 도구들을 담은 CD-ROM을 제작하기도 했다.

미국 말·언어·청각협회(ASHA)로부터 입수 가능한 '성인 의사소통 기술에 대한 기능적 평가(Functional Assessment of Communication Skills for Adults, ASHA FACS; Frattali, Holland, Thompson, Wohl, & Ferketic, 2003)' 와 '의사소통 삶의 질 척도(Quality of Communication Life Scale, ASHA QCL; Paul et al., 2004)' 는 신경학적 의사소통장애를 지닌 성인의 의사소통 참여를 평가하기 위해 사용할 수 있는 신뢰롭고 타당한 도구들이다. 이들 도구는 치료를 계획하고 결과를 문서화하는 데 도움이 될 수 있다.

AAC 팀이 대상자의 현재 의사소통 체계와 그 체계를 어떻게 사용하는지 평가하고 나면, 존재하는 의사소통 장벽들을 해결하기 위한 가능성을 검토할 수 있게 된다. 해결책 중 하나는 다음에서 간단히 논의되는 것처럼 대상자의 말 의사소통 능력을 향상시키도록 돕는 것이다.

말 사용 및/또는 말 증가 가능성 평가

아동과 관련하여 AAC 평가에서 가장 논쟁적인 이슈 중 하나는 말을 하기는 하지만 불충분한 경우 이를 보완하거나 (더 드물기는 하지만) 말을 완전히 대체하기 위해 AAC가 필요한가 하는 점이다. AAC의 사용이 말 발달을 저해할 것이라고 우려하는 부모가 많다. 그리고 이는 충분히 이해할 만한 상황이다. 왜냐하면 이들은 자녀가 수화, 그림, SGD 등 '더 쉬운' 대안에 접근하게 되면 말을 덜 하고 싶어 할 것이라 생각하기 때문이다. 마찬가지로 외상이나 뇌졸중으로 인해 후천성 뇌손상을 입은 성인의 가족 또한 대안이 제공될 경우 말 회복에 필요한 (힘든) 치료에 참여하고자 하는 환자의 동기가 감소될 수 있다고 여기기 때문에 이러한 이슈를 심각하게 고려하게 된다.

이러한 우려는 AAC 평가의 일부분으로 민감성과 객관성을 가지고 중요하게 다루어져야만 한다. 다행히도 AAC 기법 사용은 말산출을 저해하지 않고 오히려 촉진한다는 수많은 실험연구 결과들이 존재한다. 일례로 밀러, 라이트 및 슐로서(Millar, Light, & Schlosser)는 발달장애인 대상의 AAC 연구들을 고찰하고 다음과 같이 언급하였다.

> AAC 중재가 말산출을 촉진한다는 주장을 지지하는 실증적 근거가 존재한다. 이러한 근거는 AAC 중재가 의사소통 능력과 언어 기술 발달을 돕는다는 기존 근거와 함께, 자연스러운 말을 통한 의사소통 요구를 충족시킬 수 없는 발달장애인 대상의 AAC 이행에 대한 강력한 논거를 제공한다(2006, p. 258).

이후 밀러는 자폐범주성장애인 대상의 AAC 연구들을 고찰한 다음, "AAC 이행이 자폐범주성장애인의 말산출에 부정적인 영향을 미친다고 제안하는 자료는 발견되지 않았다. 사실, 대부분의 연구는 AAC가 이들의 말 발달을 강화할 수 있다고 제안한다."(2009, p. 187)라고 하였다.

[현재 의사소통 기법]

1. 현재 복합적인 의사소통 요구를 지닌 대상자가 의사소통을 위해 사용하는 기법을 모두 열거하라(예: 말, 발성, 제스처, 몸짓, 수화, 그림 의사소통판 지적하기, 사진 응시, ____ 스캐닝 도구 사용, 타자기로 타자하기, 헤드마우스 사용하기 등).

2. 각각의 기법에 사용되는 신체 부위를 기술하라(예: 양 눈, 오른손, 왼쪽 엄지손가락, 우측 머리 등).

3. 각각의 기법에서 필요로 하는 특별한 수정 사항을 기술하라(예: 엄마 무릎에 앉히기, 키가드 사용하기, 얼굴로부터 6인치 거리에 응시 차트 제시하기 등).

4. 해당 기법의 사용을 판정한 후, 사용자의 조작적 능력을 평정하라(1=서투르다, 5=뛰어나다). 조작적 능력은 피로감을 느끼면서 시간이 지나도 정확하고 효율적으로 해당 기법을 사용하는 개인의 능력을 말한다.

5. 대상자를 판정하고 상호작용을 해 본 다음, 그의 사회적 능력을 평정하라(1=서투르다, 5=뛰어나다). 사회적 능력은 상호작용을 할 때 사회적으로 적절한 방식으로 해당 기법을 사용하는 개인의 능력을 말한다.

기법	신체 부위	수정사항	조작적 능력 서투르다			뛰어나다		사회적 능력 서투르다			뛰어나다	
			1	2	3	4	5	1	2	3	4	5
1.												
2.												
3.												
4.												
5.												
6.												
7.												

[그림 5-3] 현재 의사소통 기법 조사

표 5-2 현재 의사소통 행동 및/또는 기능 조사 도구의 예

도구	평가 항목	평가 대상	공급처
Communication Matrix (Rowland, 1996, 2004)	의사소통 행동 및 기능	전상징적 의사소통이나 AAC를 포함하여 어떤 형태로든 의사소통을 하는 사람	Design to Learn
Interaction Checklist for Augmentative Communication-Revised Edition(Bolton & Dashiell, 1991)	의사소통 행동 및 기능	전상징적 의사소통이나 AAC를 포함하여 어떤 형태로든 의사소통을 하는 사람	PRO-ED, Inc.
Inventory of Potential Communicative Acts(IPCA)(Sigafoos, Arthur-Kelly, & Butterfield, 2006, Appendix A)	전상징적 의사소통 행동 및 기능	발달장애 및/또는 지체장애를 지닌 전상징적 의사소통자	Paul H. Brookes Publishing Co.
SCERTS® Model Assessment forms(Prizant, Wetherby, Rubin, Laurent, & Rydell, 2006a)	의사소통 및 정서조절 행동	사회적 상대, 언어적 상대 및 대화 단계에 있는 아동	Paul H. Brookes Publishing Co.
Social Networks: A Communication Inventory for Individuals with Complex Communication Needs and Their Communication Partners(Blackstone & Hunt Berg, 2003a, 2003b)	의사소통 기술 및 능력, 의사소통 상대, 표현 방식, 표상 전략, 선택 기법, 상호작용 지원 전략, 대화 주제 및 의사소통 유형	연령이나 능력에 상관없이 AAC를 사용하는 사람	Augmentative Communication, Inc.

대부분의 CCN을 지닌 사람들은 말을 사용하여 의사소통할 수 있는 최소한의 어떤 능력을 갖고 있다. 즉, 이들은 100% 말을 할 수 없거나 100% 발성을 할 수 없는 것은 아니다. 기능적으로 봤을 때, 의사소통을 위한 말의 효과성은 '유의미한 말 사용 척도(Meaningful Use of Speech Scale: MUSS; Robbins & Osberger, 1992)'에 따라 구분하면 다음과 같은 10수준으로 나눌 수 있다.

1. 의사소통이 이루어지는 동안 발성을 한다.
2. 말을 사용하여 타인의 관심을 끈다.
3. 메시지의 의도와 내용에 따라 발성을 달리한다.
4. 친숙한 사람들과 아는 주제를 놓고 의사소통하기 위해 주로 말을 사용한다.
5. 낯선 사람과 아는 주제를 놓고 의사소통하기 위해 말을 사용한다.
6. 친숙한 사람들과 새로운 주제나 상황에 대해 의사소통하고자 주로 말을 사용한다.
7. 낯선 사람들과 새로운 주제나 상황에 대해 의사소통하고자 주로 말을 사용한다.
8. 친숙한 사람들이 이해할 수 있는 메시지를 산출하기 위해 말을 사용한다.
9. 낯선 사람들이 이해할 수 있는 메시지를 산출하기 위해 말을 사용한다.
10. 의사소통이 단절 됐을 때 메시지를 명료화하거나 재구성하여 제시한다.

AAC 팀은 전형적인 말 사용 패턴을 판단하기 위해 MUSS를 사용한 가족 면담을 통해 대상자의 말 사용을 평가할 수 있다. 각 항목은 0~4점 척도로 평가되는데, 0점은 그 행동이 전혀 일어나지 않음을, 4점은 그 행동이 항상 일어남을 뜻한다. 비록, MUSS가 중도 청각장애아동을 대상으로 고안되었지만, 켄트, 마이올로 및 블뢰델(Kent, Miolo, & Bloedel, 1994)은 불명료한 말을 산출하는 아동들에게도 적절히 사용될 수 있다고 제안하였다. 아동과 성인의 말 명료도에 대한 좀 더 구체적인 정보는 ASHA 웹 사이트에 제시되어 있는 표준화검사들을 사용해 얻을 수 있다.

정보를 전달하는 음향신호의 적절성을 의미하는 명료도(intelligibility)는 조음, 호흡, 발성, 말 속도, 자세, 발화 길이 및 그 밖의 많은 내재적 요인에 의해 영향을 받는다는 점에 주목해야 한다(Kent et al., 1994; Yorkston, Strand, & Kennedy, 1996). 전형적으로, AAC를 통해 의사소통하는 사람들의 명료도 점수는 이들 요인이 결합되어 극단적으로 낮거나 일관성이 매우 적을 수 있다. 두 번째 척도인 보완명료도(supplemented intelligibility)는 주제, 낱말의 첫 글자, 제스처 등의 상황 정보가 제공될 때, 청자가 화자의 말을 이해할 수 있는 정도를 말한다. 핸슨, 요크스턴 및 뷰켈먼(Hanson, Yorkston, & Beukelman, 2004)은 메타분석을 수행하고 말 보완기법의 사용을 위한 실제 지침을 개발하였다. 보완명료도 평가 요구에 응하여, 전문가들은 임상적으로 사용할 수 있는 평가 도구를 개발하기 시작하였다. 생후 30개월 어린 아동들을 대상으로 사용할 수 있는 아동용 보완 말 이해 가능성 지표(Index of Augmented Speech Comprehensibility in Children: I-ASCC)를 예로 들 수 있다(Dowden, 1997). 이 도구는 먼저 일반적인 범주에 속하는 목표 낱말을 선정한다(예: 아이들이 아침 식사로 먹는 음식들, 생일파티에서 볼 수 있는 것들, 1에서 10까지의 수). 선정된 목표 낱말들을 다음과 같은 순서에 따라 말로 유도한다. ① 그림 단서만 제공한다(예: "이게 뭔지 말해 줄래?"), ② 그림과 상황 단서를 함께 제공한다(예: "이건 생일 파티에서 볼 수 있는 거야. 이게 뭔지 말해 줄래?"), ③ 그림과 모델을 함께 제공한다(예: "이건 케이크야, 이게 뭐라고 했지?"). 대상자가 반응을 하면 평가자는 그것을 녹음한다. 이후 녹음된 말을 친숙한 청자와 낯선 청자가 상황 단서의 유무에 따라 검토한다. 상황 단서가 제공되지 않는 경우, 평가자는 청자로 하여금 녹음된 낱말을 두 번씩 들려주고 무엇을 들었는지 써 보도록 요청한다. 상황 단서가 제공되는 경우 청자는 각 낱말과 관련된 상황 단서 구절(예: '사람들이 저녁식사로 먹는 것')을 제공받고 녹음된 낱말을 들은 후, 들은 낱말 중 그 상황 단서에 가장 적절한 낱말을 써야 한다. 이 평가는 맥락이 없는 상태에서 말이 얼마나 명료한지를 재는 것이 아니라 다양한 조건하에서 말을 어느 정도 이해할 수 있는지를 평가하기 위해 고안되었다.

크레스(Cress, 1997), 크레스와 마빈(Cress & Marvin, 2003)은 AAC를 고려하는 어린 아동의 부모와 이들을 돕고자 하는 팀이 참고할 수 있는 훌륭한 자료를 제공해주었다. 이들 저자는 'AAC 사용은 내 아이의 음성 발달을 저해할 것인가?', '내 아이는 말을 할 것인가?'와 같은 부모들이 종종 제기하는 9가지 흔한 질문을 중심으로 많은 연구들을 요약하였다. 크레스(1997)의 요약문은 바클리 AAC 센터 웹 사이트에서 이용할 수 있다.

환경적 조정 가능성 평가

환경적 조정(environmental adaptations)은 물리적인 공간, 위치 또는 구조 변경과 관련된 것으로 의사소통 기회 및/또는 접근 장벽을 상대적으로 간단하게 해결할 수 있는 방법이다. 예를 들면, 교실에서 학교 직원은 책상이나 탁자의 높낮이를 조절할 수 있으며, 경사진 판을 이용하여 수직적인 작업대를 만들고, 휠체어나 AAC 도구를 쉽게 조절할 수 있도록 카운터톱(countertop, 조리대의 튀어나온 부분-역자 주)을 잘라낼 수 있다. 가정에서는 장애를 입게 된 가족의 요구에 따라 가구 재배치 및/또는 문틀을 넓히거나 카운터톱을 낮추는 개조 등이 필요할 수 있다. 이러한 조정의 필요성 여부 평가는 상식적인 과정이며, 팀은 문제가 있어 보이는 상황을 관찰함으로써 이를 수행할 수 있다.

AAC 체계 또는 도구 사용 가능성 평가

참여 모델([그림 5-1] 참조)에서는 접근 장벽을 줄이고자 AAC 체계나 도구를 사용하는 개인의 능력을 결정하기 위해 세 가지 평가를 수행하게 된다. 여기에는 조작적 요구 프로파일(operational requirements profile), 제약 프로파일(constraints profile) 및 능력 프로파일(capability profile)이 포함된다. 이번 절에서 우리는 앞의 두 프로파일에 대해 논의하고, 능력 프로파일에 대해서는 제6장에서 상세히 논의한다.

조작적 요구 프로파일

접근 장벽을 줄이기 위해 AAC 팀은 비전자 기법과 전자 기법을 결합해야 하는 경우가 종종 있다. 따라서 수많은 AAC 옵션들 중 어떤 것이 적절할지를 파악해야 한다. 이를 위한 첫 단계는 평가 팀이 다양한 AAC 기법의 조작적 요구에 익숙해지는 것이다. 예를 들면, 배열의 크기와 레이아웃, 선택 세트에 포함된 전체 항목 수 등 디스플레이와 관련된 요구가 있을 수 있다. 개인과 도구 사이의 운동 및 감각 인터페이스에 대한 대체-접근 체계의 요구는 항상 존재하는데, 이는 개인이 해당 도구를 정확하고 효율적으로 조작할 수 있도록 하기 위함이다. 또한 사용자가 특정 기술이나 능력을 지니고 있어야 도구가 제공하는 출력을 활용할 수 있다(AAC 옵션들에 대한 조작적·학습적 요구에 대한 설명은 제3장과 제4장 참조).

정확한 '정보'를 얻기 위해서는, 바로 그 사람(right person)이 바로 그 장소(right place)에서 바로 그 시간(right time)에 바로 그 방법(right way)으로 바로 그 사람들 (right people)에게 바로 그 질문(right questions)을 해야만 한다 (the six R's)(Bevan-Brown, 2001, p. 139).

제약 프로파일

개인 및 AAC 기법과 직접적으로 관련된 것 외에 실제적인 이슈들 또한 AAC 체계 선택과 교수 전략에 영향을 미칠 수 있다. AAC 팀은 이후 결정들이 제약과 갈등을 일으키지 않고 가능하다면 언제든지 그러한 갈등을 줄이고자 노력할 수 있도록 평가 과정에서 조기에 그러한 제약들을 파악해야 한다. 가장 일반적인 제약은 개인 및 가족의 선호도, 의사소통 상대의 선호도 및 태도, 의사소통 상대 및 촉진자의 기술과 능력, 자금조달 등이다.

드루인(Druin, 1999, p. xviii)은 "아이들을 위한 테크놀로지는 활짝 웃을 만한 (high smile) 가치가 있는 것이어야 한다. 그것이 아이들을 웃음 짓게 하지 않는다면 그것은 좋은 선택이 아니다"라고 하였다. 드루인과 동료들은 "아이들은 그것이 어떻게 작동하는지 또는 그것이 무슨 기능을 하는지 만큼이나 그것이 무엇처럼 보이는지에 신경을 쓰며"(1999, p. 67), "자신이 환경을 '지배한다'고 느낄 때 힘을 얻게 된다."(p. 65)라고 하였다.

복합적인 의사소통 요구를 지닌 사람과 그 가족의 선호도 및 태도   의심의 여지없이, AAC 팀이 평가해야 할 가장 중요한 제약은 대상자 및 가족의 선호도와 관련된 것들이다. 여기에는 ① 체계의 휴대 가능성, 내구성 및 외양(즉, 장식적 매력), ② SGDs에서 산출되는 음성의 질과 명료도, ③ 체계를 통해 성취되는 의사소통의 '자연스러움 (naturalness)'과 같은 관심사항이 포함될 수 있다. CCN을 지닌 아동과 가족들은 AAC 도구로 인해 필요이상으로 다른 아이들과 다르게 보이거나 다르게 들리지 않기를 바라기 때문에 이러한 이슈들에 특히 민감하다. 이 문제를 검토하기 위해 라이트, 페이지, 쿠란 및 피트킨(Light, Page, Curran, & Pitkin, 2007)은 일반아동들에게 그림과 미술 자료들을 사용해서 휠체어를 타고 있고 말을 할 수 없는 한 소년을 위한 의사소통 도구를 '발명'해 보도록 요청하였다. 그 결과 기존 AAC 도구의 특성들[예: 음성 출력, 다수의 어휘 수준, 어지럽혀지는 활동들(물감놀이 같은 것들-역자 주)로부터 보호, 밝은색을 통합하고 더 많은 요소들[예: 만화 캐릭터, 유머, 놀라운 일(마술 같은 것들-역자 주)을 할 수 있는 능력, 광선, 인기 있는 주제]이 추가된 다섯 가지 AAC '도구 원형(devices prototypes)' 이 아이들을 통해 개발되었다. 이러한 결과를 통해, 아이들은 전문가나 그 밖의 성인들이 우선순위를 두지 않는 AAC 도구의 또 다른 측면들에 가치를 부여함을 알 수 있다. 사실, 다수의 연구들은 중도 지적장애나 자폐범주성장애를 지닌 아동과 청소년들은 자신들이 사용하는 AAC 체계에 대한 선호도를 드러낼 수 있다는 근거와 이를 평가할 수 있는 전략들을 제시해 왔다(Canella-Malone, DeBar, & Sigafoos, 2009; Sigafoos, O'Reilly, Ganz, Lancioni, & Schlosser, 2005; Son, Sigafoos, O'Reilly, & Lancioni, 2006).

캐나다에서 이루어진 오키프, 브라운 및 슐러(O'Keefe, Brown, & Schuller, 1998)의 연구에서는 CCN을 지닌 당사자, 의사소통 상대, AAC 서비스 제공자, AAC 도구 제조사, AAC에 낯선 사람 등 다섯 집단의 참여자를 대상으로 AAC 도구와 관련된 186개의 특성을 중요도에 따라 평정하도록 요청하였다. 그 결과 CCN을 지닌 사람들은 상황적 융통성, 신뢰성, 학습 용이성, 산출된 음성 명료도 등과 관련된 항목을 다른 네 집단의 사람에 비해 유의하게 더 중요한 것으로 평정하였다. 더욱이 이들은 검사에 포함되지는 않았지만 자신들이 원하는 몇 가지 특성을 제안했는데, 이 제안에는 ① 영어 외에 다른 언어들을 산출하며, ② 필요할 경우 사적인 대화를 할 수 있고, ③ 잠자리에서 사용할 수 있으며, ④ 대화 상대가 프로그램을 짜기에 용이한 도구들이 필요하다는 점이 포함되었다. 이 연구와 라이트 및 동료들(Light, Page, et al., 2007)의 연구를 통해 알 수 있는 분명한 점은 CCN을 지닌 사람들은 "AAC 도구를 설계, 제조, 공급하는 데 책임이 있거나 임상에서 자신들과 함께 일하는 사람들에 비해 더 요구가 많을 수 있으며"(O'Keefe et al., 1998, p. 47), AAC 도구를 결정할 때 이들의 선호도가 가장 중요하다는 것이다.

AAC와 관련하여 당사자 및 가족이 드러내는 선호도의 다양성을 설명할 수 있는 요인들은 많다. 그중 가장 두드러지는 요인은 일반적으로는 장애에 대한, 특별하게는 의사소통이나 AAC에 대한 사람들의 인식에 영향을 주는 민족성이나 문화와 관련이 있다(Bridges, 2004). 북아메리카와 기타 지역에서는 앵글로 유럽인의 사고와 가치에 기초를 둔 AAC 평가와 중재 접근이 우세한 경향이 있다. 당연히 이러한 경향은 다른 문화권 출신의 가족들이 신봉하는 가치와 갈등을 일으킬 수 있다(Hetzroni, 2002; Judge & Parette, 1998). 예를 들면, 북아메리카에서 우세한 앵글로 유럽인 문화는 개인주의와 사생활 보호, 평등, 약식(informality), 미래에 대한 계획, 효율적인 시간 사용, 일과 성취, 솔직함, 적극성 등을 강조하는 경향이 있다(Judge & Parette,

1998). 앵글로 유럽인의 자녀는 독립적이고 자주적이며, 근면하고 경쟁적이도록 격려를 받는다. 또한 장애는 다양한 원인에 의한 것으로 간주된다. 장애 '표찰 (labeling)'도 서비스를 받기 위해 필요한 단계로 널리 수용된다. 약물, 수술, 적응 장비 및 기타 테크놀로지는 장애와 관련된 방해물을 해결할 수 있는 잠재력을 지닌 것으로 인정된다.

이러한 가치는 집단주의와 협동심, 상호 의존성, 위계적인 가족 구조, 공손함, 현재 중심의 생활, 시간에 대한 유동적 이해, 간접적인 의사소통 또는 연장자 및 권위자에 대한 존경과 인정 등에 높은 가치를 부여하는 다른 많은 문화권의 가치와는 뚜렷하게 대조될 수 있다. 어떤 문화권에서는 아동이 교육과 근면에 가치를 두도록 양육됨으로써 사회적 상호작용에서 상대적으로 소극적인 역할을 취하도록 훈육되고 다른 관계보다도 가족에 대한 성실성에 우위를 두도록 길러질 것이다. 장애에 대한 견해 또한 매우 다를 수 있다. 즉, 자연적 원인과 초자연적 원인 모두를 강조하는 견해, '표찰'은 낙인을 찍는 것이며 불필요한 것이라는 견해, 민간적, 정신적 및 /또는 자연적 치료를 배제하는 현대 테크놀로지의 사용을 꺼리는 견해 등이 있을 수 있다.

경제적으로나 사회적으로 낙후된 공동체와 국가는 AAC 중재를 계획하고 이행할 때 고려해야만 하는 특별한 사정들을 갖고 있다. 『보완대체의사소통: 빈곤을 넘어(Augmentative and Alternative Communication: Beyond Poverty)』(Alant & Lloyd, 2005)라는 책은 빈곤 지역에 살고 있는 전 세계 사람들을 지원하는 AAC 제공자들이 직면한 난제들을 탐색하고 다양한 해결책들을 제시한다.

물론, 이러한 일반화가 다양한 배경 출신의 가족에게 '한결같이' 적용되는 것은 아니다. 많은 요인들(예: 문화, 사회경제적 지위, 구어와 문어 능력, 교육 배경)이 AAC 사용에 대한 이들의 인식에 영향을 미칠 것이기 때문이다(Parette, Huer, & Scherer, 2004). 다행히도 1990년대 후반 이후 많은 연구자가 북아메리카에서 우세한 특정 인종·문화 집단을 대상으로 이들 이슈를 검토해 왔다. 예를 들면, 다수의 연구자가 교육 및 AAC 평가 실제, 도구 및/또는 교수와 관련하여 다음과 같은 배경 출신의 가족들이 보이는 태도 및 선호도에 대한 연구 결과를 발표하였다.

- 아프리카계 미국인(Huer & Wyatt, 1999; Parette, Huer, & Wyatt, 2002)
- 멕시코계 미국인(Huer, Parette, & Saenz, 2001)
- 라티노(Binger, Kent-Walsh, Berens, del Campo, & Rivera, 2008; Rosa-Lugo & Kent-Walsh, 2008)
- 아시아계 미국인(Parette & Huer, 2002)
- 베트남계 미국인(Huer, Saenz, & Doan, 2001)
- 중국계 미국인(Parette, Chuang, & Huer, 2004)

또 다른 저자들은 다음과 같은 배경 출신의 가족들이 보이는 의사소통 방식, 실제 및/또는 선호도와 관련된 연구들을 요약하였다.

- 미국 인디언(Bridges, 2000; Inglebret, Johnes, & Pavel, 2008)
- 히스패닉 및 멕시코계 미국인(Harrison-Harris, 2002; McCord & Soto, 2004)
- 필리핀계 미국인(Roseberry-McKibbin, 2000)
- 동남아시아인(Hwa-Froelich & Westby, 2003)
- 남인도인(Srinivasan et al., 2011)
- 중국계 캐나다인(Johnston & Wong, 2002)
- 인도-캐나다인(Simmons & Johnston, 2004)

이러한 연구를 통해 AAC 팀은 다양한 배경 출신의 가족이 지니고 있는 가치, 기대, 역사적 맥락, 아동 양육과 의사소통 방식, 가족에 대한 인식 등을 진정으로 이해하는 것이 얼마나 중요한지를 배울 수 있다. 팀 구성원은 또한 AAC 평가 및 중재를 하기 전에 또는 그 과정에서 자신의 지식, 인식, 태도 및 기술 등을 스스로 평가해 보는 것이 중요함을 알 수 있다. 휴어(Huer, 1997)는 [그림 5-4]에 제시된 것처럼 자기평가(self-assessment) 요소를 포함한 문화적으로 포괄적인 AAC 평가 프로토콜(Protocol for Culturally Inclusive Assessment of AAC)을 제공하였다.

또한 팀 구성원은 이중언어 사용자이면서 전체 인구 중 점점 더 많은 비율을 차지해 가고 있는 사람들을 대상으로 AAC 평가를 하는 것이 복잡함을 제대로 인식해야만 한다. 2010년 발간된 미국 지역사회 조사(American Community Survey) 보고서에 의하면, 영어가 아닌 다른 언어를 말하는 미국인이 5천 9백만을 넘어섰으며, 42%의

문화적으로 포괄적인 AAC 평가 프로토콜

자기평가: 다문화 역량 정도

저작권은 마리 블레이크 휴어 박사(Mary Blake Huer, Ph.D)에게 있음.

준거: 다음 20문항을 읽으시오. 당신이 읽은 문항의 능력을 갖고 있다고 느끼면 '예', 그렇지 않다고 느끼면 '아니요'라고 각 문항 옆에 쓰시오. 당신이 이들 능력의 최소한 70%(20문항 중 14문항)를 지니고 있는 것으로 평가된다면 AAC 서비스 전달과정에 참여하시오.

[관련 지식]

_____ 나는 AAC의 구성 요소, 즉 기법, 전략, 상징 및 보조공학에 대해 광범위한 지식을 갖고 있다.

_____ 나는 장애를 일으키는 몇 가지 질병의 특성을 공부해 왔다.

_____ 나는 다문화주의(multiculturalism)의 역사와 태도에 관한 지식을 갖고 있다.

_____ 나는 문화적·언어적으로 다양한 사람들 속에서만이 아니라 내가 속한 문화의 의사소통 행동 속에서도 문화 간 유사점과 차이점을 찾아낼 수 있다.

_____ 나는 AAC와 다문화주의에 영향을 미치는 정책과 법에 대한 지식을 갖고 있다.

_____ 나는 모든 환자를 위한 지역사회 및 전문적 자원에 대한 지식을 갖고 있다.

_____ 나는 민족성, 세계관, 문화접변(acculturation) 등의 용어를 정의할 수 있다.

[문화적 편견과 신념에 대한 인식]

_____ 나는 내 문화 출신의 사람들과 상호작용할 때만큼 다른 문화 출신의 사람들과도 상호작용을 즐긴다.

_____ 나는 나와 다른 문화적 배경 출신의 가족과 상호작용할 때 편안함을 느낀다.

_____ 나는 가족들이 무엇을 기대하는지 확실히 안다.

[문화적으로 적절한 평가 전략 인식]

_____ 나는 AAC 서비스를 필요로 하는 언어적으로 다양한 사람들을 평가하는 나 자신의 능력을 확신한다.

_____ 나는 정보를 수집할 때 적절한 경우 부모, 조부모, 이모·고모·삼촌, 사촌, 친구, 형과 누나, 민간요법 치유사(folk healers) 등 모든 가족 구성원을 활용한다.

_____ 나는 종합적인 평가 도구를 활용하는 나 자신의 능력을 확신한다.

_____ 나는 문화적으로 주의를 요하는 면담과 편견 없는 평가를 한 경험을 갖고 있다.

_____ 나는 정보 수집을 위해 다양한 방법, 즉 관찰, 면담, 개방형 질문, 2차 자료 등을 이용한다.

_____ 나는 나와 다른 문화적 배경 출신의 가족과 효과적인 면담을 할 수 있다.

_____ 나는 나와 다른 문화 출신의 사람들과 의사소통할 때 나의 실수, 방어, 긴장 및 오해를 점검하고 수정한다.

[다른 문화권/언어권 가족들과의 관계]

_____ 나는 내가 대부분의 가족들에게 신뢰를 받을 만하다고 믿는다.

_____ 나는 가족들이 시간을 두고 나와 상호작용하면서 편안함을 느낀다고 믿는다.

_____ 나는 대부분의 사람들이 나를 편견이나 고정관념에 사로잡혀 있는 사람으로 여기지 않는다고 믿는다.

전체 점수: _____ 날짜:_____ 행동: _____

[그림 5-4] 다문화 역량에 대한 자기 평가

출처: Huer, M. B. (1997). Culturally inclusive assessments for children using augmentative and alternative communication (AAC). *Journal of Children's Communication Development, 19*, 27; 허락하에 게재함

사람들은 영어를 '아주 잘하지는 못하는(less than very well)' 수준으로 적어도 어떤 상황에서는 영어 지원을 필요로 할 것이라고 한다(U. S. Census Bureau, 2010). 이중 언어 사용자에 대한 AAC 실제를 이끌 수 있는 연구가 매우 적기 때문에, 팀 구성원은 대상자의 상황과 요구에 부응할 수 있도록 가족과 긴밀히 협력해야 한다. 다행히도 영어 이외의 언어로 된 평가 도구가 점점 더 많아지고 있으며, 주요 검사 도구 공급자의 웹 사이트를 방문하면 이들 도구를 접할 수 있다(이 책 '자료와 웹 사이트 목록' 부분 참조).

언어와 문화 외에 또 다른 요인들이 일반적으로는 장애와 중재에, 구체적으로는 AAC에 대한 사람들의 태도와 선호도에 영향을 미친다. 이러한 요인 중 하나는 테크놀로지에 대한 개인의 경험 및 태도와 관련이 있다(Goldbart & Marshall, 2004; McNaughton et al., 2008; Saito & Turnbull, 2007 참조). 일례로, 의사소통장애를 지닌 한 아동의 부모 중 한 명은 전자 AAC 도구에 큰 관심을 보이는 반면, 다른 한 부모는 로우테크 접근을 더 선호할 수 있다. 이러한 의견 차이는 다양한 원인에서 비롯될 수 있다. 주어진 상황의 적절성에 상관없이, 한쪽 부모가 다른 한쪽 부모에 비해 테크놀로지에 대해 더 긍정적인 경험을 지닐 수도 있고, 혹은 어느 한쪽이 테크놀로지의 매력에 유혹될 수도 있다.

나는 아들의 도구를 준비하고 작동시키는 모든 짐을 감내해야 했다…… 그리고 나는

내가 학교에서 필요로 하는 것을 알아내고 그것을 AAC 도구에 담아내는 사람이어야 한다고 생각했다…… 나는 오랫동안 스트레스를 받았다. 나는 정말로 아는 것이 없었으나 모든 것이 내 책임이었다. 도구를 프로그래밍하는 데 교육청이나 학교로부터 아무런 도움을 받지 못했다. 당연히 바쁜 스케줄에도 불구하고 그 일을 해내야 했기에 나는 극단적인 스트레스를 받았다[중도 장애를 지닌 중학생 조(Joe)의 아버지 밥(Bob), Bailey, Parette, Stoner, Angell, & Carroll, 2006, p. 56].

어떤 상황에서 어떤 유형의 AAC를 사용할 것인가—로우테크를 사용할 것인가, 하이테크를 사용할 것인가—에 대한 일반적인 공감 또한 존재할 수 있다. 앞에서 언급한 것처럼 어린 아동의 부모는 대안이 있을 경우 자연스러운 말발달이 저해될 것이라고 우려하기에 AAC에 대한 편견을 지닐 수 있는데, 이러한 편견 또한 드문 일이 아니다. 후천성 뇌손상을 겪은 사람들의 가족 또한 AAC 옵션을 거부할 수 있다. 왜냐하면 이들의 자녀, 배우자 또는 부모가 자연스러운 말 사용을 강하게 바라거나 이들이 인위적인 말산출도구를 조작하는 것을 상상할 수조차 없기 때문이다. 또한 어떤 사람들은 의료 환경에 압도되어 AAC 옵션을 거부할 수도 있다. 예를 들면, 일시적인 말 부재로 중요한 정보를 주고받을 수 없을 때조차 집중치료실에서는 의사소통의 대체 형식을 시도하고 싶어 하지 않는 사람들이 있다. 이들은 종종 스트레스를 지나치게 받고 있어서 기본적인 조작기술을 습득하는 데 필요한 인지적/정서적 자원을 갖고 있지 않은 것으로 보인다.

제약 평가 과정에서, AAC 팀이 이후 의사결정 과정에서 고려할 수 있도록 AAC 사용을 고려 중인 사람과 그 가족이 선호도와 태도를 파악하도록 돕는 것은 중요하다. 최종적인 보조도구 결정이 AAC 팀 전문가의 견해에서 봤을 때 '완벽하지 못한' 것일지라도, 합의를 통한 민감성과 관심은 제약평가에서 매우 중요하다. 결국, 어떤 결정이 내려지든 그 결정에 따라 살아가야 할 사람은 CCN을 지닌 사람과 그 가족이다. 당사자와 가족의 선호도를 고려하지 않으면 그들은 결국 그 AAC 전략을 '포기'할 것이 거의 확실하며(Johnson, Inglebret, Jones, & Ray, 2006), 다음과 같은 애석한 결과를 가져올 것이다. "그 사람은 멋진 체계·도구를 지니고 있으면서도 거의 사용하지 않는다!"(Creech, Kissick, Koski, & Musselwhite, 1988).

테크놀로지와 장애 가족 센터(Family Center on Technology and Disability)의 웹 사이트는 무료로 다운받을 수 있는 '보조 테크놀로지에 대한 가족 정보 지침서'(Family Information Guide to Assistive Technology; 영어 및 스페인어로 이용 가능함)와 같은 보조 테크놀로지 및 교수 테크놀로지에 대한 다양한 자료를 제공한다.

의사소통 상대의 선호도 및 태도　CCN을 지닌 사람과 가족의 선호도에 비해 중요성이 덜하기는 하지만, 주기적이든 일시적이든 AAC에 의존하는 사람과 상호작용하는 사람의 테크놀로지에 대한 선호도와 태도 역시 여전한 관심사다. 의사소통 기법이 낯선 의사소통 상대에게 미치는 영향을 실증적으로 측정한 다수의 연구들이 있다. 이들 연구에 참여한 일반인들은 AAC 의존자와 일반 화자의 상호작용을 녹화한 비디오를 보고 나서 여러 차원에 따라 자신들의 인식과 태도를 평정하였다.

학령기 아동을 대상으로 한 연구들을 보면, 장애 친구를 경험한 아동이 그렇지 않은 아동에 비해 AAC에 대해 더 긍정적인 태도를 보이는 것으로 나타난다(Beck & Dennis, 1996; Beck, Kingsbury, Neff, & Dennis, 2000; Blockberger, Armstrong, & O'Connor, 1993). 일부 연구에서는 여자 아동이 남자 아동에 비해 AAC에 대해 더 긍정적인 태도를 갖는 것으로 나타난다(예: Beck, Bock, Thompson, & Kosuwan, 2002; Beck, Kingsbury, et al., 2000; Beck, Thompson, Kosuwan, & Prochnow, 2010; Blockberger et al., 1993; Lilienfeld & Alant, 2002). 특정 AAC 기법과 관련하여 몇몇 연구는 전자 체계, 도구를 사용하는 비전자 체계(예: 알파벳 판), 도구를 사용하지 않는 체계(예: 수화)를 사용하는 또래의 비디오를 보게 하고 아동들의 태도를 검토하였다. 그 결과 이들 체계 간에 차이가 없는 것으로 나타났다(Beck et al., 2002; Beck & Dennis, 1996; Beck, Fritz, Keller, & Dennis, 2000; Blockberger et al., 1993; Dudek, Beck, & Thompson, 2006). 그러나 청소년과 성인 평가자로 구성된 연구 결과에 의하면, 평가자들은 뇌성마비나 실어증을 지닌 사람이 로우테크 디스플레이보다 SGD를 사용할 때 더 우호적인 태도를 보였다(Gorenflo & Gorenflo, 1991; Lasker & Beukelman, 1999; Lilienfeld & Alant, 2002). 마지막으로 AAC 도구의 유형(즉, 로우테크 대 전자)이나 사용자의 연령에 상관없이, 더 긍정적인 태도는 단일 낱말 메시지보다 구절이나 문장 길이의 메시지를 사용하는 의사소통 디스플레이와 관련이 있었다(Beck, Kingsbury, et al., 2000; Raney & Silverman, 1992; Richter, Ball, Beukelman, Lasker, & Ullman, 2003).

AAC 도구가 낯선 의사소통 상대보다는 직접 사용할 사람의 의사소통 요구를 충족시키기 위해 주로 선택된다는 점을 고려할 때, 우리는 앞의 결과들을 어떻게 이해할 수 있을까? 첫째, 일반적으로 아동들은 AAC 체계의 유형보다 장애아동에 대한 과거의 긍정적인 경험에 더 영향을 받는 것으로 보인다. 이러한 결과는 일반 학급에 장애아동을 통합하고 있는 학교에 다니는 아동들이 AAC 기법에 더 관대할 것이며, 처음으로 AAC를 사용하는 급우를 만나게 될 경우 기본적인 오리엔테이션만이 필요할 것임을 제안한다. 남성이 여성보다 다소 더 많은 지원을 필요로 하겠지만, 이는 연령에 따라 다를 수 있다. 더욱더 긍정적인 태도를 갖게 하는 방법은 성인에게는 AAC에 대한 정보를(Gorenflo & Gorenflo, 1991), 아동에게는 AAC를 사용해 볼 수 있는 역할놀이 기회를 제공하는 것이다(Beck & Fritz-Verticchio, 2003).

둘째, 청소년과 성인의 경우 로우테크 디스플레이보다 전자 도구를 더 긍정적으로 인식한다는 근거가 있지만, 말 명료도가 매우 낮은 사람의 경우에는 두 AAC 옵션 모두 강하게 선호됨을 제안하는 근거 또한 존재한다(Richter et al., 2003). 마지막으로, 우리는 의사소통 속도와 관련된 효율성이 모든 연령대의 낯선 의사소통 상대에게 중요한 고려사항이며, 사용된 AAC 도구 유형에 상관없이 이와 관련된 전략이 매우 중요함을 앞의 연구를 통해 깨닫게 된다. 불행히도 다양한 문화·인종·사회경제적 배경 출신의 의사소통 상대가 지닌 태도 관련 정보는 매우 부족한 상태이기에, 이 분야에 대한 연구가 필요하다(McCarthy & Light, 2005).

의사소통 상대 및 촉진자의 기술과 능력 태도 및 선호도와 관련된 복잡한 이슈 외에도 앞으로 의사소통할 가능성이 있는 대화 상대 및 촉진자의 기술과 능력에 관련된 이슈가 존재한다. 왜냐하면 의사소통 체계를 통해 전달된 메시지를 이해하거나 의사소통 체계를 최대한 활용하도록 도와주는 이들의 역할이 매우 중요하기 때문이다(Kent-Walsh & McNaughton, 2005). 예를 들어, 수화나 낮은 음질의 합성음성이 사용되는 경우처럼 낯선 청자가 AAC 체계에서 산출되는 메시지를 쉽게 이해할 수 없다면 의사소통 단절이 자주 일어날 것이다(제4장 참조). 만일 의사소통 상대가 AAC 의존자들과 적절히 상호작용하는 방법을 모른다면—여러 질문을 한 후 AAC 의존자로 하여금 반응 메시지를 구성할 충분한 시간을 주지 않고 상호작용을 독점하는 경우처럼—의사소통의 질은 왜곡될 것이다(Müller & Soto, 2002). AAC 체계 선택에 영향을 줄 수 있는 또 다른 제약은 앞으로 의사소통할 가능성이 있는 의사소통 상대의 연령,

문해 기술 그리고 디스플레이 관련 이슈들이다. 이러한 이슈들이 AAC 체계 사용에 미치는 영향을 고찰한 실증적인 연구가 거의 없기 때문에 지금은 상식선에서 의사소통 상대의 능력을 평가한다.

촉진자 기술 또한 많은 면에서 의사소통 체계 사용에 영향을 준다. 만일 촉진자가 AAC 체계 사용에 요구되는 도움을 제공할 능력이나 책임감을 갖고 있지 않다면, 그 체계는 사용되지 않고 포기될 것이다(Galvin & Donnell, 2002). 예를 들면, 촉진자는 전자 AAC 도구의 프로그래밍, 사용 및 유지와 관련해 조작적 능력을 지니고 있어야 한다. 또한 의사소통 디스플레이를 만드는 데 사용되는 여러 테크놀로지(예: 소프트웨어 프로그램, 디지털카메라 등)의 조작법도 알아야 한다. 또한 도상적 부호화나 집중 학습을 요하는 의사소통 기법을 배우고 있는 사람이나 문법, 사회적 상호작용, 그 밖의 기술을 향상시키고자 노력하고 있는 사람에게 폭넓은 교수를 제공해야 할 수도 있다(예: Light & Binger, 1998; Lund & Light, 2003). 지원하는 사람에게 적절한 모델과 교수를 제공하기 위해 AAC 기법을 써서 사회적 · 전략적 능력 또한 보여 주어야 한다. 필요한 전문적 지식을 지속적으로 이용할 수 없기 때문에 나타나는 불충분한 촉진자 기술은 선택된 중재에 대한 제약 요인이 될 수 있다. 따라서 평가과정에서 촉진자 기술의 적절성을 제대로 고려하지 않으면, 대부분 이후의 중재 이행은 실패로 끝날 것이다. 이러한 상황은 특히 요구가 더 많은 전자 도구에 해당된다. 불행히도 촉진자의 능력을 평가할 수 있는 도구는 소수에 불과하고(Beukelman et al., 2008) 그 외에는 이용할 도구가 없기에, AAC 팀은 대화 상대와 촉진자의 전문성을 평가하기 위해 비공식적인 방법에 의존해야만 한다(Kent-Walsh & McNaughton, 2005).

자금 조달   AAC 테크놀로지와 서비스에 들어가는 자금의 조달은 나라마다 매우 다르다. 한 나라 안에서도 자금 조달 패턴은 시기나 지역에 따라 쉽게 달라질 수 있다. 따라서 이 책에서는 AAC 자금 조달에 대한 자세한 논의를 하지 않기로 한다. 자금 조달 규정과 요건에 대한 최신 정보를 얻고자 하는 미국 독자는 AAC 기금 지원(AAC Funding Help) 웹 사이트를 참고하기 바란다. 다른 나라 독자는 자금 조달에 대한 정보를 얻고자 할 경우 지역 AAC 센터와 상의해야 할 것이다.

📑 학습문제

5-1. AAC 발견자, 촉진자, 전문 실무자 및 전문가의 주요 역할은 무엇인가?

5-2. 복합적인 의사소통 요구를 지닌 사람과 그 가족은 AAC 평가 과정에서 어떤 역할을 담당하는가?

5-3. 팀 구성원을 결정할 때 제기되어야 할 세 가지 필수적인 질문은 무엇인가?

5-4. AAC 적정후보자 모델은 무엇이며, 이 모델이 더 이상 널리 사용되지 않는 이유는 무엇인가?

5-5. AAC 평가는 어떤 단계들로 구성되어 있는가? 그리고 각 단계에서는 어떤 이슈들이 중점적으로 다루어져야 하는가?

5-6. 복합적인 의사소통 요구를 지닌 사람의 참여 형태와 요구 평가는 왜 중요하며, 어떻게 완성될 수 있는가?

5-7. 기회 장벽의 다섯 가지 유형은 무엇인가? 본문에 제시되지 않은 각각의 유형에 대한 예를 하나씩 들어라.

5-8. AAC 중재가 말 발달과 말산출에 미치는 영향을 검토한 연구들을 통해 우리는 무엇을 알 수 있는가?

5-9. 일반적으로, 문화는 AAC 평가 및 중재 과정에 어떤 영향을 미치는가?

5-10. 다양한 AAC 기법과 의사소통 상대의 태도 간 관계를 검토한 연구들을 통해 우리는 무엇을 알 수 있는가?

Chapter 06

특정 능력 평가

능력 평가(capability assessment)는 적절한 AAC 옵션을 결정하기 위해 개인이 지닌 능력 정보를 얻어 내는 과정이다. 이 장에서 우리는 능력 프로파일 작성을 위한 몇 가지 일반적인 원리와 절차를 제시한다. 제8장~제18장에서는 특정 장애인을 대상으로 추가적인 능력을 평가할 때 고려해야 할 사항들을 검토한다. 이에 앞서, 우리는 능력 평가를 위해 사용할 수 있는 몇 가지 접근법을 먼저 논의하도록 한다.

능력 평가 접근법 개관

능력 평가는 운동조절, 인지, 언어, 문해 등 AAC 중재와 관련된 주요 영역에서 개인이 보이는 수행 수준을 파악하는 과정이다(Yorkston & Karlan, 1986). 따라서 능력 평가가 완성되면 다양한 AAC 옵션의 조작적 요구에 부합하는 개인의 능력 프로파일을 얻게 된다. 능력 프로파일의 특징 중 하나는 개인이 지닌 장애보다 그 사람의 강점과 기술을 강조하는 것이다. 강점 중심 접근은 평가자들로 하여금 개인이 지닌 강점을 AAC 기법과 일치시키도록 해 주기 때문에 매우 중요하다.

AAC 사용과 관련된 개인의 능력을 평가하기 위해 몇 가지 접근법이 사용될 수 있다. 현재 실제에서 많이 사용되는 두 가지 접근법은 준거참조평가(criterion-referenced assessment)와 특성일치(feature matching)다. 반면에 또 다른 접근법인 규준참조평가(norm-referenced assessment)는 신중하게 사용되어야 한다. 우리는 먼저 규준참조평가의 제한점을 논의한다.

규준참조평가의 제한점

심리학, 교육학 및 언어병리학 분야 전문가들은 평가를 위해 규준 참조 접근법을 사용하도록 훈련받아 왔다. 이 접근법에서는 개인이 지닌 능력을 동일 연령의 또래가 지닌 능력과 비교하기 위해 공식 검사나 표준화 검사를 실시한다. 그러나 전문가들은 복합적인 의사소통 요구를 지닌 사람을 평가하기 위해 규준참조평가 도구를 사용하고자 할 때, 표준화된 방식으로 검사를 실시할 수 없기에 종종 좌절하곤 한다. 예를 들면, 평가자는 대상자가 말을 할 수 없을 경우 구어 반응을 필요로 하는 검사를 사용할 수 없다. 또한 상지장애를 지닌 사람에게 사물 조작이 필요한 검사는 쓸모가 없다. 'AAC 친화적 형식(AAC-friendly formats)'인 선다형 질문을 사용하는 평가 도구조차도 정해진 시간 내에 검사를 완성해야 하거나 높은 수준의 문해 기술을 필요로 할 경우에는 사용에 어려움이 있을 것이다.

다행히도 AAC 평가 목적은 평가 대상자를 동년배 또래와 비교하는 것이 아니기 때문에, AAC 평가는 표준화된 방식으로 규준참조검사를 실시하도록 요구하지 않는다. 따라서 많은 전문가들이 필요에 따라 적절한 내용을 포함한 규준참조검사를 수정해서 사용한다. 예를 들면, 어떤 대상자는 개방형이나 선다형 질문 대신 '예', '아니요' 형식의 반응 옵션을 필요로 할 수 있다. 또한 수많은 공식적인 언어평가 도구들을 상지장애를 지닌 사람들이 사용할 수 있도록 수정할 수 있다. 이러한 경우에는 반응을 위해 응시나 대체 기법이 필요할 수 있다. 문해장애의 경우에는 평가자가 대상자에게 질문(과 답지, 선다형 검사의 경우)을 읽어 주는 것으로 극복할 수 있다. 평가 대상자의 능력과 관련된 일반적인 정보를 얻기 위해 규준참조검사를 수정해 사용하는 것 또한 유용할 수 있다. 그러나 CCN을 지닌 사람을 장애가 없는 동년배 또래와 비교하거나 AAC 서비스의 '적격성'을 결정하기 위해 이러한 검사들을 사용하는 것은 적절하지 않다.

준거참조평가 및 특성일치

대다수 AAC 실무전문가들은 AAC 평가를 위해 특성일치 접근법을 사용한다 (Costello & Shane, 1994; Glennen, 1997; Yorkston & Karlan 1986). 이 접근법에서, 팀은 먼저 관련 질문에 대한 답을 얻기 위해 다수의 신중히 선택된 준거참조 과제들을 활용한다. 예를 들면, 가장 적절한 AAC 선택 기법을 파악하기 위해 가장 먼저 제기되는 질문은, "이 사람은 직접 선택 방식으로 도구에 접근할 수 있는가?" 하는 것이다. 만일 이에 대한 답이 '아니요'라면 다수의 스캐닝 옵션들을 더 자세히 탐색하게 된다. 그러나 반대의 답이 나온다면 스캐닝 옵션을 제외하고 가장 적절한 직접 선택 옵션을 선택하는 데 관심을 집중할 수 있다. 이러한 반복적인 과정은 또한 개인의 인지, 언어, 문해 및 감각 등의 능력에 대한 구체적인 의문을 해결하기 위해 활용될 수 있다.

이러한 평가 결과에 기초하여, 식견이 있는 AAC 팀은 CCN을 지닌 개인에게 적절할 것 같은 AAC 도구나 기법의 효율성을 예측할 수 있어야 한다. 그런 다음 선택된 AAC 요소들을 일정 기간(기법에 따라 수주에서 수개월) 동안 '시용(trial)'해 보도록 하는 데 그러한 예측을 활용한다. 분명히, 특성 일치는 다양한 AAC 옵션의 조작적 · 학습적 요구에 대한 AAC 팀 구성원의 식견을 필요로 한다. 그렇지 않으면, CCN을 지닌 사람이 각각의 도구에 대한 잇따른 시용을 해 볼 수 있도록 평가 중이나 평가 이후에 수많은 AAC 옵션이 이용 가능해야 할 것이다. 그러나 많은 상황에서 그러한 장비들을 이용하기란 불가능하다.

미국에서는 2004년에 이루어진 AT법 시행령(PL 108-364)에 따라 50개 주와 모든 미국령에 AT 센터가 세워졌으며, 이들 센터의 위임으로 장애인을 위한 AT 도구와

AAC TechConnect는 주요 제조사에서 개발한 100여 개에 달하는 AAC 도구들에 대한 정보를 제공하는 Device Assisstant라고 불리는 특성일치 도구를 제공한다. 이 도구는 포괄적인 평가 (comprehensive evaluation)의 일부로 평가 과정에서 파악된 구체적인 특성들을 지닌 도구를 찾도록 돕기 위해 마련된 것이다. 이 도구 외에도, AAC TechConnect 웹 사이트를 방문하면 다양한 무료 자료와 평가 형식들을 접할 수 있다.

서비스의 이용 가능성 및 활용성이 증가되었다. 이들 센터를 통해, 다양한 AT 평가 프로토콜과 정보 수집 도구가 개발되었는데, 이 중 많은 도구가 AAC 평가와 관련이 있다. 또한 능력 평가 과정을 촉진하거나 임상가에게 특성 일치와 관련된 지침을 제공하기 위한 다양한 AAC 평가 지침서들도 이용 가능하다. 〈표 6-1〉은 AAC 평가와 관련해 가장 광범위하게 이용할 수 있는 도구 및 소프트웨어 제품들의 정보를 제공한다.

표 6-1 AT 및 AAC 전략 평가 도구

평가도구/프로토콜	목적	특성	대상	출처
ACES Low-to-Lite Tech Evaluation Toolkit and High-Tech Evaluation Toolkit(McBride, 2008a, 2008b)	적절한 AAC 기법 결정	로우/라이트테크 평가도구는 초기 AAC 도구 결정을 위한 평가자료 제공, 하이텍 평가도구는 전자 도구 결정을 위한 자료 제공	모든 연령	AAC TechConnect
The Source for AAC (Reichert Hoge & Newsome, 2002)	평가 과정의 핵심적인 요소 파악	의도적 반응 및 소근육운동 능력 평가도구, 의사소통 점검표, AT 점검표 등을 제공	3세~성인	LinguiSystems
Medicare Funding of AAC Technology, Assessment/Application Protocol(2004)	말산출 AAC 도구의 필요성 기록	의사소통장애의 특성, 평가결과(청력, 시력, 신체, 언어 및 인지 기술), 일상적인 의사소통 요구, 기능적 의사소통 목표, 추천된 SGD와 액세서리 특성을 기록하기 위한 지침이 들어 있음. 미국에서는 SGD에 대한 의료보험 혜택을 위해 프로토콜이 요구됨	후천성 의사소통장애 성인	AAC-RERC
Protocol for Culturally Inclusive Assessment of AAC(Huer, 1997)	AAC 관련 평가정보 기록	의사소통 상대, 의사소통 요구, AAC 사용과 관련된 능력, 테크놀로지 사용뿐 아니라 전문가의 문화 역량에 대한 자기 평가 프로토콜 제공	다양한 문화/ 언어 배경 출신의 아동	Huer(1997)

University of Kentucky Assistive Technology(UKAT)Tool kit(University of Kentucky Assistive Technology Project, 2002)	AT 서비스 전달 과정 동안 전문가 돕기	정보수집, 관찰평가 및 자료수집, 평가자료 요약, 장비/도구 사용 결과 기록, 실행계획, 학생 진전도 점검, AT 지식 및 기술에 대한 전문가의 자기평가 등이 가능한 평가지 제공	학령기 아동	University of Kentucky Assistive Technology Project
Assessing Students' Needs for Assistive Technology(ASNAT; Gierach, 2009)	관례적 환경에서 학생이 AT를 필요로 하는지 평가	학생의 능력과 문제에 관련된 정보 수집, 적절한 환경과 과제 파악, 우선순위 설정, 가능한 해결책 마련, 의사결정, 장비/도구 사용, 사용결과 및 장기적인 성과 점검 등을 수행하는 평가 팀이 지침으로 삼을 수 있는 평가지 제공	학령기 아동	Wisconsin Assistive Technology Initiative
Functional Evaluation for Assistive Technology(FEAT; Raskind & Bryant, 2002)	AT 요구에 대한 생태학적 평가 촉진	맥락일치 목록, 강약점 점검표, 테크놀로지 경험 점검표, 테크놀로지 특성 목록, 개인-테크놀로지 평가 척도 등 다섯 개 척도로 구성되어 있으며, 요약과 권고사항에 대한 책자가 포함되어 있음	모든 연령	National Professional Resources
AAC Profile (Kovach, 2009)	의사소통 능력 평가 및 AAC 중재 설계	강점 영역과 중재 및 교수가 필요한 영역 측정	2~21세	LinguiSystems

평가 영역

AAC 평가의 일부로 몇 개의 영역들이 주로 고찰된다. 이들 영역에는 자세와 착석, 직접 선택 및/또는 스캐닝을 위한 운동 능력, 인지 · 언어 능력, 문해 기술, 감각 · 지각 기술 등이 포함된다.

자세와 착석 평가

자세와 착석(positioning and seating) 평가는 운동장애를 지닌 사람들에게 필수적이다. 움직임을 심하게 제한받는 장애를 지닌 사람들(예: 뇌성마비, 척수손상, 근위축성 측색 경화증)은 하루 중 대부분의 시간을 앉은 자세로 보낼 것이다. 따라서 이들은 기능적인 의사소통을 방해받지 않으면서도 안전하게 자세를 유지할 수 있어야 한다. 어떤 사람은 집중, 움직임의 범위, 다양한 자세로 AAC를 기능적으로 사용하는 능력 등에 영향을 미치는 좀 더 미묘한 운동장애를 지닐 수 있다. 결과적으로 운동 조절에 전문성을 갖고 능력 평가의 초기 단계에서 자세와 착석을 평가할 때 도움을 줄 수 있는 작업치료사나 물리치료사 등의 임상가들과 협의하는 것이 중요하다. 이러한 의미에서 우리는 작업치료사이자 브리티시컬럼비아 대학교 작업치료학과 임상 실무 코디네이터인 도나 드라이넌(Donna Drynan)의 기여에 감사한다. 그녀는 우리가 자세와 착석에 대한 이 글을 작성하는 데 도움을 주었다.

신경운동장애

신경 및 운동장애의 몇 가지 유형이 자세와 움직임에 영향을 미칠 수 있다. 일부 사람은 감소되거나 증가된 근긴장(muscle tone)을 보이는데, 너무 과한 긴장은 수의적인 움직임을 어렵게 하는 반면, 너무 적은 긴장은 자세, 균형 및 강도의 유지를 어렵게 한다. 많은 사람들이 사지에서는 높은 긴장이나 강직성을, 몸통 부분에서는 낮은 긴장을 지니고 있어서 과제에 따라 앞의 문제를 모두 경험할 수 있다. AAC 도구를 효율적으로 사용하려면, 외부적인 지원이나 이들 문제를 보완하기 위한 환경 수정이 필요하다.

또 다른 문제는 일반 유아에게서 전형적으로 나타나는 불수의적인 근육 반응으로 성장이나 성숙에 따라 사라지는 원시적 반사(primitive reflexes)에 의해 나타날 수 있다. 예를 들면, 아기의 뺨을 두드리면 아기가 머리를 그쪽으로 돌리고 입을 벌리는 현상을 볼 수 있다. 이러한 반응은 젖 찾기 반사(rooting reflex)라고 하는데, 주로 생후 수개월 내에 사라진다. 이러한 반응이 지속될 경우에는 수의적인 머리 조절을 방해할 수 있다(Orelove & Sobsey, 1996). 따라서 이러한 반사를 이끌 수 있는 곳에 접근 스위치(access switch)를 배치하지 않도록 주의해야 한다.

비대칭 긴장성 경반사(asymmetrical tonic neck reflex: ATNR)와 같은 또 다른 반사

패턴이 스위치나 다른 보조도구의 사용에 필요한 운동 조절에 영향을 미칠 수 있다. ATNR은 주로 생후 6개월 이내에 사라진다. 이 반사는 유아의 머리가 한쪽으로 돌려지면 활성화되는데, 머리가 돌아간 쪽의 팔다리는 쭉 뻗어지는 반면에 반대쪽 팔다리는 만곡하게 된다([그림 6-1]의 ⓐ 참조). 일단 이 반사가 활성화되면 많은 사람이 비정상적인 운동 패턴에 '빠져' 도움 없이는 정중선 위치로 돌아올 수가 없다. 따라서 ATNR을 보이는 사람의 AAC 체계는 일단 머리를 돌리게 되면 직접 선택을 위해 그 방향의 팔을 사용할 수 없기 때문에, 이들이 디스플레이를 스캐닝하기 위해 머리를 돌리지 않도록 설계되어야 한다([그림 6-1]의 ⓑ, ⓒ 참조). AAC 팀은 개개인을 위한 적절한 스위치의 배치를 보장하기 위해 철저한 운동평가를 실시해야 한다([그림 6-1]의 ⓓ, ⓔ 참조).

또 다른 일반적인 반사 패턴은 대칭 긴장성 경반사(symmetrical tonic neck reflex: STNR)로, 목의 신장(extension)이나 만곡(flexion)에 의해 일어난다. STNR의 경우 누군가의 목이 굽어지면(즉, 앞으로 숙여지면), 팔꿈치에서 팔은 구부려지고 엉덩이 쪽은 쭉 펴지게 된다([그림 6-2]의 ⓐ 참조). 그리고 목이 들려지면(즉, 뒤로 젖혀지면) 반대 현상이 일어난다. 즉, 팔은 바깥쪽으로 펴지고 엉덩이는 구부러진다([그림 6-2]의 ⓑ 참조). 이러한 반사가 일어나면 반사 자세에 '빠져' 기능적인 자세로 되돌아오기 위해서는 흔히 도움을 필요로 한다. STNR이 개인의 기능적인 팔 사용을 방해하기 때문에 이러한 반사가 나타나면 AAC 운동 접근에 영향을 미칠 수 있다. STNR 반사의 촉발을 막기 위한 하나의 방법은 수평보다는 수직으로 정위된 디스플레이나 스위치를 배치하는 것이다(예: 책상 위, [그림 6-2]의 ⓒ, ⓓ 참조). 마찬가지로 이들 반사를 지니고 있는 사람들과 상호작용하는 이들은 위쪽에서 이들과 접촉해서는 안 되며([그림 6-2]의 ⓔ 참조), 이들의 눈높이에서 접근해야만 한다([그림 6-2]의 ⓕ 참조).

또한 자세의 여러 측면에 영향을 미칠 수 있는 골격 기형(skeletal deformities)을 지닌 사람들이 있다. 일반적인 두 가지 예는 편안하고 바른 자세에 영향을 미치는 척추 측만증(scoliosis; lateral curvature of the spine)과 착석의 균형과 자세에 영향을 미치는 고관절장애[windswept position of the hip, 즉 고관절 탈구(hip dislocation), 골반 회전(pelvic rotation) 및 만곡증(scoliosis)]를 들 수 있다. 이들 두 질환은 예방이 중요한데, 이미 진행되었거나 고정되어 있으면 문제를 보완할 수 있도록 AAC 팀에 운동 전문가가 필요할 것이다.

마지막으로 근육이 활성화되는 동안 얼굴과 사지에 불수의적인 움직임이 특징적으로 나타나는 무정위운동증(athetosis)과 같은 운동장애(movement disorders)가 특정 유형의 뇌손상을 지닌 사람들에게서 흔하게 나타난다. 이들은 디스플레이의 상징을 지적하거나 쓸 만큼 상지를 충분히 조절할 수 없기 때문에, 결과적으로 AAC 도구 활성화를 위해 스위치를 사용해야 할 것이다.

[그림 6-1] ⓐ 비대칭 긴장성 경반사, ⓑ 촉진자나 AAC 디스플레이가 어느 한쪽에 위치되어서는 안 된다, ⓒ 촉진자나 AAC 디스플레이의 정중선 배치가 선호된다, ⓓ 스위치가 어느 한쪽에 배치되어서는 안 된다, ⓔ 스위치의 정중선 배치가 선호된다.

출처: Goossens', C., & Crain, S. (1992). *Utilizing switch interfaces with children who are severely physically challenged* (p. 40). Austin, TX: PRO-ED. 허락하에 게재함

[그림 6-2] ⓐ 목의 만곡에 따른 대칭 긴장성 경반사, ⓑ 목의 신장에 따른 대칭 긴장성 경반사, ⓒ AAC 디스플레이나 스위치의 수평적 배치는 STNR을 활성화활 수 있다, ⓓ AAC 디스플레이는 눈높이에 배치하고 스위치는 수직으로 조정되어야 한다, ⓔ 위쪽에서 접근하는 것은 STNR을 활성화할 수 있다, ⓕ 촉진자는 눈높이에서 접근해야 한다.

출처: Goossens', C., & Crain, S. (1992). *Utilizing switch interfaces with children who are severely physically challenged* (p. 43). Austin, TX: PRO-ED. 허락하에 게재함

펜실베이니아 주립대학교 작업치료사인 에일린 코스티건(Aileen Costigan)의 'AT 사용자의 착석과 자세(Seating and Positioning for Individuals Who Use AT)'라는 제목의 웹캐스트는 AAC-RERC 웹 사이트에서 이용할 수 있다.

평가 원칙과 기법

대다수 신경운동장애인은 앉은 자세, 즉 학교나 직장의 책상 또는 가정에서 휠체어에 앉은 채로 AAC 도구를 사용할 가능성이 높다. 적절한 자세 잡기나 착석을 위한 도움을 제공하지 않으면 이들의 능력을 상당히 과소평가할 가능성이 있다. 부적절한 자세와 불충분한 신체적 도움은 피로 및 편안함 수준, 정서 상태, 움직임 및 과제 집중 능력 등에 영향을 미칠 수 있다. 따라서 평가의 첫 단계는 AAC 팀이 인지, 언어 및 운동 등의 능력을 정확하게 평가할 수 있도록 대상자의 자세를 최적화하는 것이다. 그렇다고 해서 대상자의 자세를 향상시키는 최적의 휠체어나 좌석 끼우기(seating insert)가 개발될 때까지 팀이 다른 AAC 평가를 지연시켜야 한다는 뜻은 아니다. 평가를 제대로 완성할 수 있도록 적어도 일시적으로나마 대상자의 자세를 잡아 줄 수 있는 신체 자세와 조절 평가에 전문성을 지닌 팀원이 대기하고 있어야 한다. 이후에는 개인의 자세와 움직임에 대한 문제해결이 AAC 중재의 일부로 이행될 수 있도록 개인의 착석과 자세 요구에 대한 포괄적인 평가가 완성되어야 한다.

이상적으로는 대칭적인 착석 자세가 목표다. 그러나 많은 중도 신경운동장애인, 특히 고착된 기형을 지닌 사람들에게는 이러한 목표가 불가능한 것일 수 있다. 자세와 착석 평가(그리고 이후에 이를 지원하기 위한 계획)를 위해서는 다수의 원칙이 필요하다. 라델(Radell, 1997), 요크와 와이만(York & Weimann, 1991)이 수정한 이들 원칙에는 다음 사항이 포함된다.

1. 당신 자신을 참고하라.   장애가 없는 사람들은 작업을 하는 도중에 편안하고, 안정적이며, 기능적인 움직임을 위해 거의 자동적으로 자세를 조절한다. 따라서 운동장애를 지닌 사람의 자세를 평가할 때, 참조자로 당신 자신을 활용하는 것은 좋은 생각이다. 참조자로 당신 자신을 활용하는 과정에는 작업 참여(예: 스위치 활성화, 키보드 사용)와 '이 일을 하기 위해 나는 어떤 자세를 취할까?', '몸통 부분은 어떻게 할 것인가?', '머리와 팔다리는 어떤 자세를 취할 것인가?' 등의 질문을 스스로에게 해 보는 것 등이 포함된다. 이러한 질문에 대한 답은 평가 대상자의 자세를 최적화하기 위한 지침으로 활용될 수 있다.

2. 안정된 지지를 보장하라.   몸통이나 사지가 충분히 안정되어 있지 않으면 기능적으로 움직이는 것이 불가능하다. 예를 들어, 종이 한 장을 탁자 위에 올려놓고 탁자

표면에 당신의 전박(forearms)을 기대지 않고 글을 쓰고자 할 경우, 당신은 그 일이 매우 어려움을 발견할 것이다. 이는 전박이 팔, 어깨, 상체 및 손목 등을 안정화시키기 때문이다. 따라서 이들 신체 부위가 사용되기 위해서는 전박이 지지되어야만 한다. 마찬가지로 발은 하체와 몸통을 안정화시킨다. 따라서 바닥에 발을 대지 않으면 오랫동안 앉아 있기가 어렵다. AAC 평가 대상자의 경우, 이러한 안정성은 자세를 고정시키기 위해 고안된 좌석 벨트, 띠, 멜빵, 랩 트레이(lap tray) 및 기타 보조도구를 사용하여 성취될 수 있다([그림 6-3], [그림 6-4], [그림 6-5] 참조).

3. 비전형적인 근긴장의 영향력을 감소시켜라. 낮은 근긴장을 지닌 사람은 종종 AAC 평가를 위한 적절한 착석 자세를 위해 외적인 도움을 필요로 한다. 예를 들면, 똑바른 자세로 머리를 들 수 없는 사람은 일시적 또는 영구적으로 머리 받침이나 목 받침을 필요로 할 것이다. 근긴장이 높은 사람(예: 경직형 뇌성마비)은 원시적 반사의 촉발을 피하고 움직임의 용이성을 최대화하기 위해 AAC 디스플레이, 스위치 및 다른 보조도구를 주의 깊게 배치할 필요가 있다. 전문가들은 가장 기능적인 움직임을 가능하게 하는 자세를 파악하기 위해 시행착오 접근(trail-and-error-approach)을 종종 활용한다.

4. 고착된 기형은 조정하고 고착되지 않은 기형은 교정하라. 앞서 언급한 것처럼 이상적인 착석 자세는 대칭적이고 안정된 것이다. 첫 번째 원칙('당신 자신을 참고하라')을 적용함으로써 AAC 팀원은 자세를 잡아 주는 도구를 적절히 사용하여 고착되지 않은 대부분의 기형을 교정할 수 있다. 많은 경우 고착된 기형은 대칭성의 성취를 방해하기 때문에 대상자는 잔존한 움직임을 유지하고, 편안함을 최대화하며, 피로를 줄이고, 움직임을 위해 요구되는 노력을 최소화하기 위해 조정을 해야 할 것이다. 예를 들면, 심한 척추만곡증이나 그 밖의 기형을 지닌 사람은 반듯한 자세로 앉을 수가 없다. 따라서 팀은 가능한 한 기능적인 자세를 취할 수 있도록 일시적 또는 영구적 지지대를 활용할 필요가 있다(McEwen & Lloyd, 1990).

5. 최대한의 기능 성취에 필요한 최소한의 중재를 제공하라. 대상자가 움직일 수 없을 만큼 너무 단단하게 착석 자세를 지지하지 않도록 한다. 개인의 무게 중심이 상체의 이동에 따라 변화할 때(예: 앞으로 구부리기, 뻗기, 뒤로 젖히기), 움직임과 보완을 위해

발과 팔이 자유로워야 한다. 또한 대부분의 사람은 하루 종일 다양한 자세를 즐기고 취할 수 있어야 한다.

6. 휴식을 위한 지지를 제공하라.   AAC 체계를 사용하는 동안 피로해진 대상자가 적절한 신체적 지지를 통해 쉴 수 있도록 보장하는 것은 중요하다. 예를 들면, 근위축성 측색경화증과 같은 퇴행성 질환으로 허약해진 사람은 AAC 테크놀로지를 적극적으로 사용하지 않을 때에는 휴식할 수 있어야 한다(제14장 참조).

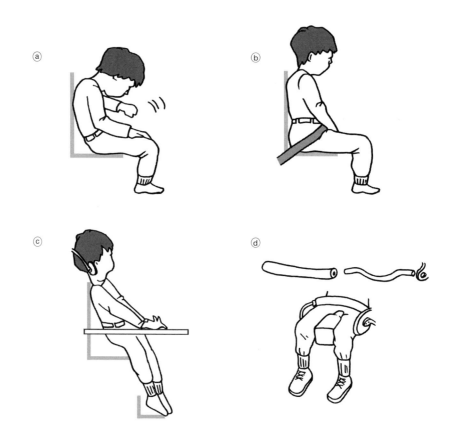

[그림 6-3] ⓐ 불편한 착석 자세 ⓑ 등이 의자에 잘 닿아 있으며 고관절에서 45° 각도로 좌석 벨트가 안전하게 매어진 좋은 자세 ⓒ 고관절이 쭉 뻗어지고 궁둥이가 의자에서 들어 올려진 채 신근이 밀려난 자세 ⓓ 두 가지 형태의 고정 띠(골반을 안정화시키고 신근이 밀려나는 것을 막기 위해 골반을 단단히 지지하는 데 사용됨)

출처: Goossens', C., & Crain, S. (1992). *Utilizing switch interfaces with children who are severely physically challenged* (p. 26). Austin, TX: PRO-ED. 허락하에 게재함

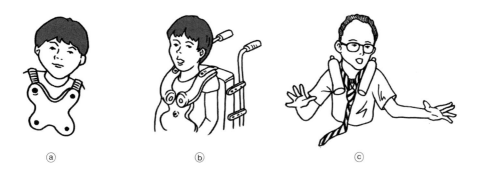

[그림 6-4] 몸통과 어깨 안정성을 위해 사용되는 도구
ⓐ 나비 모양 멜빵, ⓑ 단마(Danmar) 사 멜빵, ⓒ 어깨 당김 장치

출처: Goossens', C., & Crain, S. (1992). *Utilizing switch interfaces with children who are severely physically challenged* (p. 32). Austin, TX: PRO-ED. 허락하에 게재함

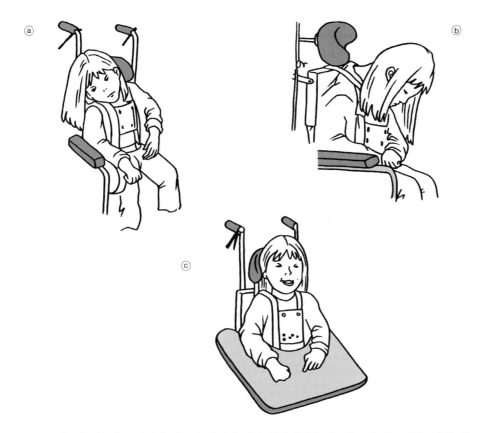

[그림 6-5] ⓐ, ⓑ 랩 트레이가 없으면 머리와 팔이 불안정하다. ⓒ 랩 트레이는 몸통, 어깨, 목, 머리 등을 안정시킨다.

출처: Goossens', C., & Crain, S. (1992). *Utilizing switch interfaces with children who are severely physically challenged* (p. 36). Austin, TX: PRO-ED. 허락하에 게재함

AAC 사용과 관련된 자세와 착석을 평가하는 몇 가지 일반적인 절차가 존재한다 (Cook & Polgar, 2008; McEwen & Lloyd, 1990; Radell, 1997). 첫째, AAC 팀은 휠체어나 일반 의자에 앉아 있는 대상자를 관찰해야 한다. 만일 관찰 대상의 고관절이 의자에서 미끄러져 있다면, 좌석의 가장자리 뒷부분이나 인서트(insert) 중앙에 골반이 위치하도록 대상자를 들어 올려야 한다. 만일 어떤 대상자가 AAC 도구를 여러 자세로 사용할 것 같으면, AAC 팀은 해당 상황들에서도 대상자를 관찰해야 한다. 둘째, 대상자가 스스로 적절한 착석 자세를 취하거나 유지할 수 없다면, AAC 팀은 가능한 한 그가 최대한으로 참여할 수 있도록 보장하면서 자세 관련 도움을 제공해야 한다. 평가자는 지지의 기초로서 안정되어야만 하는 골반을 시작으로, 의자 위에서 안정적이고 적절한 자세를 취할 수 있도록 단단한 지지를 제공해야 한다. 다음으로 AAC 팀은 개인의 하지, 몸통, 상지, 머리 및 목의 자세를 잡아 주어야 한다. 사실 팀 구성원의 손에 의해 제공된 지지는 보조 장비의 사용을 통해 추구될 수 있는 지지 유형을 흉내 낸 것이다. 셋째, 팀 구성원이 좌석, 등의 각도, 개조된 도구(예: 체형에 맞게 제작된 좌석) 등에 주목할 수 있도록 (가능하다면) 팀은 CCN을 지닌 사람이 의자에서 일어날 수 있도록 도와야 한다. 넷째, 팀은 기형이나 욕창, 경축(어떤 근육군의 수축) 또는 그 밖의 신체적 문제를 살펴보기 위해 의자에 앉아 있지 않을 때에도 대상자를 평가해야 한다.

AAC 팀이 관찰을 완성하고 나면, 개인의 자세를 향상시키기 위한 일시적인 수정이 이루어질 수 있다. 〈표 6-2〉는 최적의 착석 자세 요소들을 요약하고 있다. 팀은 대상자의 골반, 고관절 및 허벅지의 자세를 적절히 잡아준 다음 몸통, 상지, 하지, 머리 및 목을 지지해 주어야 한다. 말아진 수건, 충전재 삽입물, 두툼한 마분지 지지대, 임시 부목, 벨크로로 만든 띠, 블록 및 기타 일시적인 자료들은 개별적으로 제작될 어떤 지지물의 '모형(mock-ups)' 역할을 할 수 있다. 이 단계의 목적은 AAC 사용에 필요한 운동기술을 평가할 수 있도록 자세를 최적화하는 것이다. 시간이 지남에 따라 착석 자세로 의사소통하는 데 필요한 움직임의 효율성과 정확성을 보장하기 위해 다양한 영구적 지지대가 필요할 수 있다. 이러한 영구적 지지대는 마룻바닥, 욕조 또는 그 밖의 평평한 표면에 앉아 있는 동안 아동을 지지해 주는 플로어 시터(floor sitters)나 착석 보조기(seating orthoses) 같이 비교적 단순한 것일 수 있다. 또한 골반, 몸통, 고관절, 허벅지, 다리, 어깨, 머리 등을 안정화시키고 조정하기 위해 사용하는 것을 포함하여 상당히 정교한 것일 수도 있다. [그림 6-6], [그림 6-7]은 자세와 착석을 지지하기 위해 흔히 사용하는 영구적인 부품들을 보여 준다.

표 6-2 최적의 착석 자세 요소

이상적으로 골반, 고관절 및 허벅지는 다음 사항을 위해 적절한 위치에 있어야 한다.
- 좌골(즉, 좌골융기(ischial tuberosities))은 동일한 무게를 감당한다.
- 골반은 약간 앞쪽으로 기울거나 중립적인 자세를 취한다.
- 골반은 의자의 뒷모서리 중앙에 닿는다.
- 골반이 한쪽으로 돌아가 있지 않다.
- 고관절은 90° 까지 구부러진다.
- (복부가 아닌) 골반을 둘러 45° 로 벨트를 사용해 골반을 의자에 고정시킨다.
- 두 허벅지 길이가 동일하다.
- 두 허벅지는 약간 외전되어 있다(벌어져 있다).

이상적으로 몸통은 다음 사항을 위해 적절한 위치에 있어야 한다.
- 대칭이다. 측면으로 구부러져 있지 않다.
- 등 아래쪽이 약간 구부러져 있다.
- 직립 또는 약간 앞쪽으로 기울어져 있다.

이상적으로 어깨, 팔 및 손은 다음 사항을 위해 적절한 위치에 있어야 한다.
- 어깨는 이완되고 중립적인(구부러지거나 처지지 않은) 자세다.
- 상박은 약간 앞쪽으로 구부러져 있다.
- 팔꿈치는 중간 정도로 구부러진다(약 90°).
- 자세 정렬을 위해 필요할 경우 지지를 할 수 있도록 전박을 트레이 위에 놓을 수 있다.
- 전박은 중립적이거나 살짝 아래쪽으로 돌려져 있다.
- 손목은 중립적이거나 약간 내밀어져 있다.
- 손은 손가락과 엄지를 편 채로 이완되어 있다.

이상적으로 다리, 발 및 발목은 다음 사항을 위해 적절한 위치에 있어야 한다.
- 무릎은 90° 까지 구부러져 있다.
- 발은 무릎 바로 아래 또는 무릎보다 뒤쪽으로 나란히 놓인다.
- 발목은 90° 까지 구부러져 있다.
- 발을 발판에 지탱시킨다.
- 발뒤꿈치와 볼이 체중을 견딘다.
- 발과 발가락이 앞을 향한다.
- 상체가 앞으로 움직일 경우, 발이 무릎 뒤로 움직일 수 있다(즉, 필요하지 않으면 가죽 끈이나 그 밖의 도구를 제거한다).

이상적으로 머리와 목은 다음 사항을 위해 적절한 위치에 있어야 한다.
- 머리와 목은 몸의 정중선을 향한다.
- 턱은 약간 당겨져 있다(즉, 목의 뒷부분이 길어진다).

출처: York, J., & Weimann, G. (1991). Accommodating severe physical disabilities. In J. Reichle, J. York, & J. Sigafoos (Eds.), *Implementing augmentative communication: Strategies for learners with severe disabilities* (p. 247). Baltimore: Paul H. Brookes Publishing Co. 허락하에 게재함

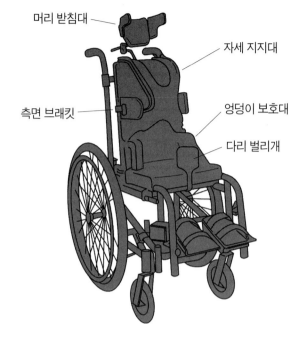

[그림 6-6] 자세 유지 부품을 지닌 착석 체계

출처: Cook, A. M., & Polgar, J. M. (2008). *Cook & Hussey's assistive technologies: Principles and practice* (3rd ed.), p. 204. St. Louis, MO: Mosby, Inc.

[그림 6-7] 머리와 목 지지대, ⓐ 곡형 머리 받침대 ⓑ 목 고리 ⓒ 헨싱어(Hensinger) 목걸이

출처: Goossens', C., & Crain, S. (1992). *Utilizing switch interfaces with children who are severely physically challenged* (p. 40). Austin, TX: PRO-ED. 허락하에 게재함

운동 능력 평가

착석 및 자세 평가와 마찬가지로, 심한 운동장애인을 대상으로 운동접근(motor access)을 평가할 때 물리치료사와 작업치료사를 참여시키는 것은 매우 중요하다. 이 과정에서는 두 가지 운동 평가, 즉 대상자가 평가 과정 중 사용할 수 있는 운동 기법 파악과 장기적인 대체 접근으로 사용할 수 있는 운동 기법 파악(이 시점에서 독자는 제4장에 제시된 대체 접근 옵션을 검토하고 싶을 것이다)이 관심사항이다. AAC 팀은 CCN을 지닌 대상자에 따라 평가 및 장기적인 접근을 위해 동일한 운동 기법을 선택할 수도 있고, 꽤 다른 두 가지 기법을 선택할 수도 있다. 여하튼 AAC 운동 평가의 목적은 운동 문제를 기술하는 것이 아니라 운동 능력을 찾아내고자 하는 것임을 유념해야 한다.

평가를 위한 운동 기술 파악

AAC 평가 과정은 의사소통과 관련된 인지, 상징, 언어, 문해 및 기타 기술의 파악을 포함한다. 따라서 평가에 참여한 사람은 누구든지 대상자가 신뢰할 수 있고 효율적인 방식으로 질문에 답할 수 있도록 보장하고, 평가가 이루어지는 동안에도 필요할 경우 부가적인 정보를 제공해야 한다. 스캐닝은 과제에 대한 인지적 부담을 증가시킬 수 있기 때문에 의사소통 수단으로 직접 선택 기법이 필요할 것이다(McCarthy et al., 2006; Mizuko, Reichle, Ratcliff, & Esser, 1994; Ratcliff, 1994). 글레넨(Glennen, 1997)은 팀이 초기 평가 동안에 스캐닝을 사용할 경우 오류의 원인을 결정하기가 어려울 것이라고 언급하기도 하였다. 즉, 대상자는 스캐닝이 어떻게 작용하는지를 이해하지 못할 수도 있고, 원하는 반응을 선택하기 위해 제시간에 스위치에 접근하지 못할 수도 있다. 원하는 반응을 향해 움직이는 스캐닝 커서를 기다리는 동안 질문을 잊을 수도 있을뿐더러 질문에 대한 답 자체를 모를 수도 있다. 이러한 이유로 인해 최소한 평가 동안에는 직접 선택 옵션 중 하나를 선택하는 것이 중요하다.

단기적인 직접 선택 기법을 찾는 것은 꽤 간단할 수 있다. 주로 개인이 '예/아니요' 질문에 정확히 답할 수 있는지를 결정하는 것으로 시작하는데, 이는 '예/아니요' 질문이 이후 평가 동안에도 줄곧 생산적으로 활용될 수 있기 때문이다. 아동에게는 "네 이름이 산타클로스니?" 또는 (장난감 자동차나 다른 물건을 집어 들고서) "이것은 자동차지?"라고 묻고, 성인에게는 "오늘 비행기를 타고 여기에 오셨지요?"라고 묻는 것처럼 발달적으로 적절한 질문을 하는 것이 중요하다. 많은 사람들이 상당히 정확한 발성, 눈 깜박임, 얼굴 표정, 머리 흔들기 · 돌리기 · 끄덕이기 및 기타의 제스처로 이러한 질문에 반응할 수 있다. AAC 팀이 남은 평가 동안 '예/아니요' 형식을 사용할 계획이라면, 대상자의 반응이 매우 정확하고 분명해야만 한다. 개인의 반응이 모호하다면, 팀은 주로 두 번째 옵션으로 손가락/손 사용을 검토하게 된다. 이를 위해 평가자는 탁자나 랩 트레이 위에 다양한 음식, 장난감 또는 기타 흥미를 끌 수 있는 항목들을 놓아 둘 것이다. 그런 다음 평가자는 정확성, 범위 및 움직임의 패턴(예: 몸의 정중선을 가로지르는 능력)을 평가하면서 CCN을 지닌 사람으로 하여금 사물을 집거나 지적하기 위해 손을 뻗어 보도록 요구하거나 격려할 수 있다. 만일 그 사람의 손과 팔 사용이 제한적이라면, 평가자는 유사한 방식으로 응시를 평가하기 위해 그 사람의 앞에서 거리와 시야를 달리해 가면서 검사 항목을 들고 보여 줄 수 있다.

이러한 기법을 규칙적으로 사용하지 않는 사람들은 필요한 운동 행위를 수행할 수 있기까지 상당한 처리 시간을 필요로 할 수 있기 때문에, 임시적인 직접 선택 기법을 평가하는 동안에는 반응을 위한 충분한 시간을 제공해야 한다. 일례로, 우리가 아는 한 여성은 초기 선별검사 동안에 확실한 운동 행동을 보여 줄 수 없었기 때문에 잇따른 두 AAC 팀에 의해 '평가 불가능한(unassessable)' 것으로 간주되었다. 그러나 그녀는 꽤 정확하게 손으로 그림과 사물을 지적할 수 있었다. 물론 평가자들이 그녀가 질문에 대한 답을 선택하기 위해 랩 트레이를 가로질러 손을 천천히 끌 수 있도록 2분 동안 기다려 줘야 했지만 말이다. 비록 이 방법은 너무 느려서 영구적인 접근기법으로 유용하지는 않았지만, 이 여성의 언어, 상징 및 문해 등의 기술을 파악하는 초기 평가 동안에는 성공적으로 활용되었는데, 평가 결과에 의하면 그녀의 해당 기술들은 상당한 수준이었다.

장기적인 운동 기술 파악

AAC 팀이 일시적인 반응기법을 파악하고 나면, 최선의 장기적인 기법 결정을 위한 평가를 시작해야 한다. 우리가 보아 왔던 것처럼 선택 디스플레이의 항목을 제시하는 방법에는 직접 선택과 스캐닝의 두 가지 접근법이 있다. 일반적으로 직접 선택 기법은 충분한 운동 조절력을 지닌 사람들에게 더 효율적일 수 있으며 스캐닝 기법보다 더 선호되기 때문에 운동 평가에서 먼저 초점을 두게 된다(Dowden & Cook, 2002). 만일 직접 선택 기법이 부정확하거나 너무 느리고 평가 대상자를 피곤하게 하는 것으로 드러나면, 팀은 그때부터 스캐닝 평가를 시작할 것이다. 물론 그러한 규칙에도 예외가 있다. 예를 들면, 아침에는 직접 선택을 사용하여 의사소통을 할 수 있는 사람이 피곤해지는 오후나 저녁에는 스캐닝으로 바꾸어야 하는 경우를 생각해 보라. 또는 휠체어에서 적절하게 자세를 취했을 때 직접 선택 기법을 사용할 수 있는 사람이 다른 형태의 의자에 앉거나 침대에 눕거나 개인적인 위생활동에 참여할 경우에는 자신의 의사소통 체계나 컴퓨터를 스캐닝으로 조절해야만 하는 경우를 생각해 보라. 그러한 경우에는 직접 선택과 스캐닝 능력 모두를 평가해야만 할 것이다. 다행히도 많은 전자 AAC 도구들이 스캐닝과 직접 선택 옵션을 모두 제공하도록 제조되어 있기 때문에, 사용자는 필요할 경우 자신의 체계에 두 가지 선택 기법을 모두 통합하여 동일하거나 유사한 상징 표상, 메시지 구성, 출력 전략 등에 활용할 수 있다.

　직접 선택　직접 선택 능력에 대한 평가는 주로 다음과 같은 단계를 거쳐 이루어진다. 즉, ① 손과 팔 조절 평가, ② 머리와 구강 안면 조절 평가, ③ 발과 다리 조절 평가가 이에 해당된다. 개인의 상지가 가장 먼저 평가되는데, 이는 손이 가장 독립적인 조절을 제공할 뿐 아니라 대체 접근 위치로서의 사회적 수용성이 가장 크기 때문이다(Dowden & Cook, 2002). 두 번째로는 머리, 목, 구강 안면의 움직임(예: 눈 지적하기, 머리 지적하기)이 평가된다. 마지막으로 개인의 발과 다리 조절이 평가된다. 이는 지체장애를 지닌 사람이 직접 선택 기법에 요구되는 하지의 소근육 운동 조절력을 지니고 있는 경우가 많지 않다는 데 그 이유가 있다.

　[그림 6-8]의 검사지는 직접 선택 평가를 통해 정보를 수집하고 요약하기 위해 개발되었다. AAC 팀이 이러한 정보를 얻고자 할 때 사용할 수 있는 기법의 예는 다음 절들에 요약되어 있다. 직접 선택 평가를 위한 또 다른 평가지들은 쿡과 폴가(Cook & Polgar, 2008)에서 찾을 수 있다.

• 움직임의 범위와 정확성 평가: 팀은 주로 대상자가 의사소통을 하거나 다른 일상적인 활동을 하는 동안 보여 주는 움직임의 유형을 결정하기 위해 일정 시간 동안 관찰함으로써 직접 선택 능력을 평가하기 시작한다. 평가 대상자, 가족, 보호자 및 그 밖의 사람과의 면담 또한 현재의 움직임 패턴과 활동에 대한 정보를 제공해 준다. 예를 들면, 선택 항목을 제시하기 위해 이미 손이나 눈을 사용하여 지적할 수 있는 사람들이 있다. 이는 평가를 이끄는 데 매우 유용한 정보다.

신체 부위	직접 선택 도구	조정 (예: 부목, 키가드)	목표 항목 (크기, 수, 간격, 신체정위)	목표 항목을 친 횟수/ 놓친 횟수	부정적 영향 (예: 근긴장, 반사 활성화, 자세, 피로)	비고
오른쪽 손/팔						
왼쪽 손/팔						
머리	헤드 마우스					
머리	안전레이저					
머리 (기타)						
눈	응시/지적하기					
눈	추적하기					
기타						

[그림 6-8] 직접 선택 검사지

　다음으로는 특별한 배려 없이 대상자의 손가락, 손, 머리, 눈 등의 움직임 범위와 정확성을 평가하게 된다. AAC 팀은 주로 수평 격자의 표면을 사용하여 손(예: 손가락 지적하기) 조절을 평가하고, 수직 표면(흔히 컴퓨터 화면)을 사용하여 머리 조절(예: 마우스 조절이나 레이저로 지적하기)과 눈 움직임 조절(예: 눈 추적이나 눈 지적하기)을 평가한다. 당연히 타당한 결과를 얻기 위해서는 CCN을 지닌 사람이 과제의 요구사항을 제대로 이해해야 하기 때문에, 평가 팀은 운동 조절만을 구분해서 조사하기 위해 평가의 인지·언어·기술적 측면들을 최소화하고자 노력을 다해야 한다. 이러한 이유로 인해 팀은 초기 선별과정에서 AAC 상징을 사용하거나 메시지를 구성해 보도록 요구하지 않는다. 오히려 디스플레이 표면에 다양한 목표 항목을 배치하고, 하나 이상의 직접 선택 기법들을 사용하여 각각의 항목을 선택하도록 함으로써 평가를 시작한다. 후천성 장애를 지닌 성인의 경우에는 지적할 위치를 표시할 수 있도록 숫자나 문자를 사용할 수도 있다. 동전이나 사탕은 흔히 아동들에게 훌륭한 목표물이 되는데, 특히 손가락이나 손으로 만지거나 두드린 동전이나 사탕을 가질 수 있다고 말해 주는 경우 더 효과적이다. 우리는 심한 인지장애 아동조차도 이러한 과제를 즉각적으로 이해함을 보아 왔다. 동전이나 사탕 대신 장난감이나 그 밖의 동기 부여적인 항목을 목표물로 사용할 수 있다. 또한 CCN을 지닌 사람들 중에는 항목에 손을 댈 수는 있지만 정확하고 효율적으로 항목을 지적하는 능력이 부족한 경우도 있다. 이때, AAC 평가자들은 평가를 하는 동안 지적하기를 촉진할 수 있는 다양한 손 지지대나 도구를 제공할 수 있다. 일시적으로 손가락 또는 손목에 대는 부목, 손에 쥘 만한 포인터(예: 연필, 소형 플래시), 슬링(slings)이나 팔 포지셔너(positioners)와 같이 움직일 수 있는 팔 지지대 등을 예로 들 수 있다.

　머리 조절력을 평가하기 위해, AAC 팀은 안경테에 레이저 포인터를 부착한 후 대상자로 하여금 벽이나 그 밖의 디스플레이에 고정되어 있는 다양한 크기의 목표물들에 불빛을 비추도록 요구할 수 있다. 물론, 평가를 하는 동안 불빛이 다른 사람에게 향하지 않도록 레이저 포인터 사용을 주의 깊게 모니터해야 한다. 아동과 성인들 모두 광학 포인터를 가지고 기꺼이 '추적' 놀이를 하고자 할 것이다. 단단한 배경을 따라 천천히 움직이면서 목표물들을 '쫓는' 과정에서 머리 조절의 범위와 정확성을 보여 줄 것이다. 헤드마우스와 컴퓨터를 이용할 수 있다면, 머리 조절력을 평가하기 위해 다수의 컴퓨터 게임 또한 활용할 수 있을 것이다.

헤드마우스 평가를 위한 컴퓨터 게임들은 게임베이스(GameBase) 웹 사이트를 통해 이용할 수 있다.

머리 조절력을 평가하기 위해 사용하는 많은 기법들을 응시하기나 눈 지적하기 능력을 검사하기 위해 또한 사용할 수 있다. 컴퓨터 스크린이나 AAC 도구로 눈 추적하기 기술을 평가하려면 눈 추적하기 소프트웨어와 관련 장비들이 필요하다.

• **조절 최적화**: 선별검사 동안에 대상자가 다소 성공적으로 사용했던 운동 기법에 대해 추가적인 평가를 수행하면, ① 다양한 크기의 목표물에 접근하기 위해 해당 기법을 정확하게 사용하는 정도, ② 대상자가 접근할 수 있는 목표물의 수와 최대 범위, ③ 키가드, 다양한 디스플레이 표면 각도, 다양한 촉감 표면(예: 매끄러운 표면 대 거친 표면), 머리 지지대, 몸통 지지대 등의 조정들이 움직임의 정확성, 효율성 및 범위를 최적화해 주는 정도 등과 관련된 능력을 더욱더 분명하게 파악할 수 있게 된다.

  CCN을 지닌 사람들은 평가에 사용된 접근 옵션들을 경험해 본 적이 거의 없기 때문에 AAC 팀원은 이들의 운동 조절에 대한 자신들의 판단에 신중을 기해야 한다. 초기 평가 동안, CCN을 지닌 평가 대상자는 교수와 실제를 유도할 수 있는 능력을 거의 보이지 않을 수 있다. 평가 이전에 대체 접근을 경험해 본 사람들이 거의 없기 때문에 특히 헤드마우스나 광학 포인터와 같은 접근 기법을 사용할 경우 이러한 상황이 발생할 것이다. 따라서 조금이라도 실용적인 것처럼 보이는 옵션이 있으면, 팀은 가능한 한 수주일 동안 연습을 해 본 후 이를 다시 평가해야 한다.

• **부정적 영향 평가**: 운동 조절 능력을 평가하는 내내 AAC 팀은 각각의 접근 기법이 CCN을 지닌 개인에게 미치는 전반적인 영향에도 관심을 두어야 한다. 예를 들면, 일부 직접 선택 조절 기법은 지속적인 비정상적 반사, 극단적인 근긴장, 특이한 자세 또는 극단적인 피로 등 원치 않는 결과를 이끌 수 있다. 평가 과정에서 AAC 팀원은 잠재적인 이익을 보존하면서 다양한 대체 접근 옵션의 부정적 영향을 최소화할 수 있는 정도를 판단해야 한다. 흔히 절충안이 나올 수 있다. 그러나 특별한 대

체 접근 항목과 결합된 부정적 결과가 너무 해로운 것이라면 팀은 그 옵션을 포기해야 한다. 그러한 기법들은 추가적인 교수, 연습 혹은 조정을 거치고 난 이후 고려할 수 있다.

수화　놀랍게도, CCN을 지닌 사람들을 위한 수화의 적절성을 판단하기 위해 이용할 수 있는 널리 수용되는 평가 척도들은 존재하지 않는다. 일부 연구에 의하면, 손과 손가락의 위치/움직임 모방 능력이 수화 습득과 관계가 있다고 한다(Gregory, DeLeon, & Richman, 2009; Seal & Bonvillian, 1997; Tincani, 2004). 그러나 아직까지 소근육 운동 능력과 수화 학습 간에 분명한 인과 관계가 성립한다고 말하기에는 근거가 부족하다(Ogletree, 2010). 따라서 AAC 팀이 수화를 고려할 경우에는 평가 대상자에게 동기 부여적이고 기능적인 몇 개의 수신호를 먼저 가르쳐 보도록 한다. 그런 다음 수화의 적절성 지표, 즉 대상자가 해당 수신호를 정확하게 독립적으로 사용하기 시작하는 데 걸린 시간의 양과 산출의 정확성 등을 검토한다. 만일 적당한 속도로 수화를 습득할 수 없고, 친숙한 상대와 낯선 상대 모두에게 쉽게 이해될 수 없다면 수화 기법은 기능적이지 않을 것이다(Mirenda, 2003b).

스캐닝을 위한 스위치 평가　디스플레이에 있는 항목들을 직접 선택할 수 없는 사람을 위해 AAC 팀은 스캐닝을 위한 스위치 평가를 하게 된다. 다행히도, 눈 추적하기(직접 선택 기법)에 사용된 것과 같은 테크놀로지들이 지난 몇 년간에 걸쳐 개발되었으며, 직접 선택에 비해 훨씬 느린 스캐닝의 필요성을 크게 감소시켰다. 그럼에도 불구하고 경우에 따라 스위치 평가는 필요할 수 있는데, 하나 이상의 스위치를 활성화하기 위한 신체 부위의 판단뿐 아니라, 다양한 스캐닝 전략과 배열을 사용하기 위한 개인의 능력 평가가 이에 포함한다(제4장 참조).

스캐닝을 위한 스위치 접근 신체 부위를 판단하기 위해 평가 동안에 사용할 수 있는 컴퓨터 게임은 Nanogames, One Switch, RJ Cooper & Associates, Inc., Shiny Learning, Inclusive Technology Ltd. 등의 웹 사이트를 통해 모든 연령대 사람들이 이용할 수 있다. Inclusive Technology Ltd. 웹 사이트는 스위치를 컴퓨터에 부착하는 방법과 컴퓨터 게임 및 그 밖의 디지털 매체를 이용해 스캐닝을 가르치는 방법 등을 기술한 '스위치 진행 로드맵(Switch Progression Road Map)'이라는 무료 책자를 또한 제공한다.

스위치 활성화를 위한 신체 부위 선별은 스캐닝 평가의 첫 단계다. 유의해야 할 사항은 AAC 팀이 CCN을 지닌 평가 대상자를 상대로 적절한 스위치 활성화 부위를 찾아낼 때 너무 복잡한 과제를 이용하는 경향이 있다는 점이다. 팀은 스위치 조절평가에서 인지, 시각 및 의사소통 요구를 감소시키고자 노력해야 한다. 따라서 우리는 관련 정보를 얻기 위해 AAC 장치를 거의 사용하지 않는다. 우리는 대상자로 하여금 간단한 컴퓨터 게임을 조절해 보도록(혹은 배터리로 작동하는 장난감을 켜 보도록) 하는 것이 선별 평가 동안 결과를 제공할 수 있는 효과적인 방법임을 안다. 팀은 컴퓨터 게임 조절(혹은 장난감 작동시키기)을 요구한 다음 손가락, 손, 머리, 발 등 다양한 운동 조절 부위를 평가하면서 여러 스위치를 시용해 볼 수 있다.

일반적으로 우리는 스위치 활성화 부위를 판단하기 위해 준거참조평가 접근법을 활용한다. 따라서 스위치 조절을 위한 신체 부위 중 사회적으로 가장 적절한 것으로 간주되는 부위인 손부터 평가를 시작한다. 만약 손이나 손가락을 이용한 스위치 조절이 충분히 정확하고 효율적이며 피로를 유발하지 않는다면 다른 신체 부위를 더 이상 평가하지 않아도 된다. 그러나 손 조절이 불충분한 것으로 확인되면 주로 머리, 발, 다리 및 무릎 순으로 평가를 진행한다.

- 스위치 조절의 구성 요소: 스위치 조절에는 필수적으로 여섯 가지의 구성 요소가 존재한다. 전자 스캐너를 조작하려면 먼저 스위치의 부주의한 활성화를 피하기 위해 정확한 순간을 기다릴 수 있어야 한다. 일부 사람은 인지나 운동 조절의 문제로 인해 기다리는 데 어려움을 지닐 수 있다. 스위치 조절의 두 번째 단계는 '활성화(activation)' 또는 스위치의 접속이다. 평가를 하는 동안 팀은 대상자가 다양한 스위치를 활성화할 수 있는지를 결정하고, 각각의 활성화에 걸리는 대략적인 시간을 기록하며, 활성화를 위한 움직임의 효율성을 관찰해야 한다. 스위치 조절의 세 번째 단계는 일정 시간 동안 활성화된 상태를 유지하는 것이다. 일부 사람은 스위치를 정확하게 활성화할 수는 있으나 스위치 접속을 유지하지 못한다. 스위치 조절의 네 번째 단계는 스위치 접속을 정확하고 효율적으로 해제할 수 있는 능력이다. 일부 사람은 이 단계에서 어려움을 보인다. 마지막으로 다섯 번째와 여섯 번째 단계는 적절한 때를 기다렸다가 스위치를 '재활성화(reactivation)'하는 것이다.

팀은 앞에서 기술한 컴퓨터 게임이나 장난감 전략을 활용해 이들 각각의 요소를 평가할 수 있다. 예를 들면, 팀원은 각각의 요소를 평가하기 위해 CCN을 지닌 사람에게 '기다리세요. 아직 켜지 마세요.', '좋아요. 이제 켜 주세요.', '멈추세요.', '다시 한번 켜 주세요.' 등의 계획된 지침에 따라 MP3 플레이어를 켜거나 끄도록 요청할 수 있다. 만일 평가 대상자가 인지장애나 다른 문제로 인해 언어적 지시를 따를 수 없다면, AAC 팀은 대상자가 자연스러운 환경에서 장난감, 컴퓨터 게임, 가전제품(예: 믹서기) 등을 조절하기 위해 스위치를 사용하는 동안 유심히 살펴보아야 한다. 이러한 평가를 통해 팀은 다양한 운동 조절 부위로 스위치를 활성화할 수 있는 개인의 능력을 종합적으로 얻어 내야 한다. 우리는 스캐닝을 위한 운동 조절 평가 결과를 기록할 수 있는 검사지를 [그림 6-9]에 제시하였다. 우리는 여러 신체 부위가 이 검사지에 포함되어 있기는 하지만 종종 이 모두를 평가할 필요가 없음을 독자들에게 다시 한번 강조하고자 한다.

- **커서 조절 기법과 스위치 조절 능력**: 스캐닝을 위한 커서 조절 기법(예: 자동적 스캐닝, 유도적 스캐닝, 단계적 스캐닝; 제4장 참조)의 선택은 개인의 운동 조절 능력에 따라 결정된다. 기법과 능력의 일치는 〈표 6-3〉과 〈표 6-4〉에 예시되어 있다. 스캐닝의 유형은 〈표 6-3〉의 상단에서 볼 수 있으며, 앞서 기술된 스위치 조절의 여섯 요소는 〈표 6-3〉의 왼쪽 칸에 제시되어 있다. 이 표는 스캐닝의 각 유형에 대한 운동 요소의 기술 정확도 요구를 포함하고 있다. 따라서 선택 세트를 따라 커서가 자동으로 움직여, CCN을 지닌 대상자가 원하는 항목에서 커서를 멈추면 활성화되는 자동적 스캐닝의 경우, 커서가 정확한 위치에 놓일 때까지 기다려야 하는 기술 정확도가 크게 요구된다. 커서를 멈추기 위해 스위치를 활성화해야 하는 기술 정확도의 요구 또한 높다. 스위치가 활성화되는 순간 항목이 선택되기 때문에 접속된 스위치를 얼마나 오랫동안 붙들고 있어야 하는가는 문제가 되지 않으며, 결과적으로 유지를 위한 정확도 요구는 낮다. 자동적 스캐닝에서는 이 단계에서 요구되는 것이 없기 때문에, 스위치 접속을 해제하는 단계 또한 기술 정확도의 요구는 낮다. 마지막으로 기다렸다가 스위치를 재활성화하는 경우에는 높은 기술 정확도가 요구된다. 자동적 스캐닝은 반복된 움직임이나 유지보다는 오히려 타이밍에 의존하기 때문에 피로도 수준은 낮다.

  유도적 스캐닝에서는 스위치가 활성화될 때만 원하는 항목으로 커서가 이동하기 때문에 선택을 하려면 스위치 접속을 해제해야 한다. 〈표 6-3〉을 참조하면, 이러한 스캐닝 유형에서는 활성화에 앞서 기다리기가 중간 정도의 기술 정확도를 요

	수의적 운동 조절(단일 스위치)											
	기다릴 수 있는가?		활성화할 수 있는가?		유지할 수 있는가?		해제할 수 있는가?		기다릴 수 있는가?		재활성화할 수 있는가?		정확도*
	예	아니요	예	아니요	예	아니요	예	아니요	예	아니요	예	아니요	
왼손가락													
오른손가락													
왼손(손바닥? 손등?)													
오른손(손바닥? 손등?)													
왼쪽 어깨													
오른쪽 어깨													
머리 회전(오른쪽? 왼쪽?)													
머리 숙이기													
옆으로 머리 숙이기(오른쪽? 왼쪽?)													
머리 젖히기													
상하 눈 움직임													
좌우 눈 움직임													
혀 또는 턱													
바깥쪽 왼다리/무릎													
바깥쪽 오른다리/무릎													
안쪽 왼다리/무릎													
안쪽 오른다리/무릎													
왼발(위도? 아래도?)													
오른발(위도? 아래도?)													

* 정확도 = 4점 척도(0 = 전혀, 4 = 항상)에서의 전반적인 정확도 비율

[그림 6-9] 스캐닝을 위한 운동(스위치) 조절 평가

구함을 알 수 있다. 비록 기다리기가 정확한 항목 선택에 직접적으로 영향을 주지는 않지만, 이때의 부주의한 활성화는 당사자가 시작할 준비를 하기도 전에 커서를 움직이게 하는 상황이 벌어질 수 있다. 유도적 스캐닝에서의 스위치 활성화에 대한 기술 정확도 요구는 낮다. 이는 활성화가 정확한 타이밍과 관련되지 않기 때문이다. 반면 스위치 활성화에 대한 유지 항목에서는 높은 기술 정확도가 요구되는데, 이는 커서가 원하는 항목에 닿을 때까지 접속된 스위치를 붙들고 있어야만 하기 때문이다. 따라서 접속된 스위치를 적절하게 유지하지 못하면 선택의 오류를 범하게 될 것이다. 유도적 스캐닝 동안, 평가 대상자는 스위치 접속 해제 단계에서 선택을 하게 되는데, 이때에는 고도의 기술 정확도가 요구된다. 반면에 기다리기와 재활성화에서는 중간 정도의 기술 정확도가 요구된다. 유도적 스캐닝에서의 피로도는 중간 정도다. 일정 기간 동안 접속된 스위치를 붙들고 있을 수 있는 운동 유지력이 필요하기 때문이다.

단계적 스캐닝에서는 스위치가 활성화될 때마다 한 단계씩 커서가 움직이게 된다. 따라서 기다리는 능력에서는 낮은 기술 정확도가 요구되는데, 이는 항목 선택과 관련이 없기 때문이다. 신속 정확하지 않거나 제대로 타이밍이 맞지 않아도 활성화가 되기는 하지만 꽤 피로를 느끼기 때문에, 스위치 활성화에서는 중간 정도의 기술 정확도가 요구된다. 단계적 스캐닝에서의 스위치 활성화 유지에 대한 기술 정확도 요구는 낮다. 이는 활성화가 될 때마다 한 단계씩 커서가 이동함으로써 결과적으로 스위치 활성화 유지가 선택 과정의 일부분이 되지 않기 때문이다. 같은 이유로 스위치 접속 해제하기 또한 낮은 기술 정확도가 요구된다. 기다리기와 재활성화는 중간 정도의 운동 조절력을 필요로 하는데, 이는 이들 단계에서의 부주의한 스위치 활성화가 잘못된 선택을 가져올 수 있기 때문이다. 여러 번 반복적인 스위치 활성화를 필요로 하기 때문에 단계적 스캐닝에서의 피로도는 높은 수준이다.

- **임상 사례**: 이상의 논의는 연구가 아닌 임상 경험에 기초를 두고 있다. 그럼에도 불구하고, 우리가 함께 일해 온 전문가들은 앞에서 제시한 지침들을 적용하면 개인의 운동 조절 능력과 스캐닝을 위한 커서 조절 패턴을 효과적으로 일치시킬 수 있다고 말한다. 따라서 우리는 대체 접근으로 스캐닝에 의존하는 다음 세 사람에 대해 논의함으로써 이들 지침이 임상적으로 어떻게 적용되는지를 보여 주고자 한다.

표 6-3 스캐닝을 위한 커서 조절 기법의 기술 정확도 요구

운동 요소	커서 조절 기법		
	자동적 스캐닝	유도적 스캐닝	단계적 스캐닝
기다리기	높음	중간	낮음
활성화하기	높음	낮음	중간
유지하기	낮음	높음	낮음
해제하기	낮음	높음	낮음
기다리기	높음	중간	중간
재활성화하기	높음	중간	중간
피로도	낮음	중간	높음

우리는 이들 사례에서 이루어진 임상적 판단이 단지 실례일 뿐임을 독자들에게 상기시키고자 한다. 무정위운동, 경직 또는 근력 약화를 경험하는 모든 사람들의 스위치 활성화 프로파일이 앞의 예에 제시된 사람들과 유사함을 제안하는 것이 아니다. 우리는 다만 개인의 능력과 스캐닝을 위한 운동 조절 요구를 일치시키는 과정을 예로 든 것뿐이다. 또한 독자들은 여기에 기술된 운동 평가 유형의 목적이 중재 시작을 위한 개인의 운동 능력을 선별하고자 하는 데 있음을 유념해야 한다. 이러한 초기 과정 외에, AAC 팀은 중재 후에도 개인의 운동 조절을 지속적으로 평가해야 하는데, 이는 대체 접근 기법을 더욱 개선하고 개인의 수행을 점점 더 정확하고 효율적이며 피로를 덜 유발하는 방향으로 이끌기 위함이다.

무정위운동형 뇌성마비를 지닌 아동인 프란체스카(Francesca)의 스위치 평가 결과는 〈표 6-4〉에 예시되어 있다. 이 표에는 프란체스카가 스위치 활성화의 다양한 요소를 수행하는 데 있어서 용이함을 보이는 요소와 어려움을 보이는 요소가 설명되어 있다. 많은 무정위형 뇌성마비인과 마찬가지로, 신중하게 기다리는 것은 그녀에게 어려운 과제다. 프란체스카는 자신의 장애와 결합된 불수의적인 움직임들('과다')로 인해, 기다리기 단계에서 부주의하게 스위치를 활성화한다. 마찬가지로 프란체스카의 과다한 움직임이 스트레스나 예견 상황하에서 더욱 악화되기 때문에 정확하고 효율적인 스위치 활성화 또한 어려운 과제다. 따라서 그녀는 요구를 받고 재빨리 스위치를 활성화하지 못한다. 일단 스위치를 활성화해 내면 접속을 유지할 수 있기 때문에, 그녀에게 스위치 활성화 유지는 난이도 중간 수준에 해당한다. 스위치 활성화와 결합된 어려움과는 대조적으로 스위치 접속을 해제하는 단계는 그녀에게 쉬운 과제였다. 그

녀는 스위치 접속을 효율적이고 정확하게 해제할 수 있었다. 마지막으로 프란체스카는 무관한 움직임이 동반되어 기다리기와 재활성화에서 다시 어려움을 보였다.

프란체스카의 스위치 조절 프로파일과 〈표 6-3〉에 있는 커서 요구 간의 비교는 유도적 스캐닝이 그녀의 대체 접근 방식이 될 수 있음을 보여 준다. 유도적 스캐닝은 그녀의 능력과 부합되는 스위치의 접속 유지와 해제에서 높은 기술 정확도를 요구한다. 역으로 자동적 스캐닝은 프란체스카가 가장 어려워하는 스위치의 두 활성화 단계인 기다리기와 활성화에서 높은 기술 정확도를 요구한다. 단계적 스캐닝은 실제적인 운동 활동이 많이 요구되며 꽤 피로를 느끼게 하기 때문에, 아마도 그녀의 불수의적인 움직임을 악화시킬 수 있을 것이다.

아이작(Isaac)은 외상성 뇌손상으로 인한 중도의 경직성을 보이는 청년이다. 〈표 6-4〉에는 그의 스위치 활성화 프로파일이 요약되어 있다. 평가 결과에 의하면 아이작은 기다리기와 스위치 활성화에서 중간 정도의 용이성을 보이며, 스위치 활성화 능력이 다소 신중하고 느린 것으로 나타난다. 그는 접속을 유지하기 위해 스위치를 단순히 누르는 것은 쉽게 해냈다. 그러나 제때에 정확한 방식으로 스위치 접속을 해제하는 데에서는 어려움을 보였다. 이 단계가 아이작에게 어려운 이유는 경직성으로 인해 자신이 원할 때 스위치 접속을 해제하지 못하기 때문이다. 그는 기다리기와 재활성화에서 중간 정도의 어려움을 경험하였다.

커서 조절 패턴의 요구에 대한 검토는 스위치 작동에서 보이는 아이작의 어려움이 아마도 유도적 스캐닝을 성공적으로 사용하는 데 어려움을 갖게 할 것임을 보여 준다. 대신에 기다리기와 활성화에서 높은 수준의 기술 정확도가 요구되는 자동적 스캐닝이 그에게 더 적절한 선택일 수 있다. 이들 활동에서 아이작은 중간 정도의 용이함을

표 6-4 운동 조절 난이도와 스캐닝 능력에 대한 임상 사례 비교

운동 요소	운동 조절 난이도		
	프란체스카 (무정위운동형)	아이작 (경직형)	진 (근무력형)
기다리기	높음	중간	낮음
활성화하기	높음	중간	중간
유지하기	중간	낮음	높음
해제하기	낮음	높음	낮음
기다리기	높음	중간	낮음
재활성화하기	높음	중간	중간
피로도	중간	중간	높음

보인다. 자동적 스캐닝은 또한 그가 가장 어려움을 보이는 단계인 스위치 접속을 해제하는 것과 관련해 낮은 기술 정확도를 요구한다.

진(Jin)은 몸 전체를 심하게 약화시키는 근위축성 측색경화증을 지닌 여성으로, 눈썹 바로 위에 부착된 매우 민감한 스위치를 이마를 살짝 들어 올림으로써 소삭할 수 있다. 진은 기다리기 단계가 꽤 쉬우며 요청이 있으면 중간 정도의 용이함으로 스위치를 활성화할 수 있다. 그녀는 근력 약화로 인해 스위치 접속을 유지하기는 어렵지만 쉽게 해제할 수는 있다. 그녀는 기다리기에서는 어려움이 없고 중간 정도의 용이함으로 스위치를 재활성화할 수 있다. 〈표 6-3〉과 〈표 6-4〉에서 볼 수 있는 바와 같이, 진을 위한 최적의 커서 조절 패턴은 자동적 스캐닝으로 나타난다. 이는 기다리기에서 가장 많은 시간을 요구하고, 피로도는 가장 적으며, 진과 같이 근력이 거의 없는 사람들에게 용이한 선택이기 때문이다.

인지 · 언어 능력 평가

참여 모델에서 개인의 현재 의사소통 기술에 대한 평가는 평가의 초기 단계에서 이루어진다(제5장 참조). 이러한 초기 평가 과정에서 우리는 인지, 언어 및 관련 기술에 대한 정보를 얻기 위해 추가적인 평가를 활용할 수 있다.

인지 · 의사소통 평가

AAC에서 인지 · 의사소통을 평가하는 목적은 개인이 세상을 어떻게 이해하는지를 결정하고, 이를 바탕으로 AAC 팀이 대상자의 의사소통을 어떻게 하면 최선으로 촉진할 수 있을지를 결정하기 위해서다. 롤런드와 슈바이거트(Rowland & Schweigert, 2003)는 AAC와 관련이 깊은 인지 · 의사소통의 여섯 가지 측면으로 인식, 의사소통 의도, 세상사 지식, 기억, 상징적 표상 및 상위 인지를 제시하였다. 또한 윌킨슨과 자가루(Wilkinson & Jagaroo, 2004)는 AAC 도구나 기법을 결정할 때 다양한 시지각 기술을 고려하는 것이 중요하다고 제안하였다.

인식(awareness)은 다음과 같은 수많은 복잡한 것들에 대한 이해와 관련된다. ① '나'는 나를 둘러싼 환경과는 별개이며 다른 것이다. ② 내가 수행하는 특정 행동(예: 발차기, 친숙한 얼굴을 보고 미소 짓기)은 특정 결과(예: 뭔가의 움직임, 상대방의 미소와 발성 등)를 가져온다. ③ 다른 사람의 생각, 욕망, 지각 등은 나의 것과 다를 수 있다(즉, 마음이론, theory of mind).

의사소통적 의도(communicative intent)는 사회적 우연성(contingency) 인식의 확장으로, '의도된 의미를 갖고 목적의식적으로 누군가에게 다가가는 쌍방 지향, 즉 의사소통 상대와 화제나 지시 대상에 대한 지향을 필요로 하는' 행동을 포함한다(Rowland & Schweigert, 2003, p. 251). 물론, 의사소통적 의도성이 하룻밤 사이에 '나타나는' 것은 아니다. 시간이 지남에 따라 점점 더 목적성을 띠게 되는 전의도적 행동에 대해 양육자가 긍정적으로 반응할 때 발달한다.

세상사 지식(world knowledge)은 ① 사람이 어떻게 행동하고 무생물이 어떻게 작용할 것인지에 대한 기대와 ② (더 중요할 수도 있는 것으로) 즐거운 경험을 반복하고 불쾌한 경험을 피하고자 하는 동기를 불러일으키는 일반적인 경험을 포함한다. 관습적이지만 비상징적인 방식을 사용하여 의사소통하고자 하는 시도에서 반복적으로 실패를 경험한 사람은 동기가 손상될 수 있다. 이는 '학습된 무기력(learned helplessness)'으로 불려 왔다(Seligman, 1975).

기억(memory)은 모든 학습에 필요한 것으로, 도구적 상징과 비도구적 상징 또는 부호 등을 통해 표현된 메시지에 주목하고 이를 범주화, 인출, 선택 및 순서화하는 개인의 능력에 커다란 시사점을 갖는 복잡한 일련의 기술을 포함한다(Light & Lindsay, 1991; Mirenda, 2003b; Oxley & Norris, 2000). 기억은 또한 많은 전자 의사소통 도구, 특히 역동적 디스플레이나 자동적 스캐닝을 사용하는 도구를 결정할 때 고려해야 하는 중요한 요인이다(Kovach & Kenyon, 2003).

상징적 표상(symbolic representation)은 상징(예: 수화, 사진, 선화)과 그 지시 대상의 관계를 이해하는 것과 관련이 있다. 제3장에서 언급한 대로 많은 연구들이 그 지시 대상과 더 닮은 상징의 의미를 배우고 추론하는 것이 더 쉬움을 보고해 왔다.

상위 인지 기술(metacognitive skills)은 사람들이 자신의 인지적 경험을 언어 사용 및 학습(상위 언어), 기억 전략(상위 기억), 자기 규제(집행 기능) 등과 관련하여 고려하는 것을 의미한다. 이러한 기술은 선택 기법으로 전자 스캐닝을 사용하는 사람들(Light & Lindsay, 1991)이나 단계적 혹은 범주별로 조직된 커다란 어휘 용량을 지닌 로우테크놀로지 또는 하이테크놀로지 AAC 도구를 사용하는 사람들(Oxley & Norris, 2000)에게 특히 중요하다.

안타깝게도 이들 여섯 가지 영역 모두에 대한 개인의 능력을 종합적으로 평가할 수 있는 타당성을 인정받은 평가 도구는 존재하지 않는다. 그러나 인식, 의사소통적 의도, 상징적 표상 및 세상사 지식과 관련된 기본적인 개념 등 적어도 기본적인 언어·의사소통 기술을 평가하기에 유용한 도구들은 존재한다. 이들 도구는 관찰, 면담 또는 직접 평가 방법을 사용한다. 〈표 6-5〉는 일반적인 평가를 위해 고안된 도구와 AAC 의존자를 위해 특별히 고안된 도구를 포함하여 유용하게 쓰일 수 있는 몇 가지 도구들을 요약하고 있다. 이들 도구 중 몇 가지는 주로 비상징적 방식으로 의사소통하는 사람들의 기술을 평가하는 데 유용할 수 있는데, 이를 위해서는 운동이나 감각장애를 조정하기 위한 수정들이 필요할 수 있다. 예를 들면, 이아코노, 카터 및 훅(Iacono, Carter & Hook, 1998)은 뇌성마비인을 위해 오리엔테이션을 위한 시간을 허용하는 반복된 활동 제공과 장난감이나 음악 활동에 대한 자기 활성화(self-activation)를 촉진하도록 마이크로 스위치를 첨가함으로써, CSBS™(Wetherby &

표 6-5 AAC 사용과 관련된 기본적인 인지/의사소통 기술 평가 도구 및 자료

도구/ 자료	AAC를 위해 고안 되었는가?	평가 영역	평가 유형	평가 대상	출처
Augmentative Communication Strategies for Adults with Acute or Chronic Medical Conditions (Beueklman, Garrett, & Yorkston, 2007)	예	이해, 표현, 인지, 운동/지각 기술, 의사소통 상대 요구 및 기타	직접 평가, 면담, 관찰	급성 및 만성 질환을 지닌 성인들	Paul H. Brookes Publishing Co.
AAC in Acute and Critical Care Settings (Hurtig & Downey, 2009)	예	이해, 표현, 인지, 운동/지각 기술, 의사소통 상대 요구 및 기타	직접 평가, 면담, 관찰	집중 치료실 및 기타 치료 환경의 성인들	Plural Publishing
Bracken Basic Concept Scale-Revised (Bracken, 1998)	아니요	기본 개념 및 수용언어기술	구어적 지시와 지적을 통한 반응으로 이루어지는 직접 평가	영어를 말하고, 읽고, 쓰지 못하는 2세 6개월~7세 아동	Harcourt Assessment
Child-Guided Strategies: The van Dijk Approach to Assessment(Nelson, van Dijk, Oster, & McDonnell, 2009)	아니요	행동상태, 정위반응, 학습 채널, 접근-회피, 기억, 사회적 상호작용, 의사소통, 문제해결	관찰, 상호작용을 통한 유도	중복장애 및/또는 농-맹 이중감각장애를 지닌 사람들	American Printing House for the Blind

Communication and Symbolic Behavior Scales™(CSBS™; Wetherby & Prizant, 1993)	아니요	의사소통 기능; 제스처, 발성 및 구어적 의사소통 수단; 호혜성; 사회-정서적 신호; 상징 행동	양육자 질문지, 부모가 참여한 가운데 이루어지는 상호작용 행동 샘플	인지장애가 있을 경우 발달연령 6~72개월에 속하는 유아	Paul H. Brookes Publishing Co.
Communication and Symbolic Behavior Scales Developmental Profile™(CSBS DP™; Wetherby & Prizant, 2002)	아니요	감정 및 응시, 의사소통, 제스처, 발성, 말, 이해 및 사물 사용	선별 점검표, 양육자 질문지, 부모가 참여한 가운데 이루어지는 상호작용 행동 샘플	인지장애가 있을 경우 발달연령 6~72개월에 속하는 유아	Paul H. Brookes Publishing Co.
Communication Matrix(Rowland, 1996, 2004)	예	의사소통의 4가지 기능적 범주와 관련된 상징 능력	관찰, 면담 또는 직접적인 유도	의사소통의 초기단계에 있는 사람들	Design to Learn
School Inventory of Problem-Solving Skills(SIPSS) and Home Inventory of Problem-Solving Skills(HIPSS; Rowland & Schweigert, 2002)	예	사물과 관련된 기본적인 기술들(예: 간단한 행위 사용, 건네주기), 사물에 접근하는 기술들(예: 사물 영속성, 도구 이용), 사물을 사용하는 기술들(예: 기능적 사용, 맞추기)	각각의 기술을 '숙달' '숙달과 모방' '출현 또는 부재' 등으로 평정하는 척도	중복장애(예: 농-맹, 중도 지적장애나 감각장애)를 지닌 무언어아동	Design to Learn
Test of Early Communication an Emerging Language(TECEL; Huer & Miller, 2011)	예	영유아의 수용 및 표현 의사소통/언어 능력	면담, 관찰 또는 면담+관찰; 다수의 반응 양식 활용	중등도에서 중도의 언어지체를 보이는 모든 연령대 사람들	PRO-ED
The Triple C: Checklist of Communication Competencies Revised (Bloomberg, West, Johnson & Iacono, 2009)	예	반사 및 반응, 우연성 인식, 사물 사용, 모방 사물영속성, 인과관계, 의사소통적 의도성, 상징적 표상	관찰을 통한 점검표 완성, 비디오 녹화가 동원됨	중도 또는 중복 장애를 지닌 청소년 또는 성인	Scope Communication Resources Centre

Prizant, 1993)를 통한 '의사소통 유혹(communicative temptation)'을 수정하였다. 일부 연구자는 비상징적 의사소통자의 경우에는 특이한 의사소통 형태로 인해 공식적인 척도를 적용하는 것이 적절하지 않음을 강조하면서 과제, 자료, 절차 및 평가자에 대한 평가 대상자의 개별적인 요구를 조정하기 위해 고안된 역동적 평가 과정의 활용을 기술하였다(Iacono & Caithness, 2009; Snell, 2002). 역동적 평가(dynamic assessments)를 수행하려면 고정적(즉, 형식적) 평가에 비해 더 많은 시간이 필요하지만 개인의 의사소통 기술, 의사소통을 촉진할 수 있는 상황과 상호작용 방법, 요구되는 중재의 유형 및 양 등과 관련하여 더 많은 정보를 얻을 수 있다.

또한 개인과 AAC 기법을 적절히 조화시키는 것이 목적인 상황과는 별도로, 개인의 인지 능력에 대한 공식적인 평가가 필요하거나 유용한 상황들이 있을 수 있다. 예를 들면, 우리는 개별교육계획안(IEP)과 관련된 인지 평가를 위해 교육환경에서 사용할 수 있는 도구를 제안해 달라는 요청을 자주 받는데, 특히 발달장애인이 대상인 경우가 많다. 지난 몇 년간 인지 능력을 재는 몇 가지 신뢰롭고 타당한 표준화 검사들이 말을 할 수 없는 아동, 청소년 및 성인을 대상으로 사용되어 왔는데, 이들 검사는 〈표 6-6〉에 제시되어 있다. 이들 검사 중 대부분은 지적하기 외의 다른 운동 반응을 요구하지 않는다. 또 다른 방법으로는 지적이 가능하도록 검사 페이지에 있는 그림을 오려 내서 응시 디스플레이나 개별화된 배열판 위에 배치할 수 있는 개별 항목으로 만들기, 시각장애인을 위해 검사자극(즉, 그림들)을 더 크게 만들기, 개방형 질문으로 묻기보다는 '예/아니요' 또는 선다형 활용하기 등의 수정·보완을 예로 들 수 있다 (Glennen, 1997). 예를 들어, 원래의 질문이 "오렌지와 사과의 공통점이 뭐지요?"라는 개방형인 경우 검사자는 질문을 한 다음 일련의 예/아니요 선택사항, 즉 "둘 다 빨개요?", "둘 다 둥그런가요?", "둘 다 과일이지요?", "둘 다 장난감인가요?" 등을 임의적인 순서에 따라 제시할 수 있다. 비록 이러한 수정을 가한 인지 평가를 통해 얻은 점수를 '공식적인' IQ 점수로 보고할 수 없는 경우가 많지만, 이러한 수정은 해당 검사 항목이 측정하고자 의도한 인지 능력을 AAC 팀이 평가할 수 있도록 해 준다는 점에서 실제적인 가치를 지닐 수 있다.

AAC 기법에 따라 요구되는 인지 능력의 유형과 정도가 다름에도 불구하고, 임상 및 연구 문헌에서는 이 문제를 극미하게 다루어왔다. 따라서 대부분의 경우 AAC 팀은 특정 접근의 인지적 요구를 분석하고, 대상자가 그 요구에 부응할 수 있는 정도를 추정한 다음, 최선의 조화를 이룰 수 있도록 하나 이상의 AAC 기법이나 도구를 가지

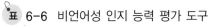

표 6-6 비언어성 인지 능력 평가 도구

도구	평가 영역	지시 및 반응 방식	평가 대상	출처
Comprehensive Test of Nonverbal Intelligence-Second Edition(CTONI-2; Hammill, Pearson, & Wiederholt, 2009)	비언어성 추론 능력	제스처를 통한 지시; 지적하기를 통한 반응	말을 못하거나 영어로 읽고 쓸 수 없는 6~90세의 사람들	PRO-ED
Leiter International Performance Scale-Revised(Roid & Miller, 1997)	시각화 및 추론(지적 능력), 주의집중 및 기억	지적하기, 제스처 및 팬터마임을 통한 지시; 지적하기, 카드 맞추기 및 조작을 통한 반응	말을 못하거나 영어로 읽고 쓸 수 없는 2~20세의 사람들	Stoelting
Naglieri Nonverbal Ability Test-Individual Administration(Naglieri, 2003)	비언어성 추론 및 일반적인 문제 해결 능력	제스처를 통한 지시; 지적하기를 통한 반응	말을 할 수 없거나 영어로 읽고 쓸 수 없는 5~17세의 사람들	Pearson Assessment
Pictorial Test of Intelligence-Second Edition(PTI-2; French, 2001)	일반적인 인지 능력	구어를 통한 지시; 지적하기를 통한 반응	말을 할 수 없는 3~9세의 아동들	PRO-ED
Stoelting Brief Intelligence Test(S-BIT; Roid & Miller, 1999)	비언어성 인지 능력	팬터마임으로 지시; 지적하기와 카드 맞추기로 반응	말을 할 수 없거나 영어로 읽고 쓸 수 없는 6~21세의 사람들	Stoelting
Test of Nonverbal Intelligence-Forth Edition(TONI-4; Brown, Sherbenou, & Johnsen, 2010)	비언어성 지능, 적성, 추상적 추론, 문제 해결	팬터마임을 통한 지시; 지적하기, 끄덕이기 또는 상징적 제스처를 통한 반응	말을 할 수 없거나 영어로 읽고 쓸 수 없는 6~90세의 사람들	Pearson Assessments
Universal Nonverbal Intelligence Test(UNIT; Bracken & McCallum, 1998)	기억, 문제해결, 상징적 추론, 비상징적 추론, 전반적인 지적능력	팬터마임과 제스처를 통한 지시; 지적하기, 지필과제 또는 조작을 통한 반응	말을 할 수 없거나 영어로 읽고 쓸 수 없는 5~18세의 사람들	Riverside

「아동용 비언어성 지능검사 안내(A Guide to Child Nonverbal IQ Measures)」(DeThorne & Schaefer, 2004)라는 논문은 북아메리카에서 흔히 사용되는 비언어성 지능검사들의 심리측정학적 속성들(예: 신뢰도, 타당도)을 요약한 글이다. 이 글에는 각각의 검사에 포함된 운동 요구와 소검사들을 기술한 요약표도 들어 있다.

고 중재를 시도해 보아야 한다. 인지 능력에 대한 공식적인 증거 자료 없이도 수천의 성공적인 AAC 중재가 이행되어 왔음을 인식하는 것은 중요하다.

상징 평가

상징이나 부호는 AAC 체계에 포함된 대다수 메시지를 나타내 준다(제3장 참조). AAC에 의존하는 사람들이 다양한 유형의 상징을 성공적으로 사용하는 것을 종종 볼 수 있다. 따라서 상징 평가의 목적은 모든 메시지를 표현하게 해 주는 단일 상징 세트를 파악하고자 하는 것이 아니다. 오히려 개인의 현재 의사소통 요구를 충족시키고 현재의 능력에 부합하는 상징 유형을 선택하는 것뿐 아니라 미래에 사용될 수 있는 상징 옵션들을 찾아내고자 하는 것이다.

개인의 상징 사용 능력 평가는 주로 몇 단계로 이루어진다. 평가를 시작하기에 앞서 상징 평가에 책임이 있는 팀원은 가족, 교사 또는 평가 대상자와 자주 의사소통하는 사람들의 추천을 받아 평가 대상자에게 친숙한 10개 정도의 기능적인 항목을 찾아내야 한다. 기능적인 항목에는 컵, 칫솔, 수건, 숟가락 등이 포함될 수 있다. 가장 흔한 오류 중 하나는 평가 대상자에게 친숙하지 않은 항목들을 사용하여 상징 평가를 시도하는 것이기 때문에, 다음 단계는 평가를 담당하는 팀원들이 선택된 항목에 대한 대상자의 친숙성에 대해 의견 일치를 보는 것이다. 항목들에 대한 팀의 합의가 이루어지고 나면, 선택된 항목들을 나타내는 상징을 수집해야 한다. 이들 상징에는 컬러와 흑백 사진, 축소형 사물, 다양한 유형의 선화 상징(제3장 참조) 및 글로 쓰인 낱말 등이 포함될 수 있다.

"유형 상징 체계(Tangible Symbol System, 2nd ed.; Rowland & Schweigert, 2000b)"는 적절한 기록 형식에 따라 기본적인 상징 평가를 수행할 수 있는 프로토콜을 제공한다. 이 자료는 미 교육부 산하 특수교육 프로그램 국(Office of Special Education Programs) 웹 사이트 'Ideas That Work'를 통해 무료로 다운받을 수 있다.

기능적 사용 형식 가장 기본적인 상징 이해 수준은 사물의 기능적인 사용을 이해하는 능력이다(Glennen, 1997). AAC 팀은 평가를 위해 선택된 항목을 아동에게 준 다음 그것을 기능적으로 사용하는지(예: 컵을 주었을 때 마시는 흉내 내기)를 관찰함으로써 놀이 상황에서 기능적인 이해 수준을 평가할 수 있다. 더 나이가 많은 사람을 대상으로 할 경우, 팀은 "이것을 가지고 무엇을 할 수 있는지 보여 주시겠어요?" 또는 "무엇으로 음식을 먹나요/머리를 빗나요?" 등과 같이 기능적 사물 사용과 관련된 직접적인 질문을 할 수 있다. 흔히 가족, 교사 및 그 밖의 사람들을 면담하게 되면 이와 관련된 유용한 정보를 얻을 수 있다. 예를 들면, 아동의 어머니는 아동이 그 기능을 인식하고 있다고 전하면서, 자신이 '공원에 갈 때 입는' 재킷을 꺼내 올 때마다 아동이 즐거워하면서 밖으로 나가는 문을 쳐다본다고 보고할 수 있다. 사물 조작을 어렵게 하는 중도 운동장애를 지닌 사람의 경우에는 평가자가 '시범을 보이는 사람(demonstrator)'으로 행동함으로써 사물 사용에 대한 기능적 이해를 평가할 수 있다. 이 경우 시범을 보이는 사람은 각 사물에 대한 정확한 사용과 부정확한 사용을 몸짓으로 흉내 낸 다음 대상자의 반응을 관찰한다. 예를 들면, 평가자는 숟가락을 가지고 머리를 빗는 흉내를 내거나 컵을 가지고 모자처럼 머리에 쓰는 흉내를 낸 다음, 시범을 보인 행동이 '잘못되었음'을 지적하거나 제스처로 표현하도록 대상자를 관찰하면서 기다려 준다. 이때 평가 대상자의 반응은 정확한 몸짓(예: 숟가락으로 먹기, 컵으로 마시기)으로 유도된 것들과는 달라야 한다. 이러한 형식에서 하나 이상 성공한다면, 이는 평가 대상자가 평가되는 사물의 특정 기능을 이해하고 있음을 보여 주는 것일 수 있다. [그림 6-10]은 기능적인 사물 사용을 평가하기 위한 기록지다.

명칭 이해 및 '예/아니요' 형식 개인의 명칭 이해(receptive labeling) 능력에 대한 관찰은 지시 대상을 나타내는 상징을 이해할 수 있는가를 볼 수 있는 가장 쉬운 방법이어서 상징 평가 다음으로 이루어지는 경우가 흔하다. 평가를 수행하는 사람은 두 가지 이상의 항목이나 특별한 유형의 상징을 대상자에게 제시하고 "(항목의 이름을 대면서) 주세요/보세요/가리키세요"라고 요구할 수 있다. 또 다른 방법으로는 평가자가 한 번에 하나의 항목이나 상징을 집어 들고서, "이것은 ~지요?"라고 묻는 '예/아니요' 형식을 사용할 수 있다. 평가자는 '예/아니요' 질문이 모든 목표 항목에 대해 무작위로 제시될 수 있도록 해야 한다. 이러한 검사 형식은 대상자가 '예/아니요'의 개념을 이해하고 '예/아니요' 질문에 답할 수 있는 분명하고 정확한 방법을 지니고 있을 경우에만 적절하다. 팀은 이러한 형식 중 하나를 사용하여 몇 가지 유형의 상징을 한 번에 하나씩 평가할 수 있다. 평가자는 대상자가 다양한 상징 세트에서 목표 항목을 찾아낼 수 있는지를 기록지([그림 6-11] 참조)에 기입한다.

사용된 형식: 직접적인 요청("이것으로 무엇을 하는지 보여 주세요") _____ 양육자 면담 _____

　　　　정확한 사용에 대한 평가자의 시범 _____

지시사항 _____

정확한 것으로 받아들여지는 반응 _____

사용된 사물 목록	대상자의 항목 지식에 대한 정보 제공자의 확인?

해당 칸에 시도가 정확했는지 부정확했는지를 제시하고 반응을 기술하라.

시도 번호	사물	기능이 정확했는가? (기술하라)	기능이 부정확했는가? (기술하라)
1			
2			
3			
4			
5			
6			
7			
8			
9			
10			
11			
12			

[그림 6-10] 상징 평가: 기능적 사물 사용 형식

사용된 형식: 명칭 이해 _____   예/아니요 _____

배열에 포함된 항목 수 _____

지시사항 _____

정확한 것으로 받아들여지는 반응 _____

사용된 항목 목록	대상자의 항목 지식에 대한 팀의 확인?

해당 칸에 시도가 정확(+)했는지 부정확(-)했는지를 제시하라.

시도 번호	목표 항목	실제 사물	컬러 사진	선화	기타 (명시하라)
1					
2					
3					
4					
5					
6					
7					
8					
9					
10					
11					
12					

[그림 6-11] 상징 평가: 명칭 이해 및 예/아니요 형식

시각 일치 형식　대상자가 주어진 과제나 명칭을 이해하지 못해서 명칭 이해나 '예/아니요' 형식을 사용할 수 없는 경우가 있다. 그런데 시각 일치(visual-matching) 형식은 명칭 이해 형식에서 얻은 결과와 유사한 결과를 나타낸다는 근거가 존재한다(Franklin, Mirenda, & Phillips, 1994). 따라서 [그림 6-12]에 제시된 것과 유사한 시각 일치 형식이 명칭 이해 형식의 유용한 대안이 될 수 있다. 일반적인 방식의 일치평가에서는 사물과 일치하는 상징을 포함하여 두 가지 이상의 상징을 책상 위에 놓게 된다([그림 6-13a] 참조). 그런 다음 평가자는 평가 대상자에게 응시, 가리키기 또는 다른 직접 선택 방법으로 사물을 해당 상징과 일치시키도록 요구한다. 또 다른 방법은 상징 하나를 평가 대상자에게 준 다음 배열되어 있는 사물 중 해당 사물에 상징을 일치시키도록 하는 것이다([그림 6-13b] 참조). 대안적인 상징 평가 전략들을 검토한 한 연구에서는 이들 형식의 난이도가 동등한 것으로 나타났다(Franklin et al., 1996). AAC 팀은 또한 평가 대상자의 요구에 부응할 수 있도록 배치, 간격, 항목 수 등을 조정할 수 있다. 이는 지각적 특성에 기초하여 사물을 그 지시 대상과 연관 짓는 대상자의 능력에 대한 정확하고 유용한 정보를 얻을 수 있도록 체계적인 조정을 하고자 하는 데 그 목적이 있다.

일치(짝 맞추기) 형식과 관련하여 몇 가지 주의할 점이 있다. 첫째, 대상자가 상징 사용을 성공적으로 배우기 위해 필수적으로 사물과 상징을 일치시킬 수 있어야 하는 것은 아니다(Romski & Sevcik, 1996). 어떤 사람이 사물과 상징을 일치시킬 수 있다면, 그는 상징과 그 지시 대상 간의 관계를 (적어도 시각적 수준에서는) 이해하는 것이다. 그러나 이러한 이해가 부족하다고 해서 그가 상징 사용을 배울 수 없음을 뜻하는 것은 아니다. 둘째, 일치평가는 표준화된 검사 프로토콜이 아니다. 이것은 팀이 평가 대상자의 능력과 흥미에 맞추어 변경할 수 있는 융통성 있는 형식이다. 일례로 인지 능력이 제한된 사람들은 실제 평가에 앞서 항목과 상징의 일치를 배울 필요가 있다. 팀은 주로 '교수 후 검사하기(teach-then-test)' 접근과 불연속적 시도 교수(discrete trail teaching)를 사용하여 짧은 시간에 이를 성취할 수 있다(Lovaas, 2003). '교수' 단계에서 팀원들은 평가 대상자가 같은 사물을 서로 일치시키도록 신체적인 도움이나 그 밖의 촉진을 제공한 후 점차적으로 이를 소거할 수 있다. 평가 대상자가 이러한 과제를 혼자서 정확하게 할 수 있으면, 팀은 앞에서 설명한 것처럼 다양한 사물·상징 일치 과제를 제시할 수 있다(이러한 접근에 대해 더 자세히 알고 싶다면 Mirenda & Locke, 1986을 참조하라).

사용된 형식: 일반적인 짝 맞추기 _____   분류 _____
배열에 포함된 항목 수 _____
지시사항 _____
정확한 것으로 받아들여지는 반응 _____

사용된 항목 목록	대상자의 항목 지식에 대한 팀의 확인?

해당 칸에 시도가 정확(＋)했는지 부정확(－)했는지를 제시하라.

시도 번호	목표 항목	실제 사물	컬러 사진	선화	기타 (명시하라)
1					
2					
3					
4					
5					
6					
7					
8					
9					
10					
11					
12					

[그림 6-12] 상징 평가: 시각 일치 형식

[그림 6-13] a) 하나의 사물 대 다수의 상징 일치 형식, b) 하나의 상징 대 다수의 사물 일치 형식

PCS는 DynaVox Mayer-Johnson LLC의 허락하에 게재함; 픽스포펙스 이미지는 피라미드 교육 컨설턴트사(Pyramid Educational Consultants, Inc)의 웹 사이트(www.pecs.com)에서 찾을 수 있음

기본적인 상징 평가 결과 분석하기　상징 평가와 관련하여 이 시점에서 분명해져야 할 두 가지가 있다. 하나는 평가 대상자가 선택된 친숙한 사물들의 기능적인 사용을 이해하는지의 여부이며, 다른 하나는 다양한 상징의 명칭을 인식하거나 그 지시 대상과 짝을 맞출 수 있는지의 여부다. 대상자가 이들 기술 중 하나나 둘 모두를 갖고 있지 않다면, 이는 상징과 지시 대상의 결합을 가르치는 동안 의사소통 기술을 쌓도록 고안된 '초기 의사소통자(beginning communicator)' 전략으로부터 최선의 서비스를 받을 수 있음을 보여 주는 것이다. 이러한 전략에는 제9장에서 기술되는 시각 스케줄 체계와 '토킹 스위치(talking switch)' 기법이 포함된다. 평가 과제를 성공적으로 수행하는 개인의 능력은 적어도 초기에는 그가 가장 성공적으로 사용할 것 같은 상징 유형(들)을 예측하기 위해 활용될 수 있다. 선택된 초기 상징 세트(들)는 최소한의 교수를 요하면서도 정확하고 효율적이며 피로하지 않은 의사소통을 가능하게 하는 것이어야 한다. 시간이 지나면서 대상자는 필요에 따라 더 정교한 유형의 상징을 배우고 사용할 수 있게 된다. 폭넓은 학습과 연습을 필요로 하는 상징 세트들은 미래를 위해서는 훌륭한 선택일 수 있지만 초기 사용으로는 적절하지 않을 것이다.

실제 의사소통은 명칭 이해나 상징 일치를 포함하는 경우가 드물다. 따라서 대상자가 의사소통 방식으로 상징을 사용할 수 있는지를 보기 위해, 명칭 이해나 상징 일치와 관련된 기본적인 과제를 벗어나 평가를 확장하는 것이 중요하다. AAC 팀은 대상자가 초기 상징 과제를 성공적으로 수행하였는지의 여부와 상관없이 다음에 기술되는 평가 형식들을 이용해야 한다. 왜냐하면 자연스러운 상호작용 속에서 상징을 이해하고 있음을 보이는 사람들이 있기 때문이다. AAC 팀 구성원은 해당 맥락에서 상징을 사용하는 개인의 능력을 평가하기 위해 다음 형식들을 활용할 수 있다.

질의응답 형식   [그림 6-14]는 대상자가 말로 제시된 질문에 답하기 위해 상징을 사용할 수 있는지를 평가할 수 있는 기록지다. 기본적인 평가에서 평가자는 먼저 친숙한 의사소통 상대를 면담한 후 대상자가 알고 있는 항목이나 개념을 찾아내어 기록지에 적어야 한다. 평가자는 특정 유형—사물, 사진 또는 선화—에 속하는 두 개 이상의 상징을 제시한 후, 대상자가 정확하게 답할 수 있도록 그중 하나의 상징을 지적하면서 질문을 한다. 이런 상황에서는 "자동차를 저에게 보여 주실래요?" 또는 "당신의 개 사진이 어느 거죠?"와 같은 명칭 이해 관련 질문을 해서는 안 된다. 대신에 평가 대상자가 좋아하는 아침식사 종류, 자동차, 개 등의 상징들을 보여 주면서 "아침으로 뭘 드셨어요?"와 같은 간단한 지식 중심의 질문을 해야 한다. 이러한 형식은 평가자가 CCN을 지닌 아동에게 이야기를 읽어 준 다음 이야기와 관련된 간단한 질문을 하는 책 읽기 활동 맥락에서도 사용할 수 있다. 이때 평가자는 평가 대상자가 답을 할 수 있도록 정답에 해당하는 상징과 오답에 해당하는 상징들을 제공해야 한다.

이러한 과제를 성공적으로 완성하기 위해 대상자는 과제 기대, 질문, 제시된 상징 옵션 등을 이해해야 하며 평가 과정 동안에 의욕을 갖고 협조해야 한다. 만일 대상자의 수행이 저조하다면, 팀은 질의응답 과제의 어떤 측면이 대상자로 하여금 어려움을 갖게 했는지를 찾아내고자 노력해야 한다. 특히 중도 인지장애인의 경우, 자연스러운 상황에서 질의응답 평가를 하는 등의 대안적 형식이 저조한 수행에 영향을 주는 요인을 제거하는 데 유용할 수 있다. 예를 들면, 식사 상황이 전혀 일어나지 않는 교실보다는 주로 음식을 먹는 부엌에 앉아 있을 때 "아침으로 뭘 드셨어요?"라는 질문에 답하기 쉬울 것이다. [그림 6-14]에 제시된 질의응답 형식의 상징 평가 기록지는 맥락과 관련된 적절한 정보를 얻을 수 있게 해 준다.

배열에 포함된 항목 수 _____
지시사항 _____
맥락: 맥락 밖에서 _____ 맥락 내에서(명시하라) _____
정확한 것으로 받아들여지는 반응 _____

사용된 항목 목록	대상자의 항목 지식에 대한 정보 제공자의 확인?

해당 칸에 시도가 정확(＋)했는지 또는 부정확(－)했는지를 제시하라.

시도 번호	제기된 질문	실제 사물	컬러 사진	선화	기타 (명시하라)
1					
2					
3					
4					
5					
6					
7					
8					
9					
10					
11					
12					

[그림 6-14] 상징 평가: 질의응답 형식

요구하기 형식   중도 의사소통 및 인지장애를 지닌 사람들은 요구를 위해 상징을 사용할 수 없음에도 불구하고 상징과 사물을 일치시키고 상징을 사용한 간단한 질문에 답할 수 있다. [그림 6-15]는 팀이 요구하기 형식으로 상징 사용을 평가할 때 사용할 수 있는 기록지다. AAC 팀은 주로 간식시간, 놀이나 공작활동, 가사활동(예: 설거지) 등의 자연스러운 상황이나 평가 대상자가 관심을 갖는 그 밖의 상황에서 이러한 평가를 수행한다. 팀은 목록을 만들고 대상자가 알고 있으며 해당 상황에서 이용할 수 있는 항목들을 확정한다. 그런 다음 평가자는 한 번에 하나의 상징 유형을 시도하면서, 두 가지 이상의 이용 가능한 상징 옵션들을 제공한다. 이러한 상호작용 구조는 그렇게 하라는 평가자의 지시 없이도 평가 대상자가 이용 가능한 상징 중 하나를 선택함으로써 사물이나 행위를 요구할 수 있는 기회를 제공한다. "나는 네가 원하는 게 뭔지 모르겠는데 내가 알 수 있도록 도와줄래?"와 같은 간접적인 단서가 요구하기를 끌어내기 위해 사용될 수 있다. "네가 원하는 것의 그림을 가리켜 봐."와 같은 직접적인 지시는 피해야 하는데, 이는 평가의 목적이 대상자가 촉진 없이도 자발적으로 요구를 할 수 있는지를 알아보고자 하는 데 있기 때문이다.

질의응답 형식과 요구하기 형식의 상징 평가 결과 분석하기   질의응답 형식과 요구하기 형식은 대상자가 상징을 사용하여 어느 정도 의사소통할 수 있는가에 대한 기본적인 정보를 제공해 주는 것으로, 해당 상징을 언어적으로나 지각적으로 인식하고 있는가를 보여 주지는 않는다. 한 과제만을 수행할 수 있거나 두 과제 모두를 수행할 수 없는 사람이 기본적인 평가 동안에 식별했던 상징들을 사용할 수 있으려면 기능적인 맥락에서의 교수를 필요로 할 것이다. 요구하기, 거절하기 등의 교수를 위해서는 제10장에 설명된 전략들이 유용할 수 있다. 상징을 사용하여 질문에 답하거나 요구할 수 있는 사람은 다음 두 가지 형식으로 평가되는 좀 더 발전된 상징 사용에 필요한 기술들을 지니고 있을 수 있다.

도구적 의사소통 상징 수행 검사(Test of Aided-Communicaion Symbol Performance: TASP; Bruno, 2005)는 디스플레이 배열을 위한 상징의 크기와 수를 결정하고 문법 부호화, 범주화, 구문 수행 등을 평가하기 위해 아동과 성인을 대상으로 사용할 수 있다. TASP는 그림 의사소통 상징을 사용하며, 눈으로 지적하거나 응시하기 반응만을 요구한다. 이 검사는 다이나복스 메이어 존슨(DynaVox Mayer-Johnson)사를 통해 입수할 수 있다.

배열에 포함된 항목 수 _____

지시사항 _____

상징 옵션: 볼 수 있는가? _____ 볼 수 없는가? _____

맥락: 맥락 밖에서 _____ 맥락 내에서(명시하라) _____

정확한 것으로 받아들여지는 반응 _____

사용된 항목 목록	대상자의 항목 지식에 대한 정보 제공자의 확인?

해당 칸에 시도가 정확(+)했는지 또는 부정확(−)했는지를 제시하라.

시도 번호	이용 가능한 항목들	실제 사물	컬러 사진	선화	기타 (명시하라)
1					
2					
3					
4					
5					
6					
7					
8					
9					
10					
11					
12					

[그림 6-15] 상징 평가: 요구하기 형식

발전된 상징 사용   의사소통 상황에서 단일 상징 사용에 숙련된 사람들은 명사 외 낱말에 대한 상징을 사용할 수 있으며, 메시지 구성을 위해 두 개 이상의 상징을 연결할 수도 있다. 팀은 다양한 구문적 요소들, 즉 명사, 동사, 형용사 등을 나타내는 상징을 지닌 활동 디스플레이를 사용하여 두 능력을 모두 평가할 수 있다. 예를 들면, 우리는 단순한 카드 게임의 여러 요소를 나타내는 상징들로 이루어진 이중 고 피시(Go Fish) 디스플레이를 종종 사용하는데, 이는 여러 연령대의 사람들에게 적절하기 때문이다([그림 6-16] 참조). 게임을 하는 동안, 평가자는 디스플레이를 사용하여 발전된 상징 사용에 대한 시범을 보이면서 한두 개의 상징으로 이루어진 메시지를 다양

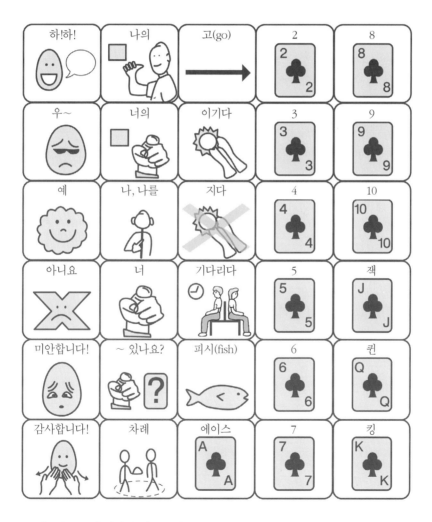

[그림 6-16] 발전된 상징 사용 평가를 위한 고 피시(Go Fish) 디스플레이

PCS는 DynaVox Mayer-Johnson LLC의 허락하에 게재함

하게 제시한다(예: **킹**+**있나요?** 또는 **나의**+**차례**). 대상자가 디스플레이의 사용법을 빨리 배운다면, 평가자는 평가 대상자가 명사 외의 상징을 사용하는지, 또는 기회가 제공될 경우 두 상징의 연쇄를 만들 수 있는지를 관찰할 수 있다. 예를 들면, 적절한 때에 평가자는 대상자가 **고**+**피시**(GO+FISH), **너**+**지다**, **나**+**이기다** 등의 두 상징 메시지를 전달할 수 있는 기회를 만들 수 있다. 물론, 손 사용이 어려운 운동장애를 지닌 사람들은 카드를 관리하는 상대와 함께 놀이를 해야 할 뿐 아니라 적절한 메시지를 지닌 응시 디스플레이를 사용할 필요가 있다. 가상놀이, 책 읽기 또는 보드 게임과 같은 대안활동들 또한 이러한 평가에 활용될 수 있다.

상징 범주화 평가 범주에 따라 구성된 의사소통 체계를 사용할 수 있는 사람들이 있다. 예를 들면, 의사소통책이나 의사소통판의 상징은 의미론적 범주나 활동 범주별로 구성될 수 있다. 마찬가지로 역동적 디스플레이 도구의 경우에도 보이지 않는 수준에 들어 있는 상징의 위치를 찾을 수 있으려면 범주화 기법의 사용 능력이 필요하다. AAC 팀은 교통기관, 음식, 의류, 동물 등 두 가지 이상의 의미론적 범주에 따라 배치된 다양한 항목의 상징들을 가지고 범주화 기술을 평가할 수 있다. 대상자에게 상징을 범주별로 구분하도록 요구("이 상자 안에는 동물을 넣고, 저 상자 안에는 교통기관을 넣으세요")하거나 응시를 사용하여 이러한 구분을 할 수 있도록 돕는다("이것을 어느 상자에 넣어야 할까요?"). 또는 해변에 가거나 생일파티에 가는 것과 같이 매우 다른 두 활동의 상징들을 분류하도록 요구함으로써 범주화 능력을 평가할 수 있다("이 상자 속에는 해변에서 사용할 것들을 넣고, 저 상자 속에는 생일파티에 필요한 것들을 넣으세요"). 이러한 유형의 평가 결과는 평가 대상자가 범주에 따라 구성된 체계를 바로 사용할 수 있는지 아니면 촉진자의 도움이나 시범 또는 교수가 먼저 필요할 것인지를 결정하는 데 유용할 수 있다. 포터(Porter, 2007)는 CCN을 지닌 사람들을 대상으로 범주에 따라 구성된 AAC 상징 디스플레이를 사용하도록 가르치는 데 대한 의견

민스피크(Minspeak)와 같은 도상적 부호화 기법을 사용하려면 다수의 의미들을 그림과 연관 지을 수 있는 능력이 필요하다. 은유적 그림 사용 평가 프로토콜(Protocol for Assessing Metaphoric Use of Pictures, Van Tatenhove, 2005)은 그림 견본 및 자료 수집 기록지와 함께 Gail Van Tatenhove의 웹 사이트를 통해 무료로 이용할 수 있다.

을 제시하였다.

언어 평가

언어 평가에는 평가 대상자의 한 낱말 어휘 능력뿐 아니라 일반적인 언어 구조(즉, 형태소, 구문) 사용을 평가하는 부분이 포함되어야 한다(Roth & Cassatt-James, 1989). 이 영역의 평가를 위한 기본적인 전략을 지금부터 논의한다.

한 낱말 어휘   전형적으로 두 유형의 언어 평가가 AAC를 목적으로 수행된다. 첫 번째 평가 유형은 개인의 전반적인 기능 수준과 관련된 어휘 이해(한 낱말 수용언어)를 측정하는 것이다. 『피보디 그림어휘력 검사-제4판』(Peabody Picture Vocabulary Test-Fourth Edition, PPVT-4; Dunn & Dunn, 2007)이나 『한 낱말 그림 수용어휘력 검사』(Receptive One-Word Picture Vocabulary Test-Forth Edition, ROWPVT-4; Martin & Brownell, 2010)와 같은 평가 도구는 비관계적 낱말(nonrelational words, 예: 명사)에 대한 지식을 평가하기 위해 흔히 사용된다. 왜냐하면 이들 검사는 운동 문제를 지닌 사람들의 요구를 충족시키기 위해 타당성을 침해하지 않으면서도 쉽게 수정될 수 있기 때문이다. 브리스토와 프리스토(Bristow & Fristoe, 1987)는 일반 프로토콜 방식으로 얻은 점수들을 응시, 스캐닝 및 헤드라이트 지적 등을 포함한 여섯 가지 대체 반응들을 사용하여 얻은 점수들과 비교하였다. 몇 가지 예외는 있었지만, 결과는 수정된 조건에서 얻은 점수가 일반 프로토콜을 사용하여 얻은 점수와 매우 상관이 높은 것으로 나타났다. 어린 아동들의 경우에는 『맥아더-베이츠 의사소통 발달검사』(MacArthur-Bates Communicative Development Inventory; Fenson et al., 2007)를 사용할 수 있는데, 이 검사는 부모보고 척도로서 한 낱말 어휘 이해력을 측정한다(Romski & Sevcik, 1999).

비관계적 낱말 평가와 더불어 행위 낱말과 관계적 낱말(relational words: '안과 밖' '덥다와 춥다'처럼 구체적인 지시 대상을 갖고 있지 않은 상대적인 말)에 대한 이해를 평가하는 것 또한 중요하다(Roth & Cassatt-James, 1989). 『브래컨 기본개념척도-개정판』(Bracken Basic Concept Scale-Revised; Bracken, 1998)과 『언어청각이해력검사-제3판』(Test for Auditory Comprehension of Language-Third Edition, TACL-3; Carrow-Woolfolk, 1999) 및 『의사소통 발달 순차검사-개정판』(Sequenced Inventory of Communication Development-Revised; Hedrick, Prather, & Tobin, 1984)의 일부 소검사

들은 이러한 이해력을 평가할 수 있는 도구들이다. 공식적인 검사를 완성할 수 없는 사람들의 경우, AAC 팀은 가족, 보호자 및 학교 직원들로 하여금 평가 대상자가 이해한 것으로 보이는 낱말과 개념들을 일지에 기록하도록 함으로써 어휘 이해력에 대한 추정치를 얻기도 한다.

형태 구문 및 문법 지식   지난 십 년간 AAC 연구자들은 AAC 의존자의 형태 구문 및 문법 지식(morpho-syntactic and grammatical knowledge)을 평가하는 것이 중요함을 더욱더 크게 인식하게 되었다. 이들 영역에 숙달되지 않은 사람은 생각을 전하고, 학업 요구를 충족시키며, 고용 상태를 유지하는 데 어려움을 가질 것이기 때문이다 (Binger, 2008b; Binger & Light, 2008; Blockberger & Johnston, 2003; Blockberger & Sutton, 2003; Fey, 2008). 공식적인 검사에 참여할 수 있는 사람의 경우에는 간단한 선다형이나 지적하기 형식에 기초하거나 구어 표현을 요구하지 않는 수많은 표준화 검사를 이용할 수 있다. 이러한 검사 도구에는 『언어기초임상평가』(Clinical Evaluation of Language Fundamentals; Semel, Wiig, & Secord, 2003, 2004)에서 뽑은 소검사, 『TACL-3』(Carrow-Woolfolk, 1999), 『문법이해력검사-제2판』(Test for Reception of Grammar-Version 2: TROG-2; Bishop, 2003) 등이 포함된다. 비록 특정인의 요구에 맞게 수정이 이루어질 수는 있지만, 이러한 검사들은 신뢰도 및 타당도가 입증되었다는 장점을 갖는다.

또한 AAC 의존자의 언어를 평가하기 위해 다수의 비공식적인 평가기법이 개발돼 왔다. 예를 들면, 블록버거와 존스턴(Blockberger & Johnston, 2003)은 과거시제 -ed(예: walk/walked), 복수형 -s(예: boy/boys), 3인칭 단수 현재형 -s(예: I drink/he drinks) 등 아동의 형태소 습득을 검토하기 위해 두 개의 평가 과제를 개발하였다. 첫 번째 과제는 그림 선택 과제로 CCN을 지닌 사람에게 유사한 세 가지 그림(예: ① 더러운 돼지 인형을 갖고 있는 아기, ② 더러운 셔츠를 갖고 있는 아기, ③ 엄마 돼지와 함께 있는 더러운 새끼 돼지)을 제시한 후, 질문(예: "아기의 돼지는 더러워요")과 가장 어울리는 그림을 하나 선택하도록 요구하는 것이다. 헤드라이트 포인터나 손을 사용하여 그림을 선택할 수 없는 아동들의 경우에는 '예/아니요' 형식으로 과제를 수정할 수 있다. 두 번째 과제는 구조화된 쓰기 과제로 평가자는 흥미를 끌 수 있는 짧은 그림 이야기를 CCN을 지닌 사람에게 읽어 준 다음 이야기 내용에 맞게 한 낱말을 쓰거나 타자하여 문장의 빈칸을 채우도록 하는 것이다. 예를 들면, 케이트(Kate)라는 이름을 가진 소녀의 이야기를 다음과 같이 들려줄 수 있다. "어제 케이트는 잠에서 깼어. 그녀는 아침을 먹고 나서 곰 인형을 갖고 놀_____."

또한 AAC 평가를 위해 문법 판단 과제를 사용하는 연구자들이 있다. AAC를 사용하는 성인을 대상으로 한 연구에서 룬드와 라이트(Lund & Light, 2003)는 정확한 문장과 부정확한 문장을 구어 및 시각적으로 제시한 후, 각각의 문장이 특정 문법 규칙을 따랐는지의 여부를 제스처로 제시하도록 요구하였다(예: Please give me the blue book 대 Please give me the book blue 또는 Please give me blue the book). AAC를 사용하는 아동을 대상으로 한 연구(Blockberger & Johnston, 2003)에서 검사자는 강아지 손인형을 CCN을 지닌 아동에게 주고서, 그 강아지가 이제 막 말을 배우고 있으니 강아지가 문장 말하기를 연습하도록 도와주라고 요청하였다. 아동 앞에는 두 개의 양동이가 놓여 있는데, 하나는 강아지 비스킷이 들어 있고 다른 하나에는 돌멩이가 들어 있었다. 아동은 강아지 인형이 '말하는' 문장을 듣고, 그 문장이 정확하면 강아지 인형에게 비스킷을 주고, 그 문장이 정확하지 않으면 돌멩이를 주도록 지시받았다. 3인칭 단수 현재형–s에 대한 정확한 문장의 예는 'Hockey players wear helmets'였으며, 부정확한 문장의 예는 'The cows eats the grass'였다. 비스킷이나 돌멩이를 집을 수 없는 아동은 검사자를 통해 어느 것을 강아지 인형에게 주어야 할지를 제시하기 위해 응시나 제스처를 사용하였다. 레드먼드와 존스턴(Redmond & Johnston, 2001) 또한 CCN을 지닌 청소년을 대상으로 비슷한 과제를 사용하였는데, 강아지 손인형이 두 명의 행위자, 즉 "달나라에서 온 사람들(moon guys)"로 대치되었다. 이 두 사람은 외계에서 왔으며 지금 막 영어를 배우고 있는 중이기 때문에 이들이 언제 "맞아(right)"와 "별로야(not so good)"라고 말해야 할지를 알도록 도와주어야 했다.

CCN을 지닌 성인들의 특정 언어 형식에 대한 이해와 사용을 평가하기 위해 좀 더 복잡한 과제들이 또한 사용되어 왔다. 예를 들면, 서턴과 동료들(Sutton, Gallagher, Morford, & Shahnaz, 2000; Sutton & Morford, 1998; Trudeau, Morford, & Sutton, 2010)은 '여자 아이가 모자를 쓴 광대를 밀고 있다(The girl pushes the clown who wears a hat)' 대 '광대를 미는 여자 아이는 모자를 쓰고 있다(The girl who pushes the clown wears a hat)'와 같은 관계절에 대한 이해와 산출을 평가하기 위해 플라스틱 인형 사진을 사용하는 과제를 개발하였다. 이해 과제는 평가 대상자가 그림 상징 발화와 일치하는 사진을 지적하면 되지만, 표현 과제는 사진을 묘사하는 문장을 구성하기 위해 그림 상징들을 사용해야 한다([그림 6–17] 참조).

보편 언어활동 모니터(Universal Language Activity Monitor: U–LAM; Hill, 2004)는 말산출도구
로 산출된 언어 샘플의 수집과 분석을 돕는다. U–LAM은 AAC Institute를 통해 이용할 수 있다.

광대를 미는 여자 아이는 모자를 쓰고 있다.

여자 아이는 모자를 쓴 광대를 밀고 있다.

[그림 6–17] 관계절 이해 및 산출을 평가하기 위해 사용할 수 있는 샘플 과제

좌측 사진은 Ann Sutton이 제공함; 우측 그림 PCS는 DynaVox Mayer-Johnson LLC의 허락하에 게재함

    마지막으로, 평가자들은 CCN을 지닌 사람의 형태구문 능력을 검토하기 위해 쌍방
놀이나 대화 상황에서 얻은 상징적인 언어 또는 문어 샘플링을 활용할 수 있다(Kelford
Smith, Thurston, Light, Parnes, & O'Keefe, 1989; Lund & Light, 2003; Sutton &
Gallagher, 1995). 언어 샘플링은 발화의 전사나 코딩이 필요하기 때문에 다른 과제보다
시간이 더 많이 소요된다. 그러나 이러한 과제를 통해 평가자는 더 풍부하고 다양한 정
보를 얻을 수 있다(Binger & Light, 2003; Sutton, Soto, & Blockberger, 2002).

    언어 평가 결과 분석하기   다시 강조하지만, 공식적 · 비공식적 언어 평가의 목적은
개인의 점수나 발달연령을 결정하는 것이 아니라 중재 계획에 필요한 정보를 얻고자
하는 데 있다. 적절한 상징, 어휘 항목 및 교수 절차를 선택하기 위해 개인이 지닌 현
재의 언어능력에 대한 기능적 프로파일을 얻는 것이 주 목적이다. 특정 AAC 전략과
기법을 개인의 언어 프로파일 특성과 일치시키기 위해 사용할 수 있는 비법은 없다.
왜냐하면 이러한 정보는 개인의 운동, 감각 및 다른 능력 정보와 함께 전체적으로 고

려되어야 하기 때문이다. 예를 들어, 300개의 선화 상징으로 이루어진 한 낱말 어휘를 지니며, 두세 낱말 조합을 산출하지 못하고, 상징을 사용해 간단한 요구를 하기 시작하고 질문에 답을 하는 운동이나 시력 손상을 갖고 있지 않은 사람의 언어 프로파일을 상상해 보라. 이러한 경우 초기 AAC 중재는 쉽게 확장될 수 있는 대규모 어휘 능력을 갖고, 대화 상황과 그 밖의 상호작용에서의 의사소통 능력을 증진시키며, 여러 낱말 조합을 촉진하는 데 목표를 둔 기법을 활용할 수 있는 로우테크나 하이테크 체계를 포함할 가능성이 있다. 이 프로파일을 10개의 수화 어휘를 지니며, 선택을 할 수 없고, 상호작용을 시작하지 않는 심한 운동 및 시력 손상을 지닌 사람의 프로파일과 대조해 보라. 분명히 추천되는 중재방법은 두 번째 경우가 첫 번째 경우보다 더 다양할 것이다. 이는 언어 능력에서의 차이 때문만이 아니라 많은 요인이 결합되기 때문이다. 이 두 예는 언어 평가 정보를 모든 중재 정보의 '큰 그림'의 일부분으로 고려하는 것이 중요함을 보여 준다.

문해 기술 평가

문해(literacy)는 점증적으로 읽고 철자하고 쓰는 능력으로 나타나게 되는 여러 기술을 포함한다(제12장 참조). 문해 평가는 AAC 의존자들에게 특히 중요하다. 왜냐하면 문해 기술 발달이 중요한 목표가 되는 경우가 흔하기 때문이다. 메시지 구성을 위해 26개 영어 알파벳을 활용하는 능력은 CCN을 지닌 사람으로 하여금 자신이 원하는 어떤 것이든 말할 수 있게 해 준다. 불행히도, AAC에 의존하는 많은 사람들은 학교에서 문해에 대한 규칙적인 교수를 받지 못하고 결과적으로 들쭉날쭉한 능력 프로파일을 보일 수 있다. 문해의 기초를 이루는 여러 가지 기본 기술들에 대한 강약점을 평가하는 것은 중요하다. 이들 평가 전략의 상당수는 간편 문해 학습(Accessible Literacy Learning: ALL) 교육과정(Light & McNaughton, 2009a)에서 나온다. 이 교육과정은 특히 자폐범주성장애, 다운증후군, 뇌성마비 및 그 밖의 발달장애로 인해 AAC에 의존하는 사람들에게 문해 기술을 가르치기 위해 개발되었다.

문자-소리 대응

문자와 소리(그 이름이 아닌)를 연결 짓는 능력을 평가하는 것은 전반적인 문해 평가의 시작 단계에서 유용하다. 문자-소리 관계(예: r은 /rrr/과 같은 소리가 난다)는 문자-이름 관계(예: 문자 r의 이름은 ar이다)보다 더 중요하다. 왜냐하면 해독과 소리 합성에 사용되는 기술은 후자가 아니라 전자이기 때문이다. AAC 팀은 간단한 문자판, 응시 디스플레이 또는 키보드 등을 사용하여 대상자에게 소리를 들려주고 그에 해당하는 문자를 지적하거나 응시 또는 타자하도록 함으로써 이러한 평가를 비교적 쉽게 수행할 수 있다. 라이트와 맥노튼(Light & McNaughton, 2009a)은 목표 문자가 항상 같은 위치에 놓이지 않도록 유의하면서 평가 대상자 앞에 각각의 문자 소리 평가를 위한 네 개의 문자(목표 문자가 포함된) 카드를 배치해야 한다고 제안하였다. 그런 다음 평가자는 "지금부터 내가 소리를 들려줄 거예요. 잘 듣고, 그 소리를 만들어 내는 문자를 내게 보여 주세요"라고 말할 수 있다. 문자 소리는 무선으로 제시되어야 하며, 부정확하게 식별된 소리들은 그 결과를 신뢰할 수 있도록 최소한 두 번은 반복적으로 제시되어야 한다. [그림 6-18]은 이러한 평가를 위해 사용할 수 있는 ALL 교육과정에 포함되어 있는 검사지의 예다. 부정확하게 식별된 소리들은 교수 목표가 되어야 한다.

소리 합성 기술

1990년대 중반 이후 많은 AAC 연구자들이 음운 처리(phonological processing) 기술의 중요성을 강조해 왔다. 음운처리는 일반인(Adams, 1990; Wagner & Torgeson, 1987)과 중도 말신체장애인(Dahlgren Sandberg, 2001; Dahlgren Sandberg & Hjelmquist, 1996a, 1996b; Foley & Pollatsek, 1999; Iacono & Cupples, 2004; Vandervelden & Siegel, 1999, 2001) 모두의 읽기 성취에 매우 중요한 것으로 알려져 있다. 소리 합성 기술은 음운처리의 가장 중요한 구성요소 중 하나이며 다양한 방법으로 평가될 수 있다.

ALL 교육과정(Light & McNaughton, 2009a)에서, 소리 합성은 네 개의 PCS로 구성된 다수의 반응 판을 활용하여 평가된다([그림 6-19] 참조). 평가자는 처음에 각각의 그림을 말해준 다음, "지금부터 제가 한 낱말을 아주 천천히 말할 거예요. 잘 듣고 머릿속으로 소리들을 합성한 다음 만들어진 낱말에 해당하는 그림을 제게 보여 주세요"라고 말해 준다.

예를 들어, 목표 상징이 'CUT'이라면 평가자는 /c-u-t/를 천천히 말해 준 다음 CCN을 지닌 사람이 해당 그림을 지적하거나 바라봄으로써 반응할 수 있는 시간을 제공한다. ALL 저자들은 소리 합성을 위한 최소한의 준거로 80%의 정확도를 제안하였다. 만일 몇 번의 평가 회기(일관된 수행을 보장하기 위해 반복된)에도 대상자가 이러한 준거에 도달하지 못한다면 소리 합성에 대한 집중적인 교수가 필요할 것이다.

자료 수집 기록지

소리 합성, 음소 분절, 문자 - 소리 대응, 한 낱말 해독 및 일견단어의 평가와 교수

- 학습자 이름: __JILL__
- 날짜: __10-12__
- 교수자: __ANN__
- 목표 기술: __문자-소리 대응 전체 3쪽 중 1쪽__

- 해당사항에 동그라미 하세요

（평가）

기초선

유도된 교수 실제

독립적 교수 실제

시도	목표	선택 사항				+/-
		선택 1	선택 2	선택 3	선택 4	
1.	e	e	m	ⓘ	p	−
2.	k	h	a	k	ⓛ	−
3.	g	d	ⓣ	o	g	−
4.	r	ⓑ	r	c	u	−
5.	t	ⓘ	e	c	t	−
6.	m	p	ⓜ	a	l	+
7.	v	k	ⓟ	v	e	−
8.	a	a	r	ⓕ	l	−
9.	q	q	v	m	ⓖ	−
10.	x	ⓒ	d	q	x	−

학습자 수행 요약　__3쪽 참조__

정반응 수/10회 시도 _____

정확도(%)　　　　_____

오류 분석

기타 의견

[그림 6-18] 문자-소리 대응 평가용 자료 기록지

출처: Light, J., & McNaughton, D. (2009a). *Accessible Literacy Learning (ALL): Evidence-based reading instruction for individuals with autism, cerebral palsy, Down syndrome, and other disabilities* (p. 49). Pittsburgh: DynaVox Mayer-Jonson. 허락하에 게재함

[그림 6-19] CUT, NUT, CUP 및 CAT 상징으로 구성된 소리 합성 평가를 위한 반응 판

출처: Light, J., & McNaughton, D. (2009a). *Accessible Literacy Learning (ALL): Evidence-based reading instruction for individuals with autism, cerebral palsy, Down syndrome, and other disabilities* (p. 38). Pittsburgh: DynaVox Mayer-Jonson. 허락하에 게재함

다양한 초기 문해 기술을 평가하기 위해 '음운 인식과 읽기 평가'(Assessment of Phological Awareness and Reading: APAR; Iacono & Cupples, 2004)를 이용할 수 있다. 이 평가 도구는 말이나 글을 쓸 수 없는 CCN을 지닌 성인들을 위해 개발되었으나 모든 연령대의 사람들을 대상으로 사용할 수 있다. APAR은 소리 합성, 한 낱말 어휘, 문장 이해, 본문 청취 이해 등을 온라인상으로 또는 인쇄된 자극을 사용해 평가할 수 있다. APAR의 지침서, 자료 카드 및 검사 기록지 등은 온라인상에서 무료로 이용할 수 있다. APAR은 '간편 낱말 읽기 중재'(Accessible Word Reading Intervention) 프로그램과 함께 사용하여 초기 읽기 기술을 가르칠 수 있도록 고안되었는데, 모나시 대학교(Monash University) 발달장애 건강 빅토리아 센터(Centre for Developmental Disability Health Victoria)의 웹 사이트를 통해 이용할 수 있다.

음소 분절

음소 분절은 많은 면에서 소리 합성과 상반된다. 음소 분절은 낱말을 개별 소리들로 쪼개는 능력(예: run을 /r/, /u/, /n/으로 나누기)을 포함한다. ALL 교육과정에서, 어떤 낱말의 첫 음소를 식별하는 개인의 능력은 각각 다른 소리로 시작되는 네 개의 PCS 상징으로 구성된 반응판을 사용해 평가된다([그림 6-20] 참조). 먼저, 평가자는 네

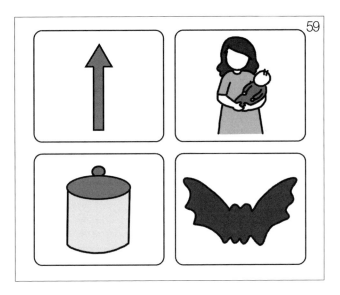

[그림 6-20] UP, MOM, POT 및 BAT 상징으로 구성된 음소 분절 평가를 위한 반응 판

출처: Light, J., & McNaughton, D. (2009a). *Accessible Literacy Learning (ALL): Evidence-based reading instruction for individuals with autism, cerebral palsy, Down syndrome, and other disabilities* (p. 43). Pittsburgh: DynaVox Mayer-Jonson. 허락하에 게재함

개의 상징으로 구성된 반응판을 제시한 후 각각의 상징이 무엇을 의미하는지를 말해 준다. 그런 다음 "이제부터 제가 소리를 말할 거예요. 잘 듣고 제가 말하는 소리로 시작하는 낱말을 보여 주세요."라고 요청한다. 평가자는 소리(예: /m/)를 낸 다음에, "/m/으로 시작하는 낱말이 어느 것이지요?"라고 말한 후, 평가 대상자로 하여금 선택지 중 하나의 그림 상징을 지적하거나 바라보도록 유도한다. 소리 합성에서와 마찬가지로, ALL의 저자들은 초기 소리 식별에 대한 대상자의 정확도가 최소 80%에 도달하지 못할 경우 전반적인 문해 교육과정의 일부로 음소 분절에 대한 교수가 필요할 것임을 제안한다. 또한 마지막 음소와 가운데 음소의 분절 기술을 평가하기 위해 유사한 절차들을 사용할 수 있다. 이들 기술을 평가하기 위한 자극 카드 또한 APAR을 통해 이용할 수 있다.

낱말 해독

해독(decoding, 즉 새로운 낱말 읽기)은 문자-소리 대응과 소리 합성 기술의 조합을 필요로 한다. 따라서 이들 두 영역에 대한 능력을 보이는 대상자의 경우에만 해독 기술에 대한 평가가 필요하다. ALL 교육과정에서는 해독에 대한 평가 과제로 인쇄된 낱말(예: bed)과 네 개의 상징 옵션(예: RED, BEG, BAD 및 BED)을 지닌 반응판을 제공한다([그림 6-21] 참조). 평가자는 먼저 과제의 각 단계를 시범하고 설명하면서 대상자가 무엇을 해야 하는지를 보여 주기 위해 연습을 시도한다. 그런 다음 CCN을 지닌 대상자에게 반응판을 제공한 후 각 그림의 이름을 말해 준다. 평가자는 "(낱말을 지적하며) 여기 낱말이 있어요. 낱말을 보고 머릿속으로 각각의 문자에 해당하는 소리를 말해 보세요. 머릿속으로 소리들을 모두 합한 다음 그 낱말을 말해 보세요. 마지막으로 해당 낱말을 나타내는 그림을 제게 보여 주세요."라고 지시한다. 평가 대상자는 그림을 바라보거나 지적하여 반응할 수 있다. 적절할 경우에는 수화, 의사소통 디스플레이 또는 SGD 등을 사용해 반응할 수도 있다. 모든 목표 반응판에 대한 80% 이하의 정확도는 해독에 대한 교수가 필요할 것임을 의미한다.

일견단어 재인

평가 대상자가 문해의 다른 요소에서 제한적인 기술을 보일 때조차도 일견단어 재인(sight word recognition) 능력을 평가하는 것은 바람직하다. 일견단어 재인은 흔히 자발적으로 출현한다. 이는 많은 AAC 디스플레이상에서 상징과 함께 낱말이 쌍으로 제시되기 때문이다(Romski & Sevcik, 1996). 또한 일부 CCN을 지닌 사람들은 자신의 이름, 가족의 이름, 좋아하는 음식이나 활동의 명칭 등 친숙한 낱말들을 인식하도록 배울 수 있다. 낱말들을 흘깃 쳐다보고 알 수 있는 사람들은 흥미로운 주제에 초점을 둔 여럿이 함께 하는 문해 활동에 통합될 수 있다.

AAC 팀은 일견단어 목록을 작성하기 위해 가족이나 교사들에게 먼저 자문을 구함으로써 공식적으로든 비공식적으로든 개인이 경험한 낱말들을 활용하여 비공식적인 평가를 수행할 수 있다. 그런 다음 각각의 낱말에 해당하는 카드를 만들고 한 번에 네 개씩 평가 대상자 앞에 제시한다. 평가자는 평가 대상자가 목표 낱말을 지적하거나 바라볼 수 있도록 기회를 제공하면서, "지금부터 제가 낱말을 말해 줄 거예요. 잘 듣고 제가 말한 낱말을 보여 주세요."라고 요구한다. 또한 평가자는 목표 일견단어를 적절한 맥락에 배치하여 평가 방식을 선다형으로 대체할 수 있다. 예를 들어, 목표 낱말이 '피자'라면, "나는 (피자, 의자, 개, 신발)를 먹고 싶어요"와 같은 문장을 제시하고 CCN을 지닌 대상자에게 그 문장을 읽어 준 다음 네 항목 중에서 정확한 낱말이 어느 것인지 고르도록 할 수 있다. [그림 6-22]는 ALL 교육과정에서 사용하는 것으로 이러한 평가에 활용할 수 있는 자료 기록지의 예다. 일견단어 재인은 문해 교수 활동

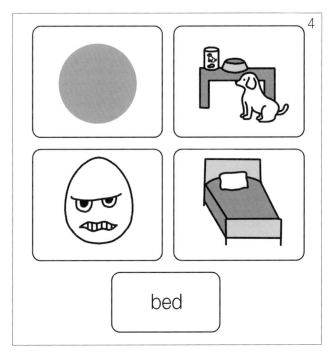

[그림 6-21] RED(컬러로 제시됨), BEG, BAD 및 BED 상징으로
구성된 낱말 해독 평가를 위한 반응 판

출처: Light, J., & McNaughton, D. (2009a). *Accessible Literacy Learning (ALL): Evidence-based reading instruction for individuals with autism, cerebral palsy, Down syndrome, and other disabilities* (p. 53). Pittsburgh: DynaVox Mayer-Jonson. 허락하에 게재함

에 통합될 수 있는 유용한 기술이지만, 이 기술만을 위해 또는 별개로 '반복과 연습'
활동을 해서는 안 된다는 점을 기억하는 것이 중요하다.

읽기 이해

읽기 이해 평가는 문단을 읽게 한 다음 읽은 내용에 대한 질문을 제공하고 답하게
하는 전형적인 방식을 취한다. 이러한 평가 유형은 기본적인 읽기 기술을 보이고 의
사소통 디스플레이나 SGD 상의 그림 상징들을 이용할 수 있는 사람들에게 적절하
다. 북아메리카에서 주로 사용되는 몇 가지 문해 평가 도구의 하위 검사들은 읽기 이
해 능력을 측정하기 위해 만들어졌으며, '예/아니요' 반응이나 간단한 지적하기 반응
만을 필요로 하는데, 대체 반응 방식을 사용할 수 있도록 쉽게 수정될 수도 있다. 이
분야와 관련하여 이용할 수 있는 검사와 하위 검사들은 〈표 6-7〉에 요약되어 있다.

자료 수집 기록지

소리 합성, 음소 분절, 문자 – 소리 대응, 한 낱말 해독 및 일견단어의 평가와 교수

- 학습자 이름:　Emily
- 날짜:　9-20
- 교수자:　Mrs. B.
- 목표 기술:　일견단어 재인

- 해당사항에 동그라미 하세요
  (평가)
  기초선
  유도된 교수 실제
  독립적 교수 실제

어머니의 보고에 의하면 에밀리(Emily)는 다음 낱말들을 알고 있다: 에밀리, 잭(Zack), 맥도날드(McDonalds)

시도	목표	선택 사항				+/-
		선택 1	선택 2	선택 3	선택 4	
1.	Emily	Zack	(Emily)	Sally	Edith	+
2.	McDonalds	(McDonalds)	mom	Target	Mary	+
3.	Zack	Zoo	Jack	(Zack)	Emily	+
4.	McDonalds	Monday	Mary	Wendy's	(McDonalds)	+
5.	Emily	Family	Zack	(Emily)	Edith	+
6.	Zack	Zap	Zoo	Jack	(Zack)	+
7.						
8.						
9.						
10.						

학습자 수행 요약

정반응 수/10회 시도　6 / 6

정확도(%)　100%

오류 분석

기타 의견: 함께 읽는 활동 시간에 에밀리를 위해 만든 책(personalized books)을 가지고 이들 낱말들을 활용하라. 새로운 낱말, 흥미를 보이는 낱말, 동기 부여적인 낱말들을 가지고 일견단어 재인을 가르쳐라.

[그림 6-22] 일견단어 재인 평가를 위한 자료 기록지

출처: Light, J., & McNaughton, D. (2009a). *Accessible Literacy Learning (ALL): Evidence-based reading instruction for individuals with autism, cerebral palsy, Down syndrome, and other disabilities* (p. 60). Pittsburgh: DynaVox Mayer-Jonson. 허락하에 게재함

SEDL 웹 사이트는 초기 독자(유치원 이전 시기부터 3학년까지)를 위한 준거참조평가 및 규준 참조평가 도구들에 대한 데이터베이스를 제공한다. 이들 도구 중 많은 것들이 AAC 의존자들을 대상으로 사용할 수 있게 수정될 수 있다.

철자하기 평가

철자하기 능력을 평가하는 것 또한 AAC 평가 과정의 중요한 목표다. 다양한 AAC 기법에 여러 유형의 철자하기 기술이 필요하기 때문에, 비관습적인 언어나 철자하기 평가가 필요할 수 있다. 철자하기 능력과 관련하여 자발적 철자하기, 낱말의 첫 글자 철자하기, 재인 철자하기의 세 가지 요소가 평가되어야 한다.

자발적 철자하기 자발적 철자하기(spontaneous spelling)에서 CCN을 지닌 사람은 한 글자씩 낱말을 철자해야 한다. 자발적 철자하기 능력은 비공식적인 방법이나 광범위 성취도검사(Wide Range Achievement Test; Wilkinson & Robertson, 2006), 우드콕-존슨 3(Woodcock-Johnson III; Woodcock, McGrew, & Mather, 2006) 등을 사용해 평가할 수 있다. 적어도 음성적으로 철자(예: phone를 f-o-n으로)할 수 있는 사람들은 철자에 의존하는 전용 AAC 도구나 컴퓨터 기반의 AAC 도구를 조작할 때 이러한 기술을 활용할 수 있다.

낱말의 첫 글자 철자하기 대부분의 낱말 예측 기법은 각각의 알파벳에 대한 낱말 메뉴를 사용할 수 있도록 하기 위해 낱말의 첫 글자 철자하기(first-letter-of-word spelling)를 필요로 한다. 따라서 다른 철자하기 기술이 매우 부족하거나 없는 경우에도 낱말의 첫 글자를 자발적으로 제시할 수 있는 개인의 능력 정도를 평가하는 것은 중요하다. 이는 『게이츠-맥기니티 읽기 검사-제4판』(Gates-MacGinitie Reading Tests-Fourth Edition; MacGinitie, MacGinitie, Maria, Dreyer, & Hughes, 2006)와 같은 첫 글자 소검사를 사용하여 평가할 수 있다. 이 기술은 또한 다음 두 절차 중 하나를 이용하여 비공식적으로 비교적 쉽게 평가할 수 있다. 첫 번째 (그리고 더 어려운) 절차는 일반적인 항목의 그림을 보여 주면서 낱말을 말하지 않고, "이 낱말의 첫 글자는 무엇이지요?"라고 묻는 것이다. 두 번째 절차는 "고양이의 첫 글자는 뭐지요?"와 같

표 **6-7** 구어 반응을 요구하지 않는 문해 기술 평가 도구의 예

도구	평가 영역	반응 방식	평가 대상	출처
Gates-MacGinitie Reading Tests-Fourth Edition(MacGinitie, MacGinitie, Maria, Dreyer, & Hughes, 2006)	기본적인 문해 개념, 음운 인식, 문자와 문자/ 소리대응, 초성/종성 자음과 자음군, 읽기이해, 어휘 등	지적하기(선다형)	유치원에서 성인기까지; 연령에 따라 다른 검사 이용 가능	Riverside
Group Reading Assessment and Diagnostic Evaluation(GRADE; Williams, 2001)	음운인식; 시각 기술; 개념; 초기 문해 기술; 음소-자소 이해; 낱말 읽기/의미 능력; 듣기, 문장 및 문단 이해; 어휘 등	종이 위에 표시하기; 개인에 따라 지적 하기로 쉽게 수정될 수 있음	유치원 이전부터 성인기까지	Pearson Assessments
Peabody Individual Achievement Test-Revised-Normative Update(PIAT-R/NU; Markwardt, 1998)	인쇄된 문자 재인, 읽기 이해, 정확한 철자 이해 등	지적하기(선다형)	유치원에서 성인기까지	Pearson Assessments
Test of Phonological Awareness-Second Edition(Torgeson & Bryant, 2004)	음운인식(첫소리와 끝소리); 유사낱말 철자하기	지적하기 (선다형)	유치원생, 초등학교 1~3년생(5세에서 8세까지)	PRO-ED
Test of Reading Comprehension-Third Edition(TORC-3; Brown, Hammill, & Wiederholt, 1995)	일반적인 어휘, 구문 유사성, 문단 이해, 문장연결, 학업을 위한 지시문 읽기 등	표시하기, 지적하기 (선다형)	7세에서 17세까지	PRO-ED
Woodcock-Johnson III Complete Battery(Woodcock, McGrew, & Mather, 2006; 일부 소검사)	소리합성, 소리인식, 불완전 낱말, 시각 일치, 읽기 유창성, 읽기 이해, 철자하기, 쓰기 속도, 쓰기 능력 등	지적하기, 예/아니요; 일부 소검사는 쓰기가 요구됨	학령 전기부터 성인기까지	Nelson

이 질문을 하면서 낱말을 말해 주는 것이다. AAC를 위해 낱말의 첫 글자 철자하기를 사용하려면, 말을 못하는 사람들은 첫 번째 절차의 과제를 수행할 수 있어야 한다. 그런데 더 쉬운 평가 과제를 사용하여 능력을 평가하는 것 또한 중요하다. 그래야만 기초로 삼거나 필요할 경우 확장할 수 있기 때문이다.

재인 철자하기 적절한 쓰기 체계 없이 문해 기술을 습득한 많은 사람들이 재인 (recognition)에 기초하여 철자하기를 배웠을 것이다. 즉, 이들은 정확하게 철자된 낱말을 알 수는 있지만 낱말이나 낱말의 첫 글자를 자발적으로 산출하지는 못한다. 사실상 이들은 특정 낱말의 형태를 기억하고 있다는 점에서 '일견단어 어휘(sight word vocabulary)'를 갖고 있는 것이다. 재인 철자하기의 평가는 낱말의 첫 글자를 철자하지 못하거나 자발적으로 낱말을 정확하게 철자하지 못하는 사람들의 경우에만 필요하다. 재인 철자하기를 평가하기 위해서는 일련의 선택 항목 중에서 정확한 낱말이나 부정확한 낱말을 찾아내도록 요구하게 된다. 예를 들면, 평가자는 대상자에게 지우개 그림과 지우거, 지우개, 지우게 등의 낱말을 함께 제시한 다음, 정확한 철자의 낱말을 찾도록 하는 것이다. 재인 철자하기 능력은 규준을 갱신한 피보디 개인성취검사(개정판)(Peabody Individual Achievement Test-Revised; Markwardt, 1998)의 소검사를 사용해 평가할 수도 있다.

문해 평가 결과 분석하기 AAC 팀은 평가를 통해 파악한 대상자의 읽기 기술들을 반영하여 적절한 난이도 수준의 AAC 체계를 설계해야 한다. 가장 기본적인 수준에서, CCN을 지닌 사람이 흘깃 보고 알 수 있는 낱말들은 그림 상징 대신 또는 그림 상징과 함께 상징으로 이용할 수 있다. 또는 제15장에서 실어증 성인을 대상으로 보고된 것처럼 선다형의 한 낱말 옵션을 사용하는 디스플레이를 제공할 수도 있다. 또한 읽기 평가 정보는 적절한 문해 교수 프로그램을 짜기 위해 활용될 수 있다. 우리는 AAC 의존자들에 대한 문해 교수의 중요성을 제12장에서 자세히 논의한다. 또한 이번 장에서 검토한 평가들에 기반을 둔 문해 교수와 관련해 다수의 제안들을 할 것이다.

CCN을 지닌 사람들이 매우 불균형적인 철자하기와 읽기 능력 프로파일을 가지고 있다는 것은 전혀 이상하지 않다. 매우 양호한 읽기 능력을 지닌 사람들도 그와 동등한 수준의 철자하기를 할 수 없는 경우가 흔하다. AAC 중재와 관련된 철자하기 능력의 각 유형이 갖는 시사점이 매우 다르기 때문에, 평가자는 이들의 철자하기 능력을 과대평가해서는 안 된다. 예를 들면, 모스 부호를 배우기 위해서는 적어도 초등학교 2학년 수준의 자발적 철자하기 능력이 필요하다(Marriner, Beukelman, Wilson, & Ross, 1989). 그러나 그러한 정도의 숙련도를 갖고 있지는 않지만 낱말의 첫 글자 철자하기 능력과 적절한 읽기기술을 지니고 있는 사람은 낱말 예측이나 낱말 메뉴 선택 기법을 이용할 수 있다. 다른 평가와 마찬가지로 사용자와 체계 간의 적절한 조화를 보장하기 위해 AAC팀이 이용 가능한 중재 옵션과 조작적인 요구들을 인식하는 것은 중요하다.

감각/지각 기술 평가

AAC에 의존하는 발달장애인이나 후천성 장애인들은 시각 손상을 동반하는 경우가 많기 때문에 이들의 정확한 시각 기술을 평가하는 것은 매우 중요하다. 상징의 유형, 크기, 배치, 간격, 색깔 등은 주로 이러한 평가 결과에 따라 결정될 것이다. 시각에 비해 덜 중요하기는 하지만, 청각 능력을 평가하는 것 또한 AAC 팀의 출력 옵션(예: 당사자가 들을 수 있는 합성되거나 디지털화된 음성 유형)과 언어 입력 옵션(예: 수화나 상징에 말을 보충할 것인지의 여부) 결정에 도움이 될 것이다. 지금부터 우리는 이들 두 영역의 평가에 대해 논의한다.

시각 평가

시각(vision)은 눈을 통한 감각자극의 수용인 보기(sight), 시신경을 통한 이미지의 전달(transmission), 대뇌 시각피질에서의 판단(interpretation)을 포함하는 세 단계 체계다. 판단이 이루어지는 동안 이미지는 의미 있는 정보로 변형된다. 이미지에 대한 판단은 기능적인 시각의 수단인 동기, 경험, 자아상 등 판단을 위해 개인이 동원한 모든 것들의 결과다. 기능적 견지에서 볼 때, 다양한 수단을 통해 자신의 현재 시각을 어떻게 실제적으로 사용하고 강화하는가 하는 측면은 적어도 시각장애 자체의 특성이나 정도만큼 중요하다. 이는 특히 AAC 체계를 고려할 때 적용된다. 따라서 중재 팀이 대상자의 장애뿐 아니라 대상자가 자신의 시각적 능력과 무능력을 어떻게 지각하는지를 고려하는 것은 중요하다.

개인의 시각 상태는 시력(visual acuity), 시야 범위(visual field magnitude), 안구운동기능(oculomotor functioning), 빛과 색에 대한 민감성(light and color sensitivity),

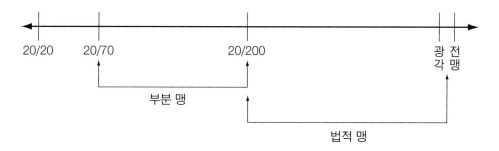

[그림 6-23] 시각장애의 범주를 표시하는 연속선

시각 안정성(visual stability), 기능적 시각 능력(functional visual competence) 등 여러 요소를 검토하여 평가한다. 이들 요소의 대부분은 AAC 평가 과정이나 그 이전에 안과의사, 시력 측정가 및 시각 전문가들이 평가해야 하는 것들이다.

시력 시력(visual acuity)이나 시각의 선명도(clarity of vision)는 관찰 대상의 세부 사항을 변별하도록 해 준다. 시력은 목표물의 크기와 목표물이 식별된 거리를 기술하는 표시법으로 표현된다. 검사 거리를 나타내는 분자와 차트상에서 식별될 수 있는 검사 항목의 크기를 나타내는 분모의 분수 표시법이 가장 일반적으로 사용된다([그림 6-23] 참조). 지정된 정상 시력은 20/20이다(Cline, Hofstetter, & Griffin, 1980). 20/70~20/200의 시력을 지닌 사람들은 부분 맹(partially sighted)이며, 20/200보다 낮은 시력을 지닌 사람들은 법적 맹(legally blind)으로 분류된다. 빛만 인식할 정도로 시력이 떨어진 경우에는 광각(light perception), 빛에 대한 지각이 부재한 경우는 전맹(totally blind)이라 부른다.

개인의 전반적인 능력, 장애의 원인이 되는 시각 조건, 과제 등에 따라 수행이 다를 수 있기 때문에 시력은 가까이에서뿐 아니라 먼 거리에서도 측정되어야 한다. 일반적인 '시력검사표(eye chart)'를 통해 검사를 할 수 없는 사람들의 간접검사, 강제선택 주시선호(forced-choice preferential looking: FPL) 절차, 시각유발전위검사(visual evoked potential test) 등을 사용할 수 있다(Orel-bixler, 1999). 솝시와 울프-샤인(Sobsey & Wolf-Schein, 1996)은 동일한 조도를 지닌 두 개의 컴퓨터 화면이나 크게 분할된 하나의 화면을 활용하는 간단한 FPL 절차를 기술하였다. 하나는 무늬를 포함하고 있지 않고 다른 하나는 굵게 사선이 그어지거나 바둑판 또는 물결 무늬를 포함하고 있는 두 개의 이미지가 몇 번에 걸쳐 화면으로 제시된다([그림 6-24] 참조). 대부분의 사람은 무늬가 있는 화면을 계속해서 바라볼 것이기 때문에 평가자는 대상자의 볼 수 있는 능력을 결정할 수 있다. 평가 대상자가 굵은 무늬를 바라볼 경우, 변별이 불가능한 단계에 도달할 때까지 점점 더 가는 무늬로 이루어진 두 개의 이미지를 반복적으로 제시할 수 있다. 또한 평가자는 앞으로 사용할 가능성이 있는 의사소통 상징의 크기(예: $4'' \times 4''$, $2'' \times 2''$)와 비슷해지도록 네모의 크기를 체계적으로 바꿀 수 있다. 그리고 개인이 선호하는 최소한의 거리와 최대한의 거리를 결정하기 위해 화면과의 거리를 변경할 수 있다. FPL 절차는 시력에 대한 비공식적인 추정만을 제공하는 단점이 있기는 하지만, 대안적인 검사가 부재할 경우 유용하다.

도구적 상징을 사용할지 비도구적 상징(예: 시력을 지닌 사람들에게는 수화)을 사용할지를 결정하기 위해 AAC 팀은 시력에 대한 정보를 필요로 한다. 따라서 도구적 상

시각장애학생을 위한 테크놀로지 평가 점검표(Technology Assessment Checklist for Students with Visual Impairments)와 그 밖의 평가지는 텍사스 맹학교(Texas School for the Blind and Visually Impaired)를 통해 온라인으로 이용할 수 있다.

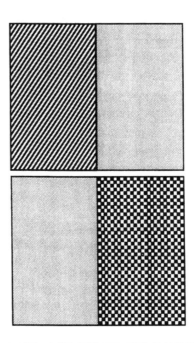

[그림 6-24] 기능적 시력 평가를 위한 FPL 절차에 사용된 컴퓨터 화면의 예

징이 선택될 경우 사용될 상징의 유형, 크기, CCN을 지닌 사람의 눈과의 거리 등에 대한 정보가 필요할 것이다. 법적 맹으로 간주되는 사람들조차도 의사소통을 위해 사용할 수 있는 어느 정도의 잔존 시력은 가지고 있다. 어틀리(Utley, 2002)는 시각 AAC 디스플레이를 최적으로 제시하기 위한 거리와 각도(예: 수평적, 수직적)를 평가하기 위해 사용할 수 있는 여러 간단한 절차를 기술하였다.

시야 시야(visual field)는 시선의 변화 없이 사물을 볼 수 있는 범위를 말하는데, 수평적으로 150°, 수직적으로 120° 정도의 호를 이루는 것이 정상이다(Jose, 1983). 중심 시야는 망막의 중심와(foveal) 및 반점이 있는 영역에 해당하는데, 이는 고도의 시력을 나타내 주는 세포를 포함하고 있는 부분이다. 시각적인 충동에 의해 이들 영역이 자극되면 가장 명확한 시력을 나타내 준다. 정상 시력은 목표물이 중심와와 반점이 있는 영역에서 떨어져 있는 거리에 비례해 감소한다. 따라서 주변 시야에서의 시력은 중심 시야에서의 시력보다 더 나쁘다. 주변 시야는 움직임을 감지하고 낮은 조도 조건에서의 시력을 보조한다(Cline et al., 1980).

시야와 관련하여 다음과 같은 여러 장애가 존재한다. ① 중심 시야나 주변 시야의 시력 감소, ② 특정 범위에서 시각적 민감성 감소, ③ 형태와 크기가 달라질 때 나타나는 맹점(blind spots, 혼탁 또는 암점으로도 불림), ④ 반구상(hemispheric) 소실, ⑤ 후천성 뇌손상, 뇌졸중 또는 다른 원인으로 인해 생길 수 있는 시야 손실 등이 이에 해당된다. 이러한 손상은 한쪽 눈 또는 양쪽 눈 모두에서 일어날 수 있다. 중심시야 손상(central visual field loss)은 신체의 중심선상에 제시된 목표물을 보는 데 어려움을 갖게 한다. 이 경우에는 목표물을 볼 수 있는 곳에 놓고 중심에서 떨어지도록 초점을 옮겨야 하는데, 주로 머리나 눈을 수평 또는 수직으로 옮기게 된다. 주변시야 손상(peripheral visual field loss)은 사람들이 움직임을 감지하거나 측면 또는 아래쪽에 놓인 사물을 볼 수 없게 만들기 때문에 움직일 경우 어려움을 경험하는 경향이 있다. 민감성 저하(depressed sensitivity)로 인해 시력이 약화되는 영역이 생길 수 있는데, 손상된 영역의 위치, 형태, 크기 등에 따라 기능적 시력에 영향을 미치게 된다. 마찬가지로 시야에서의 맹점이나 반구상 소실은 시각 고정, 머리 위치, 자료 배치 지점 등의 조정을 필요로 하는 다양한 문제를 일으킬 수 있다. AAC에 의존하는 시각장애인이 움직이거나 머리 조절을 유지하고 정확하게 응시하는 능력을 방해하는 부가적인 신체장애를 동반한 경우에는 이러한 조정이 종종 어려울 수 있다. 따라서 이들을 위한 의사소통 상징과 도구를 적절히 배치하고 배열하기 위해 자격을 갖춘 전문가들이 시야장애를 신중하게 평가해야 한다.

안구운동 기능   안구운동 기능(oculomotor functioning)은 모든 방향으로 눈을 부드럽게 움직일 수 있도록 해 주는 눈 근육의 작용을 말한다. 이들 근육은 최적의 망막 부위에 사물의 상이 맺히고 유지되게끔 눈이 움직일 수 있도록 해 준다. 안구운동 기능은 눈이 시각적인 고정을 수행하고 유지하며 사물을 찾아내고 스캐닝할 뿐 아니라 움직이는 사물을 추적하도록 해 주는 움직임을 포함한다. 안구운동 기능의 문제는 정확하게 시선을 관리하는 개인의 능력을 손상시킬 뿐 아니라 복시(double vision)나 그 밖의 문제를 일으킬 수 있다. 예를 들면, 사시(strabismus)를 갖고 있는 사람은 약화된 눈 근육으로 인해 양안을 고정된 상태로 유지할 수 없다. 따라서 두 눈이 한쪽으로 몰리거나 벌어지게 된다. 또 다른 안구운동장애의 하나인 안구진탕증(nystagmus)은 다양한 불수의적인 눈 움직임을 특징으로 하며 유의하게 시력을 저하시킨다. 이러한 장애를 지닌 사람들은 종종 자신의 눈, 머리 또는 보고 있는 자료의 위치를 바꿈으로써 장애를 보완하고자 시도한다. 따라서 안구운동장애를 발견하는 것은 중재 팀이 신체장애를 지닌 사람들의 AAC 체계를 고안하고자 할 때 특히 중요하다. 왜냐하면 이들은 안구운동장애를 보완하기 위해 자신의 신체 위치를 자유롭게 조절하는 능력이 부족할 수 있기 때문이다. AAC 도구의 위치, 상징 배열의 형태, 디스플레이에 배치된 항목의 간격 결정 등은 개인이 지닌 눈의 운동성과 협응력에 따라 달라진다. 또한 안구운동의 문제를 지닌 사람들은 디스플레이상에서 움직이는 불빛을 추적해야 하는 스캐닝 도구의 사용에 크게 어려움을 보일 수 있다(추가적인 정보를 위해서는 Utley, 2002; Wilkinson & Jagaroo, 2004 참조).

광감도와 색감도   개인의 시각 상태를 평가할 때 광감도(light sensitivity)를 또한 고려해야 한다. 장애 형태에 따라 시각이 제대로 기능하려면 빛의 양을 감소시키거나 증가시킬 필요가 있다. 예를 들면, 망막의 문제를 지닌 사람들은 빛에 대해 비정상적인 민감성을 보이기 때문에 기능을 최대화하기 위해서는 낮은 광도를 필요로 할 수 있다. 퇴행성 근시(degenerative myopia, nearsightedness)를 지닌 사람들은 뭔가를 보려면 유의하게 증가된 조도를 필요로 한다. 광감도에 영향을 미치는 다양한 장애 외에, 최중도 시각장애를 지닌 사람들을 제외한 모든 사람에게 눈부심(glare)은 중요하

다. 눈부심은 밝은 빛이나 밝은 빛의 반사에 의해 일어나는 압도되는 느낌으로, 불쾌
감을 일으키고 최적의 시력을 방해한다(Cline et al., 1980). 눈부심은 코팅된 디스플레
이나 비닐로 싸인 기타 도구를 사용하여 의사소통하는 모든 사람들의 관심사항이다.
왜냐하면 이러한 표면처리는 페이지 표면의 빛 반사를 증가시키기 때문이다. 눈부심
은 특히 반사적인 컴퓨터 화면 디스플레이를 이용하는 AAC 도구 의존자들에게 문제
가 될 수 있다. 반사 표면을 지닌 디스플레이의 배치 및 조도를 위해 주변의 빛에 관
심을 갖는 것은 눈부심을 최소화하기 위해 중요하다.

색지각(color perception)은 해당 눈 구조가 특정한 빛 파장에 의해 자극될 때 발생
한다. 이는 대비 및 세밀한 부분에 대한 정확한 시각적 변별을 악화시키는 방식으로
손상될 수 있다. 일반적으로 특별한 (전부가 아닌) 파장 주파수를 해석하는 눈의 능력
에서 문제가 생기기 때문에 전색맹(total color blindness)은 상당히 드물다. 일반적으
로 사람들은 색지각의 문제를 조정하도록 배울 수 있으나 아주 어린 아동이나 이름
대기 또는 짝 맞추기 문제를 지닌 사람들의 경우 판별이 어렵다는 데 문제가 있다. 그
럼에도 불구하고, AAC 팀은 기능적인 영향력을 최소화할 수 있도록 색깔과 관련된
장애를 정확히 찾아내야 한다. 예를 들면, 개인이 특히 문제를 보이는 색 파장을 사
용한 색깔 부호는 의사소통의 정확성을 감소시키고 좌절을 증가시키기만 할 것이다.
구성이나 부호화의 목적으로 AAC 디스플레이에 사용된 색깔들은 디스플레이 사용
자가 변별할 수 있고 도움을 받는 것이어야 하며, 주의를 다른 곳으로 쏠리게 하기보
다는 의사소통의 정확성을 강화하는 방식으로 활용되어야 한다(Bailey & Downing,
1994; Wilkinson & Jagaroo, 2004 참조).

시각 안정성　AAC 사용에 영향을 미치는 또 다른 요소는 시각 안정성(visual
stability)이다. 일부 사람들은 지속적이며 시간이 지나도 상대적으로 변하지 않는 눈
질환을 지니고 있다. 반면에 신체적 상태나 환경 요인에 따라 매일 달라지는 질환을
갖고 있는 사람들이 있다. 또한 어떤 질환은 시간이 지남에 따라 더 나빠지는데, 퇴
행의 속도와 궁극적인 시각 기능 모두에서 변이성을 보인다. 일례로, 망막세포변성
(retinitis pigmentosa, 유전성의 진행성 시각장애)을 지닌 사람들은 야맹증, 비정상적인
광감도 및 색깔 관련 장애를 포함하여 시야의 점차적인 감소를 경험하게 된다. 이들
은 일생 동안 어느 정도의 시력을 보유할 수도 있지만 결국에는 대부분의 또는 모든
시력을 잃을 수 있다. 이 질환은 진행성이고 예측 불가능하며 치료될 수 없기 때문에,

장기적인 결정을 내릴 경우 이 질환을 지닌 사람의 현재 시각 상태와 앞으로의 시각 상태를 모두 고려해야 한다. 물론, 팀은 초기 평가 시점에서도 현재와 미래에 사용할 AAC 기법을 모두 고려해야 한다.

기능적 시각 능력   기능적 시각 능력(functional visual competence)은 개인이 다양한 수단을 통해 남아 있는 시력을 어떻게 실제적으로 활용하고 강화하는가를 의미한다. 실제적인 의미에서 이 능력은 적어도 시각장애의 특성이나 정도만큼 중요하다. 예를 들어, 같은 눈 질환에 의해 20/200(법적 맹의 경계)이라는 동일한 시력을 갖게 된 두 사람을 생각해 보자. 한 사람은 보통 사람들과 같이 생활한다. 즉, 특별한 과제를 수행하기 위해서는 수정이 필요하지만 일을 계속할 수 있고, 가족을 부양하며, 사회에서 대부분 독립적으로 기능한다. 다른 한 사람은 앞 사람에 비해 훨씬 더 의존적이며 고용에 필요한 일을 포함하여 기본적인 일을 수행할 수 없다. 이들 간의 주된 차이는 이들이 지닌 장애에 있는 것이 아니라 시각의 기능적인 사용에 있다. 개인이 지닌 장애 자체뿐 아니라 장애에 대한 인식과 장애를 보완하는 능력을 고려하는 것이 중요하기에, 시각을 기능적으로 사용하는 데서 나타나는 차이는 특히 AAC 체계를 고려하는 데 영향을 미친다.

시각 평가 결과 분석하기   이번 절을 통해 우리는 각 영역에 대한 정보가 AAC 체계를 전체적으로 설계하는 데 어떻게 유용할 수 있는지를 제안하였다. 경험상으로 봤

어린 아동, 학령기 아동 및 성인—중복장애 포함—을 대상으로 기능적 시각 능력을 평가할 수 있는 다수의 실제적 평가 전략과 검사지 등이 이용가능하다(Lueck, 2004). 로만-란치(Roman-Lantzy(2007)의 연구, 무료이면서 다운로드가 가능한 '피질성 시각장애학생을 위한 팀 접근법'(Team Approach to Cortical Visual Impairmet: CVI in Schools; Shaman, 2009) 등은 피질성 시각장애인의 평가에 특화된 전략들을 제공한다. 마지막으로 '기능적 시각: 학습과 생활의 가교: 기능적 시각 평가'(Funtional Vision; A Bridge to Learing and Living; Functional Vision Assessment)로 불리는 훌륭한 DVD는 미국 맹인 출판사(The American Printing House for the Blind)로부터 입수 가능하다. 또한 이 출판사는 전반적인 인지 능력과 학업 성취도를 측정하는 여러 인기 있는 검사도구들을 점자판으로 출판하고 있다.

을 때, 부적절한 시각 평가나 부적절한 평가 정보의 적용으로 인해 AAC 체계 사용을 포기하게 되는 사람이 적지 않다. AAC를 적용하는 데 있어서는 개인이 지닌 시각적 능력 정보가 시각적 손상 정보보다 훨씬 중요하다. 제기되는 가장 중요한 질문 중에는 다음의 것들이 포함된다. '대상자가 정확히 볼 수 있는 것은 무엇인가?', '자극을 대상자와 얼마나 가깝게 배치해야 하며 그 크기는 어느 정도여야 하는가?', '자극을 배열할 때 그 간격은 어떻게 조정할 것인가?', '채색이나 어두운 배경이 대비의 문제를 지닌 사람들에게 도움이 될 것인가?', '맹점이나 시력이 저하된 영역이 있는가?', '그렇다면 시야의 어느 부분에서 시력이 가장 정확한가?', '시각의 효율성을 최대화하려면 디스플레이를 어떻게 배치해야 하는가?', '안구운동에 문제가 있을 경우, 이를 최소화하고 조절할 수 있는 방법은 무엇인가?', '어떤 색깔을 볼 수 있는가?', '최적의 시력을 위해 요구되는 밝기는 어느 정도인가?', '시간이 지남에 따라 추가적인 시력의 저하가 일어난다면, 과연 퇴행 경로는 어떠할 것이며, 진행 상황을 예측할 수 있는가?' 이들 질문에 대한 답은 공식적인 시각 평가에 함축되어 있는 경우가 많지만, 다른 팀원의 요청이 없으면 시각 평가자가 명시적으로 다루지 않을 수 있다. 따라서 AAC 팀은 시각 평가자에게 AAC 체계 설계에 요구되는 정보가 어떤 것인지를 분명히 알려야 한다. 그리고 대부분의 시각 전문가들은 이러한 정보를 제공할 수 있으며, 또 필요할 경우 기꺼이 제공하고자 할 것이다.

청각 평가

AAC 팀은 시각장애가 심한 사람들을 위해 주로 청각 디스플레이 체계를 선택한다. 청각 스캐닝은 대화 상대가 말해 주거나 SGD 상으로 들리는 선택 세트의 항목들을 듣고 이해할 수 있는 CCN을 지닌 사람들에게 사용된다. 만일 청각 스캐닝을 위해 SGD를 고려한다면, 청각 평가는 해당 체계에 사용되는 합성음성이나 디지털 음성을 이해하는 대상자의 능력을 결정하는 데에도 도움이 되어야 한다. 많은 SGD들이 특정 항목이 선택되었음을 알리기 위해 발신음이나 구어 반향의 형태로 활성화 피드백을 제공한다. 이러한 소리들을 듣는 개인의 능력 또한 미리 평가되어야 한다. 마지막으로 많은 SGD가 말을 출력해 주는데, 이러한 출력은 주로 의사소통 상대의 편의를 위한 것이다. 그럼에도 불구하고, 일반적으로는 CCN을 지닌 사람이 이러한 출력 신호를 듣고 이해하는 것이 바람직하다.

청각 능력의 평가는 대부분 간단하며, AAC에 대한 경험이 없어도 자격을 갖춘 청각사(audiologist)들이 수행할 수 있다. 필요할 경우 합성 또는 디지털 음성에 대한 개인의 능력 평가를 추가적으로 요청할 수 있다. 미국 언어청각협회(ASHA, 2004)는 관습적인 청각 평가에 참여할 수 없는 사람들을 위한 전략들을 제안하는 『출생에서 5세까지의 유아용 청각 평가 지침서(Guidelines for the Audiologic Assessment of Children from Birth to Five Years of Age)』를 제공하였다.

능력 평가의 목적과 양

능력 평가의 목적은 CCN을 지닌 당사자, 가족, 전문가 및 기타 촉진자들로 구성된 AAC 팀이 CCN을 지닌 당사자의 현재와 미래의 의사소통 요구를 충족시킬 수 있는 중재 결정을 내리기 위해 필요한 정보를 충분히 얻고자 하는 데 있다. 이러한 평가를 수행하는 과정에서 여러 복잡한 이슈를 고려해야 하기에 개개인의 능력을 과대평가하는 경향이 많다. 검사에 많은 시간이 소요되고 의사소통을 위해 AAC에 의존하게 될 사람과 그 가족에게 크나큰 부담을 주기 때문에 운동, 인지, 언어 및 감각 수행에 대한 너무 많은 검사는 AAC 중재를 실제적으로 방해할 수 있다. 이 장에서 우리는 광범위하지만 결코 소모적이지 않은 평가를 완수하기 위한 틀을 제공하였다. 후천성 의사소통장애인들에 대한 평가와 관련된 추가적인 세부 사항은 제14장~제18장에서 다루도록 한다.

📖 학습문제

6-1. AAC를 결정하는 데 있어서 규준참조평가보다 준거참조평가가 더 선호되는 이유는 무엇인가?

6-2. AAC 평가를 위한 자세 및 착석 관련 초기 평가를 이끄는 여섯 가지 원칙은 무엇인가?

6-3. 직접 선택 평가에서 해결되어야 할 몇 가지 구체적인 질문들은 무엇이며, 이들 질문은 어떻게 다루어질 수 있는가?

6-4. 복합적인 의사소통 요구를 지닌 사람들의 인지 평가에 관련된 이슈들과 인지 평가를 수행하기 위한 두 가지 접근법을 기술하라.

6-5. 스위치 조절의 여섯 가지 구성요소는 무엇이며, 이들 요소는 스캐닝을 위한 커서 조절 기법 선택에 어떤 영향을 미치는가?

6-6. 포괄적인 상징 평가에 활용할 수 있는 네 가지 형식을 기술하라.

6-7. 한 낱말 어휘 평가가 중요한 이유는 무엇이며, 평가 방법에는 어떤 것들이 있는가?

6-8. AAC 평가 동안 형태구문 지식을 평가하기 위해 사용할 수 있는 세 가지 전략을 기술하라.

6-9. 문해 평가에서 검토해야 할 다섯 가지 요소와 그 각각의 요소를 평가할 수 있는 방법을 기술하라.

6-10. 시각 평가에서 중점적으로 다루어져야 할 다섯 가지 고려사항과 그 각각의 고려사항이 AAC와 어떻게 관련이 있는지를 기술하라.

Chapter **07**

의사결정, 중재 및 사정의 원리

    평가 과정이 완료되면, AAC 팀은 중재에 대한 결정을 마무리하고 그 결과를 사정할 수 있다. 제5장에서 우리는 AAC 평가와 중재를 계획할 때 팀 접근이 중요함을 논의하였다. 계획을 이행하는 동안 CCN을 지닌 사람, 가족 및 중재자 등은 선호도와 전략에 대한 정보를 공유하기 위해 계속 협력해야 한다. 이 장에서 우리는 중재 단계와 그 이후에 활용할 수 있는 일반적인 원칙들을 논의한다. 제8장~제18장에는 AAC에 의존하는 다양한 유형의 장애인을 위한 구체적인 중재 지침과 기법들이 포함되어 있다.

기회 장벽 중재

    평가 과정(제5장 참조)에서 기회 장벽의 특성을 평가하는 이유는 그 단계에서 적절한 중재를 촉진하고자 하는 데 있다. 기회 장벽은 정책, 실제, 촉진자 지식 및/또는 기술 부족, 이용 가능하거나 이행되어야 할 AAC의 정도를 제한하는 편협한 태도 등과 관련될 수 있다.

정책 장벽

CCN을 지닌 사람이 처한 상황을 규제하는 '명문화된' 법률, 규범 혹은 규칙 형태의 정책 장벽(policy barriers)은 제한적인 법규를 바꾸는 데 목표를 둔 옹호운동을 통해 해결되어야 한다. 미국의 경우 2004년 AT법 수정안(PL 108-364)과 1990년 미국장애인법(PL 101-336)의 통과로 인해 AAC가 필요함에도 불구하고 서비스를 받을 수 없었던 수많은 사람들의 기회 장벽을 해소시켰다. 예를 들면, 2001년까지 메디케어(Medicare, 65세 이상의 노인과 장애인을 위한 연방정부의 건강보험 프로그램) 정책은 AAC 도구를 '편의항목(convenience items)'으로 규정하여 자금을 제공하지 않았다. 그러나 헌신적인 AAC 전문가들의 협력에 의한 수개월간의 노력에 힘입어 2001년에 이러한 정책이 변화되었고, SGDs는 이제 '항구적인 의료 장비(durable medical equipment)'로 간주되어 메디케어에 의해 기금이 제공된다. 마찬가지로 2010년 전문가, CCN을 지닌 사람, 가족 등은 19세 이상의 CCN을 지닌 모든 사람들에게 SGD 이용 가능성을 확장할 수 있도록 브리티시컬럼비아(캐나다) 주 공무원들과 협력하였다. 이 두 사건은 변화를 도입하기 위해 협력한 옹호자들에 의해 정책 장벽이 개선된 좋은 예이다.

실제 장벽

실제 장벽(practice barriers)은 가족, 학교 또는 직장에서 일반화되어 있기는 하지만 서비스 제공을 승인한 공식적인 정책과는 모순되는 절차나 관례를 말한다. 실제 장벽들을 다루기 위해 옹호 운동이 필요한 경우가 종종 있다. 그러나 이러한 운동은 교육 및 여론화 운동과 항상 결합되어야 한다. 실제 장벽의 개선에 목표를 둔 중재의 좋은 예는 '중도 장애인에게 도움이 되는 프로그램을 위한 의사소통 지원 점검표(Communication Supports Checklist for Programs Serving Individuals with Severe Disabilities)'다. 이 점검표는 AAC 팀이 이들의 프로그램을 위해 "공유된 이해와 비전을 가질 수 있도록" 돕기 위해 중도 장애인의 의사소통 요구를 위한 전국합동위원회(National Joint

Committee for the Communication Needs of Persons with Severe Disabilites)가 개발한 것이다(McCarthy et al., 1998, p. 7). 이 책에는 〈표 7-1〉에 제시되어 있는 의사소통 권리장전(Communication Bill of Rights)뿐 아니라 필요할 경우 AAC 팀이 현재의 실제를 평가하고 관련 중재 계획을 세우기 위해 활용할 수 있는 다수의 자기평가 점검표가 들어 있다. 일반적으로, 실제 장벽은 정책 장벽보다 제거하기가 더 쉬운데, 정책이 변화 요구를 지지하고 있는 경우라면 특히 그렇다.

> 1998년 여름 이래, 보조 테크놀로지 질 지표(Quality Indicator for Assistive Technology, QIAT) 컨소시엄은 학교에서 AT 서비스를 전달하기 위한 지침으로 이용할 수 있는 일련의 기술어(descriptors) 개발에 노력을 집중해 왔다. 이러한 기술어의 가장 최근 버전(QIAT Consortium, 2009)과 평가 매트릭스는 QIAT 웹 사이트에서 다운로드할 수 있다.

지식 장벽

지식 장벽(knowledge barriers)은 CCN을 지닌 사람의 의사소통 기회를 제한하는 촉진자나 그 밖의 사람들이 지닌 정보 부족에서 생겨난다. 지식 장벽은 정책과 실제가 의사소통을 적절히 지원할 때조차도 발생할 수 있는데, 이들 장벽은 직원교육, 강좌, 워크숍, 독서 유도 등의 교육적인 노력을 통해 개선될 수 있다. 지식 장벽과 관련된 것은 기술 장벽(skill barriers)인데, 팀원들이 광범위한 지식을 갖고 있음에도 불구하고 AAC 기법이나 전략들을 실제적으로 이행하는 데 어려움을 지닐 경우 발생한다. 기술 장벽은 우리 모두가 흥미진진했던 강의나 워크숍에서 돌아와 새로운 정보를 실제적으로 이행하는 것이 만만찮은 일임을 알게 될 때 경험하게 되는 바로 그러한 것이다. 따라서 이러한 경우에는 지도 훈련 제공, 코칭과 멘토링, 보충 실습, 기술 지원, 기타 개별화된 '실무(hands-on)' 훈련 등의 교육적 노력이 필요하다. 해당 분야에 대해 더 경험이 많은 동료와 함께 일하거나 이론을 실제로 옮기는 전략에 대해 브레인스토밍을 하는 것은 적절한 기술 습득 전략의 좋은 예들이다.

표 7-1 의사소통 권리장전

장애의 정도나 심각성에 관계없이 모든 사람은 의사소통을 통해 자신의 존재 조건에 영향을 미칠 수 있는 권리를 갖는다. 이러한 일반적인 권리 외에도, 중도 장애인의 모든 일상적인 상호작용과 중재에서도 구체적인 의사소통 권리들은 보장되어야 한다. 이러한 기본적인 의사소통 권리는 다음과 같다.

1. 원하는 사물, 행위, 사건, 사람 등을 요구하고, 개인적인 선호나 기분을 표현할 권리
2. 선택권과 대안을 제공받을 권리
3. 제공된 모든 선택사항을 거절하거나 수용할 권리를 포함하여, 원하지 않는 사물이나 사건 또는 행위 등을 거절하거나 거부할 권리
4. 타인에게 관심을 요구하고, 또한 받으며 상호작용할 권리
5. 관심 있는 상황, 사물, 사람 및 사건 등에 대한 정보나 피드백을 요구할 권리
6. 중도 장애인들이 어떤 방식으로든 또한 자신들의 능력 내에서 효과적이고 효율적으로 메시지를 주고받을 수 있도록 적극적인 치료와 중재 노력을 해 줄 것을 요구할 권리
7. 그 의도가 타인에 의해 충족될 수 없을 때조차도, 의사소통 행위가 항상 인정되고 반응을 얻을 수 있는 권리
8. 필요할 경우 AAC 도구와 그 밖의 보조 도구들에 언제든 접근할 수 있으며, 이들 도구가 제대로 작동하는 양호한 상태를 지닐 것을 요구할 권리
9. 장애를 지닌 사람이 또래를 포함한 타인들 속에서 완전한 의사소통 상대로 참여할 것으로 대우하고 격려하는 환경, 상호작용 및 기회를 가질 권리
10. 주변 환경에 있는 사람, 사물 및 사건 등에 대해 정보를 제공받을 권리
11. 면전에서 사람들 간에 이루어지는 의사소통 교환의 일부가 될 권리를 포함하여, 언급된 사람의 존엄성을 인식하고 인정하는 방식으로 의사소통이 이루어질 권리
12. 의미 있고, 이해 가능하며, 문화적으로 또한 언어적으로 적절한 방식의 의사소통이 이루어질 권리

출처: National Joint Committee for the Communication Needs of Persons With Severe Disabilities. (1992). Guidelines for Meeting the Communication Needs of Persons With Severe Disabilities. *Asha, 34*(Suppl. 7), 2-3. www.asha.org/policy와 www.asha.org/njc에서도 찾을 수 있음. 허락하에 게재함

태도 장벽

마지막으로 기회 장벽 중에는 의사소통 참여를 제한하거나 가로막는 태도(attitudes)와 관련된 것들이 있다. 경우에 따라 개인이 지닌 신념이 문제가 될 수도 있고, 서비스 전달기관이나 학교기관에 내재된 문화가 장벽으로 작용할 수도 있다. 흔히 태도 변인은 정책과 실제 장벽이 없을 때에도 지속된다. 예를 들면, '거주자들이 가능한 한 스스로 선택을 하고 자신들의 삶을 조절하도록 도움을 제공하는 것이 중요하다'는 분명한 정책을 지닌 매우 진보적인 기관에 의해 운영되는 한 그룹 홈이 있었다. 이 그룹 홈의 일반적인 실제는 이러한 정책을 준수하고 있었다. 사람들은 식단

을 정하고, 집을 꾸미며, 자신들의 활동 스케줄을 결정하는 등 여러 활동에 참여하도록 격려를 받았다. 그러나 이들에게 최대한의 결정과 통제권을 '허용'해야 한다고 믿지 않는 한 직원의 태도가 기회 장벽으로 나타났다. 결과적으로 그는 이들이 선택한 것을 제공하지 않고 이들이 선택한 것들을 존중하지 않음으로써 이들의 의사소통 기회를 제한하였다. 분명 이러한 상황에서는 옹호운동이 적절한 이슈가 아니다. 그보다는 관련 이슈에 대한 정보 제공, 더 적절한 태도를 지닌 동료들과 대화를 나누거나 만나 보기, 관련 이슈에 대한 아이디어를 솔직하게 논의하는 시간 갖기, 적절한 실제에 대해 시범 보이기 등의 전략으로 접근해야 한다. 그러나 이러한 노력들에도 불구하고 이 직원은 다른 사람들의 목소리를 들으려 하지 않았고 결국 그룹 홈 거주자들의 주장에 따라 해고되었다. 때에 따라 옹호 노력이 태도 장벽을 해결할 수 있는 유일한 방법인 경우도 있다.

현재와 미래를 위한 중재 계획 및 이행

시간이 지나면서 기회 장벽을 다루는 데 적절한 것으로 나타나는 계획안이 있을 경우, 팀원들은 평가 정보를 모으고 다루며 개인이 지닌 능력과 제약 프로파일에 가장 잘 부합하는 AAC 중재를 결정하기 위해 이를 활용할 수 있다. 이러한 결정은 근거 기반 실제(evidence-based practice: EBP)의 원칙을 활용하여 이루어져야 한다. EBP는 "임상/교육 전문가와 당사자의 의견을 최선의 최신 연구 근거자료와 통합하여, 당사자에게 효과적이고 효율적일 것이라 생각되는 평가와 중재를 신속히 결정하도록 해 주는 것"(Schlosser & Raghavendra, 2003, p. 263)을 말한다. EBP를 활용한다고 해서 최상의 AAC 기법과 전략을 결정할 때 임상적 근거나 AAC 의존자 및 가족의 견해를 중요하게 생각하지 않는다는 것은 아니다. 오히려 이들 요소가 중요할 뿐 아니라 세 번째 요소, 즉 최신의 연구 근거가 통합을 위해 더 첨가되어야 한다는 뜻이다. 따라서 EBP를 사용한다고 주장하는 AAC 팀은 연구 결과들에 정통해야 할 뿐 아니라 임상적 결정을 내릴 때에도 이러한 정보를 고려해야 한다.

제공자는 단지 옳은 일을 하는 것이 아니라, 옳은 일을 올바르게 해야 한다(Parnes, 1995).

EBP 강조에 따른 긍정적 결과 중 하나는 AAC 연구에 대한 다수의 통합적 문헌 연구가 나왔다는 점이다. 이들 문헌 연구를 수행한 저자들은 특정 중재 유형(예: 음성출력 의사소통 도구)과 관련된 기존 연구들을 메타분석이나 그 밖의 기법들을 사용해 검토하였다. 이들은 또한 특정 중재방법이 효과적일 것 같은 대상자의 유형, 해당 기법의 사용으로 나타날 수 있는 이점, 긍정적인 결과를 이끄는 최적의 조건 등을 제시하였다. AAC 팀은 중재를 계획할 때 이러한 정보들을 효과적으로 이용할 수 있다. 예를 들면, 특정 기법은 특정 유형의 의사소통자를 대상으로 할 때 성공적이라고 제안하는 연구가 있다면, 팀은 지원하고자 하는 대상자에게서 긍정적인 결과가 나타날 가능성을 결정하기 위해 이러한 정보를 활용할 수 있다. 2000년 이후 이루어진 통합적 문헌 연구의 몇 가지 예는 〈표 7-2〉에 제시되어 있다.

> EBP와 관련해, 슐로서(Schlosser, 2003)는 효율성(efficacy)과 효과성 (effectiveness)의 차이를 다음과 같이 언급하였다. 즉, 효율성은 "이상적인 사용 조건하에서 특정 집단에 속한 사람들이 AAC 중재로부터 이득을 얻을 가능성"과 관련된 것이고, 효과성은 "평균적인 사용 조건하에서 AAC 중재로부터 이득을 얻을 가능성"과 관련된 것이다(2003a, pp. 16-17).

 표 7-2 AAC 연구 근거에 대한 통합적 문헌 연구의 예

검토 주제	저자
발달장애인을 위한 AAC	Schlosser & Sigafoos, 2006; Sigafoos, Drasgow, & Schlosser, 2003
농맹 중복 장애인을 위한 AAC	Sigafoos et al., 2008
중도 지적장애인을 위한 의사소통(AAC 포함) 중재	Snell, Chen, & Hoover, 2006; Snell et al., 2010
일반화 및 유지 촉진을 위한 도구 사용 AAC 전략과 도구 비사용 AAC 전략의 효과성	Schlosser & Lee, 2000
자폐아동에 대한 PECS의 효과성	Flippin, Reszka, & Watson, 2010; Lancioni et al., 2007; Preston & Carter, 2009; Tien, 2008
발달장애 및/또는 자폐인의 말산출에 미치는 AAC의 효과	Millar, 2009; Millar, Light, & Schlosser, 2006; Schlosser & Wendt, 2008
자폐인 대상의 그림상징 기법과 수화	Wendt, 2009
자폐인의 말산출도구 사용	Schlosser, Sigafoos, & Koul, 2009
AAC 도구를 사용하는 지체장애인과 발달장애인 대상의 문해 중재	Machalicek et al., 2010

전상징적 의사소통 중재	Olsson & Granlund, 2003
요구하기를 위한 그림상징 선택하기	Schlosser & Sigafoos, 2002
레트증후군 아동을 위한 말과 AAC 중재	Sigafoos et al., 2009
장애 영유아를 위한 AAC 활용	Branson & Demchak, 2009
중도 혹은 최중도 지적장애 또는 중복 장애인의 마이크로 스위치와 말산출체계 사용	Lancioni, O'Reilly, & Basili, 2001
간호사와 CCN을 지닌 AAC 의존자의 의사소통	Finke, Light, & Kitke, 2008
만성 중도 실어증 환자 대상 AAC 중재의 효율성	Koul & Corwin, 2003

슐로서와 라가벤드라(Schlosser & Raghavendra, 2003)가 기술한 EBP 과정은 중재 대상자에게 가장 긍정적인 결과를 이끌 것으로 보이는 중재 요소를 결정할 때 활용될 수 있다. 이 6단계 또는 과정은 ① 체계적인 질문하기(Schlosser, Koul, & Costello, 2007), ② 근거 자료 선택하기(예: 교재, 연구 데이터베이스, 학술지), ③ 문헌 찾기(Schlosser & Sigafoos, 2009; Schlosser, Wendt, Angermeier, & Shetty, 2005), ④ 체계적으로 근거 검토하기(Schlosser, Wendt, & Sigafoos, 2007), ⑤ AAC에 의존하게 될 특정인을 위한 의사결정을 위해 검토한 근거 적용하기, ⑥ 근거 적용 결과 평가하기 등이다. 앞에서 언급했던 것처럼 통합적인 문헌 연구(〈표 7-2〉 참조)는 2～4단계를 이행하는 데 있어 시간과 자료가 한정된 AAC 팀에게 매우 유용할 수 있다.

국제 학술지, 근거 기반 의사소통 평가와 중재(Evidence-Based Communication Assessment and Intervention)는 의사소통 평가, 중재(AAC 포함), 진단 및 예후와 관련된 실험연구와 문헌 연구에 대한 평가를 제공한다. 이 학술지는 Informa Healthcare에 의해 연 4회 발행된다. ASHA의 의사소통장애에 대한 근거 기반 실제를 위한 국립센터(National Center for Evidence-Based Practice in Communication Disorders of the American Speech-Language-Hearing Associatio: ASHA)는 AAC를 포함하여 다양한 의사소통 주제를 다룬 전 세계 여러 나라에서 수행된 체계적인 문헌 고찰들을 편집하고 있다. 이들 자료는 ASHA의 웹 사이트를 통해 이용 가능하다.

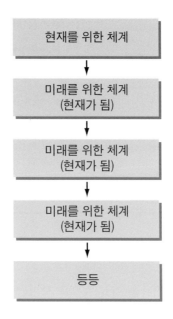

[그림 7-1] 현재와 미래를 위한 AAC 중재의 장기적인 특성

일반적으로 AAC와 관련된 두 세트의 결정, 즉 '현재'에 목표를 둔 결정과 '미래'에 목표를 둔 결정은 처음부터 내려져야 한다(Beukelman, Yorkston, & Dowden, 1985). 현재를 위한 결정과 미래를 위한 결정 간의 관계는 [그림 7-1]에 제시되어 있다. '현재'를 위한 결정은 개인의 즉각적인 의사소통 요구를 충족시키고, 평가 과정에서 파악된 현재의 능력과 제약에 부합하는 것이어야 한다. '미래'를 위한 결정은 교수를 통해 얻게 될 능력뿐 아니라 미래의 기회, 요구 및 제약에 대한 투영에 기초해야 한다. 두 가지 결정은 장기적인 중재 계획의 성공에 매우 중요하다. 전형적으로 CCN을 지닌 사람들을 위한 의사소통 중재는 다음 세 가지 요소, 즉 ① 자연스러운 능력을 증진시키기 위해 고안된 중재, ② 환경적 조정을 활용하는 중재, ③ AAC 전략과 기법을 통합하는 중재 등으로 구성된다.

자연스러운 능력 중재

팀이 맨 처음으로 내려야 하는 결정은 자연스러운 능력 중재(natural ability interventions)와 조정 접근법들을 상대적으로 강조하는 것과 관련이 있다. 물론, 이러한 고려는 개인이 지닌 의사소통장애의 원인, 단계 및 경로에 따라 다르다. 일례로,

말기 근위축성 측색경화증(ALS) 환자를 대상으로 말 증가를 중재의 목표로 삼는다면 성공적이지 않을 것이다. 그러나 학령 전 자폐아동을 대상으로 할 경우에는 말에 대한 관심을 크게 기울일 필요가 있다.

CCN을 지닌 사람들의 가족과 관련된 흔한 이슈 중 하나는 AAC 중재가 CCN을 지닌 중재 대상자의 자연스러운 능력 발달을 방해할 것이라는 우려다. 일례로, 일반인이 이해할 수 없을 정도의 제한된 말을 지닌 한 TBI 청년의 가족은 AAC 체계를 추천받을 경우 AAC 팀이 더 이상 청년의 말을 향상시키기 위한 치료적 노력을 하지 않을 것이라는 의미로 받아들일 수 있다. 또는 AAC 팀이 심한 뇌성마비 아동에게 헤드 스위치가 달린 단일 스위치 스캐닝 도구를 제공할 경우, 이 아동의 가족은 팀이 아동의 상지운동 기능을 개선시키기 위한 현재의 치료적 노력을 중단할 것이라는 의미로 받아들일 수 있다.

이러한 우려를 해소시키는 첫 단계는 자연스러운 능력 중재를 중단하지 않을 것이라는 확신과 구체적인 근거를 제공하는 것이다. 실제로 하나의 입장에 대한 근거와 미래에 나타날 자연스러운 능력의 향상을 예측하는 정확성은 미약한 경우가 잦다(Schlosser, 2003b 참조). 따라서 대부분은 자연스러운 능력과 AAC 접근의 결합을 고려하는 것이 합리적인 해결책이다. 우리는 흔히 자연스러운 말과 AAC '투자'에 적절한 비율로 전문적 시간을 할당하는 투자 포트폴리오를 유추하면서 이러한 절충에 다다른다. 따라서 팀은 자연스러운 말(및/또는 운동 기술)을 증진시키는 치료에 이용 가능한 중재시간의 50%를 투자하고 AAC 체계 개발에 나머지 50%의 시간을 투자하거나, 자연스러운 능력 영역에 10%를 투자하고 AAC 영역에 90%를 투자하기로 결정하거나, 아니면 또 다른 합리적인 절충안이 AAC 팀에 의해 마련될 수도 있다. 절충이 이루어지면 팀은 협상 가능한 그 계획을 따르면서 정기적으로 만나 진척된 부분이나 부족한 부분에 대한 정보를 공유하여, '투자 포트폴리오(investment portfolio)'에 대한 조정이 이루어질 수 있도록 해야 한다. 제8장~제18장에서 우리는 전 생애에 걸쳐 일어날 수 있는 특정 장애와 관련된 자연스러운 능력 중재에 대해 자세히 논의한다.

환경적 조정 중재

참여 모델([그림 5-1] 참조)의 접근 성분에 포함된 중재의 두 번째 요소는 환경적 조정을 통한 의사소통 문제의 해결이다. 이러한 조정은 공간과 위치 조정, 물리적 구조 조정 등 두 가지 주요 범주로 나눌 수 있다.

공간과 위치 이슈는 각각의 중재에 따라 특징이 다를 수 있다. 앞서 논의된 것처럼 합의 도출이 효과적이었다면, 이러한 조정은 대부분의 경우 AAC 팀에 의해 쉽게 해결될 수 있어야 한다. 공간 조정은 AAC 체계의 사용을 방해하는 물리적 장벽의 제거를 위해 필요할 수 있다. 일례로 거주시설에 살고 있는 한 뇌간 뇌졸중 여성 환자는 그녀의 전동 휠체어에 의사소통 도구를 부착할 경우 식당의 탁자와 의자 사이가 너무 좁아 그 사이를 지나갈 수 없어서 자신의 의사소통 도구를 식당에 가지고 갈 수 없었다. 또한 척수손상을 지닌 한 대학생은 충분한 공간이 없어 자신의 기숙사 방에 말인식 컴퓨터 체계를 설치할 수 없었다. 첫 사례에 필요한 조정은 간단하다. 즉, 의자와 탁자 사이를 더 멀찌감치 배치하면 된다. 그러나 두 번째 경우에는 좀 더 복잡한 공간 조정이 필요할 것이다.

위치 조정은 장비보다는 CCN을 지닌 사람의 위치와 더 관련이 깊다. 일례로 교실 뒤쪽에 앉아 의사소통책을 사용하는 한 여자 아동을 우리는 알고 있다. 이 아동은 교실 뒤쪽에 앉음으로써 교사와 규칙적으로 상호작용하기가 어려웠다. 이러한 문제는 교사가 아동의 의사소통책을 쉽게 볼 수 있도록 아동을 교실 앞쪽으로 앉게 함으로써 해결되었다.

물리적인 구조 조정은 공간 및 위치 조절을 넘어서는 것으로 의사소통 체계를 조정하거나 의사소통 체계의 사용을 촉진하기 위해 필요하다. 분명한 예로는 AAC 체계와 학생의 편의를 도모하기 위해 탁자나 책상을 조절하는 것, 누워서 지내는 사람의 AAC 체계를 부착하기 위해 팔걸이가 있는 침대를 조정하는 것, 장비가 부착된 휠체어가 지나갈 수 있도록 통로를 넓히는 것 등을 들 수 있다. 미국의 경우, 공공장소의 접근을 가능하게 하는 물리적 구조 조정은 장애인법(Americans with Disabilities Act: ADA)이 요구하는 사항이기도 하다.

AAC 중재

참여 모델([그림 5-1] 참조)의 접근 성분에 포함된 중재의 세 번째 요소는 특정 AAC 전략 및 기법의 사용과 관련이 있다. 제8장~제18장에서 우리는 발달장애와 후천성 장애인을 중심으로 이들 사항에 대해 자세히 논의한다.

의사소통 도구 사용법을 배우는 것이 도전이서는 안 된다. 타인과의 의사소통을 위해 도구를 사용하면서 적극적이고 흥미진진한 삶으로 이끄는 것이 도전이어야 한다 (Michael Williams, AAC에 의존하는 뇌성마비 남성, Rackensperger, Krezman, McNaughton, Williams, & D'Silva, 2005, p. 183).

현재를 위한 AAC 중재

이용 가능한 기회를 활용하여 개인의 즉각적인 요구를 충족시키며, 정확하고 효율적이며 피로하지 않은 AAC 전략을 우선적으로 고려하는 것은 중요하다. 정확한 (accurate) 체계는 사용자가 최소한의 의사소통 단절과 오류로 원하는 메시지를 산출할 수 있는 체계를 말한다. 효율적인(efficient) 체계는 과도한 연습이나 훈련 없이 사용자가 적정한 시간 내에 메시지를 산출할 수 있게 해 주는 체계를 말한다. 피로하지 않은(nonfatiguing) 체계는 사용자가 극단적으로 피곤하거나 정확성 또는 효율성이 유의하게 감소되지 않은 채로 필요한 만큼 오랫동안 의사소통할 수 있게 해 주는 체계를 말한다. 정확하고 효율적이며 피로하지 않은 AAC 체계는 가능한 한 개인이 지닌 현재의(current) 언어, 인지, 감각 및 운동 능력과 부합해야 한다. 또한 해결되지 않은 기회 장벽 및 제약을 감안하여 체계를 선택해야 한다. '현재를 위한 체계'는 사용자에게 가장 중요하며, 즉각적인 요구 메시지를 주고받기 위해 효과적으로 사용될 수 있도록 최소한의 연습과 훈련을 요구하는 것이어야 한다. 물론, 대부분의 상황에서 어느 정도의 초기 교수나 훈련은 이루어져야 하지만 그러한 훈련의 기간과 복잡성은 최소화되어야 한다.

> 우리가 처음 [AAC 도구]를 갖게 됐을 때, 아나(Ana)는 매우 서툰 머리 조절력을 갖고 있었다. 빛으로 네모 칸을 정확히 맞히는 것은 매일의 전쟁이었다. 그러나 그녀는 단호하게 연습을 지속했고, 나는 그녀가 대단하게 느껴졌다. 그녀는 그 도구가 결국에는 자신을 자유롭게 할 것이라는 것을, 최소한 침묵의 유폐에서 벗어나도록 해 줄 것임을 알았음이 분명했다. 나는 그때만큼 내 딸을 자랑스럽게 여긴 적이 없었다(중도 뇌성마비를 지닌 자신의 딸을 언급하며, Cy Berlowitz, 1991, p. 16).

미래를 위한 AAC 중재

미래를 위한 의사결정은 대부분 오늘을 위한 의사결정과 동시에 이루어져야 한다. 즉, AAC 팀이 대상자의 현재 능력과 즉각적인 요구에 부합하는 의사소통 체계를 고

쿠키	쿠키	쿠키	쿠키
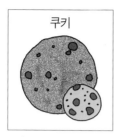		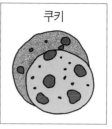	

[그림 7-2] 오늘을 위한 사진을 대체하기 위해 미래를 위한 상징 점차적으로 소개하기

안할 때, 미래를 위한 체계에 대비하여 개인의 기술 기반을 확장하기 위한 계획을 함께 짜야 한다. 이러한 계획에는 운동, 상징 인식, 사회-화용, 문해 등의 기술을 향상시키기 위한 교수 등이 포함될 것이다. 또한 의사소통 기회의 양이나 질을 제한하는 장벽의 중재가 포함될 수 있다. ALS, 파킨슨병 또는 레트증후군과 같은 퇴행성 질환을 지닌 사람들의 경우에는 앞으로 나타날 운동, 의사소통 및 그 밖의 능력 상실 등을 예상하고 각자에 맞게 그에 대비하는 계획이 필요하다. 미래를 위한 계획의 초점이 무엇이든 그 목적은 개인의 의사소통 요구에 좀 더 부응할 수 있으며, 현재의 체계를 더욱더 정확하고 효율적이며 용이하게 사용할 수 있도록 해 주는 중재를 시행해야 한다는 데 있다.

미래를 위한 체계는 현재의 체계를 확장 또는 확대하는 것일 수도 있고, 다른 도구나 기법을 포함하는 것일 수도 있다. 예를 들면, 뇌성마비를 지닌 한 아동을 위한 AAC 체계의 주요 요소는 언어 및 의사소통 지원을 위해 하루 종일 다양한 활동에 사용되는 컬러 사진으로 구성된 일련의 응시 의사소통 디스플레이일 수 있다. 미래를 위한 이 상징 체계의 확장은 동일한 메시지를 위해 인쇄된 단어나 PCS를 사진 옆에 배치하고, 아동이 새로운 상징에 익숙해짐에 따라 점점 더 상징의 크기를 키워가는 것일 수 있다([그림 7-2] 참조). 또 다른 예는 스캐닝을 위한 헤드 스위치 사용을 가르치기 위해 컴퓨터 게임과 디지털 도서를 이용하는 운동 훈련 활동에 아동을 참여시키는 것이다. 아동이 상대적으로 쉬운(동기 부여적인) 이러한 활동 속에서 스위치 사용을 배우고 나면, 의사소통을 위해 응시 체계 사용을 점차적으로 줄이고 SGD로 대체시킨다([그림 7-3] 참조). 어떤 경우든 미래를 위한 체계가 도입되면, 그 체계는 다시 오늘을 위한 체계가 되기에 또 다른 미래를 위한 체계를 즉시 계획할 수 있다. 따라서 어떤 AAC 체계가 개인의 모든 의사소통 요구를 충족시키면 시킬수록 잇따른 '미래' 사이의 시간이 길어질 가능성은 있겠지만, 장기적인 AAC 계획은 항상 현재 및 미래

[그림 7-3] ⓐ, ⓑ '현재'를 위한 중재. 아동은 스캐닝을 위한 헤드 스위치 사용법을 배우면서 응시를 통해 의사소통한다. ⓒ '미래'를 위한 중재. 아동은 말산출도구를 조작하기 위해 스캐닝을 활용한다.

출처: Goossens', C., & Elder, P. (1995). *Engineering the preschool environment for interactive symbolic communication*. Birmingham, AL: Southeast Augmentative Communication Conference Publications. 허락하에 게재함

를 위한 두 갈래의 계획을 포함하는 것이어야 한다.

현재를 위한 체계가 무엇이어야 하는가는 분명한데 미래를 위한 계획을 논리적으로 어떻게 이행할 것인가는 분명하지 않은 경우가 있다. 이러한 상황은 개인의 운동 장애가 너무 심해서 쉽게 치료할 수 없을 때 벌어지곤 한다. 이 경우 미래를 위한 다수의 동시적 훈련 프로그램을 계획하는 것이 바람직한데, 각각의 프로그램은 대상자가 다른 운동 부위를 조절하고 사용하는 능력을 향상시킬 수 있도록 짜이게 된다. 일례로 중도 무정위형 뇌성마비를 지녔지만 뛰어난 문해 기술을 지닌 청년, 칼(Karl)을 생각해 보자. 청각적 스캐닝(스무고개 접근)을 겸한 간단한 철자 응시 체계가 그의 현재 능력에 가장 적절하다는 평가 결과가 나왔다. 또한 그가 효율적이고 포괄적인 체계에 더욱더 접근할 수 있도록 하기 위해서는 적어도 특정 운동근육의 움직임 연쇄를 더 잘 조절할 수 있도록 해야 한다는 것이 분명하였다. 그러나 어떤 운동근육의 움직임 연쇄를 가장 잘 배울 수 있는지에 대해서는 전혀 알 수 없었다. 따라서 머리, 오른

손, 왼발을 사용하여 단일 스위치 조작 능력을 증가시키기 위한 훈련 프로그램이 동시에 시행되었다. 그 결과 머리 조절이 가장 빠른 속도로 향상되었으며, 6개월 후에는 정확하고 효율적이며 과도한 피로감을 느끼지 않고 단일 스위치 스캐너를 조절하기 위해 머리 스위치를 사용할 수 있었다. 미래를 위한 논리적인 방침이 분명하지 않을 때에는, 최선책이 선택될 때까지 훈련 목표를 연이어서 검토하는 것보다는 다수의 목표 접근법을 활용하는 것이 훨씬 바람직하다(좌절감 또한 분명히 더 적을 것이다).

CCN을 지닌 사람과 그 촉진자를 위한 교수 제공

CCN을 지닌 사람들과 그들의 촉진자는 현재를 위한 AAC 체계 사용에 대해서는 최소한의 교수를, 미래를 위한 기술 습득에 대해서는 더욱더 광범위한 교수를 필요로 할 것이다. AAC 기법에 대한 대부분의 교수가 한두 명의 전문가에 의해 개별 치료실에서 행해질 경우 시간이 오래 걸리게 된다. 지금은 교실, 가정, 지역사회, 직장 등 자연스러운 환경에서 대부분의 중재가 이루어져야 한다는 것이 AAC 문헌에 잘 입증되어 있다. 자연스러운 상황에서의 중재를 강조하는 교수 계획은 인위적인 상황에서 독립적인 기술훈련을 강조하는 교수 계획에 비해 (새로운 목표가 동일한 반응을 이끄는) 반응 일반화와 (새로운 사람, 환경, 자료 및 상황으로) 자극 일반화를 촉진하는 것으로 보인다(Calculator & Black, 2009 참조).

> "나는 내가 어떤 것을 배우는 최선의 방법은 그것이 테크놀로지든 무엇이든 달려들어 일단 사용해 보는 것임을 발견하였다. 이러한 태도는 나로 하여금 뭔가를 빨리 배우고 동기를 갖도록 해 준다. 나의 신조는 내가 [내 AAC 도구를] 많이 사용하면 할수록 더 많이 배울 것이다."라는 것이다(뇌성마비를 지닌 남성 Dan, Rackensperger et al., 2005, p. 175).

촉진자들 또한 AAC 체계나 그 체계 사용자와 관련해 다양한 훈련을 필요로 할 것이다. 예를 들면, 촉진자는 상대 보조용 스캐닝 기법이나 특정한 의사소통 제스처와 발성을 해석하는 방법을 훈련받아야 할 수 있다. 또한 전자 AAC 도구의 프로그램을 짜고 유지하는 방법, 마이크로 스위치나 헤드마우스 조작방법 등을 배워야 할 수도 있다. 우리는 제2부와 제3부에서 특정 질환이나 장애로 인해 AAC에 의존하게 된 사람들을 위한 촉진자 훈련 프로그램과 전략들을 제시한다(Kent-Walsh & McNaughton, 2005 참조).

중재 성과의 측정 및 평가

지난 십 년 동안, AAC 분야에서는 성과에 대한 평가가 많은 관심을 받아 왔다. 슐로서는 AAC 분야에서의 성과 연구를 "평균적인 조건이나 평균 이하의 조건에서 행동을 습득, 유지 및 일반화(즉, 효과성)했음을 증명하는 과정"(Schlosser, 2003a, p. 22)이라고 정의하였다. 성과 평가는 CCN을 지닌 사람과 그 가족 모두에게 중요한 매개변수들을 측정하는 것이어야 한다. 따라서 성과 평가자들은 특정 중재 요소와 특정 변화 간의 명확한 인과관계를 따지는 데에는 별 관심을 두지 않는다. 오히려 "중재 대상자는 자신에게 의미 있는 활동과 상황들에 성공적으로 참여할 수 있는가?" "AAC 중재로 인해 대상자의 사회적 네트워크가 유의미한 방식으로 확장되었는가?" 와 같은 일반적인 질문에 답하는 것을 더 중요하게 여긴다(Blackstone & Hunt Berg, 2003a, 2003b; Calculator, 1999a; Schlosser, 2003c). 따라서 참여 모델([그림 5-1] 참조)에 기초하여 중재의 효과성을 평가할 경우, 초기 평가 과정에서 중요한 것으로 드러난 특정 활동과 상황들에 중재 대상자가 얼마나 성공적으로 참여하는지를 검토해야 한다. 원하는 만큼의 참여 수준에 도달하지 못했을 경우, 참여 모델에 따라 장벽이 될 수 있는 기회와 접근 요인을 다시 검토하고 중재해야 한다([그림 5-1] 참조).

성과 평가를 위한 몇 가지 부가적인 접근들 또한 이용 가능하다. 이들 접근은 참여 모델의 과정에 부속되는 것으로 보는 것이 유용하다. 이들 접근에는 기능적 제한뿐 아니라 소비자 만족도와 삶의 질에 대한 일반적인 측정이 포함된다.

기능적 제한

기능적 제한은 "전인(whole person)적 수준에서의 수행 제한"(Nagi, 1991, p. 322)을 의미한다. 이러한 수준에서 AAC 중재의 효과를 측정하는 것은 특정한 기능적 기술의 향상을 판단하고자 함이다. 이와 관련하여, CCN을 지닌 사람이 상호작용을 얼마나 많이 시도하고, 의사소통 상대의 메시지에 반응하며, 의사소통 단절을 복구할 뿐 아니라 선택을 하고, 사회적 대화에 참여하는지와 같은 다수의 매개변수들이 측정될 수 있다(Calculator, 1999). 이와 같은 매개변수들은 빈도를 세거나 전통적인 언어 샘플링 절차를 활용하여 측정할 수 있다.

전자 AAC 도구 의존자의 언어 샘플을 분석하기 위해 보편 언어 활동 모니터(Universal Language Activity Monitor: U-LAM)와 같은 자동화된 체계들을 사용할 수 있다(Romich et al., 2004 참조). 목표 달성 척도(Goal Attainment Scaling) 또한 특정한 기능적 의사소통 목표의 성취 정도를 측정하기 위해 사용할 수 있다(Granlund & Blackstone, 1999; Hanson, 2007; Schlosser, 2004 참조). 미국에서는 ASHA(2003)에 의해 전국 성과 측정 체계(National Outcomes Measurement System: NOMS)가 발간되었다. 이 체계에는 시간에 따른 성인의 기능적인 의사소통 능력의 변화를 기술하기 위한 15개의 기능적인 의사소통 척도들이 포함되어 있다. NOMS는 ASHA 웹 사이트를 통해 이용할 수 있다.

소비자 만족도

AAC 서비스와 중재에 대한 소비자 만족도(consumer satisfaction) 측정은 성과 자료를 얻는 핵심적인 수단으로 간주된다(Cook & Polgar, 2002; Weiss-Lambrou, 2002). 이러한 맥락에서 만족도는 서비스, AAC 기법 또는 전반적인 AAC 중재의 효과에 대한 개인의 의견을 말한다. 가장 널리 사용되는 척도는 '보조 테크놀로지 만족도에 대한 퀘벡사용자평가 2.0(Quebec User Evaluation of Satisfaction with Assistive Technology: QUEST 2.0)'(Demers, Weiss-Lambrou, & Ska, 2002)이다. QUEST 2.0은 보조 테크놀로지 서비스를 위해 특별히 고안된 최초의 표준화 도구로 12영역에 대한 질문으로 구성되어 있다. 이 도구는 장애 여부와 상관없이 성인을 대상으로 하는데, 스스로 답하게 하거나 도움을 제공하여 완성할 수 있다(Weiss-Lambrou, 2002).

QUEST 2.0은 캐나다, 미국 그리고 네덜란드의 연구 센터들에서 현장 검증되었다. 또한 프랑스어와 중국어를 포함한 여러 나라의 언어로 번역되고 인증되었다. 사용의 간편성, 효과성, 내구성, 수리 및 점검, 서비스 전달 등 다양한 요인에 대한 만족도를 평가한다. QUEST 2.0은 Institute for Matching Person and Technology사를 통해 주문할 수 있다.

또 다른 접근은 AAC 중재 결과로 나타나는 '의사소통 만족도(communication satisfaction)'의 측정이다. 이는 CCN을 지닌 사람이 중재 결과 얼마나 의사소통을 잘

할 수 있게 되었는지를 당사자와 촉진자들(예: 부모와 교사)에게 물어봄으로써 평가할 수 있다(예: Bruno & Dribbon, 1998; Culp & Ladtkow, 1992). 예를 들면, 슬래사란스키-포(Slesaransky-Poe, 1997)는 의사소통 효과성에 대한 소비자 조사(Consumer Survey on Communicative Effectiveness)를 개발했는데, 이 조사는 AAC 의존자에게 의사소통, 독립성, 생산성 및 지역사회 참여에 대한 만족 수준을 평정하도록 한다. 햄과 미렌다(Hamm & Mirenda, 2006) 또한 다양한 의사소통 상황, 상대 및 기능에 대한 중요도와 만족도를 검사하는 '의사소통 조사서(Communication Survey)'를 개발하였다.

삶의 질

> 성과 측정은 소비자의 주도로 융통성이 있으면서도 지속적으로 이루어져야 한다. AAC 중재 결과는 중재 대상자의 삶의 질을 향상시키는 것이어야 한다. 성과 측정의 결과 자료는 비용 효과성과 장비 및 서비스의 질을 높이기 위해서도 활용되어야 한다 [AAC 성과 평가에 대한 국제회의인 동맹' 95(Alliance' 95) 참여자들이 개발한 합의 진술문에서, Blackstone & Pressman, 1995].

삶의 질(quality of life: QOL)과 관련된 성과 평가는 AAC 중재가 선호하는 학교, 지역사회, 가정, 여가 및 직업 환경 등에 접근하고 참여하는 대상자의 능력에 어떤 영향을 미쳤는가에 관심을 갖는다. 이러한 성과평가의 중요성에 대한 인식은 1990년대 중반 이후 점점 더 증가하게 되었다(Blackstone & Pressman, 1995; DeRuyter, 1995; Heaton, Beliveau, & Blois, 1995). QOL 평가는 AAC 중재가 자기 결정, 사회 참여, 독립성, 지역사회 참여, 유급직, 학업 성취 및/또는 교육적 통합을 증가시켰는지의 여부에 답하고자 할 때 활용될 수 있다(Blackstone & Pressman, 1995).

PROQOLID(Patient-Reported Outcome and Quality of Life Instruments Database) 웹 사이트는 성과 및 삶의 질 측정 도구들을 찾아내고, 기술하며, 이들 도구에 대한 접근을 촉진하기 위한 목적을 갖고 있다(EMery, Perrier, & Acquadro, 2005). 600개 이상의 도구들에 대한 설명과 개관을 포함하고 있는데, 무료로 이용할 수 있다.

영국에서 이루어진 케임브리지와 포레스터-존스(Cambridge & Forrester-Jones, 2003)의 연구에서 예증된 것처럼, QOL과 관련된 정보를 이끌어 내기 위해 구조화된 면담을 이용할 수 있다. 예를 들면, '보조도구의 심리적 효과 척도(Psychological Impact of Assistive Devices Scale: PIADS)'(Jutai & Day, 2002)와 '인간과 테크놀로지의 조화(Matching Person and Technology)' 도구들(Galvin & Scherer, 1996)은 보조 테크놀로지의 사용 결과로 나타난 QOL을 측정하기 위해 특별히 개발되었다. 또한 'ASHA 의사소통 삶의 질 척도(ASHA Quality of Communication Life Scale)'(Paul et al., 2004)는 성인 의사소통장애의 심리사회적, 직업적, 교육적 영향에 대한 정보를 제공해 준다. 이 척도는 치료 계획, 목표의 우선순위 결정, 상담 및 결과 기록 등을 지원하기 위해 사용할 수 있다. 햄과 미렌다(Hamm & Mirenda, 2006), 룬드와 라이트 (Lund & Light, 2006)는 AAC 의존자를 대상으로 성과를 측정하기 위해 '지체 및 감각 장애인을 위한 삶의 질(Quality of Life for Person with Physical and Sensory Disabilities)' 도구(Renwick, Brown, & Raphael, 1998)를 사용하였다. 슐로서 (Schlosser, 2003c)는 다양한 장애인 집단을 대상으로 개발된 다수의 QOL 도구를 고찰하였다.

지체 및 감각장애인을 위한 삶의 질Quality of Life for Person with Physical and Sensory Disabilities) 도구는 토론토 대학교(University of Toronto)의 삶의 질 연구소(Quality of Life Research Unit)를 통해 얻을 수 있다. 보조도구의 심리적 효과 척도(Psychological Impact of Assistive Devices Scale)는 오타와 대학교(University of Ottawa) 보조 테크놀로지 연구실 (Assistive Technology Research Lab)을 통해 이용할 수 있다. 인간과 테크놀로지의 조화 (Matching Person and Technology) 도구들은 Institute for Matching Person and Technology사를 통해, 의사소통 삶의 질 척도(Quality of Communication Life Scale)는 ASHA를 통해 입수할 수 있다.

추후 관리

현재와 미래를 위한 중재의 원칙에 따르면, 대부분의 AAC 중재는 결코 끝이 없다. 즉, 개인이 현재를 위한 도구나 체계에 숙달되면, 미래를 위한 더 정확하고 효율적이며 피로하지 않은 도구나 체계를 준비하기 위한 훈련과 연습을 시작할 수 있다. 새로운 기술이 습득되면 현재는 과거가 되고 미래는 현재가 되기에, 새로운 미래를 위한 계획을 다시 시작할 수 있다.

AAC 의존자가 아동인 경우, 이러한 사이클은 각각의 전이 단계, 즉 유아원에서 유치원, 초등학교에서 중학교, 중학교에서 고등학교, 고등학교에서 직장 또는 고등학교 이후의 교육환경으로 옮겨갈 때 각각의 단계에 대한 반복을 필요로 할 것이다. 선천성 장애(예: 뇌성마비)나 후천성의 비퇴행성 장애(예: 뇌졸중)를 지닌 성인은 고용, 주거 또는 가족 상황이 급격히 변하지 않는다면 자주 변경되지 않는 체계를 필요로 할 것이다. 그러나 퇴행성 질환(예: 레트증후군, 근위축성 측색경화증, 다발성경화증)을 지닌 아동이나 성인은 능력이 퇴화되고 생활환경이 변할 때마다 잦은 체계 변화를 필요로 할 수 있다. 마지막으로, AAC에 의존하는 대부분의 사람들은 은퇴 연령이 가까워 오거나 우선 사항이 바뀌기 시작하고 노화로 인한 능력의 변화를 경험할 때, 자신의 체계에 대한 추가적인 수정을 필요로 할 것이다(Light, 1988 참조).

어쨌든 그것은 누구의 성과인가? 돈을 관리하는 사람들, 즉 최소한의 비용으로 가장 빠른 중재를 원하는 사람들의 성과인가? 자신의 프로그램이 효과적임을 보이기 위해 좋은 결과 수치를 제시하고자 주시하고 있는 프로그램 이행자의 성과인가? 혹은 잠재력 있는 AAC 의존자의 성과인가? 당사자가 효과적으로 사용할 수 있는 AAC 체계를 얻어 훈련을 받고 세상에 나아가 싸울 수 있을 것인가? 바로 이것이 우리 모두가 지향하여 노력해야 할 성과 아닌가?(Williams, 1995, p. 6)

📑 학습문제

7-1. AAC에서 기회 장벽 중재가 중요한 이유는 무엇인가?

7-2. 기회 장벽의 다섯 가지 유형을 다루기 위해 어떤 전략들을 활용할 수 있는가?

7-3. 현재와 미래를 위한 AAC 중재의 원칙은 무엇인가?

7-4. 근거 기반 실제를 결정할 때 이용하는 세 가지 주요 구성요소는 무엇인가?

7-5. 근거 기반 실제의 여섯 단계는 무엇인가?

7-6. 자연스러운 운동 능력과 말 능력을 증진시키기 위한 전략들이 AAC 중재의 일부가 되어야 하는 이유는 무엇인가?

7-7. 중재 효율성과 중재 효과성의 차이는 무엇인가?

7-8. 촉진자 훈련이 AAC 중재의 중요한 요소가 되어야 이유는 무엇인가?

7-9. AAC와 관련해 어떤 유형의 의문들이 기능적 제한, 소비자 만족도 및 삶의 질 평가에서 해결되어야 하는가?

7-10. 복합적인 의사소통 요구를 지닌 사람들의 기능적 제한, 소비자 만족도 및 삶의 질을 측정하기 위해 사용할 수 있는 구체적인 도구나 과정을 두 가지만 제시하라.

Part Ⅱ

발달장애인을 위한 AAC 중재

Chapter **08** 발달장애인을 위한 AAC 관련 이슈

Chapter **09** 초기 의사소통자를 위한 참여와 의사소통 지원

Chapter **10** 언어 발달과 중재: 문제점, 지원 및 교수 접근

Chapter **11** 언어적 · 사회적 능력 지원을 위한 교수

Chapter **12** 복합적인 의사소통 요구를 지닌 사람들의 문해 중재

Chapter **13** 복합적인 의사소통 요구를 지닌 학생들의 교육 통합

Chapter **08**

발달장애인을 위한 AAC 관련 이슈

　이 장은 제2부에 제시된 정보의 맥락을 제공한다. 제2부는 의사소통과 언어기술을 처음 습득하는 사람들의 의사소통 요구에 역점을 둔다. 이들은 태어나면서부터 혹은 태어난 후 얼마 지나지 않아 하나 이상의 발달 측면(예: 의사소통/언어, 신체, 감각, 사회성, 인지)에 유의한 영향을 미치는 장애를 지니게 된 사람들이다. AAC 기법은 뇌성마비, 지적장애, 자폐범주성장애, 농맹 중복장애, 아동기 말 실행증 등의 발달장애를 지닌 사람들에게 관례적으로 사용된다. 이 장에서는 이들 각각의 장애를 정의하고, 기술하며, 출현율 및 주요 특징을 간략히 설명한다. 또한 각각의 장애와 가장 관련이 있는 AAC 이슈들을 개관한다.

　건강한 정신은 한계나 제한을 극복하고자 노력하게 만든다. 말을 못하는 우리는 말을 할 수 있는 사람들보다 더 표현적이거나 발성을 하는 경향이 있는 것 같다. 인간으로서 우리가 누구인지를 써 내고 우리 자신의 정체성에 대해 계속 써 나가면 다른 사람들이 우리가 진정 누구인지 알게 될 것이다(뇌성마비 남성, Tony Diamanti; Diamanti, 2000, p. 98).

뇌성마비

2007년, '뇌성마비 정의를 위한 집행 위원회(Executive Committee for the Definition of Cerebral Palsy)'는 뇌성마비(cerebral palsy)를 "발달 중인 태아나 유아의 뇌에서 발생하는 비진행성 장애로, 활동 제한의 원인이 되는 움직임과 자세 발달의 영구적 장애"(Rosenbaum, Paneth, Leviton, Goldstein, & Bax, 2007, p. 9)라고 기술하였다. 뇌성마비의 발생률(incidence)은 대략 신생아 500명당 1명이며, 산업화된 나라에서는 약간씩 다르게 나타나는 것으로 추정된다. 개발도상국의 출현율(prevalence)은 제대로 측정되어 있지 않다(Pakula, Van Naarden Braun, & Yeargin-Allsopp, 2009). 신생아 집중치료의 개선에도 불구하고, 1990년대 중반부터 전체적인 뇌성마비 출현율은 유의하게 변화되지 않은 것으로 나타난다(Winter, Autry, Boyle, & Yeargin-Allsopp, 2002). 뇌성마비와 결합된 문제는 다양하지만, 뇌성마비를 지닌 대부분의 사람들은 성인기까지 살 수 있다. 그러나 평균수명은 일반인에 비해 유의하게 낮다(Strauss & Shavelle, 1998).

많은 원인들로 인해 발달 중인 뇌 조직에 조기 손상이나 기형이 발생한다. 1980년대까지 대부분의 뇌성마비는 출산과정에서 뇌에 산소가 부족해 일어나는 것으로 생각되었다. 그러나 지금은 그러한 경우가 매우 드물다는 것을 우리는 잘 알고 있다(Moster, Lie, Irgens, Bjerkedal, & Markestad, 2001). 오히려 조산과 태내 발달 문제가 대다수 뇌성마비의 원인이 되는 것으로 나타난다(Croen, Grether, & Selvin, 2001; Pakula et al., 2009). 조산 아동 중에서는 뇌출혈이나 다른 문제로 인해 출생 후 발생하는 뇌 백질 손상이 주된 원인이다. 반면에 출산 예정일을 다 채우고 태어난 아동 중에서는 태내 발달 중에 생긴 뇌 기형이 알려진 원인의 대부분을 설명한다. 그러나 뇌성마비인의 대략 38%(조산이든 아니든)는 원인을 알 수 없다(Pellegrino, 2002). 뇌성마비는 다태출산(multiple births)과 체외수정 같은 보조생식기술(assisted reproductive technologies)을 통해 태어난 아동들에게서 더 많이 발생한다(Pakula et al., 2009). 연구에 의하면, 환경 요인들이 위험을 유발하는 유전적 특성들과 상호작용한다고 한다(Pakula et al., 2009).

보완 의사소통 온라인 사용자 그룹(Augmentative Communication Online Users Group: ACOLUG)은 AAC를 통해 의사소통하는 사람들과 AAC를 사용하는 아동의 가족들에게 개방되어 있는 인터넷 토론 집단이다. 가입을 하려면 ACOLUG 웹 사이트를 방문해 가입 또는 탈퇴하기(Subscribe or Unsubscribe)라고 되어 있는 링크를 클릭하면 된다.

특징

뇌성마비인들은 주로 운동 기술에 문제가 있는데, 뇌 병변 부위에 따라 다양하게 나타난다. 가장 일반적인 유형은 경직형(spastic) 뇌성마비로 과긴장(증가된 근긴장)을 보인다. 또한 양측마비(diplegia)를 보일 수도 있는데 팔보다는 다리가 더 영향을 받는다. 편마비(hemiplegia)는 주로 몸의 한쪽 측면이 영향을 받는다. 혹은 몸통과 구강 운동 구조뿐 아니라 사지가 모두 광범위하고 심하게 손상된 사지마비(quadriplegia)를 보일 수도 있다(Pellegrino, 2002). 두 번째 유형은 이상운동형(dyskinetic) 뇌성마비로, 근긴장의 잦은 패턴 변화(종종 깨어 있을 때는 경직형이고 잠들면 정상적이거나 감소된 근긴장을 보임)뿐 아니라 불수의적인 움직임이 특징적이다. 하위 유형 중 하나는 근긴장이상형(dystonic) 뇌성마비로 목과 몸통의 뻣뻣한 자세가 특징적이다. 또 다른 하위 유형은 무정위운동형(athetoid) 뇌성마비로, 사지의 갑작스러운 불수의적 움직임이 특징적이며, 움직임을 조정하고 자세를 유지하는 데 어려움을 겪는다. 마지막으로, 운동실조형(ataxic) 뇌성마비는 증가된 근긴장이나 감소된 근긴장과 결합될 수 있으며, 몸통과 사지의 균형 및 자세를 잡는 데 어려움을 느낀다. 운동실조형 뇌성마비인들은 걸을 때 비틀거리는 걸음걸이가 특징적이다. 또한 혼합형(mixed) 뇌성마비를 지닌 사람들은 하나 이상의 운동 패턴(예: 경직형-무정위운동형 뇌성마비)을 보인다. 당연히 뇌성마비와 결합된 광범위한 운동 문제로 인해 이들에게 서비스를 제공하는 AAC 팀은 상당한 어려움을 겪는다.

의사소통장애는 뇌성마비로 인해 나타나는 흔한 결과다. 조음장애와 말 명료도 저하는 뇌성마비 아동의 대략 38%에서 나타난다(Ashwal et al., 2004). 언어장애 또한 흔한데, 그 원인은 두드러진 운동장애가 이른 시기 아동의 언어 학습 경험과 기회를 제한한다는 데에서 찾을 수 있다. 말장애는 근력 약화 및 기타 요인에 의한 호흡 조절 문제, 후두 및 연인두 부전, 구강 안면 근육의 제한된 움직임으로 인한 구강 조음 문제 등과 결합된다. 마비말장애의 발생률은 운동장애의 유형 및 정도에 따라 다르다. 또 다른 의사소통 특징(예: 전반적인 언어지체)은 종종 뇌성마비와 동시에 발생하는 지적장애, 청각장애 및 학습된 무기력 등의 문제와 결합될 수 있다(Pakula et al., 2009).

뇌성마비인들은 다수의 동반 장애를 또한 갖고 있다. 뇌성마비 아동의 대략 3분의 1에서 3분의 2는 지적장애를 갖고 있으며(Pakula et al., 2009), 편마비와 경직형 양측 마비를 지닌 경우에는 가장 영향을 덜 받는 것으로 보인다. 또한 뇌성마비인들은 눈근육의 불균형(예: 사시), 시야 축소, 시지각장애, 시력 손상(특히, 원시) 등의 시각장애를 지니는 경우가 흔하며, 이러한 문제는 교육 및 의사소통 프로그램을 짤 때 크게 영향을 미친다. 청각, 말, 언어 등의 장애 발생률은 뇌성마비인의 대략 30%에서 발생하는 것으로 추정된다. 근본적인 뇌손상으로 인해 이들 인구의 대략 40~50%에서 발작현상이 나타난다(Pellegrino, 2002). 또한 섭식장애, 성장 문제, 주의집중 과잉행동장애(ADHD)와 같은 정서/행동장애, 학습장애 등도 나타난다.

나는 사람들이 동정하는 것을 좋아하지 않는다. 상점 여성이나 길거리 사람들처럼. 그들은 내가 마치 별난 사람인 듯 나를 바라본다. 나는 사람들의 그런 시선이 정말 싫다. 나는 사람들이 있는 그대로의 나를 수용해 주길 바란다. 때때로 나는 그들에게 혀를 내밀고 싶다. 그러나 결코 그렇게 하지 않는다. 그래 봤자 아무 소용없다고 스스로 생각한다. 사람들은 왜 나를 이해하려고 하지 않을까? 그것이 그렇게 어려운 일일까?(Magdalena Rackowska, 뇌성마비를 지닌 폴란드 여성, Rackowska, 2000, p. 88)

AAC 관련 이슈

뇌성마비인들을 위한 AAC 중재를 계획하고 이행하는 AAC 팀이 관심을 기울여야 할 세 가지 이슈는 팀 접근, 균형적 중재, 성인기를 위한 준비 등이다.

팀 접근 중재

뇌성마비인들을 대상으로 한 의사소통 중재는 다수의 학문 분야 출신 전문가들로 이루어진 팀의 전문성을 필요로 한다. 아마도 다른 발달장애 영역보다 더 많은 수의 전문가를 필요로 할 것이다. 운동장애의 광범위한 다양성으로 인해 개개인에게 적절한 의사소통 체계를 결정하는 평가과정에 작업치료사, 물리치료사, 치열교정 전문가, 재활공학자와 같은 전문가들의 참여가 요구된다. 이들 전문가는 의사소통 체계의 접근에 필요한 최적의 안정감과 움직임의 효율성을 보장하기 위해 개개인에 맞는 자세와 착석 조정에 정통해야 한다. 또한 팀은 최상의 환자와 체계의 일치에 요구되는 특별한 고려사항과 이용 가능한 여러 의사소통 옵션에도 정통해야 한다. 이러한 개별화의 중요성은 미국에서 이루어진 라퐁텐과 드라이터(Lafontaine & DeRuyter, 1987)의 연구에서 강조되었다. 이들 저자는 64명의 뇌성마비인을 각각 평가하고 각자에게 적절한 AAC 도구를 일치시켰더니 전체적으로 17개의 다른 의사소통 도구가 처방되었다고 보고하였다. 이들 도구에는 그림이나 낱말판과 같은 몇몇 다른 유형의 비전자 도구들과 13개 유형의 서로 다른 전자 도구가 포함되었다. 라퐁텐과 드라이터의 연구 참여자 중 47%는 손가락을 사용하여 자신의 도구에 접근할 수 있었지만, 나머지 참여자들은 광학 지적기, 턱 지적기, 조이스틱, 스캐닝을 위한 다양한 스위치 등 여러 대체 접근기법을 사용하였다. 마찬가지 현상이 스코틀랜드(Murphy, Markova, Moodie, Scott, & Boa, 1995), 호주(Balandin & Morgan, 2001), 이스라엘(Hetzroni, 2002) 등의 다른 선진국에서도 보고되었다. 반면에 남아프리카 공화국(Alant, 1999) 같은 개발도상국에서는 그러한 다양성이 나타나지 않았는데, 이는 이용 가능한 AAC 체계들이 더 제한되어 있기 때문인 것으로 보인다.

또한 시력과 시지각의 문제들이 의사소통을 위해 선택된 상징의 크기, 간격, 전경과 배경 대비 등의 결정에 영향을 미칠 수 있다. 따라서 소아안과 전문의나 훈련된 팀원에 의한 포괄적인 평가가 종종 요구된다(DeCoste, 1997). 지각장애(예: 청력 손상)는 해당 능력을 지닌 사람들의 읽기나 철자의 학습과정을 방해할 수 있기에, 이 영역에 전문성을 지닌 언어치료사나 교사 등의 전문가 참여가 요구된다. 마지막으로, 그러나 덜 중요한 것은 분명히 아닌, AAC 의존자와 그 촉진자들을 훈련하고 중재 과정을 관리할 수 있도록 하기 위해 평가 과정에 언어치료사, 일반교사 및 특수교사 등을 참여시킬 필요가 있을 것이다.

AAC 의존자의 음성 발달은 AAC 도구의 제한성으로 인해 난제일 수 있다. 상징이나 단어가 판 위에 제시되지 않을 수 있다. 음성합성기의 억양이 정확하지 않을 수도 있다. 이러한 모든 요소로 인해 말하고자 하는 것들이 제한되거나 바뀔 수 있다. 나는 AAC에 의존하기 때문에, 효과적으로 의사소통하는 법을 배우는 데 여러 해가 걸렸다. 이제 나는 말, 글로 쓰인 낱말, 원격통신, 낱말판 그리고 음성출력도구를 포함한

'매개 수단'을 결합해 사용한다. 이 모든 도구를 활용하여 나는 내 '목소리'를 전한 다(Nola Millin, 뇌성마비를 지닌 젊은 여성, Millin, 1995, p. 3).

균형적 중재 접근

뷰켈먼(Beukelman, 1987)은 CCN을 지닌 사람들의 의사소통 프로그램을 짜려면 '균형적 접근(balanced approach)'이 필요함을 강조하였다. 뇌성마비인의 경우 AAC 의 강조는 운동발달 훈련, 언어치료, 학업교수 등과 균형을 이루어야 한다. 예를 들 면, 스캐닝을 위한 눈 추적기, 헤드마우스, 스위치 등의 대체 접근 방법들을 사용하 기 위해 광범위한 운동훈련을 필요로 하는 사람들이 있을 수 있다. 그러나 개인이 즉 시 사용할 수 있는 기법을 찾고자 할 때 자주 범하는 실수는 운동 요구가 많은 옵션을 미리 포기하는 것이다. 그 결과 장기적인 효율성이 단기적인 성과를 위해 종종 희생 된다. 그러나 개인의 즉각적인 의사소통 요구를 충족시키기 위해 쉽게 접근 가능한 다수의 접근으로 짜인 장기적인 프로그램을 운용하는 것이 더 나은 결과를 가져올 수 있으며, 궁극적으로는 더 균형이 잡힌 것일 수 있다. 이러한 프로그램은 체계적인 운동이나 말 치료 프로그램을 통해 더 복잡한 기술을 훈련시키고자 하는 '미래 투자' 이기도 하다(이 이슈에 대한 추가적 논의는 Treviranus & Roberts, 2003 참조).

이러한 원칙은 뇌성마비인을 위한 다중방식 의사소통 체계를 선택할 때에도 적용 된다. 다수의 AAC 기법들이 여러 상황에서 그리고 다양한 메시지를 주고받고자 하 는 여러 사람을 대상으로 사용될 수 있다(Light, Collier, & Parnes, 1985a, 1985b, 1985c 참조). 또한 뇌성마비인들이 운동장애로 인해 말, 제스처, 얼굴 표정 등에서 심한 손 상을 보인다고 해서 이들이 이러한 자연스러운 의사소통 방식의 사용을 단념해야 하 는 것은 아니다(Hustad & Shapley, 2003). 오히려 균형적 접근에서는 중재 대상자와 의사소통 상대가 다양한 상황에서 사용하기에 가장 효과적인 기법을 찾아내도록 훈 련하면서도, 이러한 다중방식 체계의 사용을 격려하고 지원하고자 노력할 것을 요구 한다. 일례로 어떤 사람은 가족과는 자연스러운 방식을 사용하여 매우 효과적으로 의사소통할 수 있는 반면 낯선 사람들과 의사소통하려면 AAC 기법에 의존해야만 할 수도 있다(Blackstone & Hunt Berg, 2003a, 2003b).

나는 나의 성인기와 독립적인 생활 및 고용에 대한 전이 계획이 나의 부모님이 내가 뇌성마비임을 알게 된 그날부터 시작되었다고 믿고 싶다. 그들은 나를 치료실과 유아원 프로그램으로 데려가기 시작했고, 시간이 지날수록 나에 대한 기대를 키워 나갔다…… 교육과 재활을 늦추면 늦출수록 원하는 것들을 목격할 가능성은 더 줄어들 것이다(Anthony Arnold, AAC에 의존하는 뇌성마비 남성, Arnold, 2007, p. 94).

성인기 계획

미국 센서스국(U. S. Census Bureau)에 따르면, 2005년 중도 장애인의 30%가 전일제 또는 시간제로 일을 하고 있는 것으로 나타났다. 그런데 이 수치는 비장애인의 83.5%에 비해 매우 낮은 수치다(Brault, 2008). 센서스국의 보고에 따르면, '중도장애' 범주에는 다른 장애를 지닌 사람들 외에도 뇌성마비를 지닌 사람들이 많이 포함되어 있다고 한다. 이러한 수치는 2005년 덴마크에서 보고된 뇌성마비 성인만을 대상으로 한 수치와 거의 동일하다. 즉, 성인 뇌성마비인 중 29%가 경쟁적으로 고용이된 상태였는데, 이는 비장애인의 82%에 비해 크게 차이가 나는 것이었다(Michelsen, Uldall, Mette, & Madsen, 2005). 이 연구에 의하면 지적장애가 없고 정규 학교 프로그램을 수료한 뇌성마비인의 단지 절반만이 21~35세까지는 직업을 얻는 것으로 나타났다.

내 생각에는 열두 살 정도가 적당한 것 같다…… 우리는 그들이 어디에 있어야 할 것인지에 대한 생각을 시작해야 한다…… 당신은 나중이 아닌 미리 그러한 논의들을 시작해야 한다. 왜냐하면 실제 전이는 매우 스트레스가 많은 일이지만 어느 정도의 확신과 자연스러운 기대 속에서 전이가 이루어진다면 훨씬 더 쉬울 수 있는 단계이기 때문이다(AAC에 의존하는 뇌성마비 청년 Josh의 어머니, Lund & Light, 2007, pp. 328-329).

물론 고용이 모든 뇌성마비인들의 주된 목표이거나 유일한 목표인 것은 아니다. 대부분의 사람들은 고등학교 이후의 교육, 자원봉사, 의미 있는 여가와 레크리에이션 활동 등 다른 옵션들을 또한 고려할 것이다(McNaughton & Kennedy, 2010). 요점은 성인기를 위한 장기적인 계획이 선택 활동이어서는 안 된다는 것이다. 성인기를 위한 계획은 AAC를 사용하는 대다수 사람들에게 필수적인데, 뇌성마비와 말이 제한적인 사람들에게는 특히 중요하다. 이들을 위한 장기적인 계획의 필요성은 의사소통이 본질인 대인 관계, 학업 및 고용과 관련된 광범위한 요구들에 부응할 수 있는 AAC 도구와 기법에 의존해야 할 필요성에 의해 악화될 수 있다. 일례로 고등학교 이후의 교육과정에 참여하는 사람들은 강사 및 수강생들과 상호작용하고, 필요할 경우 과제의 수정 및/또는 대체를 요청하며, 자신의 활동 보조인에게 지시를 하고, 과제를 완성하며, 도서관 자료를 찾고, 이메일을 주고받으며, 강의 중이나 강의 이후의 다양한 교수 활동에 참여할 수 있어야 한다(Horn & May, 2010). 유급직이든 자원봉사 활동에서든 사람들은 일 관련 어휘와 사회적 어휘, 다중작업(즉, 음성출력도구로 의사소통하면서 노트하기 또는 전동휠체어를 운전하면서 의사소통하기), 자발적이고 신속한 메시지 산출 등을 할 수 있어야 한다(McNaughton, Arnold, Sennott, & Serpentine, 2010; McNaughton, Light, & Arnold, 2002). 앞선 계획과 준비가 없으면, AAC 체계는 이러한 요구들을 모두 충족시킬 수 없을 것이고, 충족시킨다 해도 뇌성마비인들이 AAC 체계를 활용하는 데 필요한 기술들을 지닐 것 같지 않다. 따라서 AAC 팀(가족을 포함한)은 가급적 빨리, 즉 뇌성마비 학생이 학교에 다니는 동안 졸업 이후의 전이 계획을 시작해야 한다.

졸업 후 전이 계획에 대한 포괄적이고 자세한 정보는 AAC 사용 청소년과 청년을 위한 전이 전략(Transition Strategies for Adolescents and Young Adults Who Use AAC; McNaughton & Beukelman, 2010)과 AAC-RERC 웹캐스트 페이지에 있는 Beth Anne Luciani와 David McNaughton의 웹캐스트를 보라.

지적장애

미국 지적장애 및 발달장애협회(American Association on Intellectual and Developmental Disabilities: AAIDD)가 내놓은 가장 최근의 정의에 따르면, 지적장애는 "지적 기능과 개념적, 사회적, 실제적 기술로 나타나는 적응행동에서의 유의한 제한이 특징적이다. 이 장애는 18세 이전에 시작된다"(Schalock et al., 2010). AAIDD 정의에 내재된 가정은 적절한 지원을 하면 동년배 일반인들에게 전형적인 지역사회 환경에서 지적장애인들이 성공적으로 생활하고, 일하며, 여가를 즐기고 배울 수 있는 능력에 유의한 영향을 미칠 수 있음을 강조하는 것이다. 개별적인 요구를 판단하고 지원하는 과정은 지능지수에 기초하여 경도, 중등도, 중도 또는 최중도 지적장애로 사람들을 범주화했던 이전 정의에 포함된 낡은 분류체계를 대체하였다(Thompson et al., 2009).

북아메리카의 많은 지역과 유럽의 일부 지역에서는, 7개 생활 영역(가정 생활, 지역사회 생활, 평생 학습, 고용, 건강과 안전, 사교, 보호와 옹호)에 대한 개별적인 지원 요구 평가와 특별한 의료 또는 행동 지원 요구를 파악하기 위해 지원 강도 척도(Supports Intensity Scale: SIS; Thompson et al., 2004)를 사용한다. 평가 결과는 관련 영역에 대한 개별 지원을 계획하고 이행하는 데 활용될 수 있다. SIS는 인쇄물, CD-ROM 또는 AAIDD 지원 강도 척도 웹 사이트에서 얻을 수 있다.

WHO(2001)에 따르면, 지적장애의 출현율은 세계적으로 1%에서 3% 사이인 것으로 알려져 있다. 개발도상국의 출현율은 초기 아동기 뇌 감염과 출생 시 뇌손상이나 무산소증(anoxia)의 높은 발생률로 인해 더 높은 것으로 추정된다. 세계적으로 가장 흔한 원인은 풍토병성 요오드 결핍(endemic iodine deficiency: EID)이다. EID는 우리가 예방할 수 있는 뇌손상과 지적장애의 단일 원인 중에서 세계적으로 가장 많은 비율을 차지한다(Delange, 2000). 또 다른 원인으로는 유전 질환(예: 다운증후군과 취약 X 증후군); 임신 중 문제(예: 알코올 섭취 임신부에 의해 태어난 태아 알코올 범주성 장애 아동); 백일해, 홍역, 뇌수막염과 같은 건강 문제; 납이나 수은 같은 환경적 독소 노출 등을 들 수 있다.

플로리다 주 언어치료사들을 대상으로 실시한 조사에 의하면, AAC를 필요로 하는 학령기 아동의 34%가 지적장애를 지니고 있는 것으로 나타났다(Kent-Walsh, Stark, & Binger, 2008). 펜실베이니아 주 언어치료사들을 대상으로 실시한 유사한 조사에 의하면, AAC를 필요로 하는 학령 전 아동의 38%는 주로 발달지체(즉, 지적장애) 진단을 받은 것으로 보고되었다. 뉴질랜드(Sutherland, Gillon, & Yoder, 2005)와 이스라엘(Weiss, Seligman-Wine, Lebel, Arzi, & Yalon-Chamovitz, 2005) 같은 나라에서 이루어진 인구통계학적 조사 또한 지적장애 아동들이 AAC 지원을 필요로 하는 학령기 아동의 가장 많은 비율을 차지함을 보여 주었다. AAC 팀은 장애 정도와 상관없이 이들에게 의사소통 서비스를 전달할 수 있으며 또한 전달해야 한다(National Joint Committee for the Communication Needs of Persons with Severe Disabilities, 2003a, 2003b).

AAC 관련 이슈

1980년대 중반 이후부터 지적장애(intellectual disability)를 지닌 사람들은 AAC 중재의 적절한 후보로 인식되었다. 실제로 많은 교육청과 성인 서비스 기관 및 거주시설들은 이들이 AAC 서비스를 받을 만한 대상인가와 관련하여 여전히 '적정 후보자(candidacy)' 준거를 부적절하게 유지하고 있다(National Joint Committee for the Communication Needs of Persons with Severe Disabilities, 2003a, 2003b). 그럼에도 불구하고, 1980년대 중반 이래 이들 장애인에 대한 사회와 전문가들의 태도에서 중요한 긍정적 변화가 일어났다. 즉, 지적장애를 지닌 사람들이 통합된 역동적 환경에서 의사소통할 수 있도록, 이들을 돕는 데 필요한 기회와 테크놀로지 제공이 점점 더 늘고 있다. 그러나 AAC에 의존하는 지적장애인들을 지원하는 AAC팀이 특히 유념해야 하는 세 가지 이슈, 즉 기회 장벽, 의사소통과 문제행동의 관계, 이들 인구 내에서 나타나는 요구의 다양성 등은 여전히 남아 있다.

기회 장벽

1992년 이 책의 첫 판이 출간되었을 때, 우리는 '기회 장벽'을 지적장애인들의 AAC 사용에 영향을 미치는 특정 이슈 중 하나로 파악했다. AAC 사용을 위한 기회는 통합된 가정, 학교 및 지역사회 환경에서 반응적인 의사소통 상대와 상호작용할 때에만 존재할 것이다(Mirenda, 1993). 불행히도 20년이 지난 지금 많은 지적장애인들이 여전히 분리된 환경에서 살고, 일하며, 여가를 즐기고 있다. 이러한 환경에서는 의사소통 상대가 CCN을 지닌 동료이거나 유급 직원들로 국한되는 경향이 있다. 또한 이들에게 제공되는 AAC 교수는 임의적인 일정 준거에 도달할 때까지 매우 구조화된 상황에서 이루어져야 하고, 일정 준거에 도달한 이후에야 해당 의사소통 기술이 실제로 필요한 자연스러운 상황에 노출되어야 한다는 견해가 여전히 많은 곳에 존재한다. 불행히도 일반화의 문제가 지적장애인들에게 흔하다는 점을 생각하면 이러한 접근은 무익한 경우가 많다. 이러한 이슈를 포괄적으로 논의한 칼큘레이터와 베드로시안은 "의사소통이라는 것은 다양한 일상 활동 속에서 기능하는 개인의 능력을 촉진하는 수단 그 이상도 이하도 아니기 때문에 단절된 활동으로 의사소통을 중재하는 것은 정당성이 거의 없다."(Calculator & Bedrosian, 1988, p. 104)고 주장하였다. 통합된 환경에서 주어지는 자연스러운 의사소통 기회들은 선택된 어휘뿐 아니라 사용된 교수기법에도 직접적으로 영향을 미칠 것이므로 이러한 기회들은 모든 AAC 중재의 통합적인 부분으로 미리 고려되어야 한다. 또한 이러한 기회들을 얻을 수 있느냐의 여부는 기능적 의사소통을 지원하기 위해 AAC가 활용되는 정도에 영향을 미칠 것이다. 기능적 의사소통은 AAC를 활용하는 개인의 동기를 북돋을 뿐 아니라 당사자의 삶의 질을 높일 것이다.

> 나를 통제하려 하지 마라. 나는 인간으로서 내게 주어진 힘에 대한 권리를 지니고 있다. 소위 불복종이나 교묘한 태도는 내가 삶에 대한 다소의 통제력을 발휘할 수 있는 유일한 방법일 수 있다(Kunc & Van der Klift, 1995의 지원을 위한 신조[A Credo for Support]').

문제행동

대부분의 지적장애인은 사회적으로 부적절한 행동을 하지 않는다. 그러나 상당히 명확한 이유들―가야 할 장소, 함께할 사람, 해야 할 것, 의사소통 방법 등의 제한―로 인해 일반인에 비해 더 많은 문제행동이 나타난다(Batshow & Shapiro, 2002). 수십 년 동안 지적장애인들의 행동을 '관리'하기 위해 유폐(즉, 시설 수용), 투약, 혐오(즉, 벌 사용) 등의 행동수정 기법들이 사용되었다. 1980년대 중반에, 문제행동의 대안으로 기능적 의사소통 기술을 가르치기 위한 수많은 전략과 문제행동 예방을 위한 주도적이며 생태학적인 전략의 활용이 강조되었다(Sigafoos, Arthur, & O'Reilly, 2003; Sigafoos, Arthur-Kelly, & Butterfield, 2006). 많은 지적장애인이 주된 의사소통 방식으로 말을 사용하지 못하기 때문에, 이러한 강조점의 변화는 AAC와 관련이 깊다. 따라서 문제행동을 보이는 사람과 함께하는 AAC 촉진자는 행동 지원을 위한 의사소통 접근법을 다룬 문헌들에 익숙해야 한다. 그래야만 지원이 필요할 때 촉진자 및 옹호자로서 적절히 활약할 수 있다. 문제행동을 지닌 사람들을 돕기 위해 자주 활용되는 전략들은 시각 스케줄, 분할지도(contingency map, 사전 행동, 바람직한 행동, 결과 등으로 구성됨-역자 주), 규칙 스크립트 등의 AAC 입력 전략(Bopp, Brown, & Mirenda, 2004; Mirenda & Brown, 2007, 2009)이나 선택하기와 기능적 의사소통 훈련에 사용되는 AAC 출력 전략(Bopp et al., 2004; Tiger, Hanley & Bruzek, 2008)을 포함한 경우가 많다.

백인백색

앞에서 논의한 대로, '지적장애'라는 용어는 결과적으로 인지장애를 가져오는 다양한 증후군과 질환을 포함하는 매우 '포괄적'인 용어다. 이 영역에 포함되는 질환을 지닌 사람들(예: 앤젤먼 증후군, 다운증후군) 중에는 인지장애와 함께 유의한 의사소통 문제를 경험하는 경우가 흔하다. 반면에 다른 질환을 지닌 사람들(예: 윌리엄스 증후군과 프라더-윌리증후군)은 그러한 문제를 보이지 않는다(Dykens, Hodapp, & Finucane, 2000). 더욱이 의사소통 문제를 지닌 사람들 사이에서도 나타나는 장애 특성은 서로 다를 수 있다. 한 예로 다운증후군을 지닌 사람들은 기능적인 의사소통을 하기에 적절한 말 발달이 가능하지만(Dykens et al., 2000), 앤젤먼 증후군을 지닌 사람들은 그렇지 않다(Didden, Korzilius, Duker, & Curfs, 2004).

이러한 다양성을 고려해 보면, 자연스러운 말 발달과 AAC 둘 다를 목표로 한 중재의 특성은 수반된 장애에 따라 지적장애인 간에도 매우 다를 것이다(Wilkinson & Hennig, 2007). 따라서 AAC 팀원은 언어, 의사소통 및 사회관계적 특성, 학습 강점, 특정 지적장애를 지닌 사람들에게 전형적일 수 있는 전반적인 발달 패턴 등의 특성을 염두에 두고 중재를 계획하고 이행할 수 있도록, 이러한 특성들을 이해하는 것이 중요함을 유념해야 한다(Ogletree, Bruce, Finch, Fahey, & McLean, 2011). 또한 많은 발달장애인들이 발달 프로파일과 자신에게 필요한 중재의 특성을 더욱 복잡하게 만드는 다수의 진단명을 동시에 지닐 수 있음을 기억해야 한다(예: 다운증후군 및 자폐, Rasmussen, Bšrjesson, Wentz, & Gillberg, 2001). 반면에 대부분의 AAC 전략과 기법은 특정 증후군이나 질환에 상관없이 적용될 수 있음을 기억하는 것 또한 중요하다. 이러한 일반적 접근에 대해서는 제9장~제13장에서 논의할 것이다.

> 나는 그림으로 생각한다. 말은 내게 찰나와 같다. 나는 말과 글을 완벽한 사운드를 지닌 컬러 영화로 바꾼다. 그렇게 만들어진 영화는 내 머릿속에서 비디오테이프처럼 돌아간다. 누군가가 나에게 말을 하면, 그의 말은 즉시 그림으로 번역된다(Temple Grandin, 자폐증을 지닌 교수, Grandin, 1995, p. 19).

자폐범주성장애

자폐범주성장애(autism spectrum disorder: ASD)는 광범위한 사회적 의사소통장애를 포괄하는 용어로 받아들여진다(Wing, 1996). 자폐의 원인은 알려져 있지 않으나 가족이나 정서적 요인에 의한 것이 아님을 보이는 연구들이 많다(Wing, 1996). 수많은 연구들이 자폐를 일으키는 여러 유전적, 신경학적, 환경적 요인들을 확인하는 데 관심을 갖고 있다. ASD의 출현율은 88명당 1명으로 추정되며 모든 인종과 민족 및 사회경제적 집단에서 발생한다(Centers for Disease Control and Prevention, 2012). 일찍부터 집중적인 교육 및 관련 중재를 시작하면 성과와 관련해 실질적인 차이를 가져올 수 있다(National Research Council, 2001).

북미에서 최근 이루어진 ASD 원인에 대한 연구 정보를 얻고자 하는 독자들은 International Society for Autism Research, Studies to Advance Autism Research and Treatment network, Autism Speaks 등의 웹 사이트를 방문하면 된다. 평가와 진단에 관한 정보를 얻고자 한다면 First Signs 웹 사이트를 방문하라.

특징

자폐 범주의 한쪽 끝에는 집중적인 교육, 행동 및 지역사회 지원을 필요로 하는 지적장애를 동반한 사람들이 위치한다. 다른 한쪽 끝에는 독립적으로 생활하고, 직업을 가지며, 결혼을 하고, 자녀를 양육할 수 있는 사회적으로 괴짜이거나 '소심한(shy)' 사람들이 위치한다(Aston, 2001, 2003; Stanford, 2002 참조). 이러한 양극단 사이에 ASD를 지닌 대부분의 사람들이 존재하는데 이들은 다양한 지원, 특히 사회적 의사소통 영역에 대한 지원을 필요로 한다.

사회성, 의사소통 및 언어장애

ASD를 지닌 사람들은 언어 및 의사소통의 수단 및 형식과 관련하여 다양한 문제들을 경험한다(Mirenda & Iacono, 2009 참조). ASD 아동의 대략 40%는 말을 발달시키지 못하며, 12개월에서 18개월에 일부 낱말을 표현했던 아동들의 25~30%는 이후에 말을 잃게 된다(Johnson, 2004; Schneider, 2004). 말이 발달할 경우에도 반향어, 상투어, 문자적 의미 해석, 단조로운 억양, 특이한 낱말이나 구절 사용 등의 문제가 흔하다.

ASD를 지닌 사람들에게서 가장 두드러지는 점은 어린 시기에 명백히 드러나는 사회적 상호작용에서의 구어 및 비구어 장애다. 연구자들은 이후에 자폐로 진단받을 가능성이 높은 '위험 신호(red flags)'로 몇 가지 핵심 증상들을 기록해 왔다. 그러한 증상에는 크게 웃지 않거나 다정하게 굴지 않음; 6개월이 지나도 즐거움을 표현하지 않음; 9개월이 지나도 소리, 미소 또는 타인의 얼굴 표정 등을 주고받으며 공유하지 않음; 12개월이 되어도 옹알이를 하지 않음; 12개월이 되어도 지적하기, 보여 주기, 내밀기 또는 손 흔들기 등의 제스처를 주고받지 않음; 16개월까지 낱말을 표현하지 않음; 24개월이 되어도 두 낱말로 이루어진 의미 있는 구절(모방이나 반복이 아닌)을 표현하지 않음; 연령에 상관없이 했던 말이나 옹알이, 사회적 기술 등이 사라짐 등이 포함된다(Wiseman, 2006).

> 자라면서 그녀의 말 문제는 다른 무엇보다 우선하는 문제가 되었다. 그녀가 다른 사람들과 관계를 맺기 위해서는 바로 말이 필요했던 것이다(Clara Claiborne Park, 자신의 자폐 딸아이를 언급하며, Park, 1982, p. 198).

대다수 ASD인들은 수용 및/또는 표현 언어장애를 보인다. 그러나 듣는 것을 모두 이해하는 것처럼 느끼게 하는 다른 영역에서의 특출한 기술들로 인해 이러한 문제가 가려지는 경우가 흔하다. 실제로 많은 ASD인들이 언어 영역에서 드러나는 능력보다 훨씬 뛰어난 시공간 및 시기억 기술을 지니는데, 이러한 특징은 이들에게서 관찰되는 특별한 읽기 및 철자하기 능력(과독증, hyperlexia; Newman et al., 2007)을 설명할 수 있을 것이다. 또한 ASD인들은 언어적 이해 결함을 보완하기 위해 일상적인 과정들을 기억하고 구어와 동반된 미묘한 상황 단서에 집중함으로써 월등한 것으로 인식되는 시공간적 기술들을 활용할 수도 있다(Mirenda & Erickson, 2000).

> 아이였을 때, '인간 세상'은 내게 너무나 자극적이었다. 스케줄이 달라지거나 기대하지 않았던 사건이 일어나는 날이면 나는 격앙되곤 했는데, 추수감사절이나 크리스마

스는 더더욱 끔찍했다. 그러한 휴일이면 우리 집은 친척들로 북적거렸다. 왁자지껄 떠드는 소리, 온갖 냄새(향수, 담배, 축축한 털모자나 장갑), 다양한 속도로 움직이는 사람들, 여러 방향에서 오가는 사람들, 지속적인 소음과 혼란스러움, 계속되는 접촉 등은 나를 압도했다. 어떤 자극에는 과잉 반응하고 어떤 자극에는 과소 반응하기에 이러한 상황은 자폐아동에게 특별한 것이 아니다. 이들은 빙빙 돌기, 신체 상해하기 등 자기자극이 아니면 외부 자극을 차단하기 위해 내부 세계로 회피하는 선택을 해야만 한다. 그렇지 않으면 동시에 다가오는 수많은 자극들에 압도되어 감정적 격분 행동, 소리 지르기, 용납되기 어려운 행동 등으로 반응할 것이다(Temple Grandin, 자폐아로 지낸 자신의 어린 시절 경험을 기술하며, Grandin & Scariano, 1986, pp. 24-25).

인지 및 처리장애

ASD의 말, 언어 및 의사소통장애의 근원은 사회성 및 의사소통 중재에 직접적으로 영향을 미치는 발달 및 인지 처리 이슈들이다. 연구에 의하면, 평균적으로 ASD의 41%는 지적장애를 동반하는데, 이러한 장애의 동시 발생은 이전에 생각한 것보다 덜 흔한 것으로 나타난다(예: Bölte & Poutska, 2002). 이러한 차이는 ASD 진단 준거의 시간에 따른 변화, 조기 중재의 긍정적 영향 및/또는 그 밖의 요인들에 기인하는 것으로 보인다. 또한 영국의 연구자들은 ASD를 지닌 사람들을 일컬어 "마음이론(theroy of mind)"—특정 행동의 원인을 자신이나 타인의 독립적인 정신 상태에서 찾을 수 있는 능력—이 부족한 사람들이라는 증거를 제시해 왔다. 이러한 장애는 가장 유능한 ASD인들조차도 사회적 상황 속에서 타인의 견해를 고려하지 못하는 무능력을 설명할 수 있다. 더욱이 프리잰트(Prizant, 1983)는 어떤 상황이나 발화를 그 구성 부분이 아닌 '전체(whole)'로 처리하는 ASD의 경향성을 언급하면서, 이들을 "전체적 처리자(gestalt processors)"라고 기술하였다. 이러한 경향성은 최소한 언어 발달 초기 단계에서 자주 관찰되는 이들의 반향적 언어의 많은 부분을 설명할 수 있다.

AAC 관련 이슈

종합해 보면, ASD는 극단적으로 복잡하고 다양한 장애다. 이러한 특징은 개인 내에서도 또한 개인 간에서도 나타난다. 또한 이러한 복잡성은 말 중심 중재와 AAC 중재 모두와 관련하여 많은 어려움을 갖게 한다. 다음 세 가지 이슈, 즉 조기 중재의 중요성, 사회적 맥락 내에서 이루어지는 AAC 중재, 말산출도구(SGDs) 활용 등은 특히 언급될 필요가 있다.

조기 중재

ASD 대상의 중재 프로그램에서 결정적으로 중요한 것으로 보이는 몇 가지 요소들을 발견할 수 있다. 그중에서도 가장 중요한 요소는 다음과 같다.

1. 일찍 시작하라.
2. 일찍 시작하라.
3. 일찍 시작하라.
4. 일찍 시작하라.
5. 일찍 시작하라!

자폐아동 교육 중재에 관한 국립연구위원회(National Research Council's Committee on Educational Interventions for Children with Autism)가 2001년 발행한 보고서에 의하면, 자폐라는 진단이 심각하게 고려(필연적으로 확정되지 않은)되자마자 가급적 일찍 중재 프로그램이 시작되어야 한다. 위원회는 또한 "집중적인 교수 프로그램에 아동을 적극적으로 참여시켜야 하며"(p. 219), 이러한 프로그램은 1년 내내 주당 최소 25시간씩 적어도 아동이 여덟 살이 될 때까지 제공되어야 하고, 일대일과 소집단 회기 속에서 수행되는 "반복적이고 계획적인 교수 기회들"(p. 219)로 구성되어야 한다. 위원회는 또한 ① 구어 및/또는 AAC 방식을 활용하는 기능적, 자발적 의사소통, ② 부모 및 또래와의 발달적으로 적절한 사회성 기술, ③ 또래와의 놀이 기술, ④ 일반화를 강조하는 다양한 인지 발달 목표, ⑤ 문제행동을 다루기 위한 긍정적 행동 지원, ⑥ 기능적 학업기술 등 여섯 가지 주요 영역에서 근거 기반 교수 기법이 활용되어야 함을 강조하였다.

위원회는 이러한 목적을 달성하기 위해 이용할 수 있는 다양한 교수 접근법들을 또한 승인하였다. 불연속적 개별 시도 교수(discrete trial teaching; Smith, 2001), 우발교수(incidental teaching; McGee, Morrier & Daly, 1999), 응용행동분석(applied behavioral analysis)에 기초를 둔 기타 구조화된 교수 접근들(Leaf & McEachin, 1999; Sundberg & Partington, 1998), 발달, 개인차, 관계 기반 모델(Developmental,

Individual-Difference, Relationship-Based Model: DIR; Greenspan & Weider, 1999), SCERTS® 모델(Social Communication, Emotional Regulation, and Transactional Support; Prizant, Wetherby, Rubin, Laurent, & Rydell, 2006a, 2006b; Rubin, Laurent, Prizant, & Wetherby, 2009), 조기 시작 덴버 모델(Early Start Denver Model; Rogers & Dawson, 2010) 및 다른 많은 접근법들이 이에 포함된다. 비록 연구위원들이 특정 교과과정이나 접근법을 추천한 것은 아니지만, 이들은 ASD 아동과 그 가족들의 요구를 충족시키는 목적 지향, 근거 기반 및 개별화된 프로그램의 중요성을 강조하였다. 다양한 ASD 대상의 중재 접근법들을 요약하거나 비평하는 것은 이 장의 범위를 벗어나는 것이다. 그러나 우리는 가족이 ASD를 지닌 자녀를 위해 무엇을 해야 하는지, 그리고 그것을 어떻게 하는 것이 최상인지를 결정해야 하는 과제에 끊임없이 직면하게 된다는 점을 강조하고자 한다. 그러한 결정사항 중에는 가족에 의해 다양한 유형의 AAC 기법들이 수용되고 사용될 수 있는 정도에 크게 영향을 주는 것들이 있을 것이다(예: 일부 응용 행동 분석 프로그램에서는 수화는 수용되지만 그림 상징은 수용되지 않을 수 있다; Mirenda, 2003b; Sundberg, 1993 참조). 따라서 AAC 중재자들은 자신과 상당히 다른 (또한 상반되기도 하는) 견해를 지닌 타 전문가들과 일해야만 할 수 있는데, 그러한 경우에는 상당한 협상과 협력 기술이 필요할 것이다.

보스턴 아동 병원(Children's Hospital Boston)의 하워드 쉐인(Howard Shane)과 동료들은 실제적인 일상적 교환 속에서 ASD인들의 의사소통 요구를 충족시키고자 다양한 시각적 지원을 제공하는 시각 몰입 프로그램(Visual Immersion Program: VIP)을 개발하고 있다(Shane, O'Brien, & Sorce, 2009; Shane & Weiss-Kapp, 2008). VIP를 설명하는 하워드 셰인과 그의 동료 메이건 오브라이언(Meghan O'Brien)의 웹캐스트를 AAC-RERC 웹 사이트에서 이용할 수 있다.

사회적/발달적 맥락에서의 의사소통

ASD는 사회적 매개 수단인 의사소통의 본질적 특성에 크게 영향을 미치기 때문에, AAC 중재는 형식과 관련된 측면보다 의사소통의 화용적 측면을 강조하는 것이어야 한다(Duchan, 1987). 리즈(Rees)의 말을 인용해 보면, ASD인들에게 있어서 "형태론, 구문론 및 의미론을 합해도 의사소통과 동등하지 않다"(1982, p. 310). 특히 초기 의사소통자의 경우, 역동적인 대인 관계 속에서 자발적인 의사소통을 발달시키는 것이 특히 중요하다. 기능적인 일상 활동과 관련하여 자연스럽게 발생하는 일과 속에서 의사소통 기술을 활용하도록 가르치는 이유가 바로 여기에 있다.

　개인의 사회적, 의사소통적, 인지적 발달 수준에 맞추어 중재를 시작하고 자연스러운 발달 진전에 따라 기술을 쌓도록 하는 것 또한 중요하다. 많은 연구자들에 따르면, 지적장애 아동들에게서 전형적으로 나타나는 것과 달리 ASD 아동들의 발달 프로파일은 불균형적인 기술의 분포가 특징적이라고 한다. 이는 종종 "발달 불연속성(developmental discontinuity)"(Fay & Schuler, 1980)으로 언급되어 왔다. 예를 들면, 감각운동평가에서 ASD 아동은 제스처나 말소리 모방, 매개자로 성인 활용(수단-목적)하기, 상징 이해 또는 언어 이해 등 대인 관계적 상호작용을 필요로 하는 영역보다 사물 영속성과 도구 사용(인과관계) 영역에서 현저하게 더 나은 수행을 보인다(Curcio, 1978; Wetherby & Prutting, 1984). 이러한 정보는 AAC 중재에 직접적인 시사점을 던져 준다. 왜냐하면 아동의 사물 관련 능력보다는 사회적, 언어적 능력을 중재하는 데 관심을 두는 것이 더 중요하기 때문이다. 일례로 말을 못하는 ASD인들에게는 수화나 그 밖의 형식적인 의사소통 체계(예: 그림 체계)가 흔히 추천된다. 이러한 현상은 이들의 의사소통 문제가 단순히 산출방식의 부족이며, 의사소통 의도나 언어는 온전하다고 추정하기 때문에 나타난다. 그러나 ASD인들은 소근육 및 대근육 운동 기술과 같은 비언어성 영역이나 사물 조작(예: 퍼즐 맞추기)을 포함한 영역에서 능력을 보이는 경우에도, 의사소통의 기반이 되는 언어나 사회성 기술을 지니고 있지 않은 경우가 많다. 유의한 발달 불연속성을 보이는 아동을 대상으로 형식적인 언어나 의사소통 접근법을 적용하는 것에 앞서 모방, 동시적 주의집중, 자연스러운 제스처 사용 기술 등을 쌓도록 하는 중재가 이루어져야 한다. 형식적인 언어 중심 AAC(또는 말) 접근을 섣불리 시작하는 것은 ASD 아동과 촉진자들을 좌절시킬 뿐 아니라 기

문해 교수와 언어 발달을 지원하기 위한 말산출 테크놀로지의 활용에 관한 웹캐스트를 보고자 한다면 AAC-RERC 웹 사이트를 방문하라. ASD와 그 밖의 발달장애 학생을 위한 문해 발달 관련 웹캐스트를 더 보고자 한다면 자폐, 뇌성마비, 다운증후군 및 기타 장애인을 위한 펜실베이니아 주립대학교 문해 교수(Pennsylvania State University Literacy Instruction for Individuals with Autism, Cerebral Palsy, Down Syndrome and Other Disabilities) 웹 사이트를 방문하라.

능적이지도 않으며, 상동 행동을 이끌 것이다.

말산출

많은 연구들이 ASD인들의 의사소통(Schlosser, 2003d; Schlosser, Sigafoos, & Koul, 2009)과 문해 기술(Koppenhaver & Erickson, 2009; Light & McNaughton, 2009a)을 가르치기 위해 SGD와 그 밖의 말산출 테크놀로지들을 효과적으로 이용할 수 있음을 보여 왔다. 이러한 연구 결과들은 고무적일 뿐 아니라 ASD를 대상으로 말산출 테크놀로지를 사용하는 것이 적절한가와 관련해 이전에 존재했던 우려들을 완화시켜 주고 있다. ASD 대상의 SGD 사용이 갖는 잠재적인 이점으로는 ① 말산출은 주의 끌기와 의사소통 행위 자체를 결합한다는 사실, ② 친숙하거나 낯선 의사소통 상대 모두가 쉽게 이해 가능한, '사회적 가교(social bridge)'로 작용할 수 있는, 양질의 말산출이 갖는 유용성(Trottier, Kamp, & Mirenda, 2001), ③ SGD를 단일 낱말과 구절 외에 전체 메시지(예: "나랑 밖에 나가서 함께 놀래?")로 프로그램화할 수 있는 능력 등을 들수 있다. 전체 메시지를 프로그램화할 경우 의사소통의 효율성은 증가하고 의사소통의 단절 가능성은 감소하게 된다. 우리는 강력한 말산출 도구들을 애플사의 아이패드나 아이팟 터치와 같은 도구들을 통해 점점 더 쉽게 접할 수 있게 되었다. 일례로 우리는 프로로그큐오투고(Prologquo2Go)와 같은 비교적 저렴한 앱 버전을 역동적디스플레이 형태로 사용할 수 있다(Kagohara et al., 2010; Sennott & Bowker, 2009).

농맹

농맹(이중 감각장애로도 불리는)인들은 시각과 청각 채널을 통한 정보 습득 능력을 크게 손상시키는 다양한 시/청력 문제를 보인다(Rönnberg & Borg 2001). 농맹의 법적 정의는 중도에서 최중도 청력 손상(즉, 60~90dB 또는 그 이상의 청력 손실)을 동반한 20/200 또는 그 이하의 시력을 지닌 경우를 말한다(Ladd, 2003). 농맹인은 출생에서 생후 2세 사이에 시각 · 청각장애를 갖게 된 선천성(Munroe, 2001)과 살아가면서 이후에 시각 · 청각장애를 갖게 된 후천성으로 나뉠 수 있다. 선천성 농맹의 가장 흔한 원인으로는 태내 감염(예: 풍진), 선천성 뇌손상, 염색체 이상(차지증후군, CHARGE syndrome) 등을 들 수 있다. 후천성 농맹은 유전성 장애(예: 어서증후군, Usher syndrome), 노화,

출생 후 또는 초기 아동기 감염, 후천성 뇌손상 등을 들 수 있다(Munroe, 2001). 최근 추정치에 의하면, 미국의 경우 1만 명 이상의 아동과 젊은이(0~21세), 대략 3만 5천 ~4만 명의 성인이 농맹이라고 한다(Miles, 2008). 캐나다 자료에 의하면, 농맹인의 약 55~70%는 2세 이후에 발생한 후천성 장애인 것으로 나타난다(Munroe, 2001; Watters, Owens, & Munroe, 2005).

선천성과 후천성 농맹인의 의사소통에 대한 정보는 농맹 A부터 Z까지(A-Z to Deafblindness), 미국 농맹협회(American Association of the Deaf-Blind), 농맹 전국 컨소시엄(National Consortium on Deaf-Blindness)과 DeafblindResources.org 등에서 찾아볼 수 있다.

인지 및 의사소통 능력

앞에서 언급한 바와 같이, 농맹은 선천성이나 후천성 질환에 의해 발생할 수 있다. 후천성에 속하는 대다수는 어셔 증후군을 지닌 사람들로, 망막색소변성증(retinitis pigmentosa)으로 인한 경도에서 중도의 선천성 농(deafness)과 진행성 맹(bindness)을 겪는다(Rönnberg & Borg, 2001). 물론 농맹 조합은 다양할 수 있다(예: 선천성 맹과 후천성 농, 청력과 시력의 동시 저하). 선천성과 후천성 농맹인 182명을 대상으로 캐나다에서 수행된 달비와 동료들(Dalby et al., 2009)의 연구에 의하면 인지, 일상 활동, 사회적 상호작용 등에서 선천성 농맹인은 후천성 농맹인에 비해 3~5배 정도 장애가 더 심한 것으로 나타난다. 말을 대체할 수 있는 효과적인 대안 부재로 인해, 대다수 선천성 농맹인은 전언어적 의사소통 단계에 머무는 것으로 보인다(Bruce, 2005). 달비와 동료들의 연구(Dalby et al., 2009)에서 보면, 선천성 농맹인의 21.6%가 항상 또는 대부분 다른 사람들을 이해시키는 것으로 나타나는데, 이는 후천성 농맹인의 81%에 비해 크게 차이가 나는 수치다. 언어 이해 영역에서도 유사한 패턴이 관찰된다. 즉, 선천성 집단의 5.7%, 후천성 집단의 39.4%가 타인의 말을 분명하게 이해할 수 있는 것으로 나타난다.

맹인이 되었을 때, 나는 극단적으로 좌절했다. 조금도 과장하지 않고, 가족과 의사소통하는 것도 힘이 들었다. 나는 좌절했고, 집에 갇혀 지냈다. 우리는 헤쳐 나가야 했다. 내게는 도움을 주기 위해 찾아와 주는 친구와 가족이 있었다. 나는 수화를 배웠고 그들 또한 수화를 배웠다. 그것이 바로 지금 우리가 의사소통하는 방법이 된 것이다(후천성 농맹을 지닌 성인, Watters et al., 2005, p. 20).

AAC 관련 이슈

시각과 청각의 이중 처리장애로 인해 야기되는 문제들 때문에, AAC 팀은 다양한 AAC 옵션들을 고려해야 하는데, 이들 옵션 중 많은 것들은 농맹인에게만 해당되는 특별한 것들이다. 특히 이중 감각장애의 발생 시기(즉, 선천성 대 후천성), 중재자가 수행하는 중요한 역할, 체계적 교수의 필요성 등과 관련된 이슈들을 인식하는 것은 중요하다.

선천성 장애와 후천성 장애

농맹인의 청력과 시력 손실의 시기 및 정도는 의사소통 능력뿐 아니라 다른 기능 영역의 발달에도 크게 영향을 미친다. 달비와 동료들(Dalby et al., 2009)은 후천성 농맹인의 62.4%가 의사소통을 위해 말이나 독화(speech reading)를 사용한다고 보고하였다. 이들이 흔히 사용하는 또 다른 의사소통 기법은 촉각을 활용하는 지화, 한 손이나 두 손으로 촉각을 활용하는 수화, 수정된 전국 수어(예: 미국 수어, 스웨덴 수어), 스크린 점자 의사소통기(Screen Braille Communicator)와 농맹 의사소통기(DeafBlind Communicator) 같은 전자 도구 등이다.

> 내 딸 세라(Sara)가 훨씬 어렸을 때 내가 그녀와 의사소통할 수 있는 비구어 방식들에 대해 알았더라면 얼마나 좋았을까! 세라가 열 살이었을 때, 우리는 비구어 의사소통 전문가인 훌륭한 교사 한 분을 소개받았다. 그녀는 학교 팀에게 사물 의사소통과 달력 상자(calendar boxes)에 대해 이야기하고자 세라의 교실을 찾아왔다. 이후 우리의 삶은 크게 달라졌다. 세라는 사물이 활동을 나타낸다는 것을 배웠으며 그러한 지식을 통해 얻는 학교와 가정에서의 힘(power)을 즐기게 되었다(Janette Peracchio, 세라의 어머니, 2011년 전국 농맹 컨소시엄에서).

달비와 동료들(Dalby et al., 2009)은 선천성 농맹인의 단지 23.9%만이 말을 할 수 있음을 발견하였다. 이들은 주로 수정되거나 손으로 부호화된 수화(68%)를 통해 혹은 특이한 수화, 제스처, 행동(78.4%) 등으로 의사소통을 했다. 선천성 농맹인 대상의 AAC 연구들을 고찰한 시가푸스와 동료들(Sigafoos et al., 2008)은 유형 상징(예: 음료수를 요구하기 위한 컵)이 가장 많은 참여자들에 의해 사용되었음을 알 수 있었다. 다음으로는 선화 상징으로 이루어진 의사소통판이나 의사소통책이 뒤를 이었는데, 흔히 농맹인과 의사소통 상대가 디스플레이에 접근할 수 있도록 확대된 상태나 이중 디스플레이 형태로 제시되었다. 임의적으로 선택된 촉감들이 원하는 항목을 요구하기 위해 활용되는 촉각 상징은 세 개 연구에서 이용되었는데, 때때로 마이크로 스위치나 SGD 상에서 활용되었다. 제스처, 수화, 지화 등을 포함하는 관습적인 비도구적 AAC 기법들은 다섯 개의 서로 다른 연구 참여자들 중 소수가 배운 것으로 나타났다. 놀랍게도 17개 연구 중 단지 두 개의 연구만이 다중방식(제스처＋수화＋유형 상징)에 집중한 것으로 나타났다. 시가푸스와 동료들(Sigafoos et al., 2008)은 다중방식 AAC 활용을 검토하고, 어떤 중재 전 평가들이 AAC 기법 선택에 활용될 수 있는지를 체계적으로 결정하며, 서로 다른 교수 절차와 AAC 옵션들을 비교하기 위한 더 많은 연구들이 필요함을 언급하였다.

> 우리는 앤디(Andy)가 버블(bubble) 속에 살고 있음을 깨달았다. 그 아이는 자신이 듣고 볼 수 있는 정보에만 접근할 수 있었다. 최중도 농과 한쪽 눈의 시력만을 지녔기에 그 아이의 버블은 매우 작았다. 우리는 앤디가 사람들과 세상에서 고립된 채 자라기를 원치 않았다. 우리는 그가 독립적이기를 원했다. 독립적이려면 배워야 하고, 배우려면 정보와 의사소통에 접근해야 했다. 그리고 앤디가 필요로 하는 모든 것을 우리가 제공한다는 것은 힘에 부치는 일이었다. 유일한 방법은 청력과 시력 손상을 보완해줄 수 있는 훈련된 사람의 도움을 받는 것이었다. 바로 중재자!(앤디의 부모, Prouty & Prouty, 2009, p. 2).

중재자의 역할

더욱더 많은 농맹 아동과 성인들이 학교와 지역사회에서 훈련된 중재자들의 지원을 받고 있다. 중재자들은 자신들이 지원하는 사람들을 위한 정보와 의사소통에 지속적으로 접근하고자 농맹 및 농맹과 관련된 교육 전략들에 대해 전문적인 심층 훈련을 받는다(Alsop, 2004). 중재자의 역할은 ① 시각과 청각을 통해 주로 얻게 되는 환경 정보에 대한 접근을 촉진하고, ② 농맹인의 수용 및 표현 의사소통 기술을 발달시키거나 이들 기술을 사용하도록 촉진하며, ③ 사회적, 정서적 안녕을 촉진할 수 있는 신뢰성 있는 관계를 발달시키고 유지하는 것 등이다(Alsop, Blaha, & Kloos, 2000). 이 러한 역할 속에서 중재자는 학생의 교육 팀 및/또는 지역사회의 성인 지원 체계의 일 원이 되는 것이다. 실제로, 오랫동안 함께한 중재자는 AAC 전문가를 포함한 타 전문 가들에 비해 중재 대상자의 의사소통 강점과 요구들에 대해 더 많이 알고 있을 것이 다. 따라서 모든 AAC 평가와 중재 결정에 중재자를 포함시키고 필요할 경우 조언과 전문성을 구하는 것은 중요하다.

> 중재자와 중재자 훈련에 관한 정보는 농맹 전국 컨소시엄(National Consortium on Deaf-Blindness, DeafblindResources.org), 캐나다 농맹협회(Canadian Deafblind Association) 등에서 얻을 수 있다. 선천성 농맹 아동에 대한 평가와 교수 기법에 관한 정보는 스파클(SPARKLE) 웹 사이트에서 찾아볼 수 있다.

체계적 교수의 필요성

다른 어떤 발달장애보다도 선천성 농맹인들은 의사소통 체계 사용을 위한 세심하고 체계적인 교수를 필요로 한다. 이러한 상황은 가장 기본적인 기능인 요구하기와 관련해서도 마찬가지다. 다수의 의사소통 방식을 기능적으로 사용하도록 촉진하는 동시에 이중 감각장애로 인한 한계를 극복할 수 있도록 혁신적인 훈련 절차들이 사용되어야 한다. 시가푸스와 동료들(Sigafoos et al., 2008)이 파악한 가장 흔히 보고되는 교수 절차는 ① 변별적 자극 제시하기, ② 의사소통적 행동 촉진하기, ③ 점차적 촉진 제거하기, ④ 정확한 반응에 대한 차별적 강화 제공하기 등이다. 행동 연쇄 간섭(behavior chain interruption), 최소 촉진 체계(the system of least prompts), 맨드 모델(mand model)과 오류 수정(error correction), 샘플 일치(match to sample) 등의 행동주의적 기법들이 일부 연구들에서 또한 사용되었다(이러한 절차들에 대한 자세한 내용은 제10장 참조). 고찰된 17개 연구들에서 가장 빈번하게 교수 목표로 삼은 기술들은 선택하기와 요구하기(선호하는 사물, 도움, 휴식 등)였으며, 그다음으로는 돌보아 주는 사람의 주의 끌기로 나타났다. 17개 연구 중 단지 네 개의 연구에서만 인사하기, 타인의 인사에 반응하기, 질문하기, 답하기와 같은 사회적 대화 기술을 목표로 삼은 것으로 나타났다.

아동기 말 실행증

아동기 말 실행증(childhood apraxia of speech: CAS)은 "신경근육의 결함(예: 비정상적 반사, 비정상적 근긴장)이 없음에도 불구하고 말산출의 기본이 되는 움직임의 정확성과 일관성이 손상된"(ASHA, 2007, pp. 3-4) 선천성의 신경학적 말소리장애다. 진단과 관련해 분명하게 합의된 준거가 부재하기에, ASHA(2007)는 이들 아동을 기술하기 위해 CAS 의심(suspected CAS)이라는 용어를 사용하도록 권고하였다.

CAS는 알려진 신경학적 장애나 미확인 신경학적 장애의 결과로 발생할 수 있다. 출현율은 비록 타당한 역학 자료는 얻을 수 없지만(ASHA, 2007), 아동 천 명당 한두 명으로 추정된다(Shriberg, Aram, & Kwiatowksi, 1997). CAS가 의심되는 아동들은 말 및/또는 언어 문제를 지녔던 가족을 둔 경우가 흔하다(Lewis, Freebairn, Hansen, Iyengar, & Taylor, 2004), 따라서 적어도 일부 아동의 CAS는 유전적 요인에 의한 것으로 보인다(Shriberg, 2006).

특징

CAS의 행동 특성은 지금까지 이루어진 연구에 근거해 판단하기가 쉽지 않다. 이들은 비구어 운동, 말 운동, 말소리와 구조(즉, 낱말과 음절 형태), 운율, 언어, 상위 언어적 인식, 음소 인식 및 문해 등에서 결함을 보일 수 있다. 말 운동 행동(motor speech behaviors) 차원에서, 다음에 기술되는 세 가지 특성의 타당성에 대해서는 어느 정도 합의가 이루어진 상태다. 그 세 가지 특성은 ① 음절이나 낱말을 반복적으로 산출할 경우 자음과 모음 오류의 일관성이 없음, ② 소리와 음절 간 동시조음 전이가 길어지거나 매끄럽지 않음, ③ 운율 부적절, 특히 어휘 또는 구절 강조에서 문제가 생김 등이다(ASHA, 2007).

CAS가 의심되는 아동들의 '부모에게 띄우는 편지(letters to parents)' 시리즈는 학술지 『Language, Speech, and Hearing Services in Schools』의 2000년 4월호에 실렸다. 이 글들은 CAS의 특성, 말 특징 및 원인뿐 아니라 연관된 문제들과 치료 접근법들을 평이하게 설명해 준다(Hall, 2000a, 2000b, 2000c, 2000d).

AAC 관련 이슈

CAS 아동을 위한 AAC 중재와 관련해서는 두 가지 이슈를 특히 언급할 필요가 있다. 그 두 가지 이슈는 바로 2차적 전략으로서의 AAC 활용과 중재를 위한 다층(multitier) 접근법의 필요성이다.

2차적 전략으로서의 AAC

CAS는 일차적으로 말운동장애이기 때문에, 치료는 주로 말산출 향상에 초점을 두게 되며, AAC는 전형적으로 이차적 중재 전략으로 이용된다(ASHA, 2007). 블랙스톤(Blackstone)이 언급했던 바와 같이, "모든 명료한 낱말·구절은 가치 있는 것이다"(1989, p. 4). ASHA(2007)는 운동 학습 이론의 원리들에 기반을 둔 전략들을 이용한 집중적인 말 치료가 빈번하게(예: 주당 2~4회), 비교적 짧은(예: 35~45분) 회기로 제공되어야 한다고 권고하였다. 이러한 전략들에는 다양한 활동, 환경 및 상황에서 이루어지는 분산된 연습과 목표 말소리에 대한 다수의 예 활용하기 등이 포함된다(Strand & Skinder, 1999). 드손, 존슨, 왈더 및 마후린-스미스(DeThorne, Johnson, Walder, & Mahurin-Smith, 2009)는 AAC를 포함하여 조기에 말 발달을 촉진하고자 하는 다수의 대체 전략들을 또한 제안하였다.

CAS가 의심되는 아동들의 부모들이 갖는 주된 우려 사항은 AAC 기법을 제공하면 말 발달 및/또는 말산출이 방해될 것이라는 점이다. 그러나 AAC를 사용하는 다수의 CAS 의심 아동에 대한 사례연구들에 의하면, 이러한 우려를 완화시키는 근거들을 얻을 수 있다. AAC 사용 결과로 말이 향상되지 않을지라도(Bornman, Alant, & Meiring, 2001; Culp, 1989) 말 발달을 저해하지 않으며 시간이 갈수록 말을 향상시키는 것으로 보인다(Blischak, 1999; Cumley, 1997; Cumley & Swanson, 1999; Waller et al., 2001). 더욱이 CAS가 의심되는 아동들은 유의한 언어 지체의 증거를 보이는 경우가 흔한데, 이는 어린 시절에 보인 언어 '연습(practice)'의 무능력에서 그 원인을 찾을 수 있다(Stromswold, 1994). 자연적으로 말이 발달하기를 기다리든, 말 중재에 이용 가능한 치료 시간의 99%를 헌신적으로 투자하든, 지체된 언어 발달은 그 대가가 크다. 오히려 언어를 사용하고 갖고 '놀(play)' 기회를 충분히 갖도록 CAS가 의심되는 아동에게 어린 나이부터 하나 이상의 적절한 AAC 방식을 제공하는 것은 매우 중요하다(Binger, 2008a). 일례로 컴리와 스완슨(Cumley & Swanson, 1999)은 평균 발화 길이가 낱말을 기준으로 2.6인 학령 전 CAS 아동이 AAC 지원을 받을 경우 4.6으로 증가한 사례를 발표하였다. 이 AAC는 활동 디스플레이에 PCS가 들어 있는 SGD를 포함한 경우였다. AAC를 소개받은 뒤 언어 발달이 증가한 유사한 사례는 다른 보고서들에서도 또한 찾아볼 수 있다(예: Harris, Doyle, & Haaf, 1996; Waller et al., 2001).

CAS의 말 중재에 관한 더 많은 정보는 실행증 아동 및 촉진 연구소(Apraxia-Kids and Prompt Institute)를 통해 얻을 수 있다.

AAC 활용을 위한 다층 모델

볼과 스태딩(Ball & Stading, 2006)은 기능적인 말과 의사소통 요구에 기반을 두고 CAS 의심 아동에게 AAC를 제공하고자 하는 다층 모델(multitier model)을 제안하였다. 이 모델은 전통적 AAC, 말 보완을 위한 AAC, 의사소통 단절을 복구하기 위한 AAC, 문해와 학업을 위한 AAC, 연습을 위한 AAC 등 다섯 개의 층으로 구성된다.

나는 M이 입학하기 1년 전에 SGD를 가질 수 있었던 것에 대해 진심으로 감사하고 있다. 비록 1년 더 빨리 가질 수 있었더라면 더 좋았을 테지만 말이다. 나는 적어도 3세부터는 아동들이 SGD로 시작하기를 권한다. 아이들 스스로 화자로서의 경험을 빨리 하면 할수록 더 좋다고 생각한다(CAS가 의심되는 6세 5개월의 아프리카계 미국인 소년 M의 어머니, Bornman et al., 2001, p. 631).

전통적 AAC 말이 매우 불명료하거나, 주로 한 낱말을 사용하거나, 가족 혹은 또래나 교사들과 효과적으로 의사소통할 수 없는 CAS 의심 아동들은 다중방식 AAC 중재가 도움이 될 것이다. 이러한 중재에는 의사소통책, 의사소통 지갑, SGD 등의 도구를 사용하는 기법들(Blackstone, 1989; Bornman et al., 2001)과 제스처나 수화와 같은 도구를 사용하지 않는 기법들이 포함된다. 도구 사용 AAC 기법의 장점은 낯선 의사소통 상대의 경우 제스처나 수화보다 이것을 더 쉽게 이해한다는 것이다. 주된 단점은 CAS 아동에게 부여될 수 있는 어휘와 휴대 가능성의 제약이다. 크래비츠와 리트만(Kravitz & Littman, 1990)은 CAS가 의심되는 많은 사람들을 언급하면서 충분한 수의 어휘 항목을 제공하는 것이 중요함을 강조하였다. 의사소통책이나 SGD에 적어도 400~500개의 어휘 항목이 들어 있지 않으면 기능적이지 않을 수 있다. 또한 대다수 CAS 의심 아동들은 이동의 문제가 없기 때문에 AAC 도구들을 손쉽게 이용 및 휴대할 수 있도록 해야 한다. SGD와 의사소통 디스플레이는 어깨 끈, 휴대용 케이스 또는 서류 가방 등을 활용하여 지니고 다닐 수 있다. 또한 의사소통을 위한 기회와 어휘를 충분히 활용할 수 있도록 벽, 식사용 매트, 자동차 계기판, 냉장고, 욕실 타일 등―결국 대상 아동이 다니는 곳은 어디든지―에 소형 의사소통판을 부착할 수도 있다(Blackstone, 1989).

도구를 사용하는 AAC 디스플레이는 언어 발달과 사회적 능력을 최대한 촉진할 수 있는 방식으로 설계되어야 한다. 특정 활동을 위한 상징 디스플레이(로우테크 또는 SGD 사용)는 대상 아동이 문법적으로 정확한 더 길고 복잡한 메시지 구성법을 배울 수 있도록 피츠제럴드 키(예: 주어, 동사, 형용사, 사물 등을 왼쪽에서 오른쪽으로 각각 배치하는)를 사용해 배열할 수 있다(Binger & Light, 2007; Cumley & Swanson, 1999). 동시에, 스몰 토크(제3장 참조), 예측 가능한 사회적 상호작용(예: 패스트푸드점에서 음식 주문하기, 노크 노크 게임하기), 스토리텔링, 예견할 수 있는 메시지를 포함한 기타 교환 유형 등을 촉진하기 위해 SGD 상으로 미리 프로그램화되어 있는 메시지들이 제시될 수도 있다.

> 실행증 아동을 대상으로 적절한 유형의 치료를 하는 것은 너무나도 중요하다. 우리는 1년 동안 케네디에게 언어 자극 치료를 제공했지만 진전은 거의 전무하였다. 시각, 촉각, 청각 등의 단서와 수많은 반복을 통해 우리는 이제 문장을 목표로 하고 있다. 우리는 케네디가 매우 자랑스럽다!(Traci, 케네디의 어머니, Apraxia-Kids Monhly 소식지[Traci, 2003, p. 7]).

말 보완을 위한 AAC CAS가 의심되는 많은 아동들이 적당한 명료도를 지닌 단단어 발화는 산출할 수 있으나 다단어 발화 산출에서는 어려움을 보일 수 있어서 결과적으로 기꺼이 산출을 시도하는 낱말 수가 제한적일 수 있다. 이들의 경우에는 말 보완 AAC 전략들이 유익할 수 있다. 글을 읽고 쓸 수 있는 아동들은 말을 하면서 알파벳 디스플레이에 있는 각 단어의 첫 글자를 지적해 주는 알파벳 보완(alphabet supplementation)을 통해 도움을 얻을 수 있다. 이 과정은 말 속도를 늦춰 주는 동시에 단어를 좀 더 '추측 가능한' 상태로 이끌 수 있는 정보를 제공한다.

또한 말을 하면서 핵심 상징들을 지적해 주는, 좀 더 전통적인 AAC에서 사용되는 것들과 유사한, 상징 디스플레이들을 활용할 수 있다. 이러한 디스플레이들은 특히 CAS가 의심되는 아동들이 흔히 어려워하는 주제 설정에 도움이 될 수 있다. CAS를 지닌 아동이 서툴게 조음된 하나 이상의 낱말로 새로운 대화 주제를 소개하고자 시도할 때, 의사소통 상대는 가능성에 비추어 그 낱말이 무엇인지 추측해야 할 것이다. 만일 그가 디스플레이 상에서 하나 이상의 상징을 지적함으로써 가능성의 범위를 좁혀 줄 수 있다면, 의사소통 상대는 이해하기 어려운 해당 낱말을 훨씬 쉽게 추측할 수 있을 것이다.

의사소통 단절을 복구하기 위한 AAC   의사소통의 주된 방식으로 말에 의존하거나 다단어 발화를 산출할 수 있는 CAS 의심 아동들은 불명료한 단어나 구절로 인해 의사소통 단절이 발생했을 경우 여전히 어려움을 겪을 수 있다. 일례로 블록버거와 캠프(Blockberger & Kamp, 1990)는 CAS가 의심되는 학령기 아동들을 대상으로 제스처, 수화 및 SGD 외에도 말을 사용한 사례들을 보고하였다. 아동과 가족들은 주로 말과 도구를 사용하지 않는 접근을 선호했으며, 의사소통 단절이 발생했을 경우에만 도구를 사용하는 AAC 기법들에 의지하였다. 명료화와 수정 전략들에는 알파벳이나 상징 보완 디스플레이 사용, 제스처, 몸짓이나 팬터마임, 환경 단서 지적하기 등이 포함되었다(Blackstone, 1989). 의사소통 상대가 단절을 해결하는 데 도움이 되는, 미리 프로그램되어 있는 (글 또는 SGD상의) 메시지(예: '내게 질문을 해서 내가 예 또는 아니요로 답할 수 있게 해 주십시오') 또한 유용할 수 있다.

> 나는 학교에서 처음으로 구두보고를 한 열 살짜리 내 아들 새뮤얼(Samuel)을 모두에게 알리고 싶다. 주제는 수성에 관한 것이었다. 내 아들은 멋진 수성 모형을 가지고 있었고, 내용을 이끌어 가기 위해 카드를 사용하기는 했지만, 그 카드에 쓰인 대로 단지 읽기만 한 것이 아니었다. 내가 그곳에 있었다면 얼마나 좋았을까! 나는 새뮤얼이 자신을 매우 자랑스러워했으며, 행성 전시회에 들러 질문을 할 사람들을 기다리고 있었다고 자신 있게 말할 수 있다. 교장 선생님은 새뮤얼에게 관심을 보이면서 일정 시간을 할애하기도 하였다. 3학년이었던 작년에는 구두로 보고하는 전기 프로젝트를 완성했는데, 집에서 한 문장씩 녹음한 테이프를 교실에 가져가 그대로 튼 것으로 끝났으며, 그것도 언어치료사에게만 구두보고를 했었다. 1년이 지난 지금 얼마나 차이가 나는지! 새뮤얼은 그 사이 자랐고 매우 성숙해졌다. 지금은 적당히 크

게만 말한다면 그의 말을 대부분 이해할 수 있다. 이제 나는 내 아들이 여생 동안 말
장애를 지닌 존재로 살아가지 않을 것임을 확신한다(새뮤얼의 어머니 Trina,
Apraxia-Kids Monthly, 2004, p. 5).

학업과 문해를 위한 AAC 앞에서 언급한 대로, CAS가 의심되는 많은 아동들이 말산
출, 특히 문해 학습의 기초가 되는 음운인식 외에 문해 영역에서도 어려움을 겪는다
(Light & McNaughton, 2009a). 학교에서 배우는 대부분의 것들이 읽고, 쓰고, 철자하
는 능력을 필요로 하기에, 문해에서의 어려움은 결과적으로 학업 문제를 가져올 수
있다. 또한 CAS가 의심되는 많은 아동들이 손으로 글을 쓰는 능력에 영향을 미치는
소근육 운동 계획하기의 문제를 보인다. AAC 팀은 아동들이 학교에 입학하기 전이
라도 그러한 문제가 학업을 방해하지 않도록 컴퓨터와 같은 쓰기를 보완할 수 있는
지원을 고려해야 한다.

읽기를 위한 텍스트 상징을 제공하고, 음독되는 낱말들을 하이라이트해 주며, 정
확한 말산출을 지원할 수 있는 음성 출력 AAC 상징 디스플레이들을 이용할 수 있다
(Ball, 2008). 일례로 빙어, 켄트-월시, 베런스, 델 캠포 및 리베라(Binger, Kent-
Walsh, Berens, del Campo, & Rivera, 2008)는 CAS가 의심되는 남미계 학령 전 여자
아동의 어머니를 대상으로 자녀에게 이야기책을 읽어 주면서 wh-의문문에 두 개의
상징을 조합하여 반응할 수 있도록 모델링하는 법을 가르쳤다. 이 여자 아동은 8회에
걸친 이야기 읽기 활동을 마친 후 어머니의 질문에 두 개의 상징을 조합한 반응을 산
출하기 시작했으며, 8주 후에는 새로운 책들에 대해서도 적절히 반응할 수 있게 되었
다. 볼(Ball, 2008) 또한 SGD를 사용하여 디지털화된 음소들을 활성화한 다음 그것들
을 결합하여 합성음성을 통해 낱말을 산출할 수 있도록 함으로써 아동의 음소 인식
을 촉진할 수 있다고 제안하였다([그림 8-1] 참조). 블리스샤크(Blischak, 1999)는 합성
음성을 산출하는 SGD를 사용하여 세 명의 CAS 의심 아동에게 음운인식의 요소 중
하나인, 운 맞추기(rhyming)를 가르치기도 하였다. CAS 의심 아동들의 문해 발달 촉
진을 위한 SGD 활용에 대해 더 많은 검토가 필요하기는 하지만, SGD 활용은 잠재력
을 지닌 것으로 보인다.

연습을 위한 AAC 앞에서 언급했던 바와 같이, ASHA(2007)는 CAS가 의심되는 아
동에게 30~45분씩 주당 2~4회의 집중적인 말 치료를 제공하도록 권고하였다. 또한

부모들로 하여금 자녀에게 적절한 자극을 제공하고, 목표한 말을 산출하도록 요구하며, 정확성에 근거해 피드백을 제공하는 등 가정에서 구조화된 말 연습을 할 수 있도록 요청하는 경우가 종종 있다. 그러나 몇몇 장벽들로 인해 부모가 이끄는 연습의 효과성이 약화될 수 있다. 그러한 장벽들 중에는 연습에 쏟아부을 수 있는 부모의 시간 부족(Pappas, McLeod, McAllister, & McKinnon, 2008), 최적 수준 이하로 제공되는 부모의 말 모델(Gardner, 2006) 등이 포함된다. 직접적인 부모 참여 없이 CAS 의심 아동이 말을 연습할 수 있도록 말산출이 가능한 SGD나 디지털 도구들을 활용하는 것도 하나의 대안이 될 수 있다(Ball, 2008).

이러한 옵션을 검토한 실험 연구는 적지만, 이를 다룬 연구들에서는 디지털 이미지(예: 컴퓨터화된 그림, 사진)가 컴퓨터 화면 상에 디스플레이되고, 디지털화된 말 모델은 라벨이나 이미지를 기술하는 그 밖의 다른 방식들로 제공되었다(예: Choe, Azuma, Mathy, Liss, & Edgar, 2007; Nordness & Beukelman, 2010). 일례로 노르드니스와 뷰켈먼(Nordness & Beukelman, 2010)은 10개의 목표 낱말 각각을 모델링하는 언어치료사의 오디오와 비디오 클립을 매킨토시용 파워포인트(2004)로 제시하였다. 아

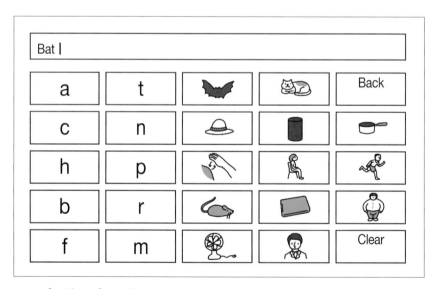

[그림 8-1] -at과 -an으로 끝나는 낱말(예: bat, mat, can, fan)을
만들기 위한 음소들로 구성된 SGD 디스플레이

출처: Ball, L. (2008). Childhood apraxia of speech: Augmentative & alternative communication strategies. In J. Wambaugh, N. Alarcon, L. Shuster, & L. Ball (Eds.), *Traditional and AAC approaches for apraxia of speech in adults and children.* Miniseminar presented at the ASHA annual conference, Chicago. PCS는 DynaVox Mayer-Johnson LLC.의 허락하에 게재함

동들에게는 총 50번의 시도를 할 수 있도록 목표 낱말 각각에 대해 무선으로 다섯 번의 연습 시도가 제공되었으며 매일 10분 동안 연습을 하도록 요청하였다. 이러한 연습 결과는 부모가 주도하는 조건과 연습을 하지 않는 조건의 결과와 비교되었는데, 컴퓨터 주도 연습은 부모 주도 연습만으로 성취되는 것보다 더 많은 연습 시간을 제공하는 것으로 나타났다. 이 연구는 비록 이미지와 말 모델을 제공하기 위해 SGD가 아닌 컴퓨터를 사용했지만, 이것이 우리가 이와 비슷한 유형의 연습 경험을 제공하기 위해 적절한 상징을 지닌 SGD를 사용하지 않을 이유가 되지는 않는다. 아동에게 훌륭한 말 모델을 제공하고 아동이 모방한 반응을 녹음해 주는 앱(예: ArtikPix)을 제공하는 디지털 도구(예: iPad, iPod Touch) 또한 스스로 연습할 수 있는 동기부여적인 기회를 주기 위해 이용할 수 있다.

📋 학습문제

8-1. 경직형, 이상운동형, 운동실조형 및 혼합형 뇌성마비를 구분하고, 이들 각각의 유형에 대한 AAC 관련 시사점들을 논의하라.

8-2. 뇌성마비인들에게 AAC 서비스를 제공할 때 특별히 고려해야 할 세 가지는 무엇인지 기술하라.

8-3. 최근에는 지적장애를 어떻게 정의하고 평가하는가?

8-4. 지적장애인들에게 AAC 서비스를 제공할 때 특별히 고려해야 할 세 가지는 무엇인지 기술하라.

8-5. 자폐범주성장애의 특성은 AAC 서비스와 지원 제공에 어떤 영향을 미치는가?

8-6. 자폐와 CCN을 지닌 사람들에게 SGD를 사용하는 것과 관련해 최신 연구들은 무엇을 말해 주는가?

8-7. 농맹의 주요 두 가지 유형은 무엇이며 각 유형과 관련된 의사소통 및 AAC의 시사점은 무엇인가?

8-8. 농맹인의 AAC 팀 구성원으로서 중재자가 갖는 역할은 무엇인지 기술하라.

8-9. 의심되는 아동기 말 실행증은 어떻게 정의되는가?

8-10. CAS를 지닌 아동의 AAC 중재를 위한 볼과 스태딩(Ball & Stading, 2006)의 5층 모델은 무엇인지 기술하라.

Chapter **09**
초기 의사소통자를 위한
참여와 의사소통 지원

이 장과 이후 장들에서 우리는 다음과 같은 특성을 보이는 모든 연령대의 사람들을 지칭하기 위해 초기 의사소통자(beginning communicators)라는 용어를 사용한다.

- 이들은 제스처, 발성, 응시 및 몸짓 언어와 같은 비상징적 의사소통 방식에 주로 의존한다. 이러한 행동들은 비의도적(즉, 타인에 의해 해석될 경우에만 의사소통의 기능을 갖는다)이거나 의도적(즉, 지속, 공동주의 및 의사소통 단절이 발생했을 때 대안 방식 활용 등의 의도 표시로 사용된다; Ogletree, Bruce, Finch, Fahey, & McLean, 2011)일 수 있다.
- 이들은 요구하기, 거부하기, 정보 공유하기, 사회적 상호작용에 참여하기 등 의사소통 기능과 관련된 기본적인 메시지를 나타내기 위해 도구적 상징이나 비도구적 상징의 사용법을 배우는 중이다.
- 이들은 참여와 조기 의사소통을 위해 비전자 의사소통 디스플레이 및/또는 단순한 스위치, 말산출도구 등을 사용한다.

초기 의사소통자 중에는 의사소통 능력이 자신의 생활연령에 맞게 발달하고 있는 다양한 유형의 어린 장애아동이 포함될 수 있다. 이들은 언어 발달의 초기 단계에 있는 발달장애 아동, 청소년 또는 성인일 수 있다. 후천성 뇌손상이나 기타 신경학적 외상을 겪은 후 초기 회복 단계에 있는 사람들일 수도 있다. 연령이나 의사소통장애의 원인에 상관없이, 이들은 자신의 환경과 자신을 둘러싼 사람들에게 긍정적인 영향을 미칠 수 있는 기본적인 의사소통 기술을 배우기 위한(또는 회복하기 위한) 지원을 필요로 한다. 이 장에서 우리는 기회와 참여, 비상징적 의사소통 및 초기 상징 사용과 관련된 초기 의사소통자를 위한 중재를 논의한다. 제10장에서는 언어 발달과 광범위한 상징적 의사소통 지원 전략들에 대해 논의한다.

> 아동 언어 문헌들을 살펴보면, 우리가 말하는 비상징적 의사소통을 지칭하기 위해 많은 용어가 사용되어 왔음을 알 수 있다. 상대방이 지각한 의사소통(partner-perceived communication; Wilcox, Bacon, & Shannon, 1995), 전어적 의사소통 혹은 잠재적 의사소통 행위(prelinguistic communication or potential communicative acts; Sigafoos, Arthur-Kelly, & Butterfield, 2006), 초기 AAC 행동(early AAC behaviors; Siegel & Cress, 2002) 등을 예로 들 수 있다. 이들 용어의 공통점은 의도적[즉, 언표내적(illocutionary)] 행동과 비의도적[언표외적(perlocutionary)] 행동을 모두 언급하며(McLean & Snyder McLean, 1988; Ogletree et al., 2011) 관습적이거나 비관습적인 형식을 취할 수 있으나 그림, 수화 또는 인쇄된 낱말 등의 상징적 방식은 사용하지 않는다는 것이다.

의사소통과 문제행동의 관계

초기 의사소통자들은 자신과 함께 생활하고, 배우며, 놀거나, 일하는 사람들에게 특별한 도전이 되는 비상징적 행동을 보이는 경우가 흔하다. 심한 짜증, 때리기, 소리 지르기, 밀기, 다양한 자기상해 행동 및 기타 문제행동이 이에 포함된다. 수많은 연구자들이 대부분의 문제행동을 의사소통적으로 해석할 수 있을 뿐 아니라 의사소통을 통해 해결할 수 있다고 제안해 왔다(Carr et al., 1994; Donnellan, Mirenda, Mesaros, & Fassbender, 1984; Durand, 1990; Reichle & Wacker, 1993). 이 장 전체에 걸쳐 우리는 문제행동을 보이는 사람들과 관련된 의사소통 중재를 다른 의사소통 중재와 관련지어 논의할 것이다.

문제행동에 대한 비상징적 의사소통 중재와 상징적 의사소통 중재에는 공통적인 세 가지 중요한 원칙이 있다. 첫째 원칙은 기능적 동등성의 원리(principle of functional equivalence)다. 흔히 가장 적절한 중재는 문제행동과 동일한 기능을 하는 대안 행동을 가르치는 것이다. 이는 중재자들이 현재의 문제행동이 갖는 기능을 파악하기 위해 포괄적이고 기능적인 행동평가(functional behavioral assessment: FBA)를 해야 한다는 뜻이다. 그래야만 적절한 대안을 찾고 가르칠 수 있기 때문이다(FBA 절차의 예는 Bambara & Kern, 2005; Crone & Horner, 2003; Dunlap et al., 2010; Hieneman, Childs, & Sergay, 2006; Sigafoos et al., 2006 참조). 일례로 문제행동의 기능이 주의를 끌기 위한 것이라면, 새로운 행동도 주의를 끄는 것이어야 한다. 현재의 행동이 원하지 않는 사건을 피하게 해 주는 것이라면, 새로운 행동 또한 그러한 기능을 담당하는 것이어야 한다.

효과적인 협력과 실제를 위한 센터(Center for Effective Collaboration and Practice), 특수교육 프로그램국(Office of Special Education Program: OSEP), 긍정적 행동 중재 및 지지를 위한 기술 지원 센터(Technical Assistance Center on Positive Behavioral Interventions and Supports) 등을 통해 FBA에 대한 다수의 인터넷 자료들을 얻을 수 있다.

둘째 원칙은 효율성과 반응 효과성의 원리(principle of efficiency and response effectiveness)라 부르는데, 이는 사람들이 주어진 시간 내에 어느 시점에서든 가장 효율적이며 효과적인 방식으로 의사소통하는 상태를 말한다. 이는 대안행동이 문제행동과 마찬가지로 산출하기 쉬워야 하며, 원하는 결과를 얻는 데에도 효과적이어야 함을 의미한다. 새로운 행동이 더 어렵고 덜 효과적이라면 이전 행동이 지속될 것이다. 셋째 원칙은 적합성의 원리(principle of goodness-of-fit)다. 문제행동에 대한 가장 적절한 반응은 사람과 그 사람이 처한 환경을 적절히 조화시키는 것이어야 한다는 뜻이다. 이러한 원칙을 따를 경우, 이전에 기술한 기능적 평가 결과에 기초하여 관련 환경을 바꾸게 될 것이다. 일례로 크리스토스(Christos)라는 이름의 그리스 남성은 복합적인 의사소통 요구뿐 아니라 자폐, 발작장애, 기복이 심한 조울증을 지니고 있었다(Magito-McLaughlin, Mullen-James, Anderson-Ryan, & Carr, 2002). 그는 자기 상해, 타인에 대한 공격, 파괴적 성질, 멀리 달아나기 등을 포함하여 분열적인 문제행동을 자주 보였다. 기능적인 행동 평가 결과, 크리스토스의 행동은 원하지 않는 환경이나 사회적 사건(예: 붐빔, 과열, 키가 큰 남자 직원, 지역사회 활동에의 접근 부족)에서 벗어나거나 피하기 위한 것으로 나타났다. 크리스토스의 환경을 그의 바람과 선호에 '맞는' 것들로 바꾸었더니, 문제행동의 비율과 강도가 극적으로 감소하였다. 이와 관련하여 사용된 중재에는 그를 자신의 아파트로 이사시키기, 그와 관심사를 공유하는 그리스어를 쓰는 직원 고용하기, 자기통제 및 의사소통 기술 가르치기, 다가오는 사건을 예측할 수 있도록 시각적 스케줄 제공하기, 그가 원할 경우 가족 및 지역사회에서 이루어지는 활동에 참여할 수 있는 기회 늘리기 등이 포함되었다.

불행히도 크리스토스와 같은 많은 중도 장애인들이 분리되고 대인 관계가 제한적인 환경에서 따분하고 원하지 않는 과제를 하면서 조절이나 선택이 어려운 엄격하고 구조화된 일상 스케줄에 얽매여 살아가고 있다(Brown, 1991). 이 이슈와 관련해 카, 로빈슨 및 팔럼보(Carr, Robinson, & Palumbo, 1990)의 설득력 있는 논의에 따르면, 이러한 상황을 다루는 적절한 방법은 사람이 아닌 환경이나 사건의 순서를 바꾸는 데 집중해야 한다는 것이다. 행동과 의사소통의 관계를 이해하면 할수록 의사소통의 기회를 제공하고, 의미 있고 상호적인 활동과 환경 속에서 문제를 해결하는 것이 중요하다는 것을 깨닫게 된다.

참여 모델과 초기 의사소통자

참여 모델([그림 5-1] 참조)의 의사소통 기회는 의사소통이 이루어지는 상황을 말한다. 참여 모델에 기초한 AAC 계획과 이행을 위해서는 지역사회, 가정, 학교 등 자연스러운 상황에서 필요로 하는 개인의 참여와 의사소통 요구를 평가해야 한다. 제5장에서 논의한 것처럼 참여 모델은 비교를 위해 관련 환경에서 일반 또래가 참여하는 패턴을 먼저 평가할 것을 요구한다. 그런 다음 CCN을 지닌 대상자의 참여 패턴을 동일한 상황에서 평가한 후, 일반 또래의 참여 패턴과 비교한다. 마지막으로 일반 또래의 참여 수준에 가까워지도록 대상자의 참여 수준을 증가시키는 데 목표를 둔 중재를 계획한다. 영유아의 경우에는 가정과 지역사회 환경에서의 상호작용 패턴을 분석해야 한다. 학령 전기 및 학령기 아동을 대상으로 할 경우, 팀은 교실에서도 이러한 평가를 수행해야 한다. 성인 초기 의사소통자의 경우에는 가정, 지역사회, 직장 등에서 참여를 분석해야 한다. 다음 절에서 우리는 의사소통의 기회 장벽을 최소화하거나 제거하고, 다양한 연령대의 초기 의사소통자를 지원하기 위한 최적의 환경 조성 전략들을 제시한다.

CCN을 지닌 어린 아동 대상의 기회 장벽 해결과 참여 증진

우리는 이 책 전체를 통틀어 조기 중재에 포함되는 모든 아동을 지칭하기 위해 어린 아동(young children)이라는 일반적인 용어를 사용한다. 어린 아동에는 유아, 걸음마기 아동 및 취학 전 아동이 포함된다. 어린 아동 대상의 AAC 중재를 이끄는 많은 원칙이 존재한다. 먼저, AAC 팀은 규준참조검사 도구로는 CCN을 지닌 대다수 사람들, 특히 매우 어린 아동들의 능력을 정확하고 의미 있게 측정할 수 없음을 인식해야 한다. 따라서 그러한 평가 결과를 과도하게 믿지 않는 것이 중요하다. 둘째, 어린 아동이 지닌 장애보다는 강점에 강조를 두는 것이 중요하다. 마지막으로, 어린 아동 대상의 AAC 중재는 모든 아동은 능력을 현저하게 증진시킬 수 있는 잠재력을 지니고 있다는 전제하에서 이루어져야 한다.

이러한 기본적인 원칙 외에도, AAC 팀은 어린 아동의 요구를 다룰 때 장기적인 성과의 예측이 항상 정확한 것은 아니라는 견해를 가지고 의사소통을 중재해야 한다. 따라서 어린 아동의 의사소통 중재 프로그램 속에는 예외 없이 말 발달을 돕기 위한 전략이 포함되어야 한다. 마찬가지로 모든 중재 프로그램에는 그 기술을 습득할 것 같지 않은 아동의 경우일지라도 문해기술(예: 읽기, 쓰기)의 발달을 지원하기 위한 전략이 포함되어야 한다(Light & Kent-Walsh, 2003). AAC 전문가는 또한 모든 아동의 목표는 일반 유치원에 통합되는 것이라는 가정하에 자신의 중재 전략을 이행해야 한다. 물론, 일부 아동은 통합 환경에 최적으로 참여하기 위해 지원을 필요로 할 것이다. 이러한 적극적인 접근만이 CCN을 지닌 아동에게 긍정적인 결과를 가져오게 할 수 있으며, 나중에 능력이 많이 부족한 아동을 보고 조기에 의사소통 기회를 제공했더라면 다수의 중요한 기술들을 더 많이 발달시킬 수 있었을 텐데라고 깨닫는 너무나 흔한 때늦은 인식을 하지 않도록 해 줄 것이다. 긍정적인 결과를 가져오기 위해서는 특정 의사소통 기술과 사회적 상호작용 기술을 가르치기 위해 고안된 중재뿐 아니라 의사소통 기회를 증가시키고자 고안된 중재가 주로 필요하다.

조기 중재 서비스

생후 초기 몇 년 동안 아동의 양육자들은 주로 가정에서 조기 중재 서비스를 제공한다. 일반적으로 가족은 주기적으로 가정을 방문하는 교사와 치료사들로부터 의사소통과 관련된 것을 포함한 적절한 자극과 지원 제공 방법을 배운다. 대략 3세경에 아동은 최소한 하루 중 일부를 유아원 프로그램에서 보내게 되는데, 그곳에서 전문적인 직원의 직접 서비스를 받게 된다. 통합 환경에서 얻을 수 있는 사회적 상호작용과 의사소통 기회들로 인해, 최소한 일반 아동이 몇 명이라도 포함된 유아원 환경이 CCN을 지닌 아동들만으로 이루어진 분리된 환경보다 선호된다는 것은 의심의 여지가 없다(Romski, Sevcik, & Forrest, 2001). 이 장과 이후 장들에서 우리가 유아원 환경을 언급할 경우 일반 또래 아동이 어느 정도는 일상적이며 체계적으로 통합되어 있다고 가정하는데, 그렇지 않다면 이는 기회의 장벽이며 중재의 대상이 됨을 인식해야 한다.

> 어린 장애 아동에게 있어서, "또래와 관련된 사회적 능력은 개인의 독립성 및 선택 문제와 직결되어 있다. 또래들과 적절히 대인관계를 맺는 능력은 아마도 가장 의미 있는 임파워링(empowering, 힘 돋우기)일 것이다"(Guralnick, 2001, p. 496).

의사소통 기회

〈표 9-1〉은 유아원 아동의 낮 활동을 위한 참여 분석과 중재 계획의 예를 보여 준다. 이 예에서 AAC 팀은 CCN을 지닌 아동 및 또래 일반 아동의 참여 패턴과 교사의 기대 사이에 존재하는 불일치를 찾아낸다. 그런 다음 하루 일과 속에서 그러한 불일치를 줄이기 위한 환경, 교수, 지원 도구 등의 조정 계획안을 마련한다. 모든 경우에 참여 모델의 기본적인 기회 원칙이 반영된다. 즉, 의사소통을 증진시키기 위한 첫 단계는 자연스러운 상황에 의미 있게 참여할 수 있는 기회를 늘리는 것이다. CCN을 지닌 아동의 견지에서 봤을 때, 이러한 상황은 다수의 일반적인 특성을 포함한다. 즉, 동기를 부여하고, 친숙하며, 아동과 가족들에게 가치가 있는 것이어야 한다. 또한 의

미 있고 지속적인 사회적·의사소통적 상호작용의 기회들을 많이 제공해주어야 한다(Light et al., 2005). 다음 절에서는 유아원 환경에서 의사소통의 참여 기회를 늘리기 위한 전략들을 요약한다.

표 9-1 유아원 아동의 참여 분석과 중재 계획의 예

활동	또래 아동의 참여방법 (기대되는 것)	CCN 아동의 참여방법	중재계획
음악시간 (집단)	노래 선택, 후렴구 부르기, 녹음하기, 노래에 맞춰 율동하기	노래를 선택하거나 부르지 않음, 녹음하지 않음, 보조자와 함께 율동을 하며, 대부분 앉아서 보거나 듣고 있음	따라 부르기 위해 스위치로 켤 수 있는 녹음된 노래 제공, 선택할 수 있도록 노래를 나타내는 그림 상징 제공, 보조자와 함께 율동을 따라 하도록 함
간식시간 (집단)	도움 받아 손 씻기, 자리에 앉아 원하는 음식 요구하기, 음료수 요구하기, 필요한 도움 요청하기, 적절히 먹고 마시기, 다 먹은 접시와 컵을 싱크대에 가져가서 씻기, 도움 받아 얼굴과 손 씻기	도움 받아 손을 씻고 앉음. 간식, 음료 또는 도움을 요청하지 않음. 먹고 마시기 위해 도움을 요구함. 간식용 접시와 컵을 싱크대로 가져가지 않음. 보조자의 도움으로 손과 얼굴을 씻음	두 가지 간식과 음료 옵션들에 대한 실물 선택 항목을 제공함. 자신이 선택한 항목을 제시하기 위해 응시나 손을 뻗도록 기대함. 싱크대에 서서 설거지 활동에 참여할 수 있도록 촉진하는 방법을 물리치료사와 논의함
가상놀이 시간 (개별 또는 소집단)	부엌이나 지하실에서 인형놀이, 블록 및 자동차 놀이, 분장놀이(교사가 개별교육안에 따라 구어를 촉진하는 동안 아동들은 또래와 적절히 놀도록 기대됨)	화·목요일(휠체어에 앉아 친구들이 노는 것을 바라봄). 월·수·금요일(배터리로 작동되는 장난감으로 준전문가와 함께 스위치 사용을 연습함)	놀이판으로 아동의 랩 트레이를 사용하도록 또래 친구들을 격려함. 아동이 벨크로 장갑으로 집을 수 있도록 장난감을 개조함. 커다란 놀이용 부엌 가구 대신 랩 트레이에서 갖고 놀 수 있는 피셔-프라이스(Fisher-Price)사의 가스레인지와 싱크대를 사용함. 스위치 활성화를 위해 배터리로 작동되는 블렌더와 믹서를 개조함. 닿을 수 있는 곳에 소형 항목들을 디스플레이하는 활동 틀을 사용함

가정과 유아원에서 예측 가능한 일과 짜기

양육자가 목표를 염두에 두고 일과를 구성한다면 일상적인 일과 속에서 많은 의사소통 기회를 제공할 수 있을 것이다. 대부분의 가정과 교실에서는 옷 입기, 목욕하기, 식사하기, 자세 바꾸기(이동의 문제를 지닌 아동의 경우)와 같은 일과들이 하루 중 일정한 시간과 간격으로 이루어진다. 그렇지 않다면 이러한 일이 일어날 것을 아동이 예상할 수 있도록 가능한 한 규칙적으로 일과를 짜야 한다. 또한 양육자는 아동이 다음에 일어날 일을 예측할 수 있도록 되도록 같은 순서로 일과를 진행해야 한다. 가능할 경우에는 언제든지 상황에 맞는 의사소통 교수가 활동과 동시에 이루어질 수 있도록 일과를 수행하는 데 있어서 충분한 시간을 허용해야 한다. 의사소통 기술을 가르치기 위해 규칙적이고 예측 가능한 일과를 활용하는 특정 전략들은 이 장 후반부에서 논의한다.

적응 놀이

> 놀이는 "어떤 특정 목적을 성취하기 위한 수단이 아니라, 놀이 자체를 위해 행해지는 고유 활동이다. 또한 자발적이고 자연적으로, 강제가 아닌 선택에 의해 이루어진다. 놀이는 재미를 위해 행해지는 것으로 즐거움의 요소를 포함한다"(Musselwhite, 1986, pp. 3-4).

어린 아동의 주된 '업(business)'은 노는 것이기 때문에, 이들의 주된 의사소통 기회는 놀이 상황에서 발생한다. 놀이 활동에 참여를 늘리면 자동적으로 의사소통 기회의 양과 질을 늘릴 수 있다(Brodin, 1991). 불행히도 유아원들 중에는 놀이의 '재미(fun)' 요소를 종종 무시하는 경우가 있는데, 그렇게 되면 놀이는 말 그대로 아동의 '일(work)'이 되어 버린다. 그렇다고 해서 교사들이 대근육 운동, 소근육 운동, 사회성, 인지, 자조 및 (당연히) 의사소통 기술의 발달을 촉진하는 수단으로 놀이를 활용할 수 없다는 뜻은 아니다. 사실 가능하다면 언제든지 하나의 주된 목표와 하나 이상의 부차적인 목표를 하나의 놀이 상황에서 동시에 다룸으로써 목표와 활동을 '접합시키는(telescope)' 것이 바람직하다. 예를 들면, '인형 옷 입히기' 활동은 또래와의 사회성, 의사소통 기술뿐 아니라 옷 입기와 관련된 소근육 운동 기술을 연습할 수 있는 상황을 제공할 것이다. 여기서 중요한 점은 이러한 활동이 작업을 위한 수단이 아닌 즐거운(playful) 놀이가 되어야 한다는 점이다. 따라서 놀이 자료와 그 사용 방식을 신중히 선택해야 한다.

놀이 활동을 통해 의사소통 기술을 발달시키려면, 부모와 교사는 상호작용의 목표를 염두에 두고 장난감과 놀이 자료를 선택해야 한다. 예를 들면, 어떤 장난감(예: 블록, 공, 자동차, 손 인형)은 주로 혼자 사용하는 것(예: 책, 종이와 크레파스, 고무찰흙, 퍼즐)에 비해 또래와의 상호작용을 더 촉진하는 것으로 보인다(Beckman & Kohl, 1984). 장난감 선택에서 중요하게 고려해야 할 또 다른 사항은 안전성, 견고성, 여러 유형의 장애아동에게 동기 부여가 되는지의 여부, 이목을 끄는지의 여부, 반응성 등이다(Light, Drager, & Nemser, 2004). 반응성은 장난감이 '뭔가를 하는(예: 소리 내기, 계속 움직이기, 시각적인 디스플레이 만들어 내기)' 정도를 말한다. 어린 장애아동들은 반응적이지 않은 장난감보다는 반응적인 장난감을 가지고 더 오랜 시간 조작적인 놀이를 한다고 한다(Bambara, Spiegel-McGill, Shores, & Fox, 1984). 마지막으로, 부모와 교사는 아동이 새로운 기술을 습득하고 연습하거나 가장해 볼 기회를 얻을 수 있도록 현실적인 놀이와 상상놀이를 할 수 있는 장난감들을 선택해야 한다.

장난감을 가지고 놀 수 있는 가능성을 늘리는 또 다른 방법은 장난감을 쥐고, 가지고 다니며, 조작하기 쉽도록 만드는 것이다. 이는 초기 의사소통의 질과 사물을 조작하는 운동 능력이 서로 관련이 있는 것으로 보이기 때문에 운동장애를 지닌 아동들에게 특히 중요하다(Granlund & Olsson, 1987). 수많은 놀이 조정이 가정과 학교에서 이루어질 수 있는데, 활동 틀, 조정이 가능한 이젤, 학습 상자, 놀이 상자, 손과 팔 조절의 문제를 지닌 아동들이 접근할 수 있도록 조작 가능한 장난감을 고정시키거나 제시해 주는 기타 수단 등이 포함된다. 또한 장난감이 랩 트레이에 붙을 수 있도록 벨크로나 고무줄을 사용할 수도 있다. 책의 경우 넘기기 쉽도록 페이지를 구분해 주는 작은 폼(foam)이나 카펫 테이프 조각[종종 페이지 플러퍼(page fluffers)로 불린다]을 귀퉁이에 붙여 개조할 수 있다. 작은 자석이나 벨크로 조각들을 장난감에 붙이면 아동이 헤드스틱이나 벨크로가 부착된 장갑으로 그것을 집을 수 있을 것이다. 움직일 수

유아원 환경에서 어린 장애 아동을 대상으로 의미 있는 의사소통 참여를 늘리기 위해 장난감을 선택하고 개조하는 방법을 다룬 다수의 훌륭한 온라인 자료들이 있다. 예를 들면, Let's Play!, Do2Learn, Simplified Technology 등의 웹 사이트가 이에 포함된다.

있는 부분(예: 레버나 손잡이)이 있는 장난감은 감각이나 운동장애가 있는 아동들을 위해 플라스틱이나 벨크로로 확대하여 개조할 수 있다. [그림 9-1]은 장난감 개조의 몇 가지 예를 보여 준다.

CCN을 지닌 아동이 배터리로 움직이는 장난감과 기구(예: 믹서, 슬라이드 영사기)에 접근하려면, 운동 및/또는 감각장애를 고려한 수정이 필요할 것이다. 부모와 학교 직

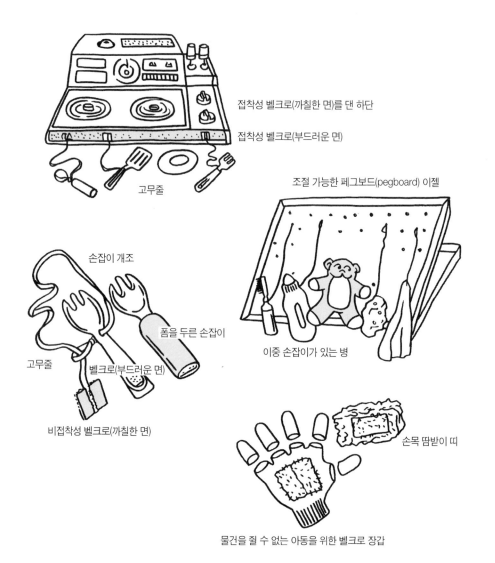

접착성 벨크로(까칠한 면)를 댄 하단

접착성 벨크로(부드러운 면)

고무줄

조절 가능한 페그보드(pegboard) 이젤

손잡이 개조

폼을 두른 손잡이

고무줄

벨크로(부드러운 면)

이중 손잡이가 있는 병

비접착성 벨크로(까칠한 면)

손목 땀받이 띠

물건을 쥘 수 없는 아동을 위한 벨크로 장갑

[그림 9-1] 가정이나 학교에서 만들 수 있는 장난감 개조의 예

출처: Goossens', C. (1989). Aided augmentative communication intervention before assessment: A case study of a child with cerebral palsy. *Augmentative and Alternative Communication*, *5*, 17; Informa Healthcare의 허락하에 게재함

원은 상인이나 제조사를 통해 스위치를 구입할 수도 있고, 주변에서 쉽게 구할 수 있는 부품들을 활용해 가정이나 학교에서 저렴하게 조립할 수도 있다(예: Simplified Technology 웹 사이트의 지침서 참조). 배터리로 움직이는 장난감을 갖고 노는 것은 그 자체가 목적이 아니라 목적(즉, 참여)을 위한 수단이 되어야 한다. 다른 친구들은 집 놀이, 차고놀이, 옷입기놀이 등을 하면서 재미있게 노는데, 운동장애나 그 밖의 장애를 지닌 아동들은 배터리로 작동되는 장난감이나 마이크로 스위치를 가지고 놀면서 보조교사와 함께 교실 구석에 앉아 있는 경우를 많이 볼 수 있다. 불행히도 이러한 서툰 실제 상황은 북치는(또는 심벌즈를 두드리거나 자동차를 타는) 원숭이(또는 곰이나 개)가 너무 매력적이어서 매일같이 오랫동안 아동의 관심을 유지할 것이라는 가정 하에, 스위치를 활성화하면 배터리로 작동하게 되는 장난감을 한두 개 제공하는 것으로 그치는 교사의 경우에 더 악화된다. 이러한 실제에는 아동 발달의 원리, 참여 모델 또는 적절한 마이크로 스위치 기술 사용 등에 대한 이해가 전혀 반영되지 않았기 때문에, '스위치와 장난감을 사기 위해 돈을 모두 썼는데 아이는 2분 만에 그것에 싫증을 내요!'라는 한탄을 불러일으킬 것이다. 〈표 9-2〉는 가정 및 유아원 활동에 아동을 적극적으로 참여시키기 위해 마이크로 스위치를 사용할 경우 고려할 수 있는 방법들을 요약하고 있다.

　어린 아동을 위한 음악, 율동, 인형극, 연극 및 그 밖의 미술 활동에서도 의사소통의 기회가 생기거나 만들어질 수 있다. 다른 놀이 활동과 마찬가지로, 장애아동이 이러한 활동을 하려면 수정이 필요할 것이다. 예를 들면, 수화나 그림 상징으로 쉽게 표현되고 유아원 활동에 반영되도록 많은 노래를 수정할 수 있다. 음악과 율동 활동(예: '엄지 어디 있어?'의 노래에 맞추어 손가락을 움직이는) 및 대근육 운동 게임(예: 신호등놀이) 또한 지시 따르기, 모방하기, 순서 알기, 개념 발달 등의 기본적인 인지·의사소통 기술을 가르칠 수 있는 훌륭한 수단이다. 그러나 일반적인 율동과 노래를 의사소통의 목적으로 사용하려면, ① 아동이 의미 있게 참여할 수 있도록 목표로 삼은 움직임을 단순화시키기(이는 또한 운동치료사들이 파악한 움직임 목표를 통합할 수 있는 좋은 기회다), ② 노래나 활동의 속도 늦추기, ③ 되도록 짧고 단순하며 반복적인 지시하기, ④ 어휘 단순화하기, ⑤ 낱말과 수화 결합하기, ⑥ 말을 촉진할 수 있도록 움직임과 소리 또는 낱말 결합하기, ⑦ 아직 가상놀이를 할 수 없는 아동들을 위해 시각도구나 구체적인 자료 활용하기 등의 수정이 필요하다(Musselwhite, 1985). 연극(Stuart, 1988)이나 인형극(Musselwhite, 1985) 등의 활동 또한 의사소통 기회를 조성하

표 9-2 CCN을 지닌 유아원 아동의 참여 증진을 위한 마이크로스위치 사용 제안

환경	활동	마이크로 스위치 사용을 통한 참여
학교	활동 전이	아동은 아이팟에 부착된 스위치를 활성화한다. 그 안에는 교사의 청소 노래나 '~할 시간' 이라는 말이 녹음되어 있다.
	간식시간	아동은 식탁에 앉아 있는 친구들 각자에게 그날의 간식을 '배달하는' 장난감 차나 트럭을 조작하기 위해 스위치를 사용한다.
	자유놀이시간	아동은 친구와 간단한 컴퓨터 게임을 하기 위해 스위치를 사용한다. 아동은 다양한 활동 영역에서 배터리로 작동되는 장난감(예: 분쇄기, 자동차, 회전판)을 조절한다.
가정·학교	놀이시간	요람 속의 아동은 자극적이고 즐거운 피드백(예: 불빛이 깜박이거나 음악 소리가 나거나 모빌이 움직이는)을 제공하는 장난감을 켜기 위해 움직일 수 있는 자신의 신체 부위 옆에 놓인 스위치를 활성화한다.
	가상놀이시간	아동은 가상놀이의 주제에 따라 배터리로 작동되는 자동차, 트럭, 로봇, 장난감 분쇄기 또는 장난감 믹서기 등을 활성화하기 위해 스위치를 사용한다.
	미술시간	아동은 소용돌이 모양을 만들기 위해 Paint 'N' Swirl 도구(AbleNet, Inc.)를 조작하고자 스위치를 사용한다. 아동은 친구나 어른이 종이를 자르기 위해 사용하는 전기가위에 전기를 공급한다.
	이야기시간	아동은 녹음된 책 내용(성인이 '그날의 이야기' 를 읽어 주는)을 스위치로 조작하면서 책을 따라 읽는다.
	요리 시간	아동은 밀크셰이크를 만들기 위한 분쇄기, 케이크 반죽을 만들기 위한 믹서, 샐러드를 만들기 위한 만능조리기구(food processor) 등을 조작하기 위해 스위치를 활성화한다.
	음악시간	아동은 같은 성별의 또래 아동이 부르는 노래가 녹음된 시디 플레이어나 아이팟을 켜기 위해 스위치를 활성화한다.

는 데 도움이 될 수 있다. 예를 들면, 교사는 아동의 발이나 손목에 인형을 붙일 수 있으며, 연극이나 인형극에서 소품이나 무대로 사용할 수 있도록 아동의 휠체어를 장식할 수도 있다.

세라자드(Sherazad)는 네 살의 인도계 캐나다 소녀로 부모와 오빠와 함께 살고 있다. 두 살 때 넘어지면서 목을 포함한 상부 척수손상을 입어 인공호흡기에 의존하고 있다. 그녀는 말을 할 수 없으며, 개인위생과 관련된 모든 욕구의 처리를 다른 사람에게 의지하고 있는 상태다. 그녀는 집과 유아원에서 이루어지는 일상적인 활동에서 빨기와 불기 스위치(sip and puff switch) 사용을 배우고 있다. 예를 들면, 그녀

는 스위치를 사용하여 교실에서 불을 켜고 끌 수 있다. 음악 시간에는 음악을 틀고 멈출 수 있다. 또한 간식 시간에는 분쇄기로 음료수 만드는 것을 돕는다. 자신의 스위치에 부착된 배터리로 작동되는 회전판을 사용해 개조된 사탕나라(candy land), 낙하산과 사다리(chutes and ladders), 기타 아동용 게임을 할 수 있다. 색깔이나 숫자를 써서 만든 섹션들을 투명 시트지로 싸서 회전 번호판 아래에 붙인다. 그녀가 스위치를 대고 빨면 회전판이 돌아가고 스위치를 불면 멈춘다. 그러면 그녀의 게임 상대는 선택된 곳의 색깔이나 숫자 위에 그녀의 토큰을 놓아 준다(Canfield & Locke, 1997). 그녀는 또한 친구들과 컴퓨터게임을 할 수 있다. '집놀이'를 하는 동안에는 배터리로 작동되는 장난감 믹서, 분쇄기, 전자레인지 등을 조작한다. 이야기 시간에는 녹음된 메시지가 들어 있는 작은 의사소통 도구를 활성화해서 책의 페이지를 넘겨 달라고 교사에게 말한다. 미술시간에는 보조자와 함께 미술 프로젝트를 완성하기 위해 전자 가위와 전원을 연결해 쓰는 풀총(glue gun)을 조작한다. 나중에 유치원에 들어가게 되면 친구들은 종이와 연필로 글자 쓰기를 배울 것이고, 그녀는 스위치를 사용하여 AAC 도구로 글자와 단어를 타자하게 될 것이다.

CCN을 지닌 학령기 아동 대상의
기회 장벽 해결과 참여 증진

일반 아동과 청소년은 어디에서 의사소통의 기회를 찾고, 의사소통 상대들을 만나며, 다양한 방식으로 의사소통하는 법을 배울까? 대부분의 부모가 알고 있는 것처럼 이러한 기회는 주로 학교에서 일어난다. 특히, 급우나 다른 또래 친구들과 상호작용할 때 일어난다. 그런데 초기 의사소통자들의 의사소통 기회는 학교에서도 심하게 제한될 수 있다. 이는 특히 장애를 지닌 학생들이 자신과 유사한 학생들로 구성된 특수학급에 배치될 때 드러나는 현상이다(예: Sigafoos, Roberts, Kerr, Couzens, & Baglioni, 1994). 1980년대 중반 이래, 북아메리카와 다른 지역에서 일어난 학교개혁운동은 장애학생들을 또래 친구들과 함께 일반 교실에 통합하는 것이 중요함을 강조해 왔다. 적절한 지원과 함께 이루어지는 통합교육은 CCN을 지닌 학생들이 여러 대화 상대들과 자연스럽게 의사소통할 수 있는 일상적인 기회를 무수히 만들어 줄 것이다(Calculator, 2009; Jorgensen, McSheehan, & Sonnenmeier, 2010; Katz & Mirenda, 2002).

물론, CCN을 지닌 학생들이 일반 교실에 통합되어 있다는 것만으로 의사소통 증진이 가능한 학교의 교육적·사회적 분위기에 포함되었다고 단정 지을 수는 없다. 의사소통 기회를 제한할 수 있는 다음과 같은 몇 가지 요인들이 존재한다. 즉, ① 잠재적인 의사소통 상대들이 의사소통과 관련하여 자연스럽게 발생하는 사건들을 활용하거나 인식하지 못할 수 있으며, ② 의사소통 상대가 CCN을 지닌 학생의 바람과 요구를 예측하여 의사소통을 먼저 선점할 수도 있고, ③ CCN을 지닌 학생이 의사소통 행동에서 제한된 레퍼토리를 지니고 있기 때문에, 다른 사람들이 의사소통의 기회를 제공하는 데 있어서 소극적이 될 수 있다는 점이다(Sigafoos et al., 1994). 이러한 요인들로 인해 의사소통 기회를 이끌어 내도록 학교환경을 계획하고 교사와 보조자를 지원하는 것이 필요할 수 있다. 이를 위해 사용할 수 있는 간단한 전략은 학생이 요구할 수 있는 기회를 제공하기 위해 활동 참여나 완성에 필요한 물건을 주지 않고 보류하기, 수업활동 속으로 규칙적이고 빈번한 상징 사용의 기회 집어넣기(예: 이제 뭘 해야 할까요? 다음 순서는 누구지요? 이야기 속에 나오는 소년은 어디로 가고 있나요? 등 특정 단원이나 상황에 맞는 질문을 함으로써), 요구나 항의의 기회를 만들기 위해 진행 중인 활동 방해하기, 요구한 것과 다르거나 불완전한 물건 제공하기(예: 장난감의 일부만을 줘서 아동이 나머지를 요구하도록 만들기), 도움을 요청하도록 필요한 도움을 주지 않고 지연시키기 등이다(Sigafoos, 1999; Sigafoos & Mirenda, 2002; Sigafoos, O'Reilly, Drasgow, & Reichle, 2002). 이러한 전략들이 활용될 경우에는 일반적인 교육활동과 상황 속에서 종일토록 자연스럽게 통합되는 것이 중요하다.

> 뭔가 필요할 경우, 예를 들어 물감 뚜껑을 열기 위해 도움이 필요할 경우, 그녀는 다른 아동의 어깨를 툭 치고서, '알다시피, 나는 이 뚜껑을 열 수가 없어'의 의미로 물감통을 내밀 것이다. 그러면 상대 아동은 의도를 이해하고 내가 경험했던 것처럼 흥분할 것이다. '홀리(Holly)는 내가 뚜껑을 열어 주기 원해! 홀리가 나한테 그렇게 해달라고 했어! 그녀는 의사소통을 하고 있는 거야!(일반 학급에 통합된 딸을 둔 한 어머니, Giangreco, 1996, p. 252).

분리된 환경보다는 일반 교실에 통합된 CCN을 지닌 학생들이 더 광범위한 의사소통 요구를 지닌다는 점에서, 이들에게 도움을 제공하는 사람들 입장에서는 통합교육이 상당한 도전이 됨을 인정하는 것 또한 중요하다. 일반 교실에서는 학생들이 다양한 주제에 대해 질문하고 답할 뿐 아니라 보고서 제출, 교수 집단 및 다양한 사회적 교환 등에 참여할 수 있어야 한다(Kent-Walsh & Light, 2003). 통합 환경에서는 급우 및 친구들과 상호작용을 할 때 간단한 요구, 거부, 바람과 요구 파악 등을 넘어서는 의사소통 기회에 부딪힌다. 예를 들어, 어떤 학생이 자신의 고등학교 친구들과 식당에 앉아 있고 그들 중 한 명이 그가 점심 먹는 것을 돕고 있다면, 그의 요구(최소한 음식과 음료수라도!)가 이미 충족되고 있기 때문에 많은 바람과 요구 메시지를 주고받을 필요가 없을 것이다. 반면에 친구들과 지난 주말에 있었던 일, 다가오는 학교 뮤지컬이나 축구 게임에 대한 것, 좋아하는 TV 쇼 또는 비디오 게임 등에 관한 정보를 공유하고자 할 경우에는 다양한 질문에 답을 해야 할 것이다. 학생이 교육활동뿐 아니라 사회적 활동에 완전히 통합되기 위해서는 정보 공유하기, 사회적 친밀감 형성, 사회적 에티켓 등과 같은 영역에서 의사소통할 수 있는 전략을 지니는 것이 매우 중요하다(Light, 1988). 제10장과 제13장에서 우리는 사회적 의사소통 지원과 AAC에 의존하는 학생들을 일반 교실에 통합시키기 위한 전략들을 광범위하게 논의한다.

사람 중심 계획

말을 걸 누군가가 옆에 있는가? CCN을 지닌 대다수 사람들의 경우, 이 질문에 대한 답은 바로 가족이다. 또는 유급으로 의사소통 상대나 촉진자가 되어 주는 사람들이거나 아마도 다른 장애인들이 대부분일 것이다. 이들은 모두 완벽하게 수용적인(acceptable) 의사소통 상대들이다. 그러나 이들이 유일한 의사소통 상대여서는 안 된다. 부모나 교사 또는 자신보다 더 문제를 지닌 사람들하고만 매일같이 의사소통한다는 것이 어떤 것일지 한번 상상해 보라!

CCN을 지닌 사람들을 의사소통 상대가 거의 없는 제한적인 환경에서 좀 더 통합적인 환경으로 전이시킬 수 있도록 계획안을 짜고 이행하려면 체계적인 접근이 필요하다. 이와 관련해 사람 중심 계획(person-centered planning; O'Brien & Lyle O'Brien, 2002)을 활용할 수 있는데, 사람 중심 계획은 '장애인과 촉진자가 대인 관계를 발달시키고, 지역사회 생활에서 긍정적인 역할을 하며, 자신의 삶에 대한 통제력을 증가시킬 뿐 아니라, 이러한 목적들을 성취할 수 있는 기술과 능력을 발달시킬 수 있게끔 기회에 초점을 두는' 과정이다(Mount & Zwernik, 1988, p. 6). 이 과정은 개별적인 계획에서 요구되는 만큼의 조직적인 변화를 요하는 과정으로 몇 가지 기본적인 단계로 구성된다. 먼저 과거의 사건, 관계, 장소, 선호도, 선택권, 미래에 대한 계획, 장애 및 기회 등의 정보를 얻기 위해, CCN을 지닌 사람과 그의 삶에 관련이 있는 사람과의 집단 면담을 통해 '비전 계획안'을 개발한다. 이러한 첫 단계의 목적은 CCN을 지닌 사람의 장애와 문제점보다는 능력과 재능을 강조하는 미래에 대한 공동의 비전을 개발하고자 하는 것이다(O'Brien & Pearpoint, 2007). 다음으로는 CCN을 지닌 사람과 팀의 구성원들이 앞에서 구성한 비전 계획안에 기초하여 장단기 목표를 설정하게 된다. 마지막으로 촉진자는 대상자가 계획안을 실행에 옮길 수 있도록 다양한 형태와 수준의 책무를 마련한다.

패스와 사회적 네트워크

두 개의 사람 중심 계획 과정이 CCN을 지닌 사람들을 대상으로 광범위하게 사용되어 왔다. 먼저 패스(PATH; Planning Alternative Tomorrows with Hope)는 장/단기 계획의 목적으로 CCN을 지닌 사람과 그의 사회적 네트워크 안에 있는 사람들을 함께 고려하여 활용할 수 있는 8단계의 계획 과정이다(O'Brien & Pearpoint, 2007; Pearpoint, O'Brien, & Forest, 2008). 다음으로 '사회적 네트워크' 접근(Blackstone & Hunt Berg, 2003a, 2003b)은 CCN을 지닌 사람들을 위해 특별히 고안된 것으로, 통합 환경에서 AAC 중재 계획을 짜기 위해 팀이 정보를 모으고 해석할 때 도움이 된다. 이 모델의 중심 요소는 AAC 의존자의 사회적 네트워크를 구성하는 다섯 개의 '의사소통 상대 동심원(circles of communication partners)'에 속하는 의사소통 상대들을 파악하는 것이다(그림 9-2] 참조). 즉, ① 삶의 동반자(예: 직계 가족), ② 친척이나 가까운 친구들(함께 시간을 보내면서 즐기고 친밀한 관계를 맺는 사람들), ③ 이웃과 지인들(예: 급우, 동료), ④ CCN을 지닌 사람과 상호작용하는 유급 직원들(예: 교사, 보조교사), ⑤ 가끔씩 만나게 되는 낯선 상대(예: 점원, 지역사회 후원자)가 이에 속한다. 사회

사람 중심 계획과 패스에 대한 지침서와 훈련용 비디오테이프는 토론토에 있는 Inclusion Press에서 입수할 수 있다. 사회적 네트워크 목록과 DVD는 Augmentative Communication, Inc.를 통해 얻을 수 있다. 사회적 네트워크 평가와 실시 요강은 영어 외에 카탈로니아어, 중국어, 덴마크어, 프랑스어, 독일어, 히브리어, 이탈리아어, 노르웨이어, 스페인어, 스웨덴어 등으로도 이용할 수 있다.

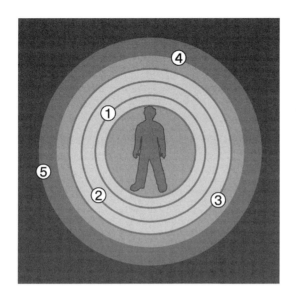

[그림 9-2] 의사소통 상대 동심원: 1) 삶의 동반자, 2) 친한 친구와 친척,
3) 지인, 4) 유급 직원, 5) 낯선 상대

출처: Blackstone, S., & Hunt Berg, M. (2003a). *Social networks: A communication inventory for individuals with complex communication needs and their communication partners–Inventory booklet* (p. 30). Monterey, CA: Augmentative Communication, Inc. 허락하에 게재함

적 네트워크 목록과 계획 접근은 강점 영역을 알아내고 다섯 개 동심원 모두에 관심을 필요로 하는 AAC 팀원을 돕기 위해 활용될 수 있다.

CCN을 지닌 청소년과 성인의 기회 장벽 해결과 참여 증진

1970년대 중반 이래, 다수의 연구자들은 여타의 시민들과 마찬가지로 초기 성인 의사소통자들도 지역사회에 완전히 통합되어야 하며 일반 성인처럼 직업, 여가 및 기타 활동에 참여해야 한다고 주장해 왔다(McNaughton & Bryen, 2007; Meyer, Peck, & Brown, 1991). 이러한 견지에서, CCN을 지닌 사람들은 지역사회 지향의 지원 모델 (community-referenced support model)에 접근해야만 한다. 이 모델에서는 연령에 적절하고 기능적인 활동들(즉, 일상 활동에 직접적으로 유용한)에 참여하기 위해 필요한 기술들을 실제 지역사회나 직업 환경 속에서 또한 자연스럽게 이용할 수 있는 단서와 교정을 통해서 배울 수 있다(Falvey, 1989; Ford & Mirenda, 1984). 이러한 활동들은 가정, 오락 및 여가, 지역사회, 직장 또는 학교 환경 등에서 이루어질 수 있을 것이다. 이러한 목표 성취를 위한 개별화 교육안과 전략을 개발하기 위해서는 앞에서 기술한 패스나 사회적 네트워크 접근 등의 사람 중심 계획 모델이 활용될 수 있다.

지역사회 지향의 교수 접근 채택은 AAC에 의존하는 성인에게 유용한 참여 및 의사소통 기회의 양과 질에 직접적이면서도 긍정적인 영향을 미칠 것이다. 예를 들면, 지역사회 참여의 증가로 인해 개인은 식당에서 음식을 주문하고, 지역 농구 팀을 응원하며, 도서관에서 도움을 요청하고, 쉬는 시간에 직장 동료와 잡담을 해야 할 것이다. 말할 것들과 말할 상대에 대한 자연스러운 기회의 목록은 끝이 없게 된다. CCN을 지닌 청소년과 성인의 참여 환경에 대한 주의 깊은 분석을 통해 중재자들은 유용한 의사소통 기회들을 찾아내고, 필요한 수정 및 AAC 기법들을 중재에 포함시킬 수 있을 것이다.

'생태학적 목록(ecological inventory)' 과정은 오랫동안 이러한 목적을 위해 성공적으로 활용되어 왔다. 생태학적 목록 과정은 참여 모델의 처음 몇 단계와 유사하며 다음을 포함한다(Reichle, York, & Sigafoos, 1991).

- 관심 있는 활동에 참여 중인 일반 또래 관찰하기
- 필요한 기술 목록을 단계별로 작성하기
- 불일치 파악을 위해 작성된 목록에 기초하여 CCN을 지닌 성인의 기술 평가하기
- 필요한 기술을 가르치기 위한 의사소통 지원 및 교수 프로그램 고안하기

[그림 9-3]은 불일치 영역에서의 가능한 참여와 의사소통 조정을 초점에 두고, 지역사회 환경의 성인을 대상으로 완성된 생태학적 목록의 일부분이다. AAC 팀은 이러한 기본 형식을 가정, 직장 및 지역사회에서 이루어지는 활동에도 응용할 수 있다.

'의도적인 의사소통자와 비의도적인 의사소통자를 위한 상호작용 전략(InterAACtion Strategies for International and Unintentional Communicators; Bloomberg, West, Johnson, & Caithness, 2001)'은 AAC 기법을 사용하는 발달장애나 복합장애 성인을 돕는 촉진자를 염두에 둔 비디오테이프다. 호주에 있는 Scope Communication Resource Center를 통해 입수할 수 있다.

대상자가 다양한 환경에서 이루어지는 기능적이고 연령에 적절한 활동에 참여할 수 있도록 지원을 받지 못한다면, 그러한 제한은 명백하게 기회 장벽으로 간주되고 중재의 목표가 되어야 한다.

결론

친구, 부모, 전문가 및 지역사회 구성원들은 통합 환경에서 주어지는 사회적 기회가 초기 의사소통자의 의사소통 능력에 미치는 긍정적 영향에 대해 지속적으로 증명을 해 왔다. 누구나 인정할 수 있는 분명한 점은, 통합 환경에서의 실제적이고 동기 부여적인 의사소통 기회의 이용 가능성은 적어도 적절한 접근 체계의 이용 가능성만

환경: 드러그 스토어(drug store; 약품, 화장품 등 잡화류를 주로 파는 상점-역자 주)
대상자: 세라(Sarah), 20세
활동: 위생용품 구입하기
상황: 쇼핑을 하기 위해 친구와 함께 가게 안에 있다. 친구가 휠체어를 타고 있는 세라를 밀어 주고 있다.

	(일반 사람들이 수행하는) 기술	(장애를 지닌 사람의) 참여	가능한 참여 또는 의사소통 조정
단계 1	가게에 들어감	-	들어가기에 앞서 멈추고, 기대 및 수용을 나타내는 신호를 기다림
단계 2	점원이 입구에 있을 경우 인사하기	+(발성)	왼손으로 마이크로 스위치를 활성화할 수 있는 인사말이 녹음된, 단일 메시지의 반복 테이프를 또한 고려함

		구입할 항목		
		1	2	3
각 항목을 반복한다.				
단계 3a	가게 앞쪽으로 걸어가거나 휠체어를 밀고 가서, 원하는 라인을 찾을 때까지 각 라인을 살펴봄	-	-	-	세라로 하여금 라인 끝을 바라보고, 멈춰서 수용의 신호를 구한 다음, 라인을 따라가도록 격려함
단계 3b	각 라인 끝으로 걸어가거나 휠체어를 밀고 감	-	-	-	친구가 라인을 따라 휠체어를 천천히 밀어 줄 수 있음
단계 3c	원하는 장소에서 멈춤	-	-	-	원하는 장소를 지나칠 경우, 수용의 신호나 멈추기를 기대함
단계 3d	물건들을 살펴봄	P	P	P	친구가 두 가지 물건을 손에 들고 보여 줄 수 있음

단계 3e	원하는 물건을 고름	P	P	P	제시된 두 물건 중 하나를 쳐다보거나 팔을 움직이도록 기대함. 아무런 반응이 없다면 또 다른 두 가지 물건을 들어서 보여 줌
단계 3f	필요할 경우 친구와 상의함	P	–	P	왼손으로 마이크로 스위치를 사용하여 활성화할 수 있는 '최근에 뭐 좋은 영화 본 적 있어?'와 같은 다수의 메시지가 녹음된 반복 테이프의 사용을 고려함
단계 3g	그 장소에 또 다른 필요한 물건이 있는지 살펴보고, 있을 경우에는 단계 3a부터 반복하고, 없을 경우에는 단계 2로 되돌아감	–	–	–	친구는 멈추라는 신호를 기대하면서 다시 라인을 따라 천천히 휠체어를 밀어 줄 수 있음
단계 4	계산대로 감	–	–	–	가게 앞쪽으로 휠체어를 밀고 가서 계산대 앞에 멈춘 후, 계산할 순서를 기다림
단계 5	점원에게 인사함	P(살짝 미소를 지음)			단계 2와 같이 단일 메시지를 지닌 반복 테이프를 고려함

[그림 9-3] 참여 및 의사소통 조정을 위한 제안이 포함된 생태학적 목록의 일부
(+는 혼자서 수행한 것, –는 시도하지 않은 것, P는 시도한 것)

큼이나 의사소통 중재의 성공에 중요한 요인이라는 것이다. 이는 다른 사람들보다 기본적인 의사소통을 배우고 있는 사람들에게 더 해당되는 사항일 것이다. 왜냐하면 이들은 가장 적은 수의 사람들과 상호작용하는 동시에 그들로부터 가장 많은 도움을 필요로 하기 때문이다. 만일 상호작용의 대가로 보수를 받지 않는 사람들, 이듬해에 새로운 직업을 찾아 떠나지 않을 사람들, 자신의 주요 업무가 장애인을 다른 사람과 똑같이 만드는 것은 아니라고 보는 사람들이 이들의 대다수 의사소통 상대가 아니라면 의사소통 중재의 효과는 매우 적을 것이다.

'샤우트(SHOUT: Support Helps Others Use Technology)'는 주로 AAC에 의존하는 성인들이 고용과 관련된 장벽을 극복하도록 돕기 위해 미국에서 조직된 비영리단체다. 샤우트는 매년 보완 의사소통자를 위한 피츠버그 고용 콘퍼런스(Pittsburgh Employment Conference for Augmented Communicators)를 후원하고 있다. 캐나다에는 AAC 의존자들의 삶의 질 개선에 목표를 둔 단체인 '다르게 말하기(Speaking Differently)'가 있다.

AAC 팀이 의사소통의 기회와 상황들을 만들어 내고 의사소통 상대를 파악하고 나면, 의사소통 기술 습득을 위한 다중방식 다중요소 접근을 계획할 수 있다. 많은 초기 의사소통자들의 초반기 중재는 비상징적 의사소통 행동의 레퍼토리를 늘리는 데 목표를 둔 것일 수 있다.

비상징적 의사소통에 대한 촉진자 반응 훈련

이전 장에서 언급한 바와 같이, 우리는 CCN을 지닌 사람의 의사소통을 지원할 책무를 지닌 사람을 촉진자(facilitator)라고 한다. 초기 의사소통자의 의사소통 신호 출현을 식별하고 반응하도록 촉진자들을 훈련하는 것은 최소한 다음 두 가지 이유에서 중요하다. 첫째, 반응을 해 주면 대상자는 자신의 행동이 의미 있고 예측 가능한 방식으로 타인의 행동에 영향을 미친다는 점을 배운다. 부모가 아동의 발성에 일관되게 반응을 하거나 서포트 직원(support worker)이 손을 흔드는 성인에게 매번 손을 흔들어 줄 경우, 그 아동과 성인은 자신의 행동이 타인의 행동에 영향을 미치는 '의사소통적 힘(communicative power)'이 있음을 배우게 된다.

둘째, 촉진자가 후속반응을 해주게 되면, 의사소통 목적으로 나타나는 문제 행동의 발생을 예방할 수 있다. 그린, 오라일리, 이찬 및 시가푸스(Green, O'Reilly, Itchon, & Sigafoos(2005)는 이러한 상황을 설명하기 위해 다음과 같이 기술하였다.

사미(Sami)는 오로지 분화되지 않은 발성, 손 뻗기 및 협응되지 않은 팔 움직임으로 의사소통을 한다. 때때로 보호자와 다른 사람들은 사미의 행동을 알아채고 적절히 반응한다. 반면에 사미의 행동을 알아채기는 하지만 그 의도를 부정확하게 해석해서 적절히 반응하지 못하는 경우도 있다. 또한 때에 따라서는 사미의 행동을 전혀 알아채지 못한다. 보호자가 일관성 없이 반응하거나 반응을 보이지 않음에 따라, 사미의 행동은 시간이 지나면서 더 심해진다. 즉, "발성은 이제 비명으로, 손 뻗기는 공격적인 잡아채기로, 팔 움직임은 자기 상해적인 얼굴 때리기"(Green et al., 2005, p. 54)로 나타난다. 사미의 보호자는 심해진 행동에는 분명히 반응을 하기 때문에 그 행동이 의미하는 바를 알아내기 위해 부가적인 노력 또한 하게 된다. 결과적으로 사미는 소리 지르기, 잡아채기, 자기상해 행동 등이 이전에 보였던 모호하고, 비상징적인 행동에 비해 원하는 결과를 얻는 데 훨씬 더 효율적임을 배운다. 보호자가 일관되게 반응을 했더라면, 아마도 사미의 문제행동들은 출현하거나 지속되지 않았을 것이다.

의사소통 신호 식별 및 반응

제스처와 발성을 통해 주로 의사소통하는 사람들은 의사소통 상대의 질문이나 지시에 반응하기보다는 자신들의 요구에 따라 주로 의사소통을 한다. 초기에는 개인의 자발적인 신호행동이 의사소통 의도에서라기보다는 단순히 임의적으로 나타날 수 있다. 만일 촉진자가 이러한 행동을 의도적인 것처럼 지속적으로 해석하고 반응한다면, 대상자는 점차적으로 이러한 행동을 의도적으로 표현하는 법을 배우게 된다. 불행히도 대부분의 사람들은 일반 아동 및 성인이 사용하는 관습적인 제스처와 발성에는 동조하면서도, CCN을 지닌 아동과 특히 장애 성인이 보이는 좀 더 특이한 행동에 대해서는 무시하거나 잘못 해석하는 경우가 흔하다(Rowland, 1990). 특히 촉진자들은 비의도적인 행동 속에서 의도적인 행동을 구별해 내는 것이 어려움을 알 것이다(Carter & Iacono, 2002; Iacono, Carter, & Hook, 1998). 왜냐하면 이들 행동을 구분하기란 상당히 미묘한 경우가 흔하기 때문이다. 그러나 의도적인 행동을 강화하기 위해 촉진자들이 비의도적인 행동보다는 의도적인 행동에 차별적으로 반응할 수 있도록 이를 구별하는 것은 중요하다. 의도적인 행동을 강화하는 이러한 과정을 종종 형성하기(shaping)라고 한다. 시겔과 크레스(Siegel & Cress, 2002), 카터와 이아코노

표 9-3 의도적인 의사소통 행동 지표

1. 사물(즉, 목표물)과 촉진자를 번갈아 응시하는가?
2. 촉진자를 향하는 신호로 보이는 신체 정위가 나타나는가?
3. 어떤 신호를 되풀이하기 전에 의사소통자가 촉진자의 반응을 기다리고 있음을 보여 주는 어떤 쉼이 존재하는가?
4. 신호를 보여 촉진자가 반응을 하면 해당 신호를 멈추는가?
5. 신호를 보여 촉진자가 반응을 하면 당사자는 그 반응에 대한 만족이나 불만을 표시하는가?
6. 신호를 보였으나 촉진자가 반응하지 않으면 당사자는 해당 신호를 반복하거나 다른 신호로 바꿈으로써 자신의 의도를 고집하는가?
7. 신호가 의례적(즉, 매번 동일함)이거나 관습적 형태(즉, 지적하기, 머리 흔들기)를 띠는가?

출처: Siegel & Cress (2002); Carter & Iacono (2002).

(Carter & Iacono, 2002)는 연구자들이 언급해 온 의도성의 지표를 요약하였다. 이들 지표는 〈표 9-3〉에 제시되어 있다.

> 부모는 자녀를 판단하기 위해 자신의 직관력과 능력에 크게 의존한다. 이는 고도의 어림짐작을 수반한다. 부모는 종종 자신의 판단이 타당한가에 대해 의심을 품는다. 이들은 다른 부모로부터 자녀에 대해 과잉 해석하고 있으며, 자신들의 생각이 단지 희망사항의 발로일 뿐이라는 말을 흔히 듣는다. 그러나 부모는 자녀를 알고 자녀의 의사소통을 이해하는 데 있어서 특별한 능력을 갖고 있다(Brodin, 1991, p. 237).

부모 및 촉진자 훈련

다양한 연령의 초기 의사소통자들을 지원하는 성인들을 대상으로 앞의 절에서 검토한 상징적 · 비상징적 의사소통 지원 원리를 활용하도록 교육하기 위한 다수의 근거 기반 촉진자 훈련 프로그램이 존재한다. Communicating Partners(MacDonald, 2004), It Takes to Talk(Pepper & Weitzman, 2004), More than Words(Sussman, 1999), van Dijk approach(Nelson, van Dijk, Oster, & McDonnell, 2009), SCERTS® Model (Social Communicaation, Emotional Regulation, and Transactional Support; Prizant, Wetherby, Rubin, & Laurent, 2003; Prizant, Wetherby, Rubin, Laurent, & Rydell, 2006a, 2006b), InterAACtion: Strategies for Intentional and Unintentional Communicators (Bloomberg et al., 2004) 등을 예로 들 수 있다.

2007~2008년에 '보완 의사소통 공동체 파트너십 캐나다(Augmentative Communication Community Partnerships Canada: ACCPC)'는 AAC 의존자를 위한 촉진자 교육을 위해 '의사소통 보조자(communication assistants)' 훈련 프로젝트를 개발하고 예비연구 및 평가를 수행하였다. 결과에 따르면, 훈련된 의사소통 보조자 제공은 참여자의 의사소통과 지역사회 참여 능력, 자존감, 유능감, 자율성 및 사생활 등을 유의하게 증진시킨 것으로 나타났다(Collier, McGhie-Richmond, & Self, 2010). 이 훈련 프로그램에 대한 정보는 ACCPC 웹 사이트에서 얻을 수 있다.

표 **9-4** 의사소통 촉진자 교육을 위한 8단계

단계	설명
1. 목표 전략을 소개하고, 해당 전략에 대한 촉진자의 현재 활용 정도와 해당 전략 학습에 대한 촉진자의 책무성을 평가	CCN을 지닌 사람과 촉진자를 함께 관찰한다; 목표 전략 활용의 빈도와 정확도를 평가한다; 촉진자와 함께 결과를 검토하고, 해당 전략을 배우는 데 대한 책무성을 확실히 한다.
2. 전략 기술	목표 전략과 구성 단계들을 기술하고, CCN을 지닌 사람에게 미치는 긍정적 효과를 설명한다.
3. 전략 시범	관련 단계들을 '설명해 주면서' CCN을 지닌 사람에게 목표 전략 사용을 시범한다.
4. 구어 연습	촉진자로 하여금 전략과 전략 이행에 요구되는 모든 단계들을 기술하도록 요청한다.
5. 통제된 연습과 피드백	촉진자가 CCN을 지닌 사람과 목표 전략을 이행하고자 시도할 때 교육을 담당하는 사람은 촉진자에게 단서와 구어 피드백을 제공한다.
6. 진전된 연습과 피드백	촉진자가 자연스러운 환경의 여러 상황에서 목표 전략 활용을 연습할 때 교육을 담당하는 사람은 단서와 피드백을 점차적으로 줄인다.
7. 촉진자 기술과 장기적인 전략 활용에 대한 촉진자의 책무성을 재평가	촉진자의 독립적인 전략 활용을 관찰하고, 1단계부터 결과들을 비교한다; 지속적인 전략 활용을 위한 장기적인 행동 계획안을 마련하도록 촉진자를 돕는다.
8. 일반화	촉진자는 다양한 환경과 상황에서 CCN을 지닌 사람과 함께 목표 전략을 이행한다.

출처: Kent-Walsh & McNaughton (2005).

비상징적 의사소통에 대한 반응 및 확장 전략

　의사소통의 세 가지 필수적인 기본 원칙은 관심 끌기, 수용하기 및 거부하기의 자발적 신호다. 제스처나 발성 등 레퍼토리가 제한적인 사람들조차도 이러한 목적을 위해 신호를 사용하여 의사소통하도록 배울 수 있다. 관심을 *끄는* 신호는 웃기, 울기, 눈 맞추기 등 타인과 사회적 상호작용을 시작하기 위해 주로 사용하는 것들이다. '∼ (이름)는 당신이 자신에게 관심을 갖기 원할 경우 그것을 어떻게 알립니까?' 또는

'~ (이름)는 당신과 이야기하고 싶을 때 어떤 행동을 보입니까?'와 같은 질문은 종종 이러한 기능에 도움이 되는 행동의 예를 이끌어 낼 것이다. 수용의 신호는 현재 일어나고 있는 일이 참을 수 있고 괜찮거나 즐거울 때 이를 전하고자 사용하는 것들이다. 친숙한 의사소통 상대는 '~ (이름)가 뭔가를 좋아할 경우 그것을 어떻게 아십니까?' 또는 '~ (이름)가 행복한 경우 그것을 어떻게 아십니까?'와 같은 질문이 제기될 때 그러한 행동을 설명할 수 있다. 거부의 신호는 현재의 상황이 싫거나 즐겁지 않으며 어떤 이유로 인해 참을 수 없음을 전하기 위해 사용된다. 의사소통 상대는 '~ (이름) 이 뭔가를 좋아하지 않을 경우 당신은 그것을 어떻게 아십니까?' 또는 '~ (이름)가 불행하거나 아플 경우 당신은 그것을 어떻게 아십니까?'와 같은 질문이 제기될 때 종종 그러한 행동을 설명할 것이다. '수용'과 '거부'를 전하는 능력은 '예/아니요' 질문에 반응하는 능력과는 다름을 주의해야 한다. 후자는 더 정교한 기술을 필요로 한다. 수용과 거부 신호는 미소, 웃음, 찡그림 또는 울기와 같이 명백할 수도 있고, 시선 피하기, 신체 긴장의 증가, 호흡 속도 증가 또는 갑작스러운 수동성과 같이 매우 모호할 수도 있다.

수용과 거부를 나타나는 신호가 상당히 특이한 것일 수도 있으나, 대부분의 사람은 몇 가지 방식으로 이를 표현할 수 있다. 분명하고 의도적이며 사회적으로 적절한 관심 끌기와 수용 및 거부의 신호가 개인의 의사소통 레퍼토리에 들어 있지 않다면, 초기 중재는 이러한 행동을 발달시키기 위한 전략을 포함해야 한다.

주의 끌기 신호와 제스처 가르치기

촉진자는 CCN을 지닌 대상자가 시도한 주의 끌기 행동에 특히 관심을 보여야 한다. 촉진자는 처음에 사회문화적으로 수용이 되며 주의를 끄는 기능으로 보이는 대상자의 모든 의도적 행동에 반응을 보여야 한다. 그래야만 자신의 시도가 가져오는 의사소통의 결과를 반복적으로 경험할 수 있다(Smebye, 1990). 예를 들면, 촉진자는 관심을 가져 달라는 뜻으로 랩 트레이를 두드리거나 큰 소리를 내는 대상자의 행동에 반응을 보일 수 있다. 일단 수용 가능한 관심 끌기 행동의 레퍼토리가 형성되고 그러한 행동이 의도적으로 사용되면, 촉진자는 가장 바람직하고 빈번한 행동에만 반응을 보일 수 있을 것이다.

간단한 테크놀로지의 사용은 관심 끌기 행동을 더욱더 눈에 띄도록 해 준다. 이러한 방법은 개인의 행동이 애매하고 쉽게 혼동될 경우 특히 적절하다. 예를 들면, 연구자들은 호출 버저나 '이리 좀 와 주세요'라는 말이 녹음된 단일 메시지 테이프와 같이 스위치로 활성화되는 관심 끌기 도구의 사용을 고찰해 왔다.

한 연구는 일상적인 학교 일과 참여 능력이 극단적으로 제한된 심한 지적, 감각적, 신체적, 의학적 장애 등을 지닌 세 명의 CCN 아동을 대상으로 주의 끌기 도구 사용법을 가르치기 위해 '간섭행동연쇄(interrupted behavior chain)' 중재를 활용하였다(Gee, Graham, Goetz, Oshima, & Yoshioka, 1991). 학생이 주의 끌기 도구를 사용할 수 있는 기회를 갖도록, 교사는 간섭할 수 있는 서너 개의 일과를 파악하였다. 예를 들면, 에릭(Erik)의 띠를 풀고 트레이를 벗긴 다음 휠체어에서 내릴 시간이라고 말하면서도 휠체어에서 내려 주지 않는 활동 전이 중에 이러한 기회가 만들어질 수 있었다. 에릭의 교사는 주의를 끌기 위해 제스처나 발성(예: 팔 뻗기, 환기시키는 소리 내기, 하소연하는 소리 내기)을 하도록 기다린 다음, 적절한 위치에 부착된 주의 끌기 도구의 스위치를 활성화하도록 촉진하였다. 교사의 촉진에 따라 도구가 활성화되면, 일과는 계획된 대로 진행되었다(즉, 에릭을 휠체어에서 내려 준다). 시간이 지남에 따라 스위치 활성화를 위한 교수 촉진은 시간 지연 절차를 사용하여 점차 소거되었다. 세 학생 모두 60번을 넘지 않는 교수 기회 내에 몇 가지 일과에서 독립적으로 자신의 주의 끌기 도구를 활성화할 수 있었다. 이 연구는 적절한 상황과 테크놀로지를 활용한 교수를 적절히 계획하면 매우 심한 장애인도 간단한 의사소통 행동을 습득할 수 있음을 분명하게 보여 주었다.

문제행동과의 관계

불행히도 많은 이들의 주의 끌기 신호는 소리 지르기, 움켜잡기, 때리기, 역정 내기, 자기상해 행동 등 사회적으로 수용되지 않는 형태를 취한다. 그러나 1980년대 이래 기능적 의사소통 훈련(functional communication training: FCT)으로 알려진 기법이 이러한 행동을 다루기 위해 널리 사용되어 왔다. FCT는 동등한 기능을 지닌 의사소통 기술을 가르침으로써 문제행동을 감소시키고자 마련된 일련의 절차를 포함한다. 앞에서 언급했던 바와 같이 FCT는 문제행동의 기능(즉, 메시지)을 파악하기 위한 철저한 평가뿐 아니라 새로운 의사소통 행동을 가르치기 위한 체계적인 교수를 필요로 한다(Sigafoos, Arthur, & O'Reilly, 2003). 미렌다(Mirenda, 1997)와 보프, 브라운 및 미렌다(Bopp, Brown, & Mirenda, 2004)에 의하면, 의사소통을 위해 AAC를 사용하는 사람들과 관련된 다수의 FCT 중재는 대안적인 주의 끌기 행동을 가르치는 데 역점을 두어 왔다고 한다. 이는 손과 팔을 살짝 두드리거나 흔드는 것과 같은 비상징적 의사소통 행동(Kennedy, Meyer, Knowles, & Shukla, 2000; Lalli, Browder, Mace, & Brown, 1993; Sigafoos & Meikle, 1996), '제발 이리 좀 와주세요.'라는 메시지가 녹음된 마이크로 스위치 활성화(Northup et al., 1994; Peck et al., 1996), '나도 끼고 싶어요.'(Durand, 1993) 또는 '이것 좀 도와주시겠습니까?'(Durand, 1999)와 같은 메시지를 지닌 전자 의사소통 도구의 활성화 등을 가르침으로써 성취되었다. 자연스러운 상황에서 새로운 주의 끌기 행동을 가르치기 위해 촉진과 점차적 소거 등의 체계적인 교수 전략이 사용되었다. 그리고 모든 경우에 잠깐의 관심이 반응으로 제공되었다. 일부 연구자들은 발달장애인을 대상으로 FCT/AAC 중재를 계획하고 이행하는 데 필요한 핵심적인 단계를 기술하였다(Bopp et al., 2004; Sigafoos, Arthur, & O'Reilly, 2003; Tiger, Hanley, & Bruzek, 2008).

중요한 것부터 먼저: 전상징기 중도장애 아동을 위한 초기 의사소통(First Things First: Early Communication for the Pre-Symbolic Child with Severe Disabilities; Rowland & Schweigert, 2004)은 부모와 전문가들을 위해 개발된 요강이다. 이 요강에는 평가뿐 아니라 '더(more)' 요구하기, 주의 끌기, 선택하기 등 기본적인 의사소통 메시지를 가르치기 위한 전략들이 들어 있다. 이 자료는 Design to Learn으로부터 얻을 수 있다.

수용 · 거부 신호 및 제스처 사용 가르치기

행동에 대한 판단과 반응의 기본 원리는 수용이나 거부의 기능을 담당하는 의사소통 신호 형성을 위한 토대이기도 하다(Sigafoos & Mirenda, 2002; Sigafoos et al., 2002). 종종 이러한 신호들은 꽤 애매하다. 예를 들면, 어떤 사람은 만족할 경우 행동 변화를 보이지 않지만 괴롭거나 불편하면 애처롭게 하소연할 수 있다. 반면에 어떤 사람은 사지 움직임, 미소 또는 울음과 같은 분명한 표시를 할 수 있다. 처음에 촉진자는 행동을 강화하고 의사소통의 힘을 가르치기 위해 사회적으로나 문화적으로 용인될 수 있는 의사소통 행동이라면 어떤 것이든 반응하고 요구에 응해야 한다. 때때로 촉진자들은 '자신이 원하는 것을 항상 얻게 된다면' 그는 '응석받이가 될' 것이라고 걱정하면서 이러한 전략의 시사점에 우려를 표시한다. 그러나 촉진자들이 이러한 신호에 간헐적으로 반응하거나 더 명확한 형태로 행동을 형성하기 시작할 때를 결정하기 위해 대상자의 요구에 대한 반응의 양과 정도를 조절한다면 그러한 우려는 기우에 불과할 것이다.

문제행동과의 관계

일부의 사람들은 수용이나 거부를 표현하거나 타인과의 사회적 상호작용을 위해 수용될 수 없는 제스처를 사용한다. 예를 들면, 상동 행동(예: 물건 돌리기, 앞뒤로 고개 흔들기)과 공격적인 행동(예: 역정, 자기상해 행동)은 회피 기능을 하는 거부의 메시지로 해석될 수 있다(Durand & Carr, 1987, 1991; Kennedy et al., 2000). 또 다른 일부의 사람들은 행복하거나 흥분하게 되면 손뼉을 치고 계속 비명을 지르거나 공격적이 되는데, 행복감을 느끼고 흥분하는 것은 수용의 메시지를 보내기 위한 두 가지 명확한 경우들이다. 이들은 또한 사회적으로 부적절한 여러 행동으로 사회적 상호작용을 시작하거나 유지할 것이다. 주의 끌기 행동의 부적절한 형태에서와 마찬가지로, FCT는 부적절한 수용, 거부 및 사회적 상호작용 신호의 대안을 가르치기 위해 활용될 수 있다.

> 모니카(Monica)는 어머니가 주는 음식을 먹고 싶지 않을 경우 휠체어 랩 트레이를 쾅쾅 두드려 댔다. 그녀의 어머니는 모니카가 그러한 행동을 하기 전에 더 미묘한 거부 단서를 산출하는지 살펴보기 위해 관찰을 시작하였다. 그녀는 가끔 모니카가 입술을 내밀고 먼저 머리를 돌리는 것을 목격하였다. 그래서 모니카의 어머니는 그러한 행동이 나타날 때마다 거부하는 음식을 치움으로써 행동에 반응을 보이기 시작하였다. 동시에 모니카가 랩 트레이를 칠 경우, 대신 머리를 돌리도록 촉진하였다. 두 달 후 모니카의 입술 내밀기 행동은 증가했으며, 거의 완벽하게 랩 트레이 두드리기는 사라졌다. 이는 그녀가 '고맙지만 사양하겠어요!'라는 메시지를 전할 수 있는 다른 방법을 갖게 되었기 때문이다. FBA와 FCT 원리를 활용함으로써, 모니카의 어머니는 의사소통을 위한 새로운 대안 행동을 가르쳤으며 문제행동을 하지 못하도록 할 수 있었다.
>
> "밖으로 나갈 쉬는 시간이 되자, 3학년 헤네시(Hennessey) 선생님 반의 보조교사들

은 학생들이 코트, 장갑, 모자 등을 제대로 갖추었는지 확인하였다. 보조교사 중 세라는 켄(13번 염색체가 3개인 파타우 증후군[trisomy 13; Patau syndrome] 아동)이 옷걸이 쪽으로 가도록 도왔다. 그녀는 켄의 손을 잡고 걸어가면서 팔을 앞뒤로 살짝 흔들어 댔다. 캔을 향해 미소를 지으면서, "이제 쉬는 시간이야, 뭘 해야 하지?"라고 말하는 세라의 목소리는 다정했다. 켄은 코트를 향해 손을 뻗을 때 미소를 지으며 그녀를 즐겁게 바라보았다. 그는 분명히 세라가 자신에게 관심 갖는 것을 즐겼고, 그녀와 의사소통하기 위해 자신의 비상징적 행동(예: 손 뻗기, 미소 짓기)을 사용하였다" (Siegel-Causey & Guess, 1989, p. 28).

스크립트화된 일과

초기 의사소통자가 자연스러운 활동 맥락에서 주의 끌기, 수용하기 및 거부하기의 신호 사용을 연습할 수 있도록 구조화된 기회를 제공하기 위해 스크립트화된 일과 (scripted routines)를 이용할 수 있다(예: Keen, Sigafoos, & Woodyatt, 2001; Siegel & Wetherby, 2000). 〈표 9-5〉는 이중 감각장애(즉, 농맹)와 중도 지체장애를 가지고 있는 청년 애덤(Adam)이 수영 준비를 하는 동안 사용할 수 있도록 개발된 스크립트의 일부를 보여 준다. 이 예에서 볼 수 있는 것처럼, 스크립트화된 일과는 개인의 장애와 일과 유형에 따라 주로 다섯 가지 요소로 구성된다. 이 다섯 가지 요소, 즉 접촉 단서, 구어 단서, 휴지, 구어 피드백 및 행동은 〈표 9-5〉에 기술되어 있다.

표 9-5　스크립트화된 일과('애덤'의 예)

접촉단서 (촉진자가 제공하는 비구어 정보)	구어단서 (촉진자가 말해 주는 것)	휴지 (최소 10초 정도 기다리며 반응을 기대)	구어 피드백 (촉진자가 행동을 취하면서 말해 주는 것)	행동 (대상자가 응하거나 두 번째 휴지가 끝나고 나서 촉진자가 수행하는 것)
1단계 애덤의 팔꿈치 아래 좌석벨트를 문지른다. 소리가 나도록 버클을 푼다.	"수영할 준비합시다."	휴지, 관찰	"좋아요. 소리를 냈지요. 이제 수영복을 입읍시다."	2단계를 진행한다.

2단계 애덤의 손목에 대고 수영복 허리끈을 문지른다.	"수영복을 입을 차례입니다."	휴지, 관찰	"좋아요. 발을 움직였지요. 자, 이제 옷을 벗읍시다."	3단계를 진행한다.
3단계 외투 지퍼를 연다.	"외투를 벗을 차례입니다."	휴지, 관찰	"팔을 움직였지요! 좋아요. 외투 벗는 거 도와줄게요."	4단계를 진행한다.
4단계 애덤의 등을 문지른다.	"이제 앞으로 숙여 보세요."	휴지, 관찰	"소리를 냈지요! 좋아요, 이제 앞으로 숙일 수 있어요."	애덤의 몸을 앞으로 숙이게 한다.
5단계 오른쪽 소맷부리 부분의 팔을 두드린다.	"소매를 벗을 차례입니다."	휴지, 관찰	"손을 움직이려 노력했지요. 손을 빼도록 도와줄게요."	오른쪽 소매에서 팔을 빼낸다.
6단계 등쪽으로 코트를 벗겨내며 왼쪽 소맷부리부분의 팔을 두드린다.	"이제 이쪽 소매를 벗읍시다."	휴지, 관찰	"좋아요, 잘하고 있어요. 이제 이쪽 손도 빼봅시다."	왼쪽 소매에서 팔을 빼낸다.
7단계 오른쪽 신발을 톡톡 세게 두드린다.	"신발을 벗을 차례입니다."	휴지, 관찰	"신발을 벗겨 달라고 소리를 냈지요!"	오른쪽 신발 끈을 풀고 신발을 벗긴다.
8단계 왼쪽 신발을 톡톡 세게 두드린다.	"이제 나머지 한쪽도 벗읍시다."	휴지, 관찰	"이쪽 발을 움직였지요. 이쪽 신발도 벗기 원하는 것 같네요."	왼쪽 신발 끈을 풀고 신발을 벗긴다.

1. **접촉 단서**: 접촉 단서(touch cue)는 구두로 제시되는 낱말과 함께 제공되는 정보로 일과의 각 단계에 앞서 제공되어야 한다. 한 단계의 접촉 단서는 매번 동일해야 하며, 모든 촉진자들이 동일한 단서를 활용해야 한다. 접촉 단서는 하나 이상의 감각장애를 지닌 사람들(예: 시각장애, 청각장애, 농맹 중복장애)에게 매우 중요하며, 다른 장애인에게도 중요한 경우가 많다. 예를 들면, 〈표 9-5〉의 2단계에서 애덤에게 수영복을 입히면서 제공되는 접촉 단서는 손목에 수영복을 스치게 하는 것이다.

2. **구어 단서**: 구어 단서는 촉진자가 접촉 단서를 제공하면서 말하는 것들을 일반적으로 일컫는다. 예를 들면, 수영복을 입히기 전에 애덤의 손목에 수영복을 스치면서 촉진자는 "수영복을 입을 차례입니다."라고 말할 수 있다(〈표 9-5〉의 2단계). 촉진자는 구어 단서의 정확한 구조에 너무 얽매여서는 안 되며, 가능한 한 자연스럽게 필요한 정보를 제공해야 한다. 촉진자는 대부분의 청각장애인이 최소한의 잔존 청력은 갖고 있기 때문에 이들에게도 항상 구어 단서를 제공해야 한다.

3. **휴지**: 접촉 단서와 구어 단서를 결합해 제공한 후, 촉진자는 10~30초를 쉬면서 상대방의 반응을 관찰해야 한다. 애덤의 경우 반응은 의도적인 것으로 보이거나 의도적인 것으로 해석될 수 있는 어떤 움직임이나 발성을 의미할 수 있다. 만일 대상자가 휴지 후에 수용의 신호로 해석될 수 있는 어떤 반응을 보인다면, 촉진자는 그 일과를 지속해야 한다. 반면에 대상자가 거부의 신호를 보인다면, 촉진자는 잠깐 멈추었다가 다시 시도하거나 진행을 위해 다른 방법을 탐색하거나 그 일과의 순서를 종료할 수 있다. 만일, 수용이나 거부의 신호가 나타나지 않는다면, 촉진자는 접촉 단서와 구어 단서를 반복하고 신호를 관찰하기 위해 10~30초를 다시 기다린다. 그럼에도 대상자가 신호를 보내지 않는다면, 촉진자는 일과의 순서를 지속해야 한다. 휴지의 길이는 개인의 반응 수준과 요구하는 움직임의 정도에 따라 다르다. 심한 운동장애를 지닌 사람들은 신호를 만들고 산출하는 데 더 많은 시간이 필요하기 때문에 더 긴 휴지를 필요로 할 것이다.

4. **구어 피드백**: 대상자의 수용 신호가 나타나면, 대상자가 행한 것과 촉진자의 반응으로 적절한 언급 형태의 구어 피드백이 관련 행동과 함께 제공되어야 한다. 예를 들면, 휴지 후(〈표 9-5〉의 2단계) 애덤의 촉진자는 "좋아요, 발을 움직였지요." "알았어요, 외투 지퍼를 열어 줄게요." 또는 "팔을 움직였지요, 외투를 벗도록 도와줄게요."라고 말할 수 있다.

5. **행동**: 스크립트화된 일과의 각 단계에서 촉진자는 구어 피드백과 동시에 행동을 수행한다. 행동은 과제 분석을 통해 파악된 일과의 실제적인 단계다. 촉진자는 행동을 독립적으로 수행할 수 없는 사람들을 도와야 하며 개인의 요구에 맞게 도움의 양을 조절해야 한다. 스크립트화된 일과의 요점은 행동 수행을 가르치는 것이 아니라 익숙한 활동 맥락에서 의사소통 신호의 산출을 발달시키고자 하는 것이다.

스크립트화된 일과는 공동 행위 일과(joint action routines; McLean, McLean, Brady, & Etter, 1991; Snyder-McLean, Solomonson, McLean, & Sack, 1984), 계획된 대화 (planned dialogues; Siegel & Wetherby, 2000; Siegel-Causey & Guess, 1989) 등으로도 불린다. 스크립트를 짜고 의사소통을 위한 활동을 수정하는 또 다른 예는 참고로 제시된 연구자들의 간행물에서 찾아볼 수 있다.

어린 아동에게 스크립트화된 놀이 일과를 가르치기 위해 촉진자들은 〈표 9-5〉에 제시된 것과 유사하지만 단순한 형식을 활용할 수 있는데, 이 경우에는 접촉과 구어 단서를 제공하지 않는다. 예를 들면, 촉진자는 아동과 손을 잡고 얼굴을 마주 본 채 마루에 앉아 '노를 저어라'라는 노래를 부르기 위해 상호적인 일과를 짤 수 있다. 노래를 부를 때, 촉진자는 아동과 함께 배를 젓는 것과 같은 동작으로 손을 앞뒤로 흔든다. 이러한 활동 순서가 성취되고 아동이 그것을 즐거워하는 것으로 보이면, 촉진자는 노래의 1~2줄을 부른 후에 매번 멈추고서 아동이 게임을 지속하기 원하는 어떤 징후를 보이는지 관찰한다. 촉진자는 이러한 기본적인 형식—행동, 의사소통 신호를 이끌기 위한 휴지, 행동—을 상호적인 게임과 노래에도 적용할 수 있다. 5세 이상의 아동은 수영, 비디오 또는 핀볼 게임, 학교 무도회 참석, 릴레이 경주 참여 등과 같은 연령에 적절한 사회·여가 활동 속에서 스크립트화된 일과에 참여할 수 있다.

6개월에 걸쳐 애덤은 일과의 휴지 동안에 왼쪽 팔 또는 왼쪽 다리를 움직이거나 발성으로, 수영을 위한 옷 입기 및 벗기에 점점 참여하기 시작하였다(〈표 9-5〉 참조). 처음에는 그러한 움직임이 가끔 나타났으나, 도움을 제공하는 직원이 그의 움직임에 반응을 하자 그러한 행동이 더 많아지게 되었다. 식사 시간과 자세 바꾸는 시간 그리고 저녁에 이루어지는 목욕 시간에 스크립트화된 일과들이 추가되었다. 이제 애덤은 하루의 99%를 잠을 자거나 수동적으로 타인의 보호에 의지하면서 보내던 27세의 남성이 아닌, 가정과 지역사회 활동에 적극적으로 참여하면서 하루의 대부분을 보내는 45세의 남성이 되었다. 그는 관심 끌기 버튼을 활성화하기 위해 머리에 부착된 커다란 스위치를 조작한다. 또한 선택을 하고, 자신의 선호도를 표현하며, 사회적 일과에 참여하기 위해 말산출도구에 다수의 유형 상징들을 사용한다. 사회적 네트워크가 확대되고 지역사회 참여가 증가함에 따라 그의 의사소통 기술 또한 계속 발전하고 있다.

제스처 사전

촉진자가 주의 끌기, 수용 및 거부의 신호를 가르치기 위한 일련의 중재를 이행하고 나면, 대부분의 초기 의사소통자는 의사소통을 위한 발성과 제스처 레퍼토리가 점차적으로 발달하게 된다. 이러한 신호 중 많은 것이 특이할 수 있기 때문에 단지 소수의 친숙한 촉진자(예: 부모, 도우미 직원)만이 이를 이해하고 일관된 반응을 할 수 있다. 반면에 낯선 사람들은 그러한 메시지를 이해하고 해석하는 데 어려움을 지닐 것이고 결과적으로 의사소통 단절이 발생할 것이다. 예를 들어, 아동의 베이비시터가 텔레비전의 채널을 바꿔 달라고 요청하는 아동의 방식이 텔레비전에 다가가 지속적으로 텔레비전을 쾅쾅 두드리는 것임을 모를 수 있다. 만일 베이비시터가 이러한 아동의 파괴적인 행동을 단념시키고자 한다면, 두 사람이 모두 좌절하고 불만스럽게 될 때까지 아동의 행동은 도를 더할 것이다.

의사소통 단절은 이른바 '제스처 사전(gesture dictionary)'을 사용함으로써 극복될 수 있다. 제스처 사전에는 개인이 사용하는 제스처에 대한 묘사와 그 의미 그리고 그에 대한 적절한 반응이 수록되어 있다. 이 사전은 교실이나 가정에서 사용하는 벽 포스터 형태를 취할 수도 있고, 알파벳순으로 된 상호 참조용 목록(cross-referenced entries)을 지닌 노트북 형태를 취할 수도 있다. 예를 들면, 앞에서 언급한 베이비시터는 아동의 제스처 사전에서 T 신호가 텔레비전(television)이나 톡톡 두드리다(tap)를 뜻하는 것임을 찾을 수 있을 것이다. T신호가 어떤 뜻이든 베이비시터는 그 행동과 그것이 의미하는 것 그리고 그에 반응하는 법에 대한 설명을 발견할 것이다(예: "톡톡 두드리는 행동은 당신이 텔레비전의 채널을 바꿔 주기 원한다는 뜻입니다. 아이에게 다가가서 '도와주세요'라고 말한 다음 채널을 바꿔 주세요."). 〈표 9-6〉은 시각과 인지장애를 지닌 청소년 숀(Shawn)을 위해 만든 제스처 사전의 일부다. 제스처 사전은 유아들만을 대상으로 사용되는 것이 아니다. 사실 이 기법은 새 교실에 배치된 CCN을 지닌 학생이나 그룹 홈 또는 그 밖의 거주시설에 살고 있는 성인들의 의사소통 패턴을 인식시키는 신참직원 교육의 방법으로 활용되어 왔다.

표 9-6 제스처 사전(손의 사례)

손의 행동	의미	촉진자 반응
턱에 대고 T를 수화로 표현한다.	화장실에 가고 싶다.	허락을 한 후, 문 쪽으로 갈 수 있도록 돕는다.
"쉬~" 소리를 낸다.	"예."	상황에 맞게 반응한다.
고개를 흔든다.	"아니요."	상황에 맞게 반응한다.
다른 사람을 향해 손을 내뻗는다.	"악수하고 싶다."(인사)	악수를 한다.
요청받을 경우 다른 사람의 손뼉을 친다.	"나는 사교적이거나 다정한 것 같다."	하이파이브를 해 주거나 주먹을 맞부딪친다.
두 팔을 배 주변에 감싸듯 대거나 두 손을 각각 맞은편 어깨에 대고 툭툭 친다.	"안고 싶다."	악수를 격려하거나 하이파이브를 하거나 적절한 경우 안아 준다.
손을 펴서 입에 갖다 댄다.	음식을 원한다.	식사시간이거나 식사시간이 가까워진 경우, 기다리도록 요청하고 타이머를 설정한다. 간식의 경우에는 음식 샘플을 사용해 선택권을 제공한다.
손을 비스듬히 입에 갖다 댄다.	음료수를 원한다.	수용을 한 후 음료수 샘플을 사용해 선택권을 제공한다.
위아래 이를 부딪치면서 손을 입에 댄다.	"정말 배가 고프다."	소량의 순한 음식을 제공한다(그는 궤양을 앓고 있다.).

제스처 사전은 의사소통 일지(communication diary; Bloomberg, 1996), 의사소통 사전(communication dictionary; Siegel & Wetherby, 2000), 의사소통 신호 목록(communication signal inventory; Siegel & Cress, 2002) 등으로 불려 왔다. 명칭에 상관없이 이들 유형은 모두 대상자가 행하는 것(의사소통 행동), 행동이 의미하는 것(기능 또는 메시지), 촉진자가 반응해야 하는 것(결과) 등 세 가지 요소로 구성되어 있다.

상징적 의사소통 소개하기:
시각 스케줄과 '토킹 스위치' 기법

의사소통 참여를 위한 많은 전략들은 주의 끌기, 수용하기, 거부하기 등의 기본적인 기술을 습득하고 상징적 의사소통을 소개받기 시작한 사람들에게 특히 적절하다. 상징 스케줄을 따르거나 간단한 사회적 일과에 참여하는 등의 기본적인 기술을 포함하도록 이들의 레퍼토리를 확장하는 것은 중요하다. 수화, 사물, 그림 상징 등의 상징적 기법을 사용하려면 공동 주의(joint attention)가 필요하기 때문에 우리는 먼저 이 기술을 간단히 논의하고자 한다. 그런 다음에 우리는 가장 흔히 사용하는 몇 가지 기본적인 상징 기법들을 요약한다.

공동주의 형성하기

일반아동에게 있어서 공동주의는 자신의 주의를 의사소통 상대와 사물 또는 제3자에게 이동시킬 수 있는 능력을 말한다. 대다수 아동의 공동주의 능력은 생후 6개월이 지나면서 점차적으로 연속해서 출현한다. 즉, 생후 9~12개월이 되면 아동은 상대방의 주의를 먼저 점검하기 시작하며, 11~14개월에는 상대방의 지적하기(예: 의사소통 상대는 지적을 하면서 동시에 "저기 봐!"라고 말한다)에 반응하기 시작하고, 13~15개월이 되면 상대방의 주의를 이끌기 시작(예: 뭔가를 보여 준 다음에 그것과 상대방을 번갈아 쳐다본다; Carpenter, Nagell, & Tomasello, 1998)한다. AAC를 활용할 경우, "공동주의 상호작용은 사실상 삼각이 아닌 사각(quadratic) 형태가 된다. 이 경우에 공동주의는 [CCN을 지닌 사람], 의사소통 상대, AAC 체계, 장난감이나 책 등의 목표 사물이 관여하기 때문이다"(Smith, McCarthy, & Benigno, 2009). 따라서 의사소통 상징은 공동주의를 방해하는 것이 아닌 촉진하는 방식으로 소개되는 것이 중요하다.

도구적 상징을 사용하는 초기의사소통자의 공동주의에 대한 부담을 줄이기 위한 하나의 전략은 상호작용을 하는 동안 AAC 상징의 위치를 조작해 주는 것이다. 스미스, 매카시 및 베니그노(Smith, McCarthy, & Benigno, 2009)는 이러한 이슈를 가지고 실험연구를 수행했는데, 일반 유아들의 경우 의사소통 도구가 자신 앞에 직접적으로 위치해 있을 때(즉, 그들의 응시 방향에 맞게 조정되었을 때) 시선을 옆으로 돌려야 할 경우보다 더 빈번하게 더 오랫동안 공동주의에 응하는 것으로 나타났다. 또한 클리벤스, 파월 및 앳킨슨(Clibbens, Powell, & Atkinson, 2002)의 연구에서도 유사한 결과가 나타났는데, 즉 수화를 배우고 있는 다운 증후군 영유아의 어머니들은 자녀가 시선을 옆으로 돌려야 하거나 다른 위치에서가 아닌 아동의 주의를 집중시킨 상태에서 수화를 보여 주었다. 위치를 조정하는 것 외에, 촉진자들이 초기 의사소통자의 주의 집중에 반응하는 정도 또한 공동주의의 빈도 및 지속시간과 관련이 있었다(Benigno, Bennett, McCarthy, & Smith, 2011). 따라서 초기 의사소통자는 AAC 상징이 시선에 맞게 제시되었을 때 또한 주의가 집중된 상태에서 촉진자가 언급을 했을 때 가장 관심을 보일 것으로 예상된다(Light et al., 2005 참조).

시각 스케줄

시각 스케줄(vidual schedule, 달력 체계, 스케줄 체계 또는 활동 스케줄이라고도 알려진)은 개인이 하루 동안 참여하는 모든 활동을 상징으로 나타내는 것으로, 다음과 같은 몇 가지 목적을 성취하는 데 도움이 될 것이다. ① 하나의 물건(즉 상징)이 또 다른 것(즉, 지시 대상)을 의미할 수 있다는 생각 소개하기, ② 하루 동안 이루어지는 활동의 대략적인 순서를 제공하고, 다음에 일어날 일들에 대한 특정 정보 제공하기, ③ 특히 높은 예측 가능성을 필요로 하는 사람을 대상으로 한 활동에서 다음 활동으로의 용이한 전이 돕기(Flannery & Horner, 1994). 시각 스케줄 전략은 원래 스틸먼과 배틀(Stillman & Battle, 1984)의 연구와 농맹인을 지원하는 그 밖의 현장 실무자들에게서 나왔다. 또한 시각장애, 지적장애, 중복장애인들에게도 널리 사용된다(Bopp, Brown, & Mirenda, 2004; Hodgdon, 1996; McClannahan & Krantz, 1999; Mesibov, Browder, & Kirkland, 2002; Rowland & Schweigert, 1989, 1990, 1996; Vicker, 1996). 스케줄 체계는 다양한 연령과 능력을 지닌 초기 의사소통자를 위해 가정, 학교, 지역사회 환경 등에서 효과적으로 활용될 수 있다(Bopp et al., 2004 참조). 〈표 9-7〉은 기본적인 시각 스케줄을 어떻게 만들고 사용하는지를 개략적으로 보여 준다.

시각 스케줄은 실물, 유형 상징, 사진, 선화 상징, 낱말 등으로 연령에 적절한 학교 알림장, 벽 디스플레이 또는 그 밖의 다른 형식으로 제시될 수 있다(Hodgdon, 1996; McClannahan & Krantz, 1999 참조). 스케줄은 또한 마이크로소프트 파워포인트, 디지털비디오 테이프 편집용 소프트웨어 프로그램 같은 컴퓨터 기술을 활용해 만들 수도 있다(Rehfeldt, Kinney, Root, & Stromer, 2004). 또한 스케줄을 다루는 다수의 앱을 애플 아이패드(Apple iPad)나 삼성 갤럭시(Samsung Galaxy) 등의 태블릿 컴퓨터로도 이용할 수 있다. 시각 스케줄 사용에 대한 교수는 촉진이 점차적으로 소거되는 위계를 지닌, 덜 구조화된 자연스러운 형태로 이루어지는 것이 일반적이다. [그림 9-4]는 다운증후군을 지닌 유아원 아동이 가정과 지역사회에서 사용한 스케줄의 예이며, [그림 9-5]는 자폐 청소년이 사용한 스케줄의 예다.

 표 9-7 시각 스케줄 작성과 사용

시각 스케줄 작성
1. 가정, 학교 및 지역사회 환경에서 이루어지는 개인의 일상적인 스케줄을 발생하는 순서에 따라 목록화한다. 이러한 목록에는 매일 또는 하루 중 일정 시간에 이루어지는 활동들이 모두 포함되어야 한다.
2. 각각의 활동을 나타내기 위해 사용할 수 있는 상징들을 찾아낸다. 대부분의 초기 의사소통자들을 위한 상징으로는 실물, 부분 사물 또는 사진 등이 포함될 것이다. 예를 들면, 빗은 아침 몸단장, 우유 곽은 아침식사, 양말은 옷 입기 등을 나타낼 수 있다. 쉽게 이용할 수 있도록 한 장소(예: 상자)에 상징들을 모아둔다. 한 활동을 나타내기 위해서는 매번 동일한 사물이 사용되어야 한다.
3. 상징을 디스플레이할 수 있는 방법을 마련한다. 좌에서 우로 배열된 일련의 얕은 용기(예: 빈 구두 상자, 마분지로 만든 잡지 걸이, 벽 고리에 건 일련의 투명한 비닐 봉지, 일정 간격으로 칸이 나뉘어 있는 긴 마분지 상자) 속에 실물이나 부분 사물을 넣어 둘 수 있다. 사진이나 그림 상징을 사용할 경우에는 사진 앨범이나 그 밖의 용기에 넣어 다닐 수 있다.
4. 끝마친 활동을 확인할 수 있는 방법을 고안한다. 실물을 사용할 경우, CCN을 지닌 사람이 활동을 마치고 나서 자신이 사용했던 사물을 넣어두는 '마침 상자(finished box)'를 만들 수 있다. 사진이나 그림 상징을 사용할 경우에는 각각의 활동이 끝났을 때 사용한 상징을 촉진자에게 건네주거나 '마침(finished)' 영역에 옮겨 놓을 수 있다.
5. 스케줄을 마련하라. 디스플레이를 활용하여, 하루에 발생하는 최소한 4~5개 활동에 대한 상징들을 발생 순서에 따라 배열한다.
시각 스케줄 사용
1. 각각의 활동을 하기에 앞서, CCN을 지닌 사람이 스케줄 디스플레이에 다가가서 순서에 따른 다음 상징을 선택하도록 촉진한다. 해당 활동에 대한 상징을 선택하도록 촉진한다.
2. 활동이 끝나면 CCN을 지닌 사람이 미리 결정된 방식으로 사용된 상징들을 처리하도록 촉진한다. 그가 어떤 활동을 다시 하고자 할 경우 요청을 위한 선택권을 지닐 수 있도록, 그가 이미 처리된 상징들에 언제든 쉽게 다시 접근할 수 있도록 한다. 만일 그가 어떤 활동을 다시 하고자 요청한다면, 촉진자는 그러한 요청에 매번 반응해야 하며, 가능하다면 언제든 상징이 나타내는 활동을 하도록 허락한다.
3. CCN을 지닌 사람이 상징과 해당 상징이 의미하는 활동을 이해하고 있음을 나타내는 신호를 보이는지 살펴본다. 그러한 신호에는 ① 상징을 가지고 그 활동이 이루어지는 장소로 휠체어를 밀고 가거나 걸어가기, ② 자신이 선호하는 활동의 상징을 집으며 미소 짓거나 웃기 등이 포함된다.

PrAACtically Speaking이라는 이름의 비디오테이프/DVD는 지역사회에서 발달장애 및 CCN
을 지닌 성인을 돕는 직원들을 위해 고안되었다. 주된 특징은 상호작용을 위한 전략들 외에 제
스처 사전과 시각 스케줄 체계의 예들을 보여 준다는 점이다. 비디오를 포함한 정보 팸플릿은
호주에서 조직된 단체 Yooralla를 통해 얻을 수 있다.

토킹 스위치 기법

상징 사용을 소개하고 음성 출력을 이용하는 제한적인 의사소통 상황을 제공하기
위해 다수의 간단한 '토킹 스위치' 도구들을 또한 사용할 수 있다. 토킹 스위치는 작
고, 배터리로 작동되는 도구로서 활성화될 경우 하나 이상의 메시지를 산출하도록
프로그램을 짤 수 있다. 촉진자는 음성 메시지, 음악 또는 그 밖의 소리들(예: 개 짖는
소리)을 녹음할 수 있으며, 사용자는 간단한 스위치 활성화로 녹음된 소리들을 재생
할 수 있다. 이상적으로는 녹음된 음성 메시지가 도구 사용자와 동일한 연령 및 성별
의 사람이 산출한 것이어야 한다. 활성화는 직접(즉, 충분한 소근육 운동 기술을 지닌 사
람이 자신의 손으로 도구를 활성화한다) 또는 원격으로 이루어질 수 있다. 원격으로 활
성화될 경우에는 여러 유형의 스위치(예: 머리로 작동되는)가 다양한 방식으로 도구에
연결된다. 이러한 간단한 음성 출력 기법은 예측 가능한 의사소통에 참여하기 위해
마이크로 스위치 사용을 배우고 있는 초기 의사소통자들에게 특히 적절할 수 있다
(Rowland & Schweigert, 1991 참조).

[그림 9-4] 유아원 아동이 가정과 지역사회에서 사용한 사물 스케줄

PCS, DynaVox Mayer-Johnson LLC의 허락하에 게재함

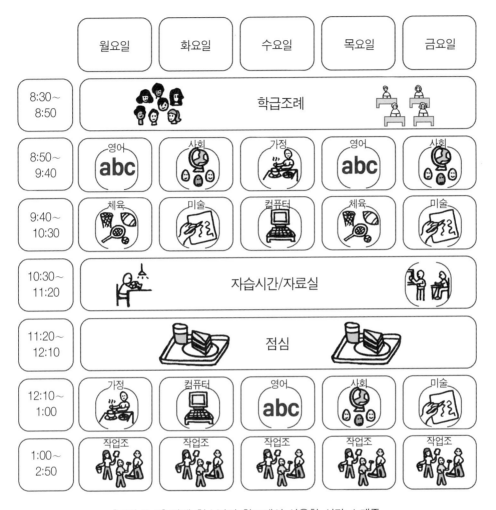

[그림 9-5] 자폐 청소년이 학교에서 사용한 시각 스케줄

PCS, DynaVox Mayer-Johnson LLC의 허락하에 게재함

단일 메시지의 토킹 스위치를 사용하기에 가장 분명한 상황은 개인이 좋아하는 활동에 참여할 수 있는 경우다. 이 경우에는 해당 메시지를 나타내는 단일 상징이 스위치에 미리 부착되어 있어야 한다. 상징의 유형(예: 실물, 유형 상징)은 개인의 요구와 능력에 따라 다를 수 있다(평가 정보는 제6장 참조). 또한 관련된 음성 메시지가 토킹 스위치에 프로그램화되어 있어야 한다. 예를 들면, 토킹 스위치 기법은 다음과 같이 유아원이나 초등학교 교실에서 사용될 수 있다.

• '서클 시간'을 시작하면서(예: '인사하기' 노래를 부르는 동안, 아동은 자신이 맡은

소절이 녹음된 메시지를 활성화한다)

- 전이 시간에(예: 아동은 청소하기 노래나 "청소할 시간!"이라고 녹음된 목소리를 활성화한다)
- 지속이나 차례 주고받기의 요구가 적절한 때(예: 아동은 "더해요, 제발." 또는 "내 차례예요."라는 녹음된 메시지를 재생한다)
- 스케줄에 따라 특정 활동이 이루어지는 때(예: 등교 후 아동은 "제 외투 좀 벗겨 주세요."라고 말하는 녹음 메시지를 재생한다)
- 활동을 하는 동안 감탄사가 적절한 때(예: "유후!" 또는 "멋져!")

책읽기 활동은 초기 의사소통자에게 토킹 스위치와 의사소통 상징을 소개하는 데 있어서 특히 풍부한 맥락을 제공한다. 일례로 뇌성마비와 CCN을 지닌 두 명의 유아원 아동을 대상으로 집단 읽기 활동을 제공한 연구가 있다(Trudeau, Cleave, & Woelk, 2003). 집단 촉진자는 아동들이 어머니와의 책 읽기 상호작용에 참여하도록 발판을 제공하고 다양한 촉진 전략을 활용하는 동시에 개조한 책과 소품(King-DeBaun, 1993, 1999), PCS, 반복되는 스토리 라인(예: '그러면 나는 너의 집을 혹하고 불어서 날려버리고 들어갈 거야'; 조지프 제이컵스[Joseph Jacobs]의 『아기 돼지 삼형제』에서)을 지닌 토킹 스위치 도구 등을 사용하였다. 마찬가지로 자폐(Bedrosian, 1999), 레트증후군(Koppenhaver, Erickson, & Skotko, 2001; Skotko, Koppenhaver, & Erickson, 2004), 중등도에서 중도 지적장애 및 시각장애(Bellon-Harn & Harn, 2008) 아동들을 대상으로 책 읽기 동안에 의사소통 상호작용과 참여를 증진시키고자 토킹 스위치를 사용해 왔다.

좀 더 나이가 많은 CCN을 지닌 사람들은 다음과 같은 활동을 하는 동안 연령에 적절한 상황에서 유사한 목적으로 토킹 스위치를 사용할 수 있다.

- 상황에 적절한 메시지를 필요로 하는 특정 이벤트에 참여할 때(예: 동료에게 '너는 참 좋은 친구'를 불러 주며, 파티에서 '생일 축하합니다' 노래를 부르며)
- 텔레비전이나 실제 경기장에서 좋아하는 스포츠 팀을 응원(또는 비난)할 때
- 단일 메시지를 활성화하여 전화통화를 하며—초기 의사소통자가 친구 및 친척들과 연락을 취할 수 있는 좋은 방법임(예: "할머니 안녕하셨어요? 저 찰리예요. 있잖아요, 제가 지난주 동물원에 갔었어요.")

- 인사(예: "안녕, 잘 있었니?")를 하거나 헤어질 때(예: "잘 가." "만나서 반가웠어." "다음에 또 보자.")
- 예측 가능한 상황에서 한 가지 요구를 할 때(예: 패스트푸드점에서, "치즈버거와 감자튀김 작은 거 하나 주세요.")
- 대화를 시작하거나 화두를 꺼내며(예: "그래서 주말 어떻게 보냈어요?")
- 소개할 때(예: "안녕하세요. 제 이름은 철수입니다. 성함이 어떻게 되십니까?")

초기 의사소통자들은 표현되는 메시지를 모두 이해할 수도 있지만, 때에 따라 이해 수준이 그에 못 미침에도 불구하고 토킹 스위치를 사용하여 해당 활동에 참여할 수 있다.

> 제레마이아(Jeremiah)는 주로 얼굴 표정과 몸짓언어로 의사소통을 하는 중복장애 청년이다. 그는 가족과 저녁 먹기 전에 기도를 하기 위해 토킹 스위치를 사용한다. 그는 스위치에서 산출되는 말을 모두 이해하지도 못하고 자신의 스위치에 붙어 있는 기도 상징을 알지도 못한다. 그러나 제레마이아는 자신이 스위치를 두드릴 때 미소를 띠고 이러한 의식을 이끌며 참여를 즐긴다. 그가 매일 저녁 가족을 기도로 이끌 때, 그는 인과관계(스위치를 두드리면 온 가족이 말을 한다!)와 같은 기본적인 개념을 배운다. 또한 시간이 지나고 토킹 스위치를 반복해 사용하면서 '기도하다' 상징과 상징이 의미하는 활동의 의미를 이해하게 된다.

토킹 스위치 도구의 좀 더 발전된 형태는 고정된 순서로 다수의 메시지를 녹음할 수 있는 것들이다. 스위치를 활성화하면 녹음된 메시지들이 한 번에 하나씩 재생된다. 이러한 유형의 도구는 (예를 들면) 다음과 같은 활동들을 가능하게 한다.

- '똑똑 누구십니까?(knock-knock)' 농담 중 자신이 맡은 나머지 절반 부분 말하기
- 학급에서 이루어지는 연극의 대본 암송하기
- 철자시험에서 한 번에 하나씩 낱말을 불러 주어 학급의 나머지 학생들이 받아 적도록 하기
- 차례 주고받기를 포함하는 간단하고 예측 가능한 대화 참여하기
- 반복된 구절을 갖는 예측 가능한 노래 부르기에 참여하기(예: "박첨지네 밭 있어,

그래 그래서……. 그 밭에 오리 있거든, 그래 그래서……”)

    단일 메시지의 토킹 스위치와 마찬가지로, 다수 메시지의 스위치 도구들은 사용자가 해당 도구를 가지고 의사소통할 수 있는 기회와 촉진자의 기지에 따라 다양하게 활용될 수 있다.

우리는 많은 유형의 토킹 스위치(단일 메시지 및 다수 메시지 용량을 지닌)를 AbleNet, Inc.; Adaptivation, Inc.; Enabling Devices 등의 회사를 통해 입수할 수 있다.

📄 학습문제

9-1. 초기 의사소통자는 누구이며, 이에는 어떤 사람들이 포함되는가?

9-2. 문제행동에 대한 비상징적 중재와 상징적 중재 이행 시 중요한 세 가지 원칙은 무엇인가?

9-3. 예측 가능한 일과는 무엇을 말하는가? AAC에 의존하는 어린 아동들에게 일과가 중요한 이유는 무엇인가?

9-4. 사람 중심 계획은 무엇이며, 이것은 왜 중요한가? AAC에 의존하는 사람들에게 활용할 수 있는 두 가지 사람 중심 계획 과정을 기술하라.

9-5. 촉진자 훈련이 AAC 중재의 중요한 일부분인 이유는 무엇인가?

9-6. 초기 의사소통자에게 주의 끌기와 수용·거부 신호하기를 가르칠 수 있는 방법에는 어떤 것이 있으며, 이러한 기능들이 중요한 교수 목표가 되는 이유는 무엇인가?

9-7. 스크립트화된 일과의 구성 요소는 무엇이며, 이 기법은 언제 사용되는가?

9-8. 제스처 사전의 세 가지 구성 요소는 무엇이며, 이 기법의 목적은 무엇인가?

9-9. 시각 스케줄은 무엇이며, 어떻게 사용될 수 있는가?

9-10. 토킹 스위치 기법은 무엇이며, 어떻게 활용될 수 있는가?

Chapter **10**

언어 발달과 중재:
문제점, 지원 및 교수 접근

열심히 연구하라. 학교 및 사회복지기관의 지원을 얻어내라. AAC 도구를 위한 기금을 마련하라. (그런 다음) 유능한 의사소통자가 되기에 충분한 언어를 습득할 때까지 우리가 고군분투하지 않게 해 달라(CCN을 지닌 남성 구스 에스트렐라[Gus Estrella]가 AAC팀에게 한 조언, Estrella, 2000).

구스 에스트렐라(Gus Estrella)는 AAC를 성공적으로 사용하려면 상징 디스플레이나 선택 기법 또는 음성 출력 그 이상의 것들이 필요함을 상기시켜 준다. 이들 요소는 틀림없이 AAC 도구의 일면들이다. 그러나 피아노 하나가 루트비히 반 베토벤(Ludwig van Beethoven)을 피아노 거장으로 만든 본질이 아닌 것처럼 AAC 도구가 AAC의 본질은 아니다. 일단 AAC 도구가 적절하면 상호작용을 위해 언어를 적절히 사용하는 개인의 능력이 의사소통 능력에 매우 중요하다. 이 장에서 우리는 CCN을 지닌 사람들의 언어 발달에 대해 우리가 아는 것들과 언어 학습과 발달을 지원하는 방법들에 대해 요약한다. 제11장에서는 언어 영역에 따른 의사소통 능력을 지원하기 위한 구체적인 전략들을 기술하면서 언어 발달과 중재에 대한 논의를 지속한다.

AAC 의존자의 언어 발달

언어는 우리가 말하고 읽고 쓰고 다른 사람이 말한 것을 이해하며, 세상에 대해 배우도록 해 주는 것이다. 언어를 갖게 되면, 우리는 특별한 방식으로 상징을 결합하고 말이나 글을 통한 구절과 문장을 사용하여 우리의 인식, 사고, 경험 등을 기술할 수 있다. 언어 발달에 영향을 주는 문화, 인지, 사회 및 그 밖의 요인이 무엇이든 모든 언어는 음운론, 의미론, 구문론, 형태론 및 화용론의 다섯 가지 영역으로 구성된다. 그런데 음운론은 주로 읽고, 철자하고, 쓰는 능력과 관련되기에 AAC 의존자의 문해 중재를 다룬 제12장에서 따로 논의한다. 지금부터 CCN을 지닌 사람들이 네 영역에서 겪게 되는 어려움들에 대해 현재 우리가 알고 있는 지식들을 요약하고자 한다.

의미론

의미론(semantics)은 낱말과 낱말 간의 관계를 이해하는 것이다. 예를 들면, 온전한 의미론적 지식을 갖고 있는 학령기 아동은 핀, 팬, 펜이라는 낱말이 서로 다른 사물을 지칭한다는 것을 알고 각각의 사물을 구분할 수 있다. CCN을 지닌 사람들은 의미론적 지식을 습득하는 데 있어서 일련의 특별한 어려움들을 겪는다. 왜냐하면 입력되는 언어(즉, 이들이 타인에게 듣는 언어)는 주로 말이지만 출력되는 언어(즉, 그들이 타인과 의사소통하기 위해 사용하는 언어)는 상징들이기 때문이다. 따라서 이들은 자신들이 듣는 구어의 의미뿐 아니라 자신들이 사용하는 관련 상징의 의미를 모두 배워야 한다. 입력과 출력 사이에 존재하는 이러한 비대칭은 교수 및 학습과 관련해 다음과 같은 다수의 문제들(Smith & Grove, 2003 참조)을 야기한다.

- 하트와 리슬리(Hart & Risley, 1995, 1999)의 획기적인 연구에 의하면, 특히 목표 지향적인 활동보다는 성인과의 사회적이고 즐거운 활동 속에서 성인이 말을 많이 해 준 아동이 더 많은 어휘를 발달시킨다고 한다. 그런데 성인은 일반 아동에 비해 CCN을 지닌 아동에게 말을 덜 하는 경향이 있는데, 이는 부분적으로 CCN을 지닌 아동이 반응을 적게 하기 때문일 수 있다(Blockberger & Sutton, 2003).
- 이들은 자신의 AAC 디스플레이를 위한 어휘집(즉, 낱말들의 집성)을 스스로 선택

할 수 없으며 타인이 선택해 준 어휘집에 의존해야 한다. 따라서 아동의 외적 어휘집(즉, 자신의 의사소통 디스플레이의 낱말)은 그의 내적 어휘집(즉, 자신의 머릿속에 있는 낱말)을 반영하지 못할 수 있다(Blockberger & Sutton, 2003; Nelson, 1992; Smith & Grove, 1999, 2003; Sutton, 1999).

- 의사소통 디스플레이에 있는 상징들을 사용해 의사소통을 할 경우, CCN을 지닌 사람들은 의사소통 상대에게서 상징 피드백을 받지 못한다. 특히 이들이 낱말을 과잉 확대할 경우 그러한 상황이 발생한다. 예컨대, 아동이 개를 말하기 위해 소 상징을 사용할 경우, 그는 말로 정확한 낱말을 듣게 될 것이다("아니야, 이것은 소가 아니고 개야!"). 그러나 아동의 의사소통 디스플레이에 개 상징이 있는 경우조차도 의사소통 상대는 아동에게 정확한 상징을 보여 주지 않을 수 있다(Smith & Grove, 2003; von Tetzchner & Martinsen, 1992).

- 일부 그림 상징 세트와 체계(블리스심벌)는 다른 것들(예: PCS)에 비해 의미론적 구성과 개념적 구성 간에 '수렴성(convergence)'이 더 적을 수 있다(예: PCS; Schlosser, 1999a, 1999b).

이러한 우려의 근원은 CCN을 지닌 사람들이 어떻게 새로운 상징과 그 지시 대상의 관계를 배우는지에 대한 의문이다. 생후 12개월까지 대부분의 일반 유아는 자신을 둘러싼 성인들이 친숙한 일과 속에서 이루어지는 상호작용에서 낱말들을 표현하고 반복해 주는 동안 상당히 느린 속도로 새로운 낱말들을 이해하게 된다(Nelson, 1988). 그러나 12~15개월의 대다수 일반 유아는 매우 빠른 속도(즉, 한두 번의 노출 후)로 새로운 어휘들을 습득하기 시작하는데, 이러한 현상을 '패스트 매핑(fast mapping)'이라고 한다(Carey & Bartlett, 1978; Dollaghan, 1987). 패스트 매핑 능력은 적어도 부분적으로 어린 아동의 어휘 크기가 급속히 성장하는 현상을 설명해 준다. 한 추정치에 의하면, 아동들은 날마다 평균 9개의 새로운 낱말을 배우며, 6세에 도달하면 적어도 1만 4,000개의 낱말을 알게 된다고 한다(Carey, 1978).

CCN을 지닌 아동들도 패스트 매핑을 할 수 있을까? 몇몇 실험연구와 중재연구들은 그렇다고 말한다(Drager et al., 2006; Romski et al., 2010; Romski, Sevcik, Robinson, Mervis, & Bertrand, 1996; Wilkinson & Albert, 2001; Wilkinson & Green, 1998). 일례로 롬스키와 동료들(Romski et al., 1995)의 연구에는 기능적인 말을 전혀 또는 거의 지니지 않고 제한된 지원에서부터 확장적 지원을 필요로 하는 지적장애를 동반한 12명의

젊은이들이 참여하였다. 모든 참여자에게 무의미 낱말과 추상적 상징(즉, 그림문자)이 표시되어 있는 네 개의 새로운 사물이 네 번씩 SGD상으로 제시되었다. 연구자들은 노출 직후, 다음 날 그리고 15일 후에 그림문자에 대한 참여자들의 이해와 표현능력을 검사하였다. 일곱 명의 참여자는 상징의 의미에 대한 패스트 매핑 능력을 보여 주었으며, 15일 후까지 일부 낱말을 이해하였다. 또한 이해한 것을 표현하여 자신들의 지식을 일반화하기까지 하였다. 적어도 CCN을 지닌 일부 사람들은 패스트 매핑을 할 수 있다는 이러한 결과는 AAC 팀이 어떻게 새로운 상징을 가르치고 의미론적 지식을 쌓게 할 것인가에 대한 시사점을 제공한다. 이와 관련된 특정 교수 기법들은 제11장에서 논의할 것이다.

구문론

구문론(syntax)은 문장 속에 낱말을 배치하는 규칙을 말한다. 예를 들면, 어떤 사람이 영어의 구문을 이해한다면 듣는 사람이 다음의 두 문장을 모두 이해한다 할지라도 'I like this cake'이 'Like I this cake'보다 더 바람직한 문장임을 알 것이다. 우리는 두 개의 문헌고찰을 통해 그림 상징을 사용하여 의사소통하는 사람들이 겪는 구문론적 어려움에 대해 꽤 많이 알고 있다(Binger & Light, 2008; Blockberger & Sutton, 2003). CCN을 지닌 사람들이 보이는 가장 흔한 구문 특성은 다음과 같다.

- 자발적 조건과 유도 조건 모두에서 한두 낱말 메시지가 두드러진다(예: Nakamura, Newell, Alm, & Waller, 1998; Soto, 1999; Sutton & Morford, 1998; Udwin & Yule, 1990).

- 의문문, 명령문, 부정문, 조동사 등의 복잡한 구조를 거의 사용하지 않고, 단순한 절(예: 'I like cake')의 사용이 두드러진다(Soto & Toro-Zambrana, 1995; van Balkom & Welle Donker-Gimbrère, 1996).

- 사용된 AAC 방식과 상관없이, 자신의 구어와 다른 어순을 사용한다(예: Smith & Grove, 1999, 2003; Trudeau, Morford, & Sutton, 2010). 영어의 주어-동사-목적어 어순을 따른 문장, The dog eats the bone을 예로 들면, 상징을 사용하는 CCN을 지닌 사람들은 주어-목적어-동사 순(예: DOG BONE EAT), 동사-주어-목적어 순(예: EAT DOG BONE), 목적어-동사-주어 순(예: BONE EAT DOG) 등으로

표현할 것이다. 좀 더 양호한 언어 능력을 지닌 사람조차도 복합문을 구성하는 어순에서 어려움을 보인다(예: The girl helps the boy putting the blue box in the shopping cart라는 문장을 GIRL BLUE BOX HELP BOY IN SHOPPING CART로 표현; Smith & Grove, 2003).

• 자신의 의사소통 디스플레이에서 이용이 가능한 경우에도 동사 및 관사처럼 모국어에서 자주 사용되는 낱말들을 생략한다(Soto & Toro-Zambrana, 1995; van Balkom & Welle Donker-Gimbrère, 1996).

• 필요한 상징 부족을 보완하기 위해 다중방식 조합(예: 제스처＋상징, 발성＋상징), 낱말 과잉 확장(예: 소 대신 개), 기타 상위 언어적 전략들을 광범위하게 사용한다 (Light, Collier, & Parnes, 1985c; Mirenda & Bopp, 2003; Sutton, Soto, & Blockberger, 2002).

AAC 의존자들의 메시지에서 이처럼 특이한 구문론적 패턴이 빈번하게 나타나는 이유는 무엇일까? 가장 먼저 제기된 설명은 결함가설(deficit hypothesis)이다. 이 가설에 따르면 대부분의 CCN을 지닌 사람들은 기본적으로 언어 결함을 가지고 있다고 한다. 그러나 이 개념은 이후에 잘못된 것으로 판명되었다(이 가정에 반하는 증거 중 가장 주목할 만한 문헌 고찰은 Kraat, 1985 참조). 결함 가설 대신에 나타난 설명은 방식특정가설(modality-specific hypothesis)이다. 이 가설에 따르면, 특이한 그림 상징 발화 구조는 CCN을 지닌 사람들이 듣는 것(즉, 구어)과 이들이 의사소통하는 방법 간의 불균형을 반영하는 것으로, 이들 간의 차이 때문에 나타난다는 것이다 (Sutton et al., 2002; Smith & Grove, 2003). 예를 들면, '누나와 나는 영화(니모를 찾아서[Finding Nemo; 주황색 소년 물고기에 대한 영화])를 보러 갔는데 재미있는 내용이었다.'(My sister and I went to see the movie Finding Nemo and we thought it was funny.)라는 뜻을 전달하기 위해 온전한 언어 능력을 지닌 사람들도 그림 상징 메시지는 ME SISTER GO ORANGE BOY FISH MOVIE FUNNY로 표현할 수 있다. 이러한 상황은 문법적으로 정확한 메시지 구성에 필요한 상징들(예: MY, AND, I, WENT, THOUGHT, WAS)이 의사소통 디스플레이에 포함되어 있지 않고, 구체적인 영화 제목 'Finding Nemo' 또한 찾을 수 없기 때문에 발생할 수 있을 것이다. 이것이 사실이라면, 의사소통 상대가 필요한 배경 정보를 알고 있거나 메시지를 함께 구성하면서 명료화 질문을 할 것이라는 기대와 함께, 디스플레이에 있는 상징들을 사용하고 영화 주인공을 '니모(NEMO)'가 아닌 '주황색 소년 물고기(ORANGE BOY FISH)'로 기술하는 등의 전보식 메시지를 구성하는 것은 훌륭한 보완 전략이다. 체계적으로 검증될 수 있는 언어 발달에 대한 포괄적인 이론 모델을 개발하기 위해서는 더 많은 연구가 필요하다. 그럼에도 불구하고, 디스플레이 관련 요인과 언어 연습 관련 요인들은 CCN을 지닌 사람들의 언어 패턴에서 나타나는 차이를 설명해 줄 수 있을 것이다.

형태론

낱말을 만들고 변화시키는 규칙을 형태론(morphology)이라 한다. 예를 들면, 핀 (pin)이 하나의 사물을 의미하는 반면 핀들(pins)은 둘 이상의 사물을 의미하고, 걷는다는 것이 현재의 행위를 기술하는 반면 걸었다는 과거의 행위를 기술하는 것임을 아는 것은 형태론적 인식을 지녔다는 뜻이다. 대부분의 연구에 의하면 CCN을 지닌 사람들은 형태론적 측면의 이해와 표현 모두에서 눈에 띄게 어려움을 겪는다(예: Bruno & Trembath, 2006; Kelford Smith, Thurston, Light, Parnes, & O'Keefe, 1989; Redmond & Johnston, 2001; Sutton & Gallagher, 1993). 특히 블록버거와 존스턴 (Blackberger & Johnston)의 2003년 연구는 이 점에 대해 분명한 예를 보여 준다. 이들은 CCN을 지닌 아동(5~17세)과 일반 아동을 대상으로 세 가지 문법 형태소(소유격의 's, 삼인칭 단수 현재형의 -s, 과거시제의 -ed)의 습득을 평가하였다. 두 집단의 아동은 생활연령이 동일하였으며, PPVT-R(Dunn & Dunn, 1981) 점수에 따라 일치되었다. 형태론적 이해 및 사용의 습득을 조사하는 세 과제, 즉 그림을 선택하는 이해 과제, 문법 판단 과제, 구조화된 낱말 쓰기(빈칸 채우기) 과제에서, 모든 연령의 CCN을 지닌 아동이 유의하게 낮은 점수를 얻은 것으로 나타났다. CCN을 지닌 사람들이 형태론의 문제를 경험하는 이유는 분명하지 않지만 적어도 다음과 같은 네 가지 설명이 가능하다.

- (예를 들면) 복수, 소유격, 과거시제 등을 나타내는 데 필요한 상징들을 대부분의 의사소통 디스플레이에서 이용할 수 없기 때문에, 그러한 디스플레이를 사용하는 사람은 수, 격, 시제 등의 형태론과 관련된 상징들의 사용을 연습할 수 없다 (Blockberger & Johnston, 2003).
- CCN을 지닌 사람들은 의사소통 속도를 강화하기 위한 전략으로 정확성보다는

효율성을 선택하기 때문에 형태소를 생략한다(Blockberger & Sutton, 2003; Light, 1989a; Mirenda & Bopp, 2003).

- CCN을 지닌 사람들은 다양한 상황에 적용할 수 있는 형태론적 규칙을 배우지 못했다(Blockberger & Johnston, 2003; Sutton & Gallagher, 1993).
- AAC 방식 자체가 산출에 영향을 주며 전통적인 영어 형태소들의 필요성을 미리 배재한다(Smith, 1996; Smith & Grove, 1999, 2003). 스미스(Smith, 1996)는 의자에 앉아 있는 형상의 선화 앉다에 대한 PCS 상징을 언급하면서 이에 대한 예를 들었다. '소녀가 의자 위에 앉아 있다(The girl is sitting on the chair)'라는 문장을 상징으로 표현하도록 했을 때, 스미스의 연구에 참여한 대상자 중 한 명은 소녀(girl), 앉다(sit), 위(on), 의자(chair)의 PCS 상징을 결합하기보다는 앉다(sit)의 상징을 단순히 지적하였다. 사실 이 참여자는 옳은 것이다. 앉다에 대한 PCS 상징 형태 자체가 낱말들을 결합하여 발화를 구성할 필요성을 미리 배재하기 때문이다. 비슷한 상황이 문법 형태소와 관련된 다른 문제에도 영향을 주는 것으로 보인다. 그러나 이 분야의 연구는 아직까지 초보적인 수준에 머물러 있다.

〈꿈의 구장(Field of Dreams)〉이라는 미국 영화는 자신의 옥수수 밭에 야구장을 만들려는 한 남자에 대한 이야기다. 그는 '야구장을 만들면 그들이 올 것이다.' 라는 목소리를 듣게 된다. 똑같은 목소리가 AAC를 사용하는 사람들에게 말하고 있다. '당신이 언어를 만들면 효과적이고 독립적인 의사소통이 올 것이다.' 라고(Van Tatenhove, 1996).

화용론

의미론, 구문론 및 형태론의 문제에도 불구하고, 결국 AAC에 의존하는 사람들에게 가장 중요한 언어 발달 측면은 화용론(pragmatics)과 관련된 것이다. 화용론은 언어의 의사소통적 기능과 사회적 목적(예: 대화)을 위해 언어를 상황에 맞게 활용하는 규칙을 말한다(Iacono, 2003). 예를 들면, 의사소통적 기능은 요구, 언급, 수정·명료화, 거부·저항, 질문을 통한 정보 요구 등의 능력을 포함한다.

전 세계 수많은 연구들은 CCN을 지닌 사람들이 표현하는 의사소통적 기능의 범위와 일반적인 패턴이 관찰 상황에 상관없이 반응과 요구에 제한되는 경향이 있음을 보여 준다(예: Basil, 1992; Carter, 2003a, 2003b; Iacono, 2003; Light, Collier, & Parnes, 1985b; Sutton, 1999; Udwin & Yule, 1991; von Tetzchner & Martinsen, 1992). CCN을 지닌 사람들은 일반인과 대화를 나눌 때 주로 반응자의 역할을 하는 경향이 있다. 이들은 대화를 시작하는 경우가 거의 없으며, 주로 반응을 하도록 강요받고, 메시지를 이해시킬 필요가 있을 경우에 한해서만 발화를 한다(Calculator & Dollaghan, 1982; Collins, 1996; Light, Collier, & Parnes, 1985b; von Tetzchner & Martinsen, 1992). 반면에 일반 화자들은 CCN을 지닌 사람들과 대화를 나누는 동안 주제를 좌우하고, 질문(특히, '예/아니요'와 한 낱말 반응을 필요로 하는)을 많이 하며, 단절을 복구하거나 피하기 위해 많은 시간을 할애하는 경향이 있다(Basil, 1992; Iacono, 2003; Light et al., 1985b). 그러나 밀러와 소토(Müler & Soto, 2002)는 두 명의 AAC 의존자가 서로 상호작용할 경우, 이들의 대화는 이들이 일반인과 대화할 때보다 훨씬 '동등한(equal)' 경향이 있음을 발견하였다. 따라서 대화상의 비대칭 현상은 본질적으로 AAC 의존자의 화용론적 결함이라기보다는 대화에서 차지하는 '힘(power)'의 불균형에 기인하는 것으로 보인다.

요약

AAC에 의존하는 많은 사람들은 자신의 인생 경험에 대해 소통하고자 상징과 글을 활용할 수 있다. 이러한 예는 CCN을 지닌 전 세계 사람들이 『내면세계(Beneath the Surface)』(Williams & Krezman, 2000)라는 책에서 시, 일화, 이야기 등을 공유하고 있는 데서 찾아볼 수 있다. 이들은 분명 언어의 복잡성을 습득했으며 자신의 지식을 타인에게 전할 수 있는 사람들이다. 그러나 CCN을 지닌 많은 사람들은 수용언어와 표현언어 모두에서 문제를 보이는데, 최소한 부분적으로는 이들의 언어 학습 경험이 말을 할 수 있는 사람들의 경험과는 매우 다르다는 사실에서 그 연유를 찾을 수 있다. 이와 관련하여 넬슨(Nelson)은 매우 설득력 있게 다음과 같이 언급하였다.

어린 아동이 누군가에 의해 제공된 낱말과 구조만을 이용할 수 있다면, (우리는) 그 아동이 실제로 알고 있는 낱말과 구조를 어떻게 평가할 수 있을까? 글을 배우기 전 아동이 감정을 전달하거나 개념을 표현하는 다양한 낱말들을 실제로 알고 있지만, 이들 낱말에 접근할 수 없어서 표현을 못하는지 (우리는) 어떻게 알아낼 수 있을까?

아동의 컴퓨터가 자주 사용되는 구절들로 미리 구성되어 있다면 아동이 여러 낱말로 이루어진 발화들을 생성해 낼 수 있는지 (우리는) 어떻게 알 수 있을까?(1992, p. 4)

그렇다면 정말 어떻게 할 것인가? 언어 발달을 목표로 한 전략들은 모든 AAC 중재의 필수적인 부분이 되어야 한다. 다음에서 우리는 언어 발달을 지원하기 위해 가장 흔히 활용되면서도 성공적인 방법들에 대해 기술한다.

여러 해 동안 애덤은 언어의 구조, 규칙 및 복잡성을 늘려 나갔다. 그는 자신의 어휘를 늘려 가는 것과 동일한 방식, 즉 의사소통을 위해 이들 요소가 필요할 경우, 이들 요소에 적용할 낱말들이 주어졌을 경우, 이들 요소를 사용하는 것이 큰 문제가 아닌 경우 등에서 이들 요소를 늘려 나갔다. 이는 내 딸이 자신의 언어를 발달시킨 바로 그 방법이기도 하다. 내 딸은 AAC을 사용하지 않는다. 두 아이 간의 유일한 차이는 딸아이의 경우 이들 낱말의 표현법을 가르쳐 줄 누군가를 기다릴 필요가 없었다는 점이다(다양한 AAC 기법을 사용하는 아홉 살 애덤의 어머니, Gregory & McNaughton, 1993, p. 22).

언어 학습과 발달 지원하기

제9장에서 우리는 초기 의사소통자들이 의사소통을 시작할 때 제스처, 몸짓 언어, 발성, 시각 스케줄 및 토킹 스위치 등을 활용해 연습할 수 있도록 하루 종일 의미 있고 동기 부여적인 기회를 제공하는 것이 중요함을 강조하였다. 그러한 기회는 AAC 팀이 상징 사용을 필요로 하는 다양한 의사소통 기능 발달을 지속적으로 돕는 것 못지않게 중요하다. 지금부터 우리는 언어 발달과 상징적 의사소통과 관련된 가장 중요한 고려 사항들을 검토한다.

상징과 언어

아직 읽을 줄 모르는 CCN을 지닌 사람들을 위해 언어를 표상할 때, 그 어려움 중 하나는 특수성과 융통성을 잃지 않으면서도 어떻게 구어를 시각적 형식으로 '옮길 (translate)' 것인가 하는 점이다. 먹는다, 먹었다, 먹고 있다; 쥐, 쥐들; 작은, 더 작은;

소년, 소년들, 소년의, 소년들의 등과 같이 서로 밀접하게 관련되어 있으나 언어적으로 구별되는 낱말과 개념을 사용하여 정확하게 의사소통할 수 있도록 해 주는 정도는 AAC 상징 세트(제3장 참조)에 따라 매우 다양하다. 특정 상징 접근법이 다른 접근법들에 비해 언어 발달(또는 언어 발달의 특정 측면)을 더욱 촉진하는가?

이 질문에 대한 답은 당신이 그 질문을 누구에게 하는가에 달려 있다. 예를 들면, 블리스심벌 체계의 지지자들은 오랫동안 이 유사언어 체계의 사용이 형태론, 구문론 및 메시지 구성의 규칙들을 배우도록 해 준다고 주장해 왔다.

> 블리스심벌은 광범위한 어휘와 과거, 현재 및 미래 시제로 문장을 만들게 해 주는 문법 그리고 소유, 복수, 의문 및 명령문을 위한 표지 등을 지닌 하나의 언어다. 수용자가 그 구성 부분을 분석함으로써 해석이 가능한 개별 상징들을 지닌 완전히 생성적인 하나의 체계다(Blissymbolics Communication International, 2012).

마찬가지로, 완전 영어 수화(Signing Exact English)와 같은 수화 체계에서도 구어를 시각적으로 분명하고 완전하게 제시하기 위해 미국 수어(ASL)를 수정하고 보충하여 사용한다. 또한 PCS(DynaVox Mayer-Johnson) 등의 상징 세트들에는 과거와 미래 시제(예: 뛰었다, 뛸 것이다) 또는 상대적 크기(예: 큰, 더 큰, 가장 큰)를 나타내기 위해 사용할 수 있는 몇 가지 특정 상징들이 포함되어 있다. 그러나 복수(예: 고양이, 고양이들), 소유격(예: 고양이, 고양이의) 등은 제공하지 않는다.

결국 AAC 상징 —유형에 상관없이— 에 의존하는 일부 사람들이 복잡하고 생성적인 언어를 발달시킨다는 점은 분명하다(Goldstein, 2002; Mirenda, 2003b; Soto & Toro-Zambrana, 1995; Williams & Krezman, 2000). 그러나 특정 상징 세트가 다른 상징 세트들에 비해 언어 발달을 더 촉진한다는 경험적 증거는 거의 없는 실정이다. 우리가 알고 있는 바는 시중에서 구입할 수 있는 많은 AAC 상징들이 어린 아동들에게 그리 투명하지 않고(Mirenda & Locke, 1989; Light, Worah, et al., 2007), 아동들이 표상하는 것과는 매우 다른 방식으로 초기 언어 개념들을 표상한다는 점이다(Lund, Millar, Herman, Hinds, & Light, 1998; Light, Worah, et al., 2007). 따라서 지금 우리가 할 수 있는 최선의 조언은 언어 및 문해 발달을 지속적으로 지원하기 위해 수화, 사진, 그림, 디지털 이미지 및 공식적인 상징 세트들을 동기 부여적이고, 상호적이며, 개별화되고, 계획된 AAC 체계 속에 어떻게 통합할 수 있는지 그 방법들을 찾도록 하는 것이다(Pierce, Steelman, Koppenhaver, & Yoder, 1993).

구성 전략

AAC 디스플레이 상의 그림 상징을 이용할 경우, 상징들은 의사소통을 최대한 효과적이고 효율적으로 촉진하는 방식으로 구성되어야 한다. 이는 의사소통 체계에 많은 수의 상징을 지니고 있는 사람들에게 특히 중요하다. 구성 전략은 두 가지 주요 범주, 즉 격자 디스플레이와 시각적 장면 디스플레이로 나뉜다. 격자 디스플레이에서는 개별적인 상징, 낱말, 구절 등이 몇 가지 구성 책략 중 하나에 따라 격자 패턴으로 배열된다. 시각적 장면 디스플레이에서는 사건, 사람, 사물 및 관련 행동들이 해당 맥락의 장면을 구성하는 요소들이 된다(Blackstone, 2004). 지금부터 격자 디스플레이와 시각적 장면 디스플레이의 특정 유형들을 언어 학습 및 발달 촉진 측면에서 논의한다.

의미-구문 격자 디스플레이

격자 디스플레이의 첫 번째 유형은 구문적 틀 내에서 말의 부분들과 그들의 관계에 따라 어휘 항목을 구성하는 것이다(Brandenberg & Vanderheiden, 1988). 비록 그 효과에 대한 직접적인 실증적 근거는 없지만, 이 전략은 말의 어순과 사용법에 따라 상징을 구성함으로써 언어 학습을 촉진하고자 한다. 흔히 사용되는 의미-구문 격자 디스플레이(semantic-syntactic grid displays) 전략은 피츠제럴드(Fitzgerald) 키나 이를 변형한 것들이다(McDonald & Schultz, 1973). 피츠제럴드 키의 원래 형태는 누구(즉, 명사), 행위(즉, 동사), 수식어, 무엇, 어디, 언제 등의 범주별로 상징을 왼쪽에서 오른쪽으로 구성하며, 자주 사용되는 구절과 문자는 디스플레이의 상단에, 자주 사용되지 않는 것은 하단에 배열한다. 사용된 범주화 전략에 상관없이, 의미-구문 격자 디스플레이 상의 상징들은 주로 시각적 접근을 더 용이하게 하기 위해 범주에 따라 색깔을 달리한다.

[그림 10-1] 피츠제럴드 키를 사용한 일반적인 의미 구문 격자 디스플레이

PCS, DynaVox Mayer–Johnson LLC의 허락하에 게재함

분류학적 격자 디스플레이

두 번째 격자 디스플레이 전략은 사람, 장소, 감정, 음식, 음료수, 행위 낱말 등의 상위 범주에 따라 상징을 그룹 짓는 방법이다. 일반 아동에 대한 연구에 따르면 6세에서 7세경까지는 이러한 형태의 구조가 유용하지 않다고 한다(Fallon, Light, & Achenbach, 2003). 따라서 이 전략은 CCN을 지닌 6세 이하의 어린 아동들에게는 적절하지 않을 수 있다. 언어 학습 및 발달에 미치는 분류학적 격자 디스플레이 (taxonomic grid displays)의 영향은 아직까지 고찰되지 않았다.

활동 격자 디스플레이

아마도 가장 인기 있는 격자 디스플레이 전략은 이벤트 계획이나 일과 또는 활동

언어 학습과 발달 지원하기

에 따라 어휘를 구성하는 것일 것이다. 일부 연구자들은 이를 '도식 격자 레이아웃 (schematic grid layouts)'이라 부른다(예: Drager, Light, Speltz, Fallon, & Jeffries, 2003; Fallon et al., 2003). 각각의 디스플레이에는 어떤 활동(예: 생일파티)이나 그 활동의 특별한 순서들(예: 파티 준비하기, 생일 축하 노래 부르기 및 케이크 먹기, 선물 풀기, 게임하기; Drager et al., 2003)과 관련된 어휘 항목들이 포함된다. 각각의 디스플레이에는 특정 활동이나 활동 순서들과 관련된 사람, 장소, 사물, 감정, 행동, 묘사어, 전치사 및 그 밖의 어휘 항목들이 포함된다. 전형적으로 어휘 항목들은 구문론적 범주에 따라 활동 디스플레이에 배열된다. 예를 들면, 명사는 어느 한 영역에, 동사는 다른 한 영역에 그룹으로 배열될 수 있다. 따라서 활동 디스플레이는 언어 발달과 복잡한 표현 (예: 낱말 조합)을 촉진하면서 참여를 위한 수단을 제공한다. [그림 10-2]와 [그림 10-3]은 아동이 과학 수업의 식물 단원에 참여하거나 쉬는 시간에 친구들과 우주 탐험가 놀이를 하기 위해 학교에서 사용할 수 있는 활동 디스플레이의 예들이다.

이러한 구성 전략 활용의 이점은 촉진자가 활동이나 이벤트에 적절한 어휘 항목만을 사용하여 상대적으로 신속하게 새로운 디스플레이를 구성할 수 있다는 점이다. 이 전략은 한 낱말 발화나 조합된 낱말 발화를 구성하기 위해, 특정 상황에서 특별한 어휘 항목이 필요할 경우 이들 어휘의 사용 가능성을 높여 준다. 불행히도 CCN을 지닌 많은 사람들은 융통성 있게 조합할 수 있는 어휘 항목들에 접근하지 못한다. 오히려 이들은 요구 및 바람의 명사(예: 원하는 사물, 장난감, 음식/음료수 항목)와 먹다, 마시다 등의 몇몇 동사 그리고 필수적인 화장실이나 욕실 등을 표상하는 제한된 수의 상징을 포함한 단일 의사소통판에 접근할 수 있을 뿐이다. 따라서 이들의 언어 발달이 일반 또래에 비해 지체되는 것은 놀라운 일이 아니다. 이와는 대조적으로, 집중적인 관련 상징 세트들을 포함하고 있는 다수의 활동 디스플레이는 촉진자로 하여금 그 날에 필요한 대상자의 특정 활동들을 위해 여러 의미 범주에서 뽑은 적절한 어휘 항목들을 제공하도록 해 줄 것이다. 활동중심 디스플레이는 다양한 활동에 적용할 수 있는 핵심어휘(예: 내가, 더, 가지다, 아니다, 끝, 아이쿠, 좋다)를 포함하고 있는 일반적인 의사소통판이나 기타 디스플레이 등과 함께 사용할 수 있다. 또한 비전자 활동 디스플레이들을 벽(예: 아동의 눈높이에 맞는 각 방의 벽), 물 위에 뜨는 도구(예: 킥보드, 튜브), 자동차 계기판 등 특정 위치에 부착할 수도 있다.

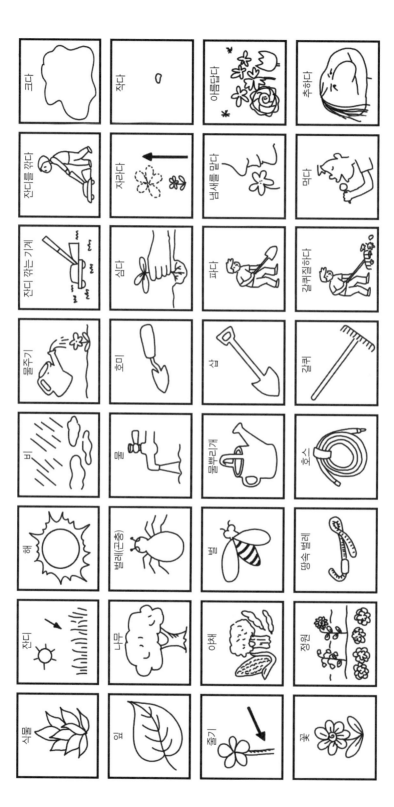

[그림 10–2] 5학년 식물 단원을 위한 활동 디스플레이

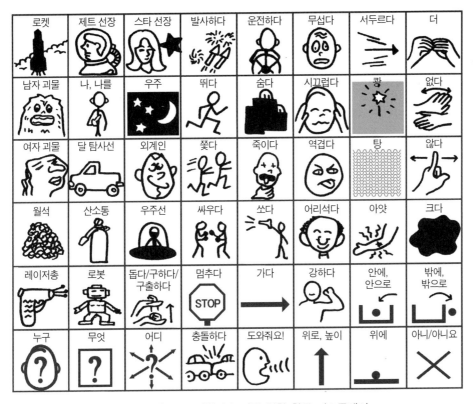

로켓	제트 선장	스타 선장	발사하다	운전하다	무섭다	서두르다	더
남자 괴물	나, 나를	우주	뛰다	숨다	시끄럽다	쾅	없다
여자 괴물	달 탐사선	외계인	쫓다	죽이다	역겹다	탕	않다
월석	산소통	우주선	싸우다	쏘다	어리석다	아얏	크다
레이저총	로봇	돕다/구하다/구출하다	멈추다	가다	강하다	안에, 안으로	밖에, 밖으로
누구	무엇	어디	충돌하다	도와줘요!	위로, 높이	위에	아니/아니요

[그림 10-3] 우주 탐험가 놀이를 위한 활동 디스플레이

PCS, DynaVox Mayer-Johnson LLC의 허락하에 게재함

화용적 구성 역동적 디스플레이

화용적 구성 역동적 디스플레이(Pragmatic Organization Dynamic Display: PODD; Porter, 2007)는 다양한 의사소통 기능을 지원하기 위해 다수의 어휘 구성 전략들을 결합한 격자 디스플레이 체계다. 일례로 활동 디스플레이는 예측 가능한 활동들을 위해 사용되는 반면, 분류학적 범주 디스플레이는 덜 예측 가능하고 생성적인 메시지를 위해 사용된다. 효율적인 의사소통은 PODD 의사소통책 속의 어휘를 선택하고 구성하며 배치하는 것과 관련해 가장 우선시 되는 요인이다. 예를 들면, PODD 책 속의 첫 페이지에는 진행 중인 활동에 따라 결정되거나, 상대방의 이전 발화와 관련지어 해석되어야 하거나 또는 신속하게 전달되어야 할 메시지들을 표현하기 위해 사용될 수 있는 낱말과 구절들이 주로 포함되어 있다. 또한 PODD에는 다수의 탐색 전략(예: '페이지를 넘기세요' '[범주]로 가세요'와 같이 의사소통 상대가 행위를 취하도록 지시하는 상징들), 화용적 개시어(예: '나는 ~할 것을 원해요' '지금 내가 묻고 있잖아요'), 대

화 수정을 위한 상징(예: '그런 뜻이 아니에요' '뭐라고요?') 등이 포함되어 있다. PODD 페이지 세트들에는 낱말 조합으로 의사소통의 효율성을 증가시키기 위해, 의사소통 책의 모든 부분이나 범주들과 연결된 예측 가능한 어휘들이 포함되어 있다. 따라서 어떤 문장을 산출하기 위해 필요한 페이지 넘김 횟수를 줄이기 위해 PODD 책 전체 를 통틀어 다양한 위치에서 어휘 낱말들을 반복할 수 있다. PODD 체계가 언어 발달 을 얼마나 촉진할 것인가에 관한 연구는 여전히 필요하지만, 높아지는 인기―특히 호주, 뉴질랜드, 북아메리카 일부―로 인해 PODD가 의사소통과 학습을 위한 강력 한 구성 전략임을 AAC 팀이 알게 될 것이라고 회자된다.

PODD 체계에 대한 설명과 PODD 의사소통 디스플레이 구성을 위한 견본 등은 DynaVox Mayer-Johnson사에서 보급하는 '화용적 구성 역동적 디스플레이 의사소통책: 직접 접근 견 본(Pragmatic Organization Dynamic Display Communication Books: Direct Access Templates; Porter, 2007)' 이라는 명칭의 CD-ROM을 통해 이용할 수 있다.

시각적 장면 디스플레이

시각적 장면 디스플레이(visual scene displays: VSDs; Blackston, 2004; Shane & Weiss-Kapp, 2008)는 특정 활동이나 일과와 관련된 상징들을 포함하고 있다는 점에 서 활동 디스플레이와 유사하다. 그러나 VSDs 상의 어휘는 격자 형식보다는 도식적 으로 구성된다. 이상적으로 VSDs 이미지는 CCN을 지닌 사람과 관련된 개인적 사건 의 환경적 맥락과 상호작용적 맥락을 묘사한다(Dietz, McKelvey, & Beukelman, 2006). 일례로 '놀이터 가기' 활동을 위한 VSD는 그네, 미끄럼틀, 시소, 정글짐 등이 그려진 놀이터 사진(즉, 환경적 맥락)일 수 있다. CCN을 지닌 아동(개인적인 관련성을 제공)을 포함하여 여러 아이들이 도구 위에서 놀고(즉, 상호작용 맥락) 있을 것이다. 또 한 해당 VSD가 SGD 상으로 제시된다면, 관련 메시지는 사진 위의 숨겨진 '핫 스팟 (hot spots)'이 활성화될 때 구어로 산출될 것이다. 일례로 [그림 10-5]의 여성을 터치 하면 "이 분은 제 할머니입니다. 어머니 날 받은 선물을 풀고 있네요."라는 메시지를 들을 수 있다. 전형적으로 발달하는 어린 아동들(2.5세 정도)은 시각적 장면 디스플레 이를 활동 격자 디스플레이나 분류학적 격자 디스플레이보다 더 빨리 배우고 쉽게 사용한다고 한다(Drager, Light, et al., 2004; Drager et al., 2003; Fallon et al., 2003). 또

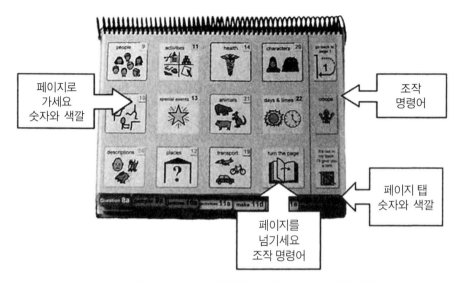

페이지로
가세요
숫자와 색깔

조작
명령어

페이지를
넘기세요
조작 명령어

페이지 탭
숫자와 색깔

[그림 10-4] PODD 의사소통책의 분류학적 구성과 탐색 전략

출처: Porter, G., & Cafiero, J. M. (2009). Pragmatic Organization Dynamic Display (PODD) communication book: A promising practice for individuals with autism spectrum disorder. *Perspectives on Augmentative and Alternative Communication*, *18*, 121-129. 허락하에 게재함

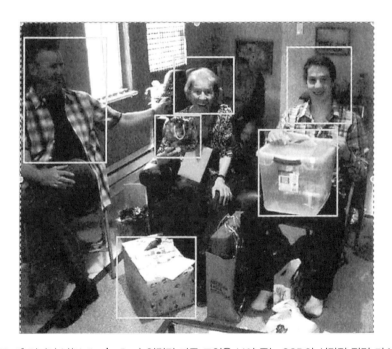

[그림 10-5] 어머니 날(Mother's Day) 열렸던 가족 모임을 보여 주는 SGD의 시각적 장면 디스플레이

핫 스팟(네모상자 부분)은 활성화되었을 때 관련 메시지가 산출되는 부분을 보여 준다. 실제 디스플레이에서는 핫스팟이 보이지 않는다. 사진은 패트 미렌다(Pat Mirenda) 제공

한 발달장애를 지닌 어린 아동들도 VSDs 사용법을 상당히 빨리 배우며 격자 디스플레이를 사용할 때보다 VSDs를 사용하여 상호작용을 할 때 더 많은 사회적 차례를 주고받는다는 근거가 일부 존재한다(Drager, Light, & Finke, 2009). VSDs는 중등도에서 중도 실어증을 지닌 성인과 의사소통 상대 간 유창하고 적절한 의사소통을 돕는 것으로도 알려져 있다(McKelvey, Dietz, Hux, Weissling, & Beukelman, 2007; Seale, Garrett, & Figley, 2007). 언어 발달에 미치는 VSDs의 장기적인 영향에 관한 연구는 여전히 필요한 상황이다.

하이브리드 디스플레이

마지막으로, VSD와 격자 레이아웃 요소가 통합된 하이브리드 디스플레이에 상징들을 구성할 수도 있다. 예를 들면, 관련 메시지들을 묘사하기 위해 디스플레이 바깥쪽에 관습적인 AAC 상징들을 지니고 있으며, 핼러윈데이에 할아버지와 함께 호박을 조각하고 있는 아동 사진으로 VSD를 구성할 수 있다([그림 10-6] 참조). 일반적인 VSDs에서와 마찬가지로, 하이브리드 디스플레이가 언어 발달에 미치는 효과를 검토한 연구는 아직까지 이루어지지 않았다.

VSDs는 역동적 화면 디스플레이를 지닌 일부 SGDs에 통합될 수 있는데, DynaVox Mayer-Johnson사 또는 Prentke Romich Company 등에서 만든 SGD를 예로 들 수 있다. VSD 앱들 또한 아이패드와 아이팟 터치를 통해 이용할 수 있는데, 'Scene Speak' (Good Karma Applications)와 'Scene and Heard' (TBox Apps) 등을 예로 들 수 있다.

메시지 단위: 문장에서 형태소까지

의심할 여지없이 언어 발달에 영향을 미치는 또 다른 이슈는 CCN을 지닌 사람들이 이용할 수 있는 메시지 단위의 크기다. 메시지 단위는 하나의 상징이 하나의 단락을 표현하는 것(예: '안녕하세요, 토마토와 양상추가 들어 있는 햄버거 하나 주세요, 머스터드 소스, 케첩, 양파는 필요없습니다. 감사합니다' 라는 글이 들어 있는 햄버거 상징 하나)부터 하나의 상징이 하나의 형태소 표지를 나타내는 것(예: 왼쪽으로 향한 화살표는 과거 시제를 의미하고, 오른쪽으로 향한 화살표는 미래 시제를 의미)까지 다양할 수 있다. 이들

[그림 10-6] 핼러윈데이에 할아버지와 함께 호박을 조각하고 있는 아동의
말산출도구에 들어 있는 하이브리드 디스플레이

몇몇 사진 일부에 포함된 핫스팟(네모상자 부분)은 활성화되었을 때 관련 메시지가 산출되는 부분을 보여 준다. 실제
디스플레이에서는 핫스팟이 보이지 않는다.
PCS, DynaVox Mayer-Johnson LLC의 허락하에 게재함

양극단 사이에 문장(예: '혼자 있게 해 주세요'를 의미하는 단일 상징), 구절(예: '∼를 원
해요' 또는 '∼를 원하지 않아요') 및 낱말(예: '행복하다' 또는 '자다')을 나타내는 상징
들이 분포한다. 여기서 다루어야 할 이슈는 '다양한 메시지 단위의 사용이 장단기 언
어 발달에 어떤 영향을 미치는가?' 하는 점이다.

이에 대한 간단한 답은 '우리는 정말 모른다'라는 것이다. 왜냐하면 지금까지 이러
한 이슈를 검토한 연구가 거의 없기 때문이다. 따라서 적절한 메시지 단위의 결정은
임상적 경험과 언어 발달에서 도출된 이론적 지식을 결합해 개별적으로 이루어져야
한다. 사실 더 긴 메시지 단위(예: 문단과 문장 길이)와 짧은 메시지 단위(예: 구절, 낱말
및 형태소 길이)의 선택에 대한 이론적 근거는 존재한다. 더 긴 메시지 단위는 특히 스
캐닝을 통해 AAC 체계에 접근하는 사람들의 느리고 성가신 의사소통 처리 속도를
향상시킨다(Blockberger & Sutton, 2003; Paul, 1997). 기능성 외에도, 더 긴 메시지 단
위는 인지적·언어적 자원을 덜 필요로 하기 때문에 쉽게 지치거나 의사소통하고자
하는 동기가 적거나 또는 AAC 기법을 막 배우고 있는 사람들(즉, 초기 의사소통자)에

게 유익할 수 있다. 마지막으로 더 긴 메시지 단위는 실제적으로 자신의 표현 능력을 능가하는 메시지 산출을 가능하게 한다(Light, 1997). 이는 자신의 SGD에서 '저의 이름은 제이슨(Jason)입니다. 당신의 이름은 무엇입니까?'라는 구어 메시지를 활성화하기 위해 자신의 사진을 선택하는 초기 의사소통자인 제이슨의 예에서 볼 수 있다.

반면에 더 긴 메시지 단위는 다음의 일화에서 볼 수 있는 것처럼 의사소통의 정확성과 융통성을 방해할 수 있다.

> 팀(Tim)은 어머니의 주목을 끌기 위해 발성을 한 다음, 자신의 어머니를 바라보고, 자신의 저녁식사를 바라본 후, 다시 어머니를 바라보고 얼굴을 찡그린 다음, 자신의 컴퓨터 기반 AAC 체계에서 개 그림을 선택하였다(따라서 '내 개의 이름은 스키피입니다'라는 미리 입력된 메시지가 활성화된다.). 여러 번의 시도 끝에 팀의 어머니는 그가 음성 합성기를 통해 산출한 외적 메시지가 아닌 '개'라는 내적 메시지를 전하고자 했으며, 자신이 그 음식을 먹고 싶지 않기 때문에 그 음식을 개에게 주고 싶다는 뜻을 전하고자 했음을 알아차렸다(Light, 1997, p. 165).

팀의 경우, 개에 대해 결합된 상징이 하나의 문장뿐이었기 때문에 실제적으로 그의 의사소통은 느렸고, 그의 어머니는 그가 원하는 바를 이해하기 위해 '스무고개'를 해야 하는 상황이었다. 분명히, 낱말이나 형태소 표지 등의 더 짧은 메시지 단위가 갖는 이점 중 하나는 좀 더 융통성 있게 의사소통을 할 수 있다는 데 있다. 낱말과 형태소 길이의 단위를 조작해 볼 수 있는 기회를 갖는 것은 메시지 요소들을 쪼개고 분석하는 능력이 AAC 의존자의 직접적인 통제하에 있기 때문에 언어 발달을 또한 강화할 것이다(Blockberger & Sutton, 2003). 따라서 정확한 언어 구조가 강화되고 확장될 수 있으며(예: 아동: "공 주세요"; 아버지: "그래, 너 빨간 공[빨간 공이라고 말하며 해당 상징들을 지적한다] 원하는구나"; "여기 있다!"), 부정확한 구조는 모델링을 통해 수정될 수 있다(예: 아동: "모자 나"[모자를 보여 준다], 교사: "와 멋진 모자를 갖고 있구나! 이렇게 말해 볼래. '내 모자'[내 모자라고 말하며 해당 상징들을 지적한다]"). 마지막으로 짧은 메시지 단위는 그가 들은 언어(입력방식)를 그가 사용할 수 있는 언어(출력방식)로 '번역할' 필요성을 감소시킨다(Smith & Grove, 1999, 2003).

메시지 단위의 크기에 대한 이러한 대조적 접근의 분명한 장점과 단점을 감안하면, 현 시점에서의 최선의 해결책은 아마도 블록버거와 서턴(Blockberger & Sutton)

이 제안한 다음과 같은 절충안일 것이다.

> 문법적으로 더 완전하고 정확한 표현이 지닐 수 있는 이점과 그 발화를 산출하기 위해 더 많은 시간이 들 것이라는 비용 효과적 측면을 주의 깊게 고려해야 한다. 이에 대한 답은 언어적 형태를 분절하고 구성할 수 있는 기회와 도구를 보장하면서도, 기능적 상황들에서 사용할 수 있는 구절이나 문장을 지속적으로 제공하는 데 있을 것이다(2003, p. 97).

메시지 길이가 언어 발달에 미치는 장기적인 영향을 분명히 하기 위한 연구가 필요하다. AAC 팀은 개개인과 상황에 맞게 짧은 메시지 단위와 긴 메시지 단위를 모두 나타낼 수 있는 상징들을 제공하는 데 대한 장단점을 고려한 후, 최선의 결정을 내리기 위해 임상적 판단을 해야 한다.

교수 접근법

상징을 효과적으로 사용하기 위해 CCN을 지닌 사람들은 개별 상징의 의미와 상징들이 결합되었을 때의 의미(수용언어), 그리고 의사소통 맥락에서 이들 상징을 산출(표현언어)하는 방법을 배워야만 한다. 일부 교수 접근법은 별개의 속성으로 수용언어와 표현언어를 다루는 반면, 다른 일부 접근법은 좀 더 통합적인 견해를 취한다. 지금부터 우리는 수용 및/또는 표현 언어 발달을 지원하기 위해 활용할 수 있는 다수의 교수 접근법들을 기술한다. 제11장에서는 초기 의사소통자와 좀 더 진전된 의사소통자들에게 의사소통 기능과 언어 구조를 가르치기 위해 이들 교수 전략을 어떻게 활용할 것인지에 대해 좀 더 집중적으로 논의한다.

명시적 교수와 우발적 교수

명시적 교수(Explicit instruction; Reichle & Drager, 2010)는 경험주의(예: Remington & Clarke, 1993a, 1993b)와 응용행동분석(예: Johnston, Reichle, Feeley, & Jones, 2012)에 기초를 두고 있다. 교수는 소규모 단위로 이루어지는데(흔히 '시도'[trials]로 일컬어

짐), 자극(예: 촉진자는 과자를 집어 들고 "이게 뭐지?"라고 묻는다), 촉진(예: 과자와 신발로 구성된 사진 배열에서 촉진자는 과자 상징을 향해 제스처를 취한다), 학습자의 정반응(예: 학습자는 과자 사진을 지적한다) 및 강화(예: 촉진자는 "잘했어!"라고 말하며 학습자에게 과자를 준다) 등으로 구성된다. 시도는 반복되며 촉진은 학습자가 독립적으로 정반응을 보일 수 있을 때까지 점차적으로 줄여나간다.

촉진자는 명시적 교수 상황에서 촉진과 오류 수정을 위해 다수의 전략을 활용할 수 있다. 촉진(prompts)은 흔히 촉진자의 시범 형태로 제공된다(예: 촉진자는 학습자로 하여금 그렇게 하도록 촉진하기 위해 '다했다'는 수화를 제시하거나 낱말이 조합된 발화를 산출하도록 촉진하기 위해 '개가 뼈다귀를 먹는다'라는 상징을 지적한다). 촉진은 또한 기대의 얼굴 표정, 제스처나 지적하기, 구어 단서(예: "우리를 도와준 아저씨에게 '감사합니다'라고 해야지") 또는 신체적 촉진(예: 아동이 핫도그를 좋아하지 않는 것이 분명한 경우 부모는 '핫도그가 역겨워요'라는 상징에 아동의 손가락을 갖다 대면서 SGD 활성화 방법을 보여 준다) 등의 형태로 제공될 수 있다. 마찬가지로 메시지 구성에 따른 교수 피드백을 제공하기 위해 다양한 전략들이 활용될 수 있다. 촉진자는 학습자의 메시지에 주의를 기울이거나 좀 더 완벽하고 정확한 형태로 반응을 함으로써 발화 수정(recast) 기법을 이용할 수 있다. 예를 들어, 어떤 아동이 '큰 자동차(big car)'라는 두 상징 조합 발화를 위해 SGD를 사용한다면, 부모는 SGD를 가지고 '커다란 빨간 자동차(big red car)'라고 시범하면서 "그래, 저것은 커다란 빨간 차야."라고 말함으로써 확장된 수정 발화를 제공할 수 있다. 만일 자동차가 한 대 이상이라면, 그 부모는 SGD상의 '큰 차(big car) + 들(s)' 상징을 시범하면서 "나는 두 개(대)의 큰 자동차들을 봐요(I see two big cars)"라고 말하면서 정확한 수정 발화를 제공할 수 있다.

명시적 교수는 일상적 활동과 일과 속에서 의사소통과 언어 기술을 가르치기 위해 우발적 교수(Cowan & Allen, 2007; Hart & Risley, 1982)와 결합되는 경우가 잦다. 우발적 교수(incidental teaching) 절차는 흔히 몇 가지 요소를 지닌다. 첫째, 촉진자는 학습자의 동기를 유발할 수 있는 의사소통 기회를 만들기 위해 환경을 구성한다. 그런 다음 목표로 한 의사소통 행동을 이끌어 내기 위해 제스처, 시범, 구어 단서(흔히 요구[mand]로 불리는), 신체적 촉진 등을 사용해 교수를 제공한다. 일례로 촉진자는 요리 활동 속에서 토스트를 만들고 있는 학습자에게 "뭐하고 있니?"라고 물음으로써 요구 시범(mand model) 절차(Rogers-Warren & Warren, 1980)를 활용할 수 있다. 만일 학습자가 반응을 하지 않는다면, 촉진자는 "네가 뭘 하고 있는지 보여 줘."(요구[a mand)라고 말할 수 있다. 이러한 요구에도 불구하고 정확한 반응이 나타나지 않는다면, 촉진자는 "토스트 만들어요."라고 말하면서 아동의 두 손을 잡고 해당 수화 모양을 만들도록 할 수 있다. 사용된 절차에 상관없이, 촉진자는 기능적으로 관련된 방식으로 바람직한 의사소통 행동에 반응한다. 예를 들어, 학습자가 원하는 항목이나 활동을 요구한다면(예: 모자 주세요), 촉진자는 그가 원하는 것을 제공한다(예: "그래, 여기 네 모자가 있네"), 그러나 만일 학습자가 항목이나 활동의 이름을 댄다면(예: 토스트 만들기), 촉진자는 학습자의 발화를 확인 또는 확장해 준다(예: "그래, 맞아; 그 토스트는 분명히 맛있을 거야"). 〈표 10-1〉에는 다양한 화용적 기능을 위한 도구적 상징과 비도구적 상징을 가르치기 위해 활용할 수 있는 우발적 교수 절차가 요약되어 있다

표 10-1 우발적 교수 절차

절차	설명
요구 모델	CCN을 지닌 사람이 선호하는 항목이나 활동에 접근하거나 관여할 경우, 촉진자는 질문을 한다(예: "뭘 원해?, 저것은 뭘까?"). 반응이 없거나 확장된 반응을 제공하고자 한다면, 촉진자는 해당 반응을 시범한다(Rogers-Warren & Warren, 1980). 예를 들어, 아동이 인형을 갖고 놀고 있다면 부모는 인형을 가리키면서 "그게 뭐야?"라고 물은 후에, 아동이 반응을 하지 않거나 부정확하게 반응을 한다면 부모는 '인형'에 대한 수화를 시범한다.
기대의 시간지연	촉진자는 질문을 하거나 상징을 시범하거나 원하는 항목을 보이는 곳에 놓아둔 다음 기대의 얼굴 표정을 하고 눈을 맞추면서 기다린다(즉, 멈춘다)(Halle, Baer, & Spradlin, 1981; Kozleski, 1991a). 예를 들면, 부모는 이야기 책에 있는 그림을 지적하면서, "이게 누구야?"라고 묻고난 뒤에 CCN을 지닌 자녀가 수화를 제시하거나 상징을 지적할 수 있는 기회를 제공하기 위해 기대를 하면서 기다린다.
빠뜨리기/닿지 않는 곳에 물건 놓아두기	활동에 필요한 항목을 빠뜨린다. 예를 들면, 저녁 식사를 준비하면서 샐러드 재료만 늘어놓고 샐러드 그릇을 주지 않거나 손이 닿지 않는 선반에 놓아 두어 CCN을 지닌 아동이 그릇을 요구하도록 만든다(Cipani, 1988).
불완전 제시	처음에 요구한 항목을 불완전하게 제시한다. 예를 들어, CCN을 지닌 성인이 잼 바른 토스트를 요구했다면, 잼이나 버터를 빼고 빵만 제공하여 이들 각 항목을 따로따로 요구하도록 만든다(Duker, Kraaykamp, & Visser, 1994).
행동연쇄간섭	진행 중인 활동을 중단시켜 요구할 기회를 만든다. 예를 들어, CCN을 지닌 성인이 식당에서 줄을 서서 음식을 받는다면, 다음 음식 항목을 받으러 움직이기 전 음식 제공자에게 특정 음식을 먼저 요구해야 한다(Carter & Grunsell, 2001; Goetz, Gee, & Sailor, 1983).
다른 항목 제공하기	요구한 것과 다른 항목을 제공한다. 예를 들어, CCN을 지닌 성인이 차를 요구했다면 커피를 제공함으로써 자신의 요구를 분명히 하고자 수정 전략을 사용하도록 만든다(Sigafoos & Roberts-Pennell, 1999).

출처: Sigafoos & Mirenda (2002).

(Harris, Doyle, & Haaf, 1996; Iacono, Mirenda, & Beukelman, 1993; Nigam, Scholsser, & Llyod, 2006; Remington, Watson, & Light, 1990; Romski & Ruder, 1984). 명시적 교수와 우발적 교수에 대한 구체적인 적용은 제11장에서 자세히 다루어질 것이다.

명시적 교수는 기본적인 핵심 수화나 상징을 배우기 위해 다수의 연습을 필요로 하는 사람들에게 가장 효율적인 접근이다(예: Hodges & Schwethelm, 1984; Iacono & Parsons, 1986; Romski, Sevcik, & Pate, 1988). 만일 누군가가 의사소통 중에 규칙적으로 교정 피드백을 필요로 한다면, 아마도 그는 의사소통을 부정적인 경험으로 간주할 것이다. 만일 그렇다면, 촉진자는 반복되는 오류를 피하면서도 정확한 수화나 상징 산출의 레퍼토리를 구성하기 위해 명시적 교수를 활용할 수 있을 것이다(Remington, 1994). 대부분의 상황에서 명시적 교수와 우발적 교수 기법을 상호보완적으로 결합하는 것이 선호된다(예: Nigam et al., 2006; Reichle & Brown, 1986; Reichle, Rogers, & Barrett, 1984; Reichle, Sigafoos, & Piché, 1989; Sigafoos & Couzens, 1995; Sigafoos & Reichle, 1992; Sigafoos & Roberts-Pennell, 1999).

대화 코치

헌트, 알웰 및 고츠(Hunt, Alwell, & Goetz, 1988, 1990, 1991a, 1991b)는 대화를 위해 그림이나 SGD 기반의 AAC 디스플레이를 사용하도록 가르치는 데 있어 기대를 하게 해 주는 또 하나의 전략을 소개하였다. 이 전략에서는 촉진자가 CCN을 지닌 사람과 그의 의사소통 상대(예: 친구, 부모, 직장 동료)를 대상으로 눈에 띄지 않게 대화를 코치한다. 이를 위해 촉진자는 언급하기, 상대방 중심 질문, 질문에 답하기, 비강제적 말차례 주고받기(예: 흥미가 있음을 드러내는 머리 끄덕이기, 미소 또는 발성) 등의 기본적인 대화 기술을 가르치기 위해 제스처, 신체적 지원, 간접적 구어표현, 직접적 구어표현 등의 촉진(전형적으로 최소한에서 최대한의 지시적 위계를 따른다)을 제공한다. 먼저 CCN을 지닌 사람이 질문(예: 당신은 '스타와 춤을[DANCING WITH THE STAR]' 프로그램을 시청하나요?)이나 언급(예: 나는 '아메리칸 아이돌'이 좋아)을 하기 위해, 의사소통 디스플레이에 있는 그림이나 물건 또는 그 밖의 화젯거리를 지적하여 대화를 시작하도록 촉진한다. CCN을 지닌 사람이 대화를 시작하면, 상대는 질문이나 언급에 반응을 하고 주제에 대해 부가적인 언급을 한 다음, 디스플레이에 제시된 다른 무언가를 질문함으로써 자신의 차례를 마친다. 그런 다음 촉진자는 CCN을 지닌 사람으로 하여금 질문에 답하고, 원하는 사항을 언급하며, 또 다른 질문을 하도록 격려한다. 촉진은 가능한 한 빨리 줄여 나간다. 이러한 사이클([그림 10-7])은 대화가 자연스러운 결말에 도달할 때까지 반복된다. 이 전략을 다룬 몇몇 연구는 AAC를 사용하는 많은 발달장애인들이 몇 주간의 교수 후에 독립적으로 보완적인 대화를 시작하고 유지하도록 배울 수 있음을 보여 준다(Hunt, Alwell, & Goetz, 1988, 1991a, 1991b; Storey & Provost, 1996). 연구자들은 발달장애와 CCN을 지닌 성인을 대상으로 대화에 참여하도록 가르치기 위해 유사한 전략들을 또한 활용해 왔다(Dattilo & Camarata, 1991; O' Keefe & Dattilo, 1992; Spiegel, Benjamin, & Spiegel, 1993).

코치 전략은 자연스러운 사회적 일과 속에서 가족이나 또래가 AAC 교수를 제공할 수 있도록 이들을 가르치기 위한 목적으로 또한 활용될 수 있다. 일례로 트로티어, 캠프 및 미렌다(Trottier, Kamp, & Mirenda, 2011)는 여섯 명의 일반 학생들을 대상으로 두 명의 11세 자폐 소년 이안(Ian)과 맥스(Max)에게 학교에서 이루어지는 사회적 게임에 SGD를 사용하도록 가르치게 하였다. 이들 아동은 이안과 맥스에게 시범, 제스처 코치, 구어 코치 등을 제공하는 방법을 배우는 데 대략 두 시간을 필요로 하였으며, 결과적으로 코치를 받은 이안과 맥스의 자발적인 사회적 의사소통(예: "안 돼! 내

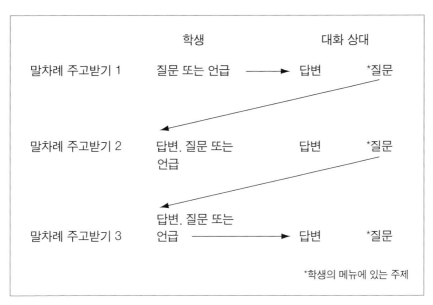

[그림 10-7] 대화 코치를 위한 말차례 주고받기 사이클

출처: Hunt, P., Alwell, M., & Goetz, L. (1991b). Interacting with peers through conversation turn taking with a communication book adaptation. *Augmentative and Alternative Communication*, 7, 120. Informa Healthcare 의 허락하에 게재함

가 이기고 있어! 그건 속임수야! 너는 몇 개나 가지고 있니?)이 증가한 것으로 나타났다. 유사한 결과는 놀이 중에 SGD를 사용하도록 또래에게 코치를 받은 세 명의 학령 전 자폐아동(Trembath, Balandin, Togher, & Stancliffe, 2009)과 사회적 교환을 하는 동안 SGD를 사용하도록 어머니에게 코치를 받은 30세의 중등도 지적장애 여성(Cheslock, Barton-Hulsey, Romski, & Sevcik, 2008)에게서도 찾아볼 수 있다. 이러한 연구 결과들을 고려해 보면, 아동과 성인 모두 AAC 의존자들의 사회적 의사소통 증진을 위한 코치 제공 전략을 배울 수 있는 것으로 보인다.

전략 교수

상당히 많은 연구들이 다양한 기술을 가르치기 위해 전략 교수 모델(strategy instruction model: SIM; Ellis, Deshler, Lenz, Schumaker, & Clark, 1991)과 관련해 개발된 교수 전략들의 효과를 입증하고 있다. 라이트와 빙어(Light & Binger, 1998)는 CCN을 지닌 사람들을 대상으로 다양한 사회적 상호작용 기술을 가르치기 위해 수정된 SIM 교수법을 이용하였다. AAC 전략 교수는 다음과 같은 8단계로 구성된다.

1. 가르치고자 하는 구체적인 목표(즉, 목표 기술)를 정한다.
2. CCN을 지닌 사람에게 목표 기술과 그 기술이 왜 중요한지를 설명한다.
3. 목표 기술을 어떻게 이용하는지를 보여 주거나 목표 기술을 언제 사용하는지를 설명하는 '혼잣말'을 하면서 그 기술을 활용하고 있는 누군가를 관찰하도록 한다.
4. CCN을 지닌 사람이나 (필요할 경우에는) 그 밖의 중요한 타인에게 목표 기술을 사용할 것 같은 상황을 떠올려보도록 요청한다.
5. 자연스러운 상호작용이나 역할놀이와 실제 상호작용이 결합된 조건에서 CCN을 지닌 사람이 목표 기술을 사용할 수 있도록 상황을 구성한다. 상호작용을 하는 동안 몇 가지 다른 환경, 상대 및 자료 세트 등을 이용한다. 요구가 적은 상황에서 교수를 시작하고 대상자의 능력이 향상되면 좀 더 요구가 많은 상황을 제공한다.
6. 대상자가 자연스럽게 발생하는 상황이나 역할놀이 속에서 목표 기술을 활용하도록 유도한다. 대상자가 목표 기술을 자발적으로 사용할 수 있는 기회를 항상 제공하고 최소한에서 최대한의 단서 위계(자연스러운 단서, 기대의 멈춤, 일반적인 지적하기와 멈춤, 시범)를 사용해 필요할 경우에만 촉진한다. 개별 교수 회기가

끝난 후 목표 기술을 적절히 사용한 경우와 문제가 있는 영역 모두에 대해 피드백을 제공한다.

7. 교수 효과를 측정하기 위해 규칙적으로 진전도를 평가한다. CCN을 지닌 대상자가 최소한 연속된 두 번의 교수회기 동안 주어진 기회 중 80% 이상 목표 기술을 사용할 때까지 연습을 계속한다.

8. 교수효과의 일반화를 평가하기 위해 새로운 상황에서 새로운 상대들을 대상으로 검사를 실시한다. 또한 일반화를 촉진하기 위해 필요할 경우 역할놀이와 연습을 위한 '촉진 회기(booster sessions)'를 제공한다.

전략 교수는 AAC에 의존하는 아동과 성인들을 대상으로 대화의 시도, 유지, 수정 및 종결과 관련된 다양한 기술들을 가르치기 위해 사용되어 왔다(예: Light & Binger, 1998). 이 접근법의 요소들은 또한 문법 기술을 가르치거나(Binger, Maguire-Marshall, & Kent-Walsh, 2011; Lund & Light, 2003) 의사소통 지원을 위한 AAC 촉진자 훈련 (Kent-Walsh & McNaughton, 2005)에도 활용되어 왔다. 우리는 제11장에서 구체적인 전략 교수의 활용을 논의한다.

언어 모델링 기법

지난 수년간 AAC 교수를 위한 다수의 언어 모델링 기법들이 개발되었다. 보조언어자극(aided language stimulation: ALgS; Elder & Goossens', 1994; Goossens', 1989; Goossens' & Crain, 1986a; Goossens', Crain, & Elder, 1992), 언어보완 체계(system for augmenting language: SAL; Romski & Sevcik, 1992, 1993, 1996), 보조언어시범(aided language modeling: ALM; Drager et al., 2006) 등을 예로 들 수 있다. 이들 세 기법은 모두 흥미를 끄는 활동을 하면서 촉진자가 사용하는 상징들을 관찰함으로써, 중재 대상자는 "활동 중에 이루어지는 의사소통을 위해 상징이 어떻게 조합되고 또한 생산적으로 재조합될 수 있는지에 대한 정신적 틀을 형성하기 시작할 것"이라는 전제에 기초를 두고 있다(Goossens' et al., 1992, p. 101). 이들 기법은 일반 화자가 언어를 이해하기 위해 학습하는 방식을 흉내 냈기 때문에 좀 더 명시적인 교수의 필요성을 배제하는 매우 자연스러운 방식으로 언어를 가르치고자 한다.

보조언어자극

이 접근법에서 촉진자는 "사용자와 상호작용을 하고 말로 의사소통하면서 사용자의 의사소통 디스플레이에 있는 상징들을 강조한다"(Goossens' et al., 1992, p. 101). 예를 들면, 촉진자는 응시 조끼나 판, SGD 또는 활동 디스플레이에서 짓다, 큰, 집 등의 상징을 지적하면서 "큰 집을 짓자."라고 말할 수 있다. 분명히 이러한 유형의 의사소통이 이루어지려면, 촉진자는 상징 디스플레이에 쉽게 접근할 수 있어야 하며 그날 학습자가 참여하는 각각의 활동에 필요한 핵심적인 어휘 항목들이 디스플레이에 포함되어 있어야 한다. 더욱이 촉진자는 자연스러운 일과와 활동 속에서 상호작용의 기회를 수없이 제공해야 한다. 〈표 10-2〉에는 보조언어자극(ALgS) 디스플레이를 구성하기 위한 어휘 선택 단계가 자세히 열거되어 있다. 유아원과 지역사회 환경에서 사용할 수 있는 ALgS 디스플레이의 예는 [그림 10-8]과 [그림 10-9]를 각각 참조할 수 있다.

ALgS의 특징은 촉진자가 말을 하면서 상징을 지적하기 위해 사용하는 다수의 교수기법이다. ① 검지로 지적하기, ② 디스플레이에 주목하도록 '찍찍' 소리를 내는 작은 물건을 손에 숨기고 검지로 지적하기, ③ 소형 손전등이나 압축 광선을 사용하여 각각의 상징 지적하기(예: 불빛 따르기 단서 제공[shadow light cuing]이라고 함), ④ 인형의 한 손에 긴 포인터(예: 작은 못)를 붙여 '도우미 인형(helping doll)' 사용하기와 같은 기법을 예로 들 수 있다(Goossens' 2010; Goossens' et al., 1992). 어떤 기법을 사용하든, 그 사용 목적은 말과 수화를 결합하여 사용하는 총체적 의사소통처럼 활동을 하는 동안 말과 상징 입력을 함께 제공하고자 하는 것이다.

학교 및/또는 가정환경에서 이루어지는 각각의 활동을 위해 가능한 한 많은 의사소통 디스플레이를 필요로 하기에, 보조언어자극 기법은 매우 노동 집약적일 수 있다. 이러한 요구에 부응하기 위해, 다이나복스 메이어 존슨(DynaVox Mayer-Johnson)사는 100가지 이상의 활동을 위한 그림 의사소통 상징(PCS) CD-ROM을 제공하고 있다. 이 CD-ROM은 '공학적 유아원 환경을 위한 의사소통 디스플레이(Communication Display for Engineered Preschool Environments)', 공학적 청소년 환경을 위한 의사소통 디스플레이(Communication Display for Engineered Adolescent Environments)' 등으로 불린다. 이들 CD-ROM은 구센스, 크레인 및 엘더(Goossens', Crain, & Elder, 1994)와 엘더 및 구센스(Elder & Goossens', 1996)의 보조언어자극에 대한 이전 책들을 대신하고 있다.

표 10-2 보조언어자극 어휘 선택

인형놀이의 예

1. 그림 상징을 통합할 AAC 방식을 선택한다(예: 응시, 의사소통판, 말산출도구).
2. 다양한 인형놀이 활동의 주제를 기술한다(예: 요리하기, 병원놀이, 부엌놀이, 아기 돌보기).
3. 각각의 활동과 관련된 하위 주제를 기술한다(예: 아기 돌보기-기저귀 갈기, 우유 먹이기, 옷 입히고 벗기기, 몸단장하기, 재우기).
4. 각각의 하위 주제 내에서 일어날 수 있는 상호작용 관련 어휘들을 선택한다(예: 아기 돌보기의 기저귀 갈기 활동-냄새, 젖다, 마르다, 갈다, 핀, 울다, 안 돼, 역겹다, 입다, 벗다, 아기, 엄마, 닦다, 엉덩이, 파우더, 기저귀, 다 됐다).
5. 하위 주제에 상관없이 흔히 사용되는 어휘를 첨가한다(예: 더, 예, 아니요, 도와주다).
6. 4, 5단계의 어휘를 통합할 각각의 하위 주제에 대한 상징 디스플레이를 만들어 쉽게 접근할 수 있도록 관련 활동 영역(예: 교실 내 인형놀이 영역)에 붙여 놓는다.
7. 활동 중 복합적인 의사소통 요구를 지닌 아동과 상호작용을 하면서 상징을 지적하고, 아동이 다중 방식 의사소통 체계의 한 요소로 상징을 사용하고자 시도하면 격려하고 도와준다.

출처: Goossens' (1989); Goossens' & Crain (1986a, 1986b).

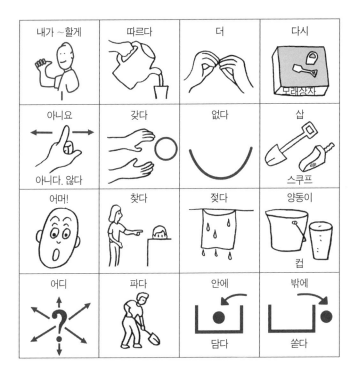

[그림 10-8] 어린 아동이 모래놀이 활동에서 사용할 수 있는 보조언어자극 디스플레이

출처: Goossens', C., Crain, S., & Elder, P. (1994). *Communication displays for engineered preschool environments: Books 1 and 2* (p. 128). Solana Beach, CA: Mayer-Johnson. PCS는 DynaVox Mayer-Johnson LLC.의 허락하에 게재함

많은 사례 연구와 일화 보고서들은 보조언어자극(예: Basil & Soro-Camats, 1996; Goossens', 1989; Heine, Wilkerson, & Kennedy, 1996)이나 '자연스러운 보조언어 (Natural Aided Language)'로 불리는 또 다른 버전(Cafiero, 1998, 2001)을 활용한 중재 의 효과를 입증하고 있다. 또한 일부 실험 연구는 복합적인 의사소통 요구를 지닌 학 령전기 아동과 학령기 아동(Bruno & Trembath, 2006; Dada & Alant, 2009; Harris & Reichle, 2004) 및 발달장애 성인(Beck, Stoner, & Dennis, 2009)을 대상으로 보조언어

[그림 10-9] 청소년이나 성인이 패스트푸드점에서 사용할 수 있는
보조언어자극 디스플레이

출처: Elder, P., & Goossens', C. (1996). *Communication overlays for engineering training environments: Overlays for adolescents and adults who are moderately/severely developmentally delayed* (p. 195). Solana Beach, CA: Mayer-Johnson. PCS는 DynaVox Mayer-Johnson LLC.의 허락하에 게재함

자극의 효과를 검토하였다. 연구 결과에 따르면, 참여자들은 보조언어자극 교수를 받고 새로운 상징들을 인식하고 사용했으며(Harris & Reichle, 2004; Dada & Alant, 2009), 문법적으로 더 복잡한 메시지를 구성하였고(Bruno & Trembath, 2006), 집단 활동 속에서 더 많은 의사소통 차례를 취한 것으로 나타났다(Beck, Stoner, & Dennis, 2009). 관찰연구 결과 또한 부모들이 가정에서 이루어지는 식사시간, 옷 입기, 화장실 가기, 취침시간 등의 일과 속에서 어린 자녀에게 기본적인 보조언어자극 기법을 활용하도록 배울 수 있음을 보여 주었다(Jonsson, Kristoffersson, Ferm, & Thunberg, 2011).

언어보완 체계

언어보완 체계(System for Augmentating Language: SAL) 접근은 또한 의사소통입력보완(augmented communication input; Romski & Sevcik, 2003)으로도 알려져 있는데, 다음 두 가지 두드러진 차이점을 제외하면 ALgS와 유사하다. 즉, SAL 기법은 SGD의 사용이 중재의 결정적인 요소이며(Romski & Sevcik, 1992, 1993, 1996), ALgS에서 사용되는 정교한 유도 절차에 비해 더 간단한 절차를 활용한다. SAL에서는 학습자의 SGD를 위해 인쇄된 낱말 주석을 지닌 그림 상징을 사용하는 의사소통 디스플레이가 만들어지며, 의사소통 상대는 자연스럽게 일어나는 상호작용 속에서 자신의 말 입력을 보완하기 위해 도구에 들어 있는 상징을 활성화하도록 배운다. 예를 들면, 교사는 아동의 SGD에 있는 밖으로와 놀다의 상징을 지적하면서 "조니(Johnny)야, 밖으로 나가 놀자."라고 말할 수 있다. 따라서 조니는 교사와 자신의 SGD가 동시에 표현하는 해당 낱말을 들으면서 밖으로와 놀다의 상징을 사용하는 교사의 시범을 볼 수 있다. 이 외에도 "의무사항은 아니지만, 자연스러운 의사소통 기회가 '생길' 경우 상징을 사용하도록 아동을 격려하기 위해 자연스러운 의사소통 경험을 제공한다"(Romski & Sevcik, 1992, p. 119). ALgS와 마찬가지로 SAL은 촉진자의 지속적인 기법 사용에 크게 의존하기 때문에, 이 기법에 대한 의사소통 상대의 인식과 경험을 긍정적으로 유지하기 위해 다양한 전략들을 또한 포함하고 있다.

1996년에 롬스키와 세빅(Romski & Sevcik)은 보행이 가능한 13명의 CCN을 지닌 (10개 이하의 표현 낱말을 지닌) 학생들을 대상으로 SAL을 사용한 2년간의 종단연구 결과를 보고하였다. 이들 학생은 모두 중등도에서 중도의 지적장애를 지녔으며, 초등 또는 중등학교에 소속되어 있었다. 연구자들은 가정과 학교에서 사용하도록 이들 모두에게 휴대용 SGD를 제공하였다. 임의 상징들(즉, 단어문자)이 SGD상에 제시되었으며 각각의 상징 밑에는 그 의미에 해당하는 낱말이 영어로 인쇄되어 있었다. 의사소통 상대는 전술한 바와 같이 기본적인 SAL의 원리에 따라 도구를 조작하고 사용하도록 훈련받았다.

SAL 과정이 끝났을 때 모든 참여 학생은 사물·도움·정보 요구하기, 언급하기, 질문에 답하기 및 그 밖의 기능을 위해 제스처와 발성을 결합하여 단어문자를 사용할 수 있었다. 또한 13명의 참여자 중 10명의 레퍼토리에서 의미 있고 기능적인 상징 조합이 자발적으로 나타났다(예: WANT + JUICE, HOT DOG + GOOD, JUICE + PLEASE; Wilkinson, Romski, & Sevcik, 1994). 더욱이 참여 학생의 일부는 자신의 SGD상에 제시된 인쇄 낱말을 재인하였으며, 명료한 구어 낱말산출이 증가한 학생들도 있었다(Romski & Sevcik, 1996). 5년 뒤 후속 연구에서 롬스키, 세빅 및 애덤슨(Romski, Sevcik, & Adamson, 1999)은 학생들이 도구가 없을 때보다는 도구를 사용했을 때, 낯선 성인 상대에게 대화식으로 더 적절하고 더 분명하며(즉, 덜 모호한) 더 구체적인 정보를 전달함을 발견하였다. 롬스키, 세빅, 애덤슨 및 베이크먼(Romski, Sevcik, Adamson, & Bakeman, 2005)은 13명의 참여자를 말을 할 수 있는 일반 젊은이와 말을 못하거나 SAL 경험이 없는 젊은이와도 비교하였다. 일반적으로 SAL에 의존하는 사람들은 중간 수준, 즉 일반 화자만큼은 아니지만 말을 못하거나 SAL 경험이 없는 참여자보다는 의사소통을 더 잘하는 것으로 나타났다. 이들 후속 연구는 SAL 경험이 참여자의 장기적인 의사소통 상호작용에 분명한 기여를 한다고 제안하였다.

최근에 62명의 걸음마기 발달장애아동을 대상으로 SAL을 활용한 연구가 수행되었는데, 이 연구에 참여한 아동들은 모두 10개 이하의 명료한 구어 낱말을 지니고 있었다(Romski et al., 2010). 아동들은 세 중재 조건, 즉 의사소통 입력 보완(augmented communication input: AC-I, SAL과 유사함), 의사소통 출력 보완(augmented communication output: AC-O), 보완을 배제한 구어 의사소통(spoken communication: SC) 집단에 무작위로 할당되었다. 부모들은 놀이, 책 읽기 및 간식 시간에 자녀를 대상으로 중재를 이행하도록 훈련받았다. SC 집단의 아동들에게는 SGD가 지급되지 않았으나 말로 목표 구어 낱말을 산출하도록 촉진하였다. AC-O 집단의 아동들에게는 SGD를 지급하고 의사소통을 위해 그 도구를 사용하도록 촉진한 반면, AC-I 집단의 아동들에게는 촉진자가 SGD로 시범은 하지만 그 도구를 사용하도록 촉진하지는 않았다. 연구 결과에 의하면, 18회기 만에 AC-I 집단과 AC-O 집단의 아동들 모두 SGD 상의 목표 상징 활용에서 유의한 향상이 이루어진 것으로 나타났다. 또한 SC

집단에 비해 더 많은 수의 아동들이 목표로 한 구어 낱말을 산출하였다. 이러한 결과는 언어 시범이 CCN을 지닌 매우 어린 아동들의 상징 학습을 촉진하기 위해 활용될 수 있으며, 의사소통 보완은 말산출을 방해하지 않는다—사실은 말산출을 지원할 수 있다—는 근거를 제공한다.

보조언어시범

보조언어시범(aided language modeling: ALM)은 AAC 시범 관련 문헌에 가장 늦게 추가되었다. 다른 기법들과 마찬가지로 ALM 촉진자는 상징과 말을 동시에 제공하는데, 전형적으로 흥미를 끄는 상호작용이나 이야기책 읽기 활동 속에서 이행된다. 촉진자는 주변에 있는 지시 대상(예: 인형)을 지적한 다음 그것에 해당하는 낱말을 말하면서(예: '인형') 동시에 상징(예: 인형 그림이나 '인형'이라고 쓰인 글씨)을 지적해 준다. 또한 맥락과 목표 기술에 따라 이러한 기법을 변화시켜 활용하기도 한다. ALM은 ALgS보다 촉진자 기술을 덜 요구하며 SAL과 달리 SGD를 필수적으로 요구하지 않는다.

ALM에 관한 최초의 연구에서, 드래거와 동료들(Drager et al., 2006)은 두 명의 자폐 유아에게 새로운 어휘 상징들을 가르쳤다. 두 아동 모두 짧은 기간 안에 상징 이해와 산출에서 향상을 보였고 3개월 후에도 그러한 성과를 유지하였다. 빙어와 라이트(Binger & Light, 2007)는 발달장애를 지닌 유아 다섯 명을 대상으로 두 개의 상징 조합을 가르치기 위해 ALM 버전을 이용하였다. 이들 아동 중에는 아동기 말실행증(childhood apraxia of speech)이 의심되는 경우도 있었다. 촉진자는 두 개의 상징을 지적하면서(예: FEED + DOLL) 그에 해당하는 말이나 SGD 도구로 산출되는 음성을 제공한(예: "feed doll" 또는 FEED DOLL) 다음에 완전한 문장을 말해 준다(예: "인형에게 우유 먹일 시간이야(It's time to feed the doll"). 다섯 명 중 네 명의 유아가 네 시간 교수를 받은 후 두 개의 상징이 조합된 메시지를 다양하게 산출할 수 있었으며 이러한 능력은 두 달 후까지도 유지되었다. 가장 최근에, 연구자들은 보조교사(Binger, Kent-Walsh, Ewing, & Taylor, 2010)와 부모(Binger, Kent-Walsh, Berens, Del Campo, & Rivera, 2008; Kent-Walsh, Binger, & Hasham, 2010; Rosa-Lugo & Kent-Walsh, 2008)를 상대로 학령전기 아동이나 학령기 아동들과 함께 이야기책을 읽으면서 ALM 또는 ALM 버전을 활용하도록 가르쳤다. 목표로 한 기술은 말차례 주고받기, 새로운 의미 개념 산출하기, 조합된 상징 메시지 산출하기 등이었다. 연구 결과에 의하면 부모와 보조교사들은 짧은 훈련을 통해 ALM을 배울 수 있었으며(Kent-Walsh & McNaughton, 2005 참조), 참여 아동들은 ALM을 통해 새로운 의사소통 및 언어 기술을 습득할 수 있었다. 특정 언어 구조를 가르치기 위한 ALM 이용은 제11장에서 자세히 논의할 것이다.

📑 학습문제

10-1. CCN을 지닌 사람들의 의미론적 지식에 영향을 미치는 네 가지 이슈 또는 실제는 무엇인가?

10-2. CCN을 지닌 사람들의 구문 사용과 관련된 네 가지 일반적인 특징은 무엇이며, 그러한 특징이 나타나는 이유는 무엇인가?

10-3. CCN을 지닌 사람들이 흔히 경험하는 형태론적 문제를 설명할 수 있는 네 가지 근거는 무엇인가?

10-4. 일반적인 어휘 구성 전략 네 가지는 무엇이며, 이들 각각의 전략은 CCN을 지닌 사람들의 언어 학습과 능력에 어떤 영향을 미치는가?

10-5. 짧은 메시지 단위(즉, 낱말수준)와 긴 메시지 단위(즉, 절 또는 문장 수준)가 CCN을 지닌 사람들에게 미치는 장점과 단점은 무엇인가?

10-6. 명시적 교수와 우발적 교수는 무엇이며, 이 둘은 어떤 관련이 있는가?

10-7. 네 가지 우발적 교수 절차를 기술하고 각각의 예를 들어라.

10-8. 대화 코치 사이클의 주요 구성요소는 무엇인가?

10-9. 전략 교수의 8단계는 무엇인가?

10-10. 세 가지 주요 언어 시범 기법을 기술하고 이들 기법의 유사점과 차이점을 논의하라.

Chapter **11**

언어적 · 사회적 능력 지원을 위한 교수

마술사의 모자에서 AAC 의존자와 의사소통 상대를 위한 적절한 목표 행동을 골라내기 위해서는, 그러한 목표 행동이 AAC 의존자의 의사소통 능력에 대한 타인의 인식에 미칠 영향을 먼저 고려해야 한다(Bedrosian, Hoag, Calculator, & Molineux, 1992, p. 1110).

　1989년, 라이트는 AAC 의존자의 의사소통 능력을 정의하였다. 그녀에 의하면, 의사소통 능력의 발달은 조작, 언어, 사회, 전략 등 네 영역에서의 지식, 판단 및 기술에 의존하는 복잡한 과정이다(Light, 1989b). 조작적 측면에서, AAC에 의존하는 사람들은 수화든 그림 상징이든 아니면 말산출도구든 상관없이 자신의 AAC 체계 조작에 필요한 운동(Treviranus & Roberts, 2003), 인지(Rowland & Schweigert, 2003), 시 · 청각 기술(Kovach & Kenyon, 2003) 등을 적용하도록 배워야 한다. 언어적 측면에서는 자신의 AAC 체계에 필요한 언어적 기호(예: 블리스심벌, 수화)뿐 아니라 자신의 가정과 공동체 사회에서 사용하는 구어의 의미, 구문형태, 화용 및 기타 기술들을 배워야 한다(Blockberger & Sutton, 2003; Mineo Mollica, 2003; Romski & Sevcik, 2003; Smith &

Grove, 2003). 사회적 능력 기술은 대화 시작하기, 유지하기, 수정하기, 종료하기뿐 아니라 기능적 선택하기, 요구하기 및 거부하기에 필요한 기술들을 포함한다(Brady & Halle, 2002; Iacono, 2003; Light, Parsons, & Drager, 2002; Sigafoos & Mirenda, 2002; Sigafoos, O'Reilly, Drasgow, & Reichle, 2002). 사회적 영역의 기술은 대화 상대를 편안하게 하는 법 알기, 적극적으로 대화에 참여하기 등 대인 관계의 역동성과 관련된 것들을 또한 포함한다(Light, Arnold, & Clark, 2003). 마지막으로, 전략적 기술은 AAC 에 의존하는 사람이 "자신이 알고 있으며 할 수 있는 것들에 대해 최선을 다하도록" 해 주는 것들이다(Light, 1996, p. 9; Mirenda & Bopp, 2003 참조). 이들 네 영역에 대한 라이트의 설명과 그것들이 AAC를 통해 의사소통하는 사람들에게 미치는 중요성은 AAC 분야를 새로운 방향으로 이끌었는데, 그러한 방향성은 2003년에 출간된 『AAC 의존자의 의사소통 능력: 이론에서 실제까지(Communicative Competence for Individuals Who Use AAC: From Research to Practice)』(Light, Beukelman, & Reichle, 2003)에서 찾아볼 수 있다. 이 책을 통해 여러분은 전 세계 AAC 연구자와 실무자들이 기술한 의사소통 능력의 네 가지 구성요소와 실제를 위한 시사점을 자세히 살펴볼 수 있다.

우리는 라이트 등(Light et al., 2003)의 책과 의사소통 능력에 필요한 기술들을 가르치는 데 효과적인 것으로 알려진 특정 전략들을 다룬 연구에 기초하여 이 장을 썼다. 특히 언어적, 사회적 영역의 기술들에 초점을 두는데, 이는 두 영역이 대부분의 의사소통적 상호작용을 위한 기본 구성요소이기 때문이다. 우리는 먼저 의미론적 지식 쌓기에 목표를 둔 전략들을 논의하고자 한다. 의미론적 지식은 AAC에 의존하는 사람들이 상징과 그 지시 대상의 관계를 이해하는 데 필요하다(예: '행복하다'의 수화나 '뛰다'의 그림 상징은 감정이나 행위를 나타낸다). 다음으로는 낱말 조합, 문법 개념, 형태소(예: -s, -ing) 사용 교수 전략 등을 논의한다. 마지막으로 우리는 초기 의사소통자를 위한 기능적 의사소통 기술(예: 선택하기, 요구하기, 거부하기)과 대화 및 담화 기술 교수에 목표를 둔 전략들을 논의하면서 화용론에 초점에 둔다. 이러한 영역과 기술들의 교수는 말로 의사소통하는 사람들을 대상으로 하는 교수에서와 마찬가지로 동시에 제공될 수 있음(또한 동시에 제공되어야 함)을 명심해야 한다. 부모들은 어린 자녀에게 한 번에 하나의 언어나 의사소통 기술을 가르치지 않는다. 즉, 다수의 기술을 동시에 시범하거나 지원한다. AAC 팀은 언어와 의사소통 기술이 밀접히 연관되어 있으며 특정 기술을 쌓는 데 초점을 두는 것 외에도 여러 영역의 발달을 지원하는 것이 중요함을 기억해야 한다.

의미론적 발달 지원하기

제10장에서 논의한 바와 같이, 의사소통을 위해 상징에 의존하는 사람들은 만만찮은 학습 문제에 직면한다. 일반 또래들과 마찬가지로, 그들은 먼저 자신이 듣는 구어의 의미를 배워야 한다(즉, 이해). 그런 다음 의사소통을 위해 구어를 도구적 상징이나 비도구적 상징으로 '바꾸어야' 한다(즉, 표현). 언어이해와 상징 및 지시 대상의 관계를 가르치기 위해 주로 두 가지 접근법, 즉 명시적 교수와 언어 시범(제10장 참조)이 사용된다.

명시적 교수

의미론적 발달을 위한 명시적 교수 접근법은 자극조절의 원리와 상징 및 지시 대상의 학습은 기본적으로 짝 맞추기 과제라는 전제에 기반하고 있다(Wilkinson & McIlvane, 2002). 따라서 상징 이해를 가르치려면, 촉진자는 학습자가 상징을 그 지시 대상(전형적으로, 초기 교수에서 사용되는 지시 대상은 사물이다)과 일치시키도록 하는 구조화된 연습 절차를 계획해야 한다. 예를 들면, 촉진자는 컵 그림과 사과를 탁자 위에 놓은 다음 그림과 똑같은 컵을 학습자에게 주고 컵 그림에 실제 컵을 갖다 놓도록 촉진할 수 있다(Franklin, Mirenda, & Phillips, 1996). 충분한 연습이 이루어지면, 촉진을 점차 줄이면서 교수가 제공되지 않아도 학습자가 동일한 사물과 상징을 일치시킬 수 있을 때까지 새로운 사물과 상징을 체계적으로 소개한다. 동일한 사물과 상징 일치의 목표가 성취되면, 동일하지 않은 사물과 상징 일치 교수를 시작한다. 즉, 학습자는 사물과 뭔가 동일하지 않은 상징(예: 빨간 사과와 초록 사과 상징; '개'라는 말과 개의 수화 상징)을 일치시키도록 배우게 된다. 구조화된 형식으로 상징 이해 및 산출을 가르치기 위해 이러한 기본적인 접근법과 함께 추가적인 명시적 교수 기법(예: 자극 점차 줄이기와 자극 형성하기; Reichle & Drager, 2010)이 결합될 수도 있다(Wilkinson, 2005; Wilkinson & Albert, 2001; Wilkinson & Green, 1998).

선택하기 일과나 그림책 읽기 활동과 같이 자연스럽게 발생하는 의사소통적 상호작용 또한 상징과 지시 대상 일치를 위한 명시적 교수에 활용될 수 있다(Rowland & Schweigert, 2000b; Soto & Dukhovny, 2008; Stephenson, 2009b). 예를 들면, 선택하기 일과 동안(예: 간식시간), 촉진자는 좋아하는 항목과 좋아하지 않는 항목(예: 퍼즐 조 각이나 양말 한 짝)을 제공한 후 "뭐가 좋아?"라고 물을 수 있다. 학습자가 하나를 선 택하면(이 경우에는 퍼즐), 촉진자는 두 개의 상징, 즉 하나는 선택한 항목에 해당하 는 상징(퍼즐 그림)과 선택한 항목에 해당하지 않는 상징(양말 그림)을 제시한 후 "어 느 거?"라고 묻는다. 학습자가 이전에 선택한 항목(퍼즐 그림)에 해당하는 상징을 선 택하면 촉진자는 해당 항목을 제공한다. 그러나 학습자가 부정확한 상징(양말 그림) 을 선택하면 촉진자는 학습자에게 아무것도 제공하지 않는다. 학습자가 부정확한 반 응을 했을 경우, 두 번째 시도에서 촉진자는 정확한 반응을 이끌어 내기 위해 적절한 촉진을 제공하거나 오류 교정 절차를 활용한다(Kozleski, 1991b; Sigafoos & Couzens, 1995). 학습자가 정확한 반응을 보이면 그는 항상 선택한 항목을 얻는다. 아니면, 학 습자가 원하는 항목의 상징을 먼저 선택하고 촉진자는 학습자가 원하는 항목과 그렇 지 않은 항목을 제공함으로써, 앞에서 제시한 절차를 역으로 이행할 수도 있다. 이때 정확한 반응은 선택된 상징이 나타내는 항목을 학습자가 골랐을 때에만 일어난다.

언어 시범

의미론적 발달을 위한 언어 시범(language modeling) 접근법은 일반 아동들이 자라 면서 어떻게 새로운 어휘를 습득해가는 지를 기술한 연구에 기초하고 있다. 제10장에 서 논의한 바와 같이, AAC 문헌에서 언어 시범의 몇 가지 기법들을 찾을 수 있는데 공통된 사항은 ① 동기부여적인 상호작용 활동 맥락에서 말과 동시에 핵심적인 그림 상징을 지적하고, ② 해당 활동 속에서 학습자로 하여금 상징을 사용하도록 기회를 제공하는 촉진자가 존재한다는 점이다. 일례로 촉진자 마사(Martha)와 PCS 디스플레 이를 사용하는 자폐 청소년 조지(George)의 상호작용을 살펴보자. 이들은 함께 과자 를 굽고 있다. 마사는 말을 하면서 조지의 디스플레이에 있는 고딕체 상징들을 지적 한다.

마사: 쿠키 믹스와 그릇을 가져오자. 내가 쿠키 믹스를 그릇에 넣을게. (믹스 상자를 뜯 지 않고 그대로 그릇에 넣어 조지가 **열다** 상징을 사용하도록 유도하는 상황 단서를 제공

한다.)

조지: (미소를 짓지만 열다 상징을 지적하지 않는다.)

마사: 아이쿠! 내가 뭔가 잘못한 것 같네! 문제가 뭔지 모르겠네? (조지가 열다 상징을 지적할 수 있는 시간을 주기 위해 5초간 멈춘다.)

조지: (뭔가 잘못되었음을 인정하는 발성을 하지만 상징을 지적하지는 않는다.)

마사: (조지의 디스플레이에 있는 상징을 향해 제스처를 취한 후 다시 5초를 기다린다.)

조지: (바라보기는 하지만 반응을 하지 않는다.)

마사: 쿠키 믹스 상자를 가지고 뭔가 하는 것을 잊었네. (다시 5초를 기다린다.)

조지: (여전히 열다 상징을 지적하지 않는다.)

마사: (조지의 디스플레이에서 열다 상징을 지적한다.)

조지: 열다.

마사: 그래, 그렇지! 그릇 속에 쿠키 믹스를 넣기 전에 상자를 열었어야지! 고마워, 조지! (상자를 연다.)

상징과 지시 대상의 관계를 가르치는 데 대한 언어 시범의 유용성은 롬스키와 세빅(Romski & Sevcik, 1996)에 의해 처음 증명되었다. 그 이후로, AAC 실무자 및/또는 연구자들은 학령전기 아동(Drager et al., 2006; Harris & Reichle, 2004)과 학령기 아동(Dada & Alant, 2009)에게 새로운 상징 어휘를 가르치는 데 대한 이 접근법의 긍정적 성과들을 보고하였다. 언어 시범을 통한 의미론적 개념 습득 및/또는 산출을 돕도록 부모와 보조교사를 가르침으로써 나타난 긍정적 결과 또한 보고되었다(Kent-Walsh, Binger, & Hasham, 2010; Romski et al., 2010; Rosa-Lugo & Kent-Walsh, 2008). 지금까지 의미론적 발달을 위한 명시적 교수와 언어 시범 접근법의 상대적 효율성과 효과성을 비교한 연구는 없다. 제10장에서 언급한 것처럼, 일부 저자들은 언어 시범이 효과적이려면 '패스트 매핑' 능력(즉, 몇 번의 노출만으로 새로운 어휘나 상징을 습득하는)이 필요함을 제안해 왔다. 그러나 참여자들을 대상으로 패스트 매핑 기술을 평가한 연구는 몇 개 되지 않는다(예: Drager et al., 2006; Harris & Reichle, 2004). 따라서 의미론적 발달을 지원하기 위해 지금 시점에서는 명시적 교수와 언어 시범 전략을 신중하게 결합해야 할 것으로 보인다.

구문론적 발달 지원하기

2008년에 페이(Fey)는 말을 할 수 있는 아동의 구문 발달을 지원하기 위해 고안된 중재들에 대해 다음과 같이 기술하였다.

> 간단히 말하면, 영어와 같은 언어에서 구문론은 누가 무엇을 누구에게 했는지를 결정하는 데 있어서 핵심적 역할을 한다. 언어장애를 지녔지만 말을 할 수 있는 어린 아동의 중재에서 구문론은 중재 초기부터 고려해야 할 사항이다(Bloom & Lahey, 1978). 예를 들면, 낱말 조합이 목표가 되기 전인 한 낱말 단계에서도 임상가는 사용 가능성이 있는 전보식 낱말들(예: more, gimme, all gone, don, not, away, bye bye)과 이후 낱말 조합에서 사용할 것을 예상하여 흔히 사용되는 낱말들과 관계어(예: push, eat, throw, hot, yucky)를 선택한다. 아동의 어휘집에서 40~60개의 낱말이 산출되면, 강조점은 낱말 조합으로 바뀌게 된다(p. 44).

같은 논문에서, 페이(Fey)는 AAC에 의존하는 사람들을 중재할 때 초기 구문론이 흔히 무시되고 있다는 사실을 안타까워했다. AAC 문헌을 검토해 보면 일부 단일대상연구나 사례연구들(예: Harris, Doyle, & Haaf, 1996; Liboiron & Soto, 2006; Remington, Watson, & Light, 1990; Soto, Yu, & Kelso, 2008; Spiegel, Benjamin, & Spiegel, 1993)을 제외하면 이러한 상황이 확인된다. 지금까지 구문론을 다룬 중재 연구는 거의 없는 실정이다. 따라서 많은 연구자들이 AAC에 의존하는 사람들의 구문 사용에서의 차이점에 주목하고 이러한 차이점의 이유를 다양하게 설명하고 있음은 놀랍지 않다(제10장과 Binger & Light, 2008 참조). 그럼에도 불구하고, 구문 발달과 관련된 집중적 교수가 필요함은 분명하다. 페이(Fey)는 "말을 할 수 있는 아동들의 문법 중재의 기초가 되는 5원칙을 제공했는데, 이들 원칙은 AAC 의존자들을 위한 구문 프로그램 개발에 유용할 것이다"(2008, p. 45). 페이의 5원칙과 시사점은 〈표 11-1〉에 요약되어 있다.

2010년 이래로, AAC 연구자들은 구문/문법을 가르치기 위한 다수의 교수 전략들이 갖는 유용성을 입증해 왔는데, 많은 경우에서 페이의 원칙을 적용하였다. 이들 연구는 다수의 구문 구조를 가르치기 위해 우발적 교수(제10장 참조)의 요소들을 결합한

표 11-1 AAC 의존자의 구문/문법 중재를 위한 5원칙

원칙	예/시사점
1) 모든 문법 중재의 목표는 CCN을 지닌 사람들의 문법 활용을 늘려 구어와 문어로 이루어지는 대화, 내레이션, 설명 등 다양한 장르에서 더 나은 의사소통자가 되도록 돕는 데 있다.	목표로 한 문법 구조의 기능성이 무엇보다 중요하다. "대상자는 그림 상징으로 어떤 의미를 표현하는가?" 또는 "어떤 상징 조합들이 대상자의 메시지를 좀 더 완전하고 쉽게 해석할 수 있도록 해 줄 것인가?"와 같은 질문들을 고려한다.
2) 문법 중재의 구체적인 목표는 대상자의 기능적 준비도와 목표 형식에 대한 필요성에 근거하여 결정되어야 한다.	의사소통 맥락 속에서 대상자의 수행을 관찰한 후, 때때로 정확하게 사용하거나 혹은 필요하면서도 사용에 일관성이 없거나 정확하지 않은 구문 구조들을 가르치기 위한 목표들을 설정한다.
3) 구체적인 문법 목표에 대한 촉진자의 시범과 CCN을 지닌 사람이 그 목표 구조를 사용(또는 오용)해 볼 수 있는 기회를 자주 제공하기 위해 사회적, 물리적, 언어적 맥락을 조작해야 한다.	목표로 한 문법 구조가 필요한 상황을 만들기 위해 환경(예: 물건, 활동)과 언어적 맥락(예: 상대방의 의사소통 행동)을 구성한다. (말＋상징으로) 목표 구조에 대한 다수의 언어 시범을 제공한 후 대상자의 반응을 기다린다.
4) 문장 재구성(recast)을 활용해, 미숙한 AAC 발화를 문법적으로 좀 더 완전한 형식과 체계적으로 대조시킨다.	재구성은 CCN을 지닌 사람이 표현한 것에 대한 반응으로서 그 의미를 완성하기 위해 문법적인 세부사항 및/또는 정보를 추가하는 것이다(Camarata & Nelson, 2006). CCN을 지닌 사람이 목표 문법 구조를 부정확하게 표현하면 재구성을 통해 시범을 해야 한다.
5) 전보식 구문의 시범을 피하고 문법적으로 적절한 구문과 문장을 시범한다.	구어 시범과 재구성은 문법적으로 정확하고 완전한 것이어야 한다(예: Doll cry보다는 The doll is crying). 이는 동시에 제공되는 상징 시범이 목표로 한 문법과 일대일로 일치될 수 없는 경우에도 해당된다(예: The doll is crying의 경우 the, is, -ing의 상징은 의사소통 디스플레이에서 이용할 수 없다).

출처: Fey, M. (2008). Thoughts on grammar intervention in AAC. *Perspectives on Augmentative and Alternative Communication, 17,* 43-49. ASHA의 허락하에 게재함

전략 교수와 언어 시범을 사용하였다.

전략 교수

룬드와 라이트(Lund & Light, 2003)는 문법 구조의 이해와 산출을 가르치기 위해 전

략 교수(Light & Binger, 1998; 제10장 참조)를 활용하였다. 참여자는 의사소통을 위해 SGD를 사용하는 두 명의 뇌성마비 성인이었다. 목표 구조는 형용사 구(예: blue sweater), 조동사 도치(예: Who did Susie see?), 소유 대명사(예: theirs, his), to 부정사 (예: I need to buy a new shirt) 등이었다. 연구자는 참여자의 부정확한 이해와 사용으로 인한 빈번한 의사소통 단절과 의사소통 능력에 대한 타인의 부정적 인식 등을 이유로 이러한 문법 구조들을 선택하였다.

각각의 목표 구조에 대한 교수는 세 가지 요소, 즉 ① 목표로 한 문법 규칙에 대한 설명, ② 구어와 문어 두 방식으로 정확한 구조와 부정확한 구조(예: He wore his new shoes 대 He wore his shoes new)를 식별하는 연습, ③ 오류 수정에 필요한 사고 과정을 시범하기 위해 촉진자가 제공하는 혼잣말(예: He wore his shoes new라는 부정확한 문장에 대해 촉진자는 "형용사는 항상 명사 앞에 온다는 것을 기억해. new는 형용사고 shoe 는 명사야. 틀린 부분을 고치자."라고 말할 수 있다)을 들으며 SGD 상의 부정확한 구조를 수정하는 연습 등으로 구성된다. 두 명의 참여자는 습득한 문법 구조들(하나를 제외한)을 8주 후까지 유지하였다. 비록 추가적인 연구가 필요하기는 하지만, 전략 교수는 이 연구에서 목표로 하지 않은 구문 형식들을 가르치는 데에도 유용할 것으로 보인다.

언어 시범

CCN을 지닌 사람이 조합된 상징 발화를 사용할 수 있도록 돕기 위해 다양한 언어 시범 기법들(제10장 참조)을 활용할 수 있다. SAL을 자세히 기술한 롬스키와 세빅 (Romski & Sevcik, 1996)에 의하면, 13명의 연구 참여자 중 10명의 레퍼토리에 의미 있고 기능적인 상징 조합들(예: WANT + JUICE, HOT DOG + GOOD, JUICE + PLEASE; Wilkinson, Romski, & Sevcik, 1994 참조)이 포함된 것으로 나타났다. 마찬가지로, 브르노와 트렘바스(Bruno & Trembath, 2006)는 CCN을 지닌 사람들 대상의 여름캠프에서 아홉 명의 아동에게 상징조합을 사용하도록 보조언어자극(ALgS; Goossens', Crain, & Elder, 1992)을 이용하였다. ALgS는 연극 및 이야기 쓰기 활동에서 주어, 동사, 전치사, 목적어 및 장소를 포함한 두세 상징으로 구성된 메시지를 시범하기 위해 이용되었다. 중재가 시작된 지 5일 후에 아홉 명 중 일곱 명의 아동에게서 구문 복잡성이 증가하였다.

빙어와 라이트(Binger & Light, 2007)는 발달장애 유아 다섯 명을 대상으로 행위자＋행위(예: DOG＋BITE), 행위＋대상(예: BITE＋COOKIE), 행위자＋대상(예: DOG＋COOKIE) 등의 상징 조합 산출을 가르치기 위해 보조언어 시범을 이용하였다. 이 연구에서 촉진자는 먼저 가상놀이 활동에서 두 개의 상징, 즉 말＋상징을 시범(예: "dog spill"이라고 말하며 DOG SPILL 상징 제공하기)한 다음 완전한 구어 시범(예: "The dog spilled the tea")을 제공하였다. 아동에게 상징 발화 산출의 기회를 주기 위해 각각의 가상놀이 후에는 기대의 지연(기대의 눈빛으로 5초간 기다려주기)을 제공하였다. 연구 결과 다섯 명 중 네 명의 유아가 네 시간 이하의 교수를 받고 다양한 상징 조합을 발화할 수 있었다. 언어 시범은 상징 조합 발화를 가르치기 위해 요구 시범(Iacono, Mirenda, & Beukelman, 1993; Nigam, Schlosser, & Lloyd, 2006), 시간지연 절차(Binger, Kent-Walsh, Berens, del Campo, & Rivera, 2008; Binger, Kent-Walsh, Ewing, & Taylor, 2010)와 같은 우발적 교수 기법과도 결합할 수 있다. 후자의 두 연구에서는 언어 시범 중재를 이행하도록 부모나 보조교사를 훈련하였다.

문법형태소 사용 지원하기

형태론은 낱말의 의미를 바꾸는 문법 표지의 이해 및 사용을 의미한다. 예를 들어, 낱말에 -ed를 붙이면 현재시제가 과거시제로 바뀌고(예: work, worked), 낱말에 -s를 붙이면 단수형이 복수형으로 바뀌며(예: boy, boys), 낱말에 -'s를 붙이면 단순명사가 소유격으로 바뀐다(예: dog, dog's). 제10장에서 기술한 바와 같이, AAC를 통해 의사소통하는 사람들은 다양한 이유에서 형태소를 흔히 생략한다(예: BOY JUMP는 The boys jump 또는 The boys jumped의 의미일 수 있다).

CCN을 지닌 사람들을 대상으로 형태소 사용을 가르치기 위해 언어 시범 기법의 활용을 검토한 연구가 있다(Binger & Light, 2008 참조). 앞에서 AAC 캠프 연구로 기술한 브루노와 트렘바스(Bruno & Trembath, 2006)의 연구에서는 조동사＋본동사＋ing 구조(예: is fly＋-ing)를 가르치기 위해 ALgS를 이용하였고 나름 성공적인 결과를 보고하였다. 좀 더 최근에 빙어 등(Binger, Maguire-Marshall, & Kent-Walsh, 2011)은 SGD를 사용하는 뇌성마비나 말실행증이 의심되는 학령기 아동 세 명을 대상으로 형태소 산출을 가르쳤다. 책읽기 활동 중에 목표로 한 형태소는 -ing, -'s, -ed, 3인칭과 복수형의 -s(예: pig+-s, her+-s), 조동사+본동사+ing(예: is fly+-ing) 등이었다. 중재를 하면서 촉진자는 참여 아동이 선택한 책을 큰 소리로 읽어 주었다. 이때 문법적으로 정확한 구어와 목표 형태소를 포함한 SGD 상의 메시지를 동시에 제공하는 보조언어 시범(ALM)을 적용하였다. 괴물에 대한 책을 예로 들면, 촉진자는 "The monter is eating monster snacks"를 읽은 다음 HE IS EAT+ING 상징을 시범하였다. 책읽기 회기 동안, 참여자가 불완전하거나 부정확한 형태소로 메시지를 표현하면 촉진자는 SGD 상으로 정확한 발화를 시범한 후 곧바로 완전한 구어 문장을 제공하였다. 목표 형태소를 정확하게 사용하는 참여자의 능력을 평가하기 위해 매 회기를 시작할 때 구조화된 검사(probe)를 수행하였다. 흥미롭게도, 결과에 따르면 한 번에 하나의 형태소를 가르치는 것은 적절한 전략이 아닌 것으로 보인다. 세 명의 참여자 모두 개별 목표 형태소를 빠르게 학습했으나 유지는 하지 못하는 것으로 나타났다. 보조언어 시범이 형태소 사용을 가르치기 위한 성공적인 접근인 것으로 보이기는 하지만, 학습자가 각각의 형태소가 필요한 경우를 인식하도록 가르치려면 변별학습과 관련된 명시적 교수 절차 또한 필요할 수 있음을 연구 결과를 통해 엿볼 수 있다 (자세한 논의를 위해서는 Binger, 2008b 참조).

화용언어 발달 지원하기

이 장의 나머지 부분에서, 우리는 요구하기, 언급하기, 거부하기, 대화 참여하기 등의 화용언어 사용을 가르치기 위한 기법들에 초점을 둔다. 이러한 의사소통기능들을 통해 CCN을 지닌 사람들은 원하는 것을 얻거나, 원하지 않는 것을 피하거나, 타인과 정보를 공유하고 사회적 의사소통 참여를 위한 대화를 할 수 있다. 이 장에서 논의된 의미, 구문 및 형태론적 기술이 필요한 것은 이러한 언어의 화용론적 기능을 충족시키기 위한 것이다. 우리는 먼저 기본적인 기술들(예: 선택하기, 요구하기)을 가르치기 위한 전략을 논의한 후 대화 및 기타 유형의 상호작용을 지원하기 위한 전략들을 검토한다. 화용론은 AAC 중재 연구의 대다수가 중점을 둔 영역이기에 이번 절이 가장 길다.

선택하기와 요구하기 교수

사람들에게 수용과 거부를 가르치는 것과 관련하여 제9장에서 다룬 논의를 기억하는가? 수용과 거부 신호의 비상징적 행동 발달은 선호도(preference)에 대한 은연중의 인식을 보여 준다. 선호도는 한 번에 하나씩 옵션을 제공한 후, 개인이 보이는 수용과 거부를 통해 확인할 수 있다. 맥스웰(Maxwell)의 예를 들면, 아버지가 빨간 셔츠를 입히려 하자 그는 이리저리 몸을 비틀며 애처로운 소리를 내기 시작하였다. 아버지가 아들의 메시지를 이해하고 밴쿠버 캐닉스(Vancouver Canucks) 하키팀 셔츠를 내보이자 맥스웰은 웃으면서 옷 입기에 협조하였다.

이 예에서 맥스웰은 자신이 캐닉스 셔츠를 좋아함을 보여 주었고 제스처를 사용하여 자신의 선호도를 전할 수 있었다. 선호도와 비상징적 수단을 활용하여 그것을 표현하는 방법의 발달은 선택하기의 필수적인 첫 단계다. 선호도를 지니지 않은 사람들은 선택하기에서 어려움을 보일 것이다. 최근에 쇼핑을 했는데 당신이 원하는 것을 하나도 발견할 수 없었다고 생각해 보자. 당신은 어쨌든 뭔가를 샀을 것이다. 그러나 당신의 눈길을 사로잡는 것이 없었기 때문에 선택하기가 더 어려웠을 것이다. 최소한 교수의 초반부에는 이 같은 상황이 선택하기를 배우고 있는 사람들에게도 적용된다. 만일 이들이 선호도를 지니고 있지 않다면, 선택하는 데 어려움을 지닐 것이다. 특히, 이러한 상황은 자신의 선호도나 선택사항을 표현할 기회를 거의 갖지 못한 채 시설에서 여러 해를 보낸 나이 많은 사람들에게 해당된다. 이들이 지역사회에 통합되면, 선호도뿐 아니라 '수용' 및 '거부'의 행동으로 자신의 선호도를 표현할 방법을 발달시키기에 앞서 수많은 새로운 활동, 환경, 음식, 음료수 및 사람들에 노출될 필요가 있을 것이다(이 문제와 관련된 기회 전략들의 논의는 제10장 참조). 일단 이들이 선호도를 발달시키면, 여러 가지 중에서 하나를 선택하거나 요구하도록 가르칠 수 있다.

선택하기 및 요구하기의 유형

여러분은 선택하기(choice making)와 요구하기(requesting)가 어떤 관련이 있는지 궁금할 것이다. 선택하기는 스스로 또는 누군가의 제안에 따라 두 가지 이상의 옵션 중에서 자신이 좋아하는 항목이나 활동을 선택할 때 발생한다. 따라서 선택 결정은 항상 주도적인 것도 아니고, 항상 의사소통적인 상호작용 맥락 안에서 이루어지는 것도 아니다. 일례로 도나(Donna)가 새 신발을 사기 위해 가게에 간다면, 그녀는 선택을 위해 다음의 전략 중 하나를 활용할 것이다.

- 그녀는 점원이 도움을 주기 위해 다가와서 어떤 신발을 사기 원하는지 물을 때까지 기다릴 것이다. 또한 점원이 몇 가지 옵션을 자신에게 보여 줄 때("이 신발들 중 어떤 것이 마음에 드세요?")까지 기다렸다가 그것들을 신어 보고 제공된 옵션 중에서 하나를 선택할 것이다(시각적 지원과 함께 유도된 선택).
- 그녀는 가게를 둘러보고 신발들을 신어 본 다음, 누군가의 도움을 받지 않고 그중 하나를 사기로 결정할 것이다(자발적인 독립적 선택).

이러한 두 시나리오 속에서, 도나는 새 신발을 가지고 가게를 떠날 때까지는 선택을 하게 된다. 그러나 요구의 상호작용이 갖는 두 가지 필수적인 요소 중 하나가 발생하지 않았기 때문에 그녀는 결코 '요구'를 하지 않는다. 즉, 요구 상호작용의 첫째 요소는 사람은 요청을 받을 때 도움이나 중개를 제공하고자 하는 경향이 있다는 점이다. 도나의 경우, 신발가게 점원은 이러한 역할을 잠재적으로 충족시켰다. 둘째 요소는 특정 활동이나 항목(예: 새 신발)에 접근을 시도하는 사람이 다른 사람의 도움이나 중개 없이는 그렇게 할 수 없어야 한다는 점이다(Sigafoos & Mirenda, 2002). 도나의 경우, 점원의 도움이나 충고 없이도 새 신발을 살 수 있었기에 이 요소는 충족되지 않았다. 요구하기는 항상 두 사람 간의 의사소통적 상호작용을 포함하는 반면, 선택하기는 이를 포함할 수도 있고 포함하지 않을 수도 있다.

참여 모델([그림 5-1])의 중재원리 중 하나는 '현재'를 위한 의사소통 체계의 요구를 학습자가 현재 가지고 있는 레퍼토리 내의 기술들과 일치시키는 것이다. 이는 선택하기와 요구하기에 사용되는 형식들이 개인의 현재 레퍼토리 내에 있는 기술들에 근거하여 선택되어야 함을 의미한다. 그렇지 않으면, 선택이나 요구가 부정확할 수 있어서 결과적으로 모두를 좌절시키게 될 것이다. 〈표 11-2〉에는 다양한 선택하기와 요구하기의 형식들이 요약되어 있는데, 이들 형식은 과제가 지니는 상징, 기억 또는 개시의 필요성에 따라 정의된다. 이 표는 대상자가 성공할 것 같은 형식들을 선택할 때 이용할 수 있다. 또한 특정 상황에서 선택이나 요구를 할 수 있다고 해서 다른 상황에서도 선택이나 요구를 할 수 있음을 보장하는 것은 아님을 강조할 때에도 사용할 수 있다.

표 11-2 선택하기와 요구하기 형식

형식	사례	선택 제스처	예/아니요 반응	시각적 배열 훑기	구어 이해	성징 지식
시각적 지원으로 단순 선택하기	메리(Mary)는 빈 컵을 들고 "커피 마실래?"라고 묻는다. 에바(Eva)는 제스처로 수용이나 거부를 표시한다. 에바가 수용의사를 밝히면, 메리는 빈 주스통을 들고, "주스 마실래?"라고 묻는다. 에바는 수용이나 거부를 표현한다. 메리가 에바가 수용 의사를 밝힐 때까지 한 번에 하나의 사물이나 상징을 들고 질문을 계속한다.	×	×			
시각적 지원 없이 단순 선택하기	메리는 "커피 마실래?"라고 묻는다. 에바는 제스처로 수용이나 거부를 표시한다. 에바가 수용의사를 밝히면 커피를 얻게 된다. "주스 마실래?"라고 묻는다. 에바는 수용이나 거부 의사를 밝힌다. 메리는 에바가 수용 의사를 밝힐 때까지 한 번에 하나의 음성을 계속 제시한다.	×	×		×	
시각적 지원으로 유도된(제공된) 선택하기	알프레드(Alfred)의 선생님은 타자 위에 빨간 크레용과 파란 크레용을 놓고, "무슨 색 크레용 줄까?"라고 묻는다. 알프레드는 자신이 원하는 크레용 하나를 지적하거나 바라본다.	×		×		
시각적 지원 없이 유도된 선택하기	알프레드의 선생님은 "빨간 크레용과 파란 크레용 중 어느 것을 줄까?"라고 묻는다. 알프레드는 자신의 의사소통 디스플레이에 있는 파란 크레용 상징을 지적한다.	×		×	×	×
자발적 선택하기	줄리아(Julia)는 직원 식당에 있는 샌드위치들을 바라본 후 자신이 원하는 것을 하나 골라 쟁반 위에 놓는다.	×		×		
유도된 요구하기	놀이터에서, 프레드(Fred)의 친구는 "이제 또 뭐할까?"라고 묻는다. 프레드는 수화로 그네를 표현한다.				×	×
자발적 요구하기	조시(Josie)는 가게에서 가서 높은 선반에 있는 물건을 바라본다. 그녀는 점원에게 다가가 도와주세요 상징을 먼저 지적한 후 이어서 자신이 원하는 물건을 지적한다.			×		×

유도된 선택하기 교수

유도된 선택은 AAC 의존자가 아닌 다른 누군가에 의해 시작된다. 이번 절에서 우리는 유도된 선택하기 교수와 관련된 몇 가지 이슈들을 검토할 것이다.

선택하기 기회 제공

유도된 선택하기를 배우는 사람들은 그러한 방식으로 자신의 환경을 통제할 수 있는 빈번하고 의미 있는 기회들을 필요로 한다. 따라서 선택하기를 가르치는 AAC 팀의 첫 단계는 종일토록 언제, 어디서, 누가 선택을 유도할 수 있는지를 파악하는 것이다. 어떤 음식을 먹거나 마실 것인지, 어떤 음악을 들을 것인지, 어떤 TV 쇼를 볼 것인지, 어떤 옷을 입을 것인지 등 선택하기 상황이 분명한 경우가 있다. 반면에 활동이 이루어지는 동안 누구 옆에 앉을 것인지(또는 피할 것인지), 활동을 어떻게 끝낼 것인지, 다중 요소적 과제(예: 아침에 이루어지는 위생 관련 일과)를 어떤 순서로 완수할 것인지 등과 같이 선택하기가 분명하지 않은 경우도 있다.

선택하기 기회는 흥미롭고 즐거운 활동들 속에 포함되어 있는 경우가 많다. 일례로 다운증후군을 지닌 소년 단테(Dante)를 보자. 그는 동물을 아주 좋아한다. 그의 어머니는 플라스틱 동물, 플라스틱 음식, 인형 옷 등을 꺼내 배열한 다음 단테에게 선택을 하도록 하면서 동물 모형들을 조작한다. 그녀는 곰과 사자를 집어들고 "어떤 동물이 아침식사를 하고 싶을까?"라고 묻는다. 단테가 곰을 향해 제스처를 취하면, 그녀는 장난감 탁자 앞에 놓인 장난감 의자 위에 곰을 앉힌 다음, 시리얼과 달걀 사진을 보여주며 "곰돌이는 무엇이 먹고 싶을까?"라고 묻는다. 단테가 달걀 상징을 바라보면, 그녀는 "곰돌이는 달걀이 먹고 싶대? 그럼 초록 달걀을 먹고 싶을까 파란 달걀을 먹고 싶을까?"라고 묻고서 초록색과 파란색을 나타내는 두 상징을 집어 든다. 단테와 그의 어머니는 동물들이 아침을 '먹고' 학교에 갈 옷을 '선택'할 때까지 이러한 가상놀이를 지속한다. 이 예는 성공적인 선택하기의 핵심적인 요소 중 하나가 동기임을 상기시켜준다. 사실, 동기부여적인 맥락이 없으면 어느 누구도 의미있는 선택에 요구되는 노력을 하려고 하지 않을 것이다.

연령 적절성 초기 의사소통자의 선택하기 기회에 이용할 수 있는 옵션들은 장애가 없는 동년배 일반인들에게도 적절한 것이어야 한다. 친구와 그 외 사람들의 격려와 충분한 경험을 통해, 장애를 지닌 대부분의 청소년과 성인들은 연령에 적절한(age appropriate) 문화 규준의 민감성을 습득할 것이다. 불행히도 이들은 연령에 적절한 경험을 충분히 갖고 있지 않을 것이며, 낯선 옵션이 제시될 경우 흥미를 보이지 않거나 연령에 부적절한 옵션을 선택하는 경향이 있을 것이다. 이러한 상황은 의사소통 촉진자로 하여금 선택하기를 가르칠 때 동기를 불러일으키는 연령에 부적절한 옵션을 제공할 것인가, 아니면 관심을 보이지 않더라도 연령에 적절한 옵션만을 제공할 것인가 하는 딜레마에 빠지게 한다.

제7장에서 논의된 현재와 미래를 위한 체계 개발의 원리는 이러한 딜레마의 해결책을 제공한다. 이 원리에 따르면, 현재를 위한 결정은 즉각적인 의사소통 요구를 충족시키고, 평가 동안에 파악된 현재의 능력과 제약에 부합해야 한다. 미래를 위한 결정은 교수의 결과로 나타나는 미래의 기회와 요구, 제약, 능력에 대한 투영에 기초를 두어야 한다. 선택하기의 딜레마 차원에서 현재와 미래의 원리를 적용해 보면, 현재를 위한 선택하기 옵션은 연령 적절성에 상관없이 개인에게 가치가 있는 것이어야 한다. 그러나 이 원리는 또한 촉진자들이 연령에 적절한 다양한 옵션들을 대상자에게 노출시켜 미래를 위한 선택하기 레퍼토리에 통합할 수 있도록 하는 동시적 단계를 취할 것을 요구한다. '현재를 위한 결정'은 동기 부여에 필요할 수는 있지만, 수용 가능한 장기적인 해결책은 분명 아니다.

여러 나라 연구자들로 이루어진 한 연구팀은 전반적 지원을 필요로 하는 중복장애인들의 선택하기를 위한 마이크로 스위치 활용에 관해 십 년이 넘도록 연구를 해 오고 있다. 일례로 한 연구에서는 선택 결정에 한 번도 참여한 적이 없는 한 학생이 마이크로 스위치를 사용해 음식과 음료수 선택을 먼저 배운 다음, 두 가지 특정 음식이나 음료수에 대한 선택을 배울 수 있었다(Singh et al., 2003). 다른 두 연구에서는, 심한 장애를 지닌 비상징적 의사소통자들이 선호하는 여가 매체(예: 음악, 이야기가 녹음된 테이프)를 활성화하기 위해 구어와 마이크로 스위치를 결합하도록 배웠다(Lancioni, Singh, O'Reilly, & Oliva, 2003; Lancioni, Singh, O'Reilly, Oliva, Dardanelli, & Pirani, 2003). 연구 결과에 의하면 선택하기와 환경 자극을 조절하는 능력은 행복의 다양한 지표들을 증가시키는 것과 관련이 있었다(Lancioni, Singh, et al., 2007). 이러한 중요하고도 혁신적인 연구의 요약은 란치오니와 싱, 오라일리, 올리버(Lancioni, Singh, O'Reilly, & Oliva, 2005)와 란치오니 등(Lancioni et al., 2008)에서 찾아볼 수 있다.

선택하기 배열 하루 종일 다수의 선택 기회를 마련할 경우, 촉진자는 이용 가능한 선택의 유형과 한 번에 얼마나 많은 선택을 제공할 것인가를 결정해야 한다. 초기 선택 배열은 주로 두 개의 옵션을 활용하며, 대상자가 더 많은 옵션을 눈으로 훑고 선택할 수 있게 되면 세 개, 네 개 또는 그 이상으로 점차 늘려간다. 지체장애인을 대상으로 선택 배열을 확장하려면 접근이 가능하도록 옵션을 제시할 수 있는 응시판, 스캐닝 도구 또는 그 밖의 체계 등이 필요할 수 있다.

이용 가능한 선택의 특성과 관련하여, 촉진자는 초기 선택하기 교수를 위한 몇 가지 옵션을 지닐 수 있다. 즉, ① 두 가지 모두 대상자가 선호하는 옵션을 제공하거나 (Rowland & Schweigert, 2000a), ② 대상자가 선호하는 옵션 하나와 선호하지 않는 옵션 하나를 함께 제공하거나(DePaepe, Reichle, & O'Neill, 1993; Frost & Bondy, 2002), ③ 대상자가 선호하는 옵션과 '관심을 보이지 않거나 상관이 없는' 옵션을 제공할 수 있다(Rowland & Schweigert, 2000b). (과거에 사용되었던 네 번째 옵션은 대상자가 선호하는 항목과 싫어하거나 혐오하는 항목을 제공하는 것인데, 우리는 이 방법을 수용 가능한 전략으로 보지 않는다) 이 분야와 관련해 도움을 얻을 수 있는 실증적 자료가 없기 때문에 각각의 옵션을 지지하는 합리적인 논쟁은 이루어질 수 없는 상황이다(Sigafoos & Mirenda, 2002). 특히 초기 교수 동안에, 우리는 대상자가 좋아하거나 받아들일 수 있는 두 개의 옵션을 사용해 하나를 고르도록 하는 방법을 선호한다. 왜냐하면 이러한 방법이 일상생활에서 가장 자연스러운 선택 형식이기 때문이다(Rowland & Schweigert, 2000a). 만일 대상자가 선택하기에 어려움을 보인다면, 예를 들어 어떤 옵션을 자주 고른 다음 그것을 거부하거나 배열판의 어느 한쪽에 있는 특정 옵션만을 계속 선택한다면, 나머지 다른 배열 형식들을 사용하여 선택을 분명히 하도록 도울 수 있다. 초기 선택과정에서 어려움을 보이는 사람들을 위한 또 다른 전략에는 옵션들을 더 가까이 배열하기 또는 더 멀리 떨어뜨려 배열하기, 수평적으로보다는 수직적으로 일렬 배치하기, 충동적인 사람들의 경우 손에 닿지 않는 원거리 배치하기 등이 포함될 수 있다(Mirenda, 1985).

선택하기 항목 또는 상징 선택의 개념을 막 배우기 시작한 사람들을 대상으로 선택하기 기회를 제공하는 경우, 촉진자는 우선적으로 상징보다는 실제로 의미 있는 항목들(예: 음료수, 음식, 장난감)을 사용할 수 있다. 일례로 촉진자는 위생 관련 일과 속에서 선택하기를 배우고 있는 한 여성에게 칫솔과 수건을 제공하고서 "우리 무엇을 먼저 해야죠?'라고 물을 수 있다. 그런 다음 촉진자는 그녀가 선택한 사물을 사용하도록 도울 수 있다. 선택하기를 배우는 초기에는 옳거나 그른 답이 있는 것이 아니다. 대상자는 '지적하거나 손을 뻗거나 바라보는 것을 얻을 수 있다.'는 개념을 배우고 있기 때문이다. 특히, 분리된 환경이나 시설에 수용되어 선택의 기회를 가져보지 못한 많은 사람들에게는 이러한 기본적인 개념조차도 새로울 수 있다. 대상자가 선택의 개념을 완전히 이해할 때까지 촉진자는 매일 여러 차례 동기 부여적인 선택의 기회를 제공할 필요가 있다.

상징은 또한 '무오답(no wrong answer)' 형식으로 유도된 선택하기를 가르치기 위한 교수의 시작 단계에서부터 사용할 수 있다. 예를 들면, 숀(Sean)의 선생님은 『갈색 곰아, 갈색 곰아, 무엇을 보고 있니?』라는 책을 읽으면서 "갈색 곰이 다음에는 무엇을 볼 것이라고 생각하니?"라고 묻고 난 후 빨간 새, 노란 오리, 파란 말 등의 상징을 제공하면서 선택을 유도한다. 이때 숀의 대답이 맞거나 틀리는 것은 전혀 문제가 되지 않는다. 왜냐하면 숀의 선생님은 어떤 답이 나와도 지지적인 피드백을 줄 수 있기 때문이다(예: "봐, 네가 맞았어!" 또는 "아니, 갈색 곰은 노란 오리를 보는 게 아니고 파란 말을 보고 있어!"). 중요한 것은 숀에게 동기부여적인 활동 속에서 선택하기 기회를 제공하는 것이지 정확도를 평가하고자 하는 것이 아니라는 점이다.

다시(Darcy)는 15년간 병원에 살면서 공부를 한 23세의 뇌성마비 여성이다. 그녀는 이제 4명의 다른 여성들과 함께 그룹 홈에서 살고 있다. 지역사회로 옮길 당시 그녀는 자신이 좋아하는 것들을 얼굴표정, 발성, 몸짓언어 등으로 상당히 표현할 수 있었음에도 불구하고 공식적인 의사소통 체계를 가지고 있지 않았다. 다시의 가족은 그녀가 선택을 하고, 자신의 요구와 바람을 좀 더 자발적으로 분명하게 표현하기를 원했다. 이를 위해 다시의 지원팀은 먼저 그녀의 일일 스케줄을 정하고, 날마다 이루어지는 활동들을 실물을 사용해 시각 스케줄 체계로 구성하였다. 6개월간의 반복된 노출과 훈련을 통해 그녀는 특정 활동을 나타내는 사물을 인식하게 되었다. 이후 지원팀은 사물 상징을 사용해 다시로 하여금 활동을 선택하도록 했고, 그녀의 선택에 기초해 일일 스케줄을 구성하였다. 동시에 그녀의 지원팀은 다시에게 보조언어 시범(ALM, 제10장 참조)을 제공하기 위해 다수의 활동 디스플레이를 만들어 가정과 지역사회에서 사용하였다. 예를 들면, 그녀가 지역 도서관에 갔을 때 촉진자는 그녀와 함께 책을 검색하면서 도서관 디스플레이의 상징들(예: **기다리기**, **책상 위에 책 놓기**, **카드 제시하기**, **가방에 책 넣기**)을 지적하였다. 몇 개월 지나지 않아, 다시는 사물 상징과 함께 PCS 상징을 사용해 유도된 선택을 할 수 있게 되었다.

교수 기법

AAC 전문가는 상징을 활용한 선택하기 교수와 관련해 다양한 옵션을 갖고 있다. 그중 한 예는 배열에서 원하는 상징을 선택하도록 무오류 학습(errorless learning)의 패러다임 내에서 구어 단서, 제스처, 모델링, 신체적 도움 등의 촉진을 활용하고, 대상자가 선택을 하면 선택한 항목을 제공하는 것이다. 이 접근법은 옳거나 그른 선택을 전제하지 않기 때문에 다양한 선택하기 활동들에 적용할 수 있다. 또 다른 접근법은 이 장 앞부분에 기술된('의미론적 발달 지원하기' 참조) '이해 점검(comprehension check)' 절차를 사용하는 것이다(Rowland & Schweigert, 2000b). 지금까지 어떤 하나의 교수 접근법이 다른 접근법들에 비해 월등함을 안내해 주는 경험적으로 타당성이 입증된 지침은 없다. 따라서 촉진자는 대상자에게 '가장 적합한' 것으로 보이는 접근법을 사용할 수 있으며, 합당한 양의 시간을 투자했음에도 해당 접근법이 만족스럽지 않다면 다른 접근법과 연계할 수 있을 것이다. 유도된 선택하기를 가르치기 위해 택한 교수기법이 무엇이든, 대상자가 선택을 하면 그 선택에 따른 자연스러운 결과를 제공하는 것이 무엇보다 중요하다.

자연스러운 결과 앞에서 언급한 대로, 충분한 주의를 하지 않았거나 옵션을 적절하게 살펴보지 않아서 자신이 원하는 것을 얻지 못하는 경우에도 초기 의사소통자는 자신의 선택에 대한 자연스러운 결과를 경험해야 한다. 촉진자들이 범하는 흔한 실수 중 하나는 두 가지 옵션을 제공한 다음, 대상자가 덜 선호하는 것으로 여겨지는 항목을 선택할 경우 그에 대해 교정 정보를 제공하는 것이다. 부엌에서 이루어지는 다음의 장면은 그러한 실수를 보여 준다.

톰: (우유팩을 보여 주며) 우유 마실래, 아니면 (주스통을 보여 주며) 주스 마실래?
낸: (우유팩을 쳐다보고 지적한다.)
톰: (낸이 우유를 마시고 싶어 하지 않을 것이라 여기며) 진짜로 우유 마실 거야?
낸: (주스통을 바라보고 지적한다.)
톰: 그래, 주스 마실 거지. (주스를 따라준다.)

이와 같이 교정 피드백을 제공하는 것은 이후에 이루어지는 교수에 문제를 일으킬 수 있음이 거의 확실하다. 낸은 톰이 결국에 '더 나은 것으로 만들(make it better)' 것이기 때문에, 자신의 반응에 대해 생각하거나 주의를 기울일 필요가 없음을 배울 것이다. 반면에, 톰이 부정확한 선택일지라도 그에 따른 자연스러운 결과가 발생하도록 허용하고, 낸으로 하여금 다시 시도해 볼 수 있는 기회를 갖게 하는 것이 더 바람직한 것으로 간주된다. 다음의 예를 보자.

> **톰:** (낸이 선택한 우유를 따라준다.)
> **낸:** (우유를 밀어 내고, 울먹이다가 울고 소리를 지른다.)
> **톰:** 아하, 너 지금 우유를 마시고 싶지 않구나? 좋아, 우리 잠시 후에 다시 해 보자. (우유를 치우고 잠시 쉰 다음에 우유와 주스 중에서 하나를 선택하도록 새로운 기회를 제공한다.)

또 다른 피드백 오류는 똑같은 선택에 대해 두세 번의 동일한 기회를 제공하여 개인의 반응을 수정하도록 점검할 때 발생한다. 이러한 오류는 위(Wii) 게임을 즐기는 다음 두 사람 사이에서 찾아볼 수 있다.

> **마크:** (슈퍼마리오를 보여 주며) 슈퍼마리오(Super Mario) 하고 싶어, (젤다를 보여 주며) 젤다(Zelda)하고 싶어?
> **잭:** (슈퍼마리오를 향해 제스처를 취한다).
> **마크:** 좋아, 다시 한 번 해 보자. (젤다를 보여 주며) 젤다하고 싶어, (슈퍼마리오를 보여 주며) 슈퍼마리오하고 싶어?
> **잭:** (처음에 자신이 잘못 이해했다고 생각하고 젤다를 향해 제스처를 취한다.)
> **마크:** 잘 봐. (슈퍼마리오를 보여 주며) 슈퍼마리오하고 싶어, (젤다를 보여 주며) 젤다하고 싶어?
> **잭:** (이 게임에서 이길 것 같지 않기 때문에 반응을 보이지 않는다!)

위의 예에서 볼 수 있는 것처럼 선택하기의 정확도를 평가하기 위한 '집중적 시도(massed trial)'는 부적절한 접근이며, 선택의 결과가 불분명하기 때문에 대상자를 혼란스럽게 할 것이다. 따라서 대상자가 자신의 행동이 가져오는 결과를 점차적으로 배울 수 있도록 선택을 할 때마다 그에 따른 자연스러운 결과를 경험하도록 해야 한다.

슈퍼토커(Supertalker)와 아이토크2(iTalk2; AbleNet, Inc.), 보이스팔(VoicePal; Adaptivation, Inc.), 칩톡 4와 칩톡 8(Cheap Talk 4 and Cheap Talk 8; Enabling Devices), 채트박스 디럭스(ChatBox Deluxe; Saltillo Corp.) 등은 심한 운동장애를 지닌 사람들이 외부 스위치를 통해 선택을 할 때 사용할 수 있다.

이상의 긴 논의를 통해, 초기 의사소통자를 대상으로 선택하기를 가르칠 경우 신중한 계획과 의사 결정이 필요함을 분명히 이해했을 것이다. 선택하기 능력은 요구하기 능력의 기초가 되기 때문에 이러한 기술을 체계적으로 가르치기 위한 시간을 갖는 것은 중요하다. 선택하기 기술이 적절하다면 요구하기 교수를 시작할 수 있다.

> 사람들은 내가 어떤 것을 할 수 없다고 말한다. 그러면 나는 '나를 보세요.' 라고 말한 다음 그들에게 내가 그것을 할 수 있음을 보여 준다(Larry, CCN을 지닌 성인, 스카이다이빙에 대한 자신의 경험을 이야기하며, Angell, Stoner, & Fulk, 2010, p. 64).

요구하기 가르치기

요구하기는 가장 기본적이고 필수적인 의사소통 기술이기 때문에, 흔히 교수과정의 초기 목표가 된다. 이번 절들에서는 요구하기를 가르치기 위해 촉진자들이 사용하는 가장 일반적인 몇 가지 기법을 요약한다. 이러한 기법들의 예로는 일반적 요구하기 접근(generalized requesting approach; Reichle, York, & Sigafoos, 1991), 그림 교환 의사소통 체계(Picture Exchange Communication System: PECS; Bondy & Frost, 2001; Frost & Bondy, 2002), 그리고 이들 두 접근법과 결합될 수 있는 일반 사례 접근법(general case approach) 등을 들 수 있다. 어떤 교수 기법이 사용되든, 선택하기 영역에서 논의한 기회, 연령 적절성 및 기타 요인들과 관련된 이슈들이 마찬가지로 중요함을 기억해야 한다.

문제행동과의 관계

자발적인 요구하기 능력은 의사소통 기술일 뿐 아니라 문제행동을 감소시키는 기술이기도 하다. 초기 의사소통자들은 원하는 항목이나 활동을 요구하기 위해 사회적으로 수용되지 않는 행동을 하는 경우가 흔하다(Durand, 1990). 미렌다(Mirenda, 1997)와 보프, 브라운 및 미렌다(Bopp, Brown, & Mirenda, 2004)에 의하면, 문제행동을 다루기 위해 사용된 AAC 기법 관련 중재의 1/3에서 1/2 정도가 부적절한 요구하기 행동과 관련이 있었다고 한다. 중재자들은 제스처(Wacker et al., 1990), 수화(예: Day, Horner, & O'Neill, 1994; Drasgow, Halle, & Ostrosky, 1998; Kennedy, Meyer, Knowles, & Shulka, 2000), 유형 상징(예: Durand & Kishi, 1987; Gerra, Dorfman, Plaue, Schlackman, & Workman, 1995), 사진 또는 그림문자 상징(예: Frea, Arnold, & Vittemberga, 2001; Lalli, Browder, Mace, & Brown, 1993; Peck Peterson, Derby, Harding, Weddle, & Barretto, 2002), SGD(Durand, 1993), 마이크로 스위치와 녹음 메시지(Steege et al., 1990; Wacker et al., 1990) 등을 사용하여 대상자에게 원하는 항목이나 활동을 일반적(예: ~을 원해요, 더, 제발요) 및/또는 구체적으로 요구하도록 가르쳤다. 분명히 자발적인 요구하기 형태의 학습은 이들 초기 의사소통자에게 중요하였다.

일반적 · 명시적 요구하기와 주의 끌기 신호 사용 가르치기

가장 연구가 잘된 교수 접근법 중 하나는 일반적 요구하기를 가르치기 위해 제10장에서 논의한 명시적 교수와 우발적 교수를 결합하는 것이다(Reichle et al., 1991; Sigafoos & Reichle, 1992). 일반적 요구하기는 자발적으로 요구를 하기 위해 제공된 두 개 이상의 옵션에서 하나의 상징(예: 원해요, 제발요)을 사용해 선택을 할 때 성취된다. 일반적 요구하기를 위해서는 하나의 상징만이 사용되기 때문에 상징에 대한 변별 기술은 요구되지 않는다.

자발적인 일반적 요구하기를 위해, 학습자는 먼저 의사소통 상대의 주의을 끌 수 있어야 한다. 〈표 11-3〉은 일반적 요구하기와 주의 끌기 신호를 가르치기 위한 교수 단계를 요약하고 있다. 이 접근법은 AAC 중재가 종종 성공적이지 않았던 사람들을 포함하여 많은 발달장애인에게 효과적인 것으로 알려져 있다(예: 레트증후군; Sigafoos, Laurie, & Pennell, 1995, 1996).

표 11-3 일반적 요구하기와 주의 끌기 신호 사용 가르치기

단계 1: 선호도 평가와 유도된 선택하기 가르치기

1. 쟁반 위에 강화 가능성이 있는 항목들(예: 장난감, 음식, 음료수)을 올려놓는다.
2. 10~20초 정도 학습자가 닿을 수 있는 거리에 쟁반을 놓아 두고, 항목 중 하나를 선택하도록 격려한다.
3. 학습자가 선택의 뜻으로 어떤 항목을 향해 손을 뻗거나 지적하면 이를 수용한다.
4. 쟁반을 치우고, 선택된 항목을 제공한 후, 선택된 항목을 자료에 기록한다.
5. 만일 10~20초 내에 반응이 없으면, 쟁반을 치우고 기다렸다가 다시 시도한다.
6. 3~4단계가 연속적으로 3번 일어날 때까지 1~6단계를 반복한다.
7. 학습자의 선호도가 무엇인지, 그리고 각각의 연습 회기를 얼마나 지속해야 하는지를 결정하기 위해 3~4일 이상 반복한다.

단계 2: 일반적인 '원해요' 상징 사용 가르치기

1. 학습자 앞 닿을 수 있는 거리에 원해요(want) 상징(예: PCS)을 놓는다.
2. 다양한 항목이 놓인 쟁반을 제공한 후, "뭘 원해요?"라고 묻는다.
3. 학습자가 특정 항목을 향해 손을 뻗으면,
   a. 그가 원하는 항목을 기록한다.
   b. 학습자의 손이 닿지 않는 위치로 쟁반을 밀어낸다.
   c. 원해요 상징을 지적하도록 (말이 아닌) 신체적 촉진을 제공한다.
4. 학습자가 상징을 지적하면 원하는 항목을 제공한다.
5. "뭘 원해요?"라는 질문에 대해 일관성 있고 독립적으로 원해요 상징을 지적할 때까지 신체적 촉진을 점차적으로 줄여나간다.
6. 다양한 항목을 활용하여 자연스러운 상황(예: 음식을 이용하는 아침식사 중, 책을 이용하는 도서관, 위생용품을 사용하는 욕실)에서 1~5단계를 연습한다. 한 상황에서만 연습하면, 학습자는 언제든 어느 곳에서든 원해요 상징을 사용하도록 배울 수 없기 때문에 그래서는 안 된다.

단계 3: 요구하기를 시도하기 위한 주의 끌기 신호 사용 가르치기

1. 학습자가 원해요 상징을 언제든 사용할 수 있도록 한다.
2. 가르치게 될 제스처나 도구를 사용한 주의 끌기 신호를 파악한다. 상대방의 팔이나 어깨 두드리기(제스처), 주의를 끌 때까지 손들고 있기(제스처), 종 울리기(도구 사용), 호출기 활성화하기(도구 사용) 등이 포함될 수 있다. 도구가 선택될 경우에는 학습자가 언제든 해당 도구에 접근할 수 있도록 한다.
3. 학습자가 상대방의 주의를 끌기 위해 신호를 사용하도록 가르치기 위해 신체적 촉진을 사용한다.
4. 학습자가 상대방의 주의를 끌었으면, 상대방은 학습자에게 다가가 '단계 2'의 2~6단계를 반복한다.
5. 주의 끌기 신호를 가르치기 위해 사용한 촉진은 학습자가 독립적으로 해당 신호를 사용할 수 있을 때까지 점차적으로 소거해 간다.
6. 학습자의 자발적인 요구하기를 촉진하기 위해 하루 중 가능한 한 많은 기회를 제공해 주의 끌기 신호를 사용할 수 있도록 한다.

출처: Keogh & Reichle (1985); Reichle, York, & Sigafoos (1991).

그림 교환 의사소통 체계

일부 사람들은 어떻게 하라는 지시나 질문이 없으면(예: "당신이 원하는 것을 내게 손짓으로 표현해 주세요") 요구하기를 배우는 데 어려움을 보인다. 예를 들면, 카터(Carter, 2003a, 2003b)는 중도 복합장애학생 23명을 관찰하였는데, 이들의 의사소통 상호작용의 2/3 이상이 요구하기였으며, 그중 절반 이상(57.9%)이 교사의 질문, 지시 또는 신체·제스처를 사용한 촉진에 의한 것으로 나타났다. 따라서 학생들의 자발적인 의사소통 비율이 상당히 낮아 자발성 촉진을 위한 교수 전략의 필요성을 보여 주었다. 그림 교환 의사소통 체계(Picture Exchange Communication System: PECS; Frost & Bondy, 2002)는 이러한 목적을 염두에 두고 고안된 것이다.

PECS는 눈 맞춤, 모방, 고개 돌리기, 짝 맞추기, 이름대기 등과 같은 선수 기술을 필요로 하지 않고 개인의 의사소통 레퍼토리에 포함될 첫 기술로 요구하기를 가르친다(Frost & Bondy, 2002). PECS에서 학습자는 의사소통 디스플레이의 상징을 지적하기보다는 원하는 항목을 얻기 위해 상징을 교환하도록 배운다. 즉, 학습자가 상징을 의사소통 상대에게 주면, 그는 학습자가 원하는 항목이나 활동을 제공한다. PECS 교수 기법은 구어적 촉진을 제공하지 않는 전략(Locke & Mirenda, 1988; Mirenda & Datillo, 1987; Mirenda & Santogrossi, 1985; Mirenda & Schuler, 1988), 기대의 지연 전략(Kozleski, 1991a) 등과 유사하다(또한 부분적으로는 이러한 전략에서 파생된 것이다).

PECS 교수는 학습자에게 효과적일 수 있는 강화제를 평가한 후 시작된다. PECS의 첫 단계에서 학습자는 하나의 상징(예: 사진, 선화)을 집어 들고 자신에게 해당 항목(예: 음식, 음료수, 장난감)을 제공할 촉진자에게 그것을 건네주도록 배운다. 처음에는 촉진자를 돕는 보조자가 그러한 교환을 시작할 수 있도록 구어적 촉진(예: '뭘 원해?', '그림을 내게 줘') 없이 신체 및 제스처 촉진만을 사용하여 촉진자에게 상징을 건네주도록 학습자를 격려한다. 시간이 지남에 따라, 보조자는 그러한 촉진을 상징-항목 교환이 자발적으로 이루어질 때까지 점차적으로 소거한다. 2단계에서 보조자는 학습자가 상징을 찾아 원하는 항목과 교환하기 위해 그것을 촉진자에게 가져가도록 점차적으로 학습자에게서 멀어진다. 3단계에서는 이용 가능한 상징의 수가 증가하며, 이전에 기술된 이해 점검 절차를 사용하여 상징 변별교수 절차를 시행한다. 학습자가 기본적인 요구하기를 습득하고 나면, 촉진자는 간단한 문장(예: 나는 ~을 원해요, 나는 ~을 봐요, 나는 ~을 들어요)을 만들고, '뭘 원해요?' 질문에 답하며, 색깔, 크기, 숫자 등과 관련된 기술적 상징 등을 가르치기 위해 4~6단계로 나갈 수 있다(추가적인 정보를 위해서는 Frost & Bondy, 2002; Bondy & Frost, 2009 참조).

　　PECS는 다양한 연령대(성인 포함) 초기 의사소통자의 기능적 의사소통 기술 발달에 매우 성공적인 것으로 나타난다. 이러한 초기 의사소통자들에는 자폐범주성장애(Bondy & Frost, 2009), 전반적 발달장애(Bock, Stoner, Beck, Hanley, & Prochnow, 2005; Chambers & Rehfeldt, 2003; Rehfeldt & Root, 2005; Stoner et al., 2006), 뇌성마비(Almeida, Piza, & LaMonica, 2005), 맹(Lund & Troha, 2008), 농(Okalidou, & Malandraki, 2007) 등이 포함된다. PECS와 SGD에 관한 연구들을 요약한 란시오니, 오라일리 등(Lancioni, O'Reilly, et al., 2007)은 PECS 관련 출판물에 포함된 173명 중 단지 3명을 제외한 모든 사람들이 상당한 향상을 보였다고 언급하였다. 이후 리뷰에서 프레스턴과 카터(Preston & Carter)는, 추가적인 연구가 필요하기는 하지만, 말을 전혀 또는 거의 하지 못하는 발달장애 아동과 성인들에게 "PECS는 경험적 지지를 받는 유망한 중재 전략이다."(2009, p. 1483)라고 언급하였다.

일반 사례 교수

　　CCN을 지닌 사람들에게 기능적인 생활 기술(Horner, McDonnell, & Bellamy, 1986)과 의사소통 기술(Chadsey-Rusch, Drasgow, Reinoehl, Halle, & Collet-Klingenberg, 1993; Chadsey-Rusch & Halle, 1992; Halle & Drasgow, 1995; Reichle & Johnston, 1999)을 가르치기 위해, 촉진자들은 1980년대 초기부터 일반 사례 교수(general case instruction)를 활용해 왔다. 일반 사례 교수는 특정 과제나 상황과 관련된 적절한 자극과 반응군을 분석하고 다양한 조건에서 반응할 때와 반응하지 않아야 할 때를 가르치는 것이다(Chadsey-Rusch et al., 1993). 일반 사례 교수는 일부 연구자들이 "조건적 요구하기(conditional requesting)"라고 언급한 것을 가르치기 위해 이전에 논의한 교수 기법들과 결합해 사용할 수 있다(Reichle & Johnstion, 1999; Sigafoos, 1998; Sigafoos & Mirenda, 2002 참조).

　　일반 사례 교수의 예로, 휠체어를 사용하여 이동하고 소근육 운동 기술에 문제가 있는 젊은 뇌성마비 여성 케이(Cay)를 생각해 보자. 케이가 랩 트레이에 있는 일반적인 상징 '도와주세요', '부탁합니다'를 지적하여 도움을 요청하도록 가르치기 위해, 그녀의 촉진자는 그녀가 도움을 요청할(즉, 긍정적 범례) 것 같은 관련 환경에서 다수의 상황을 먼저 파악하였다. 굳게 닫힌 용기 뚜껑을 열기 위해 도움이 필요한 음식 준비 활동, 혼자서는 열 수 없는 문에 부닥치게 되는 쇼핑 장소, 누군가가 단추를 채워 주거나 후크를 끼워 주어야만 하는 옷 입기 활동 등이 포함된다. 케이의 촉진자는 그녀가 도움을 요청하지 않을(즉, 부정적 범례) 특정 상황을 또한 파악하였다. 이러한 상황은 음식을 준비할 동안 느슨하게 닫혀 있는 용기 열기, 자동으로 열리는 전동문이 있는 가게에 들어가기, 벨크로가 부착된 옷을 입는 경우 등이다. 촉진자는 또한 도움 요청에 포함된 단계들(예: 도움의 필요성 인식하기, 청자의 주목 끌기, 도움 요청하기, 감사 표현하기)과 케이가 각 단계에서 마주칠 수 있는 과제 변화를 파악하기 위해 과제 분석을 수행하였다. 예를 들면, '도움의 필요성 인식하기'는 도움이 필요할 또는 필요하지 않을 용기나 문 또는 옷 항목의 다양한 유형을 케이가 알아야 한다는 전제가 필요하다.

케이의 촉진자가 이러한 예비 단계를 완수하고 난 후, 일반화를 강화하기 위해 여러 명의 다른 촉진자가 또다시 교수를 수행하였다. 그녀의 촉진자들은 모두 긍정적 범례로 파악된 상황에서는 '도와주세요', '부탁합니다'라는 상징을 사용하고, 부정적 범례에서는 이를 사용하지 않도록 케이를 가르치기 위해 소거하였던 구어적 촉진과 모델링을 제공하였다. 긍정적 범례와 부정적 범례는 모두 교수가 시작될 때부터 혼합되었다. 일단 케이가 긍정적 범례로 파악된 상황을 통해 도움을 요청하는 기본적인 기술을 습득하게 되자, 그녀의 촉진자들은 새로운(즉, 연습한 적이 없는) 상황과 환경에서 또 다른 기술을 연습할 기회를 만들었다.

비록, 일반 사례 기법이 한두 제한된 상황에서 가르치는 것보다 더 많은 시간과 노력을 요구하기는 하지만, 새로 습득한 의사소통 기술을 자발적으로 사용하고 일반화할 가능성은 더 클 수 있다(이러한 접근법 사용의 추가적인 예는 DePaepe, Reichle, & O'Neill, 1993 참조).

기본적인 거부하기 가르치기

의사소통적 거부하기(communicative rejecting)는 '청자의 매개를 통해 이루어지며, 개인이 사물이나 활동 또는 사회적 상호작용에서 탈출하거나 피할 수 있게 해 주는 행동의 사용'으로 정의된다(Sigafoos, Drasgow, Reichle, O'Reilly, & Tait, 2004, p. 33). 탈출(escape, 즉 벗어나기) 반응으로서의 거부하기 기능은 진행 중인 사건의 종료를 위해 사용되는 경우다. 올리비아(Olivia)의 예가 이에 해당된다. 그녀는 텔레비전에서 저녁 뉴스가 나오자 소리를 질러 어머니가 채널을 바꿔 주기를 원하였다. 회피(avoidance, 즉 거절) 반응으로서의 거부하기 기능은 아직 일어나지 않은 사건을 면하도록 해 주는 경우다. 예를 들면, 학교에 갈 시간이라는 말을 들었을 때 야스민(Yasmeen)은 거실 바닥에 앉아서 일어나기를 거부하였다. 이들 두 예에서 볼 수 있듯이, 요구하기 행동과 마찬가지로, 거부하기 행동은 종종 문제행동으로 표현된다.

문제행동과의 관계

많은 사람이 원하지 않는 물건이나 활동에서 탈출하거나 피하고자 한다. 이때 공격이나 역정 또는 자기상해와 같은 문제행동을 통해 이를 해결하고자 하는 경우가 흔하다. 미렌다(Mirenda, 1997), 보프와 동료들(Bopp et al., 2004)은 문제행동에 대한 의사소통 대안을 배우는 학생들의 1/3에서 절반 정도가 탈출행동과 관련이 있음을 발견하였다. 의사소통적 거부하기를 가르치기 위해 수많은 AAC 기법이 중재에 활용되었는데, 이에는 제스처(Lalli, Casey, & Kates, 1995), 휴식을 나타내는 유형 상징(Bird, Dores, Moniz, & Robinson, 1989), 수화(예: Drasgow, Halle, Ostrosky, & Harbers, 1996; Kennedy et al., 2000; Peck et al., 1996), 그림 상징(Wacker, Berg, & Harding, 2002; Choi, O'Reilly, Sigafoos, & Lancioni, 2010), 휴식 또는 끝이라는 글자가 쓰인 카드(예: Brown et al., 2000; Peck et al., 1996; Peck Peterson et al., 2002), '멈춰!'와 같은 녹음된 메시지를 지닌 마이크로 스위치(Hanley, Iwata, & Thompson, 2001; Steege et al., 1990), SGD(Durand, 1993, 1999) 등이 포함되었다. 탈출이나 회피 등의 목적으로 문제행동이 나타나는 상황에서는 거부하기를 가르치기 위한 기능적 의사소통 훈련이 매우 중요하다.

일반적 거부하기와 명시적 거부하기 가르치기

AAC 기법을 사용하여 일반적 형식과 특별한 형식의 의사소통적 거부하기를 모두 가르칠 수 있다. 일반적 형식은 제스처 취하기, 수화 사용하기, 그림 상징을 지적하거나 건네주기, SGD 활성화하기 또는 그 밖의 방식을 사용하여 싫어요를 제시하도록 가르치는 것이다. 일반적 거부하기 교수의 장점은 탈출(즉, '더 이상 이것을 하고 싶지 않아요')이나 회피(즉, '이거 하고 싶지 않아요!')를 제시하기 위해 다양한 상황에서 사용될 수 있다는 것이다. 단점은 개인이 거부하고자 하는 것이나 그 이유를 정확하게 판단하기 어렵다는 점이다(Sigafoos et al., 2002). 예를 들면, 트리나(Trina)와 급우들은 학교 체육관에서 체육시간에 장애물 경주를 하고 있었다. 트리나가 코스를 통과하는 동안 싫어요 신호를 보냈을 때, 교사는 그녀가 ① 현재의 장애물로부터 잠시 쉬고 싶은지(탈출), ② 앞에 있는 장애물을 피하고 싶은지(회피), ③ 나머지 시간 동안 체육관을 아예 떠나고 싶은지(탈출), ④ 어떤 다른 방법으로 탈출하거나 회피하고 싶은지 등을 알 수가 없었다. 긍정적인 면은 트리나의 싫어요 신호가 이전의 소리 지르기나 심한 짜증 신호에 비해 더 바람직하다는 점이다.

일반적 거부하기 교수 절차에는 여섯 가지 주요 단계가 있다(Sigafoos et al., 2004). 첫째, AAC 팀은 학습자가 선호하지 않는 물건이나 사건을 파악한다. 더불어 학습자가 물건이나 사건으로부터 탈출하거나 회피하기 위해 취하는 행동들을 또한 파악한다. 둘째, AAC 팀은 거부하기 행동이 발생한 상황에서 그 행동이 적절한지를 결정한다. 만일 어떤 행동이 효과적이고 적절하다면(예: 아니요를 나타내기 위한 머리 흔들기), 그 행동은 수용될 수 있다. 그러나 사회적으로 수용될 수 없고, 비효율적이며, 해석이 어렵다면, 교수가 이루어져야 한다. 셋째, 교수를 필요로 하는 학습자와 중재가 이루어질 맥락에 적절한 수용 가능한 형식의 거부하기(예: 제스처, 수화, 그림 상징)가 선택된다. 새로운 행동은 현재의 부적절한 거부하기 행동에 비해 더 효율적이고 효과적이어야 한다. 넷째, 거부하기를 위한 기회는 다양한 맥락에서 제공되어야 한다. 선호하지 않는 물건이나 활동 제공하기(Duker & Jutten, 1997; Reichle, Rogers, & Barrett, 1984), 원하는 것과 다른 물건 제공하기(예: Sigafoos & Roberts-Pennell, 1999; Yamamoto & Mochizuki, 1988) 등을 예로 들 수 있다. 다섯째, 새로운 거부하기 반응을 유도하기 위해 기회가 있을 때마다 촉진을 제공하는 반면, 점차적으로 촉진을 줄여 나간다. 마지막으로, 새로운 거부하기 행동이 출현할 때마다 거부된 물건이나 활동을 즉시 치우거나 멈춤으로써 그 행동을 일관성 있게 강화하도록 한다. 학습자가 거부하기 행동을 배우고 나면, 촉진자는 더 원하지 않기 때문에(예: 처음 커피 두 잔은 받아 마셨지만, 세 번째 잔은 거부하는) 선호하는 항목을 거부하는 경우처럼, 분명하지 않을 수 있는 상황에서도 그 행동을 존중해야 한다(Sigafoos et al., 2002, 2004).

새로운 거부하기 행동이 적절히 습득되면 체계적인 수정과 확장이 필요하다. 예를 들면, 점점 더 긴 지연(예: '제프야, 문제 하나만 더 풀고 쉬자' '두 개만 더 하면 끝이다')이 의사소통적 거부하기 행동과 원하지 않는 물건이나 활동을 제거하는 사이에 삽입될 수 있다(Tiger, Hanley, & Bruzek, 2008). 마찬가지로, 특정 활동에 대한 탈출이나 회피가 개인의 장기적인 관심사에 들어 있지 않을 경우, 적절한 거부하기 교수에 다른 의사소통 영역의 교수를 결합할 수 있다(Sigafoos et al., 2002). 예를 들면, 꼭 먹어야 할 약을 먹거나 학교 가기를 거부하기 위해 적절한 의사소통 형식(예: 그림 상징)을 사용할 경우, 촉진자들이 이를 들어주기란 불가능할 것이다. 그러한 경우에는 예측 가능성을 보장하는 시각 스케줄(제9장 참조)을 사용하는 것이 특정 활동의 비타협성을 분명히 하고, 앞으로 진행될 선호하는 활동을 상기시키는 데 도움이 될 것이다. 예를 들면, 미렌다(Mirenda, 2003c)는 17세의 자폐학생인 앨릭(Alec)을 대상으로 시각 스케줄을 성공적으로 활용하였다. 타협할 수 없는 활동(예: 약 먹기, 학교 가기)을 나타내는 상징에는 '선택 불가능'을 표시하기 위해 왼쪽 상단에 커다란 빨간 점을 찍어 표시하였고, 앨릭이 어느 정도 조절할 수 있는 활동을 나타내는 상징에는 초록 점을 찍어 표시하였다.

'예'와 '아니요' 가르치기

'예/아니요' 질문에 반응하도록 가르치는 것— 어떤 저자들은 이를 "요구하기와 거부하기의 조건적 사용 가르치기"(Sigafoos et al., 2004, p. 35)라고 한다— 은 대다수 초기 의사소통자들에게 적절할 수 있는 또 다른 기술 세트임이 전술한 논의를 통해 분명해진다. 그런데 우리가 여기서 중요하게 언급해야 할 점은 단순해 보이는 이 과제가 실제로는 상당히 복잡하다는 것이다. 이와 관련해 다음의 '예/아니요' 질문을 고려해 보자.

- 공원에 가고 싶으세요? (예/아니요 요구하기/거부하기)
- 공원에 가는 거 좋아하세요? (선호도에 대한 예/아니요 주고받기)
- 이곳이 공원인가요? (예/아니요 명명하기)
- 어제 공원에 갔었나요? (예/아니요 정보 공유하기)

이 예를 통해, 분명히 간단한 행위인 '예/아니요 가르치기'가 실제로는 언어적으로 광범위한 여러 질문에 반응하기 위해, 이 두 낱말을 어떻게 사용하는지를 가르쳐야 하는 과정이 포함된다는 점이 분명해진다. 때때로 그 결과는 개인이 선호하는 물건을 받거나 좋아하는 활동에 참여하게 되는 것이다. 그러나 항상 그런 것은 아니다.

사실 요구하기나 거부하기를 위해 적절하게 '예/아니요' 사용을 배운 사람들이 다른 형태의 질문에 답하기 위해 그러한 사용을 자동적으로 일반화할 것이라고 기대할 수는 없다(Sigafoos et al., 2004).

불행히도, '예/아니요' 교수는 그동안 연구의 관심을 거의 받지 못하였는데 특히 AAC에 의존하는 초기 의사소통자와 관련해 그러하였다. 소수의 연구들을 살펴보면, 좋아하는 물건이나 활동과 매우 싫어하는 물건이나 활동에 대한 요구하기 맥락에서만 '예/아니요'를 가르친 것으로 나타난다. 예를 들면, 라이클과 동료들(Reichle et al., 1984)은 한 청소년을 대상으로 다음의 두 가지 질문, 즉 선호하는 물건들이 담긴 쟁반을 보여 주면서 "뭘 원해?"라고 묻거나, 선호하지 않는 물건들이 담긴 쟁반을 보여 주면서 "하나 줄까?"라고 질문하였다. 이 학생은 첫 번째 질문에 대한 반응으로 원해요에 대한 수화를, 두 번째 질문에 대한 반응으로 아니요를 뜻하는 수화를 산출하도록 배웠다. 유사하게, 듀커와 저튼(Duker & Jutten, 1997)은 명시적 교수(촉진, 점진적 소거, 강화)를 사용하여, 세 명의 중도장애 남성에게 예, 아니요 제스처를 사용하도록 가르쳤다. 이들은 '이거 원해요?'라는 질문과 함께 자신이 좋아하는 물건이나 좋아하지 않는 물건을 제시받았다. 비록 세 남성 모두 질문에 답하기 위해 예와 아니요 제스처의 사용을 배우기는 했지만, 추가적인 교수 없이 새로운 상황으로 정확한 반응이 일반화되지 않았다. 이들 두 연구가 보여 주는 것처럼, AAC에 의존하는 초기 의사소통자에게 요구하기/거부하기의 '예/아니요'나 그 밖의 다른 질문 형태에 대한 '예/아니요' 교수를 위한 모범적인 실제를 검토하는 집중적인 연구가 매우 필요한 실정이다.

영국의 임상가들은 CCN을 지닌 사람들이 선택을 하고, 자신이 받고 있으며 받기 원하는 지원에 대해 견해와 의견을 표현하며, 자신을 위한 보호와 치료에 대한 의사결정을 할 수 있도록 돕기 위해 다양한 토킹 매트(Talking Mats)와 관련 상징들을 개발해 왔다. 토킹 매트는 "CCN을 지닌 사람에게 제시되는 세 가지 그림 상징 세트—탐색되고 있는 주제, 각 주제와 관련된 옵션, 각각의 의견에 대한 일반적인 느낌을 제시할 수 있도록 해 주는 시각 척도—를 사용하는 역동적인 로우 테크 의사소통 구조"(Murphy & Cameron, 2008, p. 233)다. 토킹 매트 자료는 CCN과 지적장애, 실어증, 치매 등을 지닌 사람들의 자기 결정권을 돕거나, 목표 설정과 사적인 계획에 관련된 기타 영역들을 돕기 위해 이용할 수 있다. 관련 자료, DVD, 교육 등에 대한 정보는 토킹 매트 웹 사이트를 통해 얻을 수 있다.

사회적 상호작용을 위한 의사소통 지원하기

선택을 하고, 요구를 하며, 거부를 하고, 예/아니요 질문에 답하며, 결정을 내리는 능력들은 모두 중요한 의사소통 기능들로서, 이러한 능력들이 없으면 불가능하지는 않을지라도 일상생활이 어려울 것이다. 그런데 만일 여러분이 이들 기능 중 단지 몇 가지만을 소통할 수 있다면 어떠할지 상상해 보라. 농담이나 짓궂게 굴기도 없을 것이며, 주고받는 대화도, 대답이나 질문도, 게임하기나 친구와의 어울림도 없을 수 있다. 다시 말해, 대부분의 사람들이 날마다 주고받는 사회적 상호작용 유형에 대한 참여 능력이 없는 것이다. CCN을 지닌 사람들—의사소통 능력이 얼마나 기초적인 수준이든 아니면 정교한 수준이든 상관없이—은 사회적 상호작용을 돕는 AAC 기법뿐 아니라 이러한 상호작용에 성공적으로 참여할 수 있는 방법에 관한 교수를 또한 필요로 한다. 제10장에서 우리는 전략 교수, 대화 코칭, 언어 시범 등과 같은 사회적 상호작용 기술을 가르치기 위해 사용할 수 있는 일반적인 접근법들을 소개했다. 이번 장에서 우리는 사회적 상호작용과 관련해 특정 기술들을 가르치기 위해 이들 기법을 다시 검토한다.

> 내 생각에 나는 혼자다. 나는 사람들 속에서 혼자다. 나의 정체성은 드러나지 않는다…… 말하기에서의 무능력, 자신의 말을 통해 유창하게 의사소통하는 데 있어서의 무능력은 사회적 삶 속에서 한 인간이 지닐 수 있는 가장 큰 장애다(토니 디아맨티, AAC에 의존하는 뇌성마비 남성, Diamanti, 2000, p. 98).

소개 전략

우리 대부분은 누군가를 처음 만났을 때 간략히 자신을 소개한다. 마찬가지로 AAC를 통해 의사소통하는 사람들도 자신을 소개하는 방법과 그에 필요한 기술을 가져야 한다. 주로 세 가지 요소, 즉 ① 자신에 대한 기본적인 신상 정보(아마도 장애에 대한 언급이 포함될 것이다), ② 자신의 의사소통 수단에 대한 정보, ③ 상대방이 상호작용을 촉진하기 위해 할 수 있는 것들에 대한 정보를 소개하는 메시지 등을 필요로 한다. 라이트와 빙어(Light, Beinger, 1998, p. 104)는 SGD를 사용하는 44세의 뇌성마비 여성인 모린(Maureen)의 소개 전략을 예로 제공하였다.

안녕하세요? 제 이름은 모린 크레이머(Maureen Kramer)입니다. 저는 당신이 말하는 것을 이해합니다. 저는 의사소통을 위해 이 컴퓨터를 사용하는데, 제가 메시지를 타자하면 컴퓨터는 곧바로 메시지를 음성으로 출력해 줍니다. 제 말을 이해하지 못했을 경우에는 화면을 읽으실 수 있습니다. 제가 타자하는 동안 조금만 기다려 주십시오. 제가 메시지를 보내면, 제가 전하고자 하는 것이 무엇인지 추측해 주십시오. 당신의 판단이 옳은지를 알고자 한다면 제게 확인해 주세요. 저는 '예'에는 머리를 끄덕이고, '아니요'에는 머리를 가로저어 표현합니다. 이해가 어려우시면 저에게 알려 주십시오. 감사합니다!

라이트, 빙어, 딜그 및 리벨스버거(Light, Binger, Dilg, & Livelsberger, 1996)는 AAC 전문가 30명, 이전에 AAC를 경험한 적이 없는 성인 30명 그리고 청소년 30명이 평정한 결과를 바탕으로, 소개 전략의 사용이 CCN을 지닌 사람들의 의사소통 능력에 대한 인식에 긍정적인 영향을 준다고 보고하였다. 관련 연구에서 실험자들은 뇌성마비, 자폐, 후천성 뇌손상 또는 발달장애를 지닌 AAC 의존자들(12~44세)을 대상으로 소개 전략을 사용하도록 가르치기 위해 전략 교수(제10장)를 성공적으로 사용하였다 (Light & Binger, 1998). 이 연구에 참여한 사람들은 응시, 제스처, 말, SGD 등 다양한 AAC 기법을 사용해 의사소통을 하였다.

SGD를 사용하는 사람들의 대면 상호작용과 전화를 통한 상호작용에서 플로어홀더 (floor-holder)라 불리는 간략한 소개 메시지가 중요함을 증명한 연구들이 있다. 예를 들면, 베드로시안, 호그 및 맥코이(Bedrosian, Hoag, & McCoy, 2003)는 SGD를 사용하는 사람이 전달한 **'제가 메시지를 준비하는 동안 잠시만 기다려 주십시오'** 라는 플로어홀더에 대한 가게 점원의 반응을 조사하였다. 점원은 CCN을 지닌 사람이 플로어홀더를 사용하지 않았을 때보다 플로어홀더를 사용했을 때 이들의 사회적 능력을 더 높이 평가하는 것으로 나타났다. 마찬가지로, 핸슨과 선드하이머(Hanson & Sundheimer, 2009)는 SGD에 의존하는 사람이 **'잠시만 기다려 주십시오. 저는 말을 하기 위해 컴퓨터를 사용합니다'** 라는 플로어홀더를 사용해 전화를 걸었을 때와 사용하지 않고 전화를 걸었을 때 사업주의 반응을 비교하였다. 전체적으로 봤을 때, 플로어홀더를 사용한 전화의 30%, 플로어홀더를 사용하지 않은 전화의 18%가 성공적으로 대화를 마친 것으로 나타났다. 상대방이 전화를 받자마자 플로어홀더로 시작된 메시지를 전한 경우는 3초 정도 지나 플로어홀더 메시지를 전한 경우에 비해 거의 세 배 이상 통화가 성공적인 것으로 나타났다. 이러한 결과는 AAC 기법을 사용할 경우 보통보다 메시지 구성에 더 많은 시간이 걸릴 수 있다는 간략한 안내문을 제공하는 것이 중요함을 강조한다.

개시와 주제 설정 전략

개시와 주제 설정 전략(initiation and topic-setting strategies)은 AAC에 의존하는 사람들로 하여금 다양한 유형의 상징을 사용하여 대화를 시작하고 주제를 생각해 내도록 돕는다. 우리는 지금부터 시각적 지원과 수집품, 자투리 모음, 대화 책, 농담 카드, 이중 의사소통판 등의 개시와 주제 설정 접근법에 대해 논의한다.

시각적 지원 또래와 상호작용을 시작하는 아동을 돕기 위해 다양한 형태의 간단한 시각적 지원(visual supports)이 활용될 수 있다. 뇌성마비와 심한 지적장애를 지닌 두 명의 10~12세 소년에게 놀이 활동을 시작할 때 사용할 의사소통 '배지(badges)'를 제공한 경우가 그 한 예다(Jolly, Test, & Spooner, 1993). 학교 자유놀이 시간에 선호하는 활동의 사진을 본뜬 네 개의 배지가 벨크로를 이용하여 랩 트레이에 부착되었다. 이들은 놀이활동을 시작하기 위해 일반 또래 친구에게 배지를 떼서 건네주도록 교육받았다. 마찬가지로 세 명의 자폐유아와 또래 아동들에게 '나랑 놀래?' 메시지를 나타내는 컬러 PCS 상징이 각각 주어졌는데, 이 상징은 커다란 열쇠 모양의 틀에 붙여져 코팅된 것이었다(Johnston, Nelson, Evans, & Palazolo, 2003). 이 상징은 목걸이로 착용되거나 아동의 벨트 고리나 주머니에 부착될 수 있었다. 명시적 교수(제10장 참조)를 통해 아동은 놀이집단에 끼기 위해 친구들에게 이 상징을 제시하도록 배웠다. 또한 이 과정을 통해 과제 일탈행동이 줄어든 것으로 나타났다. 배지와 개시 카드와 같은 간단한 시각적 지원은 상호작용을 시작하고 주제를 꺼내기 위해서도 사용될 수 있다([그림 11-1] 참조).

수집품 나이에 상관없이 많은 사람이 다양한 물건을 수집하곤 한다. 유아들도 포켓몬스터 카드, 팔찌, 장난감 자동차, 물총 또는 봉제 동물 인형과 같은 물건들을 모으기 시작한다. 좀 더 나이가 들면 우표, 하키 카드, 당원 배지 또는 야구모자—나열하자면 끝이 없다!—등을 모을 수 있다. 만일 촉진자들이 체계적으로 물건 수집을 격려하고 적절히 디스플레이한다면, 이러한 수집품(collections)은 AAC 의존자와 또래 친구들의 상호작용을 자극하기 위해 이용될 수 있다. 10대의 경우에는 매일 다른 메시지가 새겨진 배지를 달고 학교에 갈 수도 있고, 교사는 아동이 가져온 장난감 로봇

나랑 놀래?

[그림 11-1] 친구들에게 놀이 참여를 요청하는 스콧의 카드

PCS, DynaVox Mayer-Johnson LLC.의 허락하에 게재함
출처: Downing, J. (2005). *Teaching communication skills to students with severe disabilities* (2nd ed., p. 163).
　　　Baltimore: Paul H. Brookes Publishing Co.

수집품을 학교 게시판에 붙여 놓을 수도 있다. 촉진자는 새 수집품에 대해 언급하도록 어른과 아이들을 상기시킬 수 있으며, 또래 아동들로 하여금 수집품을 바라보고 그것에 대해 아동과 이야기를 나누어 보도록 격려할 수 있다. 또한 일부 수집품(예: 장난감 자동차, 장신구)은 놀이 등을 통해 공유될 수도 있다.

　자투리 모음　활동을 통해 얻은 자투리와 폐품들은 기본적인 상징을 사용할 수 있는 사람이, 학교에서 있었던 일이나 주말을 보낸 이야기와 같은, 지나간 사건들을 말할 수 있게 해 주는 또 하나의 방법이다. 자투리(remnants)는 작은 사진첩에 넣어 휴대할 수도 있어서, CCN을 지닌 사람이 주제를 꺼내고 '학교/직장/집에서 오늘 뭐 했어요?', '주말 동안 뭐 했어요?'와 같은 질문에 답할 수 있게 해 준다. 전형적으로, 각각의 자투리에는 관련 사건을 기술하고 그 사건에 관련된 질문(예: 나는 생일날 아빠와 함께 놀이동산에 갔어요. 놀이동산에 가본 적 있어요?)을 하는 캡션(주로 촉진자가 작성하는)이 달린다. 의사소통 상대로 하여금 '내가 누구와 함께 갔는지 물어봐 주세요' 혹은 '그곳에서 어떤 재미있는 일이 있었는지 물어봐 주세요'와 같은 추가적인 질문을 하도록 촉진하기 위해 자투리 모음집 안에 단서카드를 넣어둘 수도 있다.

　자투리는 유아와 부모 간(Marvin & Privratsky, 1999), 심한 실어증 환자와 그 가족 간(Garrett & Huth, 2002; Ho, Weiss, Garrett, & Lloyd, 2005) 대화를 돕기 위해 성공적으로 사용될 수 있다. 또한 자투리는 아동기 말실행증과 같이 다소 말을 할 수는 있지만 조음 문제로 인해 타인이 말을 잘 알아듣지 못하는 사람들에게 특히 유용할 수 있다(Binger, 2007; Cumley & Swanson, 1999). 자투리를 하나 언급함으로써 주제를 좁혀주면, 의사소통 상대는 이해하기 어려운 부분을 더 쉽게 추측할 수 있을 것이다.

대화 책　대화 책은 대화 주제를 개시하고 유지하기 위해 사용할 수 있는 자투리, 사진, 그림 등으로 이루어진 모음집이다(Hunt, Alwell, & Goetz, 1990). 예를 들면, 책의 한 페이지에는 TV 프로그램에 나오는 캐릭터들의 그림과 '내가 제일 좋아하는 TV 프로그램은 심슨 가족입니다. 당신은 무슨 프로그램을 좋아하세요?'([그림 11-2] 참조)와 같은 설명문이 들어 있다. 다른 주제를 소개하는 유사한 페이지들이 책에 포함될 수 있다. 간단한 사진첩일 수도 있고, 10초짜리 녹음 메시지(즉, 토킹 포토 앨범)일 수도 있다. 후자의 경우, AAC 의존자는 각각의 사진이나 자투리를 설명하기 위해 녹음된 메시지를 출력시키기 위해 각 페이지에 있는 버튼을 누르기만 하면 된다.

농담 카드　유머감각을 지닌 사람들은 간단한 농담 카드(joke cards)를 사용해 시작하는 상호작용을 즐길 것이다. 우리는 앞면에 수수께끼를, 뒷면에 답을 적은 소형 파일 카드를 사용한다. 예를 들면, 어떤 카드는 앞면에 '병아리가 왜 길을 건넜을까요?'라는 글과 병아리 상징이나 그림이 있고, 그 밑면에는 '답을 보려면 뒤집으세요.'라는 지침이, 뒷면에는 길을 건너는 병아리 그림과 허를 찌르는 말 '다른 쪽으로 가기 위해서'라는 글이 쓰여 있을 것이다. 촉진자는 적절한 의사소통 상대에게 다가가서 수수께끼가 있는 쪽이 보일 수 있게(방향을 색깔로 표시해서 도움을 줄 수도 있다) 카드를 내밀도록 AAC 의존자를 가르칠 수 있다. 농담 자체의 언어를 이해하지 못하는—그러나 어쨌든 병아리 농담은 이해하는?—사람들도 농담 카드를 이용할 수 있다. 이 경우 학습자는 상호작용을 개시하는 법과 (가장 중요한) 친구를 웃게 하고 긍정적인 교감을 나누는 법을 배우고 있는 것이다. 이들 두 의사소통 기술은 초기 의사소통자들에게 매우 중요하다.

촉진자들은 지필 방식 또는 전자적 방식의 '똑똑, 누구십니까?' 농담을 사용하여 농담 카드 형식을 조금 더 발전시킬 수 있다. 이러한 농담 형식(대부분의 북미 사람에게 친숙한)은 그 자체로 단순한 대화 차례 주고받기를 가능하게 한다. 지필 버전에서는 농담 부분을 나타내는 일련의 그림이 농담 표현을 촉진한다. 예를 들면, 토마스(Tomas)는 먼저 '멋진 농담 하나 들어 보실래요? 똑똑.'이라는 글과 함께 문을 노크

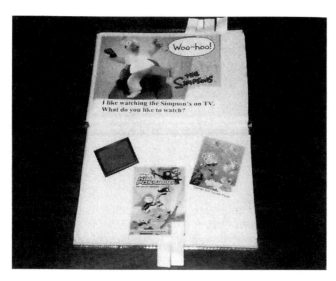

[그림 11-2] 좋아하는 TV프로그램에 관한 대화를 돕는 이미지들로 구성된 대화 책.
Lavada Minor 촬영.

출처: Downing, J. (2005). *Teaching communication skills to students with severe disabilities* (2nd ed., p. 167).
Baltimore: Paul H. Brookes Publishing Co. 허락하에 게재함

하는 사람이 그려져 있는 그림을 만진다. 그러면 그의 대화 상대 라진더(Rajinder)는
'누구십니까?'라고 반응한다. 토마스는 다음 그림[예: 접시(dishes, This is를 재미있게
표현한 것–역자 주)라고 쓰인 그릇 그림]을 만진다. 라진더는 '접시라니요. 대체 누구십
니까?'라고 반응하고, 토마스는 '접시라니까요. 당신은 누구십니까'[Dishes me(This
is me, 나라니까요의 의미–역자 주) Who are you?]라고 쓰인 자신의 사진이 들어 있는
마지막 그림을 만지며, 함께 탄성을 지르며 웃는다.

토킹 포토 앨범(Talking Photo Album)은 미국의 경우 Augmentative Communication, Inc에서,
캐나다의 경우 Bridges와 Special Needs Computers를 통해 얻을 수 있다.

이중 의사소통판　대화 개시와 상호작용을 위한 또 다른 기법은 이중 의사소통판
(dual communication boards)을 사용하는 것이다(예: Heller, Allgood, Ware, Arnold, &
Castelle, 1996; Heller, Ware, Allgood, & Castelle, 1994). AAC 의존자와 그의 대화 상
대는 둘 다 이해 가능하고 적절히 사용할 수 있는 동일한 상징을 지닌 똑같은 의사소

통판을 제공받는다. 촉진자는 AAC 의존자로 하여금 대화를 개시하고, 순서를 주고받으며, 질문과 대답을 하도록 가르치기 위해 명시적 교수 절차(예: 점진적 촉진)와 대화 코칭을 활용한다. 이중 디스플레이 형식은 자연스러운 차례 주고받기를 촉진하고 두 대화 상대가 적당한 거리에서 상호작용하도록 해 주기 때문에 의사소통의 단절을 감소시키는 것으로 나타난다. 또한 AAC에 익숙하지 않은 대화 상대는 좀 더 흔한 단일 디스플레이 형식보다 이중 디스플레이를 더 선호한다는 증거가 있다(Heller et al., 1994). AAC 팀은 지역사회 중심의 직업 현장에서, 중도에서 최중도 청각장애와 저하된 시력을 지닌 사람들을 대상으로 이 기법을 성공적으로 활용해 오고 있다.

> 고등학생 시절, 나는 이름이 불리고 놀림을 받았어요. 그리고 내가 가진 것이라곤 의사소통을 위한 문자판이 전부였지요. 여러분은 학교에 친구가 하나도 없다고 생각하나요? 여러분은 급우들에게 그들이나 숙제나 학교 활동에 대한 질문들을 하나요? 때로는 그들이 당신에게 관심을 보이기 전에 당신이 먼저 그들에게 관심을 보일 필요가 있어요(Randy Kitch, AAC에 의존하는 장애인 권리옹호 활동가, Light, Arnold, & Clark, 2003, p. 376).

제9장 토킹 스위치 기법에 대한 절에서 언급한 것처럼, 스텝바이스텝 커뮤니케이터(Step-by-Step Communicator; AbleNet, Inc.)나 칩퍼(Chipper; Adaptivation, Inc.) 또한 '똑똑' 농담이나 수수께끼를 위해 사용할 수 있다.

상대방 중심 질문

타인, 즉 대화 상대에 대한 질문을 하는 능력이 성공적인 사회적 상호작용의 기초가 됨은 분명하다. 그런데 AAC 교수는 흔히 대화 상대의 생각, 감정, 경험 등에 대해 묻기보다는 요구하기, 대답하기, 언급하기 등을 가르치는 데 주로 초점을 둔다(Blackston & Wilkins, 2009; Light, Arnold, & Clark, 2003). 많은 사람들이 '주말 어땠어요?', '어떻게 생각하세요?', '잘 지냈어요?', '당신 생각은 어때요?'와 같은 상대방 중심 질문(partner-focused questions) 사용에 대한 구체적인 교수를 필요로 한다. 라이트, 코빗, 굴라팔리 및 리포우스키(Light, Corbett, Gullapalli, & Lepowski, 1995)는 상대방 중심 질문의 사용이 이전 AAC 경험 여부와 상관없이 CCN을 지닌 사람의 의사소통 능력에 대한 관찰자의 긍정적 인식과 관련이 있음을 보고하였다. 관련 연구에서

라이트, 빙어, 아게이트 및 램지(Light, Binger, Agate, & Ramsay, 1999)는 10~44세에 해당하는 여섯 명의 AAC 의존자를 대상으로 상대방 중심 질문의 일반화를 가르치기 위해 전략 교수를 활용하였다. 이 연구에는 응시, 말, 제스처, 선화, SGD 등을 다양하게 결합하여 사용하는 뇌성마비, 지적장애, 후천성 뇌손상 환자 등이 참여하였다.

상대방 중심 질문의 또 다른 형태는 반응-재부호화(response-recode: R-R) 전략이다(Farrier, Yorkston, Marriner, & Beukelman, 1985). 어떤 사람이 질문에 반응을 한 다음 관련 질문을 되묻는다면(예: '제가 좋아하는 커피는 카푸치노입니다. 당신은 어떤 커피를 좋아하세요?'), 그는 R-R 형식을 사용한 것이다. 오키프와 다틸로(O'Keefe & Dattilo, 1992)는 좋아하는 여가 활동에 관한 대화에서 AAC 기법을 사용하는 세 명의 발달장애 성인에게 R-R 전략을 가르쳤다. 두 명의 참여자는 의사소통판을 사용하였고, 한 명은 SGD를 사용하였다. 또한 세 명 모두 제스처, 얼굴 표정 그리고 몇 마디의 말을 사용하였다. 교수 동안 촉진자는 질문으로 화두를 꺼내고, R-R 형식을 이끌어 내기 위해 명시적 교수를 제공하였다. 세 명의 참여자는 모두 시간이 지나도 유지되는 일반화된 R-R 형식의 표현을 배웠다. 가족과 보호자들은 이들의 대화 레퍼토리가 계속 변하고 있음을 보고하였으며, R-R 기술이 '진정한 대화 참여의 기초를 제공했다'는 데 동의하였다(O'Keefe & Dattilo, 1992, p. 231).

비강제적 말 차례 및 언급하기

비강제적 말 차례(nonobligatory turns)는 대화 상대의 언급이나 진술(질문이 아닌) 뒤에 따라오며, 주제에 대한 좀 더 실질적인 언급과 '멋져.', '안 돼.', '얍', '우후' 등과 같은 감탄사들로 이루어진다. 이러한 사회적 감탄사는 AAC 의존자들의 언어적 요구에서 우선순위는 아니지만, CCN을 지닌 사람이 상호작용에 참여하고 있으며 흥미를 또한 갖고 있음을 대화 상대에게 알리는 중요한 사회적 피드백이다. 라이트, 빙어, 바일리와 밀러(Light, Binger, Biley, & Millar, 1997)는 비강제적 말 차례 주고받기가 CCN을 지닌 사람들의 의사소통 능력에 대한 타인의 긍정적 인식과 관련이 있음을 발견하였다. 이들은 발달장애와 지적장애, 뇌성마비, 자폐 등을 지닌 (4~21세) 참여자들에게 이 기술을 가르쳤다. 참여자들의 의사소통 체계는 말, 제스처, 선화나 인쇄된 낱말로 구성된 의사소통판, 수화 및 여러 SGD 등이었다. 전술한 전략교수를 이용한 결과, 연구에 참여한 여섯 명 중 다섯 명이 새로운 상황에서 새로운 사람들과 함께 대화 중 비강제적 말 차례를 취할 수 있었다.

관련 연구에서 부졸리크, 킹 및 바루디(Buzolich, King, & Baroody, 1991)는 SGD에 의존하는 세 명의 학생들에게 점진적 촉진과 시간지연을 활용한 명시적 교수를 통해 언급하기를 가르치는 데 성공하였다. 언급하기는 '이거 재미있네', '멋지군', '으웩', '나 그거 좋아하지 않아' 와 같은 말로 구성되었다. 연구자들은 참여 학생의 교실에서 매일 일어나는 일반적인 집단 의사소통 상황에서 교수를 제공하였다. 그 결과 세 명의 학생 모두 SGD를 사용하여 적절히 언급하기를 배웠으며, 두 명의 학생은 새로운 상황에 이를 일반화하였다. 언급하기는 또한 로우테크 의사소통 디스플레이와 책을 사용하는 아동들을 대상으로 적절한 상징과 교수를 제공하여 가르칠 수 있다([그림 11-3] 참조).

규정적 어구

규정적 어구(regulatory phrases)는 AAC 의존자들이 자신의 AAC 체계 조작과 관련된 상호작용 측면들을 관리하고 조절하도록 돕는다. 이러한 어구들은 위치(예: 내가 당신을 볼 수 있도록 이리 좀 와주시겠어요?), AAC 체계의 효과적인 사용(예: 제가 글자를 지적할 때 한 글자씩 말해 주세요), 대화 순서를 얻고 취하기(예: 말할 게 있어요), 의사소통 단절을 복구할 필요성 제기(예: 잠깐만요, 바꾸어 말할게요) 등과 관련하여 의사소통 상대에게 지침을 제공할 수 있다.

부졸리크와 런저(Buzolich & Lunger, 1995)는 SGD에 미리 프로그램되어 있는 규정적 어구를 사용하여 급우들과 상호작용하도록 비비안(Vivian)이라는 여학생을 가르친 한 치료사의 사례를 언급하였다. 교수 기법으로는 또래들과의 역할놀이와 대화 코치가 활용되었다. 중재 후 이루어진 검사에서 비비안은 더 많은 규정적 어구를 사용하지는 않았지만, 교수를 받고 난 후 더 많은 주제를 꺼내고, 대화 단절을 복구했으며, 다양한 대화 전략을 사용하였다.

상대 복창(partner reauditorization)은 도구를 통해 표현된 메시지를 대화 상대가 상승조의 억양 없이 반복하고 확장할 때 발생한다. 예를 들면, 친구와의 대화에서 CCN을 지닌 사람이 TV 상징을 지적하는 경우를 상상해 보라. 복창은 상대가 '아아, 너 어젯밤에 TV 봤구나' 라고 말할 때 발생한다. 이 전략은 의사소통 상호작용의 속도를 증진시키기에 유용할 수 있다. 왜냐하면 이러한 전략은 CCN을 지닌 사람이 산출한 전보식 메시지의 의미를 대화 상대가 추측할 수 있도록 해 주기 때문이다(Mirenda & Bopp, 2003). 네 개의 연구 결과에 의하면, 복창은 AAC 의존자의 의사소통 능력에 대

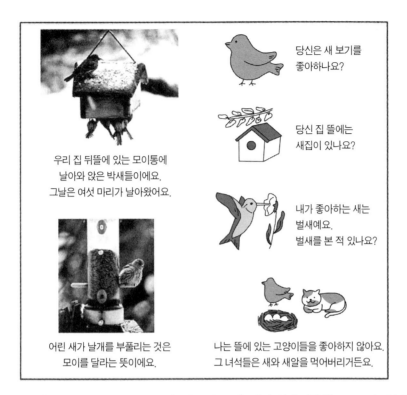

우리 집 뒤뜰에 있는 모이통에
날아와 앉은 박새들이에요.
그날은 여섯 마리가 날아왔어요.

당신은 새 보기를
좋아하나요?

당신 집 뜰에는
새집이 있나요?

내가 좋아하는 새는
벌새예요.
벌새를 본 적 있나요?

어린 새가 날개를 부풀리는 것은
모이를 달라는 뜻이에요.

나는 뜰에 있는 고양이들을 좋아하지 않아요.
그 녀석들은 새와 새알을 먹어버리거든요.

[그림 11-3] 다운증후군 성인이 뒤뜰에 있는 새를 언급하기 위해 사용한 AAC 디스플레이

PCS, DynaVox Mayer-Johnson LLC.의 허락하에 게재함

한 타인의 인식에 긍정적으로든 부정적으로든 아무런 영향을 미치지 않는다고 한다 (Bedrosian et al., 1992; Bedrosian, Hoag Johnson, & Calculator, 1998; Hoag & Bedrosian, 1992; Hoag, Bedrosian, Johnson, & Molineux, 1994).

대화 복구 전략

상호작용 가운데 일어나는 의사소통 단절을 회복하기 위해 때때로 대화 복구 전략 (conversational repair strategies)이 필요하다. 메시지의 명료성 또는 이해 가능성, 대화의 타이밍, AAC에 대한 대화 상대의 비친숙성 및 그 밖의 다른 수많은 요인으로 인해, AAC를 사용하는 초기 의사소통자들과 대화하는 동안에는 단절이 발생할 수 있다(Brady & Halle, 2002). AAC 의존자가 복구 전략을 사용해야 할 필요성은 의사소통 상대가 명료화를 요구하거나(예: '뭐라구요?' '다시 한 번 말씀해 주시겠어요?'), 의사소통 시도에 부적절하게 반응하거나(예: 화제를 바꾸거나 틀린 정보를 제공함으로써), 또는 의사소통 시도에 전혀 반응을 하지 않을 경우 제기될 수 있다(Bedrosian, Hoag,

& McCoy, 2003; Brady & Halle, 2002).

할레, 브래디 및 드래스고(Halle, Brady, & Drasgow, 2004)는 두 가지 기본적인 복구 전략 유형인 반복(repetitions)과 수정(modifications)을 기술하였는데, 수정 유형은 첨가(additions), 단순화(reductions), 대체(substitutions) 등으로 세분될 수 있다. (같은 메시지를 다시 말하거나 신호하거나 지적하는) 반복은 단절의 원인이 낮은 명료성에 있을 경우 효과적이지 않은 전략이다. 첨가는 원래의 메시지에 새로운 요소를 더하는 것(예: 주스를 다시 신호하면서 잔을 또한 지적한다)이며, 단순화는 요소를 생략하는 것(예: 나+도움+원한다보다는 도와주세요의 단일 상징을 명확하게 지적한다)과 관련이 있다. 대체는 원래의 발화와 완전히 다른 메시지를 사용하는 것이다(예: '혼자 있는 시간을 좀 가져도 될까요?'와 같은 공손한 표현보다는 SGD에 들어 있는 '절 내버려 두세요.'를 활성화한다).

할레와 동료들(Halle et al., 2004)은 초기 의사소통자들이 의사소통 단절을 복구하기 위해 문제행동을 자주 보인다는 점을 강조하였다. 그러한 예는 교사인 셔먼(Sherman)과 발성, 제스처, 몸짓언어, 그림 등을 사용하여 의사소통하는 학생인 헨리(Henry)에게서 찾아볼 수 있다. 셔먼 선생은 헨리가 교실에 들어왔을 때, 급우 중 한 명인 젤리사(Jelissa)와 이야기를 나누며 책상에 앉아 있었다.

헨리: (셔먼 선생의 책상 옆에 서서 조용히 콧노래를 부른다.)

셔먼 선생: (헨리를 알아채지 못하고 젤리사와 계속 이야기한다.)

헨리: (책상의 한쪽을 손으로 가볍게 두드린다.)

셔먼 선생: (헨리를 알아채지 못하고 젤리사와 계속 이야기한다.)

헨리: (셔먼 선생의 머리카락을 한 움큼 잡아서 당긴다.)

셔먼 선생: 헨리, 안 돼!!!! 아파! 머리카락을 잡아당기면 안 돼! 너 교장실에 가야겠구나, 그래야 너의 어머니께 전화 드려 네가 한 일을 말할 수 있지!

물론, 여러분은 셔먼 선생이나 헨리가 이용할 수 없었던, 헨리의 콧노래와 두드리는 행동에 내재한 미묘한 의사소통 메시지의 '내적 정보(insider information)'를 제공받는 이점을 지니고 있다. 헨리의 콧노래는 셔먼 선생과 아침인사 '안녕하세요?'를 나누고 싶어서 행한 시도이며, 책상 두드리기는 선생님이 자신의 콧노래를 무시하자 사용한 복구 전략임을 우리는 분명히 안다. 그러나 셔먼 선생은 이러한 분석에 틀림

없이 놀랄 것이다. 왜냐하면 이들 행동이 너무 미묘해서 그녀는 전혀 눈치채지 못하였기 때문이다. 그녀는 불행하게도 헨리가 결국 긍정적인 의사소통 결과를 가져오지 못한 좀 더 소란스러운(사회적으로는 더 수용되지 않는) 머리카락 잡아당기기 행동에 호소했을 때에야 그의 말을 "들었다." 이 상황은 하나 이상의 복구 전략을 사용하도록 가르치는 것이 절실한 전형적인 예다. 다행히도 헨리는 서면 선생이 자신의 콧노래를 알아차리지 못할 경우 그녀의 어깨를 가볍게 두드리도록 하는 명시적 교수를 제공받았다. 이는 머리카락을 잡아당기는 문제행동 해소와 실패한 의사소통 시도에 대한 일반적인 대체 전략 학습이라는 두 가지 목적에 부합한다.

불행히도 상식과 소수의 사례연구(Brady & Halle, 2002; Halle et al., 2004 참조) 외에는 AAC에 의존하는 초기 의사소통자들에게 복구 전략을 가르치는 방법에 대한 지침을 제공하는 연구는 찾아보기 힘들다. 그러나 할레와 동료들(Halle et al., 2004)은 기능적인 의사소통 훈련과 관련된 연구 성과에 기초하여 여러 가지 제안을 했는데, 다음과 같은 내용이 포함된다.

1. 의사소통 단절로 인해 복구 전략이 사용될 수 있는 현재와 미래의 상황을 파악한다.
2. 가르칠 두 개 이상의 복구 전략을 선택한다. 연구자는 최소한 두 가지 형태를 가르치는 것이 중요하다고 제안했는데, (헨리의 경우처럼) 처음 형태가 성공적이지 않을 경우 대안이 있기 때문이다. 가르치는 모든 복구 전략은 사회적으로 적절하면서도 의도한 메시지를 의사소통 상대가 충분히 이해할 수 있을 만큼 명확해야 한다.
3. 자연스럽게 이루어지는 일과와 상황 속에서 점진적 촉진 절차를 사용하여 복구 전략을 가르친다. 의사소통 단절의 반응으로 나타나는 문제행동은 가능한 한 무시한다.
4. 복구를 의미하는 행동이 제시되면 곧바로 적절한 반응을 보이도록 의사소통 상대를 격려한다.
5. 새로운 복구 전략의 사용을 모니터하고, 필요할 경우 추가 전략을 가르친다.

📑 학습문제

11-1. 라이트(Light, 1989b)가 제안한 의사소통 능력의 네 가지 구성요소는 무엇이며, 이들 구성요소가 AAC 중재와 관련해 중요한 이유는 무엇인가?

11-2. AAC 의존자의 의미론적 발달을 돕기 위해 명시적 교수와 언어 시범은 어떻게 활용될 수 있는가?

11-3. 페이(Fey, 2008)가 제안한 AAC 의존자를 위한 문법 중재의 기초가 되는 다섯 가지 원리는 무엇인가?

11-4. AAC 의존자의 구문론적 발달을 돕기 위해 전략 교수와 언어 시범은 어떻게 활용될 수 있는가?

11-5. AAC 의존자의 문법 형태소 발달을 돕기 위해 언어 시범은 어떻게 활용될 수 있는가?

11-6. 유도된 선택하기와 자발적 선택하기는 무엇이며, 이러한 기술은 어떻게 가르칠 수 있는가?

11-7. 기본적인 요구하기를 가르치기 위해 활용할 수 있는 두 가지 전략을 기술하라.

11-8. 기본적인 거부하기를 가르칠 때 활용하는 여섯 가지 주요 단계를 기술하라.

11-9. '예'와 '아니요'를 사용하도록 가르치기 위해 활용할 수 있는 두 가지 전략을 기술하라.

11-10. 대화를 개시하고 주제를 설정하도록 돕기 위해 활용할 수 있는 다섯 가지 전략은 무엇인가?

11-11. 비강제적 말 차례와 규정적 어구는 무엇이며, 어떻게 가르칠 수 있는가?

11-12. 대화 복구 전략의 두 가지 기본적인 유형은 무엇이며, 이러한 전략은 어떻게 가르칠 수 있는가?

Chapter **12**

복합적인 의사소통 요구를 지닌 사람들의 문해 중재

> 문해 기술을 가르치는 것은 AAC를 필요로 하는 사람들을 위해 우리가 할 수 있는 가
> 장 권한부여적인 것(empowering thing)이다(Lindsay, 1989).

현대사회에서 문해 기술이 갖는 중요성은 아무리 강조해도 지나치지 않다. 읽기와 쓰기 기술의 습득은 인지 발달을 촉진하며 학습을 강화한다. 또한 교육에 더욱더 완전히 참여할 수 있게 해 주며, 고용 기회를 늘려주고, 다양한 테크놀로지 사용을 촉진하며, 사회적 관계 형성을 돕고(예: 문자메시지와 사회적 네트워킹 웹 사이트를 통해), 개인적 표현을 촉진하며, 즐길 수 있는 여가 활동에 참여할 수 있게 해 준다. 테크놀로지의 급속한 발달과 인터넷 의존도 증가로 인해, 문해 기술은 일상생활에서 그 중요성이 더욱 커지고 있다. 이와 관련하여 무어, 빈, 버디쇼 및 리식(Moore, Bean, Birdyshaw, & Rycik)은 다음과 같이 언급하였다.

> 사람들이 자신의 직무를 수행하고, 가계를 운영하며, 시민으로서 행동하고, 개인적
> 삶을 영위하려면 상급 수준의 문해 기술이 필요할 것이다. 또한 도처에서 밀려드는

정보에 대처하려면 문해가 필요할 것이다. 미래 세계를 창조할 수 있는 상상력을 기르기 위해서도 문해가 필요할 것이다(1999, p. 99).

문해 기술은 모든 시민의 삶에 필수적이지만, AAC에 의존하는 CCN을 지닌 사람들의 삶에 특히 중요하다. 문해 기술은 CCN을 지닌 사람들의 의사소통 옵션을 크게 확장시킨다. 문해 기술을 습득하지 못하면, 이들은 자신이 표현하기 원하는 언어 개념을 나타내는 그림이나 기타 상징들을 제공하기 위해 타인에게 의존해야 한다. 문해 기술을 지니면 문자 기반 AAC 체계들을 사용할 수 있으며 자신이 원하는 메시지를 스스로 작성할 수 있다. 라이트와 켈퍼드 스미스(Light & Kelford Smith)에 따르면, 문해 기술은 AAC 의존자들에게 "주제를 개시하고, 아이디어를 발전시키며, 명료화를 제공하고, 독립적으로 의사소통하며, 다양한 청중과 상호작용하고, 생각과 사고 및 감정을 표현할 수 있는 기회"(1993, p. 33)를 제공한다고 한다. 또한 문해 기술은 현대사회에서 매우 가치 있는 것으로 간주되기 때문에, 이 기술의 습득은 타인에 의한 기회 장벽을 줄일 수 있으며, CCN을 지닌 사람들이 학교, 직장, 지역사회 등에 통합될 가능성을 촉진한다.

> 브렌트(Brent)는 뇌성마비를 지닌 5세 아동이다. 읽기와 타자를 유아원 시절에 배웠다. 유치원 입학을 위한 면담에서, 학교 팀에 소속된 작업치료사는 '만일 브렌트가 대학에 가지 못한다면, 그것은 전적으로 우리의 잘못일 것입니다. 그는 이미 자신이 배울 수 있는 능력이 있음을 입증했습니다. 그가 배울 수 있는 기회를 보장받느냐 아니냐는 이제 우리에게 달려 있습니다'라고 말하였다(Light & McNaughton, 2005).

문해 기술의 중요성을 고려할 때, CCN을 지닌 사람들이 제한적인 말 접근에도 불구하고 읽고 쓰기를 배울 수 있다는 분명한 증거는 고무적이다(예: Koppenhaver, Evans, & Yoder, 1991; Light & McNaughton, 2009b, 2011). 긍정적 문해 성과에 대한 이러한 증거는 다양한 장애군(예: 자폐, 뇌성마비, 아동기 말실행증, 다운증후군, 중복장애)과 다양한 연령대(예: 학령전기 아동, 학령기 아동, 청소년, 성인)의 사람들뿐 아니라 다양한 AAC 체계(예: 수화, 로우테크 의사소통판, 말산출도구[SGD])에 의존하는 사람들 사이에서도 찾을 수 있다(Koppenhaver et al., 1991; Light & McNaughton, 2009b, 2011;

Ligh, McNaughton, Weyer, & Karg, 2008). 그러나 긍정적 문해 성과의 잠재성에 대한 이러한 증거에도 불구하고, CCN을 지닌 사람들의 전형적인 성과는 고무적인 것과는 거리가 멀다. 연구에 의하면, 이들 중 많은 사람이 읽고 쓸 수 없으며 일반 또래에 비해 이러한 기술들에서 크게 어려움을 보인다고 한다(Berninger & Gans, 1986; Kelford Smith, Thurston, Light, Parnes, & O'Keefe, 1989; Koppenhaver & Yoder, 1992; Lund & Light, 2006). 사실, 기능적인 문해 기술을 습득하지 못하고 성인기에 도달하는 AAC 의존자들의 추정치는 90%에 이른다. 따라서 이들의 의사소통, 교육 및 직업적 성과, 전반적인 삶의 질 등이 매우 제한적일 수밖에 없는 것이다(Foley & Wolter, 2010). 그렇다면 이렇듯 문해 성과가 낮은 이유는 무엇인가?

문해 학습에 영향을 미치는 요인

읽기와 쓰기를 배우려면, ① 철자처리(글자와 글자패턴을 처리하고 식별하기), ② 음운처리(말의 소리 구조를 알고 조작하기, 글자와 소리 또는 소리와 글자 매핑하기), ③ 문맥처리(텍스트의 의미를 이해하거나 의미를 텍스트로 부호화하기 위해 어휘지식, 구문/문법지식, 세상사 지식 등을 활용하기), ④ 의미처리(철자, 음운, 문맥 등의 처리를 텍스트의 의미를 응집성 있게 이해하거나 의미를 응집성 있는 텍스트로 부호화하기 위해 통합하기; Adams, 1990 참조) 등 다양한 지식과 기술을 통합할 수 있어야 한다. '숙련된' 독자들은 글자와 글자 연쇄를 자동적으로 재인할 수 있고, 소리패턴을 인식하고 소리를 쉽게 조작하며, 소리를 글자로 또는 글자를 소리로 재빠르게 매핑할 수 있을 뿐 아니라 단어의 의미를 쉽게 이해하고 낯선 단어들을 이해하기 위해 문맥과 세상사 지식을 활용할 수 있으며, 이들 기술을 쉽게 통합할 수 있다(Adams, 1990, National Reading Panel [NRP], 2000). 반면에 '서툰' 독자들은 글자패턴에 대한 지식이 빈약하고, 글자와 글자 연쇄를 재인하는 데 어려움을 보이며, 청각적 변별과 음운인식 활동에 어려움을 보일 수 있다. 또한 이들은 제한적인 어휘지식을 지니고 있을 가능성도 높다. 이들은 텍스트의 의미를 파악하고 이해를 점검하기 위한 자원보다는 기본적인 단어 재인과 해독/부호화 활동에 더 많은 관심과 자원을 쏟아부어야 한다. 다음과 같은 내재적 요인과 외재적 요인을 포함하여, 긍정적이든 부정적이든 문해 성과에 영향을 미칠 수 있는 다양한 요인들이 존재한다.

문해 학습에 영향을 미치는 내재적 요인

내재적 요인은 학습자의 요구와 기술에 직접적으로 관련된 것들이다. CCN을 지닌 사람들에게 문해 학습은 다음 중 하나 이상을 포함하는 내재적 요인들로 인해 더 어렵다.

- 인쇄된 텍스트의 지각과 글자를 재인하고 변별하는 능력을 방해하는 시각장애
- 말소리 인식을 방해하고, 구어를 문어로 또한 문어를 구어로 전환하는 능력을 방해하는 청각장애
- 읽기자료와 쓰기도구(예: 연필, 펜, 컴퓨터 자판기 또는 기타 테크놀로지)에 대한 신체적 접근을 제한하거나 방해하는 운동장애
- 읽고 쓰기를 배우는 데 필요한 작업기억과 기타 처리 기술에 영향을 미치는 인지장애
- 글로 된 텍스트를 이해하고 산출하는 데 필요한 의미, 구문 및 형태론적 지식(즉, 어휘, 문법 및 문장 구조에 대한 지식)을 제한하는 언어장애
- 구어를 문어로 또한 문어를 구어로 정확하고 일관성 있게 전환하는 능력에 영향을 미치는 말장애
- 다양한 주제를 다룬 글 텍스트 산출 및 텍스트 이해를 제한하는 경험 및 세상사 지식 부족
- 동기 저하를 유발하는 문해 활동의 참여 및 성공 부족

CCN을 지닌 사람들의 문해 학습 문제는 이들이 자신의 웰빙(well being)과 수행의 일관성 및 문해 교수에 들여야 할 시간과 주의집중을 방해하는 심각한 건강문제에 직면할 경우 더욱더 악화된다. 이러한 내재적 문제들은 문해 교수를 등한시해야 하는 이유가 아니라 오히려 체계적이고, 효과적이며, 근거에 기반한 문해 교수를 제공해야 하는 이유임을 인식해야 한다. 따라서 문해 중재를 하기 전에 개인이 지닌 강약점이 먼저 파악되어야 한다. 이러한 강약점의 결정은 개인의 요구와 기술을 포괄적으로 평가하는 다학제적 팀에 의해 이루어진다(평가과정에 대한 논의는 제6장 참조). 비록 내재적 요인들 중 몇 가지는 고쳐질 수 없겠지만, 다학제적 AAC 팀은 문해 학습을 지원하기 위해 감각/지각, 운동, 인지, 언어, 세상사 지식, 구어 등의 기능을 가능

한 한 최대화하는 데 초점을 두어야 한다.

> 우리가 크리스타(Krista)를 처음 만났을 때 그녀는 여덟 살이었다. 당시 그녀는 말,
> 운동, 시력, 및 청력 등 여러 가지 심각한 문제를 갖고 있었다. 그러나 이러한 문제들
> 은 문해 교수에 대한 그녀의 참여 기회를 제한할 변명거리가 되지 못했다. 오히려 우
> 리로 하여금 크리스티나에게 그녀의 요구와 기술에 부합하는 지속적이고, 체계적이
> 며, 근거에 기반을 둔 문해 교수를 제공하도록 하는 자극제가 되었다. 그리고 문해
> 교수를 통해 그녀는 기본적인 읽기와 쓰기 기술을 습득하게 되었으며, 결과적으로
> 그녀의 교육 및 사회적 기회가 증가하였다(Light, McNaughton et al., 2008).

문해 학습에 영향을 미치는 외재적 요인

문해 학습은 내적 요인 외에도 환경과 관련된 다양한 외적 요인의 영향을 받는다.
문해 학습은 별개로 이루어지는 것이 아니라 일련의 관련 맥락들 속에 포함되어 있
다. 이들 맥락으로는 물리적 맥락(즉, 개인의 환경 내에 배치되어 있는 문해 자료의 양과
특성), 기능적 맥락(즉, 하루 동안 이루어지는 문해 활동의 질과 구성), 사회적 맥락(즉, 문
해를 경험하는 동안 상대방과 경험하는 상호작용의 질), 문화적 맥락(즉, 가족, 학교 및 지
역사회가 문해 학습에 부여하는 가치, 기대 및 우선순위; Light & Kelford Smith, 1993) 등을
예로 들 수 있다.

문해 학습을 위한 물리적 맥락과 기능적 맥락

연구에 의하면, AAC 의존 아동의 가정에 있는 읽기 및 쓰기 자료들과 읽기 및 쓰
기에 대한 타인의 시범은 일반 아동의 가정과 유사하다고 한다(Light & Kelford Smith,
1993). 그러나 문해 자료에 대한 접근성에서 두 집단 간에 차이가 있다. 즉, CCN을 지
닌 아동들은 일반 또래 아동들에 비해 읽기자료에 접근하는 빈도가 낮고 쓰기자료에
접근하는 빈도 또한 유의하게 낮았다(Koppenhaver & Yoder, 1993; Light & Kelford
Smith, 1993). CCN을 지닌 아동의 부모들은 가정에서 일반 아동 부모들에 비해 자신
들이 문해 관련 활동에 비해 일상적인 신변처리 활동들(예: 식사하기, 화장실 가기, 옷
입기)을 수행하는 데 훨씬 더 많은 시간을 보낸다고 보고하였다. 이러한 차이는 가정
을 넘어 교실에까지 확대된다. 코펜하버(Koppenhaver, 1991; 재인용 Koppenhaver &
Yoder, 1993)에 의하면 교사들은 문해 교수를 위해 하루당 전형적으로 60분 이하의 시

간을 할당하고 있으며 학생들은 그 시간 중 대략 40%를 교수를 기다리고, 교실을 나가며, 과제 외 활동을 하는 데 사용한다고 한다. 결국 CCN을 지닌 학생들은 하루 중 대략 35분을 읽기와 쓰기에 들이고 있으며, 이는 일반 또래 학생들에 비해 현저히 낮은 시간을 문해에 투자하고 있음을 의미한다. 더욱이, CCN을 지닌 많은 학생들이 특수학급에 배치됨으로써 학업에 대한 기대가 감소하고 학교에서 문해 학습을 경험할 기회가 훨씬 더 줄어들게 된다(Machalicek et al., 2010).

문해 학습을 위한 사회적 맥락

AAC에 의존하는 아동들은 장애가 없는 또래 아동들에 비해 문해 경험이 더 적을 뿐 아니라 경험의 질 또한 다르다. 전형적으로 발달하는 아동들은 언급하기, 질문하기, 질문에 답하기 등으로 부모 및 교사들과 함께하는 문해 경험에 적극적으로 참여한다. 이와는 대조적으로 AAC에 의존하는 아동들은 문해 활동에 의미 있는 방식으로 참여하기 위한 기회가 더 적으며 상호작용 또한 부모나 교사들이 주도하는 경향이 있는 것으로 나타난다(예: Kent-Walsh, Binger, & Hasham, 2010; Light, Binger, & Kelford Smith, 1994). CCN을 지닌 사람들은 문해 활동을 하는 동안 AAC 접근이 어렵거나 제한적인 경우가 흔하다. 따라서 이들의 말이 제한적임을 고려하면, 문해 활동을 하는 동안에 의사소통(예: 텍스트에 대한 질문하기, 텍스트에 대해 언급하기, 자신의 경험과 관련짓기)을 할 수단이 거의 없게 된다. 사회적 맥락은 언어적 맥락의 영향을 받는다. 그러한 언어적 맥락에는 AAC 의존자들이 이용가능한 언어와 문해 활동을 하는 동안에 상대방이 사용한 언어가 포함된다.

문해 학습을 위한 언어적 맥락

정의에 의하면, 문어는 말의 부호화다. 페이지 상에 인쇄된 글자나 자소는 그 자체로 의미가 있는 것은 아니다. 그 의미는 개별 말소리(음소)와 낱말 구성을 위해 결합된 말소리들의 표상을 통해 도출된다. 문해 기술은 어린 시절에 발달하는 구어 기술을 기반으로 하여 습득된다. 반면에 CCN을 지닌 사람들은 말을 못하거나 제한적이며, 도구를 사용하는 상징과 도구를 사용하지 않는 상징(예: 제스처, 수화, 그림 상징으로 구성된 의사소통판, 말산출도구)을 모두 포함하는 다수의 방식에 의존하여 의사소통을 한다. 음소 수준(즉, 말소리 수준)에서 구어를 매핑하는 전통적인 철자(문어)와 달리, 대부분의 AAC 상징들은 의미 수준(즉, 낱말 의미 수준)에서 구어를 매핑한다. 더욱이, 대부분의 AAC 상징들은 진정한 언어 체계가 아니다(Light, 1997). 현재까지 우리는 그림(또는 기타) AAC 상징이 문해 습득에 미치는 영향을 완전히 이해하지 못하고 있다(Bishop, Rankin, & Mirenda, 1994). CCN을 지닌 사람들이 의사소통, 언어 발달 및 전통적 철자로의 전이를 돕는 AAC 체계에 접근하도록 보장하는 것은 매우 중요하다.

문해 학습을 위한 문화적 맥락

CCN을 지닌 아동들의 문해 경험과 교수에 대한 강조가 덜한 이유 중 하나는 부모와 교사의 기대에서 찾아볼 수 있다. 일부 연구에 의하면, AAC에 의존하는 아동의 부모는 읽고 쓰는 기술의 습득을 의사소통과 친구 사귀기 같은 다른 기술들에 비해 덜 중요한 것으로 평가한다(Light & Kelford Smith, 1993; Marvin & Mirenda, 1993; Trenholm & Mirenda, 2006). 더욱이, 라이트와 맥노튼(Light & McNaughton, 1993)은 CCN을 지닌 아동의 부모와 교사들이 자신의 아동이 문해 기술을 습득할 것이라는 기대를 거의 하지 않음을 발견하였다. 낮은 기대는 문해 실패의 악순환을 부추긴다. 즉, 부모와 교사가 낮은 기대를 갖기에 문해 활동을 위한 시간과 노력을 덜 기울이게 되고, 이로 인해 CCN을 지닌 아동들은 문해 기술을 학습할 기회를 적게 갖게 됨으로써 읽고 쓰기 기술에서 제한적인 향상을 보이게 되고 이는 문해 성과에 대한 그들의 낮은 기대를 강화시키게 된다. AAC 의존자들을 위한 낮은 기대와 낮은 문해 성과의 악순환을 깨기 위한 집중적인 중재가 필요하다.

산드라(Sandra)는 심한 뇌성마비를 지니고 있다. 우리는 열세 살 때 그녀를 처음 만났다. 그녀는 읽거나 쓰는 법을 몰랐고, 문해 교수에 참여한 적도 없었다. 적절한 교수를 받은 지 8주가 지나자 그녀는 낱말을 해독해냈고 그러한 해독 기술을 친구들과 함께 책을 읽는 활동에도 적용할 수 있게 되었다. 적절한 지원과 교수를 통해 그녀는 완벽하게 읽고 쓸 수 있게 되었다. 그녀는 자신이 경험한 낮은 기대에 대해 다음과 같이 말했다. "그들은 내가 결코 쓸 수 없을 것이라고 말했어요." 산드라는 그러한 기대가 잘못된 것임을 보여 주었다. 산드라에 대한 더 자세한 정보를 원하면 자폐, 뇌성마비, 다운증후군 및 기타 장애를 지닌 사람들의 문해 교수(Literacy Instruction for Individuals with Autism, Cerebral Palsy, Down Syndrome and Other Disabilities)를 위한 펜실베이니아 주립대학교의 웹 사이트를 방문해 학생 성공담(Student Success Stories) 부분을 찾아보라.

문해 학습에 영향을 미치는 교수 요인

　문해 기술은 타고나는 것이 아니다. 대부분의 사람들은 읽고 쓰기를 배우기 위해 여러 사람들이 협력하는, 적절하고 효과적인 교수를 필요로 한다. 사실, 공교육이 시작된 후 첫 3~4년은 읽고 쓰기를 배우는 데 심혈을 기울이게 된다. CCN을 지닌 사람들의 서툰 문해 성과에 기여하는 주된 요인 중 하나는 제한적이거나 전무한 말 능력을 지닌 사람들의 요구를 충족시키기 위한 효과적인 근거 기반 문해 중재가 부족하다는 점이다(Berninger & Gans, 1986). 대부분의 문해 교육과정은 전형적으로 발달하는 아동이나 문해 영역에서 발달의 위험이 있는 아동들을 대상으로 고안된다.

　다행히도, 지난 십 년 동안 CCN을 지닌 사람들의 문해 중재 개발에 대한 관심이 증가하였다(예: Browder, Ahlgrim-Delzell, Courtade, Gibbs, & Flowers, 2008; Erickson, Clendon, Abraham, Roy, & Van de Carr, 2005; Light & McNaughton, 2009a). 읽기와 쓰기의 습득은 ① 공식적인 학교교육이 시작되기 전에 발생적 문해 기술(emergent literacy skills) 발달과 함께 시작되고, ② 공식적인 학교교육이 시작된 후 첫 3~4년 동안에는 기본적인 관습적 읽기와 쓰기 기술(basic conventional reading and writing skills) 습득으로 전이되며, ③ 진전된 문해 기술(advanced literacy skills)이 실현되고 이들 기술이 학습과 사회 참여를 촉진하기 위해 활용되는 것(즉, 학습을 위한 읽기와 쓰기)으로 종결되는 복잡한 과정이다. 우리는 남은 절들에서 문해 중재의 단계를 차례차례 논의하고 근거에 기반을 둔 문해 중재의 실제를 요약할 것이다.

발생적 문해 기술 촉진하기

　문해 기술의 발달은 매우 이른 시기, 즉 아동이 언어를 배우기 시작하는 첫해 이전, 프린트 자료들(예: 단순한 책)에 처음 노출되면서 시작된다. 문해 발달의 초기, 즉 관습적인 문해 기술을 습득하기 이전 시기는 발생적 문해 단계(stage of emergent literacy)로 불린다. 이 단계에서, 아동들은 이후 읽기와 쓰기 기술을 발달시키기 위한 기반을 형성하는 지식과 기술들을 습득한다. 특히, 이들은 언어 기술(즉, 글 텍스트를 이해하고 산출하는 데 필요한 의미, 구문, 형태 및 내러티브 기술), 구어와 문어 연결(즉, 프린트는 의미를 전달하며 구어를 표상함), 프린트가 갖는 기본적인 관습(예: 책을 잡는 법,

읽기를 시작하는 위치, 텍스트는 왼쪽에서 오른쪽으로 진행된다는 점) 등을 배운다.

이야기책 읽기는 발생적 문해 측면에서 특히 중요하다. 이야기책을 읽으면서 문해를 습득한 상대(예: 부모, 교사, 나이가 더 많은 아동)는 아동에게 텍스트를 읽어 주고, 아동이 이야기를 듣는 동안 아동의 경험과 연관 지으면서 이야기에 대해 말하며, 사건을 언급하고, 질문을 하거나 이야기의 어떤 부분들을 다시 말해 준다. 이러한 초기 이야기책 읽기 경험은 아동의 언어기술 발달에 중요한 역할을 한다. 이야기책을 읽는 동안에 아동은 이야기 문법뿐 아니라 다양한 어휘와 문장 구조에 노출된다. 더욱이, 이야기책 읽기는 어린 아동들에게 공식적인 교육의 기초가 되는 '탈맥락적인 말(displaced talk)'을 소개한다. 일상생활에서와는 달리, 탈맥락적인 말은 아동으로 하여금 지금과 여기를 벗어난 사람, 사물, 사건 등에 대해 말할 것을 요구한다. 이야기책 읽기는 아동의 이해를 강화하는 시각적이고 맥락적인 지원을 제공하기에 탈맥락적인 말을 처음 소개할 때 적절하다. 또한 이야기책 읽기는 부모와 교사들로 하여금 아동들이 이야기에 대해 말을 하고 자신들의 경험과 그 이야기를 연관시키도록 도움으로써 더 깊이 있는 비계(scaffolding)를 제공하게 해 준다. 전형적으로 발달하는 아동과 문해 발달의 고위험군 아동들을 대상으로 한 연구들에 의하면 이야기책 읽기는 이후 문해 발달 성과와 관련이 매우 높다고 한다(예: Bus, van IJzendoorn, & Pellegrini, 1995).

AAC 의존자의 발생적 문해 발달 문제

전형적으로 발달하는 또래 아동의 경우처럼, AAC에 의존하는 아동들의 부모와 교사도 이들 아동에게 규칙적으로 책을 읽어 준다(Dahlgren Sandberg, 1998; Light & Kelford Smith, 1993). 많은 경우, 이야기책 읽기는 매일 또는 매주 이루어지는 규칙적인 일과다. 그러나 CCN을 지닌 아동들의 이야기책 읽기에서 이루어지는 상호작용의 특성은 일반 또래 아동들의 경우와는 크게 다르다. 일례로 라이트와 켈퍼드 스미스(Light & Kelford Smith, 1993)에 의하면, 일반 아동들은 스스로 책을 고르고 같은 책을 여러 번 반복해 읽는 반면에, AAC에 의존하는 아동들의 경우에는 부모가 주로 읽을 책을 고르며 매번 다른 책을 고르는 경향이 있다고 한다. 따라서 이야기책 읽기 회기들이 이들 아동의 요구를 충족시키거나 흥미를 끌지 않을 수 있다. 더욱이 같은 책을 반복해 읽지 않음으로써 이야기 읽기 활동에 참여하고 능력을 키울 수 있는 기회에서 제한을 받게 된다. 반복 읽기는 어린 아동들이 이해 기술을 발전시키고, 추론 기술을 배우며, 이야기를 다시 말하거나 해설을 하고, 사건이나 이야기를 예측하며, '가상 읽기(pretend reading)'에 참여하도록 도울 때 매우 유익하다.

또한 연구들에 의하면 부모, 교사 및 예비 전문가들은 AAC에 의존하는 아동들에게 책을 읽어 줄 때 아동이 참여할 기회를 거의 제공하지 않고, 상호작용을 독점한다고 한다(예: Kent-Walsh et al., 2010; Light et al., 1994). 의사소통 상대는 단지 이야기를 읽는 데만 집중하는 경향이 있으며, 아동이 의사소통을 개시할 기회를 주기 위해 멈추는 경우도 드물고, 질문도 거의 하지 않는다고 한다. 아동으로 하여금 참여를 격려할 경우에도, 이들은 이해를 촉진하고 언어 및 의사소통 기술을 발달시키기 위해 이야기를 논의하기보다는 기계적으로 책을 이용하는(예: 아동에게 페이지를 넘기도록 하거나 그림을 지적하게 하는) 경향이 있었다. CCN을 지닌 아동들은 이야기책을 읽는 동안 AAC에 접근하지 못하는 경우가 매우 흔한데, 그로 인해 의사소통 옵션(Light et al., 1994)과 발생적 문해 기술을 배울 수 있는 능력이 크게 제한된다.

발생적 문해 기술 촉진을 위한 중재

CCN을 지닌 사람들의 발생적 문해 기술 강화를 위한 중재의 효과성을 증명해 주는 연구들이 점점 늘고 있다. 이들 중재의 대부분은 차례 주고받기(즉, 참여)의 빈도, 수용 및 표현 어휘 지식, 이야기 책 읽기 동안 CCN을 지닌 사람들이 표현한 메시지의 길이 증가 등에 초점을 두고 있다. 이러한 목표들을 성취하기 위해 중재는 다음 두 영역, 즉 ① 이야기를 읽는 동안 적절한 어휘 개념들을 포함하고 있는 AAC 제공하기, ② '의사소통 상대(예: 부모, 예비 전문가)로 하여금 AAC에 의존하는 사람들의 효과적인 의사소통을 촉진할 수 있는 교수 전략을 활용하도록 교육하기 등에 집중해 왔다.

발생적 문해 활동을 돕는 적절한 AAC 제공하기

CCN을 지닌 사람들의 발생적 문해 기술 촉진을 위한 중요한 첫 단계는 의사소통을 지원하는 적절하고 효과적인 AAC 제공이다. AAC는 다양한 방식으로 제공될 수 있다. 즉, ① 읽기 활동에서 수화와 제스처 사용하기, ② 이야기를 읽는 동안 사물을 이용하여 선택하도록 하기(Browder, Mims, Spooner, Ahlgrim-Delzell, & Lee, 2008),

③ 반복 읽기를 가능하게 하는 간단한 스위치 제공하기(예: Koppenhaver, Erickson, Harris, McLellan, Stotko, & Newton, 2001, Koppenhaver, Erickson, & Stotko, 2001), ④ 질문과 언급을 할 수 있도록 이야기에 나오는 적절한 어휘들로 구성된 의사소통판 제공하기(예: Trudeau, Cleave, & Woelk, 2003), ⑤ 적절한 어휘로 구성된 SGD 제공하

[그림 12-1] '골디락스와 세 마리 곰' 이야기로 CCN을 지닌 유아의 발생적 문해 활동을 돕기 위한 격자 의사소통 디스플레이의 예

실제 디스플레이의 상징들은 컬러다.

PCS, DynaVox Mayer-Johnson LLC.의 허락하에 게재함

기(예: Bellon-Harn & Harn, 2008; Binger, Kent-Walsh, Berens, del Campo, & Rivera, 2008; Rosa-Lugo & Kent-Walsh, 2008) 등을 예로 들 수 있다. 몇몇 연구자들은 이야기 책을 읽는 동안 참여를 촉진하기 위해 도구를 사용하는 AAC 체계에 어휘를 구성하고 디스플레이하는 다양한 방법들을 탐색하였다. 실제 이야기책과는 별개로 제시되는 AAC 그래픽 상징들로 구성된 전통적인 격자 디스플레이(Binger et al., 2008; Rosa-Lugo & Kent-Walsh, 2008; [그림 12-1] 참조), 실제 이야기책 페이지 주변에 원형으로 관련 AAC 상징들을 배치한 후 스캔하여 SGD에 저장해놓은 디스플레이(Wilkinson, Foderaro, Maurer, Weinreb, & O'Neill, 2011), 각 장면에 관련 어휘들을 핫스팟으로 지정해 놓은 상태로 실제 이야기책 페이지들을 스캔한 시각적 장면 디스플레이(VSD; Wood Jackson, Wahlquist, & Marquis, 2011; Light & Drager, 2011; [그림 12-2] 참조) 등을 예로 들 수 있다. 이들 연구를 통해 분명해지는 것은 CCN을 지닌 사람들에게 이야기 책을 읽는 동안 AAC를 제공하면, 차례 주고받기와 참여가 증가하고(예: Browder, Mims, et al., 2008; Mims, Browder, Baker, Lee, & Spooner, 2009), 표현되는 개념 범주가 확장되며(예: Rosa-Lugo & Kent-Walsh, 2008), 주고받는 메시지 길이가 늘어난다 (예: Binger et al., 2008)는 점이다.

a

b

[그림 12-2] CCN을 지닌 유아에게 발생적 문해 기술을 가르치기 위해 동화책
'맥도널드 아저씨네 농장'을 사용해 제작한 VSD의 예

a) 아동이 SGD 화면상으로 볼 수있는 VSD 페이지의 스크린샷, b) VSD에 포함된 핫스팟을 보여 주는 스크린샷. 핫스팟을 터치하면 말 또는 소리가 산출된다(예: 농부를 터치하면 '맥도널드 아저씨'가, 헛간을 터치하면 '농장'이, 젖소를 터치하면 '젖소'와 '음매' 소리가 산출된다). 아동은 이러한 방식으로 강조된 핫스팟을 볼 수 없다. 핫스팟은 선택된 경우에만 강조된다. 실제 VSD 상의 그림들은 컬러로 표현된다.

제네비브(Genevieve)는 다운증후군을 지닌 아동으로, 언어와 의사소통 발달을 위해 생후 8개월에 손짓기호와 VSD를 지닌 SGD를 소개받았다. 제네비브는 금세 VSD 사용법을 배워 부모나 언니와 함께 이야기책을 읽는 활동에 적극적으로 참여할 수 있었다. 제네비브가 빌 마틴 주니어(Bill Martin Jr.)가 쓴 『갈색 곰아, 갈색 곰아, 무엇을 보고 있니?』라는 책을 부모랑 언니들과 함께 읽고 있는 모습을 촬영한 비디오를 보려면 자폐, 뇌성마비, 다운증후군 및 기타 장애를 지닌 어린 아동들을 위한 펜실베이니아 주립 대학교의 조기중재(Pennsylvania State University Early Intervention for Young Children with Autism, Cerebral Palsy, Down Syndrome, and Other Disabilities) 파트의 성공 스토리(Success Stories) 부분을 방문해 보라. 비디오에서 그녀는 SGD와 손짓기호를 사용해 상호작용에 적극적으로 참여한다. 그녀는 '꽥꽥' 소리와 함께 '오리'를 산출시키기 위해 VSD에서 오리를 선택하여 생후 9개월에 '첫 단어'를 표현하였다. 그녀는 또한 오리에 대한 수화도 비슷하게 산출하였다. 매우 어린 나이임에도, 제네비브는 이후 문해 학습의 기초가 되는 함께 이야기책 읽기를 통해 발생적 문해 기술을 쌓기 시작하였다.

글을 읽고 쓸 줄 아는 의사소통 상대에게 상호작용 전략 가르치기

AAC를 단순히 제공하는 것만으로는 CCN을 지닌 사람들이 발생적 문해 활동에 성공적으로 참여할 수 있는 것은 아니다. 학습자에게 참여의 기회와 필요한 지원을 제공하도록 보장하기 위해, 발생적 문해 활동에는 글을 읽고 쓸 수 있는 의사소통 상대들의 발판(scaffolding)이 제공되어야 한다. 〈표 12-1〉에는 이야기책을 읽는 동안 CCN을 지닌 사람들의 의사소통에 긍정적인 영향을 미치는 다양한 상대의 상호작용 전략들이 요약되어 있다. 연구에 의하면, 다양한 상대들(예: 유럽계, 아프리카계, 히스패닉계 등 다양한 문화와 인종 출신의 부모와 교직원)이 짧은 시간 동안 이들 전략을 조합해 사용하도록 배울 수 있으며, 이러한 전략들의 사용은 AAC에 의존하는 아동들이 이야기책을 읽는 동안 차례 주고받기, 새로운 개념 사용, 상징 조합 메시지 산출 등을 증가시킨다고 한다(예: Bellon-Harn & Harn, 2008; Binger et al., 2008; Binger, Kent-Walsh, Ewing, & Taylor, 2010; Kent-Walsh et al., 2010; Rosa-Lugo & Kent-Walsh, 2008; Soto & Dukhovny, 2008).

표 12-1 CCN을 지닌 사람들의 이야기책 읽기 활동 참여를 돕는 의사소통 상대의 상호작용 전략

전 략	설 명
적절한 책 고르기	학습자가 흥미를 보이는 책을 고르도록 허용한다. 책은 학습자의 이해를 돕는 적절한 언어 수준의 것이어야 한다.
책 주제 소개하기	학습자로 하여금 책의 주제를 생각해 보도록 격려한다. 관련 경험들을 논의한다. 읽기의 목적(예: 이야기 즐기기, 새로운 정보 배우기, 질문에 답하기)을 논의한다.
필요할 경우 새로운 어휘 소개하기	학습자에게 새로운 개념을 설명(예: 예를 들어 묘사하기, 이전 경험과 연관시키기)한다. 새로운 개념을 나타내기 위해 적절한 AAC 상징을 가르친다.
책 본문 읽어 주기	읽는 부분을 손가락으로 짚어가며 각각의 페이지를 소리 내어 읽어 준다. 규칙적으로 멈추고, 학습자가 질문을 하거나 언급을 하도록 기회를 제공한다.
시간지연 활용하기	기대의 눈빛으로 학습자를 바라본다. 최소한 5~10초 정도를 기다린다.
적절한 질문하기	학습자가 이야기에 대해 생각해 볼 수 있도록 격려하기 위해 질문을 한다. 예측을 하도록 학습자를 격려한다. 본문의 내용과 학습자의 경험을 연관시킨다.
AAC와 말 사용 시범하기	이야기를 읽고 말을 하는 동안, 학습자가 자신의 SGD나 로우테크 의사소통판에서 적절한 상징을 선택하거나 신호하도록 한다.
의사소통 시도에 반응하기	학습자가 질문이나 언급을 할 경우, 질문에 답하거나 정보를 더하여 언급을 확장하도록 한다.
책 내용을 말하도록 학습자 격려하기	책을 여러 번 읽어, 학습자가 책 내용을 다시 말해 보도록 격려한다.

출처: Light & McNaughton (2009a).

우리는 흔히 어린 아동 대상의 이야기책 읽기를 생각하지만, 아직 읽고 쓸 수 없는 나이 많은 사람들도 언어 기술을 쌓고, 구어와 문어 간 관계를 파악하며, 인쇄물의 관습을 접하는 데 있어 발생적 문해 경험이 도움이 될 수 있다. 이러한 경우에는 전통적인 동화책 대신 스포츠, 패션, 요리 등을 다룬 책이나 잡지를 활용할 수 있다. 또한 발생적 문해 활동 맥락에서는 이야기책 읽기가 가장 흔하게 논의되지만, 학습자로 하여금 관습적 문해 기술을 발달시킴으로써 발생적 문해 단계를 잘 벗어날 수 있도록 의사소통 상대가 지속적으로 본문을 읽어 주고 논의하는 것이 중요하다(Folet &

Wolter, 2010). 학생에게 책을 읽어 주고 본문을 논의하면 다양한 목적을 달성할 수 있다. 즉, ① 학습자가 직접 경험하지 못한 사건들에 대해 읽음으로써 세상에 대한 지식을 쌓을 수 있으며, ② 학습자가 혼자서 읽을 수 있는 것보다 더 어려운 본문들을 접함으로써 인지 발달의 발판을 마련할 수 있고, ③ 좀 더 어려운 언어개념, 문장 구조 및 장르들(예: 설명문, 논설문, 에세이)을 접할 수 있어 언어 발달이 강화되며, ④ 더 나은 이해와 추론 기술을 촉진하고, ⑤ 읽기의 즐거움을 경험함으로써 읽기 교수에 대한 동기가 증가하게 된다.

읽기 자료에 스스로 다가가도록 하기

읽고 쓸 수 있는 의사소통 상대의 읽기 활동에 대한 발판 제공과 더불어, CCN을 지닌 사람들이 읽기 자료에 동기와 흥미를 갖고 스스로 다가가도록 하는 것이 중요하다. 다양한 전략을 통해 적절한 읽기 자료에 다가가도록 촉진할 수 있는데, 책을 쉽게 다가갈 수 있는 장소에 놓기, 자유놀이 시간에 책을 선택하도록 허용하기, 좋아하는 책을 요구할 수 있는 수단 제공하기, 책을 쉽게 넘길 수 있도록 개조하기, 책 내용을 집이나 학교에서 이루어지는 일과와 통합하기(예: 활동센터 명칭, 요리법, 지시사항), 녹음테이프나 CD으로 제작된 책 제공하기, 컴퓨터로 전자책 읽기, 책을 AAC 도구에 스캐닝해서 저장해두기 등을 예로 들 수 있다(예: Erickson, Koppenhaver, Yoder, & Nance, 1997; Goossens', 1989; Light & Kelford Smith, 1993; Light et al., 1994; Light & Drager, 2011; Musselwhite & King-DeBaun, 1997).

내러티브 기술 쌓기

이야기 읽기는 새로운 어휘와 문장 구조를 접할 수 있는 풍부한 맥락을 제공한다. AAC 중재는 기초적인 의사소통에 초점을 두는 경우가 흔해서, AAC 체계에는 단지 기능적인 어휘만이 들어 있는 경향이 있다. 문해 활동에 필요한 어휘와 문장 구조는 기본적인 대면 의사소통에 사용되는 것들과는 다르며 책읽기 활동을 통해 가장 잘 습득할 수 있다. 문해 발달을 돕는 의미와 구문 지식의 발달 외에, 책 읽기는 내러티브 기술(또한 다른 장르의 기술들)을 또한 촉진한다. 전형적으로 발달하는 또래와 달리, AAC에 의존하는 사람들은 흔히 내러티브 기술을 쌓는 데 필요한 확장된 형태의 의사소통 상호작용을 경험할 기회가 드물다. 이러한 경험 부족은 CCN을 지닌 사람들이 내러티브 기술을 쌓기 위한 집중적인 중재가 필요함을 의미한다. 예를 들면, 소토(Soto)와 동료들은 이야기 구조를 이해하고 사용하는 데 목표를 둔 중재는 AAC의 존자의 이야기에 포함된 언어 및 내러티브 복잡성에 긍정적인 영향을 미친다고 기술하였다(예: Soto, Solomon-Rice, & Caputo, 2009; Soto, Yu, & Henneberry, 2007; Soto, Yu, & Kelso, 2008). 이러한 중재는 AAC에 의존하는 학생들이 긴 글을 읽고 쓰는 데 필요한 내러티브 수준과 담화 수준의 언어 기술을 준비할 수 있도록 해 준다.

발생적 쓰기 기술 쌓기

발생적 문해 발달 단계에서, CCN을 지닌 사람들은 이야기 읽기와 그 밖의 발생적 읽기 활동에 참여해야 할 뿐 아니라 초기 '쓰기' 활동에도 참여할 수 있는 기회를 필요로 한다. 이러한 발생적 쓰기 활동은 아동들로 하여금 의미를 부호화하거나 표현하기 위해 텍스트를 활용하도록 돕는다. 불행히도, AAC에 의존하는 많은 아동들이 규칙적으로 초기 쓰기 활동에 참여하지 못하고 있다(Light & Kelford Smith, 1993). 초기 쓰기 활동에의 참여 부족은 이러한 활동에의 흥미 부족이라기보다는 접근 부족을 반영하는 것으로 보인다. CCN을 지닌 많은 사람들이 경도에서 중도에 이르는 운동장애를 갖고 있어서 관습적인 쓰기 도구(예: 크레용, 마커, 연필, 그리붓)의 사용이 어렵다. 작업치료사 및/또는 물리치료사는 CCN을 지닌 사람들이 쉽게 잡고 조절할 수 있는 쓰기 및 그리기 도구의 개조뿐 아니라 적절한 착석과 자세 등을 추천할 수 있다. 컴퓨터 기술 또한 그리기 프로그램과 키보드 접근을 통해 CCN을 지닌 사람들의 초기 쓰기 활동을 촉진할 수 있다.

> CCN을 지닌 사람들은 자신이 컴퓨터 기술을 사용할 수 있음을 보일 때까지 접근을 허락받지 못하는 경우가 흔하다. 그래서 배울 기회를 놓치고 또래보다 뒤쳐질 가능성이 더욱 높아진다. 장애가 없는 아동의 경우, 글을 쓸 수 있음을 증명할 때까지 연필을 제공받지 못하는가? 오히려, 쓰기 기술을 배우도록 돕기 위해 쓰는 법을 모르기 전에도 이미 연필, 크레용, 마커 및 기타 쓰기도구들을 접하게 된다. 마찬가지로, CCN을 지닌 사람들도 발달초기에 쓰기와 그리기를 돕는 지원과 함께 '전자 연필'로 기능하는 테크놀로지나 소프트웨어에 접근할 수 있어야 한다.

쓰기도구(전자 도구든 관습적인 도구든)를 지닌 CCN을 지닌 사람들은 부모, 교사 또는 그 외 사람들이 제공하는 발판과 함께 다양한 발생적 쓰기 경험을 필요로 한다. 이러한 활동으로는 비밀 메시지 '쓰기', 그림 그리고 이야기 쓰기, 가게 간판 만들기, 생일카드 만들기, 편지 쓰기, 이메일 메시지 작성하기, 사진 앨범 표지붙이기 등을 예로 들 수 있다. 이때의 목표는 철자, 어휘, 문법 등의 오류 없이 자유롭게 텍스트를 구성하도록 하는 것이 아니라 학습자로 하여금 '쓰기'를 통해 의미를 부호화할 수 있음을 이해시키도록 하는 데 있다. 처음에 학습자는 단지 끼적이거나 의미 없는 글자들을 써낼 것이고, 그러면 읽고 쓸 수 있는 의사소통 상대가 제대로 된 글쓰기를 시범하면서 도울 것이다. 이후에 학습자가 음운인식 기술과 글자 소리에 대한 지식을 좀 더 발전시키게 되면, 의미를 부호화하기 위해 소리 철자를 사용하기 시작할 것이다.

> 팀(Tim)은 뇌성마비를 지닌 네 살 아동으로 관습적인 쓰기 기술을 배우기에 앞서 일찍 개조된 키보드를 사용해 SGD에 접근할 수 있었다. 그는 메시지를 작성하기 위해 키보드에 있는 글자들을 가지고 노는 것을 좋아하였다. 그는 누나를 놀려주기 위해 소리 철자를 사용해 'P, U' 메시지를 썼던 날 특히 기뻐하였다(Light & McNaughton, 2005).

음운인식과 글자-소리 협응

발생적 문해 활동을 넘어, 어린 아동은 문해 발달의 초기 단계에서 음운인식 기술과 글자-소리 협응을 접하게 된다(Erickson & Clendon, 2009). 예를 들면, 유아원과 아동 보호 프로그램, 교육용 소프트웨어, TV쇼 등을 통해 수많은 어린 아동들이 초등학교에 입학하기 전에 이미 글자와 글자의 소리를 접하고, 운 맞추기와 소리 합성 등의 활동들에 참여하게 된다. 의미 있고 재미있는 활동들을 하면서 이러한 기술들을 조기에 접하도록 하는 것은 CCN을 지닌 아동들에게 특히 도움이 된다(더 많은 정보를 얻고자 한다면 '기초적인 읽기 기술 가르치기' 부분을 참고하라).

> 릴리(Lili)는 다운증후군을 지닌 유아로 의사소통을 위해 말에 가까운 발성, 수화, SGD 등을 사용한다. 부모나 치료사들과 함께 하는 놀이 활동을 통해 이른 시기에 글자-소리 협응과 음운인식 활동을 접하였다. 생후 23개월에 그녀는 이미 많은 글자와 소리를 배웠으며 이들 글자와 소리를 친숙한 단어들과 연관시킬 수 있었다. 'daddy'에 들어 있는 글자 d를 알고 있음을 보이는 릴리의 비디오를 보려면 자폐, 뇌성마비, 다운증후군 및 기타 장애를 지닌 어린 아동들을 위한 펜실베이니아 주립

대학교 조기중재(Pennsylvania State University Early Intervention) 파트의 성공 스토리(Success Stories) 부분을 방문해 보라.

관습적 문해 기술을 가르치기 위한 중재의 핵심 요소

발생적 문해 활동을 통해, CCN을 지닌 사람들은 언어 기술을 쌓고, 구어와 문어를 연관시키며, 인쇄물의 기본적인 관습을 배운다. 이러한 기술들은 기능적인 읽기와 쓰기 기술 습득을 지원하는 데 필수적이지만, 이들 기술만으로 충분한 것은 아니다. CCN을 지닌 사람들에게 관습적 문해 기술을 가르치기 위해서는 조직적이고 규칙적인 교수 또한 필요하다. 효과를 최대화하려면, 중재는 ① 충분한 교수 시간을 할당하고, ② 관습적인 읽기와 쓰기 습득을 촉진하는 것으로 알려진 기술들을 가르치기 위해 적절하고 효과적인 교수 기법들을 활용하며, ③ 말, 운동 또는 감각/지각장애를 지닌 사람들을 적극적으로 참여시키기 위해 적절한 수정을 가하고, ④ 긍정적인 라포(rapport) 형성과 학생의 동기부여를 보장하는 것이어야 한다(Light & McNaughton, 2010). 더욱이, AAC 팀은 학생의 진전을 모니터하고 성과를 최대화하기 위해 필요한 조정들을 해야 한다.

문해 교수를 위한 충분한 시간 할당하기

권고된 실제에 의하면, 1~3학년에 재학 중인 학생들은 모두 하루당 최소 90분의 문해 교수를 받아야 하며, 문해 발달의 문제를 보일 고위험군 학생들은 하루당 총 130~150분의 문해 교수를 받아야 한다(Vaughn, Wanzek, Woodruff, & Linan-Thompson, 2007). AAC에 의존하는 학생들은 더 많은 교수 시간을 필요로 한다. 왜냐하면, 이들은 의사소통 속도가 느리고 교수 활동에 참여하는 데 있어서 더 많은 시간을 필요로 할 것이기 때문이다. 간단히 말하면, 문해 교수에 시간을 더 많이 할당할수록 관찰되는 성과 또한 더 커진다고 할 수 있다. 불행히도, CCN을 지닌 사람들은 권고된 교수 시간의 최소 기준도 충족시키지 못하는 경우가 많다. 연구에 의하면 이들은 하루 중 단지 최소 시간, 즉 30분 이하의 문해 교수를 받는다고 한다(예: Koppenhaver, 1991; Koppenhaver & Yoder, 1993; Mike, 1995). 앞에서 언급한 것처럼, 이러한 문해 교수의 시간 부족은 적어도 부분적으로는 부모와 교사들의 낮은 기대(Light & McNaughton, 1993; Mirenda, 2003a), AAC 의존자 대상의 수정된 문해 교수에 대한 지식과 기술 부족(Light & McNaughton, 2009b), 가정과 학교 환경 간 요구 충돌(예: 여러 가지 치료 스케줄, 옷 입기와 식사하기 같은 일상 활동에 추가 시간 필요; Light & Kelford Smith, 1993) 등을 반영하는 것일 수 있다.

문해 교수를 위한 시간을 최대한 할당하기 위해 모든 노력을 기울여야 한다. 이를 위해서는 가족과 교사—일반교사와 특수교사를 모두 포함—언어치료사, 예비치료사, 학급 도우미 간 협력이 필요하다. 문해 학습을 위한 추가 시간을 제공할 수 있는 방법 중 하나는 CCN을 지닌 아동들을 대상으로 가능한 한 일찍 교수를 시작하는 것이다. 연구에 의하면, CCN을 지닌 학령 전 유아(3~5세)들(자폐, 뇌성마비, 다운증후군을 지닌 아동 포함)은 적절한 교수를 받을 경우 읽기와 쓰기를 배울 수 있는 것으로 나타난다(Light & McNaughton, 2009a, 2011). 한편, 조기 문해 교수의 이점은 많지만, 관습적인 문해 기술을 배우기에 늦은 나이 또한 없음을 연구들은 보여 준다. 일례로 라이트와 맥노튼(Light & McNaughton, 2011)은 CCN을 지닌 청소년들이 문해 기술을 성공적으로 습득했음을 기술하였다.

핵심 기술을 가르치기 위해 효과적인 교수 기법 이행하기

NRP(2000)는 가장 효과적인 문해 교수는, 핵심 기술들에 대한 직접 교수와 의미 있고 동기부여적인 경험을 제공하는 맥락에서, 이들 기술을 적용해 볼 수 있는 다수의 기회를 함께 제공하는 것이라고 결론지었다. 〈표 12-2〉는 이러한 핵심적인 문해 기술들을 정의하고 있다. 궁극적으로, 개인은 다양한 장르의 의미 있는 텍스트를 읽고, 이해하며, 쓰기 위해 이들 기술을 유창하게 적용해야 한다.

전형적으로, 핵심적인 문해 기술들을 가르치는 데 목적을 둔 직접 교수는 학습자의 성공을 보장하기 위해 최대에서 최소로의 촉진적 위계를 사용한다. 먼저, 교수 제공자는 학습자에게 목표 기술을 시범한다. 다음으로, 교수 제공자는 학습자가 해당 기술을 성공적으로 수행하도록 돕기 위해 지원이나 촉진을 제공해 연습을 시킨다. 마지막으로, 교수 제공자는 학습자가 해당 기술을 성공적으로 또한 독립적으로 수행할 수 있을 때까지 점차적으로 지원을 줄여 나간다(Archer & Hughes, 2010; Light & McNaughton, 2009a). 교수 과정 내내, 교수 제공자는 필요할 때 교정 피드백을 제공

표 12-2 기본적인 읽기와 쓰기 기술 습득에 필요한 지식과 기술

지식 또는 기술	정 의
언어 기술	어휘, 구문, 형태소, 내러티브 및 기타 장르(예: 설명, 주장)에 대한 지식과 기술
음운인식 기술	낱말의 음소(소리)를 찾아내고, 생각하며, 조작할 수 있는 능력. 소리합성(예: 낱말을 만들기 위해 소리 합하기), 음소 분절(낱말을 소리로 나누기)
글자-소리 협응	각각의 글자가 나타내는 소리와 다양한 말소리를 나타내기 위해 사용되는 글자에 대한 지식
한 낱말 해독 기술	글자-소리 협응과 소리 합성에 대한 지식을 규칙적인 철자를 지닌 낱말(예: cat, pig, dad), '발음'에 적용하는 능력
일견단어 재인 기술	말소리를 분석하지 않고도 낱말, 특히 불규칙 낱말(예: light, their, are)을 읽거나 재인해내는 능력
함께 책 읽기에서 해독 기술과 일견단어 재인 기술 적용하기	읽고 쓸 수 있는 상대와 함께 책을 읽으면서 필요할 때 글자-소리 협응지식, 소리 합성 기술, 일견단어 재인 기술 등을 활용하기
본문 읽고 이해하기 (읽기이해 기술)	본문을 읽으며 일견단어를 해독하거나 재인하고, 개별 낱말의 의미를 파악하며, 본문의 전체 의미를 이해하기 위해 낱말들을 함께 처리하고, 이러한 의미를 이전 지식이나 경험과 연관짓는 능력
한 낱말 부호화 기술	음소분절 기술과 글자-소리 협응 지식을 규칙적인 낱말(예: mom, run) 분석과 철자하기에 적용하는 능력
일견단어 철자하기 기술	불규칙 낱말(예: said, know)을 철자하기 위해 일련의 글자를 기억하고 선택하는 능력
손글 쓰기 기술 또는 키보드 지식	정확한 글자 형태를 알고 그러한 형태를 알아볼 수 있게 써내는 소근육운동 기술 또는 키보드에 있는 글자의 위치를 알고 필요할 경우 적절한 접근 기법을 활용하여 효율적으로 글자를 선택할 수 있는 조작 기술
간단한 쓰기 활동에 부호화 기술과 언어 기술 적용하기	타인과 의미를 주고받기 위해 간단한 문장으로 적절한 낱말을 부호화할 때 글자-소리 협응 지식, 음소분절 기술, 일견단어 기술 등을 활용하기
다양한 장르의 의미 있는 텍스트 쓰기	적절한 어휘, 구문, 형태, 내러티브 구조 등을 활용하여 응집성 있는 내러티브(또는 다른 장르)를 작성하는 능력(부호화 기술이나 일견단어 철자하기 기술을 활용하여), 각각의 문장에 들어가는 개별 낱말들을 순서에 맞게 철자하는 능력, 글자를 쓰거나 선택하기 위한 손글 쓰기 또는 키보드 지식

출처: Light & McNaughton (2009a).

한다. 〈표 12-3〉은 이러한 교수 절차의 예를 보여 준다.

직접 교수에 더하여, 학습자는 진정한 읽기와 쓰기 경험을 통해 핵심 기술들을 적용해 볼 수 있는 다수의 기회를 또한 필요로 한다. 예를 들어, 학생이 한 낱말 해독을 학습 중이라면, 교수 제공자는 공유된 읽기 활동 중에 해독 기술을 적용해 보도록 격려할 수 있다. 공유된 읽기 활동에서 교수 제공자는 문장의 일부를 읽고, 학생은 해당 본문 내에 있는 목표 낱말을 해독할 책임을 갖는다. 진정한 문해 경험 속에서 학습자가 새로 습득한 핵심 기술을 적용해 볼 기회를 갖게 하는 것은 몇 가지 이점이 있다. 즉, ① 새로운 기술을 연습해 볼 추가적인 기회를 제공하기에 습득을 촉진하고 유창성을 증가시키며, ② 새로운 자료와 맥락에 대한 기술 일반화를 촉진하고, ③ 읽기와 쓰기가 의미 있고 재미있음을 보임으로써 동기를 증가시킨다.

표 12-3 기본적인 문해 기술 중재를 위한 직접 교수 절차

단 계	관여 사항	교수 절차
시범	교수 제공자는 해당 기술을 시범하고, 학습자는 이를 관찰한다.	교수 제공자는 학습자에게 해당 기술을 시범한다.
연습유도	교수 제공자와 학습자가 함께 해당 기술을 시도해 본다.	교수 제공자는 학습자가 해당 기술을 성공적으로 시도해 볼 수 있도록 지원/촉진을 제공한다. 교수 제공자는 학습자의 능력이 나아질수록 지원을 줄인다.
혼자 연습	학습자 혼자 해당 기술을 수행한다. 교수 제공자는 이를 관찰하고 피드백을 제공한다.	학습자는 해당 기술을 혼자서 수행한다. 교수 제공자는 수행을 모니터하고 피드백을 제공한다.
피드백 제공	교수 제공자는 학습자에게 피드백을 제공한다.	학습자가 해당 기술을 정확히 수행하면, 교수 제공자는 긍정적인 피드백을 제공한다. 학습자가 해당 기술을 정확히 수행하지 못하면, 교수 제공자는 학습자의 오류를 인식시키고 정확한 반응을 시범한 후 성공적인 완성을 위해 연습을 유도한 다음 혼자서 연습해 볼 기회를 제공한다.

출처: Light, J., & McNaughton, D. (2009a). *Accessible Literacy Learning (ALL): Evidence-based reading instruction for individuals with autism, cerebral palsy, Down syndrome, and other disabilities.* Pittsburgh: Mayer-Johnson.

CCN을 지닌 사람들을 위한 문해 교수 수정하기

CCN을 지닌 사람들은 심각한 말장애뿐 아니라 운동 및/또는 감각/지각장애를 지닐 수 있다. 따라서 문해 교수는 특정 요구에 따라 수정되어야 한다.

말장애 조절을 위한 수정

앞에서 언급한 바와 같이, 대부분의 문해 교과과정에 따르면 학생이 교수에 참여할 경우 구어로 반응(예: 글자 소리 말하기, 구두로 낱말을 합성하거나 분절하기, 구두로 낱말 해독하기, 소리 내어 읽기)을 하게 되어 있다. 교수 제공자는 학생의 학습 여부를 가늠하고 중재가 필요한 영역을 결정하기 위해 구두 반응을 활용한다. 분명히, 말장애가 심한 사람들을 위해서는 ① 대체 반응 수단을 제공하고, ② 강점과 약점 영역에 대한 통찰을 제공하여 교수와 관련된 의사결정을 도우며, ③ 말산출과 구두 시연의 어려움을 보완하기 위한 교과과정의 수정이 필요하다.

문해 활동은 구어가 아닌 다른 반응 수단(예: 수화, 발성, 도구를 사용하는 AAC 상징, 글자, 글로 쓰인 낱말)을 지원하기 위해 쉽게 수정될 수 있다. 이러한 예는 라이트, 맥노튼 및 팰런(Light, McNaughton, & Fallon, 2009a)의 연구에서 찾아볼 수 있는데, 이들 연구자는 학생들에게 해독 기술을 가르치고자 글로 쓰인 낱말을 제시하였다. 그러나 해독에 대한 반응으로는 낱말을 소리 내어 읽는 것이 아닌 수화로 표현하기, SGD나 의사소통판에서 해당 낱말을 나타내는 AAC 상징 선택하기, 교수활동을 위해 특별히 제공된 상징들 속에서 적절한 AAC 상징 골라내기 등으로 반응을 수정하였다. 부정확한 선택 옵션은 주의 깊게 선정했으며, 교수 제공자에게 학습자의 강약점 영역에 대한 통찰을 제공하기 위해 체계적인 자료 수집과 오류 분석이 사용될 수 있도록 하였다. [그림 12-3]은 해독 교수를 위해 사용할 수 있는 수정된 자료의 예다. 목표 낱말은 'cat'이며 학생은 해당 낱말을 해독한 다음 네 가지 선택지에서 정확한 AAC 상징을 골라야 한다. 반응 옵션으로 제공된 각각의 AAC 상징은 학생의 수행을 분석하기 위해 하나는 목표 낱말(즉, 'cat')이고, 다른 세 옵션은 목표 낱말과 글자의 소리 중 하나를 달리한 것(즉, 첫 글자 소리를 바꾼 'bat', 끝 글자 소리를 바꾼 'can', 가운데 모음 소리를 바꾼 'cut')으로 주의 깊게 선택되었다. 다수의 시도에 대한 학생의 반응을 신중하게 수집하고 분석을 하면 교수 제공자는 학생의 강점(예: 학생은 첫 글자와 끝 글자 소리 조건에서 수행이 양호하다)과 약점(예: 학습자는 가운데 모음 조건에서 어려움

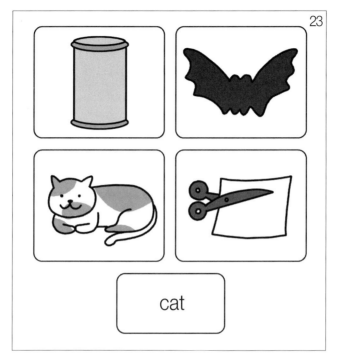

[그림 12-3] 한 낱말 해독 기술을 가르치기 위한 수정의 예

목표 낱말은 cat이고, 반응 옵션은 CAN, BAT, CAT, CUT이다.
출처: Light, J., & McNaughton, D. (2009a). *Accessible Literacy Learning (ALL): Evidence-based reading instruction for individuals with autism, cerebral palsy, Down syndrome, and other disabilities.* Pittsburgh: Mayer-Johnson. PCS는 DynaVox Mayer-Johnson LLC.의 허락하에 게재함

을 보인다) 영역을 결정할 수 있다. 약점 영역이 결정되면 이 영역은 추가 교수를 위한 구체적인 목표가 될 수 있다.

참여와 교수 결정을 지원하기 위한 반응 방식의 수정 외에, 학습자로 하여금 구어와 문어를 연결짓도록 돕기 위한 교수 절차 또한 필요하다. 전형적으로 발달하는 아동들은 읽고 쓰기를 배우면서 문어를 구어로 구어를 문어로 바꿀 때 구두로 반복을 하곤 한다. 예를 들면, 그들은 천천히 낱말 속 글자들을 소리 내 읽어가면서 새로운 낱말을 해독하기 위해 그 소리들을 합한다. 혹은 쓰기를 배우는 초기에 개별 소리들을 분절하고자 노력하면서 한 낱말을 천천히 말해 보곤 한다. 그런데 CCN을 지닌 학습자들은 그러한 과제를 수행하는 데 필요한 말산출 기술에 쉽게 접근하지 못한다. 따라서 관습적인 문해 기술을 배우는 초기에 작업기억의 요구가 증가하게 된다. 이들은 특히 교수의 초기 단계에서 외적인 지원을 통해 이익을 얻을 수 있다. 구두 반복의 어려움을 보완하고 내적 음성(inner voice)을 키우도록 하는 데 도움이 되기 때문

이다. 이러한 예는 라이트와 맥노튼(Light & McNaughton, 2009a)에서 찾아볼 수 있다. 이들은 교수 제공자가 학습자에게 구두 반복의 시범을 보이고 내적 음성 기술(즉, "네 머릿속으로 그것을 말해 봐.")을 발달시키도록 격려함으로써 교수의 초기 단계에서 연습을 유도하도록 제안하였다. 이러한 외적 비계(scaffolding) 제공은 학습자가 해당 기술을 습득함에 따라 점차적으로 줄일 수 있다.

운동장애 조절을 위한 수정

CCN을 지닌 일부 사람은 경도에서 중도에 이르는 운동장애를 지닐 수 있다. 흔히, 이러한 장애는 문해 자료에 대한 접근을 제한시키기에 문해 교수 참여를 방해한다. 작업치료사 및/또는 물리치료사 투입은 운동 수행을 최대화할 수 있는 적절한 자세와 착석을 결정하는 데 필수적이다(제6장 참조). 좀 더 심한 운동장애를 지닌 일부 사람은 교수 활동에 완전히 참여하기 위한 대체 접근법을 필요로 할 수 있다(예: 응시, 스캐닝, 의사소통 상대가 지원하는 스캐닝). 따라서 AAC 팀(유능한 작업치료사 및/또는 물리치료사가 팀원으로 참여해야 함)이 개개인에게 가장 효과적이고 효율적인 접근 기법을 결정하는 것은 매우 중요하다(제4장과 제6장 참조). 더욱이, 문해 교수 자체는 CCN을 지닌 학습자의 인지적 부담을 요구하기에 선택된 접근 기법이 추가적인 인지적 부담을 지우지 않는 것이 중요하다. 예를 들면, 학생이 자신의 SGD를 조절하기 위해 응시 기법 사용을 배우고 있고 이 기법에는 능숙하지 않지만 의사소통 상대가 지원하는 스캐닝 기법은 쉽고 정확하게 사용할 수 있다면, 초기 문해 교수는 접근 수단으로 후자를 이용하는 것이어야 한다. 응시를 통한 SGD 조작은 학습자가 능력을 더 발전시키고 난 이후에 소개될 수 있다. 이는 제7장에서 논의된 현재와 미래를 위한 체계 설계의 원칙에 부합하는 것이다.

감각/지각장애 조절을 위한 수정

CCN을 지닌 많은 사람들이 시각 및/또는 청각장애를 지닌다. 읽기와 쓰기 학습은 기능적인 의사소통과 일상생활 활동에 비해 개인의 시청각 기술에 크게 의존한다. 예를 들면, 학습자는 유사해 보이거나 비슷하게 들리는 글자와 소리들을 잘 구별할 수 있어야 한다. 제6장에서 기술한 바와 같이, 자격을 갖춘 전문가에 의한 포괄적인 시각과 청각 평가가 수행되고 적절한 처치가 이루어지는 것이 중요하다. 말, 운동, 청각 및/또는 시각장애에 대한 교수 수정은 CCN을 지닌 사람들이 읽고 쓰기를 배우는 데 필요한 지원과 기회를 모두 보장하는 것을 의미한다.

우리가 처음 크리스타(Krista)와 문해 교수를 시작했을 때 그녀는 여덟 살이었다. 그녀는 기관절개술(tracheostomy)을 받았을 뿐 아니라 운동, 시각, 청각 등의 장애를 동반하고 있어서 문해 교수 참여를 돕기 위한 다수의 수정이 필요하였다. 그녀의 시각장애를 조절하기 위해 우리는 다음과 같은 수정을 하였다. ① 교정안경 착용하기, ② 확대된 선명한 인쇄물(즉, 80포인트 아리알 폰트) 사용하기, ③ 대비와 집중을 최대화하기 위해 노랑색 배경에 검정색 글씨 사용하기, ④ 컴퓨터 키보드 위해 키캡(노란 바탕에 확대된 검정 소문자 사용) 씌우기, ⑤ 읽기와 쓰기 자료를 그녀의 눈에서 12~18인치 거리에 제시하기, ⑥ 형광등 조명과 번지르르함을 줄이기 위해 무광으로 마감한 자료들 사용하기, ⑦ 왼쪽에서 오른쪽으로 이어지는 텍스트를 시각적으로 추적하도록 돕기 위해 텍스트 하이라이팅 기능을 지닌 기술 활용하기 등이 사용되었다. 그녀의 청각장애를 조절하기 위해, 우리는 다음과 같은 수정을 가하였다. ① 적절한 보조 청력 장치(FM 체계와 양측 보청기) 사용하기, ② 그녀가 쉽게 지각하고 변별할 수 있는 글자 소리와 낱말에 초점을 둔 초기 교수, ③ 학습을 돕기 위해 입력 보완과 기타 시각적 지원 제공하기(손짓기호+말, 글로 써주기+말), ④ 시각적 단서를 최대화하기 위한 교수 제공자의 위치 조정하기 등이 사용되었다. 그녀의 운동장애를 조절하기 위해 우리는 크리스티나가 스스로 페이지를 넘길 수 있도록 단단한 페이지로 구성된 책과 키보드 위의 글자를 정확하게 선택하도록 돕기 위한 키가드(keyguard)를 제공하였다. 마지막으로 문해 교수는 구어 반응을 요하지 않고 크리스타가 수화, 배열판의 AAC 상징 지적하기, 자신의 SGD에 있는 AAC 상징 선택하기 등을 사용하여 반응하도록 하였다. 이러한 수정들은 크리스타로 하여금 교수에 참여하고 성공적으로 읽기와 쓰기를 배우도록 해 주었다. 크리스타의 성공담을 더 알고 싶다면 라이트, 맥노튼 등(Light & McNaughton, et al., 2008)의 연구를 보거나 자폐, 뇌성마비, 다운증후군 및 기타 장애인을 위한 문해 교수를 다룬 펜실베이니아 주립대학교의 웹 사이트를 방문해 학생 성공 스토리 부분을 살펴봐라.

친밀한 관계 형성과 동기부여하기

적절한 교수 내용, 방법 및 수정에 더하여 학생과 우호적인 관계(rapport, 라포)를 형성하고 학습에 대한 학생의 동기를 부여하는 것 또한 매우 중요하다. CCN을 지닌 읽고 쓸 수 있는 성인들의 과거에 대한 회상 보고에 의하면, 자신의 학습 능력을 믿어준 성인의 지지와 격려는 읽기와 쓰기 기술을 성공적으로 습득하는 데 기초가 되었다고 한다(Koppenhaver et al., 1991). 성공적인 중재자들은 장애와 상관없이 모든 학생은 배울 수 있다는 신념을 반영하고, 학생이 흥미를 보이는 자료와 활동들을 활용하며, 학생에게 개인적인 관심을 갖고 의사소통하는 등의 방식으로 교수를 제공한다(Moje, 1996; Sturtevant & Linek, 2003). 그렇게 함으로써, 중재자들은 학생과 긍정적인 관계, 즉 학생으로 하여금 참여를 격려하고 성공에 대한 동기를 강화하는 그런 관계를 형성한다(Hamre & Pianta, 2001; Moje, 1996). 적절한 교수 부족으로 인해 많은 장애인들, 특히 나이가 많은 장애인들은 실패 경험과 성공에 대한 낮은 기대를 갖고 문해 교수를 접하게 된다(Brophy, 2010). 그러한 학생들의 경우에는, 전문가 자신이 학생의 성공을 믿고 있으며(Gallagher & Mayer, 2008), 교수 초기에는 학생이 성공할 수 있는 활동들을 이용하고(Light & McNaughton, 2009a; Moje, 1996), 학생이 흥미를 보이는 교수 활동들을 통합(Moes, 1998; Sturtevant & Linek, 2003)하는 것이 특히 중요하다. 이러한 접근법은 학생이 문해 기술들을 배우는 것은 가치가 있으며 이들 기술을 성취할 수 있다고 믿을 것이기에 읽기 학습에 대한 내적 동기의 형성을 보장한다.

앞에서 언급한 크리스타가 복합장애를 지니고 있었기 때문에 많은 사람들이 그녀의 학습 잠재력을 낮게 예상하였다. 그녀는 특수학급에 속해 있었고 문해 교수에 참여할 기회를 가져본 적이 없었다. 크리스타의 부모는 그녀가 자신의 잠재력을 최대한 발휘할 수 있도록 읽기와 타자하기를 배울 기회를 가져야 한다고 주장하였다. 우리는 크리스타가 직면한 어려움들에 상관없이 그녀가 배울 수 있다는 기본적인 신념을 가지고 교수를 시작하였다. 우리는 그녀의 말과 운동, 시각, 청각 등의 장애를 다루고 문해 교수와 자료에 대한 그녀의 접근성을 보장하기 위해 적절한 수정들을 가하였다. 우리는 크리스타에게 의미가 있고 그녀가 흥미를 보이는 자료와 활동들을 교수에 포함시켰다. 또한 교수 시작 초기부터 그녀의 성공을 보장하기 위해 교수적 지원(시범하기, 유도된 연습하기, 스스로 연습하기)을 제공하였다(Light, McNaughton, et al., 2008). 이러한 교수적 지원에 힘입어, 크리스타는 성공적으로 읽기와 타자하기를 배울 수 있었다. 크리스타의 성공이야기를 더 읽고 싶거나 그녀의 문해 교수에 대한 비디오를 보고자 한다면 자폐, 뇌성마비, 다운증후군 및 기타 장애인을 위한 문해 교수를 다룬 펜실베이니아 주립 대학교의 웹 사이트를 방문해 학생 성공 스토리 부분을 살펴보라.

중재 효과 모니터하기

　교수 제공자는 가능한 한 효과적이고 효율적인 교수를 보장하기 위해 중재에 대한 학습자의 반응을 규칙적으로 평가해야 한다. 날마다 수행이 어느 정도 오르내릴 수 있지만, 학생은 시간이 지남에 따라 학습 기술에서 향상을 보여야 한다. 학생이 새로운 기술을 습득하면, 교수 제공자는 학생의 성취를 축하하고 새롭고 좀 더 도전적인 기술들을 목표로 설정해야 한다. 만일 학생이 시간이 지나도 기대한 만큼의 향상을 보이지

표 12-4 문해 교수 동안 나타날 수 있는 문제의 잠재적 원인과 해결책

문제의 원인	잠재적 해결책
불충분한 교수 시간 할당	추가적인 교수 시간을 계획한다. 학습자의 교수나 기술 복습을 돕도록 타인들을 훈련한다. 추가적인 연습 활동과 기회를 파악한다. 교수의 우선순위를 설정한다. 한 번에 한두 기술을 다룬다.
부정확한 교수절차 이행	교수를 안내하기 위해 스크립트를 활용한다. 여러 명이 교수를 제공할 경우에는 일관성 보장을 위해 수행을 모니터한다.
과제 기대에 대한 학습자의 혼동	익숙한 반응 형식(예: 학습자가 PECS를 사용한다면, 상징을 지적하기보다는 상징을 교수 제공자에게 건네주도록 과제를 수정한다)을 사용하도록 교수를 수정한다. 과제 완성 방법을 보여 주면서 추가적인 시범을 제공한다. 과제를 성공적으로 완성할 수 있도록 유도된 연습을 제공한다.
시각 또는 청각 문제	청력과 시력을 정확히 평가할 수 있도록 한다. 필요한 도구와 보조 기술(예: 보청기, 안경, 시력보조도구)을 보장한다. 수행을 최적화하기 위해 교수자료와 교수절차를 수정한다.
학습자의 동기 부족	자료와 활동은 학습자의 흥미와 선호도를 고려하여 선택한다. 학습자와 우호적인 관계를 형성한다. 학습자 및 관계자들과 성취를 기념하고 축하한다.
교수 중 집중 방해 요소들이 너무 많음	처음에 새로운 기술을 가르칠 때에는 집중을 방해하는 요소들이 전혀 없는 상황에서 교수를 이행한다. 학습자가 목표기술에 대한 능력을 발달시켜 감에 따라 점차 좀 더 일반적인 환경에서 교수를 이행한다.
새로 배운 기술의 일반화 결여	좀 더 다양한 자료와 자료들로 추가적인 교수를 제공한다. 다양한 연습활동을 수행한다.

출처: Light & McNaughton (2009a).

않는다면, AAC 팀은 진행 중인 교수 자료를 검토하고 문제 영역을 집중적으로 다루기 위한 교수 수정을 위해 무엇이 문제인지를 찾아내기 위한 논의를 해야만 한다. 〈표 12-4〉는 발전을 더디게 하는 요인과 이에 대한 가능한 해결책을 요약하고 있다.

기본적인 관습적 문해 기술 가르치기: 읽기와 쓰기 학습

읽기와 쓰기는 서로 상승작용을 한다. 따라서 CCN을 지닌 사람의 문해 교수는 읽기와 쓰기를 모두 강조하는 것이어야 한다. 이번 절에서는 기본적인 읽기와 쓰기 기술 중재를 논의한다.

기본적인 읽기 기술 중재

NRP(2000)에 따르면, 읽기와 쓰기는 다양한 영역 간 지식과 기술의 통합을 필요로 한다. 전형적으로, 기본적인 읽기 기술을 가르치기 위한 문해 교수는 다음과 같은 기술들을 목표로 한다. 즉, 음운인식 기술(예: 소리 합성, 음소 분절 기술)과 글자-소리 협응 기술, 해독 기술과 일견단어 재인 기술 그리고 이들 기술을 함께 읽기 활동 맥락에 적용하기, 간단한 텍스트를 혼자서 읽고 이해하기 등이다(〈표 12-2〉 참조). 이번 절에서는 CCN을 지닌 사람들을 대상으로 한 근거 기반 중재를 강조하면서, 이들 각각의 기술을 논의하고자 한다. 비록 한 번에 하나씩 이들 기술을 논의하면서 선형적인 방식(linear manner)으로 표현을 하겠지만, 학습자는 교수에 참여하는 동안 어느 시점에

표 12-5 음운인식과 일부 글자-소리 협응 기술을 습득하고 추가적인 글자-소리 협응 및 해독 기술을 배우고 있는 CCN을 지닌 한 학생의 문해 교수 회기 샘플

목표 기술	교수 시간
학생에게 책을 읽어 주고 책에 대해 말해 보도록 하기	10~15분
새로운 글자-소리 협응 학습과 이전에 습득한 글자-소리 협응 복습하기	10~15분
해독 기술 배우기	10~15분
함께 읽기 시간에 해독 기술 적용하기	10~15분
음운인식 기술 복습하기	5~10분

서든지 몇 가지 기술들에 관여하고 있음을 기억하는 것이 중요하다(〈표 12-5〉 참조).

음운인식 기술

음운인식은 언어의 소리 구조에 대한 개인의 이해와 인식을 의미한다. 구체적으로, 음운인식은 낱말에 포함된 음소나 소리에 주목하고, 사고하며, 조작할 수 있는 능력을 말한다(Torgesen, Wager, & Rashotte, 1994). 운 맞추기, 낱말을 소리들로 나누기, 낱말을 만들기 위해 소리를 합하기, 낱말의 첫소리, 가운뎃소리, 끝소리 구분하기 등을 포함하는 다수의 음운인식 과제들이 존재한다. 소리 합성(또는 음소 합성) 기술은 새로운 낱말을 해독하기 위해 필요한 핵심적인 요소다. 해독을 하려면, 학습자는 목표 낱말 속에 들어 있는 글자들에 주목해야 하고, 이들 글자의 소리를 구별한 다음, 목표 낱말을 결정하기 위해 이들 소리를 합성해야 한다. 반대로, 음소 분절(또는 소리 분절) 기술은 부호화 또는 철자하기의 핵심적인 요소다. 한 낱말을 철자하려면, 학습자는 목표 낱말을 듣고, 그것을 일련의 소리들로 쪼갠 다음, 각각의 소리를 나타내는 글자를 결정한 후 목표 글자들을 선택하거나 산출해야 한다. 음운인식 기술, 특히 소리 합성과 음소 분절은 해독하기와 철자하기 같은 이후 문해 성과와 강한 상관관계가 있다(Ehri et al., 2001).

그렇다면 CCN을 지닌 사람들의 음운인식 기술에 대해 우리는 얼마나 알고 있는가? 연구 결과에 의하면, ① CCN을 지닌 사람들은 심한 말장애에도 불구하고 음운인식 기술을 습득할 수 있으며, ② 심한 말장애를 지닌 대부분의 사람들은 일반 또래에 비해 음운인식 결함을 보인다고 한다(Card & Dodd, 2006; Dahlgren Sandberg, 2006; Foley, 1993; Foley & Pollatsek, 1999; Vandervelden & Siegel, 1999). 이러한 결과는 CCN을 지닌 사람들의 이후 문해 발달을 위한 음운인식 기술을 가르치려면 협력 중재(concerted intervention)가 필요함을 제안한다.

전형적으로, 음운인식 중재는 초기 독자(reader)와 작자(writer)로 하여금 구어 반응을 하도록 요구한다. 따라서 구어 반응의 필요성을 제거하고 참여를 지원하기 위한 수정이 필요하다. 소리 합성의 경우 다음과 같은 라이트, 맥노튼 및 팰런(Light, McNaughton, & Fallon, 2009a)의 교수 절차를 사용할 수 있다. 먼저 교수 제공자는 각각의 음소를 1~2초 동안 늘리면서 천천히 한 낱말을 말해 준다(예: 'mmmmoooommmm'). 다음으로 학습자는 머릿속으로 소리들을 합성하고(즉, 소리를 내지 않고 시연하기), 목표 낱말을 결정(예: mom)한 다음에, 말에 가까운 발성(교수 제공자가 맥락을 통해 발음을 이해할 수 있다면)이나 AAC 상징을 선택하여 목표 낱말을 신호함으로써 반응을 한다. 여러 연구들이 CCN을 지닌 사람들에게 소리 합성 기술을 가르치기 위해 이러한 유형의 수정을 가한 직접 교수의 효과성을 보고하고 있는데, 이들 대상에는 3~14세에 해당하는 장애학생들(예: 자폐, 뇌성마비, 다운증후군, 아동기 말실행증)이 포함되어 있다 (Browder, Ahlgrim-Delzell, et al., 2008; Fallon, Light, McNaughton, Drager, & Hammer, 2004; Light & McNaughton, 2009a, 2011).

소리 합성과 마찬가지로, 음소분절 교수는 학습자의 구어반응 산출(예: 먼저 낱말에 포함된 소리를 분절한 후 그것을 말하도록 하는)을 요구한다. 이러한 구어 반응을 생략하기 위해 음소 분절 교수를 수정하려면 다소 어려움이 있다. 만일 학습자가 글자-소리 협응 기술을 습득했다면, 교수 제공자는 학습자가 듣도록 낱말을 말해 줄 수 있다. 그러면 학습자는 목표 소리(예: 첫소리)를 분절한 다음 키보드나 교수 제공자가 제시한 글자 배열에서 소리를 나타내는 글자를 선택할 수 있다(예: Blischak, Shah, Lombardino, & Chiarella, 2004; Browder, Ahlgrim-Delzell, et al., 2008; Millar, Light, & McNaughton, 2004). 그러나 이러한 형태의 수정은 음소 분절 기술과 글자-소리 협응 기술을 모두 필요로 하기에 학습자의 추가적인 부담이 요구된다. CCN을 지닌 많은 사람들은 음운인식 기술을 소개받을 때 글자-소리 협응 기술을 습득하지 못한 상태이기 때문에 음소 분절 기술에만 초점을 둔 대안적인 교수 접근법이 필요할 것이다. 만일 그렇다면 다음과 같은 교수 절차를 따를 수 있다. ① 교수 제공자가 모두 다른 소리로 시작하는 AAC 상징 배열을 제시한 다음 상징들 중 하나에 해당하는 첫소리를 말해 주면, ② 학습자는 각 상징들의 첫소리를 머릿속으로 분절한 다음, ③ 교수 제공자가 제시한(말이나 신호를 통해) 목표 소리에 해당하는 첫소리를 지닌 상징을 선택한다(Fallon et al., 2004; Light, McNaughton, Fallon, & Millar, 2009). 트럭슬러와 오키프(Truxler & O'Keefe, 2007)도 비슷한 절차를 사용했는데, 그림 AAC 상징을 제시하기보다는 구두로 옵션을 제시하였다(예: "fat, mean, horse 중에서 끝소리가 /t/로 끝나는 낱말은 어느 것일까요?"). 일반적으로, 교수 제공자는 처음에 한 음절 낱말의 첫소리 분절을 목표로 한다. 왜냐하면 한 음절 낱말은 주로 강조되는 경향이 있어서 분절이 더 쉽기 때문이다. 이후 교수는 주로 끝소리와 가운데 모음 분절을 목표로 한다 (Millar et al., 2004; Vandervelden & Siegel, 1995).

음운인식 기술의 학습은 학습자의 청각적 처리와 작업기억을 상당 부분 요구한다. 예를 들면, 소리 합성에서 학습자는 일련의 소리를 처리하고, 각각의 소리를 정확하게 변별한 다음, 목표 낱말을 결정하기 위해 합성하기에 충분할 만큼 작업기억 속에 일련의 소리를 보유하고 있어야 한다. CCN을 지닌 일부 사람은 청각적 처리와 작업기억에서 특히 어려움을 지닐 수 있다(Larsson & Dahlgren Sandberg, 2008). 더욱이 이들은 자신의 작업기억을 강화하기 위해 일반 아동들이 전형적으로 이용하는 구두 반복(구두로 일련의 소리를 반복)에 제한이 있다. 그래서 CCN을 지닌 일부 사람들은 음운인식을 배우는 동안 인쇄된 글자를 통해 도움을 받을 수 있다. 예를 들면, 소리 합성 활동에서, 교수 제공자는 일련의 글자를 지적한 후 각 음소를 1~2초 동안 늘리면서 천천히 들려주고, 학습자는 소리들을 합성한 후 목표 낱말을 제시할 수 있을 것이다. 이러한 과제에서, 학습자는 글자-소리를 합성하거나 각각의 소리를 발음할 필요가 없다. 각각의 글자는 단지 교수 제공자가 소리를 들려줄 때 시각적 지원으로 제공되는 것이다. 음운인식 기술을 가르칠 때 글자를 사용하는 것은 다음과 같은 세 가지 잠재적인 이점이 있다. ① 글자는 일시적이어서 포착이 어려운 소리를 위한 구체적인 상징이며, ② 교수는 학습자가 습득한 글자-소리 협응 지식을 강화하고, ③ 음운인식 기술은 궁극적으로 음운인식 기술과 글자-소리 협응 지식의 통합을 필요로 하는 읽기와 철자하기 과제로의 효과적인 전이를 돕는다(Ehri et al., 2001).

글자-소리 협응

음운인식 기술에 더하여, AAC에 의존하는 사람들은 읽고 쓰기를 배우기 위해 글자-소리 협응 지식을 또한 필요로 한다. 특히, 글자-소리 협응은 문어를 구어로 또한 구어를 문어로 바꿔 주는 코드를 형성한다. 글자-소리 협응은 글자가 나타내는 소리 지식뿐 아니라 말소리를 나타내는 글자 지식을 포함한다. 글자-소리 협응 지식은 음운처리(즉, 말소리 구조의 탐지와 조작)와 철자처리(즉, 글자와 글자 패턴 처리 및 식별)에 의존한다.

CCN을 지닌 사람들의 요구와 기술을 조정하기 위한 글자-소리 협응 교수의 수정은 상대적으로 어렵지 않다. 즉, ① 교수 제공자가 음소나 소리를 말하면, ② 학습자는 교수 과제를 위해 제공된 글자 배열이나 키보드에서 소리에 해당하는 글자를 선택하면 된다. 다수의 연구자들이 CCN을 지닌 사람들의 글자-소리 협응 기술 습득에 대한 교수 효과를 검토하였다(예: Blischak et al., 2004; Fallon et al., 2004; Johnston, Buchanan, & Davenport, 2009; Johnston, Davenport, Kanarowski, Rhodehouse, & McDonnell, 2009; Light & McNaughton, 2009a, 2011; Light, McNaughton, et al., 2008;

Millar et al., 2004). 이들 연구 결과는 다음과 같은 결론을 제안한다. ① 다양한 장애와 여러 유형의 AAC에 의존하는 사람들은 수정 절차를 통해 글자-소리 협응 기술을 습득할 수 있으며, ② 내외적 요인들에 따라 글자 소리를 습득하는 데 필요한 시간은 각기 다르다. 또한 다음과 같은 제안들도 존재한다. 즉, 학습자는 글자와 소리가 한 번에 하나씩 점차적으로 소개되고, 새로운 글자 소리는 이전에 습득한 글자 소리들을 규칙적으로 복습을 하면서 소개받을 때 도움을 얻는다는 것이다(예: Browder, Ahlgrim-Delzell et al., 2008; Light & McNaughton, 2009a, 2011).

라이트와 맥노튼(Light & McNaughton, 2009a)은 다음과 같은 순서, 즉 a, m, t, p, o, n, c, d, u, s, g, h, i, f, b, l, e, r, w, k, x, v, y, z, j, q 순으로 글자와 소리를 가르치도록 제안하였다. 선행연구(Carnine, Silbert, Kame'enui, & Tarver, 1997)를 수정한 이 순서는 다음과 같은 준거를 충족하기 위해 고안되었다. ① 글 텍스트에는 소문자가 더 빈번하게 사용되므로 소문자를 먼저 가르치고 대문자를 나중에 가르친다. ② 교수 초기에 더 많은 낱말들을 읽을 수 있도록 동화책에 자주 사용되는 글자와 소리를 먼저 가르친다. ③ 시청각적으로 유사한 글자와 소리들은 혼동을 최소화하기 위해 연이어 가르치지 않는다. ④ 단모음을 지닌 낱말(예: cat, bus)을 장모음을 지닌 낱말(예: ride, eat)보다 먼저 가르친다. 왜냐하면 단모음은 좀 더 복잡한 해독 규칙의 적용을 필요로 하는 장모음에 비해 단순한 해독 규칙을 따르는 경향이 더 강하기 때문이다. ⑤ 단일 자음의 글자-소리 협응을 자음군의 글자-소리 협응보다 먼저 가르친다. 물론 글자-소리 협응을 위한 이러한 교수 순서는 개별 학습자의 요구, 기술, 흥미 또는 선호도에 따라 수정될 수 있다.

전통적으로 글자 이름을 글자 소리와 함께 소개하지만, 라이트와 맥노튼(Light & McNaughton, 2009a)은 CCN을 지닌 사람들의 초기 교수 동안에는 글자 이름보다 글자 소리 습득에 주로 초점을 맞추는 것이 유익할 것이라고 제안하였다. 일부 아동의 경우, 글자 이름 지식은 해독을 촉진하기보다 방해가 될 수 있다. 만일 아동이 한 낱말을 쳐다보고 (소리가 아닌) 글자 이름을 생각해 낸다면 낱말 해독에 어려움을 보일 것이다. 이러한 이유 때문에, 라이트와 맥노튼(Light & McNaughton, 2009a)은 초기 문해 교수는 글자 소리에 초점을 두어야 한다고 제안하였다. 글자 이름은 글자와 소리 관계를 제대로 습득하고 난 이후에 가르칠 수 있다.

해독 기술

개인이 소리 합성 기술을 배우고 최소한 어느 정도의 글자-소리 협응을 알게 되면, 그는 글로 쓰인 낱말의 해독 학습에 필요한 기술을 지닌 것이다. 한 낱말 해독은 읽기 처리에 필수적인 기술이다. 왜냐하면 이 기술이 있어야 이전에 마주치거나 배운 적이 없는 낱말들을 읽을 수 있기 때문이다. 전통적으로, CCN을 지닌 사람들 대상의 문해 교수는 거의 대부분 일견단어 교수에 중점을 두어 왔다(Browder, Wakeman, Spooner, Ahlgrim-Delzell, & Algozzine, 2006). 이러한 교수 유형은 소규모 낱말의 읽기를 가능하게 하지만 진정한 읽기 능력을 발달시키도록 CCN을 지닌 사람들을 준비시키는 데는 충분하지 않다. 왜냐하면 이들은 새로운 낱말 읽기를 배우기 위한 낱말 대처 기술과 글 텍스트 생성을 돕는 기술들을 거의 지니고 있지 않기 때문이다. 브라우더, 알그림-델젤 등(Browder, Ahlgrim-Delzell, et al., 2008)은 음운인식과 해독 기술을 통합한 문해 교육과정과 발달장애 및 말장애를 지닌 사람들에게 전통적인 일견단어 접근법을 적용한 문해 교육과정의 상대적인 효과를 비교하였다. 연구 결과에 의하면, 음운인식과 해독을 통합한 교육과정이 전통적인 일견단어 접근법보다 더 효과적이었다.

해독을 하려면, 학습자는 한 낱말에 포함된 일련의 글자를 보고, 각각의 소리를 기억해낸 다음 소리를 함께 합성한 후 목표 낱말이 무엇인지를 결정해야 한다. 대부분의 문해 교육과정에서, 학생들은 해독을 할 때 글자의 소리를 말한 다음 소리를 합하고 목표 낱말을 구두로 말한다. CCN을 지닌 사람들 대상의 해독 교수는 구두 반응의 필요성을 제거하는 수정을 필요로 한다. 예를 들면, 학생은 ① 낱말 속 글자들을 처다본 후, ② 글자의 소리를 기억해내고 목표 낱말을 결정하기 위해 소리들을 합성하고자 머릿속으로 반복을 한 다음, ③ 교수 과제로 제공된 AAC 상징 배열 또는 도구를 사용하는 AAC 체계에서 상징을 하나 선택하거나 말에 가까운 발성(교수 제공자가 맥락을 통해 그 발성이 무엇인지를 이해할 수 있다면)으로 목표 낱말을 제시한다(Light, McNaughton, & Fallon, 2009a). [그림 12-3]은 해독 교수에 사용될 수 있는 상징 배열의 예를 보여 준다. 낱말에 포함된 개별 글자들을 그에 상응하는 소리들로 전환시키는 데 초점을 둔 해독 교수에 더하여, CCN을 지닌 학생들은 빈번하게 나타나는 글자 조합이나 낱말족(word families)(예: -at, -in, -up 낱말족; Hanser & Erickson, 2007)을 또한 소개받을 수 있다.

다수의 연구들이 한 낱말 해독에 대한 직접교수의 효과를 조사하고 다음과 같은 결과를 제시하였다. 즉, ① CCN을 지닌 사람들은 자신이 지닌 심한 말장애에도 불구하고 낱말 해독을 성공적으로 배울 수 있다. ② 이들 중 많은 사람이 습득한 해독 기술을 이전 교수에서 다루지 않은 새로운 낱말들에 일반화할 수 있다. ③ 이들 중 많은 사람이 책읽기 활동 맥락에서 습득한 해독 기술을 성공적으로 활용할 수 있다(예: Coleman-Mrtin, Heller, Cihak, & Irvine, 2005; Fallon et al., 2004; Heller, Fredrick, Tumlin, & Brineman, 2002; Light & McNaughton, 2009a, 2011; Swinehart-Jones & Heller, 2009). 이러한 긍정적 결과는 교수 제공자를 매개로 한 교수와 컴퓨터를 매개로 한 교수 모두에 해당되며, 다양한 크기의 낱말 규모(10개 낱말에서 100개 이상의 낱말까지)에 걸쳐서 다양한 장애(예: 자폐범주성장애, 뇌성마비, 다운증후군, 아동기 말실행증)를 지닌 여러 연령대의 참여자들에게서 나타난다.

일견단어 재인 기술

CCN을 지닌 사람들이 능숙한 독자가 되려면, 규칙 낱말(즉, cat과 같이 글자 소리와 소리 합성의 지식을 활용해 해독될 수 있는 글자들로 구성된 낱말)과 불규칙 낱말(즉, light와 같이 글자소리와 소리합성 지식을 활용해 쉽게 해독될 수 없는 낱말)을 모두 읽을 수 있어야 한다. 따라서 학생들은 불규칙적이거나 복잡한 철자를 지닌 낱말을 읽기 위해 일견단어 재인 기술을 발달시킬 필요가 있다. 문해중재는 일견단어 재인 교수와 음운인식 및 해독 기술 교수를 함께 제공했을 때 가장 효과적이다(Browder, Ahlgrim-Delzell, et al., 2008). 자주 접하게 되는 불규칙 낱말(예: the, are)을 읽기 위한 일견단어 재인 기술 학습 외에도, CCN을 지닌 사람들은 어떻게 해독하는지 배운 적이 없는 좀 더 복잡한 규칙의 적용을 받는 흥미도 높은 낱말들(예: Darth Vader, dinosaur, friend)의 일견단어 재인 교수를 통해 도움을 받을 수 있다.

브렌(Bren)은 자폐범주성장애를 지니고 있다. 12세에 처음 문해 교수를 받기 시작했다. 그는 유튜브(YouTube)에 관심이 많았다. 교수 초기 동기를 높이기 위해, 우리는 그에게 일견단어로 'youtube'를 제공하였다. 그는 개별화된 이야기책 속의 youtube 낱말 읽기를 금세 배웠고 인터넷 사이트에 접근하기 위해 youtube 타자하기를 배우고 있다. 우리는 또한 글자-소리 협응 교수의 순서를 바꿔 y로 시작하는 낱말의 글자 소리를 먼저 가르쳤다. 브렌이 선호하는 것이어서 동기 부여가 높은 글자 소리였기 때문이다. 읽고 타자하기를 학습한 브렌에 대해 더 알고자 한다면 펜실베니아 주립대학교의 웹캐스트 '자폐범주성장애와 말문제를 지닌 사람들의 문해 성과 증진시키기(Improving Literacy Outcomes for Individuals with Autism Spectrum Disorders and Limited Speech)'를 참조하라.

수많은 연구들이 CCN과 중도/최중도 인지장애를 지닌 학습자들은 적절한 교수를 통해 일견단어 재인을 학습할 수 있다고 보고한다(예: Browder, Wakeman, Spooner, Ahlgrim-Delzell, & Algozzine, 2006; Browder & Xin, 1998; Fossett & Mirenda, 2006; Hanser & Erickson, 2007; Light & McNaughton, 2009a, 2011; Light, McNaughton, et al., 2008). 연구 결과에 따르면, 일반적으로 반복 연습의 기회를 제공하면서 일견단어 재인 기술을 직접 교수(체계적인 촉진과 점진적 소거를 통합한)할 것을 강하게 뒷받침한다(Browder et al., 2006). 일견단어 재인 기술 교수는 학습자가 글로 쓰인 목표 낱말을 그에 해당하는 그림, 사진 또는 기타 AAC 상징과 일치시키도록 하는 학습 형태에 의존하는 경우가 대부분이다(Light & McNaughton, 2009a). 물론, 일부 일견단어(예: the, there)는 쉽게 이미지화될 수 없기 때문에, 구어와 직접적으로 연관시켜 가르치는 것이 최선일 수 있다. 다른 기술들과 마찬가지로, 일견단어 재인 교수는 학생이 유창하게 재인을 하고 읽기 반응이 자동적일 때까지 지속되어야 한다.

함께 읽기 동안 해독과 일견단어 재인 기술 적용하기

NRP(2000)에서 권고한 바와 같이, 문해 성과를 최대화하려면 기본적인 문해 기술(예: 음운인식 기술, 글자-소리 협응, 해독, 일견단어 재인)에 대한 직접 교수와 의미 있고 진정한 문해 활동을 수행하는 맥락에서 이들 기술을 적용해 보는 다수의 기회가 결합되어야 한다. CCN을 지닌 사람이 (해독 또는 시각적 재인을 통해) 몇몇 낱말을 개별적으로 읽을 수 있게 되면, 곧바로 함께 책 읽기 활동에서 이들 기술을 적용해 보는 기회를 가져야 한다. 함께 책 읽기에서, 책을 읽어 주는 사람은 학습자가 해독을 하거나 시각적으로 재인을 할 수 있도록 목표로 하는 핵심 낱말에서 멈추게 된다. [그림 12-4]는 함께 읽기를 위해 만든 핼러윈(Halloween)에 관한 책의 한 페이지를 보여 준다. 이 경우, 한 사람은 책의 내용, "I am a lady…(나는 무당 … 입니다)"를 손가락으로 짚어가며 읽다가, 학습자가 목표로 한 낱말, 즉 'bug(벌레)'를 해독한 다음 말에 가까운 발성(맥락에 의해 이해될 수 있다면)을 하거나 제공된 상징 옵션들에서 목표 낱말에 해당하는 AAC 상징을 선택함으로써 신호를 할 수 있도록 멈춘다.

함께 읽기 활동은, 학습자가 혼자서 책을 읽을 수 있는 충분한 기술을 습득하기 이

[그림 12-4] 함께 읽기를 위한 핼러윈 책의 한 페이지

교수 제공자는 본문, 즉 "I am a lady,"를 읽고 멈춘다. 학습자는 목표 낱말, bug을 해독한 후 의사소통 디스플레이에서 해당 AAC 상징을 선택한다. 실제 디스플레이의 사진과 상징은 컬러다.

출처: Light & McNaughton, 2009a; http://aacliteracy.psu.edu/. PCS는 DynaVox Mayer-Johnson LLC.의 허락하에 게재함

함께 읽기 활동에는 다양한 자료들이 사용될 수 있다. 예를 들면, 교수 제공자나 부모는 간단한 책이나 잡지를 검토하고 하이라이트 펜을 사용해 학습자가 해독(또는 시각적 재인)할 수 있는 본문의 낱말들을 강조해 줄 수 있다. 시중에서 구입할 수 있는 책[예: 아이 스파이(I spy) 시리즈]이나 잡지는 학습자가 해독하거나 시각적으로 재인할 수 있는 낱말들을 포함한 내용으로 수정될 수 있다. 예를 들면, 아이 스파이 책의 본문은 학생이 하이라이트된 낱말 '버스(bus)'를 해독한 다음 책 속에서 버스 그림을 찾아내리라고 기대하면서 "아이 스파이 버스(I spy a bus)"를 읽는 것으로 수정될 수 있다. 가족 이벤트 사진이나 동기부여적인 활동들을 사용하거나 좋아하는 책이나 TV 캐릭터 이미지를 인터넷에서 찾아내 개별 학습자를 위한 간단한 책으로 만들 수도 있다. 자폐, 뇌성마비, 다운증후군 및 기타 장애를 지닌 사람들의 문해 교수를 다룬 펜실베이니아 주립대학교 웹 페이지에는 함께 읽기에 사용된 책들과 함께 읽기 활동에 참여하는 학생들의 예를 보여 주는 웹 페이지가 마련되어 있다. 타힐리더(Tar Heel Reader) 컬렉션은 읽기 쉽고 접근 가능한 책들을 무료로 제공하는데 다양한 형식으로 다운로드할 수 있다. 부모와 전문가는 자신들이 갖고 있는 사진들을 이용해 책을 쓸 수도 있는데, 타인과 공유하고자 할 경우 책 내용을 사이트에 업로드할 수 있다.

전이거나 한 문장 전체를 읽는 데 어려움을 겪는 문해 교수의 초기 단계에서 매우 효과적인 교수 수단이다. 함께 읽기 활동은 '함께 읽기(shared reading)'라는 이름에서 알 수 있듯이, 텍스트 읽기 과제를 교수 제공자와 학습자가 공유하게 된다. 따라서 학습자는 부담스럽지 않은 의미 있는 상황에서 읽기 기술을 연습할 수 있는 많은 기회를 얻게 된다. 함께 읽기는 다음과 같은 여러 장점이 있다. 즉, ① 교수 초기뿐 아니라 독립적으로 완전한 문장이나 이야기를 읽을 수 있기에 앞서 읽기 활동에 적극적으로 참여할 수 있게 해 준다. ② 학습자가 의미 있고 동기부여적인 읽기 활동에서 기본적인 문해 기술을 적용해 볼 수 있는 기회를 갖게 되기에, 학습에 대한 동기가 높아진다. ③ 기본적인 문해 기술을 적용해 볼 수 있는 추가적인 기회를 제공하기 때문에, 문해에 대한 유창성이 증가한다. ④ 기본적인 문해 기술이 다른 읽기 자료와 활동으로 좀 더 빨리 일반화된다.

몇몇 연구자들은 함께 읽기 활동에 대한 해독과 일견단어 재인 기술의 일반화를 조사하였다. 팰런 등(Fallon et al., 2004)은 다섯 명의 참여자 중 네 명이 단일 낱말 해독 기술을 일반화하고 함께 읽기 활동에서도 성공적으로 적용할 수 있음을 발견하였다. 라이트와 맥노튼(Light & McNaughton, 2009a, 2011)은 단일 낱말 해독과 일견단어 재인 기술에 대한 직접교수와 함께 읽기 동안 이들 기술을 적용해 볼 수 있는 기회를 쌍으로 제공했을 때의 효과를 검토하고, 참여자들 모두가 다양한 함께 읽기 자료로 이들 기술을 일반화할 수 있음을 확인하였다. 이 연구에 참여한 학생들이 능력과 유창성을 증가시킴에 따라 교수 제공자는 점차적으로 학생의 학습 요구를 증가시키기 위해 페이지당 더 많은 낱말을 목표로 하였다.

간단한 문장과 이야기 읽기 및 이해하기

학생이 다양한 낱말을 일관성 있고 유창하게 해독 및/또는 시각적 재인을 할 수 있게 되면, 문장과 이야기를 혼자서 읽는 데 대한 더 많은 책임을 받아들일 준비가 된 것이다. 연속된 텍스트 읽기 학습은 한 낱말을 해독하거나 시각적으로 재인하는 것에 비해 복잡하다(Erickson et al., 1997). 문장과 간단한 이야기를 읽어내려면, 학습자는 ① 텍스트를 왼쪽에서 오른쪽으로 추적하고, ② 문장 속 낱말들을 해독하거나 시각적으로 재인하며, ③ 개별 낱말의 의미를 기억하고, ④ 전체 텍스트의 의미를 파악하기 위해 낱말들을 함께 처리해야 한다. 궁극적으로 학습자는 전체적인 텍스트 내용을 이해하기 위해 자신이 지닌 지식과 경험을 활용할 수 있어야 한다. 학습자가 연속된 텍스트를 읽을 수 있으려면 한 낱말 해독이나 일견단어 재인 기술에 비해 더 많은 언어 기술이 필요하다. 구체적으로, 학습자는 낱말의 의미 파악을 위한 어휘 지식과 문장의 의미 파악을 위한 구문론적 지식 및 형태론적 지식을 갖고 있어야 한다 (Adams, 1994).

전형적으로 발달하는 아동들은 주로 수용 및 표현 언어 기술에 대한 기초가 탄탄한 상태에서 문해 교수를 받게 되는 반면, CCN을 지닌 사람들은 표현 경험 부족 및/또는 언어 입력 부족으로 인한 의미론적, 구문론적, 형태론적 기술의 결함을 보일 위험성이 있다(Binger & Light, 2008; Light, 1997). 따라서 이들은 문장과 간단한 이야기를 읽고 이해할 수 있도록 하는 데 초점을 둔 교수를 필요로 할 것이다. 라이트와 맥노튼(Light & McNaughton, 2010)은 간단한 문장을 읽고 이해하도록 가르치는 데 목표를 둔 일련의 중재 절차를 기술하였다. 먼저, 교수 제공자는 이야기에 포함된 세 개 이상의 사진, 그림 또는 삽화를 제시한다. 그림은 학습자가 전체 문장을 정확하게 읽도록 보장하기 위해 주의 깊게 선택된다. 문장의 의미를 묘사한 그림 하나와 문장의 의미와 상관없는 다른 몇 개의 그림들이 포함된다. 학습자가 할 일은 문장을 혼자서 읽은 후 그 의미에 해당하는 그림을 선택하는 것이다. 초기 연구에 의하면 이러한 수정 절차는 기본적인 이해 기술을 형성시키는 데 효율적이라고 한다.

학생이 정확하고 유창하게 문장을 읽고 이해할 수 있게 되면, 간단한 책을 독립적으로 읽는 활동을 시작할 수 있다. 간단한 이야기를 읽고 전체적인 의미를 파악하려면(즉, 상황, 문제 또는 갈등, 해결, 결말), 학습자는 기본적인 문해 기술과 의미론적, 구문론적, 형태론적 언어 기술을 활용하고 내러티브 기술에도 의존해야 한다. 초기 교수는 다음 단계로 넘어가기 전에 이야기의 각 단계에 대한 이해를 보장하는 데 초점을 맞춰야 한다. 학생이 읽기 이해에서 어려움을 보이면 읽기 이해 전략 교수가 유익할 수 있다(NRP, 2000). 우리는 좀 더 진전된 읽기 이해 전략 교수를 이 장 뒷부분에서 논의한다.

> 아나(Anna)는 세 살 때 문해 중재를 받기 시작했다. 그녀는 자폐범주성장애를 지니고 있었고 말이 제한적이었다. 그녀는 간단한 요구를 위해 PECS를 사용했으나 표현 어휘가 제한적이었고 전보식 한 낱말 메시지를 주로 사용하였다. 아나가 다양한 낱말들을 해독하고 시각적으로 재인할 수 있게 되자, 우리는 문장 읽기와 이해를 가르치기 시작했다. 우리는 처음에 아주 간단한 문장(예: 두세 낱말로 이루어진 문장)을 사용했고, 인지와 언어의 부담을 줄이기 위해 친숙한 경험을 활용했다. 우리는 아나

에게 가족의 여러 활동 모습(예: 낮잠 자는 아빠, 뛰고 있는 엄마, 낮잠 자는 엄마 등)을 담은 다양한 사진을 제공했다. 그런 다음 아나에게 엄마가 낮잠을 자요(mom naps)라는 문장을 제시하였다. 그러면 아나는 문장을 혼자서 읽고 그에 해당하는 사진을 선택해야만 하였다. 아나가 단지 한 낱말 읽기와 이해에만 의존하지 않고, 문장 내 각 낱말을 읽은 다음 전체 문장의 의미를 파악할 수 있도록 반응 옵션을 주의 깊게 선택하였다. 아나의 성공담과 그녀의 문해 교수에 대한 비디오를 더 보고 싶다면 펜실베이니아 주립대학교의 웹캐스트 '자폐범주성장애와 말문제를 지닌 사람들의 문해 성과 증진시키기(Improving Literacy Outcomes for Individuals with Autism Spectrum Disorders and Limited Speech)'를 참조하라.

기본적인 쓰기 기술 중재

문해 기술은 읽기뿐 아니라 쓰기 기술을 또한 포함한다. 교육, 고용 및 사회적 상호작용에서 전자 및 무선 의사소통에 대한 사회적 의존성이 더 커짐에 따라 쓰기 기술의 중요성 또한 증가하고 있다(DeRuyter, McNaughton, Caves, Bryen, & Williams, 2007). CCN을 지닌 사람들이 문어 의사소통 능력을 발달시키면, 이들의 의사소통 범위와 힘 또한 크게 증가한다. 불행히도, 쓰기 교수는 이들의 경우 자주 무시되곤 한다(Millar et al., 2004).

쓰기 학습은 다음과 같은 다양한 영역, 즉 ① 쓸거리를 위한 세상 지식과 경험, ② 명확한 상황, 문제 및 해결을 지닌 응집성 있는 이야기개발을 위한 내러티브 기술(혹은 또 다른 쓰기 장르에 대한 기술), ③ 이야기의 각 부분들을 분명하게 표현할 수 있는 언어기술(의미, 형태, 구문 등의 지식), ④ 문장 속 낱말들을 말소리들로 쪼갤 수 있는 음소 분절 기술, ⑤ 글자가 말소리를 나타내는 것임을 아는 글자–소리 협응 지식, ⑥ 일견단어로 학습된 자주 접하게 되는 불규칙 낱말의 철자 지식, ⑦ 필요한 글자 및/또는 낱말을 산출하거나 위치를 찾고 선택하는 데 필요한 손쓰기, 키보드 치기 및 기타 접근 기법들에 대한 기술 등의 통합을 필요로 한다(Light & McNaughton, 2009a). 이러한 과정은 읽기에 비해 더 어렵다. 왜냐하면 학생으로 하여금 상당한 양의 정보(예: 이야기, 이야기를 구성하는 문장, 문장을 구성하는 목표 낱말, 그 목표 낱말을 철자하기 위한 글자들)를 작업기억 내에 보유함과 동시에 이야기를 구성하는 각 문장의 낱말들을 만들기 위해 일련의 글자를 키보드에서 선택하여(또는 손쓰기를 통해) 역동적으로 텍스트를 부호화할 것을 요구하기 때문이다. 만약 학습자가 운동장애를 지니고 있다면, 부호화 과정(즉, 키보드에서 글자를 선택하거나 글자 산출하기)이 느리고 힘이 들 수 있기에 작업기억의 부담은 더 증가하게 된다(Millar et al., 2004). CCN을 지닌 사람들이 쓰기 기술을 쌓으려면 집중적인 중재가 필요한데, 이러한 중재에는 '적절한 쓰기 도구 접하기'와 '쓰기 기술에 대한 적절하고 효과적인 교수'가 필수적이다.

> CCN을 지닌 사람들이 문해 기술을 발달시킬 때, 더 진전된 문해 기술 형성뿐 아니라 특정 언어 기술, 특히 형태론적/구문론적 구조를 가르치기 위한 수단으로 문어를 활용할 수 있다. 문해 교수를 받기 전, 다운증후군을 지닌 네 살 아동 잭슨(Jackson)은 말과 수화를 사용하여 전보식으로 의사소통을 하였다. 관사(예: the, a)를 포함한 단순한 문장 읽기를 배우게 되자 잭슨은 표현 의사소통에도 이들 관사 사용을 일반화할 수 있었다. 유사하게, 이전 사례에서 언급한 아나는 문해 활동을 통해 삼인칭 단수 현재형(즉, dad hugs에서처럼 동사 끝에 -s 붙이기)의 사용을 네 살 때 배웠다. 아나에게는 쓰기를 통해 그러한 추상적인 언어 구조를 가르치기가 더 쉬웠다. 왜냐하면 그러한 구조는 구두뿐 아니라 시각적으로도 제시할 수 있었기 때문이다. 형태론/구문론에 대한 문어적 제시는 영구적이어서 아나가 관련 패턴을 알아차릴 수 있는 시간이 증가하였고, 결과적으로 학습이 촉진되었다. 잭슨의 비디오를 보려면 펜실베이니아 주립대학교 웹 페이지를 방문해 '자폐, 뇌성마비, 다운증후군 및 기타 장애를 지닌 유아의 문해 교수'영역을 참고하고, 쓰기를 통한 아나의 언어 학습 비디오를 보고자 한다면 펜실베이니아 주립대학교 웹캐스트, '자폐범주성장애와 말문제를 지닌 사람들의 문해 성과 증진시키기'부분을 참고하라.

쓰기 도구에 접근하기

앞에서 언급한 바와 같이, CCN을 지닌 사람들은 발생적 문해 발달 초기에 다양한 쓰기 도구(예: 쥐기를 돕고자 개조된 연필과 마카, 글자 소리가 산출되는 키보드)에 접근해야 한다. CCN을 지닌 학생이 관습적 문해 기술을 배울 때, 이들의 요구와 기술을 충족하는 적절한 키보드와 글자 카드, 철자하기는 어렵지만 흥미도 높은 낱말(예: Power Ranger, Tyrannosaurus rex)과 자주 사용되는 불규칙 낱말(예: walk, friend, their)을 포함하고 있는 낱말 벽 또는 낱말 은행 등에 지속적으로 접근하는 것이 유익할 것이다(Hanser & Erickson, 2007). 가장 적절한 키보드의 레이아웃과 배열 및 가장 적절한 접근 방법을 결정하기 위해서는 AAC 팀의 작업치료사나 물리치료사 및 기타 멤버들의 정보가 필요할 것이다(제4장과 제6장 참조). 접근성을 높이고 시각 및/또는 운동장애를 조절하기 위한 설계 외에도, 키보드는 초기 문해 학습을 촉진하기 위해 개조될 수 있다. [그림 12-5]는 자폐 청소년을 위해 개조된 표준 키보드의 예를 보여 준다. 이 키보드는 소문자 알파벳과 학생이 습득한 11개의 글자 소리를 강조하고 있 다. 글자는 학생이 새로운 글자 소리를 습득함에 따라 증가하게 된다. 키보드에 접근 하기가 아주 힘들거나 쓰기 기술 학습을 방해하지 않도록 신중해야 한다.

> 열두 살 자폐아동 브렌(Bren)은 몇 개의 음소 분절 기술을 습득하고 6~7개 글자-
> 소리 협응을 할 수 있게 되자마자 쓰기 기술을 배우기를 시작했다. 유도된 연습에 따
> 라 자신의 이름 타자하기를 배우고 있는 브렌의 비디오는 펜실베이니아 주립대학교
> 웹캐스트 '자폐범주성장애와 말문제를 지닌 사람들의 문해 성과 증진시키기'를 방
> 문하라. 비디오를 보면 브렌은 [그림 12-5]와 같이 개조된 키보드를 사용한다. 그가
> 새로운 글자소리를 습득하게 되면, 더 많은 낱말을 타자하고 키보드 지식을 증가시
> 킬 수 있도록 그의 키보드 위에 습득한 글자소리를 하이라이트로 표시해 준다. 그가
> 대문자를 배우게 되면 일반 키보드를 사용하게 될 것이다.

[그림 12-5] 자폐 청소년을 위해 개조된 키보드
키보드는 소문자를 사용하며, 학생이 습득한 11개 글자 소리가 강조되어 있다.

기본적인 쓰기 기술 교수와 사용 기회 제공하기

적절한 쓰기 도구의 제공만으로 효과적인 쓰기 기술 습득이 보장되는 것은 아니 다. 이러한 기술을 쌓으려면 집중적인 교수가 필요하다. 읽기와 마찬가지로 쓰기 교 수는 두 가지 구성요소, 즉 ① 기본적인 쓰기 기술(즉, 음소분절, 글자-소리 협응, 한 낱 말 부호화/철자 기술)에 대한 직접 교수, ② 의미 있는 쓰기 경험 맥락에서 이들 기술을

적용해 볼 다수의 기회를 포함한다(Millar et al., 2004; NRP, 2000).

쓰기 기술은 음운인식 기술(구체적으로는 음소분절 기술)과 글자-소리 협응에 기초하여 발달한다. 음소분절 기술을 습득하고 몇 개의 글자-소리 협응을 알게 되면, 학습자는 간단한 규칙 낱말을 부호화하거나 철자하기 위해 이들 기술의 통합을 배울 준비가 된 것이다. 전형적으로, 한 낱말 부호화/철자하기 교수는 음운인식 기술 및 글자-소리 협응과 낱말 부호화를 위해 이들 기술을 통합하도록 가르치는 과정을 함께 제공한다(예: Blischak et al., 2004; Johnston, Davenport, et al., 2009). 라이트와 맥노튼(Light & McNaughton, 2010)은 한 낱말 부호화/철자하기에 대한 직접 교수를 수정한 절차를 다음과 같이 기술하였다.

1. 먼저, 교수 제공자는 목표 낱말을 천천히 말해 준 후 낱말에 포함된 각각의 소리를 길게 발음하면서 각각의 소리에 해당하는 글자를 선택해 한 낱말 부호화 기술을 시범한다.
2. 다음으로, 교수 제공자는 낱말을 천천히 말해 주는데, 이때 학습자가 키보드(또는 글자 배열)에서 해당 글자를 선택할 때까지 그 글자에 해당하는 낱말 내 소리를 계속 발음해 주면서 유도된 부호화 연습을 할 수 있게 한다.
3. 학생이 기술을 배워감에 따라 교수 제공자는 점차적으로 구두로 제공하는 발판 지원(예: 낱말을 작은 소리로 말해 주기)을 소거한다.
4. 학생이 능력을 발달시켜 감에 따라 발판 지원 없이 스스로 부호화 기술을 연습할 수 있는 기회를 제공한다.
5. 마지막으로 교수 제공자는 학생에게 적절한 피드백을 제공한다.

연구에 따르면, CCN을 지닌 학생들은 적절한 교수를 받을 경우 다수의 글자 순서를 익히고 낱말을 정확하게 철자할 수 있다고 한다(예: Blischak et al., 2004; Johnston, Davenport et al., 2009; Light & McNaughton, 2010; Millar et al., 2004). 흔히 부호화 교수는, 이전에 배우지 않은 새로운 낱말들로 철자하기 기술을 일반화할 수 있도록 촉진하기 위해, 같은 글자 조합으로 끝나는 단어족(word families; -an족은 can, man, ran 등을 예로 들 수 있다)으로 구성된다(Hanser & Erickson, 2007).

CCN을 지닌 사람들은 의미 있는 쓰기 활동 속에서 기본적인 부호화 기술을 적용해 볼 수 있는 다수의 기회를 필요로 한다(Erickson & Koppenhaver, 1995; Foley &

Wolter, 2010; Millar et al., 2004). 라이트, 맥노튼 등(Light, McNaughton, et al., 2008)은 CCN을 지닌 사람들은 초기 쓰기 활동 속에서 내러티브 기술, 의미/구문/형태론적 기술, 부호화/철자하기 기술 및 키보드 사용 기술 등의 부담이 증가하여 짓눌리기 쉽기에 주의해야 한다고 충고하였다. 이들은 학습자가 새로운 기술을 배우는 동안 부담을 줄일 수 있도록 하기 위해 다음과 같은 기법들을 탐색하도록 추천하였다. 즉, ① 반복적인 구절이나 이야기 구조를 지닌 책(예:『갈색곰아, 갈색곰아, 무엇을 보고 있니?』)을 읽고 학생이 그 구조에 맞추어 자신의 내용어로 이야기를 꾸밀 수 있는 기회(예: 빨간 돼지야, 빨간 돼지야, 무엇을 보고 있니?)를 제공한다. ② 쓰기의 기초로 개인적 경험을 담은 사진을 활용한다. 사진은 내용 구성을 시각적으로 도울 뿐 아니라 친숙한 내용과 내러티브 구조를 제공해 준다. ③ 학생이 쓰기에 활용할 수 있도록 낱말벽이나 낱말은행 등으로 고빈도의 흥미로운 낱말들을 쉽게 접할 수 있는 모델을 제공한다(Hanser & Erickson, 2007 참조). ④ 함께 쓰기(shared writing)를 활용한다. 학생은 텍스트를 작성하고 규칙 낱말을 부호화하며, 교수 제공자는 좀 더 복잡한 불규칙 낱말의 부호화를 돕기 위해 발판을 제공하면서 함께 이야기를 만들어 낸다. 앞에서 언급한 것처럼, 시범과 유도된 연습(교수 제공자의 발판 지원)을 한 후 능력이 증가하면 독립적으로 쓰기 연습을 하는 것이 유익할 것이다. 학생이 작성한 텍스트는 교사, 가족, 친구 등이 반복해서 읽는 자료로 활용할 수 있다.

이 시기 발달 단계에서 강조할 점은 글 텍스트를 통해 소통하고자 하는 학생의 의도를 파악하는 것이다. 교수 제공자는 소리철자(sound spellings)의 의사소통 의도를 인식하고 관습적 철자에 대한 시범을 제공한다(Foley & Wolter, 2010). 궁극적으로, CCN을 지닌 학생들은 빈번히 사용되는 불규칙 낱말들에 대한 관습적인 철자 교수를 또한 필요로 한다. 불규칙 낱말은 학교 교과과정과 동일한 순서로 제시될 수 있다. 우리는 이후 절에서 철자하기 교수를 논의한다.

네 살 자폐아동 마이클(Michael)은 대략 1년간 문해 교수를 받았다. 그 기간 동안 그는 글자-소리 협응, 음소분절 기술, 해독 기술, 일견단어 재인 기술 등을 배웠다. 로봇 강아지에 대한 책을 읽은 후 마이클은 새로 습득한 언어와 문해 기술을 사용하여 다음과 같은 이야기를 썼다.

robot dog will fetch my gren powr ranger[Robot Dog will fetch my green Power Ranger.]

robob dog is gowg to plae[Robot Dog is going to play.]

robot dog haz tim ot becuz he duzut lisin[Robot Dog has time out because he doesn't listen.]

마이클의 문해 경험에 대해 더 알고 싶다면 자폐, 뇌성마비, 다운증후군 및 기타 장애인의 문해 교수를 다룬 펜실베이니아 주립대학교 웹 사이트의 학생 성공 스토리 부분을 찾아보라.

진전된 문해 기술 가르치기

학교에 입학한 초기 3년은 읽기와 쓰기를 배우는 데 초점을 두는 반면, 이후 기간에는 전형적으로 배우기 위한 읽기와 쓰기에 초점을 둔다(Graham & Perin, 2007; NRP, 2000). 문해 기술은 학생이 새로운 정보를 습득할 수 있는, 또한 학습 여부를 평가할 수 있는 주요 수단이다(Foley & Wolter, 2010). 이번 절에서는 CCN을 지닌 사람들의 좀 더 진전된 문해 기술, 특히 읽기 이해와 쓰기 전략 개발에 초점을 둔 중재를 집중적으로 다룬다. CCN을 지닌 사람들을 대상으로 후기 문해 기술 중재를 고찰한 연구는 제한적이다. 따라서 이번 절에서는 문해 발달 영역에서 문제를 보일 위험성이 있는 그러나 의사소통을 위해 말은 할 수 있는 사람들 대상의 중재 연구를 주로 다룬다(예: Graham & Perin, 2007; NRP, 2000). CCN을 지닌 사람들의 참여를 촉진하기 위해 이들 중재에 대한 수정이 제안되었고, 이러한 수정은—적어도 부분적으로는—일화적 보고서와 사례 기술에 기초하여 이루어졌다(예: Bedrosian, Lasker, Speidel, & Politsch, 2003; Blischak, 1995). 앞으로 이들 수정된 중재가 타당한지 그리고 CCN을 지닌 사람들의 좀 더 진전된 문해 기술을 발달시키는 데 효과적인지를 고찰하기 위한 연구가 매우 필요하다.

좀 더 진전된 읽기 기술 개발을 위한 중재

궁극적으로, 문해 교수의 목표는 학생이 다양한 텍스트를 이해하고 배울 수 있도록 하는 것이다. 읽기 이해 기술을 쌓는 과정은 발생적 문해 발달 단계에서 일찍 시작되어야 한다. 이때 부모나 교사는 CCN을 지닌 아동과 함께 책을 읽고 아동의 이해 기술을 높이기 위해 책 내용을 논의할 수 있다. 학생이 기본적인 읽기 기술(즉, 해독과 일견단어 재인)에 능숙하게 되면, 중재의 초점은 텍스트를 읽고 그 내용을 자신의 경험 및 이전 지식과 연관지으며 다양한 목적으로 자신이 읽은 정보를 활용하는 것으로 옮아갈 수 있다(NRP, 2000). 읽기 이해 기술 개발은 다음 네 영역, 즉 ① 해독과 일견단어 재인 기술을 유창하게 적용하는 능력, ② 어휘, 문장 구조, 텍스트 구조(예: 내러티브, 설명문, 논설문)를 이해하는 능력, ③ 텍스트와 관련된 세상 지식과 특정 영역에 대한 지식들을 기억해내고 적용하는 능력, ④ 이해를 점검하고 이해를 돕는 적절한 전략들을 활용하는 상위인지 기술 능력 등을 통합해야 하는 복잡한 과정이다(Copeland, 2007).

기본적인 읽기 기술의 유창성 개발

이 단계에서 대부분의 학생들은 다양한 낱말을 해독하고 시각적으로 재인할 수 있다. 또한 해독 기술을 계속 발달시키고(예: 좀 더 복잡한 다음절 낱말 학습), 일견단어 재인 기술의 범위를 확장해 나간다. 지속적인 텍스트 읽기 연습을 통해, 학생들은 문해 교수의 핵심 요소인 해독과 일견단어 재인 기술에 대한 유창성을 발달시킨다. 유창성과 텍스트 이해는 매우 상관이 높다(Fuchs, Fuchs, Hosp, & Jenkins, 2001). 낱말을 빠르고 정확하게 해독하고 재인할 수 있는 학생은 텍스트를 이해하고 자신의 경험과 연관시키기 위한 인지적 자원에 더 많은 시간을 할애할 수 있다. 이러한 과제에서 유창하지 않은 학생은 해독과 일견단어 재인에 노력을 들임으로써 읽기 이해에 이용할 수 있는 인지적 자원이 부족하게 된다.

해독과 일견단어 재인 기술의 유창성을 높이기 위해 ① 학생이 스스로 읽을 수 있는 수준의 텍스트를 반복해 읽기, ② 녹음된 텍스트나 멀티미디어를 이용해 읽기, ③ 유창한 독자가 큰 소리로 읽어 주는 상황에서 함께 읽기 등의 다양한 기법들이 활용될 수 있다(Foley & Wolter, 2010). CCN을 지닌 많은 학생들이 구두 읽기/함께 읽기 활동에 참여할 수 있는 충분히 명료하고 유창한 말을 지니고 있지 않다. 에릭슨과 코펜하버(Erickson & Koppenhaver, 2007)는 CCN을 지닌 학생들과 함께 이러한 활동을 할 경우에는 집단, 활동 상대, 녹음테이프 등이 텍스트를 소리내 읽어 주는 동안 목소리를 거의 내지 않는 말(내적 음성)로 조용히 읽도록 격려할 것을 추천하였다. 이러한 기법은 모두 의미 있는 읽기 활동 속에서 기본적인 기술을 반복해 연습하도록 하는 데 초점을 두기에 유창성 발달을 돕는다. 독립적으로 읽는 데 큰 어려움을 보이는 학생들은 보조 기술이나 기타 도움(예: 화면독서기, 디지털 텍스트, 오디오북)을 제공해 읽기 부담을 줄이고 교수 내용에 집중할 수 있도록 한다(자세한 내용은 보조 기술에 대한 절 참조).

좀 더 진전된 언어 기술 개발

낱말을 유창하게 재인하고 해독하는 것만으로 읽기 이해가 보장되는 것은 아니다. 학생은 낱말, 문장 구조, 전체 내러티브 또는 그 밖의 장르에 대한 의미를 이해할 수 있어야 한다. 불행히도, AAC에 의존하는 많은 학생들은 표현 언어 경험이 부족하고 입력 제한으로 인해 언어 기술이 부족할 수 있다(Light, 1997). 읽기 이해를 돕는 데 요구되는 의미, 구문, 형태 및 내러티브 기술을 쌓기 위한 집중적인 언어 중재가 일찍부터 필요하다(자세한 논의는 제10장과 제11장 참조). 문어 의사소통은 대화와 달리 더 다양한 어휘와 복잡한 문장 구조가 사용된다. 아이러니하게, 진전된 언어 기술 발달은 읽기를 통해 강화된다. 학생이 더 많이 읽을수록 언어 기술 또한 더욱더 발달하게 된다(Foley & Wolter, 2010). CCN을 지닌 사람들에게 책을 읽어 주는 것은 새로운 어휘와 문장 구조를 체계적으로 소개할 수 있는 훌륭한 기회를 제공하는 것이다. 읽기 이해에 필요한 좀 더 진전된 언어 기술을 발달시켜 주기 때문이다. 이러한 일반적인 중재는 구체적인 어휘, 문장 구조 또는 장르를 가르치기 위한 좀 더 구체적인 교수를 통해 보완할 수 있다(Sturm & Clendon, 2004).

세상 지식과 영역 특정적 지식 개발

언어 기술 외에 CCN을 지닌 학생들은 문어 텍스트 이해를 뒷받침할 수 있는 세상 지식이 잘 발달되어 있어야 한다. 적절한 경험과 세상 지식은 학생으로 하여금 모르는 낱말의 의미를 도출해내고, 사건과 결과를 예상하며, 텍스트의 의미를 빨리 이해할 수 있도록 맥락을 활용하도록 해 준다. 불행히도, 많은 CCN을 지닌 학생들이 건축 장벽, 태도 장벽, 건강 제약, 조작과 이동 장애, 제한적인 의사소통 기회 등으로 인해 세상 지식이 제한되어 있다. 적절한 이전 지식에 접근하지 못하면, 문어 텍스트를 이해하기가 더 어렵고 힘이 든다. 아이러니하게도 언어 기술과 마찬가지로, 세상 지식과 영역 특정적 지식은 다양한 텍스트 읽기를 통해 잘 개발될 수 있다. 더 많은 책에 접근할 수 있도록 CCN을 지닌 사람들에게는 교사, 부모, 친구, 또래교사 등이 읽어 주는 것뿐 아니라 오디오북, 멀티미디어로 제시되는 텍스트, 화면 독서기 등을 제공하는 것이 좋다. 그러나 단순히 텍스트를 듣는 것만으로는 세상 지식을 쌓는 데 충분하지 않다. 학생들은 타인과 텍스트에 대해 적극적으로 논의하고 새로운 정보를 이전 경험과 연관 짓는 과정을 거쳐야 한다. 이러한 활동들은 모두 언어 기술을 확장 시킬 뿐 아니라 세상 지식과 영역 특정적 지식을 쌓는 데 도움이 될 것이다.

이해 점검과 읽기 이해 전략 활용

학생이 교육을 받아감에 따라, 더 많은 읽기 부담을 경험하게 된다. 다양한 주제를 다룬 더 많은 책들, 좀 더 복잡한 어휘와 문장을 지닌 더 긴 책, 다양한 장르(예: 설명 문, 내러티브, 논설문)의 책들을 읽어야 한다. 이러한 증가된 읽기 요구는 특히 유창성, 언어 기술 및/또는 세상 지식 등을 갖추지 못한 학생들에게 읽기 이해에 대한 더 많 은 부담을 갖게 한다. 읽기 이해 기술에 대한 부담은 많은 교재들이 제대로 구성되어 있지 않고, 핵심 개념과 멀어진 관련 없는 내용을 포함하고 있으며, 폭넓은 이전 지 식을 요구하기 때문에 더 증가할 수 있다(Boone & Higgins, 2007).

학년 수준에 관계없이 학생들—특히 CCN을 지닌 학생들이 그러한 것처럼, 읽기 이해에서 문제를 보일 위험성이 있는 학생들—은 읽기 이해 전략에 대한 교수가 유 익할 수 있다(Gersten, Fuchs, Williams, & Baker, 2001; NRP, 2000). 읽기 이해 전략은 "학생으로 하여금 읽기(쓰기)를 시도할 때 자신이 얼마나 잘 이해하고 있는지를 인식 하도록 이끄는 구체적인 인지적 절차"(NRP, 2000, p. 40)다. 연구에 따르면, 이러한 전 략을 활용하는 학생들은 결과적으로 이해에서 큰 성과를 보이는 것으로 나타난다 (Gersten et al., 2001). 〈표 12-6〉은 AAC에 의존하는 사람들의 구체적인 요구에 부응 하기 위해 수정을 가한 것으로, 이들에게 유익할 수 있는 근거 기반 읽기 이해 전략들 을 담은 리스트다. 수정은 이해 점검, 요약, 그래픽 오거나이저와 의미적 오거나이 저, 질의응답, 질문생성, 텍스트구조 재인 등이다(Armbruster, Lehr, & Osborn, 2001; NRP, 2000). CCN을 지닌 학생들은 다양한 읽기 이해 전략들을 배우는 것이 좋다. 왜 냐하면, 전략에 따라 요구되는 텍스트와 과제의 유형이 다를 수 있기 때문이다.

읽기 이해 전략의 활용을 배우려면, 학습자는 글을 읽을 때 적극적으로 정보를 처리 하기 위해 다단계 과정에서 지식과 기술을 통합할 수 있어야 하며, 그럼으로써 이해 와 기억을 촉진할 수 있다(Gersten et al., 2001). 캔자스대학교 학습연구센터(University of Kansas Center for Research on Learning)는 읽기 이해 전략을 가르치기 위해 이용할 수 있는 포괄적이고 과학적인 기반을 둔 모델을 개발하였다. 이 모델은 다음과 같은 요소를 포함하고 있다(Deshler & Schumaker, 2006).

표 **12-6** 읽기 이해 지원 전략과 CCN을 지닌 학생을 위한 수정

읽기이해전략	CCN을 지닌 학생들을 위한 수정
이해점검 • 읽는 동안 규칙적인 간격으로 멈추기 • 텍스트에 대한 이해 점검하기	읽기를 멈추고 이해를 점검하기 위해 시각적 촉진으로 글로 쓰인 낱말이나 AAC 상징 사용하기
요약 • 텍스트의 핵심 아이디어 파악하기(예: 누가? 무엇을 했나?) • 부적절하게 자세한 사항 없애기	주제를 요약하기 위한 촉진으로 글로 쓰인 낱말이나 AAC 상징 사용하기 제공된 세 개 이상의 요약 중에서 가장 적절한 요약 선택하기 이야기를 요약하기 위해 정확한 순서로 문장 스트립 구성하기
그래픽/의미적 오거나이저 • 텍스트의 내용을 그려내기 위한 오거나이저 도구 사용하기 • 스토리 맵을 이용해 텍스트 구조를 시각적으로 묘사하기	이야기 구조를 묘사하기 위해 소프트웨어 기반 개념지도 이용하기(필요할 경우 내비게이션/포매팅으로 도움을 제공한다) 또래 기록자(peer recorder)와 협력하여 그래픽 오거나이저 완성하기
질의응답 • 텍스트에 대한 질문(문자 그대로 또는 추론에 의한)에 답하기 • 반응에 대한 즉각적인 피드백 받기	개방형 질문에 반응하도록 AAC 체계 사용하기 효율성을 높이고 피로를 줄이기 위해 선다형 질문 이용하기 질문과 답변 일치시키기 이용하기
질문생성 • 읽기 전 또는 읽는 동안 주제에 대해 생각해 보기 • 텍스트에 대한 관련 질문 생각해 보기 • 읽는 동안 질문에 반응하기	질문을 생성하기 위해 AAC 활용하기 학생이 제공된 선택지에서 흥미로운 질문을 선택하도록 허용하기
텍스트 구조에 대한 재인 • 텍스트 장르(예: 내러티브, 설명문) 결정하기 • 장르의 구성요소(예: 배경, 인물, 갈등, 해결) 결정하기	문어 장르에 대한 선택지 제공하기, 적절한 어휘를 AAC 체계에 프로그래밍하기 이야기 구성요소에 대한 촉진 질문을 AAC 체계에 미리 프로그래밍하기

출처: Bedrosian, Lasker, et al. (2003); Erickson (2003); Light & McNaughton (2009a, 2009b).

1. 교수를 시작하기에 앞서 학습자의 전략 사용을 결정하기 위해 사전 검사를 실시한다.
2. 전략 학습을 위해 최선을 다하겠다는 학습자의 약속을 얻어낸다.
3. 전략을 설명하고 그 이점을 논의한다.
4. 각각의 수행 단계를 혼잣말로 설명함으로써, 전략 사용에 대한 시범을 보이거나 시연한다.
5. 전략 단계를 명명하며 연습한다.
6. 교수 제공자는 학습자의 성공을 보장하기 위해 필요할 경우 발판을 제공하며 전략 사용에 대한 유도된 연습을 이끈다.
7. 학생이 전략을 학습함에 따라 지원을 점차 줄여 간다.
8. 필요할 경우 교정 피드백을 제공하면서, 학생이 혼자서 전략을 연습할 수 있는 다수의 기회를 제공한다.
9. 점차적으로 더 복잡한 조건(예: 복잡한 텍스트, 집중을 방해하는 다양한 조건의 교실 상황)에서 전략 사용을 연습하도록 이끈다.
10. 학생이 전략을 일반화하고 유지할 수 있도록 분명한 계획을 세운다.

심한 뇌성마비를 지닌 다섯 살 소년 개러스(Gareth)는 유치원 입학 전에 읽기를 배웠다. 그는 문해 교수 초기에 기본적인 읽기 이해 전략을 소개받았다. 혼자서 이야기의 개별 페이지나 절을 읽는 동안, 그는 다음 페이지나 절을 읽기에 앞서 이해를 검토하고자 제공된 질문에 답하기 위해 멈춰야 했다. 우리는 개러스가 신속하고 쉽게 답을 할 수 있도록 선다형 질문을 사용했다. 예를 들면, Clifford the dog(클리퍼드 빨간 개)에 대한 책을 읽을 때, 개러스는 먼저 텍스트를 혼자서 읽는다. 이후 다음과 같은 선다형 질문에 답을 한다.

클리퍼드는 왜 이길까?
달릴 거니까
크고 빠르니까
빨가니까
이길 거니까

이 기법은 피로감을 이끌 수 있는 과도한 부담을 주지 않고 개러스의 이해를 점검할 수 있게 한다. 이러한 질의응답 전략은 개러스가 이후 표준화된 검사들에서 직면할 수 있는 요구사항들을 또한 반영한다. 개러스의 교사와 보조교사는, 자료 준비에 대한 부담을 최소화해 주는, 읽기 활동에서 기본적인 사실 이해와 추론 기술에 필요한 질문들을 손쉽게 만들 수 있다. 개러스에 대해 더 알고 싶다면, '자폐, 뇌성마비, 다운증후군 및 기타 장애인의 문해 교수'를 다룬 펜실베이니아 주립대학교 웹 사이트의 '읽기 이해' 부분에서 이 전략을 활용하고 있는 그의 비디오를 찾아보라.

진전된 쓰기 기술 개발을 위한 중재

학년이 올라가고 고용을 준비하게 되면, 학생들의 쓰기에 대한 요구는 점점 더 늘어나게 된다. 3학년 이상부터 쓰기는 정보를 소통하고 학생의 지식과 학습 정도를 평가하기 위해 가장 흔히 사용하는 방법이 된다. 쓰기는 학생이 타인에게 정보를 전달(예: 이야기를 하고, 사건을 설명하고, 의견을 표현하며, 타인을 설득하는)할 수 있는 수단일 뿐 아니라 학습과 이해를 돕는 기제를 제공한다. 학생이 어떤 주제에 대해 글을 쓰면, 지식이 확장되고 깊어진다(Graham & Perin, 2007). 교육 및 직업과 관련된 쓰기 요구가 증가함에 따라, CCN을 지닌 학생들은 다양한 목적에서 더욱 복잡한 어휘와 문장 구조를 사용해 더 긴 텍스트를 작성할 수 있어야 한다(Foley & Wolter, 2010). 이러한 쓰기 요구에 부응하려면 철자, 구두점, 대문자 표기, 텍스트 산출/키보드 치기 등의 쓰기 관습과 다양한 장르(예: 내러티브, 설명문, 논설문)의 텍스트를 효과적으로 계획하여 글을 쓴 다음에 편집할 수 있는 쓰기 전략들을 활용하는 데 대한 지식과 기술이 잘 발달되어 있어야 한다(Light & McNaughton, 2009b).

쓰기 기술이 잘 발달된 CCN을 지닌 사람들의 예(예: Koppenhaver et al., 1991)가 있기는 하지만, AAC에 의존하는 사람들은 글을 통한 의사소통에 어려움을 보이는 경우가 많다. 이러한 예는 뇌성마비를 지닌 AAC 의존자 6명의 쓰기 기술을 검토한 켈퍼드 스미스 등(Kelford Smith et al., 1989)의 연구에서 찾아볼 수 있다. 이들 연구자는 다음과 같은 결과를 보고하였다. ① 참여자들은 일주일 동안 제한적인 양의 글을 써냈으며, ② 텍스트를 계획하고, 작성하며, 수정하는 데 많은 시간을 필요로 했고, ③ 형태론에서 어려움을 보였으며, ④ 한 명을 제외한 모든 참여자가 문장 구조에서 어려움을 보였다. CCN을 지닌 사람들이 진전된 쓰기 기술을 개발하려면 집중적인 중재가 필요하다. 이러한 중재는 쓰기 관습뿐 아니라 쓰기 전략 활용에 대한 교수에도 초점을 두는 것이어야 한다.

쓰기 관습에 대한 지식과 기술 개발

CCN을 지닌 학생들이 능숙하고 명료한 텍스트를 써내려면, (규칙 낱말과 불규칙 낱말 둘 다에 대한) 철자하기 기술뿐 아니라 대문자 표기법, 구두점, 문단 구성 등과 같은 쓰기 관습에 대한 지식을 지니고 있어야 한다. 이들 기술에 대한 교수는 관습적 문해 기술 학습의 초기 단계에서 시작되어 지속되어야 한다. 학생이 기본적인 기술을 습득하면, 교수의 초점은 좀 더 복잡한 철자하기 기술(예: 장모음 패턴, 접두사와 접미사를 지닌 다음 절 낱말, 동음이의어) 개발과 낱말 학습 기술(예: 파생어, 낱말의 의미 파악), 좀 더 진전된 쓰기 관습(예: 구두점 사용, 단락)의 습득 등으로 옮아가야 한다. 앞에서 언급한 바와 같이, 철자하기 기술은 음운인식 기술과 글자-소리 협응에 대한 지식에 크게 의존한다. 심한 말장애를 지닌 일부 사람들은 낱말을 철자하기 위해 음운인식 기술을 적용하는 데 어려움을 지닌다(Hart, Scherz, Apel, & Hodson, 2007). 그러나 AAC에 의존하는 사람들이 철자하기에 대한 명시적 교수를 통해 이득을 얻을 수 있다는 근거가 존재한다(McNaughton & Tawney, 1993; Schlosser, Blischak, Belfiore, Bartley, & Barnett, 1998). 게다가 말장애를 지닌 자폐인의 철자하기 수행에 말산출이 미치는 효과를 검토한 연구도 있다(Blischak & Schlosser, 2003). 이 연구 결과에 따르면, 말산출은 적어도 일부 참여자들에게 긍정적인 효과가 있는 것으로 나타났다. 연구자들은 이를 통해 말산출이 쓰기 교수를 돕는 것으로 간주되어야 한다고 결론지었다.

철자하기와 쓰기 관습에 대한 진전된 기술 습득과 함께, 교수는 쓰기 관습(예: 철자하기 기술, 구두점, 손쓰기, 키보드치기 또는 기타 조작 기술)에 대한 유창성을 개발하는 데 또한 초점을 두어야 한다. CCN을 지닌 사람들이 이들 기술에서 어려움을 보인다면, 실제 쓰기 과정(계획하기, 초안 쓰기, 수정하기)에 들일 수 있는 인지적 자원이 적어, 주의와 인지적 자원을 온통 철자하기와 글자 선택하기/쓰기에 소비할 수 있다. 앞에서 언급한 것처럼, 유창성은 연습을 통해 개발된다. 이들 기술이 좀 더 자동적이게 되면, AAC에 의존하는 학생들은 자신의 주의와 인지적 자원을 쓰기 기제가 아닌 쓰기 내용에 쏟아부을 수 있을 것이다. 모든 학생들이 텍스트를 작성해 볼 수 있는 다수의 기회를 통해 이득을 얻지만, CCN을 지닌 사람들—특히 운동, 감각/지각 및/또는 인지장애를 지닌 사람들—의 경우에는 텍스트를 써내는 과정이 특히 어려울 수 있음을 기억해야 한다. 폴리와 윌터(Foley & Wolter, 2010)는 이들이 쉽게 피로감을 느끼고 쓰기 과제에 주의력을 유지하는 데 어려움을 지닐 수 있다고 언급하였다. 텍스트를 작성하는 데 특히 어려움을 보이는 학생들은 발판을 제공하고, 속도를 높이며, 철자하기 및/또는 쓰기 도구를 제공해 주는 보조 기술이 필요할 수 있다(자세한 논의는 보조 기술에 대한 절 참조).

쓰기 전략 활용을 위한 학습

숙련된 쓰기는 글 텍스트 작성이라는 단순 기제를 넘어선다. 더 길고 더 복잡한 텍스트를 제대로 작성하려면 학생들은 심사숙고, 글쓰기, 판단 등을 포함하는 반복적인 쓰기 과정에 관여해야 한다(Hayes, 2000). 학생들은 먼저 자신의 아이디어와 경험, 목적이나 의도 등을 반영하여 텍스트를 계획하고 구성한 다음, 자신의 생각을 문어로 바꾸고 손쓰기나 키보드를 통해 텍스트를 작성해야 한다. 마지막으로 자신이 쓴 글을 검토하고, 목적에 맞는지 심사숙고한 다음 다시 수정을 해야 한다. 좀 더 진전된 읽기 기술이 발달하고 쓰기 기술 요구가 증가함에 따라, 학생들은 자신의 기술을 강화하기 위해 쓰기 전략을 활용하는 것이 유익하다. 연구에 의하면 쓰기 전략 학습은 장애 유무와 상관없이 중학생과 고등학생의 쓰기 기술 증진에 긍정적인 영향을 미친다고 한다(Graham & Perin, 2007). 전형적으로, 쓰기 전략은 쓰기 과정의 각 단계 —계획하기, 텍스트 작성하기, 편집하기(〈표 12-7〉 참조)—를 돕는 다단계 절차를 거

표 12-7 쓰기 단계에 따른 지원 전략의 예

쓰기 단계	쓰기 전략	설명
계획 단계	PLAN 전략 (De La Paz, Owen, Harris, & Graham, 2000)	쓰기 촉진에 주의 기울이기(Pay attention …) 주제 목록화하기(List …) 아이디어 첨가하기(Add …) 아이디어에 번호 매기기(Number …)
쓰기/초안 쓰기 단계	WRITE 전략 (De La Paz, et al., 2000)	자신의 계획을 주제 진술로 발전시키기(Work from …) 글을 쓰는 목적 기억하기(Remember …) 각각의 단락을 위해 연결어(transition words) 사용하기 　(Include …) 다양한 문장 사용 시도하기(Try to …) 흥미로운 낱말 사용하기(예: $10,000)(Exciting …)
편집/수정 단계	EDIT 전략 (Hughes, Schumaker, McNaughton, Deshler, & Nolan, 2010)	처음에 쓴 초안 입력하기(Enter …) 맞춤법 검사하기(Do …) 대문자 표기법, 전체적인 외형, 구두점, 요지 등을 탐문 　해 보기(Interrogate …) 정확하게 타자하고 맞춤법 검사기 다시 돌려보기(Type …)

친다. 읽기이해 전략과 마찬가지로, 이들 쓰기 전략의 유형은 인지적 전략 교수 시범을 활용하여 가르칠 수 있다(Deshler & Schumaker, 2006; Graham & Perin, 2007).

쓰기 전략에 더하여, 장애 여부와 상관없이 학생들은 협력 쓰기가 또한 유익할 수 있다(Graham & Perin, 2007). 협력 쓰기는 '학생들이 함께 계획하고 초안을 쓰고, 쓰기를 수정하는 교수적 배치'의 개발을 포함한다(Graham & Perin, 2007, p. 42). 또래들과의 협의는 학생으로 하여금 학습에 대한 책임감을 높이고, 인지적 전략(특히 쓰기 전략) 학습을 늘리며, 쓰기 과정에서 피드백과 지원을 제공하고, 또래와의 사회적 상호작용을 통해 동기를 높여 줄 수 있다(NRP, 2000). 베드로지안, 래스커 등(Bedrosian, Lasker, et al., 2003)은 경도 인지장애를 지니고 있지만 말을 할 줄 아는 또래와 협력쓰기를 하면서 쓰기 전략 교수에 참여한 AAC 의존 자폐 청소년의 쓰기 중재를 기술하였다. 특히 이 중재는 다음과 같은 구성요소, 즉 ① 쓰기 지원을 위한 보조 기술 제공(SGD, 이야기 문법 지도, 적절한 어휘와 시작 문구를 지닌 이야기판, 이야기 쓰기 소프트웨어), ② 쓰기 전략에 대한 명시적 교수, ③ 교수 제공자와 또래가 제공하는 쓰기 시범, ④ 촉진, ⑤ 또래의 발판이 제공된 쓰기 지원 등을 포함하였다. 결과에 의하면, 중재는 CCN을 지닌 청소년의 쓰기에 긍정적인 효과가 있는 것으로 나타났다. 즉, 중재 후 이야기는 중재 전 이야기보다 더 길고 더 완벽한 이야기 문법을 지닌 것으로 나타났다. 이러한 효과는 또래와 협력해 쓰기를 완성하든 독립적으로 쓰기를 완성하든 상관없이 나타났다. AAC에 의존하는 사람들을 대상으로 한 중재 효과를 다양한 쓰기 장르에서 고찰해 보는 연구가 필요하다.

2003년부터 2011년까지 CCN을 지닌 17명의 성인들이 AAC-RERC(Rehabilit ation Engineering Research Center on Communication Enhancement) Writers Brigade에 참여하였다. 이들은 효과적인 쓰기 기술을 발달시키기 위해 코치와 교수 지원을 받았다. 이들은 다수의 잡지, 신문, 온라인 등에 글을 발표했는데, 이들이 Writers Brigade라는 이름으로 다룬 AAC에 대한 최근 연구와 최선의 실제에 대한 기사가 120개가 넘는다. 더 많은 정보를 원한다면 Writers Brigade 웹 사이트를 방문하라.

사회적 목적의 쓰기 기술 개발

학생들이 성장함에 따라 쓰기는 교육 및 직업 측면에서뿐 아니라 사회적인 측면에서도 그 중요성이 증가하게 된다. 예를 들면, 미국의 10대들은 전화로 친구들과 대화를 하기보다는 문자 메시지를 더 선호하며, 10대의 절반이 하루 중 50개 이상의 문자 메시지를 보내는 것으로 나타난다(Lenhart, Ling, Campbell, & Purcell, 2010). 사회적 관계를 쌓기 위한 전자 의사소통 미디어(예: 문자하기, 페이스북과 같은 사회적 네트워크 사이트)는 CCN을 지닌 사람들에게 특별한 장점을 제공한다. 이러한 미디어를 사용하면 자신만의 속도로 의사소통할 수 있고, 제한적인 대면 상호작용에서 흔히 겪게 되는 부정적인 사회적 태도를 피할 수 있기 때문이다. 사회적 미디어를 통한 문어 의사소통은 교육이나 직업적 목적의 쓰기보다는 더 짧고 덜 공식적이지만 그 자체로 일련의 요구가 존재한다(예: LOL[laugh out loud], JK[just kidding], IDK[I don't know]와 같은 인터넷 슬랭 사용). CCN을 지닌 학생들이 성공적인 사회적 관계를 맺고 발달시키려면, 이들 미디어를 효과적으로 활용할 수 있도록 문어 의사소통 기술과 조작 기술(예: 웹 사이트와 블로그를 만들고 접근하는 기술, 비디오와 이미지를 업로드하고 다운로드하는 기술)을 또한 발달시켜야 한다.

문해 지원을 위한 보조 기술

읽기와 쓰기 기술 개발을 위한 문해 교수 외에, CCN을 지닌 사람들은 또한 문해 발달을 돕는 다양한 보조 기술들에 접근할 필요가 있다. 예를 들면, ① 의사소통, ② 문해 교수, ③ 읽고 쓰기의 문제를 보완할 수 있는 보조 기술 등이 이에 포함된다.

AAC 팀은 필요한 보조 기술을 사용자 및 그 가족들과 합의하여 결정해야 한다. 보조 기술은 의사소통 및 문해 요구뿐 아니라 개인의 필요와 기술 수준에 따라 개별화되어야 한다.

의사소통을 위한 보조 기술

발생적 문해 발달의 초기 단계에서부터 좀 더 진전된 문해 기술 발달 단계에 이르기까지, CCN을 지닌 사람들이 의사소통을 하고 문해 활동과 교수에 완전히 참여하려면 AAC 체계에 대한 접근이 필요하다. AAC 체계는 문어 의사소통(초기 발생적 쓰기 활동과 관습적 쓰기를 모두 포함)과 원거리 통신(예: 문자 보내기, 이메일)을 지원하는 체계뿐 아니라 문해 활동과 교수(예: 주제 정하기, 책에 대해 이야기하기, 이해 질문에 답하기, 이야기를 요약하거나 다시 말하기, 책에 대해 질문하기, 의견 표시하기) 동안 이루어지는 대면 의사소통을 지원하는 체계를 모두 포함한다. 문해 활동과 교수에 요구되는 의사소통은 일상생활에 요구되는 기능적 의사소통과는 다르다. CCN을 지닌 사람들은 내러티브를 구조화하기 위한 이야기 문법뿐 아니라 문어에 대한 좀 더 형식적인 의미론, 구문론 및 형태론을 통합하고, 문해 발달을 뒷받침하는 언어의 기초를 쌓게 해 주는 AAC 체계에 대한 접근을 필요로 한다(예: Bedrosian, Lasker, et al., 2003).

문해 활동을 하는 동안 참여와 논의를 돕는 수단 제공에 더하여, AAC는 문해 교수 동안 반응을 제공하는 대체 방식으로도 활용될 수 있다. 예를 들면, 라이트와 맥노튼(Light & McNaughton, 2009a, 2011)은 소리 합성, 음소 분절, 해독 및/또는 일견단어 재인을 가르치는 동안 CCN을 지닌 사람들이 효과적이고 효율적으로 반응하기 위해 수화나 그림 AAC 상징을 사용하도록 돕는 조정 전략들을 기술하였다.

교수를 위한 보조 기술

의사소통 외에, 컴퓨터 지원 교수나 문해 학습을 위한 교수 지원 과정에 좀 더 깊이 있는 문해 교수용 테크놀로지가 활용될 수 있다. 예를 들면, 콜먼-마틴 등(Coleman-Martin et al., 2005)은 낱말 재인을 위한 컴퓨터 지원 교수의 효과를 고찰하고 AAC에 의존하는 사람들에게 이 접근이 긍정적 결과를 가져올 것이라고 결론지었다. 더욱이, 글자-소리 협응, 해독, 부호화 활동에 대한 교수를 보완하기 위한 교수 활동이나 게임을 제공하는 컴퓨터 및 이동 기술(예: iPad)용 소프트웨어 앱들이 다수 존재한다. 이들 앱을 실행하기 전에, 적절한 교수 목적을 다루고, 적절한 교수 방법과 자료들을 이용하며, 운동 및/또는 감각/지각장애를 지닐 수 있는 CCN을 지닌 사람들이 접근 가능한 것인지를 먼저 확인하는 것이 중요하다.

읽기와 쓰기의 어려움을 지원하기 위한 보조 기술

CCN을 지닌 사람들에게 특정 문해 부담을 지우지 않고 특정 기술 결함을 보완할 수 있는 수단을 제공하는 다양한 기술들이 존재한다. 일례로 맞춤법 검사기는 철자 문제를 보완하기 위해 사용될 수 있다. 화면으로 제시되는 사전은 어휘 제한을 보완하기 위해 사용될 수 있다. 언어 예측은 철자하기 제한을 보완하거나 속도를 강화하기 위해 사용될 수 있다. 그래픽 오거나이저와 개념지도를 지닌 소프트웨어 앱(예: Inspiration software)은 쓰기 과정의 계획과 조직화 단계를 시각적으로 지원할 수 있다. 전자책과 디지털 텍스트는 CCN을 지닌 사람들에게 다양한 이점을 제공할 수 있다. 즉, ① 시각장애를 조절하기 위해 텍스트를 쉽게 수정할 수 있다(예: 폰트, 크기 및 간격을 키우거나 색깔을 대비시킴). ② 읽기 기술을 지원하기 위해 소리를 내서 텍스트를 읽어 줄 수 있다. ③ 어휘 발달을 지원하기 위해 새로운 개념에 대한 정의와 설명을 제공할 수 있다. ④ 세상 지식을 쌓도록 추가적인 지원 자료들을 연계시킬 수 있다. ⑤ 학생으로 하여금 읽기 이해 전략을 사용하도록 촉진하는 코칭 전략 기능을 소프트웨어에 탑재할 수 있다(Anderson-Inman & Hornery, 2007).

보조 기술을 단순히 제공하는 것만으로, CCN을 지닌 사람들에게 성공적인 문해 접근을 보장하는 것이 아님을 기억해야 한다. 보조 기술은 한 영역에 대한 기술 부담을 줄임으로써 다른 영역에 대한 기술 부담을 증가시킬 수 있다. 예를 들면, 음성 산출 기능을 가진 화면 독서기나 기타 전자 미디어로 텍스트에 접근하는 것만으로는 성공적인 텍스트 이해를 보장하지 않는다(Boone & Higgins, 2007). 이러한 보조 기술 제공은 이해에 대한 요구를 단지 문어 텍스트에 대한 시각적 그래픽 방식에서 구어 텍스트에 대한 청각적 방식으로 바꾸어 준 것에 불과하다. 제시 방식과 상관없이 어휘 지식, 세상 지식, 이해 점검 등에 대한 요구는 여전히 남는다. 개인에 따라, 이러한 방식 전환은 이해와 학습을 촉진할 수도 있고 그렇지 않을 수도 있다. 따라서 보조 기술이나 전자 텍스트는 학습자의 처리 요구를 최소화하고 동기와 학습을 최대화할 수 있는 방식으로 설계되고 실행되어야 한다(Anderson-Inman & Horney, 2007). 다른 보조 기술과 마찬가지로, 읽기와 쓰기 기술 관련 앱들도 CCN을 지닌 사람들이 성공적으로 사용할 수 있도록 효과적인 근거 기반 교수와 함께 실행될 때 가장 효과적이다.

CAST(Center for Applied Special Technology)의 보편적 학습 설계(Universal Design for Learning[UDL]) 북 빌더(Book Builder)는 CCN을 지닌 학생들에게 적절한, 여러 특성을 포함하고 있는 온라인 전자책 개발 툴들을 제공한다. 이 툴들은 무료로 이용할 수 있다.

요약

문해 기술의 습득은 오늘날 사회 참여를 위한 필수 요소다. 문해 기술은 인지 발달, 교육 참여 촉진, 고용 기회 증가, 사회적 관계 증진, 기술 접근 강화, 여가 활동에 대한 동기 부여 등을 돕는다. 문해 기술은 말이 제한적인 CCN을 지닌 사람들에게 특히 유익하다. 이들이 문해 기술을 습득하면 의사소통 옵션이 크게 확장되고, 언어 학습에 대한 시각적 지원을 제공받으며, 능력에 대한 인식이 강화되고, 기대가 증가될 뿐 아니라 자존감 또한 높아질 수 있다.

연구들은 CCN을 지닌 사람들의 교육과 고용, 지역사회 참여를 돕기 위한 문해 성과를 최대화할 수 있는 효과적인 중재 제공이 가능함을 보여 준다. 이러한 중재는 발생적 문해 기술을 먼저 개발한 다음, 초기 관습적 문해 기술을 학습시킨 후, 진전된 문해 기술을 쌓게 하는 것으로 이행된다. 라이트와 맥노튼(Light & McNaughton, 2011)은 효과적인 문해 중재는 다음과 같은 다섯 가지 핵심 요소를 지닌다고 주장하였다.

1. 문해 교수를 위한 충분한 시간을 제공한다.
2. 문해 성과를 증진시키는 것으로 알려진 적절한 기술들을 목표로 설정한다.
3. 효과가 입증된 교수 기법들을 활용한다.
4. CCN을 지닌 사람들의 요구와 기술 수준에 부합할 수 있도록 적절한 교수적 수정과 지원을 제공한다.
5. 학습자와 우호적 관계를 형성하고 학습에 대한 동기를 부여한다.

이 장에서 논의한 연구들은 CCN을 지닌 사람들의 문해 성과를 증진시키는 데 필수적인 과학, 즉 근거 기반 실제의 이행, 지속적인 자료 수집, 이들 실제가 개개인에게 미치는 효과성을 보장하기 위한 수행 점검 등을 제공한다. 그런데 이러한 과학은 필수적이기는 하지만 성공적인 결과를 보장하는 데 있어서 충분한 것은 아니다. 이러한 과학과 더불어 모든 인간은 자신의 잠재력을 최대한 발휘시킬 수 있으며, 이를 위한 배움과 탐구의 기회를 제공받을 권리가 있음을 인정하고 이행해야 한다. 우리 사회는 CCN을 지닌 사람들의 학습 잠재력을 크게 과소평가해 왔다. AAC에 의존하는 사람들이 적절한 교수를 받으면 읽고 쓸 수 있음을 보여 주는 연구 근거는 매우 많다. 이들이 읽고 쓸 경우 교육과 고용 및 사회적 측면에서 다양한 기회를 얻을 수 있다. 문해 기술 습득은 CCN을 지닌 사람들이 자신의 삶의 목표를 달성할 수 있는 권한을 부여해 주는(empower) 것이다.

> 대부분의 사람들은 당연한 것으로 여기지만, 나는 무엇보다 읽고 쓰는 능력을 일찍 터득한 것에 대해 감사하게 생각한다. 읽고 쓰기가 가능해지면서 나는 세상을 알게 되었고, 세상에 나 자신과 나의 업적을 또한 알릴 수 있었다. 이것은 나에게 진정한 선물이며 우리 모두의 삶에서 문해가 갖는 힘인 것이다(Bob Williams, 2000, p. 247).

📑 학습문제

12-1. 숙련된 독자가 되는 데 필요한 기술에는 어떤 것들이 있는가? 이들 기술 중 하나를 놓쳤거나 충분히 발달시키지 않았다면 어떻게 될까? 그 시사점을 기술하라.

12-2. 문해 학습에 영향을 미치는 핵심적인 내적 요인에는 어떤 것들이 있는가? 이들 요인 중 CCN을 지닌 사람들에게 특히 문제가 되는 요인은 무엇인가? 이러한 내적 요인 중 하나에서 문제나 장애가 있는 경우 문해 교수와 관련해 어떤 시사점을 갖는가?

12-3. 문해 학습에 영향을 미치는 핵심적인 외적 요인에는 어떤 것들이 있는가? 이들 요인 중 CCN을 지닌 사람들에게 특히 문제가 되는 요인은 무엇인가? 이러한 외적 요인 중 하나에서 문제나 장애가 있는 경우 문해 교수와 관련해 어떤 시사점을 갖는가?

12-4. 발생적 문해 발달 단계에서 아동들이 전형적으로 습득하는 지식과 기술을 설명하라. CCN을 지닌 아동들에게 발생적 문해 경험을 제공할 때 어려운 점은 무엇인가? CCN을 지닌 아동들의 발생적 문해 활동 참여를 지원하는 데 있어서 성과를 보이는 것으로 알려진 중재들을 기술하라.

12-5. CCN을 지닌 아동들에게 효과적인 문해 교수의 다섯 가지 핵심 요소는 무엇인가? 이들 요소 중 CCN을 지닌 아동들이 주로 경험하는 문제를 기술하고 그러한 문제를 해결하는 데 도움이 될 수 있는 수정에는 어떤 것들이 있는지 제안하라.

12-6. 기본적인 문해 기술을 가르치는 데 있어서 직접교수가 갖는 이점은 무엇인가? 기본적인 문해 기술을 의미 있는 문해 활동에 적용하는 것의 이점은 무엇인가? 이들 두 접근법을 결합했을 때 얻는 이점은 무엇인가?

12-7. 쓰기를 배우는 데 필요한 일곱 영역의 지식과 기술을 파악하라. 이들 영역 중 하나에서 문제나 장애가 있을 때 어떤 시사점을 얻을 수 있으며, 그러한 문제나 장애를 다루는 중재에는

어떤 것들이 있는가?

12-8. 읽기 이해 기술을 쌓는 데 필요한 네 가지 능력을 파악하라. 이들 영역 중 하나에서 문제나 장애가 있을 때 얻을 수 있는 시사점은 무엇이며, 그러한 문제나 장애를 다루는 중재에는 어떤 것들이 있는가?

Chapter 13

복합적인 의사소통 요구를 지닌 학생들의 교육 통합

교육은 의사소통의 특별한 형태다. 인류는 의사소통을 통해서 자신들의 문화를 시공을 초월해 후세에 물려주며 발전시켜 왔다. 우리는 문화의 의사소통이 이루어지는 이러한 일련의 과정을 '교육'이라고 칭해 왔다. 교육적 맥락에서 일어나는 의사소통은 구두, 문자, 구어, 비구어 등 다양한 형태로 이루어진다. 우리의 역할은 교실에서 일어나는 의사소통, 즉 교육을 촉진하는 것이다(Hoskins, 1990, p. 29).

이 책(Beukelman & Mirenda, 2005)의 제3판이 출간된 이후, 복합적인 의사소통 요구(CCN)를 지닌 학생들의 교육과 직접적으로 관련된 교재 세 권이 출판 중에 있다. 첫 번째 책, 『실제적으로 말하기: AAC 요구를 지닌 학생들의 언어, 문해 및 학업 발달(Practically Speaking: Language, Literacy, and Academic Development of Students with AAC Needs)』(Soto & Zangari, 2009)은 주로 학교에서 AAC에 의존하는 학생들이 직면하는 의사소통과 언어 및 문해의 문제들을 다루기 위한 평가와 교수에 관심을 갖는다. 두 번째 책, 『접근 모델 그 이상: 일반 교실에 통합된 장애학생의 멤버십, 참여 및 학습 촉진하기(The beyond Access Model: Promoting Membership, Participation, and Learning for Students with Disabilities in the General Educaion Classroom)』 (Jorgensen, McSheehan, & Sonnenmeier, 2010)는 CCN을 지닌 학생들을 일반교육 교과과정에 포함시키기 위해 필요한 핵심적 실제로서 AAC의 중요성을 강조한다. 마지막으로 세 번째 책, AAC를 사용하는 청소년과 젊은이들을 위한 전이 전략(Transition Strategies for Adolescents and Young Adults Who Use AAC; McNaughton & Beukelman, 2010)은 학교에서 사회로 전이되는 시기에, 학교 교직원들이 AAC에 의존하는 청소년을 준비시킬 때 고려해야 할 다수의 중요한 사항들을 기술하고 있다.

이들 세 책 모두는 이번 장에서 기초로 하고 있는 공통점을 지니고 있다. 즉, "전문가는 학생들의 요구와 능력에 상관없이, 모든 학생들에게 일반교육과정을 접할 수 있도록 해야 한다."(Soto & Zangari, 2009, p. x)는 것이다. 동시에 저자들은 "일반 교실에 학생을 배치하는 것만으로 철저한 학습 기회가 저절로 제공되는 것은 아니다." McNaughton & Beukelman, 2010, p. 73)라고 강조하였으며, "그것은 의미 있는 방식으로 [완전통합교육]이 이루어지도록 하는 방법에 대한 시험대"(Soto & Zangari, 2009, p. x)임을 인정하였다. 이들 세 교재는 완전통합교육과 완전통합교육을 어떻게 성취할 것인가에 대한 더 풍부하고 자세한 정보를 제공한다. 우리의 목적은 CCN을 지닌 학생들의 완전통합교육을 고려하고 계획하기 위한 지침과 완전통합교육을 성취할 수 있는 일반적인 전략들을 제공하고자 하는 데 있다.

완전통합교육이란 무엇인가

우리는 CCN을 지닌 학생과 동일한 생활연령의 학생들이 소속된 일반 교실에서 주로 발생하는 다수의 실제와 성과를 언급하기 위해 '완전통합교육(inclusive educa-tion)'이라는 용어를 사용한다. 첫째, 완전통합교육은 해당 학생이 교실의 구성원(member)일 것을 요구한다. 멤버십(membership)은 학생이 "가치 있는 사회적 역할들을 경험하고, 장애를 지니지 않은 급우들과 형평성(equity) 및 호혜성(reciprocity)의 비전을 반영하는 소속감의 상징들(symbols)을 접할 것" (Jorgensen et al., 2010, p. 58)을 요구한다. 〈표 13-1〉은 일반 교실에서 학생들이 갖는 멤버십 지표들을 보여 준다.

둘째, 완전통합교육은 모든 학생이 일반 교실에서 이루어지는 사회 활동과 학업 활동에 적극적으로 참여할 것을 요구한다. 사회 활동 참여는 CCN을 지닌 학생이 쉬

표 13-1 일반 교실의 학생 멤버십을 나타내는 지표들

학생은 자신이 장애를 지니지 않았다면 다녔을 바로 그 학교에 다니고 있다.

학생은 자신의 연령에 적절한 일반 교실의 구성원이다.

학생의 이름은 반 출석부, 칠판 위에 쓰여 있는 집단 명단, 특정 과제 수행 명단 등에 모두 들어 있다.

관련 서비스는 교실 내에서 자문을 통해 주로 제공된다.

학생은, 필요할 경우 지원(수정, 조정) 등을 받으며, 장애가 없는 학생들과 동일한 자료를 제공받는다.

학생은, 수업을 위해, 다른 학생들과 같은 시간에 들어오고 나가면서 교실을 바꾼다.

학생의 사물함은 장애가 없는 학생들의 사물함 옆에 나란히 있다.

학생은 장애가 없는 또래들과 동일한 학교버스를 타고 통학한다.

출처: Jorgensen, C., McSheehan, M., & Sonnenmeier, R. (2010). *The Beyond Access Model: Promoting membership, participation, and learning for students with disabilities in the general education classroom* (p. 60). Baltimore: Paul H. Brookes Publishing Co., 허락하에 게재함

는 시간에 자신의 급우들과 함께 밖으로 나가기, 학급 구성원 모두가 각자의 일을 하나씩 맡아 수행하는 학급 책임자 역할 담당하기, 다른 급우들이 하는 것만큼 모임, 대회 및 스쿨 댄스에 참여하기 등을 예로 들 수 있다. 교육 활동 참여는 CCN을 지닌 학생이 다양한 유형의 지원을 받으며 대집단이나 소집단에 참여하기, 교사의 질문에 답하기, 구두 보고서 제출하기, 일반교육과정에 맞추어 조정된 숙제 완성하기 등을 예로 들 수 있다. 〈표 13-2〉는 완전통합교실에서 볼 수 있는 사회 참여와 학업 참여의 지표들을 보여 준다.

마지막으로, 완전통합교육은 CCN을 지닌 학생이 모든 학업 영역에서 의미 있고 적절한 기술들을 습득할 것을 요구한다. 미국의 경우, 장애를 지닌 학생들이 일반교육과정을 접하는 것은 2001년도 아동낙오방지법(No Child Left Behind Act of 2001, PL 107-110)에 규정되어 있는 사항이기도 하다. 학생이 습득해야 할 기술들에는 언어와 문해(Browder & Spooner, 2006; Copeland & Keefe, 2007; Kluth & Chandler-Olcott, 2008), 수학(Browder, Spooner, Ahlgrim-Delzell, Harris, & Wakeman, 2008), 과학(Courtade, Spooner, & Browder, 2007), 사회 등의 필수과목과 음악, 미술, 가정 및 드라마 같은 선택과목 관련 기술들이 포함된다(Browder & Spooner, 2006 참조). 이와 관련해, 일반교육과정의 내용 기준에 따른 연간 목표들뿐 아니라 학교와 지역사회 참여에 필요한 기능적 기술들이 개별화교육계획안(IEP)에 명시된다.

분명히, 이러한 모든 것들을 성취하기란 쉽지 않은 일이다. 일반 교사, 학교 관리자 및 AAC 팀(CCN을 지닌 학생과 그 가족들이 포함된) 구성원들 간 지속적인 협력이 필

표 13-2 일반 교실의 일과, 활동 및 수업에 대한 학생 참여를 나타내는 지표들

학생은 교실 및 전형적인 장소에서 이루어지는 일과(예: 국민의례, 점심 계산, 당번 활동, 점심식사)에 참여한다.

학생은 학교 활동, 현장체험학습 및 지역사회 봉사활동에 참여한다.

학생은 장애가 없는 학생들과 유사한 순서와 방법으로 교실에서 이루어지는 교육활동(예: 전체학급회의, 소집단, 게시판 작업)에 참여한다.

학생은 장애가 없는 학생들과 유사한 빈도로 교사의 질문에 답하도록 호명된다.

학생은, 교육 활동 속에서, 다른 학생들에게 기대되는 것과 동일한 학업 관련 메시지들을 주고받기 위한 방법을 지니고 있다. 그 예를 들면 다음과 같다.

- 전체 학급회의: 브레인스토밍하기, 질의응답하기, 호명될 경우 정보 공유하기, 사회적 측면의 논의에 참여하기 등
- 게시판 작업: 답변 쓰기, 인물 그리기
- 소집단: 언급/논평하기, 정보 공유하기, 사교하기, 노트하기

학생은 장애가 없는 학생들이 완성하는 것과 같거나 유사한 과제 및 기타 작업들(필요할 경우 조정이 이루어진 상태에서)을 완성해낸다.

학생은 장애가 없는 급우들과 유사한 수준으로 학교 밖에서 이루어지는 연령에 적절한 봉사 및/또는 직업 활동들에 참여한다.

학생은 장애가 없는 학생들과 비슷한 빈도로 학교 무도회, 단체, 대회 및 기타 교과 외 활동들에 참여한다.

출처: Jorgensen, C., McSheehan, M., & Sonnenmeier, R. (2010). *The Beyond Access Model: Promoting membership, participation, and learning for students with disabilities in the general education classroom* (p. 63). Baltimore: Paul H. Brookes Publishing Co., 허락하에 게재함

요하다. 무엇보다 중요한 것은, 일반 교실 내 사회적, 학업적 참여에는 여러 유형의 의사소통이 필요하기 때문에, CCN을 지닌 학생들이 다양한 영역에서 성공하려면 연령과 내용이 적절한 효과적인 AAC 체계가 필수적인 도구로 작용한다는 점이다. 불행히도, 이들 학생은 또래들이 이용 가능한 의사소통, 쓰기, 읽기 및 그리기 도구들에 접근하지 못하고 수년 동안 학교에 다니는 경우가 드물지 않다. 연필이나 크레용을 쥐지 못하는 학생들은 읽기나 쓰기 보완 체계에 접근하지 못할 수 있다. 책을 잡거나, 페이지를 넘기거나 글을 읽기 위해 목소리를 사용할 수 없는 학생들에게 개조된 읽기 도구나 컴퓨터가 제공되지 않을 수 있다. 수업 중 질문에 답하고, 논의에 참여하며, 대화를 나누는 데 어려움을 지닌 학생들에게 정보 공유와 사회적 상호작용을 지원하는 AAC 체계가 제공되지 않을 수도 있다. 따라서 이들 중 많은 학생들이 일반 교실에 성공적으로 참여할 수 없다는 점은 전혀 놀라운 일이 아니다. 왜냐하면 이들

의 복합적인 의사소통 요구와 이들에게 제공되는 자원들이 학업과 사회적 학습에 크게 불리하기 때문이다. 특히, 교육적 참여나 사회적 참여가 눈에 띄지 않을 경우, 이들 학생은 흔히 '완전참여가 부적절한' 것으로 간주되고 특수학급, 자료실 또는 그 외 분리된 환경에 배치된다. 머지않아, 이들은 일반 교실에서 점점 더 분리되고 음악, 미술 또는 체육 같은 과목에서만 장애가 없는 친구들과 함께 수업을 받는 자신들을 발견하게 된다. 이러한 결과가 나타나지 않도록, CCN을 지닌 학생들이 유아원에 배치되었을 때부터 장기적인 계획이 시작되어야 한다.

유아원에서 학교로의 전이

CCN을 지닌 학생들은 초등학교에 들어간 후, 적절한 AAC 체계 제공과 관련된 평가 활동에 몇 달 혹은 몇 년을 보내는 경우가 많다. 이러한 딜레마를 해결할 수 있는 확실한 방법은 학령기 이전에 AAC 서비스를 시작하는 것이다(Judge & Parette, 1998; Romski, Sevcik, & Forrest, 2001). 조기에 제공되는 AAC 서비스는 입학 후 학교에서 이루어지는 활동 참여에 필요한 언어적, 조작적, 사회적 능력을 발달시킨다. 미국의 경우, 2004년에 발표된 장애인교육 진흥법(PL 108-446)은 1973년에 발표된 재활법(PL 93-112) 504조와 함께 만 3세 이상 장애아동을 위한 유아원 교육에 공적 자금을 지원하도록 규정하였다. 또한 이들 법 조항은 AAC에 필요한 것들을 포함해 보조 기술을 지원할 수 있는 법적 기초가 되었다. 학령 전 AAC 팀은 어린 아동의 대화 및 상호작용 요구를 충족시키는 중재, 즉 현재를 위한 의사소통과 일반 교실의 학습 및 사회적 요구를 충족시킬 수 있는 중재, 즉 미래를 위한 의사소통을 계획하는 데 어려움을 겪는다. 목표는 AAC에 의존하는 아동들이 1학년이 될 때까지 학업 참여와 교수에 필요한 도구들을 지닐 수 있도록 하는 데 있다. 이러한 도구들에는 사회적 상호작용 요구 충족에 필요한 적절한 의사소통 체계 외에도, 쓰기 및 읽기 지원 도구(전자적 또는 비전자적 도구)가 포함된다(제9장~제11장 참조). 물론, 일부 아동들(예: 지체장애 및/또는 감각장애를 지닌 아동들)은 이동도구, 시력 보조도구 같은 다양한 도구들이 또한 필요할 수 있다.

이상적으로, AAC 팀은 필요한 조정과 준비가 적절히 이루어질 수 있도록 적어도 1년 전에는 아동의 초등학교(즉, 유치원; 미국 초등학교는 유치원 과정 1년이 포함된다—

역자 주) 배치에 대한 계획을 시작해야 한다(Sainato & Morrison, 2001). 유치원으로 자연스럽게 전이될 수 있도록 하는 AAC 중재 방법 중 하나는 일반 아동의 참여 패턴에 관한 정보를 얻기 위해 학기가 시작되기 전 해당 교실을 방문해 보는 것이다. 일부 유치원은 상당히 구조화되어 있고 학습 지향적인 반면, 일부 유치원은 놀이·탐색·협동적 학습 등을 통한 개념 습득을 강조한다. 유치원 환경의 특성과 기대는 아동에게 지워지는 상호작용 요구에 크게 영향을 주기 때문에 결과적으로 유아원 시절의 상호작용 계획에도 영향을 줄 것이다. 교실 유형에 상관없이 유치원 교사들은 입학 시기에 적절한 것으로 간주되는 주요 의사소통, 사회성 및 참여 기술들을 파악해 왔다. 유치원 입학 시 필요한 기술들로 가장 많이 언급되는 몇 가지 예는 〈표 14-1〉에 제시되어 있다.

유치원 사전 방문은 또한 유아원 AAC 팀과 유치원 교사들이 아동의 요구, 능력, 적응 등에 필요한 지원에 관해 이야기를 나눌 수 있는 대화를 촉진한다. 예를 들면, 해당 유치원이 소속된 학교는 아동의 이동을 돕기 위해 건축상의 개조를 해야 하거나 학생의 교실 참여를 최대화하기 위해 시간제 보조교사를 고용할 수 있다. 학교 언

표 13-3 유치원 입학에 필요한 기술

유형	기술
사회성	협동, 차례 지키기, 공유하기 자제력이 있으며 공격적이지 않은 방식으로 상호작용하기 낯선 사건이나 활동에 호기심과 관심 갖기 교사에게 주목하고 경청하기 다른 아동들과 독립적으로 놀기
의사소통	요구와 감정 표현하기(예: 도움 요청하기, 바람과 요구 소통하기) 친구들에게 정보나 도움 요청하기 친구들과 적절히 상호작용을 시작하고 유지하기 질문에 답하기
참여	계획된 교실 일과 따르기 놀이터와 교실에 있는 도구와 자료 적절히 사용하기 타인의 소유물 존중하기 집단과 개인별 지시사항 따르기 긍정적 피드백과 교정적 피드백을 수용하고 필요할 경우 그에 따라 행동 바꾸기

출처: Candler (1992); Foulks & Morrow (1989); Hains, Fowler, Schwartz, Kottwitz, & Rosenkoetter (1989); Harradine & Clifford (1996); Johnson, Meyer, & Taylor (1996); Knudsen-Lindauer & Harris (1989); Piotrkowski, Botsko, & Matthews (2001).

어치료사와 운동 전문가들은 적절한 의사소통 도구를 사용할 수 있도록 가르치거나 의사소통 프로그램의 일일 관리를 공유하기 위한 사전 계획안을 마련하기 원할 수도 있다. 전이와 계획 과정에 가족이 참여하는 것 또한 매우 중요한데, 이는 전이가 완료될 때까지 아동과 규칙적으로 접촉하는 유일한 사람이 가족일 수 있기 때문이다. 따라서 가족은 아동의 의사소통 프로그램을 구성하는 AAC 어휘, 테크놀로지, 상호작용 전략 및 기타 요소들에 관한 정보를 전달하는 데 있어서 결정적으로 중요한 역할을 담당한다.

> 몇 년 전, 우리는 마리아(Maria)로부터 고등학교를 졸업하게 되었다는 카드를 받았다. 그녀는 카드를 통해 감사함을 표현했고, 우리는 의사소통 방법이 거의 없었던 유아원 시절의 그녀를 기억해냈다. 그녀는 뇌성마비로 인해 말을 할 수도 없었고 혼자서는 걷거나 먹지도 못했다. 그렇지만 그녀는 풍부한 눈빛과 주변 사람들을 웃게 만드는 웃음과 상당한 성깔을 지녔었다.
>
> 단 몇 년 만에, 그녀는 가정 중심 조기교육 프로그램에서 통합 유아원으로, 유치원으로, 1학년으로 차례차례 전이되었다. 1학년이 되었을 때, 그녀는 전자 AAC 체계와 전동휠체어를 지니고 있었다. 두 도구의 사용법을 완전히 습득하지는 못했지만 그녀는 두 도구를 지니고 있었다. 교육청 사람들과 부모의 도움으로 그녀는 항상 동급생들의 수준을 따라갈 수 있었고 학년을 유예해 본 적이 없었다. 마찬가지 방식으로 그녀는 읽기, 쓰기 및 의사소통적 상호작용 기술 등을 강화하는 데 목표를 둔 여름방학 프로그램에도 여러 번 참여하였다. 만일 마리아가 1학년이나 2학년이 될 때까지 의사소통과 이동에 필요한 도구들을 지니지 못했다면 과연 이러한 성과가 나타날 수 있었을까?

구체적인 유치원 전이 계획 과정은 담당 학군과 관련자들에게 달려 있으며 매우 다양할 수 있다. 그러나 몇 가지 일반적인 지침이 적용될 수 있다. 첫째, 전이 후 처음 몇 달 동안은 새로운 학교의 교사와 직원들이 중복된/불필요한 중재로 '시간과 노력을 낭비(reinventing the wheel)'하지 않도록 아동의 요구에 대해 세심한 주의를 기울여야 한다. 예를 들면, 교육 팀은 학생이 학교에 들어온 첫해에는 불필요하게 학생의 AAC 체계를 수정해서는 안 된다. 만일, 아동이 학교에 잘 적응한다면 의사소통 체계에 대한 과감한 변화는 불필요할 것이다. 사실 AAC 팀이 체계를 바꾸게 되면, 아동은 변화된 체계의 사용법을 배우는 동안 다른 학생들에 비해 학업이 뒤처질 수 있다.

물론, 초등학교 입학 전 AAC 준비가 부적절했다면, 초등학교 AAC 팀은 곤란한 문제에 부딪힐 것이고 타이밍이 적절하지는 않지만 초기 몇 년 동안 적극적으로 중재를 해야 할 것이다.

둘째, 초등학교 AAC 팀은 아동의 의사소통 노력을 촉진하기 위해 필요한 최신 지식과 기술을 숙지하고 있어야 한다. 만일 AAC 팀원들이 특정 학년도 내내 낯선 AAC 체계를 배우기 위해 씨름한다면 교실에 참여하는 학생의 능력에 아마도 불리한 영향을 줄 것이다. 이러한 문제를 피할 수 있는 한 가지 방법은 보조요원이 유아원에서부터 유치원을 거쳐 초등학교까지 학생을 따라가는 것이다. 학생의 AAC 체계가 정교한 기술적 요구를 지닌 경우에는 특히 이 방법이 효과적일 것이다. 이러한 지원이 가능하지 않을 경우에는 특정 학년도가 시작되기 전 초등학교 직원을 대상으로 한 촉진자 훈련을 전이 계획의 우선 요소로 포함시켜야 한다.

> 이웃에 사는 친구들이 다니는 학교를 선택하는 것이 현명하다. 대다수 급우들은 나를 보고 놀라지 않았다. 그들은 급우가 되기 수년 전부터 나와 나의 일처리 방법을 알고 있었다. 그들은 또한 나를 처음 보거나 장애인을 접해 본 적이 없는 다른 친구들에게 나에 대해 설명할 수 있었다(AAC를 사용하는 뇌성마비 남성 빅터 발렌틱, 1991, p. 9).

참여 모델: 학급 전체에 대한 조정 계획

CCN을 지닌 학생들을 위한 완전통합의 목적은 일반 교실에서 이루어지는 의미 있는 학업적, 사회적 참여에 있다. 이러한 목적을 달성하기 위해, 학생들은 이해와 산출 모두를 지원하는 교육적, 사회적 어휘에 적절히 접근할 수 있어야 한다. 이를 위해 교사들은 교실 내에서 이미 제공하고 있는 자연스러운 지원을 강화하고, 학생의 언어 이해와 반응을 지원해야 한다. 일례로, 교사인 토머스 선생은 칼린다(Kalinda)가 자신의 3학년 국어수업에 들어오기 전까지, 새로운 내용을 소개할 경우 학급 전체에 대한 강의와 논의에 주로 의존했다. 그런데 칼린다의 AAC 팀은 그녀가 구어와 함께 시각적 지원으로 보완되었을 때 가장 잘 배운다는 것을 알고 있었다. 그래서 토머스 선생으로 하여금 수업 중에 만질 수 있는 물건, 사진, 그래픽 오거나이저 및 그 밖의 시각 매체들을 사용하도록 격려하였다. 이러한 조정은 다른 3학년 학생들에게도 도움이 된다는 점이 금세 분명해졌기에, 토머스 선생은 칼린다가 4학년으로 진급한 이후에도 학생들에게 이 방법을 계속 사용하였다.

CCN을 지닌 학생들의 적극적인 참여를 지원하기 위한 조정 또한 거의 항상 필요하다. 일반 교실에서 이루어지는 의사소통 내용은 급속하게 변하기 때문에 학생의 AAC 체계 내에 포함된 어휘를 흐름에 맞게 유지하기란 매우 어렵다. 예를 들면, 칼린다의 과학 수업은 2주 동안 공룡을 조사한 다음, 태양계 단원을 배운 후, 행성 지구에 대한 단원을 공부하는 것으로 진행되었다. 불행히도, AAC에 의존하는 학생들은 학급 참여를 촉진하는 정보 공유 기능보다는 바람, 요구 및 사회적 의사소통 기능을 다루도록 고안된 의사소통 체계를 주로 제공받는 경향이 있다. 그래서 CCN을 지닌 학생들은 소극적인 학습자가 되는 경우가 흔하다. 이들은 관련 어휘를 지니고 있지 않아서 수업 중 질문이나 대답하기, 특정 주제 보고서 제출하기 또는 그 밖의 주제 중심 논의에 참여할 수 없다.

우리는 일반 교실에서 AAC에 의존하는 학생들의 교수 계획을 위한 틀로 참여 모델([그림 5-1] 참조)을 활용한다. 이 모델은 참여 패턴과 의사소통 요구 파악하기로 시작되는데, 이 경우 학생의 교실 참여와 관련한 일반 교사의 기대를 평가할 필요가 있다. 또한 참여 장벽이 존재하는지를 파악하고 중재할 수 있도록, 교사가 학생들의 이해와 반응을 지원하기 위해 이미 활용하고 있는 전략들을 검토할 필요가 있다. 이들 변인은 각각의 과목(예: 국어, 수학, 과학, 음악, 미술, 체육)에 대해 개별적으로 평가되어야 한다. 왜냐하면 대부분의 교사는 과목에 따라 다른 기대를 갖고 있으며 다른 전략들을 사용하는 경향이 있기 때문이다. 물론, 학생의 연령이 증가함에 따라 각각의 과목을 다른 교실에서 다른 교사에게 배울 가능성이 커진다. [그림 13-1]은 교사가 일반아동을 대상으로 각각의 과목을 가르칠 때 그를 관찰하는 초기 평가에서 이용할 수 있는 기록지의 예다. 다음 절에서 우리는 평가가 필요한 네 영역, 즉 교수 배치, 교사 기대, 언어이해 지원, 어휘 및 반응 지원 등을 검토한다.

교수 배치

이번 절에서는 가장 일반적으로 사용되는 교수 배치 유형들을 기술한다. 이들 유형은 [그림 13-1] 첫 칸에 요약되어 있다.

교실 배치 및 지원 평가

특정 과목에 대한 전형적인 수업이 진행될 때 교사와 학생을 관찰하라. 관찰된 교수 배치, 학생 참여에 대한 기대, 이해를 위한 자연스러운 지원, 반응을 위한 자연스러운 지원 형태 등을 체크하라.

교사: _____ 학년: _____ 과목: _____

자연스러운 교수 배치	학생의 상호작용/참여에 대한 기대	이해를 위해 제공된 자연스러운 지원	모든 학생이 이용 가능한 자연스러운 반응 옵션
☐ 교사 주도, 대집단	☐ 반응/질문 기회에 응하기	☐ 유형 사물	☐ 유형 사물
☐ 교사 주도, 소집단	☐ 질문에 답하기	☐ 사진, 그림, 지도	☐ 사진, 그림, 지도
☐ 교사 주도, 나눔시간	☐ 질문하기	☐ 비디오, DVD, 유튜브	☐ OHP
☐ 협력학습집단	☐ 도움, 명료화 또는 피드백 요청하기	☐ OHP	☐ 화이트보드
☐ 학습센터	☐ 언급하기	☐ 화이트보드	☐ 플립차트, 칠판
☐ 성인-학생 1:1 교수	☐ 아이디어 제공하기, 제안하기	☐ 플립차트, 칠판	☐ 그래픽 오가나이저
☐ 또래-또래 1:1 교수	☐ 이야기하기, 구두 보고하기	☐ 그래픽 오가나이저	☐ 그리기
☐ 집단 또는 짝과 자습하기	☐ 평가하기, 기록자 역할하기	☐ 시각 스케줄	☐ 쓰기(손 또는 컴퓨터 사용)
☐ 홀로 자습하기	☐ 역할놀이	☐ 컴퓨터 이미지	☐ 보편적 반응: 선다형
☐ 단독 시험	☐ 교사 강의 경청하기	☐ 인터넷(웹캐스트 등)	☐ 보편적 반응: 예/아니요 또는 정/오
☐ 기타:	☐ 조용히 혼자 작업하기	☐ 역할놀이	☐ 기타:
	☐ 기타:	☐ 기타:	

[그림 13-1] 교실 배치 및 지원 평가

교사 주도 대집단 교수

교사 주도 대집단 교수는 대부분의 일반 교실에서 볼 수 있는 가장 흔한 형태다 (Katz, Mirenda, & Auerbach, 2002). 교사 주도 대집단 교수 동안에, 교사들은 전형적으로 ① 대부분의 상호작용을 통제하고, 학생이 알고 배울 것이라 기대하는 정보에 대해 미리 설정된 목록을 지니고 있으며, ② 특정 주제와 관련된 정보를 전달하는 동안 학생들이 경청하고, ③ 해당 단원의 중요한 정보들에 관해 질문을 하며, ④ 간략히 답하고 적절한 정보를 제공하리라 기대한다(Sturm & Nelson, 1997). 매우 구조화되고 미리 계획된 대집단 교수의 특성으로 인해, 교사 집단은 학생이 필요로 하는 특정 어휘 정보를 제공할 수 있는 효과적인 정보 제공자인 경우가 많다. 그러한 예는 칼린다를 가르치는 토머스 선생에게서 찾아볼 수 있다. 그는 과학 단원에 필요한 10개의 핵심어휘를 금세 파악하였다(예: 행성 지구 단원에서 필요한 단어는 지각, 맨틀, 내핵, 외핵, 화산 등이다). 각 단원이 시작되기 일주일 전에, 토머스 선생은 칼린다의 보조교사에게 필요한 낱말들을 미리 보내주었다. 그래서 단원이 진행될 때 칼린다가 이들 어휘에 접근할 수 있도록 보조교사는 칼린다의 AAC 도구에 적절한 상징을 배치하고 프로그램화할 수 있는 충분한 시간을 확보할 수 있었다. 이러한 방식으로 필요한 어휘를 이용할 수 없을 경우, 교사가 구어 정보를 시각적인 지원 등으로 보완하지 않는다면 CCN을 지닌 많은 학생들에게 대집단 수업의 논의 참여는 어려울 수 있다.

교사 주도 소집단 교수

소집단 교수의 목적은 주로 교재 내용에 대한 이해와 구어 표현을 강조하면서 언어, 문해, 문제해결 및 비판적 사고 기술을 발달시키는 데 있다. 소집단 상호작용은 교사 주도 질문과 학생의 반응을 강조하면서 대화에 기초를 두지만 주제적인 경향이 있다. 개별 학생은 경쟁적으로 또는 임의적이거나 순서에 따라 호명되어 상호작용할 수 있다. 카츠 등(Katz et al., 2002)은 통합교실의 발달장애 학생들이 일대일 교수나 다른 집단 구성에 배치될 경우보다 소집단 교수(교사 주도와 학생 주도 모두에서)에 배치될 때 더욱더 적극적으로 참여하는 것을 발견하였다. 따라서 소집단 교수는 학생 참여와 관련하여 장점이 있는 것으로 보인다. 또한 교사가 소집단 교수에서 논의할 주제와 제기될 질문을 통제하는 경향이 있기 때문에, AAC 의사소통 디스플레이를 미리 준비할 경우 교사는 이를 필요로 하는 학생의 정보 제공자 역할을 해낼 수 있다.

교사 주도 나눔 시간

교사들은 현재의 사건 제시, 각종 보고 및 보여 주고 말하기 활동에서 '나눔' 형식을 종종 사용하는데, 특히 초등학교에서 그렇다. 듀샨(Duchan, 1995)에 따르면, 학생과 교사들은 나눔 상황에서 사건을 설명하기 위해 논리적이고 시간적인 순서에 따라 주로 과거 시제의 언어를 사용한다고 한다(예: '지난 주말에 우리는 할머니 집을 방문했습니다. 우리는 자가용을 타고 갔습니다. 점심을 먹으려고 맥도널드에 들렀습니다. 할머니집에 도착했을 때……'). 종종 교사는 학생의 설명이 끝나면 논평을 하고, 아마도 내용을 확장하거나 명확히 하기 위해 질문을 할 것이다. 따라서 나눔 상호작용은 제2장에서 기술한 이야기하기(storytelling) 맥락과 매우 유사하기에, AAC 팀은 제2장에서 기술한 것처럼 메시지를 설계할 수 있다.

협력학습 집단과 학습센터

퍼트넘(Putnam, 1998)은 집단 및 학습활동을 어떻게 구조화하는가에 따라 달라지는 몇 가지 협력학습 접근법을 기술하였다. 그러나 이들 접근법은 모두 ① 소집단 작업에 어울리는 공동의 과제나 활동, ② 협동적 행동과 긍정적 상호 의존성 강조, ③개인적 책임과 관련된 구조 포함 등의 공통적 요소를 지니고 있다. 학습센터는 협력학습 맥락에서 자주 활용된다. 이러한 교수 배치에서 학생들은 한 센터에서 다른 센터로 교실주위를 옮겨 다니며 전체적인 수업 주제와 관련된 다양한 협력학습활동에 참여한다.

교사들은 CCN을 지닌 학생들을 가르칠 때 소규모 협력학습 집단을 생산적으로 활용할 수 있다(Dugan et al., 1995; Hunt, Staub, Alwell, & Goetz, 1994; Katz et al., 2002). 이러한 집단에 속한 학생들의 의사소통 패턴은 교사 주도 교수보다는 또래 간 대화에서 이루어지는 패턴과 더 유사한 경향이 있기 때문에(Katz et al., 2002), 어휘 요구에 대한 예측 가능성은 더 낮을 것이다. 또한 AAC에 의존하는 학생들에게 학습센터 접근법을 적용할 경우 이동성 및 과제의 변이성 증가가 문제로 대두될 수 있다. 그럼에도 불구하고, 통합교육에 대한 많은 교재들은 다양한 연령과 능력을 지닌 학생들을 대상으로 협력학습 집단을 활용하도록 권장한다. 협력학습 집단이 적극적인 관여와 사회적 참여에 도움이 되기 때문이다(예: Downing, 2002; Jorgensen, 1998; Kluth, 2010; Putnam, 1998; Ryndak & Alper, 2003).

세스(Seth)는 말산출도구(SGD)를 사용해 의사소통을 하였다. 그는 토네이도에 대한 공동보고서 작성을 위해 협력학습 집단에 배정되었다. 각각의 멤버에게는 보고서의 일정 부분을 작성할 책임이 주어졌다. 세스는 보조교사의 도움을 받아 자신의 AAC 체계에 보고서를 프로그램화하였고, 한 번에 한 문장씩 산출하여 프레젠테이션을 수행하였다. 또한 미리 구성된 팀 구성원들의 질문을 활용하여 패널토의에도 참여하였다. 그는 또한 급우들의 질문에 예/아니요로 답을 할 수 있었다.

일대일 교수

심프슨(Simpson, 1996)은 일반 교실에서 AAC에 의존하여 의사소통하는 학생들을 비디오로 찍었는데, 이들의 의사소통 패턴이 학생마다 매우 다르다는 것을 발견하였다. 어떤 학생은 주로 교사와 의사소통하는 반면, 어떤 학생은 교사와 보조교사 및 또래에 대한 상호작용의 배분 수준이 상당히 동등하였다. 또 어떤 학생은 보조교사와 일대일 교수 상황에서 주로 상호작용하였다(Simpson, Beukelman, & Sharpe, 2000). 물론, 일대일 교수는 성인이나 또래[예: 또래교수(peer tutoring)]에 의해 모두 가능하였다. 그럼에도 불구하고, CCN을 지닌 학생들이 필요로 하는 매우 예측 가능한 낱말과 구절들로 묻고 답하는 상호작용이 두드러지는 경향이 있었다.

자기주도적 자습

대부분의 교실에서 학생들은 매일 교수시간의 일정 부분을 문제지나 과제 완성하기, 시험 보기, 일기 쓰기 및 그 밖의 자기주도적 자습활동을 수행하면서 보낸다. 이때 학생들은 소집단으로, 두 명씩 짝지어서 또는 개별로 과제를 처리하도록 기대되며, 상호작용이 요구되거나 격려되지 않는 경우가 일반적이다. CCN을 지닌 학생들의 경우, 변경된 쓰기 소프트웨어나 그림과 같은 다른 대체 반응 양식을 사용하여 완성할 수 있도록 자습활동이 조정될 필요가 있다. 일례로 행성 지구 단원에서 칼린다는 짝꿍과 함께 지구를 구성하는 층에 대해 이해했음을 보이기 위해 상징으로 구성된 문제지를 풀었다([그림 13-2]). 흔히, CCN을 지닌 학생들은 자습활동이 규칙적이기보다 최소한으로 활용되는 교실에서 유의미한 방식으로 참여할 때 더 편안한 시간을 보낸다. 교사나 보조교사가 학생이 완성할 수 있도록 자습 내용을 수정하려면 상당한 시간이 소모되는 경우가 흔하기 때문이다. 적절한 조정이 이루어지지 않을 경우, 이들 학생은 자습에 전혀 참여하지 못하거나 일반 학생들과 다른 별개의 활동을 부여받을 위험에 처하게 된다.

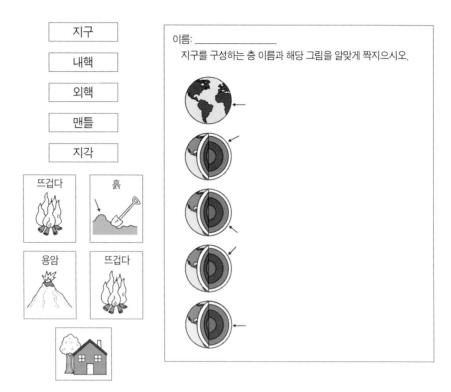

[그림 13-2] 과학 단원, 지구의 층을 다룬 문제지 예

PCS, DynaVox Mayer-Johnson LLC.의 허락하에 게재함

교사 기대

교실 교수의 두 번째 요소는 학생들이 수업이나 활동에 얼마나 참여하고 상호작용할 것인가에 대한 교사의 기대와 관련이 있다. 어떤 교실에서는 '침묵은 금'이 규칙인 반면, 어떤 교실에서는 학생들이 '큰 소리로 기탄없이 말하기'를 격려한다. 일부 교사들은 자신이 통제할 수 있는 상대적으로 예측 가능한 질문과 대답을 주로 강조하는 반면, 일부 교사들은 덜 구조화되고 학생 지향적인 토론 형식의 상호작용을 더 선호한다. 일부 교사는 개별적으로 읽거나 답하기를 격려하는 반면, 일부 교사는 집단으로 모든 학생이 읽거나 질문에 답하도록 하는 전체적인 집단 반응 형식을 활용한다. 더불어 나누기, 이야기 말하기와 보고하기, 논의에 참여하기, 녹음하기와 필기하기, 지시 따르기, 교사가 강의하는 동안 듣기 및 그 밖의 관련 요구에 대해 교실마다 매우 다른 패턴이 존재한다.

교수 배치와 기대되는 상호작용 형태는 상호 의존적인 경우가 많기 때문에 둘 다

평가를 해야 한다. 예를 들면, 교사 주도 집단교수가 주를 이루는 에번(Evan) 선생의 체육시간과 험프리(Humphrey) 선생의 사회시간 간의 차이를 생각해 보자. 체육시간에는 학생들이 교사의 지도를 듣고(예: 새로운 게임과 관련된) 그대로 따르도록 기대한다. 학생들에게는 필요할 경우 도움이나 명료화 또는 피드백을 요구하도록 기대하지만, 다른 형태의 상호작용을 요구하지는 않는다. 물론 학생들끼리는 게임을 하거나 다른 활동에 참여하면서 상호작용을 하는 경우도 있을 것이다. 반면, 사회시간에는 교사가 먼저 학생들에게 과제로 읽어 온 해당 장에 대한 논의를 하도록 요구(기대: 학생들이 논평을 할 것이다)한 다음, 주제에 대한 질의응답 참여가 이루어지고(기대: 학생들이 집단 및 개별적으로 질문에 대답할 것이다), 마지막으로 다음 장의 정보에 대한 강의가 이루어진다(기대: 학생들이 조용히 듣고 필요할 경우 명료화를 요구할 것이다). 이때 학생들에게는 사회적으로 서로 간에 상호작용하도록 격려하지 않으며, 사실 그렇게 해서도 안 된다. 이들 두 가지 교사 주도 대집단 수업에 요구되는 상호작용 요구는 매우 다르며, AAC에 의존하는 학생들에게 시사하는 점 또한 크게 다르다. AAC 팀은 각 과목에서 교사들이 학생들에게 기대하는 전형적인 상호작용과 참여 요구를 파악하기 위해 [그림 13-1]의 두 번째 칸을 이용할 수 있다.

이해를 돕는 자연스러운 지원

교사들은 새로운 정보나 개념을 가르칠 때 구어를 보완하기 위해 사물, 지도, 그림, 사진, 비디오 또는 디비디(DVDs), 화이트보드 또는 그 밖의 시청각 매체들을 자주 활용한다. 또한 칠판, 낱말벽, OHP 필름 또는 플립차트 위에 핵심 낱말이나 좀 더 긴 구절들을 글로 쓰기도 한다. 예를 들면, 자이드만(Zaidman) 선생은 7학년 수학수업에서 도형 개념을 가르칠 때 그림과 조작물 그리고 사각형, 직사각형, 삼각형 등의 모형을 사용한다. 그가 이러한 것들을 사용하는 두 가지 주된 이유는 ① 학생들의 주의집중을 강화함으로써 과제 외 행동을 줄이고, ② 목표 개념, 정보 또는 교수에 대한 학생들의 이해 가능성을 높이고자 하는 것(즉, 언어 이해 강화)에 있다. CCN을 지닌 학생들, 특히 언어 지체나 결함이 심한 학생들의 경우 교사의 다양한 교수매체 활용은 기본적인 정보를 배울 때조차도 매우 중요할 수 있다. 교사들이 이러한 매체를 정기적으로 사용하지 않거나 양이 충분하지 않을 경우, AAC 팀은 CCN을 지닌 학생뿐 아니라 모든 학생의 학습을 강화할 수 있음을 강조하면서 시청각 매체를 어떻게 활용할 것인가에 대한 정보를 제공하고 또한 제안할 수 있다. [그림 13-1]의 세 번째 칸은 이해를 돕기 위해 교실에서 주로 사용하는 자연스러운 지원방법들이다.

자연스러운 반응 옵션

교사들은 또한 수업을 진행하면서 학생들의 반응을 돕기 위해 다양한 옵션을 제공한다. 앞에서 언급한 바와 같이, 일부 교사들은 실물, 사진, 삽화 또는 글을 규칙적으로 활용해 이해를 돕는다. 이들은 학생의 기억을 돕거나 자신의 질문에 반응하기 위해 지적할 수 있도록 디스플레이에 만질 수 있는 물건, 그림 또는 글 등을 제시함으로써 반응 옵션을 공유한다. 이들 교사는 이러한 전략이 CCN을 지닌 학생들에게도 적용되기 때문에, 대집단이나 소집단 교수를 진행하면서 질문을 할 때 이들 학생을 포함시키는 것이 다소 용이함을 종종 발견하게 된다. 반면에 일부 교사들은 수업이 끝나면 만질 수 있는 물건을 치우거나 낱말을 지우고서 학생들에게 글이나 말만으로 배운 것을 설명하도록 요구하는 경향이 있다. 이들은 CCN을 지닌 학생들로 하여금 기억과 AAC 체계 안의 어휘 항목에만 전적으로 의존하도록 하지 않는 좀 더 효과적인 반응 옵션들을 활용하도록 배울 필요가 있다.

또한 일부 교사들은 자연스럽게 하나 이상의 반응 옵션들을 이용하는데, 특히 묻고 답하는 대집단 활동에서 그러한 경향을 보인다. 예를 들면, 나랑(Narang) 선생은 '마르코 폴로의 책은 유럽인들에게 어디에 관한 정보를 최초로 제공했나요? 자, 캐나다, 러시아, 극동 중 어디일까요?'와 같이 선다형 질문을 자주 사용한다. 또한 '캐나다라고 생각하는 사람은 위를 보세요.'와 같이 말함으로써 전통적인 구어 답변과는 다른 대안적 반응 형식을 제공한다. 마찬가지로, 요시다(Yoshida) 선생은 수학 시간에 '예/아니요' 또는 '참/거짓' 형식을 사용한다. 예를 들면, 그는 '8 곱하기 12는 86입니다. 맞았을까요, 틀렸을까요?'라고 묻는다. 요시다 선생이 이러한 반응 옵션을 자주 사용하기 때문에, 학생들은 답이 맞다고 생각하면 선생님을 바라보고 답이 틀렸다고 생각하면 고개를 숙인다. 이러한 '보편적 반응(universal response)' 전략은 교사로 하여금 AAC에 의존하는 학생을 포함한 모든 학생의 이해를 점검하도록 해 준다. 물론, 이러한 방식으로 구조화된 질문과 대답은 개별 학습자의 이해를 알아보기 위해서도 사용할 수 있다. 어느 경우에나 CCN을 지닌 학생들의 입장에서 보면, 이러한 전략들은 빠르고 효율적으로 움직이거나 말을 잘할 수 있는 학생들을 주로 보상해 주는 좀 더 전통적인 옵션인 '아는 사람은 손을 들어 봐요'에 비해 훨씬 바람직하다. 더욱이 이들 전략은 CCN을 지닌 학생으로 하여금 자신이 지닌 의사소통 디스플레이로 답할 필요 없이 반응과 참여를 쉽게 할 수 있도록 해 주는 장점이 있다. AAC 팀은 교수를 진행하면서 자연스럽게 이용할 수 있는 반응 옵션을 파악하기 위해 [그림 13-1]의 네 번째 칸을 활용할 수 있다.

자연스럽게 이용 가능한 교수 및 상호작용 배치, 기대, 지원 옵션 등을 파악하고 나면 AAC 팀은, 다음과 같은 질문들을 제기해 봄으로써, 일반 교실에서 조정이 필요한 영역이 있는지를 결정할 수 있다.

- CCN을 지닌 학생들의 교육 및 사회 참여를 강화하는 자연스러운 교수적 배치가 존재하는가? 수정이나 변경이 필요한 부분은 없는가?
- 학생들이 쉽게 성취할 수 있는 자연스러운 상호작용과 참여의 기대에는 어떤 것들이 있는가? 조정이 필요한 부분은 없는가?
- 학생들에게 적절한 자연스러운 언어 이해 지원에는 어떤 것들이 있는가? 강화가 필요한 부분은 없는가?
- 학생들에게 적절한 자연스럽게 발생하는 반응 옵션에는 어떤 것들이 있는가? 강화가 필요한 부분은 없는가?

AAC 팀은 적절한 것으로 파악된 전략들을 교사들이 지속적으로 사용하도록 격려하고, 그러한 전략들이 일반 학생만큼 AAC에 의존하는 학생들에게도 성공적일 수 있을 것이라는 확신을 갖도록 해야 한다. 반면에 특정 전략이 학생의 현재 의사소통과 기타 능력에 비추어 적절하지 않다면, AAC 팀은 교사로 하여금 레퍼토리를 수정하거나 확장하도록 코치할 수 있다. [그림 13-3]은 교수, 이해 및 반응 조정이 필요한지를 살펴볼 수 있는 점검표다.

참여 모델: 학생 중심의 조정 계획

교실전체에 걸친 조정이 이루어지고 나면, 학생의 개별교육계획안(IEP)을 작성하고 이행하기 위한 틀로 참여 모델([그림 5-1] 참조)을 활용할 수 있다. 참여 모델을 따르게 되면 학생의 프로파일 작성하기, 개별교육계획안 짜기, 모든 학생을 위한 수업 계획하기, 개별적인 조정 여부 파악하기 등 몇 가지 연속적인 단계를 처리해야 한다. 이러한 과정은 학생의 현재 참여, 바람직한 참여 및 지원 패턴을 파악하는 것에서 시작된다.

학생의 프로파일 작성하기

일반 교사 및/또는 AAC 팀의 핵심 멤버가 주기적으로 바뀌는 경우, 의사 결정과 목표 설정에 활용할 수 있도록 강점 중심의 연간 학생 프로파일을 작성하는 것이 중요하다. 이러한 프로파일은 학생을 잘 알고 있는 가족이나 그 밖의 사람들과의 비공식적 면담 또는 사회적 네트워크 목록(Blackstone & Hunt Berg, 2003a, 2003b; 제9장 참조)과 같은 사람 중심 계획 과정을 통해 작성할 수 있다. 어떤 방법을 사용하든 알아내야 할 핵심적인 사항은 다음과 같다(Jorgensen, 2006).

- 한 개인으로서 이 학생은 누구인가? 선호하는 것은 무엇인가? 강점과 재능은 무엇인가? 이루고자 하는 목표와 꿈은 무엇인가? 부모나 보호자의 희망과 꿈은 무엇인가?
- 학습자로서 이 학생은 누구인가? 가장 잘 배울 수 있는 방법은 무엇인가? 어떤 상황에서 배우는 데 어려움을 보이는가?
- 학생은 어떠한 방식으로 의사소통하는가? 학생은 어떻게 글을 써내는가?
- 학생의 현재 문해(즉, 읽기, 쓰기, 철자하기)능력은 어떠한가? 계산과 수학 능력은? 사회·정서 및 행동 능력은? 언어와 의사소통 능력은? 일상생활과 개인위생 기술은 어떠한가?
- 학생의 어려움과 요구는 무엇인가?
- 이번 학년도에 우선적으로 배워야 할 것들은 무엇이며, 어떠한 지원이 필요한가?

일반 교실 조정 계획 점검표

일반 교실에서 교수, 이해 및 반응하기를 지원하고, 교실 배치 및 지원 평가에서 과악된 것들을 보완하기 위해 이용될 수 있는 조정안에 체크한다.

교사: _____ 학년: _____ 과목: _____

교수 배치 조정	이해를 지원하기 위한 교수 조정	학생 참여와 반응을 지원하기 위한 조정
☐ 대집단 교수의 양 조정	☐ 유형사물/조작물 이용하기	☐ 손들기 대신 스위치나 부저 또는 라이트 사용하기
☐ 소집단 교수의 양 조정	☐ 사진, 그림, 지도, 삽화 활용하기	☐ 질문에 답하기 위해 예/아니요 도구 사용하기
☐ 나눔시간의 양 조정	☐ 비디오, DVD, 유튜브 활용 늘리기	☐ 질문, 언급, 브레인스토밍 등을 위한 핵심어휘를 지닌 상징 어휘 디스플레이 사용하기
☐ 협력학습의 양 조정	☐ OHP 필름 위에 쓰거나 그리기	☐ 미리 녹음된 구두보고서, 이야기 또는 보여 주고 말하기
☐ 학습센터의 양 조정	☐ 화이트보드 또는 기타 상호작용적 옵션 활용하기	☐ 앰프 쓰기(MP3) 등에 수업 내용 녹음하기
☐ 성인-학생 1:1 교수의 양 조정	☐ 플립차트, 칠판, 낱말벽에 쓰거나 그리기	☐ 역할놀이 이용하기
☐ 또래 또래 1:1 교수의 양 조정	☐ 그래픽 오거나이저 사용 늘리기	☐ 유형 사물/조작 가능한 물건 활용하기
☐ 학과 자습하는 시간의 양 조정	☐ 시각스케줄 사용 늘리기	☐ 사진, 그림, 지도, 삽화 활용하기
☐ 자습이 종료되는 방법 조정	☐ 컴퓨터 이미지 사용 늘리기	☐ 슬라이드, 플립차트, 칠판, 낱말 벽 등에 쓰기/그리기
☐ 시험 또는 학습 평가 방식 조정	☐ 웹캐스트 등 인터넷 사용 늘리기	☐ 화이트보드 등으로 반응 옵션 제공하기
☐ 기타:	☐ 역할놀이 사용 늘리기	☐ 그래픽 오거나이저 사용하기
	☐ 기타:	☐ 보편적 반응 옵션(선다형, 예/아니요, 참/거짓) 사용하기
		☐ 기타:

[그림 13-3] 일반 교실 조정 계획 점검표

〈표 13-4〉는 자폐와 CCN을 지닌 16세 미첼의 프로파일이다. 이 프로파일을 보면, 미첼은 특별한 선호도와 강점, 꿈, 어려움 등을 지니고 있으며 자신의 10학년 급우들 수준에 못 미치는 학업 수행력을 지니고 있음을 알 수 있다.

개별교육계획안 작성하기

의미 있는 교육 프로그램들이 고안되고 이행될 수 있도록 AAC 팀은 해마다 연초에 개별 학생의 우선 목표들을 결정해야 한다. 이러한 개별교육계획안에는 학생에게 적절한 학습적 목표, 사회적 목표, 통합교육과정 목표(예: 의사소통, 일상생활 기술, 운동 기술) 등이 교수 및 지원 전략과 목표 달성 여부를 평가하기 위한 준거 등과 함께 기술되어 있어야 한다. 그런데 적절한 목표 설정이나 유의미한 교육계획안의 개발 방법에 대한 포괄적 논의는 이 책의 범위를 벗어난다. 그럼에도 불구하고, 이와 관련하여 〈표 13-5〉에 기술되어 있는 여러 자료들을 참고할 수 있을 것이다. 또한 조겐슨(Jorgensen)은 글쓰기 기준에 근거를 둔 개별교육계획안에 관해 제안하였다. 우리는 미첼의 예를 통해, 이러한 과제에 접근하는 방법을 기술하고자 한다.

1단계: CCN을 지닌 학생의 부모, AAC 팀 및 지원을 제공하는 주요 교직원의 정보에 기초하여 우선적인 목표 영역을 찾아낸다.

- 예: 미첼은 각각의 단원이나 수업이 진행되는 동안 특정 주제에 관하여 정보를 주고받고자 자신의 SGD를 사용할 것이다.
- 예: 미첼은 자신의 SGD나 컴퓨터를 사용하여 텍스트 작성 능력을 향상시킬 것이다.

2단계: 각각의 교과(예: 국어, 수학, 과학)에서, 모든 학생들에게 적용할 수 있는 최소한 한 학년 수준의 일반 교육 기준을 찾아낸다. 해당 기준에 내재하는 핵심 기술들(즉, 필수 기능들)을 결정하고 이들 기능을 반영한 연간 목표를 설정한다.

- 과학 과목의 기준: 학생들은 어떤 물체나 체계의 부분들을 인식하고 그 부분들이 해당 물체나 체계의 작동에 어떻게 상호 연관되는지를 이해하고 있음을 보일

표 13-4 미첼의 프로파일

미첼은 누구인가?

- 16세, 10학년이 됨
- 자폐증을 지님
- 부모, 형제와 가정에서 생활함
- 가정에서는 영어와 스페인어를 사용함
- 집 근처 학교에 다니고 있음

선호도, 강점 및 재능

- 음악 듣기, 비디오 시청, 독서를 좋아함
- 달리기, 짝 맞추기, 그리기를 잘함
- 대부분 기분이 좋음, 유머 감각이 있음

꿈과 희망사항

- 또래들과 마찬가지로 '갱단의 일원'이 되고 싶어 하며, 더 많은 친구를 갖기 원함
- 컴퓨터 접근을 늘리고 싶어 함
- 소집단 활동을 즐기며 더 많은 활동을 원함
- 부모는 미첼이 개인위생 기술에서 좀 더 독립적이기를 원함
- 부모는 미첼이 문해 기술을 좀 더 향상시키기를 원함
- 부모는 미첼이 학급 활동에 좀 더 참여하기를 원함

미첼이 잘 배우는 조건

- 구어적 지시에 시각적 지원(그림, 글자 제시)이 동반될 경우
- 선다형으로 제시될 때
- 성공뿐 아니라 노력까지도 자주 칭찬할 때
- 휴식을 원할 때마다 잠깐 쉬도록 허락할 때
- 구어 지시를 이해할 수 있는 충분한 시간을 제공할 때(같은 말로 여러 번 지시하지 않기!)
- 스스로 하도록 격려하고 멀리서 모니터하기

언어/의사소통 기술

- 모국어는 영어임. 스페인어로 몇 개의 낱말을 말할 수 있고, 기본적인 구절과 문장을 이해할 수 있음
- 스페인어와 영어로 제공되는 한두 단계의 지시에 따를 수 있음. 사람들이 생각하는 것보다 더 많이 이해함
- 고개 끄덕이기와 가로젓기로 예/아니요 질문에 답할 수 있음
- 작년에 SGD 사용을 시작했으며, 주로 요구하기에 사용됨

문해 및 산수 기술

- 2학년 수준의 글을 읽고 이해함
- 소프트웨어(Clicker 6)의 도움을 받아 컴퓨터로 글을 쓸 수 있음
- 100까지 세고 간단한 덧셈과 뺄셈이 가능함
- 색깔, 크기 등의 기본적인 개념을 알고 있음
- 짝 맞추기는 무엇이든 가능함

사회/정서 기술

- 열심히 하고자 노력함
- 당황하거나 좌절할 때 행동을 조절하고자 노력하지만 주당 2~3번은 '무너짐'
- 새로운 것들을 시도하기 전에 잠시 동안 관찰하기를 좋아함

개인위생기술

- 이동 가능함
- 혼자 식사 가능하며 화장실 적절히 사용함
- 옷을 입고 지퍼를 채우는 데 도움이 필요함
- 손을 씻고 말리는 데 촉진이 필요함

것이다. 필수 기능: 체계의 부분들이 어떻게 상호 연련되는지 이해하기. 연간 목표: 미첼은 특정 물체나 체계의 부분들을 인식하고 그 부분들이 해당 물체나 체계의 작동에 어떻게 상호 연관되는지를 이해하고 있음을 보일 것이다.

- 국어 과목의 기준: 학생들은 읽기, 쓰기, 말하기 및 듣기를 통해 효과적으로 의사소통하는 능력을 보일 것이다. 필수 기능: 효과적인 의사소통. 연간목표: 미첼은 글쓰기와 자신의 SGD를 사용해 효과적으로 의사소통하는 능력을 향상시킬 것이다.

3단계: 각각의 목표를 가르치기 위한 교실 환경 및 활동과 학생이 해당 기준에 도달했는지를 판단할 수 있는 평가 준거를 결정한다. 조건, 단기 목표, 평가 준거 등을 포함해야 한다.

- 과학 과목의 예: 인체 단원에서, 미첼은 자신의 SGD와 모형을 사용해 각 체계(순환 체계, 소화 체계, 호흡 체계)와 그 기능에 대한 프레젠테이션을 할 것이다.
- 국어 과목의 예: 미첼은 자신의 SGD와 친구의 도움을 받아, 적어도 세 문장을 산출함으로써 매주 제출해야 하는 그룹 독서록 작성에 기여할 것이다.

4단계: 학생이 목표를 성취하는 데 필요한 구체적인 지원책들을 결정한다.

- 과학 과목의 예: 미첼은 항상 자신의 SGD에 접근해야 한다. 이 SGD에는 보조교사가 미리 구성해 놓은 각 단원을 위한 10~15개의 관련 어휘 상징이 들어 있

표 **13-5** 일반 교실에서 AAC에 의존하는 학생의 IEP 작성에 참고할 수 있는 자료

자료	발행처
Adapting Curriculum and Instruction in Inclusive Classrooms (2nd ed.; Cole et al., 2000)	National Professional Resources
Choosing Options and Accommodations for Children: A Guide to Educational Planning for Students with Disabilities (3rd ed.; Giangreco, Cloninger, & Iverson, 2011)	Paul H. Brookes Publishing Co.
The Inclusion Facilitator's Guide (Jorgensen, Schuh, & Nisbet, 2006)	Paul H. Brookes Publishing Co.

어야 한다. 교사는 각 단원에 필요한 핵심 낱말 리스트를 제공할 것이다.

- 국어 과목의 예: 그룹으로 독서록을 작성할 때, 급우들은 미첼이 받아 적을 수 있도록 문장을 불러줄 것이다. 핵심 낱말은 보조교사가 미첼의 SGD 낱말 목록에 추가할 수 있다.

교육팀원들은 개별학생의 적절한 교육목표를 정할 때 '창의적으로 생각'해야 하며, 도넬란(Donnellan, 1984)이 언급한 '최소 위험 가정의 원칙(principle of the least dangerous assumption)' 개념을 적용해야 한다. 이 원칙은 학생의 능력에 대한 확실한 자료가 없을 경우, 능력을 가정하는 것이 무능력을 가정하는 것보다 학생에게 덜 위험한 결과를 갖게 한다는 것이다. 이러한 원칙을 고수하지 않으면 너무 낮거나 교사의 기대 또는 학생의 향상을 제한하는 목표를 설정하기 쉽다. '너무 높은' 교육목표는 '너무 낮은' 교육목표보다 학생의 향상에 부정적 영향을 미칠 가능성이 더 적을 것이다(Jorgensen et al., 2010 참조). 〈표 13-6〉은 이러한 최소 위험 가정에 기초하여 미첼의 교육 팀이 그를 위해 설정한 IEP 목표들을 보여 준다. 이들 목표는 미첼을 위

표 **13-6** 10학년 미첼의 IEP에 포함된 장단기 교육목표

과학 과목의 장기목표: 미첼은 물체나 체계를 구성하는 부분들을 인식하고 이들 부분이 물체나 체계의 작동에 어떻게 상호 연관되는지를 이해하고 있음을 보일 것이다.

단기목표:
- 인체 단원에서, 미첼은 자신의 SGD와 모형을 사용해 각각의 체계(순환 체계, 소화 체계, 호흡 체계)와 그 기능에 대해 프레젠테이션을 할 것이다.

- 전기 단원에서, 미첼은 전기를 필요로 하는 도구와 필요로 하지 않는 도구, 전기가 통하는 물질과 전기가 통하지 않는 물질 등을 구분할 것이다. 그는 한 달간 매일, 충전을 하기 위해 자신의 SGD에 플러그를 꽂고, 아침에 일어나서 전원을 켜고, 사용하지 않을 때에는 전원을 끌 수 있을 것이다.
- 태양계 단원에서, 미첼은 자신이 담당한 행성의 정보를 다룬 웹캐스트 학습지를 완성하기 위해 급우들과 함께 작업하고 자신의 SGD를 사용해 그 결과를 발표할 것이다.

국어 과목의 장기목표: 미첼은 글쓰기와 SGD를 사용해 효과적으로 의사소통하는 능력을 향상시킬 것이다.

단기목표:
- 미첼은 친구들의 도움과 SGD를 사용해 최소한 세 문장을 산출함으로써 매주 제출해야 하는 그룹 독서록 작성에 기여할 것이다.
- 미첼은 연극 〈로미오와 줄리엣〉에서 자신이 맡은 배역의 대사를 암송하기 위해 자신의 SGD를 사용할 것이다.
- 미첼은 그림과 인쇄된 낱말을 사용하여 연극 〈로미오와 줄리엣〉의 배경, 주요 인물, 중심 줄거리, 갈등 및 해결 등을 이해하고 있음을 보일 것이다.
- 소설을 연구하는 동안, 미첼은 각 소설의 첫 번째 부분, 두 번째 부분 그리고 결론의 순서로 미리 녹음된 구절을 읽기 위해 자신의 SGD를 사용할 것이다.

사회 과목의 장기목표: 미첼은 선거 과정에 참여할 수 있는 능력을 보일 것이다.

단기목표:
- 한 주간의 주제인 학급 선거를 위해, 미첼은 친구의 도움을 받아 투표용지를 나누어 주고, 투표가 끝난 후 다시 거두어들인 다음, 결과를 보고하기 위해 자신의 SGD를 사용할 것이다.
- 학생회 선거에 입후보한 친구의 선거운동이 진행되는 동안, 미첼은 SGD를 사용하여 자신의 친구가 뽑혀야 할 세 가지 이유를 공유할 것이다.
- 미첼은 학생회 선거에서 투표를 하고, 투표용지를 세기 위해 선거위원회를 도우며, 자신의 SGD를 사용해 결과를 보고할 것이다.

해 파악한 우선적인 목표들과 1, 2단계에서 파악한 일반교육과정의 핵심 기능들에 잘 표현되어 있음을 상기하라.

언제든 어느 곳에서든, 우리는 학교교육에 관심을 갖는 모든 학생들을 성공적으로 가르칠 수 있다. 우리는 이를 위해 필요한 것보다 더 많은 것을 이미 알고 있다. 우리가 그것을 하느냐 마느냐는 결국 지금까지 우리가 그것을 하지 않았다는 사실을 어떻게 받아들이느냐에 달려 있다(Edmonds, 1979, p. 29).

보편적 설계 원칙을 활용하여 수업계획안 짜기

일반 교실에 이 원칙을 적용할 경우, 교사들은 보편적 학습 설계(universal design for learning: UDL) 원칙에 따라 처음부터 통합적인 수업목표를 설정하고 관련 활동들을 계획하게 될 것이다(Bauer & Matusek, 2001; Kame'enui & Simmons, 1999; Rose & Meyer, 2002). 보편적 설계 원칙은 원래 장애인을 위한 물리적 접근성과 관련하여 개발되었다. 이 원칙은 나중에 추가 보완하기보다는 처음부터 설계도 및 도시 계획안에 물리적 접근성을 반영해야 한다는 최소 비용과 최대 효율성의 개념에 기초를 두고 있다(Rose & Meyer, 2002). 따라서 새 건물을 이 원칙에 따라 지으면 자동적으로 경사로, 장애인 화장실, 점자를 포함한 엘리베이터 층 표시, 촉각 표면처리를 한 계단 등을 갖추게 될 것이다. 새로운 도시가 보편적으로 설계될 경우에도 자동적으로 가장자리를 볼록하게 처리한 보도, 시청각 신호를 지닌 교차로 등을 갖추게 될 것이다. 마찬가지로, 교실이 보편적으로 설계되면 확장적인(또한 주로 시간 소모적인) 조정이 없어도 모든 학생들을 수용할 수 있을 것이다.

UDL을 일반 교실에 적용할 경우 수반되는 세 가지 기본 원칙을 살펴보면 다음과 같다.

1. 재인 학습(recognition learning)을 돕기 위해 교사는 다양하고 융통성 있는 제시방법들을 제공해야 한다.
2. 전략적 학습(strategic learning)을 돕기 위해 교사는 다양하고 융통성 있는 표현과 수습(apprenticeship) 방법들을 제공해야 한다.
3. 정서적 학습(affective learning)을 돕기 위해 교사는 다양하고 융통성 있는 참여 옵션들을 제공해야 한다.

교사가 목표 설정과 교수 설계를 위해 세 가지 UDL 원칙을 활용하면, 모든 학생—AAC 사용 학생들만이 아닌—에게 이로울 것이다(Rose & Meyer, 2002). 예를 들면, 미첼의 10학년 교실에서 이루어지는 존슨(Johnson) 선생의 '로미오와 줄리엣' 관련 국어수업을 생각해 보자. 존슨 선생의 원래 수업목표는 '학생들은 희곡 로미오와 줄리엣을 읽고, 핵심 줄거리와 인물들의 동기를 기술하는 5페이지짜리 에세이를 쓸 것이다'였다. 이러한 목표 하에서 미첼은 의미 있는 방식으로 수업에 참여할 수가 없었다. 그런데 수업계획안에 UDL 원칙을 적용하면서, 존슨 선생은 '다양하고 융통성 있는 표현과 수습 방법' 활용이라는 의미가 학생의 학습을 평가하는 방법에서 자신이 더욱더 융통성을 발휘해야 한다는 뜻임을 깨닫게 되었다. 그녀는 또한 '다양하고 융통성 있는 제시 방법' 제공은 미첼뿐 아니라 문해에 어려움을 갖는 다른 학생들로 하여금 단지 희곡을 읽게 하는 것을 넘어 이해를 위한 전략 활용이 필요함을 깨달았다. 마지막으로, 그녀는 '다양하고 융통성 있는 참여 옵션'을 제공하려면, 엘리자베스 1세 시대의 영어로 표현된 문제들을 벗어나 자신의 시대에 적절한 방식의 희곡에 관여하도록 학생들을 도와야 함을 이해하였다.

이러한 이해 속에서, 존슨 선생은 (미첼을 포함한) 모든 학생들을 위해 자신의 학습 목표를 '학생들은 희곡 〈로미오와 줄리엣〉의 축약본을 연기하고 배경, 주요 인물, 주요 줄거리, 문제해결 등을 파악할 수 있을 것이다'라고 수정하였다. 이러한 목표는 학생이 극본에 대한 지식을 어떻게 보여 줄 것인가가 아니라 단지 알아야 할 내용을 명시하고 있음을 주목하라. 이러한 목표를 달성하기 위해, 존슨 선생은 미첼을 포함하여 각 학생들에게 〈로미오와 줄리엣〉에 나오는 배역을 정하였다. 미첼은 로미오에게 독약을 파는 약제상 역할을 맡았다. AAC 팀은 미첼이 교실에서 연습을 할 수 있도록 그가 맡은 대사를 SGD에 미리 프로그램화해 놓았다. 존슨 선생은 또한 새로운 교수 요소를 첨가하였는데, 이는 다른 자폐학생들처럼 미첼이 시각적인 학습자임을 알고 있었기 때문이었다. 새로운 요소는 바로 학생들이 자기 배역의 대사를 읽기 전에 헐리우드 영화의 해당 장면을 보도록 하는 것이었다. 미첼을 위해 존슨 선생은 학생들을 소집단에서 함께 연습하고 다수의 관련 활동들—한 주 동안 〈로미오와 줄리엣〉의 현대 버전 영화인 〈웨스트사이드 스토리〉를 보게 하는 것과 같은—을 완성하도록 하였다. 이후에, 존슨 선생은 기술어(descriptor) 목록(예: 가족, 갱, 독약, 총, 비극)과 세 영역, 즉 '로미오와 줄리엣', '웨스트사이드 스토리', '로미오와 줄리엣 및 웨스트사이드 스토리' 등으로 구성된 그래픽 오거나이저를 제공하였다. 그런 다음, 학생들이 두 이야기의 유사점과 차이점을 이해했는지를 보기 위해 기술어를 세 범주로 분류하도록 하였다. 미첼은 자신이 속한 그룹 속에서 PCS를 사용해 과제를 수행할 수 있었다([그림 13-4] 참조). 일반적인 경우와 마찬가지로 보편적 설계 원칙을 창의적으로 사용하였기 때문에, 존슨 선생의 수정은 미첼만이 아닌 10학년 학생 모두에게 이로운 것으로 나타났다. 그래서 존슨 선생은 미첼이 자신의 교실을 떠난 이후에도 '새로운 방식'의 수업을 지속하였다.

보편적 학습 설계에 관한 정보와 자료를 제공하는 웹 사이트는 많다. CAST(Center for Applied Special Technology), ASCD(Association for Supervision and Curriculum Development), Closing the Gap 등을 예로 들 수 있다.

참여에 필요한 개별적 조정 여부 파악하기

교사들이 이해와 반응을 강화하기 위한 전략들을 고안하고 통합 수업을 위해 이들 전략을 UDL 원칙과 결합하는 경우에도, CCN을 지닌 학생들은 개별적인 조정을 필요로 하는 경우가 많다(Cole et al., 2000). 이러한 조정들은 다양한데, 개별적으로 또는 결합하여 활용할 수 있으며, 구체적인 예는 〈표 13-7〉에 요약되어 있다. 이 표에서 볼 수 있듯이, 미첼은 '로미오와 줄리엣' 단원에 참여하기 위해 몇 가지 개별적인 조정을 필요로 하였다.

표 13-7 교과과정 조정의 유형과 예

유형	정의	예
학습요구량 (size)	학생이 배우거나 완성해야 할 항목 수 조정하기	• 세이머스(Seamus)는 글을 쓰기 위해 불기와 빨기 모스 부호를 사용한다. 느린 속도를 조정하기 위해, 수학시험 문제를 10개에서 5개로 구성한다. • 학급 친구들이 한 페이지의 글을 쓸 때, 미첼은 자신의 일기장에 두 문장을 쓴다.
시간 (time)	학습, 과제 완성, 시험에 필요한 시간의 양 조정하기	• 스테이시(Stacy)는 헤드마우스를 사용해 자신의 SGD로 글을 작성하는데 속도가 매우 느리다. 충분한 시간을 제공하기 위해, 사회교사는 수업이 끝날 때마다 질문을 하나씩 한다. 스테이시는 집에 돌아와 답을 준비해 자신의 SGD에 저장한다. 다음날 교사가 해당 질문을 하면, 그녀는 급우들 앞에서 곧바로 답을 할 수 있다. • 미첼과 그의 과학팀 동료들은 멸종 위기 동식물에 대한 과학 프로젝트를 완성하기 위해 추가 시간을 이용한다.
지원 수준 (level of support)	또래나 성인이 제공하는 개별적인 지원의 양 조정하기	• 제이미(Jamie)는 사회과목 프로젝트인 석고를 사용한 입체형 아프리카 지도를 완성하기 위해 친구 세 명과 함께 작업한다. • '로미오와 줄리엣' 단원이 진행되는 동안, 보조 교사는 미첼이 맡은 약재상 대사를 SGD에 저장하여 필요할 때 활성화할 수 있도록 돕는다.

입력 제공 (input)	교수 전달 방법 조정하기	• 하슈먼(Harshman) 선생은 5학년 학생 모두의 학습을 강화하기 위해 전자칠판을 사용해 전교과 수업을 진행 한다. • 미첼을 가르치는 존슨 선생은 수업 중 '로미오와 줄리 엣'에 대해 이야기하면서 OHP를 사용해 핵심적인 낱말 을 쓰고 간단한 그림을 그린다.
학습 결과 (output)	학습 여부를 알아보는 방법 조정하기	• 식품 관련 수업에서, 테리(Terry)는 시험을 보는 대신 자신의 학습 여부를 보이기 위해 네 가지 식품군에 속 하는 그림들을 잡지에서 오려낸다. • 미첼은 '로미오와 줄리엣' 단원에서 자신이 배운 것을 드러내 보이기 위해 이야기 지도에 그림을 그리고 글씨 를 쓴다.
난이도 (difficulty)	기술 수준, 문제 유형, 학습자가 활동에 접근 하는 방법에 대한 규칙 조정하기	• 러모나(Ramona)는 자신의 선택을 돕는 모양 격자를 사 용해 형용사와 명사를 조합한다. • 미첼은 자신의 학습 도우미가 보드메이커 플러스 (BoardmakerPlus)를 사용해 제작한 '로미오와 줄리엣' 의 수정판을 읽는다.

출처: Cole et al. (2000).

교수 이행 및 결과 평가

이 시점에 오면 AAC 팀이 필요로 하는 계획들이 모두 끝나게 된다. 즉, 평가가 완료되고, 학급 전체를 위한 수업 조정안이 권고되었으며, AAC 의존 학생의 개별 프로파일이 완성되었고, 적절한 IEP 목표들이 설정되었을 것이다. AAC 팀은 UDL 원칙에 따라 수업을 계획하도록 돕기 위해 교사들과 함께 일하면서 개별 학생이 필요로할 수 있는 추가적인 조정들을 파악했을 것이다. 이제 최종적으로 교수를 이행하고 학생의 진전을 평가할 시간이다.

통합교육 환경에 참여 모델([그림 5-1])을 적용할 경우, 각각의 수업이나 활동에 대해서 다음과 같은 두 가지 질문이 해결되어야 한다.

1. 학생은 의미 있는 방식으로 이번 단원이나 수업에 능동적으로 참여할 수 있었는가?
2. 학생은 자신의 IEP 목표를 하나 이상 다루거나 성취했는가?

이러한 목적이 어떻게 성취될 수 있는가를 보기 위해 다시 미첼의 10학년 국어수업을 살펴보자. 그의 학급은 '로미오와 줄리엣' 단원을 성공적으로 마쳤다. 참여와 관련하여 주된 수업활동은 ① 축약된 대본을 읽고 토의하기, ② 연극의 핵심 장면에 참가하기, ③ 현대판 '웨스트사이드 스토리'와 비교해 보기였다. 미첼은 어떻게 참여했을까? 그는 급우들과 함께 각 장면의 대본을 읽고 연기하기에 앞서 할리우드에서 만든 영화의 각 장면들을 시청하였다. 미첼은 대본을 읽을 때, 자신의 보조교사가 보드메이커 플러스의 심볼레이트 도구(Symbolate tool in Boardmaker Plus; DynaVox Mayer-Johnson)를 가지고 수정한 상징이 결합된 축약대본을 사용했다. 그는 SGD를 사용해 자신이 맡은 약제사의 대사를 연습하였으며, 자신이 나오지 않는 장면에서는 '무대' 위에 적절한 소품들이 놓여 있는지를 책임지는 '두 명의 소품 담당자' 중 한 사람으로서 역할을 수행하였다. 또한 웨스트사이드 스토리를 보고, 두 연극과 관련된 '비교와 대조' 활동을 완성하였다([그림 13-4] 참조). 그렇다면 미첼은 의미 있는 방식으로 참여를 했는가? 물론이다!

[그림 13-4] '로미오와 줄리엣' 및 '웨스트사이드 스토리'를 비교하기 위한 그래픽 오거나이저
PCS, DynaVox Mayer-Johnson LLC.의 허락하에 게재함

  평가해야 할 두 번째 이슈는 '미첼이 자신의 학습목표를 성취하였는가?'다. 〈표 13-6〉에 제시된 것처럼 미첼의 국어 단원 목표 중 하나는 "미첼은 그림과 인쇄된 낱말을 사용하여 연극 〈로미오와 줄리엣〉의 배경, 주요 인물, 중심 줄거리, 갈등 및 해결 등을 이해하고 있음을 보일 것이다"이다. 이 목표는 존슨 선생이 모든 학생을 위해 설정한 교실 전체의 목표, 즉 "학생들은 연극 〈로미오와 줄리엣〉의 축약 대본을 상연할 것이고 배경, 주요 인물, 중심 줄거리, 갈등 및 해결을 이해할 수 있을 것이다"와 일치한다. 앞서 언급한 대로 미첼은 수정된 연극 대본을 읽었다. 그는 또한 매 수업시간에 이루어지는 토의에서 질문(예: '줄리엣이 죽었을 때 로미오는 어떤 기분이었을까?', '로미오는 어떻게 죽었는가?')에 답하기 위해 자신의 SGD를 사용하였다. 마지막으로, 그는 연극 〈로미오와 줄리엣〉에 대한 이해 정도를 보여 주기 위해 낱말과 그림을 사용하여 그래픽 오거나이저를 완성하였다([그림 13-5] 참조). 미첼은 자신의 학습목표를 달성했는가? 물론이다!

  미첼의 이야기에서 예시된 계획 과정은 CCN을 지닌 학생을 대상으로 한두 가지

[그림 13-5] 자폐 청소년이 글씨와 그림으로 완성한 '로미오와 줄리엣' 이야기 지도

출처: Ryndak, D., & Alper, S. (2003). *Curriculum and instruction for students with significant disabilities in inclusive settings* (2nd ed.). Upper Saddle River, NJ: Pearson Education, Inc. 허락하에 게재함

핵심적인 성과 질문에 답하기 위해서도 활용될 수 있다. 만일, 질문 중 하나에 대한 답이 '아니요'라면 팀은 방해 요인을 파악하고 잠재적인 해결책을 앞으로의 수업 계획안과 활동에 반영해야 하는데, 이 경우 전체 학급이 대상이 될 수도 있고 개별 학생이 대상일 수도 있다. 우리의 경험상 이러한 계획-이행-평가-수정의 순환과정이 몇 번 반복되면, 각 단계에서 요구되는 시간과 노력의 양은 극적으로 줄어들게 된다. 팀이 이러한 과정에 능숙해지면, CCN을 지닌 학생과 팀원들은 모든 학생에게 이로운, 의미 있고 통합적인 수업을 개발하기 위해 UDL 원칙과 그 밖의 전략들을 점점 더 활용할 수 있게 된다. 만약 여러분이 미첼과 그의 가족 또는 미첼을 담당하는 학교 팀원들에게 그러한 노고와 시간이 그만한 가치가 있었는지, 그리고 통합이 진정으로 미첼에게 긍정적인 영향을 미쳤는지를 묻는다면, 그들은 의심의 여지없이 그렇다고 말할 것이다. 미첼과 AAC에 의존하는 다양한 학업 수준의 학생들에게 완전통합교육은 단순히 현재에 머무르게 하는 것이 아니라 그들의 삶을 계속 변화시키는 것이다.

📄 학습문제

13-1. 완전통합교육이란 무엇인가?

13-2. 일반 교실에서의 소속감, 사회적 참여 및 학습적 참여를 나타내는 지표를 네 개 이상 기술하라.

13-3. CCN을 지닌 학생들의 '유아원에서 유치원으로 전이'를 촉진하는 세 가지 핵심 전략은 무엇인가?

13-4. 통합교실에서 흔히 볼 수 있는 네 가지 교수 배치는 무엇이며, 그러한 배치가 CCN을 지닌 학생들에게 시사하는 점은 무엇인가?

13-5. 교실에서 학생들의 이해를 돕기 위해 교사들이 흔히 사용하는 여섯 가지 자연스러운 지원은 무엇인가? 또한 CCN을 지닌 학생들을 위해 그러한 것들을 어떻게 보완할 수 있는가?

13-6. 교사들이 교실 내에서 흔히 사용하는 여섯 가지 자연스러운 반응 옵션들은 무엇인가? 또한 CCN을 지닌 학생들을 위해 그러한 것들을 어떻게 보완할 수 있는가?

13-7. 학생의 프로파일을 작성하는 목적은 무엇이며, 그것을 작성하는 과정에서 어떤 질문들이 해결되어야 하는가?

13-8. CCN을 지닌 학생들의 기준에 입각한 IEP 작성 과정을 기술하라.

13-9. 보편적 학습 설계의 세 가지 원칙은 무엇이며, 그러한 원칙들은 CCN을 지닌 학생들의 완전통합교육과 어떤 관련이 있는가?

13-10. 완전통합교육을 지원하기 위해 참여 모델([그림 5-1])이 얼마나 성공적으로 적용되었는지를 평가하기 위해 해결되어야 할 두 가지 핵심 질문은 무엇인가?

Part III

후천성 장애인을 위한 AAC 중재

Chapter **14** 후천성 지체장애를 지닌 성인

Chapter **15** 중도 실어증과 말 실행증을 지닌 성인

Chapter **16** 퇴행성 인지 · 언어장애를 지닌 성인

Chapter **17** 외상성 뇌손상을 지닌 사람들

Chapter **18** 집중, 급성 및 장기 치료 환경에서의 AAC

Chapter **14**

후천성 지체장애를 지닌 성인

샘(Sam)은 6년 동안 근위축성 측색경화증(ALS)을 지닌 채 살았다. 4년간, 기계를 이용한 침습성 인공호흡과 영양 공급에 의존하였다. 그는 팔에 힘이 없음을 느끼고 신경과 전문의를 방문하여 ALS로 진단받았다. 진단을 받고 1년쯤 지나자 말이 느려지기 시작했다. ALS 클리닉의 언어치료사는 그의 말이 여전히 명료했음에도 불구하고, 그의 말이 더 퇴행하기 전에 AAC 체계를 갖추고 조작법을 배울 시간을 갖도록 하기 위해, 그의 말 수행을 모니터하였다. 샘의 말 속도가 말 명료도 검사−문장용(Speech Intelligibility Test−Sentence Version; Yorkston, Beukelman, Hakel, & Dorsey, 2007)에서 분당 120낱말(일반 성인의 말 속도는 분당 190낱말)로 느려질 때쯤, 그의 AAC 평가가 완성되었다. AAC 평가가 마무리되고 몇 달이 지나지 않아, 그는 사람들이 자신의 말을 알아듣기 위해 애를 쓴다는 것을 느끼기 시작했다. 그 이후로 그의 말은 급속히 퇴행하기 시작했으며 그다음 3개월 동안 전혀 이해할 수 없게 되었다. AAC 평가가 시기적절하게 완성되었기 때문에, 그의 AAC 도구는 제때에 도착했고 그가 전혀 말을 할 수 없게 되기 전에 그것을 어떻게 조작하는지 배울 수 있는 시간을 얻었다. 그는 눈 추적(eye tracking)으로 철자하기, 낱말 예측, 메시지 재생 등을 통해 메시지를 산출하는 컴퓨터 기반 AAC 도구를 조작하였다. 그는 가족, 동료 및 친구들과 이메일이나 문자를 주고받으며 적극적인 사회생활을 유지하였다. 또한 AAC 도구로 조작하는 전화와 스피커폰을 사용해 의사소통하였다. 인터넷에 접속하고 전자책을 읽기 위해 자신의 도구를 사용하기도 하였다. 하이테크 AAC 체계 외에, 샘은 눈 추적 기술을 활용할 수 없거나 여의치 않을 경우 눈 연결(eye-linking) 로우테크 전략(제4장 참조)을 사용하였다. 그는 사망하기 몇 주 전까지 눈 추적 기술을 사용하였다. 사망 즈음에 그는 눈 연결을 사용해 주변 사람들과 소통하였다.

이 장에서는 ALS, 다발성 경화증(multiple sclerosis: MS), 길랭-바레 증후군(Guillain-Barré syndrome), 파킨슨병(Parkinson's disease: PD), 뇌간 뇌졸중(brain-stem stroke) 등을 포함한 여러 후천성 지체장애의 평가와 중재 접근법들을 요약한다. 이후의 장에서는 외상성 뇌손상, 실어증, 치매 등의 후천성 장애와 관련된 정보들을 논의한다.

근위축성 측색경화증

근위축성 측색경화증(amyotrophic lateral sclerosis: ALS)은 뇌와 척수의 운동신경과 관련된 원인 불명의 진행성이자 퇴행성 질환이다(Mitchell & Borasio, 2007). ALS는 수의근을 조절하는 신경세포를 손상시키는 반면 감각에는 영향을 미치지 않는다. ALS를 지닌 사람들의 80%(Saunders, Walsh, & Smith, 1981)에서 95%(Ball, Beukelman, & Pattee, 2003)가 사망 시까지는 말을 할 수 없게 되기 때문에 의사소통 요구 충족을 위한 AAC 지원을 필요로 한다. 요크스턴, 밀러, 스트랜드와 브리턴(Yorkson, Miller, Strand, & Britton, 2012)은 ALS의 평균 발병연령을 56세로 규정하였다. 가장 일반적인 초기 증상은 무력감으로(Wijesekera & Leigh, 2009), ALS를 지닌 사람들의 대략 1/3은 초기에 상지(팔과 손)의 무력감을 보고하였으며, 1/3은 다리의 무력감을, 그리고 1/4은 마비말장애(dysarthria)와 삼킴장애(dysphagia)로 나타나는 연수(뇌간)의 무력감을 보고하였다. 괄약근 조절과 외안근(extraocular muscle)의 움직임은 주로 보존된다. 병이 진행됨에 따라 호흡기 지원뿐 아니라 개인위생, 이동 및 섭식을 타인에 의존하게 만드는 운동의 유약함이 더욱 광범위해진다. 생존율 중앙값(median)은 ALS 발병 후 32개월, 진단 후 19개월로 나타난다(Yorkston et al.,

2012). 그러나 ALS 환자가 가족들의 부양을 받고 인공호흡기의 도움을 받게 되면 기대수명은 훨씬 길어질 수 있다.

ALS 환자의 AAC에 대한 자세한 논의는 콜린 포트너프(Colin Portnuff)의 웹캐스트 'AAC: 사용자의 견해(AAC: A User's Perspective)'를 참고하라.

의사소통 증상

유약함과 경련성으로 인해 말운동장애의 하나인 마비말장애가 ALS인에게서 특징적으로 나타난다. 이완형과 경직형의 혼합형 마비말장애는 일정 시점에서 거의 보편적으로 나타난다(Duffy, 2005; Yorkston, Beukelman, Strand, & Hakel, 2010). 연수형 ALS를 지닌 사람들은 질병의 초기 과정에서 이러한 말장애를 경험하며 말과 삼킴 기능이 급속도로 퇴행할 것이다. 이들은 말을 할 수 없게 되어도 걷거나 운전은 할 수 있다. 반면에 척수와 관련된 ALS를 지닌 사람들은 사지에 광범위한 운동손상을 경험할 때조차도 상당 기간 정상적인 말을 유지하거나 경도의 마비말장애를 보일 것이다.

말 증상의 진행은 개인에 따라 다르지만, ALS를 지닌 대부분의 사람들은 사망 즈음에 심각한 의사소통장애를 경험한다. 로라 볼, 에이미 노드니스, 데이비드 뷰켈먼 및 개리 패티(Laura Ball, Amy Nordness, David Beukelman, & Gary Pattee)는 근위축증협회(Muscular Dystrophy Association)와 ALS 협회가 후원하는 ALS 병원의 환자들을 기록했던 자신들의 자료를 토대로, 네브래스카 ALS 데이터베이스를 개발하고 유지하기 위해 협력하였다. 2009년 기준 300명 이상의 ALS 환자로부터 3개월마다 자료가 수집되었다. 이 집단 중 7%만이 사망 시점에 말을 사용하여 의사소통했으며, 93%가 AAC 전략에 의존하였다.

AAC 중재자들은 일부 ALS 환자에게서 나타나는 인지 변화를 또한 인식해야 한다. 연구에 의하면, ALS 환자의 40~50% 정도가 인지검사에서 치매 판정을 받는다고 한다(Lomen-Hoerth et al., 2003; Yorkston et al., 2012). 요크스턴 등(Yorkston et al., 2012)은 ALS 환자의 대략 25~35%는 치매로 판정되지는 않지만 인지 기능에서 미묘한 변화를 보이는데, 특히 집행 기능(executive functioning), 추론, 반응 산출, 개시

(initiation), 추상화(abstraction), 계획 및 구성, 새로운 학습, 구어 유창성, 그림 기억하기 등에서 어려움을 보인다고 한다. 뇌 촬영과 인지 기능의 측정 결과는 경도의 전두엽 기능장애를 제안한다(Kiernan & Hudson, 1994; Lloyd, Richardson, Brooks, Al-Chalabi, & Leigh, 2000).

또한 몽고메리와 에릭슨(Montgomery & Erickson, 1987)은 초기 단계에서 신경학적 징후가 나타나지 않을지라도 명백한 치매, 즉 전측두엽성 치매(frontotemporal dementia/ALS 또는 FTD/ALS)가 ALS 환자의 약 15%에서 발생한다고 제안하였다. FTD/ALS는 상대적으로 드물지만 급격한 성격 변화와 사회적 품행장애가 특징적이다. 대부분의 환자는 집행기능검사에서 낮은 점수를 받는다. 또한 이들은 추상화, 계획 및 구성 기술 측면에서 수행이 서툴다.

마지막으로 ALS 환자는 실어증을 보일 수 있다(Bak & Hodges, 2001; Mitsuyama, Kogoh, & Ata, 1985; Tscuchiya et al., 2000). 드물기는 하지만, 원발성 진행성 실어증(primary progressive aphasia)이 ALS로 진행된 것으로 나타나기도 하였다. 예를 들면, 카셀리 등(Caselli et al., 1993)은 급속한 진행성 ALS에 앞서 조음과 언어장애가 있었던 일곱 명의 환자를 보고하였다. 더피, 피치 및 스트랜드(Duff, Peach, & Strand, 2007)는 진행성 말실행증이 결국 ALS로 진단된 일련의 사례를 기술하였다. 연구자들은 또한 전측두엽성 치매 증후군(frontotemporal lobar dementia syndrome: FTLD)을 기술하였는데, 전측두엽 치매(주로 성격 변화와 관련된), 의미 치매(예: 유창성 실어증, 유창하지만 이해를 방해하는 의미 없는 구어와 문어가 특징적임) 및 원발성 진행성 실어증(예: 구어와 문어의 의미 손상을 보이는 비유창성 실어증; Lomen-Hoerth, 2004; Lomen-Hoerth et al., 2003)의 세 범주로 구성된다. FTLD는 연수형 ALS 환자나 다소 나이가 많은 ALS 환자(평균 65세) 또는 기능적인 폐활량이 감소된(예상 용량의 평균 66% 수준) ALS 환자에게서 더 흔한 것으로 보고된다.

AAC 중재 모델

AAC 중재자들은 주로 볼, 뷰켈먼 및 바다크(Ball, Beukelman, & Bardach, 2007)가 기술한 3단계 중재 모델 버전을 활용한다. 초기 단계(점검, 준비 및 지원)는 첫 진단부터 AAC 평가에 의뢰되는 시기 동안을 말한다. 언어치료사는 말의 변화를 점검하고, 말 수행의 변화뿐 아니라 의사소통 지원에 대한 앞으로의 결정에 영향을 미칠 호흡 중재 옵션 등의 요인들에 관해 ALS 환자와 그 밖의 의사결정자들을 교육한다. 중기 단계(평가, 권고 및 이행)는 AAC 평가에 의뢰될 때부터 AAC 전략이 선택되고 초기 교수가 완료되기까지의 시기를 말한다. 후기 단계(수정 및 조정)는 초기 AAC 중재가 마무리된 후부터 환자가 사망하기까지의 시기를 말한다. 환자의 의사소통 요구와 능력 변화에 따른 AAC 전략의 수정이 이루어지는 시기다.

초기: 말 수행 점검, 잔존하는 말의 효과성 보존 및 AAC 교육

초기 단계는 환자가 ALS로 진단을 받으며 시작된다. 이 시기 ALS 환자는 일상적인 의사소통 요구를 충족시킬 만큼 기능적인 말을 지닌 경우가 흔하다. 척수성 ALS 환자의 경우에는 말 수행의 변화가 시작되지 않을 수 있다. 연수성 ALS 환자의 경우에는 말 속도에서 경미한 변화가 나타날 수 있다.

초기 단계에서 중요한 활동은 AAC 평가에 관한 의뢰 요구를 시기적절하게 파악할 수 있도록 체계적인 스케줄에 따라 말 수행을 모니터하는 것이다. 과거에는 말 명료도(이해 가능도) 저하가 AAC 평가의 시기 결정을 위한 기준이었다. 그러나 말 명료도 저하가 일단 관찰되면, 환자가 말만으로 자신의 의사소통 요구를 충족시킬 수 없게 되기 전에 AAC 평가와 중재를 시작하고 이행할 수 있는 충분한 시간을 얻지 못한 채로 이해 가능도의 급격한 저하가 일어나게 된다. 연구들에 따르면 말 속도 감소는 말 명료도 감소보다 먼저 나타난다(Ball, Beukelman, & Pattee, 2002; Yorkston, Klasner, et al., 2003).

적절한 시기에 AAC 중재를 이행하려면 말 속도와 명료도의 체계적인 점검이 필요하다. 명료도에 대한 주관적 평가는 부정확한 경우가 많기 때문에 객관적인 측정이 필요하다. 이와 관련하여 말 명료도 검사-문장판(Speech Intelligibility Test-Sentence Version; Yorkston et al., 2007)이 사용되곤 하는데, 그 이유는 이 검사가 말 속도와 명료도에 대한 객관적인 척도를 제공해 주기 때문이다. 언어치료사는 의료인, ALS 환자 및 환자의 동반자 등에게 말 속도 정보를 신속하게 제공할 수 있도록 임상 상황에서 이 검사를 실시해 말 속도를 측정할 수 있다. 이 검사는 ALS 환자가 소리 내어 읽어야 하는 11개의 문장 세트로 구성되어 있다. 말 속도는 바로 측정되며 발화는 명료도 측정을 위해 나중에 전사된다.

볼, 뷰켈먼 및 패티(Ball, Beukelman, & Pattee, 2002)는 ALS가 진행됨에 따라 환자들의 말 속도 또한 점차적으로 감소한다고 보고하였다. 말 속도와 말 명료도의 관계는 [그림 14-1]에서 볼 수 있다. 이들 저자는 말 속도가 분당 125낱말 정도가 되면 AAC 평가가 필요하다고 권고하였다. 말 속도가 분당 125낱말 정도가 되면, 환자에 따라 다음 2개월 이내 또는 다음 4~6개월 이내에 말 명료도가 다소 급격히 감소하게 된다. 소수이기는 하지만 말 명료도를 저하시키는 정도의 마비말장애가 말 속도 감소보다 먼저 나타나는 사람들 또한 존재한다. 그러한 경우에는, 말 속도에 상관없이 문장 명료도가 90% 이하로 떨어질 때 AAC 평가가 권고된다(Ball, Beukelman, & Bardach, 2007).

> ALS 환자가 거리, 날씨, 건강 또는 교통 문제 등으로 인해 병원에 올 수 없다면, 관습적인 아날로그 방식이나 디지털 전화 기술을 통해 이들의 말 속도를 정확히 모니터할 수 있다. 말 속도의 측정은 대면 의사소통과 전화를 통한 점검이 동일하다(Ball, Beukelman, Ullman, Maassen, & Pattee, 2005). 물론, 말 명료도 점수는 전화통화를 이용할 경우 영향을 받기 때문에 원거리 통화로 평가되어서는 안 된다.

초기 단계의 두 번째 활동은 평가를 마치고, AAC 옵션을 선택하며, AAC 장비를 구입하고, AAC에 의존하는 사람과 촉진자들이 필요로 하는 교수를 제공할 수 있도록 적절한 시기에 AAC 의뢰를 하는 것이다.

초기 단계의 세 번째 활동은 ALS 환자가 가능한 한 오랫동안 자신의 말이 지닌 의사소통의 효과성을 유지할 전략들을 이행하도록 돕는 것이다(Beukelman, Garrett, &

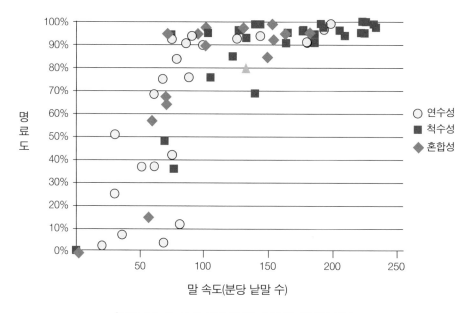

[그림 14-1] ALS 환자의 말 속도와 명료도 감소

Yorkston, 2007의 서식 9.5 참조). 잔존한 말을 증폭시키기보다는 말하기에 들이는 노력과 피로를 감소시키고, 중요한 사회적 대화나 정보 교환에 말하기 시간을 할당함으로써, 환자는 비록 마비말장애가 명백할지라도, 효과적으로 의사소통하는 데 필요한 충분한 에너지를 보존할 수 있다. 소수이기는 하지만, 말이나 구강 호흡을 방해하는 연인두부전을 지닌 사람들의 경우에는 구개거상기(palatal lift)가 추천될 수 있다 (Hanson, Yorkston, & Britton, 2011; Yorkston et al., 2010).

> 초기 단계가 끝나갈 즈음, 일부 ALS 환자들은 사랑하는 사람들을 위한 비디오나 오디오 기록을 준비하기 위해 잔존한 말을 사용한다. 의사소통을 위해 AAC가 필요한 시점이 다가왔을 때, 톰은 자신의 아내와 자식들을 위한 비디오 메시지를 마련하였다. 그는 중요한 기억과 함께한 경험들을 떠올리면서 아내와 자녀 그리고 그 배우자 한 사람 한 사람에게 말을 하였다. 톰은 자신이 얼마나 그들에게 감사하고 있고 그들을 사랑하는지를 말로 표현하였다. 그는 자신의 질병에 대해 그리고 그들의 보살핌과 존중이 자신에게 얼마나 큰 의미가 있는지를 말했다. 녹화를 마친 후, 그는 사진들을 골라 비디오 속에 포함시켰다.

초기 단계의 네 번째 활동은 ALS 환자와 AAC 관련 의사결정자들을 교육하는 것이다. 교육 내용은 말 퇴행에 관한 정보, AAC 평가 타이밍, 로우테크와 하이테크 AAC 옵션, 장비 구입과 기금마련 등이다. 이러한 교육의 목적은 때가 되었을 때 AAC와 관련된 의사결정을 효율적으로 할 수 있도록 그들을 돕기 위함이다. 우리는 일을 하면서, 어떤 사람들은 이러한 정보에 관심이 높고 실제로 더 많은 정보들을 구하는 반면, 어떤 사람들은 정보에 대한 관심 없이 전문가들에게 주로 의지함을 보게 된다.

중기: 평가, 권고 및 이행

평가 과정에서는 네 가지 활동, 즉 ① 참여패턴과 참여에 필요한 의사소통 요구 파악하기 ② 현재 능력과 앞으로 기대되는 능력—신체, 인지, 언어, 시각 및 청각—평가하기 ③ 사회적, 개인적 관리 지원하기 ④ 현재 및 미래의 요구를 충족시킬 로우테크와 하이테크 AAC 옵션 선택하기 등에 초점을 둔다.

참여패턴과 의사소통 요구 파악하기   의사소통 능력에 영향을 미치는, 후천성 지체 장애를 갖게 된 사람들은 흔히 자신의 삶에서 극적인 변화를 또한 경험하게 된다. 특정 질환이나 질병의 진행 여부에 따라, 이러한 변화는 점차적(퇴행성 질환의 경우처럼)이 거나 다소 갑작스러울(외상의 경우처럼) 수 있다. 신체장애와 생활방식 선호도에 따라, 개인의 의사소통 요구와 참여 역할 및 상황 등은 달라질 수 있다(Beukelman, Garrett, & Yorkston, 2007의 서식 9.8과 11.1 참조). 예를 들면, ALS와 같은 중도 퇴행성 장애인들 중 일부는 자신의 가정을 중심으로 생활하기를 원한다. 이 장 첫 부분에서 기술한 샘이 이에 해당한다. 이들은 지역사회에 활발히 참여하기보다는 자신의 가정을 주요 활동 환경으로 설정하는 것이 좀 더 효율적이고 자신의 가족들에게 부담 또한 적음을 알게 된다. 따라서 직업과 관련해 적극적인 사람은 재택근무를 할 것이다. 친구와 가족들 또한 이들을 보기 위해 집을 방문하기에 특별한 이벤트가 있지 않는 한 여행을 하지 도 않는다. 일부 환자들은 사회적 네트워크 및 지원망과 계속 접촉하기 위해 인터넷 을 이용한다. 결국에 이들은 주거 환경과 관련하여 여러 곳을 거치게 되는데(예: 살림 집, 보조 주거시설, 요양원, 호스피스), 이로 인해 AAC 체계가 달라져야 할 뿐 아니라 AAC를 위한 지원기금의 이용 가능성 또한 영향을 받을 수 있다(Ball, 2003).

고용의 지속은 일부 ALS 환자들의 삶에서 중요한 역할을 한다(McNaughton, Light, & Groszyk, 2001). 제이미(Jamie)는 연수성 ALS로 진단을 받은 후에 도 일을 지속하기 원했다. 그녀는 일상적인 의사소통을 위해 다중방식 기술을 사용 해 자료입력 전문가로서의 일을 계속하였다. 자료를 입력하고, 인터넷에 접속하여, 이메일을 보내기 위해 키보드가 연결된 컴퓨터를 사용하였다. 가족과 친구들에게 문 자 메시지를 보내기 위해 핸드폰을 사용하였다. 자신의 의사소통 요구를 완전히 충 족시키려면 좀 더 복잡한 말산출도구가 적절한 것으로 파악되었지만, 그녀는 미팅이 나 사회적 관계 또는 화상통화로 사람들과 소통을 할 수 있는, AAC 앱을 지닌 아이 패드를 구입하였다. 앞으로 부가적인 AAC 기술 옵션들이 필요할 것임을 알기에, 그녀는 아이패드를 일시적인 조치로 선택하였다. 손의 힘이 약해지고 위축되는 것을 느끼고 있었음에도 그러한 선택을 한 것은 자신의 손으로 도구에 접근할 수 있는 능 력을 유지하고 싶었기 때문이다. 일을 계속하고 싶어 하는 ALS 환자에 대한 중재에 는 컴퓨터를 사용한 문해와 인터넷 사용 교육이 포함되는데, 이러한 옵션들은 고용 을 좀 더 오래 유지하고 다양한 지원책들에 접근할 수 있게 한다. 이메일, 인터넷, 화 상회의 및 이동전화 기술과 같은 옵션들은 고용, 자원봉사, 통신교육, 금융거래, 상 거래 활동 등의 기회를 확장시킨다. AAC 기술을 이용하는 사람들 중에는 가상활동 (virtual activity) 참여에 별 관심을 갖지 않는 경우가 있다. 반면에 일부 사람들 은 인터넷을 사용하여 사회적으로나 직업적으로 규칙적인 참여를 한다.

반면에 다른 참여 전략을 택하여 가능한 한 오래 적극적으로 지역사회에 머무르고 자 하는 사람들이 있다. 이들은 가정 밖에서 일을 하고, 여행을 지속하며, 여가 활동, 종교생활, 친구 및 가족과의 사회적 행사 등에 참석할 것이다. 그러한 예는 톰의 사 례에서 찾아볼 수 있다.

> 톰과 그 가족은 그가 ALS로 진단받은 후에도 외부 지향적인 생활방식을 유지하였 다. 진단 후 처음 18개월 동안, 톰과 그의 아내는 열심히 여행을 다녔는데 때로는 자 녀들과 때로는 형제들과 동행을 했으며, 친구들과 함께하는 경우도 잦았다. 그가 휠 체어를 타기 시작하고 결국 AAC에 의존하게 되자, 매주 월요일 저녁식사 시간에 근 처 레스토랑에서 ‘톰과 함께하는 시간’을 마련하였다. 친구, 이전의 직장 동료, 교 회사람, 이웃 및 친척들이 모두 편의에 따라 그곳을 방문하였다. 톰은 또한 음악회와 운동경기 등을 계속 보러 다녔다. 가족과 친구들의 생일이나 기념일을 축하하기 위 해 전화를 걸곤 하였다. 말할 필요 없이, 이러한 여러 사회적 상호작용에 참여하기 위해 톰은 많은 지원을 받았으며 광범위한 AAC 기술을 개발하였다(Rutz, 2005).

참여 패턴에 대한 결정은 개인의 의사소통 요구와 그에 상응하는 AAC 전략에 크 게 영향을 미친다. 예를 들면, 가정이나 장기적인 집중치료실에서 주로 의사소통하 는 사람은 휠체어에 부착된 AAC 도구보다는, 카트나 바퀴가 달린 컴퓨터 스탠드 위 에 놓고 방마다 이동이 용이한 AAC 체계가 필요할 것이다. 지역사회에 활발히 참여 하는 사람들은 스스로 조절 가능하고 소형이며 완전히 휴대가 가능한 의사소통 체계 를 필요로 할 것이다. 자신의 AAC 테크놀로지를 이용한 효율적인 인터넷 접근을 선 호하는 사람들이 많다. 대부분의 사람들은 전화와 이메일을 이용하기 위한 수단을 필요로 한다. 그러므로 평가와 중재 동안, 참여와 생활방식 패턴에 대한 후천성 장애 성인의 개별적인 의향과 선호도를 고려하는 것이 중요하다.

상세한 요구평가는 장애를 지닌 사람뿐 아니라 가족 및 지원망에 속한 사람들 모 두에게 도움이 된다. 예를 들면, 후천성 의사소통장애인들은 자연스러운 의사소통 기능을 모두 되돌려 주는 (또는 유지시키는) AAC 체계를 주장하는 경우가 흔하다. 많 은 사람들이 자신의 장애를 받아들이기 힘들고, 또 이전에 가능했던 방식으로 의사 소통할 수 없다는 사실에 종종 좌절하기 때문에 이러한 현상은 매우 당연하다. 의사 소통 요구 목록(communication needs inventory)을 완성하는 과정에서, 특정한 의사소통 요구를 파악하고 우선순위를 결정하려면, '장애를 가지기 전에 내가 할 수 있었던 모든 것들을 할 수 있는 존재'로 되돌아가는 것에 대한 일반적인 기대에서 벗어나야만 한다. 보호자를 대상으로 ALS인의 AAC 테크놀로지 사용 목적을 조사한 프라이드-오켄 등(Fried-Oken, Rau, Fox, Tulman, & Hindal, 2004)은 가장 빈번하게 높은 가치를 갖는 것으로 평가된 두 가지 목적은 타인의 행동을 조정하는 것(기본적인 바람과 요구)과 관계를 지속하는 것(사회적 친밀감)임을 발견하였다.

현재 능력과 예상되는 미래 능력 평가하기 제6장에서 논의한 것처럼, AAC 팀은 후천성 지체장애인을 대상으로 인지, 운동, 언어 및 감각 능력을 주로 평가한다. 이들에 대한 평가과정에서 특히 중요한 것은 다양한 능력의 자연스러운 변화과정을 예측하는 것이다. 퇴행성 질환을 지닌 사람은 일부 능력은 온전히 지니고 있는 반면, 일부 능력은 점차적으로 상실하게 된다. 뇌간 뇌졸중이나 척수손상 이후에 안정된 상태를 유지하는 사람들은 자연적으로나 치료 중재에 힘입어 특정 능력을 회복할 것이다. 이후 절에서는 특정 장애와 관련된 이들 이슈에 대해 중점적으로 다룬다.

• 운동기술: ALS 환자가 지닌 운동 조절 능력은 자신의 AAC 체계 선택에 크게 영향을 미친다. 그러한 능력은 일반적으로 환자가 연수성 증상을 먼저 경험하느냐 아니면 척수성 증상을 먼저 경험하느냐에 따라 매우 다르다.

• 연수성 ALS: 때때로 연수성(뇌간) 증상이 우세한 환자들은 초기에 자신의 손이나 손가락을 사용해 직접 선택으로 조작할 수 있는 AAC 테크놀로지를 조절할 수 있다. 그러나 시간이 흐르면 손이나 손가락을 사용해 자신의 AAC 테크놀로지에 접근할 수 없어서 머리나 눈 추적 접근 전략을 사용해야만 한다. 물론 호흡을 돕기 위해 인공호흡기를 사용하는 환자의 경우에는 필수적으로 항상 후자의 전략을 사용하게 된다.

• 척수성 ALS: 척수성 증상을 주로 보이는 ALS 환자들이 말을 통해 자신의 의사소통 요구를 충족시킬 수 없게 될 때쯤이면, 광범위한 몸통과 사지 관련 운동장애를 경험하게 된다. 이들의 경우 쓰기 보완 체계의 요구가 대화 보완 체계의 요구를 앞서는 경우가 많다. 사지 조절과 관련하여 중도장애를 지닌 사람들은 머리나 눈 추적 접근을 사용하는 부착 체계를 필요로 하는 경우가 흔하다.

운동 능력이 저하된 사람들을 위한 AAC 접근에 대해 좀 더 많은 정보를 얻고자 하는 독자는 수전 페이거와 데이비드 뷰켈먼이 진행하는 웹캐스트 "최소한의 움직임만이 가능한 사람들의 의사소통 지원하기(Supporting Communication of Individuals with Minimal Movement)"를 참고하라.

제약 평가하기   일반적으로 다양한 외적 제약이 AAC 결정에 영향을 미치는데, 이러한 제약 중 특히 후천성 의사소통장애인에게 흔하게 나타나는 것들이 있다. 이전에 언급한 대로, 일반적으로는 의사소통장애에 대한 가족 및 친구들의 태도가, 특별하게는 AAC 테크놀로지에 대한 수용 여부가 이러한 결정에 영향을 준다. 예를 들면, 뇌졸중으로 인한 실어증처럼 비교적 안정된 상태를 유지하는 성인의 가족들은 전자 의사소통 기법을 사용하자는 의견을 수용하는 데 어려움을 보인다. 왜냐하면 사랑하는 사람의 말과 글쓰기 능력 상실을 받아들이기가 어렵고 기능적인 말 회복에 대한 희망을 버리고 싶어 하지 않기 때문이다. 전형적으로 ALS 환자의 가족들은 ALS를 퇴행성 질병으로 인식하기 때문에 AAC 옵션들을 수용하는 경향이 있다.

또 다른 제약은 AAC에 의존하는 사람들이 도구를 배우고 유지하도록 돕기 위해 전자 AAC 체계에 대한 조작과 사용법을 배우는 촉진자의 이용 가능성과 관련이 있다. 일부 지역에서는 촉진자들이 특정 유형의 의사소통 옵션에 대한 적절한 지원을 받을 수 없을 것이다. 또 다른 중요한 외적 제약은 도구와 교수를 위한 지원금의 이용 가능성이다. AAC 체계를 위한 자금지원 패턴은 전 세계적으로 지역에 따라 매우 다르다. 일부 나라나 지방에서는 교육 프로그램에 참여하는 아동을 위해서는 AAC 체계에 대한 자금을 지원하지만 성인에게는 재정적인 지원을 거의 하지 않는다. 미국에서는 메디케어(Medicare), 메디케이드(Medicaid), 트리케어(Tricare) 및 그 밖의 많은 보험들이 AAC 테크놀로지와 교수를 위한 자금을 지원하고 있다. 자금 지원 정책에 대한 정보가 너무 자주 바뀌기 때문에, 이 책에서 재정 지원 제약에 대해 자세히 살펴보는 것은 불가능하다. 의사소통 강화를 위한 재활공학 및 연구센터(Rehabilitation Engineering and Research Center on Communication Enhancement: AAC-RERC)가 관리하는 AAC 기금에 대한 웹 사이트는 미국의 AAC 자금 지원에 관한 정보를 제공한다. 성공적인 AAC 중재를 위해서는 관련 제약을 평가하고 개인의 의사소통 요구와 능력을 강조하는 것만큼 엄격하게 이러한 한계들을 개선하는 데 중점을 두는 팀의 노력이 필요하다.

또한 후천성 지체장애인의 가족과 친구들은 당사자의 의사소통 요구뿐 아니라 해결책으로 보조 테크놀로지를 사용하는 것에 대해 다른 의견을 갖는 경우가 흔하다. 이러한 차이가 어떤 결과를 가져올 것인지 정확히 예측할 수는 없지만, 개인의 의사소통 요구에 대한 이들 간의 의견차를 어느 정도 좁히고자 노력하는 것은 중요하며, 불가능할 경우 최소한 이러한 의견차를 분명히 하는 것이 중요하다. 우리는 나머지 절에서 이러한 문제를 논의한다.

중재 결과 평가하기 후천성 지체장애인에 대한 중재 결과를 평가하는 주된 이유는 다음 세 가지다. 첫째, 충족되었거나 충족되지 않은 의사소통 요구를 파악하기 위함이다. 어떤 중재 접근이 특정 의사소통 요구를 충족시켰다면, AAC 팀은 환자와 그 가족들을 위해 그러한 성공을 증명해야 한다. 만일 초기 중재가 특정 의사소통 요구를 충족시키지 못했다면, 팀은 그 접근법을 개선한 후 그에 따라 중재를 이행해야 한다. 둘째, AAC 에이전시가 제공한 서비스의 효과성을 증명하기 위함이다. 성인 대상의 AAC 중재를 위해 자금을 지원한 에이전시는 지속적인 자금 제공을 위해 주로 그와 같은 증거를 요구한다. 셋째, 특정 센터나 에이전시의 전반적인 AAC 노력을 증명하기 위한 것으로, 결과에 따라 AAC 노력에 대한 행정적 지원을 더 많이 받을 수 있다.

ALS 환자와 가족의 AAC 수용 ALS 환자들의 AAC 테크놀로지에 대한 수용은 비교적 높은 편이다. AAC 테크놀로지가 진보하고 사회에서 더욱더 흔해질수록 수용률은 증가할 것이다. 마티, 요크스턴 및 거트먼(Mathy, Yorkston, & Gutmann, 2000)은 다양한 자료를 활용하여 ALS 환자들의 AAC 활용을 조사하였다. 이들은 캐나다 토론토에 있는 보조 테크놀로지 클리닉에서 만난 126명의 환자들을 대상으로 AAC 체계 사용 경향을 평가한 거트먼과 그리페(Gutmann & Gryfe, 1996)의 자료를 참고하였다. 참여 환자들 중 27%는 AAC 중재를 따르지 않기로 결정하였다. 동일한 자료를 분석한 거트먼은 "남자에 비해 여자가 두 배 정도 말산출 체계를 선호하였다(여자 49%, 남자 26%)"고 보고하였다(1999, p. 211). 게다가 "남녀가 비슷한 수치로 어떤 AAC 중재도 원하지 않았다(남자 27.8%, 여자 26%)" (Gutmann, 1999, p. 211)고 한다.

조작 능력 대부분의 AAC 의존자와 마찬가지로, ALS 환자가 자신의 AAC 체계를 가지고 의사소통 능력을 발달시키려면 시간과 교수를 필요로 한다. ALS는 퇴행성이기 때문에 이들은 자신의 AAC 체계를 선택할 수 있으며, 적어도 가장 기본적인 의사소통 요구를 충족시키기 위해 말을 사용할 수 있는 동안에 AAC 체계의 조작법을 미리 배울 수 있다. 사실 더 이상 말을 할 수 없을 때 AAC 체계가 선택되고 사용된다면 AAC 경험은 관련자 모두를 매우 좌절하게 만들 것이다.

ALS 환자의 급속한 말 기능 감소가 반드시 필연적인 것은 아니지만, 임상적 관리로 조기에 준비를 하게 할 만큼 흔한 현상이기도 하다. 우리의 경험상, 말 속도가 분당 125낱말로 느려지거나 불리한 듣기 상황에서 말 명료도의 일관성이 없을 경우, AAC 옵션에 대한 탐색을 시작해야 한다.

촉진자 지원 ALS 환자가 자신의 AAC 체계를 사용하려면 촉진자의 지속적인 지원이 필요하다. 이러한 지원에는 도구를 효율적이고 정확하게 조작하도록 해 주는 기술적인 교수가 포함될 것이다. ALS 환자는 자신의 체계에 저장된 메시지를 선택하고 수정하기 위해 촉진자 지원을 필요로 할 수 있다. 이외에도 개인의 능력이 병의 진행에 따라 변하기 때문에 촉진자들은 운동 조절 옵션과 체계 위치 등을 변경해야 한다. 또한 촉진자들은 AAC 체계의 사회적 활용을 가르칠 필요도 있을 것이다. 볼, 샤르트 및 뷰켈먼(Ball, Schardt, & Beukelman, 2005)은 AAC 테크놀로지에 의존하는 ALS 환자 68명을 조사하였는데, 모두가 주 AAC 촉진자를 옆에 두고 있는 것으로 나타났다. 거의 모든 촉진자(96%)가 가족 구성원이었으며, 대부분이 기술적인 배경지식을 지니지 않았고, 4%는 전문가인 것으로 나타났다.

후기: 수정 및 조정

후기 단계는 중기에 권고된 AAC 전략들을 이행한 후부터 환자가 사망할 때까지를 말한다. 이 단계의 목표는 변화하는 의사소통 요구, 능력, 주거 시설 등에 맞게 효과적인 의사소통 옵션들을 제공하는 데 있다. 일반적으로 ALS 환자는 자신의 SGD 전략을 거의 바꾸지 않는 그런 결정을 하도록 격려받고 또한 그렇게 결정하는 경향이 있다. 그러한 결정은 환자들이 자신의 의사소통 요구와 능력 변화에 따라 메시지와 접근 전략들을 조금씩 바꾸면서 테크놀로지에 능숙해지도록 해 준다.

2004년, 볼과 동료들은 한 ALS 클리닉에 의뢰된 50명의 환자를 대상으로 AAC 수용 패턴을 조사하였다. 이 연구에 참여한 ALS 환자의 96%는 즉각적으로(90%) 또는 어느 정도 지난 후(6%)에 AAC 테크놀로지를 받아들인 것으로 나타났다. 4%(즉, 2명) 만이 AAC 테크놀로지를 완전히 거부하였다. 2007년, 볼과 앤더슨 등(Ball, Anderson, et al.)은 ALS 환자의 AAC 사용 기간을 조사한 후 연수성(뇌간) 환자의 경우에는 발병 후 평균 23.1개월, 척수성 환자의 경우에는 발병 후 평균 25.9개월이라고 보고하였다. 유념해야 할 점은 이들 샘플에는 침습성의 기계를 통한 호흡을 지원받는 환자와 그렇지 않은 환자가 모두 포함되어 있다는 것이다. 인공호흡기 착용은 개인의 생명과 AAC 사용 기간을 늘려준다. 물론, 침습성의 호흡장치는 ALS 환자가 최소한의 움직임으로 자신의 AAC 옵션에 접근해야만 하는 기간을 또한 늘리는 요인이 된다. 이 연구에 참여한 ALS 환자들은 예외 없이 사망하기 2개월 전까지는 자신의 AAC 테크놀로지를 계속 사용하였다. 가족들에 의하면, 환자들은 사망하기 마지막 몇 주에는 자신과 매우 익숙한 사람들의 도움으로 메시지를 함께 구성하는 상대 지원 스캐닝이나 눈 연결하기, 응시하기 등의 로우테크 옵션들에 점점 더 의존했다고 한다. 로먼 등 (Roman, Quach, Coggiola, & Moore, 2010)은 ALS 환자들이 응시(e-tran)판이나 상대 지원 스캐닝에 비해 눈 연결하기를 좀 더 효율적으로 사용하며 좀 더 선호한다고 보고하였다(Roman, Quach, Coggiola, & Moore, 2010). 그러나 일부 환자들은 사망하기 직전까지 SGD에서 강점을 보일 뿐 아니라 이를 사용하기 원한다는 점을 기억하라.

다발성 경화증

다발성 경화증(multiple sclerosis: MS)은 젊은이와 중년기 성인에게서 나타나는 가장 흔한 신경학적 질환이다. MS의 원인은 알려져 있지 않다. 중추신경계의 탈수초성 질환으로 후천적인 염증성 질환이다(Yorkson et al., 2012). MS의 병변은 중추신경계에 흩어져 있으며, 위치는 사람마다 다르다. 따라서 증상의 패턴 또한 다양하기에 AAC 중재를 결정할 때 이를 고려해야만 한다.

미국 북부 지역의 MS 출현율은 1,000명당 1명꼴이다. 남부 지역의 출현율은 북부 지역 수치의 1/3에서 1/2 수준이다. 모든 사례의 95% 정도가 10세에서 50세 사이에 시작되며, 평균 발병 연령은 27세다. MS는 비교적 젊은 사람들에게서 일어나는 질병으로 여겨지지만, 초기 진단이 50~60세에 이루어지는 경우도 흔하다. 남녀 발생 비율은 3:2이다(Yorkston et al., 2012). 인종상으로 보면, 흑인보다 백인에게서, 아시아인보다는 흑인에게서 더 많이 발생한다.

MS의 자연적인 진행 과정은 사람마다 크게 다르다. 그러나 초기에는 전형적인 재발－완화 패턴이 나타나고 후기에는 진행성 패턴이 나타난다. 젊은 MS 성인의 평균 기대 수명은 발병 후 대략 35년이다. 예후는 ① 여성보다는 남성이, ② 발병 연령이 35세 이상일 경우, ③ 만성적인 진행성 패턴이 초기에 나타날 경우 더 좋지 않다(Yorkston et al., 2012).

의사소통 증상

MS와 관련된 가장 흔한 의사소통 문제는 마비말장애지만, 대규모 MS 환자를 대상으로 한 연구에 의하면 마비말장애가 이 질병의 보편적인 특성은 아니라고 한다. 달리, 브라운 및 골드스타인(Darley, Brown, & Goldstein, 1972)은 자신의 연구에 참여한 MS 환자의 41%가 청자가 들었을 때 '본질적으로 정상적(essentially normal)'이지 않은 전반적인 말 수행을 보였다고 보고하였다. 그런데 연구자들이 자기보고식(self-reporting) 방법을 사용했더니, 이들 환자의 23%만이 '말 및/또는 의사소통장애'를 보이는 것으로 나타났다. 따라서 이들 중 많은 사람이 자신의 말 문제의 심각성을 인식하지 못하는 것으로 보인다. 언어치료사들을 대상으로 말의 적절성을 평정하거나 말 기제에 대한 물리적인 검사를 수행한 연구들에 의하면, 자기보고식으로 수행된 연구들에 비해 말 문제의 발생률이 훨씬 높게 나타난다. 1950년에서 1964년 사이에 MS로 진단된 사람들을 대상으로 평균 37.5년을 추적한 한 코호트 조사에 의하면, 이 비율은 51%에 달한다.

MS 환자 대상의 AAC 중재

비교적 소수의 MS 환자가 AAC 체계를 필요로 하는 심각한 말장애를 보인다. 뷰켈먼, 크라프트 및 프릴(Beukelman, Kraft, & Freal, 1985)은 656명의 MS 환자 중 자신의 의사소통 능력이 너무 심하게 손상되어 낯선 사람들은 자신의 말을 이해할 수 없을 것으로 판단하는 환자가 4%였다고 보고하였다.

초기 중재

초기 활동은 전형적으로 전통적인 AAC 전략보다는 보조 테크놀로지를 포함한다. MS는 비교적 생의 초반기에 발생하기에, 이들이 처음 증상을 경험할 때 주로 학생이거나 직장인인 경우가 많다. MS 환자들에게서 상당히 흔한 시각 문제를 지닌 경우에는 컴퓨터 화면을 보거나 자세한 인쇄자료들을 읽기 위해 기술적인 도움이 필요할 수 있다. 그러나 증상이 간헐적이고 점차적으로 발생하기에 MS 환자들이 곧바로 자신의 삶의 방식을 바꿀 필요는 없다. 그러나 시간이 지나면서 구어 의사소통과 무관한 장애들이 환자로 하여금 학교나 직장에 다니는 것을 방해하는 경우가 흔하다. 일례로 크라프트(Kraft, 1981)는 이들이 고용시장에서 밀려나는 중요한 이유는 팔과 다리의 경련이라고 보고하였다. 균형감 상실, 정상적인 방광 조절의 장애, 극심한 피로 또한 그 이유에 포함된다(Ford, Trigwell, & Johnson, 1988). 이 밖에도 허약이나 경련, 운동실조 및 진전(tremor) 등의 결합이 걷기를 방해하며, 이동을 위해 휠체어를 사용하도록 만든다.

특히, 시력 문제는 폰트 확대나 인쇄된 메시지의 말산출을 포함하는 지원을 필요로 한다. 일부 환자는 키보드 조절이 어렵게 된다. 따라서 불필요한 움직임을 줄이기 위해 키보드 지원뿐 아니라 팔과 손의 지지를 필요로 할 수 있다(Yorkston & Beukelman, 2007). 특히 애플과 마이크로소프트 컴퓨터 작동 체계에 포함되어 있는 접근 가능성 특성은 시력과 신체적 접근 제약을 지닌 환자들에게 유익할 수 있다. 일부 MS 환자들은 다양한 이동 전자 도구들에 포함된 기억 및 구성 지원을 또한 활용한다(Blake & Bodine, 2002).

중기 중재

중기에는 말 명료도에 문제가 있는 환자들을 위한 말 보완이 유익하다. 알파벳 보완은 환자가 낱말을 산출하면서 각각의 낱말에 포함된 첫 글자를 제시해 주는 것이다. 전형적으로, 알파벳 보완을 활용할 경우 연속 발화의 명료도는 25% 정도, 한 낱말 명료도는 10% 정도 향상된다(Hanson, Yorkston, & Beukelman, 2004).

후기 중재

MS로 인해 중도에서 최중도의 마비말장애를 갖게 된 사람들이 후기에 이르면, 이들의 말은 더 이상 의사소통 요구를 모두 충족시킬 만큼 기능적이지 않게 된다. 따라서 의사소통 지원이 필요하다. 시력 문제, 경련, 운동실조, 의도성 진전 등이 AAC 접근을 방해하기 때문에 AAC 지원이 어려울 수 있다. 따라서 AAC 중재는 개개인의 의사소통 요구와 능력 프로파일에 따라 매우 개별적으로 진행되는 경향이 있다.

참여 패턴과 의사소통 요구 파악하기

말장애가 너무 심해 AAC 체계를 필요로 하는 대부분의 MS 환자는 시력, 피로감, 균형 등의 여러 동반 문제들로 인해 더 이상 학교나 직장에 나갈 수 없다(Yorkston et al., 2012). 따라서 학교나 직장 생활과 관련된 의사소통 요구를 갖는 경우는 드물다. 더욱이 중도 말장애를 지닌 사람들은 가족이 제공하는 것 이상의 개인적인 보호 지원을 필요로 한다. 또한 거주시설이나 요양원 등에 사는 환자의 경우, 이러한 환경은 의사소통 요구를 더욱 제한할 수 있다. 따라서 쓰기 지원까지도 필요로 하는 환자가 있을 수 있다. 그러나 많은 MS 환자들의 주된 의사소통 요구는 대화와 돌봄에 관련된 것들이다.

특정 능력 평가하기

이번 절에서 우리는 AAC 중재에 앞서 평가해야 할 인지, 언어, 감각/지각 및 운동 능력에 대해 기술한다.

인지 기술

MS 환자의 인지적 한계는 제대로 증명되지 않았으나 이들의 절반 이상은 인지장애의 뚜렷한 증거를 보이는 것 같다(Rao, 1995; Yorkston et al., 2012). 인지 변화는 전반적이기보다는 특정적이며 다음과 같은 특징을 갖는 피질하성 치매(subcortical dementia)로 묘사될 수 있다. 즉, ① 실어증의 부재, ② 비교적 온전한 부호화 및 기억 저장능력에도 불구하고 나타나는 기억 인출의 문제, ③ 거의 정상에 가까운 지능에도 불구하고 나타나는 개념적 추론 능력의 손상, ④ 정보처리 속도의 저하, ⑤ 냉담, 우울증, 도취 등을 포함한 성격장애 등을 보인다.

언어 기술

MS 환자에게 가장 흔한 의사소통장애는 마비말장애지만 가끔씩 실어증이 보고되기도 한다. MS 환자들을 대상으로 이루어진 몇몇 대규모 연구에 의하면, 이들에게서 실어증은 관찰되지 않았다고 한다(Olmos-Lau, Ginsberg, & Geller, 1977). 그러나 뷰켈먼, 크라프트 및 프릴(Beukelman, Kraft, & Freal, 1985)은 MS 환자의 실어증 발병률을 1~3%까지 보고한 연구들을 언급하였다. 요크스턴, 클래스너 및 스완슨(Yokrston, Klasner, & Swanson, 2001)은 MS 환자들이 주로 낱말 찾기에서 어려움을 보이며, 자신의 구어나 문어의 구성이 예전과 달라졌다고 흔히 보고함을 제안하였다. 머독과 레틀린(Murdock & Lethlean, 2000)은 60명의 MS 환자를 평가하고 ① 광범위한 언어장애(2%), ② 중등도에서 중도의 언어장애(13%), ③ 경도에서 중등도의 언어장애(32%), ④ 일반적인 언어 능력을 지닌 집단(53%) 등 잠재적인 네 하위 집단을 보고하였다.

감각/지각 기술

MS 환자들은 시각 문제를 흔히 보인다. 사실 MS 환자의 35%는 최초의 증상으로 주변시력은 양호한 반면 한쪽 눈의 중심시력이 심하게 손상되거나 약간의 손상을 보이는 시신경염(optic neuritis)을 겪는다(Wikstrom, Poser, & Ritter, 1980). 시신경염은 주로 컴퓨터 화면의 텍스트를 보거나 작은 활자를 읽지 못하는 것으로 시작된다. AAC 기법이 광범위한 시각 능력을 요구하기 때문에, MS의 시각 문제는 AAC 중재 상황에서 특히 문제를 일으킨다. 많은 MS 환자가 시각 스캐닝 배열을 활용할 수 없다. 대신에 이들은 다음 절에서 설명하는 것과 같은 청각 스캐닝 체계를 필요로 할 수 있다. MS 환자는 주로 글자가 확대된 텍스트를 필요로 한다. 물론 타자를 하거나 의사소통 디스플레이로부터 선택된 글자와 낱말을 들려주는 합성 음성 피드백 또한 필요로 한다. 일례로 30세 MS 여성 환자를 위해 설계된 AAC 체계는 1인치의 네모난 키로 구성된 확장 키보드와 음성 피드백으로 구성되었다(Honsinger, 1989).

> 내 목록에는 장기 프로젝트와 맡은 일들…… 일상 과제, 프로젝트와 해야 할 일들, 봄청소와 관련된 일, 출장과 여행에 필요한 항목, 개인 위생 스케줄, 전화번호, 맹과 지체장애인을 위한 국립도서관 서비스(National Library Service for the Blind and Physically Handicapped)와 맹인 녹음사(Recordings for the

Blind, Inc.)에서 빌린 책, 물리치료 운동을 위한 두 항목, 친구 및 이전 환자들의 이름과 전화번호, 자주 만나는 친구와 가족의 이름 및 주소, 달력, 갖춰 놓아야 할 의료용품 및 외과용품, 병이 진행되면서 갖게 되는 삶에 대한 두려움과 궁금한 점 등이 포함된다. 이들 항목 중 일부는 커다란 점자 용지에 써 있고, 일부는 쉽게 넣다 뺐다 할 수 있는 바인더에 들어 있다. 또한 모든 항목이 녹음테이프에 들어 있다(데니즈 카루스, MS로 인해 맹인이 된 젊은 여성, 기억 보조도구를 사용해 자신의 목록을 설명하며, Karuth, 1985, p. 27).

운동 기술

MS 환자의 운동 조절력은 개인에 따라 매우 다양하다. 따라서 신중한 운동 평가는 모든 AAC 중재의 중요한 측면이다. 페이즈와 그 동료들(Feys et al., 2001)에 따르면, 자발적으로 움직이는 동안에 발생하거나 좀 더 과장되는 상지의 의도성 진전이 MS 환자의 대략 1/3에서 나타난다고 한다. 이러한 진전에 의해 환자는 키보드나 컴퓨터 마우스 및 스위치 등의 보조 테크놀로지 인터페이스에 접근하고자 할 때 방해를 받곤 한다. AAC 팀은 때때로 심한 진전 없이 수의적인 움직임을 만들어 낼 수 있도록 개인의 사지나 손에 스위치를 부착해야만 할 수도 있다. 또 다른 경우 진전이 일어나는 동안에도 몸의 일부로 움직이거나 여전히 손가락에 의해 활성화되도록 환자의 사지나 손에 스위치를 부착해야만 할 수도 있다. 마지막으로, 움직임 여과용 소프트웨어를 제공하고 다수의 인터페이스를 지원하는 전문 앱들 또한 개발되어 있다(Feys et al., 2001).

종종 MS의 운동 조절 문제와 시각장애는 AAC 옵션을 매우 제한하는 요인이 된다. 일례로 포터(Porter, 1989)는 사망이 가까워졌을 때 이루어진 한 환자의 AAC 중재를 기술하였다. 시각과 운동 조절의 한계가 매우 심각하였음에도 불구하고 이 환자는 머리 옆 베개에 부착된 스위치를 눌러 사용하는 간단한 호출 버저와 청각 스캐닝 체계의 조절을 배웠다.

제약 평가하기

MS의 몇 가지 특징은 많은 AAC 중재를 복잡하게 만든다. 첫째, 증상 패턴이 사람마다 크게 다르다. MS의 임상적 과정이 다섯 가지 일반적인 진행 패턴을 따르기는 하지만 개인의 증상이 복잡할 수 있으며 시간에 따라 다를 수도 있다. 따라서 AAC 체계는 이러한 변이성에 따라 조정되어야만 한다. 둘째, 이전에 언급한 대로 시각장애는 MS인에게서 흔한데, 이 문제가 AAC 중재를 특히 어렵게 만들 수 있다. 셋째, AAC 중재는 MS 환자가 경험하는 여러 문제를 보완하고자 하는 다른 노력과 함께 이루어지는 경향이 있다. 따라서 AAC 팀은 증상의 변화 패턴에 따라 이루어지는 다른 중재와 AAC 중재를 적절히 조화시켜야 한다.

길랭-바레 증후군

길랭-바레 증후군(Guillain-Barré syndrome: GBS)은 말초신경의 축색돌기를 둘러싸고 있는 수초가 점진적으로 파괴되었다가 재생됨으로써 발생한다. 하지에서 상지로 마비가 진행되며, 발병 후 1~3주 이내에 마비가 극에 달한다. 수초가 천천히 재생되면서 신경기능과 관련된 근육의 힘이 점차적으로 되돌아온다. 전형적으로, 운동회복은 머리와 얼굴 구조에서 시작하여 아래쪽으로 진행된다. GBS 환자의 80~85% 정도가 후유증 없이 완전하게 회복된다(National Institute of Neurological Disorders and Stroke, 2009).

의사소통장애

GBS와 관련된 유약함은 이완형 마비말장애를 일으키며 많은 경우 (말을 완전히 상실하는) 실구어증(anarthria)을 가져온다. 또한 심각한 유약함에 의해 종종 구강 삽입이나 기관절개에 의한 인공호흡기 지원을 필요로 한다. 언어와 인지는 주로 영향을 받지 않는다.

중재 단계

GBS의 진행 단계에 따라 다음 절들에서 기술하는 바와 같이 다양한 형태의 AAC 지원이 필요하다.

초기: 악화 단계, 말 상실

앞에서 언급한 것처럼 GBS 환자는 발병 후 1~3주 내에 극도의 마비를 경험한다. 악화 순서가 하지에서 상지로 향하기 때문에 말 기능이 손상되기 전에 대부분 진단이 이루어진다. 그러나 진단과 심한 말장애의 시작 사이에 시간 차이는 거의 없다. 전형적으로 GBS 환자는 의료인이 증상의 진행을 감독하고 적절한 지원을 제공할 수 있도록 진단 후 입원을 하게 된다. 이러한 노력의 일환으로 의료 팀은 적절한 시기에 AAC 중재가 제공될 수 있도록 개인의 의사소통장애를 모니터해야 한다.

몇 주가 지나면, 증상의 진행이 안정된다. 이 단계에서 AAC 중재를 요하는 환자는 보통 말을 할 수 없으며 인공호흡기를 착용하게 된다. 처음에 AAC 중재는 신뢰할 수 있는 '예/아니요' 체계의 확립을 강조하면서 로우테크 옵션으로 구성되는데, 눈 지적이나 눈 관련 기법들이 뒤를 따르게 된다. AAC 팀은 상대 지원의 시청각 스캐닝, '예/아니요' 반응, 눈 지적하기 및 응시하기 등을 통해 앞으로 환자의 요구를 지원할 의사소통판을 개발해야 한다. 전형적으로 이러한 의사소통판에는 사회적 메시지, 건강 관련 메시지 및 메시지 구성을 위한 문자와 숫자들이 포함된다.

중기: 장기간의 침묵, 자연적인 말의 회복

GBS 환자들이 말을 할 수 없는 기간은 환자마다 다르다. 일부 환자들은 수 주 또는 수개월 동안 가족, 친구 및 의료인들과 의사소통하기 위해 AAC 체계에 의존할 수 있다. 전형적으로, 이들 환자는 로우테크 전략을 계속 사용한다. 그러나 독립성을 늘리고, 식견 있고 잘 훈련된 청자에 대한 의존을 줄이려면 전자 옵션들이 또한 적절할 수 있다. 광범위한 운동 손상으로 인해, 이들 환자는 주로 스캐닝 AAC 체계를 필요로 하는데, 이러한 체계는 눈썹이나 머리 움직임으로 조절되는 스위치를 활용하는 경우가 흔하다. 이들 환자는 AAC를 일시적으로 사용하기 때문에, 대부분 한 글자씩 철자하고 소수의 메시지를 기억하여 의사소통하도록 배운다.

중기 후반에 이르면 GBS 환자들은 침묵에서 벗어나 정상적인 말을 되찾게 된다. 종종 이러한 회복에는 수 주일 또는 수개월이 걸린다. 구강 기제 근육에 힘이 돌아올 때, 이들은 여전히 인공호흡기나 기관절개로 삽입한 튜브에 의존해 호흡할 수 있다. 일부 화자(speakers)들은 이 시기에 경구용 전자후두(oral-type electrolarynx, 제17장 참조)가 매우 도움이 된다는 것을 알게 된다. 머리에 부착된 스위치로 전자후두의 음원을 조절하여, 말하고 싶을 때는 소리를 켜고 듣거나 쉬고 싶을 때는 끌 수 있다. 구강 근육이 여전히 약한 시기에는 환자의 조음이 부정확하고 말 명료도가 저하될 수 있다. 일부 환자는 자신의 AAC 체계로 의사소통 주제나 상황을 먼저 설정한 다음 잔존한 말을 사용하고자 노력한 후 마지막으로 AAC 체계를 사용하여 의사소통의 단절을 해결하는 것이 도움이 된다는 것을 알게 된다. 회복이 진행되면 의료인이 호흡기를 제거할 것이고, 환자는 다시 말을 할 수 있을 것이다. 주로 이러한 환자는 말 중재를 계속 필요로 하지 않는다.

후기: 말운동장애의 장기적인 지속

앞에서 언급한 것처럼, GBS 환자의 85%는 운동 조절력을 완전히 회복하는 반면, 나머지 15%는 근육의 유약성을 계속 경험한다. 후자 집단에서도 적은 수이기는 하지만 장기적인 말운동장애(즉, 마비말장애)를 겪는 사람이 있다. 이들의 경우에는 남아 있는 말의 효과성을 최대화하기 위한 말 중재가 적절하다. 우리는 장기적인 AAC 지원을 필요로 하는 GBS 환자를 본 적이 없다.

개릿 등(Garrett, Happ, Costello, & Fried-Oken, 2007)은 집중치료실 환자들을 위한 AAC에 초점을 둔 훌륭한 챕터를 썼다. 이 챕터에는 중기 GBS 환자들의 의사소통을 지원하는 사람들에게 매우 도움이 되는 정보들이 담겨 있다.

파킨슨병

파킨슨병(Parkinson's disease: PD)은 쉬는 동안의 진전, 근육경직, 운동 저하, 자세 반사장애 등의 운동 증상이 결합된 증후군이다. PD는 기저핵(특히 흑질)과 뇌간의 도파민성 신경세포의 손상으로 발생한다. 시작은 전형적으로 잠행성이다. 많은 환자가 기억을 되살려 이야기하는 것을 들어 보면 자신의 몸이 뻣뻣해지고 근육통이 있었다고 보고하는데, 모두 처음에는 나이가 들어서 그러는 것으로 여겼다고 한다. 처음으로 의사를 찾게 만든 증상은 쉬는 자세에서 나타나는 진전이었다고 한다(Yorkston et al., 2012).

1970년대 이래로 의료적 처치는 PD의 자연스러운 진행과정을 크게 변화시켰다.

현재의 약물을 이용하기 전에는 모든 PD 환자의 1/4 정도가 진단 후 5년 내에 사망하였으며, 80%가 10~14년 후에 사망하였다(Yorkston et al., 2010). 사망률의 변화가 레보도파민(L-dopa)과 그 밖의 약물에 의한 것인지 분명하지는 않지만, 이러한 처치가 PD 환자들의 생활방식을 극적으로 변화시킨 것은 분명하다. 이전과 비교하여 이러한 약물 처방에 의해 PD 환자들이 더 자유롭게 움직이고 자신의 삶을 더욱더 독립적으로 관리할 수 있게 되었다. 일부 선택된 PD 환자들에게는 뇌심부자극술(deep brain stimulation)과 같은 수술 처치가 이용된다.

> 의료 및 수술 중재에 대한 자세한 논의는 요크스턴 등(Yorkston et al., 2012)을 참조하라. PD에 대한 약물 처방은 계속 변하고 있다. 약물과 수술 처치에 대한 일반적인 정보를 원하는 독자들은 메이요 클리닉(Mayo Clinic)의 웹 사이트를 참조하라. 또한 임상실험에 대한 정보를 원하는 독자들은 국립신경질환뇌졸중연구소(National Institute of Neurological Disorders and Stroke)의 웹 사이트를 참조하라.

이 장을 저술한 시점에서는 PD 환자의 말 수행에 미치는 약리학적 중재, 수술적 중재 및 뇌심부자극술 중재의 효과가 일관적이지 않고 다소 제한적임을 유념해야 한다. PD의 후기 단계에서는 약물의 반응성이 감소한다. 따라서 이 시기 AAC 중재가 요구될 경우 증상을 약물로 관리하기가 어려울 수 있다.

> PD의 연평균 발생률(약물로 인한 경우 제외)은 10만 명당 18.2명이다. 출현율은 10만 명당 66~187명으로 추정된다. 남녀 간 발생률의 유의한 차이는 없다. 발생률은 64세가 넘어가면서 급격히 증가하는데, 75세에서 84세 사이에 절정을 이룬다. 진단 시 연령이 갈수록 고령화되어 가는 경향이 있다(Yorkston et al., 2010).

약물치료가 수많은 PD 환자의 수행을 극적으로 향상시켰지만, 약물의 일부 부작용으로 인해 AAC 접근이 방해받을 수도 있다. 운동 반응에서의 개별적인 오르내림(또한 시작 및 소멸 반응[on-off response]으로도 알려져 있음)이 나타날 수 있는데, 이는 아마도 약물 흡수와 도파민 수용체의 반응 간 차이에 기인하는 것으로 보인다. 장기적인 치료로 인해 일부 환자는 기능적인 활동을 방해하는 불수의적 움직임을 겪을 수도 있다. 이러한 불수의적 움직임은 정서적 스트레스의 원인이 될 수 있다.

의사소통 증상

PD 환자들은 마비말장애를 흔히 보인다. 하르텔리우스와 스벤슨(Hartelius & Svensson, 1994)은 230명의 PD 환자를 조사했는데, 이들 중 70%가 발병 전에 비해 말과 목소리가 더 나빠졌다고 보고하였다. PD 환자의 말 증상은 요크스턴 등(Yorkston et al., 2012)과 더피(Duffy, 2005)에 의해 자세히 기술되었다. 전형적인 증상은 음도의 변이성 감소, 전반적인 강도 저하, 억양 및 강세를 위한 음성적 요소의 활용 감소 등이다. 또한 이들은 조음이 부정확하며 말 속도에 기복을 보인다. 음질의 경우 종종 거친 소리가 특징적인데, 가끔씩 기식화된 소리가 나기도 한다.

PD 환자들 사이에서 나타나는 말장애는 동일하지 않다. 일부 환자들의 말은 극단적으로 빨라 이해하기 어렵다. 이들의 말 속도는 일반 화자보다 빠르거나 운동조절장애를 지닌 사람들의 말보다도 빠를 수 있다. 강도나 크기의 저하로 인해 알아듣기 힘든 사람들도 있다. 또한 조음기관의 움직임이 제한적이어서 정확한 말소리 산출이 어려운 사람들도 있다. PD가 진행됨에 따라, 많은 환자들이 이러한 말장애의 여러 형태가 결합된 증상을 보인다.

임상적인 관찰에 의하면, 이들 환자는 시간이 갈수록 점점 더 이해하기 어려운 점진적인 말의 악화과정을 보여 준다. 그럼에도 불구하고 대부분의 PD 환자는 정도의 차이는 있지만 말로 의사소통을 한다. 따라서 이들이 AAC 기법을 사용할 경우, 그 기법은 말을 포함한 다중방식 의사소통 체계의 일부가 된다.

> "낱말과 문장으로 생각과 아이디어를 구성하는 내 능력은 손상되지 않았다. 그러나 문제는 이러한 문장을 말로 표현하는 데 있다. 입과 혀 그리고 턱 근육들이 협응을 하려 들지 않는다. 항상 이해되는 것은 아니지만 어렵사리 어떤 낱말을 표현할 수는 있다. 그러나 노력을 해도 내 마음 상태를 드러낼 수 있게 적절히 말을 변화시킬 수가 없다. 눈썹을 추켜올려 내 단조로운 어조를 생기 있게 만들 수 있을 것 같지도 않다. 완전히 무표정한 내 얼굴은 전혀 반응을 하려 들지 않는다. 분장하지 않은 에밋 켈리(Emmett Kelly, 미국 캔자스 출신으로, 진한 분장의 떠돌이 어릿광대 역을 최초로 해낸 인물-역자 주)처럼 실제로 미소짓거나 속으로는 웃고 있음에도 겉으로는 슬퍼 보인다"(마이클 제이폭스, 『러키맨(Lucky Man)』에서 자신의 PD 증상을 설명하며, Fox, 2002).

중재 단계

PD 환자의 말을 개선하기 위한 행동주의적 중재의 이점은 문헌 연구들(Spencer, Yorkston, & Duffy, 2003; Yorkston, Spencer, & Duffy, 2003)에 잘 기록되어 있다. 그럼에도 불구하고 이번 절들에서는 말 악화에 따른 초기, 중기 및 후기에 활용할 수 있는 AAC 중재 옵션들을 다룬다. PD 환자의 마비말장애 관리에 대한 좀 더 자세한 논의는 요크스턴 등(Yorkston et al., 2012)을 참조하라.

초기 중재

주로 초기에는 의사소통을 돕기 위한 AAC 지원이 필요하지 않다. 그러나 환자들 중에는 취업을 위한 컴퓨터 조절, 인터넷 사용 및 여가를 돕는 지원을 필요로 하는 경우가 있다. PD 환자를 위한 인터넷 교육 프로그램을 이용할 수도 있다(Stewart, Worrall, Egan, & Oxenham, 2004). 초기가 끝나갈 무렵이 되면, PD 환자들은 병의 진행에 따라 악화되는 자신의 말 수행을 유지시키도록 돕는 리실버먼 음성치료(Lee Silverman Voice Treatment) 교육을 모두 마치는 경우가 흔하다. 말운동장애 분야의 실제 가이드라인(Yokrston, Spencer, & Duffy, 2003)에 의하면, 이러한 행동주의적 중재가 PD 환자들에게 효과적이라고 한다.

중기 중재

중기 동안에는 말을 보완하기 위한 보조 테크놀로지와 AAC 지원이 필요할 수 있다. 자신의 말 속도 조절이 필요한 일부 PD 환자들은 지연 청각 피드백(delayed auditory feedback)을 사용한다. 휴대 가능한 이 테크놀로지는 몇 밀리세컨드 동안 말을 지연시켜 환자의 말 속도를 느리게 만든다. 운동감소형 마비말장애(hypokinetic dysarthria)에 이 테크놀로지를 성공적으로 사용했음을 제시하는 다수의 보고서가 존재한다(Adams, 1994, 1997; Downie, Low, & Lindsay, 1981; Hanson & Metter, 1983). PD 환자의 대략 8% 정도는 지연 청각 피드백의 득을 본다. 그러나 어떤 환자들이 성공적인지를 예측할 수 있는 방법에 관한 정보가 없어서 이러한 중재가 효과적일 것인가를 결정하기 위한 시험적 중재가 필요하다.

이 단계에서 일부 PD 환자들은 휴대용 음성 증폭기의 도움을 받기도 한다. 말소리가 작아도 말하는 동안 일관된 발성을 유지하는 환자들에게 가장 적절하다. 발성을 시작할 수 없는 사람들에게 증폭은 적절하지 않다.

후기 중재

잔존한 말을 통해 자신의 의사소통 요구를 충족시킬 수 없는 PD 환자들 중 일부는 의사소통 단절을 회복하고, 부적절한 상황에서 의사소통을 하며, 때로는 자신의 메시지 대부분을 주고받기 위해 AAC 전략에 의존하는 경우가 있다. 전형적으로, 이들은 한 글자씩 철자하여 접근할 수 있는 음성합성 테크놀로지를 선택한다. 이 책을 집필하는 동안, AAC 앱들을 지닌 모바일 테크놀로지가 이용 가능해졌다. 그러나 PD 환자를 대상으로 이용할 수 있는 정보는 거의 없다.

참여 패턴과 의사소통 요구 파악하기

PD 환자의 의사소통 요구는 두 가지 주요 요인에 따라 달라진다. 많은 환자들이 노인이며 대부분 은퇴한 사람들이다. 따라서 무엇보다도 이들의 의사소통 요구는 은퇴 후 사회적 환경을 반영한다. 또한 PD의 신체적 장애 정도는 사람마다 크게 다르다. 어떤 사람은 신체장애가 너무 심해 수행원이나 가족에게 대부분의 신체적 도움을 받아야 한다. 의존의 정도는 개인의 의사소통 요구에 크게 영향을 준다.

특정 능력 평가하기

이번 절에서 우리는 PD 환자의 AAC 중재에 앞서 평가해야 할 주요 인지/언어, 감각/지각 및 운동 능력을 기술한다.

인지/언어 기술

PD 환자는 삶의 후반기에 장애를 겪기 때문에 전형적인 언어 기술이 발달되어 있는 경우가 대부분이다. 따라서 이들은 대부분의 AAC 중재를 지원하는 데 필요한 정도의 철자하기와 읽기를 할 수 있다. 치매가 PD의 한 특성인가와 관련해서는 논쟁이 존재한다(Bayles et al., 1996). 평가자들은 검사과정에서 일부 환자는 기억손상을 보이고 일부 환자는 자신의 문제해결 속도가 느려졌다고 불평하는 경우를 발견하곤 한다. AAC 팀은 이러한 인지적 제한이 AAC 중재를 방해할 것인지의 여부를 고려해야만 한다. 팀은 환자의 학습이나 기억문제를 보완하기 위해 추가적인 교수와 훈련을 제공할 수 있다.

감각 · 지각 기술
감각 기능의 장애는 대개 PD 환자의 AAC 중재를 방해하지 않는다.

운동 기술
이전에 언급한, 알파벳 판과 같은 직접 선택 AAC 기법을 성공적으로 사용한 환자들에 관해 기술한 임상 보고서들이 있다. PD 환자 대상의 AAC 중재를 보고한 연구자들이 적기 때문에, AAC 중재에 영향을 줄 수 있는 운동 조절 문제에 관해 제대로 증명된 것은 없다. 따라서 AAC 팀은 여러 가지 운동 조절의 문제들을 고려해야 한다. 많은 환자들이 PD와 연관된 경직성으로 인해 움직임의 범위와 속도 저하를 경험한다. AAC 팀은 이들을 위해 선택 디스플레이의 크기(예: 알파벳 판 위에 있는)를 줄일 필요가 있을 것이다. 어떤 환자는 주로 쉬는 동안에 더 악화되는 광범위한 진전을 경험한다. 이러한 경우에는 의사소통판이나 도구의 표면에 자신의 손을 안정적으로 기댈 수 있다면 진전을 많이 누그러뜨릴 수 있다. 키보드를 지닌 도구에는 키가드가 유용하다. 일부 환자는 PD 증상을 조절하는 약물 부작용으로 인해 과잉운동증(hyperkinesia, 극단적인 움직임)을 경험한다. 이러한 극단적인 움직임은 AAC 옵션에 필요한 소근육 운동 조절을 방해할 수 있다.

> 마이크로그라피아(micrographia)는 말 그대로 글씨를 작게 쓰는 것이다. 약물이 없다면 내 필적은 현미경으로나 알아볼 수 있을 것이다. 부드럽게, 측면으로, 좌우로 움직이기를 거부하는 나의 팔로 인해 깨알 같은 낙서가 긴 열을 이룬다(마이클 제이 폭스, 『러키맨(Lucky Man)』에서 자신의 PD 증상을 설명하며, Fox, 2002).

제약 평가하기

주로 두 가지 유형의 제약이 PD 환자들의 AAC 중재와 관련된다. 첫째, 대부분의 PD 환자는 어느 정도 말을 할 수 있기 때문에 AAC 중재의 필요성에 대해 어느 정도는 거부할 것이다. 일부 환자들은 원인이 자신에게 있음에도 불구하고 의사소통의 실패를 청자에게 돌릴 것이다. 의사소통 상대는 이들이 AAC 기법을 사용하도록 적극적으로 격려해야 한다. 둘째, 많은 환자가 노인이며 같은 연령대의 배우자와 친구를 가지고 있다. 따라서 청자의 청력 제한이 효과적인 의사소통의 중요한 장벽이 될 수 있다.

뇌간 뇌졸중

하부 뇌간(brainstem)에 혈액을 공급하는 순환 기능을 단절시키는 뇌졸중(stroke, 즉, 뇌혈관장애)은 종종 중도의 마비말장애나 실구어증(즉, 말산출 불능)을 일으킨다. 뇌간은 얼굴, 입, 후두 등의 근육을 활성화하는 모든 뇌신경의 핵을 포함하고 있기 때문에, 이 영역이 손상되면 관련 근육을 의도적으로 또는 반사적으로 조절하는 능력이 저하되거나 아예 무능력해지게 된다. 척수신경을 통해 몸통과 사지를 활성화하는 신경로 또한 뇌간을 지난다. 따라서 뇌간의 심각한 손상은 얼굴과 입의 운동 조절뿐 아니라 사지의 운동 조절을 손상시킬 수 있다.

의사소통 증상

뇌간 뇌졸중과 관련된 의사소통 증상은 뇌간의 손상 수준과 정도에 따라 매우 다르다. 일부 마비말장애인은 말을 통해 부분적이거나 완전한 메시지를 주고받을 수 있다. 이들은 주로 뇌신경의 신경핵 손상으로 인한 이완형 마비말장애를 경험한다. 또 다른 일부 환자들은 이완형에 더하여 현저한 경련성도 보일 수 있다. 이들 환자는 거의 대부분 처음부터 AAC 지원을 필요로 한다. 단지 25% 정도의 환자만이 어느 정도 기능적인 말을 회복하게 되며, 나머지 75% 정도는 남은 생애 동안 AAC 지원을 계속 필요로 한다(Culp, Beukelman, & Fager, 2007).

참여 패턴과 의사소통 요구 파악하기

의사소통장애의 정도뿐 아니라 의료와 생활방식 이슈들도 뇌간 뇌졸중 환자의 의사소통 요구에 영향을 미친다. 이들은 뇌졸중의 정도와 이후의 건강 상태에 따라 광범위한 신체 수발과 의료 관리를 필요로 할 것이다. 뇌졸중을 겪고 생존한 사람들은 주로 일을 할 수 없게 된다. 어떤 사람은 가정에서 보호를 받는 반면, 어떤 사람은 자립생활부터 요양원까지 다양한 환경에서 생활할 것이다. 뇌간 뇌졸중 환자는 주로 자신을 둘러싼 세계를 인식하며, 정보를 교환할 수 있고, 메시지 구성을 통해 사회적 친밀감을 성취할 수 있다. 따라서 이들은 광범위한 의사소통 요구를 지닐 것이다.

중재 단계

전형적으로, 뇌간 뇌졸중 환자들의 의사소통 요구 충족을 위한 중재는 세 단계로 이루어진다(Culp et al., 2007).

초기

중재 초기는 환자가 재활병원이나 장기 요양시설에 들어오면서 접수를 하자마자 시작된다. 이 단계의 목적은 기능적인 '예/아니요' 반응과 호출기에 대한 접근 능력을 개발하는 데 있다. 이 단계의 초기에 환자들은 흔히 의료적인 측면, 주의집중, 피로감 등을 보이기 때문에 이에 대한 고려가 필요하다. 일단 신뢰할 만한 '예/아니요' 반응이 확인되고 나면, 대화 상대는 이러한 반응의 정확성이 피로도의 영향을 받을 수 있음을 인식해야 한다(Beukelman, Garrett, & Yorkston, 2007의 서식 3.5와 3.6 참조). 개별적인 대화 상대가 다른 전략들을 시도하지 않도록, 눈을 위로 뜨면 '예', 내리깔면 '아니요'와 같이 모든 의사소통 상대가 '예/아니요' 반응 전략을 인식해야만 한다. 환자의 방이나 휠체어 등에 특정 전략들을 포스팅해 놓음으로써 가족뿐 아니라 돌봄과 치료를 담당하는 사람들에게 효과적으로 지침을 줄 수 있다. '예/아니요' 반응 전략이 이행되고 나면, 빈칸 채우기나 '무엇' 또는 '왜' 질문과 같은 형식보다는 의사소통 상대가 이러한 형식을 사용하도록 환기시키기 위해 '예/아니요' 형식으로 일상적인 수발 관련 질문들을 포스팅하는 것이 일반적이다. 이 단계의 후기에, 뇌간 뇌졸중 환자들은 기능적인 의사소통을 위한 로우테크 의사소통 기법들을 사용할 수 있다(Culp et al., 2007). 환자의 능력과 선호도에 따라 눈 연결하기, 응시하기 또는 상대 지원 스캐닝 전략들을 고려할 수 있다(Beukelman, Garrett, & Yorkston, 2007의 서식 3.7과 3.8 참조). 전략의 선택은 해당 전략을 사용해 의사소통할 수 있는 환자의 정확성, 전략 사용에 대한 환자의 의향 및 그것을 이행하고자 하는 의사소통 상대의 능력에 달려 있다. 전형적으로, 이 단계에서 환자는 의사소통 상대가 제공하는 특정 메시지, 낱말 또는 글자(한 글자씩 철자하기 위한) 등을 선택할 수 있는 능력을 발달시킨다.

중기: AAC 테크놀로지의 선택

중기는 뇌간 뇌졸중 환자의 말이 의사소통 요구를 충족시키기에 충분하지 않아서 장기적인 AAC 옵션이 필요할 것임을 환자 자신과 주요 의사결정자들이 수용하는 것에서 시작된다. 일부 환자들은 이 단계를 거부하는데, 그 이유는 AAC 테크놀로지의 수용이 말을 포기하는 것으로 생각되기 때문이다. 따라서 환자가 말을 회복할 경우 모두가 기뻐할 것이지만 그때까지는 의사소통 요구가 충족되어야 함을 당사자에게 확인시켜야 한다.

이 단계에서 뇌간 뇌졸중 환자들은 공식적인 AAC 평가를 받게 되는데, 이는 의사소통 요구와 가능한 AAC 옵션들을 찾아내기 위한 특성 일치 과정이 완성될 수 있도록 잔존 능력을 파악하기 위함이다. 평가를 마치면, AAC가 필요한 환자들에게 이들 옵션을 소개하고, AAC 테크놀로지를 정하고 구입하기에 앞서 시용을 해 보도록 한다.

능력 평가는 인지, 언어, 감각/지각 및 운동 측면을 포함한다. 뇌졸중이 뇌간에 국한될 경우 인지적인 제한은 없을 것으로 기대한다. 만일 뇌졸중이 뇌 속의 상층부로 확장되었거나 뇌의 산소 공급을 방해하는 좀 더 광범위한 의료적 사건이 발생했을 경우에는 다양한 인지문제가 나타날 것이다. 이러한 문제들은 환자에 따라 개별적으로 평가되어야 한다.

뇌간 뇌졸중이 언어 기능과 관련된 피질이나 피질하의 구조에 영향을 주지 않았다면 언어 기술은 손상되지 않을 것이다. 따라서 뇌간 뇌졸중 환자의 언어 기술은 주로 뇌졸중 발생 이전의 언어 수행을 반영한다.

상부뇌간 뇌졸중은 눈과 눈꺼풀의 움직임을 조절하는 뇌신경 핵에 영향을 줄 수 있는 반면, 중·하부뇌간 뇌졸중은 이러한 근육을 손상시키지 않을 것이다. 따라서 시각 기능은 손상될 수도 있고 그렇지 않을 수도 있다. 어느 경우든 뇌간 뇌졸중으로 인해 청각은 손상되지 않지만 촉각과 위치 감각은 손상되는 경우가 흔하다.

뇌간 뇌졸중을 겪고 난 후 중도의 마비말장애나 실구어증을 갖게 된 사람들은 말 기제의 조절뿐 아니라 사지의 운동 조절 문제를 주로 경험한다. AAC 전문가들은 운동 조절의 문제를 경험하는 이들의 대체 접근방식으로 눈 지적이나 머리 지적을 이용하는 중재에 대해 보고해 왔다. 그 예는 안경에 부착된 광학 포인터를 이용해 전자 AAC 체계를 성공적으로 사용한 두 명의 뇌간 뇌졸중 환자의 사례를 다룬 뷰켈먼 등 (Beukelman, Kraft, & Freal, 1985)에서 찾아볼 수 있다. 이 두 사람은 의료적인 문제로 침대에 누워 지내는 시간이 많았으며 휠체어에 앉거나 반듯이 누운 상태에서 자신의 AAC 체계를 조작하도록 배웠다. AAC 팀은 침대에서 이들의 도구를 지탱할 수 있도록 특수한 부착 시스템을 고안하였다.

후기: 일상생활에서 AAC 테크놀로지 실행하기

뇌간 뇌졸중 환자를 위해 선택된 AAC 테크놀로지가 도착하면 그 테크놀로지는 설치와 접근, 메시지 준비, 메시지 출력 등의 차원에서 환자를 위해 최적화된다. 이러한 과정이 끝나면, 해당 테크놀로지에 대한 조작적 능력을 개발하기 위한 집중적인 교수와 훈련이 뒤를 따른다. 물론 AAC 촉진자들 또한 적절한 지원을 위해 교육을 받아야 한다. 마지막으로, AAC에 의존하는 환자는 여러 상황에서 다양한 의사소통 상대와 효과적으로 의사소통하기 위해 해당 테크놀로지를 이용하여 사회적 능력을 발달시켜야 한다.

말 회복을 위한 중재 단계

이전 절들에서 언급한 바와 같이, 일부 뇌간 뇌졸중 환자들은 뇌졸중 이후 즉시 또한 장기간 자신의 의사소통 요구를 충족시키기 위해 AAC를 필요로 한다. 반면에 일부 환자들은 자신의 의사소통 요구의 일부 또는 전부를 충족시킬 만큼 자신의 말을 회복하기도 한다. 말을 회복하고자 노력하는 환자들을 위해서는 다음과 같은 중재가 단계별로 이행된다.

1단계: 유용한 말이 없는 상태

이전 절에서 논의한 바와 같이, 많은 뇌간 뇌졸중 환자들은 회복을 위해 집중치료실에서 조기 재활치료를 받는 동안 AAC에 의존해야만 한다. 말을 회복하고자 노력하면서, 이들 환자는 개별적인 말 하부 체계에 초점을 둔다.

2단계: 말 하부 체계의 조절력 회복

뇌간 뇌졸중에 의해 말을 할 수 없는 환자들은 이 단계에서 의사소통을 위해 자신의 AAC 체계를 지속적으로 사용하면서도 자신의 호흡기관, 발성기관, 연인두 및 조음기관 등의 하부 체계를 수의적으로 조절할 수 있도록 체계적인 노력을 한다. 근무력증이 우세하기 때문에 이 단계의 중재는 하부 체계의 근육을 강화시키는 것과 말과 비슷한 발성이나 말을 하는 동안에 이러한 하부 체계의 움직임을 협응시키도록 하는 것이 포함된다. 이 단계의 초기에는 AAC 체계가 의사소통 상호작용의 대부분을 지원할 것이다. 그러나 후기에는 메시지의 많은 비율을 말로 전달할 수 있게 된다(이러한 중재 전략에 대한 자세한 설명은 Yorkston, Beukelman, Strand, & Hakel, 2010 참조).

3단계: 독립적인 말 사용

이 단계 동안의 말 중재는, 모든 의사소통 요구를 말로 충족시키고자, 말 명료도를 향상시키는 데 초점을 둔다. 우리는 이 단계 초기에 알파벳 첨가를 사용하는 몇 명의 화자들과 함께 작업을 하였다. 시간이 지나면서, 이들은 의사소통 단절을 복구하기 위해서만 AAC를 사용하였다. 또한 글쓰기는 여전히 어렵고 AAC 사용을 필요로 하는 경우가 있기는 했지만, 결국에는 AAC가 이들의 의사소통 상호작용에 불필요하게 되었다.

4단계: 말의 자연스러움과 효율성 최대화하기

이 단계에 오면, 뇌간 뇌졸중 환자들은 더 이상 AAC 체계를 필요로 하지 않는다. 이 단계의 목표는 환자들이 적절한 호흡 단위와 강세 패턴을 배워서 가능한 한 자연스럽게 말하도록 하는 것이다.

5단계: 말장애가 사라지는 시기

소수이기는 하지만 뇌간 뇌졸중을 지니고 있는 사람 중에 전형적인 말 패턴을 회복하는 경우가 있다.

폐쇄증후군

폐쇄증후군(locked-in syndrome: LIS)은 복측교증후군(ventral pontine syndrome)으로도 알려져 있는데 뇌간 뇌졸중과 밀접한 관련이 있다. 이 증후군을 지닌 환자들은 위아래로 눈을 움직이거나 눈을 깜빡이고자 할 때 이를 제한하는 자각적인 사지마비 상태에 빠지게 된다. 흔한 원인은 뇌저동맥 뇌졸중(basilar artery stroke, 폐색 또는 출혈), 종양, 외상으로 인해 상부교(pons)나 중뇌(midbrain)가 손상된 경우 등이다. 29명의 LIS 환자를 대상으로 추적 연구를 수행한 카츠, 헤이그, 클라크 및 디파올라(Katz, Haig, Clark, & DiPaola, 1992)는 이들 환자의 5년간 생존율을 85%로 보고하였는데, 생존 기간은 2~18년으로 나타났다. 환자들 중 한 명은 한 낱말 발화가 지속적으로 가능했고, 네 명은 가끔씩 한 낱말을 산출할 수 있었지만, 완전한 문장으로 말할 수 있는 능력을 회복한 환자는 한 명도 없었다. 이들은 로우테크 및 하이테크 AAC 전략들을 사용하였다.

또 다른 추적 연구에서 컬프와 래트코우(Culp & Ladtkow, 1992)는 1년 이상 16명의 LIS 환자를 추적하였다. 이들 중 15명은 뇌졸중 후에 LIS를 겪었으며, 한 명은 뒤통수가 파열되어 LIS를 겪었다. 모두가 이동이 불가능하였으며, 거의 절반 정도가 AAC 중재를 방해할 만큼의 시각 문제를 지니고 있었다. 여덟 명은 결국 직접 선택 방식의 AAC 접근이 가능할 만큼 적절한 시력과 운동 능력을 회복하였으며, 아홉 명은 스캐닝 접근에 의존하였다. 16명 중 13명의 환자가 하이테크 AAC 체계를 선택했다.

마지막으로, 소더홀름 등(Soderholm, Meinander, & Alaranta, 2001)은 17명의 LIS 환자를 대상으로 AAC 사용을 추적하였다. 평균적으로 이들은 컴퓨터 중심의 AAC 체계를 얻는 동안 3~4개월간의 재활에 참여하였다. 스위치 접근 위치로는 머리, 입, 손가락 및 손이 포함되었다. 이들은 의사소통, 인터넷 사용, 이메일, 글쓰기, 전화, 게임 및 직무 등을 처리하기 위해 AAC 테크놀로지를 활용하였다. 수년에 걸쳐 이들의 능력, 생활환경 및 역할이 변하였고, 그에 따라 AAC 중재도 점진적으로 변화하였다. 결국에, 17명의 환자 중 두 명이 주된 의사소통 방법으로 말을 회복하였다.

1997년, 프랑스인 LIS 환자 장 도미니크 보비(Jean-Dominique Bauby)는 『잠수종과 나비(Le Scaphandre et le Papillon)』라는 책을 완성하였다. 1995년 뇌졸중을 겪은 뒤, 보비는 호흡을 위해 인공호흡기를 착용했으며 위관을 통해 음식을 섭취하였다. 그는 눈을 깜박이는 것 외에 전혀 움직일 수 없었다. 그러나 프랑스어 글자 사용 빈도에 따라 배열된 알파벳 판을 사용하여 지속적으로 알파벳을 불러주는 보조자의 도움을 받아 책을 한 권 썼다. 그는 낱말을 구성할 글자를 보조자에게 전달하기 위해 눈 깜박임을 활용하였다. 책의 말미에서 보비는 다음과 같이 묻고 있다. "열쇠로 가득 찬 이 세상에 내 잠수종을 열어 줄 열쇠는 없는 것일까? 내 자유를 되찾아 줄 만큼 막강한 화폐는 없을까? 다른 곳에서 구해 봐야겠다. 나는 그곳으로 간다." 보비는 이 말을 남긴 지 채 72시간이 지나지 않아 사망하였다.

결론

많은 요인들이 후천성 지체장애로 인한 중도 의사소통장애인의 AAC 중재에 영향을 미친다. 첫째, 지체장애와 결합된 질병, 질환, 증후군 등은 주로 세심한 의료적 관리를 필요로 한다. 따라서 의료인들과의 빈번하고 자세하며 정확한 의사소통이 필요하다.

둘째, 후천성 지체장애인의 의학적 신체적 상태가 이들의 능력 수준에 영향을 줄 수 있다. 이들은 극심한 피로를 느끼는 경우가 많기 때문에, AAC 중재자들은 피곤할 경우에도 환자들이 조절할 수 있는 AAC 체계를 제공하기 위해 각별히 노력해야 한다. 또한 약물에 대한 이들의 반응이 다양할 수 있다. 일례로 PD 환자는 약물요법에 따라 신체적 능력이 달라진다. 지체장애를 지닌 사람들은 지구력을 제한하는 감염 및 호흡기 장애 등 건강상의 문제를 겪기 쉽다.

셋째, 후천성 지체장애로 인해 중도 의사소통장애를 갖게 된 사람들은 이동, 사물 조작, 섭식, 삼키기 등의 영역에서 추가적인 장애를 겪는 경우가 흔하다. 이들의 의사소통 요구는 주로 관련 장애의 특성과 정도에 따라 달라진다. 적절한 서비스를 얻기 위해 이들은 지원을 요청하고, 보호자와 간병인들에게 지시를 하며, 자신의 장애 범위에 대해 전문가들과 의견을 나누어야만 한다. 따라서 AAC 팀은 전동 휠체어, 전동 침대 및 호흡 지원 장비 등과 같은 보조 테크놀로지와 적절히 조화를 이룰 수 있도록 신중하게 중재를 계획해야 한다.

이메일, 채팅방, 비공개 리스트서브, 웹 사이트 등의 전자 의사소통 옵션은 하이테크 AAC 체계를 사용하는 사람들에게 중요한, 추가적인 의사소통 옵션을 제공해 준다. 몇 가지 특징으로 인해, AAC를 사용하여 의사소통하는 사람들은 이러한 전자 의사소통 옵션을 매우 편안하게 느낀다. 예를 들면, 오프라인 상태에서 메시지 준비가 가능하기 때문에 메시지 준비 속도가 느린 사람들은 그 메시지 구성에 필요한 시간을 충분히 쓸 수 있다. 또한 각자의 편의에 따라 전자 의사소통 옵션에 접근할 수 있다.

📋 학습문제

14-1. 최근에 여러분의 삼촌이 ALS로 진단을 받았다면, 남은 생애 동안 그가 기능적인 말을 유지할 가능성은 얼마나 되는가?

14-2. 여러분의 이모가 연수성 ALS가 아닌 척수성 ALS로 진단을 받았다면, 그러한 진단은 그녀가 걷고, 먹고, 말하는 데 어떠한 영향을 미칠 것 같은가?

14-3. 빠른 시일 내에 AAC 평가가 이루어져야 할 필요성이 있음을 가장 잘 예측해 주는 ALS 환자의 말 특성은 무엇인가?

14-4. AAC 촉진자란 무엇인가? AAC에 의존하는 대부분의 ALS 환자가 촉진자를 필요로 하는가? 전형적으로 누가 ALS 환자의 촉진자 역할을 해내는가?

14-5. ALS 환자의 AAC 중재 목표는 초기, 중기, 후기에 따라 어떻게 다른가?

14-6. 여러분의 이웃이 파킨슨병으로 진단을 받았고 '말하는 도구가 하나' 필요할 것인지를 묻는다면, 여러분은 그에게 뭐라고 말할 것인가?

14-7. 뇌간 뇌졸중 환자의 몇 퍼센트가 장기적인 AAC 지원을 필요로 하는가?

14-8. 일부 뇌간 뇌졸중 환자의 초기 AAC 중재의 목적은 무엇인가?

14-9. 폐쇄증후군이라는 용어가 의미하는 바는 무엇인가? 이 증후군은 의사소통 옵션에 어떤 영향을 미치는가?

14-10. 여러분의 형이나 오빠가 다발성경화증으로 진단을 받았다면, 여러분은 그가 삶의 어느 시점에서 AAC를 필요로 할 것으로 예상하는가?

Chapter **15**

중도 실어증과 말 실행증을 지닌 성인

실어증(aphasia)은 뇌손상에 의해 나타나는 언어의 해석 및 구성 능력 장애다. 미국의 경우 100만 명 이상의 사람들이 실어증을 지닌 채 살고 있다(National Institute on Deafness & Other Communication Disorders, 2008). 이러한 수치는 대략 미국인 300명 중 한 명에 해당함에도 불구하고, 일반 대중은 실어증에 대해 잘 모르는 경향이 있다. 매년 8만 명 이상이 실어증을 갖게 되며, 대부분 좌반구의 뇌혈관사고(cerebral vascular accident: CVA 또는 뇌졸중)로 인해 발생한다. 사고나 종양과 관련된 뇌손상 또는 뇌막염이나 간질 등의 신경학적 질환 또한 실어증의 원인이 된다. 대부분의 환자는 60세 이후에, 발병 시까지 정상적으로 의사소통을 해 온 후, 실어증을 겪게 된다. 반면에 상당수의 아동과 젊은이들이 학령기나 직장에 다니는 동안 실어증을 겪을 수 있다.

실어증을 갖게 되면, 의사소통에 필요한 환자의 신경학적 처리 단계가 모든 시점에서 방해를 받을 수 있다. 즉, 다른 사람들이 말하는 것을 이해할 때, 아이디어를 형성할 때, 낱말과 문장 구조를 인출할 때, 말 운동을 위한 움직임을 의도할 때 등 어느 시점에서든지 신경학적 처리 연쇄가 중단될 수 있다. 상징(단어, 문자, 소리, 숫자, 사진)에 대한 이해와 조작이 부정확하거나 느려짐으로써 읽기, 쓰기, 컴퓨터 사용하기, 이메일 주고받기, 전자기기와 ATM 사용하기, 붐비거나 시끄러운 상황에서 듣기, 물건을 순서에 맞게 정렬하기, 전화와 대면 의사소통에서 묻고 대답하기 등 선진국에서 흔히 볼 수 있는 많은 활동들에 영향을 미친다. 일부 실어증 환자들은 비교적 온전한 지적 능력을 지니는 반면 일부 환자들은 언어 손상만으로 완전히 설명할 수 없는 처리 속도, 주의 집중, 기억 및/또는 문제해결력 저하 등을 보일 수 있다(Christensen & Wright, 2010; Erickson, Goldinger, & LaPointe, 1996; Helm-Estabrooks, 2002; Murry, Holland, & Beeson, 1997; Nicholas, Sinotte, & Helm-Estabrooks, 2011; Wright & Shisler, 2005).

실어증 환자들은 발병 이후 수개월 또는 수년 동안 의사소통, 인지 및 언어 기술 등에서 계속 향상을 보이는 경우가 많다(Jungblut, Suchanek, & Gerhard, 2009; Rijntjes, 2006). 그러나 실어증 발생 전만큼 효과적이거나 효율적으로 의사소통을 할 수 없는 경우가 많다. 한때 신속하고, 자동적이며, 무의식적으로 타인과의 의사소통에 역동적으로 반응했던 그 언어가 말을 회복한 환자들에게조차 서투르고 노력을 요하는 것으로 남는 경우가 흔하다. 더 문제인 것은 실어증 환자의 40% 정도가 만성적이며 심한 언어장애를 갖게 된다는 점이다(Collins, 1986; Helm-Estabrooks, 1984; Kurland et al., 2004; Martin et al., 2009).

실어증은 간단한 단일 치료 접근을 어렵게 하는 복잡한 장애다. 회복 초기에, 언어치료사는 환자가 가능한 한 빨리 의미 있는 의사소통을 재확립하도록 도와야 한다. 이 시기에는 AAC 전략(특히 다음 절에서 언급되는 상대 지원 AAC 전략)이 매우 유익할 수 있다. 특히 말 회복이 느리거나 이해 능력이 심하게 손상된 경우 도움이 된다. 재활 과정에서, 치료사들은 환자가 말과 기능적인 이해 능력을 회복할 것인지를 결정하기 시작한다. 이 단계에서는 흔히 회복 치료 접근법들이 강조된다. 그러나 환자가 가정, 외래 또는 장기적인 치료 관리 단계들을 거치면서 실어증으로 인해 삶의 중요한 활동들에 참여하는 능력이 계속 제한적인 경우라면 AAC 전략에 대한 관심을 증가시키는 것이 적절하다.

실어증 대상 AAC 중재

우리가 보기에, AAC 전략은 필연적으로 의미에 대한 외적 표상(external representations of meaning)이다. 실어증 환자는 자신의 머리— 실어증 발생 전 최소한의 노력으로 의사소통을 할 수 있었던 기억, 연결 및 언어의 자동적 네트워크—가 아닌 외부의 정보 지원에 의지해야 한다. AAC는 실어증 환자들이 다양한 기능을 할 수 있도록 돕는 하이테크놀로지와 로우테크놀로지의 광범위한 집합체이기도 하다. 그러한 기능들로는 ① 청각적 이해 결함을 지닌 환자들의 이해 강화, ② 선호도, 욕구 또는 기본적인 개인 정보의 표현 수단 제공, ③ 좀 더 정교한 주제를 다루기 위한 낱말 또는 구절 은행 제공, ④ 구어와 문어 생성을 위한 포괄적인 의사소통 도구 제공, ⑤ 좀 더 독립적으로 중요한 삶의 활동들에 참여하도록 해 주는 특정 기법 제공 등을 예로 들 수 있다.

실어증 대상 AAC 접근은 전형적으로 다중방식 의사소통 전략들을 포함한다. 실어증을 지닌 의사소통자는 말, 제스처, 쓰기와 같은 자연스런 의사소통 방식들뿐 아니라 외적으로 표상된 메시지 또는 AAC를 활용하도록 격려받아야 한다. 또한, 실어증 대상 AAC에 대한 포괄적인 견해는 의사소통 상대들을 중재 기법의 핵심적인 기여자로 간주한다.

중도 실어증 환자의 의사소통 중재 과정을 돕기 위해 분류 체계를 개발한 개릿과 뷰켈먼(Garrett & Beukelman, 1992; 1998)은 2005년 관련 부분을 개정하였고, 래스커와 개릿 및 폭스(Lasker, Garrett, & Fox, 2007)는 이를 자세히 논의하였다. 이 분류체계에 의하면, 이들 환자는 AAC 전략을 활용해 독립적으로 의사소통하는 법을 배울 수 있는 사람과 의사소통 상대가 도움을 제공하는 상황에서 AAC를 사용할 때 제대로 기능할 수 있는 사람으로 구분된다. 이러한 두 범주 내에서, AAC 중재는 의사소통자의 참여 수준, 의사소통 요구, 인지-언어 능력 등에 따라 달라진다. 의사소통자의 범주와 하위 범주의 특성을 기술하는 평가 도구를 찾는다면 뷰켈먼 등(Beukelman, Garrett, & Yorkston, 2007)의 서식 6.1과 AAC-실어증 의사소통자의 범주 점검표(Aphasia Categories of Communicators Checklist)를 참고하라.

지금부터 우리는 실어증 환자의 인지와 언어 능력, 독립성 및 요구에 따른 의사소통자의 범주를 기술한다. 기술되는 범주의 구성은 상향적 위계를 따른다. 치료사는 중재를 설계할 때 대략적인 가이드로 이러한 위계를 활용할 수 있다. 그러나 각각의 범주에서 기술되는 전략들은 모두 의사소통자의 유형에 상관없이 다양한 시기에 유용할 수 있다. 실어증의 간헐성과 의사소통의 역동적 특성은 치료사와 의사소통자 모두의 융통성을 마찬가지로 요구한다.

상대 의존적 의사소통자

일부 실어증 환자는 매우 익숙한 상황에서 정보 요구를 처리하고 의사소통 선택사항을 전달하기 위해 대화 상대에게 항상 의존할 것이다(Kagan, 1998; 2001). 우리는 중재 목표 및 전략에 따라 의사소통 능력의 상향적 위계에 따른 세 유형의 상대 의존적 의사소통자에 대해 설명한다.

초보 AAC 의사소통자

초보 AAC 의사소통자(emerging AAC communicator)는 1회 이상의 CVA, 외상 또는 뇌질환으로 인해 광범위한 뇌손상을 지녀, 다양한 방식에서 최중도의 인지·언어 장애를 보인다. 흔히 전반 실어증으로 분류되며 치매로 오진되기도 한다. 각성과 이해 능력의 저하로 인해 이들은 응급환경에서 이루어지는 의사나 언어치료사의 초기 선별검사 질문에 적절히 반응하지 못하는 경우가 많다. 이들 중 많은 사람이 최소한의 또는 전혀 재활을 경험하지 못한 채 장기 요양 시설로 밀려나게 된다. 이들 중 일부는 상대가 약간 다른 의사소통 방식을 택해 그들의 관심을 유지할 경우 곧바로 반응할 수 있다. 또 다른 일부 환자는 수개월 후 주의력이 증가할 수 있다. 따라서 이 시기 추가적인 치료가 고려될 수 있다. 소수이기는 하지만, 결국 의사소통 수준이 더욱 향상되고 어느 정도의 말, 기능적 제스처 또는 복잡한 AAC 전략 사용 능력을 발달시키는 환자도 있다.

초보 AAC 의사소통자는 말하기, 상징 사용하기, 대화 입력에 반응하기 등에서 극단적인 어려움을 보인다. 또한 말 실행증(즉, 운동 계획과 연쇄의 단절로 인한 말산출 오류)이 극단적일 수 있는데 운동 계획 체계의 모든 수준 ─ 구강운동, 후두, 말, 제스처, 호흡 ─ 에서 발생할 수 있다. 따라서 이 단계의 환자들은 의도적으로 의사소통하는 경우가 거의 없다. 지적하기나 머리 끄덕이기와 같은 기본적인 비구어 신호조차도 거의 사용하지 못한다. 흔한 사물의 사진이나 선화를 그 지시 대상과 쉽게 짝지을 수 없기 때문에 결과적으로 바람과 요구를 나타내도록 돕기 위해 제공한 그림 상징 책들은 이들에게 비효과적일 수 있다. 또한 이들은 실어증 재활에서 활용하는 전형적인 언어치료 프로그램에 곧바로 참여할 수 없을 것이다. 일례로 자극-유형 치료(stimulation-type therapy) 회기에서 일련의 무관련 '예/아니요' 질문에 답할 때, 이들은 반응을 못하거나 모호하고 부정확한 머리 끄덕임으로 답할 수 있다. 이렇듯 제한된 언어 능력을 지닌 의사소통자는 처음에 언어적인 질의응답 과제에 참여하는 것보다 요구를 위해 해당 항목을 지적하거나 중요한 상황(예: 폭설이 내리고 있는 창밖)을 함께 바라보는 등의 기본적인 참조(referential) 기술을 이끌어 내는 맥락 중심 활동들이 유익할 것이다(Garrett & Huth, 2002; Ho, Weiss, Garrett, & Lloyd, 2005).

초보 AAC 의사소통자로 하여금 아침에 이루어지는 옷 입기 활동 같은 익숙한 일과 속에서 상징화된 실물을 사용하여 기본적인 선택을 하도록 하여, 자신의 환경을 조절하고 이해하도록 로우테크 AAC 전략을 활용할 수 있다. 예를 들면, 치료사나 보호자는 달력을 지적하고 계절이나 날씨를 논의한 후 몇몇 옷가지를 제공할 수 있다. 의사소통 상대는 초보 AAC 의사소통자가 옷가지를 쳐다보았는지 확인한 후, 머리 끄덕이기, 발성, 손 뻗기, 표정 변화 등으로 원하는 것을 표현하도록 선택을 촉진하면서 느린 속도로 선택 항목을 말로 제시해 줄 수 있다.

가족을 위한 선물 고르기 같은 익숙한 사회적 활동에 참여하도록 격려하기 위해 치료사, 보호자 또는 가족이 먼저 선물을 받을 사람의 사진을 보여 준 후 소품을 활용해(예: 생일의 경우 달력이나 생일 카드 제시) 행사를 논의할 수 있다. 또한 선택 질문에 답하기에 앞서 의사소통 상대는 실어증 환자가 간이 카탈로그(즉, 그림을 따로따로 오려 빈 종이에 풀로 붙인 후, 실제 카탈로그 안에 테이프로 붙여 놓은)에 들어 있는 선물 목록의 그림을 쳐다보고 가능하면 페이지를 넘겨보도록 격려할 수도 있다. 실어증 환자가 선물을 선택하거나 선호하는 것을 표현하면, 적절할 경우 선택한 항목의 비용이나 색깔 같은 또 다른 결정을 할 수 있다. 초보 AAC 의사소통자는 '예'와 '아니요' 같은 언어적 반응을 발달시키기 위한 예비 단계로, 자신이 원하는 선택이 제대로 이루어졌는지를 '확인'하도록 또한 격려받아야 한다.

중재 전략 초보 AAC 의사소통자의 치료는 차례 주고받기, 형태가 있는 사물이나 사진을 선택하는 능력, 참조기술, 승인과 거부에 대한 분명한 신호(언어적인 '예/아니요' 표현의 전조) 등 기본적인 의사소통 기술의 개발에 초점을 둔다. 또한 의사소통 상대는 일상적인 일과 속에서 선택 기회를 어떻게 제공하고, 의사소통자의 반응을 어떻게 강화할 것인가에 대한 교육을 통해 도움을 얻을 수 있다. 〈표 15-1〉은 초보 AAC 의사소통자와 의사소통 상대를 위한 적절한 중재 목표와 전략에 대해 열거하고 있다.

사례와 치료 성과 다음 사례연구는 초보 AAC 의사소통자 대상의 AAC 중재와 치료 성과들을 보여 준다.

표 15-1 초보 AAC 의사소통자: 중재 목표와 전략

의사소통자의 전략	의사소통 상대의 전략
일상적인 일과 속에서 지적하거나 손을 뻗어 원하는 항목을 선택하라.	선택하기, 차례 주고받기, 참조, 수용 및 거절 등의 기술을 활용할 수 있도록 맥락적인 일과, 일상 활동 및 기회를 개발하라(예: 의상에 맞는 매니큐어 고르기, 카탈로그에서 배우자를 위한 선물 고르기).
두 사람이 추억담을 나눌 경우, 앨범 속에 있는 익숙한 사진들을 참조하여 적절한 얼굴 표정을 지적하거나 보여 주어라.	(페이지당 한두 개의 사진에 핵심적인 낱말로 설명을 써놓은) 간단한 스크랩북이나 앨범을 만들어라.
기능적인 활동 맥락 속에서 원하는 항목을 선택하라(예: 카탈로그에서 정원에 심을 화초씨앗을 골라 주문하기; 커피, 차 또는 핫초코 선택하기)	간단하면서도 연령에 적절한 게임(예: 틱택토, 전쟁)과 활동(예: 인터넷 중고매매 사이트를 이용해 물건 팔기)에 참여하도록 촉진하라.
익숙한 시각적 게임(예: 틱택토, 전쟁)을 하면서 차례 주고받기에 참여하라.	의사소통자의 참조, 공동 주의, 긍정 및 거부 등의 신호에 피드백을 제공하라(예: "분홍색 매니큐어를 보고 계시네요… 그걸 원하시는 거죠!").
선택하기 활동에서 원하는 항목일 경우 긍정·동의의 신호(머리 끄덕이기)를 지속적으로 보내라.	입력 보완 전략을 활용하라: 지적하기, 제스처 취하기, 요점 이끌어내기 등으로 초기 AAC 의사소통자의 청각 정보에 대한 이해를 도와라.
선택하기 활동에서 원하지 않는 항목일 경우 거부의 신호(밀어내기, 머리 흔들기)를 지속적으로 보내라.	선택하기 상황에 원하지 않는 항목으로 유머러스한 것을 포함시켜라; 과장된 억양과 머리 끄덕이기나 머리 흔들기와 함께 "예 … 아니요?" 구절을 첨가한 부가의문문을 제공하라.
참조 항목(예: 사진, 흥미로운 사물)이 포함된 상호작용을 하면서 시각적인 공동 주의를 보여라.	사진이나 함께 있는 공간 속에 존재하는 핵심적인 요소들을 지적하면서 시각적인 공동 주의에 함께 참여하라.

출처: Garrett, K. L., & Lasker, J. P. (2013).

웨스턴실어증검사(Western Aphasia Battery; Kertesz, 1982, 2006)에서 실어증 지수 0.6을 받은 제임스(James)는 초보 AAC 의사소통자의 프로파일을 보인다. 제임스는 51세에 갑작스러운 대규모 출혈성 좌측 CVA를 겪었다. 그는 집중치료실에 장기간 입원하였으며, 재활시설에서 여러 달을 보냈다. 관심 어린 부인과 행운 덕분에, 제임스는 한 대학 외래병동에서 평가를 받기 전까지 10년 동안 여러 번의 폐렴과 그 밖의 이차적인 질병을 잘 견뎌 냈다. 그 당시 제임스의 구어 표현은 다양한 억양 패턴이나 얼굴 표정과 함께 산출되는 '와-와-와-와'가 전부였다. 그는 원하는 항목을 지적할 수 없었으며, 최중도 사지 실행증으로 인해 상징적 제스처를 산출할 수 없었다. 또한 의사소통 상대에게 주의를 집중하기가 매우 힘들었으며, 의사소통의 대체 수단으로 이차원적 상징들을 인식하거나 활용할 능력도 없었다.

치료 초기 단계에서 제임스는 치료사의 말을 경청하고, 고질적인 자곤(jargon)을 억제하며, 참조적 의사소통(지적하기)이나 치료 집단의 구성원 또는 익숙한 사건들과 함께 제공되는 사진 속 요소들에 주의를 집중하도록 격려받았다. 또한 기능적인 활동 맥락에서 제시되는 선택 항목들(처음에는 사물, 그다음에는 사진)에 시선을 집중하도록 배웠다([그림 15-1]). 뒤이어 일상적인 순서를 방해하는 활동 속에서 항목을 지적하거나 손을 내뻗음으로써 선택을 하도록 격려 받았다. 예를 들면, 치료사는 제임스와 함께 커피를 탈 때 활동의 한 단계를 완성하고 멈춘 다음(예: 탁자 위에 커피 주전자를 갖다 놓음), 커피 잔이나 포크 중 하나를 선택하도록 제안하였다. 제임스가 어느 한 항목에 손을 뻗어 그 항목에 대한 선호를 보이거나 특정 항목을 거부하면, 치료사는 그의 의사소통 노력이 통하였음을 인지하도록 곧바로 구어 피드백을 제공하였다. 제임스는 결국 몇 분 동안의 실제 활동에 참여한 후, 사진이나 선화를 지적함으로써 자신이 좋아하는 활동(예: 프랭크 시나트라의 노래 듣기, 카드나 빙고 게임하기, 옛날 영화 보기)을 선택하게 되었다. 좋아하지 않는 활동(예: 치실로 이 닦기, 흡연)을 나타내는 상징이 선택 세트에 첨가될 경우, 제임스는 지적하기 전에 자신의 선택 항목을 꼼꼼히 바라보도록 배웠다. 계속해서 그는 집단치료를 통해 자신의 관심을 사물과 상징에서 사람으로 옮기고 그들을 지적하여 질문을 하도록 배웠다.

제임스는 결국 개별 및 집단 활동에서 시각적인 공동 주의집중을 보이고 타인의 주의를 끈 다음, 자신의 관심사항을 나타내는 소품이나 그림을 지적하는 일관된 능력을 발달시켰다. 또한 의도적으로 자신의 구어 자곤을 억제하도록 배웠다. 특정 상황

[그림 15-1] 좋아하는 음식을 선택하기 위해 디지털 방식의 SGD를 사용해
선택 항목의 지적을 배우고 있는 초보 AAC 의사소통자(좌)

출처: Garrett, K. L., & Lasker, J. P. (2013). 환자와 그 배우자 및 수련 중인 언어치료사의 허락하에 게재함

과 관련된 활동 속에서 네 가지 항목으로 이루어진 선택 세트 중 하나를 선택할 때에
는 대략 80%의 정확도를 보였으며, 집단의 다른 사람들에게 자신이 선택한 것을 자
랑스럽게 보여 주기 시작했다. 어느 날 제임스가 팔로 아내를 이끌어 욕실로 가서 전
구를 갈아 끼워야 한다고 지적했을 때, 그의 아내는 우쭐해지기까지 하였다. 또 하나
눈에 띄는 예를 들면, 그는 '아내와 데이트하기'라는 주제로 치료 활동이 진행되자
시푸드 레스토랑 신문 광고를 지적하였다. 제임스는 대략 10개월 동안 주 1회씩 진
행된 개별 및 집단치료 회기가 끝난 후, 결국 다음 범주인 상황적 선택 AAC 의사소
통자로 발전하게 되었다.

상황적 선택 AAC 의사소통자

상황적 선택 AAC 의사소통자(contextual choice AAC communicator)는 초보 AAC
의사소통자에 비해 좀 더 유능하다. 이들은 자발적으로 사물과 항목을 지적함으로써
기본적인 요구를 표현할 수 있다. 사진, 상표, 글로 쓰인 명칭, 신호 등 시각적 상징
들을 쉽게 인식한다. 또한 일상적인 일과와 스케줄을 안다. 대화를 하는 동안에는 특
히 예측 가능한 주제, 질문 및 언급 등에 대해 부분적으로 반응할 수 있다. 그러나 스
스로 대화를 시작하거나 화제를 첨가할 수 있는 언어적 능력은 없다. 따라서 이들은
사회적으로 상당히 고립될 수 있다. 그렇지만 의사소통 상대가 순서에 따라 글이나

그림 등을 사용하여 선택사항을 제공할 경우 주제별 대화에 참여할 수 있다. 또한 이들 대부분은 다른 사람의 메시지를 듣고 이해하기 위해 입력보완(augmented input) 기법의 도움을 받는다. 전반 실어증이나 중도 브로카 실어증, 초피질성 운동실어증 또는 중도 베르니케 실어증을 지닌 많은 사람이 단기적 또는 장기적으로 상황적 선택 AAC 의사소통자로 기능할 수 있다.

　중재 전략　상황적 선택 AAC 의사소통자를 위한 AAC 중재는 전형적으로 친숙한 주제를 다루는 대화 속에서 이루어진다. 표현언어의 주요 목표는 자신이 말하고 있는 것을 언급(즉, 지적)하고, 그림 상징의 의미를 이해하며, 대화상의 질문에 답하기 위해 선택을 하고, 지적하거나 과장된 억양을 사용하여 질문을 시작하도록 가르치는 것이다. 이들은 초보 AAC 의사소통자에 비해 대화상의 교환에 좀 더 광범위하게 참여하기 때문에, 의사소통 상대는 '입력보완' 기법을 사용하여 제시되는 특정 메시지와 아이디어에 대한 이해를 도울 수 있다(Garrett & Beukelman, 1998; Wood, Lasker,

 표 15-2　상황적 선택 AAC 의사소통자: 중재 목표와 전략

의사소통자의 전략	의사소통 상대의 전략
실어증 환자는 wh-의문문에 답하기 위해 다음 중 하나를 지적할 것이다. • 글로 쓰인 낱말 • 척도상의 한 점 • 지도상의 한 위치	선택지 대화 전략을 이행하라. • 흥미로운 주제를 찾아내라. • 연속적이고, 의미 있는 대화 질문을 만드는 법을 배워라. • 글로 쓰인 낱말, 척도 또는 지도상의 위치 등으로 나타낼 수 있는 가능한 답안들을 만드는 법을 배워라.
'예/아니요'가 덧붙은 상대의 질문에 확실한 제스처, 머리 끄덕임 또는 구어로 반응하라.	'예/아니요'가 덧붙은 질문 형식을 활용하라. 예: "영화배우 그레이스 켈리 좋아하세요…… (고개를 끄덕이며) 예 또는 (고개를 가로저으며) 아니요?'
더 많은 정보를 얻기 위한 관심이나 바람을 표현하기 위해 의사소통 상대, 사물, 사진 등을 지적하라.	실어증 환자가 청각 메시지를 이해하지 못한 것처럼 보이면 다음과 같은 이해 보완 전략을 활용하라. • 핵심 낱말, 새로운 주제, 가족관계도, 간단한 지도 등을 쓰거나 그려라. • 제스처(예: 손을 뒤쪽으로 움직이기＝과거시제) • 논의되는 항목 지적하기
의사소통 상대가 제시하는 입력보완에 주목하라; 머리 끄덕이기, 예/아니요 반응 또는 발성을 통해 메시지에 대한 이해 여부를 전달하라.	환자가 보이는 모든 의사소통 방식에 반응하고 의사소통 시도들을 해석하라.

출처: Garrett, K. L., & Lasker, J. P. (2013).

Siegal-Causey, Beukelman, & Ball, 1998). 표현과 이해를 지원하기 위한 전략들은 〈표 15-2〉에 제시되어 있다.

선택지 대화 전략 상황적 선택 AAC 의사소통자를 대상으로 하는 주요 의사소통 기법은 선택지 대화(written choice conversation)다(Garrett & Beukelman, 1992, 1995). 이 기법은 촉진자로 하여금 화제에 포함된 핵심 낱말 선택지를 만들도록 요구한다([그림 15-2] 참조). 실어증 환자는 선택사항을 지적하여 대화에 참여하면서 자신의 의견과 선호도를 알릴 수 있다. 특히, 상대가 기본적인 사회적 질문을 할 경우 반응은 상당히 일반적일 수 있다(예: '지난 주말에 누가 왔어요?'). 반면에 질문이 개인적인 추억이나 취미 또는 과거 경력과 관련된 자세한 정보를 포함할 경우, 반응은 매우 구체적일 수 있다. 촉진자가 관련 질문을 순서적으로 제시할 경우, 상호작용은 길어지며 서로가 화제에 대해 비교적 깊이 있게 논의할 수 있다.

임상 현장에서 우리는, 중도 실어증 환자들이 읽기 이해 검사에서 매우 낮은 점수를 받았음에도 불구하고, 의사소통 상대가 선택지 대화 전략을 활용하면 흥미로운 대화에 참여할 수 있음을 자주 경험한다. 어떤 사람들은 읽기 검사에서 낮은 점수를

친구: 내일 있을 학교 과자 판매를 위해 무슨 과자를 만들어야 할지 조언 좀 해 줄래?
실어증 환자: (고개를 끄덕인다.)
친구: 에인절푸드 케이크, 브라우니, 쿠키 중 하나를 골라야 하겠지?(노트에 세로로 선택 항목을 적는다.)
- 에인절푸드 케이크
- 브라우니
- 쿠키
실어증 환자: 브라우니를 지적한다.
친구: 그렇지. 항상 그게 제일 빨리 팔리지(브라우니에 동그라미를 한다.). 있는 재료들을 순서대로 섞어서 만드는 게 좋을까, 아니면 믹스를 사다 만드는 게 좋을까?(선택사항을 적는다.)
- 있는 재료
- 믹스
실어증 환자: (웃으며 믹스를 가리킨다.)
친구: (웃으며 믹스에 동그라미를 한다.) 맞아, 베티 크로커(Betty Crocker)처럼 부라우니를 잘 만들기는 어렵겠지!

[그림 15-2] 선택지 대화 샘플

출처: Garrett, K. L., & Lasker, J. P. (2013).

보인 환자들이 과연 글로 써주는 선택지를 실제로 이해할 수 있는지에 대해 의문을 제기한다. 그러나 공식적인 검사에서 최소한의 읽기 능력을 보인 의사소통자들도 대화 상황에서 선택지가 제시되고, 의사소통 상대가 선택 항목을 쓰면서 쓴 것들을 크게 읽어 주었을 때 이를 지적하여 질문에 반응한 정확도가 90% 이상이었다(Garrett, 1995). 정확도는 실어증 환자가 선택한 항목이 정확한지 또는 의견일 경우 대상자의 전형적인 의견을 나타낸 것인지를 입증하기 위해 가족을 참여시켜 결정하였다. 좀 더 최근의 한 연구(Smith, Garrett, & Lasker, 2007)는 여섯 명의 실어증 환자(세 명은 중도 실어증, 세 명은 중등도 실어증과 말 실행증 동반)를 대상으로 텍스트를 적절한 맥락에서 대화를 통해 제시했을 때와 탈맥락적인 읽기 조건에서 제시했을 때의 수행을 평가하였다. 실험 회기 동안, 맥락 대화 조건에서는 대화 질문에 적절한 답안으로 생각되는 네 개의 선택 항목을 들려주거나 그림으로 제시한 반면, 탈맥락적인 텍스트 읽기 상황에서는 10개의 질문과 네 개의 선택지를 텍스트로만 제시하였다. 자극 세트는 모두 동일한 난이도로 구성되었다. 실험 결과 여섯 명의 참여자 모두 탈맥락적인 텍스트 읽기 조건에서보다 맥락 대화 조건에서 유의하게 더 높은 점수를 얻은 것으로 나타났다. 따라서 일부 중도 실어증 환자는 상대가 지원하는 상호작용에서 개인적인 사실과 의견을 표현하기 위해 어휘를 인식하고, 이해하며, 적절히 선택하기에 충분할 만큼 잘 읽을 수 있음을 엿볼 수 있다.

선택지 대화 접근은 다양하게 변형시킬 수 있다. 예를 들면, 평정척도나 지도상의 위치를 지적하는 형태로 선택 항목을 제시할 수 있다. 이러한 그래픽 옵션은 의사소통자가 의견(예: '선거의 진행 상황이 좋다, 보통이다, 나쁘다 중 어디에 해당하는 것 같아요?), 수량에 대한 질문(예: '당신 생일 선물에 돈을 얼마나 쓸까요, 많이, 적당히, 조금?'), 장소에 대한 질문(예: '동생이 어디로 이사를 갔나요, 뉴욕, 텍사스, 플로리다?') 등에 답하고자 할 때 특히 유용하다([그림 15-3]과 [그림 15-4] 참조).

또한 라스커, 헉스, 개릿, 몽크리프 및 아이쉐이드(Lasker, Hux, Garrett, Moncrief, & Eischeid, 1997)에 의하면, 일부 환자는 의사소통 상대가 말로 보완해 주지 않아도 선택지에 반응할 수 있는 반면에 다른 일부 환자는 선택지 없이 말로만 제공되는 선택 질문에 답할 수 있었다고 한다. 따라서 상황적 선택 AAC 의사소통자에게 선택 항목을 제시해 주는 것은 매우 중요한 것으로 보이지만, 최적의 반응 방법은 의사소통자에 따라 다를 수 있다.

치료사의 역할은 선택지 대화 전략을 의사소통자에게 소개하는 것이다. 의사소통

> 친구: (휴지) 애들 초등학교에 대해 어떻게 생각해? 애들이 좋은 교육을 받고 있다고 생각해, 아니
>   면 그렇고 그런 교육을 받고 있다고 생각해?(척도를 그린다.)
>
> 나쁘다   보통이다   좋다
> ←─┼─┼─┼─┼─┼─┼─┼─┼→
> 1   2   3   ④   5
>
> 실어증 환자: (주저하다가, '4'를 지적한다.)
> 친구: ('4'에 동그라미를 하며) 그렇지, 우리는 참 좋은 학군에 속해 있지. 그렇지만 학급들이 너
>   무 큰 것은 문제야!
> 실어증 환자: (긍정의 의미로 고개를 끄덕인다.)

[그림 15-3] 평정척도에 대한 실어증 환자의 반응을 나타내는 선택지 대화 샘플

출처: Garrett, K. L., & Lasker, J. P. (2013).

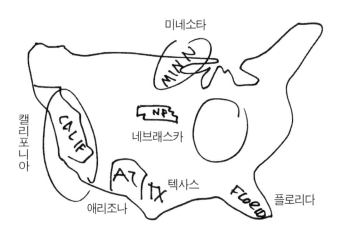

[그림 15-4] "어디로 여행을 가세요?"라는 질문에 답하기 위한 지도의 선택 항목

출처: Garrett, K. L., & Lasker, J. P. (2013).

자는 상대의 질문에 집중을 하고, 선택 항목을 훑고 이해한 다음 해당 항목을 지적해
반응하도록 격려받는다. 치료사는 이러한 전략을 사용할 수 있도록 촉진자들을 가르
친 다음, 상호작용에 활용하기 위한 간단한 노트를 준비하도록 도와야 한다. 낯선 의
사소통 상대에게 절차를 설명하기 위해서 노트 겉표지에 지침 카드([그림 15-5] 참조)
를 마련할 수 있다.

저는 뇌졸중을 겪었습니다. 당신과 이야기를 하고 싶은데 제가 말을 못합니다.
당신이 질문을 하고 지적할 수 있는 선택항목을 글로 써주시면 우리는 대화를 나눌 수 있습니다.
방법은 다음과 같습니다.

1. 제가 뇌졸중을 겪지 않았을 경우, 물을 것 같은 질문들을 생각해 주십시오. 제 의견을 알아내
   고, 제 조언을 구하거나 제가 선호하는 것을 찾아내고자 노력해 주십시오.

   예:
   "지금까지, 텃밭에서 키워 본 작물이 있으십니까?"
   "토요일에 있을 축구 경기에서 어느 팀이 이길 것 같으세요?"
   "새로운 세법에 대해 어떻게 생각하십니까?"

2. 질문을 하셨다면, 제가 뭐라고 답할 것 같은지 생각해 보고 그것들을 이 노트에 적어 주십시오.
   진한 펜이나 마카를 사용해 주십시오. 대문자로 크게 써 주십시오. 각각의 선택 항목 앞에는 점
   을 찍어 주십시오. '어느 정도'와 관련된 질문에는 척도를 사용해 주십시오.
   예:
   • 토마토
   • 오이
   • 콩
   _____
   • 네브래스카 팀
   • 펜실베이니아 팀
   _____

   불공평   공평
   ←+-----+-----+-----+-----+→
    1   2   3   ④   5

3. 제가 지적할 수 있도록 격려해 주십시오. 제가 선택한 답변에 동그라미를 해 주십시오. 이어서
   계속 질문을 해 주십시오. 저는 대화를 즐기는 편입니다!

[그림 15-5] 선택지 노트의 겉표지 카드

출처: Garrett, K. L., & Lasker, J. P. (2013).

상대의 부가의문문에 '예/아니요' 반응하기 심한 실어증 의사소통자들은 '예/아니
요' 질문에 분명하고 명확한 방식으로 답할 수 없는 경우가 많다. 실행증으로 인해
'예'와 '아니요'를 의미하는 머리 움직임을 협응하는 데 어려움을 지닐 수 있다. 또한
질문의 문법 구조가 '예/아니요'를 요구하는 것인지, 좀 더 구체적인 낱말이나 구절
로 답해야 하는지 분명한 느낌을 주지 않기 때문에 질문에 어떻게 답할지를 모를 수
있다. 게다가 단지 질문을 이해하지 못할 수도 있다. 질문에 '덧붙이는(tagging)' 단순

> 대화 상대: 로버트, 오믈렛 좋아하세요…… 예…… 아니면 아니요?(예라고 말하면서 고개를 끄덕
> 이고, 아니요라고 말하면서 고개를 가로젓는다.)
>
> 로버트: (엄지손가락을 치켜세우려고 하다가 잘 되지 않자, 예를 뜻하는 머리 끄덕임을 보인다.)
> 대화 상대: 좋아하신다고요?
> 로버트: (머리를 위아래로 끄덕여 예를 표시한다.)

[그림 15-6] ‘예/아니요’를 덧붙인 질문 전략을 사용하는 상호작용의 예

출처: Garrett, K. L., & Lasker, J. P. (2013).

[그림 15-7] ‘예/아니요’를 덧붙인 처남의 질문에 ‘엄지 치켜들기’ 신호로 답하는 로버트

출처: Garrett, K. L., & Lasker, J. P. (2013). 실어증 환자, 배우자 및 대화 상대의 허락 하에 게재함

한 전략은 처음 두 문제를 해결할 수 있다. 의사소통 상대는 ‘예/아니요’ 질문 끝에
“‘예’ 아니면 ‘아니요?’”라는 구를 덧붙이면서 동시에 머리 움직임을 시범한다. 이
러한 전략은 의사소통자가 대화 상황에서 어떻게 반응할 것인가에 대한 선택사항을
효과적으로 좁혀 준다. [그림 15-6]과 [그림 15-7]은 그러한 예를 보여 준다.

　이해(입력) 보완 기법　종종 상황적 선택 AAC 의사소통자들은 언어 이해 능력을 방
해하는 청각 처리 문제를 동반하는데, 특히 언어가 복잡하거나 대화 주제가 바뀔 경

우 이해하는 데 어려움을 보인다. 이들은 자신이 이해했음을 표현하기 위해 머리를 끄덕일 것이다. 그러나 사실은 제대로 이해했음을 표현하는 것이라기보다는 대화에서 '소외되고 싶지 않기 때문에' 나타내는 제스처일 수 있다. 따라서 대화가 진행됨에 따라 상당한 혼란과 의사소통 단절을 경험하는 경우가 많다. 또 다른 경우 이들은 복잡한 토론에서 완전히 소외되기도 한다.

의사소통 단절을 피하기 위해 의사소통 상대는 제스처, 핵심 낱말 써주기 또는 그림 등으로 구어를 보충할 수 있다. '입력보완(augmented input)' 또는 '이해보완(augmented comprehension)' 전략이라 부르는 이러한 전략들(Garrett & Beukelman, 1992, 1998; Sevcik, Romski, & Wilkinson, 1991; Wood et al., 1998)은 실어증 환자가 대화 질문이나 언급, 지침 등을 이해하는 데 어려움을 보이면 언제든지 활용할 수 있다. 입력을 보완하기 위해 의사소통 상대는 멍한 얼굴 표정, 모호한 고개 끄덕임, 부정확한 반응 등을 주의 깊게 관찰한 후, 의사소통자가 잘못 이해했거나 혼란스러워하는 것을 먼저 찾아내 주어야 한다. 그런 다음 논의되고 있는 항목 지적하기, 상징적 제스처 취하기(예: 과거형을 나타내기 위해 어깨 너머로 손을 움직임), 사건을 팬터마임으로 표현하기, 사진·그림·도표 보여 주기, 핵심 낱말이나 주제 써주기 등을 동시에 제공하면서 메시지를 반복해 준다. 이해 문제를 지닌 실어증 환자들은 대화 정보를 이해하도록 돕는 이러한 시각적 표상들을 활용할 수 있다([그림 15-8] 참조).

우리는 양측 뇌혈관 사고로 인해 심각한 실어증을 지닌 한 남성을 알고 있다. 그의 아내는 집에서 나와 어딘가를 가야 할 때 남편에게 어떻게 설명해야 할지 어려움을

> 대화 상대: 우리는 이 지역에서 어떤 나무들이 잘 자라는지를 보려고 식물원에 갔다가 몇 가지 나무를 고르려고 묘목장에 들렀지요…….
> 찰스: (상호작용을 멈추기 위해 손을 들고 머리를 가로젓는다.)
> 대화 상대: 아, 죄송합니다. 제가 또 너무 빨리 말했군요. 여기(식물원이라고 쓰고 나무 그림을 그린다). 우리는 식물원에 간 다음(식물원 단어를 지적한 후, 이해했는지를 보려고 멈춘다)…… 식물을 몇 개 고르려고 묘목장에 갔고(묘목장이라고 쓰고, 식물원에서부터 화살표를 쭉 그린다)…… 이것들을 심으려고 집으로 왔죠(길 옆에 나무가 있는 집을 스케치한다). 맞지요?
> 찰스: ('예'의 의미로 고개를 끄덕인다.)

[그림 15-8] 입력 보완 전략이 사용된 대화 샘플

출처: Garrett, K. L., & Lasker, J. P. (2013).

겪었고, 그로 인해 갈등과 말다툼이 생기곤 했다. 그녀는 인터넷 이미지를 활용해 목적지에 대한 사진들을 출력해, 휴대용 봉투에 넣고 다니며, 가는 곳마다 해당 사진을 미리 보여 주었다. 그녀에 의하면, 이 방법은 남편이 집에서 나와 자동차를 탈 때 그리고 한 곳에서 다른 곳으로 옮겨 갈 때마다 보였던 갈등과 저항을 관리하는 데 성공적이었다고 한다.

이해보완 전략은 앞에서 기술한 선택지 대화 기법과 함께 사용되는 경우가 많다. 입력보완 기법은 완전히 상대 의존적인 면이 있다. 왜냐하면 의사소통 상대가 이 기법을 사용하여 의사소통 단절을 해결하려면 먼저 그 활용방법을 배워야 하기 때문이다. 치료사는 기법을 시범하고, 상대를 위해 겉표지 지침을 마련해 놓은 노트([그림 15-9] 참조)를 제공하며, 실어증 환자로 하여금 이해의 문제가 있을 경우 이를 표현하도록 가르침으로써 그 과정을 도울 수 있다. 다양한 중도 실어증 환자들은 회복 단계에서 이해 보완 기법의 도움을 받을 수 있는데, 특히 전반 실어증, 베르니케 실어증 또는 연결피질 감각 실어증 환자들이 영구적으로 입력 보완을 필요로 하는 경우가

안녕하세요. 저는 뇌졸중을 겪었습니다. 때때로 저는 당신의 말을 이해할 수 없습니다. 제 얼굴을 봐 주십시오. 제가 당황하는 것처럼 보인다면, 저는 아마도 당신의 말을 이해하지 못한 것입니다.

화제를 바꾸고 싶으시다면 다음과 같이 알려 주십시오.
"이제, 야구와 같은 뭔가 다른 것에 대해 이야기하고 싶습니다. 해도 되겠습니까? 지난 주말 방송된 파이리츠(Pirates) 야구팀 경기 보셨습니까?"

핵심적인 낱말이나 개념에 대해 다음과 같이 하는 것도 제가 이해하는 데 도움이 됩니다.
• 제스처 취하기(예: 야구 방망이를 휘두르는 모습)
• 중요한 낱말 대문자로 쓰기
        PIRATES???
• 지도, 항목 등을 그리기

[그림 15-9] 입력 보완 지침 카드 샘플

출처: Garrett, K. L., & Lasker, J. P. (2013).

많다. 가끔씩 청각처리의 문제를 보이는 실어증 환자 중에서도 이 기법을 통해 이득을 얻는 경우가 있다.

  사례와 치료 성과   다음 사례연구 대상자인 로버트는 상황적 선택 AAC 의사소통자에 해당한다.

로버트는 은퇴 직후 중대뇌동맥(middle cerebral artery) 부분에 혈전성 좌측 CVA가 갑자기 발생해 고통을 받은 61세의 대졸 물류기술자였다. 1개월간의 입원 재활 과정에 참여한 후 아내가 있는 집으로 돌아왔다. 또한 발병 후 2개월간 다섯 번의 외래치료에 참여하였다. 당시 그는 최중도 말 실행증과 중도 실어증으로 인해 말을 할 수 없었다. 하이테크놀로지 AAC 체계를 소개했으나 로버트는 그것을 사용할 수 없었다. 뇌졸중 발병 8개월 후 그는 대학 외래병동에서 다시 평가를 받았다. 실어증 지수는 9.2로 전반 실어증의 장애 프로파일을 보였다. 그러나 일과에 대한 인식과 치료사의 유머에 대한 반응을 통해 그가 어느 정도 의사소통 능력을 지니고 있음을 알 수 있었다. 단 두 번의 치료 회기를 통해 그는 자신의 찻주전자 수집품, 정치적 성향, 자녀들의 여행담, 베이스 기타 연주를 배우고자 하는 시도 등의 대화 질문에 답하기 위해 선택지를 지적하도록 배울 수 있었다. 그는 점차적으로 고개를 끄덕이거나 '엄지손가락을 올리거나 내리는' 신호(그림 15-7 참조)를 사용하여 '예/아니요' 질문에 답할 수 있게 되었다. 또한 상대가 '예/아니요'의 부가의문문 형식을 사용할 경우 더 정확하게 반응하였다. 그러나 실행증으로 인해 반응이 안정되기까지 대략 2개월 동안 촉각 단서와 시범이 요구되었다. 간헐적인 청각적 이해의 단절로 인해 치료사는 핵심적인 개념을 쓰거나 그래서 자신의 구어 질문을 자주 보완하기도 하였다. 로버트는 개별치료뿐 아니라 집단치료에도 참여하기 시작하였다. 초기에는 다른 참여자들을 쳐다보고 질문을 하기 위해 그들을 지적하려면 자신의 손 위에 타인의 손이 얹어져야 하는 도움을 필요로 했지만, 결국 가끔씩 제공되는 단서만으로도 그러한 간단한 요구를 먼저 시작하게끔 배울 수 있었다. 흥미롭게도 그는 일반인들이 큰 소리로 발표하는 것처럼 자신의 선택지 반응을 다른 사람들에게 보여 주기 시작했으며, 집단 상호작용에 참여하기 위해 이 전략을 자주 사용하였다.

로버트의 아내는 격주당 1회의 치료를 시작한 지 한 달 후 남편의 선택지 및 '예/아니요' 반응이 대부분 정확하다고 보고하였다. 다음 해에 로버트는 더욱더 주의를 기울이고, 상징적으로 제스처를 취하거나 지적하기를 통해 더 많이 요구를 했으며, 다른 사람들을 놀리기까지 하였다. 읽기 이해력 또한 증가했으며, 전통적인 자극 및 말 운동 치료에 참여하기 시작했고, 이를 통해 200개 이상의 모방 낱말 레퍼토리를 발달시킬 수 있었다. 그러나 그는 여전히 말을 사용해 의사소통을 할 수는 없었다. 그래서 그의 아내와 아들 및 처남이 상대 지원 전략들을 배우게 되었는데, 이들 전략에는 선택지 대화, '예/아니요' 부가의문문 제시, 입력 보완 등이 포함되었다.

과도기적 AAC 의사소통자

과도기적 AAC 의사소통자(transitional AAC communicators)는 의사소통에 도움이 되는 외적인 상징과 전략들을 활용할 수 있다. 이들은 유창성 실어증 또는 비유창성 실어증을 지닐 수 있다. 이들 중 일부는 의사소통 상대와 상호작용을 시작하기 위해 제스처를 취하거나 그림을 그리거나 말을 하기도 한다. 또한 현재의 논의에 적절한 것을 찾기 위해 대화에 앞서 노트를 뒤져 적절한 선택지를 찾기 시작할 것이다. 이들은 상대방이 선택지를 제시하기 전에 질문에 대한 답을 알고 있는 경우가 점차 많아지게 되며, 이때쯤이면 자신에 대해 말하거나 식당에서 음식을 요구하는 것과 같은 흔한 상황을 위한 메시지 세트를 포함하고 있는 의사소통 노트나 SGD를 가지고 있을 것이다. 이들 중 일부는 저장된 메시지를 지적하는 동시에 철자로 표현하기도 할 것이다. 치료 중에, 이들은 관련 메시지의 위치를 쉽게 찾아낼 것이며, 구조화된 상호작용에서 그 메시지를 사용하여 의사소통할 것이다.

그러나 이 범주의 의사소통자가 지니는 두드러진 특징은 전형적으로 구어 의사소통을 돕기 위해 외적인 전략을 사용하는 의사소통 상대의 단서를 필요로 한다는 점이다. 우리는 아이디어를 갖고 있고 그것을 전달하고자 원하는 비유창성 실어증 환자들을 보아 왔다. 이들은 구어 능력에 대한 자신의 한계를 잘 알고 있으나 단서가 없는 자발적인 의사소통 상황에서 어떻게 답해야 할지 방법을 떠올리지 못한다. 유창성 실어증으로 인해 이해 결함을 지닌 사람들 중에는 자신의 불명료한 말을 보완할 필요성이 있음을 인식하지 못하는 경우도 있다. 따라서 이들은 메시지 구성을 위해 말을 많이 하지만 상대방이 "뭐라고 말씀하셨어요?"라고 말할 때까지, 상대방이 자신의 메시지를 이해하지 못했음을 깨닫지 못한다. 따라서 '과도기적 AAC 의사소통자' 범주는 메시지 구성을 위해 상대의 도움을 필요로 하는 의사소통자(즉, 초보 및 상황적 선택 AAC 의사소통자)와 매일의 상황에서 자신의 메시지를 찾아내거나 만들어

낼 수 있는 의사소통자(즉, 저장된 메시지 및 생성적 메시지를 사용하는 AAC 의사소통자)의 과도기에 있는 사람들이다.

중재 전략

과도기적 AAC 의사소통자를 위한 중재 목표는 가능한 한 적은 단서만으로 AAC 지원 대화를 시작하도록 가르치는 것이다(〈표 15-3〉 참조). 점차적으로 단서를 제거하는 페이딩(fading)이 중요한 교수 기법 중 하나다. 구체적인 AAC 전략들을 통해 인지와 표현언어 기술에 대한 부담을 지우지 않으면서도 중요한 내용을 전달할 수 있는 수단을 의사소통자에게 제공하고자 한다.

소개 및 주제 설정 과도기적 AAC 의사소통자는 미리 준비된 카드나 SGD에 저장된 메시지를 사용하여 자신을 소개할 수 있다(예: '저는 뇌졸중으로 인해 실어증을 갖게 되

표 15-3 과도기적 AAC 의사소통자: 중재 목표와 전략

의사소통자의 전략	의사소통 상대의 전략
벨을 눌러 도움을 요청하거나 대화를 나누기 원하는 사람에게 신호를 보내라.	적절한 맥락에서 전략을 사용하도록 환자를 격려하기 위해 제안, 힌트, 직접적인 지침 등을 제공하라.
로우테크나 하이테크 AAC 전략(카드, 지갑, SGD)을 사용해 자신을 소개하라.	멈추고 의사소통을 기대하라.
비슷한 대화 질문에 답하기 위해 이전에 썼던 선택지 반응을 탐색하라.	해당 맥락에서 친숙한 대화나 일과와 관련된 구체적인 정보를 주고받을 수 있는 기회를 제공하라.
간단한 SGD에 미리 저장되어 있는 메시지를 찾거나 선택하고 지적함으로써 예측 가능한 (자전적, 시사적) 질문들에 답하라.	대화에 앞서 SGD에 자전적이거나 시사적인 메시지들을 저장하도록 실어증 환자를 도와라.
대화를 시작하기 위해, 상대방에게 화젯거리가 될 수 있는 물건이나 자투리를 건네라.	실어증 환자로 하여금 화젯거리가 될 수 있는 것들(예: 여행 팸플릿)을 찾고, 모으고, 그것들을 대화 상대에게 제시하도록 도와라.
SGD로 연쇄 메시지를 활성화하여 간단한 이야기를 말하라(예: 스텝 바이 스텝 커뮤니케이터, 단일 페이지로 제시되는 연쇄 메시지 디스플레이, 시각적 장면 디스플레이 활용)	실어증 환자로 하여금 좋아하는 이야기를 찾아 메시지를 선택하고 SGD 상에 그 메시지를 프로그램화하도록 도와라.

출처: Garrett, K. L., & Lasker, J. P. (2013).

었습니다. 그래서 낱말을 생각하고 말하는 데 어려움을 느낍니다. 저는 ~을 사용해 의사소통합니다'). 스크립트화인 상호작용과 역할놀이가 이들을 대상으로 뭔가를 하도록 가르칠 때 도움이 된다. 이들은 주목할 만한 것(예: 영화표 중 검표원으로부터 돌려받은 부분이나 신문의 헤드라인; Garrett & Huth, 2002; Ho, Weiss, Garrett, & Lloyd, 2005)으로 여겨지는 사건의 활동 잔여물(즉, 유형 상징)을 제시함으로써 대화를 시작하도록 배울 수 있다. 만일 치료사가 익숙한 주제(예: 자전적 정보)와 관련된 메시지를 아직까지 모으지 않았다면, 이들이 확장된 대화에 참여하도록 돕기 위해 노트나 SGD 속에 이러한 메시지들을 포함시키는 것이 적절하다.

　질문하기　과도기적 AAC 의사소통자들은 선택 항목이 갖추어져 있고 맥락에 맞게 제시될 경우 유능한 대화 반응자가 될 수 있다. 그러나 의사소통을 먼저 시작하기 위해서는 추가적인 중재를 필요로 할 것이다. 이들을 대상으로 이행할 수 있는 첫 번째 전략 중 하나는 질문을 하기 위해 대화 상대를 지적하거나 대화 상대를 향해 제스처

[그림 15-10] 자신에 대한 소개, 이야깃거리, 대화 상대를 위한 질문
등이 순차적으로 구성되어 있는 의사소통 지갑

출처: Garrett, K. L., & Lasker, J. P. (2013).

를 취하도록 격려하는 것이다. 처음에는 지적을 돕기 위해 대상자의 손을 잡고 도움을 줄 수 있는데, 나중에는 단서 제공만으로 충분할 수 있다. 대화 중 이러한 제스처 전략을 일반화하여 사용하도록 촉진하기 위해서는 의사소통자로 하여금 적절한 질문을 상기시켜 보는 것이 좋다(예: '음…… 제가 주말을 어떻게 보냈는지 궁금하지 않으세요?'). 또 다른 경우, 치료사는 의사소통자에게 단일 메시지의 SGD나 간단한 플립 북([그림 15-10] 참조)을 소개한 후 대화 상황에서 질문을 하도록 손을 잡고 도움을 줄 수 있다.

이야기하기　이야기하기(storytelling)는 과도기적 AAC 의사소통자의 인지 능력에 부합하는, 내용이 풍부한 의사소통 활동의 또 다른 예다. 이야기를 구성하는 부분이 순서에 따라 의사소통책이나 SGD에 미리 녹음되어 있는 경우(일반적으로 영어가 모국어인 경우 왼쪽에서 오른쪽 순서로), 의사소통자는 이야기를 하기 위해 정확한 순서로 메시지를 지적해야 한다([그림 15-11] 참조).

시각적 장면　시각적 장면은 주제에 대한 상호작용을 확장시키기 위해 내러티브 정보와 적절한 언급이나 질문 등을 구성하는 또 다른 수단이다. 의사소통자 자신과 관련된 특별한 사건들 속에서 찍은 동작 사진들을 선택하고, 상대방으로부터 대화를 이끌어내는 구절들(예: '이것은 우리가 하와이로 휴가 갔을 때 찍은 거야; 우리는 부기보드를 탔지; 하와이에 대해 어떻게 생각해?')을 사진 옆에 인쇄해 놓는다. 그리고 의사소통자로 하여금 대화 중 적절한 시기에 해당 구절을 지적하도록 격려한다. 이러한 유형의 그래픽 지원은 과도기적 AAC 의사소통자가 대화에 참여하는 데 필요한 의미적

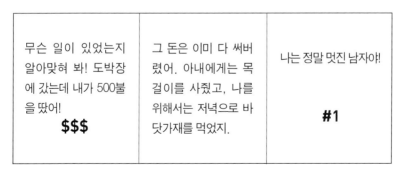

[그림 15-11] 디지털식 SGD의 이야기하기 페이지의 예

출처: Garrett, K. L., & Lasker, J. P. (2013).

내용과 시각적 맥락을 제공한다. 시각적 장면은 로우테크 인쇄물일 수도 있고, 하이테크 의사소통 도구의 디지털식 페이지일 수도 있다([그림 4-3] 참조). 도구들 중에는 디지털식으로 저장된 그림 안에 위치하고 있는 핫스팟들(hot spots)을 적절한 메시지로 바꾸도록 설계되어 있는 경우도 있다. 연구자들에 따르면, 로우테크 및 하이테크 시각적 장면 디스플레이는 의미적, 구성적 지원을 통해 의사소통자들로 하여금 사적인 이야기들을 결부시키고 상호작용에 참여하도록 돕는다고 한다(McKelvey, Dietz, Hux, Weissling, & Beukelman, 2007; McKelvey, Hux, Dietz & Beukelman, 2010).

과도기적 AAC 의사소통자를 위한 전략

〈표 15-3〉은 과도기적 AAC 의사소통자와 의사소통 상대 또는 치료사를 위한 전략들을 요약하고 있다.

역할놀이 지침과 단서가 필요했던 전력으로 인해, 과도기적 AAC 의사소통자는 구조화된 역할놀이를 통해 전략들을 연습하는 것이 좋다(예: 은행 창구에 가서 담당자에게 자기 소개하기, 예비치료사에게 자신의 인생사 이야기하기). 치료사는 의사소통자가 목표 AAC 전략을 활용해 자신을 소개하거나 질문에 답할 수 있도록 역할놀이를 반복한 다음 멈추고서 의사소통에 대한 기대를 보여 줄 수 있다. 때때로, 과도기적 AAC 의사소통자가 역할놀이에 참고할 수 있도록 글로 된 스크립트 속에 목표 전략들을 끼워 넣는 것도 도움이 된다. 치료사와 대화 상대는 과도기적 AAC 의사소통자가 추가적인 교수 없이는 어떻게 의사소통할지를 모른다는 점이 분명해질 때까지 단서 제공을 늦춰야 한다.

사례와 치료 성과 다음은 과도기적 AAC 의사소통자의 AAC 활용 사례다.

베아트리체(Beatrice)는 휴가 중에 혈전성 CVA를 겪은 70세 여성이다. 그녀는 처음에 심각한 이해 결함과 거의 알아들을 수 없는 자곤(jargon)을 동반한 매우 중증의 유창성 실어증(베르니케 증후군)을 경험했다. 그럼에도 불구하고 그녀는 재활 시설에서 자신의 집으로 일찍 돌아갔는데 이동이 가능하고, 자기 위생관리와 가사(예: 빨래, 요리)를 스스로 할 수 있을 뿐 아니라 모든 치료에 대해 지속적으로 화를 냈기 때문이다. 그녀의 남편은 중도 실어증 환자들을 위한 외래 치료 프로그램에 그녀를 참여시켰고, 그로 인해 네 번의 가정방문을 통한 건강치료가 제공되었다. 처음에 제공된 치료 접근법은 그녀의 이해 결함을 관리하고 말에 대한 피드백을 제공하기 위한 입력 보완이었다. 베아트리체의 딸과 남편도 이 기법을 배웠다. 그녀는 또한 입력보완과 대화 상대의 부가의문문 사용에 힘입어 일관된 예/아니요 반응을 발달시키고자 노력하였다. 치료를 받은 지 6개월 후, 자곤이 감소했으며 명료한 구절의 수가 증가했고, 입력보완 상호작용을 통해 글로 제시된 텍스트를 말로 표현하는 능력을 보여 주었을 뿐 아니라, 사건이나 행위에 대한 정보를 전달하기 위해 팬터마임을 배우기까지 하였다. 철자 오류를 보이기도 했지만, 그녀는 때때로 한 낱말을 쓰기도 하였다. 또한 그녀의 보속증을 감소시키고, 의미론적 이해 기술을 향상시키며, 음운적으로 대조된 낱말들을 변별하고 산출하는 능력을 증진시키는 데 초점을 둔 관습적인 회복 치료가 이행되었다. 그러나 그녀는 여전히 내러티브를 연결시킬 만큼 명료하게 말을 하거나 구체적인 이름들을 산출하지 못하였다. 베아트리체는 복잡한 SGD를 사용할 수 없었다. 대신에, 그녀와 그녀의 남편은 그녀가 참여하기를 원하는 다가올 사회적 상황들(예: 고등학교 동창회)에 대해 기술하였다. 그녀는 해당 상황에서 도움이 될 것 같은 구절들을 선택할 때 적극적으로 참여하였다. 선택된 메시지들은 사진, 선화 상징, 텍스트 등으로 표현되었으며 작은 플립 노트에 담겼다. 베아트리체는 역할놀이 시나리오에 따라 구절 사용을 연습했으며, 연습한 것들을 능숙하게 참고할 수 있게 되었는데, 특히 치료사가 그것들을 사용하도록 독려할 경우 유능함을 보였다. 그러나 로우테크 AAC 체계들이 완성되고 다섯 사건들을 각각 경험하고 난 후에도 그녀는 이들 체계를 사용하지 않았다. 그 이유를 묻자, 그녀는 자신의 가방에서 그것들을 꺼내야 한다는 생각을 하지 못했다고 말하였다(그녀는 치료시간에 자신의 가방에서 그것들을 꺼낼 수 있었다!). 그녀는, 남은 치료 시간을 채우기 위한 집단 상호작용과 지역사회 상황에서, 이들 정보 체계를 사용하도록 하는 누군가의 단서를 계속 필요로 하였다. 그러나 그녀는 의사소통 개시를 위해 타인의 도움 없이 자신의 의견과 바람을 명확히 전달하기 위해 팬터마임 사용, 어느 정도의 말, 실제 항목의 인출 등에서 능숙하게 되었다.

과도기적 AAC 의사소통자를 위한 상대 지원 전략의 목표   상대 지원 전략의 목표는 중도 실어증 환자와 대화 상대가 가능한 한 빨리 성공적으로 의미를 교환하도록 하는 것이다. AAC 전략은 의미 표현을 위해 (청각적–구어적 정보만이 아닌) 시각적 지원을 제공하기에, 일부 환자들은 언어를 '이해하는' 능력을 보이며 더 높은 기능 수준으로 향상될 수 있다. 따라서 상대 지원 AAC 전략은 언어 손상을 보완하는 동시에 언어를 회복시키는 역할을 할 수 있다(특히 말만으로 의사소통 기회를 얻는 데 한계를 보이는 상대 의존적 AAC 의사소통자들의 경우에 해당한다!).

독립적 AAC 의사소통자

앞서 기술한 과도기적 AAC 의사소통자들은 대화와 중요한 일상 활동에 최대한으로 참여하려면 의사소통 상대의 도움을 받아야 한다. 반면에 중도 실어증 환자들 중 많은 수가 독립적으로 대화하기에 충분한 인지 및 언어 능력을 지니고 있다. 이들은 상황 단서가 거의 없는 경우에도 자신이 들은 것을 대부분 이해한다. 또한 스스로 선택한 전략과 방식을 다양하게 활용하여 자신의 생각을 의도적으로 다른 사람과 나눌 수 있다. 이러한 사람들을 독립적 AAC 의사소통자(independent AAC communicators)라 부른다.

그러나 집중적인 중재와 AAC 전략의 이행이 없으면, 독립적인 AAC 의사소통자들은 빈번한 의사소통 단절을 경험할 수 있다. 장소, 세부사항, 이름, 인과관계 또는 사건의 전후관계를 분명히 하기 위해 특정 낱말(명사, 동사 및/또는 기능어)을 전달하고자 시도할 때, 연결된 대화의 실타래가 쉽게 끊어질 수 있다. 다행히도 독립적인 AAC 의사소통자들은 다양한 환경에서 여러 의사소통 상대와 효과적으로 의사소통하기 위해 자연스러운 의사소통 전략(예: 말, 잔존해 있는 쓰기 능력, 그리기)과 보완 전략(예: 주제를 정교히 하기 위해 그림의 부분 지적하기, 다단계 SGD로 저장된 메시지 찾기, 알파벳 카드 위에 있는 첫 글자 철자하기)을 활용하도록 배울 수 있다. 이들 중 많은 수가 명칭실어증, 중등도 브로카 실어증, 전도성 실어증 또는 연결 운동 실어증의 전통적 증상과 매우 밀접하게 상응하는 실어증 패턴을 보인다.

저장된 메시지를 사용하는 AAC 의사소통자

저장된 메시지를 사용하는 AAC 의사소통자(stored message AAC communicators)는 자신의 로우테크 또는 하이테크 AAC 체계에 미리 저장되어 있는 메시지의 위치를 스스로 찾을 수 있다. 예를 들면, 이들은 축배를 제안하거나 아이스크림 가게에서 자신이 좋아하는 밀크셰이크의 종류를 주문하기 위해 디지털식 SGD를 자발적으로 활성화할 것이다. 또는 인사하기, 스몰토크 주고받기, 다가오는 축구 시즌 예측하기 등을 위해 다단계로 설계되어 있는 메시지를 지닌 합성 음성 출력 SGD를 활용할 것이다. 이들은 익숙한 상황에서 촉진 없이도 말을 보완하거나 대체하기 위해 자신의 체계를 사용하고자 시도한다. 연습을 통해, 이들은 또한 자연스러운 의사소통 전략(예: 부분적으로 이해 가능한 말, 상징적 제스처)을 의식적으로 대화 사이사이에 활용할 수 있다. 그러나 철자하기, 말 그리고 AAC 기술이 충분하지 않아서 자유로운 형식의 논의에 독립적으로 참여할 수 없기 때문에 낯선 주제에 대한 논의에 참여할 만큼 새로운 정보를 생성하는 경우는 드물다.

중재 전략   저장된 메시지를 사용하는 AAC 의사소통자들은 명확하고 효율적으로 의사소통해야만 하는 특별한 상황에서 필요할 수 있는 메시지와 주제 목록을 만들기 위해 치료사 및 가족과 함께 작업해야 한다. 이들은 자신들의 로우테크 의사소통 노

📎 **표 15-4** 저장된 메시지를 사용하는 AAC 의사소통자: 중재 목표와 전략

의사소통 상대의 전략
특별한 상황, 이야기 또는 의사소통 루틴(예: 식당, 휴가, 가족 이야기, 은행, 가게에서 물건 환불하기, 배우자에게 외출 요청하기)을 파악하는 과정에 참여하라.
각각의 상황에서 필요한 어휘들을 선택하고 저장하는 과정에 참여하라.
주제, 메시지 및 지시 대상을 로우테크 및/또는 하이테크 체계에 낱말, 그림 상징, 사물 또는 시각적 장면 등으로 제시할 때 어떤 선택을 할 것인지 결정하는 과정에 참여하라.
실제 상황에서 의사소통하는 연습을 하고 다음 사항을 평가하라. • 효과성: 내 메시지가 이해되었는가? • 효율성: 대화 상대가 가만히 못 있거나 불안해했는가? 의사소통 단절이 얼마나 발생했는가? • 변화의 필요성: 상호작용을 개선하기 위해 내가 할 수 있는 무엇인가가 있었는가?
SGD와 로우테크 의사소통 옵션의 장단점을 평가하고, 정보에 입각한 결정을 내린 다음, 치료사와 함께 자신에게 적합한 최종 체계를 개발하라.
자신의 체계를 좀 더 복잡한 요구가 부여되는 상황(예: 실어증에 대한 지식이 없는 까다로운 가게 직원을 상대로 물건 교환하기)에서 점차적으로 사용해 보라. 적절한 맥락에서 전략을 사용하도록 환자를 격려하기 위해 제안, 힌트, 직접적인 지침 등을 제공하라.

출처: Garrett, K. L., & Lasker, J. P. (2013).

트나 지갑에 관련 메시지를 저장할 때 도움을 줄 수 있다. 또는 다단계 SGD에 자신들의 메시지를 프로그램화할 경우 위치와 상징 선택을 도울 수도 있다. 이들은 역할놀이나 실제 의사소통 상황에서 자신의 체계를 사용해 보는 연습을 해야 한다. 이러한 의사소통자들을 위한 잠재적인 선략은 〈표 15-4〉에 제시되어 있다.

치료사들은 치료실 밖에서 이들 의사소통자를 가르치기 위한 회기를 계획하고 싶을 것이다. 예를 들면, 어떤 대상자가 더 나은 의사소통 환경으로 우체국을 목표로 한다면, 초기 치료 회기는 메시지 찾기, 메시지 저장하기, 스크립트([그림 15-12] 참조)를 활용하여 자연스러운 방법과 AAC 메시지를 이용하는 방법 연습하기 등으로 구성될 것이다. 이후 회기는 모의 우체국 시나리오에 따라 또 다른 치료사나 보조자와 같은 새로운 의사소통 상대와 함께하는 활동이 이루어질 것이다. 편의상 지역사회에 나가는 것이 가능하다면, 실제 환경에 가서 이러한 전략을 활용하는 다른 의사소통자의 모습을 관찰해 보는 것이 유익할 것이다. 마지막으로 치료사와 의사소통자는 상호작용의 효과성을 평가하고 필요할 경우 메시지 내용과 전달 순서를 바꾸거나 자연스러운 의사소통 전략을 활용해야 한다.

사례와 치료 성과　저장된 메시지를 사용하는 AAC 의사소통자가 어떻게 AAC 사용

직원: 다음 손님?

실어증 환자: (자신을 가리킨다.)

직원: 무엇을 도와드릴까요, 손님?

실어증 환자: (SGD를 사용해) **소포를 찾으러 왔습니다.**

직원: 그게 뭐죠?

실어증 환자: (SGD의 메인 화면으로 간다.) 저는 **뇌졸중을 겪었습니다. 그래서 말을 하기 힘듭니다. 저는 의사소통을 위해 이 도구를 사용합니다.**

직원: 네, 알겠습니다. 그런데 무슨 일 때문에 오셨다고 했지요?

실어증 환자: 으의(SGD의 메인 화면으로 가서 메시지를 활성화한다.) **소포를 찾으러 왔습니다.**

직원: 성함이 어떻게 되시죠?

실어증 환자: 침(Chim)…… 아니…… 아니…… (SGD의 메인 화면으로 간다.) **제 이름은 제임스 그린(James Green)입니다.**

직원: 제임스 그린이라구요. 손님, 찾아보겠습니다. 잠시만 기다려 주십시오.

[그림 15-12] 우체국 시나리오를 위한 스크립트의 예

출처: Garrett, K. L., & Lasker, J. P. (2013).

법을 배우는지를 설명하기 위해, 중등도에서 중도의 수용 및 표현 실어증과 말 실행
증을 지닌 44세 남자 마르코(Marco)의 사례(Lasker & Bedrosian, 2001)를 요약한다.

마르코는 평가를 받기 8개월 전 좌측 CVA로 인해 실어증을 갖게 되었다. 뇌졸중 발
병 전에 그는 압축기 조작 업무를 담당했으며, 소프트볼 지역 리그와 교회 활동에 활
발히 참여하였다. 그는 2년제 대학을 마쳤고 준학사 학위를 받았다. 뇌졸중 이후 마
르코는 지체장애와 의사소통 문제로 인해 일을 지속할 수 없었다. 그는 아내와 10대
아들 및 세 살 손녀와 함께 가정에 거주하고 있다. 그러나 운전을 하고 주변의 일상
적인 잡일을 계속 처리해 나가고 있다. 또한 아내가 직장에 나가 일을 하는 동안 집
에서 부모가 해야 할 일들을 떠맡고 있다.

마르코의 말 운동 및 언어 문제는 그의 일상적인 의사소통 활동의 참여 능력을 방해
한다. 구어 모델을 따라 하고자 종종 시도하기는 하지만 그의 구어 표현은 '예/아니
요' 및 자동적인 말 연쇄에 제한된다. 말산출의 증진이 거의 없는 상태로 전통적인
말치료를 받은 지 7개월 후, 마르코는 역동적 디스플레이를 지닌 음성출력 도구를
얻게 되었다. 그는 낱말이나 글자를 사용해 새로운 메시지를 구성할 수 없었다. 그러
나 말 연습을 위한 모델로 자신의 도구를 광범위하게 활용하였다. 그와 가족의 협력
을 받아, 치료사는 여러 의사소통 상황을 위한 메시지를 수집하여 마르코의 전자도
구에 다단계로 저장하였다. 그러나 이러한 개별화 프로그램에도 불구하고, 그는 대
중 앞에서 자신의 도구를 선뜻 사용하려 하지 않았다. 마르코는 도구에 포함된 메시
지에 접근하기 위한 단서를 필요로 하지는 않았다. 오히려 자신의 도구가 '치료실'
과 '말 연습을 위한' 것이지 '친구나 낯선 사람들과 말하기'를 위한 것이 아니라고
생각하였다. 그 이유를 알아본 결과, 마르코는 대중 앞에서 자신의 도구를 사용하는
것이 부끄럽고 일반 사람들이 자신을 '정상'이 아니라고 생각할까 봐 두렵다는 것이
었다.

AAC 체계의 수용에 대한 이슈를 중점적으로 다루기 위해, 그의 이후 중재 프로그램
은 적절한 메시지 선택이나 철자하기, 문서화된 스크립트를 이용하여 연습하기, 임
상가와 역할놀이를 통해 시연하기, 결국에는 지역사회에 나가 해당 체계 활용하기
등에 중점을 두었다. 다행히도 그가 처음으로 우체국에서 자신의 도구를 사용하였
을 때, 직원으로부터 우호적이며 관심 어린 반응을 얻었다. 게다가 대중 앞에서 자신
의 도구를 두 번째로 사용해 본 후, 마르코는 다음에 겪게 될지 모르는 지역사회에서

의 의사소통 상황을 기대하면서 연습용 스크립트의 개발을 돕기도 하였다. 또한 '자신이 스스로 해 볼 수 있도록' 치료사에게 직원과 상호작용을 하는 동안 자신에게서 더 멀리 떨어져 있어 달라는 요청도 하였다. 단계적인 중재 프로그램을 이행하는 동안, 그는 여러 곳에서 자신의 저장된 메시지 체계에 접근하도록 배울 수 있었다. 마주치는 사람들과 독립적으로 의사소통할 수 있는 능력은 경험이 늘면서 계속 증가했으며, 결국 자신의 체계를 수용하게 되었다.

생성적 AAC 의사소통자

치료사는 가끔씩 생성적 AAC 의사소통자(generative AAC communicators), 즉 말이나 글을 통해 어느 정도 새로운 정보를 전할 수 있는 실어증 환자를 만나게 된다. 그러나 이들 의사소통자는 생성적 의사소통 기술이 단편적이거나 일관성이 없어서 일정 정도 대화나 AAC 중재가 제공되지 않으면 효과적인 의사소통을 하지 못하는 경우가 흔하다. 의사소통 단절은 구어 및/또는 문어에서 발생할 수 있다. 종종 말 실행증은 이들의 구어 능력을 알아차리기 힘들게 한다. 왜냐하면 말소리 대치나 중단을 유발하고, 말하기를 어렵게 만들기 때문이다. 실문법증(단단어 말하기 능력은 양호하나 문법에 맞게 정확한 발화를 산출하지 못함), 철자하기와 단어 인출 오류 또한 기능적인 쓰기를 방해할 수 있다.

생성적 AAC 의사소통자들은 독립적인 생활방식을 유지하며 여러 환경에서 이루어지는 대화와 업무상 거래에 참여하기를 원한다. 이들의 의미망은 저장된 메시지를 사용하는 AAC 의사소통자들에 비해 좀 더 완벽해서 어느 정도 문법적으로 또한 의미적으로 복잡한 발화들을 생성할 수 있다. 전도성 실어증과 제한된 의미적 특이성을 지닌 한 실어증 환자는 훌륭한 생성적 AAC 의사소통자였다. 이 여성은 구어를 사용해 의사소통의 사회적 측면을 상당히 잘 처리할 수 있었다. 그러나 자신의 친구나 변호사, 의사, 버스 운전사 등에게 특정 정보를 전달하도록 요청할 경우 그녀는 광범위한 지원을 필요하였다. 중등도 명칭실어증을 지닌 또 다른 남자 환자는 쓰기를 보완하는 소프트웨어의 도움으로 책을 출판한 작가가 되었다(King & Hux, 1995). 생성적인 화자 및 저자를 위한 일반적인 중재 전략은 〈표 15-5〉에 제시되어 있다.

생성적 AAC 의사소통자: 중재 전략　생성적 AAC 의사소통자를 위한 AAC 기반 중재는 복잡할 수 있다. 예상되는 참여의 유형 파악, 의사소통 요구 명료화하기, 흥미로

표 15-5 생성적 AAC 의사소통자: 중재 목표와 전략

의사소통자 전략: 생성적 화자

자신과 자신의 의사소통 전략에 대해 소개하라.

AAC 전략과 자연스러운 의사소통 방식을 활용해 다양한 주제에 대한 의미 정보를 주고받아라(예: 대통령 선거, 어린 시절 이야기, 사회보장 혜택의 어려움, 지난주에 있었던 사건들, 취미인 새 관찰 하이라이트).

복잡한 대화 정보를 주고받기에 앞서 다음과 같은 방법들을 활용해 주제를 설정하라.
• 유형 사물
• 구어 소개
• 주제 카드(예: '스포츠…… 가족…… 등에 대해 이야기를 나누고 싶어요')

친숙한 상대뿐 아니라 낯선 상대(훈련받지 않은, 때로는 냉담한)와 다양한 상황(예: 가족과 함께; 가게, 은행, 비디오 대여점, 제과점, 사회보장 사무소 등에서; 강의를 들으면서; 자원봉사를 하면서)에서 의사소통하라.

의사소통책의 '보이지 않는(hidden)' 페이지나 SGD의 '보이지 않는(hidden)' 수준에 저장되어 있는 주제와 관련된 메시지들의 위치를 찾아내라.

완전한 생각을 전하기 위해, '저장된' 메시지에 접근하는 방법과 '새로운' 메시지를 작성하는 방법 두 가지를 적절히 활용하라.

제스처, 타임라인, 약간의 말 등으로 의미 정보를 전함으로써 담화의 복잡성을 늘려라. 예를 들면, 다음과 같다.
• 시간: 과거와 현재('전에'를 표현하기 위해 뒤쪽을 향해 손짓을 한다.)
• 공간/위치: '길 아래'를 나타내기 위해 지도 지적하기
• 우위: 엄지를 치켜세우고서 "최고"라고 말하기
• 첨가: 야구에 대한 메시지를 찾은 다음, "그리고"라고 말한 후, 스틸러스 풋볼 팀에 대한 메시지 찾기
• 행위: 세탁하기를 몸짓으로 표현한 다음, "건조기"라고 말하기

새로운 의미를 전달하기 위해 상징들을 결합하라. 예를 들면 다음과 같다.
• 말: "대통령"을 나타내기 위해 "거물"과 "워싱턴"이라고 말하기
• AAC 메시지: '파이리츠 야구팀'을 나타내기 위해 SGD상의 '피츠버그'에 접근한 후, 취미 페이지에 있는 '야구' 찾기
• 쓰기와 말 결합: 가족의 크기를 나타내기 위해 '2'를 쓴 다음 "아들"이라고 말하기

사람들에게 질문을 하라. 예를 들면, 다음과 같다.
• 핵심 낱말 결합하기, 과장된 억양 및 제스처 취하기(예: "휴가…… 당신은?")
• 의사소통 노트나 SGD에서 상징화된 질문 형식 지적하기

대화 중 의사소통 단절이 일어나면 이를 해결하기 위해 상위 의사소통적 전략을 활용하라. 예를 들면, 다음과 같다.
- 수용 가능한 메시지 반복 횟수 결정을 위한 규칙을 정하라(예: 단지 두 번; 그렇다면 당신은 뭔가 다른 것을 시도해야 한다.).
- 의사소통 단절이 일어난 경우 추가 정보를 제공하거나 새로운 전략을 사용하라.
- 당신의 의도를 의사소통 상대가 이해했는지 그렇지 않은지를 알려라.
- 대화의 역동성을 관리하라; 대화를 지속할 것인지 그만둘 것인지를 결정하라.

다중방식 체계의 구성요소들을 모으거나 프로그램을 짜고 하이테크 체계의 조작법을 배우기 위해 치료사와 협력하라.

의사소통자 전략: 생성적 저자

- 새로운 메시지를 생성하기 위해 로우테크 체계(예: 주머니 크기의 메모장)를 사용해 부분 낱말, 전체 낱말 또는 구절 등을 철자하거나 써라.
- 철자하기를 보완하기 위해 낱말 예측이나 축약/확장 하이테크 전략 사용법을 배워라.
- 편지, 일기, 요약문 등을 작성하기 위해 (로우테크 또는 컴퓨터 기반) 구성 서식 사용법을 배워라.

출처: Garrett, K. L., & Lasker, J. P. (2013).

운 주제 찾아내기 외에도 AAC 전문가는 다양한 AAC 기법을 처리하도록 이들을 가르쳐야 한다. 이와 관련하여 뷰켈먼, 요크스턴 및 다우든(Beukelman, Yorkston, & Dowden, 1985)은 다양한 회복 단계를 거치면서 일련의 AAC 접근을 사용한 남성 브로카 실어증 환자의 예를 기술하였다. 처음에 그는 익숙한 사람, 장소, 활동과 관련된 사진을 포함한 간단한 의사소통책을 가지고 의사소통하였다. 그의 가족은 가족 구성원, 관심사 및 경험 등을 찾아내도록 사진 앨범을 추가 제공하였다. 이후에 그는 인테리어 디자이너였던 자신의 포트폴리오를 보여 줌으로써 대화를 확장하도록 배울 수 있었다. 포트폴리오는 그가 이야깃거리를 꺼내는 데 도움이 되었으며, 특정 낱말과 아이디어에 대한 그림들을 제공하였다. 결국, SGD, 약간의 말, 제스처, 의사소통책, 포트폴리오, 책, 집에 있는 디자인실의 벽 게시판 등을 포함한 다중방식의 AAC 체계가 그를 위해 개발되었으며, 촉진자로 기여하는 디자인 조교가 딸리게 되었다.

자주 간과되기는 하지만, 생성적 AAC 의사소통자의 AAC 중재에서 결정적으로 중요한 측면은 이들이 다양한 AAC 기법을 언제 사용할 것인지를 가르쳐 주는 실질적인 교수와 연습을 필요로 한다는 점이다. 개릿, 뷰켈먼 및 로우-모로(Garrett, Beukelman, & Low-Morrow, 1989)는 생성적 AAC 의사소통자를 대상으로 이러한 과정을 기술했는데, 다음 사례 연구를 통해 살펴볼 수 있다.

켄(Ken)은 특정 환경을 위해 저장된 메시지, 가족의 이름과 스포츠팀 목록, 자전적 이야기, 지도, 평정척도, 활동 후 남은 자투리 물건을 담는 주머니, 글쓰기와 그리기를 위한 백지 등 다양한 요소를 포함한 로우테크 AAC 체계를 사용하였다. 켄은 어느 정도 명료한 핵심 낱말과 자동적인 구절을 산출했으며, 특정 아이디어를 전달해야 할 경우 부분적으로 상징적 제스처를 취하기도 하였다. AAC 기법을 결정하고 대화 중에 그것을 이행하는 법을 가르치는 데 3~4개월이 걸렸다. 치료사는 [그림 15-13]에 요약된 것처럼 단계적인 교수를 개발하였는데, 켄은 중재 회기 동안에 가장 효과적인 의사소통 전략을 선택하도록 배우게 되어 있었다. 예를 들면, 켄은 먼저 자신의 말을 사용해 메시지를 표현하도록 시도할 것이다. 만일 의사소통 단절이 일어난다면, 그는 제스처, 글 또는 말 반복을 시도할 것이다. 여전히 성공적이지 않다면, 그는 의사소통 상대를 위한 맥락을 지원하기 위해 노트, 알파벳 카드, 자투리 모음집 등을 활용할 것이다. 마지막으로 자신의 초기 의사소통 시도가 실패할 경우, 그는 상위 인지적 견해에서 대화를 처리하기 위해 단서를 제공하거나 조정 문구를 제시할 것이다. 훈련 후 켄은 의식적이며 전략적인 다중방식 의사소통자가 되었기에 의사소통 단절을 회복하기 위한 노력의 양이 크게 감소하였다.

1단계

제스처　　　　글쓰기　　　　말 반복하기

2단계

단어　　　　알파벳 카드
노트　　　　(이름에 더 효과적일 것이다.)

3단계

단서　　　　지시사항
• 크기　　　　• 기다려 주십시오. 추측하지 말아 주십시오.
• ~같아요　　　• 거의 비슷합니다.
• 기능　　　　• 그만 합시다.

[그림 15-13] 생성적 AAC 의사소통자를 위한 의사소통 방식 교수 카드

출처: Garrett, K. L., & Lasker, J. P. (2013).

불행히도, 생성적 AAC 의사소통자에게 필수적인 이러한 훈련 단계는 다중방식 중재에서 충분한 관심을 받지 못할 것이다. 생성적 AAC 의사소통자가 자신의 AAC 체계를 효과적으로 사용하지 못하는 또 다른 이유는 ① 제공된 AAC 자료의 어휘와 내용이 실제 의사소통 상황에서의 기회들에 부합하지 않는다, ② 중요한 의사소통 상대들이 보완 의사소통 방식을 받아들이려 하지 않는다, ③ 자연스러운 상황에서 교수와 훈련이 이루어지지 않는다, ④ 의사소통 도구가 너무 크고 거추장스럽거나 너무 작아서 사용자의 시각 기술에 적절하지 않다, ⑤ 사용자의 사회적 네트워크 (Blackstone & Hunt Berg, 2003a, 2003b)가 너무 제한적이어서 의사소통할 기회가 거의 없다 등이 포함된다.

생성적 AAC 의사소통자의 중재에서 차지하는 테크놀로지의 역할은 계속 진화하고 있다(Fox & Fried-Oken, 1996; Jacobs, Drew, Ogletree, & Pierce, 2004; Koul & Harding, 1998; van de Sandt-Koenderman, 2004). 주로 지체장애인을 위해 개발되어 온 여러 하이테크 AAC 체계는 실어증 환자에게 적절하지 않다. 조정을 통해 접근하려는 요구도 미진한 경우가 많으며, 메시지 접근에 사용되는 방법들 중 일부(예: 축약 확장, 상징 순서 기억, 복잡한 수준 변화)는 너무 어려워서 대부분의 실어증 환자가 기능적으로 사용할 수가 없다. 그러나 현재 나오고 있는 다양한 테크놀로지는 기술과 AAC 사용 요구를 지닌 생성적 AAC 의사소통자에게 희망을 갖게 한다. 일례로, 어떤 실험적 소프트웨어는 '인사말' 또는 '응대어'와 같은 화용적 기능에 따라 저장된 의사소통 메시지 범주에 접근함으로써 스몰토크를 표현할 수 있게 해 준다(Todman & Alm, 1997). 수많은 역동적 화면을 지닌 도구들이 주어진 상황에서 의사소통하는 데 필요한 화행의 연속체(즉, 인사에서 시작하여 질문하고 반응하는 데까지)를 나타내는 메시지들로 프로그램화될 수 있다. 시각적으로 개념을 나타내는 새로운 방법들—중요한 사건의 사진, 흐름도상의 마디(예: 가계도), 도식적인 레이아웃의 위치, 연대표 상의 주요 점 표시—또한 규격품으로 바로 이용할 수 있는 테크놀로지가 되었다 (Hough & Johnson 2009; Johnson, Strauss Hough, King, Vos, & Jeffs, 2008; Van de Sandt-Koenderman, Wiegers, Wielaert, Duivenvoorden, & Ribbers, 2007). 일부 기술적 접근법은 언어학적 지원을 받아 말 연습 기회를 제공하기도 한다(Bartlett, Fink, Schwartz, & Linebarger, 2007; Linebarger, Romania, Fink, Bartlett, & Schwartz, 2008). 실어증과 말 실행증을 지닌 환자들에게 말연습 기회를 제공하는 의사소통 테크놀로지도 존재한다(Cherney, Halper, Holland, & Cole, 2008; Lasker, Stierwalt, Hageman, &

LaPointe, 2008).

그래픽 인터페이스, 합성음성의 명료도 및 시스템 소프트웨어의 예측기능에서 놀라운 발전이 이루어졌음에도 불구하고, 실어증을 지닌 독립적인 생성적 AAC 의사소통자를 보고한 경우는 거의 없다. 직관적 테크놀로지(intuitive technologies)의 발달에 대한 논의는 지속된다. 치료사들은 연상되는 입력(예: 첫 글자, 묘사, 그래픽 아우트라인, 낱말 조합과 착어 대치, 스마트 비디오카메라가 해독한 팬터마임)이 주어지면 개인이 의도하는 메시지를 쉽게 추측할 수 있는 그런 체계를 바란다. 그러나 많은 의사소통자들에게 있어서 문제는 기술적인 것이 아닐 수 있다. 오히려 문제는 실어증 환자가 역동적 의사소통 맥락에서 자신에게 남아 있는 의사소통 기술들을 지원하는 AAC 전략을 활용해야 한다고 생각하는 데 있다(Garrett & Kimelman, 2000; Kraat, 1990).

> 노먼(Norman)은 은퇴한 공항관리자로([그림 15-14 참조]) 중등도 표현실어증, 말 실행증 그리고 양호한 이해력을 지니고 있었다. 그는 남아 있는 말, 부분적인 낱말 쓰기, 제스처 등을 역동적 화면을 지닌 휴대용 의사소통 도구와 결합해 사용하도록 배웠다(Fried-Oken et al., 2002). 노먼은 독립적으로 생활하였으며, 트럭을 운전하고 자신의 집을 관리하였다. 뇌졸중을 겪은 후 7년 만에 대학병원에서 AAC 평가를 받았다. 당시 그는 잔존한 말, 소형 의사소통책, 낱말과 문자 쓰기용 메모용지, 다양한 자투리 물건 등으로 구성된 다중방식 의사소통 체계를 이미 사용하고 있었다. 그러나 그는 생활의 모든 측면에 더욱더 완전히 참여하기 위해 SGD를 필요로 하였다. 그는 역동적 디스플레이 도구를 얻게 되었다. 노먼은 지역사회의 일과 사교에 필요한 적절한 메시지로 자신의 체계를 프로그램화하기 위해 수개월간의 치료에 참여하였다. 전체 구절 또는 문장으로 구성된 많은 메시지가 다양한 수준으로 저장되었다. 그러나 노먼은 키보드를 사용해 한 낱말 메시지를 철자할 수 있는 능력을 보여 주었다. 그는 자신의 말을 보완하고, 상대가 그 낱말을 추측하도록 돕거나 그림으로 묘사된 다수의 낱말 예측 선택 항목에 접근하고자 종종 낱말의 첫 글자를 타자하였다. 또한 자연스러운 의사소통 방식을 AAC 접근과 통합하도록 배웠다. 점차적으로 난이도가 증가하는 역할놀이에서 바꾸어 말하기, 자신의 도구에 있는 추가적인 메시지 찾기, 글쓰기 또는 '제 말 뜻은 그게 아니에요.' 와 같은 대화상의 조절 메시지 사용하기 등으로 의사소통 단절을 복구하도록 배웠다. 마지막 보고에 의하면, 그는 의사소통의 효과성을 강화할 것이라 여겨질 때면 언제든지 지역사회에서 자신의 체계를 스스로

[그림 15-14] 휴대용 SGD, 말 그리고 제스처를 사용해 델리에서 음식을 주문하고 있는 노먼

출처: Garrett, K. L., & Lasker, J. P. (2013). 실어증 환자(노먼)의 허락하에 게재함

사용하고 있었다.

생성적 AAC 저자: 중재 전략 실어증 환자들이 뇌졸중 후에 목표로 하는 최초의 의사소통 기능이 쓰기는 아닐지라도, 이전에 타인과 의사소통하거나 직업상으로 특정 정보를 전달하기 위해 광범위하게 글을 써 왔던 사람들에게 쓰기는 중재의 중요한 초점이 될 수 있다. 일부 경도 실어증 환자 중에는 지독한 병에서 자신이 회복되었음을 알리기 위해 맨 먼저 글을 쓰는 사람도 있다. 실어증의 여러 증상은 말하기와 읽기뿐 아니라 쓰기 방식에서도 나타나기에, 실어증을 지닌 저자들은 낱말 인출, 철자하기 및 구문 구성의 어려움 등으로 자주 좌절하곤 한다. 킹과 헉스(King & Hux, 1995)는 특정 낱말을 선택하고 작성한 글의 철자 오류를 교정하기 위해 결국 AAC 소프트웨어를 사용한 경도 실어증 환자의 예를 기술하였다. 이 환자의 소프트웨어에는 표준 워드프로세서가 작동했고 정확한 철자 형태로 낱말을 부호화할 수 없을 때 목록에서 특정 낱말을 선택하는 것이 가능하였다. 이 환자는 텍스트를 정확하게 작성하기 위해 맞춤법 검사기와 문법 검사기를 활용하도록 배웠다. 이 책의 저자인 우리도 실어증 환자들을 대상으로 글을 쓸 때 하이테크 AAC 도구나 워드프로세서에 들어 있는 예측 소프트웨어를 사용하도록 도와 왔다. 일반 이메일 인터페이스의 처리 요구를

관리할 수 없는 생성적 AAC 저자들을 위한 단순 이메일 프로그램(CogLink)에 예측, 선택 및 조립된 문장을 통합한 경우도 있다(Sohlberg, Fickas, Ehlhardt, & Todis, 2005). 잭슨-웨이트, 롭슨 및 프링(Jackson-Waite, Robson, & Pring, 2003)은 자곤 실어증을 지닌 한 환자를 대상으로 맞춤법 개선을 위한 연습 도구로 라이트라이터(Lightwriter)의 사소통 도구를 중재에 포함시켰다.

실어증이 매우 심한 사람들은 혼자서 글을 쓸 수 없다. 언어 손상이 독립적인 글쓰기와 관련된 구성, 의미, 구문, 철자 등의 요구 충족을 방해하기 때문이다. 그러나 개인적인 편지 쓰기와 같은 특정 요구를 다루기 위해, 중도 실어증 및 실서증을 지닌 일부 환자들은 다음 절 특정 요구를 지닌 AAC 의사소통자 부분에서 언급되는 로우테크 접근을 사용하기도 한다.

특정 요구를 지닌 AAC 의사소통자

일부 실어증 환자들은 특정 의사소통 요구 충족을 위한 주된 의사소통 방법으로 AAC를 사용하고자 하지 않을 것이다(또한 사용할 필요가 없을 것이다). 이들은 대다수 사회적 상황에서 말과 제스처를 충분히 활용할 수 있을 것이다. 그러나 의사소통 상황들 중에는 구체성, 명료성 또는 효율성 등을 크게 요구하는 경우가 있다. 예를 들면, 전화로 의사소통하기, 경마에 돈 걸기, 처방전 받기, 사적인 편지 쓰기, 회의 주제를 위한 아이디어 구성하기, 결혼식에서 축사하기 등을 원하는 실어증 환자들이 있다. 말하기나 글쓰기와 관련하여 명확하고 구체적인 의사소통 요구를 지닌 환자들 또한 존재한다. 대개 어느 정도 독립성을 요구하는 환경에서 살고 있는 사람들은 가끔씩 사용할 수 있는 특정한 목적의 AAC 기법을 필요로 한다. 치료사는 이들 대상자와 이들이 원하는 참여 맥락을 찾아내기 위해 "당신은 생활 속에서 좀 더 완전한 참여를 원하는 어떤 것이 있습니까?"라는 기본적인 질문을 할 수 있다.

중재 전략 특정 요구를 지닌 AAC 의사소통자(specific-need AAC communicators)를 위한 AAC 중재는, 이들이 제스처와 제한적인 말을 통해 의사소통의 많은 부분을 처리할 수 있기에, 그 범위가 제한적이다. 중재를 계획할 경우에는 특정 의사소통 과제의 요구와 그 과제를 처리할 수 있는 개인의 능력을 분석하는 것이 우선이다. 예를 들면, 어떤 사람은 전화를 통한 구어 의사소통을 가능하게 해 주는 체계를 원할 것이다. 이러한 요구는 "여보세요, 세리나(Serena)입니다. 제가 '예'나 '아니요'로 답할 수 있는 질문을 해 주세요."라고 녹음된 메시지가 들어 있는 디지털식 SGD를 전화기 옆에 놓는 것으로 해결될 수 있다. 또 다른 요구는 식당이나 은행과 같이 시끄러운 장소에서 특정 메시지를 주고받고자 하는 경우다. 이 경우에는 흔히 해당 상황에 필요한 메시지로 구성된 소형 의사소통 카드를 준비하면 될 것이다. 특정 요구의 또 다른 예는 경도 표현실어증과 중도 실서증을 지닌 한 여성에게서 찾아볼 수 있다. 그녀는 식료품점에 들른 후 자신이 사고자 했던 항목들을 기억해 낼 수 없어 몹시 좌절하였다. 그녀는 쇼핑 전 자신이 필요로 하는 항목들을 쉽게 적을 수 없었기에 자신의 기억에 의존해야만 했고 중요한 항목들을 자주 잊곤 했다. 그래서 그녀를 위한 식료품 목록([그림 15-15] 참조)이 만들어졌고, 필요한 항목을 적는 대신 원하는 항목에 동그라미를 치면 되었다. 또 다른 특정 요구의 예는 대부분의 상황에서는 말을 할 수 있었지만 숫자 이름을 말하는 데 어려움을 갖게 하는 의미 · 음운상의 빈번한 착어증(paraphasias)으로 인해 전화로 주문을 할 수 없었던 한 남성을 들 수 있다. 그를 위해 0부터 100까지의 숫자 목록이 인쇄되었다(Beukelman, Garrett, & Yorkston, 2007의 [그림 6-7] 참조). 숫자의 이름(예: 사십)이 숫자 옆에 쓰였는데, 이는 자동차 픽업 시간이나 주소를 전화로 정확히 말하도록 하는 데 성공적인 단서가 되었다.

편지를 쓰고 싶어 하는 중도 실서증 환자 또한 발판이 제공된 편지 쓰기 형식을 통해 도움을 얻을 수 있다(Garrett, Staab, & Agocs, 1996). 이러한 쓰기 보완접근은 도움 없이 편지를 쓰는 데 어려움을 겪는 사람들이 목록에서 필요한 구절을 선택하여 편지 양식에 맞게 부분적으로 완성된 문장을 베껴 쓸 수 있게 해 준다([그림 15-16], [그림 15-17] 참조). 저자가 알고 있는 한 여성은 발판이 제공된 편지 양식으로 초기 교수를 받은 2주 후에 50통의 편지를 썼다. 또한 추가적인 치료를 통해 이러한 접근에서 더욱더 독립적인 편지 쓰기 접근으로 나아갈 수 있는 사람들도 있다. 발판이 제공되는 형식은 이메일을 사용하는 실어증 환자에게도 도움이 될 수 있다. 앞에서 언급한 코그링크(CogLink)는 인지 및 언어 장애인들을 위해 특별히 고안된 이메일 프로그램인데 편지틀, 사진이 부착된 이메일 수신자 명단, 맞춤법 검사기, 낱말 선택, 단순화된 시각적 양식 등을 제공한다(Sohlberg et al., 2005). 이 프로그램은 독립적으로 사용될 수도 있고, 보조자가 미리 편지틀이나 어휘은행을 입력해 줄 수도 있다. 성공적으로 내용을 완성하고 편지 보내기, 인생 이야기 작성하기, 친구나 가족에게 이메일 보내기 등은, 제5장에서 기술한 참여 모델과 [그림 5-1]이, 실어증 환자의 모든 의사소통 활동에 어떻게 적용될 수 있는가를 보여 주는 또 다른 예다.

날짜: _____

구입해야 할 품목:

식품	음료
기초 식품	우유
빵	커피
우유	차
커피	주스
치즈	• 오렌지
마가린	• 자몽
케첩	탄산음료
머스터드	• 펩시
마요네즈	• 코크
소금	• 세븐업
후추	
상추	세제 용품
감자	목욕비누
쌀	물비누
마카로니	휴지
스파게티	가루세제
• 소스	표백제
• 면	수세미
• 버섯류	키친타월
고기류	미용 용품
햄버거	샴푸
닭가슴살	방향제
베이컨	밴드
참치	면도용 크림
꽃등심살	면도칼
델모니코 스테이크	

[그림 15-15] 식료품 목록의 예

출처: Garrett, K. L., & Lasker, J. P. (2013).

　특정 요구를 지닌 AAC 의사소통자는 앞에서 기술한 것과 유사한 상황별 의사소통 교수로부터 도움을 받을 수 있다. 예를 들면, 실어증 환자가 전화 통화를 위해 간단한 음성 출력 도구를 사용해야 할 경우, 해당 상황에 대한 다수의 역할놀이를 통해 도움을 얻을 수 있다. 특정 요구를 지닌 AAC 의사소통자가 편지 양식을 사용하고 있다면, 환자가 독립적으로 편지 쓰기 활동을 완성하기 전에 초기 단서들을 제공할 수 있도록, 치료사는 치료 상황에서 편지의 초안을 써 보는 것이 중요할 것이다. 〈표 15-6〉에는 특정 요구를 지닌 AAC 의사소통자를 위한 몇 가지 중재 목표가 제시되어 있다. 구

1. 20 년 월 일

2. _____에게

3. _____! 어떻게 4. _____?

저는 5. _____입니다. 이번 달에 우리는

6. _____. 우리는 진심으로

7. _____.

그래서 8. _____에 대해 알려 주십시오.

저는 당신이 9. _____하기를 바랍니다.

부디 10. _____.

11. _____.

[그림 15-16] 공백 편지 양식

출처: Garrett, K. L., & Lasker, J. P. (2013).

1.	1월	2월	3월	4월	5월	6월	7월	8월	9월	10월	11월	12월
	1	2	3	4	5	6	7	8	9	10	11	12	13	14	15	16
	17	18	19	20	21	22	23	24	25	26	27	28	29	30	31

2. (편지를 받는 사람의 이름을 쓰시오.)

3. 안녕하세요! 안녕! 잘 있었니! 그동안 잘 지내셨습니까!

4. 당신은 _____ 까? _____ 은 잘 되어 갑니까? 가족은 _____ 지요?

5. 좋습니다 그럼요 아주 좋아요 잘 지내요 엉망입니다 조금 피곤합니다

6. 집에 있었어요 가족들을 찾아뵈었어요 정원을 손질했어요 _____ 로 휴가를 갔었어요
   한 주 동안 손자들과 함께 지냈어요

7. 멋진 시간을 가졌어요 즐거웠어요 가을이라서 참 좋았습니다

8. 휴가는 가족들은 학교생활은 직장일은 친구들은

9. 건강하길 열심히 생활하길 여유로운 시간되길 손자들과 즐거운 시간 보내길

10. 바로 답장해요 가끔 전화해요 놀러와요 잘 지내요

11. 진심을 담아 애정을 담아 행운을 빌며 당신을 사랑하는

[그림 15-17] 선다형 편지 양식

출처: Garrett, K. L., & Lasker, J. P. (2013).

표 15-6 특정 요구를 지닌 AAC 의사소통자: 중재 목표와 전략

의사소통자 전략(예)
• 전화상으로 또는 지역사회에서 정보 주고받기(예: 저는 실어증을 지니고 있습니다. 조금만 기다려 주십시오) 혹은 의례적인 일에 참여하기(예: 기도하기) 위해 단일 메시지의 SGD를 활용하라.
• 특정 상황에서 특정한 요구사항이 있을 경우 이를 전달할 수 있는 구절카드를 제시하라(예: 특정 경주마에 돈 걸기, 다음 버스 정류장 설명하기, 카드놀이에서 돈 걸기, 손자손녀에게 학교 생활이나 스포츠 활동에 관해 묻기, 미용실에서 특별한 머리 모양 요구하기).
• 지역사회에서 거래를 하거나 전화 통화를 위한 일련의 메시지 전달을 위해 복잡한 SGD를 사용하라(예: 병원 예약하기).
• 편지틀, 낱말 또는 구절 선택지를 사용해 편지나 일기를 써라.

출처: Garrett, K. L., & Lasker, J. P. (2013).

체적인 전략들은 대상자의 요구와 치료사의 창의성에 의해서만 제한을 받는다.

특정 의사소통 요구를 지닌 AAC 의사소통자의 대화 상대는 실어증 환자에게 정확한 의사소통을 요구하는 가정이나 지역사회의 상황들을 찾아냄으로써 크게 기여할 수 있다. 메시지 목록 작성 과정과 역할놀이 활동에 지속적으로 참여하는 것 또한 매우 도움이 된다.

사례와 치료 성과 다음 사례연구는 특정 요구를 지닌 AAC 의사소통자의 AAC 활용을 보여 준다.

중등도에서 중도의 브로카 실어증과 말 실행증을 지닌 53세 여성 엘리자베스 (Elizabeth)는 뇌졸중을 경험하고 10년이 넘도록 대다수 활동에 독립적으로 참여하였다. 그녀는 전보식 말, 제스처, 부분 철자 낱말 등을 사용해 대부분의 의사소통을 처리하였다. 그녀는 때때로 자신의 말을 분명히 하기 위해 보호자에게 의존하기도 하였다. 뇌졸중을 겪고 나서 10년 동안 그녀의 사회적 네트워크는 점점 줄어들게 되었는데, 그녀는 자신이 늘 혼자 있기를 꽤 좋아하는 사람이었다고 말하였다. 그러나 보호자가 없을 때, 특히 주말의 경우 장애인 차량 요구를 위한 연락을 혼자서 할 수 없음을 알고 좌절하였다. 그래서 그녀의 전동휠체어에 SGD를 부착하였다. 그녀는 스피커폰으로 수송 담당자에게 픽업시간, 목적지, 귀가 시간 등을 전달할 수 있는 페이지를 만들기 위해 언어치료사와 함께 작업하였다(그림 15-18] 참조). 이러한 처리는 메시지 순서를 예측가능하게 해 주었고, 엘리자베스는 자신의 도구 디스플

레이에서 순서에 맞게 배열된 메시지를 효율적으로 찾아 활용할 수 있었다. 그녀는 마침내 자신감을 갖게 되었고 도움 없이도 승하차 스케줄을 잡을 수 있었다.

실어증을 지닌 53세 지리학 교수인 제인(Jane)은 좌측 CVA가 발생하기 전까지 20년 이상 대학에 재직하였다. 뇌졸중 발생 1년 후 실시된 웨스턴실어증검사(Kertesz, 1982) 결과, 그녀의 실어증 지수는 79.1이었고 명칭실어증에 해당하는 특성을 보였다. 그녀는 읽기 하위 검사에서 100점 중 80점을, 쓰기 하위 검사에서 100점 중 75점을 받았다. 이후 제인은 대학에 복직하게 되었다. 그녀는 대부분의 일상 환경에서 말로 의사소통했지만, 자신의 과목 중 특정 주제에 대해 강의할 경우 AAC 지원을 필요로 하였다. 제인은 직업재활과 대학의 자금 지원을 받아 SGD를 얻게 되었다. 그녀는 전체 낱말을 철자하거나 예측 프로그램의 선택이 가능한 소프트웨어를 활용하여 강의록을 미리 타자해 놓았다. 이 소프트웨어는 음성합성기를 통해 강의록의 내

여보세요, 캐시 개릿(Kathy Garrett)이라고 합니다.	___시에 데리러 와주세요.	___시에 약속이 되어 있어서요.	___시에 돌아왔으면 합니다.	저의 집에 데려다 주시면 됩니다.
저의 접수 번호는 5-1-2-5입니다.	저의 집은 햄(Ham)가 111번지입니다.	오전 9시	오후 1시	다른 곳에 가려고 합니다. 제게 어디로 갈 것인지 물어봐 주십시오.
저는 말을 하기 위해 기계를 사용하고 있습니다.	맥헨리(McHenry) 박사 사무실에 가려고 합니다. 브로카 지역 444번지입니다.	오전 10시	오후 2시	다른 가능한 시간이 있을까요?
못 알아들었다면 제게 다시 물어봐 주세요.	스퀴럴(Squirrel)가에 있는 자이언트 상점에 가려고 합니다.	오전 11시	오후 3시	그게 아닙니다. 다시 시작해야 할 것 같습니다.
여보세요, 다시 확인해주시겠어요? 자동차가 아직도 도착하지 않았습니다.	포브스(Forbes)가 1401번지에 있는 언어치료실에 가려고 합니다.	낮 12시	오후 4시	도와주셔서 감사합니다.

[그림 15-18] 특정 요구를 지닌 AAC 의사소통자의 장애인 차량 이용 스케줄 설정을 위한 저장 메시지 디스플레이

출처: Garrett, K. L., & Lasker, J. P. (2013).

용을 한 문장씩 '말로 표현해' 주었다. 그녀는 또한 자신의 전보식 말로 미리 저장된 메시지를 보완하도록 훈련받았다. 실어증을 보완하는 이러한 교수 접근법을 사용하고부터 그녀의 강의는 계속 뛰어나다(excellent)는 평을 받았다(Lasker, LaPointe, & Kodras, 2005).

독립적 AAC 의사소통자를 위한 SGD 선택

독립적 AAC 의사소통자에게 가장 적합한 의사소통 도구를 선택하기 위한 처방전은 존재하지 않는다. 일부 도구들 중에는 실어증 환자를 대상으로 특별히 설계된 것들이 있다(예: Lingraphica, SentenceShaper). 이들 도구 중에는 실제로 말 연습을 위한 용도로 만들어진 것도 있고 의사소통을 보완하고자 만들어진 것도 있다. 일부 기본 SGD들 중에는 이제 실어증 환자들을 위해 개발된 추가적인 특성들이 포함되어 있는데, 시각적 장면 디스플레이를 지닌 다이나복스(DynaVox) 제품들을 예로 들 수 있다. 우리는 실어증 환자들이 기술, 요구, 선호도 등에서 각자 자신만의 프로파일을 갖고 있기에, 체계에 대한 포괄적인 시도를 해 보지 않고서는 환자가 어떤 체계를 사용할 수 있을지 아니면 사용할 것인지를 결정한다는 것이 불가능함을 강조하고자 한다.

독립적인 AAC 의사소통자를 위한 SGD 결정은 상대 의존적 AAC 의존자를 위한 것과는 상당히 다르다. 상대 의존적 AAC 의존자들에게 추천되는 대부분의 로우테크 전략들은 즉시 이행될 수 있고 또한 이행되어야 한다. 그러나 독립적 AAC 의사소통자들의 기술은 전형적으로 수개월에서 수년을 거치면서 나아진다. 따라서 이들의 주거 환경이 안정되거나 지원 네트워크가 확인될 때까지는 일반적으로 이들에게 복잡한 하이테크 AAC 도구를 조달하는 것은 추천되지 않는다. 이들은 지정된 시간 동안 도구를 빌려서 사용해 봄으로써 많은 기술을 배울 수 있다. 치료사들 또한 치료 환경의 관련 구조 속에서 이들을 지원할 수 있다. 적절한 '체계 일치(system match)'의 확인은 능력, 지원 및 기회의 범위가 제대로 조합되었을 때만 가능하다. 우리는 치료사들이 독립적 AAC 의사소통자의 하이테크 AAC 도구를 최종적으로 결정하기 전에, 도구를 만져 보며 연습하고 가정에서도 사용해 볼 수 있는 많은 기회를 당사자들에게 제공하기를 권한다. 또한 우리는 실어증 환자의 AAC 결정을 돕기 위해 지금부터 기술하는 평가 프로토콜을 적극 추천한다.

평가

실어증은 운동장애가 아니기에, 지체장애인을 위해 개발된 AAC 평가와 중재 패러 다임은 실어증 환자들에게 적절하지 않다. 따라서 치료사는 실어증 의사소통자들이 지니고 있으며 의사소통을 최적으로 향상시키기 위해 요구되는 이들의 인지 및 언어 능력에 대해 분명히 이해할 필요가 있다(Garrett & Kimelman, 2000). 또한 감각, 운동, 표상 및 의사소통 능력들을 평가해야 한다. 치료사들은 AAC 중재에 앞서 의사소통 요구와 참여 맥락을 평가하기 위한 체계적인 방법들을 필요로 한다.

의사소통자 프로파일 확인하기

평가 과정에서, 치료사는 실어증 환자 대상의 AAC 능력 평가를 완성하기 위한 일 부로 〈표 15-7〉에 있는 질문들의 답을 구해야 한다. 이들 질문에 대한 답을 얻기 위 해, 치료사는 다수의 평가 과제들을 활용할 수 있다. 이들 평가 활동에 대한 대상자의 수행을 통해 치료사는 앞에서 기술한 실어증 의사소통자의 범주를 파악할 수 있다.

지금부터 논리적 이행 순서에 따라 논의되는 AAC 실어증 평가 수단은 치료사가 〈표 15-7〉에 제시된 다섯 가지 기본적인 평가 질문의 답을 얻을 수 있는 기회를 제공 함으로써 AAC 결정을 촉진할 수 있다. 이러한 과정은 치료사가 교수와 단서로 추가 전략들을 배울 수 있는 환자의 잠재성뿐 아니라, 초기 평가 시 가장 적절한 것으로 여 겨진 범주에 기초하여 주요한 AAC 중재를 전반적으로 결정할 때 도움이 될 수 있다.

개릿과 라스커(Garrett & Lasker, 2004)에 의해 수정된(Beukelman, Garrett, & Yorkston, 2007; 바클리 AAC 웹 사이트에서도 이용가능함) 개릿과 뷰켈먼(Garrett & Beukelman, 1992)의 실어증 환자에 대한 AAC 범주 평가는 치료사들이 현재 또는 앞 으로 갖게 될 환자의 의사소통 능력을 살펴볼 수 있는 점검표를 제공한다. 관찰을 통 해 작성하는 이 점검표를 이용해, 치료사는 환자의 능력에 맞는 AAC를 찾아낼 수 있 다. 치료사는 대화 상황에서, 도움 없이 이루어진 상호작용 동안에, 그리고 훈련된 대화 상대와 함께 AAC 전략들을 시도하면서 관찰한 능력과 어려움들을 기록할 수 있다. 실어증 환자의 의사소통 행동의 대부분이 하나의 범주(예: 상황적 선택 AAC 의 사소통자)에 속하는 것으로 보인다면, 그 환자는 주로 해당 범주에 맞는 기능을 할 것

표 15-7 실어증 AAC 평가 수단 및 질문

수단	질문
비도구적 방식	이 실어증 환자는 비효과적인 구어 메시지를 보완하거나 대치하기 위해 전략들(잔존한 말, 쓰기, 제스처 또는 그림)을 활용하는가? 만일 그렇지 않다면, 보완하거나 대치할 수 있는 전략 활용을 배울 수 있는가?
상대 지원 기법	의사소통을 재확립하기 위해, 이 실어증 환자는 입력 보완이나 선택지 대화 전략과 같은 상대가 지원 의사소통 전략들로부터 도움을 받을 수 있는가? 이 환자는 예측 가능한 대화상황에서 그림이나 사물과 같은 유형적 지지를 이용하도록 배울 수 있는가? 만일 환자가 이들 전략을 현재 활용하지 못한다면, 앞으로 배울 가능성은 있는가?
외적 저장 정보	이 실어증 환자는 상징들로 표상된 메시지(예: 의사소통책, 간단한 SGD 또는 글자판에 제시된 그림)에 접근함으로써 질문에 반응하는 능력을 보이는가? 이 환자는 그렇게 하는 데 있어서 단서를 필요로 하는가?
음성출력 체계를 통한 저장 메시지	이 실어증 환자는 의사소통을 위해 촉진자가 디지털이나 합성 음성 산출 도구에 미리 저장해 놓은 메시지들을 사용하는가? 만일 그렇지 않다면, 저장된 메시지들을 사용하도록 배울 수 있는가?
음성출력 체계를 통한 생성적 메시지	이 실어증 환자는 문자, 사진, 그림 또는 상징들을 사용해 새로운 의사 소통 메시지를 생성하는가? 만일 그렇지 않다면, 새로운 의사소통 메시지를 생성하도록 배울 수 있는가?

출처: Garrett, K. L., & Lasker, J. P. (2013).

이다. 진전된 다음 범주에 속하는 기술들이 출현하고 있는 것으로 보이는지를 결정하는 것 또한 중요하다. 그러한 결정이 난 다음, 치료 목표는 상대 의존적 AAC 의사소통자에서 독립적 AAC 의사소통자로 또는 최소한 각 집단 내 낮은 기능 범주에서 높은 기능 범주의 의사소통자로 나아가도록 설정될 수 있다.

기초선 방식 평가

수정된 PACE(Promoting Aphasics' Communicative Effectiveness: 실어증 환자의 의사소통 효과성 촉진하기) 절차(Davis & Wilcox, 1985)는 실어증을 지닌 메시지 제공자와 메시지를 수신하는 의사소통 상대 간 교류를 이끌어 낸다. 또한 치료사는 실어증 환자가 대안 방식들을 사용하는 자연스러운 경향이나 그러한 방식들을 사용하도록 배울 수 있는지를 탐색할 수 있다. 치료사는 시중에서 파는 그림카드 세트나 잡지 또는 사진집 등의 비공식 자료들에서 행위 사진을 선택한다. 사진은 간단한 행위를 수행하고 있는 사람(예: 케이크를 자르고 있는 여성)을 묘사하거나 이야기 또는 장면을 표현할 수 있다. 장벽 과제 형식을 사용해, 실어증 환자로 하여금 그림을 볼 수 없는 상대에게 그림에 대한 생각을 주고받도록 요청한다. 치료사는 의사소통의 전반적인 성공(즉, 대화 상대는 결국 그림에서 일어나고 있는 것을 이해했는가?)과 실어증 환자가 의사소통을 위해 사용한 방법들을 또한 기록한다. 실어증 환자는 주로 말을 사용해 의사소통을 하고자 시도하는가? 상대방에게 메시지를 전할 때 말이 효과적이지 않다면, 실어증 환자는 제스처, 그림, 글쓰기 등과 같은 자연스러운 전략들을 사용하고자 시도하는가? 만약 그렇지 않다면, 치료사가 그러한 전략들을 사용하도록 단서나 시범을 보일 때 실어증 환자는 정보를 전하기 위해 그 전략들을 성공적으로 이행하는가?

이러한 반구조적 연습은 치료사로 하여금 실어증 환자가 잔존 말 기술을 어떻게 활용하는지, 말 외에 다른 전략들을 사용하는 것이 얼마나 자연스러운지, 제스처나 팬터마임을 얼마나 잘 사용하는지, 보유하고 있는 쓰기 기술을 어떻게 사용하는지(즉, 허공에 글쓰기, 첫 글자 쓰기, 부분 낱말 쓰기, 알파벳 판 사용하기) 등을 기록할 수 있게 해 준다(Beukelman, Garrett, & Yorkston, 2007의 서식 6.3 참조).

대화 전략 시도

치료사는 또한 AAC나 맥락 도움 유무에 따른 대화 상황에서 표현 및 수용 언어 기술을 평가해야 한다. 이 과정에는 일반적인 '서로에 대해 알아가기' 대화를 포함시킬 수 있다. 이 부분의 평가에서 치료사는 환자와 관련된 적절한 대화 주제(예: 이전 직업, 고향에 대한 기억, 취미, 가족, 성장담, 연애담, 학교에서 겪었던 곤경담)를 선택한 후 상대 지원 의사소통 전략들을 동시에 시범하면서 실어증 환자에게 해당 주제를 소개한다. 특히 치료사는 다음과 같은 상대 지원 대화 전략들, 즉 선택지 대화, 입력 보완, 단서 제공 질문, 사진이나 시각적 장면 참조, 예/아니요를 덧붙인 반응 등을 탐색하기 원할 것이다. 이들 기법은 이 장 앞부분에서 더 자세히 논의되었다. 평가 과정의 일부로써, 치료사는 반응의 정확성에 대한 자료를 기록해야 한다. 예를 들면, 선택지 대화나 예/아니요를 덧붙인 반응 전략을 사용할 경우, 치료사는 가족이나 기타 중요한 타인들에게 정확성을 확인받아야 한다. 또한, 치료사는 실어증 환자에게 전략을 가르칠 때 얼마나 많은 단서가 필요한지(예: 필요 없음, 조금 필요함, 보통 필요함, 매우 필요함)를 기록해야 한다. 마지막으로, 주제나 메시지가 상대방에게 성공적으로 전달되는지를 기록하는 것 또한 중요하다.

실어증 환자를 위한 다중방식 의사소통 선별 과제

실어증 환자를 위한 다중방식 의사소통 선별 과제(MCST-A: Multimodal Communication Screening Task for Persons with Aphasia; Garrett & Lasker, 2004; Lasker & Garrett, 2006)는 8페이지짜리 책자를 통해 제스처 취하기, 철자하기, 지도상의 위치 지적하기, 그림 상징 찾아내기 등으로 의사소통자가 상황별 질문(즉, "지난 7월 다녀온 캘리포니아 여행담을 어떻게 이야기해 주실래요?")에 어떻게 답하는지를 보여 준다. 또한 이야기를 할 때 범주화하고 참조적으로 지적하는 환자의 능력을 알 수 있게 해 준다. MCST-A 책자는 다음과 같은 페이지를 포함하고 있다. ① 그림, 사진 및 낱말(예: 먹다, 램프)로 제시되는 구체적인 개념, ② 불완전한 일련의 그림 상징으로 제시되는 세 범주-실어증 환자는 해당 범주를 완성하기 위해 밑에 제시된 여섯 개 상징들 중에서 하나를 골라야 한다, ③ 서술어(예: 열다, 춤다)를 나타내는 그림 상징, ④ 복잡한 의미 표현을 위해 다른 항목들과 결합될 수 있는 좀 더 추상적인 개념(예: 손자손녀, 돈, 월간 달력), ⑤ 두 세트의 글로 쓰인 낱말과 구절들, 하나는 약국에서, 다른 하나는 손자손녀와 대화할 때 사용하도록 계획되었다, ⑥ 이야기/다시 말하기 과제를 위해 이야기 순서에 맞게 제시되어 있는 일련의 사진, ⑦ 자녀가 살고 있는 곳 또는 선호하는 휴가 장소를 지적할 수 있도록 마련된 미국 백지도, ⑧ 첫 글자를 철자하거나 지적해서 구체적인 이름(예: 도시, 식당)을 전달할 수 있는 알파벳 판. 채점지는 이 책자의 상징들을 사용해 전달된 메시지의 정확성뿐 아니라 치료사가 의사소통의 성공을 위해 환자를 돕기 위해 사용한 단서의 유형들을 모두 기록하도록 되어 있다.

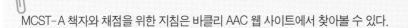

MCST-A 책자와 채점을 위한 지침은 바클리 AAC 웹 사이트에서 찾아볼 수 있다.

임상 경험(Lasker & Garrett, 2006)에 의하면, MCST-A는 선택항목을 제공하는 상대의 도움을 필요로 하는 의사소통자와 책자에서 상징의 위치를 스스로 찾아낼 수 있는 저장 메시지를 사용하는 AAC 의사소통자를 제대로 구분해 준다. 제공된 단서의 양과 유형을 기록한 자료를 사용하면, 상대 의존적 범주(즉, 상징으로 표현된 메시지의 위치를 찾을 때 지속적으로 도움을 필요로 하는)나 독립적 범주(즉, 메시지를 전달하는 상징의 위치를 찾을 때 단서를 전혀 필요로 하지 않거나 최소한의 단서만을 필요로 하는)에 속하는 의사소통자를 구분할 수 있다. 치료사는 실어증 환자에게 복잡한 메시지(예: "손자손녀가 다음 달 디즈니월드에 놀러갈 예정인데, 그 아이들에게 용돈이 충분한지를 어떻게 물어보시겠어요?")에 답하도록 요구한 다음 환자가 논리적 순서에 맞게 그림, 낱말, 글자, 또는 지도상의 위치를 지적해 자신의 생각을 제대로 전할 수 있는지를 관찰할 수 있다. 더욱이 이러한 진단 활동을 가족들로 하여금 관찰하게 하면, 치료사가 실어증 환자에게 하이테크 옵션 대신 왜 로우테크 옵션을 제안하는지 그 이유를 좀 더 이해할 수 있도록 해 줄 것이다.

말산출도구 시도: 거래 역할놀이

의사소통자가 실제 의사소통 상황에서 음성출력 도구에 저장된 메시지에 얼마나 효과적으로 접근할 수 있는지를 평가하기 위해, 치료사는 지역사회에서 이루어지는 거래 관련 시나리오를 짜고 의사소통자의 SGD에 관련 메시지를 구성해 넣을 수 있다. 이를 위해 디지털 음성 체계나 합성음성 출력 체계(철자하기 능력을 지닌 실어증 환자용)를 사용할 수 있다. 대화 시나리오 샘플을 선택하기 위해, 치료사는 시간제약(얼마나 빨리 정보를 전달해야 하는지), 정보의 특수성, 반응의 길이 및 복잡성, 예측가능성(메시지를 미리 저장하고 인출할 수 있는지), 의사소통 기능(사회적 친밀감 대 기본적 요구), 친숙성(대화 내용과 대화 상대), 및 관련성(당사자에게 얼마나 중요한 정보인지)과 같은 요인들을 고려해야 한다. 예를 들면, 의사소통자가 판매자에게 커피 한 잔을 주문하는 소비자 중심 거래는 의사소통자가 의사와 자신의 장애 특성에 대해 논의하는 것보다 '더 쉬운' 대화로 간주될 수 있다.

상황에 대한 각본을 작성한 후, 치료사는 대표적인 유형의 음성출력 의사소통 도구를 준비한다. 치료사는 고정된 오버레이(그리고 아마도 다수의 단계를 지닌)를 지닌 디지털 도구나 역동적 화면을 제공하는 합성음성 도구를 활용할 수 있다. 그러나 SGD체계를 시도하는 이 단계에서는 실어증 환자에게 수준이나 페이지를 바꿔 보도록 요구하지 않는다. 예비적인 판단에 따라, 치료사는 가장 적절한 크기와 메시지 배열 및 페이지당 메시지 수를 지닌 도구를 선택한다. 일반적으로 디지털 도구에 네 개에서 여덟 개까지 연속으로 미리 저장해 놓은 메시지를 사용할 것이다. 이후, 치료사는 필요한 어휘를 프로그램화해야 한다. 예를 들면, 다음은 자동차에 문제가 생겼을 때 이를 해결하기 위한 시나리오에 포함될 수 있는 메시지들이다.

- 제 이름은 빌 라이언(Bill Ryan)입니다.

- 제 차에 문제가 생긴 것 같습니다.
- 견인차를 좀 불러주시겠습니까?
- 저는 지금 파크 가와 3번 가의 교차로에 서 있습니다.
- 감사합니다.

또 다른 예는 말, 제스처 및 도구를 결합해 사용하도록 작성한 커피 주문 시나리오에서 찾을 수 있다.

치료사(커피 판매원 역할을 담당함): 어서 오십시오. 날씨가 참 좋죠?

실어증 환자: 그렇군요. (말 사용)

치료사: 주문하시겠어요?

실어증 환자: 커피 한잔 주세요. (도구 사용)

치료사: 알겠습니다. 여기서 드실 건가요? 아니면 가져가실 건가요?

실어증 환자: 가져갈 거예요. (제스처 사용)

치료사: 어떤 사이즈로 드시겠어요?

실어증 환자: 중간 사이즈로 주세요. (도구 사용)

치료사: 어떻게 드시나요?

실어증 환자: 크림과 설탕을 넣어 주세요. (도구 사용)

치료사: 여기 있습니다. 1.25달러입니다.

실어증 환자: 네. (돈을 건넨다.). (말과 제스처 사용)

치료사: 좋은 하루 되세요.

실어증 환자: (안녕히 계세요.) (제스처 사용)

반응의 적절성, 반응 방식(제스처, 말, AAC 체계), 타이밍, 치료사가 제시한 단서의 양 등에 기초해 역할놀이 동안 이루어진 모든 의사소통 시도를 기록한다. 치료사는 라이트와 빙어(Light & Binger, 1998)가 AAC 테크놀로지 교수를 위해 기술한 단서의 위계를 활용할 수 있다. 치료사는 먼저 메시지가 산출되기를 기다리고 기대감을 조성하며, 환자나 AAC 도구를 지적한 다음, 의사소통 행동을 시범한다. 자료 수집을 위한 서식은 뷰켈먼, 개릿 및 요크스턴(Beukelman, Garrett, & Yorkston, 2007)의 서식 6.4를 참고할 수 있다.

고급체계 시도: 저장 메시지와 생성 메시지 조합하기

치료사들은 때때로 실어증 환자가 생성적 AAC 체계의 후보자임을 보게 될 것이다. 왜냐하면 환자가 MCST-A 상의 두세 개 상징들을 조합해 사용하고, 표준화 검사의 읽기와 쓰기 소검사에서 높은 점수를 받거나 PACE 그림 묘사 과제를 수행하는 동안 정보를 전달하기 위해 글을 쓸 수 있기 때문이다. 그러한 상황에서는 의사소통자가 생성적 메시지 전략과 저장된 메시지 전략을 조합해 사용하도록 요구하는 좀 더 난이도가 있는 역할놀이를 수행할 수 있다. 기본적인 체계 시도와 유사한 과정 속에서, 치료사는 실어증 환자가 메시지를 재생하고 메시지를 형성하는 행동을 보이도록 요구하는 시나리오를 구성한다. 또한 치료사는 실어증 환자가 자연스러운 방식들(제스처, 말, 철자하기/쓰기)을 사용해 의사소통 단절을 복구할 수 있는지, 비도구적 전략과 도구적 전략을 결합할 수 있는지, 메시지를 개시할 수 있는지 주목한다. 역동적 디스플레이나 다단계 도구의 경우, 치료사는 여행 계획하기, 자동차 구입하기 또는 '서로에 대해 알아가기' 대화와 관련된 상황을 최소한 두세 단계로 프로그램화하고자 할 것이다. 여행 계획하기 시나리오는 다음과 같은 서두로 시작할 수 있다. 당신은 여행사에 모든 예약 처리를 맡기고 휴가를 가고자 계획 중입니다. 당신은 여행사와 소통하기 위해 할 수 있는 모든 것을 활용할 것입니다. 당신은 어디로 휴가를 갈 것인지, 그곳에 어떻게 도착할 것인지, 어디에서 머물 것인지 등과 같은 세부적인 것들을 모두 처리해야 할 것입니다. 이러한 시나리오를 위해, 치료사는 구절이나 문장 메시지를 지닌 메인 페이지를 마련한 후 요일, 돈과 관련된 주제, 좋아하는 활동 등을 포함한 두 번째 페이지와 연결할 수 있다. 치료사는 체계와 이용 가능한 메시지를 간단히 소개한 후, AAC 접근에 대한 광범위한 교수 없이 먼저 시도를 해 나간다. 첫 시도가 완료되면 의사소통 행동들을 채점한 후 교수와 시범을 진행한다. 교수 후에는 역할놀이를 반복하고 다시 채점을 한다.

역할놀이를 하면서 의사소통 행동들을 기록하는 것 외에도, 치료사는 실어증 환자가 정보를 제공하는 화면에 집중하기, 메시지 위치 제대로 찾기, 페이지 검색하기, 도구의 출력 특성 바꾸기, 도구를 켜고 끄기, 낱말 예측과 같은 속도 향상 전략 활용하기, 새로운 메시지 저장하기 등 도구에 대한 다양한 조작 기능을 수행하는 데 필요한 단서를 어느 정도 필요로 했는지를 또한 기록해야 한다.

다양한 AAC 도구들이 지니고 있는 메시지 재생 기법의 특성을 고려하는 것도 중요하다. 일부 SGD는 철자하기, 그림 상징 메시지에 접근하기, 낱말 예측하기 등을 조합할 수 있게 해 준다. 또 다른 SGD 중에는 의사소통자가 메시지를 만들기 위해 상징이나 아이콘의 위치를 찾아 서로 조합하도록 하는 것도 있다. 상징과 이미지는 폴더, 그리드, 감추어진 층위 또는 종이 페이지 등에 들어 있을 것이다. SGD 중에는 실어증 환자가 특정 메시지를 전달하기 위해 시각적 장면 요소들에 접근할 수 있도록 해 주는 것도 있다(Dietz, McKelvey, & Beukelman, 2006). 어떤 것을 선택할지는 의사소통자의 선호도와 도구가 제공하는 방식에 따라 메시지를 재생할 수 있는 의사소통자의 능력에 따라 결정되어야 한다.

특정 능력 평가하기

실어증에 대한 전통적인 평가 절차는 일반적으로 실어증 환자의 인지, 언어 및 지각 기술을 파악하고자 하는 것이다.

잔존 언어 기술

흔히, 언어검사는 AAC 평가에 앞서 수행되기에 이들 검사를 통해 얻어진 정보들은 AAC 전략 선택에 도움이 될 수 있다. 먼저, 『웨스턴실어증검사-개정판』(Western Aphasia Battery-Revised; Kertesz, 1982, 2006), 『보스턴실어증진단간이검사-개정판』(Short Form of the Boston Diagnostic Aphasia Exam-Revised; Goodglass & Kaplan, 1983; Goodglass, Kaplan, & Barresi, 2000), 『보스턴중도실어증평가』(Boston Assessment of Severe Aphasia; Helm-Estabrooks, Ramsberger, Morgan, & Nicholas, 1989)와 같은 표준화된 실어증검사를 이용해, 외적인 AAC 전략이나 상대의 도움을 이용할 수 없을 때의 수용 및 표현 언어장애를 측정할 수 있다. 비유창성 실어증을 지닌 의사소통자들은 전형적으로 구문 부호화에서 문제를 보인다. 따라서 단일 메시지를 전하기 위해 상징 조합을 필요로 하는 AAC 전략들은 이들을 좌절시킬 것이다. 좀 더 '자연스러운' 의사소통 기술인 철자하기조차도 소리와 의미를 표상하기 위해 임의적인 상징들을 순차적으로 선택하고 배열할 것을 요구하는 부호화 유형이다. 성공적인 철자하기는 이러한 절차의 수많은 반복을 필요로 하기에, 실어증 환자들에게는 이것이 극단적으로 어려울 수 있다. 따라서 실어증 환자에게 타자기나 컴퓨터 키보드를 제공하는 것은 치료적 측면보다 좌절적 측면이 더 클 것이다. 실어증 환자들에게 도움이 되려면, 치료사는 AAC 체계로 인한 언어적 부담이 환자의 능력과 얼마나 부합하는지를 고려해야 한다(Garrett & Kimelman, 2000; Lasker, 2008).

인지 기술

일부 실어증 전문가들(Helm-Estabrooks, 2002; Nicholas, Sinotte, & Helm-Estabrooks, 2005; Purdy & Koch, 2006)은, 치료사들이 인지 평가를 실시함으로써, AAC 체계를 통해 독립적으로 의사소통할 수 있는 개인의 잠재력을 예측하는 정보를 얻을 수 있다고 제안하였다. 『인지언어속성검사』(Cognitive Linguistic Quick Test; Helm-Estabrooks, 2001)에는 언어 능력을 요구하지 않고 주의력, 기억력 및 추론력을 평가할 수 있는 몇 가지 하위검사가 포함되어 있다. 헬름-에스타브룩스(Helm-Estabrooks, 2002)는 하이테크와 상징 중심 AAC 체계를 사용하는 데 적절한 인지 능력 보유자를 식별할 때 몇 가지 비구어 추론 과제(예: 길 만들기)가 유용할 것이라고 제안하였다. 하위검사 수행과 AAC 의존자의 능력 간 상관관계를 살펴보기 위한 연구가 여전히 필요하다.

층위에 따라 메시지가 배열된 의사소통 체계는 저장된 메시지와 상징의 위치를 기억하는 데 어려움을 보이는 많은 실어증 환자들에게 처리 문제를 일으킬 수 있다. 실어증 환자는 또한 자신의 의사소통 의도를 잊거나 상대방의 관심을 잃기 전에 먼저 메시지에 접근할 수 있는 충분한 작업기억을 보여야 한다. 우리가 함께한 몇몇 환자는 메시지를 한 장짜리 카드 형태로 만들어 바인더에 넣어두거나 고리에 끼워 제공한 후 하이테크 AAC 체계를 사용하는 상대 의존적 AAC 의사소통자에서 독립적 AAC 의사소통자로 바뀌기도 하였다.

자신의 의사소통 능력을 인식하고 있는지를 알아보기 위해 실어증 환자들을 관찰해야 한다. 낯선 상대에게 자신의 새로운 의사소통 전략들을 설명할 수 있는가? 자신의 언어 기술이 특정 상황에 충분하지 않음을 아는가? 가능할 경우에는 말과 쓰기를 사용하지만 의사소통 단절이 일어났을 경우에는 AAC 전략을 사용하는 것과 같이, 자신의 전략들을 역동적인 방식으로 활용할 수 있는가? 치료사는 실어증 환자가 빈번한 의사소통 단절에도 불구하고 상대방에게 메시지를 전하고자 하는 결단성과 끈기를 보이는지 비공식적으로 관찰해야 한다. 이 장 앞부분에서 언급한 켄(Ken)은 처음에 자신이 기울인 의사소통 노력의 절반가량을 의사소통 단절을 복구하는 데 들였다. 그러나 같은 말을 단순히 반복하는 대신 다른 전략을 사용하도록 배운 후, 의사소통 단절 복구에 사용된 차례 주고받기 비율이 46%에서 11%로 감소하였다(Garrett et al., 1989).

표상 기술

실어증 환자는 흔히 세상을 표현하는 데 사용되는 수많은 시각적 이미지를 이해한다. 예를 들면, 이들은 지도와 같은 다양한 '지리 아이콘'과 로고, 신호와 같은 '사건 아이콘'을 인식한다. 또한 사람이나 장소와 관련된 사진과 그림을 식별할 수 있는 능력을 보유하고 있다. 아울러 많은 실어증 환자가 크기, 형태, 우량, 사물과 경험의 중요성 등이 갖는 상대적 관계에 대한 지식도 보유하고 있다. 예를 들면, 어떤 환자는 자신의 키가 아동에 비해 더 크다는 것을 나타내기 위해 제스처로 또 다른 성인을 지적할 수 있을 것이다. 그러나 이러한 기술들은 평가를 통해 확인되어야 한다. 스크랩북을 이용하여 환자의 가족이나 유년 시절에 대해 말해 보도록 하는 것은 그러한 기술을 자연스럽게 관찰할 수 있는 한 방법이다.

운동 기술

주로 뇌졸중에 동반된 실어증 환자는 적어도 신체의 한쪽 팔다리를 조절할 수 있는 능력을 보유하고 있다(주로 왼쪽). 따라서 이들은 일반적으로 제스처 취하기, 책장 넘기기, 직접 선택 방식으로 항목 지적하기 등을 할 수 있다. 그러나 사지 실행증이나 인지적 결함 때문에 복잡한 일련의 움직임(예: 책이나 SGD의 다수 또는 다단계 페이지에 포함되어 있는 낱말 지적하기)을 요청받을 경우 수행에 어려움을 보일 것이다. 또한 무거운 의사소통 도구를 옮기거나 조작하고 켜기/끄기 버튼을 사용할 때 신체적으로 다소 어려움을 보일 것이다. 휴대용 의사소통 도구나 체계를 결정할 경우에는 작업치료사나 물리치료사의 자문을 구하는 것이 적절하다.

청력

의사소통을 방해할 수 있는 (의사소통자 또는 대화 상대의) 청각장애를 파악하기 위해 표준화된 청력 선별 절차를 활용할 수 있다.

조작 기술

의사소통을 보완하기 위해 SGD를 사용한다면, 의사소통자는 도구를 켜고 끄기, 합성음성이나 디지털 음성 이해하기, 보이지 않는 층위에 저장된 메시지 찾아내기, 조작 메뉴의 흐름도 활용하기, 키보드 사용하기, 도구 충전하기 등과 같은 새로운 조작 기술들을 배워야만 할 것이다.

인생경험과 어휘

개인의 경험과 인생사는 치료사가 환자와 함께 AAC 중재를 함께 계획하고자 할 때 특히 고려해야 할 사항이다. 대부분의 실어증 환자는 나이가 있고 비교적 전형적이며 일상적인 생활방식을 경험해 왔기에, 세상에 대한 지식이 폭넓은 편이다. 앞으로 이루어질 AAC 상호작용을 위한 '연료(fuel)'를 모으기 위해, AAC 중재를 시작하기에 앞서 가족과의 면담을 통해 관심사, 이야깃거리, 자전적 정보 등을 비공식적으로 평가하는 것이 유익할 것이다. 이러한 면담을 구조화하기 위해 뷰켈먼, 개릿 및 요크스턴(Beukelman, Garrett, & Yorkston, 2007)의 서식 6.5와 6.6을 사용할 수 있다.

의사소통 상대 기술

중도 실어증 환자와 의사소통할 때, 상대의 역할이 중요한 만큼 그들의 능력을 평가하는 것 또한 유용하다. 그러한 평가는 공식적으로 행할 수 없는 경우가 많기 때문에, 상대의 의사소통 기술에 대한 정보는 실어증 환자와의 상호작용을 관찰함으로써 얻게 된다. 또한 상대가 중도 실어증 환자와 의사소통할 수 있는 새로운 방법을 배울 수 있는지, 그리고 새로운 방법을 배우는 데 관심이 있는지를 판단하는 것도 중요하다. 아울러 치료사는 의사소통 상대의 말하는 스타일과 이해력, 필체 가독성, 읽기 기술, 청력, 시력 등도 평가할 수 있다.

실생활 맥락에서 의사소통 요구 평가하기

AAC 체계의 내용을 구성하기 위한 지침은 일반적으로 개인의 요구(needs)에 대한 논의에서 출발한다. 여기서 우리가 말하는 요구의 개념에는 개인이 참여하기를 바라는 환경과 활동뿐 아니라 해당 맥락에서 주고받아야 할 특정 메시지까지도 포함된다. 중도 실어증 환자의 가족과 친구는 이러한 의사소통 요구를 파악하는 데 있어 매우 중요한 역할을 담당한다. 중도 실어증 환자를 대상으로 공식적인 평가를 수행하는 치료사들에게 다음의 절차가 도움이 될 수 있다.

요구 평가 면담

첫째, 개인의 요구를 평가하기 위한 초기 면담에서 치료사는 실어증 환자가 특히 어려워하거나 도전을 느끼는 의사소통 상황을 목록으로 만들기 위해 환자 자신, 가족 및 중요한 타인에게 관련 사항을 물어볼 수 있다. 둘째, 치료사는 피면담자들로 하여금 의미 있는 의사소통 기회로 여겨지는 상황들을 생각해 보도록 요구해야 한다. 처음에 가족들은 신체적 요구를 표현할 수 있는 상황들(예: 병원에 가기, 옷 입기)을 주로 열거할 것이다. 뇌졸중 발병 이전에 중요한 역할을 했던 상황들을 생각해 보도록 권유하는 것 또한 필요하다. 경마에 돈 걸기, 추수감사절에 저녁 기도하기, 손자들의 운동경기 참석하기, 친구들과 커피 마시기와 같은 예를 가족에게 제공하는 것 또한 유익할 것이다. 뷰켈먼, 개릿 및 요크스턴(Beukelman, Garrett, & Yorkston, 2007)의 서식 6.2와 바클리 AAC 웹 사이트에서 찾을 수 있는 실어증 환자의 요구 평가지(The Aphasia Needs Assessment; Garrett & Lasker, 2004)는 치료사가 체계적인 방식으로 이러한 정보를 얻고자 할 때 도움이 될 수 있다. 도움 없이는 이러한 질문에 구어로 답할 수 없는 의사소통자의 경우, 이전에 언급한 선택지 대화 전략을 활용하는 것이 유용할 것이다. 실어증 환자에게 의사소통 상황을 나타내는 낱말 선택지와 활동의 상대적 중요성을 평가할 수 있는 척도를 제공하면, 환자가 중요하게 인식하는 의사소통 요구들을 파악할 수 있다.

폭스, 긴리 및 폴센(Fox, Ginley, & Poulsen, 2004)은 일주일간의 '의사소통 캠프'에 참여한 실어증 환자와 이들의 중요한 타인들을 대상으로 실생활과 관련된 의사소통 요구를 어떻게 파악해 냈는지를 기술하였다. 그녀는 이들에게 특별히 어려운 의사소통 상황과 그 상황에서 특히 효과적이었던 전략을 말해 보도록 요청하였다. 예를 들면, 한 남성은 패스트푸드점에서 메뉴를 주문하고자 했을 때 겪었던 어려움을 토로하였다. 그는 음식을 주문하기 위해 독창적인 방법, 즉 계산대 뒤쪽에 붙어 있는 메뉴 항목에 레이저 포인터를 사용하여 광선을 발사하는 방법을 개발해냈다. 폭스와 동료들(Fox & Colleagues)은 참여자들로 하여금 자신의 '의사소통 전략 도구벨트(communication strategy toolbelt)' 속에 레이저 광선 기법과 같은 전략을 개발하여 집어넣도록 격려하였다. 이러한 '도구벨트' 제안은 치료사가 실어증 환자들로 하여금 다양한 실제 상황에서 중요한 의사소통 요구를 파악하도록 어떻게 도울 수 있는지를 보여 주는 훌륭한 예다.

주제 구분하기

폭스, 솔버그 및 프라이드-오켄(Fox, Sohlberg, & Fried-Oken, 2001)은 대화 훈련에 앞서 선호하는 주제와 선호하지 않는 주제를 구분하도록 연구에 참여한 실어증 환자들을 격려하였다. 세 명의 참여자 중 한 명은 타인이 선택해 준 주제보다 자신이 선택한 주제에 대해 훨씬 더 광범위하게 의사소통하는 것으로 나타났다. 이러한 주제 구분 과제는 중요한 주제와 상황을 파악할 수 있는 유용한 수단일 수 있는데, 특히 구어로 자신을 표현할 수 없는 사람들의 경우에 더 적절하다.

사회적 네트워크

의사소통 주제와 상황 외에도, 개인이 의사소통하고자 원하는 특정 의사소통 상대를 파악하는 것 또한 유익하다. 한 실어증 환자를 대상으로, 우리는 사회적 네트워크: 복합적인 의사소통 요구를 지닌 사람과 의사소통 상대를 위한 의사소통 목록(Social Networks: A Communication Inventory for Individuals with Complex Communication Needs and Their Communication Partners; Blackstone & Hunt Berg, 2003a, 2003b)으로 알려진 평가를 실시하였다. 이 평가 도구는 일련의 원을 사용하여 의사소통자의 사회적 네트워크를 그림으로 풀이한다. 예를 들면, 자신을 원의 중앙에 놓고 삶의 동반자는 첫 번째 원 안에, 친한 친구는 두 번째 원 안에 포함시킨다. 이 장을 저술한 저자들은 실어증 발생 전과 후의 사회적 네트워크를 알아보기 위한 면담을 위해 커다란 다이어그램을 만들어 이 평가 도구를 수정하였다([그림 15-19] 참조). 우리는 대상자의 면담 참여를 촉진하기 위해 상대가 지원하는 의사소통 전략들과 사진을 또한 활용하였다. 실어증 발생 전 의사소통 상대와 사회적 네트워크를 현재 접촉 가능한 상대들과 비교하였다. 그런 다음 현재 의사소통자에게 가장 중요한 상대와의 상호작용을 늘리기 위한 치료 목표를 설정하였다.

사회적 네트워크 파악을 위한 직접적인 면담이 어려울 경우, 치료사는 또래의 참여 패턴을 평가함으로써 간접적으로 의사소통 요구를 파악할 수 있다. 또래는 실어증 환자와 동일한 연령이나 문화에 속한 사람들이거나 유사한 관심사를 지닌 사람들일 수 있다. 예를 들어, 실어증 환자가 지역에 있는 참전용사 클럽에서 활동하였다면, 치료사는 해당 상황에서 전형적으로 발생하는 메시지나 의사소통의 요구를 클럽 회원에게 물어보거나 관찰을 통해 알아낼 수 있다. 포괄적인 메시지 목록이 만들어질 수 있도록 의사소통자에게 각각의 상황에서 이루어지는 의사소통의 진행 과정을 마음에 그려 보게 하는 것도 유익할 것이다.

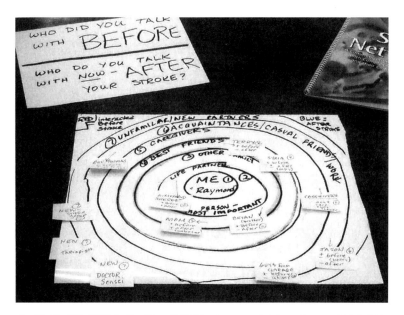

[그림 15-19] 사회적 네트워크 목록(Blackstone & Hunt-Berg, 2003a)의
일부로 사용된 의사소통 상대 동심원

출처: Garrett, K. L., & Lasker, J. P. (2013).

중재 이슈

우리에게 가장 어려운 점은 과연 언제 [AAC 체계]를 사용할 것인지를 생각해 내는
것이다(어느 실어증 환자의 아내, 2004년 10월 25일에 이루어진 대화에서).

　AAC 중재의 성공에 영향을 미칠 수 있는 몇 가지 이슈들이 존재한다. 이러한 이슈
에는 말만을 다루고자 하는 환자나 가족의 지속적인 바람, AAC를 받아들이는 데 있
어서의 어려움, 참여 모델보다 의학적인 치료 모델을 고수하는 치료센터, 치료 중단,
AAC 체계의 특성과 의사소통자의 능력 불일치, 개별화된 메시지의 이용 가능성 제
한, 적절한 맥락에서 이루어지는 연습 부족, '상대 지원 의사소통자'를 위한 의사소
통 상대의 부족, '생성적 메시지를 사용하는 의사소통자'의 메시지 개발을 돕는 지원
네트워크의 부족, 타인에 의해 요구가 예상되고 충족됨으로써 나타나는 의사소통 기
회의 부족 등이 포함된다. 또한 이러한 이슈들 외에도 다양한 이슈들이 AAC 중재 성
공에 영향을 미칠 수 있다(Garrett & Kimelman, 2000; Purdy & Dietz, 2010; Scherer,

Sax, Vanbiervliet Cushman, & Scherer, 2005).

다음은 상황적 선택 AAC 의사소통자의 배우자와 나눈 대화다. 이 대화는, 가정에서의 AAC 전략 이행을 논의하는 초기에 가족이 보일 수 있는 태도 장벽을 반영한다.

치료사: 그래 집에서는 어땠습니까?

배우자: 예, 이제 로버트와 대화하는 것이 훨씬 편해졌어요. 남편은 무슨 일이 일어나고 있는지를 정말 아는 것 같아요.

치료사: 당신과 아드님은 남편분이 이해했는지를 확인하면서 다소 천천히 말하는데 편안함을 느끼십니까? 남편분은 당신에게 '예'와 '아니요'를 분명하게 말할 수 있나요?

배우자: 그래요. 우리가 너무 느리게 말하면 가끔씩 웃기는 하지만, 남편은 우리를 놀리기까지 해요. 그렇지만 우리는 잘 해내고 있어요. 남편은 자신이 머리를 어떻게 끄덕이고 있는지에 대해 생각해요. 그리고 자신이 원하는 것을 지적한답니다.

치료사: 다소 복잡한 주제에 대해 이야기를 나눌 수 있었나요? 예를 들면, 휴일을 같이 보내기 위해 자녀들을 오게 한다든가, 뉴스에 나온 사건에 대해 남편의 의견을 구하는 것과 같은 것들 말이에요.

배우자: 아니요, 우리는 남편이 필요로 하는 것들에 대해서만 이야기를 나눴어요.

치료사: 우리가 연습했던 선택지 기법을 사용해 본 적이 있으신가요?

배우자: 아니요, 저는 아직까지 제가 그것에 의존하지 않아도 된다는 게 기쁠 따름이에요.

의사소통자와 의사소통 상대의 AAC 전략에 대한 수용을 촉진하려면, 치료사는 말에 비해 다소 부자연스러운 AAC 속성들을 활용하여 의사소통하는 것에 대해 이들이 주저한다는 점을 인정해야 한다. 저자의 클리닉을 찾는 환자들의 배우자 중 많은 수가 환자의 말 회복을 위해 노력하면서 AAC 전략을 점차적으로 대화에 결합한 지 수 개월이 지나서야 AAC를 조금씩 받아들일 수 있었다. 집단치료는 AAC와 자연스러운 의사소통 방식이 어떻게 결합될 수 있는지를 보여 줄 수 있는 또 다른 좋은 방법이다. 즉, 환자 및 그 가족으로 하여금 옛날 영화에 대해 대화를 나누거나 모의 사교 클럽에서 자신을 소개하는 다른 '선배' 환자들을 관찰해 보도록 하는 것이 AAC 전략의 이

로움을 학문적으로 설명하는 것보다 훨씬 더 확신을 갖게 할 것이다.

　AAC 체계의 내용이 역동적이어야 하는 것 또한 필수적이다. 환자 개인의 생활환경과 상황이 변하면, AAC 체계 또한 그러한 변화를 반영해야 한다. 그렇지 않으면 자신의 체계를 사용하고자 하는 동기와 흥미가 급격히 줄어들 것이다. 내용을 지속적으로 수정하려면, 환자의 AAC 체계를 모니터하고 조절하도록 훈련받아야 할 한 명 이상의 촉진자가 필요하다. 주로 가족이나 보호자가 그러한 촉진자 역할을 맡을 것이다. 촉진자는 실어증 환자의 삶에 들어온 새로운 사람들(예: 사위, 며느리 또는 새 이웃)이 효과적인 의사소통 상대가 될 수 있도록 그들을 또한 훈련시킬 수 있어야 한다. 중도 실어증 환자를 대상으로 한 AAC 중재가 실패로 끝나게 되는 주된 이유는 바로 촉진자의 파악과 적절한 준비 부족에 있다.

　분명히 AAC 중재의 성공은 실어증 환자가 한 환경에서 다른 환경으로 옮겨 갈 때 제공받게 되는 서비스의 융통성과 지속성에 달려 있다. 전문가, 가족 및 실어증 환자들은 장기적인 실어증 관리를 위해 더 나은 해결책을 찾고자 팀으로 작업하기를 원할 것이다. 환자를 위한 중재 옵션에는 회복 초기 단계에서 즉각적인 의사소통 전략을 사용할 수 있도록 상대 훈련을 더욱 강조하면서 이후의 재활과정에 언어치료사를 좀 더 집중적으로 관여시키는 것이 포함될 수 있다. 매년 실어증 환자에 대한 추후 방문을 관례화하도록 스케줄을 잡는 것도 유익할 것이다. 일부 환자는 개별치료만 받을 때보다 매주 이루어지는 집단치료에서 더 많은 도움을 얻을 것이다. 또 다른 일부 환자는 가정에서 언어치료사와 다른 건강관리 전문가의 방문을 받는 것이 더 유익할 수 있다. 왜냐하면 어떤 의사소통 문제는 환자의 가정환경에서만 눈에 띌 수 있기 때문이다. 세심한 계획과 임상적 지원을 확대하여 AAC 중재를 제공하면, 환자와 의사소통 상대는 실어증을 지닌 채 삶에 적응해 가는 모든 단계에서 풍부한 의사소통 옵션을 지닐 수 있게 된다.

📖 학습문제

15-1. 실어증 또는 말 실행증 환자를 위한 다섯 가지 일반적인 AAC(로우테크 및 하이테크) 기능을 열거하라.

15-2. 실어증을 지닌 의사소통자를 넓게 구분하는 두 범주는 무엇인가? 두 범주는 어떻게 다른지 기술하라.

15-3. 초보 AAC 의사소통자와 함께 어떤 기본적인 의사소통 기술들을 다루고 싶은가? 이들 전략을 가르치기 위해 개발할 수 있는 두 가지 의사소통 맥락 또는 상호작용 시나리오를 제시하라.

15-4. 중도 실어증 환자의 이해를 강화하기 위해 입력 보완을 활용할 수 있는 두 가지 전략을 기술하라.

15-5. 상황적 선택 AAC 의사소통자와 주고받는 대화 방식을 바꾸도록 의사소통 상대를 가르치기 위한 중재 프로그램을 디자인해 보라.

15-6. 과도기적 AAC 의사소통자가 지니지 않은 주요 의사소통 기술은 무엇인가? 이 기술을 발달시킬 수 있는 교수 활동을 하나만 예로 들어라.

15-7. 저장된 메시지를 사용하는 AAC 의사소통자와 생성적 메시지를 사용하는 AAC 의사소통자는 어떻게 다른가? 이 둘의 차이는 당신이 로우테크 또는 하이테크 의사소통 전략을 선택하는 데 어떠한 영향을 미칠까?

15-8. 당신은 독립적 AAC 의사소통자의 AAC 체계를 위한 메시지와 어휘를 어떻게 선택할 것인가?

15-9. 독립적 AAC 의사소통자로 하여금 실생활 맥락에서 AAC와 자연스러운 말을 모두 능숙하게 사용하도록 촉진할 수 있는 교수 활동을 하나만 예로 들어라.

15-10. 언어 구성에 문제를 지닌 독립적 AAC 의사소통자의 기능적 쓰기를 지원하기 위해 이용할 수 있는 로우테크 활동을 하나만 예로 들어라.

15-11. 철자 오류, 낱말 선택, 대명사 사용, 존재동사 생략, 형태소 오류 등에서 중등도의 문제를 보이는 실어증 환자의 생성적 쓰기를 돕기 위해 사용할 수 있는 하이테크 접근들을 몇 개 기술하라.

15-12. 특정 요구를 지닌 AAC 의사소통자의 AAC 전략이나 체계에 대한 몇 가지 예를 열거하라.

15-13. 구어를 통해 의사소통 요구를 모두 충족시킬 수 없는 실어증 환자의 **능력**을 평가할 수 있는 방법을 기술하라.

15-14. 실어증 환자의 의사소통 **요구**와 **참여 패턴**의 변화를 파악하기 위해 사용할 수 있는 면담 방법을 두 가지 이상 기술하라.

Chapter **16**

퇴행성 인지 · 언어장애를 지닌 성인

의사소통 효과성의 점차적 퇴행은 여러 퇴행성 인지 · 언어장애에서 흔히 나타나는 증상이다. 의사소통 퇴행의 정확한 패턴은, 언어 변화가 관찰되기에 앞서 환자가 경험하는 판단장애를 동반한 기억력 손상, 문제해결력 저하, 시공간 인식 능력 저하 등의 인지 증상에 따라 다르다. 일부 환자는 초기 증상으로 점차적인 언어의 퇴행을 보이기도 한다. 지난 10년간 AAC 분야에서는 다양한 전략을 활용하여 원발성 진행성 실어증(King, Alarcon, & Rogers, 2007), 치매(Bourgeois & Hickey, 2007), 헌팅턴병(Yorkston & Beukelman, 2007)과 같은 퇴행성 언어 · 인지장애인들의 수용 및 표현 의사소통의 효과성을 강화하는 데 치중해 왔다.

원발성 진행성 실어증

원발성 진행성 실어증(primary progressive aphasia: PPA)은 퇴행성 신경 질환(진행

성)이 원인이며 가장 두드러진(주요한) 문제로 언어장애가 특징적인 별개의 임상적 질환으로 알려져 있다(Mesulam, 2007). 더피(Duffy, 2000)에 따르면, PPA의 평균 발병 연령은 60.5세이며 남녀 비율은 대략 2:1이다. PPA는 치매의 유형 중 다섯 번째로 흔한 형태다. PPA 환자의 절반 정도가 치매의 가족력을 보이고, 유전적 요소에 대한 연구도 진행되고 있지만, PPA의 원인은 알려져 있지 않다(Mandell, 2002; Mesulam, 2001).

일부 PPA 환자들은 언어문제를 보이다가 결국 치매 증상과 일치하는 인지장애를 보이게 된다. 1999년에 로저스(Rogers)와 알라콘(Alarcon)은 PPA 환자 147명의 진행 과정을 기술한 57개 논문을 검토하였다. 그 결과 이들의 25%는 유창성 실어증의 증상을 보였으며, 60%는 비유창성 실어증의 증상을 보였고, 15%는 불확실한 증상을 지니고 있는 것으로 나타났다. 그리고 유창성 증상집단의 27%, 비유창성 증상집단의 37%, 불확실한 증상집단의 77%가 결국 치매 증상을 보였다. PPA의 초기 증상은 환자마다 다르지만, 가장 흔히 보고되는 언어 증상은 명칭실증(anomia, 특정 낱말을 생각해 내는 데 어려움을 보임)이었다. 또 다른 흔한 증상은 느리면서도 긴 휴지를 지닌 주저하는 말이었는데, 특히 비유창성 증상을 보이는 집단에서 주로 나타났다.

> 더 많은 정보를 원한다면, AAC-RERC의 웹캐스트에서 멜라니 프라이드-오켄(Melanie Fried-Oken)의 원발성 진행성 실어증 환자를 위한 AAC(AAC for Persons with Primary Progressive Aphasia)를 찾아보라.

중재 단계

킹과 그의 동료들(King et al., 2007)은 앞을 내다보고 이행하는 중재 계획을 추천하였다. 언어 기능의 저하가 예상된다면, 중재는 일상적인 의사소통에 되도록 빨리 AAC 전략을 통합하는 것이어야 한다.

초기

초기 PPA 환자들은 타인과 상호작용하기 위해 말을 계속 사용한다. 그러나 의사소통의 독립성을 유지하기 위해, 이들은 의사소통 단절을 처리하기 위한 도움과 앞으로 필요할 수 있는 전략들을 발달시키기 위한 도움을 필요로 한다. 이러한 예는, 흔히 사용되지만 어려운 낱말을 떠올릴 수 있도록 그림, 글쓰기, 인쇄물, 사진 등을 지원하여 낱말 찾기(word finding)를 돕는 경우에서 찾을 수 있다. 이들을 위한 중재기법에는 제15장 '특정 요구를 지닌 AAC 의사소통자'를 위해 파악된 여러 전략이 포함된다. 특정 정보를 지닌 책자나 카드, 어려운 상황을 위해 미리 준비한 질문들, 의사소통 단절을 해결하기 위한 제스처(예, 아니요, 왼쪽, 오른쪽, 과거, 미래) 등을 예로 들 수 있다. 그러한 중재 기법들은 PPA 환자와 의사소통 상대가 해당 기법들에 친숙해지고 그와 같은 형태의 의사소통 지원을 수용할 수 있도록 점차적으로 또한 조기에 제공되어야 한다. 뷰켈먼, 개릿 및 요크스턴(Beukelman, Garrett, & Yorkston, 2007)의 서식 7.1은 PPA 환자의 접수 상담을 위한 프로파일을 제공한다.

중기

중기 PPA 환자들은 대부분의 의사소통 상황에서 AAC의 도움을 필요로 하는 '생성적 AAC 의사소통자'이거나 '과도기적 AAC 의사소통자'(제15장 참조)로 간주된다. 의사소통 노트와 카드 외에도, 환자에게 친숙한 장면의 사진을 활용하면 도움이 되는 경우가 많다(Fried-Oken, Rowland, & Gibbon, 2010). 일부 환자는 메시지를 주고받거나 명확히 하기 위해 관련 장면 그림을 활용한다. 또한 환자들 중에는 특정 내용을 전달하기 위해 지도, 달력, 가계도, 평면도 등 공간적 표상의 도움을 받는 경우도 있다(Cress & King, 1999). 이 단계의 환자들은 흔히 구어 정보에 대한 이해를 높여 주는 입력보완 전략을 필요로 한다. 이러한 전략에는 (글로 쓰인) 핵심 낱말, 사진, 제스처, 그림, 선화 등이 포함될 수 있다.

후기

후기 PPA 환자들이 보이는 심각한 의사소통 문제는 제15장에서 기술한 '상황적 선택 AAC 의사소통자'의 요구와 상당히 유사하다. 이들은 기본적인 요구와 일과에 대한 정보를 주고받거나 이해를 위한 도움을 필요로 한다. 후기에 접어든 환자들은 처음에 초기와 중기에 개발된 자료들을 계속 사용할 것이다. 그러나 이 단계의 후반기로 갈수록 이들은 '초보 AAC 의사소통자(제15장 참조)'가 되며, 요구와 선호도 및 일과에 대한 의사소통을 위해 매우 제한적인 선택 항목만을 제시받아야 한다. 이 단계의 환자는 상대 의존적 AAC 의사소통자이기에, 이들이 효과적인 의사소통 지원을 받으려면 의사소통 상대에 대한 교육과 지원이 필수적이다(King et al., 2007).

의사소통 노트의 개발과 사용

의사소통 노트는 주로 휴대가 용이한 소형 바인더인데, 복합적인 의사소통 요구를 지닌 사람의 의사소통 노력을 돕기 위한 정보가 담겨 있다. 의사소통 노트는 개별 환자에게 걸맞은 내용과 형식으로 구성된다. 예를 들면, 읽을 수 없는 환자의 경우에는 그림이 포함될 수 있고, 읽을 수는 있지만 사람, 장소, 활동 등의 이름을 기억하는 데 어려움을 겪는 환자의 경우에는 인쇄된 정보를 포함할 수 있다. PPA 환자가 노트의 내용 선택과 구성에 직접 참여할 수 있도록 이러한 노트의 개발과 사용은 주로 PPA 초기에 시작된다. 킹과 동료들(King et al., 2007)은 PPA 환자를 위한 의사소통 노트의 준비와 관리에 대한 훌륭한 논의를 제시했는데, 이들의 논의에는 의사소통 노트의 장기적인 유용성을 강화하기 위한 지침이 포함되어 있다. 이들 지침에는 다음과 같은 사항이 포함되어 있다.

- 의사소통 노트는 PPA 환자를 반영해야 한다. 즉, 노트는 개별화되어야 한다.
- PPA 환자는 질병의 진행 초기에 노트의 내용을 결정하는 과정에서 주도적인 역할을 해야 한다.
- 의사소통 노트와 이것을 사용할 수 있는 기회는 PPA의 진행 전 과정에서 지속적으로 제공되어야 한다.
- 의사소통 노트는 한 번에 완성되는 것이 아니다. PPA 환자의 변화하는 요구와 경험 그리고 이들의 사회적 네트워크를 반영하는 역동적인 것이어야 한다.

[그림 16-1]은 크레스와 킹(Cress & King, 1999)이 기술한 의사소통 페이지의 예를 보여 준다.

PPA 환자의 경우 친숙도와 맥락이 AAC 전략의 사용과 유지에 영향을 미치는 것으로 보이기에, 가능한 한 조기에 AAC 중재를 시작하는 것이 중요하다. 이들은 자신이 만들어 낸 전략을 사용하여 가장 효과적으로 의사소통한다. 따라서 환자 자신이 전략들을 만들어 내도록 촉진하기 위한 지침과 정보를 조기에 제공할 수 있다면, 이

[그림 16-1] 의사소통 페이지의 예

출처: Cress, C., & King, J. (1999). AAC strategies for people with primary progressive aphasia without dementia: Two case studies. *Augmentative and Alternative Communication, 15*, 248-259. 허락하에 게재함

후 중재는 그러한 전략이나 기법을 관리하고 수정하며, 필요할 경우 추가적인 촉진자 훈련을 제공하는 데 집중할 수 있다(Cress & King, 1999, pp. 254-255).

요약

PPA는 주로 치매를 이끄는 인지 결함이 발생하기 최소 2년 전에 언어장애를 특징적으로 보이는 진행성 질환이다. AAC 중재는 PPA 환자의 표현 및 수용 언어를 강화하는 데 도움이 될 수 있다. PPA 환자가 AAC 전략의 설계와 내용 구성에 기여하고 환자 및 의사소통 상대가 전략의 사용법을 배울 수 있도록 돕기 위해서는 질병의 초기 단계에 AAC 전략들을 소개해야 한다.

치매

치매(dementia)는 후천성의 만성적 인지장애가 특징인 증후군이다. 치매로 진단되려면 기억력 외에 언어, 추상적 사고, 판단력 또는 집행 기능이나 전두엽 기능 등의 인지 영역에서도 문제를 보여야 한다(Bourgeois & Hickey, 2007, 2009). 치매는 비교적 흔한 증상으로, 전 세계 2천 8백만 명 정도가 이에 해당하며, 이들에 대한 직접적인 치료비용은 매년 1,560억 달러에 이른다(Wimo, Jonsson, & Winblad, 2006). 치매의 출현율은 65세 인구의 1%, 90세 이상 인구의 대략 50%에 해당한다(Jorm & Jolley, 1998). 치매의 가장 흔한 형태는 알츠하이머병(alzheimer's disease: AD)이다. 알츠하이머협회(Alzheimer's Association, 2001)에 따르면, 미국의 경우 2백 40만 명에서 5백 10만 명이 알츠하이머병을 지닌 것으로 추정된다. 이러한 추세가 지속된다면 2050년에는 천 300만 명의 미국인이 알츠하이머병을 보일 것으로 예상된다(Herbert, Scherr, Bienias, Bennet, & Evans, 2003).

기억의 강점과 결함

치매는 작업기억이나 단기기억에서 장기기억으로 정보를 넘기는 능력에서 결함을 보이는 것이다. 따라서 환자뿐 아니라 환자를 돌보는 가족과 보호자들에게도 심각한 어려움을 갖게 한다. 치매 환자의 기억 결함은 여러 기억 영역에 다양한 방식으로 영향을 미친다.

최근 일어난 사건에 대한 **일화적 기억**(episodic memory)은 치매의 진행 초기에 주로 손상된다. 따라서 초기 단계의 기억손상은 누가 방문했는지, 물건을 어디에 두었는지, 아침으로 뭘 먹었는지 등을 기억하지 못하는 것을 포함한다. 한 연구에 의하면, 최근의 일화를 기억하지 못하는 것은 단기기억(작업기억)에서 장기기억으로 정보를 넘기는 능력이 저하되었음을 반영한다고 한다(Bourgeois & Hickey, 2009).

의미적 기억(semantic memory)은 사실 정보와 일반적인 체계적 지식과 관련이 있다. 의미적 기억의 결함은 대통령 이름, 바나나의 색깔이 노란색인지, 고양이와 개가 둘 다 동물인지 등과 같은 사실들을 기억하지 못하는 데서 드러날 수 있다. 의미적 기억은 흔히 일화적 기억보다 더 먼저 저장되고, 더 오래 남는 것이 일반적이다. 따라서 의미적 기억의 손상은 일화적 기억의 손상보다 더 늦게 관찰된다.

절차적 기억(procedural memory)은 보통 가장 잘 보존되는 기억 영역이다. 이 기억은 면도하기, 옷 입기, 수표 쓰기 등과 같은 흔한 절차들을 완성하는 능력과 관련이 있다.

재인기억(recognition memory)은 다른 기억에 비해 더 오랫동안 남아 있는 것으로 치매 환자의 강점 영역일 수 있다. 재인기억의 예는 누군가를 보았을 때 그가 누구인지 알기, 익숙한 사물이 제자리에 놓여 있지 않음을 인식하기, 여러 항목 중에서 특정 항목 선택하기, 좋아하는 TV 채널을 보고 알아채기 등이다.

반면에, **회상기억**(recall memory)은 사람 이름, 디지털 도어록의 비밀번호, 좋아하는 쇼가 나오는 채널 등과 같이 구체적으로 제시되지 않는 '보이지 않는' 정보를 기억하는 능력과 관련이 있다. 전형적으로, 치매로 인해 기억장애를 지닌 사람들은 회상기억을 활용할 때보다 재인기억을 활용할 때 더 나은 수행을 보인다.

기억과 의사소통

기억은 인간의 의사소통에서 매우 중요한 역할을 한다. 즉, 대화의 흐름을 유지하고, 주제를 충분히 논의하며, 적절한 타이밍에 새로운 주제를 소개할 수 있도록 돕는다. 따라서 단기기억에서 장기기억으로 정보를 전이시키는 데 결함이 있을 경우 개인의 대화는 심각한 영향을 받을 수 있어서 결과적으로 같은 주제를 반복해 제시하게 되고 타인의 이야기를 듣고 있지 않다는 느낌을 주게 된다. 그러한 상황은 대화 상대를 매우 불편하게 하고 좌절감을 갖게 하며 결국 치매 환자에게도 부정적 영향을 미칠 수 있다. 왜냐하면 치매 환자는 대화 상대의 부정적 정서는 인식하지만 그 이유는 알지 못하기 때문이다.

중재 단계

치매 관리의 목적은 환자의 인지력이 퇴화함에도 불구하고 그가 지닌 인간성을 유지시키고자 함이다. 키트우드(Kitwood, 1997)는 환자의 정신 건강을 유지하려면 구체

적인 일련의 심리적 요구들을 집중적으로 다루어야 한다고 주장하였다. 그러한 요구
에는 안락함, 정체성, 통합, 일, 애착 등이 포함된다. 상대적인 강점과 결함의 프로파
일이 치매 환자마다 매우 다르기는 하지만, 이 질환의 각 단계에서 나타나는 강짐과
결함의 전반석인 패턴은 존재한다. 치매 진행에 따른 모든 과정에서 환자를 위한 중
재의 기초는 의사소통의 강점을 기반으로 하여 심리적 요구를 다루는 것이 될 수 있
다. 각 단계에서 나타나는 의사소통의 강점과 결함은 〈표 16-1〉에 요약되어 있다.

치매 초기에, 보호자와 의사소통 상대는 필요할 경우 대화를 재조정하거나 기억해
야 할 정보에 대한 보완 전략들을 제공해서, 특정 단어나 사건을 기억해야 할 환자의
부담을 줄임으로써 상호작용을 돕는 방법들을 배울 필요가 있다. 이 단계 동안에 치
매 환자들은 자신의 기억 결함을 인식한다. 따라서 이 시기에는 환자의 존엄성과 자

표 16-1 치매 환자의 단계별 의사소통의 강점과 결함

단계	강점	결함
초기	언어 이해 문법 구문 독립적인 요구 표현하기 대화 유지하기 선다형 및 예/아니요 질문에 답하기	읽기 이해력 저하 글쓰기 어려움 낱말 찾기 구어 표현 감소 화용 문제 주의산만 집중 문제 당혹감 방향감각 상실 일상활동 처리 문제
중기	문법 구문 한 낱말 읽기 이해 도움을 받아 요구 표현하기 두 단계 지시 따르기 제스처를 사용한 입력 지원 재인기억	화용 문제: 주제 바꾸기, 담화 결속 및 응집성 상당히 서툰 읽기 및 쓰기 기술 구어 표현 감소
후기	일부 유의미 낱말 한 낱말 읽기 가능 사회적 의사소통(인사하기) 즐거운 자극에 관심 보이기	의사소통 상대 지원 요구 적절한 언어 없음

존심을 유지시키는 데 관심을 기울여야 한다. 또한 이 시기는 나중에 사용할 수 있는 기억 도구들을 고안하는 과정에 치매 환자들을 참여시킬 수 있는 기회이기도 하다. 일부 사람들은 이러한 과정에 환자를 일찍 참여시키는 것이 이후 테크놀로지에 대한 이들의 수용 가능성을 증가시킬 것이라고 예측한다(Lehoux & Blume, 2000).

치매 중기에, 환자는 자신이 인지와 의사소통에 문제가 있다는 사실을 인식하지 못하게 된다. 의사소통 상대는 사회적 친밀감을 유지하기 위한 상호작용을 도와야 한다. 이를 위해, 의사소통 상대는 상호작용을 좀 더 통제하고 이끌 필요가 있다. 치매 말기에, 의사소통 상대와 보호자들은 환자에게 안락함과 친밀감을 제공하기 위해 의사소통하는 법을 점점 더 배우게 된다(Bourgeois & Hickey, 2007). 멀티미디어 기억 자서전과 같은 개인적인 의사소통 기술은 환자의 추억담을 유도함으로써 편안함과 인간으로서의 존재감을 제공하는 중요한 도구가 될 것이다.

의사소통의 강점과 결함

치매 환자를 대상으로 한 중재의 주된 초점은 결함을 중재하기보다는 각 단계에서 환자가 보이는 강점을 강화하는 것이다. 따라서 치매 환자와 자주 의사소통하는 상대들이 치매 환자로 하여금 자신의 강점을 활용하고 특정 결함 패턴을 보완하도록 돕기 위해서는 이들에게 자료와 훈련을 제공해야 한다. 예를 들어, 치매 환자가 최근에 있었던 일화(즉, 어제 무슨 일이 있었는지)를 기억하는 데 결함이 있다면, 중재는 활동 후 남은 자투리 물건이나 사진처럼 최근 사건을 떠올리게 하는 구체적인 기념물을 제공하는 것으로 구성될 것이다. 일화적 기억을 강화하고자 고안된 훈련 활동은 일반적으로 지시적인 형태를 취하지 않는다. 치매 환자의 인지 및 의사소통 강점에 초점을 둔 중재 지침과 전략들은 다음과 같다.

• 기억의 요구량을 줄인다: 특별히 회상기억의 결함이 치매 환자에게서 흔하게 나타나기 때문에, AAC 중재는 회상기억과 처리 용량의 요구를 줄이도록 설계되어야 한다. 부르주아, 데이크스트라, 버지오 및 알렌-버지(Bourgeois, Dijkstra, Burgio, & Allen-Burge, 2001)는 그림으로 정보를 제공하는 삽화처럼 페이지마다 문장이나 항목을 포함하고 있는 페이지들로 구성된 '메모리북(memory book)'을 설명하였다. 메모리북은 일반적으로 신상 정보, 일상 스케줄, 문제해결 정보 등이 포함되어

[그림 16-2] 메모리 카드의 예

PCS, DynaVox Mayer-Johnson LLC; 허락하에 게재함

있다. 메모리북 형태의 정보 제공은 재인기억에 기초를 두기 때문에 회상 과제보다 노력을 덜 요구한다(Bayles & Kim, 2003). [그림 16-2]는 메모리 카드의 예를 보여 주는데, 이 카드는 요양원 직원이 치매 환자로 하여금 하루 동안의 스케줄을 이해하도록 도울 수 있는 더 나은 방법을 요청함에 따라 만들어진 것이다.

- 산만함을 줄인다: 치매 환자는 흔히 산만한 환경에서 정보를 처리하거나 상호작용하는 데 어려움을 보인다. 따라서 가족과 보호자를 포함한 의사소통 상대는 환자를 위해 산만함을 최소화하고 수행을 최대화할 수 있는 상황을 유지할 수 있도록 훈련을 받아야 한다.

- 정보를 덩어리화한다: 정보를 처리하기 쉬운 '덩어리(chunks)'로 구성하면 치매 환자의 의사소통 효과성을 증진시킬 수 있다. 다양한 AAC 전략을 사용하여 정보를 덩어리화할 수 있다. 예를 들면, 치매 환자는 듣는 사람이 그림을 사용하여 대화 주제를 파악하도록 청취 보완 전략을 사용할 경우, 분명한 내용의 경계 없이 이 주제에서 저 주제로 자유롭게 오가는 대화에 참여할 때보다 관련 정보를 더 잘 이해할 것이다.

- 대체 형식으로 정보를 제공한다: 대체 형식으로 제공되는 정보는 잉여성(redundancy)이 있기 때문에 정보처리의 부담을 줄여 준다. 가족 모임이 갖는 지각적 · 인지적 복잡성을 생각해 보라. 사진이 제시되면, 치매 환자는 누가 누구와 관련이 있는지를 더욱 분명하게 기억할 것이다. 또한 활동 스케줄을 글로 작성해 놓

으면 구어만으로 설명된 경우보다 활동의 흐름을 이해하는 데 훨씬 도움이 될 것이다.

행동주의적 의사소통 치료

치매 환자 25명이 참여한 한 연구에서 부르주아 등(Bourgeois et al., 2003)은 치매 환자에게 메모리북이나 메모리 지갑과 같은 외적인 도구를 사용해 기억을 해내는 전략을 가르치기 위해 두 가지 훈련 접근인 간헐적 인출(spaced retrieval)과 수정된 단서 위계(modified cuing hierarchy)의 효과성을 검토하였다. 간헐적 인출은 점차적으로 더 긴 시간을 두고 어떤 정보를 회상하게 함으로써 그 정보를 기억하도록 가르치는 것이다. 예를 들어, 점심시간이 언제인지를 상기하기 위해 자신의 메모리북을 찾아보는 것이 목표라면, 이 목표는 기억할 필요성에 대해 논의하고 메모리북 속에서 정보를 찾도록 단서를 제공해 공략할 수 있다. 환자가 행동을 수행하면, 치료사는 30초 동안 스몰토크를 나눈 다음, 점심식사가 언제 준비될지 어떻게 알 수 있는지를 묻는다. 환자가 메모리북을 찾거나 보여 주면서 반응을 보이면 60초간 스몰토크를 지속한다. 환자가 절차를 정확하게 기억하면 시간을 배로 늘려간다. 환자가 절차를 잊을 경우, 치료사는 환자에게 어떻게 해야 할지를 보여 주면서 성공적이었던 마지막 시간으로 인출시간을 되돌려 준다. 연구 결과에 의하면, 두 접근법 모두에서 참여자들은 새로운 전략을 학습했으며, 학습한 능력은 중재 후 4개월 동안 지속되었다고 한다. 그러나 전반적으로 봤을 때 간헐적 인출 접근이 수정된 단서 위계 접근보다 더 나은 수행 결과를 보여 주었다. 널리 알려진 견해와 달리, 이 연구는 일부 치매 환자의 경우 절차적 기억과 재인기억에 목표를 둔 새로운 학습이 가능함을 보여 준다.

언어의 상징적 제시

AAC 전략 및 옵션과 관련하여 프라이드-오켄 등(Fried-Oken, Rau, & Oken, 2000)은 중재자들이 언어의 표상 및 구성을 모두 다루어야 한다고 제안하였다. 치매 환자에게 전달되는 메시지와 치매 환자가 전하는 메시지는 환자의 능력에 따라 여러 상징화(symbolization) 수준을 활용하여 시각적으로 제시될 수 있다. 일반적으로 경도, 중등도 및 (가끔) 중도의 치매 환자는 단순한 활자를 읽을 수 있다. 항목의 위치를 구별해 주고, 기억을 도우며, 구어 메시지를 명확히 하고, 완성되어야 할 과제를 상기시킬 수 있도록 인쇄된 낱말을 사용할 수 있다. 치매가 진행됨에 따라 사진과 그림들을 인쇄된 낱말에 덧붙일 수 있다. 일부 환자의 경우에는 결국 사물이 정보를 표상하는 가장 효과적인 방법이 된다. 인쇄된 낱말이 비효과적이게 되면, 그림이나 사진이 언어 개념을 나타내기 위해 사용될 것이다. 치매 환자의 언어에 대한 상징화 수준이 결정되면, 표상되어야 할 언어의 내용 범위가 파악되어야 한다. 언어의 내용 파악과정은 주로 치매 환자, 보호자, 가족 및 그 밖의 사람들로 구성된 팀의 노력에 의해 완성된다. 언어의 내용은 환자의 생활방식, 참여 환경, 이용 가능한 지원 등에 의존할 것이다.

다양한 AAC 전략 활용

치매 환자와 환자의 사회적 네트워크에 포함된 사람들(예: 보호자, 가족, 친구, 일반인)의 삶에 언어 표상 기법들을 통합하면 다수의 AAC 전략들을 활용할 수 있게 된다. 예를 들면, 치매 환자의 선호도와 요구를 나타내는 의사소통 선택 항목을 제공하기 위해 실어증 환자를 위해 개발된 선택지 기법(제15장 참조)을 글자나 그림과 함께 이용할 수 있다. 또한 의사소통 노트나 소형 지갑들이 많은 경우에 유용하다. 특히, 이들 도구가 의사소통을 돕기 위한 이미지의 편집, 보정, 크기 조절, 조작 등을 가능하게 하는 디지털 사진 기법을 활용해 제시된 정보를 포함할 경우 훨씬 더 유용하다. [그림 16-3]은 알츠하이머병을 지닌 노인이 말년을 보내고 있는 장기요양시설에서

[그림 16-3] 알츠하이머병을 지닌 한 남자 노인의 의사소통 카드

자신의 결혼기념일 이벤트를 기억하도록 돕기 위해 만든 의사소통 카드의 예다. 이러한 유형의 정보는 환자가 가정에서 더 이상 살 수 없게 되면서 타인에게 자신의 건강과 안전을 맡기고자 많은 것들을 두고 떠나온 사람들의 개인적 특성(personhood)을 강조할 수 있다(Kitwood, 1997).

집 안 곳곳에 마련된 의사소통 카드(communication cards)와 라벨(labels)은 환자로 하여금 여러 개의 방 구분하기, 닫힌 찬장 속에 뭐가 들어 있는지 확인하기, 변기 사용 후 물을 내리거나 손을 씻는 것과 같은 활동 완수를 위한 순서 따르기, 약 먹을 시간 기억하기 등을 도울 수 있다.

앞서 언급한 것처럼, 치매 환자를 위한 AAC 중재 중 가장 많이 연구된 것은 메모리북이다. 부르주아와 그 동료들(Bourgeois, 1990, 1992, 1993, 1996; Bourgeois et al., 2001)은 경도 및 중도 치매 환자들의 대화 질이 메모리북이나 메모리 지갑을 사용할 때 유의하게 향상되었다고 보고하였다. 향상된 측면은 전체적인 발화의 수뿐 아니라 대화 중 치매 환자가 보인 긍정적 진술과 정보를 지닌 의미 있는 발화의 수에서도 나타났다. 또한 연구에 참여한 요양보호사들도 시설 거주자들에게 좀 더 촉진적인 언급을 하는 것으로 나타났다.

디지털 사진, 비디오 및 오디오 기술의 가격 적정성과 이용 가능성이 증가하면서, 자전적 이야기에 기반을 둔 메모리북의 제작은 디지털식으로 편집된 사진 비디오 형식의 다중매체 자서전을 제공하는 것이 추세다. 물론 음악과 내레이션이 기본으로 깔린다(Alm, Astell, Ellis, Dye, Gowans, & Campbell, 2004; Cohen, 2000; Smith, Crete-Nishihata, Damioanakis, Baecker, & Marziali, 2009; Yasuda, Kuwabara, Kuwabara, Abe, & Tetsutani, 2009). 코헨(Cohen, 2000)은 사진들이 천천히 바뀌면서 제시되고, 적절한 시대 음악이 깔리며, 사진에 어울리는 멋진 내레이션을 지닌, 디지털식 사진을 사용하는 그러한 도구를 개발하였다. 오래된 비디오나 영화 또한 디지털식으로 변환되고 통합될 수 있다. 코헨은 이러한 다중매체의 제시가 치매 환자의 긍정적 참여를 증가시키고, 불안을 감소시키며, 보호자와 방문자들을 상호작용에 집중할 수 있게 해 줌을 발견하였다. 야수다 등(Yasuda et al., 2009)은 개인의 회고 사진 비디오와 텔레비전의 버라이어티 쇼 및 뉴스 프로그램을 가지고 참여자들의 집중도를 측정하였다. 연구 결과, 참여자의 80%가 개인의 사진 비디오에 더 집중하는 것으로 나타났다. 알름 등(Alm et al., 2004)은 다중매체의 회고담을 제시했을 때 치매 환자의 주의 집중이 늘고 상호작용에 대한 의사소통 상대의 즐거움 또한 증가함을 확인하였다. 스미스, 크리트-니시하타 등(Smith, Crete-Nishihata et al., 2009)은 장기요양시설 직원, 가족, 자원봉사자 등이 저렴하고 효율적인 대중매체 자서전을 제작할 수 있도록 돕기 위해 간결한 절차를 개발하고자 노력하고 있다.

대중매체 자서전 제작을 위한 테크놀로지는 매우 빠르게 발전하고 있기에 관련 소프트웨어나 하드웨어 리스트를 제공하고자 시도하는 것은 현실적이지 않다. 그러나 현재 생산되는 대부분의 컴퓨터는 복잡하지 않은 사진 및 비디오 편집 프로그램들을 제공하고 있다. 또한 수많은 요양시설 환자들의 방에서 볼 수 있는 더 새로워진 디지털 포토 프레임들은 오디오를 지원할 뿐 아니라 인터넷을 연결해서 원격으로 사진을 업로드할 수 있다.

모든 하이테크 전략들이 치매 환자에게 적용되는 것은 아니다. 프라이드-오켄 등(Fried-Oken et al., 2009)은 디지털 음성 출력(한 낱말 또는 두 낱말 발화)이 알츠하이머 환자와 대화 상대 간 양자 대화에 미치는 영향을 조사하였다. 연구자들은 디지털 음성 출력 기능을 가진 AAC 테크놀로지는, 그러한 출력 기능이 제공되지 않는 의사소통 수행과 비교했을 때, 대화 수행을 저하시키며 실제로 중등도 알츠하이머 환자들을 산만하게 만든다고 결론지었다. 이들 연구자는 알츠하이머병이 진행되는 초기에 일찍 음성출력을 소개하면 환자들을 덜 산만하게 할 것이라고 인정하였다.

의사소통 상대 훈련

앤드루스-샐비어, 로이 및 캐머런(Andrews-Salvia, Roy, & Cameron, 2003)과 부르주아 등(Borugeois et al., 2001)의 연구에서 증명된 것처럼, 치매 환자를 위한 의사소통 중재는 환자와 이들의 의사소통 상대 모두를 목표로 해야 한다(Hopper, 2003). 치매는 퇴행성이기 때문에, 두 의사소통자 간 공유되었던 책무성이 치매 환자의 능력이 감소됨에 따라 점점 더 의사소통 상대에게로 넘어가게 될 것이다. 치매 환자용 선별 프로토콜은 뷰켈먼, 개릿 및 요크스턴(Buekelman, Garrett, & Yorkston, 2007)의 서식 8.3에서 찾을 수 있다. 따라서 환자의 의사소통 상대는 치매가 진행될 경우 환자의 의사소통을 강화할 수 있는 전략들을 배워야 한다. 보호자, 가족, 전문가 및 친구들은 대다수 치매 환자의 사회적 네트워크를 구성하는데, 이들은 대부분 주로 말을 통해 의사소통을 해 왔다. 그러나 치매 환자와의 의사소통 패턴이 기억 보조 도구와 같은 AAC 기법을 포함하는 것으로 바뀌기 때문에, 이들은 환자들과 의사소통할 수 있는 새롭고 더욱 효과적인 방법들을 배워야만 한다. 스몰, 거트먼, 마켈라 및 힐하

🔖 **표 16-2** 알츠하이머 환자를 돌보는 사람들에게 흔히 추천되는 의사소통 전략과 그 효과성

전략	의사소통 단절 감소 여부
산만함 제거하기	그렇다
앞에서 천천히 접근하기; 눈 맞추기	분명하지 않다
짧고, 단순한 문장 사용하기	그렇다
느리게 말하기	그렇지 않다
한 번에 하나씩 질문하거나 지시하기	분명하지 않다
개방형 질문보다 '예/아니요'로 질문하기	그렇다
축어(verbatim) 반복하기	분명하지 않다
반복적인 바꾸어 말하기	분명하지 않다
끼어들지 않기; 반응할 시간 허용하기	분명하지 않다
낱말 찾기 문제를 보일 경우 해당 낱말을 설명해 보도록 격려하기	분명하지 않다

출처: Small, J. A., Gutman, G., Makela, S., & Hillhouse, B. (2003). Effectiveness of communication strategies used by caregivers of persons with Alzheimer's disease during activities of daily living. *Journal of Speech, Language, and Hearing Research, 46,* 353-367.

우스(Small, Gutman, Makela, & Hillhouse, 2003)는 배우자 중 한 명이 알츠하이머병을 지닌 18쌍의 부부를 대상으로 일상생활에서 이들이 사용하는 의사소통 전략들을 조사하였다. 연구자들은 이들 부부를 관찰하고 치매 환자의 의사소통 성공을 증가시키는 것으로 흔히 추천되는 10가지 전략의 효과성 또는 비효과성을 기록하였다. 〈표 16-2〉는 이들 전략과 각 전략의 효과성을 보여준다.

　연구자들은 또한 환자의 배우자들에게 이들 전략을 얼마나 많이 사용하는지, 그리고 그 효과성이 어떤지를 평정하도록 요청하였다. 이들 결과 중 일부는 상당히 놀랍다. 10가지 전략 중 산만함 없애기, 단순한 문장으로 말하기, '예/아니요' 질문 사용하기의 세 가지 전략만이 의사소통 단절을 감소시키는 것으로 나타났다. 다소 느린 속도로 말하는 전략은 오히려 의사소통 단절을 증가시키는 것으로 나타났다. 그러나 연구자들은 일부 배우자들이 자신의 말 속도를 늦추어야 한다고 생각했을 때조차도 말 속도를 늦추지 않음을 발견하였다. 말 속도를 더 늦추었음에도 불구하고 여전히 효과적이지 않은 경우에 대해, 연구자들은 메시지의 지속시간이 길수록 알츠하이머 환자의 저하된 작업 기억력에 대한 부담이 증가할 것이라고 상정했는데, 이는 이전의 연구와 일치한다(Bayles & Kim, 2003; Small, Kemper, & Lyons, 1997; Tomoeda, Bayles, Boone, Kaszniak, & Slauson, 1990). 전반적으로, 환자의 배우자들은 객관적인 자료가 지지하는 것보다 더 높은 수준의 의사소통적 효과성을 보고하였다. 이 연구

는 치매 환자의 의사소통 상대를 대상으로 한 중재가 절실히 필요함을 강조한다.

요약

치매는 의사소통 및 그 밖의 인지 영역에 영향을 미치는 진행성 기억장애가 특징인 증후군이다. 치매가 진행되는 각 단계에서는 뚜렷이 구별되는 의사소통의 강약점이 나타난다. 치매 환자들은 의사소통의 결함을 중재하기보다 의사소통의 강점을 지원하고 강화하는 데 목표를 둔 AAC 전략들로부터 도움을 얻을 것이다. 치매 환자 대상의 AAC 전략으로는 상호작용을 강화하는 개인 메모리북과 다중매체 자서전이 연구의 관심을 받아 왔다. 메모리북은 의사소통 입력의 대체 형식으로 기여하며, 일상적인 활동을 완수할 수 있도록 절차적 기억을 강화하고, 표현언어에 어려움을 겪는 치매 환자의 의사소통 의도를 표현할 수 있게 해 준다. 치매 환자를 위한 AAC 중재와 관련하여 의사소통 상대에 대한 교육이 효과적임을 입증하는 연구가 많아지고 있다. 의사소통 상대에 대한 훈련은 AAC 중재의 성공에 결정적으로 중요하다. 따라서 이들이 사용하는 어떤 의사소통 전략이 실제로 효과적인가를 결정하기 위한 새로운 연구들이 수행되고 있다. 기억 지원과 관련된 서식은 뷰켈먼, 개릿 및 요크스턴(Beukelman, Garrett, & Yorkston, 2007)의 서식 8.7에서 찾을 수 있다.

[그림 16-4]는 유럽 연구자들(Ferm, Sahlin, Sundin, & Hartelius, 2000; Murphy, Tester, Hubbard, Downs, & McDonald, 2005)이 요양시설 노인들의 호불호 표현을 돕기 위해 개발한 로우테크 의사소통 체계를 보여 준다. 이 토킹 매트(talking mats)는 주제를 나타내는 그림 상징, 각 주제와 관련된 선택 항목, 각 항목에 대한 일반적인 느낌 전달을 돕기 위한 시각적 척도를 활용한다. 사용자는 자신의 선호도를 전하기 위해 좋고 싫음을 나타내는 시각적 척도 밑에 활동 상징을 놓을 수 있다. 디스플레이의 디지털 사진은 개인 차트의 기록이 된다. 시간이 지남에 따라, 반응의 일관성이 나타날 것이기에 상징 선택을 통한 의사소통 의도의 신빙성을 입증할 수 있을 것이다.

[그림 16-4] 토킹 매트

헌팅턴병

헌팅턴병(Huntington's disease: HD)과 관련된 의사소통 제한은 난제다. 왜냐하면 운동기능의 장애(마비말장애)와 인지-언어 기술의 파괴적 변화가 복잡하게 상호작용하기 때문이다(Klasner & Yorkston, 2000). 따라서 AAC 체계는 개인의 요구를 충족시키고, 사용이 용이하며, 병세가 악화되어도 이에 적응할 수 있는 것이어야 한다(Yorkston & Beukelman, 2007). HD는 유전에 의한 상염색체 우성의 퇴행성 질환이다. 즉, 부모 중 한 사람이 이 병을 지닌 경우 유전될 확률이 반반이라는 이야기다. HD의 증상은 전형적으로 40대에 나타나며, 발병 후 15~17년이 지나면 사망한다. 말기 HD 환자들은 기능적으로 말을 할 수 없는 경우가 흔하다(Folstein, 1990).

HD의 주된 증상은 무도병(chorea, 사지나 얼굴 근육의 불수의적이고 불규칙적인 경련성 움직임), 정서장애, 과잉운동성 마비말장애 등이다. 초기의 인지 변화는 주의집중 및 기억손상 그리고 일부 환자의 경우 이후 단계에서 완전 치매로 발전하게 되는 인지기능의 손상을 포함한다(Murray, 2000). HD로 인한 의사소통장애는 사람마다 매우 다르다. 언어 이해의 결함은 은유적이거나 모호한 문장 또는 함축적인 정보나 복잡한 문법을 포함한 문장을 처리하는 데 있어서의 어려움을 포함한다. 표현 언어의 결함은 더 짧고, 더 단순하며, 문법적으로 더 서툰 발화가 특징적이다(Murray, 2000). 일부 환자는 명백한 말장애 없이 주로 하지에 국한된 비전형적 움직임을 보인다. 또 다른 일부 환자는 말장애가 너무 심해서 AAC 전략이 필요하다(Klasner & Yorkston, 2000).

클래스너와 요크스턴(Klasner & Yorkston, 2001)은 44세 HD 환자의 의사소통을 지원하기 위해 언어 및 인지 보완 전략을 활용한 사례를 보고하였다. '가정에서 직장으로(home to work)'라는 대화 스크립트를 활용한 이 언어 보완 전략에는 일상적 활동을 두세 개의 짧은 문장으로 기술한 노트가 필수적으로 포함되었다. 반려동물 돌보기 같은 집안일을 돕기 위해 두꺼운 종이 위에 해야 할 일을 쭉 적어 놓은 인지 보완 전략도 활용되었다.

초기 AAC 중재

의사소통을 이끌기 위한 전략들은 마비말장애가 경미할 때조차도 유익하다. 케네디, 마이어, 놀스 및 슈클라(Kennedy, Meyer, Knowles, & Shukla, 2000)는 대화의 개시, 유지 및 종료의 윤곽을 보여 주는 '기억 구성 패킷(memory organization packets)'의 사용을 제안하였다. 구어 스크립트로 구성된 주제 장면들은 일련의 발화를 구성하기 위해 활용될 수 있다. 이러한 외적 촉진의 사용은 HD 환자로 하여금 대화에 참여함으로써 의사소통을 유지하도록 도울 수 있다(Klasner & Yorkston, 2001). 한쪽 면에 주제와 발화를, 따른 한쪽 면에 핵심 낱말을 써놓은 인덱스 카드를 사용해 스크립트 리허설을 할 수 있다. 일부 HD 환자들은 핵심 낱말을 보고 곧바로 발화를 생성할 수 있다(Klasner & Yorkston, 2001). 중등도 마비말장애를 지닌 환자들은 의사소통 단절을 해결하기 위한 지원을 필요로 한다. 이러한 전략들은 환자의 잔존 능력과 환자에게 이들 전략을 기꺼이 제공하고자 하는 의사소통 상대의 의향에 기초하여 맞춤형으로 개발되어야 한다.

중기 AAC 중재

중기 단계에 이르면, 인지문제가 HD 환자의 일상적 활동 참여를 방해한다. 이들은 어떤 활동을 시작했음을 기억하고 활동 완수를 위해 모든 단계를 수행하는 데 어려움을 보인다. 클래스너와 요크스턴(Klasner & Yorkston, 2001)은, 고양이에게 먹이 주기와 같은, 과제를 처리 가능한 단계들로 쪼개기 위한 '인지적 보완' 옵션들을 기술하였다.

후기 AAC 중재

HD 환자의 의사소통 상대는 환자의 의사소통 지원에 점점 더 많은 역할을 담당해야 한다. 이 단계의 중재는 주로 HD 환자와 규칙적으로 상호작용하거나 환자를 돌보는 사람들에게 초점을 맞춘다. 따라서 이때 활용되는 전략들은 치매 영역에서 기술한 것들과 매우 유사하다.

📋 학습문제

16-1. PPA에 대한 치료는 비진행성 실어증에 대한 중재를 반영해야 한다. 그 이유를 설명하라.

16-2. PPA에 대한 치료와 비진행성 실어증에 대한 치료는 달라야 한다. 그 이유를 설명하라.

16-3. PPA에 대한 중재는 의사소통장애가 좀 더 분명해질 때까지 기다리기보다 진행 초기에 시작하는 것이 좋다. 그 근거는 무엇인가?

16-4. 메모리북 제작하기와 같이 치매 초기에 중재를 시작하는 것은 어떤 이점이 있는가?

16-5. 이 장에서 기술한 것과 유사한 멀티미디어 자서전을 만들기 위해 활용할 수 있는 소프트웨어나 웹 사이트를 알고 있는가?

16-6. 치매 환자의 이해를 강화하기 위해 활용할 수 있는 두 가지 입력 보완 전략을 기술하라.

16-7. 치매 환자의 요구를 충족시키기 위해, 상대의 의사소통 방식을 바꾸도록 가르치기 위한 중재를 계획한다면, 당신은 어떤 프로그램을 마련할 것인가?

Chapter **17**

외상성 뇌손상을 지닌 사람들

외상성 뇌손상(traumatic brain injury: TBI) 환자를 대상으로 한 AAC 중재는 지난 수년간 극적으로 변해 왔다. 1990년대 중반까지 AAC 중재는 주로 TBI로 인한 중도의 실구어증(anarthria)이나 마비말장애를 지닌 사람을 대상으로 이루어졌다. 환자의 의사소통 관련 장애가 '안정될' 때까지 AAC 팀이 중재를 미루는 것 또한 흔한 현상이었다. 결과적으로 많은 TBI인들이 사고 후 수개월 또는 수년 동안 기능적으로 의사소통을 할 수 없었다. 이러한 보수적 접근의 정당성은 세 가지 사항에 기초하고 있다. 첫째, 회복 초기에 나타나는 인지적 제한으로 인해 많은 TBI인이 복잡한 AAC 테크놀로지를 조작하는 데 어려움을 갖는다. 둘째, TBI인의 인지 및 운동 수행이 시간이 가면서 변하기에 장기적으로 적절한 AAC 체계를 선택하기 어렵다. 셋째, 임상적 관찰에 의하면 일부 TBI인들은 기능적인 말을 회복하기에 장기적인 AAC 체계가 필요치 않다. 이러한 견해에 따라, AAC 팀은 중재를 추천할 때 가장 보수적인 접근이 '가장 안전하다'고 느끼는 경우가 흔하다.

AAC 팀의 최근 목표는 TBI인들이 재활 프로그램에 효과적으로 참여하고 지속적인 요구를 주고받을 수 있도록 의사소통을 지원하고자 하는 데 있다. 따라서 장기적으로 사용할 수 있는 하나의 AAC 체계를 제공하는 것이 아니라 말을 되찾을 수 있도록 지속적인 노력을 하면서도 단기적인 의사소통 요구를 충족시킬 수 있는 AAC 체계를 제공하는 것으로 중재의 초점이 바뀌어 왔다. 예를 들면, 이해 가능한 '예/아니요' 반응으로 시작해, 즉각적인 요구 및 바람 표현을 위한 의사소통판을 제공하고, 주의집중을 요구할 수 있는 수단을 개발하며, 정보 공유를 위한 의사소통 지원책을 마련하고, 문어 의사소통을 지원하며, 말 발달에 강조를 둔 다음, 말과 AAC 전략을 통합하는 다중방식 의사소통을 활용하도록 가르친다(Light, Beesley, & Collier, 1988).

이 장은 TBI인을 대상으로 한 일반적인 AAC 중재 접근법들을 요약한다. 그러나 뇌손상을 지닌 사람들은 긴 시간에 걸쳐 회복되기 때문에, 이들을 위해 개발된 광범위한 AAC 중재의 개념, 기법 및 전략에 대해 자세히 논의하는 것은 이 책의 범위를 벗어난다. 페이거, 도일 및 카란토니스(Fager, Doyle, & Karantounis, 2007)는 이와 관련된 정보들을 심도 있게 다루고 있다.

출현율과 병인

일시적이거나 영구적인 뇌손상을 가져오는 머리 부상은 상당히 흔하다. 많은 경우 보고가 되지 않기 때문에 매년 발생하는 머리 부상의 수치를 정확히 추정하기는 어렵다. 의식을 잃지 않았거나 잠시 동안만 의식을 잃은 경우, 병원에 수용되는 경우가 드물고 심지어 응급실에 가지 않을 수도 있다. 질병관리본부(2010)에 따르면, 매년 1백 70만 명 정도가 TBI를 겪는다. 이들 중 5만 2천 명이 사망하고, 27만 5천 명이 입원을 하며, 1백 36만 5천 명이 응급실에서 치료를 받고 퇴원한다. 미국의 경우 TBI를 겪은 사람들 중, 8~9만 명이 장애를 갖고 생존하는데, 그 정도가 너무 심해서 독립적인 생활을 할 수 없는 상태가 된다. 여섯 명 중 한 명은 병원이나 재활센터에서 나왔을 때 학교나 직장으로 복귀할 수 없다. 연령별로는 5세 이하, 10대 청소년 및 65세 이상 노인에게서 TBI의 위험성이 가장 높게 나타난다(Centers for Disease Control and Prevention, 2010; Thurman, Alverson, Dunn, Guerrero, & Sniezek, 1999).

TBI 인구는 전체 인구의 임의적 표본을 대표하지 않는다. 여성보다 남성에게서 두 배

이상 많이 발생한다. 0~4세 남자 아동이 TBI와 관련된 응급실 방문, 입원 및 사망 등에 서 가장 높은 비율을 차지한다(Centers for Disease Control and Prevention, 2010).

TBI의 원인은 다양하다. 낙상은 가장 흔한 원인이다(35.2%). 모든 연령 집단에서, 자동차로 인한 교통사고가 두 번째로 흔한 원인이다(17.3%). 그 밖의 원인으로는 폭행과 움직이거나 멈춰 있는 사물에 부딪치는 것과 같은 '충돌' 사건을 들 수 있다 (Centers for Disease Control and Prevention, 2010; Hux, 2011).

TBI를 겪은 사람들은 회복될 때 주로 외상 처치에서 시작된 연속적인 관리를 통해 진전을 보이며, 그 과정에서 다양한 생활환경을 거치게 된다. 페이거(Fager, 2003)는 간단한 인사말을 제외한 모든 메시지를 주고받기 위해 AAC 기법에 의존하는 36세 남성의 경험담을 기술하였다. TBI를 지니고 살아온 15년 동안 이 남성은 병원의 집중치료실, 재활센터, 생활지원센터, 부모의 집, 간호사의 관리를 받는 자립생활 등 총 11곳의 주거환경에서 생활하였다. 그는 자신이 거처한 모든 환경에서 AAC 전략을 성공적으로 사용하였다. 그러나 모든 TBI 환자들이 지속적으로 AAC 테크놀로지를 이용할 수 있을 만큼 적절한 지원을 받는 것은 아니다. 페이거, 헉스, 카란토니스 및 뷰켈먼(Fager, Hux, Karantounis, & Beukelman, 2004)은 25명의 TBI 환자를 대상으로 이들의 장기적인 AAC 사용을 상세히 기록했는데, 이들 중 두 명의 환자는 생활 속에서 적절한 지원 및/또는 촉진자를 제공받지 못해 자신의 AAC 사용을 중지했다고 보고하였다. AAC를 성공적으로 사용한 TBI 환자들의 촉진자 지원은 광범위한 경우가 흔하다. 따라서 이들이 다양한 생활환경을 거쳐 갈 때 이들을 도울 수 있는 촉진자 훈련에 중재의 초점을 맞춰야 한다.

인지·언어 및 의사소통장애

중도 TBI 환자를 기술하고자 하는 노력의 일환으로 몇 가지 범주 척도(categorical scales)가 개발되었다. 〈표 17-1〉은 회복 과정에서 나타나는 인지 및 관련 언어 행동을 기술한 란초 인지 기능 수준 척도(Rancho Levels of Cognitive Functioning Scale; Hagen, 1984)를 보여 준다. AAC 팀은 각 단계에 적절한 AAC 및 그 밖의 중재를 계획하기 위해 이와 같은 척도를 이용한다.

일반적으로, TBI와 결합된 의사소통장애는 다음 세 영역의 손상으로 인한 것이다.

첫째, TBI 환자의 언어 특성 중 일부는 〈표 17-1〉에 요약된 것처럼 인지적 손상의 결과다. 언어의 수행 수준은 개인의 인지 수준에 따라 다를 수 있다. 둘째, 언어장애는 뇌의 특정 언어처리 영역의 손상으로 인해 발생할 수 있다. 사노, 부오나구브로 및 레비타(Sarno, Buonaguro, & Levita, 1986)는 125명의 TBI 환자를 대상으로 언어를 평가하고, 이들의 29%가 후천성 실어증과 관련된 전통적인 증상들을 보인다고 보고하였다. 또 다른 36%는 무증상 실어증(subclinical aphasia)을 보였는데, 연구자들은 이를 "언어장애에 대한 임상적 증거가 없음에도 검사에서 나타나는 언어처리 결함"(p. 404)으로 정의하였다.

셋째, TBI인들에게서 나타나는 일부 의사소통장애는 머리 부상 당시에 발생한 뇌의 경로와 운동 조절 네트워크의 손상에 의해 나타난다. 마비말장애는 TBI의 장기적인 후유증의 하나로 자주 보고된다. 올리버, 폰포드 및 커런(Oliver, Ponford, & Curren, 1996)은 자신들의 연구 대상자 중 34%가 뇌손상 5년 후에도 말운동장애를 보였다고 보고하였다. 요크스턴, 혼싱어, 미츠다 및 하멘(Yorkston, Honsinger, Mitsuda, & Hammen, 1989)은 TBI를 겪은 151명의 사람들을 조사했는데, 뇌손상 발생 후 얼마나 시간이 지났느냐에 따라 출현율이 변함을 발견하였다. 집중재활시설에 있는 사람 중 45%는 경도에서 중등도의 마비말장애를 보고하였으며, 20%는 중도의 마비말장애를 보고하였다. 외래 환경에서는 12%가 경도에서 중등도의 마비말장애를 보였으며, 10%가 중도의 마비말장애를 보였다. 아동과 관련하여, 일비세이커(Ylvisaker, 1986)는 아동의 10%, 청소년의 8%가 추후연구에서 지속적으로 불명료한 말을 산출했다고 보고하였다. TBI 이후에 마비말장애의 몇 가지 다른 유형이 관찰되었는데, 운동실조형(ataxic), 이완형(flaccid), 경직형(spastic) 및 혼합형(combinations) 등이 이에 속한다(Yorkston, Beukelman, Strand, & Bell, 1999).

주디(Judy)는 그날 여러 번 말을 하려고 하였다. 그녀의 말은 알아들을 수 없는 소리들이 대부분이었지만, 우리는 가끔씩 "여기가 어디예요?"라든가 이해할 수 있는 말을 듣기도 했다. 우리는 주디가 우리를 알아보는지 또 우리의 말을 이해하는지 확신할 수 없었다. 며칠 후 주디는 대답을 하기 시작했다. 사람들이 새로 태어난 아이의 침대 옆에 붙어 있는 것처럼, 우리도 그날 남은 시간을 온통 그녀를 칭찬하면서 침대 옆에 매달려 있었다. 다음날 그녀의 반응이 줄어들었다. 이는 하나의 패턴이었다. 그녀는 거의 매일같이 분명한 향상을 보이다가도 수동적이 되거나 퇴행을 보이기까지 하였다. 이는 우리로 하여금 감정의 롤러코스터를 탄 것 같은 기분이 들게 했다

(D. Thatch, 중도 TBI를 경험한 자신의 딸 주디가 입원했던 처음 며칠을 회상하며, Weiss, Thatch, & Thatch, 1987, p. 17).

심각한 의사소통장애의 회복

TBI인들의 의사소통장애는 회복과정에서 극적으로 변할 수 있다. 그러한 변화 패턴을 기술한 종단연구는 제한적이다. 그러나 일부 학자들은 회복과정에 대한 통찰력을 제공해 준다.

래트코우와 컬프(Ladtkow & Culp, 1992)는 18개월 동안 138명의 TBI 환자를 추적하였다. 이들 환자 중 29명(21%)은 회복 과정의 어느 시점에서 말을 할 수 없었던 것으로 판단되었다. 이들 29명 중에서 16명(55%)은 회복 중기(〈표 17-1〉의 4, 5단계)에 기능적인 말을 회복하였다. 13명(45%)은 기능적인 말을 되찾지 못했는데, 불행히도 이들의 인지 능력 회복에 대한 설명이 불충분하다. 연구자들에 따르면, 단지 세 명의 환자(10%)만이 6, 7, 8단계에 해당하는 회복의 마지막 단계에 도달했다고 한다.

 표 17-1 인지 기능 수준 및 관련 언어 행동

일반 행동	언어 행동
I. 무반응기(no response) 환자는 깊은 잠에 빠져 있는 것으로 보이며, 어떤 자극에도 반응을 보이지 않음	수용 및 표현: 언어처리, 구어 또는 제스처 표현의 증거 없음
II. 전체적 반응기(generalized response) 환자는 특이하지 않은 방식으로 일관성 없이 비의도적으로 자극에 반응함. 자극에 상관없이 반응이 제한적이며 동일한 경우가 많음. 반응은 생리적인 변화, 대근육 움직임, 발성 등으로 나타남	수용 및 표현: 언어처리, 구어 또는 제스처 표현의 증거 없음
III. 국소적 반응기(localized response) 환자는 자극에 대해 특정한 반응을 보이기는 하지만 일관성이 없음. 반응은 제시된 자극 유형에 직접적으로 관련됨. 일관성 없는 지연된 방식으로 '눈 감으세요', '제 손을 쥐어 보세요'와 같은 간단한 지시에 따름	언어가 출현하기 시작함 • 수용적 측면: 환자는 주의집중에서부터 자동적인 반응을 이끄는 간단한 지시를 일관성 없고 지연된 방식으로 처리하고 수행하는 진보를 보임. 제한적이지만 읽기가 가능해지기 시작함 • 표현적 측면: 직접적인 유도에 따라 자동적인 구어와 제스처 반응이 나타남. 부정의 머리 흔들기가 긍정의 머리 끄덕임보다 먼저 나타남. 발화는 '일어문적(holophrastic)' 특성을 갖는 한 낱말로 표현됨

IV. 혼미 불안기(confused-agitated)

행동이 직접적인 환경에 비추어 이상하고 비의도적임. 사람과 사물을 구별하지 못함. 치료 노력에 직접적으로 협력할 수 없음. 말은 일관성이 없거나 상황에 부적절함. 작화증(confabulation)이 나타날 수 있음. 환경에 대한 일반적인 주의집중이 매우 짧고, 선택적 주의집중의 부재가 흔함. 단기기억 능력이 저하됨

V. 혼미 부적절 비불안기

(confused, inappropriate, nonagitated)

간단한 지시에 지속적으로 반응할 수 있음. 그러나 지시사항이 복잡하거나 외적인 구조가 없으면 반응이 부적절하고 임의적이거나 단편적임. 환경에 대한 일반적인 주의집중은 가능하지만 금세 산만해지고 특정 과제에 대한 집중능력이 부족함. 구조가 제공되면 잠깐 동안 사회적, 자동적 수준으로 대화할 수 있음. 말은 부적절하거나 작화적인 경우가 많음. 기억력은 심하게 손상됨. 주제를 부적절하게 사용하는 경우가 많음. 이전에 배운 구조적인 과업은 수행할 수 있으나 새로운 정보를 학습할 수 없음

VI. 혼미 적절기(confused-appropriate)

목표 지향적 행동을 보이기는 하지만 외부적인 지시사항에 따라 달라짐. 지속적으로 간단한 지시를 따르고 재학습한 과제에 대해 전이 능력을 보이지만, 새로운 과제에 대해서는 거의 혹은 전혀 전이 현상을 보이지 않음. 기억 문제로 인해 반응이 부정확할 수 있으나 상황에는 적절함. 최근 기억보다 과거 기억이 더 양호함

전두엽과 측두엽의 심한 분열로 정신착란이 두드러짐

• 수용적 측면: 음소 순서 인식, 속도 조절, 자극에 대한 주의집중 · 기억 · 범주화 · 연상의 무능력 등 시청각적 처리에 현저한 어려움을 보임. 탈억제(disinhibition)로 인해 자기 생성적 정신활동의 반응을 억제하는 능력과 판단력이 손상됨
• 표현적 측면: 음운, 의미, 구문 및 초분절적 특성에서 현저한 분열을 보임. 말이 이상하고 상황에 맞지 않으며 횡설수설함. 말과 글에서 착어증(paraphasias)이 나타나며, 착어증은 사고의 불완전성 및 논리적 연속성의 문제와 함께 나타남. 음도, 속도, 강도 및 초분절적 측면의 모니터링이 심하게 손상됨

언어 능력은 외부적 구조와 언어적 사건의 친숙성 및 예측 가능성 정도에 따라 달라짐

• 수용적 측면: 음소적 측면의 시간적 순서를 기억하는 능력이 증가함에 따라 처리 능력은 개선되지만, 의미와 구문 혼란은 남아 있음. 구절이나 짧은 문장만을 기억함. 속도, 정확성 및 질은 유의하게 감소되어 있음
• 표현적 측면: 음운, 의미, 구문 및 운율적 처리 문제가 남아 있음. 논리적 연속성의 문제가 결과적으로 부적절, 불완전, 본래 목적에서 벗어나기, 작화증 등을 가져옴. 글에서 나타나는 착어증은 사라지지만 신조어와 구어 착어증은 남아 있음. 억제 · 탈억제 요인에 따라 발화는 확장적이거나 전보식일 수 있음. 반응은 자극에 따라 달라짐. 낱말 인출의 결함은 지연, 일반화, 묘사, 의미적 연상 또는 에둘러 말하기 등의 특징을 보임. 구체적인 표현 수준을 넘어서거나 산출 길이가 증가할 경우 구문 문제가 나타남. 문어를 통한 표현은 매우 제한적임. 제스처가 불완전함
• 수용적 측면: 기억, 분석, 종합의 어려움으로 처리 능력이 지연됨. 읽기에 대한 이해가 단순한 문장에 국한되는 반면, 청각적 처리는 복합문에서도 가능함. 자기 점검 능력이 출현함
• 표현적 측면: 내적 혼란-분열이 표현에 반영되기는 하지만 적절함이 유지됨. 언어는 새로운 학습의 어려움과 시간 및 상황 변화에 따라 혼란을 보이지만, 작화증은 사라짐. 사회적-자동적 대화는 온전하지만 자극에 따라 달라짐. 참조적 언어를 필요로 하는 개방형 질문 상황에서만 본래의 목적에서 벗어나거나 부적절한 반응이 나타남. 신조어는 사라지고 실행증과 결합될 경우에만 문어 착어증이 나타남. 낱말 인출 오류가 대화에서는 나타나지만 직면한 이름 대기에서는 드문 편임. 발화길이는 억제개시기제(inhibitory-initiation mechanisms)를 반영함. 문어 및 제스처 표현이 증가함. 운율적 특성은 단일 음도, 단일 강세, 단일 강도를 특징으로 하는 '모호한 소리'로 드러남

VII. 자동적 적절기(automatic-appropriate) 병원과 가정에서 적절하며 지남력을 지닌 것으로 보이고, 일과에 자동적으로 참여하지만 가끔 기계적으로 대응함. 활동에 대해 어렴풋한 기억을 지님. 새로운 학습에 대해 전이 현상을 보이지만 갈수록 비율이 감소됨. 사회적 활동이나 여가 활동을 시작할 수 있음. 판단력 손상은 여전함

익숙하고 예측 가능하며 구조화된 상황에서는 언어적 행동이 '정상'으로 보이지만, 개방적인 의사소통과 구조화가 덜 된 상황에서는 결함이 나타남
- 수용적 측면: 길이, 복잡성 및 경쟁적 자극의 여부에 따라 청각적 처리와 읽기 이해력에서 문제가 지속됨. 두드러진 특징 인식, 조직, 통합, 순서화 및 세부사항을 기억할 수는 없지만 짧은 문단을 기억하는 능력은 향상됨
- 표현적 측면: 참조적 의사소통에서 자율적인 언어 수준이 드러남. 추론은 구체적이며 자기중심적임. 추상적 언어개념이 요구되면 취지에서 벗어나거나 부적절한 표현을 하게 됨. 낱말 인출 오류는 최소한에 그침. 발화 길이 및 제스처는 거의 정상 수준임. 쓰기는 조직적이지 않으며 한 문단 수준으로 간단함. 운율적 특성은 여전히 비정상적임. 다른 요소에서는 여전히 문제가 있으나 의례 및 참조의 화용론적 특성은 양호함

VIII. 의지적 적절기(purposeful-appropriate) 과거를 회상하고 현재의 사건들과 통합할 수 있으며, 상황을 인식하고 반응할 수 있을 뿐 아니라 새로운 학습에 대해 전이를 보이고 배운 활동에 대해서는 감독을 필요로 하지 않음. 언어, 추상적 추론, 스트레스 대처, 응급이나 특별한 상황에 대한 판단력 등은 발병 전에 비해 여전히 저하된 상태임

언어능력은 정상적인 수준으로 볼 수 있음. 반면에 경쟁적인 상황과 피로, 스트레스 및 정서적 측면의 반응에서는 여전히 문제가 있으며, 수행의 효과성과 효율성 및 질이 저하됨
- 수용적 측면: 처리 속도의 감소가 여전하나 검사에서는 눈에 띄지 않음. 기억유지의 길이는 문단 수준에 제한되지만 인출 및 조직화 전략의 활용으로 개선이 됨. 분석, 조직 및 통합의 속도와 질은 저하되어 있음
- 표현적 측면: 구문 및 의미론적 특성은 정상 범주로 볼 수 있으나 구어적 추론과 추상화 능력은 저하된 상태임. 문어 표현은 발병 전 수준에 비해 떨어짐. 운율적 특성은 정상임. 참조, 예상, 주제유지, 차례 주고받기, 상황에 맞는 준언어적(paralinguistic) 특성 활용 등 화용론적 특징은 여전히 제한적임

출처: Hagen, C. (1984). Language disorders in head trauma. In A. Holland (Ed.), *Language disorders in adults* (pp. 257-258). Austin, TX: PRO-ED.

유사한 연구를 수행한 돈길리, 하켈 및 뷰켈먼(Dongilli, Hakel, & Beukelman, 1992)은 TBI 후에 입원 재활을 허락받은 27명의 말을 할 수 없는 환자들을 대상으로 회복 과정을 조사하였다. 이들 중 16명(59%)은 입원 재활 과정에서 기능적인 말을 할 수 있게 된 반면, 나머지 11명(41%)은 그렇지 못하였다. 기능적으로 말을 할 수 있게 된 환자 모두 5단계나 6단계에서 그렇게 되었다(〈표 17-1〉 참조). 입원 재활 과정에서 말을 할 수 없었던 11명 중에서 한 명은 뇌손상 후 대략 24개월경에 기능적인 말을 회복했고, 나머지 환자는 손상 후 48개월에 이르러 기능적인 화자가 될 수 있을 만큼 실질적인 향상을 보였다.

    돈길리 등(Dongilli et al., 1992)의 연구는 TBI 환자들이 인지 관련 요인뿐 아니라
운동 관련 요인에 의해서도 심각한 의사소통장애를 경험할 것임을 보여 준다. 조던
과 머독(Jordan & Murdoch, 1990)은 혼수상태에 빠진 이후 10개월간 함묵증을 보였던
7세 여자 아이에 대해 기술하였다. 상위 수준의 언어장애를 계속 보이기는 했지만,
함묵증 이후에 그녀는 급속도로 기대 이상의 기능적인 의사소통 기술을 회복하였다.
4년 동안 그녀를 추적한 보고서에 따르면, 그녀의 말 명료도는 정상 수준에 이르렀
고, 인지/언어 능력에서도 향상을 보였다(Jordan & Murdoch, 1994).
    의사소통장애의 회복에 관한 정보를 늘려 주는 두 개의 흥미로운 사례연구가 있
다. 이 중 하나는 워킹어와 넷셀(Workinger & Netsell, 1988)의 연구로, 뇌손상을 겪은
지 13년 후 명료한 말을 회복하고 중재가 이루어지는 동안 다양한 AAC 체계를 사용
했던 한 남성의 이야기를 다루고 있다. 이 외에, 라이트 등(Light et al., 1988)은 TBI를
지닌 한 여학생이 3년간 다중방식의 AAC 체계를 사용하다가 기능적인 말을 회복했
음을 보여 주었다. TBI로 인해 심각한 연수기능장애를 갖게 된 네 명의 환자를 추적
한 엔더비와 크로(Enderby & Crow, 1990)도 유사한 결과를 보고하였다. 즉, 환자들은
손상 후 처음 18개월 이내에 약간의 회복을 보이기는 했지만, 48개월 정도가 지나서
야 실질적인 향상을 보였다고 한다.
    지난 10년간 TBI에 대한 의료적 처치는 크게 변화해 왔다. 뇌의 부종과 두개골에
둘러싸여 받게 되는 압력을 약물과 두개골 개방을 통해 감소시켜 왔다. 예를 들면,
TBI 직후 두개골의 부분(골덮개라고 부르는)을 제거해 뇌가 두개골 외부로 팽창할 수
있도록 하였다. 뇌의 부종이 가라앉고, 환자가 의학적으로 안정을 찾으면, 수술을 통
해 제거했던 두개골 부분을 다시 원위치시키게 된다. 따라서 뇌간의 혈류 방해로 인
해 발생하는 뇌간 손상에 의한 심각한 말장애를 겪는 TBI 환자들이 갈수록 줄어 들
고 있는 상황이다. 말을 사용해 의사소통하지 못하는 많은 TBI 환자들은 상당한 인
지적 결함을 또한 보인다. 따라서 이들을 위한 AAC 옵션을 선택할 때에는 이들이 보
이는 다양한 능력 결함들을 고려해야만 한다.

말과 관련된 자연스러운 능력 중재

앞에서 언급한 것처럼, 일부 TBI인들은 뇌손상 후 말을 회복하지만 그렇지 못한 TBI인들도 존재한다. TBI인들의 말 회복 경로를 예측하는 것은 어렵다. 따라서 TBI 환자와 가족 및 재활 팀은 환자의 개별적 상태에 따라 말 회복을 다루어야만 한다.

일부 환자들은 모든 상황에서 완전히 기능적일 수 있는 말을 발달시킬 수는 없지만 다수의 명료한 낱말을 산출할 수는 있다. 가족, 친구 및 팀원은 이러한 낱말들이 의사소통의 특정 측면을 처리할 수 있다면, 이를 사용하고 향상시키도록 격려해야 한다. TBI로 인해 마비말장애를 갖게 된 사람들의 경우, 여러 낱말을 표현할 수는 있지만 운동조절장애로 인해 발음이 불분명하다. 따라서 말 명료도 보완을 위한 AAC 기법을 필요로 할 것이다. 사실 대부분의 TBI인은 회복의 매 단계에서 다수의 의사소통 방식을 사용한다. 말 회복만을 강조하는 재활이나 단지 AAC를 사용하는 것만으로는 TBI인들의 모든 의사소통 요구를 충족시킬 수 없을 것이다.

주제 보완

개인의 말이 명료하지 않더라도 듣는 사람이 의미적 맥락이나 주제를 안다면 메시지 이해가 가능할 수 있다. 대화에 자주 오르내리는 주제 목록을 포함한 의사소통판은 상호작용 초기에 맥락을 형성하고 의사소통 단절을 해결하기 위해 사용될 수 있다. 핸슨, 요크스턴 및 뷰켈먼(Hanson, Yorkston, & Beukelman, 2004)은 다양한 유형의 마비말장애 화자를 대상으로 주제 보완(topic supplementation)을 다룬 문헌을 고찰하였다. 이들은 주제 보완이 평균적으로 낱말 명료도의 28%, 문장 명료도의 10.7%를 증가시킨다고 보고하였다. 주제 보완은 ① TBI 환자가 대화에서 이러한 기법을 사용하도록 배울 수 있는가, ② 이 기법이 말 명료도에 긍정적 영향을 미치는가라는 두 가지 사항을 평가한 후 고려해야 한다. TBI 환자만을 대상으로 한 연구에서 뷰켈먼, 패이거, 울먼, 핸슨 및 로게만(Beukelman, Fager, Ullman, Hanson, & Logemann, 2002)은 화자에 따라 50% 이상 말 명료도가 향상된 경우와 2.4% 정도로 말 명료도 향상이 미미한 경우가 있었음을 보고하였다.

알파벳 보완

뷰켈먼과 요크스턴(Beukelman & Yokston, 1977)은 말 보완 전략이 마비말장애 화자의 말 명료도를 크게 향상시킨다고 보고하였다. 알파벳 보완의 경우, 화자는 낱말을 말하면서 알파벳 판이나 다른 형태의 AAC 디스플레이에 있는 해당 낱말의 첫 글자를 찾아낸다. 이 절차는 청자로 하여금 지적된 글자로 시작하는 낱말만을 검색하도록 범위를 한정시키는 역할을 한다. 같은 연구에서 뷰켈먼과 요크스턴은 알파벳 보완이 TBI 청년의 말에 미친 효과를 기술하였다. 이 청년의 평소 문장 명료도는 33%였는데, 알파벳 보완이 사용될 경우에는 66%로 나타났다. 핸슨 등(Hanson et al., 2004)은 다양한 유형의 마비말장애 화자를 대상으로 알파벳 보완이 명료도에 미치는 영향을 조사하였다. 그 결과 문장 명료도는 25.5%까지, 낱말 명료도는 10%까지 개선된 것으로 나타났다. 평가 결과, ① TBI 환자가 대화에서 이 기법을 활용하도록 배울 수 있으며, ② 이 기법이 말 명료도에 긍정적 영향을 준다는 두 가지 사항이 확인되면 알파벳 보완을 고려해야 한다. TBI 환자만을 대상으로 한 연구에서 뷰켈먼 등(Beukelman et al., 2002)은 일부 화자의 경우 69%까지 명료도가 향상되었음을 보고하였다([그림 17-1] 참조).

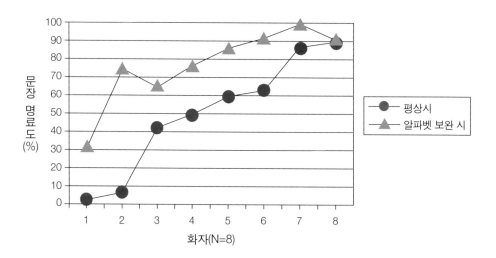

[그림 17-1] TBI 이후 마비말장애를 갖게 된 화자 8명의 평상시 말 명료도와
알파벳 보완 시 말 명료도

출처: Beukelman & Fager et al. (2002).

휴대용 음성 증폭기

TBI 이후 마비말장애를 갖게 된 사람들 중에는 말소리가 너무 작아 알아듣기 힘든 경우가 있다. 특히, 이러한 현상은 시끄러운 곳이나 많은 사람들로 붐비는 장소에서 두드러진다. 이들의 경우에는 휴대용 음성 증폭기(potable voice amplification)로 말 소리를 키우는 것이 유용하다(이 접근법에 대한 자세한 논의는 제14장 참조).

AAC 수용과 사용 패턴

성과연구들은 TBI인에 대한 AAC를 권장해 왔다. 드라이터와 라퐁텐(DeRuyter & Lafontaine, 1987)은 AAC 평가를 위해 란초로스아미고스 의료센터의 비구어센터 (Non-oral Center at Rancho Los Amigos Medical Center)에 의뢰된 환자 63명의 자료를 수집하였다. AAC와 관련하여 추천된 사항은 의사소통판(37명), '예/아니요' 체계, 제스처, 쓰기 등 의사소통판보다 더 간단한 체계(11명), 전용 의사소통 도구(12명), 해 당 사항 없음(3명)이었다.

페이거 등(Fager et al., 2004)은 25명의 TBI인을 대상으로 AAC 수용과 그 사용 패 턴을 조사하였다. AAC 평가 후 이들 중 17명은 하이테크 체계를, 8명은 로우테크 체 계를 추천받았으며, 하이테크 AAC를 추천받은 17명 중 15명이 도구를 제공받았다. 나머지 두 명 중 한 명은 제안을 거부하였고, 다른 한 명은 자금 지원 제약으로 도구 를 얻지 못했다. 하이테크 AAC 도구를 제공받은 15명 중 13명은 오랜 기간 자신의 체계를 사용하여 전반적인 수용 비율이 87%에 달하였다. 나머지 두 명의 환자는 지 속적인 촉진자 지원이 이루어지지 않아 도구 사용을 중단하였다. 로우테크 AAC를 추천받은 환자들(8명)은 모두 그 추천을 수용하였다. 이들 중 세 명은 말을 회복하여 체계 사용을 중단하였다. 이들은 기존의 언어장애가 있지 않는 한, 주로 한 글자씩 철자해 메시지를 구성하였다. 부호화 전략은 거의 사용되지 않았다. 한 사람만이 문 자 부호화를 광범위하게 사용한 것으로 나타났다.

접근 평가 및 중재

TBI 환자 대상의 AAC 중재 접근법은 환자의 개별적인 인지 회복 수준에 기초를 두어야 한다(DeRuyter & Kennedy, 1991; Fager et al., 2007; Fager & Karantounis, 2011; Ladtkow & Culp, 1992). 지금까지 일반적인 회복의 세 단계, 즉 ① 란초 인지 기능 수준 I, II, III(〈표 17-1〉 참조)을 포함하는 초기, ② 수준 IV, V를 포함하는 중기, ③ 수준 VI, VII, VIII을 포함하는 후기에 대한 AAC 접근법이 기술되어 왔다.

초기(란초 인지 기능 수준 I, II, III)

평가

회복 초기에는 환자가 충분한 시간 동안 깨어 있지 않거나 주의집중을 할 수 없기 때문에 인지, 언어 및 운동 조절 능력을 평가하기가 거의 불가능하다. 따라서 이 시기에 AAC 팀은 공식적인 평가를 거의 시도하지 않는다. 대신에 환자의 반응 패턴 변화와 이후 AAC 프로그램에서 사용할 수 있는 기능적인 움직임을 찾아내기 위해 체계적인 관찰을 한다. 가족이나 친구 또는 그 밖의 의사소통 상대가 환자와 많은 시간을 보낸다면, 이들이 환자를 관찰하고 관련 정보를 차트에 기록할 수 있다. 이들은 환자에 대해 잘 알기 때문에 변화와 반응을 기록할 수 있는 유리한 위치에 있다. 뷰켈먼, 개릿 및 요크스턴(Beukelman, Garrett, & Yorkston, 2007)의 서식 5.1은 반응 방식과 일관성을 기록하기 위한 전략을 제공한다(Fager et al., 2007).

TBI 환자가 좀 더 민감해지면, 점차적으로 둘 이상의 사람이나 사물을 분별할 수 있게 된다. 이는 '예/아니요' 반응의 전조인 경우가 많기 때문에 긍정적인 징후다. 분별에 대한 반응 방식은 사람마다 다르며 눈 지적, 신체 일부 움직이기, 신호 발신 장치(beeper) 활성화하기 등이 이에 속한다. TBI에서 회복 중인 환자가 반응을 보일 수 있도록 신중하면서도 적절한 방식으로 자극을 제시해야 한다. 이러한 자극 제시 접근법과 관련해서는 주로 가족과 의사소통 상대들이 훈련을 받을 수 있다. 이들은 또한 의료 및 재활 담당자들이 환자에게 흥미롭고 의미 있는 자극을 줄 수 있도록, TBI 환자의 관심사와 뇌손상 이전에 주로 참여했던 활동들에 관한 정보를 제공해 줄 수 있다.

AAC 중재

회복 초기에 TBI인들은 인지적 손상으로 인해 기능적으로 말을 할 수 없다. 일부 환자들은 의사소통장애를 더 심각하게 만드는 언어나 운동조절장애를 지닐 수 있다. 패이거 등(Fager et al., 2007)은, TBI 회복 초기 AAC의 목표는 반응의 일관성을 증가 시키고 이러한 반응을 의미 있는 의사소통으로 만들고자 하는 데 있다고 제안하였다. 뷰켈먼, 개릿 및 요크스턴(Buekelman, Garrett, & Yorkston, 2007)의 서식 5.2는 반응 형성을 위한 다양한 교수 방법들을 제공한다.

이 단계에서 사용하는 AAC 기법은 개인의 전반적인 신경학적 손상 정도에 따라 매우 다르다. 그 예로 란초 인지 기능 수준 I~III으로 기능하면서 심한 운동조절장애를 지니고 있는 사람을 생각해 보자. 이 사람은 인지 문제뿐 아니라 운동근육의 허약, 경련 또는 협응 부족으로 인해 자극에 일관된 반응을 할 수 없을 것이다. 이와 같은 사람에게 제공되는 AAC 중재는 단일 스위치와 같은 대체 접근방식일 것이다 (Garrett, Schutz-Muehling, & Morrow, 1990). 따라서 환자가 의도적인 움직임을 통해 다양한 자극에 반응하기 시작하면, 촉진자들은 수반성 인식(contingency awareness)이나 인과관계를 격려할 수 있다(Lancioni, Bosco, et al., 2010; Lancioni, Singh, O'Reilly, Sigafoos, Oliva, et al., 2010; Lancioni, Singh, O'Reilly, Sigafoos, Signorino, et al., 2010). 예를 들면, 촉진자는 환자가 좋아하는 음악을 틀거나 가족 또는 친구들이 보낸 녹음 편지를 듣거나 자신과 관련된 짧은 비디오를 틀기 위해 단일 스위치가 부착된 CD/DVD나 MP3 플레이어를 조작하도록 환자를 격려할 수 있을 것이다. 또한 선풍기, 라디오, 전등 등의 전자제품을 활성화하기 위해 조절장치가 달린 단일 스위치를 사용할 수 있다. 더욱 의도적이게 되면, 환자는 하나의 스위치로 기본적인 인사말과 그 밖의 사회적인 어구를 포함한 단일 메시지의 의사소통 테크놀로지를 활성화할 것이다(추가적인 제안은 제10장 참조). 운동 근육의 조절이 가능하게 되면, 촉진자는 다른 오디오 기기에 둘 이상의 스위치를 연결하여 환자가 음악이나 메시지, 비디오 등을 선택할 수 있도록 할 수 있다. 회복 초기에는 선택 항목을 나타내는 상징의 수가 제한적(예: 1~4개)일 것이다. 상징은 밝게 색칠되거나 두드러져야 한다(Fried-Oken & Doyle, 1992). TBI는 복시(double vision)에서부터 피질성 맹(cortical blindness)까지 다양한 시각장애를 동반할 수 있기 때문에, AAC 팀은 환자의 시각 능력을 이해하는 데 관심을 가져야 한다. 자극(예: 음악, 목소리, 비디오, 사진)은 흥미롭고 개인적으로 관련이 있는 것이어야 한다. 가족과 친구는 이러한 자극을 선택할 때 도움을 줄 수 있다.

키넌과 반하트(Keenan & Barnhart, 1993)는 82명의 중도 TBI인을 대상으로 '예/아니요' 반응의 회복을 상세히 기록하였다. 이들 환자 중 49%는 머리 끄덕이기, 26%는 상지와 하지 움직임, 15%는 응시, 9%는 말을 사용해 '예/아니요'를 표현한 것으로 나타났다. 주로 인지나 편마비장애를 지닌 사람들은 굴근 기능 저하(flexor withdrawal)나 근긴장 문제를 갖는 사람들에 비해 더 빨리 '예/아니요' 반응을 발달시켰다. TBI 환자 중 29%는 뇌손상 발생 3개월 이내, 66%는 6개월 이내, 84%는 9개월 이내에 '예/아니요' 반응을 되찾을 수 있었다.

중기(란초 인지 기능 수준 IV, V)

회복 중기의 환자들은 주의집중 및 기억손상으로 인해 수행 및 의사소통장애의 증거를 꽤 보이기는 하지만 지속적으로 자극에 반응할 것이다. 다소 애매한 메시지를 산출하기도 하지만, 단순언어장애(specific language impairments)나 중도의 운동조절 장애가 없는 환자들은 주로 이 단계에서 기능적으로 말을 하게 된다(Dongilli et al., 1992; Ladtkow & Culp, 1992). 또한 TBI인들은 일반적으로 이 시기에 자신의 기본적인 요구를 나타내기 시작한다. 이러한 요구 메시지에는 덥다/춥다, 아프다, 배고프다 등의 안락함과 관련된 것들이 포함될 것이다. 환자들은 또한 자신이 있는 장소, 시간 및 그 밖의 사적인 정보 관련 메시지들을 주고받을 수 있을 것이다. 가족과 친구는 회복 중기의 환자에게 특히 중요한 주제들을 선택하도록 도울 수 있다.

중기에 접어든 TBI인들은 종종 흥분을 할 뿐 아니라 자신의 의사소통 결함을 제대로 인식하지 못한다. 따라서 이들은 처음에 AAC 중재를 수용하는 데 어려움을 보인다. 그리고 그러한 이유로 인해 AAC 평가의 어떤 측면에 참여하기를 꺼릴 수 있다.

평가

중기의 평가 목적은 앞에서 언급한 특정 의사소통 목표들을 성취하기 위해 활용할 수 있는 TBI 환자의 잔존능력을 찾아내고자 하는 데 있다. 페이거 등(Fager et al., 2007)은 이와 관련된 예들을 제공해 준다. 또한 뷰켈먼, 개릿 및 요크스턴(Beukelman, Garrett, & Yorkston, 2007)의 서식 5.6을 참조할 수 있다. 이러한 평가 절차의 대부분은 비표준화된 것이며 비공식적인 것이다. 초기 평가는 흔히 자세 및 착석 관련 이슈에 초점을 두는데, 팀원은 이들 이슈와 AAC 관심사를 통합해야 한다. 적절한 착석과 자세는 구어 의사소통이나 AAC 체계의 사용을 방해할 수 있는 반사활동, 극단적인 근긴장 또는 기타 움직임을 최소화하는 데 도움이 된다(DeRuyter & Kennedy, 1991). 특히, "이 단계의 전반적인 착석 및 자세 잡기의 목적은 고통을 최소화하거나 느끼지 않도록 구조적으로 적절하면서도 기능적인 자세를 제공하고자 하는 데 있다"(DeRuyter & Kennedy, 1991, p. 342).

AAC-RERC 웹캐스트에서 AAC 의존자의 자세 및 착석을 논의한 아일린 코스티건(Aileen Costigan)의 **AT 사용자의 착석과 자세**(Seating and Positioning for Individuals Who Use AT)를 찾아보라.

운동 조절 능력의 평가는 환자의 직접 선택이나 스캐닝 옵션을 결정하기 위해 중요하다. 제7장에서 논의한 대로 평가자는 정확성, 효율성, 신뢰성 및 지구력 차원에서 다양한 접근 위치를 고려해야 한다. 이를 위해 페이거 등(Fager et al., 2007)이 작성한 설문지는 뷰켈먼, 개릿 및 요크스턴(Beukelman, Garrett, & Yorkston, 2007)의 서식 5.8에서 찾을 수 있다. 그런데 일부 TBI 환자들의 경우에는 이러한 평가가 어려울 수 있다. 왜냐하면 특정한 운동 접근 위치의 사용 능력을 일시적으로 또는 영구적으로 방해하는 정형외과적 수술을 필요로 할 수 있기 때문이다(DeRuyter & Kennedy, 1991). 따라서 AAC 전문가는 환자의 전반적인 치료를 책임지는 의료 팀과 긴밀히 접촉하면서 의료 절차와 의사소통 중재를 조정해야 한다. 또한 평가는 TBI인들의 기억 및 주의집중 능력에 초점을 두어야 한다. 복잡한 스캐닝 패턴(줄칸 또는 집단 항목)은 어려울 수 있기에, AAC 팀은 환자의 초기 스캐닝을 원형이나 선형 스캐닝으로 제한해야 한다.

TBI인들은 종종 시지각 및 시력 장애를 겪기 때문에, AAC 평가에서는 이러한 문제를 또한 고려해야 한다. 환자의 인지적 수준이 낮을 경우, 주로 위협에 대한 눈의 반응, 전체적인 초점 맞추기, 밝은 사물이나 친숙한 얼굴을 추적하는 능력 등을 관찰하여 시각 기능을 결정할 수 있다(DeRuyter & Kennedy, 1991). 환자의 인지적 수준이 높을 경우, 일반적인 안과 검진을 통해 다양한 시각 문제를 알아낼 수 있다. 상징의 적절한 크기 및 배열, 사용자와 디스플레이 간의 적절한 거리 등 AAC 관련 이슈를 고려하도록 검사자를 격려하기 위해, AAC 팀원 중 한 명이 환자의 시각 평가에 동행해야 한다.

AAC 중재

뇌손상의 특성에 기초하여, AAC 팀은 회복 중기의 환자에게 중요한 한두 가지 의사소통 목표를 선택해야 한다. 이러한 목표는 주의집중과 기억의 문제를 보완하도록 환자를 돕는 것일 수 있다. 이는 특히 이 단계에서 말을 시작한 TBI인들에게 적절하다. 왜냐하면 이들은 종종 중요한 사람의 이름과 자신의 활동 스케줄을 기억하도록 돕는 의사소통기법을 필요로 하기 때문이다. 중기의 두 번째 중재 목표는 언어나 운동 조절을 담당하는 뇌 부위가 손상된 사람들에게 특히 적절하다. 이들은 아마도 이 단계에서 말을 발달시키지 못할 것이다. 따라서 AAC 중재는 이들에게 대화적 상호작용을 돕는 기법을 제공하고자 노력하는 것이어야 한다. 란초 인지 기능 수준 IV와 V에 해당하는 대다수 환자에게는 바람·요구 및 정보 공유와 관련된 메시지가 사회적 친밀감과 사회적 에티켓을 돕는 메시지보다 더 중요하다(DeRuyter & Kennedy, 1991).

회복 중기에 이루어지는 대다수 AAC 중재는 비전자적인 것(예: 알파벳 판, 사진, 낱말 판, '예/아니요' 기법, 상대 의존적 스캐닝)과, 하나 또는 제한적인 디스플레이 수를 지닌 SGD 중 하나다. 의사소통의 복잡성을 줄이기 위한 노력으로, AAC 팀은 이 단계에서 맥락 의존적 활동 디스플레이를 사용할 것이다. 예를 들면, 특정한 의사소통 판들을 사용하면 인지 재활 활동, 레크리에이션 활동, 일과 등의 참여를 촉진할 수 있다. 개인의 언어 능력에 기초하여 사진, 선화 또는 인쇄된 낱말과 구절들로 활동 디스플레이의 메시지를 상징화할 수 있다. 이 단계의 환자는 유사한 상징이나 몇 가지 요소를 지닌 상징을 시각적으로 구별하는 데 어려움을 겪을 수 있음을 중재자들은 기억해야 한다(Fried-Oken & Doyle, 1992). AAC 체계의 복잡성을 조절하기 위해 팀은 다양한 영역의 내용을 포함한 크고 복잡한 판보다는 특정 내용으로 구성된 소형 활동 디스플레이를 선택할 수 있다. 또한 중재자는 광범위한 주의집중과 기억의 문제를 지닌 환자를 위해 선택지 전략을 고려할 수 있다(제15장 참조). 중기 동안에 TBI인들은 호출 버저나 장치를 활성화하고 CD/DVD 또는 MP3를 작동시키기 위해 단일 스위치를 사용할 수도 있다. 개인의 신체적 능력에 따라 이러한 스위치 조절 활동은 장기적인 환경 조절 도구의 조작을 위한 훈련으로 기여할 수 있다.

의사소통 상대는 중기에 이루어지는 상호작용을 구조화할 때 중요한 역할을 담당한다. 페이거 등(Fager et al., 2007)은 의사소통 지원 전략들을 제공하였다(뷰켈먼, 개릿 및 요크스턴, 2007의 서식 5.10 참조). 예를 들면, 의사소통 상대는 대화 주제를 소개하고, 특정 시기에 가장 생산적으로 사용할 수 있는 보완방식을 제안하며, 의사소통 단절을 해결하도록 돕고, 동기 부여적인 의사소통 기회를 만들어 내야 할 것이다. 또한 상호작용을 구조화하도록 적극적으로 돕는 동시에 인내심을 가지고 TBI 환자가 메시지를 준비하고 명료화하며 수정할 수 있도록 충분한 시간을 허용해야 한다. 이 단계에서 의사소통 상대들이 범하는 가장 흔한 오류 중 하나는 메시지를 어떻게 구성하고 완성할 것인지에 대해 다수의 제안을 함으로써 환자를 과도하게 격려하거나 몰아붙이는 것이다. 이는 생각하고 계획하고 구성하여 최종적으로 발화를 산출하기 위해 신경을 집중시켜야 할 사람을 오히려 혼란스럽게 하고 좌절시킬 수 있다. 환자가 자신의 의사소통 체계를 효과적으로 사용하도록 돕기 위해, 의사소통 상대는 때때로 체계적인 단서 제공법을 배워야 할 것이다. 적절한 때가 되면 환자는 상대가 제공하는 단서에서 단계적으로 벗어나고자 시도해야 한다.

드라이터와 도노휴(DeRuyter & Donoghue, 1989)는 TBI로 인해 기능적으로 말을 할 수 없었던 한 젊은 남성을 대상으로 28주 동안 이행된 AAC 중재를 자세히 기술하였다. 중재가 시작된 첫 주(장애 발생 8개월 후) 동안, 이 남성은 머리를 끄덕여 '예/아니요' 반응을 했으며, 의사소통판 사용에 필요한 시지각 및 상지 사용 기술을 배우기 시작하였다. 또한 AAC팀은 이 시기 동안에 말 발달을 촉진하기 위한 중재를 시작하였다. 중재 10주 후, 그는 2인치 정도의 글자들로 이루어진 가로 30.48cm, 세로 45.72cm 크기의 간단한 알파벳 판을 사용할 수 있었다. 처음에 그는, 운동 계획 결함으로 인해 판을 사용하는 데 '극단적인 좌절'(p. 52)을 보였다. 그러나 중재 26주째에 "구어나 제스처를 사용해 효과적으로 의사소통을 할 수 없을 경우 주저 없이 알파벳 판을 사용하였다"(p. 53). 이후 AAC 팀은 음성 출력이 가능한 전자 AAC 테크놀로지를 소개했고, 그는 약간의 훈련만으로 그 도구를 사용해 분당 8낱말 수준의 말 속도로 의사소통을 할 수 있었다. 재활시설에서 퇴원할 당시, 그는 약간의 말과 정교한 제스처 체계, 알파벳 판, 확장된 막 키보드가 딸린 AAC 도구 등을 사용해 의사소통하였다.

후기(란초 인지 기능 수준 VI, VII, VIII)

회복의 후기에 오면, 대부분의 환자는 자연스러운 화자가 될 수 있는 인지 능력을 되찾는다. 후기에도 말을 할 수 없는 환자들은 주로 심한 단순 언어장애나 운동조절 장애를 겪는다.

평가

AAC 팀은 후기 회복 단계에서 효과적인 평가 및 중재를 이행하기 위해 참여 모델 ([그림 5-1] 참조)을 적용할 수 있다. TBI인과 가족의 참여 패턴을 분석하는 것은 특히 이 과정의 중요한 부분을 구성한다. TBI인들이 집중적인 재활에서 벗어나 외래 재활로, 독립적인 생활로, 직장 복귀로 옮겨 갈 때, 이들의 참여 패턴과 기대는 극적으로 변한다. 또한 그 기대는 의사소통 요구의 특성과 정도에 크게 영향을 미친다. 따라서 제5장에서 논의한 것과 동일한 방식으로 기회 장벽을 평가하는 것이 중요하다. AAC 팀은 회복 후기의 TBI인을 위해 의사소통 요구를 파악하고, 특정 능력과 제약을 평가하여, 이를 AAC 테크놀로지 중재에 반영한다(DeRuyter & Kennedy, 1991; Ladtkow & Culp, 1992).

AAC 중재

회복 후기의 TBI인들은 일반적으로 지남력을 지니며, 목표 지향적이고, 사회적으로 적절한 행동을 할 수 있다. 그러나 이들은 여전히 잔존한 인지문제로 인해 새로운 정보학습에 어려움을 보일 것이다. 일부 환자는 란초 인지 기능 수준 VI 동안에 자연스러운 화자가 될 수 있으며, 광범위한 중재 없이도 자연스러운 화자가 될 것 같은 대부분의 환자들 또한 수준 VII과 VIII에 이르면 이미 그렇게 되어 있다(Dongilli et al., 1992). 따라서 회복 후기 단계에 이르면, 많은 TBI인이 자연스러운 말을 통해 가족 및 친구와 상호작용하고 대화할 수 있다. 그러나 말을 되찾은 사람들조차도 오랫동안 쓰기 보완 체계를 필요로 할 수 있다. 또한 언어장애와 운동조절장애가 남아 있는 사람들은 특정한 상호작용 요구를 충족시키기 위해 장기적인 의사소통 체계를 지속적으로 필요로 한다. 사람들은 이 시기에 바람·요구 소통하기, 정보 공유하기, 사회적 친밀감 성취하기, 사회적 일과에 참여하기 등을 포함하여 많은 상호작용 요구를 지닌다(DeRuyter & Kennedy, 1991).

인지 회복이 이루어지는 후기 단계 동안에는, 신체 및 인지장애를 겪는 다른 장애 영역의 사람들에게 사용된 것과 유사한 전통적인 AAC 기법이 이들에게도 적절한 경우가 많다. 비록, 말을 할 수 없는 TBI인들이 지체장애의 높은 발생률을 보이기는 하지만, 한 연구에서는 대략 78%의 환자가 직접 선택 AAC 기법을 성공적으로 활용할 수 있었다고 한다(DeRuyter & Lafontaine, 1987). 드라이터와 라퐁텐의 자료에 포함된 직접 선택 사용자의 대략 75%가 손가락이나 손을 사용하여 자신의 도구를 조작한 반면, 나머지 사람들은 눈 지적하기, 헤드라이트 지적하기, 턱 지적하기 등을 사용하였다. 16%는 스스로 또는 상대에 의존한 스캐닝을 활용했으며, 나머지는 다른 AAC 기법을 사용하거나 전혀 사용하지 않았다.

> 일부 지역에서는 건강관리 및 재활을 위한 사회적 지원이 감소하고 있기 때문에, TBI인들이 AAC 서비스를 받을 수 있는 집중 재활 프로그램에서 보낼 수 있는 시간이 점점 줄고 있다. TBI인과 그 가족들은 회복 과정 초기에 이용할 수 있는 AAC 서비스에는 어떤 것들이 있는지, 그리고 그 서비스가 필요할 경우 어떻게 접근해야 하는지를 스스로 알아내는 것이 중요하다.

TBI와 관련된 인지장애로 인해, 이들이 그림이나 그 밖의 비철자 상징을 포함한 AAC 체계를 필요로 할 것이라 추측할 수 있다. 그러나 그러한 상황은 흔하지 않다. 회복 과정의 후기에서조차도, 인지장애로 인해 이들의 잔존 능력이 가려질 수 있다. 많은 TBI인이 보유하고 있는 가장 중요한 기술 중 하나는 바로 읽고 철자하는 능력이다. 따라서 이들은 글자, 낱말, 문장 등의 철자 상징을 활용하는 AAC 체계를 이용할 수 있다(Fager et al., 2004; Fried-Oken & Doyle, 1992). 도일, 케네디, 자우살라이티스 및 필립스(Doyle, Kennedy, Jausalaitis, & Phillips, 2000)는 문헌연구를 통해, TBI 성인의 대다수는 결국 철자 기반 체계에 대한 중재 대상이 된다고 보고하였다. 일부 환자들(회복의 후기 단계에 있는 경우에도)은 부호화 전략을 배우고 효율적으로 활용하는 데 어려움을 지닐 수 있기 때문에, AAC 팀은 이들에게 부호화 전략을 소개할 때 신중해야 한다(Beukelman, Fager, Ball, & Dietz, 2007). 부호화 전략이 사용될 경우에도 추상적이기보다는 비교적 구체적이어야 한다(Doyle et al., 2000). 도일 등(Doyle et al., 2000)은 인지적 제한이 TBI 생존자의 AAC 중재에 미치는 영향을 요약하였다.

회복 과정에서 TBI인을 돕는 사람들은 아마도 새로운 학습이 환자에게 어려울 수 있으며 상당한 시간과 연습이 필요할 수 있음을 잘 알 것이다. 일부 AAC 접근법은 조작과 관련해 광범위한 훈련을 필요로 하기 때문에, 장기적인 의사소통 체계를 필요로 하는 TBI인의 경우에는 이것이 중요한 고려사항이 된다. 이러한 접근법의 예는 기술적으로 조작이 복잡하거나 일련의 알파벳 또는 아이콘 부호를 사용하여 다수의 메시지를 배워야 하는 것들에서 찾을 수 있다. AAC 팀은 그러한 기법을 소개할 때 신중해야 하며, 환자가 어느 한 체계를 배웠으면 그 체계를 자주 변화시키지 않도록 주의해야 한다.

📑 학습문제

17-1. 중도 TBI로 인해 흔히 발생하는 의사소통 문제는 무엇인가?

17-2. 어떤 환자가 중도 TBI로 인해 말을 할 수 없다면, 이 환자가 기능적인 말을 회복할 가능성은 얼마나 되는가?

17-3. 알파벳 보완은 무엇이며, 마비말장애 화자(speaker)의 말 명료도에 얼마나 영향을 미치는가?

17-4. TBI 발생 후 이루어지는 초기 중재 목표는 무엇인가?

17-5. TBI 중재의 초기 목표는 중기 및 후기 목표와 어떻게 다른가?

17-6. 일부 TBI 환자가 경험하는 인지 및 학습 문제는 AAC 사용을 어떻게 방해하는가?

Chapter 18

집중, 급성 및 장기 치료 환경에서의 AAC

2010년에, 의료기관 평가위원회(Joint Commission)는『효과적인 의사소통, 문화적 역량 및 환자와 가족 중심 치료 증진: 병원을 위한 로드맵(Advancing Effective Communication, Cultural Competence, and Patient-and Family-Centered Care: A Roadmap for Hospitals)』을 발간했는데, 다음과 같이 기술하고 있다.

효과적인 의사소통은 이제 환자의 권리를 넘어 양질의 치료와 환자 안전의 필수적인 요소로 받아들여지고 있다[5, 6] …… 효과적인 의사소통을 통해 환자와 의료 서비스 제공자는 정보 교환의 의미를 제대로 공유하게 되고, 환자는 입원에서 퇴원까지 자신에게 제공되는 의료 서비스에 적극적으로 참여할 뿐 아니라 각자 서로의 책무성을 이해하게 된다. 진정으로 효과적인 의사소통은 양측이 모두 정확하게 정보를 이해할 때까지 메시지를 협상하는 쌍방의 처리과정(표현 및 수용)을 필요로 한다. 성공적인 의사소통은 서비스 제공자가 환자로부터 얻은 정보를 이해하고 통합했을 때, 그리고 환자가 자신의 치료에 책임감 있게 참여할 수 있는 방식으로 의료 서비스 제공자가 제공한 정확하고, 시기적절하며, 완전하고, 모호하지 않은 메시지를 이해했을 때만 가능하다(2010, p. 1).

급성치료실(acute medical unit: AMU), 집중치료실(intensive care units: ICU), 장기 급성 치료병원(long-term acute medical care hospital [LTACH] units)은 일시적으로나 영구적으로 의사소통을 할 수 없는 다양한 환자를 다룬다. 이곳에 있는 환자의 의사소통 문제는 외상성 뇌손상, 뇌졸중, 중증 근무력증, 구강-후두 암, 길랭-바레 증후군 등의 일차적인 의학적 질환으로 인해 나타나거나 수술, 기관 삽관(intubation), 기관절개(tracheostomy) 등의 치료 부작용에 의해 발생한다. 이들은 직접적인 의료 환경에 놓여 있기에, 이번 장에서 우리는 이들을 환자(patients)라고 부를 것이다. ICU 환자들 중 36%는 인공호흡기를 필요로 한다(Garrett, Happ, Costello, & Fried-Oken, 2007). 30개의 성과 연구를 고찰한 에스킬드센(Eskildsen, 2007)은 ICU에서 퇴원해 LTACH로 옮긴 환자들 중 인공호흡기를 필요로 한 환자는 1/4이 약간 넘었고, LTACH 환경에 있는 동안 인공호흡기 지원을 더 이상 필요로 하지 않게 된 환자들은 연구에 따라 34%에서 65%까지 다양했다고 보고하였다. 많은 사람들이 병원에 있는 친구 또는 가족을 문병하거나 텔레비전의 다큐멘터리를 통해 급성치료 환경에 대한 경험을 하게 된다. 따라서 사람들은 이러한 환경에 있는 대다수 환자들이 자기 자신의 간호에 대해 수동적이며, 늘 "어떤 장치를 달고 있다."라고 생각한다. 이러한 인식은 논리적으로 봤을 때, 이들이 너무 아프고 수동적이기 때문에 의사소통을 할 필요가 없다는 신념을 갖게 한다. 그러나 이러한 신념이 모든 환자에게 해당되는 것은 아니다. 급성질환 치료실에 있는 대부분의 환자는 자신에 대한 치료와 위생관리에 참여하기 위해 간호사, 의사, 호흡치료사 등의 병원 직원들과 규칙적으로 소통해야 한다. 이들은 자신의 삶에서 불확실하고 두려운 시기에 가족과 의사소통하는 것이 절실하다고 보고하기도 한다. 병원에 머무는 기간에 따라 이들은 가족의 재정, 사업 운영, 부양 자녀의 관리 및 그 밖의 개인적인 일에 대해 의사소통할 필요가 있을 것이다. 우리가 AMU뿐 아니라 단기 및 장기 LTACH에 있는 다양한 환자들을 고려하면, 광범위한 의사소통 요구를 지원하기 위한 AAC 전략들이 필요함은 자명하다. 이번 장은 이들 환자를 위한 의사소통 지원을 단지 소개하는 데 그친다. 이러한 환경에서 규칙적으로 의사소통을 지원하는 전문가들은 ① 개릿 등(2007)이 저술한 챕터 "집중치료실에서의 AAC(AAC in the Intensive Care Unit)"와 ② 허티그와 다우니(Hurtig &

Downey, 2009)가 저술한 책, 『집중치료 및 중환자치료 환경에서의 보완대체의사소통(Augmentative and Alternative Communication in Acute and Critical Care Setting)』을 참고할 수 있다. 이들 저자는 급성치료실 환경에서 사용하도록 고안된, 로우테크 AAC 자료들이 담긴 CD-ROM을 제공한다. 의사소통 지원을 위한 이들 자료의 예는 [그림 18-1]~[그림 18-5]에 제시되어 있다.

　의사소통을 위해 말을 할 수 없는 급성치료 환경의 대다수 환자와 그 가족에게 있어 심각한 의사소통의 제한은 생소하고도 낯선 상황이다. 일반적으로, 이들은 AAC 접근법을 알지 못한다. 이와는 달리 ALS와 같은 진행성 장애인의 경우에는 병원에 들어오기 전부터 AAC 체계를 사용해 왔을 것이다. 따라서 이들 환자와 가족은 다양한 AAC 옵션에 대해 친숙할 것이다. 그러나 어떤 경우든 병원 직원들은 환자의 특정 의사소통 요구나 사용 중인 AAC 전략들에 대해 잘 모를 것이며, 되도록 빨리 그러한 전략들을 배워야 할 것이다. 집중치료실에서의 의사소통 요구와 선별 프로토콜은 뷰켈먼, 개릿 및 요크스턴(2007)의 서식 2.1과 서식 2.2에서 찾을 수 있다.

[그림 18-1] 의사소통판, 기본적 요구

출처: Hurting, R., & Downey, D. (2009). *Augmentative and alternative communication in acute and critical care settings*. San Diego: Plural. 허락하에 게재함

			감정
불안하다	끔직하다	혼란스럽다	어리둥절하다
좌절하다	외롭다	화난다	괜찮다
슬프다	무섭다	피곤하다	불편하다
아프다			

[그림 18-2] 의사소통판, 감정

출처: Hurting, R., & Downey, D. (2009). *Augmentative and alternative communication in acute and critical care settings.* San Diego: Plural. 허락하에 게재함

아들은 AAC를 통해 화를 분출할 수 있었다. 우리가 의례적인 절차를 행하려 할 때마다 그는 '나는 당신들이 싫어요.', '이거 지겨워 죽겠어요.' 라고 말할 것이고, 그러한 말들은 그의 기분을 나아지게 할 것이다. 적어도 아들이 어떤 기분인지를 분명하게 표현하고 있고 그것이 그의 기분을 나아지게 하기에, 나는 그가 버튼을 누를 때마다 그 소리를 듣는 것이 좋았다(집중치료실에 입원 중인 한 아동의 어머니, Costello, 2000).

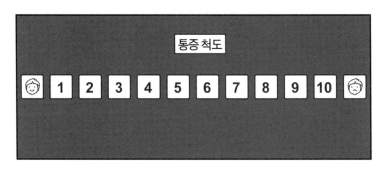

[그림 18-3] 의사소통판, 통증 척도

출처: Hurting, R., & Downey, D. (2009). *Augmentative and alternative communication in acute and critical care settings.* San Diego: Plural; PCS, DynaVox Mayer-Johnson LLC. 의 허락하에 게재함

[그림 18-4] 의사소통판, 병실 아이템

출처: Hurting, R., & Downey, D. (2009). *Augmentative and alternative communication in acute and critical care settings*. San Diego: Plural; PCS, DynaVox Mayer-Johnson LLC.의 허락하에 게재함

허티그와 다우니(Hurtig & Downey, 2009)는 135명의 간호사를 대상으로 설문조사를 실시하였다. 그들은 모두 자신들이 간호하고 있는 환자들과 의사소통하기가 어렵다고 보고하였다. 또한 거의 대부분(95%)의 간호사들은 AAC 지원이 유익할 수 있는 환자들을 간호하고 있으며, 99%는 환자에게 AAC 전략을 활용해 왔다고 보고하였다.

급성치료 환경에서 나타나는 의사소통장애의 원인

급성치료 환경(acute medical settings)에서 나타나는 의사소통장애는 일차적 원인(즉, 개인의 질병이나 건강상태와 직접적으로 관련된 것)과 이차적 원인(즉, 환자의 일시적인 호흡 지원 요구와 관련된 것)으로 인해 발생한다. 복합적인 의사소통 요구의 일차적인 신경학적 원인은 이 책 전반에 걸쳐 논의되었기 때문에 이 장에서는 고찰하지 않을 것이다. 머리와 목 부위에 암이 생긴 환자들은 전형적으로 수술 후 수일 또는 수주일 동안 의사소통 지원을 필요로 한다. 일부 환자는 때맞춰 말을 회복하고, 일부 환자는 AAC 전략을 사용해 말을 보완하며, 또 다른 일부 환자는 의사소통 요구 충족을 위해 로우테크 또는 하이테크 AAC 전략에 크게 의존한다.

다양한 건강 상태를 지닌 사람들이 일시적이거나 영구적인 호흡 지원을 필요로 할 것이다. 이러한 호흡 지원은 의사소통 처리과정과 개인의 말하기 능력을 종종 방해하는데, 특히 기관 내 삽관이나 기관절개술이 필요한 경우가 이에 해당한다.

기관 내 삽관

기관 내에 삽입하는 관(endotracheal tube, [그림 18-6] 참조)은 인공호흡기를 통하여 환자의 호흡기에 공기를 전달하고자 고안되었다. 이 관은 주로 응급상황에서 환자의 입, 인두 및 후두를 통해 기관(즉, 후두 하부의 공기 통로)으로 삽입된다. 입을 통한 관 삽입은 몇 가지 방식으로 의사소통을 방해한다. 첫째, 관이 구강을 통과하기 때문에 말을 정확하게 발음하기가 어렵다. 둘째, 관이 후두 내의 성대 사이를 통과하기 때문에 소리를 낼(즉, 발성) 수가 없다. 따라서 입을 통해 관이 삽입된 사람은 말로 의사소통을 할 수 없다.

> "그들이 관을 삽입했을 때, 당신은 무력한 상태에 빠지며 누군가와 의사소통을 하고 말을 하고자 하는 필요성을 느낀다. 당신은 움직일 수 없다. 그리고 말을 할 수 없다. 그런데 무엇인가를 말하고 싶다. 당신은 다음과 같이 생각한다. '지금 나는 몇 가지 더 묻고 싶어요. 당신들은 나에게 무슨 일이 일어났는지 설명했지만 충분치 않아요. 나는 지금 더 많은 것을 알고 싶어요. 무슨 일이 일어나고 있는 건가요?' 그런데 당신이 할 수 있는 거라곤 그냥 그 자리에 누워 있는 것뿐이다. 그때가 바로 당신이 가장 겁을 먹게 되는 순간이다(길랭–바레 증후군을 지닌 46세 남성 마이크, Fried-Oken, Howard, & Stewart, 1991, p. 43).

기관 내 삽관은 또한 비강을 통해 이루어질 수 있다. 이 경우는 관이 구강을 통과할 때처럼 조음을 방해하지는 않지만 성대 사이를 통과한다. 따라서 관이 삽입된 환자는 여전히 말소리를 산출할 수 없으며, 의사소통을 위한 노력은 입술을 움직이는 입 모양 메시지에 한정된다.

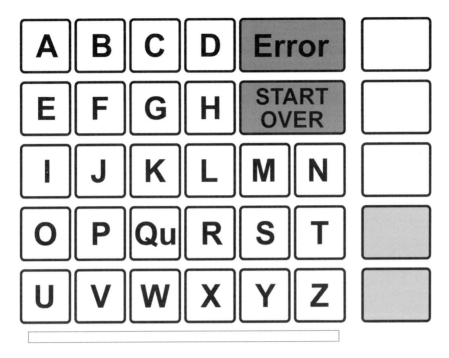

[그림 18-5] 의사소통판, 글자게임

출처: Hurting, R., & Downey, D. (2009). *Augmentative and alternative communication in acute and critical care settings*. San Diego: Plural. 허락하에 게재함

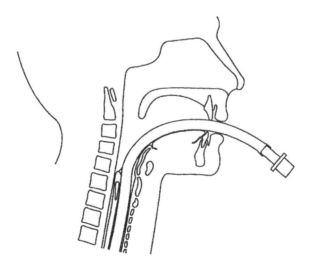

[그림 18-6] 기관 내 삽입된 관의 측면 모습

기관절개술

기관절개술(tracheostomy)은 인공호흡기를 통하여 환자의 호흡기에 공기를 전할 수 있는 또 다른 방법이다. 기관절개술은 목 하부의 전벽을 절개하여 기관(즉, 후두 하부의 공기 통로)에 구멍을 내고 기도를 확보하는 외과적 수술이다. 기관절개술은 주로 두세 번째의 기관 연골윤(tracheal ring)에서 행한다. 일반적으로 기관절개술의 개구는 목 벽을 통해 기관 속으로 관이나 버튼을 삽입하여 유지된다. [그림 18-7]에서 볼 수 있는 것처럼, 관은 공기의 흐름을 위해 열려 있도록 기관 속까지 쭉 뻗어 구부려져 있다. 그리고 목 앞쪽으로 나와 있는 관 부분에 인공호흡기가 부착된다. 인공호흡기에 의존하는 기관 내 삽관 환자들은 일반적인 호흡과 달리 공기가 인공호흡기를 지나 관을 통과하기 때문에 종종 말이 제한된다.

기관절개술로 삽입한 관은 인공호흡기 지원을 더 이상 필요로 하지 않을 때에도 기도를 열어 놓거나 호흡기 내 분비물을 뽑아내기 위해 그대로 남겨둔다. 이때 공기는 성대를 우회하는 관을 경유하여 기관을 드나든다. 따라서 발성이 불가능하여, 메시지는 입으로 표현되어야 한다. 그러나 호흡문제에 따라 인공호흡기로 숨을 쉬지 않는 사람 중에는 기관절개술에 의한 관을 통해 공기를 들이마시고, 손가락이나 바깥쪽 밸브로 관을 막아 후두와 구강을 통해 숨을 내쉬는 사람들이 있다. 이 경우 공기는 날숨으로 성대를 지나기 때문에 환자는 소리를 산출하고 자연스럽게 말을 할 수 있다. 또 다른 경우 스스로 호흡할 수 있는 사람들은 목 벽을 통한 개구부를 유지시키는 단단한 버튼(tracheal button)을 꽂아 놓을 수 있다. 이런 환자들은 버튼을 통해 공기를 들이마신 다음 손가락이나 밸브로 버튼을 막고 공기가 성대를 지나가도록 하여 말을 산출할 수 있다.

급성치료 환경에서 AAC 서비스 제공하기

남편의 메시지는 짧았지만 효과적이었다…… 나는 그중 몇 가지를 분명하게 기억하고 있다. 여기가 어디냐, 언제, 무슨 일이 있었냐, 일으켜 줘, 눕혀 줘, 변기, 베개 좀 더 줘, 간호사 좀 불러줘…… 남편의 의사소통 수행은 다른 사람들의 인식에 영향을 주는 것이 분명했다…… 음성이 출력되는 휴대용 타자기[Lightwriter]는 사람들이 남편 배리(Barry)에게 말하고 질문하는 방식을 변화시키는 데 필수적이었다(심각한 자전거 사고 후 ICU에서 AAC를 사용한 자신의 남편에 대해 쓴 글, Melanie Fried-Oken, 2001, p. 139).

급성치료 환경이 조직적으로 매우 복잡하기 때문에, 병원에 있는 전문가들이 주로 가장 효과적이고 지속적인 AAC 서비스를 제공한다. AAC 서비스 담당자가 병원을 방문했을 때 환자가 너무 아프거나 쉬고 있거나 더 긴급한 치료를 받고 있어서 환자를 만나지 못할 수 있기 때문에, 담당자가 AAC 서비스를 제공하기 위해 가끔씩 병원을 방문하는 것이 훨씬 더 어렵다. 일반적으로 AAC 팀의 핵심 요원은 언어치료사와 간호사이며, 환자에 따라 물리치료사와 작업치료사가 포함되기도 한다. AAC 팀에서의 역할 외에, 이들은 환자가 필요로 하는 그 밖의 관리와 치료 요구를 책임질 수 있다. 또한 지역 AAC 센터의 직원이나 전문가들과도 상의할 수 있다.

급성치료 환경에서 제공하는 AAC 서비스는 일반적인 재활이나 교육 환경에서 제공하는 AAC 서비스와 그 구조가 다르다. 주어진 환경에서 AAC 프로그램이 성공적이려면 환자 및 의료진이 이를 받아들이고 사용할 수 있도록 해당 환경의 특정 요인

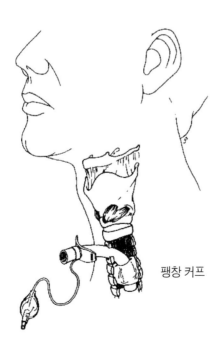

팽창 커프

[그림 18-7] 기관절개 후 삽입된 팽창 커프로 부풀려진 관의 측면 모습

들을 고려해야만 한다.

환자와 관련된 이슈

급성치료 환경의 환자들은 생존과 직결된 심각한 의료적 요구를 갖는다. AAC 서비스 제공이 의료적 처치를 방해할 수는 없다. 따라서 AAC 서비스 제공은 환자에 대한 전체적인 관리 계획안에 통합되어야 한다.

의료적 처치의 강도는 AAC 프로그램에 다양한 방식으로 영향을 준다. 의료진은 전반적인 의료 계획안을 마련하고 이행하는 책임을 맡는데, 의사소통 중재는 이러한 계획안의 일부분이다. 따라서 AAC 담당자는 의료팀의 요구나 의뢰가 없으면 서비스를 제공할 수 없다. AAC 팀 구성원은 제공할 수 있는 서비스 유형에 대해 의료진과 명확하게 소통을 해야 한다. 자신들의 노력이 전반적인 의료 계획안과 조화를 이루고 또한 도움이 될 수 있도록, AAC 중재 이전과 중재 동안에 의료 팀과 상의를 해야만 한다. 의사소통 전문가들이 이러한 지침을 따르지 않는다면, 그들은 환자의 AAC 요구를 충족시키는 데 실패할 것이다.

급성치료 환경에 있는 환자들은 광범위한 의료 지원을 받기 때문에 24시간 동안 가족과 친구의 방문 외에도 치료 영역이 다른 10~25명의 전문가들과 접촉하는 경우가 많다. 따라서 다수의 사람이 AAC 중재를 이해할 수 있어야 한다. 벽 위에 신호 붙여 두기, 글로 메시지 써 두기, 말로 설명하기 등을 통해 관련자 모두에게 지침을 제공해야 한다. AAC 중재가 성공적이려면, 중재는 최대한 단순하고 최소한의 훈련과 학습이 요구되는 것이어야 한다.

의료 팀과 관련된 이슈

의료 계획안에 포함된 많은 활동들을 주로 간호사가 책임지기 때문에 이들은 환자 및 그 가족들을 자주 접하게 된다. 따라서 간호사는 환자의 상태 감독, AAC 중재와 의료 계획안 조정, 환자의 의사소통 요구 기록, 의사소통 계획안의 변경 정보를 가족에게 전달하기 등으로 AAC 팀을 도울 수 있는 좋은 위치에 있다. 간호 코디네이터는 흔히 의사소통 중재가 이루어지는 동안 환자를 옹호하고 AAC 서비스를 요청하도록 의사들을 적극적으로 격려하는 역할을 담당한다.

호흡치료사(respiratory therapists)는 수많은 급성치료실의 환자들을 다룬다. 이들은 기관절개나 기관 내 삽관 환자를 포함한 여러 환자의 호흡 상태를 날마다 돌봐야 하는 책임이 있다. AAC 팀은 성공적인 중재를 위해 호흡치료사들과 긴밀히 협력해야 한다. 지속적인 의사교육 또한 중요한데, 고참 의사 외에 인턴 및 레지던트로 의료진을 구성하는 훈련 병원에서 특히 그러한 교육이 이루어져야 한다. AAC 팀 구성원은 자신들의 계획안을 의료 팀에게 직접 제시하도록 초청받을 수 있다. 그러나 AAC 서비스에 대한 교육은 지속적인 서비스 전달 상황에서 주로 이루어진다.

AAC 프로그램 결정

집중 또는 급성치료 환경에서의 AAC 프로그램을 어떻게 개발하는가에 대한 포괄적 논의는 이 장의 범위를 벗어난다(그 과정에 대한 자세한 기술은 Costello, 2000; Garrett et al., 2007; Hurtig & Downey, 2009 등을 참조하라). 개릿 등(Garrett al., 2007)은 AAC 팀이 행정, 조직 및 직원 훈련 이슈뿐 아니라 급성치료 환경의 환자들이 필요로 하는 장비 요구에도 세심한 주의를 기울여야 한다고 언급하였다. 이와 관련하여, 연구자들은 급성치료 환경에서 이루어지는 AAC 중재에 기본적으로 필요한 장비와 자료는 ① 경량의 경부용 전자후두[즉, 목에 부착되며 성도(vocal tract) 내 기주(air column)를 진동시키는 것], ② 구강용 전자후두(즉, 관을 통해 구강으로 소리를 전달하는 것), ③ 알파벳 판, 낱말판 및 그림판을 구성하는 자료들, ④ 매직 슬레이트 종류(주로 장난감으로 판매되며, 글을 쓸 수 있는 코팅판 위에 비닐종이가 붙어 있는데 비닐종이를 들어 올리면 쓴 글씨가 사라짐), ⑤ 매우 드문 경우로, LTACH 환경의 일부 환자를 위한 음성 출력 기능을 지닌 SGD들, ⑥ 카드보드지 메시지 판이나 눈 지적 디스플레이를 고정시키기 위해 휠체어에 사용하는 휴대용 부착 체계 등이라고 제안하였다. 이러한 최소한의 장비 요구는 앞에서 언급한 이 분야 AAC 중재의 간소화 철학을 반영하는데, 이는 다우든, 뷰켈먼 및 로싱(Dowden, Beukelman, & Lossing)이 다음과 같이 언급한 것이기도 하다.

임상가는 소수의 의사소통 보완체계를 가지고서도 집중치료실에 있는 환자들에게 좋은 서비스를 제공할 수 있다. 우리는 대부분의 환자들에게 전자 인공후두나 수정된 말 접근법을 제공한다. 가장 저렴한 의사소통 체계들(응시를 위한 아크릴판

[plexiglas boards], 종이와 연필 그리고 [몇몇 소형 문자음성 변환 체계])을 이용해, 우리는 소수를 제외한 거의 모든 환자에게 서비스를 제공할 수 있다. 이는 집중치료 실에 있는 환자들에게 최소한의 임상 프로그램이라도 제공하고자 고려해야 함을 의미한다(1986, p. 43).

AAC 팀은 병원의 ICU나 급성치료실을 위해, 직원들이 필요할 경우 자료에 접근할 수 있도록, 일련의 AAC 자료를 준비해두는 경우가 상당히 많다. 개릿 등(Garrett et al., 2007)은 기본적인 AAC-ICU 장비 목록을 제공한다(〈표 18-1〉 참조). 급성치료 환경에 장기적으로 머무는 환자들은 좀 더 광범위한 전자 AAC 도구를 필요로 할 수 있다. 일반적으로, 이러한 테크놀로지는 재정적 지원 옵션, 기대 수명, 건강 상태의 진행 경로 등에 따라 환자가 구입하거나 빌리게 된다.

AAC 중재 모델

참여 패턴과 의사소통 요구 파악하기

참여 모델([그림 5-1] 참조)은 급성치료 환경의 환자들에게 전반적인 AAC 서비스를 제공하도록 돕는다. 중재자는 환자가 필연적으로 단일 의사소통 환경에 있고, 사회적 네트워크에 속해 있는 사람들과 제한적인 대면 접촉만을 하며, 일을 하지 않기 때문에 제한적인 참여 패턴을 보일 것이라 기대할 수 있다. 그러나 장기적으로 이러한 환경에 있는 환자들 중 점점 더 많은 사람들이 인터넷으로 의사소통을 하는 것(원거리 화상통화 포함)처럼, 어떤 환자에게는 전화를 통한 의사소통이 옵션이 될 수 있다.

올린다(Olinda)는 ALS로 인해 호흡이 어려워 인공호흡기를 사용한다(Fager & Beukelman, 2009). 그녀는 눈 추적 AAC 테크놀로지를 사용해 의사소통을 하고, 글을 읽으며, 환경을 조절한다. 그녀는 AAC 클리닉에 이메일을 보내 자신의 테크놀로지를 사용해 스카이프(일대일로 화상통화를 할 수 있는 앱)로 의사소통하는 법을 배우고 싶으니 도와달라고 요청하였다. 스카이프는 그녀가 다른 나라에서 살고 있는 그녀의 아들 며느리와 소통할 수 있는 새로운 방법이다. 그녀의 며느리는 임신 중이

표 18-1 ICU에서의 AAC 지원을 위한 기본 장비 목록

쓰기 키트

- 스프링 노트, 밝은색 클립보드 및 태블릿(침대 난간에 걸 수 있는 클립보드를 찾아라)
- 펠트 펜(felt-tip pens)
- 펜에 붙이기 위한 벨크로(한쪽은 클립 끝에 붙이고, 다른 한쪽은 펜 뚜껑에 붙여라)
- 부드러운 연필 그립 또는 교정용 쓰기 도구
- 일반적인 탄력 커프(elastic cuff)

선택지 노트

- 표지 카드
- 미국 백지도
- 인쇄된 척도

의사소통판

- '예/아니요' 용 판
- 요구/정서용 판
- 알파벳 판(다양한 사이즈)
- 상징 세트와 포스터보드(가족이 제작한 의사소통판 사용용)

상대 지원 스캐닝 노트

- 지침이 담긴 표지 페이지
- 주제 목록
- 메시지 페이지
- 알파벳 페이지
- 응시용 의사소통판 세트
- 빈 오버레이
- 알파벳/숫자 오버레이
- 선택 항목 오버레이
- 예/아니요 오버레이
- 투명 아크릴 디스플레이 판(선택사항)
- 지울 수 있는 마커(markers)
- 새로운 선택 항목을 위한 점착성 노트
- 오버레이를 받치거나 보관하기 위한 금속 고리
- 부호화된 메시지 차트 디스플레이를 위한 포스터보드

구강 어댑터를 지닌 전자후두

- 알아들을 수 있는 음질과 크기 조절이 가능한 것을 선택하라
- 방습성 하우징(housing)과 사용 후 버릴 수 있는 구강 튜브를 지닌 것을 선택하라

간단한(디지털 음성이 출력되는) 말산출도구

- 컴퓨터 화면이 선호됨, 종이 디스플레이 사용 가능
- 밝은 화면 디스플레이가 선호됨
- 밀폐된 하우징(housing)이 선호됨. 방수 '표면'을 지닌 도구를 구입하라

시청각 스캐닝이 가능한 복잡한 말산출도구

- 밝은 화면 디스플레이
- 가벼운 것
- 내구성이 있는 것
- 방습 화면
- 프로그램 짜기가 쉬운 것
- 포켓용 전자 철자 도구 또는 철자에 기반을 둔 AAC 도구

스위치(제4장 참조)

- 대형, 중형 및 소형 터치판 스위치
- 레버 스위치
- 라이트 터치(light touch)
- 압전기 스위치 및/또는 적외선 스위치
- 필로 스위치(pillow switches)
- 스퀴즈 스위치(squeeze switches)
- 불기 빨기 스위치(sip-and-puff switches)

스위치 및 도구 부착 장치

로우테크 및/또는 경량의 하이테크 도구를 매달기 위한 지지 봉

의사소통 정보 포스터

- 환자 신호를 기록하기 위한 차트
- 제스처 사전

기타

- 벨크로
- 다시 밀폐시킬 수 있는 금속 고리, 다양한 크기
- 의사소통판과 오버레이를 위한 비닐 페이지 보호 시트(page sleeves)
- 포스터보드와 마커
- 라벨을 붙이기 위한 투명 테이프
- 링거대(IV poles), 세모 손잡이(triangle pulls), 침대 난간 등에 항목들을 붙이기 위한 끈

었고, 올린다는 첫 손주 얼굴을 보고 상호작용을 하기 위한 준비를 하기 원했다 (Susan Fager, 사적인 대화, 2010년 10월).

존(John)은 만성의 길랭-바레 증후군을 지녔다. 우리는 호흡문제로 LTACH에 있는 그를 지원하였다. 그의 의사소통은 여러 면에서 한계가 있었다. 존은 머리로 추적하는 AAC 테크놀로지를 사용해 병원 직원 및 가족들과 상호작용을 할 수 있었다. 원거리 소통은 자신의 AAC 테크놀로지를 사용한 전화통화로 해결하였다. 그러나 멀

리 있는 가족, 친구, 오래된 자신의 주치의 등과 소통하기 위해 대부분 이메일을 사용하였다. 인터넷 정보에 접근하고 전자 게임을 하기 위해 자신의 머리 추적 기술을 또한 사용하였다.

기회 장벽과 지원 평가하기

급성치료실에 있는 사람들은 의사소통 요구를 충족시키기 위해 마땅히 AAC 서비스 평가를 받아야 하며, AAC 서비스의 이용 가능성 부족은 기회 장벽으로 간주될 수 있다. AAC 서비스를 반대하는 실제적인 정책을 지닌 병원은 거의 없는 것으로 보인다. 그러나 그렇다 할지라도, AAC 팀은 다수의 실제 장벽이나 지식 장벽을 다루어야 한다. 그러한 장벽에는 ① 환자가 AAC 서비스를 받을 수 있도록 의뢰를 하지 않는 의료 팀, ② 기존의 업무만으로도 이미 바쁘기 때문에(아마도 인원이 부족하기 때문에) 추가적인 일을 떠맡기 꺼리는 직원들, ③ 이러한 환경에서 AAC 중재를 이행하는 데 익숙하지 않은 언어치료사와 그 밖의 전문가 등이 포함될 것이다.

접근 장벽과 능력 평가하기

다른 AAC 평가와 마찬가지로, 급성치료실에서 이루어지는 평가에서도 특정한 접근 장벽과 능력을 고려해야 한다.

특정 능력 평가: 예비 선별검사

급성치료실 사람들은 광범위한 평가 절차에 참여할 수 없는 경우가 많다. AAC 팀은 의사소통을 지원하기 위해 어떤 능력을 이용할 수 있는지 결정하기 위한 평가의 첫 단계로 예비 선별검사를 해야 한다. 개릿 등(Garrett et al., 2007)은 고려할 수 있는 일련의 의사소통 과제를 파악하였다. 자연스러운 의사소통 신호(natural communication signals)를 파악하고, 의료진이 그것들을 정확하게 판단할 수 있는지를 결정하기 위해 평가를 해야 한다. 그러한 신호들로는 입술 보습제를 요구하기 위한 입술 핥기, 아프거나 가려움을 표현하기 위한 얼굴 '찡그리기', 소변기가 필요함을 신호하기 위한 혀 내밀기, 혼자 있고 싶다는 바람을 표현하기 위한 눈 감기 등을 들 수 있다. 예/아니요 신호(yes/no signals)는 ICU 환경에서 이루어지는 초기 의사소통에 필수적이다. 승인과 부인은 손 꽉 쥐기, 눈 움직임('예'의 의미는 위로, '아니요'의 의미는 아래로), 엄지 움직임('예'의 의미는 위로, '아니요'의 의미는 아래로) 등으로 표현될 수 있다. 물론, 이러한 신호는 침실 벽면에 포스터(또는 화이트보드)로 붙여 놓고, 병원 차트에 기록해 두며, 팀 미팅에서 정보를 공유해야 한다. AAC 팀은 안경이나 보청기가 필요한지 그리고 이들 도구가 항상 제공되어야 하는지를 확인한 후, 이들 감각 보완 도구를 지원해야 한다. 개별 환자에게 효과적인 이해 및 주의 집중 전략(comprehension and attention strategies)이 파악되어야 한다. 결국 ICU는 대다수 사람들에게 낯선 환경이다. 다양한 기계와 알람 체계가 작동 중이고, 여러 직원들이 급하게 오고 가기 때문에 소음이 끊이지 않는다. 때때로 두세 명의 직원이 함께 있기도 하고, 다수의 사람들이 환자와 소통을 하고자 할 것이다. 따라서 질문이나 지시를 하기 전에 환자의 주의를 끌기에 효과적인 전략들을 파악하는 것은 중요하다. 이와 관련해, 개릿 등은 "환자와 의사소통을 하고자 시도할 때 눈을 맞추고 유지하는"(Garrett et al., 2007, p. 32) 전략을 활용하도록 추천하였다. 만일 환자가 입력 보완이나 이해를 위한 지원을 필요로 한다면, 구어 메시지 외에 글씨, 그림 또는 사진 등의 시각적 정보를 제공하여 정보에 대한 이해를 도울 수 있다. 마지막으로, 어떤 수술을 해야 할 경우 해당 수술을 하기 전에 좀 더 복잡한 수술들을 환자에게 설명해 주는 것이 전혀 설명을 하지 않거나 수술이 진행되고 있을 때 그것을 설명하고자 하는 경우보다 의사소통을 향상시킬 것이다.

말하기에 필요한 구강운동 조절력이 양호한 사람들

급성치료실에 입원 중인 사람들 중에는 발성을 위한 충분한 음원이 제공될 경우, 말하기에 필요한 운동 조절력이 양호한 사람들이 많다. 따라서 평가의 첫 단계는 구강운동 능력을 평가하는 것이어야 한다. 만일 환자가 말을 하기에 충분한 구강운동 능력을 지니고 있다면, 평가 담당자는 구두를 통한 의사소통 옵션을 탐색해야 한다. 만일 구강운동 조절력이 불충분하다면, 평가 담당자는 다른 의사소통 옵션들을 탐색해야만 한다.

발성 능력 말을 하기에 충분한 구강운동 조절력을 지녔음에도 불구하고, 몇 가지 이유 중 하나로 인해 (말)소리를 낼 수 없는 환자들이 많다. 일부 환자는 기관절개술에 의해 성대를 지나는 기류가 부족하다. 그러나 기류가 일시적으로 충분히 제공될 수 있다면 말소리를 산출할 수 있다. 또 다른 일부 환자는 성대를 지나는 기류를 차단하는 인공호흡기를 필요로 하거나 심각한 호흡문제를 지닐 수 있다. 우리는 이 장의 뒷부분에서 이들 두 옵션과 관련된 중재 옵션들을 논의한다.

일부 환자는 발성에 필요한 운동 조절 능력을 가지고 있지 않을 것이다. 이들의 경우 흔히 두 가지 유형의 전자후두 중 하나가 효과적인 중재 도구로 제공된다. 첫째, 경부용(neck-type) 전자후두를 목 벽 외부에 대면, 이것이 성도 내의 기주를 진동시킨다. 그러면 '입 모양을 취한 낱말(mouthing words)'이 들을 수 있는 말로 산출된다. 둘째, 구강용(oral-type) 전자후두는 튜브나 카테터(catheter)를 통해 구강으로 소리를 전달한다. 광범위한 목 부위의 조직 손상, 부종 또는 수술로 인한 무름 때문에 경부용 전자후두를 사용할 수 없는 사람이나 목을 가리는 경추보호대를 착용해야만 하는 사람들에게 유용하다.

발성을 위한 기류 회복　성대를 지나는 공기 흐름을 회복시키기 위한 중재의 첫 단계는 환자가 커프를 두른 기관절개관을 필요로 하는지, 그리고 그 커프가 부풀려져야만 하는지를 결정하는 것이다(커프를 두른 기관절개관은 [그림 18-7] 참조). 호흡을 위한 공기의 공급은 커프를 두른 관을 통해 폐로 들어간다. 관을 두른 커프는 입을 통해 인공호흡기와 폐에서 빠져나가는 공기를 막고, 음식물이 입과 인두를 통해 호흡기로 들어가지 않도록 기도 벽에 대고 부풀려진다. 많은 사람이 항상 부풀려진 커프를 필요로 한다. 그러나 일부 도구들은 팽창된 기관절개관이 제자리에 있을 경우에도 공기가 호기 상태에 성대를 향하도록 해 준다. 주로 공기 흐름을 인도하는 바깥쪽 밸브가 이러한 '말하기 기관절개술(talking tracheostomy)' 제품을 조종한다. 잠깐 동안 수축된 커프를 참을 수 있는 환자들은 호흡기를 빠져나온 공기가 수축된 커프와 성대를 지나도록 하여 발성을 할 수 있을 것이다. 이들 환자는 이와 같은 방식으로 말을 산출할 수 있다.

또 다른 옵션은 커프가 생략된 기관절개관을 사용하는 것이다. 이 옵션은 목 부위의 부종이나 외상으로 인해 기도를 열어 놓아야 하지만 인공호흡기에 의존하지 않아도 되는 사람들에게 적절할 것이다. 이 경우 ① 호기 동안 손가락으로 관을 막는 법 배우기, ② 기관의 상단을 열어 놓는 기관절개관 사용하기, ③ 관을 통한 흡기와 성도를 통한 호기를 허용하는 일방통행 밸브 사용하기 등의 방식으로 공기가 성대를 지나도록 할 수 있다.

말하기에 필요한 구강운동 조절력이 부족한 사람들

환자들 중에는 말을 하기에 불충분한 구강운동 조절력을 지닌 사람들이 있다. 이들의 경우에는 앞에서 논의한 쓰기, 직접 선택 및/또는 스캐닝 등을 활용하는 의사소통 체계를 필요로 할 것이다.

글쓰기 옵션   글쓰기(handwriting)는 많은 사람들에게 편하면서도 익숙한 의사소통 방식이어서 효과적으로 사용할 수 있다. 일부 환자는 메시지를 쓰고 남겨서 자신의 의사소통책을 구성할 수 있도록 연필과 태블릿을 사용하고자 한다. 이러한 경우에는 동일한 메시지를 반복해서 쓰기보다 이전에 주고받은 질문이나 언급을 다시 참조할 수 있다. 또 다른 일부 환자는 메시지를 다 쓰고 난 후 비밀을 유지하고자 할 때 메시지를 지울 수 있도록 매직 슬레이트를 사용하고자 한다.

> 나는 판(매직 슬레이트)을 가장 선호한다. 우리는 매직 판을 통해 신속하게 소통을 할 수 있고 말하고자 하는 것을 표현할 수 있다. 일반적인 글쓰기처럼 글자를 쓰고 낱말을 구분할 수 있다. 사람들 또한 이것을 더 빨리 그리고 더 쉽게 이해한다. 내 생각에는 다른 사람들도 이것을 가장 좋아하는 것 같다. 그래서 내가 다시 손을 사용할 수 있게 되었을 때 매직 판은 가장 좋은 선택이었다. 내가 손을 사용할 수 없었을 때에는 물론 의사소통 상대가 사용법을 알고 있다는 전제하에서 (의사소통 상대가 스캐닝을 해 주는) 알파벳 판이 최상의 선택이었다. 그러나 많은 사람들이 알파벳 판 사용법을 알지 못했다(길랭-바레 증후군을 지닌 35세 남성 Alec K, Fried-Oken et al., 1991, p. 47).

글을 쓸 수 없는 사람을 위한 옵션   일부 환자는 손으로 글을 쓸 수는 없으나 손, 눈 또는 머리를 사용하여 정확하게 지적할 수 있다. 일반적으로 AAC 팀은 이들로 하여금 직접 선택 의사소통 체계를 사용하도록 격려한다. 이러한 직접 선택 체계는 몇 가지 낱말이나 구절로 이루어진 알파벳 판처럼 간단할 수 있다. 또 다른 일부 환자는 소형 타자 체계를 선호할 것이다. 주로 급성치료실에 있는 사람들은 부호화 전략을 사용하기 위한 시간이나 동기를 갖고 있지 않다. 따라서 이들 중 일부는 메시지를 타자할 수 있는 방법을 선호한다.

이용이 가능할 경우, 일부 환자는 음성 출력을 선호할 것이다. 코스텔로(Costello, 2000)는 안면재건술과 같은 큰 수술이 잡혀 있는 아동들을 위한 '목소리 은행(voice banking)'의 활용을 기술하였다. 수술에 앞서 이들은 이후에 집중치료실에서 사용할, 간단한 SGD로 전달될 메시지를 미리 녹음하였다. 그래서 아동은 어렵고 힘든 시기에 '말을 하기' 위해 '자신의 목소리'를 사용할 수 있었다. 쉽게 접근할 수 있는 30~60개의 메시지를 포함하고 있는 휴대용 소형 디지털 SGD는 이러한 목적에 알맞다. 만일 환자들이 이러한 옵션을 사용하기에 불충분한 손이나 팔 조절력을 지니고 있다면, 벽이나 천장에 부착된 차트 또는 스탠드에 부착된 의사소통판의 낱말이나 글자를 지적하기 위해 헤드라이트 포인터를 사용할 수 있다.

> 조지(George)는 '아니요'를 표시하기 위해 머리를 살짝 움직이거나 눈으로 지적하는 것 외에는 의사소통을 할 수 없었다. 그는 심각한 근무력증 진단을 받고 장시간 병원에 머물러야 했다. 관찰력이 예리했던 한 간호사는 그가 오른발을 약간 움직일 수 있음을 우리에게 알렸고, 우리는 그의 엄지발가락에 레이저 포인터를 붙이고 침대 발치에는 의사소통 도구를 부착하였다. 도구를 볼 수 있도록 머리를 약간 위로 받쳐 주면, 그는 자신의 발을 움직여 메시지를 철자하였다. 6주 뒤, 그는 퇴원할 만큼 충분히 회복되었고 다시 말을 하게 되었다.

일부 환자는 다음의 두 형식 중 하나의 눈 지적하기만이 가능할 것이다. 첫 번째 형식은 전통적인 눈 지적하기(eye pointing)로서 환자가 투명한 플라스틱 판 위에 부착된 디스플레이상의 메시지를 선택하여 바라보는 것이다. 의사소통 상대는 환자의 응시 방향을 판단하고 관련 메시지를 읽어 주게 된다. 두 번째 형식은 눈 연결하기(eye linking)로서 환자가 원하는 메시지를 바라보면 (투명한 의사소통판을 사이에 두고 환자의 맞은편에 있는) 상대는 자신의 눈이 반대편 환자의 눈과 직접적으로 연결될 때까지 판을 움직이는 것이다. 이때 환자가 전하고자 하는 메시지는 두 사람 사이에 있어야 한다. 많은 환자들이 눈 지적하기보다 눈 연결하기를 더 쉬워한다.

직접 선택이 어려운 사람들을 위한 옵션　일부 환자는 직접 선택을 통한 의사소통에 참여할 수 있는 운동능력을 지니고 있지 않다. 만일 이들이 일관성 있고 확실하게 다른 운동 반응을 보인다면, 스캐닝을 통한 의사소통 옵션을 성공적으로 사용할 수 있을 것이다. 가족들 중에는 글자나 메시지의 배열이 의사소통판에 제시되는 상대 의존적 스캐닝 사용법을 배울 수 있는 사람들이 많다. 의사소통 상대가 다양한 메시지 옵션을 지적하면, 환자는 원하는 메시지에 도달했을 때 제스처, 눈 깜박임, 스위치로 호출장치 활성화하기 등으로 '예'라는 신호를 전달한다. 반면에 이러한 환경에서는 상대에게 의존하지 않는(즉, 전자) 스캐닝의 이행이 다소 어려워서, 앞에서 언급한 바와 같이, 이 옵션의 성공률은 아마도 낮을 것이다(Dowden et al., 1986). 일반적으로 대부분의 환자는 이러한 유형의 의사소통에 익숙하지 않고, 스캐닝을 위한 학습 요구가 너무 크기 때문에 급성치료실에서 이 옵션을 효과적으로 적용하기는 어렵다.

제약 평가하기

AAC 중재에 영향을 주는 흔한 제약 중 하나는 청자(listener) 교육이다. 단기적인 급성치료실은 학습과 관련해 제약이 많다. 첫째, 환자들은 매우 아플 뿐 아니라 상당한 스트레스를 받고 있다. 이러한 환경의 환자들은 학습을 위한 능력이나 인내심이 거의 없는 경우가 많다. 둘째, 입원 기간 동안 수많은 전문가와 그 밖의 사람들이 환자와 상호작용한다. 따라서 가장 효과적인 AAC 중재는 최소한의 청자 교육을 요구하는 것이어야 한다. 앞에서 언급한 것처럼, 환자와 환자의 의료 팀은 단기적인 급성치료실에서 복잡한 AAC 체계를 사용하지 않으려는 경향이 있다.

📑 학습문제

18-1. ICU와 LTACH 의료 환경의 차이는 무엇인가?

18-2. ICU와 LTACH 환경의 간호 제공자는 AAC를 필요로 하는 환자들과 얼마나 자주 상호작용하는가?

18-3. 기관절개술을 받은 환자들이 AAC 지원을 필요로 하는 이유는 무엇인가?

18-4. AAC 중재의 일환으로 LTACH 환경에 있는 환자들의 의사소통 요구를 파악하는 것이 유용한 이유는 무엇인가?

18-5. 만일 당신이 ICU에서 사용될 예/아니요 눈신호를 선택해야 한다면, 당신은 어떤 신호를 제안할 것인가, 그리고 그 신호를 제안한 이유는 무엇인가? 당신은 모든 직원이 동일한 예/아니요 눈신호를 사용해야 한다고 주장할 것인가, 아니면 각각의 직원이 자신들이 선호하는 신호를 선택하도록 허용할 것인가? 그렇다면 그 이유는 무엇인가?

18-6. 만일 당신이 ICU를 위한 AAC 지원 자료들을 선택해야 한다면, 어떤 항목들을 선택할 것인가, 그리고 그 항목들을 선택한 이유는 무엇인가?

18-7. 말을 하거나 글을 쓸 수 없는 환자 중에 단지 눈을 사용한 의사소통만이 가능한 여성 환자가 있다. 그런데 그녀의 남편은 그녀가 눈으로 지적하는 것을 판단하는 데 어려움을 보인다. 그래서 당신은 그녀의 남편에게 눈 연결하기를 가르치기로 했다. 당신은 그에게 이 전략을 어떻게 소개할 것인가?

참고문헌

Adams, M. J. (1990). *Beginning to read: Thinking and learning about print.* Cambridge, MA: MIT Press.

Adams, S. G. (1994). Accelerating speech in a case of hypokinetic dysarthria: Descriptions and treatment. In J. A. Till, K. M. Yorkston, & D. R. Beukelman (Eds.), *Motor speech disorders: Advances in assessment and treatment* (pp. 213–228). Baltimore: Paul H. Brookes Publishing Co.

Adams, S. G. (1997). Hypokinetic dysarthria in Parkinson's disease. In M. R. McNeil (Ed.), *Clinical management of sensorimotor speech disorders* (pp. 261–285). New York: Thieme.

Adamson, L., & Dunbar, B. (1991). Communication development of young children with tracheostomies. *Augmentative and Alternative Communication, 7,* 275–283.

Alant, E. (1999). Students with little or no functional speech in schools for students with mental retardation in South Africa. *Augmentative and Alternative Communication, 15,* 83–94.

Alant, E., & Lloyd, L. L. (Eds.). (2005). *Augmentative and alternative communication: Beyond poverty.* London: Whurr.

Alm, N., Astell, A., Ellis, M. D., Dye, R., Gowans, G., & Campbell, J. (2004). A cognitive prosthesis and communication support for people with dementia. *Neuropsychological Rehabilitation, 14,* 117–134.

Almeida, M., Piza, M., & LaMonica, D. (2005). Adaptações do sistema de comunicação por troca de figuras no contexto escolar [Adaptation of the Picture Exchange Communication System in a school context]. *Pró-Fono Revista de Atualização Científica, 17,* 233–240.

Alsop, L. (2004). *Competencies for training intervenors to work with children and students with deafblindness.* Logan: SKI-HI Institute, Utah State University.

Alsop, L., Blaha, R., & Kloos, E. (2000). *The intervenor in early intervention and educational settings for children and youth with deafblindness.* Monmouth, OR: National Technical Assistance Consortium for Children and Young Adults Who Are Deaf-Blind.

Alzheimer's Association. (2001). *An overview of Alzheimer's disease and related dementias.* Retrieved from http://www.alz.org

American Speech-Language-Hearing Association. (2004). Roles and responsibilities of speech-language pathologists with respect to augmentative and alternative communication: Technical report. *ASHA Supplement, 24,* 1–17.

American Speech-Language-Hearing Association. (2005). *Roles and responsibilities of speech-language pathologists with respect to augmentative and alternative communication: Position statement.* doi:10.1044/policy.PS2005-00113

American Speech-Language-Hearing Association. (2007). *Childhood apraxia of speech* [Technical report]. Retrieved from http://www.asha.org/policy

Americans with Disabilities Act of 1990, PL 101-336, 42 U.S.C. §§ 12101 *et seq.*

Anderson-Inman, L., & Horney, M. A. (2007). Supported eText: Assistive technology through text transformations. *Reading Research Quarterly, 42,* 153–160.

Andrews-Salvia, M., Roy, N., & Cameron, R. M. (2003). Evaluating the effects of memory books for individuals with severe dementia. *Journal of Medical Speech-Language Pathology, 11*(1), 51-59.

Angell, M., Stoner, J., & Fulk, B. (2010). Advice from adults with physical disabilities on fostering self-determination during the school years. *Teaching Exceptional Children, 42,* 64-75.

Angelo, J. (1987). *A comparison of three coding methods for abbreviation expansion in acceleration vocabularies* (Unpublished doctoral dissertation). University of Wisconsin-Madison.

Angermeier, K., Schooley, K., Harasymowycz, U., & Schlosser, R. (2010). The role of finger-spelled self-cues during spelling with a speech generating device by a child with autism: A brief report. *Journal of Developmental and Physical Disabilities, 22,* 197-200.

Archer, A. L., & Hughes, C. A. (2010). *Explicit instruction: Effective and efficient teaching.* New York: Guilford Press.

Armbruster, B. B., Lehr, F., & Osborn, J. (2001). *Put reading first: The research building blocks for teaching children to read: Kindergarten through grade 3.* Washington, DC: National Institute for Literacy.

Arnold, A. (2007). Living at home and my thoughts for the future. In R. V. Conti & T. J. McGrath (Eds.), *Proceedings of the Eleventh Biennial Pittsburgh Employment Conference for Augmented Communicators* (pp. 94-96). Pittsburgh: Shout Press.

Arnott, J., & Javed, M. (1992). Probabilistic character disambiguation for reduced keyboards using small text samples. *Augmentative and Alternative Communication, 8,* 215-223.

Ashwal, S., Russman, B. S., Blasco, P. A., Miller, G., Sandler, A., Shevell, M., & Stevenson, R. (2004). Practice parameter: Diagnostic assessment of the child with cerebral palsy: Report of the Quality Standards Subcommittee of the American Academy of Neurology and the Practice Committee of the Child Neurology Society. *Neurology, 62,* 851-863.

Assistive Technology Act Amendments of 2004, PL 108-364, 29 U.S.C. §§ 3001 *et seq.*

Aston, M. C. (2001). *The other half of Asperger syndrome: A guide to living in an intimate relationship with a partner who has Asperger syndrome.* London: National Autistic Society.

Aston, M. C. (2003). *Aspergers in love: Couple relationships and family affairs.* London: Jessica Kingsley.

Bailey, B., & Downing, J. (1994). Using visual accents to enhance attending to communication symbols for students with severe multiple disabilities. *RE:view, 26*(3), 101-118.

Bailey, R. L., Parette, H. P., Jr., Stoner, J. B., Angell, M. E., & Carroll, K. (2006). Family members' perceptions of augmentative and alternative communication device use. *Language, Speech, and Hearing Services in Schools, 37,* 50-60.

Bak, T. H., & Hodges, J. R. (2001). Motor neuron disease, dementia and aphasia: Coincidence, cooccurrence or continuum? *Journal of Neurology, 248,* 260-270.

Baker, B. (1982, September). Minspeak: A semantic compaction system that makes self-expression easier for communicatively disabled individuals. *Byte, 7,* 186-202.

Baker, B. (1986). Using images to generate speech. *Byte, 11,* 160-168.

Balandin, S., & Iacono, T. (1998a). A fe well-chosen words. *Augmentative and Alternative Communication, 14,* 147-161.

Balandin, S., & Iacono, T. (1998b). Topics of meal-break conversations. *Augmentative and Alternative Communication, 14,* 131-146.

Balandin, S., & Iacono, T. (1999). Crews, wusses, and whoppas: Core and fringe vocabularies of Australian meal-break conversations in the workplace. *Augmentative and Alternative Communication, 15,* 95-105.

Balandin, S., & Morgan, J. (2001). Preparing for the future: Aging and augmentative and alternative communication. *Augmentative and Alternative Communication, 17,* 99-108.

Ball, L. (2003). AAC transition for adults: Maximizing communication and participation. *ASHA Leader, 8,* 141.

Ball, L. (2008). Childhood apraxia of speech: Augmentative & alternative communication strategies. In J. Wambaugh, N. Alarcon, L. Shuster, & L. Ball (Eds.), *Traditional and AAC Approaches for apraxia of speech in adults and children.* Miniseminar presented at the American Speech-Language-Hearing Association annual conference,

Chicago.

Ball, L. D., Anderson, E., Bilyeu, D., Pattee, G., Beukelman, D., & Robertson, J. (2007). Duration of AAC technology use by persons with ALS. *Journal of Medical Speech Language Pathology*, *15*, 371–381.

Ball, L., Beukelman, D., & Bardach, L. (2007). AAC intervention for ALS. In D. R. Beukelman, K. L. Garrett, & K. M. Yorkston (Eds.), *Augmentative communication strategies for adults with acute or chronic medical conditions* (pp. 287–316). Baltimore: Paul H. Brookes Publishing Co.

Ball, L., Beukelman, D. R., & Pattee, G. (2002). Timing of speech deterioration in people with amyotrophic lateral sclerosis. *Journal of Medical Speech-Language Pathology*, *10*, 231–235.

Ball, L., Beukelman, D. R., & Pattee, G. (2003, November). *AAC transitions for adults I: Maximizing communication and participation (AAC transitions for persons with ALS)*. Presentation at the annual convention of the American Speech–Language–Hearing Association, Chicago.

Ball, L., Beukelman, D. R., & Pattee, G. (2004). Acceptance of augmentative and alternative communication technology by persons with amyotrophic lateral sclerosis. *Augmentative and Alternative Communication*, *20*, 113–122.

Ball, L., Beukelman, D., Ullman, C., Maassen, M., & Pattee, G. (2005). Monitoring speaking rate by telephone with amyotrophic lateral sclerosis. *Journal of Medical Speech Language Pathology*, *13*, 233–240.

Ball, L., Fager, S., Nordness, A., Kersch, K., Mohr, B., Pattee, G., & Beukelman, D. (2010). Eyegaze access of AAC technology for persons with amyotrophic lateral sclerosis. *Journal of Medical Speech Language Pathology*, *18*, 11–23.

Ball, L., Marvin, C., Beukelman, D. R., Lasker, J., & Rupp, D. (1999). "Generic small talk" use by preschool children. *Augmentative and Alternative Communication*, *15*, 145–155.

Ball, L., Schardt, K., & Beukelman, D. (2005). Primary communication facilitators. *Augmentative Communication News*, *17*, 6–7.

Ball, L. J., & Stading, K. L. (2006, November). *Functional communication strategies for children with apraxia of speech*. Seminar presentation at the annual convention of the American Speech–Language–Hearing Association, Miami, FL.

Bambara, L., & Kern, L. (2005). *Individualized supports for students with problem behaviors*. New York: Guilford Press.

Bambara, L., Spiegel-McGill, P., Shores, R., & Fox, J. (1984). A comparison of reactive and nonreactive toys on severely handicapped children's manipulative play. *Journal of the Association for Persons with Severe Handicaps*, *9*, 142–149.

Banajee, M., Dicarlo, C., & Stricklin, S. (2003). Core vocabulary determination for toddlers. *Augmentative and Alternative Communication*, *19*, 67–73.

Barrera, R., Lobato-Barrera, D., & Sulzer-Azaroff, B. (1980). A simultaneous treatment comparison of three expressive language training programs with a mute autistic child. *Journal of Autism and Developmental Disorders*, *10*, 21–38.

Barritt, L., & Kroll, B. (1978). Some implications of cognitive developmental psychology for research in composing. In C. Cooper & L. Odell (Eds.), *Research on composing: Points of departure* (pp. 49–57). Urbana, IL: National Council of Teachers of English.

Bartlett, M. R., Fink, R. B., Schwartz, M. F., & Linebarger, M. (2007). Informativeness ratings of messages created on an AAC processing prosthesis. *Aphasiology*, *21*(5), 475–498.

Basil, C. (1992). Social interaction and learned helplessness in severely disabled children. *Augmentative and Alternative Communication*, *8*, 188–199.

Basil, C., & Soro-Camats, E. (1996). Supporting graphic language acquisition by a girl with multiple impairments. In S. von Tetzchner & M. H. Jensen (Eds.), *Augmentative and alternative communication: European perspectives* (pp. 270–291). London: Whurr.

Basson, M., & Alant, E. (2005). The iconicity and ease of learning of picture communication symbols: A study with Afrikaans-speaking children. *South African Journal of Communication Disorders*, *52*, 4–12.

Batshaw, M. L., & Shapiro, B. (2002). Mental retardation. In M. L. Batshaw (Ed.), *Children with disabilities* (5th ed., pp. 287–305). Baltimore: Paul H. Brookes Publishing Co.

Bauby, J.-D. (1997). *The diving bell and the butterfly* (Jeremy Leggatt, Trans.). New York: Alfred A. Knopf.

Bauer, A. M., & Matuszek, K. (2001). Designing and

evaluating accommodations and adaptations. In A. M. Bauer & G. M. Brown (Eds.), *Adolescents and inclusion: Transforming secondary schools* (pp. 139-166). Baltimore: Paul H. Brookes Publishing Co.

Bayles, K. A., & Kim, E. S. (2003). Improving the functioning of individuals with Alzheimer's disease: Emergence of behavioral interventions. *Journal of Communication Disorders, 36*, 327-343.

Bayles, K., Tomoeda, C., Wood, J., Montgomery, E., Cruz, R., Azuma, T., & McGeagh, A. (1996). Changes in cognitive function in idiopathic Parkinson's disease. *Archives of Neurology, 53*, 1140-1146.

Beck, A., Bock, S., Thompson, J., & Kosuwan, K. (2002). Influence of communicative competence and augmentative and alternative communication technique on children's attitudes toward a peer who uses AAC. *Augmentative and Alternative Communication, 18*, 217-227.

Beck, A., & Dennis, M. (1996). Attitudes of children toward a similar-aged child who uses augmentative communication. *Augmentative and Alternative Communication, 12*, 78-87.

Beck, A., & Fritz, H. (1998). Can people with aphasia learn iconic codes? *Augmentative and Alternative Communication, 14*, 184-195.

Beck, A., Fritz, H., Keller, A., & Dennis, M. (2000). Attitudes of school-aged children toward their peers who use AAC. *Augmentative and Alternative Communication, 16*, 13-26.

Beck, A., & Fritz-Verticchio, H. (2003). The influence of information and role-playing experiences on children's attitudes toward peers who use AAC. *American Journal of Speech-Language Pathology, 12*, 51-60.

Beck, A., Kingsbury, K., Neff, A., & Dennis, M. (2000). Influence of length of augmented message on children's attitudes towards peers who use augmentative and alternative communication. *Augmentative and Alternative Communication, 16*, 239-249.

Beck, A., Stoner, J., & Dennis, M. (2009). An investigation of aided language stimulation: Does it increase AAC use with adults with developmental disabilities and complex communication needs? *Augmentative and Alternative Communication, 25*, 42-54.

Beck, A., Thompson, J., & Clay, S. (2000). The effect of icon prediction on college students' recall of icon codes. *Journal of Special Education Technology, 15*, 17-23.

Beck, A., Thompson, J. R., Kosuwan, K., & Prochnow, J. M. (2010). The development and utilization of a scale to measure adolescents' attitudes toward peers who use augmentative and alternative communication (AAC) devices. *Journal of Speech, Language, and Hearing Research, 53*, 572-587.

Beckman, P., & Kohl, F. (1984). The effects of social and isolated toys on the interactions and play of integrated and nonintegrated groups of preschoolers. *Education and Training of the Mentally Retarded, 19*, 169-174.

Bedrosian, J. (1999). AAC efficacy research: Challenges for the new century. *Augmentative and Alternative Communication, 15*, 2-3.

Bedrosian, J., Hoag, L., Calculator, S., & Molineux, B. (1992). Variables influencing perceptions of the communicative competence of an adult augmentative and alternative communication system user. *Journal of Speech and Hearing Research, 35*, 1105-1113.

Bedrosian, J., Hoag, L., Johnson, D., & Calculator, S. (1998). Communicative competence as perceived by adults with severe speech impairments associated with cerebral palsy. *Journal of Speech, Language, and Hearing Research, 41*, 667-675.

Bedrosian, J., Hoag, L., & McCoy, K. (2003). Relevance and speed of message delivery trade-offs in augmentative and alternative communication. *Journal of Speech, Language, and Hearing Research, 46*, 800-817.

Bedrosian, J., Lasker, J., Speidel, K., & Politsch, A. (2003). Enhancing the written narrative skills of an AAC student with autism: Evidence-based research issues. *Topics in Language Disorders, 23*, 305-324.

Bellon-Harn, M., & Harn, W. (2008). Scaffolding strategies during repeated storybook reading: An extension using a voice output communication aid. *Focus on Autism and Other Developmental Disabilities, 23*, 112-124.

Bellugi, U., & Fischer, S. (1972). A comparison of sign language and spoken language. *Cognition, 1*, 173-200.

Benigno, J., Bennett, J., McCarthy, J., & Smith, J. (2011). Situational and psychosocial factors mediating coordinated joint attention with augmentative and alternative communication systems with beginning communicators without disabilities. *Augmentative and Alternative Communication, 27,* 67-76.

Berlowitz, C. (1991, January 13). Ana begins to speak. *This World,* 16.

Berninger, V., & Gans, B. (1986). Language profiles in nonspeaking individuals of normal intelligence with severe cerebral palsy. *Augmentative and Alternative Communication, 2,* 45-50.

Beukelman, D. R. (1987). When you have a hammer, everything looks like a nail. *Augmentative and Alternative Communication, 3,* 94-95.

Beukelman, D. R. (1991). Magic and cost of communicative competence. *Augmentative and Alternative Communication, 7,* 2-10.

Beukelman, D. (2005). Tom's AAC system. *Augmentative Communication News,* 5-6.

Beukelman, D., Ball, L., & Fager, S. (2008). An AAC personnel framework: Adults with acquired complex communication needs. *Augmentative and Alternative Communication, 24,* 255-267.

Beukelman, D., Fager, S., Ball, L., & Dietz, A. (2007). AAC for adults with acquired neurological conditions: A review. *Augmentative and Alternative Communication, 23,* 230-242.

Beukelman, D. R., Fager, S., Ullman, C., Hanson, E., & Logemann, J. (2002). The impact of speech supplementation and clear speech on the intelligibility and speaking rate of people with traumatic brain injury. *Journal of Medical Speech-Language Pathology, 10,* 237-242.

Beukelman, D. R., & Garrett, K. (1988). Augmentative and alternative communication for adults with acquired severe communication disorders. *Augmentative and Alternative Communication, 4,* 104-121.

Beukelman, D. R., Garrett, K. L., & Yorkston, K. M. (2007). *Augmentative communication strategies for adults with acute or chronic medical conditions.* Baltimore: Paul H. Brookes Publishing Co.

Beukelman, D. R., Jones, R., & Rowan, M. (1989). Frequency of word usage by nondisabled peers in integrated preschool classrooms. *Augmentative and Alternative Communication, 5,* 243-248.

Beukelman, D. R., Kraft, G., & Freal, J. (1985). Expressive communication disorders in persons with multiple sclerosis: A survey. *Archives of Physical Medicine and Rehabilitation, 66,* 675-677.

Beukelman, D. R., & Mirenda, P. (1988). Communication options for persons who cannot speak: Assessment and evaluation. In C. A. Coston (Ed.), *Proceedings of the National Planners Conference on Assistive Device Service Delivery* (pp. 151-165). Washington, DC: Association for the Advancement of Rehabilitation Technology.

Beukelman, D. R., & Mirenda, P. (2005). *Augmentative and alternative communication: Supporting children and adults with complex communication needs* (3rd ed.). Baltimore: Paul H. Brookes Publishing Co.

Beukelman, D. R., & Ray, P. (2010). Communication supports in pediatric rehabilitation. *Journal of Pediatric Rehabilitation Medicine, 3,* 279-288.

Beukelman, D. R., & Yorkston, K. (1977). A communication system for the severely dysarthric speaker with an intact language system. *Journal of Speech and Hearing Disorders, 42,* 265-270.

Beukelman, D. R., & Yorkston, K. (1984). Computer enhancement of message formulation and presentation for communication augmentation system users. *Seminars in Speech and Language, 5,* 1-10.

Beukelman, D. R., Yorkston, K., & Dowden, P. (1985). *Communication augmentation: A casebook of clinical management.* Austin, TX: PRO-ED.

Beukelman, D. R., Yorkston, K., Poblete, M., & Naranjo, C. (1984). Frequency of word occurrence in communication samples produced by adult communication aid users. *Journal of Speech and Hearing Disorders, 49,* 360-367.

Bevan-Brown, J. (2001). Evaluating special education services for learners from ethnically diverse groups: Getting it right. *Journal of the Association for Persons with Severe Handicaps, 26,* 138-147.

Biklen, D. (1990). Communication unbound: Autism and praxis. *Harvard Educational Review, 60,* 291-314.

Biklen, D. (1992). *Schooling without labels.* Philadelphia: Temple University Press.

Binger, C. (2008a). Classroom-based language goals and intervention for children who use AAC: Back to basics. *Perspectives on Augmentative and Alternative Communication, 17,* 20-26.

Binger, C. (2008b). Grammatical morpheme

intervention issues for students who use AAC. *Perspectives on Augmentative and Alternative Communication, 17,* 62–68.

Binger, C., Kent–Walsh, J., Berens, J., del Campo, S., & Rivera, D. (2008). Teaching Latino parents to support the multi-symbol message productions of their children who require AAC. *Augmentative and Alternative Communication, 24,* 323–338.

Binger, C., Kent–Walsh, J., Ewing, C., & Taylor, S. (2010). Teaching educational assistants to facilitate the multisymbol message productions of young students who require augmentative and alternative communication. *American Journal of Speech–Language Pathology, 19,* 108–120.

Binger, C., & Light, J. (2007). The effect of aided AAC modeling on the expression of multi–symbol messages by preschoolers who use AAC. *Augmentative and Alternative Communication, 23,* 30–43.

Binger, C., & Light, J. (2008). The morphology and syntax of individuals who use AAC: Research review and implications for effective practice. *Augmentative and Alternative Communication, 24,* 123–138.

Binger, C., Maguire–Marshall, M., & Kent–Walsh, J. (2011). Using adied AAC models, recasts, and contrastive targets to teach grammatical morphemes to children who use AAC. *Journal of Speech, Language, and Hearing Research, 54,* 160–176.

Bird, F., Dores, P., Moniz, D., & Robinson, J. (1989). Reducing severe aggressive and self–injurious behaviors with functional communication training. *American Journal on Mental Retardation, 94,* 37–48.

Bishop, D. (2003). *Test for Reception of Grammar-Version 2 (TROG-2).* San Antonio, TX: Harcourt Assessment.

Bishop, K., Rankin, J., & Mirenda, P. (1994). Impact of graphic symbol use on reading acquisition. *Augmentative and Alternative Communication, 10,* 113–125.

Blackstien–Adler, S. (2003). *Training school teams to use the Participation Model: Evaluation of a train–the–trainer model* (Unpublished master's thesis). Ontario Institute for the Study of Education, University of Toronto.

Blackstone, S. (1989). The 3 R's: Reading, writing, and reasoning. *Augmentative Communication News, 2*(1), 1–6, 8.

Blackstone, S. (1990). Populations and practices in AAC. *Augmentative Communication News, 3*(4), 1–3.

Blackstone, S. (1993). Cultural sensitivity and AAC services. *Augmentative Communication News, 6*(2), 3–5.

Blackstone, S. (1994). Auditory scanning. *Augmentative Communication News, 7*(2), 6–7.

Blackstone, S. (2004). Clinical news: Visual scene displays. *Augmentative Communication News, 16*(2), 1–8.

Blackstone, S. W., Cassatt–James, E. L., & Bruskin, D. (Eds.). (1988). *Augmentative communication: Implementation strategies.* Rockville, MD: American Speech–Language–Hearing Association.

Blackstone, S., & Hunt Berg, M. (2003a). *Social Networks: A Communication Inventory for Individuals with Complex Communication Needs and Their Communication Partners–Inventory Booklet.* Monterey, CA: Augmentative Communication, Inc.

Blackstone, S., & Hunt Berg, M. (2003b). *Social Networks: A Communication Inventory for Individuals with Complex Communication Needs and Their Communication Partners-Manual.* Monterey, CA: Augmentative Communication, Inc.

Blackstone, S., & Pressman, H. (1995). *Outcomes in AAC conference report: Alliance '95.* Monterey, CA: Augmentative Communication.

Blackstone, S., & Wilkins, D. (2009). Exploring the importance of emotional competence in children with complex communication needs. *Perspectives on Augmentative and Alternative Communication, 18,* 78–87.

Blackstone, S., Williams, M., & Joyce, M. (2002). Future AAC technology needs: Consumer perspectives. *Assistive Technology, 14,* 3–16.

Blake, D. J., & Bodine, C. (2002). An overview of assistive technology for persons with multiple sclerosis. *Journal of Rehabilitation Research and Development, 39*(2), 299–312.

Blischak, D. M. (1995). Thomas the writer: Case study of a child with severe speech and physical impairments. *Language, Speech, and Hearing Services in Schools, 25,* 11–20.

Blischak, D. M. (1999). Increases in natural speech production following experience with synthetic speech. *Journal of Special Education Technology, 14,* 44–53.

Blischak, D., Lombardino, L., & Dyson, A. (2003). Use of speech generating devices: In support of natural speech. *Augmentative and Alternative Communication, 19*, 29–36.

Blischak, D. M., & Schlosser, R. W. (2003). Use of technology to support independent spelling by students with autism. *Topics in Language Disorders, 23*, 293–304.

Blischak, D. M., Shah, S. D., Lombardino, L. J., & Chiarella, K. (2004). Effects of phonemic awareness instruction on the encoding skills of children with severe speech impairment. *Disability & Rehabilitation, 26*, 1295–1304.

Blissymbolics Communication International. (2012). *Why Bliss?* Retrieved March 1, 2012, from http://www.blissymbolics.org/pfw/index.php?option=com_content&view=article&id=5&Itemid=6

Blockberger, S., Armstrong, R., & O'Connor, A. (1993). Children's attitudes toward a nonspeaking child using various augmentative and alternative communication techniques. *Augmentative and Alternative Communication, 9*, 243–250.

Blockberger, S., & Johnston, J. (2003). Grammatical morphology acquisition by children with complex communication needs. *Augmentative and Alternative Communication, 19*, 207–221.

Blockberger, S., & Kamp, L. (1990). The use of voice output communication aids (VOCAs) by ambulatory children. *Augmentative and Alternative Communication, 6*, 127–128.

Blockberger, S., & Sutton, A. (2003). Toward linguistic competence: Language experiences and knowledge of children with extremely limited speech. In J. C. Lignt, D. R. Beukelman, & J. Reichle (Eds.), *Communicative competence for individuals who use AAC: From research to effective practice* (pp. 63–106). Baltimore: Paul H. Brookes Publishing Co.

Bloom, L., & Lahey, M. (1978). *Language development and language disorders.* New York: Wiley.

Bloomberg, K. (1996). *PrAACtically speaking* [Videotape]. Melbourne, Australia: Yooralla Society.

Bloomberg, K., & Johnson, H. (1990). A statewide demographic survey of people with severe communication impairments. *Augmentative and Alternative Communication, 6*, 50–60.

Bloomberg, K., Karlan, G., & Lloyd, L. (1990). The comparative translucency of initial lexical items represented by five graphic symbol systems and sets. *Journal of Speech and Hearing Research, 33*, 717–725.

Bloomberg, K., West, D., Johnson, H., & Caithness, T. (2004). *InterAACtion Strategies for intentional and unintentional communicators* [DVD]. St. Kilda, Victoria, Australia: Scope Communication Resource Centre.

Bloomberg, K., West, D., Johnson, H., & Iacono, T. (2009). *The Triple C: Checklist of Communication Competencies-Revised.* Victoria, Australia: Scope Communication Resource Centre.

Bock, S. J., Stoner, J. B., Beck, A. R., Hanley, L., & Prochnow, J. (2005). Increasing functional communication in non-speaking preschool children: Comparison of PECS and VOCA. *Education and Training in Developmental Disabilities, 40*, 264–278.

Boden, D., & Bielby, D. (1983). The way it was: Topical organization in elderly conversation. *Language and Communication, 6*(1/2), 73–79.

Bölte, S., & Poutska, F. (2002). The relation between general cognitive level and adaptive behavior domains in individuals with autism with and without co-morbid mental retardation. *Child Psychiatry & Human Development, 33*, 165–172.

Bolton, S., & Dashiell, S. (1991). *Interaction Checklist for Augmentative Communication-Revised edition.* Austin, TX: PRO-ED.

Bondy, A., & Frost, L. (2001). *A picture's worth: PECS and other visual communication strategies in autism.* Bethesda, MD: Woodbine.

Bondy, A., & Frost, L. (2009). The Picture Exchange Communication System: Clinical and research applications. In P. Mirenda & T. Iacono (Eds.), *Autism spectrum disorders and AAC* (pp. 279–302). Baltimore: Paul H. Brookes Publishing Co.

Bonvillian, J., & Nelson, K. (1978). Development of sign language in autistic children and other language-handicapped individuals. In P. Siple (Ed.), *Understanding language through sign language research* (pp. 187–209). New York: Academic Press.

Bonvillian, J., & Siedlecki, T., Jr. (1996). Young children's acquisition of the location aspect of American Sign Language: Parental report findings. *Journal of Communication Disorders, 29*, 13–35.

Bonvillian, J., & Siedlecki, T., Jr. (1998). Young children's acquisition of the movement aspect of

American Sign Language: Parental report findings. *Journal of Speech, Language, and Hearing Research, 41*, 588–602.

Boone, R., & Higgins, K. (2007). The role of instruction design in assistive technology research and development. *Reading Research Quarterly, 42*, 135–140.

Bopp, K., Brown, K., & Mirenda, P. (2004). Speech-language pathologists' roles in the delivery of positive behavior support for individuals with developmental disabilities. *American Journal of Speech-Language Pathology, 13*, 5–19.

Bornman, J., Alant, E., & Meiring, E. (2001). The use of a digital voice output device to facilitate language development in a child with developmental apraxia of speech: A case study. *Disability and Rehabilitation, 23*, 623–634.

Bornstein, H. (1990). Signed English. In H. Bornstein (Ed.), *Manual communication: Implications for education* (pp. 128–138). Washington, DC: Gallaudet University Press.

Bourgeois, M. (1990). Caregiver training, generalization, and maintenance of communicative behaviors in patients with Alzheimer's disease: Treatment efficacy research in communication disorders. *Asha, 32*, 65.

Bourgeois, M. S. (1992). Evaluating memory wallets in conversation with persons with dementia. *Journal of Speech and Hearing Research, 35*(6), 1344–1357.

Bourgeois, M. S. (1993). Effects of memory aids on the dyadic conversation of individuals with dementia. *Journal of Applied Behavior Analysis, 26*, 77–87.

Bourgeois, M. S. (1996). Memory wallet intervention in an adult day-care setting. *Behavioral Interventions, 11*(1), 3–18.

Bourgeois, M. S., Camp, C., Rose, M., White, B., Malone, M., Carr, J., & Rovine, M. (2003). A comparison of training strategies to enhance use of external aids by persons with dementia. *Journal of Communication Disorders, 36*, 361–378.

Bourgeois, M. S., Dijkstra, K., Burgio, L., & Allen-Burge, R. (2001). Memory aids as an augmentative and alternative communication strategy for nursing home residents with dementia. *Augmentative and Alternative Communication, 17*, 196–209.

Bourgeois, M., & Hickey, E. (2007). Dementia. In D. R. Beukelman, K. L. Garrett, & K. M. Yorkston (Eds.), *Augmentative communication strategies for adults with acute or chronic medical conditions* (pp. 243–286). Baltimore: Paul H. Brookes Publishing Co.

Bourgeois, M., & Hickey, E. (2009). *Dementia: From diagnosis to management–a functional approach.* Mahwah, NJ: Lawrence Erlbaum.

Bracken, B. A., & McCallum, R. S. (1998). *Universal Nonverbal Intelligence Test (UNIT).* Itasca, IL: Riverside.

Bracken, B. A. (1998). *Bracken Basic Concept Scale-Revised.* San Antonio, TX: Harcourt Assessment.

Brady, D., & Smouse, A. (1978). A simultaneous comparison of three methods for language training with an autistic child: An experimental single case analysis. *Journal of Autism and Childhood Schizophrenia, 8*, 271–279.

Brady, N. C., & Halle, J. W. (2002). Braekdowns and repairs in conversations between beginning AAC users and their partners. In J. Reichle, D. R. Beukelman, & J. C. Light (Eds.), *Exemplary practices for beginning communicators: Implications for AAC* (pp. 323–351). Baltimore: Paul H. Brookes Publishing Co.

Braille Authority of North America. (2002). *English Braille?American Edition.* Louisville, KY: American Printing House for the Blind.

Brandenberg, S., & Vanderheiden, G. (1988). Communication board design and vocabulary selection. In L. Bernstein (Ed.), *The vocally impaired: Clinical practice and research* (3rd ed., pp. 84–135). Needham Heights, MA: Allyn & Bacon.

Branson, D., & Demchak, M. (2009). The use of augmentative and alternative communication methods with infants and toddlers with disabilities: A research review. *Augmentative and Alternative Communication, 25*, 274–286.

Brault, M. (2008, December). *Americans with Disabilities: 2005, Household Economic Studies* (Current Population Reports P70–117). Washington, DC: U.S. Census Bureau, U.S. Department of Commerce, Economics and Statistics Administration.

Bridges, S. (2000, May). Delivery of AAC services to a rural American Indian community. *ASHA Special Interest Division 12 Newsletter, 9*(2), 6–9.

Bridges, S. J. (2004). Multicultural issues in augmentative and alternative communication and language research to practice. *Topics in Language Disorders, 24*, 62–75.

Bristow, D., & Fristoe, M. (1984, November). *Systmatic evaluation of the nonspeaking child.* Miniseminar presented at the annual convention of the American Speech–Language–Hearing Association, San Francisco.

Bristow, D., & Fristoe, M. (1987, November). *Effects of test adaptations on test performance.* Paper presented at the annual convention of the American Speech–Language–Hearing Association, New Orleans.

Brodin, J. (1991). *Att tolka barns signaler. Gravt utvecklingsstörda flerhandikappade barns lek och kommunikation* [To interpret children's signals: Play and communication in profoundly mentally retarded and multiply handicapped children] (Doctoral dissertation). Stockholm University, Department of Education.

Browder, D. M., Ahlgrim-Delzell, L., Courtade, G., Gibbs, S. L., & Flowers, C. (2008). Evaluation of the effectiveness of an early literacy program for students with significant developmental disabilities. *Exceptional Children, 75*, 33–52.

Browder, D. M., Mims, P. J., Spooner, F., Ahlgrim-Delzell, L., & Lee, A. (2008). Teaching elementary students with multiple disabilities to participate in shared stories. *Research and Practice for Persons with Severe Disabilities, 33*, 3–12.

Browder, D., & Spooner, F. (Eds.). (2006). *Teaching language arts, math, and science to students with significant cognitive disabilities.* Baltimore: Paul H. Brookes Publishing Co.

Browder, D., Spooner, F., Ahlgrim-Delzell, L., Harris, A., & Wakeman, S. (2008). A meta-analysis on teaching mathematics to students with significant cognitive disabilities. *Exceptional Children, 74*, 407–432.

Browder, D. M., Wakeman, S., Spooner, F., Ahlgrim-Delzell, L., & Algozzine, B. (2006). Research on reading for students with significant cognitive disabilities. *Exceptional Children, 72*, 392–408.

Browder, D. M., & Xin, Y. P. (1998). A meta-analysis and review of sight word research and its implications for teaching functional reading to individuals with moderate and severe disabilities. *Journal of Special Education, 32*, 130–153.

Brown, C. (1954). *My left foot.* London: Secker & Warburg.

Brown, F. (1991). Creative daily scheduling: A nonintrusive approach to challenging behaviors in community residences. *Journal of the Association for Persons with Severe Handicaps, 16*, 75–84.

Brown, K. A., Wacker, D. P., Derby, K. M., Peck, S. M., Richman, D. M., Sasso, G. M., … Harding, J. W. (2000). Evaluating the effects of functional communication training in the presence and absence of establishing operations. *Journal of Applied Behavior Analysis, 33*, 53–71.

Brown, L., Sherbenou, R. J., & Johnsen, S. K. (2010). *Test of Nonverbal Intelligence-Fourth Edition (TONI-4).* San Antonio, TX: Pearson Assessments.

Brown, R. (1977, May-June). *Why are signed languages easier to learn than spoken languages?* Keynote address at the National Association of the Deaf Symposium on Sign Language Research and Teaching, Chicago.

Brown, V., Hammill, D., & Wiederholt, J. L. (1995). *Test of Reading Comprehension? Third Edition (TORC-3).* Austin, TX: PRO-ED.

Bruce, S. M. (2005). The impact of congenital deafblindness on the struggle to symbolism. *International Journal of Disability, Development and Education, 52*, 233–251.

Bruno, J. (2005). *Test of Aided-Communication Symbol Performance (TASP).* Pittsburgh: DynaVox Mayer-Johnson.

Bruno, J., & Dribbon, M. (1998). Outcomes in AAC: Evaluating the effectiveness of a parent training program. *Augmentative and Alternative Communication, 14*, 59–70.

Bruno, J., & Trembath, D. (2006). Use of aided language stimulation to improve syntactic performance during a weeklong intervention program. *Augmentative and Alternative Communication, 22*, 300–313.

Bryen, D. N. (2008). Vocabulary to support socially-valued adult roles. *Augmentative and Alternative Communication, 24*, 294–301.

Bryen, D., Carey, A., & Frantz, B. (2003). Ending the silence: Adults who use augmentative communication and their experiences as victims of crimes. *Augmentative and Alternative Communication, 19*, 125–134.

Bryen, D., & Joyce, D. (1985). Language intervention

with the severely handicapped: A decade of research. *Journal of Special Education, 19*, 7-39.

Bus, A. G., van IJzendoorn, M. H., & Pellegrini, A. D. (1995). Joint book reading makes for success in learning to read: A meta-analysis on intergenerational transmission of literacy. *Review of Educational Research, 65*, 1-21.

Buzolich, M., King, J., & Baroody, S. (1991). Acquisition of the commenting function among system users. *Augmentative and Alternative Communication, 7*, 88-99.

Buzolich, M., & Lunger, J. (1995). Empowering system users in peer training. *Augmentative and Alternative Communication, 11*, 37-48.

Cafiero, J. (1998). Communication power for individuals with autism. *Focus on Autism and Other Developmental Disabilities, 13*, 113-121.

Cafiero, J. (2001). The effect of an augmentative communication intervention on the communication, behavior, and academic program of an adolescent with autism. *Focus on Autism and Other Developmental Disabilities, 16*, 179-189.

Calculator, S. (1999). AAC outcomes for children and youths with severe disabilities: When seeing is believing. *Augmentative and Alternative Communication, 15*, 4, 12.

Calculator, S. (2002). Use of enhanced natural gestures to foster interactions between children with Angelman syndrome and their parents. *American Journal of Speech-Language Pathology, 11*, 340-355.

Calculator, S. (2009). Augmentative and alternative communication (AAC) and inclusive education for students with the most severe disabilities. *International Journal of Inclusive Education, 13*, 93-113.

Calculator, S., & Bedrosian, J. (1988). *Communication assessment and intervention for adults with mental retardation.* San Diego: College-Hill Press.

Calculator, S., & Black, T. (2009). Validation of an inventory of best practices in the provision of augmentative and alternative communication services to students with severe disabilities in general education classrooms. *American Journal of Speech-Language Pathology, 18*, 329-342.

Calculator, S., & Dollaghan, C. (1982). The use of communication boards in a residential setting. *Journal of Speech and Hearing Disorders, 14*, 281-287.

Callaghan, T. (1999). Early understanding and production of graphic symbols. *Child Development, 70*, 1314-1324.

Camarata, S. M., & Nelson, K. E. (2006). Conversational recast intervention with preschool and older children. In R. J. McCauley & M. E. Fey (Eds.), *Treatment of language disorders in children* (pp. 237-264). Baltimore: Paul H. Brookes Publishing Co.

Cambridge, P., & Forrester-Jones, R. (2003). Using individualized communication for interviewing people with intellectual disability: A case study of user-centred research. *Journal of Intellectual and Developmental Disability, 28*, 5-23.

Canella-Malone, H. I., DeBar, R. M., & Sigafoos, J. (2009). An examination of preference for augmentative and alternative communication devices with two boys with significant intellectual disabilities. *Augmentative and Alternative Communication, 25*, 262-273.

Canfield, H., & Locke, P. (1997). *A book of possibilities: Activities using simple technology.* Minneapolis, MN: AbleNet.

Card, R., & Dodd, B. (2006). The phonological awareness abilities of children with cerebral palsy who do not speak. *Augmentative and Alternative Communication, 22*, 149-159.

Cardona, G. W. (2000). Spaghetti talk. In M. Fried-Oken & H. A. Bersani, A. (Eds.), *Speaking up and spelling it out: Personal essays on augmentative and alternative communication* (pp. 237-244). Baltimore: Paul H. Brookes Publishing Co.

Carey, S. (1978). The child as word learner. In M. Halle, J. Bresnan, & G. Miller (Eds.), *Linguistic theory and psychological reality* (pp. 264-293). Cambridge, MA: MIT Press.

Carey, S., & Bartlett, E. (1978). Acquiring a single new word. *Papers and Reports on Child Language Development, 15*, 17-29.

Carlson, F. (1981). A format for selecting vocabulary for the nonspeaking child. *Language, Speech, and Hearing Services in Schools, 12*, 140-145.

Carnine, D., Silbert, J., Kame'enui, E., & Tarver, S. (1997). *Direct instruction reading.* Upper Saddle River, NJ: Pearson.

Carpenter, M., Nagell, K., & Tomasello, M. (1998). Social cognition, joint attention, and communicative competence from 9 to 15 months of age. *Monographs of the Society for Research in Child Development, 63*(4, Serial No. 255).

Carr, E. (1982). Sign language. In R. Koegel, A. Rincover, & A. Egel (Eds.), *Educating and understanding autistic children* (pp. 142-157). San Diego: College-Hill Press.

Carr, E., Binkoff, J., Kologinsky, E., & Eddy, M. (1978). Acquisition of sign language by autistic children: I. Expressive labeling. *Journal of Applied Behavior Analysis, 11*, 459-501.

Carr, E., & Dores, P. (1981). Patterns of language acquisition following simultaneous communication with autistic children. *Analysis and Intervention in Developmental Disabilities, 1*, 1-15.

Carr, E. G., Levin, L., McConnachie, G., Carlson, J. I., Kemp, D. C., & Smith, C. E. (1994). *Communication-based intervention for problem behavior: A user's guide for producing positive change.* Baltimore: Paul H. Brookes Publishing Co.

Carr, E., Pridal, C., & Dores, P. (1984). Speech versus sign comprehension in autistic children: Analysis and prediction. *Journal of Experimental Child Psychology, 37*, 587-597.

Carr, E., Robinson, S., & Palumbo, L. (1990). The wrong issue: Aversive versus nonaversive treatment. The right issue: Functional versus nonfunctional treatment. In A. Repp & N. Singh (Eds.), *Perspectives on the use of nonaversive and aversive interventions for persons with developmental disabilities* (pp. 361-380). Sycamore, IL: Sycamore.

Carrow-Woolfolk, E. (1999). *Test for Auditory Comprehension of Language-Third Edition (TACL-3).* Austin, TX: PRO-ED.

Carter, M. (2003a). Communicative spontaneity of children with high support needs who use augmentative and alternative communication systems I: Classroom spontaneity, mode, and function. *Augmentative and Alternative Communication, 19*, 141-154.

Carter, M. (2003b). Communicative spontaneity of children with high support needs who use augmentative and alternative communication systems II: Antecedents and effectiveness of communication. *Augmentative and Alternative Communication, 19*, 155-169.

Carter, M., & Grunsell, J. (2001). The behavior chain interruption strategy: A review of research and discussion of future directions. *Journal of the Association for Persons with Severe Handicaps, 26*, 37-49.

Carter, M., & Iacono, T. (2002). Professional judgments of the intentionality of communicative acts. *Augmentative and Alternative Communication, 18*, 177-191.

Caselli, R. J., Windebank, A. J., Petersen, R. C., Komori, T., Parisi, J. E., Okazaki, H., ... Stein, S. D. (1992). Rapidly progressive aphasic dementia and motor neuron disease. *Annals of Neurology, 33*(2), 200-207.

Casey, L. (1978). Development of communicative behavior in autistic children: A parent program using manual signs. *Journal of Autism and Childhood Schizophrenia, 8*, 45-59.

Centers for Disease Control and Prevention. (2012). Prevalence of autism spectrum disorders: Autism and Developmental Disabilities Monitoring Network, 14 sites, United States, 2008. *Morbidity and Mortality Weekly Report, 61*, 1-19.

Centers for Disease Control and Prevention. (2010). Injury prevention & control: Traumatic brain injury. Retrieved from http://www.cdc.gov/TraumaticBrainInjury/statistics.html

Chadsey-Rusch, J., Drasgow, E., Reinoehl, B., Halle, J., & Collet-Klingenberg, L. (1993). Using general-case instruction to teach spontaneous and generalized requests for assistance to learners with severe disabilities. *Journal of the Association for Persons with Severe Handicaps, 18*, 177-187.

Chadsey-Rusch, J., & Halle, J. (1992). The application of general-case instruction to the requesting repertoires of learners with severe disabilities. *Journal of the Association for Persons with Severe Handicaps, 17*, 121-132.

Chambers, M., & Rehfeldt, R. (2003). Assessing the acquisition and generalization of two mand forms with adults with severe developmental disabilities. *Research in Developmental Disabilities, 24*, 265-280.

Chandler, L. (1992). Promoting children's social/survival skills as a strategy for transition to mainstreamed kindergarten programs. In S. Odom, S. McConnell, & M. McEvoy (Eds.), *Social competence of young children with disabilities: Issues and strategies for intervention* (pp. 245-

276). Baltimore: Paul H. Brookes Publishing Co.

Chapple, D. (2000). Empowerment. In M. Fried-Oken & H. A. Bersani, Jr. (Eds.), *Speaking up and spelling it out: Personal essays on augmentative and alternative communication* (pp. 153-159). Baltimore: Paul H. Brookes Publishing Co.

Chen, D. (1999). Beginning communication with infants. In D. Chen (Ed.), *Essential elements in early intervention: Visual impairment and multiple disabilities* (pp. 337-377). New York: AFB Press.

Cherney, L. R., Halper, A. S., Holland, A. L., & Cole, R. (2008, February). Computerized script training for aphasia: Preliminary results. *American Journal of Speech-Language Pathology, 1*, 19-34.

Cheslock, M., Barton-Hulsey, A., Romski, M. A., & Sevcik, R. (2008). Using a speech-generating device to enhance communicative abilities for an adult with moderate intellectual disability. *Intellectual and Developmental Disabilities, 46*, 376-386.

Choe, Y. K., Azuma, T., Mathy, P., Liss, J. M., & Edgar, J. (2007). The effect of home computer practice on naming in individuals with nonfluent aphasia and verbal apraxia. *Journal of Medical Speech-Language Pathology, 15*, 407-421.

Choi, H., O'Reilly, M., Sigafoos, J., & Lancioni, G. (2010). Teaching requesting and rejecting sequences to four children with developmental disabilities using augmentative and alternative communication. *Research in Developmental Disabilities, 31*, 560-567.

Christensen, S. C., & Wright, H. H. (2010). Verbal and non-verbal working memory in aphasia: What three n-back tasks reveal. *Aphasiology, 24*(6-8), 752-762.

Cipani, E. (1988). The missing item format. *Teaching Exceptional Children, 21*, 25-27.

Clibbens, J., Powell, G., & Atkinson, E. (2002). Strategies for achieving joint attention when signing to children with Down's syndrome. *International Journal of Language and Communication Disorders, 37*, 309-323.

Cline, D., Hofstetter, H., & Griffin, J. (1980). *Dictionary of visual science* (3rd ed.). Radnor, PA: Chilton.

Cohen, C., & Light, J. (2000). Use of electronic communication to develop mentor-protégé relationships between adolescent and adult users: Pilot study. *Augmentative and Alternative Communication, 16*, 227-238.

Cohen, C., & Palin, M. (1986). Speech syntheses and speech recognition devices. In M. Grossfel & C. Grossfeld (Eds.), *Microcomputer applications in rehabilitation of communication disorders* (pp. 183-211). Rockville, MD: Aspen.

Cohen, G. D. (2000). Two new intergenerational interventions for Alzheimer's disease patients and families. *American Journal of Alzheimer's Disease, 15*(3), 137-142.

Cole, S., Horvath, B., Chapman, C., Deschenes, C., Ebeling, D., & Sprague, J. (2000). *Adapting curriculum and instruction in inclusive classroom* (2nd ed.). Port Chester, NY: National Professional Resources.

Coleman-Martin, M. B., Heller, K. W., Cihak, D. F., & Irvine, K. L. (2005). Using computer-assisted instruction and the nonverbal reading approach to teach word identification. *Focus on Autism and Other Developmental Disabilities, 20*, 80-90.

Collier, B. M. (2000). *See what we say: Situational vocabulary for adults who use augmentative and alternative communication*. Baltimore: Paul H. Brookes Publishing Co.

Collier, B., McGhie-Richmond, D., Odette, F., & Pyne, J. (2006). Reducing the risk of people who use augmentative and alternative communication. *Augmentative and Alternative Communication, 22*, 62-75.

Collier, B., McGhie-Richmond, D., & Self, H. (2010). Exploring communication assistants as an option for increasing communication access to communities for people who use augmentative communication. *Augmentative and Alternative Communication, 26*, 48-59.

Collier, B., & Self, H. (2010). Preparing youth who use AAC to communicate with their personal assistants. In D. B. McNaughton & D. R. Beukelman (Eds.), *Transition strategies for adolescents and young adults who use AAC* (pp. 163-180). Baltimore: Paul H. Brookes Publishing Co.

Collins, M. (1986). *Diagnosis and treatment of global aphasia*. San Diego: College-Hill Press.

Collins, S. (1996). Referring expressions in conversations between aided and natural speakers. In S. von

Tetzchner & M. H. Jensen (Eds.), *Augmentative and alternative communication: European perspectives* (pp. 89-100). London: Whurr.

Cook, A. M., & Polgar, J. M. (2008). *Cook and Hussey's assistive technologies: Principles and practice* (3rd ed.). St. Louis, MO: Mosby.

Copeland, S. R. (2007). Reading comprehension. In S. R. Copeland & E. B. Keefe (Eds.), *Effective literacy instruction for students with moderate or severe disabilities* (pp. 79-94). Baltimore: Paul H. Brookes Publishing Co.

Copeland, S. R., & Keefe, E. B. (2007). *Effective literacy instruction for students with moderate or severe disabilities.* Baltimore: Paul H. Brookes Publishing Co.

Cossette, L., & Duclos, E. (2003). *A profile of disability in Canada, 2001.* Ottawa: Statistics Canada.

Costello, J. (2000). Intervention in the intensive care unit: The Children's Hospital Boston model. *Augmentative and Alternative Communication, 16,* 137-153.

Costello, J., & Shane, H. (1994, November). *Augmentative communication assessment and the feature matching process.* Miniseminar presented at the annual convention of the American Speech-Language-Hearing Association, New Orleans.

Courtade, G., Spooner, F., & Browder, D. (2007). Review of studies with students with significant cognitive disabilities which link to science standards. *Research and Practice for Persons with Severe Disabilities, 32,* 43-49.

Cowan, R., & Allen, K. (2007). Using naturalistic procedures to enhance learning in individuals with autism: A focus on generalized teaching within the school setting. *Psychology in the Schools, 44,* 701-715.

Creech, R., Kissick, L., Koski, M., & Musselwhite, C. (1988). Paravocal communicators speak out: Strategies for encouraging communication aid use. *Augmentative and Alternative Communication, 4,* 168.

Creedon, M. (1973, March). *Language development in nonverbal autistic children using a simultaneous communication system.* Paper presented at the meeting of the Society for Research in Child Development, Philadelphia.

Cress, C. (1997, November). *AAC service delivery with children: Twenty frequently asked questions.*

Paper presented at the American Speech-Language-Hearing Association conference, Boston.

Cress, C., & King, J. (1999). AAC strategies for people with primary progressive aphasia without dementia: Two case studies. *Augmentative and Alternative Communication, 15,* 248-259.

Cress, C., & Marvin, C. (2003). Common questions about AAC services in early intervention. *Augmentative and Alternative Communication, 19,* 254-272.

Croen, L. A., Grether, J. K., & Selvin, S. (2001). The epidemiology of mental retardation of unknown cause. *Pediatrics, 107,* 86-90.

Crone, D., & Horner, R. J. (2003). *Building positive behavior support systems in schools.* New York: Guilford Press.

Crystal, D. (1987). Teaching vocabulary: The case for a semantic curriculum. *Child Language Teaching and Therapy, 3,* 40-56.

Culp, D. (1989). Developmental apraxia and augmentative or alternative communication: A case example. *Augmentative and Alternative Communication, 5,* 27-34.

Culp, D., Beukelman, D., & Fager, S. (2007). Brainstem impairment. In D. R. Beukelman, K. L. Garrett, & K. M. Yorkston (Eds.), *Augmentative communication strategies for adults with acute or chronic medical conditions* (pp. 59-90). Baltimore: Paul H. Brookes Publishing Co.

Culp, D., & Carlisle, M. (1988). *PACT: Partners in augmentative communication training.* Tucson, AZ: Communication Skill Builders.

Culp, D., & Ladtkow, M. (1992). Locked-in syndrome and augmentative communication. In K. Yorkston (Ed.), *Augmentative communication in the medical setting* (pp. 59-138). San Antonio, TX: Harcourt Assessment.

Cumley, G. (1997). *Introduction of augmentative and alternative modality: Effects on the quality and quantity of communication interactions of children with severe phonological disorders* (Unpublished doctoral dissertation). University of Nebraska-Lincoln.

Cumley, G., & Swanson, S. (1999). Augmentative and alternative communication options for children with developmental apraxia of speech: Three case studies. *Augmentative and Alternative Communication, 15,* 110-125.

Curcio, F. (1978). Sensorimotor functioning and communication in mute autistic children. *Journal of Autism and Childhood Schizophrenia, 8,* 181–189.

Dada, S., & Alant, E. (2009). The effect of aided language stimulation on vocabulary acquisition in children with little or no functional speech. *American Journal of Speech-Language Pathology, 18,* 50–64.

Dahlgren Sandberg, A. (1998). Reading and spelling among nonvocal children with cerebral palsy: Influence of home and school literacy environment. *Reading and Writing, 10,* 23–50.

Dahlgren Sandberg, A. (2001). Reading and spelling, phonological awareness, and working memory in children with severe speech impairments: A longitudinal study. *Augmentative and Alternative Communication, 17,* 11–25.

Dahlgren Sandberg, A. (2006). Reading and spelling abilities in children with severe speech impairments and cerebral palsy at 6, 9, and 12 years of age in relation to cognitive development: A longitudinal study. *Developmental Medicine & Child Neurology, 48,* 629–634.

Dahlgren Sandberg, A., & Hjelmquist, E. (1996a). A comparative, descriptive study of reading and writing skills among non-speaking children: A preliminary study. *European Journal of Disorders of Communication, 31,* 289–308.

Dahlgren Sandberg, A., & Hjelmquist, E. (1996b). Phonologic awareness and literacy abilities in nonspeaking preschool children with cerebral palsy. *Augmentative and Alternative Communication, 12,* 138–154.

Dalby, D. M., Hirdes, J. P., Stolee, P., Strong, J., Poss, J., Tjam, E. Y., ... Ashworth, M. (2009). Characteristics of individuals with congenital and acquired deafblindness. *Journal of Visual Impairment & Blindness, 103,* 93–102.

Daniloff, J., Lloyd, L., & Fristoe, M. (1983). Amer-Ind transparency. *Journal of Speech and Hearing Disorders, 48,* 103–110.

Darley, F., Brown, J., & Goldstein, N. (1972). Dysarthria in multiple sclerosis. *Journal of Speech and Hearing Research, 15,* 229–245.

Dattilo, J., Benedek-Wood, E., & McLeod, L. (2010). Activity brings community back into our lives: Recreation, leisure, and community participation for individuals who use AAC. In D. B.

McNaughton & D. R. Beukelman (Eds.), *Transition strategies for adolescents and young adults who use AAC* (pp. 131–144). Baltimore: Paul H. Brookes Publishing Co.

Dattilo, J., & Camarata, S. (1991). Facilitating conversation through self-initiated augmentative communication treatment. *Journal of Applied Behavior Analysis, 24,* 369–378.

Dattilo, J., Estrella, G., Estrella, L., Light, J., McNaughton, D., & Seabury, M. (2008). "I have chosen to live life abundantly": Perceptions of leisure by adults who use augmentative and alternative communication. *Augmentative and Alternative Communication, 24,* 16–28.

Davis, G. A., & Wilcox, M. J. (1985). *Adult aphasia rehabilitation: Applied pragmatics.* San Diego: College-Hill Press.

Day, H. M., Horner, R., & O'Neill, R. (1994). Multiple functions of problem behaviors: Assessment and intervention. *Journal of Applied Behavior Analysis, 27,* 279–290.

DeCoste, D. C. (1997). Augmentative and alternative communication assessment strategies: Motor access and visual considerations. In S. L. Glennen & D. C. DeCoste (Eds.), *The handbook of augmentative and alternative communication* (pp. 243–282. San Diego: Singular.

Delange, F. (2000). The role of iodine in brain development. *Proceedings of the Nutrition Society, 59*(1), 75–79.

De La Paz, S., Owen, B., Harris, K. R., & Graham, S. (2000). Riding Elvis' motorcycle: Using self-regulated strategy development to PLAN and WRITE for a state writing exam. *Learning Disabilities Research & Practice, 15,* 101–109.

Dell, A., Newton, D. A., & Petroff, J. G. (2008). *Assistive technology in the classroom.* Upper Saddle River, NJ: Pearson Education.

DeLoache, J., Miller, K., & Rosengren, K. (1997). The credible shrinking room: Very young children's performance with symbolic and nonsymbolic relations. *Psychological Science, 8,* 308–313.

DeLoache, J., Pierroutsakos, S., & Troseth, G. (1997). The three 'R's' of pictorial competence. In R. Vasta (Ed.), *Annals of child development: A research annual* (Vol. 12, pp. 1–48). Philadelphia: Jessica Kingsley.

DeLoache, J., Pierroutsakos, S., & Uttal, D. (2003). The origins of pictorial competence. *Current*

Directions in Psychological Science, 12, 114-118.

Demers, L., Weiss-Lambrou, R., & Ska, B. (2002). The Quebec User Evaluation of Satisfaction with Assistive Technology (QUEST 2.0): An overview and recent progress. *Technology and Disability, 14,* 101-105.

DePaepe, P., Reichle, J., & O'Neill, R. (1993). Applying general-case instruction strategies when teaching communicative alternatives to challenging behavior. In J. Reichle & D. P. Wacker (Eds.), *Communicative alternatives to challenging behavior: Integrating functional assessment and intervention strategies* (pp. 237-262). Baltimore: Paul H. Brookes Publishing Co.

DePaul, R., & Yoder, D. E. (1986). Iconicity in manual sign systems for the augmentative communication user: Is that all there is? *Augmentative and Alternative Communication, 2,* 1-10.

DeRuyter, F. (1995). Only the lead dog sees the scenery? In S. Blackstone & H. Pressman (Eds.), *Outcomes in AAC conference report: Alliance' 95* (pp. 13-14). Monterey, CA: Augmentative Communication.

DeRuyter, F., & Donoghue, K. (1989). Communication and traumatic brain injury: A case study. *Augmentative and Alternative Communication, 5,* 49-54.

DeRuyter, F., & Kennedy, M. (1991). Augmentative communication following traumatic brain injury. In D. R. Beukelman & K. Yorkston (Eds.), *Communication disorders following traumatic brain injury: Management of cognitive, language, and motor impairments* (pp. 317-365). Austin, TX: PRO-ED.

DeRuyter, F., & Lafontaine, L. (1987). The nonspeaking brain injured: A clinical and demographic database report. *Augmentative and Alternative Communication, 3,* 18-25.

DeRuyter, F., McNaughton, D., Caves, K., Bryen, D., & Williams, M. (2007). Enhancing AAC connections to the world. *Augmentative and Alternative Communication, 23,* 258-270.

Deshler, D. D., & Schumaker, J. B. (2006). *Teaching adolescents with disabilities: Accessing the general education curriculum.* Thousand Oaks, CA: Corwin Press.

DeThorne, K., & Schaefer, B. (2004). A guide to child nonverbal IQ measures. *American Journal of Speech-Language Pathology, 13,* 275-290.*

DeThorne, L. S., Johnson, C. J., Walder, L., & Mahurin-Smith, J. (2009). When "Simon Says" doesn't work: Alternatives to imitation for facilitating early speech development. *American Journal of Speech-Language Pathology, 18,* 133-145.

Diamanti, T. (2000). Get to know me. In M. Williams & C. Krezman (Eds.), *Beneath the surface: Creative expressions of augmented communicators* (pp. 98-99). Toronto: ISAAC Press.

Didden, R., Korzilius, H., Duker, P., & Curfs, L. M. G. (2004). Communicative functioning in individuals with Angelman syndrome: A comparative study. *Disability and Rehabilitation, 26,* 1263-1267.

Dietz, A., McKelvey, M., & Beukelman, D. R. (2006). Visual scene displays (VSD): New AAC interfaces for persons with aphasia. *Perspectives on Augmentative and Alternative Communication, 15,* 13-17.

Dixon, L. S. (1981). A functional analysis of photo-object matching skills of severely retarded adolescents. *Journal of Applied Behavior Analysis, 14,* 465-478.

Doherty, J. (1985). The effects of sign characteristics on sign acquisition and retention: An integrative review of the literature. *Augmentative and Alternative Communication, 1,* 108-121.

Doherty, J., Daniloff, J., & Lloyd, L. (1985). The effect of categorical presentation on Amer-Ind transparency. *Augmentative and Alternative Communication, 1,* 10-16.

Dollaghan, C. (1987). Fast mapping in normal and language impaired children. *Journal of Speech and Hearing Disorders, 52,* 218-222.

Dongilli, P., Hakel, M., & Beukelman, D. R. (1992). Recovery of functional speech following traumatic brain injury. *Journal of Head Trauma Rehabilitation, 7,* 91-101.

Donnellan, A. (1984). The criterion of the least dangerous assumption. *Behavior Disorders, 9,* 141-150.

Donnellan, A., Mirenda, P., Mesaros, R., & Fassbender, L. (1984). Analyzing the communicative functions of aberrant behavior. *Journal of the Association for Persons with Severe Handicaps, 9,* 201-212.

Dowden, P. (1997). Augmentative and alternative communication decision making for children with severely unitelligible speech. *Augmentative and*

Alternative Communication, 13, 48-58.

Dowden, P., Beukelman, D. R., & Lossing, C. (1986). Serving non-speaking patients in acute care settings: Intervention outcomes. *Augmentative and Alternative Communication, 2*, 38-44.

Dowden, P., & Cook, A. M. (2002). Choosing effective selection techniques for beginning communicators. In J. Reichle, D. R. Beukelman, & J. C. Light (Eds.), *Exemplary practices for beginning communicators: Implications for AAC* (pp. 395-429). Baltimore: Paul H. Brookes Publishing Co.

Downie, A. W., Low, J. M., & Lindsay, D. D. (1981). Speech disorders in parkinsonism: Usefulness of delayed auditory feedback in selected cases. *British Journal of Disorders of Communication, 16*, 135-139.

Downing, J. (2002). *Including students with severe and multiple disabilities in typical classrooms: Practical strategies for teachers* (2nd ed.). Baltimore: Paul H. Brookes Publishing Co.

Downing, J. (2005). *Teaching communication skills to students with severe disabilities* (2nd ed.). Baltimore: Paul H. Brookes Publishing Co.

Doyle, M., Kennedy, M. R. T., Jausalaitis, G., & Phillips, B. (200). AAC and traumatic brain injury. In D. R. Beukelman, K. M. Yorkston, & J. Reichle (Eds.), *Augmentative and alternative communication for adults with acquired neurologic disorders* (pp. 271-304). Baltimore: Paul H. Brookes Publishing Co.

Drager, K., Hustad, K., & Gable, K. (2004). Telephone communication: Synthetic and dysarthric speech intelligibility and listener preferences. *Augmentative and Alternative Communication, 20*, 103-112.

Drager, K., Light, J., Carlson, R., D'Silva, K., Larsson, B., Pitkin, L., & Stopper, G. (2004). Learning of dynamic display technologies by typically developing 3-year-olds. *Journal of Speech, Language, and Hearing Research, 47*, 1133-1148.

Drager, K., Light, J., & Finke, E. (2009). Using AAC technologies to build social interaction with young children with autism spectrum disorders. In P. Mirenda & T. Iacono (Eds.), *Autism spectrum disorders and AAC* (pp. 247-278). Baltimore: Paul H. Brookes Publishing Co.

Drager, K., Light, J., Speltz, J., Fallon, K., & Jeffries, L. (2003). The performance of typically developing 2 1/2-year-olds on dynamic display AAC technologies with different system layouts and language organizations. *Journal of Speech, Language, and Hearing Research, 46*, 298-312.

Drager, K., Postal, V., Carrolus, L., Castellano, M., Gagliano, C., & Glynn, J. (2006). The effect of aided language modeling on symbol comprehension and production 12 preschoolers with autism. *American Journal of Speech-Language Pathology, 15*, 112-125.

Drasgow, E., Halle, J. W., & Ostrosky, M. M. (1998). Effects of differential reinforcement on the generalization of a replacement mand in three children with severe language delays. *Journal of Applied Behavior Analysis, 31*, 357-374.

Drasgow, E., Halle, J. W., Ostroksy, M., & Harbers, H. (1996). Using behavioral indication and functional communication training to establish an initial sign repertoire with a young child with severe disabilities. *Topics in Early Childhood Special Education, 16*, 500-521.

Druin, A. (1999). Beginning a discussion about kids, technology, and design. In A. Druin (Ed.), *The design of children's technology* (pp. xiii-xxiii). San Francisco: Morgan Kaufmann.

Druin, A., Bederson, B., Boltman, A., Miura, A., Knotts-Callahan, D., & Platt, M. (1999). Children as our technology design partners. In A. Druin (Ed.), *The design of children's technology* (pp. 51-72). San Francisco: Morgan Kaufman.

Duchan, J. (1987). Perspectives for understanding children with communicative disorders. In P. Knoblock (Ed.), *Understanding exceptional children and youth* (pp. 163-199). Boston: Little, Brown.

Duchan, J. (1995). *Supporting language learning in everyday life*. San Diego: Singular.

Dudek, K., Beck, A. R., & Thompson, J. R. (2006). The influence of AAC device type, dynamic vs. static screen, on peer attitudes. *Journal of Special Education Technology, 21*, 17-27.

Duffy, J. (2000). Primary progressive aphasia. *ASHA Leader, 5*, 94.

Duffy, J. (2005). Primary progressive aphasia and primary progressive apraxia of speech: An update. *ASHA Leader, 9*, 120.

Duffy, J. R., Peach, R. K., & Strand, E. A. (2007). Progressive apraxia of speech as a sign of motor neuron disease. *American Journal of Speech-Language Pathology, 16,* 198-208.

Dugan, E., Kamps, D., Leonard, B., Watkins, N., Rheinberger, A., & Stackhaus, J. (1995). Effects of cooperative learning groups during social studies for students with autism and fourth-grade peers. *Journal of Applied Behavior Analysis, 28,* 175-188.

Duker, P., & Jutten, W. (1997). Establishing gestural yes-no responding with individuals with profound mental retardation. *Education and Training in Mental Retardation and Developmental Disabilities, 32,* 59-67.

Duker, P. C., Kraaykamp, M., & Visser, E. (1994). A stimulus control procedure to increase requesting with individuals who are severely/profoundly intellectually disabled. *Journal of Intellectual Disability Research, 38,* 177-186.

Dunham, J. (1989). The transparency of manual signs in a linguistic and an environmental nonlinguistic context. *Augmentative and Alternative Communication, 5,* 214-225.

Dunlap, G., Iovannone, R., Kincaid, D., Wilson, K., Christiansen, K., Strain, P., & English, C. (2010). *Prevent-Teach-Reinforce: The school-based model of individualized positive behavior support.* Baltimore: Paul H. Brookes Publishing Co.

Dunn, L. M., & Dunn, L. M. (1981). *Peabody Picture Vocabulary Test-Revised.* Circle Pines, MN: American Guidance Service.

Dunn, L. M., & Dunn, L. M. (2007). *Peabody Picture Vocabulary Test-Fourth Edition (PPVT-4).* San Antonio, TX: Pearson Assessments.

Durand, V. M. (1990). *Severe behavior problems.* New York: Guilford Press.

Durand, V. M. (1993). Functional communication training using assistive devices: Effects on challenging behavior. *Augmentative and Alternative Communication, 9,* 168-176.

Durand, V. M. (1999). Functional communication training using assistive devices: Recruiting natural communities of reinforcement. *Journal of Applied Behavior Analysis, 32,* 247-267.

Durand, V. M., & Carr, E. G. (1987). Social influences on self-stimulatory behavior: Analysis and treatment application. *Journal of Applied Behavior Analysis, 20,* 119-132.

Durand, V. M., & Carr, E. (1991). Functional communication training to reduce challenging behavior: Maintenance and application in new settings. *Journal of Applied Behavior Analysis, 24,* 251-264.

Durand, V. M., & Kishi, G. (1987). Reducing severe behavior problems among persons with dual sensory impairments: An evaluation of a technical assistance model. *Journal of the Association for Persons with Severe Handicaps, 12,* 2-10.

Dykens, E. M., Hodapp, R. M., & Finucane, B. M. (2000). *Genetics and mental retardation syndromes: A new look at behavior and interventions.* Baltimore: Paul H. Brookes Publishing Co.

Edmonds, R. (1979). Some schools work and more can. *Social Policy, 9*(5), 25-29.

Ehri, L., Nunes, S., Willows, D., Schuster, B., Yaghoub-Zadeh, Z., & Shanahan, T. (2001). Phonemic awareness instruction helps children learn to read: Evidence from the National Reading Panel's meta-analysis. *Reading Research Quarterly, 36,* 250-287.

Ekman, P. (1976). Movements with precise meanings. *Journal of Communication, 26,* 14-26.

Ekman, P., & Friesen, W. (1969). The repertoire of nonverbal behavior: Categories, origin, usage, and coding. *Semiotica, 1,* 49-98.

Elder, P., & Goossens', C. (1994). *Engineering training environments for interactive augmentative communication: Strategies for adolescents and adults who moderately/severely developmentally delayed.* Birmingham, AL: Southeast Augmentative Communication Conference Publications.

Elder, P., & Goossens', C. (1996). *Communication overlays for engineering training environments: Overlays for adolescents and adults who are moderately/severely developmentally delayed.* Solana Beach, CA: Mayer-Johnson.

Ellis, E., Deshler, D., Lenz, B., Schumaker, J., & Clark, F. (1991). An instructional model for teaching learning strategies. *Focus on Exceptional Children, 23*(6), 1-24.

Emery, M. P., Perrier, L. L., & Acquadro, C. (2005). Patient-reported outcome and quality of life instruments database (PROQOLID): Frequently asked questions. *Health and Quality of Life Outcomes, 3,* 1-6.

Enderby, P., & Crow, E. (1990). Long-term recovery patterns of severe dysarthria following head injury.

British Journal of Disorders of Communication, 25, 341–354.

Enderby, P., & Philipp, R. (1986). Speech and language handicap: Towards knowing the size of the problem. *British Journal of Disorders of Communication, 21,* 151–165.

Erickson, K. (2003, June 24). Reading comprehension in AAC. *ASHA Leader, 8*(12), 6–9.

Erickson, K. A., & Clendon, S. A. (2009). Addressing the literacy demands of the curriculum for beginning readers and writers. In G. Soto & C. Zangari (Eds.), *Practically speaking: Language, literacy, and academic development for students with AAC needs* (pp. 195–215). Baltimore: Paul H. Brookes Publishing Co.

Erickson, K. A., Clendon, S., Abraham, L., Roy, V., & Van de Carr, H. (2005). Toward positive literacy outcomes for students with significant developmental disabilities. *Assistive Technology Outcomes and Benefits, 2,* 45–54.

Erickson, K. A., & Koppenhaver, D. A. (1995). Developing a literacy program for children with severe disabilities. *Reading Teacher, 48,* 676–684.

Erickson, K. A., & Koppenhaver, D. (2007). *Children with disabilities: Reading and writing the four-blocks way.* Greensboro, NC: Carson-Dellosa.

Erickson, K. A., Koppenhaver, D. A., Yoder, D. E., & Nance, J. (1997). Integrated communication and literacy instruction for a child with multiple disabilities. *Focus on Autism and Other Developmental Disabilities, 12,* 142–150.

Erickson, R. J., Goldinger, S. D., & LaPointe, L. L. (1996). Auditory vigilance in aphasia individuals: Detecting nonlinguistic stimuli with full or divided attention. *Brain and Cognition, 30,* 244–253.

Eskildsen, M. (2007). Long-term acute care: A review of literature. *Journal of the American Geriatrics Society, 55,* 775–779.

Estrella, G. (2000). Confessions of a blabber finger. In M. Fried-Oken & H. A. Bersani, Jr. (Eds.), *Speaking up and spelling it out: Personal essays on augmentative and alternative communication* (pp. 31–45). Baltimore: Paul H. Brookes Publishing Co.

Fager, S. (2003, November). *AAC use across multiple settings.* Presentation at the annual convention of the American Speech-Language-Hearing Association, Philadelphia.

Fager, S., & Beukelman, D. (2009). *Supporting communication of individuals with minimal movement* [Webcast]. Retrieved from http://aac-rerc.psu.edu/index.php/webcasts/show/id/14

Fager, S., Beukelman, D., Jakobs, T., & Hossum, J. P. (2010). Evaluation of a speech recognition prototype for speakers with moderate and severe dysarthria: A preliminary report. *Augmentative and Alternative Communication, 26,* 267–277.

Fager, S., Doyle, M., & Karantounis, R. (2007). Traumatic brain injury. In D. R. Beukelman, K. L. Garrett, & K. M. Yorkston (Eds.), *Augmentative communication strategies for adults with acute or chronic medical conditions* (pp. 131–162). Baltimore: Paul H. Brookes Publishing Co.

Fager, S., Hux, K., Karantounis, R., & Beukelman, D. R. (2004). Augmentative and alternative communication use and acceptance by adults with traumatic brain injury. *Augmentative and Alternative Communication, 22,* 37–47.

Fager, S., & Karantounis, R. (2011). AAC assessment and intervention in TBI. In K. Hux (Ed.), *Assisting survivors of traumatic brain injury: The role of speech-language pathologists* (2nd ed.). Austin, TX: PRO-ED.

Fallon, K., Light, J., & Achenbach, A. (2003). The semantic organization patterns of young children: Implications for augmentative and alternative communication. *Augmentative and Alternative Communication, 19,* 74–85.

Fallon, K. A., Light, J., McNaughton, D., Drager, K., & Hammer, C. (2004). The effects of direct instruction on the single-word reading skill of children who require augmentative and alternative communication. *Journal of Speech, Language, and Hearing Research, 47,* 1424–1439.

Fallon, K., Light, J., & Paige, T. (2001). Enhancing vocabulary selection for preschoolers who require augmentative and alternative communication (AAC). *American Journal of Speech-Language Pathology, 10,* 81–94.

Falvey, M. A. (1989). *Community-based curriculum: Instructional strategies for students with severe handicaps.* Baltimore: Paul H. Brookes Publishing Co.

Farrier, L., Yorkston, K., Marriner, N., & Beukelman, D. R. (1985). Conversational control in nonimpaired speakers using an augmentative communication system. *Augmentative and Alternative Communication, 1,* 65-73.

Fay, W., & Schuler, A. (1980). *Emerging language in autistic children.* Baltimore: University Park Press.

Fenson, L., Dale, P. S., Reznick, J. S., Bates, E., Thal, D., & Pethick, S. (1994). Variability in early communicative development. *Monographs of the Society for Research in Child Development, 59,* 1-173.

Fenson, L., Marchman, V. A., Thal, D. J., Dale, P. S., Reznick, J. S., & Bates, E. (2007). *MacArthur-Bates Communicative Development Inventories* (2nd ed.). Baltimore: Paul H. Brookes Publishing Co.

Ferm, U., Sahlin, A., Sundin, L., & Hartelius, L. (2010). Using Talking Mats to support communication in persons with Huntington's disease. *International Journal of Language and Communication Disorders, 45,* 523-536.

Fey, M. (2008). Thoughts on grammar intervention in AAC. *Perspectives on Augmentative and Alternative Communication, 17,* 43-49.

Feys, P., Romberg, A., Ruutiainen, J., Davies-Smith, A., Jones, R., Avizzano, C., … Ketelaer, P. (2001). Assistive technology to improve PC interaction for people with intention tremor. *Journal of Rehabilitation Research and Development, 38,* 235-243.

File, P., & Todman, J. (2002). Evaluation of the coherence of computer-aided conversations. *Augmentative and Alternative Communication, 18,* 228-241.

Finke, E., Light, J., & Kitko, L. (2008). A systematic review of the effectiveness of nurse communication with patients with complex communication needs with a focus on the use of augmentative and alternative communication. *Journal of Clinical Nursing, 17,* 2102-2115.

Fitzgerald, M. M., Sposato, B., Politano, P., Hetling, J., & O'Neill, W. (2009). Three head-controlled mouse emulators in three light conditions. *Augmentative and Alternative Communication, 25,* 32-41.

Flannery, B., & Horner, R. (1994). The relationship between predictability and problem behavior for students with severe disabilities. *Journal of Behavioral Education, 4,* 157-176.

Flippin, M., Reszka, S., & Watson, L. (2010). Effectiveness of the Picture Exchange Communication Systems (PECS) on communication and speech for children with autism spectrum disorders: A meta-analysis. *American Journal of Speech-Language Pathology, 19,* 178-195.

Foley, B. E. (1993). The development of literacy in individuals with severe congenital speech and motor impairments. *Topics in Language Disorders, 13*(2), 16-32.

Foley, B., & Pollatsek, A. (1999). Phonological processing and reading abilities in adolescents and adults with severe congenital speech impairments. *Augmentative and Alternative Communication, 15,* 156-173.

Foley, B. E., & Wolter, J. (2010). Literacy intervention for transition-aged youth: What is and what could be. In D. B. McNaughton & D. R. Beukelman (Eds.), *Transition strategies for adolescents and young adults who use AAC* (pp. 35-68). Baltimore: Paul H. Brookes Publishing Co.

Folstein, S. E. (1990). *Huntington disease: A disorder of families.* Baltimore: Johns Hopkins University Press.

Ford, A., & Mirenda, P. (1984). Community instruction: A natural cues and corrections decision model. *Journal of the Association for Persons with Severe Handicaps, 9,* 79-87.

Ford, H., Trigwell, P., & Johnson, M. (1998). The nature of fatigue in multiple sclerosis. *Journal of Psychosomatic Research, 45*(1), 33-38.

Fossett, B., & Mirenda, P. (2006). Sight word reading in children with developmental disabilities: A comparison of paired associate and picture-to-text matching instruction. *Research in Developmental Disabilities, 27,* 411-429.

Foulks, B., & Morrow, R. (1989). Academic survival skills for the young child at risk for school failure. *Journal of Educational Research, 82,* 158-165.

Fox, L., & Fried-Oken, M. (1996). AAC aphasiology: Partnership for future research. *Augmentative and Alternative Communication, 12,* 257-271.

Fox, L. E., Ginley, S., & Poulsen, S. (2004). A residential approach to conversational intervention. *Special Interest Division 2 Newsletter: Neurophysiology and Neurogenic Speech and Language Disorders, 14*(4), 4-10.

Fox, L., Sohlberg, M. M., & Fried-Oken, M. (2001). Effects of conversational topic choice on outcomes of an augmentative communication intervention for adults with aphasia. *Aphasiology, 15,* 171–200.

Fox, M. J. (2002). *Lucky man: A memoir.* New York: Random House.

Franklin, N. K., Mirenda, P., & Phillips, G. (1996). Comparisons of five symbol assessment protocols with nondisabled preschoolers and learners with severe intellectual disabilities. *Augmentative and Alternative Communication, 12,* 73–77.

Frattali, C. M., Holland, A. L., Thompson, C. K., Wohl, C., & Ferketic, M. (2003). *Functional Assessment of Communication Skills for Adults (ASHA FACS).* Rockville, MD: American Speech–Language–Hearing Association.

Frea, W. D., Arnold, C. L., & Vittemberga, G. L. (2001). A demonstration of the effects of augmentative communication on extreme aggressive behavior of a child with autism within an integrated preschool setting. *Journal of Positive Behavior Interventions, 3,* 194–198.

French, J. L. (2001). *Pictorial Test of Intelligence-Second Edition (PTI-2).* Austin, TX: PRO-ED.

Fried-Oken, M. (2001). Been there, done that: A very personal introduction to the special issue on augmentative and alternative communication and acquired disorders. *Augmentative and Alternative Communication, 17,* 138–140.

Fried-Oken, M., Ball, L., Golinker, L., Lasker, J., Mathy, P., & Ourand, P. (2002, November). *AAC challenges in adults with acquired neurological impairment.* Session presented at the American Speech–Language–Hearing Association Convention, Atlanta, GA.

Fried-Oken, M., & Bersani, H. A., Jr. (Eds.). (2000). *Speaking up and spelling it out: Personal essays on augmentative and alternative communication.* Baltimore: Paul H. Brookes Publishing Co.

Fried-Oken, M., & Doyle, M. (1992). Language representation for the augmentative and alternative communication of adults with traumatic brain injury. *Journal of Head Trauma Rehabilitation, 7*(3), 59–69.

Fried-Oken, M., Howard, J., & Stewart, S. (1991). Feedback on AAC intervention from adults who are temporarily unable to speak. *Augmentative and Alternative Communication, 7,* 43–50.

Fried-Oken, M., & More, L. (1992). An initial vocabulary for nonspeaking preschool children based on developmental and environmental language sources. *Augmentative and Alternative Communication, 8,* 41–56.

Fried-Oken, M., Rau, M., Fox, L., Tulman, J., & Hindal, M. (2004). ALS, AAC technology and caregivers: Attitudes, skills, and role strain. *ASHA Leader, 9,* 98.

Fried-Oken, M., Rau, M. T., & Oken, B. S. (2000). AAC and dementia. In D. R. Beukelman, K. M. Yorkston, & J. Reichle (Eds.), *Augmentative and alternative communication for adults with acquired neurologic disorders* (pp. 375–405). Baltimore: Paul H. Brookes Publishing Co.

Fried-Oken, M., Rowland, C., Baker, G., Dixon, M., Mills, C., Schultz, D., & Oken, B. (2009). The effect of voice output on the AAC-supported conversations of persons with Alzheimer's disease. *ACM Transactions on Accessible Computing, 1*(3), 15.

Fried-Oken, M., Rowland, C., & Gibbon, C. (2010). Providing augmentative and alternative communication treatment to persons with progressive nonfluent aphasia. *Perspectives on Neurophysiology and Neurogenic Speech and Language Disorder, 20,* 21–25.

Frost, L., & Bondy, A. (2002). *Picture Exchange Communication System training manual* (2nd ed.). Newark, DE: Pyramid Education Products.

Fuchs, L. S., Fuchs, D., Hosp, M., & Jenkins, J. (2001). Oral reading fluency as an indicator of reading competence: A theoretical, empirical, and historical analysis. *Scientific Studies of Reading, 5,* 239–256.

Fujisawa, K., Inoue, T., Yamana, Y., & Hayashi, H. (2011). The effect of animation on learning action symbols by individuals with intellectual disabilities. *Augmentative and Alternative Communication, 27,* 53–60.

Fuller, D., & Lloyd, L. (1991). Toward a common usage of iconicity terminology. *Augmentative and Alternative Communication, 7,* 215–220.

Fuller, D., Lloyd, L., & Schlosser, R. (1992). Further development of an augmentative and alternative communication symbol taxonomy. *Augmentative and Alternative Communication, 8,* 67–74.

Fuller, D., Lloyd, L., & Stratton, M. (1997). Aided AAC symbols. In L. Lloyd, D. Fuller, & H. Arvidson (Eds.), *Augmentative and alternative communication: Principles and practice* (pp. 48–79). Needham Heights, MA: Allyn & Bacon.

Gallagher, K. C., & Mayer, K. (2008). Enhancing

development and learning through teacher-child relationships. *Young Children, 63*, 80–87.

Galvin, J., & Donnell, C. (2002). Educating the consumer and caretaker on assistive technology. In M. Scherer (Ed.), *Assistive technology: Matching device and consumer for successful rehabilitation* (pp. 153–167). Washington, DC: American Psychological Association.

Galvin, J., & Scherer, M. (1996). *Evaluating, selecting, and using appropriate assistive technology.* Gaithersburg, MD: Aspen.

Gardner, H. (2006). Training others in the art of therapy for speech sound disorders: An interactional approach. *Child Language Teaching and Therapy, 22*, 27–46.

Garrett, K. (1995). Changes in the interaction patterns of individuals with severe aphasia given three types of partner support. *Clinical Aphasiology, 23*, 237–251.

Garrett, K., & Beukelman, D. R. (1992). Augmentative communication approaches for persons with severe aphasia. In K. Yorkston (Ed.), *Augmentative communication in the medical setting* (pp. 245–338). Tucson, AZ: Communication Skill Builders.

Garrett, K., & Beukelman, D. R. (1995). Changes in the interaction patterns of an individual with severe aphasia given three types of partner support. In M. Lemme (Ed.), *Clinical aphasiology* (Vol. 23, pp. 237–251). Austin, TX: PRO-ED.

Garrett, K., & Beukelman, D. (1998). Adults with severe aphasia. In D. R. Beukelman & P. Mirenda (Eds.), *Augmentative and alternative communication: Management of severe communication disorders in children and adults* (pp. 465–499). Baltimore: Paul H. Brookes Publishing Co.

Garrett, K., Beukelman, D. R., & Low-Morrow, D. (1989). A comprehensive augmentative communication system for an adult with Broca's aphasia. *Augmentative and Alternative Communication, 5*, 55–61.

Garrett, K., Happ, B., Costello, J., & Fried-Oken, M. (2007). AAC in the intensive care unit. In D. R. Beukelman, K. L. Garrett, & K. M. Yorkston (Eds.), *Augmentative communication strategies for adults with acute or chronic medical conditions* (pp. 17–57). Baltimore: Paul H. Brookes Publishing Co.

Garrett, K. L., & Huth, C. (2002). The impact of graphic contextual information and instruction on the conversational behaviors of an individual with severe aphasia. *Aphasiology, 16*, 523–536.

Garrett, K. L., & Kimelman, M. D. Z. (2000). AAC and aphasia: Cognitive-linguistic considerations. In D. R. Beukelman, K. M. Yorkston, & J. Reichle (Eds.), *Augmentative and alternative communication for adults with acquired neurologic disorders* (pp. 339–374). Baltimore: Paul H. Brookes Publishing Co.

Garrett, K. L., & Lasker, J. (2004). Aphasia assessment materials. Retrieved from http://aac.unl.edu/screen/screen.html

Garrett, K., Schutz-Muehling, L., & Morrow, D. (1990). Low level head injury: A novel AAC approach. *Augmentative and Alternative Communication, 6*, 124.

Garrett, K., Staab, L., & Agocs, L. (1996, November). *Perceptions of scaffolded letters generated by a person with aphasia.* Paper presented at the annual convention of the American Speech-Language-Hearing Association, Seattle.

Gee, K., Graham, N., Goetz, L., Oshima, G., & Yoshioka, K. (1991). Teaching students to request the continuation of routine activities by using time delay and decreasing physical assistance in the context of chain interruption. *Journal of the Association for Persons with Severe Handicaps, 16*, 154–167.

Gerra, L., Dorfman, S., Plaue, E., Schlackman, S., & Workman, D. (1995). Functional communication as a means of decreasing self-injurious behavior: A case study. *Journal of Visual Impairment and Blindness, 89*, 343–347.

Gersten, R., Fuchs, L. S., Williams, J. P., & Baker, S. (2001). Teaching reading comprehension strategies to students with learning disabilities: A review of research. *Review of Educational Research, 71*, 279–320.

Giangreco, M. F. (1996). Choosing options and accommodations for children (COACH): Curriculum planning for students with disabilities in general education. In S. Stainback & W. Stainback (Eds.), *Inclusion: A guide for educators* (pp. 237–254). Baltimore: Paul H. Brookes Publishing Co.

Giangreco, M. F., Cloninger, C. J., & Iverson, V. S. (2011). *Choosing options and accommodations for children: A guide to educational planning for students with disabilities* (3rd ed.). Baltimore:

Paul H. Brookes Publishing Co.

Gierach, J. (2009). *Assessing students' needs for assistive technology: A resource manual for school district teams* (5th ed.). Milton, WI: Wisconsin Assistive Technology Initiative.

Glennen, S. (1997). Augmentative and alternative communication assessment strategies. In S. L. Glennen & D. DeCoste (Eds.), *The handbook of augmentative and alternative communication* (pp. 149–192). San Diego: Singular.

Glennen, S. L., & DeCoste, D. (1997). *The handbook of augmentative and alternative communication.* San Diego: Singular.

Gleser, G., Gottschalk, L., & John, W. (1959). The relationship of sex and intelligence to choice words: A normative study of verbal behavior. *Journal of Clinical Psychology, 15,* 182–191.

Goetz, L., Gee, K., & Sailor, W. (1983). Crossmodal transfer of stimulus control: Preparing students with severe multiple disabilities for audiological assessment. *Journal of the Association for Persons with Severe Handicaps, 8,* 3–13.

Goldbart, J., & Marshall, J. (2004). "Pushes and pulls" on the parents of children who use AAC. *Augmentative and Alternative Communication, 20,* 194–208.

Goldman-Eisler, F. (1986). *Cycle linguistics: Experiments in spontaneous speech.* New York: Academic Press.

Goldstein, H. (2002). Communication intervention for children with autism: A review of treatment efficacy. *Journal of Autism and Developmental Disorders, 32,* 373–396.

Goodglass, H. (1980). Naming disorders and aging. In L. Obler & M. Alberts (Eds.), *Language and communication* (pp. 35–47). Lexington, MA: Lexington Books.

Goodglass, H., & Kaplan, E. (1983). *Boston Diagnostic Aphasia Examination* (2nd ed.). Philadelphia: Lea & Febiger.

Goodglass, H., Kaplan, E., & Barresi, B. (2000). *The Boston Diagnostic Aphasia Examination: Short form record booklet* (3rd ed.). Philadelphia: Lippincott, Williams & Wilkins.

Goossens', C. (1989). Aided communication intervention before assessment: A case study of a child with cerebral palsy. *Augmentative and Alternative Communication, 5,* 14–26.

Goossens', C. (2010). *Aided language stimulation update.* Paper presented at the biennial conference of the International Society for Augmentative and Alternative Communication, Barcelona, Spain.

Goossens', C., & Crain, S. (1986a). *Augmentative communication assessment resource.* Wauconda, IL: Don Johnston.

Goossens', C., & Crain, S. (1986b). *Augmentative communication intervention resource.* Wauconda, IL: Don Johnston.

Goossens', C., & Crain, S. (1987). Overview of nonelectronic eye-gaze communication devices. *Augmentative and Alternative Communication, 3,* 77–89.

Goossens', C., & Crain, S. (1992). *Utilizing switch interfaces with children who are severely physically challenged.* Austin, TX: PRO-ED.

Goossens', C., Crain, S., & Elder, P. (1992). *Engineering the preschool environment for interactive symbolic communication.* Birmingham, AL: Southeast Augmentative Communication Conference Publications.

Goossens', C., Crain, S., & Elder, P. (1994). *Communication displays for engineered preschool environments: Books 1 and 2.* Solana Beach, CA: Mayer-Johnson.

Goossens', C., Crain, S., & Elder, P. (1995). *Engineering the preschool environment for interactive symbolic communication: 18 months to 5 years developmentally* (3rd ed.). Birmingham, AL: Southeast Augmentative Communication Conference Publications.

Gorenflo, C., & Gorenflo, D. (1991). The effects of information and augmentative communication technique on attitudes toward nonspeaking individuals. *Journal of Speech and Hearing Research, 34,* 19–26.

Graham, S., & Perin, D. (2007). *Writing next: Effective strategies to improve writing of adolescents in middle and high school: A report to the Carnegie Corporation of New York.* New York: Alliance for Excellent Education.

Grandin, T. (1995). *Thinking in pictures and other reports from my life with autism.* New York: Vintage Books.

Grandin, T., & Scariano, M. (1986). *Emergence: Labeled autistic.* Novato, CA: Arena Press.

Granlund, M., & Blackstone, S. (1999). Outcomes measurement in AAC. In F. T. Loncke, J.

Clibbens, H. Arvidson, & L. L. Lloyd (Eds.), *Augmentative and alternative communication: New directions in research and practice* (pp. 207-227). London: Whurr.

Granlund, M., & Olsson, C. (1987). Talspråksalternativ kommunikation och begåvnings-handikapp [Alternative communication and mental retardation]. Stockholm: Stiftelsen ALA.

Green, V., O'Reilly, M., Itchon, J., & Sigafoos, J. (2005). Persistence of early emerging aberrant behavior in children with developmental disabilities. *Research in Developmental Disabilities, 26*, 47-55.

Greenspan, S., & Weider, S. (1999). A functional developmental approach to autism spectrum disorders. *Journal of the Association for Persons with Severe Handicaps, 24*, 147-161.

Gregory, M., DeLeon, I., & Richman, D. (2009). The influence of matching and motor-imitation abilities on rapid acquisition of manual signs and exchanged-based communicative responses. *Journal of Applied Behavior Analysis, 42*, 399-404.

Gregory, C., & McNaughton, S. (1993, September). Language! Welcoming a parent's perspective. *Communicating Together, 11*(3), 21-23.

Grove, N., & Walker, M. (1990). The Makaton Vocabulary: Using manual signs and graphic symbols to develop interpersonal communication. *Augmentative and Alternative Communication, 6*, 15-28.

Guralnick, M. J. (2001). Social competence with peers and early childhood inclusion: Need for alternative approaches. In M. J. Guralnick (Ed.), *Early childhood inclusion: Focus on change* (pp. 481-502). Baltimore: Paul H. Brookes Publishing Co.

Gustason, G., & Zawolkow, E. (1993). *Signing exact English.* Los Alamitos, CA: Modern Signs Press.

Gutmann, M. (1999, November). *The communication continuum in ALS: Client preferences and communication competence.* Paper presented at the annual convention of the American Speech-Language-Hearing Association, San Francisco.

Gutmann, M., & Gryfe, P. (1996, August). *The communication continuum in ALS: Critical paths and client preferences.* Proceedings of the seventh biennial conference of the International Society of Augmentative and Alternative Communication (ISAAC), Vancouver, Canada.

Hagen, C. (1984). Language disorders in head trauma. In A. Holland (Ed.), *Language disorders in adults* (pp. 245-281). Austin, TX: PRO-ED.

Hains, A. H., Fowler, S., Schwartz, I., Kottwitz, E., & Rosenkoetter, S. (1989). A comparison of preschool and kindergarten teacher expectations for school readiness. *Early Childhood Education Quarterly, 4*, 75-88.

Hall, P. (2000a). A letter to the parent(s) of a child with developmental apraxia of speech, Part 1: Speech characteristics of the disorder. *Language, Speech, and Hearing Services in Schools, 31*, 169-172.

Hall, P. (2000b). A letter to the parent(s) of a child with developmental apraxia of speech, Part 2: The nature and causes of DAS. *Language, Speech, and Hearing Services in Schools, 31*, 173-175.

Hall, P. (2000c). A letter to the parent(s) of a child with developmental apraxia of speech, Part 3: Other problems often associated with DAS. *Language, Speech, and Hearing Services in Schools, 31*, 176-178.

Hall, P. (2000d). A letter to the parent(s) of a child with developmental apraxia of speech, Part 4: Treatment of DAS. *Language, Speech, and Hearing Services in Schools, 31*, 179-181.

Halle, J., Baer, D., & Spradlin, J. (1981). Teacher's generalized use of delay as a stimulus control procedure to increase language use in handicapped children. *Journal of Applied Behavior Analysis, 14*, 389-409.

Halle, J., Brady, N., & Drasgow, E. (2004). Enhancing socially adaptive communicative repairs of beginning communicators with disabilities. *American Journal of Speech-Language Pathology, 13*, 43-54.

Halle, J., & Drasgow, E. (1995). Teaching social communication to young children with severe disabilities. *Topics in Early Childhood Special Education, 15*, 164-186.

Hamm, B., & Mirenda, P. (2006). Post-school quality of life of individuals with complex communication needs. *Augmentative and Alternative Communication, 22*, 134-147.

Hammill, D., Pearson, N., & Wiederholt, J. L. (2009). *Comprehensive Test of Nonverbal Intelligence-Second Edition (CTONI-2).* Austin, TX: PRO-ED.

Hamre, B. K., & Pianta, R. C. (2001). Early teacher-child relationships and the trajectory of children's school outcomes through eighth grade. *Child Development, 72*, 625–638.

Hanley, G., Iwata, B., & Thompson, R. (2001). Reinforcement schedule thinning following treatment with functional communication treatment. *Journal of Applied Behavior Analysis, 34*, 17–38.

Hanser, G. A., & Erickson, K. A. (2007). Integrated word identification and communication instruction for students with complex communication needs. *Focus on Autism and Other Developmental Disabilities, 22*, 268–278.

Hanson, E. (2008). Documentation in AAC using goal attainment scaling. *Perspectives on Augmentative and Alternative Communication, 16*, 6–9.

Hanson, E. K., & Sundheimer, C. (2009). Telephone talk: Effects of timing and use of a floor-holder message on telephone conversations using synthesized speech. *Augmentative and Alternative Communication, 25*, 90–98.

Hanson, E., Yorkston, K., & Beukelman, D. R. (2004). Speech supplementation techniques for dysarthria: A systematic review. *Journal of Medical Speech Language Pathology, 12*, ix–xxix.

Hanson, E., Yorkston, K., & Britton, D. (2011). Dysarthria in amyotrophic lateral sclerosis: A systematic review of the characteristics, speech treatment, and AAC options. *Journal of Medical Speech Language Pathology, 19*, 2–30.

Hanson, W., & Metter, E. (1983). DAF speech rate modification in Parkinson's disease: A report of two cases. In W. Berry (Ed.), *Clinical dysarthria* (pp. 231–254). Austin, TX: PRO-ED.

Harradine, C., & Clifford, R. (1996). *When are children ready for kindergarten? Views of families, kindergarten teachers, and child care providers.* Paper presented at the Annual Meeting of the American Educational Research Association, New York.

Harris, L., Doyle, E. S., & Haaf, R. (1996). Language treatment approach for users of AAC: Exkperimental single-subject investigation. *Augmentative and Alternative Communication, 12*, 230–243.

Harris, M., & Reichle, J. (2004). The impact of aided language stimulation on symbol comprehension and production in children with moderate cognitive disabilities. *American Journal of Speech-Language Pathology, 13*, 155–167.

Harrison-Harris, O. (2002, November 5). AAC, literacy and bilingualism. *ASHA Leader Online, 20.* Retrieved from http://www.asha.org/Publications/leader/2002/021105/f021105.htm

Hart, B., & Risley, T. (1982). *How to use incidental teaching for elaborating language.* Lawrence, KS: H & H.

Hart, B., & Risley, T. R. (1995). *Meaningful differences in the everyday experience of young American children.* Baltimore: Paul H. Brookes Publishing Co.

Hart, B., & Risley, T. R. (1999). *The social world of children learning to talk.* Baltimore: Paul H. Brookes Publishing Co.

Hart, P., Scherz, J., Apel, K., & Hodson, B. (2007). Analysis of spelling error patterns of individuals with complex communication needs and physical impairments. *Augmentative and Alternative Communication, 23*, 16–29.

Hartelius, L., Runmarker, B., & Andersen, O. (2000). Prevalence and characteristics of dysarthria in a multiple sclerosis incidence cohort: In relation to neurological data. *Folia Phoniatrica et Logopaedica, 52*, 160–177.

Hartelius, L., & Svensson, P. (1994). Speech and swallowing symptoms associated with Parkinson's disease and multiple sclerosis: A survey. *Folia Phoniatrica et Logopaedica, 46*, 9–17.

Haupt, L., & Alant, E. (2002). The iconicity of picture communication symbols for rural Zulu children. *South African Journal of Communication Disorders, 49*, 40–49.

Hawking, S. (2003). Intel Worldwide Employee Communications [Interview].

Hayes, J. R. (2000). A new framework for understanding cognition and affect in writing. In R. Indrisano & J. Squire (Eds.), *Perspectives on writing: Research, theory, and practice* (pp. 6–44). Newark, DE: International Reading Association.

Heaton, E., Beliveau, C., & Blois, T. (1995). Outcomes in assistive technology. *Journal of Speech-Language Pathology and Audiology, 19*, 233–240.

Hedrick, D., Prather, E., & Tobin, A. (1984). *Sequenced Inventory of Communication Development-Revised.* Torrance, CA: Western Psychological Services.

Heine, K., Wilkerson, R., & Kennedy, T. (1996, May). *Unity now and later: Equipping a two-year-old now, while preparing in the future.* Paper presented at the 1996 Minspeak conference, Wooster, OH.

Heller, K., Allgood, M., Ware, S., Arnold, S., & Castelle, M. (1996). Initiating requests during community-based vocational training by students with mental retardation and sensory impairments. *Research in Developmental Disabilities, 17,* 173-184.

Heller, K. W., Fredrick, L. D., Tumlin, J., & Brineman, D. G. (2002). Teaching decoding for generalization using the nonverbal reading approach. *Journal of Developmental and Physical Disabilities, 14,* 19-35.

Heller, K., Ware, S., Allgood, M., & Castelle, M. (1994). Use of dual communication boards with students who are deaf-blind. *Journal of Visual Impairment and Blindness, 88,* 368-376.

Helm-Estabrooks, N. (1984). Severe aphasia. In A. Holland (Ed.), *Language disorders in adults* (pp. 159-176). San Diego: College-Hill Press.

Helm-Estabrooks, N. (2001). *Cognitive Linguistic Quick Test.* San Antonio, TX: Harcourt Assessment.

Helm-Estabrooks, N. (2002, March-April). Cognition and aphasia: A discussion and a study. *Journal of Communication Disorders, 35,* 171-186.

Helm-Estabrooks, N., Ramsberger, G., Morgan, A. R., & Nicholas, M. (1989). *Boston Assessment of Severe Aphasia (BASA).* Austin, TX: PRO-ED.

Herbert, L. E., Scherr, P. A., Bienias, J. L., Bennet, D. A., & Evans, D. A. (2003). Alzheimer disease in the US population: Prevalence estimates using the 2000 census. *Archives of Neurology, 60,* 1119-1122.

Hetzroni, O. (2002). Augmentative and alternative communication in Israel: Results from a family survey. *Augmentative and Alternative Communication, 18,* 255-266.

Hetzroni, R., & Harris, O. (1996). Cultural aspects in the development of AAC users. *Augmentative and Alternative Communication, 12,* 52-58.

Hieneman, M., Childs, K., & Sergay, J. (2006). *Parenting with positive behavior support: A practical guide to resolving your child's difficult behavior.* Baltimore: Paul H. Brookes Publishing Co.

Higginbotham, D. (1989). The interplay of communication device output mode and interaction style between nonspeaking persons and their speaking partners. *Journal of Speech and Hearing Disorders, 54,* 320-333.

Higginbotham, D. J., Bisantz, A., Sunm, M., Adams, K., & Yik, F. (2009). The effect of context priming and task type on augmentative communication performance. *Augmentative and Alternative Communication, 25,* 19-31.

Higginbotham, D. J., Moulton, B., Lesher, G., Wilkins, D., & Cornish, J. (2000). Frametalker: Development of a frame-based communication system. In *Proceedings of the 2000 CSUN Annual Conference.* Northridge: California State University at Northridge. Retrieved from http://www.csun.edu/cod/conf/2000/proceedings/0156Higginbotham.htm

Higginbotham, D. J., & Wilkins, D. (2006). The short story of Frametalker: An interactive AAC device. *Perspectives on Augmentative and Alternative Communication, 15,* 18-22.

Hill, K. (2004). Augmentative and alternative communication and language: Evidence-based practice and language activity monitoring. *Topics in Language Disorders, 245,* 18-30.

Hirdes, J., Ellis-Hale, K., & Pearson Hirdes, B. (1993). Prevalence and policy implications of communication disabilities among adults. *Augmentative and Alternative Communication, 9,* 273-280.

Ho, K., Weiss, S., Garrett, K., & Lloyd, L. L. (2005). The effect of remnant and pictographic books on the communicative interaction of individuals with global aphasia. *Augmentative and Alternative Communication, 21,* 218-232.

Hoag, L., & Bedrosian, J. (1992). The effects of speech output type, message length, and reauditorization on perceptions of communicative competence of an adult AAC user. *Journal of Speech and Hearing Research, 35,* 1363-1366.

Hoag, L., Bedrosian, J., Johnson, D., & Molineux, B. (1994). Variables affecting perceptions of social aspects of the communicative competence of an adult AAC user. *Augmentative and Alternative Communication, 10,* 129-137.

Hoag, L., Bedrosian, J., & McCoy, K. (2009). Theory-driven AAC practices with adults who use utterance-based systems: The case of conversational rule violations. *Perspectives on*

Augmentative and Alternative Communication, 18, 103–109.

Hochstein, D., McDaniel, M., Nettleton, S., & Neufeld, K. (2003). The fruitfulness of a nomothetic approach to investigating AAC: Comparing two speech encoding schemes across cerebral palsied and nondisabled children. *American Journal of Speech-Language Pathology, 12*, 110–122.

Hodgdon, L. (1996). *Visual strategies for improving communication.* Troy, MI: QuirkRoberts.

Hodges, P., & Schwethelm, B. (1984). A comparison of the effectiveness of graphic symbol and manual sign training with profoundly retarded children. *Applied Psycholinguistics, 5*, 223–253.

Hoffmeister, R. (1990). ASL and its implications for education. In H. Bornstein (Ed.), *Manual communication: Implications for education* (pp. 81–107). Washington, DC: Gallaudet University Press.

Holbrook, C. M., D'Andrea, F., & Sanford, L. (2011). *Ashcroft s programmed instruction in Braille* (4th ed.). Germantown, TN: Scalars.

Honsinger, M. (1989). Midcourse intervention in multiple sclerosis: An inpatient model. *Augmentative and Alternative Communication, 5*, 71–73.

Hooper, J., Connell, T., & Flett, P. (1987). Blissymbols and manual signs: A multimodal approach to intervention in a case of multiple disability. *Augmentative and Alternative Communication, 3*, 68–76.

Hopper, T. L. (2003). "They' re just going to get worse anyway": Perspectives on rehabilitation for nursing home residents with dementia. *Journal of Communication Disorders, 36*, 345–359.

Horn, C., & May, R. J. (2010). Post-high school transition supports and programs in postsecondary education for young adults who use AAC. In D. B. McNaughton & D. R. Beukelman (Eds.), *Transition strategies for adolescents and young adults who use ASC* (pp. 93–110). Baltimore: Paul H. Brookes Publishing Co.

Horn, E., & Jones, H. (1996). Comparison of two selection techniques used in augmentative and alternative communication. *Augmentative and Alternative Communication, 12*, 23–31.

Horner, R. H., McDonnell, J. J., & Bellamy, G. T. (1986). Teaching generalized skills: Instruction in simulation and community settings. In R. H. Horner, L. H. Meyer, & H. D. B. Fredericks (Eds.), *Education of learners with severe handicaps: Exemplary service strategies* (pp. 289–314). Baltimore: Paul H. Brookes Publishing Co.

Hoskins, B. (1990). Collaborative consultation: Designing the role of the speech-language pathologist in a new educational context. In W. Secord (Ed.), *Best practices in school speech-language pathology* (pp. 29–38). San Antonio, TX: Harcourt Assessment.

Hough, M., & Johnson, R. K. (2009). Use of AAC to enhance linguistic communication skills in an adult with chronic severe aphasia. *Aphasiology, 23*(7–8), 965–976.

Hsieh, M. C., & Luo, C. H. (1999). Morse code typing of an adolescent with cerebral palsy using microcomputer technology: Case study. *Augmentative and Alternative Communication, 15*, 216–221.

Huer, M. B. (1997). Culturally inclusive assessments for children using augmentative and alternative communication (AAC). *Journal of Children's Communication Development, 19*, 23–34.

Huer, M. B. (2000). Examining perceptions of graphic symbols across cultures: Preliminary study of the impact of culture/ethnicity. *Augmentative and Alternative Communication, 16*, 180–185.

Huer, M. B., & Miller, L. (2011). *Test of Early Communication and Emerging Language (TECEL).* Austin, TX: PRO-ED.

Huer, M. B., Parette, H. P., & Saenz, T. (2001). Conversations with Mexican Americans regarding children with disabilities and augmentative and alternative communication. *Communication Disorders Quarterly, 22*, 197–206.

Huer, M. B., Saenz, T., & Doan, J. H. D. (2001). Understanding the Vietnamese American community: Implications for training educational preschool providing services to children with disabilities. *Communication Disorders Quarterly, 23*, 27–39.

Huer, M. B., & Wyatt, T. (1999). Cultural factors in the delivery of AAC services to the African-American community. *Multicultural Electronic Journal of Communication Disorders, 2*. Retrieved from http://www.asha.ucf.edu/huer.wyatt.html

Hughes, C. A., Schumaker, J. B., McNaughton, D., Deshler, D. D., & Nolan, S. M. (2010). *The EDIT*

Strategy. Lawrence: University of Kansas.

Hunt, P., Alwell, M., & Goetz, L. (1988). Acquisition of conversation skills and the reduction of inappropriate social interaction behaviors. *Journal of the Association for Persons with Severe Handicaps, 13,* 20-27.

Hunt, P., Alwell, M., & Goetz, L. (1990). *Teaching conversation skills to individuals with severe disabilities with a communication book adaptation.* Retrieved from http://www.eric.ed.gov/ERICWebPortal/search/detailmini.jsp?_nfpb=true&_&ERICExtSearch_SearchValue_0=ED335862&ERICExtSearch_SearchType_0=no&accno=ED335862

Hunt, P., Alwell, M., & Goetz, L. (1991a). Establishing conversational exchanges with family and friends: Moving from training to meaningful communication. *Journal of Special Education, 25,* 305-319.

Hunt, P., Alwell, M., & Goetz, L. (1991b). Interacting with peers through conversation turn taking with a communication book adaptation. *Augmentative and Alternative Communication, 7,* 117-126.

Hunt, P., Staub, D., Alwell, M., & Goetz, L. (1994). Achievement by all students within the context of cooperative learning groups. *Journal of the Association for Persons with Severe Handicaps, 19,* 290-301.

Hurlbut, B., Iwata, B., & Green, J. (1982). Nonvocal language acquisition in adolescents with severe physical disabilities: Blissymbol versus iconic stimulus formats. *Journal of Applied Behavior Analysis, 15,* 241-258.

Hurtig, R., & Downey, D. (2006). *The use of augmentative & alternative communication in acute care settings.* Presentation at the Iowa Speech and Hearing Association Conference.

Hurtig, R., & Downey, D. (2009). *Augmentative and alternative communication in acute and critical care settings.* San Diego: Plural.

Hustad, K. C., & Shapley, K. L. (2003). AAC and natural speech in individuals with developmental disabilities. In J. C. Light, D. R. Beukelman, & J. Reichle (Eds.), *Communicative competence for individuals who use AAC: From research to effective practice* (pp. 41-62). Baltimore: Paul H. Brookes Publishing Co.

Hux, K. (Ed.). (2011). *Assisting survivors of traumatic brain injury: The role of speech-language pathologists* (2nd ed.). Austin, TX: PRO-ED.

Hwa-Froelich, D., & Westby, C. (2003). Frameworks of education: Perspectives of Southeast Asian parents and Head Start staff. *Language, Speech, and Hearing Services in Schools, 34,* 299-319.

Hymes, D. (1972). On communicative competence. In J. B. Pride & J. Holmes (Eds.), *Sociolinguistics* (pp. 269-293). London: Penguin Books.

Iacono, T. A. (2003). Pragmatic development in individuals with developmental disabilities who use AAC. In J. C. Light, D. R. Beukelman, & J. Reichle (Eds.), *Communicative competence for individuals who use AAC: From research to effective practice* (pp. 323-360). Baltimore: Paul H. Brookes Publishing Co.

Iacono, T., & Caithness, T. (2009). Assessment issues. In P. Mirenda & T. Iacono (Eds.), *Autism spectrum disorders and AAC* (pp. 23-48). Baltimore: Paul H. Brookes Publishing Co.

Iacono, T., Carter, M., & Hook, J. (1998). Identification of intentional communication in students with severe and multiple disabilities. *Augmentative and Alternative Communication, 14,* 102-114.

Iacono, T., & Cupples, L. (2004). Assessment of phonemic awareness and word reading skills of people with complex communication needs. *Journal of Speech, Language, and Hearing Research, 47,* 437-449.

Iacono, T., & Duncum, J. (1995). Comparisons of sign alone and in combination with an electronic communication device in early language intervention: A case study. *Augmentative and Alternative Communication, 11,* 249-259.

Iacono, T., Mirenda, P., & Beukelman, D. R. (1993). Comparison of unimodal and multimodal AAC techniques for children with intellectual disabilities. *Augmentative and Alternative Communication, 9,* 83-94.

Iacono, T., & Parsons, C. (1986). A survey of the use of signing with the intellectually disabled. *Australian Communication Quarterly, 2,* 21-25.

Iacono, T., & Waring, R. (1996, August). *A case study of a parent-implemented AAC language intervention comparing signs versus sign+aid.* Paper presented at the seventh biennial conference of the International Society for Augmentative and Alternative Communication, Vancouver, British

Columbia, Canada.

Individuals with Disabilities Education Improvement Act (IDEA) of 2004, PL 108-446, 20. U.S.C. §§ 1400 *et seq.*

Inglebret, E., Jones, C., & Pavel, D. M. P. (2008). Integrating American Indian/Alaska Native culture into shared storybook intervention. *Language, Speech, and Hearing Services and Schools, 39*, 521-527.

Ittelson, W. H. (1996). Visual perception of markings. *Psychonomic Bulletin & Review, 3*(2), 171-187.

Jackson-Waite, K., Robson, J., & Pring, T. (2003). Written communication using a Lightwriter in undifferentiated jargon aphasia: A single case study. *Aphasiology, 17*, 767-780.

Jacobs, B., Drew, R., Ogletree, B. T., & Pierce, K. (2004). Augmentative and alternative communication (AAC) for adults with severe aphasia: Whare we stand and how we can go further. *Disability and Rehabilitation, 26*(21-22), 1231-1240.

Jagaroo, V., & Wilkinson, K. (2008). Further considerations of visual cognitive neuroscience in aided AAC: The potential role of motion perception systems in maximizing design display. *Augmentative and Alternative Communication, 24*, 29-42.

Jensema, C. (1982). Communication methods and devices for deaf-blind persons. *Directions, 3*, 60-69.

Johnson, C. P. (2004). Early clinical characteristics of children with autism. In V. B. Gupta (Ed.), *Autistic spectrum disorders in children* (pp. 85-123). New York: Marcel Dekker.

Johnson, D., & Johnson, R. (1987). *Learning together and alone: Cooperation, competition, and individualization* (2nd ed.). Upper Saddle River, NJ: Prentice Hall.

Johnson, E. M., Inglebret, E., Jones, C., & Ray, J. (2006). Perspectives of speech language pathologists regarding success versus abandonment of AAC. *Augmentative and Alternative Communication, 22*, 85-89.

Johnson, R. K., Strauss Hough, M., King, K. A., Vos, P., & Jeffs, T. (2008). Functional communication in individuals with chronic severe aphasia using augmentative communication. *Augmentative and Alternative Communication, 24*, 269-280.

Johnson, S., Meyer, L., & Taylor, B. (1996). Supported inclusion. In C. Maurice (Ed.), *Behavioral intervention for young children with autism* (pp. 331-342). Austin, TX: PRO-ED.

Johnston, J., & Wong, M. Y. (2002). Cultural differences in beliefs and practices concerning talk to children. *Journal of Speech, Language, and Hearing Research, 42*, 916-926.

Johnston, S. S., Buchanan, S., & Davenport, L. (2009). Comparison of fixed and gradual array when teaching sound-letter correspondence to two children with autism who use AAC. *Augmentative and Alternative Communication, 25*, 136-144.

Johnston, S. S., Davenport, L., Kanarowski, B., Rhodehouse, S,. & McDonnell, A. P. (2009). Teaching sound letter correspondence and consonant-vowel-consonant combinations to young children who use augmentative and alternative communication. *Augmentative and Alternative Communication, 25*, 123-135.

Johnston, S., Nelson, C., Evans, J., & Palazolo, K. (2003). The use of visual supports in teaching young children with autism spectrum disorder to initiate interactions. *Augmentative and Alternative Communication, 19*, 86-103.

Johnston, S., Reichle, J., Feeley, K., & Jones, E. (2012). *AAC strategies for individuals with moderate to severe disabilities.* Baltimore: Paul H. Brookes Publishing Co.

Joint Commission. (2010). *Advancing effective communication, cultural competence, and patient- and family-centered care: A roadmap for hospitals.* Oakbrook Terrace, IL: Joint Commission. Retrieved from http://www.jointcommission.org/assets/1/6/ARoadmapforHospitals-finalversion727.pdf

Jolleff, N., & Ryan, M. (1993). Communication development in Angelman syndrome. *Archives of Disease in Childhood, 69*, 148-150.

Jolly, A., Test, D., & Spooner, F. (1993). Using badges to increase initiations of children with severe disabilities in a play setting. *Journal of the Association for Persons with Severe Handicaps, 18*, 46-51.

Jonsson, A., Kristoffersson, L., Ferm, U., & Thunberg, G. (2011). The ComAlong communication boards: Parents' use and experiences of aided language stimulation. *Augmentative and Alternative Communication, 27*, 103-116.

Jordan, F., & Murdoch, B. (1990). Unexpected

recovery of functional communication following a prolonged period of mutism post-head injury. *Brain Injury, 4,* 101-108.

Jordan, F. M., & Murdoch, B. E. (1994). Severe closed-head injury in childhood: Linguistic outcomes into adulthood. *Brain Injury, 8,* 501-508.

Jorgensen, C. M. (1998). *Restructuring high schools for all students: Taking inclusion to the next level.* Baltimore: Paul H. Brookes Publishing Co.

Jorgensen, C. (2006). Reconsidering assessment in inclusive education. In C. Jorgensen, M. Schuh, & J. Nisbet (Eds.), *The inclusion facilitator's guide* (pp. 139-165). Baltimore: Paul H. Brookes Publishing Co.

Jorgensen, C., McSheehan, M., & Sonnenmeier, R. (2010). *The Beyond Access Model: Promoting membership, participation, and learning for students with disabilities in the general education classroom.* Baltimore: Paul H. Brookes Publishing Co.

Jorgensen, C., Schuh, M., & Nisbet, J. (2006). *The inclusion facilitator's guide.* Baltimore: Paul H. Brookes Publishing Co.

Jorm, A., & Jolly, D. (1998). The incidence of dementia: A meta-analysis. *Neurology, 51,* 728-733.

Jose, R. T. (Ed.). (1983). *Understanding low vision.* New York: American Foundation for the Blind.

Judge, S., & Landeryou, M. (2007). Disambiguation (predictive texting) for AAC. *Communication Matters, 22*(2), 37-41.

Judge, S. L., & Parette, H. P. (Eds.). (1998). *Assistive technology for young children with disabilities.* Cambridge, MA: Brookline Books.

Jungblut, M., Suchanek, M., & Gerhard, H. (2009). Long-term recovery from chronic global aphasia: A case report. *Music and Medicine, 1,* 61.

Jutai, J., & Day, H. (2002). Psychological Impact of Assistive Devices Scale (PIADS). *Technology and Disability, 14,* 107-111.

Kagan, A. (1998). Supported conversation for adults with aphasia: Methods and resources for training conversation partners. *Aphasiology, 12,* 816-830.

Kagan, A. (2001). Training volunteers as conversation partners using "Supported Conversation for Adults with Aphasia" (SCA): A controlled trial. *Journal of Speech, Language, and Hearing Research, 44,* 3, 624-638.

Kagohara, D. M., van der Meer, L., Achmadi, D., Green, V., O'Reilly, M. F., Mulloy, A., … Sigafoos, J. (2010). Behavioral intervention promotes successful use of an iPod-based communication device by an adolescent with autism. *Clinical Case Studies, 9,* 328-338.

Kame'enui, E., & Simmons, J. (1999). *Toward successful inclusion of students with disabilities: The architecture of instruction.* Reston, VA: Council for Exceptional Children.

Kangas, K., & Lloyd, L. (1988). Early cognitive skills as prerequisites to augmentative and alternative communication use: What are we waiting for? *Augmentative and Alternative Communication, 4,* 211, 221.

Karuth, D. (1985). If I were a car, I'd be a lemon. In A. Brightman (Ed.), *Ordinary moments: The disabled experience* (pp. 9-31). Syracuse, NY: Human Policy Press.

Kates, B., & McNaughton, S. (1975). *The first application of Blissymbolics as a communication medium for nonspeaking children: History and development, 1971-1974.* Don Mills, Ontario, Canada: Easter Seals Communication Institute.

Katz, J., & Mirenda, P. (2002). Including students with developmental disabilities in general education classrooms: Social benefits. *International Journal of Special Education, 17,* 25-35.

Katz, J., Mirenda, P., & Auerbach, S. (2002). Instructional strategies and educational outcomes for students with developmental disabilities in inclusive "multiple intelligences" and typical inclusive classrooms. *Research and Practice for Persons with Severe Disabilities, 27,* 227-238.

Katz, R., Haig, A., Clark, B., & DiPaola, R. (1992). Long-term survival, prognosis and lifecare planning for 29 patients with chronic locked-in syndrome. *Archives of Physical Medical Rehabilitation, 73,* 403-408.

Keen, D., Sigafoos, J., & Woodyatt, G. (2001). Replacing prelinguistic behaviors with functional communication. *Journal of Autism and Developmental Disorders, 31,* 385-398.

Keenan, J., & Barnhart, K. (1993). Development of yes/no systems in individuals with severe traumatic brain injuries. *Augmentative and Alternative Communication, 9,* 184-190.

Kelford Smith, A., Thurston, S,. Light, J., Parnes, P., & O'Keefe, B. (1989). The form and use of written communication produced by physically disabled individuals using microcomputers. *Augmentative and Alternative Communication, 5,* 115-124.

Kemper, S. (1988). Geriatric psycholinguistics: Syntactic limitations of oral and written language. In L. Light & D. Burke (Eds.), *Language, memory, and aging* (pp. 58-76). New York: Cambridge University Press.

Kennedy, C. H., Meyer, K. A., Knowles, T., & Shukla, S. (2000). Analyzing the multiple functions of stereotypical behavior for students with autism: Implications for assessment and treatment. *Journal of Applied Behavior Analysis, 33,* 559-571.

Kent, R., Miolo, G., & Bloedel, S. (1994). The intelligibility of children's speech: A review of evaluation procedures. *American Journal of Speech-Language Pathology, 3,* 81-95.

Kent-Walsh, J., Binger, C., & Hasham, Z. (2010). Effects of parent instruction on the symbolic communication of children using augmentative and alternative communication during storybook reading. *American Journal of Speech-Language Pathology, 19,* 97-107.

Kent-Walsh, J., & Light, J. (2003). General education teachers' experiences with inclusion of students who use augmentative and alternative communication. *Augmentative and Alternative Communication, 19,* 104-124.

Kent-Walsh, J., & McNaughton, D. (2005). Communication partner instruction in AAC: Present practices and future directions. *Augmentative and Alternative Communication, 21,* 195-204.

Kent-Walsh, J., Stark, C., & Binger, C. (2008). Tales from school trenches: AAC service-delivery and professional expertise. *Seminars in Speech Language, 29,* 146-154.

Keogh, W., & Reichle, J. (1985). Communication intervention for the "difficult-to-teach" severely handicapped. In S. F. Warren & A K. Rogers-Warren (Eds.), *Teaching functional language* (pp. 157-194). Austin, TX: PRO-ED.

Kertesz, A. (1982). *Western Aphasia Battery.* San Antonio, TX: Harcourt Assessment.

Kertesz, A. (2006). *Western Aphasia Battery-Revised.* San Antonio, TX: Pearson.

Kiernan, C. (1983). The use of nonvocal communication techniques with autistic individuals. *Journal of Child Psychology and Psychiatry, 24,* 339-375.

Kiernan, C., Reid, B., & Jones, M. (1982). *Signs and symbols: Use of non-vocal communication systems.* Portsmouth, NH: Heinemann.

Kiernan, J. A., & Hudson, A. J. (1994). Frontal lobe atrophy in motor neuron diseases. *Brain, 117,* 747-757.

King, J., Alarcon, N., & Rogers, M. (2007). Primary progressive aphasia. In D. R. Beukelman, K. L. Garrett, & K. M. Yorkston (Eds.), *Augmentative communication strategies for adults with acute or chronic medical conditions* (pp. 207-242). Baltimore: Paul H. Brookes Publishing Co.

King, J., & Hux, K. (1995). Intervention using talking word processing software: An aphasia case study. *Augmentative and Alternative Communication, 11,* 187-192.

King, J., Spoeneman, T., Stuart, S., & Beukelman, D. R. (1995). Small talk in adult conversations. *Augmentative and Alternative Communication, 11,* 244-248.

King-DeBaun, P. (1993). *Storytime! Just for fun: stories, symbols, and emergent literacy activities for young children.* Park City, UT: Creative Communicating.

King-DeBaun, P. (1999). *Storytime. Stories, symbols, and emergent literacy activities for young, special needs children.* Park City, UT: Creative Communicating.

Kitwood, T. (1997). *Dementia reconsidered: The person comes first.* Philadelphia: Open University Press.

Klasner, E. R., & Yorkston, K. M. (2000). AAC for Huntington disease and Parkinson's disease: Planning for change. In D. R. Beukelman, K. M. Yorkston, & J. Reichle (Eds.), *Augmentative and alternative communication for adults with acquired neurologic disorders* (pp. 233-270). Baltimore: Paul H. Brookes Publishing Co.

Klasner, E. R., & Yorkston, K. M. (2001). Lingusitc and cognitive supplementation strategies as augmentative and alternative communication techniques in Huntington's disease: Case report. *Augmentative and Alternative Communication, 17,* 154-160.

Kluth, P. (2010). *"You're going to love this kid!": Teaching students with autism in the inclusive classroom* (2nd ed.). Baltimore: Paul H. Brookes Publishing Co.

Kluth, P., & Chandler-Olcott, L. (2008). *"A land we*

can share": Teaching literacy to students with autism. Baltimore: Paul H. Brookes Publishing Co.

Knapp, M. (1980). *Essentials of nonverbal communication.* New York: Holt, Rinehart & Winston.

Knudsen-Lindauer, S., & Harris, K. (1989). Priorities for kindergarten curricula: Views of parents and teachers. *Journal of Research in Childhood Education, 4*, 51–61.

Koehler, L., Lloyd, L., & Swanson, L. (1994). Visual similarity between manual and printed alphabet letters. *Augmentative and Alternative Communication, 10*, 87–95.

Koester, H., & Levine, S. (1996). Effect of a word prediction feature on user performance. *Augmentative and Alternative Communication, 12*, 155–168.

Koester, H., & Levine, S. (1998). Model simulations of user performance with word prediction. *Augmentative and Alternative Communication, 14*, 25–35.

Konstantareas, M. (1984). Sign language as a communication prosthesis with language-impaired children. *Journal of Autism and Developmental Disorders, 14*, 9–23.

Konstantareas, M., Oxman, J., & Webster, C. (1978). Iconicity: Effects of the acquisition of sign language by autistic and other severely dysfunctional children. In P. Siple (Ed.), *Understanding language through sign language research* (pp. 213–237). New York: Academic Press.

Koppenhaver, D. A. (1991). *A descriptive analysis of classroom literacy instruction provided to children with severe speech and physical impairments* (Unpublished doctoral dissertation). University of North Carolina at Chapel Hill.

Koppenhaver, D. A., & Erickson, K. A. (2009). Literacy in individuals with autism spectrum disorders who use AAC. In P. Mirenda & T. Iacono (Eds.), *Autism spectrum disorders and AAC* (pp. 385–412). Baltimore: Paul H. Brookes Publishing Co.

Koppenhaver, D. A., Erickson, K. A., Harrsi, B., McLellan, J., Skotko, B. G., & Newton, R. A. (2001). Storybook-based communication intervention for girls with Rett syndrome and their mothers. *Disability and Rehabilitation, 23*(3/4), 149–159.

Koppenhaver, D., Erickson, K., & Skotko, B. (2001). Supporting communication of girls with Rett syndrome and their mothers in storybook reading. *International Journal of Disability, Development, and Education, 48*, 394–410.

Koppenhaver, D., Evans, D, & Yoder, D. (1991). Childhood reading and writing experiences of literate adults with severe speech and motor impairments. *Augmentative and Alternative Communication, 7*, 20–33.

Koppenhaver, D., & Yoder, D. (1992). Literacy issues in persons with severe physical and speech impairments. In R. Gaylord-Ross (Ed.), *Issues and research in special education* (Vol. 2, pp. 156–201). New York: Teachers College Press.

Koppenhaver, D., & Yoder, D. (1993). Classroom literacy instruction for children with severe speech and physical impairments (SSPI): What is and what might be. *Topics in Language Disorders, 13*(2), 1–15.

Koul, R. (2003). Synthetic speech perception in individuals with and without disabilities. *Augmentative and Alternative Communication, 19*, 29–36.

Koul, R., & Corwin, M. (2003). Efficacy of AAC intervention in individuals with chronic severe aphasia. In R. Schlosser (Ed.), *The efficacy of augmentative and alternative communication: Toward evidence-based practice* (pp. 449–470). New York: Elsevier.

Koul, R., & Harding, R. (1998). Identification and production of graphic symbols by individuals with aphasia: Efficacy of a software application. *Augmentative and Alternative Communication, 14*, 11–23.

Koul, R., & Schlosser, R. (2004). Effects of synthetic speech output in the learning of graphic symbols of varied iconicity. *Disability Rehabilitation, 26*, 1278–1285.

Kovach, T. (2009). *Augmentative and alternative communication profile: A continuum of learning.* East Moline, IL: LinguiSystems.

Kovach, T. M., & Kenyon, P. B. (2003). Visual issues and access to AAC. In J. C. Light, D. R. Beukelman, & J. Reichle (Eds.), *Communicative competence for individuals who use AAC: From research to effective practice* (pp. 277–319). Baltimore: Paul H. Brookes Publishing Co.

Kozleski, E. (1991a). Expectant delay procedure for

teaching requests. *Augmentative and Alternative Communication*, 7, 11–19.

Kozleski, E. (1991b). Visual symbol acquisition bo students with autism. *Exceptionality*, 2, 175–194.

Kraat, A. (1985). *Communication interaction between aided and natural speakers: A state of the art report*. Toronto: Canadian Rehabilitation Council for the Disabled.

Kraat, A. (1990). Augmentative and alternative communication: Does it have a future in aphasia rehabilitation? *Aphasiology*, 4, 321–338.

Kraft, G. (1981). Multiple sclerosis. In W. Stolov & M. Clowers (Eds.), *Handbook of severe disability* (pp. 111–118). Washington, DC: U.S. Department of Education.

Kravitz, E., & Littman, S. (1990). A communication system for a nonspeaking person with hearing and cognitive impairments. *Augmentative and Alternative Communication*, 6, 100.

Kunc, N., & Van der Klift, E. (1995). *A credo for support* [poster]. Nanaimo, BC: Axis Consulting.

Kurland, J., Naeser, M. A,. Baker, E. H., Doron, K., Martin, P. I., Seekins, H. E., ... Yurgelun-Todd, D. (2004). Test-retest reliability of fMRI during nonverbal semantic decision in moderate-severe nonfluent aphasia patients. *Behavioural Neurology*, 15, 87–97.

Kynette, D., & Kemper, S. (1986). Aging and loss of grammatical forms: A cross-sectional study of language performance. *Language and Communication*, 6(1/2), 65–72.

Ladd, P. (2003). *Understanding deaf culture: In search of deafhood*. Clevedon, UK: Multilingual Matters.

Ladtkow, M., & Culp, D. (1992). Augmentative communication with the traumatically brain injured population. In K. Yorkston (Ed.), *Augmentative communication in the medical setting* (pp. 139–243). Tucson, AZ: Communication Skill Builders.

Lafontaine, L., & DeRuyter, F. (1987). The nonspeaking cerebral palsied: A clinical and demographic database report. *Augmentative and Alternative Communication*, 3, 153–162.

Lahey, M., & Bloom, L. (1977). Planning a first lexicon: Which words to teach first. *Journal of Speech and Hearing Disorders*, 42, 340–349.

Lalli, J., Browder, D., Mace, C., & Brown, D. (1993). Teacher use of descriptive analysis data to implement interventions to decrease students'

problem behaviors. *Journal of Applied Behavior Analysis*, 25, 227–238.

Lalli, J., Casey, S., & Kates, K. (1995). Reducing escape behavior and increasing task completion with functional communication training, extinction, and response chaining. *Journal of Applied Behavior Analysis*, 28, 261–268.

Lancioni, G., Bosco, A., Belardinelli, M., Singh, N., O'Reilly, M., & Sigafoos, J. (2010). An overview of intervention options for promoting adaptive behavior of persons with acquired brain injury and minimally conscious state. *Research in Developmental Disabilities*, 31, 1121–1134.

Lancioni, G., O'Reilly, M., & Basili, G. (2001). Use of microswitches and speech output systems with people with severe/profound intellectual or multiple disabilities: A literature review. *Research in Developmental Disabilities*, 22, 21–40.

Lancioni, G., O'Reilly, M., Cuvo, A., Singh, N., Sigafoos, J., & Didden, R. (2007). PECS and VOCAs to enable students with developmental disabilities to make requests: An overview of the literature. *Research in Developmental Disabilities*, 28, 468–488.

Lancioni, G., O'Reilly, M., Singh, N., Sigofoos, J., Oliva, D., Antonucci, M., ... Basilli, G. (2008). Microswitch-based programs for persons with multiple disabilities: An overview of some recent developments. *Perceptual and Motor Skills*, 106, 355–370.

Lancioni, G., Singh, N., O'Reilly, M., & Oliva, D. (2003). Extending microswitch-based programs for people with multiple disabilities: Use of words and choice opportunities. *Research in Developmental Disabilities*, 24, 139–148.

Lancioni, G., Singh, N., O'Reilly, M., & Oliva, D. (2005). Microswitch programs for persons with multiple disabilities: An overview of the responses adopted for microswitch activation. *Cognitive Processes*, 6, 177–188.

Lancioni, G., Singh, N., O'Reilly, M., Oliva, D., Dardanelli, E., & Pirani, P. (2003). Adapting the use of microswitches to foster response awareness and word association: Two case evaluations. *Journal of Positive Behavior Interventions*, 5, 153–157.

Lancioni, G., Singh, N., O'Reilly, M., Sigafoos, J., Didden, R., Oliva, D., ... Lamartire, A. (2007). Effects of microswitch-based programs on indices of happiness of students with multiple disabilities: A new research evaluation. *American Journal on Mental Retardation, 112*, 167–176.

Lancioni, G., Singh, N., O'Reilly, M., Sigafoos, J., Oliva, D., Signorino, M., & Tommaso, M. (2010). Helping a man with acquired brain injury and multiple disabilities manage television use via assistive technology. *Clinical Case Studies, 9*, 4285–4293.

Lancioni, G., Singh, N., O'Reilly, M., Sigafoos, J., Signorino, M., Oliva, D., ... Tommaso, M. (2010). A special messaging technology for two persons with acquired brain injury and multiple disabilities. *Brain Injury, 24*, 1236–1243.

Landman, C., & Schaeffler, C. (1986). Object communication boards. *Communication Outlook, 8*(1), 7–8.

Larsson, M., & Dahlgren Sandberg, A. (2008). Memory ability of children with complex communication needs. *Augmentative and Alternative Communication, 24*, 139–148.

Lasker, J. P. (2008). AAC language assessment: Considerations for adults with aphasia. *Perspectives on Augmentative and Alternative Communication, 17*(3), 105–112.

Lasker, J., Ball, L., Bringewatt, J., Stuart, S., & Marvin, M. (1996, November). *Small talk across the lifespan: AAC vocabulary selection.* Paper presented at the annual convention of the American Speech–Language–Hearing Association, Seattle.

Lasker, J. P., & Bedrosian, J. L. (2001). Promoting acceptance of augmentative and alternative communication by adults with acquired communication disorders. *Augmentative and Alternative Communication, 17*, 141–153.

Lasker, J., & Beukelman, D. R. (1999). Peers' perceptions of storytelling by an adult with aphasia. *Aphasiology, 13*, 857–869.

Lasker, J. P., & Garrett, K. L. (2006). Using the Multimodal Communication Screening Test for Persons with Aphasia (MCST-A) to guide the selection of alternative communication strategies for people with aphasia. *Aphasiology, 20*(2/3/4), 217–232.

Lasker, J. P., Garrett, K. L., & Fox, L. E. (2007). Severe aphasia. In D. R. Beukelman, K. L. Garrett, & K. M. Yorkston (Eds.), *Augmentative communication strategies for adults with acute or chronic medical conditions* (pp. 163–206). Baltimore: Paul H. Brookes Publishing Co.

Lasker, J., Hux, K., Garrett, K., Moncrief, E., & Eischeid, T. (1997). Variations on the written choice communication strategy for individuals with severe aphasia. *Augmentative and Alternative Communication, 13*, 108–116.

Lasker, J. P., LaPointe, L. L., & Kodras, J. (2005). Helping a professor with aphasia resume teaching through multimodal approaches. *Aphasiology, 19*(3/4/5), 399–410.

Lasker, J. P., Stierwalt, J. A. G., Hageman, C. F., & LaPointe, L. L. (2008). Using Motor Learning Guided theory and augmentative and alternative communication to improve speech production in profound apraxia: A case example. *Journal of Medical Speech-Language Pathology, 16*, 225–234.

Leaf, R., & McEachin, J. (1999). *A work in progress: Behavior management strategies and a curriculum for intensive behavioral treatment of autism.* New York: DRL Books.

Lee, K., & Thomas, D. (1990). *Control of computer-based technology for people with physical disabilities: An assessment manual.* Toronto: University of Toronto Press.

Lehoux, P., & Blume, S. (2000). Technology assessment and the sociopolitics of health technologies. *Journal of Health Politics, Policy and Law, 25*, 1083–1120.

Lenhart, A., Ling, R., Campbell, S., & Purcell, K. (2010, April 20). *Text messaging explodes as teens embrace it as the centerpiece of their communication strategies with friends.* Retrieved from Pew Internet & American Life Project web site: http://pewinternet.org/Reports/2010/Teens-and-Mobile-Phones/Summary-of-findings.aspx

Leonhart, W., & Maharaj, S. (1979). *A comparison of initial recognition and rate of acquisition of Pictogram Ideogram Communication (PIC) and Blissymbols with institutionalized severely retarded adults.* Unpublished manuscript, Pictogram Centre, Saskatoon, Saskatchewan, Canada.

Lesher, G., Moulton, B., & Higginbotham, D. J. (1998a). Optimal character arrangements for ambiguous keyboards. *IEEE Transactions on Rehabilitation Engineering, 6*, 415–423.

Lesher, G., Moulton, B., & Higginbotham, D. J. (1998b). Techniques for augmenting scanning communication. *Augmentative and Alternative Communication, 14*, 81–101.

Levine, S., Goodenough-Trepagnier, C., Getschow, C., & Minneman, S. (1987). Multi-character key text entry using computer disambiguation. In *Proceedings of the 10th Annual Conference on Rehabilitation Engineering* (pp. 177–179). Washington, DC: RESNA Press.

Lewis, B., Freebairn, L., Hansen, A., Iyengar, S., & Taylor, H. G. (2004). School-age follow-up of children with childhood aphasia of speech. *Language, Speech, and Hearing Services in Schools, 35*, 122–140.

Liboiron, N., & Soto, G. (2006). Shared storybook reading with a student who uses alternative and augmentative communication: A description of scaffolding practices. *Child Language Teaching and Therapy, 22*, 69–95.

Light, J. (1988). Interaction involving individuals using augmentative and alternative communication systems: State of the art and future directions. *Augmentative and Alternative Communication, 4*, 66–82.

Light, J. (1989a). *Encoding techniques for augmentative communication systems: An investigation of the recall performance of nonspeaking physically disabled adults* (Unpublished doctoral dissertation). University of Toronto.

Light, J. (1989b). Toward a definition of communicative competence for individuals using augmentative and alternative communication systems. *Augmentative and Alternative Communication, 5*, 137–144.

Light, J. (1993). Teaching automatic linear scanning for computer access: A case study of a preschooler with severe physical and communication disabilities. *Journal of Special Education Technology, 2*, 125–134.

Light, J. (1996). *Exemplary practices to develop the communicative competence of students who use augmentative and alternative communication: Final grant report.* University Park: Pennsylvania State University.

Light, J. (1997). Communication is the essence of human life: Reflections on communication competence. *Augmentative and Alternative Communication, 13*, 61–70.

Light, J. C., Arnold, K. B., & Clark, E. A. (2003). Finding a place in the "social circle of life." In J. C. Light, D. R. Beukelman, & J. Reichle (Eds.), *Communicative competence for individuals who use AAC: From research to effective practice* (pp. 361–397). Baltimore: Paul H. Brookes Publishing Co.

Light, J., Beesley, M., & Collier, B. (1988). Transition through multiple augmentative and alternative communication systems: A three-year case study of a head-injured adolescent. *Augmentative and Alternative Communication, 4*, 2–14.

Light, J. C., Beukelman, D. R., & Reichle, J. (Eds.). (2003). *Communicative competence for individuals who use AAC: From research to effective practice.* Baltimore: Paul H. Brookes Publishing Co.

Light, J. C., & Binger, C. (1998). *Building communicative competence with individuals who use augmentative and alternative communication.* Baltimore: Paul H. Brookes Publishing Co.

Light, J., Binger, C., Agate, T., & Ramsay, K. (1999). Teaching partner-focused questions to enhance the communicative competence of individuals who use AAC. *Journal of Speech, Language, and Hearing Research, 42*, 241–255.

Light, J., Binger, C., Bailey, M., & Millar, D. (1997). *Teaching the use of nonobligatory turns to enhance the communicative competence of individuals who use AAC.* Unpublished manuscript, Pennsylvania State University.

Light, J., Binger, C., Dilg, H., & Livelsberger, B. (1996, August). *Use of an introduction strategy to enhance communication competence.* Paper presented at the seventh biennial conference of the International Society for Augmentative and Alternative Communication, Vancouver, British Columbia, Canada.

Light, J., Binger, C., & Kelford Smith, A. (1994). Story reading interactions between preschoolers who use AAC and their mothers. *Augmentative and Alternative Communication, 10*, 255–268.

Light, J., Collier, B., & Parnes, P. (1985a). Communication interaction between young nonspeaking physically disabled children and their primary caregivers: Part I. Discourse patterns. *Augmentative and Alternative Communication, 1*, 74–83.

Light, J., Collier, B., & Parnes, P. (1985b). Communication interaction between young nonspeaking physically disabled children and their primary caregivers: Part II. Communicative functions. *Augmentative and Alternative Communication, 1,* 98-107.

Light, J., Collier, B., & Parnes, P. (1985c). Communication interaction between young nonspeaking physically disabled children and their primary caregivers: Part III. Modes of communication. *Augmentative and Alternative Communication, 1,* 125-133.

Light, J., Corbett, M. B., Gullapalli, G., & Lepowski, S. (1995, December). *Other orientation and the communicative competence of AAC users.* Poster presented at the annual convention of the American Speech-Language-Hearing Association, Orlando, FL.

Light, J., Dattilo, J., English, J., Gutierrez, L., & Hartz, J. (1992). Instructing facilitators to support the communication of people who use augmentative communication systems. *Journal of Speech and Hearing Research, 35,* 865-875.

Light, J., & Drager, K. (2002). Improving the design of augmentative and alternative communication technologies for young children. *Assistive Technology, 14,* 17-32.

Light, J., & Drager, K. (2011, February). *Early intervention for young children with autism, cerebral palsy, Down syndrome, and other disabilities.* Retrieved from http://aackids.psu.edu

Light, J., & Drager, K., McCarthy, J., Mellott, S., Millar, D., Parrish, C., ... Welliver, M. (2004). Performance of typically developing four-and five-year-old children with AAC systems using different language organization techniques. *Augmentative and Alternative Communication, 20,* 63-88.

Light, J., Drager, K., & Nemser, J. (2004). Enhancing the appeal of AAC technologies for young children: Lessons from the toy manufacturers. *Augmentative and Alternative Communication, 20,* 137-149.

Light, J., & Kelford Smith, A. (1993). The home literacy experiences of preschoolers who use augmentative communication systems and their nondisabled peers. *Augmentative and Alternative Communication, 9,* 10-25.

Light, J., & Kent-Walsh, J. (2003, May 27). Fostering emergent literacy for children who require AAC. *ASHA Leader, 8,* 4-5, 28-29.

Light, J., & Lindsay, P. (1991). Cognitive science and augmentative and alternative communication. *Augmentative and Alternative Communication, 7,* 186-203.

Light, J., & Lindsay, P. (1992). Message-encoding techniques for augmentative communication systems: The recall performances of adults with severe speech impairments. *Journal of Speech and Hearing Research, 35,* 853-864.

Light, J., Lindsay, P., Siegel, L., & Parnes, P. (1990). The effects of message and coding techniques on recall by literate adults using AAC systems. *Augmentative and Alternative Communication, 6,* 184-201.

Light, J., & McNaughton, D. (1993). Literacy and augmentative and alternative communication (AAC): The expectations and priorities of parents and teachers. *Topics in Language Disorders, 13*(2), 33-46.

Light, J., & McNaughton, D. (2005, November). *Augmentative and alternative communication (AAC): Maximizing the literacy skills of individuals who require AAC.* Presented at the annual convention of the American Speech-Language-Hearing Association Convention, San Diego.

Light, J., & McNaughton, D. (2009a). *Accessible Literacy Learning (ALL): Evidence-based reading instruction for learners with autism, cerebral palsy, Down syndrome, and other disabilities.* Pittsburgh: Mayer-Johnson.

Light, J., & McNaughton, D. (2009b). Addressing the literacy demands of the curriculum for conventional and more advanced readers and writers who require AAC. In G. Soto & C. Zangari (Eds.), *Practically speaking: Language, literacy, and academic development for students with AAC needs* (pp. 217-245). Baltimore: Paul H. Brookes Publishing Co.

Light, J., & McNaughton, D. (2010). *Improving literacy outcomes for individuals with autism spectrum disorders and limited speech* [Webcast]. Retrieved from http://aac.psu.edu/?p=157

Light, J., & McNaughton, D. (2011). *Literacy instruction for individuals with autism, cerebral palsy, Down syndrome, and other disabilities.*

Retrieved from http://aacliteracy.psu.edu/

Light, J., McNaughton, D., & Fallon, K. A. (2009a). Single word decoding. In J. Light & D. McNaughton (Eds.), *Accessible Literacy Learning (ALL): Evidence-based reading instruction for learners with autism, cerebral palsy, Down syndrome, and other disabilities* (pp. 105-118). Pittsburgh: Mayer-Johnson.

Light, J., McNaughton, D., & Fallon, K. A. (2009b). Sound blending. In J. Light & D. McNaughton (Eds.), *Accessible Literacy Learning (ALL): Evidence-based reading instruction for learners with autism, cerebral palsy, Down syndrome, and other disabilities* (pp. 65-74). Pittsburgh: Mayer-Johnson.

Light, J., McNaughton, D., Fallon, K. A., & Millar, D. (2009). Phoneme segmentation. In J. Light & D. McNaughton (Eds.), *Accessible Literacy Learning (ALL): Evidence-based reading instruction for learners with autism, cerebral palsy, Down syndrome, and other disabilities* (pp. 75-85). Pittsburgh: Mayer-Johnson.

Light, J., McNaughton, D., Krezman, C., Williams, M., & Gulens, M. (2000). The mentor project. *Proceedings of the International Society of Augmentative and Alternative Communication, 9*, 73-75.

Light, J., McNaughton, D., & Parnes, P. (1986). *A protocol for the assessment of the communication interaction skills of nonspeaking severely handicapped adults and their facilitators.* Toronto: Augmentative Communication Service, Hugh MacMillan Medical Centre.

Light, J., McNaughton, D., Weyer, M., & Karg, L. (2008). Evidence-based literacy instruction for individuals who require augmentative and alternative communication: A case study of a student with multiple disabilities. *Seminars in Speech and Language, 29*, 12-32.

Light, J. C., Page, R., Curran, J., & Pitkin, L. (2007). Children's ideas for the design of AAC assistive technologies for young children with complex communication needs. *Augmentative and Alternative Communication, 23*, 274-287.

Light, J. C., Parsons, A. R., & Drager, K. (2002). "There's more to life than cookies": Developing interactions for social closeness with beginning communicators who use AAC. In J. Reichle, D. R. Beukelman, & J. C. Light (Eds.), *Exemplary practices for beginning communicators: Implications for AAC* (pp. 187-218). Baltimore: Paul H. Brookes Publishing Co.

Light, J., Roberts, B., Dimarco, R., & Greiner, N. (1998). Augmentative and alternative communication to support receptive and expressive communication for people with autism. *Journal of Communication Disorders, 31*, 153-180.

Light, J., Worah, S., Bowker, A., Burki, B., Drager, K., D'Silva, K., ... et al. (2008, November). *Children's representations of early language concepts: Implications for AAC symbols.* Paper presented at the annual conference of the American Speech-Language-Hearing Association, Chicago.

Light, J., Worah, S., Drager, K., Burki, B., D'Silva, K., & Kristiansen, L. (2007). *Graphic representations of early emerging language concepts by young children from different cultural backgrounds: Implications for AAC symbols.* State College: Pennsylvania State University.

Lilienfeld, M., & Alant, E. (2002). Attitudes of children toward an unfamiliar peer using an AAC device with and without voice output. *Augmentative and Alternative Communication, 18*, 91-101.

Lindsay, P. (1989, April). *Literacy and the disabled: An unfulfilled promise or the impossible dream?* Presentation at the Pacific Conference on Technology in Education and Rehabilitation, Vancouver, British Columbia, Canada.

Linebarger, M. C., Romania, J. F., Fink, R. B., Bartlett, M. R., & Schwartz, M. F. (2008). Building on residual speech: a portable processing prosthesis for aphasia. *Journal of Rehabilitation Research and Development, 45*, 1401-1414.

Lloyd, C. M., Richardson, M. P., Brooks, D. J., Al-Chalabi, A., & Leigh, P. N. (2000). Extramotor involvement in ALS: PET studies with the GABAa ligand [11C]flumazenil. *Brain, 123*(11), 2289-2296.

Lloyd, L., & Blischak, D. (1992). AAC terminology policy and issues update. *Augmentative and Alternative Communication, 8*, 104-109.

Lloyd, L., & Fuller, D. (1986). Toward an augmentative and alternative communication symbol taxonomy: A proposed superordinate classification. *Augmentative and Alternative Communication, 2*, 165-171.

Lloyd, L., & Karlan, G. (1984). Nonspeech communication symbols and systems: Where have we been and where are we going? *Journal of Mental Deficiency Research, 38*, 3–20.

Locke, P., & Mirenda, P. (1988). A computer-supported communication approach for a nonspeaking child with severe visual and cognitive impairments: A case study. *Augmentative and Alternative Communication, 4,* 15–22.

Loeding, B., Zangari, C., & Lloyd, L. (1990). A "working party" approach to planning inservice training in manual signs for an entire public school staff. *Augmentative and Alternative Communication, 6,* 38–49.

Lomen-Hoerth, C. (2004). Characterization of amyotrophic lateral sclerosis and frontotemporal dementia. *Dementia and Geriatric Cognitive Disorders, 17*(4), 337–341.

Lomen-Hoerth, C., Murphy, J., Langmore, S., Kramer, J. H., Olney, R. K., & Miller, B. (2003). Are amyotrophic lateral sclerosis patients cognitively normal? *Neurology, 60,* 1094–1097.

Lovaas, O. I. (2003). *Teaching individuals with developmental delays.* Austin, TX: PRO-ED.

Lueck, A. (2004). *Functional vision: A practitioner's guide to evaluation and intervention.* New York: AFB PRess.

Luftig, R. (1984). An analysis of initial sign lexicons as a function of eight learnability variables. *Journal of the Association for Persons with Severe Handicaps, 9,* 193–200.

Lund, S. K., & Light, J. (2003). The effectiveness of grammar instruction for individuals who use augmentative and alternative communication systems: A preliminary study. *Journal of Speech, Language, and Hearing Research, 46,* 1110–1123.

Lund, S., & Light, J. (2006). Long-term outcomes for individuals who use augmentative and alternative communication: Part I. What is a "good" outcome? *Augmentative and Alternative Communication, 22,* 284–299.

Lund, S. K., & Light, J. C. (2007). Long-term outcomes for individuals who use augmentative and alternative communication: Part III. Contributing factors. *Augmentative and Alternative Communication, 23,* 323–335.

Lund, S., Millar, D., Herman, M., Hinds, A., & Light, J. (1998, November). *Children's pictorial representations of early emerging concepts: Implications for AAC.* Paper presented at the annual convention of the American Speech-Language-Hearing Association, San Antonio, TX.

Lund, S., & Troha, J. (2008). Teaching young people who are blind and have autism to make requests using a variation of the Picture Exchange Communication System with tactile symbols: A preliminary investigation. *Journal of Autism and Developmental Disorders, 38,* 719–730.

Luo, F., Higginbotham, D. J., & Lesher, G. (2007, March). *Webcrawler: Enhanced augmentative communication.* Paper presented at CSUN Conference on Disability Technology, Los Angeles.

MacDonald, J. (2004). *Communicating partners: Developmental guidelines for professionals and parents.* London: Jessica Kingsley.

MacDonald, J., & Gillette, Y. (1986). *Ecological communication system (ECO).* Columbus: Ohio State University, Nisonger Center.

MacGinitie, W., MacGinitie, R., Maria, K., Dreyer, L., & Hughes, K. (2006). *Gates-MacGinitie Reading Tests-Fourth Edition.* Rolling Meadows, IL: Riverside.

Machalicek, W., Sanford, A., Lang, R., Rispoli, M., Molfenter, N., & Mbeseha, M. (2010). Literacy interventions for students with physical and developmental disabilities who use aided AAC devices: A systematic review. *Journal of Developmental and Physical Disabilities, 22,* 219–240.

Magito-McLaughlin, D., Mullen-James, K., Anderson-Ryan, K., & Carr, E. G. (2002). Best practices: Finding a new direction for Christos. *Journal of Positive Behavior Interventions, 4,* 156–164.

Maharaj, S. (1980). *Pictogram ideogram communication.* Regina, Saskatchewan, Canada: George Reed Foundation for the Handicapped.

Mandell, A. (2002, Fall). Diagnosing primary progressive aphasia. *National Aphasia Association Newsletter, 14*(2). Retrieved from http://www.aphasia.org Aphasia%20Facts/diagnosing_primary_progressive_aphasia.html

Markwardt, F., Jr. (1998). *Peabody Individual Achievement Test-Revised-Normative Update (PIAT-R/NU).* Austin, TX: Pearson Assessments.

Marriner, N., Beukelman, D. R., Wilson, W., & Ross, A. (1989). *Implementing Morse code in an augmentative communication system for ten nonspeaking individuals.* Unpublished manuscript, University of Washington, Seattle.

Martin, N., & Brownell, R. (2010). *Receptive One-Ward Picture Vocabulary Test-Fourth Edition (ROWPVT-4)*. San Antonio, TX: Pearson Assessments.

Martin, P. I., Naeser, M. A., Ho, M., Doron, K. W., Kurland, J., Kaplan, J., ... Pascual-Leone, A. (2009). Overt naming fMRI pre- and post-TMS: Two nonfluent aphasia patients, with and without improved naming post-TMS. *Brain & Language, 111*, 20-35.

Marvin, C. A., Beukelman, D. R., & Bilyeu, D. (1994). Vocabulary-use patterns in preschool children: Effects of context and time sampling. *Augmentative and Alternative Communication, 10*, 224-236.

Marvin, C., & Mirenda, P. (1993). Home literacy experiences of preschoolers enrolled in Head Start and special education programs. *Journal of Early Intervention, 17*, 351-367.

Marvin, C., & Privratsky, A. (1999). After-school talk: The effects of materials sent home from preschool. *American Journal of Speech-Language Pathology, 8*, 231-240.

Matas, J., Mathy-Laikko, P., Beukelman, D. R., & Legresley, K. (1985). Identifying the nonspeaking population: A demographic study. *Augmentative and Alternative Communication, 1*, 17-31.

Mathy, P., Yorkston, K. M., & Gutmann, M. L. (2000). AAC for individuals with amyotrophic lateral sclerosis. In D. R. Beukelman, K. M. Yorkston, & J. Reichle (Eds.), *Augmentative and alternative communication for adults with acquired neurologic disorders* (pp. 183-232). Baltimore: Paul H. Brookes Publishing Co.

Mathy-Laikko, P., Iacono, T., Ratcliff, A., Villarruel, F., Yoder, D., & Vanderheiden, G. (1989). Teaching a child with multiple disabilities to use a tactile augmentative communication device. *Augmentative and Alternative Communication, 5*, 249-256.

Mathy-Laikko, P., Ratcliff, A. E., Villarruel, F., & Yoder, D. E. (1987). Augmentative communication systems. In M. Bullis (Ed.), *Communication development in young children with deafblindness: III. Literature review* (pp. 205-241). Monmouth: Communication Skills Center for Young Children with Deaf-Blindness, Teaching Research Division, Oregon State System of Higher Education.

Mayer-Johnson LLC. (1981-2011). *The Picture Communication Symbols*. Pittsburgh: Author.

McBride, D. (2008a). *ACES High-Tech Evaluation Toolkit*. Evergreen, CO: AAC TechConnect.

McBride, D. (2008b). *ACES Low-to-Lite Tech Evaluation Toolkit*. Evergreen, CO: AAC TechConnect.

McCarthy, J., & Light, J. C. (2005). Attitudes toward individuals who use augmentative and alternative communication: Research review. *Augmentative and Alternative Communication, 21*, 41-55.

McCarthy, J., Light, J., Drager, K., McNaughton, D., Grodzicki, L., Jones, J., ... Parkin, E. (2006). Re-designing scanning to reduce learning demands: The performance of typically developing 2-year-olds. *Augmentative and Alternative Communication, 22*, 269-283.

McCarthy, C. F., McLean, L. K., Miller, J., Paul-Brown, D., Romski, M. A., Rourk, J. D., & Yoder, D. E. (1998). *Communication supports checklist for programs serving individuals with severe disabilities*. Baltimore: Paul H. Brookes Publishing Co.

McClannahan, L. E., & Krantz, P. J. (1999). *Activity schedules for children with autism: Teaching independent behavior*. Bethesda, MD: Woodbine House.

McCord, M. S., & Soto, G. (2004). Perceptions of AAC: An ethnographic investigation of Mexican-American families. *Augmentative and Alternative Communication, 20*, 209-227.

McDonald, E., & Schultz, A. (1973). Communication boards for cerebral palsied children. *Journal of Speech and Hearing Disorders, 38*, 73-88.

McEwen, I., & Lloyd, L. L. (1990). Positioning students with cerebral palsy to use augmentative and alternative communication. *Language, Speech, and Hearing Services in Schools, 21*, 15-21.

McGee, G., Morrier, M., & Daly, T. (1999). An incidental teaching approach to early intervention for toddlers with autism. *Journal of the Association for Persons with Severe Handicaps, 24*, 133-146.

McGinnis, J. (1991). *Developmental of two source lists for vocabulary selection in augmentative communication: Documentation of the spoken and written vocabulary of third grade students* (Unpublished doctoral dissertation). University of Nebraska-Lincoln.

McKelvey, M., Dietz, A., Hux, K., Weissling, K., & Beukelman, D. R. (2007). Performance of a person with chronic aphasia using personal and contextual pictures in a visual scene display prototype. *Journal of Medical Speech–Language Pathology, 15,* 305–317.

McKelvey, M., Evans, D., Kawai, N., & Beukelman, D. (2012). *Communcation styles of persons with amyotrophic lateral sclerosis as recounted by surviving partners: A phenomenological study.* Manuscript submitted for publication.

McKelvey, M., Hux, K., Dietz, A., & Beukelman, D. R. (2010). Impact of personal relevance and contextualization on comprehension by people with chronic aphasia. *American Journal of Speech–Language Pathology, 19,* 22–33.

McLean, J., McLean, L., Brady, N., & Etter, R. (1991). Communication profiles of two types of gestures using nonverbal persons with severe to profound mental retardation. *Journal of Speech and Hearing Research, 34,* 294–308.

McLean, J., & Snyder McLean, L. (1988). Applications of pragmatics to severly mentally retarded children and youth. In R. L. Schiefelbusch & L. L. Lloyd (Eds.), *Language perspectives: Acquisition, retardation, and intervention* (2nd ed., pp. 255–288). Austin, TX: PRO-ED.

McNaughton, D., Arnonld, A., Sennott, S., & Serpentine, E. (2010). Employment and individuals who use AAC. In D. B. McNaughton & D. R. Beukelman (Eds.), *Transition strategies for adolescents and young adults who use AAC* (pp. 111–127). Baltimore: Paul H. Brookes Publishing Co.

McNaughton, D. B., & Beukelman, D. R. (Eds.). (2010). *Transition strategies for adolescents and young adults who use AAC.* Baltimore: Paul H. Brookes Publishing Co.

McNaughton, D., & Bryen, D. (2007). AAC technologies to enhance participation and access to meaningful societal roles for adolescents and adults with developmental disabilities who require AAC. *Augmentative and Alternative Communication, 23,* 217–229.

McNaughton, D., & Kennedy, P. (2010). Introduction: Key components of successful transition. In D. B. McNaughton & D. R. Beukelman (Eds.), *Transition strategies for adolescents and young adults who use AAC* (pp. 3–15). Baltimore: Paul H. Brookes Publishing Co.

McNaughton, D., & Light, J. (1989). Teaching facilitators to support the communication skills of an adult with severe cognitive disabilities: A case study. *Augmentative and Alternative Communication, 5,* 35–41.

McNaughton, D., Light, J., & Arnold, K. (2002). "Getting your wheel in the door": Successful full-time employment experiences of individuals with cerebral palsy who use augmentative and alternative communication. *Augmentative and Alternative Communication, 18,* 59–76.

McNaughton, D., Light, J., & Groszyk, L. (2001). "Don't give up": Employment experiences of individuals with amyotrophic lateral sclerosis who use augmentative and alternative communication. *Augmentative and Alternative Communication, 17,* 179–195.

McNaughton, D., Rackensperger, T., Benedek-Wood, E., Williams, M. B., & Light, J. C. (2008). "A child needs to be given a chance to succeed": Parents of individuals who use AAC describe the benefits and challenges of learning AAC technologies. *Augmentative and Alternative Communication, 24,* 43–55.

McNaughton, D., & Tawney, J. (1993). Comparison of two spelling instruction techniques for adults who use augmentative and alternative communication. *Augmentative and Alternative Communication, 9,* 72–82.

McNaughton, S. (1990a). Introducing AccessBliss. *Communicating Together, 8*(2), 12–13.

McNaughton, S. (1990b). StoryBliss. *Communicating Together, 8*(1), 12–13.

Medicare funding of AAC technology, assessment/application protocol. (2004). Retrieved from the AAC-RERC web site, supported in part by the National Institute on Disability and Rehabilitation Research (NIDRR): http://aac-rerc.psu.edu/index.php/pages/show/id/27

Mergler, N., & Goldstein, M. (1983). Why are there old people? *Human Development, 26,* 130–143.

Mesibov, G., Browder, D., & Kirkland, C. (2002). Using individualized schedules as a component of positive behavioral support for students with developmental disabilities. *Journal of Positive Behavior Interventions, 4,* 73–79.

Mesulam, M. (2001). Primary progressive aphasia. *Annals of Neurology, 49,* 425–432.

Mesulam, M. (2007). Primary progressive aphasia: A 25-year retrospective. *Alzheimer Disease & Associated Disorders, 21,* 7-11.

Meyer, L. H., Peck, C. A., & Brown, L. (Eds.). (1991). *Critical issues in the lives of people with severe disabilities.* Baltimore: Paul H. Brookes Publishing Co.

Michelsen, S. I., Uldall, P., Mette, A., & Madsen, M. (2005). Employment prospects in cerebral palsy. *Developmental Medicine & Child Neurology, 47,* 511-517.

Mike, D. G. (1995). Literacy and cerebral palsy: Factors influencing literacy learning in a self-contained setting. *Journal of Literacy Research, 27,* 627-642.

Miles, B. (2008, October). Overview on deaf-blindness. *DB-Link,* 1-6.

Millar, D. C. (2009). Effects of AAC on natural speech development of individuals with autism. In P. Mirenda & T. Iacono (Eds.), *Autism spectrum disorders and AAC* (pp. 171-192). Baltimore: Paul H. Brookes Publishing Co.

Millar, D., Light, J., & McNaughton, D. (2004). The effect of direct instruction and writers workshop on the early writing skills of children who use augmentative and alternative communication. *Augmentative and Alternative Communication, 20,* 164-178.

Millar, D. C., Light, J. C., & Schlosser, R. W. (2006). The impact of augmentative and alternative communication intervention on the speech production of individuals with developmental disabilities: A research review. *Journal of Speech, Language, and Hearing Research, 49,* 248-264.

Millin, N. (1995). Developing our own voices. *Communicating Together, 12*(1), 2-4.

Mims, P. J., Borwder, D. M., Baker, J. N., Lee, A., & Spooner, F. (2009). Increasing comprehension of students with significant intellectual disabilities and visual impairments during shared stories. *Education and Training in Developmental Disabilities, 44,* 409-420.

Mineo, B., Peischl, D., & Pennington, C. (2008). Moving targets: The effect of animation on identification of action word representations. *Augmentative and Alternative Communication, 24,* 162-173.

Mineo Mollica, B. (2003). Representational competence. In J. C. Light, D. R. Beukelman, & J. Reichle (Eds.), *Communicative competence for individuals who use AAC: From research to effective practice* (pp. 107-145). Baltimore: Paul H. Brookes Publishing Co.

Mirenda, P. (1985). Designing pictorial communication systems for physically able-bodied students with severe handicaps. *Augmentative and Alternative Communication, 1,* 58-64.

Mirenda, P. (1993). AAC: Bonding the uncertain mosaic. *Augmentative and Alternative Communication, 9,* 3-9.

Mirenda, P. (1997). Supporting individuals with challenging behaviour through functional communication training and AAC: A research review. *Augmentative and Alternative Communication, 13,* 207-225.

Mirenda, P. (2003a). "He's not really a reader...": Perspectives on supporting literacy development in individuals with autism. *Topics in Language Disorders, 23,* 270-281.

Mirenda, P. (2003b). Toward functional augmentative and alternative communication for students with autism: Manual signs, graphic symbols, and voice output communication aids. *Language, Speech, and Hearing Services in Schools, 34,* 202-215.

Mirenda, P. (2003c). Using AAC to replace problem behavior. *Augmentative Communication News, 15*(4), 10-11.

Mirenda, P., & Bopp, K. D. (2003). "Playing the game": Strategic competence in AAC. In J. C. Light, D. R. Beukelman, & J. Reichle (Eds.), *Communicative competence for individuals who use AAC: From research to effective practice* (pp. 401-437). Baltimore: Paul H. Brookes Publishing Co.

Mirenda, P., & Brown, K. (2007, June). Supporting individuals with autism and problem behavior using AAC. *Perspectives on Augmentative and Alternative Communication, 16*(2), 26-31.

Mirenda, P., & Brown, K. (2009). A picture is worth a thousand words: Using visual supports for augmented input with individuals with autism spectrum disorders. In P. Mirenda & T. Iacono (Eds.), *Autism spectrum disorders and AAC* (pp. 303-332). Baltimore: Paul H. Brookes Publishing Co.

Mirenda, P., & Dattilo, J. (1987). Instructional techniques in alternative communication for learners with severe intellectual disabilities.

Augmentative and Alternative Communication, 3, 143-152.

Mirenda, P., & Erickson, K. (2000). Augmentative communication and literacy. In A. M. Wetherby & B. M. Prizant (Eds.), *Autism spectrum disorders: A transactional developmental perspective* (pp. 333-367). Baltimore: Paul H. Brookes Publishing Co.

Mirenda, P., & Iacono, T. (Eds.). (2009). *Autism spectrum disorders and AAC.* Baltimore: Paul H. Brookes Publishing Co.

Mirenda, P., & Locke, P. (1989). A comparison of symbol transparency in nonspeaking persons with intellectual disabilities. *Journal of Speech and Hearing Disorders, 54*, 131-140.

Mirenda, P., & Santogrossi, J. (1985). A prompt-free strategy to teach pictorial communication system use. *Augmentative and Alternative Communication, 1*, 143-150.

Mirenda, P., & Schuler, A. (1988). Teaching individuals with autism and related disorders to use visual-spatial symbols to communicate. In S. W. Blackstone, E. L. Cassatt-James, & D. Bruskin (Eds.), *Augmentative communication: Implementation strategies* (pp. 5.1.:17-5.1:25). Rockville, MD: American Speech-Language-Hearing Association.

Mirenda, P., & Schuler, A. (1989). Augmenting communication for persons with autism: Issues and strategies. *Topics in Language Disorders, 9*, 24-43.

Mitchell, J. D., & Borasio, G. D. (2007). Amyotrophic lateral sclerosis. *The Lancet, 369*, 2031-2041.

Mitsuyama, Y., Kogoh, H., & Ata, K. (1985). Progressive dementia with motor neuron disease: An additional case report and neuropathological review of 20 cases in Japan. *European Archives of Psychiatry and Neurological Sciences, 235*(1), 1-8.

Mizuko, M. (1987). Transparency and ease of learning of symbols represented by Blissymbols, PCS, and Picsyms. *Augmentative and Alternative Communication, 3*, 129-136.

Mizuko, M., & Reichle, J. (1989). Transparency and recall of symbols among intellectually handicapped adults. *Journal of Speech and Hearing Disorders, 54*, 627-633.

Mizuko, M., Reichle, J., Ratcliff, A., & Esser, J. (1994). Effects of selection techniques and array sizes on short-term visual memory. *Augmentative and Alternative Communication, 10*, 237-244.

Moes, D. R. (1998). Integrating choice-making opportunities within teacher-assigned academic tasks to facilitate the performance of children with autism. *Journal of the Association for Persons with Severe Handicaps, 23*, 319-328.

Moje, E. B. (1996). "I teach students, not subjects": Teacher-student relationships as contexts for secondary literacy. *Reading Research Quarterly, 31*, 172-195.

Montgomery, G. K., & Erickson, L. M. (1987). Neuropsychological perspectives in amyotrophic lateral sclerosis. *Neurologic Clinics, 5*(1), 61-81.

Moore, D. W., Bean, T. W., Birdyshaw, D., & Rycik, J. A. (1999). Adolescent literacy: A position statement. *Journal of Adolescent & Adult Literacy, 43*, 97-112.

Morrow, D., Beukelman, D. R., Mirenda, P., & Yorkston, K. (1993). Vocabulary selection for augmentative communication systems: A comparison of three techniques. *American Journal of Speech-Language Pathology, 2*, 19-30.

Moster, D., Lie, R., Irgens, L., Bjerkedal, T., & Markestad, T. (2001). The association of Apgar score with subsequent death and cerebral palsy: A population-based study in infants. *Journal of Pediatrics, 138*, 791-792.

Mount, B., & Zwernik, K. (1988). *It's never too early, it's never too late* (Pub. No. 421). St. Paul, MN: Metropolitan Council.

Müller, E., & Soto, G. (2002). Conversation patterns of three adults using aided speech: Variations across partners. *Augmentative and Alternative Communication, 18*, 77-90.

Munroe, S. (2001). *Developing a national volunteer registry for persons with deafblindness in Canada: Results from the study, 1999-2001.* Brantford, ON: Canadian Deafblind and Rubella Association.

Murdoch, B. E., & Lethlean, J. B. (2000). High-level language, naming and discourse abilities in multiple sclerosis. In B. Murdoch & D. G. Theodoros (Eds.), *Speech and language disorders in multiple sclerosis* (pp. 131-155). London: Whurr.

Murphy, J., & Cameron, L. (2008). The effectiveness of Talking Mats® with people with intellectual disability. *British Journal of Learning Disabilities, 36*, 232–241.

Murphy, J., Markova, I., Moodie, E., Scott, J., & Boa, S. (1995). Augmentative and alternative communication systems used by people with cerebral palsy in Scotland: Demographic survey. *Augmentative and Alternative Communication, 11*, 26–36.

Murphy, J., Tester, S., Hubbard, G., Downs, M., & McDonald, C. (2005). Enabling frail older people with a communication difficulty to express their views: The use of Talking Mats as an interview tool. *Health and Social Care in the Community, 13*, 95–107.

Murray, L. L. (2000). Spoken language production in Huntington's and Parkinson's disease. *Journal of Speech, Language, and Hearing Research, 43*, 1350–1366.

Murray, L. L., Holland, A. L., & Beeson, P. M. (1997). Auditory processing in individuals with mild aphasia: A study of resource allocation. *Journal of Speech Language and Hearing Research, 40*, 792–808.

Murray-Branch, J., Udvari-Solner, A., & Bailey, B. (1991). Textured communication systems for individuals with severe intellectual and dual sensory impairments. *Language, Speech, and Hearing Services in Schools, 22*, 260–268.

Musselwhite, C. (1985). *Songbook: Signs and symbols for children.* Wauconda, IL: Don Johnston.

Musselwhite, C. (1986). *Adaptive play for special needs children: Strategies to enhance communication and learning.* San Diego: Singular.

Musselwhite, C., & King-DeBaun, P. (1997). *Emerging success.* Volo, IL: Don Johnston.

Musselwhite, C., & St. Louis, K. (1988). *Communication programming for persons with severe handicaps.* (2nd ed.). Austin, TX: PRO-Ed.

Nagi, S. (1991). Disability concepts revisited: Implications for prevention. In A. Pope & A. Tarlov (Eds.), *Disability in America: Toward a national agenda for prevention* (pp. 309–327). Washington, DC: National Academy Press.

Naglieri, J. (2003). *Naglieri Nonverbal Ability Test-Individual Administration.* San Antonio, TX: Pearson Assessments.

Nakamura, K., Newell, A., Alm, N., & Waller, A. (1998). How do members of different language communities compose sentences with a picture-based communication system? A cross-cultural study of picture-based sentences constructed by English and Japanese speakers. *Augmentative and Alternative Communication, 14*, 71–80.

Namy, L. (2001). What's in a name when it isn't a word? 17-month-olds' mapping of nonverbal symbols to object categories. *Infancy, 2*, 1–122.

Namy, L., Campbell, A. L., & Tomasello, M. (2004). The changing role of iconicity in nonverbal symbol learning: A U-shaped trajectory in the acquisition of arbitrary gestures. *Journal of Cognition and Development, 5*, 37–57.

National Consortium on Deaf-Blindness (2011). *The importance of communication.* Retrieved from http://ww.nationaldb.org/FFCommunication.php

National Institute of Neurological Disorders and Stroke. (2009, September 15). *Guillain-Barré Syndrome Fact Sheet.* Retrieved from http://www.ninds.nih.gov/disorders/gbs/detail_gbs.htm

National Institute on Deafness and Other Communication Disorders. (2008, October). *Aphasia* (NIH Pub. No. 97–4257). Retrieved from http://www.nidcd.nih.gov/health/voice/pages/aphasia.aspx

National Joint Committee for the Communication Needs of Persons with Severe Disabilities. (1992). Guidelines for meeting the communication needs of persons with severe disabilities. *ASHA, 34*(Supp. 7), 2–3.

National Joint Committee for the Communication Needs of Persons with Severe Disabilities. (2003a). Position statement on access to communication services and supports: Concerns regarding the application of restrictive eligibility policies. *ASHA Supplement, 23*, 19–20.

National Joint Committee for the Communication Needs of Persons with Severe Disabilities. (2003b). Supporting documentation for the position statement on access to communication services and supports: Concerns regarding the application of restrictive eligibility policies. *ASHA Supplement, 23*, 73–81.

National Reading Panel. (2001). *Report of the National Reading Panel. Teaching children to read: An evidence-based assessment of the scientific research literature on reading and its implications for reading instruction: Reports of the subgroups* (NIH Publication No. 00–4754). Washington, DC: U.S. Government Printing Office.

National Research Council Committee on Educational Interventions for Children with Autism, Division of Behavioral and Social Sciences and Education. (2001). *Educating children with autism.* Washington, DC: National Academy Press.

Nelson, C., van Dijk, J., Oster, T., & McDonnell, A. (2009). *Child-guided strategies: The van Dijk approach to assessment.* Louisville, KY: American Printing House for the Blind.

Nelson, K. (1988). Acquisition of words by first language learners. In M. B. Franklin & S. S. Barten (Eds.), *Child language: A reader* (pp. 50–59). New York: Oxford University Press.

Nelson, N. (1992). Performance is the prize: Language competence and performance among AAC users. *Augmentative and Alternative Communication, 8,* 3–18.

Newman, T. M., Macomber, D., Naples, A. J., Babitz, T., Volkmar, F., & Grigorenko, E. L. (2007). Hyperlexia in children with autism spectrum disorders. *Journal of Autism and Developmental Disorders, 37,* 760–774.

Nicholas, M., Sinotte, M., & Helm-Estabrooks, N. (2005). Using a computer to communicate: Effect of executive function impairments in people with severe aphasia. *Aphasiology, 19*(10/11), 1052–1065.

Nicholas, M., Sinotte, M. P., & Helm-Estabrooks, N. (2011). C-Speak Aphasia alternative communication program for people with severe aphasia: Importance of executive functioning and semantic knowledge. *Neuropsychological Rehabilitation, 21,* 322–366.

Nigam, R. (2003). Do individuals from diverse cultural and ethnic backgrounds perceive graphic symbols differently? *Augmentative and Alternative Communication, 19,* 135–136.

Nigam, R., Schlosser, R., & Lloyd, L. L. (2006). Concomitant use of the matrix strategy and the mand-model procedure in teaching graphic symbol combinations. *Augmentative and Alternative Communication, 22,* 160–177.

No Child Left Behind Act of 2001, PL 107-110, 115 Stat. 1425, 20 U.S.C. §§ 6301 *et seq.*

Nolan, C. (1987). *Under the eye of the clock.* New York: St. Martin's Press.

Nordness, A., & Beukelman, D. R. (2010). Speech practice patterns of children with speech sound disorders: The impact of parental record keeping and computer-led practice. *Journal of Medical Speech-Language Pathology, 18,* 104–108.

Northup, J., Wacker, D., Berg, W., Kelly, L., Sasso, G., & DeRaad, A. (1994). The treatment of severe behavior problems in school settings using a technical assistance model. *Journal of Applied Behavior Analysis, 27,* 33–48.

O'Brien, J., & Lyle O'Brien, C. (2002). *Implementing person-centered planning: Voices of experience.* Toronto: Inclusion Press.

O'Brien, J., & Pearpoint, J. (2007). *Person-centered planning using MAPS & PATH: A workbook for facilitators.* Toronto: Inclusion Press.

Ogletree, B. (2010). A causal relationship between pre-treatment matching or motor imitation skills and later acquisition of manual signing or picture exchange communication in children with ASD remains to be established. *Evidence-based Communication Assessment and Intervention, 4,* 105–108.

Ogletree, B., Bruce, S., Finch, A., Fahey, R., & McLean, L. (2011). Recommended communication-based interventions for individuals with severe intellectual disabilities. *Communication Disorders Quarterly, 32,* 164–175.

Okalidou, A., & Malandraki, G. (2007). The application of PECS in children with autism and deafness: A case study. *Focus on Autism and Other Developmental Disabilities, 22,* 23–32.

O'Keefe, B., Brown, L., & Schuller, R. (1998). Identification and rankings of communication aid features by five groups. *Augmentative and Alternative Communication, 14,* 37–50.

O'Keefe, B., & Dattilo, J. (1992). Teaching the response-recode form to adults with mental retardation using AAC systems. *Augmentative and Alternative Communication, 8,* 224–233.

Oliver, J., Ponford, J., & Curren, C. (1996). Outcomes following traumatic brain injury. A comparison between 2 and 5 years after injury. *Brain Injury, 10,* 841–848.

Olmos-Lau, N., Ginsberg, M., & Geller, J. (1977). Aphasia in multiple sclerosis. *Neurology, 27,* 623–626.

Olsson, C., & Granlund, M. (2003). Pre-symbolic communication intervention. In R. Schlosser (Ed.), *Efficacy research in augmentative and alternative communication* (pp. 299–322). New York: Elsevier.

Orel-Bixler, D. (1999). Clinical vision assessment for infants. In D. Chen (Ed.), *Essential elements in early intervention* (pp. 107-156). New York: AFB Press.

Orelove, F. P., & Sobsey, D. (1996). *Educating children with multiple disabilities: A transdisciplinary approach* (3rd ed.). Baltimore: Paul H. Brookes Publishing Co.

Oxley, J., & Norris, J. (2000). Children's use of memory strategies: Relevance to voice output communication aid use. *Augmentative and Alternative Communication, 16*, 79-94.

Pakula, A. T., Van Naarden Braun, K., & Yeargin-Allsopp, M. (2009). Cerebral palsy: classification and epidemiology. *Physical Medicine and Rehabilitation Clinics of North America, 20*, 425-452.

Pappas, N. W., McLeod, S., McAllister, L., & McKinnon, D. H. (2008). Parental involvement in speech intervention: A national survey. *Clinical Linguistics & Phonetics, 22*, 335-344.

Parette, P., Chuang, S. J., & Huer, M. B. (2004). First generation Chinese family attitudes regarding disabilities and education interventions. *Focus on Autism and Other Developmental Disabilities, 19*, 114-123.

Parette, P., & Huer, M. B. (2002). Working with Asian American families whose children have augmentative and alternative communication needs. *Journal of Special Education Technology, 17*(4), 5-13.

Parette, H., Huer, M. B., & Scherer, M. (2004). Effects of acculturation on assistive technology services delivery. *Journal of Special Education Technology, 19*, 31-42.

Parette, P., Huer, M. B., & Wyatt, T. (2002). Young African American children with disabilities and augmentative and alternative communication issues. *Early Childhood Journal, 29*, 210-227.

Park, C. C. (1982). *The siege*. Boston: Little, Brown.

Parnes, P. (1995). "Oh, Wow Days are gone forever," Canadian administrator reports. In S. Blackstone & H. Pressman (Eds.), *Outcomes in AAC conference report: Alliance '95* (pp. 21-22). Monterey, CA: Augmentative Communication.

Paul, D., Frattali, C., Holland, A., Thompson, C., Caperton, C., & Slater, S. (2004). *Quality of Communication Life Scale (ASHA QCL)*. Rockville, MD: American Speech-Language-Hearing Association.

Paul, R. (1997). Facilitating transitions in language development for children using AAC. *Augmentative and Alternative Communication, 13*, 141-148.

Pearpoint, J., O'Brien, J., & Forest, M. (2008). PATH: *A workbook for planning positive possible futures for schools, organizations, businesses, and families*. Toronto: Inclusion Press.

Peck, S., Wacker, D., Berg, W., Cooper, L., Brown, K., Richman, D., ... Millard, T. (1996). Choice-making treatment of young children's severe behavior problems. *Journal of Applied Behavior Analysis, 29*, 263-290.

Peck Peterson, S. M., Derby, K. M., Harding, J. W., Weddle, T., & Barretto, A. (2002). Behavioral support for school-age children with developmental disabilities and problem behavior. In J. M. Lucyshyn, G. Dunlap, & R. W. Albin (Eds.), *Families and positive behavior support: Addressing problem behavior in family contexts* (pp. 287-304). Baltimore: Paul H. Brookes Publishing Co.

Pellegrino, L. (2002). Cerebral palsy. In M. L. Batshaw (Ed.), *Children with disabilities* (5th ed., pp. 443-466). Baltimore: Paul H. Brookes Publishing Co.

Pepper, J., & Weitzman, E. (2004). *It takes two to talk: A practical guide for parents of children with language delays*. Toronto: Hanen Centre.

Pierce, P., Steelman, J., Koppenhaver, D., & Yoder, D. (1993, March). Linking symbols with language. *Communicating Together, 11*(1), 18-19.

Piotrkowski, C., Botsko, M., & Matthews, E. (2001). Parents' and teachers' beliefs about children's school readiness in a high-need community. *Early Childhood Research Quarterly, 15*, 537-558.

Poole, M. (1979). Social class, sex, and linguistic coding. *Language and Speech, 22*, 49-67.

Porter, G. (2007). *Pragmatic Organization Dynamic Display communication books: Direct access templates*. Melbourne, Australia: Cerebral Palsy Education Centre.

Porter, G., & Cafiero, J. M. (2009, December). Pragmatic Organization Dynamic Display (PODD) communication books: A promising practice for individuals with autism spectrum disorders. *Perspectives on Augmentative and Alternative Communication, 18*, 121-129.

Porter, G. (1989). Intervention in end stage of multiple sclerosis. *Augmentative and Alternative Communication, 5,* 125–127.

Prentice, J. (2000). With communication anything is possible. In M. Fried-Oken & H. Bersani, Jr. (Eds.), *Speaking up and spelling it out: Personal essays on augmentative and alternative communication* (pp. 208–214). Baltimore: Paul H. Brookes Publishing Co.

Preston, D., & Carter, M. (2009). A review of the efficacy of the Picture Exchange Communication System intervention. *Journal of Autism and Developmental Disorders, 39,* 1471–1486.

Price, S. P. (2000). My early life and education. In M. Fried-Oken & H. A. Bersani, Jr. (Eds.), *Speaking up and spelling it out: Personal essays on augmentative and alternative communication* (pp. 105–114). Baltimore: Paul H. Brookes Publishing Co.

Prizant, B. (1983). Language and communicative behavior in autism: Toward an understanding of the "whole": of it. *Journal of Speech and Hearing Disorders, 46,* 241–249.

Prizant, B. M., Wetherby, A., Rubin, E., & Laurent, A. (2003). The SCERTS Model: A transactional, family-centered approach to enhancing communication and socioemotional abilities of children with autism spectrum disorder. *Infants and Young Children, 16,* 296–316.

Prizant, B. M., Wetherby, A. M., Rubin, E., Laurent, A. C., & Rydell, P. J. (2006a). *The SCERTS® Model: A comprehensive educational approach for children with autism spectrum disorders: Vol. I. Assessment.* Baltimore: Paul H. Brookes Publishing Co.

Prizant, B. M., Wetherby, A. M., Rubin, E., Laurent, A. C., & Rydell, P. J. (2006b). *The SCERTS® Model: A comprehensive educational approach for children with autism spectrum disorders: Vol. II. Program planning and intervention.* Baltimore: Paul H. Brookes Publishing Co.

Prouty, S., & Prouty, M. (2009, Fall). Intervenors: One key to success. *Deaf-Blind Perspectives, 17,* 1–4.

Purdy, M., & Dietz, A. (2010). Factors influencing AAC usage by individuals with aphasia. *Perspectives on Augmentative and Alternative Communication, 19,* 70–78.

Prudy, M., & Koch, A. (2006). Prediction of strategy usage by adults with aphasia. *Aphasiology,* 20(2/3/4), 337–348.

Putnam, J. W. (Ed.). (1998). *Cooperative learning and strategies for inclusion: Celebrating diversity in the classroom* (2nd ed.). Baltimore: Paul H. Brookes Publishing Co.

QIAT Consortium. (2009). *Quality indicators for assistive technology services.* Retrieved from http://natri.uky.edu/assoc_projects/qiat/index.html

Rackensperger, T., Krezman, C., McNaughton, D., Williams, M. B., & D'Silva, K. (2005). "When I first got it, I wanted to throw it off a cliff": The challenges and benefits of learning AAC technologies as described by adults who use AAC. *Augmentative and Alternative Communication, 21,* 165–186.

Rackowska, M. (2000). The difference one in society. In M. Williams & C. Krezman (Eds.), *Beneath the surface: Creative expressions of augmented communicators* (p. 88). Toronto: ISAAC Press.

Radell, U. (1997). Augmentative and alternative communication assessment strategies: Seating and positioning. In S. L. Glennen & D. DeCoste (Eds.), *The handbook of augmentative and alternative communication* (pp. 193–242). San Diego: Singular.

Raney, C., & Silverman, F. (1992). Attitudes toward nonspeaking individuals who use communication boards. *Journal of Speech and Hearing Research, 35,* 1269–1271.

Rao, S. M. (1995). Neuropsychology of multiple sclerosis. *Current Opinion in Neurology, 8,* 216–220.

Raskind, M., & Bryant, B. (2002). *Functional Evaluation for Assistive Technology (FEAT).* Port Chester, NY: National Professional Resources.

Rasmussen, P., Bšrjesson, O., Wentz, E., & Gillberg, C. (2001). Autistic disorders in Down syndrome: Background factors and clinical correlates. *Developmental Medicine and Child Neurology, 43,* 750–754.

Ratcliff, A. (1994). Comparison of relative demands implicated in direct selection and scanning: Considerations from normal children. *Augmentative and Alternative Communication, 10,* 67–74.

Redmond, S., & Johnston, S. (2001). Evaluating the morphological competence of children with severe speech and physical impairments. *Journal of Speech, Language, and Hearing Research, 44,* 1362–1375.

Reed, C., Delhorne, L., Durlach, N., & Fischer, S. (1990). A study of the tactual and visual reception of fingerspelling. *Journal of Speech and Hearing Research, 33,* 786-797.

Reed, C., Delhorne, L., Durlach, N., & Fischer, S. (1995). A study of the tactual reception of sign language. *Journal of Speech and Hearing Research, 38,* 477-489.

Rees, N. (1982). Language intervention with children. In J. Miller, D. Yoder, & R. Schiefelbusch (Eds.), *Contemporary issues in language intervention* (American Speech-Language-Hearing Association Report No. 12, pp. 309-316). Rockville, MD: American Speech-Language-Hearing Association.

Rehabilitation Act of 1973, PL 93-112, 29 U.S.C. §§ 701 *et seq.*

Rehfeldt, R., Kinney, E., Root, S., & Stromer, R. (2004). Creating activity schedules using Microsoft PowerPoint. *Journal of Applied Behavior Analysis, 37,* 115-128.

Rehfeldt, R., & Root, S. (2005). Establishing derived requesting skills in adults with severe developmental disabilities. *Journal of Applied Behavior Analysis, 38,* 101-105.

Reichert Hoge, D., & Newsome, C. (2002). *The Source for augmentative alternative communication.* East Moline, IL: LinguiSystems.

Reichle, J., & Brown, L. (1986). Teaching the use of a multipage direct selection communication board to an adult with autism. *Journal of the Association for Persons with Severe Handicaps, 11,* 68-73.

Reichle, J., & Drager, K. (2010). Examining issues of aided communication display and navigational strategies for young children with developmental disabilities. *Journal of Developmental and Physical Disabilities, 22,* 289-311.

Reichle, J., & Johnston, S. (1999). Teaching the conditional use of communicative requests to two school-age children with severe developmental disabilities. *Language, Speech, and Hearing Services in Schools, 30,* 324-334.

Reichle, J., & Karlan, G. (1985). The selection of an augmentative system of communication intervention: A critique of decision rules. *Journal of the Association for Persons with Severe Handicaps, 10,* 146-156.

Reichle, J., Rogers, N., & Barrett, C. (1984). Establishing pragmatic discrimination among the communicative functions of requesting, rejecting, and commenting in an adolescent. *Journal of the Association for Persons with Severe Handicaps, 9,* 31-36.

Reichle, J., Sigafoos, J., & Piché, L. (1989). Teaching an adolescent with blindness and severe disabilities: A correspondence between requesting and selecting preferred objects. *Journal of the Association for Persons with Severe Handicaps, 14,* 75-80.

Reichle, J., & Wacker, D. P. (Eds.). (1993). *Communication and language intervention series: Vol. 3. Communicative alternatives to challenging behavior: Integrating functional assessment and intervention strategies.* Baltimore: Paul H. Brookes Publishing Co.

Reichle, J., York, J., & Sigafoos, J. (1991). *Implementing augmentative and alternative communication: Strategies for learners with severe disabilities.* Baltimore: Paul H. Brookes Publishing Co.

Remington, B. (1994). Augmentative and alternative communication and behavior analysis: A productive partnership? *Augmentative and Alternative Communication, 10,* 3-13.

Remington, B., & Clarke, S. (1993a). Simultaneous communication and speech comprehension: Part I. Comparison of two methods of teaching expressive signing and speech comprehension skills. *Augmentative and Alternative Communication, 9,* 36-48.

Remington, B., & Clarke, S. (1993b). Simultaneous communication and speech comprehension: Part II. Comparison of two methods overcoming selective attention during expressive sign training. *Augmentative and Alternative Communication, 9,* 49-60.

Remington, B., Watson, J., & Light, J. (1990). Beyond the single sign: A matrix-based approach to teaching productive sign combinations. *Mental Handicap Research, 3,* 33-50.

Renwick, R., Brown, I., & Raphael, D. (1998). *The quality of life profile: People with physical and sensory disabilities.* Toronto: University of Toronto, Centre for Health Promotion.

Rescorla, L., Alley, A., & Christine, J. (2001). Word frequencies of toddlers' lexicons. *Journal of Speech, Language, and Hearing Research, 44,* 598-609.

Richter, M., Ball, L., Beukelman, D. R., Lasker, J., & Ullman, C. (2003). Attitudes toward communication modes and message formulation techniques used for storytelling by people with amyotrophic lateral sclerosis. *Augmentative and Alternative Communication, 19,* 170-186.

Rijntjes, M. (2006). Mechanisms of recovery in stroke patients with hemiparesis or aphasia: New insights, old questions and the meaning of therapies. *Current Opinion in Neurology, 19,* 76-83.

Robbins, A. M., & Osberger, M. J. (1992). *Meaningful use of speech scale.* Indianapolis: Indiana University School of Medicine.

Robinson, N., & Solomon-Rice, P. (2009). Supporting collaborative teams and families in AAC. In G. Soto & K. Zangari (Eds.), *Practically speaking: Language, literacy, and academic development of students with AAC needs* (pp. 289-312). Baltimore: Paul H. Brookes Publishing Co.

Rochat, P., & Callaghan, T. (2005). What drives symbolic development? The case of pictorial comprehension and production. In L. Namy (Ed.), *Symbol use and symbolic representation: Developmental and comparative perspectives* (pp. 25-46). Mahwah, NJ: Lawrence Erlbaum.

Rogers, M. A., & Alarcon, N. B. (1999). Characteristics and management of primary progressive aphasia. *Neurophysiology and Neurogenic Speech and Language Disorders Newsletter, 9,* 12-26.

Rogers, S., & Dawson, G. (2010). *Early Start Denver model for young children with autism: Promoting language, learning, and engagement.* New York: Guilford Press.

Rogers-Warren, A., & Warren, S. (1980). Mands for verbalization: Facilitating the display of newly trained language in children. *Behavior Modification, 4,* 361-382.

Roid, G. H., & Miller, L. J. (1997). *Leiter International Performance Scale-Revised.* Wood Dale, IL: Stoelting.

Roid, G. H., & Miller, L. J. (1999). *Stoelting Brief Intelligence Test (S-BIT).* Wood Dale, IL: Stoelting.

Roman, A., Quach, W., Coggiola, J., & Moore, D. (2010, December). *A study comparing three low-tech communication methods for people with only eye movement.* Presentation at International Symposium on ALS/MND, Orlando, FL.

Roman-Lantzy, C. (2007). *Cortical visual impairment: An approach to assessment and intervention.* New York: American Foundation for the Blind.

Romich, B., Hill, K., Miller, D., Adamson, J., Anthony, A., & Sunday, J. (2004). U-LAM: Universal Language Activity Monitor. *Proceedings of the 2004 RESNA Conference.* Arlington, VA: RESNA Press. Retrieved from http://www.aacinstitute.org/Resources/ProductsandServices/U-LAM/papers/Romich,et.al.(2004).html

Romski, M. A., & Ruder, K. (1984). Effects of speech and speech and sign instruction on oral language learning and generalization of object 1 action combinations by Down's syndrome children. *Journal of Speech and Hearing Disorders, 49,* 293-302.

Romski, M., & Sevcik, R. (1988a). Augmentative and alternative communication systems: Considerations for individuals with severe intellectual disabilities. *Augmentative and Alternative Communication, 4,* 83-93.

Romski, M., & Sevcik, R. (1988b, November). *Speech output communication systems: Acquisition/use by youngsters with retardation.* Miniseminar presented at the annual convention of the American Speech-Language-Hearing Association, Boston.

Romski, M. A., & Sevcik, R. A. (1992). Developing augmented language in children with severe mental retardation. In S. F. Warren & J. Reichle (Eds.), *Communication and language intervention series: Vol. 1. Causes and effects in communication and language intervention* (pp. 113-130). Baltimore: Paul H. Brookes Publishing Co.

Romski, M. A., & Sevcik, R. A. (1993). Language learning through augmented means: The process and its products. In A. P. Kaiser & D. B. Gray (Eds.), *Communication and language intervention series: Vol. 2. Enhancing children's communication: Research foundations for intervention* (pp. 85-104). Baltimore: Paul H. Brookes Publishing Co.

Romski, M. A., & Sevcik, R. A. (1996). *Breaking the speech barrier: Language development through augmented means.* Baltimore: Paul H. Brookes Publishing Co.

Romski, M. A., & Sevcik, R. A. (1999, May). Speech comprehension and early augmented language intervention: Concepts, measurement, and clinical considerations. *ASHA Special Interest Division 12 Newsletter, 8*(2), 7-10.

Romski, M. A., & Sevcik, R. A. (2003). Augmented input: Enhancing communication development. In

J. C. Light, D. R. Beukelman, & J. Reichle (Eds.), *Communicative competence for individuals who use AAC: From research to effective practice* (pp. 147-162). Baltimore: Paul H. Brookes Publishing Co.

Romski, M. A., & Sevcik, R. A. (2005). Augmentative communication and early intervention: Myths and realities. *Infants & Young Children, 18*, 174-185.

Romski, M. A., Sevcik, R. A., & Adamson, L. B. (1999). Communication patterns of youth with mental retardation with and without their speech-output communication devices. *American Journal on Mental Retardation, 104*, 249-259.

Romski, M. A., Sevcik, R. A., Adamson, L. B., & Bakeman, R. A. (2005). Communication patterns of augmented communicators, nonspeakers and speakers: Interactions with unfamiliar partners. *American Journal on Mental Retardation, 110*, 226-239.

Romski, M. A., Sevcik, R., Adamson, L., Cheslock, M., Smith, A., Barker, R. M., & Bakeman, R. (2010). Randomized comparison of augmented and nonaugmented language interventions for toddlers with developmental delays and their parents. *Journal of Speech, Language, and Hearing Research, 53*, 350-364.

Romski, M. A., Sevcik, R. A., & Forrest, S. C. (2001). Assistive technology and augmentative and alternative communication in inclusive early childhood programs. In M. J. Guralnick (Ed.), *Early childhood inclusion: Focus on change* (pp. 465-479). Baltimore: Paul H. Brookes Publishing Co.

Romski, M., Sevcik, R., & Pate, J. (1988). Establishment of symbolic communication in persons with severe retardation. *Journal of Speech and Hearing Disorders, 53*, 94-107.

Romski, M. A., Sevcik, R., Robinson, B., Mervis, C., & Bertrand, J. (1996). Mapping the meanings of novel visual symbols by youth with moderate or severe mental retardation. *American Journal on Mental Retardation, 100*, 391-402.

Rönnberg, J., & Borg, E. (2001). A review and evaluation of research on the deaf-blind from perceptual, communicative, social and rehabilitative perspectives. *Scandinavian Audiology, 30*, 67-77.

Rosa-Lugo, L. I., & Kent-Walsh, J. (2008). Effects of parent instruction on communicative turns of Latino children using augmentative and alternative communication during storybook reading. *Communication Disorders Quarterly, 30*, 49-61.

Rose, D., & Meyer, A. (2002). *Teaching every student in the digital age: Universal design for learning.* Washington, DC: Association for Supervision and Curriculum Development (ASCD).

Roseberry-McKibbin, C. (2000). "Mirror, mirror on the wall": Reflections of a "third culture" American. *Communication Disorder Quarterly, 22*, 56-60.

Rosen, M., & Goodenought-Trepagnier, C. (1981). Factors affecting communication rate in nonvocal communication systems. *Proceedings of the Fourth Annual Conference on Rehabilitation Engineering* (pp. 194-195). Washington, DC: RESNA Press.

Rosenbaum, P. L., Paneth, N., Leviton, A., Goldstein, M., & Bax, M. (2007). A report: The definition and classification of cerebral palsy April 2006. *Developmental Medicine & Child Neurology, 49*, 8-14.

Rosenberg, S., & Beukelman, D. R. (19870. The participation model. In C. A. Coston (Ed.), *Proceedings of the national planners conference on assistive device service delivery* (pp. 159-161). Washington, DC: Association for the Advancement of Rehabilitation Technology.

Roth, F., & Cassatt-James, E. (1989). The language assessment process: Clinical implications for individuals with severe speech impairments. *Augmentative and Alternative Communication, 5*, 165-172.

Rotholz, D., Berkowitz, S., & Burberry, J. (1989). Functionality of two modes of communication in the community by students with developmental disabilities: A comparison of signing and communication books. *Journal of the Association for Persons with Severe Handicaps, 14*, 227-233.

Rowland, C. (1990). Communication in the classroom for children with dual sensory impairments: Studies of teacher and child behavior. *Augmentative and Alternative Communication, 6*, 262-274.

Rowland, C. (1996, 2004). *Communication Matrix.* Portland, OR: Design to Learn.

Rowland, C., & Schweigert, P. (1989). Tangible symbols: Symbolic communication for individuals with multisensory impairments. *Augmentative and Alternative Communication, 5*, 226–234.

Rowland, C., & Schweigert, P. (1990). *Tangible symbol systems: Symbolic communication for individuals with multisensory impairments.* Tucson, AZ: Communication Skill Builders.

Rowland, C., & Schweigert, P. (1991). *The early communication process using microswitch technology.* Tucson, AZ: Communication Skill Builders.

Rowland, C., & Schweigert, P. (1996). *Tangible symbol systems* (Rev. ed.) [Videotape]. San Antonio, TX: Harcourt Assessment.

Rowland, C., & Schweigert, P. (2000a). Tangible symbols, tangible outcomes. *Augmentative and Alternative Communication, 16*, 61–78, 205.

Rowland, C., & Schweigert, P. (2000b). *Tangible symbol systems* (2nd ed.). Portland: Oregon Health and Science University.

Rowland, C., & Schweigert, P. (2002). *Problem solving skills.* Portland, OR: Design to Learn.

Rowland, C., & Schweigert, P. D. (2003). Cognitive skills and AAC. In J. C. Light, D. R. Beukelman, & J. Reichle (Eds.), *Communicative competence for individuals who use AAC: From research to effective practice* (pp. 241–275). Baltimore: Paul H. Brookes Publishing Co.

Rowland, C., & Schweigert, P. (2004). *First things first: Early communication for the pre-symbolic child with severe disabilities.* Portland, OR: Design to Learn.

Rubin, E., Laurent, A. C., Prizant, B. M., & Wetherby, A. (2009). AAC and the SCERTS model: Incorporating AAC within a comprehensive, multidisciplinary educational program. In P. Mirenda & T. Iacono (Eds.), *Autism spectrum disorders and AAC* (pp. 195–217). Baltimore: Paul H. Brookes Publishing Co.

Rutz, L. (2005). Living with ALS. *Augmentative Communication News, 17*, 1–4.

Ryndak, D., & Alper, S. (Eds.). (2003). *Curriculum and instruction for students with significant disabilities in inclusive settings* (2nd ed.). Boston: Allyn & Bacon.

Sainato, D. M., & Morrison, R. S. (2001). Transition to inclusive environments for young children with disabilities: Toward a seamless system of service delivery. In M. J. Guralnick (Ed.), *Early childhood inclusion: Focus on change* (pp. 293–306). Baltimore: Paul H. Brookes Publishing Co.

Saito, Y., & Turnbull, A. (2007). Augmentative and alternative communication practice in the pursuit of family quality of life: A review of the literature. *Research & Practice for Persons with Severe Disabilities, 32*, 50–65.

Sarno, M., Buonaguro, A., & Levita, E. (1986). Characteristics of verbal impairment in closed head injured patients. *Archives of Physical Medicine and Rehabilitation, 67*, 400–405.

Saunders, C., Walsh, T., & Smith, M. (1981). Hospice car in the motor neuron disease. In C. Saunders & J. Teller (Eds.), *Hospice: The living idea.* London: Edward Arnold.

Schaeffer, B. (1980). Spontaneous language through signed speech. In R. Schiefelbusch (Ed.), *Nonspeech language and communication* (pp. 421–446). Baltimore: University Park Press.

Schalock, R., Borthwick-Duffy, S., Bradley, V., Buntinx, W., Coulter, D., Craig, E., … Yeager, M. (2010). *Intellectual disability: Definition, classification, and systems of support* (11th ed.). Washington, DC: American Association on Intellectual and Developmental Disabilities.

Schank, R. (1990). *Tell me a story: A new look at real and artificial memory.* New York: Charles Scribner's Sons.

Schepis, M., & Reid, D. (2003). Issues affecting staff enhancement of speech-generating device use among people with severe cognitive disabilities. *Augmentative and Alternative Communication, 19*, 59–65.

Scherer, M. J., Sax, C., Vanbiervliet, A,. Cushman, L. A., & Scherer, J. V. (2005). Predictors of assistive technology use: The importance of personal and psychosocial factors. *Disability and Rehabilitation, 27*, 1321–1331.

Schlosser, R. (1999a). Nomenclautre of category levels in graphic symbols, Part I: Is a flower a flower a flower? *Augmentative and Alternative Communication, 13*, 4–13.

Schlosser, R. (1999b). Nomenclautre of category levels in graphic symbols, Part II: The role of similarity in categorization. *Augmentative and Alternative Communication, 13*, 14–29.

Schlosser, R. (2003a). Efficacy and outcomes measurement in augmentative and alternative communication. In R. Schlosser (Ed.), *The efficacy* of augmentative and alternative communication: Toward evidence-based practice (pp. 13-25). New York: Elsevier.

Schlosser, R. (Ed.). (2003b). *The efficacy of augmentative and alternative communication: Toward evidence-based practice*. New York: Elsevier.

Schlosser, R. W. (2003c). Outcomes measurement in AAC. In J. C. Light, D. R. Beukelman, & J. Reichle (Eds.), *Communicative competence for individuals who use AAC: From research to effective practice* (pp. 479-513). Baltimore: Paul H. Brookes Publishing Co.

Schlosser, R. (2003d). Roles of speech output in augmentative and alternative communication: Narrative review. *Augmentative and Alternative Communication, 19*, 5-27.

Schlosser, R. (2003e). Selecting graphic symbols for an initial request lexicon. In R. Schlosser (Ed.), *The efficacy of augmentative and alternative communication: Toward evidence-based practice* (pp. 347-402). New York: Elsevier.

Schlosser, R. (2004). Goal attainment scaling as a clinical measurement technique in communication disorders: A critical review. *Journal of Communication Disorders, 37*, 217-239.

Schlosser, R., Belfiore, P., Nigam, R., Blischak, D., & Hetzroni, O. (1995). The effects of speech output technology on the learning of graphic symbols. *Journal of Applied Behavior Analysis, 28*, 537-549.

Schlosser, R., Blischak, D., Belfiore, P., Barthley, C., & Barnett, N. (1998). The effectiveness of synthetic speech output and orthographic feedback in a student with autism: A preliminary study. *Journal of Autism and Developmental Disorders, 28*, 309-319.

Schlosser, R., Koul, R., & Costello, J. (2007). Asking well-built question for evidence-based practice in augmentative and alternative communication. *Communication Disorder Quarterly, 40*, 235-238.

Schlosser, R., & Lee, D. (2000). Promoting generalization and maintenance in augmentative and alternative communication: A meta-analysis of 20 years of effectiveness research. *Augmentative and Alternative Communication, 16*, 208-226.

Schlosser, R., McGhie-Richmond, D., Blackstein-Adler, S., Mirenda, P., Antonius, K., & Janzen, P. (2000). Training a school team to integrate technology meaningfully into the curriculum: Effects on student participation. *Journal of Special Education Technology, 15*, 31-44.

Schlosser, R., & Raghavendra, P. (2003). Toward evidence-based practice in AAC. In R. Schlosser (Ed.), *The efficacy of augmentative and alternative communication: Toward evidence-based practice* (pp. 260-297). New York: Elsevier.

Schlosser, R., & Sigafoos, J. (2002). Selecting graphic symbols for an initial request lexicon: Integrative review. *Augmentative and Alternative Communication, 18*, 102-123.

Schlosser, R., & Sigafoos, J. (2006). Augmentative and alternative communication interventions for persons with developmental disabilities: Narrative review of comparative single-subject experimental studies. *Research in Developmental Disabilities, 27*, 1-29.

Schlosser, R., & Sigafoos, J. (2009). Navigating evidence-based information sources in augmentative and alternative communication. *Augmentative and Alternative Communication, 25*, 225-235.

Schlosser, R., Sigafoos, J., & Koul, R. (2009). Speech output and speech-generating devices in autism spectrum disorders. In P. Mirenda & T. Iacono (Eds.), *Autism spectrum disorders and AAC* (pp. 141-169). Baltimore: Paul H. Brookes Publishing Co.

Schlosser, R., & Wendt, O. (2008). Effects of augmentative and alternative communication intervention on speech production in children with autism: A systematic review. *American Journal of Speech-Language Pathology, 17*, 212-230.

Schlosser, R., Wendt, O., Angermeier, K., & Shetty, M. (2005). Searching for evidence in augmentative and alternative communication: Navigating a scattered literature. *Augmentative and Alternative Communication, 21*, 233-255.

Schlosser, R., Wendt, O., & Sigafoos, J. (2007). Not all systematic reviews are created equal: Considerations for appraisal. *Evidence-based Communication Assessment and Intervention, 1*, 138-150.

Schneider, E. D. (2004). Communication disorders in children with autism: Characteristics, assessment, treatment. In V. B. Gupta (Ed.), *Autistic spectrum* disorders in children (pp. 193–208). New York: Marcel Dekker.

Seal, B., & Bonvillian, J. (1997). Sign language and motor functioning in students with autistic disorder. *Journal of Autism and Developmental Disorders, 27*, 437–466.

Seale, J. M., Garrett, K. L., & Figley, L. (2007, September). *Quantitative differences in aphasia interactions with visual scene AAC displays.* Poster presented at the 2007 Clinical AAC Research Conference, Lexington, KY.

Seligman, M. (1975). *Helplessness: On depression, development, and death.* San Francisco: W.H. Freeman.

Semel, E., Wiig, E., & Secord, W. (2003). *Clinical Evaluation of Language Fundamentals–Fourth Edition (CELF–4).* San Antonio, TX: Harcourt Assessment.

Semel, E., Wiig, E., & Secord, W. (2004). *Clinical Evaluation of Language Fundamentals–Fourth Edition (CELF–4) Screening test.* San Antonio, TX: Psychological Corporation.

Sennott, S., & Bowker, A. (2009). Autism, AAC, and Proloquo2Go. *Perspectives on Augmentative and Alternative Communication, 18*, 137–145.

Sevcik, R., & Romski, M. (1986). Representational matching skills of persons with severe retardation. *Augmentative and Alternative Communication, 2*, 160–164.

Sevcik, R., Romski, M. A., & Wilkinson, K. (1991). Roles of graphic symbols in the language acquisition process for persons with severe cognitive disabilities. *Augmentative and Alternative Communication, 7*, 161–170.

Shakespeare, W. T., & Muir, C. K. (Ed.). (1982). *Troilus and Cressida.* New York: Oxford University Press.

Shaman, D. (2009, June). *A team approach to cortical visual impairment in schools.* Retrieved from http://www.nationaldb.org/documents/products/TeamApproachtoCVI.pdf

Shane, H., & Cohen, C. (1981). A discussion of communicative strategies and patterns by nonspeaking persons. *Language, Speech, and Hearing Services in Schools, 12*, 205–210.

Shane, H. C., O'Brien, M., & Sorce, J. (2009). Use of a visual graphic language system to support communication for persons on the autism spectrum. *Perspectives on Augmentative and Alternative Communication, 18*, 130–136.

Shane, H. C., & Weiss-Kapp, S. (2008). *Visual language in autism.* San Diego: Plural.

Shriberg, L. D. (2006, June). *Research in idiopathic and symptomatic childhood apraxia of speech.* Paper presented at the 5th International Conference on Speech Motor Control, Nijmegen, The Netherlands.

Shriberg, L., Aram, D., & Kwiatowksi, J. (1997). Developmental apraxia of speech: I. Descriptive and theoretical perspectives. *Journal of Speech, Language, and Hearing Research, 40*, 273–285.

Shroyer, E. H. (2011). *Signs of the times* (2nd ed.). Washington, DC: Gallaudet University Press.

Siegel, E. B., & Cress, C. J. (2002). Overview of the emergence of early AAC behaviors: Progression from communicative to symbolic skills. In J. Reichle, D. R. Beukelman, & J. C. Light (Eds.), *Exemplary practices for beginning communicators: Implications for AAC* (pp. 25–57). Baltimore: Paul H. Brookes Publishing Co.

Siegel, E., & Wetherby, A. (2000). Nonsymbolic communication. In M. Snell (Ed.), *Instruction of students with severe disabilities* (5th ed., pp. 409–451). Columbus, OH: Merrill.

Siegel-Causey, E., & Guess, D. (1989). *Enhancing nonsymbolic communication interactions among learners with severe disabilities.* Baltimore: Paul H. Brookes Publishing Co.

Sienkiewicz-Mercer, R., & Kaplan, S. (1989). *I raise my eyes to say yes.* Boston: Houghton Mifflin.

Sigafoos, J. (1998). Assessing conditional use of graphic mode requesting in a young boy with autism. *Journal of Developmental and Physical Disabilities, 10*, 133–151.

Sigafoos, J. (1999). Creating opportunities for augmentative and alternative communication: Strategies for involving people with developmental disabilities. *Augmentative and Alternative Communication, 15*, 183–190.

Sigafoos, J., Arthur, M., & O'Reilly, M. (2003). *Challenging behavior and developmental disability.* Baltimore: Paul H. Brookes Publishing Co.

Sigafoos, J., Arthur-Kelly, M., & Butterfield, N. (2006). *Enhancing everyday communication for children with disabilities.* Baltimore: Paul H. Brookes Publishing Co.

Sigafoos, J., & Couzens, D. (1995). Teaching

functional use of an eye gaze communication board to a child with multiple disabilities. *British Journal of Developmental Disabilities, 16,* 114–125.

Sigafoos, J., Couzens, D., Roberts, D., Phillips, C., & Goodison, K. (1996). Teaching requests for food and drink to children with multiple disabilities in a graphic communication mode. *Journal of Developmental and Physical Disabilities, 8,* 247–262.

Sigafoos, J., Didden, R., Schlosser, R., Green, V., O' Reilly, M., & Lancioni, G. (2008). A review of intervention studies on teaching AAC to individuals who are deaf and blind. *Journal of Developmental and Physical Disabilities, 20,* 71–99.

Sigafoos, J., Drasgow, E., Reichle, J., O' Reilly, M., & Tait, K. (2004). Tutorial: Teaching communicative rejecting to children with severe disabilities. *American Journal of Speech-Language Pathology, 13,* 31–42.

Sigafoos, J., Drasgow, E., & Schlosser, R. (2003). Strategies for beginning communicators. In R. Schlosser (Ed.), *The efficacy of augmentative and alternative communication: Toward evidence-based practice* (pp. 323–346). New York: Elsevier.

Sigafoos, J., Green, V., Schlosser, R., O' Reilly, M., Lancioni, G., Rispoli, M., & Lang, R. (2009). Communication intervention in Rett syndrome: A systematic review. *Research in Autism Spectrum Disorders, 3,* 304–318.

Sigafoos, J., Laurie, S., & Pennell, D. (1995). Preliminary assessment of choice making among children with Rett syndrome. *Journal of the Association for Persons with Severe Handicaps, 20,* 175–184.

Sigafoos, J., Laurie, S., & Pennell, D. (1996). Teaching children with Rett syndrome to request preferred objects using aided communication: Two preliminary studies. *Augmentative and Alternative Communication, 12,* 88–96.

Sigafoos, J., & Meikle, B. (1996). Functional communication training for the treatment of multiply determined challenging behavior in two boys with autism. *Behavior Modification, 20,* 60–84.

Sigafoos, J., & Mirenda, P. (2002). Strengthening communicative behaviors for gaining access to

desired items and activities. In J. Reichle, D. R. Beukelman, & J. C. Light (Eds.), *Exemplary practices for beginning communicators: Implications for AAC* (pp. 123–156). Baltimore: Paul H. Brookes Publishing Co.

Sigafoos, J., O'Reilly, M. F., Drasgow, E., & Reichle, J. (2002). Strategies to achieve socially acceptable escape and avoidance. In J. Reichle, D. R. Beukelman, & J. C. Light (Eds.), *Exemplary practices for beginning communicators: Implications for AAC* (pp. 157–186). Baltimore: Paul H. Brookes Publishing Co.

Sigafoos, J., O'Reilly, M., Ganz, J., Lancioni, G., & Schlosser, R. (2005). Supporting self-determination in AAC interventions by assessing preference for communication devices. *Technology and Disability, 17,* 143–153.

Sigafoos, J., & Reichle, J. (1992). Comparing explicit to generalized requesting in an augmentative communication mode. *Journal of Developmental and Physical Disabilities, 4,* 167–188.

Sigafoos, J., Roberts, D., Kerr, M., Couzens, D., & Baglioni, A. (1994). Opportunities for communication in classrooms serving children with developmental disabilities. *Journal of Autism and Developmental Disabilities, 24,* 259–279.

Sigafoos, J., & Roberts-Pennell, D. (1999). Wrong-item format: A promising intervention for teaching socially appropriate forms of rejecting to children with developmental disabilities. *Augmentative and Alternative Communication, 15,* 135–140.

Silverman, F. (1995). *Communication for the speechless* (3rd ed.). Needham Heights, MA: Allyn & Bacon.

Simmons, N., & Johnston, J. (2004, February). *Cultural differences in beliefs and practices concerning talk to children: East-Indian and Western mothers.* Poster presented at the 4th Early Years Conference, Vancouver, British Columbia.

Simpson, K. (1996). *Interaction patterns of four students with severe expressive communication impairments in regular classroom settings* (Unpublished doctoral dissertation). University of Nebraska-Lincoln.

Simpson, K., Beukelman, D. R., & Sharpe, T. (2000). An elementary student with severe expressive communication impairment in a general education classroom: Sequential analysis of interactions. *Augmentative and Alternative Communication, 16*, 107-121.

Singh, N., Lancioni, G., O'Reilly, M., Molina, E., Adkins, A., & Oliva, D. (2003). Self-determination during mealtimes through microswitch choice-making by an individual with complex multiple disabilities and profound mental retardation. *Journal of Positive Behavior Interventions, 5*, 209-215.

Skotko, B., Koppenhaver, D., & Erickson, K. (2004). Parent reading behaviors and communication outcomes in girls with Rett syndrome. *Exceptional Children, 70*, 145-166.

Slesaransky-Poe, G. L. (1997). Does the use of voice output communication make a difference in the communicative effectiveness and the quality of life of people with significant speech disabilities? *Dissertation Abstracts International* (UMI No. 9724281).

Small, J. A., Gutman, G., Makela, S., & Hillhouse, B. (2003). Effectiveness of communication strategies used by caregivers of persons with Alzheimer's disease during activities of daily living. *Journal of Speech, Language, and Hearing Research, 46*, 353-367.

Small, J. A., Kemper, S., & Lyons, K. (1997). Sentence comprehension in Alzheimer's disease: Effects of grammatical complexity, speech rate and repetition. *Psychology and Aging, 12*(1), 3-11.

Smebye, H. (1990, August). *A theoretical basis for early communication intervention*. Paper presented at the fifth biennial conference of the International Society for Augmentative and Alternative Communication, Stockholm.

Smith, C., & Uttley, W. (2008). *Let's sign and Down syndrome: Signs for children with special needs*. Stockton-on-Tees, UK: Co-Sign Communications.

Smith, K. L., Crete-Nishihata, M., Damioanakis, T., Baecker, R. M., & Marziali, E. (2009). Multimedia biographies: A reminiscence and social stimulus tool for persons with cognitive impairment. *Journal of Technology in Human Services, 27*, 287-306.

Smith, J., McCarthy, J., & Benigno, J. (2009). The effect of high-tech AAC system position on the joint attention of infants without disabilities. *Augmentative and Alternative Communication, 25*, 165-175.

Smith, M. (1996). The medium or the message: A study

of speaking children using communication boards. In S. von Tetzchner & M. H. Jensen (Eds.), *Augmentative and alternative communication: European perspectives* (pp. 119-136). London: Whurr.

Smith, M., Garrett, K. L., & Lasker, J. P. (2007, September). *Comparing decontextualized reading to Written Choice Conversation Strategy in people with severe aphasia*. Platform session at the Clinical AAC Conference, Lexington, KY.

Smith, M., & Grove, N. (1999). The bimodal situation of children learning language using manual and graphic signs. In F. T. Loncke, J. Clibbens, H. Arvidson, & L. L. Lloyd (Eds.), *Augmentative and alternative communication: New directions in research and practice* (pp. 8-30). London: Whurr.

Smith, M. M., & Grove, N. C. (2003). Asymmetry in input and output for individuals who use AAC. In J. C. Light, D. R. Beukelman, & J. Reichle (Eds.), *Communicative competence for individuals who use AAC: From research to effective practice* (pp. 163-195). Baltimore: Paul H. Brookes Publishing Co.

Smith, T. (2001). Discrete trial training in the treatment of autism. *Focus on Autism and Other Developmental Disabilities, 16*, 86-92.

Snell, M. (2002). Using dynamic assessment with learners who communicate nonsymbolically. *Augmentative and Alternative Communication, 18*, 163-176.

Snell, M., Brady, N., McLean, L., Ogletree, B., Siegel, E., Sylvester, L., ... Romski, M. A. (2010). Twenty years of communication intervention research with individuals who have severe intellectual and developmental disabilities. *American Journal of Intellectual and Developmental Disabilities, 115*, 364-380.

Snell, M., Caves, K., McLean, L., Mineo Mollica, B., Mirenda, P., Paul-Brown, D., ... Yoder, D. (2003). Concerns regarding the application of restrictive "eligibility" policies to individuals who need communication services and supports: A response by the National Joint Committee for the Communication Needs of Persons with Severe Disabilities. *Research and Projective for Persons with Severe Disabilities, 28*, 70-78.

Snell, M., Chen, L. Y., & Hoover, K. (2006). Teaching augmentative and alternative communication to students with severe disabilities: A review of intervention research 1997–2003. *Research and Practice for Persons with Severe Disabilities, 31,* 203–214.

Snyder-McLean, L., Solomonson, B., McLean, J., & Sack, S. (1984). Structuring joint action reoutines: A strategy for facilitating language and communication developmental in the classroom. *Seminars in Speech and Language, 5,* 213–228.

Sobsey, D., & Wolf-Schein, E. (1996). Children with sensory impairments. In F. P. Orelove & D. Sobsey (Eds.), *Educating children with multiple disabilities: A transdisciplinary approach* (3rd ed., pp. 411–450). Baltimore: Paul H. Brookes Publishing Co.

Soderholm, S., Meinander, M., & Alaranta, H. (2001). Augmentative and alternative communication methods in locked-in syndrome. *Journal of Rehabilitation Medicine, 33,* 235–239.

Sohlberg, M. M., Fickas, S., Ehlhardt, L., & Todis, B. (2005). The longitudinal effects of accessible email for individuals with severe cognitive impairments. *Aphasiology, 19,* 651–681.

Son, H. S., Sigafoos, J., O'Reilly, M., & Lancioni, G. E. (2006). Comparing two types of augmentative and alternative communication systems for children with autism. *Pediatric Rehabilitation, 9,* 389–395.

Soto, G. (1999). Understanding the impact of graphic sign use on the message structure. In F. T. Loncke, J. Clibbens, H. Arvidson, & L. L. Lloyd (Eds.), *Augmentative and alternative communication: New directions in research and practice* (pp. 40–48). London: Whurr.

Soto, G., & Dukhovny, E. (2008). The effect of shared book reading on the acquisition of expressive vocabulary of a 7 year old who uses AAC. *Seminars in Speech and Language, 29,* 133–145.

Soto, G., Solomon-Rice, P., & Caputo, M. (2009). Enhancing the personal narrative skills of elementary school-aged students who use AAC: The effectiveness of personal narrative intervention. *Journal of Communication Disorders, 42,* 43–57.

Soto, G., & Toro-Zambrana, W. (1995). Investigation of Blissymbol use from a language research paradigm. *Augmentative and Alternative Communication, 11,* 118–130.

Soto, G., Yu, B., & Henneberry, S. (2007). Supporting the development of narrative skills of an eight-year-old child who uses an augmentative and alternative communication device. *Child Language Teaching and Therapy, 23,* 27–45.

Soto, G., Yu, B., & Kelso, J. (2008). Effectiveness of multifaceted narrative intervention on the stories told by a 12-year-old girl who uses AAC. *Augmentative and Alternative Communication, 24,* 76–87.

Soto, G., & Zangari, C. (Eds.). (2009). *Practically speaking: Language, literacy, and academic development of students with AAC needs.* Baltimore: Paul H. Brookes Publishing Co.

Spencer, K. A., Yorkston, K. M., & Duffy, J. R. (2003). Behavioral management of respiratory/phonatory dysfunction from dysarthria: A flowchart for guidance in clinical decision-making. *Journal of Medical Speech-Language Pathology, 11*(2), xxxix–lxi.

Spiegel, B., Benjamin, B., & Spiegel, S. (1993). One method to increase spontaneous use of an assistive communication device: A case study. *Augmentative and Alternative Communication, 9,* 111–118.

Spragale, D., & Micucci, S. (1990). Signs of the week: A functional approach to manual sign training. *Augmentative and Alternative Communication, 6,* 29–37.

Srinivasan, S., Mathew, S., & Lloyd, L. L. (2011). Insights into communication intervention and AAC in South India: A mixed-methods study. *Communication Disorders Quarterly, 32,* 232–246.

Staehely, J. (2000). Prologue: The communication dance. In M. Fried-Oken & H. A. Bersani, Jr. (Eds.), *Speaking up and spelling it out: Personal essays on augmentative and alternative communication* (pp. 1–12). Baltimore: Paul H. Brookes Publishing Co.

Stanford, A. (2002). *Asperger syndrome and long-term relationships.* London: Jessica Kingsley.

Stedt, J., & Moores, D. (1990). Manual codes on English and American Sign Language: Historical perspectives and current realities. In H. Bornstein (Ed.), *Manual communication: Implications for education* (pp. 1–20). Washington, DC: Gallaudet University Press.

Steege, M., Wacker, D., Cigrand, K., Berg, W., Novak, C., Reimers, T., ... DeRaad, A. (1990). Use of negative reinforcement in the treatment of self-injurious behavior. *Journal of Applied Behavior Analysis, 23,* 459-468.

Stephenson, J. (2007). The effect of color on the recognition and use of line drawings by children with severe intellectual disabilities. *Augmentative and Alternative Communication, 23,* 44-55.

Stephenson, J. (2009a). Iconicity in the development of picture skills: Typical development and implications for individuals with severe intellectual disabilities. *Augmentative and Alternative Communication, 25,* 187-201.

Stephenson, J. (2009b). Picture-book reading as an intervention to teach the use of line drawings for communication with students with severe intellectual disabilities. *Augmentative and Alternative Communication, 25,* 202-214.

Stewart, F., Worrall, L., Egan, J., & Oxenham, D. (2004). Addressing Internet training issues for people with Parkinson's disease. *Advances in Speech Language Pathology, 6*(4), 209-220.

Stillman, R., & Battle, C. (1984). Developing prelanguage communication in the severely handicapped: An interpretation of the Van Dijk method. *Seminars in Speech and Language, 5,* 159-170.

Stoner, J., Beck, A., Bock, S., Hickey, K., Kosuwan, K., & Thompson, J. (2006). The effectiveness of the Picture Exchange Communication System with nonspeaking adults. *Remedial and Special Education, 27,* 154-165.

Storey, K., & Provost, O. (1996). The effect of communication skills instruction on the integration of workers with severe disabilities in supported employment settings. *Education and Training in Mental Retardation and Developmental Disabilities, 31,* 123-141.

Strand, E. A., & Skinder, A. (1999). Treatment of developmental apraxia of speech: Integral stimulation methods. In A. J. Caruso & E. A. Strand (Eds.), *Clinical management of motor speech disorders in children.* New York: Thieme.

Strauss, D., & Shavelle, R. (1998). Life expectancy of adults with cerebral palsy. *Developmental Medicine and Child Neurology, 40,* 369-375.

Stromswold, K. (1994, January). *Language comprehension without production: Implications for theories of language acquisition.* Paper presented at the Boston University Conference on Language Development, Boston.

Stuart, S. (1988). Expanding sequencing, turn-taking and timing skills through play acting. In S. W. Blackstone, E. L. Cassatt-James, & D. Bruskin (Eds.), *Augmentative communication: Implementation strategies* (pp. 5.8:21-5.8:26). Rockville, MD: American Speech-Language-Hearing Association.

Stuart, S. (1991). *Topic and vocabulary use patterns of elderly men and women in two age cohorts* (Unpublished doctoral dissertation). University of Nebraska-Lincoln.

Stuart, S., Lasker, J. P., & Beukelman, D. R. (2000). AAC message management. In D. R. Beukelman, K. M. Yorkston, & J. Reichle (Eds.), *Augmentative and alternative communication for adults with acquired neurologic disorders* (pp. 25-54). Baltimore: Paul H. Brookes Publishing Co.

Stuart, S., Vanderhoof, D., & Beukelman, D. R. (1993). Topic and vocabulary use patterns of elderly women. *Augmentative and Alternative Communication, 9,* 95-110.

Sturm, J. M., & Clendon, S. A. (2004). AAC, language, and literacy: Fostering the relationship. *Topics in Language Disorders, 24*(1), 76-91.

Sturm, J., & Nelson, N. (1997). Formal classroom lessons: New perspectives on a familiar discourse event. *Language, Speech, and Hearing Services in Schools, 28,* 255-273.

Sturtevant, E. G., & Linek, W. M. (2003). The instructional beliefs and decisions of middle and secondary teachers who successfully blend literacy and content. *Literacy Research and Instruction, 43,* 74-89.

Sundberg, M. (1993). Selecting a response form for nonverbal persons: Facilitated communication, pointing systems, or sign language. *Analysis of Verbal Behavior, 11,* 99-116.

Sundberg, M. L., & Partington, J. W. (1998). *Teaching language to children with autism or other developmental disabilities (version 7.1).* Pleasant Hill, CA: Behavior Analysts.

Sussman, F. (1999). *More than words: Helping parents to promote communication and social skills in children with autism spectrum disorder.* Toronto: Hanen Centre.

Sutherland, D. E., Gillon, G., & Yoder, D. (2005). AAC use and service provision: A survey of New Zealand speech-language therapists. *Augmentative and*

Alternative Communication, 21, 295–307.

Sutton, A. (1999). Linking language learning experiences and grammatical acquisition. In F. T. Loncke, J. Clibbens, H. Arvidson, & L. L. Lloyd (Eds.), *Augmentative and alternative communication: New directions in research and practice* (pp. 49–61). London: Whurr.

Sutton, A., & Gallagher, T. (1993). Verb class distinctions and AAC language-encoding limitations. *Journal of Speech and Hearing Research, 36,* 1216–1226.

Sutton, A., & Gallagher, T. (1995). Comprehension assessment of a child using an AAC system. *American Journal of Speech-Language Pathology, 4,* 60–69.

Sutton, A., Gallagher, T., Morford, J., & Shahnaz, N. (2000). Constituent order patterns and syntactic distinctions in relative clause sentences produced using AAC systems. *Applied Psycholinguistics, 21,* 473–486.

Sutton, A., & Morford, J. (1998). Constituent order in picture pointing sequences produced by speaking children using AAC. *Applied Psycholinguistics, 19,* 526–536.

Sutton, A., Soto, G. & Blockberger, S. (2002). Grammatical issues in graphic symbol communication. *Augmentative and Alternative Communication, 18,* 192–204.

Swengel, K., & Marquette, J. (1997). Service delivery in AAC. In S. L. Glennen & D. DeCoste (Eds.), *The handbook of augmentative and alternative communication* (pp. 21–58). San Diego: Singular.

Swinehart-Jones, D., & Heller, K. W. (2009). Teaching students with severe speech and physical impairments a decoding strategy using internal speech and motoric indicators. *Journal of Special Education, 43,* 131–144.

Tennant, R. A., & Gluszak Brown, M. (2010). *American Sign Language hand-shape dictionary* (3rd ed.). Washington, DC: Gallaudet University Press.

Thistle, J., & Wilkinson, K. (2009). The effects of color cues on typically developing preschoolers' speed of locating a target line drawing: Implications for augmentative and alternative communication display design. *American Journal of Speech-Language Pathology, 18,* 231–240.

Thompson, J. R., Bradley, V. J., Bruntix, W. H., Schalock, R. L., Shogren, K. A., Snell, M. E., ...

Yeager, M. (2009). Conceptualizing supports and the support needs of people with intellectual disability. *Intellectual and Developmental Disabilities, 47,* 135–146.

Thompson, J. R., Bryant, B., Campbell, E. M., Craig, E. M., Hughes, C., Rotholz, D. A., ... Wehmeyer, M. (2004). *Supports Intensity Scale.* Washington, DC: American Association on Intellectual and Developmental Disabilities.

Thousand, J. S., & Villa, R. A. (2000). Collaborative teams: A powerful tool in school restructuring. In R. A. Villa & J. S. Thousand (Eds.), *Restructuring for caring and effective education: Piecing the puzzle together* (pp. 254–292). Baltimore: Paul H. Brookes Publishing Co.

Thurman, D., Alverson, C., Dunn, K., Guerrero, J., & Sniezek, J. (1999). Traumatic brain injury in the United States: A public health perspective. *Journal of Head Trauma and Rehabilitation, 14,* 602–615.

Tien, K. C. (2008). Effectiveness of the Picture Exchange Communication System as a functional communication intervention for individuals with autism spectrum disorders: A practice-based research synthesis. *Education and Training in Developmental Disabilities, 43,* 61–76.

Tiger, J., Hanley, G., & Bruzek, J. (2008). Functional communication training: A review and practical guide. *Behavior Analysis in Practice, 1*(1), 16–23.

Tincani, M. (2004). Comparing the picture exchange communication system and sign language training for children with autism. *Focus on Autism and Other Developmental Disabilities, 19,* 152–163.

Todman, J. (2000). Rate and quality of conversations using a text-storage AAC system: Single-case training study. *Augmentative and Alternative Communication, 16,* 164–179.

Todman, J., & Alm, N. (1997). TALKboards for social conversation. *Communication Matters, 11,* 13–15.

Todman, J., & Alm, N. (2003). Modelling conversational pragmatics in communication aids. *Journal of Pragmatics, 35,* 523–538.

Todman, J., Alm, N., Higginbotham, J., & File, P. (2008). Whole utterance approaches in AAC. *Augmentative and Alternative Communication, 24,* 235–254.

Todman, J., & Lewins, E. (1996). Conversational rate of a non-vocal person with motor neurone disease using the "TALK" system. *International Journal of Rehabilitation Research, 19*, 285–287.

Todman, J., Rankin, D., & File, P. (1999). The use of stored text in computer-aided conversation: A single-case experiment. *Journal of Language and Social Psychology, 18*, 287–309.

Tomoeda, C. K., Bayles, K. A., Boone, D. R., Kaszniak, A. W., & Slauson, T. J. (1990). Speech rate and syntactic complexity effects on the auditory comprehension of Alzheimer patients. *Journal of Communication Disorders, 23*, 151–161.

Tonsing, K., & Alant, E. (2004). Topics of social conversation in the work place: A South African perspective. *Augmentative and Alternative Communication, 20*, 89–102.

Torgesen, J. K., & Bryant, B. R. (2004). *Test of Phonological Awareness-Second Edition.* Austin, TX: PRO-ED.

Torgesen, J. K., Wagner, R. K., & Rashotte, C. A. (1994). Longitudinal studies of phonological processing and reading. *Journal of Learning Disabilities, 27*, 276–286.

"Traci." (2004, January). Success comes in all sizes. *Apraxia-Kids Monthly, 4*(1), 7.

Trembath, D., Balandin, S., Togher, L., & Stancliffe, R. J. (2009). Peer-mediated teaching and augmentative and alternative communication for preschool-aged children with autism. *Journal of Intellectual & Developmental Disability, 34*, 173–186.

Trenholm, B., & Mirenda, P. (2006). Home and community literacy experiences of individuals with Down syndrome. *Down Syndrome Research and Practice, 10*, 30–40.

Treviranus, J., & Roberts, V. (2003). Supporting competent motor control of AAC systems. In J. C. Light, D. R. Beukelman, & J. Reichle (Eds.), *Communicative competence for individuals who use AAC: From research to effective practice* (pp. 199–240). Baltimore: Paul H. Brookes Publishing Co.

"Trina." (2004, March). Success comes in all sizes. *Apraxia-Kids Monthly, 5*(3), 5–6.

Trottier, N., Kamp, L., & Mirenda, P. (2011). Effects of peer-mediated instruction to teach use of speech-generating devices to students with autism in social game routines. *Augmentative and Alternative Communication, 27*, 26–39.

Trudeau, N., Cleave, P., & Woelk, E. (2003). Using augmentative and alternative communication approaches to promote participation of preschoolers during book reading: A pilot study. *Child Language Teaching and Therapy, 19*, 181–210.

Trudeau, N., Morford, J., & Sutton, A. (2010). The role of word order in the interpretation of canonical and non-canonical graphic symbol utterances: A developmental study. *Augmentative and Alternative Communication, 26*, 108–121.

Truxler, J. E., & O'Keefe, B. M. (2007). The effects of phonological awareness instruction on beginning word recognition and spelling. *Augmentative and Alternative Communication, 23*, 164–176.

Tscuchiya, K., Ozawa, E., Fukushima, J., Yasui, H., Kondon, H., Nakano, I., & Ikeda, K. (2000). Rapidly progressive aphasia and motor neuron disease: A clinical, radiological, and pathological study of an autopsy case with circumscribed lobar atrophy. *Acta Neuropathologica (Berlin), 99*, 81–87.

Turnell, R., & Carter, M. (1994). Establishing a repertoire of requesting for a student with severe and multiple disabilities using tangible symbols and naturalistic time delay. *Australia and New Zealand Journal of Developmental Disabilities, 19*, 193–207.

Udwin, O., & Yule, W. (1990). Augmentative communication systems taught to cerebral palsied children: A longitudinal study: I. The acquisition of signs and symbols, and syntactic aspects of their use over time. *British Journal of Disorders of Communication, 25*, 295–309.

Udwin, O., & Yule, W. (1990). Augmentative communication systems taught to cerebral palsied children: A longitudinal study: II. Pragmatic features of sign and symbol use. *British Journal of Disorders of Communication, 26*, 137–148.

Ulatowska, H., Cannito, M., Hayashi, M., & Fleming, S. (1985). *The aging brain: Communication in the elderly.* San Diego: College-Hill Press.

University of Kentucky Assistive Technology Project. (2002). *University of Kentucky Assistive Technology (UKAT) Toolkit.* Retrieved from http://serc.gws.uky.edu/www/ukatii/toolkit/index.html

U.S. Census Bureau. (2010). *American Community*

Survey 1-year estimates: Language spoken at home. Washington, DC: Author.

Utley, B. L. (2002). Visual assessment considerations for the design of AAC systems. In J. Reichle, D. R. Beukelman, & J. C. Light (Eds.), *Exemplary practices for beginning communicators: Implications for AAC* (pp. 353-394). Baltimore: Paul H. Brookes Publishing Co.

Utley, B., & Rapport, M. J. K. (2002). Essential elements of effective teamwork: Shared understanding and differences between special educators and related service providers. *Physical Disabilities: Education and Related Services, 20*, 9-47.

Valentic, V. (1991). Successful integration from a student's perspective. *Communicating Together, 9*(2), 9.

van Balkom, H., & Welle Donker-Gimbrère, M. (1996). A psycholinguistic approach to graphic language use. In S. von Tetzchner & M. H. Jensen (Eds.), *Augmentative and alternative communication: European perspectives* (pp. 153-170). London: Whurr.

Vanderheiden, G., & Kelso, D. (1987). Comparative analysis of fixed-vocabulary communication acceleration techniques. *Augmentative and Alternative Communication, 3*, 196-206.

Vanderheiden, G. C., & Lloyd, L. (1986). Communication systems and their components. In S. Blackstone (Ed.), *Augmentative communication: An introduction* (pp. 49-162). Rockville, MD: American Speech-Language-Hearing Association.

Vanderheiden, G., & Yoder, D. (1986). Overview. In S. Blackstone (Ed.), *Augmentative communication: An introduction* (pp. 1-28). Rockville, MD: American Speech-Language-Hearing Association.

van der Merwe, E., & Alant, E. (2004). Associations with MinSpeak icons. *Journal of Communication Disorders, 37*, 255-274.

Vandervelden, M. C., & Siegel, L. S. (1995). Phonological recoding and phoneme awareness in early literacy: A developmental approach. *Reading Research Quarterly, 30*, 854-875.

Vandervelden, M., & Siegel, L. (1999). Phonological processing and literacy in AAC users and students with motor speech impairments. *Augmentative and Alternative Communication, 15*, 191-211.

Vandervelden, M., & Siegel, L. (2001). Phonological processing in written word learning: Assessment

for children who use augmentative and alternative communication. *Augmentative and Alternative Communication, 17*, 37-51.

van de Sandt-Koenderman, W. M. (2004). High tech AAC and aphasia: Widening horizons? *Aphasiology, 18*(3), 245-263.

van de Sandt-Koenderman, W. M., Wiegers, J., Wielaert, S. M., Duivenvoorden, H. J., & Ribbers, G. M. (2007). A computerised communication aid in severe aphasia: An exploratory study. *Disability and Rehabilitation, 29*, 1701-1709.

Van Tatenhove, G. (1996). *Field of dreams: Sowing language and reaping communication.* Paper presented at the 1996 Minspeak conference, Wooster, OH.

Van Tatenhove, G. (2005). *A protocol for assessing metaphoric use of pictures.* Retrieved from http://www.vantatenhove.com/files/MetaphorProtocol.pdf

Vaughn, S., Wanzek, J., Woodruff, A. L., & Linan-Thompson, S. (2007). Prevention and early identification of students with reading disabilities. In D. Haager, J. Klingner, & S. Vaughn (Eds.), *Evidence-based reading practices for response to intervention* (pp. 11-27). Baltimore: Paul H. Brookes Publishing Co.

Venkatagiri, H. (1993). Efficiency of lexical prediction as a communication acceleration technique. *Augmentative and Alternative Communication, 12*, 161-167.

Venkatagiri, H. (1999). Efficient keyboard layouts for sequential access in augmentative and alternative communication. *Augmentative and Alternative Communication, 15*, 126-134.

Venkatagiri, H., & Ramabadran, T. (1995). Digital speech synthesis: A tutorial. *Augmentative and Alternative Communication, 11*, 14-25.

Vicker, B. (1996). *Using tangible symbols for communication purposes: An optional step in building the two-way communication process.* Bloomington: Indiana University, Indiana Resource Center for Autism.

Visser, N., Alant, E., & Harty, M. (2008). Which graphic symbols do 4-year-old children choose to represent each of the four basic emotions? *Augmentative and Alternative Communication, 24*, 302-312.

von Tetzchner, S., & Jensen, M. H. (Eds.). (1996). *Augmentative and alternative communication:*

European perspectives. London: Whurr.

von Tetzchner, S., & Martinsen, H. (1992). *Introduction to symbolic and augmentative communication*. London: Whurr.

Wacker, D. P., Berg, W. K., & Harding, J. W. (2002). Replacing socially unacceptable behavior with acceptable communication responses. In J. Reichle, D. R. Beukelman, & J. C. Light (Eds.), *Exemplary practices for beginning communicators: Implications for AAC* (pp. 97–122). Baltimore: Paul H. Brookes Publishing Co.

Wacker, D., Steege, M., Northup, J., Sasso, G., Berg, W., Reimers, T., ... Donn, L. A. (1990). A component analysis of functional communication training across three topographies of severe behavior problems. *Journal of Applied Behavior Analysis, 23*, 417–429.

Wagner, R., & Torgeson, J. (1987). The nature of phonological processing skills in early literacy: A developmental approach. *Psychological Bulletin, 101*, 192–212.

Waller, A., O'Mara, D. A., Tait, L., Booth, L., Brophy-Arnott, B., & Hood, H. E. (2001). Using written stories to support the use of narrative in conversational interactions: Case study. *Augmentative and Alternative Communication, 17*, 221–232.

Watters, C., Owen, M., & Munroe, S. (2005). *A study of deafblind demograpphics and services in Canada: Report prepared for the Canadian National Society of the Deaf-Blind*. Ottawa: Government of Canada, Social Developments Partnership Program.

Weiss, L., Thatch, D., & Thatch, J. (1987). *I wasn't finished with life*. Dallas, TX: E-Heart Press.

Weiss, P. L., Seligman-Wine, J., Lebel, T., Arzi, N., & Yalon-Chamovitz, S. (2005). A demographic survey of children and adolescents with complex communication needs in Israel. *Augmentative and Alternative Communication, 21*, 56–66.

Weiss-Lambrou, R. (2002). Satisfaction and comfort. In M. Scherer (Ed.), *Assistive technology: Matching device and consumer for successful rehabilitation* (pp. 77–94). Washington, DC: American Psychological Association.

Wendt, O. (2009). Research on the use of graphic symbols and manual signs. In P. Mirenda & T. Iacono (Eds.), *Autism spectrum disorders and AAC* (pp. 83–137). Baltimore: Paul H. Brookes

Publishing Co.

Westby, C. (1985). Learning to talk-talking to learn: Oral-literate language differences. In C. Simon (Ed.), *Communication skills and classroom success: Therapy methodologies for language-learning disabled students* (pp. 181–213). San Diego: College-Hill Press.

Wetherby, A. M., & Prizant, B. M. (1993). *Communication and Symbolic Behavior Scales™ (CSBS™)*. Baltimore: Paul H. Brookes Publishing Co.

Wetherby, A. M., & Prizant, B. M. (2002). *Communication and Symbolic Behavior Scales Developmental Profiel™ (CSBS DP™)*. Baltimore: Paul H. Brookes Publishing Co.

Wetherby, A., & Prutting, C. (1984). Profiles of communicative and cognitive-social abilities in autistic children. *Journal of Speech and Hearing Research, 27*, 364–377.

Wijesekera, L. C., & Leigh, P. N. (2009). Amyotrophic lateral sclerosis. *Orphanet Journal of Rare Disorders, 4*(3), 1–22.

Wikstrom, J., Poser, S., & Ritter, G. (1980). Optic neuritis as an initial symptom in multiple sclerosis. *Acta Neurologica Scandinavica, 61*, 178–185.

Wilbur, R., & Peterson, L. (1998). Modality interactions of speech and signing in simultaneous communication. *Journal of Speech, Language, and Hearing Research, 41*, 200–212.

Wilcox, M. J., Bacon, C., & Shannon, M. S. (1995, December). *Prelinguistic intervention: Procedures for young children with disabilities*. Paper presented at the ASHA Annual Convention, Orlando, FL.

Wilkinson, G., & Robertson, G. (2006). *Wide Range Achievement Test-Fourth Edition*. Torrance, CA: Western Psychological Services.

Wilkinson, K. (2005). Disambiguation and mapping of new word meanings by individuals with intellectual/developmental disabilities. *American Journal on Mental Retardation, 110*, 71–86.

Wilkinson, K., & Albert, A. (2001). Adaptations of fast mapping for vocabulary intervention with augmented language users. *Augmentative and Alternative Communication, 17*, 120–132.

Wilkinson, K., Carlin, M., & Jagaroo, V. (2006). Preschoolers' speed of locating a target symbol under different color conditions. *Augmentative and Alternative Communication, 22*, 123–133.

Wilkinson, K., Carlin, M., & Thistle, J. (2008). The role

of color cues in facilitating accurate and rapid location of aided symbols by children with and without Down Syndrome. *American Journal of Speech-Language Pathology, 17*, 179-193.

Wilkinson, K., Foderaro, L., Maurer, J., Weinreb, C., & O'Neill, T. (2011, November). *Constructing fun and educational children's books using desktop computer applications.* Presented at the annual convention of the American Speech-Language-Hearing Association, San Diego.

Wilkinson, K., & Green, G. (1998). Implications of fast mapping for vocabulary expansion in individuals with mental retardation. *Augmentative and Alternative Communication, 14*, 162-170.

Wilkinson, K. M., & Hennig, S. (2007). The state of research and practice in augmentative and alternative communication for children with developmental/intellectual disabilities. *Mental Retardation and Developmental Disabilities Research Reviews, 13*, 58-69.

Wilkinson, K., & Jagaroo, V. (2004). Contributions of cognitive science to AAC display design. *Augmentative and Alternative Communication, 20*, 123-136.

Wilkinson, K., & McIlvane, W. (2002). Considerations in teaching graphic symbols to beginning communicators. In J. Reichle, D. R. Beukelman, & J. Light (Eds.), *Exemplary practices for beginning communicators: Implications for AAC* (pp. 273-321). Baltimore: Paul H. Brookes Publishing Co.

Wilkinson, K., Romski, M. A., & Sevcik, R. (1994). Emergence of visual-graphic symbol combinations by youth with moderate or severe mental retardation. *Journal of Speech and Hearing Research, 37*, 883-985.

Williams, B. (2000). More than an exception to the rule. In M. Fried-Oken & H. A. Bersani, Jr. (Eds.), *Speaking up and spelling it out: Personal essays on augmentative and alternative communication* (pp. 245-254). Baltimore: Paul H. Brookes Publishing Co.

Williams, K. T. (2001). *Group Reading Assessment and Diagnostic Evaluation (GRADE).* Austin, TX: Pearson Assessments.

Williams, M. (1995, March). Whose outcome is it anyway? *Alternatively Speaking, 2*(1), 1, 2, 6.

Williams, M. B. (2006). *How far we've come, how far we've got to go: Tales from the trenches* [Webcast]. Retrieved from http://aac-rerc.psu.edu/index.php/webcasts/show/id/2

Williams, M., & Krezman, C. (Eds.). (2000). *Beneath the surface: Creative expressions of augmented communicators.* Toronto: International Society for Augmentative and Alternative Communication.

Williams, M., Krezman, C., & McNaughton, D. (2008). "Reach for the stars": Five principles for the next 25 years of AAC. *Augmentative and Alternative Communication, 24*, 194-206.

Wimo, A., Jonsson, L., & Winblad, B. (2006). An estimate of the worldwide prevalence and direct costs of dementia in 2003. *Dementia and Geriatric Cognitive Disorders, 21*, 175-181.

Windsor, J., & Fristoe, M. (1989). Key word signing: Listeners' classification of signed and spoken narratives. *Journal of Speech and Hearing Disorders, 54*, 374-382.

Windsor, J., & Fristoe, M. (1991). Key word signing: Perceived and acoustic differences between signed and spoken narratives. *Journal of Speech and Hearing Research, 34*, 260-268.

Wing, L. (1996). *The autistic spectrum: A guide for parents and professionals.* London: Constable.

Winter, S., Autry, A., Boyle, C., & Yeargin-Allsopp, M. (2002). Trends in the prevalence of cerebral palsy in a population-based study. *Pediatrics, 110*, 1220-1225.

Wiseman, N. D. (2006). *Could it be autism? A parent's guide to the first signs and next steps.* New York: Broadway Books.

Wood, L. A., Lasker, J., Siegel-Causey, E., Beukelman, D. R., & Ball, L. (1998). Input framework for augmentative and alternative communication. *Augmentative and Alternative Communication, 14*, 261-267.

Woodcock, R. W., McGrew, K. S., & Mather, N. (2006). *Woodcock-Johnson III Complete Battery.* Scarborough, Ontario, Canada: Nelson.

Wood Jackson, C., Wahlquist, J., & Marquis, C. (2011). Visual supports for shared reading with young children: The effect of static overlay design. *Augmentative and Alternative Communication, 27*, 91-102.

Woodward, J. (1990). Sign English in the education of deaf students. In H. Bornstein (Ed.), *Manual communication: Implications for education* (pp. 67-80). Washington, DC: Gallaudet University Press.

Worah, S. (2008). *The effects of redesigning the representations of early emerging concepts of identification and preference: A comparison of two approaches for representing vocabulary in augmentative and alternative communication (AAC) systems for young children* (Unpublished doctoral dissertation). Pennsylvania State University.

Workinger, M., & Netsell, R. (1988). *Restoration of intelligible speech 13 years post-head injury*. Unpublished manuscript, Boys Town National Communication Institute, Omaha, NE.

World Health Organization. (2001). *The world health report 2001-mental illness: New understanding, new hope*. Geneva: Author. Retrieved from http://www.who.int/whr/en/

Wright, H. H., & Shisler, R. J. (2005). Working memory in aphasia: Theory, measures, and clinical implications. *American Journal of Speech-Language Pathology, 14*, 107-118.

Yamamoto, J., & Mochizuki, A. (1988). Acquisition and functional analysis of manding with autistic children. *Journal of Applied Behavior Analysis, 21*, 57-64.

Yang, C. S., Cheng, H. Y., Chuang, L. Y., & Yang, C. H. (2009). A wireless Internet interface for persons with physical disabilities. *Mathematical and Computer Modelling, 50*, 72-80.

Yang, C. H., Huang, H. C., Chuang, L. Y., & Yang, C. H. (2008). A mobile communication aid system for persons with physical disabilities. *Mathematical and Computer Modelling, 47*, 318-327.

Yasuda, K., Kuwabara, K., Kuwahara, N., Abe, S., & Tetsutani, N. (2009). Effectiveness of personalized reminiscence photo videos for individuals with dementia. *Neuropsychological Rehabilitation, 19*, 603-619.

Ylvisaker, M. (1986). Language and communication disorders following pediatric head injury. *Journal of Head Trauma Rehabilitation, 1*, 48-56.

York, J., & Weimann, G. (1991). Accommodating severe physical disabilities. In J. Reichle, J. York, & J. Sigafoos (Eds.), *Implementing augmentative and alternative communication: Strategies for learners with severe disabilities* (pp. 239-256). Baltimore: Paul H. Brookes Publishing Co.

Yorkston, K., & Beukelman, D. (2007). AAC intervention for progressive conditions: Multiple sclerosis, Parkinson's disease and Huntington's disease. In D. R. Beukelman, K. L. Garrett, & K. M. Yorkston (Eds.), *Augmentative communication strategies for adults with acute or chronic medical conditions* (pp. 317-345). Baltimore: Paul H. Brookes Publishing Co.

Yorkston, K., Beukelman, D., Hakel, M., & Dorsey, M. (2007). *Speech Intelligibility Test*. Lincoln, NE: Madonna Rehabilitation Hospital.

Yorkston, K., Beukelman, D. R., Strand, E., & Bell, K. (1999). *Management of motor speech disorders in children and adults*. Austin, TX: PRO-ED.

Yorkston, K., Beukelman, D., Strand, E., & Hakel, M. (2010). *Clinical management of speakers with motor speech disorders* (3rd ed.). Austin, TX: PRO-ED.

Yorkston, K., Fried-Oken, M., & Beukelman, D. R. (1988). Single word vocabulary needs: Studies from various nonspeaking populations. *Augmentative and Alternative Communication, 4*, 149.

Yorkston, K., Honsinger, M., Mitsuda, P., & Hammen, V. (1989). The relationship between speech and swallowing disorders in head-injured patients. *Journal of Head Trauma Rehabilitation, 4*, 1-16.

Yorkston, K., & Karlan, G. (1986). Assessment procedures. In S. Blackstone (Ed.), *Augmentative communication: An introduction* (pp. 163-196). Rockville, MD: American Speech-Language-Hearing Association.

Yorkston, K. M., Klasner, E. R., Bowen, J., Ehde, D. M., Gibbons, L., Johnson, K., & Kraft, G. (2003). Characteristics of multiple sclerosis as a function of the severity of speech disorders. *Journal of Medical Speech-Language Pathology, 11*(2), 73-85.

Yorkston, K. M., Klasner, E. R., & Swanson, K. M. (2001). Communication in context: A qualitative study of the experiences of individuals with multiple sclerosis. *American Journal of Speech-Language Pathology, 10*, 126-137.

Yorkston, K., Miller, R., Strand, E., & Britton, D. (2012). *Management of speech and swallowing in degenerative diseases* (3rd ed.). Austin, TX: PRO-ED.

Yorkston, K., Smith, K., & Beukelman, D. R. (1990). Extended communication samples of augmented communicators: I. A comparison of individualized versus standard vocabularies. *Journal of Speech and Hearing Disorders, 55,* 217–224.

Yorkston, K., Spencer, K., & Duffy, J. (2003). Behavioral management of respiratory/phonatory dysfunction from dysarthria: A systematic review of the evidence. *Journal of Medical Speech-Language Pathology, 11*(2), xiii–xxxviii.

Yorkston, K., Strand, E., & Kennedy, M. (1996). Comprehensibility of dysarthric speech: Implications for assessment and treatment planning. *American Journal of Speech-Language Pathology, 5,* 55–66.

Zangari, C., Lloyd, L., & Vicker, B. (1994). Augmentative and alternative communication: An historic perspective. *Augmentative and Alternative Communication, 10,* 27–59.

자료와 웹 사이트 목록

AAC Funding Help: http://aacfundinghelp.com; see also AAC-RERC: Search Results for "funding": http://aac-rerc.psu.edu/index.php/search/search/?terms=funding&submit=go

AAC Institute: http://www.aacinstitute.org/

AAC Intervention: http://aacintervention.com/

AAC-RERC(Rehabilitation Engineering Research Center on Communication Enhancement): http://aac-rerc.psu.edu/

AAC-RERC: *AAC and College Life: Just Do It!*: http://aac-rerc.psu.edu/index/php/webcasts/show/id/5

AAC-RERC: *AAC for Persons with Primary Progressive Aphasia:* http://aac-rerc.psu.edu/index.php/webcasts/show/id/

AAC-RERC: *How Far We've Come, How Far We'be Got to Go: Tales from the Trenches:* http://aac-rerc.psu.edu/index.php/webcasts/show/id/2

AAC-RERC: *Medicare Funding of AAC Technology:* http://aac-rerc.psu.edu/index.php/webcasts/show/id/5

AAC-RERC: *Mobile Devices and Communication Apps:* http://aac-rerc.psu.edu/index.php/webcasts/show/ id/46

AAC-RERC: *Seating and Positioning for Individuals Who Use AT* (Assistive Technology): http://aac-rerc.psu.edu/index.php/webcasts/show/id/9

AAC-RERC: *Supporting Communication of Individuals with Minimal Movement:* http://aac-rerc.psu.edu/index.php/webcasts/show/id/14

AAC-RERC: *AAC: A User's Perspective:* http://aac-rerc.psu.edu/index.php/webcasts/show/id/3

AAC-RERC: *Visual Immersion Program (VIP) for Individuals with Autism:* http://aac-rerc.psu.edu/index.php/webcasts/show/id/6

AAC-RERC: Webcasts: http://aac-rerc.psu.edu/index.php/pages/show/id/44

AAC-RERC: Writers Brigade: http://aac-rerc.psu.edu/index.php/projects/show/id/16

AAC TechConnect: http://aactechconnect.com; see also the AAC-RERC page about AAC TechConnect: http://aac-rerc.psu.edu/index.php/projects/show/id/12

AapNootMuis: http://www.aapnootmuis.com/

Ability Research: http://www.skypoint.com/members/ability/

AbleData: http://www.abledata.com

AbleNet, Inc.: http://www.ablenetinc.com/

Adaptivation, Inc.: http://www.adaptivation.com/

Adaptive Design Association, Inc.: http://www.adaptivedesign.org/

Adaptive Switch Laboratories, Inc.: http://www.asl-inc.com/

Advanced Multimedia Devices, Inc.: http://www.amdi.net/

AliMed: http://www.alimed.com

ALS Association: http://www.alsa.org/

American Association of the Deaf-Blind: http://www.aadb.org

American Association on Intellectual and Developmental Disabilities (AAIDD) Supports Intensity Scale: http://www.siswebsite.org/cs/product_info

American Printing House for the Blind, Inc.: http://www.aph.org/

American Speech-Language-Hearing Association: http://www.asha.org

American Speech-Language-Hearing Association: Evidence-Based Practice (EBP): http://www.asha.org/members/ebp/

American Speech-Language-Hearing Association: Functional Assessment of Communication Skills for Adults (ASHA FACS): http://www.asha.org/eweb/OLSDynamicPage.aspx?Webcode=olsdetails&title=Functional+Assessment+of+Communication+Skills+for+Adults+%28ASHA+FACS%29

American Speech-Language-Hearing Association: *Guidelines for the Audiologic Assessment of Children from Birth to Five Years of Age:* http://www.asha.org/docs/html/GL2004-00002.html

American Speech-Language-Hearing Association: National Outcomes Measurement System (NOMS): http://www.asha.org/members/research/noms/

American Speech-Language-Hearing Association: Quality of Communication Life Scale (ASHA QCL): http://www.asha.org/eweb/OLSDynamicPage.aspx?Webcode=olsdetails&title=Quality+of+Communication+Life+Sclae+%28ASHA+QCL%29

Aphasia Institute: http://aphasia.ca/

Apple, Inc.: http://www.apple.com/

APPSForAAC: http://www.appsforaac.net/

Apps for AAC by Jane Farrall: http://www.spectronicsinoz.com/article/iphoneipad-apps-for-aac

Apraxia-Kids: http://www.apraxia-kids.org

ASCD (formerly the Association for Supervision and Curriculum Development): http://www.ascd.org/

Assessment of Phonological Awareness and Reading (APAR): http://elr.com.au/apar

Assistive Technology of Alaska (ATLA): http://atlaak.org

Assistive Technology Research Lab, University of Ottawa: http://www.piads.net

Assistive Technology Research Lab at the University of Ottawa: Psychological Impact of Assistive Devices Scale: http://www.piads.net/9/index1.2.html

Assistyx LLC: http://www.assistyx.com

Attainment Company: http://www.attainmentcompany.com

Augmentative Communication Community Partnerships Canada (ACCPC): http://www.accpc.ca/

Augmentative Communication, Inc.: http://www.augcominc.com/

Augmentative Communication Online Users Group (ACOLUG): http://listserv.temple.edu/archives/acolug.html

Aurora Systems, Inc.: http://www.aurora-systems.com/

Autism Speaks, Inc.: http://www.autismspeaks.org

Autism Spectrum Disorders Canadian-American Research Consortium (ASD-CARC): http://www.autismresearch.ca/

A-Z to Deafblindness: http://www.deafblind.com

Barkley Augmentative and Alternative Communication (AAC) Center: http://aac.unl.edu/

Barkley Augmentative and Alternative Communication (AAC) Center: Vocabulary Resources: http://aac.unl.edu/vocabulary.html

Barkley Augmentative and Alternative Communication (AAC) Center: AAC-Aphasia Categories of Communicators Checklist: http://aac.unl.edu/screen/aphasiachecklist.pdf

Barkley Augmentative and Alternative Communication (AAC) Center: Aphasia Assessment Materials: http://aac.unl.edu/screen/screen.html

Barkley Augmentative and Alternative Communication (AAC) Center: Aphasia Needs Assessment: http://aac.unl.edu/screen/aphasianeeds.pdf

BlissOnline: http://www.blissonline.se/

Blissymbolics Communication International: http://www.blissymbolics.org/pfw/

Braille Authority of North America (BANA): http://www.brailleauthority.org/

Bridges: http://www.bridges-canada.com/

Canadian Deafblind Association: http://www.cdbraontario.ca

CAST, Inc. (formerly Center for Applied Special Technology): http://www.cast.org/

CAST Universal Design for Learning (UDL) Book Builder: http://bookbuilder.cast.org/

Center for Effective Collaboration and Practice (CECP): http://cecp.air.org/

Center for Literacy and Disability Studies at the University of North Carolina-Chapel Hill: http://www.med.unc.edu/ahs/clds/

Center on Positive Behavioral Interventions and Supports: http://www.pbis.org/

CIRCA (Computer Interactive Reminiscence and Conversation Aid): http://www.computing.dundee.ac.uk/projects/circa/

Closing the Gap: http://www.closingthegap.com/

Communication and Assistive Device Laboratory, State University of New York at Buffalo: http://cdswebserver.med.buffalo.edu/drupal/?q=node/69

Communication Rights Australia: http://www.caus.com.au

Computer Vision and Image Processing, School of Computing, University of Dundee: http://www.computing.dundee.ac.uk/projects/vision/index.php

Consumer Survey on Communicative Effectiveness: http://affnet.ucp.org/ucp_channeldoc.cfm/1/14/86/86-86/757

Creative Communicating: http://www.creativecommunicating.com/index.cfm

Crestwood Communication Aids, Inc.: http://www.communicationaids.com/products.htm

Crick Software, Inc.: http://www.cricksoft.com/us/home.aspx

DeafblindResources.org: http://www.deafblindresources.org

DeafBooks: http://www.deafbooks.co.uk/

Design to Learn: http://www.designtolearn.com/; see also http://www.ohsu.edu/xd/research/centers-institutes/institute-on-development-and-disability/design-to-learn/index.cfm

Disability Solutions: http://www.disabilitycompass.org/publications/back-issues-of-disability-solutions

Don Johnston, Inc.: http://www.donjohnston.com/

Do2Learn: http://www.do2learn.com/

Doug Dodgen and Associates: http://www.dougdodgen.com/index.html

Down Syndrome Education International: http://www.dseinternational.org/en/gb

DynaVox: http://www.dynavoxtech.com/

DynaVox Mayer-Johnson: http://www.mayer-johnson.com/

e-Learning Design Lab: http://www.elearndesign.org/resources.html

elliecards: http://www.elliecards.com/index.html

EnableMart: http://www.enablemart.com/Catalog/Speech-Generating-Devices

Enabling Devices: http://www.enablingdevices.com/catalog

EyeTech Digital Systems: http://www.eyetechaac.com/

Family Center on Technology and Disability: http://www.fctd.info

Family Center on Technology and Disability: *Family Information Guide to Assistive Technology:* http://fctd.info/resources/fig/; for Spanish version, see http://fctd.info/resources/fig/spanish/

First Signs, Inc.: http://www.firstsigns.org

Gail Van Tatenhove: http://vantatenhove.com

Gail Van Tatenhove: http://www.vantatenhove.com/files/MetaphorProtocol.pdf

Gallaudet University Press: http://gupress.gallaudet.edu/

GameBase: http://www.gamebase.info/magazine/read/top-10-head-mouse-games_295.html

Giving Greetings: http://www.givinggreetings.com/

Good Karma Applications, Inc.: http://goodkarmaapplications.com

The Great Talking Box Company: http://www.greattalkingbox.com/

Gus Communication Devices, Inc.: http://www.gusinc.com/

Handicom: http://www.handicom.nl/en

The Hanen Centre: http://www.hanen.org/Home.aspx

Harcourt Assessment (Psychological Corporation, Canada): http://www.psych.utoronto.ca/users/dgoldst/The%20
Psychological%20Corporation,%20Canada.htm

Huntington's Disease Society of America: http://www.hdsa.org/

Inclusion Press: http://www.inclusion.com/

Inclusive Technology Ltd.: http://www.inclusive.co.uk/

Inclusive Technology Ltd.: *Switch Progression Road Map:* http://www.inclusive.co.uk/articles/swithc-progression-
road-map

Indiana Institute on Disability and Community: http://www.iidc.indiana.edu/

Informa Healthcare: *Augmentative and Alternative Communication journal:* http://informahealthcare.com/loi/aac

Inspiration Software, Inc.: http://www.inspiration.com/

Institute on Communication and Inclusion: http://soe.syr.edu/centers_institutes/institute_communication_inclusion/
default.aspx

Institute on Disabilities, Temple University: http://www.temple.edu/instituteondisabilities/

Institute on Disabilities, Temple University: AAC Vocabulary: http://disabilities.temple.edu/aacvocabulary/

Institute on Disability, University of New Hampshire: http://www.iod.unh.edu/Home.aspx

Institute for Matching Person and Technology, Inc.: http://www.matchingpersonandtechnology.com/

IntelliTools: http://www.intellitools.com/defautl.html

International Council on English Braille (ICEB): http://iceb.org/

International Society for Augmentative and Alternative Communication (ISAAC): http://www.isaac-online.org/

International Society for Autism Research (INSAR): http://www.autism-insar.org

InvoTek, Inc.: http://www.invotek.org/

The Joint Commission: Advancing Effective Communication, Cultural Competence, and Patient- and Family-Centered
Care: A Roadmap for Hospitalss: http://www.jointcommission.org/assets/1/6/ARoadmapforHospitalsfinal
version727.pdf

Krown Manufacturing, Inc.: http://www.krownmfg.com/us/

LAB Resources: http://www.labresources-assistivetechnology.com/

LC Technolgies, Inc.: http://www.eyegaze.com/

Lee Silverman Voice Treatment: http://www.lsvtglobal.com/

Let's Play! Projects: http://letsplay.buffalo.edu/

Lingraphica America, Inc.: http://www.aphasia.com/

LinguiSystems: http://www.linguisystems.com

Luminaud Inc.: http://www.luminaud.com/

Madentec, Inc.: http://www.madentec.com/

Madonna Rehabilitation Hospital: http://www.madonna.org/

Makaton Charity: http://www.makaton.org/

Marsha Forest Centre: http://www.inclusion.com/forestcentre.html

Matching Person and Technology: http://matchingpersonandtechnology.com/

Mayo Clinic: http://www.mayoclinic.com/index.cfm

Medicare Funding of AAC Technology Assessment/Application Protocol: http://aac-rerc.psu.edu/index.php/pages/show/id/27

Microsystems: http://www.microsystems.com/

Minspeak: http://www.minspeak.com/

Modern Signs Press: http://www.modernsignspress.com/

Monash University Centre for Developmental Disability Health Victoria: Accessible Word Reading Intervention: http://cddh.monash.org/access/accessability2/awri/

Nanogames: http://www.arcess.com

National Aphasia Association Newsletter: http://www.aphasia.org/

National Consortium on Deaf-Blindness: http://www.nationaldb.org

National Cued Speech Association: http://www.cuedspeech.org/

National Institute of Neurological Disorders and Stroke: http://www.ninds.nih.gov/research/parkinsonsweb/index.htm

National Joint Committee for the Communication Needs of Persons with Severe Disabilities (NJC): http://www.asha.org/NJC/

National Parkinson Foundation: http://www.parkinson.org/

National Professional Resources, Inc.: http://nprinc.com

National Technical Institute for the Deaf: http://www.ntid.rit.edu/

NaturalPoint: http://www.naturalpoint.com/

N2Y, Inc.: http://www.n2y.com/

Nuance Communications, Inc.: http://www.nuance.com/

Office of Special Education Programs (OSEP) Ideas that Work: Tangible Symbol Systems: http://www.osepideasthatwork.org/toolkit/pdf/TangibleSymbol%20Systems.pdf

Office of Special Education Programs (OSEP) Technical Assistance Center on Positive Behavioral Interventions and Supports: http://www.pbis.org/

One Switch: http://www.oneswitch.org.uk/

Origin Instruments: http://www.orin.com/

Patient-Reported Outcome and Quality of Life Instruments Database (PROQOLID): http://proqolid.org/proqolid

Paul H. Brookes Publishing Co.: http://www.brookespublishing.com/

Pearson Assessments: http://www.pearsonassessments.com/pai/

Pearson PreK-12 Education: http://www.pearsonschool.com/

Pennsylvania State University: AAC at Penn State: http://aac.psu.edu

Pennsylvania State University: AAC at Penn State: *Improving Literacy Outcomes for Individuals with Autism Spectrum Disorders and Limited Speech* (webcast): http://aacliteracy.psu.edu/index.php/page/show/id/17

Pennsylvania State University Early Intervention for Young Children with Autism, Cerebral Palsy, Down Syndrome, and Other Disabilities: http://aackids.psu.edu

Pennsylvania State University Early Intervention for Young Children with Autism, Cerebral Palsy, Down Syndrome, and Other Disabilities: Success Stories: http://aackids.psu.edu/index.php/page/show/id/2

Pennsylvania State University Literacy Instruction for Individuals with Autism, Cerebral Palsy, Down Syndrome, and Other Disabilities: http://www.aacliteracy.psu.edu/index.php/page/show/id/1

Pennsylvania State University Literacy Instruction for Individuals with Autism, Cerebral Palsy, Down Syndrome, and Other Disabilities: Reading Comprehension: http://www.aacliteracy.psu.edu/index.php/page/show/id/11

Pennsylvania State University Literacy Instruction for Individuals with Autism, Cerebral Palsy, Down Syndrome, and Other Disabilities: Shared Reading: http://www.aacliteracy.psu.edu/index.php/page/show/id/8

Pennsylvania State University Literacy Instruction for Individuals with Autism, Cerebral Palsy, Down Syndrome, and

Other Disabilities: Student Success Stories: http://www.aacliteracy.psu.edu/index.php/page/show/id/2

Pictogram: http://pictogram.se/english/

Plural Publishing, Inc.: http://www.pluralpublishing.com

Prentke Romich Company (PRC): http://www.prentrom.com/

PRO-ED, Inc.: http://www.proedinc.com/customer/default.aspx

Program Development Associates: http://www.disabilitytraining.com/

The Prompt Institute: http://www.promptinstitute.com/

Pyramid Educational Consultants: http://www.pecs.com/

Quality Indicators for Assistive Technology (QIAT) Consortium: http://natri.uky.edu/assoc_projects/qiat/

Quality of Life Research Projects: http://www.utoronto.ca/qol/projects.htm

Quality of Life Projects: Instruments for People with Physical and Sensory Disabilities: http://www.utoronto.ca/qol/physSensDis.htm

Quality of Life Research Unit, University of Toronto: http://www.utoronto.ca/qol/

Rehabilitation Research and Training Center on Positive Behavior Support (RRTC-PBS): http://cfs.cbcs.usf.edu/projects-research/detail.cfm?id=106

Riverside Publishing: http://www.riverpub.com/

RJ Cooper and Associates, Inc.: http://www.rjcooper.com/

Saltillo Corporation: http://saltillo.com/

Scope Communication Resource Centre: http://www.scopevic.org/au/index/php/site/whatweoffer/communicationresourcecentre

Scope (COMPIC Publishing Software): http://www.scopevic.org/au/index.php/yiiCart/frontend/product/product/path/1_17/id/

SEDL Reading Resources: http://www.sedl.org/reading/rad

Shiny Learning Free Games and Demos: http://www.shinylearning.co.uk/freegames/

Signing Exact English (S.E.E.) Center for the Advancement of Deaf Children: http://www.seecenter.org/

Silver Lining Multimedia, Inc.: http://www.silverliningmm.com/

Simplified Technology: http://www.lburkhart.com/main.htm

Simplified Technology: Handouts: http://www.lburkhart.com/handouts.htm

Slater Software, Inc.: http://www.slatersoftware.com/

SPARKLE (Supporting Parent Access to Resources, Knowledge, Linkages and Education): http://www.sparkle.usu.edu

Speaking Differently: http://www.speakingdifferently.org/

Speak Up!: http://www.speakup.org/

Special Needs Computers: http://www.specialneedscomputers.ca/

Speechmark Publishing: http://www.speechmark.net/

Stoelting Co.: http://www.stoeltingco.com/

Studies to Advance Autism Research and Treatment (STAART) Network: http://www.nimh.nih.gov/health/topics/autism-spectrum-disorders-pervasive-developmental-disorders/nih-initiatives/staart/index.shtml

Support Helps Others Use Technolog (SHOUT): http://www.shoutaac.org/

Symbolstix Online: http://symbolstix.n2y.com/

Talk to Me Technologies LLC: http://www.talktometechnologies.com/

Talking Mats: http://www.talkingmats.com/

Tar Heel Reader: http://tarheelreader.org/

TBox Apps: http://www.tboxapps.com/

Tech Connections: http://www.techconnections.org/

Technical Assistance Center on Social Emotional Intervention for Young Children (TACSEI): http://www.

challengingbehavior.org/

Texas School for the Blind and Visually Impaired: Tactile Symbols Directory to Standard Tactile Symbol List: http://www.tsbvi.edu/tactile-symbols

Texas School for the Blind and Visually Impaired: Technology Assessment Checklist for Students with Visual Impairments: http://www.tsbvi.edu/assessment/140-technology-assessment-checklist-for-students-with-visual-impairments

Tobii Technology: http://www.tobii.com/en/

Toby Churchill Ltd.: http://www.toby-churchill.com/

University of Kentucky Assistive Technology (UKAT) Project, UKAT Toolkit: http://serc.gws.uky.edu/www/ukatii/index.html

WesTest Engineering Corp.: Darci USB: http://www.westest.com/darci/usbindex.html

Wherify Wireless, Inc.: http://www.wherifywireless.com/

Widgit Software: http://www.widgit.com/

Wiley: http://www.wiley.com/

Wisconsin Assistive Technology Initiative (WATI): http://www.wati.org/

Words+, Inc.: http://www.words-plus.com/

Yooralla: http://www.yooralla.com.au/

ZYGO-USA: http://www.zygo-usa.com/usa/

찾아보기

AAC 도구 25

AAC 발견자 161

AAC 전문 실무자 162

AAC 전문가 163

AAC 중재 282

AAC 체계 34

AAC 체계 의존자 28

AAC 테크놀로지 25

AAC 평가 200

AAC 평가 모델 167

AAC 활용을 위한 다층 모델 320

ALL 251

ALL 교육과정 252

AT법 시행령 201

CAS 의심 318

VOCA 26

감정 표시 79

개별교육계획안 작성하기 524

개별적 조정 531

개시 434

경직형 뇌성마비 297

고정 디스플레이 125, 126

골격 기형 205

공상적 이야기 48

공식적 이야기 47

과도기적 AAC 의사소통자 592

관계적 낱말 247

관습적 문해 기술 462

광감도 266

교사 기대 518

교사 주도 나눔 시간 516

교사 주도 대집단 교수 515

교사 주도 소집단 교수 515

교수 기법 420

교수 배치 513

교육과정 251

구문론 372

구문론적 발달 지원하기 408

구성 전략 379

구스 의사소통 상징 97

구절 중심 메시지 구성 44

구체적 스몰토크 46

규정적 어구 440

규준참조평가 200

균형적 중재 접근 300

그림 교환 의사소통 체계 425

그림 능력 72

그림 상징 92

그림 의사소통 상징 83

그림문자 의사소통 자료 96

근거 기반 실제 35, 277

근긴장 204
근긴장이상형 뇌성마비 297
근위축성 측색경화증 540
글자-소리 협응 461, 475
급성치료 환경 677
급성치료실 674
기관 내 삽관 678
기관절개술 680
기능적 동등성의 원리 329
기능적 시각 능력 268
기능적 의사소통 훈련 352
기능적 제한 287
기능적 행동평가 329
기본적인 쓰기 기술 중재 483
기본적인 읽기 기술 중재 472
기술 장벽 179
기억 229
기초선 방식 평가 617
기회 장벽 176
기회 장벽 중재 273
길랭-바레 증후군 558
끝인사 50

남자의 말 53
낱말 부호 105
낱말 예측 115
낱말 중심 메시지 구성 44
낱말 해독 255
낱말의 첫 글자 철자하기 259
내러티브 기술 459
내용 중심 대화 49
내적인 대화 28
농담 카드 436
농맹 313
뇌간 뇌졸중 566
뇌성마비 296
뇌졸중 566
눈 부호 122
눈 지적 104, 137

눈 추적 27, 137
능력 평가 199
능력 프로파일 187

다발성 경화증 552
다중방식 체계 83
단계적 스캐닝 146, 226
대칭 긴장성 경반사 205
대화 메시지 44
대화 복구 전략 441
대화 전략 시도 618
대화 책 436
대화 코치 392
도구적 상징 71
도상성 70
도상적 부호화 110
독립적 AAC 의사소통자 598, 615
동작 복잡성 84
디스플레이 정위 134
디지털 독립성 27
디지털 음성 150

란초 인지 기능 수준 664

마음이론 309
마카톤 어휘 102
말 인식 139
맺음말 50
메모리북 641
메시지 40, 70
메시지 관리 39
메시지 단위 386
메시지 부호 108
메시지 선택 40, 41
메시지 세트 39
메시지 예측 113
메시지 입력 148
메시지 촉진 59
메시지 출력 148

메시지 피드백 146
메시지의 내용 28
명료도 48, 185
명시적 교수 389, 405
모스 부호 106
모호성 70
무정위운동증 206
무정위운동형 뇌성마비 297
문법형태소 사용 지원하기 411
문자 범주 부호 105
문자 부호 105
문장 예측 117
문해 기술 평가 251
문해 중재 445
문해 지원을 위한 보조 기술 498
문해 학습 448
문해 학습을 위한 기능적 맥락 449
문해 학습을 위한 문화적 맥락 451
문해 학습을 위한 물리적 맥락 449
문해 학습을 위한 사회적 맥락 450
문해 학습을 위한 언어적 맥락 450
문화적으로 포괄적인 AAC 평가 프로토콜 191
미국 수어 86
미국 언어청각협회 21
미래를 위한 AAC 중재 283
민스피크 110

발달어휘 56
발달적으로 적절한 상징 73
발생적 문해 기술 452, 454
발생적 쓰기 기술 460
발성을 위한 기류 회복 689
발화 중심 도구 118
보완대체의사소통 19
보완명료도 185
보완언어체계 156
보조 테크놀로지 31
보조언어시범 395, 401
보조언어자극 156, 395, 396

보편적 학습 설계 529
복잡성 70
복합적인 의사소통 요구 81
복합적인 의사소통 요구를 지닌 사람 36
부분 사물 90
부수어휘 63
부호화 104
분류학적 격자 디스플레이 380
불투명 상징 71
블리스심벌 94, 96
비강제적 말 차례 439
비관계적 낱말 247
비대칭 긴장성 경반사 204
비도구적 상징 71
비상징적 의사소통 350
비언어적 행동 77

사람 중심 계획 341
사실성 70
사회적 네트워크 접근 342
사회적 능력 31
사회적 에티켓 28
사회적 친밀감 28
삶의 질 289
상대 의존적 의사소통자 578
상대방 중심 질문 438
상위 인지 기술 229
상징 69, 70
상징 평가 234
상징적 의사소통 361
상징적 표상 229
상황 적절성 79
상황적 선택 AAC 의사소통자 582
색감도 266
색깔 부호화 111
색지각 267
생성적 AAC 의사소통자 602
생성적 AAC 저자 608
생태학적 목록 65, 344

생태학적 목록 65
선택 기법 135
선택 세트 124
선택지 노트 587
선택지 대화 샘플 586
선택지 대화 전략 584
선택하기 교수 413
선택하기 배열 418
선택하기 항목 418
선형 스캐닝 142
선화 상징 92
성과 평가 287
성별 적절성 58
성인기 계획 301
세상사 지식 229
소개 전략 432
소리 합성 기술 252
소비자 만족도 288
소셜 네트워크 60
소셜 미디어 60
속도 향상 기법 103
속도 향상 전략 119
수문자 부호 105
수용 가능성 70
수집품 434
수화 체계 82
숫자 부호화 106
스몰토크 41, 45
스위치 조절 222
스위치 활성화 부위 222
스캐닝 141
스크립트화된 일과 355
스토리텔링 47
시각 스케줄 361, 362
시각 안정성 267
시각 평가 262
시각적 디스플레이 124
시각적 입력 155
시각적 장면 디스플레이 75, 125, 127, 384

시각적 지원 434
시각적 출력 152
시력 263
시야 265
신경운동장애 204
실어증 575
실어증 대상 AAC 중재 577
실제 사물 89
실제 장벽 178, 274
심벌스틱스 97
쓰기 관습에 대한 기술 개발 495
쓰기 관습에 대한 지식 495
쓰기 도구에 접근하기 484
쓰기 전략 활용 496

아동기 말 실행증 318
안구운동 기능 266
알파벳 보완 321, 662
어린 아동 331
어휘 40
어휘 다양도 51
어휘 사용 패턴 61
어휘 선택 58, 66
어휘 요구 54
어휘 유지 66
어휘 일지 65
어휘 자료 60
어휘 점검표 66
어휘 항목 56
언급하기 440
언어 모델링 기법 395
언어 시범 406, 410
언어 평가 247
언어보완 체계 395, 399
언어적 능력 31
엠블럼 77
여자의 말 53
역동적 디스플레이 125, 126
역동적 평가 232

연령 적절성 58, 416
연수성 ALS 548
연합상징 체계 101
예/아니요 교수 431
예/아니요 반응하기 587
예시적 표시 78
완전통합교육 506
외상성 뇌손상 653
요구 및 바람 표현 28
요구 평가 면담 626
요구하기 가르치기 422
요구하기 교수 413
우발적 교수 390
운동 능력 평가 215
운동실조형 뇌성마비 297
원발성 진행성 실어증 633
원시적 반사 204
원형 스캐닝 142
위짓 상징 95
유도된 선택하기 416
유도적 스캐닝 145, 226
유의미한 말 사용 척도 185
유형 상징 89
음성 인식 139
음성출력 의사소통 도구 26
음소 분절 254
음운 처리 252
음운인식 기술 461, 473
응시 137
응시 디스플레이 112
의미 범주 57
의미–구문 격자 디스플레이 379
의미론 370
의미론적 발달 지원하기 405
의미적 기억 638
의미적 압축 110
의사소통 노트 636
의사소통 능력 30
의사소통 만족도 288

의사소통 방식 교수 카드 605
의사소통 상대 동심원 173, 342
의사소통 상대 중재 34
의사소통 상황 51
의사소통 요구 42
의사소통 요구 목록 547
의사소통 유혹 232
의사소통 일지 65
의사소통 지갑 594
의사소통 평가 228
의사소통과 문제행동의 관계 328
의사소통적 거부하기 427
의사소통적 상호작용 28
의사소통적 의도 229
의사소통적인 발성 81
의사소통책 49
이매진 상징 97
이상운동형 뇌성마비 297
이인칭 이야기 47
이중 의사소통판 437
이차원적 상징 92
이차적 중재 전략 319
이해 보완 기법 588
이해 점검 491
인사말 44
인지 평가 228
일견단어 58
일견단어 어휘 261
일견단어 재인 256
일견단어 재인 기술 478
일대일 교수 517
일반 사례 교수 426
일반적 거부하기 428
일반적 스몰토크 46
일반적 요구하기 423
일인칭 이야기 47
일화적 기억 638
읽기 이해 257
읽기 이해 전략 491

임파워링 332
입력보완 모델 32

자기주도적 자습 517
자기평가 191
자동적 스캐닝 146, 226
자발적 철자하기 259
자세 평가 204
자연스러운 결과 420
자연스러운 능력 중재 280
자연스러운 반응 520
자투리 모음 435
자폐범주성장애 307
자활 21
장기 급성 치료병원 674
재인 철자하기 261
재인기억 639
재활 21
저장된 메시지를 사용하는 AAC 의사소통자 598
적용어휘 55
적응 놀이 334
적응적 표시 79
적정후보자 모델 167
적합성의 원리 329
전경과 배경 차이 70
전국 수어 86
전략 교수 394, 409
전략적 능력 31
절차적 기술 49
절차적 기억 639
점자 99
접근 장벽 176
정보 전달 28
정보 제공자 64
정책 장벽 177, 274
정확한 체계 283
제스처 77
제스처 사전 359
제약 프로파일 187

조기 중재 310
조작적 능력 31
조작적 요구 프로파일 187
조정적 표시 79
종합어휘 목록 63
주변시야 손상 265
주의 끌기 신호 351, 423
주제 보완 661
주제 설정 전략 434
준거참조평가 200
중심시야 손상 265
중재자의 역할 316
지각적 현저성 70
지문자 100
지시 대상 70
지식 장벽 178, 275
지적장애 302
직접 선택 135, 217
진전된 쓰기 기술 개발 494
진전된 읽기 기술 개발 488
집단-항목형 스캐닝 144
집중치료실 674

착석 평가 204
참여 모델 169
참여 목록표 173
참여 장벽 176
척수성 ALS 548
철자 부호 99
철자 상징 99
철자하기 평가 259
청각 평가 269
청각적 디스플레이 124
초기 의사소통자 327
초보 AAC 의사소통자 578
촉각 수화 88
촉각적 디스플레이 124
촉진어휘 59
촉진자 32, 161

촉진자 반응 훈련 347
촉진자 훈련 33, 349
총체적 의사소통 85
추후 관리 290
축소형 사물 90
치매 638

콘택트 117

타이밍 강화 59
태도 장벽 179, 276
텍스트 음성 변환 150
토크보드 117
토킹 매트 649
토킹 스위치 361, 364
투명 상징 70
특성일치 200
특정 요구를 지닌 AAC 의사소통자 609
팀 접근 중재 298

파킨슨병 560
패스 342
패스트 매핑 371
폐쇄증후군 571
표준 낱말 목록 63
프레임토커 117
프로파일 작성하기 522
피로 감소 59
피로하지 않은 체계 283
픽스 포 펙스 97
픽토그램 상징 95

학급 전체에 대한 조정 계획 512
학생 중심의 조정 계획 522
학습 가능성 84
학습된 무기력 229
학습센터 516
합성음성 149
해독 255
해독 기술 477
핵심어휘 52, 57, 61
헌팅턴병 649
현재를 위한 AAC 중재 283
협력학습 집단 516
형성하기 348
형태론 374
혼성 디스플레이 125, 127
혼합형 뇌성마비 297
화용론 375
화용언어 발달 지원하기 412
화용적 구성 역동적 디스플레이 383
환경 목록 65
환경적 조정 186
환경적 조정 중재 281
활동 격자 디스플레이 380
활동판 56
활성화 전략 140
활성화 피드백 146
회상기억 639
효율성 70
효율성과 반응 효과성의 원리 329
효율적인 체계 283
휴대용 음성 증폭기 663

저/자/소/개

David R. Beukelman

뷰켈먼(Beukelman) 박사는 네브래스카대학교 링컨 캠퍼스에서 의사소통장애를 담당하고 있는 바클리 교수이며, 마돈나재활병원(Madonna Rehabilitation Hospital)에 소속된 재활과학 및 공학연구소(Institute for Rehabilitation Science and Engineering)의 선임연구원이다. 그는 AAC-RERC(Rehabilitation Engineering Research Center on Communication Enhancement)의 연구 파트너이며, 폴 브룩스 출판사에서 발행하는 보완대체의사소통 시리즈의 공동 편집자이기도 하다. 뷰켈먼 박사는 네브래스카대학교 의료원의 먼로-메이어 유전 및 재활연구소(Munroe-Meyer Institute for Genetics and Rehabilitation)에서 연구와 교육 감독자로 활동한 바 있다. 또한 워싱턴대학교병원 의사소통장애 및 보완의사소통 프로그램의 책임자로 일했으며, 워싱턴대학교 시애틀 캠퍼스의 재활의학과 조교수를 역임하였다. 뷰켈먼 박사는 아동과 성인의 보완의사소통 및 말운동장애 분야 전문가다.

Pat Mirenda

미렌다(Mirenda) 박사는 발달장애인 대상의 보완의사소통과 긍정적 행동 지원에 전문성을 지닌 박사급 행동분석전문가(Board Certified Behavior Analyst: BCBA-D)다. 브리티시컬럼비아대학교 교육·상담심리학 및 특수교육학과 교수이며, 브리티시컬럼비아대학교 학제적 자폐 연구 및 협력센터(Centre for Interdisciplinary Research and Collaboration in Autism)의 센터장이다. 미렌다 박사는 네브래스카대학교 링컨 캠퍼스 특수교육 및 의사소통장애학과에서 강의한 바 있으며, 1998년부터 2002년까지 학술지「보완대체 의사소통」편집자로 활동하였다. 2004년에는 미국 언어청각협회(American Speech-Language-Hearing Association)의 펠로우로 선정되었고, 브리티시컬럼비아대학교에서 킬람교수상(Killam Teaching Prize)을 수상했으며, 2008년에는 국제보완대체의사소통학회의 펠로우로 선정되었다. 미렌다 박사는 다수의 책 챕터를 저술하고 연구물을 출판하였으며 보완대체의사소통, 통합교육, 발달장애, 자폐 및 긍정적 행동 지원 등 다양한 과목을 가르치며 폭넓게 강의를 해 오고 있다. 그녀가 공동 편집한 책,『자폐범주성장애와 AAC(Autism Spectrum Disorders and AAC)』는 2009년 12월에 출판되었다.

볼(Ball) 박사는 네브래스카대학교 링컨 캠퍼스에서 박사학위를 받았고 보완대체의사소통과 말운동장애에 관심을 갖고 있다. 박사는 AAC에 의존하는 복합적인 의사소통요구를 지닌 사람들과 함께하면서 25년 이상 언어치료사로 일해 왔다. 특히 근위축성 측색경화증에 대해 관심을 갖고 연구하고 있으며 AAC, 마비말장애 및 말 실행증에 관해 저술해 오고 있다.

페이거(Fager) 박사는 마돈나 재활병원의 재활과학 및 공학 연구소에서 연구원이자 AAC 전문가로 일하고 있다. 외상성 뇌손상, 뇌간 뇌졸중, 근위축성 측색경화증, 파킨슨병과 같은 신경학적 질환을 지닌 사람들의 말장애를 주로 다룬다.

개릿(Garret) 박사는 펜실베이니아 주 피츠버그에 있는 자신의 개인치료실에서 실어증과 뇌손상으로 인해 복합적인 의사소통장애를 갖게 된 사람들을 치료하고 있다. 그녀는 버펄로대학교와 플로리다 주립대학교 소속 동료들과 함께 중도실어증, 상호작용, 의사소통지원전략 등의 연구 프로젝트를 공동 진행하고 있다.

핸슨(Hanson) 박사는 위스콘신대학교 매디슨 캠퍼스에서 석사학위를, 네브래스카대학교 링컨 캠퍼스에서 박사학위를 받았다. 그녀는 AAC와 말운동장애 연구에 관심을 갖고 있다. 임상과 감독은 전 생애에 걸쳐 복합적인 의사소통 요구를 지닌 사람들에 대한 AAC 서비스 제공 분야에 집중되어 있다.

래스커(Lasker) 박사는 AAC 기법이 유용한 후천성 신경 의사소통장애 성인, 특히 실어증 환자의 평가와 치료에 관련된 수많은 논문과 책(챕터)들을 발간하였다. 그녀는 중도 의사소통장애 성인과 그들의 의사소통 파트너를 위한 AAC 평가 프로토콜, 맥락 중심 중재, 파트너 훈련 및 AAC 접근법 수용 등을 다룬 이슈들을 탐색하고 있으며, 관련 주제들을 국내외에서 지속적으로 발표해 오고 있다.

라이트(Light) 박사는 펜실베이니아 주립대학교 의사소통장애학과에서 힌츠가 석좌교수(Hintz Family Endowed Chair)로 일하고 있다. 그녀는 AAC 분야와 관련된 연구, 전문가 훈련 및 서비스 제공 등에 적극적으로 참여하고 있다. 현재 AAC-RERC의 프로젝트 책임자 중 한 명이며, 미국장애재활연구소(National Institute on Disability and Rehabilitation Research)가 지원하는 가상 연구 컨소시엄(virtual research consortium)의 일원이다. 박사는 수많은 학술지 논문, 챕터 및 책을 저술하였고, AAC 분야의 연구와 교육에 기여한 공로를 인정받아 수많은 상을 수상하였다.

맥노튼(McNaughton) 박사는 보완의사소통과 보조기술, 부모 및 교육팀 구성원들과 함께 일하기 위한 협력 기술 등의 과목을 가르치고 있다. 박사는 AAC 의존자를 위한 문해교수와 중도장애인의 고용지원 연구에 관심을 갖고 있다.

역/자/소/개

박현주(Park, Hyun Ju)
이화여자대학교 특수교육학 학사, 석사
이화여자대학교 언어병리학 박사
가톨릭대학교, 단국대학교, 명지대학교, 서울교육대학교, 이화여자대학교 강사 역임
명지대학교 사회교육대학교 언어치료학과 겸임교수 역임
이화여자대학교 발달장애아동센터 언어치료실 실장 역임
현재 가천대학교 특수치료대학원 특수치료학과 교수, 언어치료전공 주임교수
　　　 가천대학교 통합발달심리센터 센터장

〈주요 역서 및 논문〉
『임상근거기반 의사소통장애』(공역, 시그마프레스, 2014)
『보완대체의사소통』(3판, 학지사, 2008)
『의사소통장애: 전 생애적 조망』(공역, 시그마프레스, 2007)
『장애아동을 위한 창조적 놀이 활동(공역, 학지사, 1997)
「학령전기 아동의 내러티브 과제에서 나타나는 어휘사용 특성」(공동연구, 2015) 등 다수

보완대체의사소통

Augmentative & Alternative Communication(Fourth Edition)

2017년 7월 13일 1판 1쇄 발행
2021년 9월 25일 1판 4쇄 발행

지은이 • David R. Beukelman · Pat Mirenda
옮긴이 • 박 현 주
펴낸이 • 김 진 환
펴낸곳 • (주) **학지사**

　　　　04031 서울특별시 마포구 양화로 15길 20 마인드월드빌딩 5층

대표전화 • 02) 330-5114　　　팩스 • 02) 324-2345

등록번호 • 제313-2006-000265호

홈페이지 • http://www.hakjisa.co.kr
페이스북 • https://www.facebook.com/hakjisabook

ISBN 978-89-997-1211-1 93370

정가 **29,000원**

역자와의 협약으로 인지는 생략합니다.
파본은 구입처에서 교환하여 드립니다.

이 도서의 국립중앙도서관 출판시도서목록(CIP)은 서지정보유통지원시스템
홈페이지(http://seoji.nl.go.kr)와 국가자료공동목록시스템(http://www.nl.go.kr/kolisnet)
에서 이용하실 수 있습니다.
(CIP제어번호: CIP2017015415)

출판 · 교육 · 미디어기업 **학지사**

간호보건의학출판 **학지사메디컬** www.hakjisamd.co.kr
심리검사연구소 **인싸이트** www.inpsyt.co.kr
학술논문서비스 **뉴논문** www.newnonmun.com
원격교육연수원 **카운피아** www.counpia.com